J. von Staudingers
Kommentar zum Bürgerlichen Gesetzbuch
mit Einführungsgesetz und Nebengesetzen
Erstes Buch. Allgemeiner Teil
§§ 21–103

Kommentatoren

Dr. Karl-Dieter Albrecht
Richter am Bayerischen Verwaltungsgerichtshof, München

Dr. Hermann Amann
Notar in Berchtesgaden

Dr. Martin Avenarius
Wiss. Assistent an der Universität Göttingen

Dr. Christian von Bar
Professor an der Universität Osnabrück

Dr. Wolfgang Baumann
Notar in Wuppertal

Dr. Okko Behrends
Professor an der Universität Göttingen

Dr. Detlev W. Belling, M.C.L.
Professor an der Universität Potsdam

Dr. Werner Bienwald
Professor an der Evangelischen Fachhochschule Hannover

Dr. Andreas Blaschczok
Professor an der Universität Leipzig

Dr. Dieter Blumenwitz
Professor an der Universität Würzburg

Dr. Reinhard Bork
Professor an der Universität Hamburg

Dr. Wolf-Rüdiger Bub
Rechtsanwalt in München

Dr. Elmar Bund
Professor an der Universität Freiburg i. Br.

Dr. Jan Busche
Wiss. Assistent an der Freien Universität Berlin

Dr. Michael Coester
Professor an der Universität München

Dr. Dagmar Coester-Waltjen, LL.M.
Professorin an der Universität München

Dr. Dr. h. c. mult. Helmut Coing
em. Professor an der Universität Frankfurt am Main

Dr. Matthias Cremer
Notar in Dresden

Dr. Hermann Dilcher
em. Professor an der Universität Bochum

Dr. Heinrich Dörner
Professor an der Universität Düsseldorf

Dr. Christina Eberl
Wiss. Mitarbeiterin an der Universität Potsdam

Dr. Werner Ebke, LL.M.
Professor an der Universität Konstanz

Dr. Eberhard Eichenhofer
Professor an der Universität Osnabrück

Dr. Volker Emmerich
Professor an der Universität Bayreuth; Richter am Oberlandesgericht Nürnberg

Dipl.-Kfm. Dr. Norbert Engel
Ministerialrat im Bayerischen Senat, München

Dr. Helmut Engler
Professor an der Universität Freiburg i. Br., Minister in Baden-Württemberg a. D.

Dr. Karl-Heinz Fezer
Professor an der Universität Konstanz, Richter am Oberlandesgericht Stuttgart

Dr. Johann Frank
Notar in Amberg

Dr. Rainer Frank
Professor an der Universität Freiburg i. Br.

Dr. Bernhard Großfeld, LL.M.
Professor an der Universität Münster

Dr. Karl-Heinz Gursky
Professor an der Universität Osnabrück

Dr. Ulrich Haas
Wiss. Assistent an der Universität Regensburg

Norbert Habermann
Richter am Amtsgericht Offenbach

Dr. Johannes Hager
Professor an der Humboldt-Universität Berlin

Dr. Rainer Hausmann
Professor an der Universität Konstanz

Dr. Dott. h. c. Dieter Henrich
Professor an der Universität Regensburg

Dr. Reinhard Hepting
Professor an der Universität Mainz

Joseph Hönle
Notar in Tittmoning

Dr. Bernd von Hoffmann
Professor an der Universität Trier

Dr. Heinrich Honsell
Professor an der Universität Zürich

Dr. Dr. Klaus J. Hopt, M.C.J.
Professor an der Universität München

Dr. Norbert Horn
Professor an der Universität Köln

Dr. Heinz Hübner
Professor an der Universität Köln

Dr. Rainer Jagmann
Richter am Oberlandesgericht Karlsruhe

Dr. Ulrich von Jeinsen
Rechtsanwalt in Hannover

Dr. Michael Junker
Professor an der Universität Greifswald

Dr. Dagmar Kaiser
Wiss. Assistentin an der Universität Freiburg i. Br.

Dr. Rainer Kanzleiter
Notar in Neu-Ulm, Professor an der Universität Augsburg

Wolfgang Kappe
Vorsitzender Richter am Oberlandesgericht Celle a. D.

Dr. Benno Keim
Notar in München

Dr. Sibylle Kessal-Wulf
Richterin am Schleswig-Holsteinischen Oberlandesgericht in Schleswig

Dr. Diethelm Klippel
Professor an der Universität Gießen

Dr. Helmut Köhler
Professor an der Universität Augsburg, Richter am Oberlandesgericht München

Dr. Jürgen Kohler
Professor an der Universität Greifswald

Dr. Heinrich Kreuzer
Notar in München

Dr. Jan Kropholler
Professor an der Universität Hamburg, Wiss. Referent am Max-Planck-Institut für Ausländisches und Internationales Privatrecht, Hamburg

Dr. Hans-Dieter Kutter
Notar in Schweinfurt

Dr. Gerd-Hinrich Langhein
Notar in Hamburg

Dr. Dr. h. c. Manfred Löwisch
Professor an der Universität Freiburg i. Br., vorm. Richter am Oberlandesgericht Karlsruhe

Friedrich Lohmann
Vorsitzender Richter am Bundesgerichtshof a. D., Karlsruhe

Dr. Dr. h. c. Werner Lorenz
Professor an der Universität München

Dr. Peter Mader
Univ. Dozent an der Universität Salzburg

Dr. Ulrich Magnus
Professor an der Universität Hamburg

Dr. Heinz-Peter Mansel
Akademischer Rat an der Universität Heidelberg

Dr. Peter Marburger
Professor an der Universität Trier

Dr. Wolfgang Marotzke
Professor an der Universität Tübingen

Dr. Dr. Michael Martinek, M.C.J.
Professor an der Universität des Saarlandes, Saarbrücken

Dr. Jörg Mayer
Notar in Pottenstein

Dr. Dr. h. c. mult. Theo Mayer-Maly
Professor an der Universität Salzburg

Dr. Dr. Detlef Merten
Professor an der Hochschule für Verwaltungswissenschaften, Speyer

Dr. Peter O. Mülbert
Akademischer Rat a. Z. an der Universität München

Dr. Dirk Neumann
Vizepräsident des Bundesarbeitsgerichts a. D., Präsident des Landesarbeitsgerichts Chemnitz a. D.

Dr. Hans-Heinrich Nöll
Rechtsanwalt in Hamburg

Dr. Hartmut Oetker
Privatdozent an der Universität Jena

Wolfgang Olshausen
Notar in Rain am Lech

Dr. Dirk Olzen
Professor an der Universität Düsseldorf

Dr. Gerhard Otte
Professor an der Universität Bielefeld, Richter am Oberlandesgericht Hamm

Dr. Hansjörg Otto
Professor an der Universität Göttingen

Dr. Lore Maria Peschel-Gutzeit
Senatorin für Justiz in Berlin, Vorsitzende Richterin am Hanseatischen Oberlandesgericht zu Hamburg i. R.

Dr. Frank Peters
Professor an der Universität Hamburg, Richter am Hanseatischen Oberlandesgericht zu Hamburg

Dr. Axel Pfeifer
Notar in Hamburg

Dr. Alfred Pikalo
Notar in Düren

Dr. Jörg Pirrung
Ministerialrat im Bundesministerium der Justiz, Bonn

Dipl.-Verwaltungswirt
Dr. Rainer Pitschas
Professor an der Hochschule für Verwaltungswissenschaften, Speyer

Dr. Ulrich Preis
Professor an der Fern-Universität Hagen und an der Universität Düsseldorf

Dr. Manfred Rapp
Notar in Landsberg

Dr. Thomas Rauscher
Professor an der Universität Leipzig, Dipl. Math.

Dr. Peter Rawert, LL.M.
Notar in Hamburg

Eckhard Rehme
Vorsitzender Richter am Oberlandesgericht Oldenburg

Dr. Wolfgang Reimann
Notar in Passau, Professor an der Universität Regensburg

Dr. Gert Reinhart
Professor an der Universität Heidelberg

Dr. Dieter Reuter
Professor an der Universität Kiel, Richter am Schleswig-Holsteinischen Oberlandesgericht in Schleswig

Dr. Reinhard Richardi
Professor an der Universität Regensburg

Dr. Volker Rieble
Wiss. Assistent an der Universität Freiburg i. Br.

Dr. Wolfgang Ring
Notar in Landshut

Dr. Herbert Roth
Professor an der Universität Münster

Dr. Rolf Sack
Professor an der Universität Mannheim

Dr. Ludwig Salgo
Professor an der Universität Frankfurt am Main

Dr. Gottfried Schiemann
Professor an der Universität Tübingen

Dr. Eberhard Schilken
Professor an der Universität Bonn

Dr. Peter Schlosser
Professor an der Universität München

Dr. Jürgen Schmidt
Professor an der Universität Münster

Dr. Karsten Schmidt
Professor an der Universität Hamburg

Dr. Günther Schotten
Notar in Köln, Professor an der Universität Bielefeld

Dr. Peter Schwerdtner
Professor an der Universität Bielefeld,
Richter am Oberlandesgericht Hamm

Dr. Hans Hermann Seiler
Professor an der Universität Hamburg

Dr. Walter Selb †
Professor an der Universität Wien

Dr. Jürgen Sonnenschein
Professor an der Universität Kiel

Dr. Ulrich Spellenberg
Professor an der Universität Bayreuth

Dr. Sebastian Spiegelberger
Notar in Rosenheim

Dr. Hans Stoll
Professor an der Universität Freiburg i. Br.

Dr. Hans-Wolfgang Strätz
Professor an der Universität Konstanz

Dr. Gerd Stuhrmann
Ministerialrat im Bundesministerium der Finanzen, Bonn

Dr. Dr. h. c. Fritz Sturm
Professor an der Universität Lausanne

Dr. Gudrun Sturm
Assessorin, Wiss. Mitarbeiterin an der Universität Lausanne

Burkhard Thiele
Ministerialdirigent im Justizministerium des Landes Mecklenburg-Vorpommern, Schwerin

Reinhard Voppel
Wiss. Mitarbeiter an der Universität Köln

Dr. Günter Weick
Professor an der Universität Gießen

Gerd Weinreich
Richter am Oberlandesgericht Oldenburg

Dr. Joachim Wenzel
Richter am Bundesgerichtshof, Karlsruhe

Dr. Olaf Werner
Professor an der Universität Jena

Dr. Wolfgang Wiegand
Professor an der Universität Bern

Dr. Roland Wittmann
Professor an der Universität Frankfurt (Oder), Richter am Brandenburgischen Oberlandesgericht

Dr. Hans Wolfsteiner
Notar in München

Dr. Eduard Wufka
Notar in Starnberg

Redaktoren

Dr. Christian von Bar
Dr. Wolf-Rüdiger Bub
Dr. Heinrich Dörner
Dr. Helmut Engler
Dr. Karl-Heinz Gursky
Norbert Habermann
Dr. Dieter Henrich
Dr. Heinrich Honsell
Dr. Norbert Horn
Dr. Heinz Hübner

Dr. Jan Kropholler
Dr. Dr. h. c. Manfred Löwisch
Dr. Ulrich Magnus
Dr. Dr. Michael Martinek, M.C.J.
Dr. Gerhard Otte
Dr. Peter Rawert, LL.M.
Dr. Dieter Reuter
Dr. Herbert Roth
Dr. Wolfgang Wiegand

J. von Staudingers
Kommentar zum Bürgerlichen Gesetzbuch
mit Einführungsgesetz und Nebengesetzen

Erstes Buch
Allgemeiner Teil
§§ 21–103

Dreizehnte
Bearbeitung 1995
von
Hermann Dilcher
Norbert Habermann
Peter Rawert
Günter Weick

Redaktor
Herbert Roth

Sellier – de Gruyter · Berlin

Die Kommentatoren

Dreizehnte Bearbeitung 1995
§§ 21–54: GÜNTER WEICK
§§ 55–79: NORBERT HABERMANN
§§ 80–89: PETER RAWERT
§§ 90–103: HERMANN DILCHER

12. Auflage
§§ 21–53: Professor Dr. Dr. h. c. mult.
HELMUT COING unter Mitarbeit von Assessor
NORBERT HABERMANN und Rechtsanwalt
HEINZ HUPFER (1979)
§§ 54–89: Professor Dr. Dr. h. c. mult.
HELMUT COING unter Mitarbeit von Assessor
NORBERT HABERMANN (1979)
§§ 90–103: HERMANN DILCHER (1979)

11. Auflage
§§ 21–103: Professor Dr. HELMUT COING (1957)

Sachregister

Rechtsanwalt Dr. Dr. VOLKER KLUGE, Berlin

Zitierweise

STAUDINGER/WEICK (1995) Einl 1 zu §§ 21 ff
STAUDINGER/HABERMANN (1995) Vorbem 1 zu §§ 55 ff
STAUDINGER/RAWERT (1995) § 80 Rn 1

Zitiert wird nur nach Paragraph bzw Artikel und Randnummer.

Hinweise

Das **vorläufige Abkürzungsverzeichnis** für das Gesamtwerk STAUDINGER befindet sich in einer Broschüre, die zusammen mit dem Band §§ 985–1011 (1993) geliefert worden ist.

Der **Stand der Bearbeitung** ist jeweils mit Monat und Jahr auf den linken Seiten unten angegeben.

Am Ende eines jeden Bandes befindet sich eine Übersicht über den aktuellen **Stand des Gesamtwerkes** STAUDINGER.

Die Deutsche Bibliothek – CIP-Einheitsaufnahme

J. von Staudingers Kommentar zum Bürgerlichen Gesetzbuch : mit Einführungsgesetz und Nebengesetzen / [Kommentatoren Karl-Dieter Albrecht ...]. – Berlin : Sellier de Gruyter.
Teilw. hrsg. von Günther Beitzke ... – Teilw. im Verl. Schweitzer de Gruyter, Berlin. – Teilw. u. d. T.: J. v. Staudingers Kommentar zum Bürgerlichen Gesetzbuch
ISBN 3-8059-0784-2
NE: Staudinger, Julius von [Begr.]; Beitzke, Günther [Hrsg.]; Staudingers Kommentar zum Bürgerlichen Gesetzbuch; Kommentar zum Bürgerlichen Gesetzbuch; J. v. Staudingers Kommentar zum Bürgerlichen Gesetzbuch

Buch 1. Allgemeiner Teil.
§§ 21–103. – 13. Bearb. / von Hermann Dilcher ... – 1995
ISBN 3-8059-0847-4
NE: Dilcher, Hermann [Bearb.]

© Copyright 1995 by Dr. Arthur L. Sellier & Co. – Walter de Gruyter & Co., Berlin.

Dieses Werk einschließlich aller seiner Teile ist urheberrechtlich geschützt. Jede Verwertung außerhalb der engen Grenzen des Urheberrechtsgesetzes ist ohne Zustimmung des Verlages unzulässig und strafbar. Das gilt insbesondere für Vervielfältigungen, Übersetzungen, Mikroverfilmungen und die Einspeicherung und Verarbeitung in elektronischen Systemen.

Printed in Germany. – Satz und Druck: Buch- und Offsetdruckerei Wagner GmbH, Nördlingen. – Bindearbeiten: Lüderitz und Bauer, Buchgewerbe GmbH, Berlin. – Umschlaggestaltung: Bib Wies, München.

♾ Gedruckt auf säurefreiem Papier, das die US-ANSI-Norm über Haltbarkeit erfüllt.

Inhaltsübersicht

	Seite*
Allgemeines Schrifttum	IX

Erstes Buch. Allgemeiner Teil
Erster Abschnitt. Personen

Zweiter Titel. Juristische Personen	1
I. Vereine	35
II. Stiftungen	363
III. Juristische Personen des öffentlichen Rechts	496
Zweiter Abschnitt. Sachen	514
Sachregister	645

---

* Zitiert wird nicht nach Seiten, sondern nach Paragraph bzw Artikel und Randnummer; siehe dazu auch S VI.

Allgemeines Schrifttum

Das Sonderschrifttum ist zu Beginn der einzelnen Kommentierungen bzw in Fußnoten innerhalb der Kommentierung aufgeführt.

ACHILLES/GREIFF, Bürgerliches Gesetzbuch nebst Einführungsgesetz, Allgemeiner Teil, bearb v GREIFF (21. Aufl 1958; Nachtrag 1963)
Alternativkommentar, Kommentar zum Bürgerlichen Gesetzbuch, Hrsg WASSERMANN, Bd 1, Allgemeiner Teil, bearb v DAMM ua (1987)
BÄHR/HOFFMANN, Grundzüge des Bürgerlichen Rechts (7. Aufl 1990)
BAUMGÄRTEL, Handbuch der Beweislast im Privatrecht, Bd I (2. Aufl 1991), Allgemeiner Teil, bearb v LAUMEN
BAUR/STÜRNER, Sachenrecht (16. Aufl 1992)
BGB-RGRK s Reichsgerichtsräte-Kommentar
BIERMANN, Bürgerliches Recht, Bd I, Allgemeine Lehren und Personenrecht (1908)
BOEHMER, Einführung in das Bürgerliche Recht (2. Aufl 1965)
BOEHMER, Grundlagen der Bürgerlichen Rechtsordnung, Bd I (1950), Bd II 1 (1951), Bd II 2 (1952)
DE BOOR, Bürgerliches Recht, Allgemeiner Teil, Recht der Schuldverhältnisse, Sachenrecht (2. Aufl 1954)
BREHM, Allgemeiner Teil des Bürgerlichen Gesetzbuchs (2. Aufl 1994)
BROX, Allgemeiner Teil des Bürgerlichen Gesetzbuchs (17. Aufl 1993)
COSACK/MITTEIS, Lehrbuch des Bürgerlichen Rechts, Bd 1 (8. Aufl 1927)
CROME, System des Deutschen Bürgerlichen Rechts, 1. Bd Allgemeiner Teil (1900)
DERNBURG, Das Bürgerliche Recht des Deutschen Reichs und Preußens, 1. Bd, Die allgemeinen Lehren (3. Aufl 1906)
DIEDERICHSEN, Der Allgemeine Teil des Bürgerlichen Gesetzbuchs für Studienanfänger (6. Aufl 1986)
ECK, Vorträge über das BGB (2. Aufl 1903)
EISENHARDT, Allgemeiner Teil des BGB (3. Aufl 1989)

ELTZBACHER, Einführung in das Bürgerliche Recht (1920)
ENDEMANN, Lehrbuch des Bürgerlichen Rechts, Bd I (8./9. Aufl 1903)
ENNECCERUS/NIPPERDEY, Allgemeiner Teil des Bürgerlichen Rechts (15. Bearb), 1. Halbbd (1959), 2. Halbbd (1960)
ERMAN, Handkommentar zum Bürgerlichen Gesetzbuch (9. Aufl 1993), Allgemeiner Teil bearb v BROX ua
FELDMANN, Bürgerliches Recht, Allgemeiner Teil des BGB (4. Aufl 1951)
FISCHER/HENLE/TITZE, Bürgerliches Gesetzbuch für das Deutsche Reich, Allgemeiner Teil, bearb v FISCHER (14. Aufl 1932)
FLUME, Allgemeiner Teil des Bürgerlichen Rechts, Bd I, Teilbd 1, Die Personengesellschaft (1977), Teilbd 2, Die juristische Person (1983), Bd II, Das Rechtsgeschäft (4. Aufl 1992)
GAREIS, Der allgemeine Teil des BGB (1900)
GERNHUBER, Bürgerliches Recht (3. Aufl 1991)
GOLDMANN/LILIENTHAL, Das Bürgerliche Gesetzbuch, Bd 1 (3. Aufl 1921)
Grundlagen des Vertrags- und Schuldrechts, mit Beiträgen v EMMERICH, GERHARDT, GRUNSKY, HUHN, SCHMID, TEMPEL, WOLF (1972)
HACHENBURG, Das BGB für das Deutsche Reich, Vorträge (2. Aufl 1900)
HATTENHAUER, Grundbegriffe des Bürgerlichen Rechts (1982)
HEIGL, Bürgerliches Recht, Allgemeiner Teil (2. Aufl 1975)
HELLMER, Systematik des Bürgerlichen Rechts und angrenzender Gebiete (2. Aufl 1961)
HENLE, Lehrbuch des Bürgerlichen Rechts, Allgemeiner Teil (1926)
HIRSCH, Der Allgemeine Teil des BGB (2. Aufl 1992)
HOELDER, Kommentar zum Allgemeinen Teil des BGB (1900)

HÜBNER, Allgemeiner Teil des Bürgerlichen Gesetzbuchs (1985)
JAKOBS/SCHUBERT (Hrsg), Die Beratung des Bürgerlichen Gesetzbuchs in systematischer Zusammenstellung der unveröffentlichten Quellen, 13 Bde (1978 ff), Allgemeiner Teil (1985)
JAUERNIG (Hrsg), BGB, Kommentar (7. Aufl 1994), Allgemeiner Teil, bearb v JAUERNIG
JUNG, Bürgerliches Recht, in: STAMMLER, Das gesamte Recht, Bd 1 (1931) 447 ff
KLUNZINGER, Einführung in das Bürgerliche Recht (4. Aufl 1991)
KÖHLER, BGB, Allgemeiner Teil (22. Aufl 1994)
KÖTZ/EITH/MÜLLER-GINDULLIS, BGB mit Leitsätzen aus der höchstrichterlichen Rechtsprechung (3. Aufl 1985)
KOHLER, Lehrbuch des Bürgerlichen Rechts, Bd 1 (1906)
KLUSSMANN, Grundzüge des BGB. Ein Leitfaden durch den Allgemeinen Teil (1954)
KRÜCKMANN, Institutionen des BGB (5. Aufl 1929)
KRÜGER, Ergänzungen zum BGB, 1. Bd (1925)
KUHLENBECK, Das BGB für das Deutsche Reich, Bd 1 (2. Aufl 1903)
KUMMEROW, BGB, Allgemeiner Teil (1948)
KUSSMANN, Lexikon des BGB (1950)
LANDSBERG, Das Recht des BGB, ein dogmatisches Lehrbuch (1904)
LARENZ, Allgemeiner Teil des deutschen Bürgerlichen Rechts (7. Aufl 1989)
LEHMANN/HÜBNER, Allgemeiner Teil des Bürgerlichen Gesetzbuchs (15. Aufl 1966)
LEONHARD, Der Allgemeine Teil des BGB (1900)
LOENING/BASCH/STRASSMANN, Bürgerliches Gesetzbuch, Taschenkommentar (1931)
LOEWENWARTER, Lehrkommentar zum BGB, Bd 1, Allgemeiner Teil (3. Aufl 1931)
LOEWENWARTER/BOHNENBERG, Wegweiser durch das BGB (18. Aufl 1952)
MATTHIASS, Lehrbuch des Bürgerlichen Rechts (6. Aufl 1914)
MEDICUS, Allgemeiner Teil des BGB (6. Aufl 1994)
MEDICUS, Bürgerliches Recht (16. Aufl 1993)
MÜLLER/MEIKEL, Das Bürgerliche Recht des Deutschen Reichs, Bd 1 (2. Aufl 1904)
Münchener Kommentar zum Bürgerlichen Gesetzbuch (Hrsg REBMANN u SÄCKER), Allgemeiner Teil (3. Aufl 1993), bearb v GITTER ua
MUGDAN, Die gesammten Materialien zum Bürgerlichen Gesetzbuch für das Deutsche Reich, 5 Bde (1899)
NEUMANN, Handausgabe des BGB für das Deutsche Reich, Bd 1 (6. Aufl 1912)
NOTTARP, BGB, Allgemeiner Teil (1948)
OERTMANN, Bürgerliches Gesetzbuch, Allgemeiner Teil (3. Aufl 1927)
PALANDT, Bürgerliches Gesetzbuch, Kommentar, Allgemeiner Teil bearb v HEINRICHS (54. Aufl 1995)
PAWLOWSKI, Allgemeiner Teil des BGB (4. Aufl 1993)
PLANCK, Kommentar zum Bürgerlichen Gesetzbuch nebst Einführungsgesetz, Bd I, Allgemeiner Teil, bearb v KNOKE ua (4. Aufl 1913)
RAMM, Einführung in das Privatrecht, Allgemeiner Teil des BGB, Bde 1, 2 (2. Aufl 1974), Bd 3 (2. Aufl 1975)
Reichsgerichtsräte-Kommentar zum BGB, Bd 1, §§ 1–240, bearb v JOHANNSEN ua (12. Aufl 1982)
ROSENTHAL, Bürgerliches Gesetzbuch, Handkommentar, bearbeitet von KAMNITZER, BOHNENBERG (15. Aufl 1965; Nachträge 1966, 1968, 1970)
ROTHER, Grundsatzkommentar zum Bürgerlichen Gesetzbuch, Allgemeiner Teil (1973)
RÜTHERS, Allgemeiner Teil des BGB (9. Aufl 1993)
SCHERNER, BGB – Allgemeiner Teil (1995)
SCHLEGELBERGER/VOGELS, Erläuterungswerk zum Bürgerlichen Gesetzbuch, Allgemeiner Teil, bearb v VOGELS ua (1939 ff)
SCHMIDT, Bürgerliches Recht, Bd 1, Die allgemeinen Lehren des Bürgerlichen Rechts (2. Aufl 1952)
SCHUBERT (Hrsg), Die Vorlagen der Redaktoren für die erste Kommission zur Ausarbeitung des Entwurfs eines Bürgerlichen Gesetzbuchs, Allgemeiner Teil 1876–1887 (1981)
SCHWAB, Einführung in das Zivilrecht (11. Aufl 1993)
SIMEON/DAVID, Lehrbuch des Bürgerlichen Rechts, 1. Hälfte, Allgemeiner Teil, Schuldverhältnisse (15. Aufl 1928)
SOERGEL, Bürgerliches Gesetzbuch mit Einfüh-

rungsgesetz und Nebengesetzen, Kommentar, Bd 1, Allgemeiner Teil, bearb v FAHSE ua (12. Aufl 1988)

STAMPE, Einführung in das Bürgerliche Recht (1930)

STAUDINGER/KEIDEL, Bürgerliches Gesetzbuch, Handausgabe (3. Aufl 1931)

Studienkommentar zum BGB, Erstes bis Drittes Buch, Allgemeiner Teil, bearb v HADDING (2. Aufl 1979)

THIELE, BGB, Allgemeiner Teil – Allgemeines Schuldrecht (3. Aufl 1980)

THOMA, Bürgerliches Recht, Allgemeiner Teil (1975)

v TUHR, Der Allgemeine Teil des Deutschen Bürgerlichen Rechts, Bd I (1910), Bd II 1 (1914), Bd II 2 (1918) (Neudruck 1957)

WARNEYER/BOHNENBERG, Kommentar zum BGB, Bd 1 (12. Aufl 1951)

WEDEMEYER, Allgemeiner Teil des BGB (1933)

WESTERMANN H P, Sachenrecht (I) (9. Aufl 1994)

WESTERMANN/SCHACK, BGB – Allgemeiner Teil (6. Aufl 1991)

WINDSCHEID/KIPP, Lehrbuch des Pandektenrechts, Bd 1 (9. Aufl 1906)

WOLF, Allgemeiner Teil des Bürgerlichen Rechts (3. Aufl 1982)

ZITELMANN, Das Recht des BGB, I. Teil, Einleitung und Allgemeiner Teil des BGB (1900)

Zweiter Titel
Juristische Personen

Einleitung zu §§ 21–89*

Schrifttum

BACHOF, Teilrechtsfähige Verbände des öffentlichen Rechts, AöR 83, 208
BEIL, Kirchliches Vereinsrecht nach dem Codex Iuris Canonici (1931)
BEITZKE, Konzessionssystem, Normativbestimmungen und freie Körperschaftsbildung, ZHR 108, 32
BIEBACK, Die öffentliche Körperschaft (1976)
BINDER, Das Problem der juristischen Persönlichkeit, in: FS Regelsberger (1907)
BÖCKENFÖRDE, Organ, Organisation, Juristische Person, in: FS H J Wolff (1974) 269
BRANDWEIMER, Die christlichen Kirchen als souveräne Rechtsgemeinschaften (1949)
BRINZ, Pandekten (2. Aufl 1873)
BRISCH, Die Rechtsstellung der deutschen Gewerkschaften (1951)
COING, Zum Problem des sogenannten Durchgriffs bei juristischen Personen, NJW 1977, 1793
ders, Das Privatrecht und die Probleme der Ordnung des Verbandswesens, in: FS Flume (1978) Bd I 429
ders, Treuhand und abhängige juristische Person, in: FS W Werner (1984) 101
EICHLER, System des Personenrechts (1989)
ERLER, Kirchenrecht (5. Aufl 1983)
FLECHTHEIM, Die rechtliche Organisation der Kartelle (2. Aufl 1923)
FLUME, Gesamthandsgesellschaft und juristische Person, in: FS Raiser (1974) 27
ders, Allgemeiner Teil des Bürgerlichen Rechts Bd I/1 Die Personengesellschaft (1977), Bd I/2 Die juristische Person (1983)
ders, Savigny und die Lehre von der juristischen Person, in: FS Wieacker (1978) 340
ders, Unternehmen und juristische Person, in: FS Beitzke (1979) 43, insbes 55 ff
ders, Körperschaftliche juristische Person und Personenverband, in: FS Kegel (1987) 147
FORSTHOFF, Lehrbuch des Verwaltungsrechts, I Allgemeiner Teil (10. Aufl 1973)
GEBHARD, Entwurf eines bürgerlichen Gesetzbuches, Allgemeiner Theil, Vorlage des Redaktors, in: SCHUBERT (Hrsg), Vorentwürfe der Redaktoren zum BGB, Allgemeiner Teil, Teil 1 (1981)
vGIERKE, Deutsches Privatrecht I (1895)
ders, Das Deutsche Genossenschaftsrecht (1868 ff)
ders, Die Genossenschaftstheorie und die Deutsche Rechtsprechung (1885)
ders, Das Wesen der menschlichen Verbände (1902)
HAFF, Institutionen der Persönlichkeitslehre und des Körperschaftsrechts (1918)
HEINITZ, Empfiehlt es sich, die Strafbarkeit der juristischen Person gesetzlich vorzusehen? Gutachten 40. DJT (1953) I 65
HENKEL, Zur Theorie der juristischen Person im 19. Jahrhundert (Diss Göttingen 1973)
JOHN, Die organisierte Rechtsperson (1977)
KRONSTEIN, Die abhängige juristische Person (1931)
LAMMEYER, Die Juristischen Personen der katholischen Kirche (1929)
LESSMANN, Persönlichkeitsschutz juristischer Personen, AcP 170, 266

---

* Auf der Grundlage der Kommentierung der 12. Auflage von HELMUT COING bearbeitet von GÜNTER WEICK.

vLübtow, Zur Theorie des Rechtssubjekts und ihrer geschichtlichen Entwicklung, in: FS E Wolf (1985) 421
Maurer, Das Persönlichkeitsrecht der juristischen Personen bei Konzern und Kartell (1955)
Müller-Freienfels, Zur Lehre vom sogenannten „Durchgriff" bei juristischen Personen im Privatrecht, AcP 156, 522
Mummenhoff, Gründungssysteme und Rechtsfähigkeit (1979)
Ott, Recht und Realität der Unternehmenskorporation (1977)
Planiol-Ripert, Traité élémentaire de Droit civil (4. Aufl 1948)
Plewnia, Die Bevollmächtigung juristischer Personen des Privatrechts (Diss Frankfurt 1965)
T Raiser, Das Unternehmen als Organisation (1969)
Reuter, Privatrechtliche Schranken der Perpetuierung von Unternehmen (1973)
Rittner, Die werdende juristische Person (1973)
ders, Rechtsperson und juristische Person, in: FS Meier-Hayoz (1982) 331
Savigny, System des heutigen römischen Rechts II (1840)
Scheyhing/M Wilhelm, Betrachtungen zur Theorie der realen Verbandspersönlichkeit von Otto vGierke, in: FS Locher (1990) 495
K Schmidt, Verbandszweck und Rechtsfähigkeit im Vereinsrecht (1984)
U Schmidt, Die Mitgliedschaft in Verbänden (1989)
Schnorr vCarolsfeld, Geschichte der juristischen Person I (1933)
Schulte, Rechtsprechungsübersicht zum Trennungsprinzip bei juristischen Personen, WM Sonderbeilage 1/1979
Serick, Rechtsform und Realität juristischer Personen (1955)
Teubner, Organisationsdemokratie und Verbandsverfassung (1978)
ders, Unternehmenskorporatismus. New industrial policy und das „Wesen" der juristischen Person, KritV 1987, 61
P Ulmer, Zu einer neuen Theorie der juristischen Person, ZHR 140 (1976) 61
Ulsamer, Zur Geltung der Grundrechte für juristische Personen des öffentlichen Rechts, in: FS Geiger (1969) 199
H P Westermann, Vertragsfreiheit und Typengesetzlichkeit im Recht der Personengesellschaften (1970)
Wieacker, Zur Theorie der juristischen Person des Privatrechts, in: FS Huber (1973) 339
Wiedemann, Juristische Person und Gesamthand als Sondervermögen, WM Sonderbeilage 4/1975
J Wilhelm, Rechtsform und Haftung bei der juristischen Person (1981)
H J Wolff, Organschaft und juristische Person I (1933), II (1934)
M Wolff, On the Nature of Legal Persons, LQR 54 (1938) 494
Wronka, Zur Phänomenologie der juristischen Personen, WRP 1976, 425.

Systematische Übersicht

I. Sprachgebrauch	1
II. Die Behandlung der juristischen Personen im BGB	2
III. Die Bedeutung der juristischen Person als Rechtsfigur	3
1. Der Theorienstreit im 19. Jahrhundert	4
2. Neuere Auffassungen	5
3. Systematischer Ort der Rechtsfigur „Juristische Person"	6
4. Die Rechtsfigur „Juristische Person" als Lösung eines Teilproblems des Organisationsrechts	8
5. Grenzen ihrer Bedeutung	9
6. Gestaltung und juristische Person	11
7. Zusammenfassung	16
IV. Juristische Personen des öffentlichen Rechts und des Privatrechts	
1. Juristische Personen des öffentlichen Rechts	19
2. Juristische Personen des Privatrechts	21
3. Abgrenzung	22

2. Titel.
Juristische Personen

Einl zu §§ 21 ff

V.	Die Rechtsfähigkeit der juristischen Personen	23
1.	Im Bereich des öffentlichen Rechts	24
2.	Im Bereich des Privatrechts	27
3.	Beschränkungen	31
4.	Privilegien	35
5.	Entziehung	36
6.	Das Problem des sog „Durchgriffs"	37

VI.	Handlungsfähigkeit der juristischen Person	
1.	Zum Begriff des „Organs"	50
2.	Einzelheiten	55
3.	Verhältnis zur Rechtsfähigkeit	56

VII. Deliktsfähigkeit juristischer Personen 57

VIII.	Entstehung juristischer Personen	
1.	Einleitung	58
2.	Zulassung und Rechtsform	59
3.	System der Erlangung der Rechtspersönlichkeit	60
4.	Zulassung der juristischen Person als Haftungsbeschränkung	61

IX. Juristische Personen nach dem Recht der ehemaligen DDR 62

X. Anerkennung ausländischer juristischer Personen 63

XI. Abhängige juristische Personen 64

XII. Juristische Personen und Steuerrecht 65

Alphabetische Übersicht

Abgrenzung	22
Abhängige juristische Person	14, 47, 49, 64
Anstalt	19
Aufsichtsratsmitglied	55
Ausländisches Recht	63
Begriff	1 ff
Besitz	29
Deliktsfähigkeit	55, 57
Durchgriffshaftung	37 ff
Entstehung	58 ff
Entziehung	36
Fiktionstheorie	27, 53
Fiskus	19
Freie Körperschaftsbildung	60
Gesamthand	10
Gesellschaft	10
Gestaltungsfreiheit	11
Grundrechtsfähigkeit	26
Haftungseinheit	8
Handlungsfähigkeit	50 ff
Internationales Privatrecht	63

Juristische Person	2 ff
– ausländische	63
– der ehemaligen DDR	62
– im BGB	2
– Öffentlichen Rechts und Privatrechts	19
– Rechtsfigur	3 ff, 6 f
Kapitalgesellschaft	9 f
Kirchen	20
Körperschaft	19
Konkursverwalter	30, 55
Konzern	49, 64
Konzessionssystem	60
Liquidator	55
Mißbrauchstheorie	40
Normanwendungstheorie	40 ff
Normativsystem	60
Organe	50 ff
Parteifähigkeit	30
Persönlichkeitsrecht	28, 31 ff
Personenvereinigung	8, 13
Privilegien	35
Prozeßfähigkeit	54
Prozeßkostenhilfe	55

Günter Weick

Reale Verbandstheorie	53	Trennungsprinzip	37, 43 ff
Rechtsfähigkeit	23 ff, 60	Typenzwang	15
Religionsvereinigungen	20		
		Ultra-Vires-Lehre	25
Schiedsrichter	55		
Sprachgebrauch	1	Verein	10
Steuerrecht	65	Vereinigungen der DDR	62
Stiftung	19, 62	Vereinte Nationen	63
Strafrecht	57		
		Weltbank	63
Testamentsvollstrecker	55		
Theorienstreit des 19. Jh	4	Zulassung	59, 61

I. Sprachgebrauch

1 Der Ausdruck „**Juristische Person**" scheint um 1800 üblich geworden zu sein. Er wird bei HEISE in dessen Grundriß (1807) und bei GUSTAV HUGO in dessen „Lehrbuch des heutigen Römischen Rechts" (4. Aufl 1811) gebraucht. HEISE sieht unter dem Ausdruck die Universitates und Collegia des Römischen Rechts, aber auch den Fiskus. Das österreichische ABGB von 1811 verwendet den Ausdruck „Moralische Person". In Reichsgesetzen *vor dem BGB* findet sich der Ausdruck „Juristische Person" nur vereinzelt, zB in §§ 12, 140 GewO; § 12 BankG v 14. 3. 1875. Eine *Umschreibung* der Vermögensfähigkeit der juristischen Person beabsichtigt die in früheren Reichsgesetzen sich findende Formel, daß eine Vereinigung „unter ihrem Namen Rechte erwerben und Verbindlichkeiten eingehen, Eigentum und andere dingliche Rechte an Grundstücken erwerben, vor Gericht klagen und verklagt werden könne" (vgl Beispiele in Mot I 79). Indessen ist diese Umschreibung auch auf die OHG (§ 124 HGB) angewendet worden. Ähnlich ist der Sprachgebrauch der älteren Landesgesetze. Im öffentlichen Recht findet der Ausdruck „Juristische Person" sich seit der Mitte des 19. Jh.

Auch das *Schweizerische ZGB* spricht von „Juristischen Personen" (Art 52−89); das *österreichische ABGB* von einer „moralischen Person" (Teil I 1 Abschn 4 Überschrift vor § 26); das niederländische Recht von „rechtspersonen" (Burgerlijk Wetboek Buch II); die *französische Jurisprudenz* (vgl PLANIOL-RIPERT I Nr 3007 ff) von „personnes fictives", „personnes morales", „personnes civiles"; das italienische Recht von „persone giuridiche" (Codice civile Art 11 ff), die Theorie auch von „persone mistiche", „persone fittizie"; der *spanische Código civil* (Art 35−39) von „personas juridicas". Im *englischen Recht* fehlt ein einheitlicher Ausdruck, s darüber und über die verschiedenen Arten der corporations WALTON, in: HALSBURY, Laws of England (4th ed 1988 vol 7/1,) „Companies" para 1; PALMER/SCHMITTHOFF, Company Law (22d ed 1976) vol I 1−3).

II. Die Behandlung der juristischen Personen im BGB

2 Der Redaktor des allgemeinen Teils, GEBHARD, hatte in seinem Entwurf eine *allgemeine Regelung* für juristische Personen aufgenommen. Vorgesehen war eine Grundsatzbestimmung, wonach Personenvereine, Anstalten und Vermögensinbegriffe die

Rechtsfähigkeit im Bereich des Vermögensrechts erwerben konnten; dabei war für das Verfahren auf das Landesrecht verwiesen und dadurch diese politisch umkämpfte Frage *ausgeklammert*. Geregelt waren ferner die Vertretungsmacht des Vorstandes, die Beschlußfassung der Organe, die Beendigung und Liquidation von Personenvereinen sowie das Stiftungsrecht (weitgehend durch Verweisung). Es ist nicht uninteressant, daß auch der allgemeine Teil für juristische Personen im neuen Bürgerlichen Gesetzbuch der Niederlande sich im wesentlichen auf diese Materien beschränkt (vgl Burgerlijk Wetboek Buch II Titel 1). Die *erste Kommission* hielt an diesem Konzept fest, fügte aber ua eine Bestimmung über die deliktische Haftung der juristischen Person ein (vgl Mot bei MUGDAN I 395 f).

Die *zweite Kommission* änderte den Plan. Ihre Absicht war in erster Linie, die Rechtslage der Idealvereine zu regeln; einzelne Bestimmungen sollten dann auf andere juristische Personen, insbes auch solche des öffentlichen Rechts, ausgedehnt werden (vgl Prot bei MUGDAN I 603, auch 594). Der Gedanke eines **allgemeinen Teils für das Recht der juristischen Personen** war damit aufgegeben worden. Dies ist für die Stellung der Vorschriften des Vereinsrechts im Gesamtsystem unseres Privatrechts wichtig.

III. Die Bedeutung der juristischen Person als Rechtsfigur

Das Gesetz definiert die juristische Person nicht; die Frage bleibt der Wissenschaft überlassen; diese hat im einzelnen sehr *verschiedene Auffassungen* entwickelt.

1. Der Theorienstreit im 19. Jahrhundert

Schon im 19. Jh hat diese Frage den Gegenstand eines Streites gebildet. Dies entsprach dem allgemeinen wissenschaftlichen Bestreben der historischen Schule, aus Wesensbegriffen juristische Folgerungen abzuleiten. SAVIGNY ging in seinem System von einem philosophisch bestimmten Personenbegriff aus (Person = sittlich freies Wesen), er folgerte daraus, daß der „einzelne Mensch, und nur der *einzelne Mensch*" rechtsfähig sei (System II 2), der juristischen Person dagegen nur fiktive Persönlichkeit zukomme („Fiktionstheorie"). Demgegenüber gingen andere, namentlich die Germanisten OTTO vGIERKE und BESELER, von der soziologischen Wirksamkeit der menschlichen Verbände aus; sie bezeichneten diese daher in Anwendung des Organismusgedankens als *wirkliche Personen* und kamen so zu dem Postulat, daß, wenigstens grundsätzlich, auch den *Verbandspersonen Rechtspersönlichkeit* zustünde („Theorie der realen Verbandspersönlichkeit"). Vgl die Zusammenfassung bei vGIERKE, Deutsches Privatrecht I 471. Infolge der unterschiedlichen Ansätze (philosophisch bzw soziologisch) war der Streit hoffnungslos. Für eine Rechtsbetrachtung, die von Ordnungsgedanken und Interessenforschung ausgeht, ist er ohne Bedeutung; auf die einzelnen Lehrmeinungen hier einzugehen, erübrigt sich daher. Die praktisch entscheidende Frage war im Grunde, ob auch für die menschlichen Verbände grundsätzlich die Rechtsfähigkeit gefordert werden könnte.

Neben diesen beiden Grundauffassungen war auch der Gedanke vertreten, die Eigenart der juristischen Person sei darin zu sehen, daß ein *zweckgebundenes Vermögen verselbständigt* werde. Vgl insbes BRINZ, Band I. Darstellung der einzelnen

Theorien bei H J WOLFF I 1–87; Überblick mit Herausarbeitung der wesentlichen Positionen bei WIEACKER, in: FS E R Huber 339 ff, insbes 362 ff.

2. Neuere Auffassungen

5 Auch in neuerer Zeit werden sehr verschiedene Auffassungen vertreten. MARTIN WOLF hat die *Fiktionstheorie* erneut begründet (LQR 54 [1938] 494 f); dieser formalen Betrachtungsweise steht auch H J WOLFF nahe (vgl seine Definition I 230), wenn er die juristische Person als überindividuelle Substanz objektiven Geistes auffaßt, die von Menschen als Rechtspersonen getragen wird (229). Dazu die krit Besprechung von P ULMER ZHR 140 (1976) 61–72. WIEDEMANN hat in Anknüpfung an die ältere Theorie vom Zweckvermögen den Gedanken entwickelt, die juristische Person sei im Kern ein *selbständiges, organisiertes Sondervermögen* (WM 1975 Sonderbeilage 4/1975). JOHN (Die organisierte Rechtsperson, [1977]) geht in Abkehr von den bisherigen theoretischen Ansätzen von einer Strukturanalyse der Rechtspersonen aus, erkennt als drei allgemeine *Strukturelemente*: „Handlungsorganisation, Haftungsverband und Identitätsausstattung" und entwickelt von daher eine *„Morphologie der Personifikationen"*, wobei er Personifikation als Verselbständigung versteht. Die überwiegende Auffassung läßt sich wohl dahin kennzeichnen, daß sie unter juristischen Personen Organisationen versteht, denen Rechtsfähigkeit zugesprochen ist. Vgl etwa ENNECCERUS/NIPPERDEY § 103.

3. Systematischer Ort der Rechtsfigur „Juristische Person"

6 Ein Kommentar ist nicht der Ort, diese Frage in allen ihren Verzweigungen zu erörtern; es muß genügen, die Regelungsproblematik zu bestimmen, in deren Rahmen die Denkfigur „Juristische Person" eine Rolle spielt, und die eigene Auffassung kurz zu begründen. Der Wunsch, sich zusammenzuschließen und überindividuelle Vereinigungen zu gründen, ist ein *Grundelement des sozialen Lebens*. Es tritt uns in allen Lebensbereichen entgegen: in Religion und Wissenschaft, in der Politik, in der Wirtschaft sowie in Sport und Unterhaltung; es hat in der Gegenwart in allen diesen Gebieten zur Gründung zahlreicher Verbände geführt. Ebenso gehört zu jeder höheren Kultur das Bedürfnis, **überindividuelle Organisationen** zu schaffen, sei es in Anlehnung an Verbände – heute auch oft in deren Rechtsformen – sei es in eigenen Formen, wie Anstalten und Stiftungen; letztere haben sich insbes im religiösen, wissenschaftlichen und fürsorgerischen Bereich entfaltet und spielen auch heute dort noch eine große Rolle. Gerade unter den technischen und ökonomischen Bedingungen unserer Zeit erscheint die überindividuelle Organisation, ja die Großorganisation, ganz unverzichtbar.

7 Soweit nun Verbände und Organisationen *privater Initiative* entspringen, also außerhalb der eigentlich öffentlich-staatlichen Organisation stehen, ergeben sich für die Rechtsordnung zwei Grundprobleme: (1) Ob und unter welchen Bedingungen derartige Einrichtungen *erlaubt* sein sollen; (2) welche Gestaltungsformen das Recht zur Verfügung stellen soll; mit anderen Worten, welches *Organisationsrecht* geschaffen werden soll. Hier geht es um die innere Verfassung der Organisationen und um ihre Stellung im Rechtsverkehr.

4. Die Rechtsfigur „Juristische Person" als Lösung eines Teilproblems des Organisationsrechts

Die *Rechtsfigur der juristischen Person* gehört in den letztgenannten Problemkreis. **8** Mit ihrer Zulassung wird ein Teilproblem des Organisationsrechts beantwortet. Daß eine *Organisation* juristische Person ist, bedeutet, daß sie rechtsfähig ist. Damit ist vor allem dreierlei gesagt:

a) Die Organisation kann nunmehr ein **eigenes Vermögen** haben. Handelt es sich um eine Personenvereinigung, so wird das Verbandsvermögen von dem der Mitglieder *unabhängig;* handelt es sich um eine anstaltliche Organisation (unten Rn 14), so wird das ausgesonderte, besonderen Zwecken gewidmete Vermögen gegenüber dem sonstigen Vermögen des Stifters oder Gründers, im öffentlichen Bereich dem des Staates gegenüber selbständig. Man hat deswegen die juristische Person als „Kollektiveigentum" bezeichnet (so PLANIOL-RIPERT I Nr 3005 ff, 1198).

b) Das Vermögen der juristischen Person bildet vor allem eine **besondere Haftungseinheit**. Die Rechtsgeschäfte, welche die für die juristische Person gebildete Verwaltung eingeht, werden nur *dieser* zugerechnet (vgl unten Rn 50 ff) und machen nur *ihr* Vermögen haftbar. Die Mitglieder und Organe haften grundsätzlich *nicht* mit ihrem persönlichen Vermögen.

c) Diese vermögensfähige Organisation ist in ihrer Existenz **unabhängig vom Wechsel ihrer** einzelnen eventuellen **Mitglieder** oder der sie verwaltenden Menschen; sie ist auch in diesem Sinne überindividuell, ja potentiell unsterblich. Die Anerkennung juristischer Personen bedeutet, daß die Rechtsordnung Organisationen solcher Art ermöglicht und der privaten Initiative zur Verfügung stellt; sie ist damit Teil des Organisationsrechts.

5. Grenzen ihrer Bedeutung

So bedeutsam es nun ist, daß die Rechtsordnung Organisationen dieser Art zuläßt, **9** so sehr ist doch hervorzuheben, daß sich in der damit gegebenen Regelung die Problematik des Organisationsrechts in keiner Weise erschöpft.

a) Zunächst ist rein tatsächlich festzustellen, daß keineswegs alle Organisationen, die in der Realität des sozialen Lebens bedeutsam sind, zugleich auch juristische Personen sind. Die **Gewerkschaften** und die meisten **politischen Parteien** sind derzeit nichtrechtsfähige Vereine, und es gibt große Unternehmungen, die in der Form von Personengesellschaften geführt werden.

Dementsprechend ist denn auch für die Frage der Zulassung von Vereinigungen nach öffentlichem Vereinsrecht ebenso wie für die Frage der **Grundrechtsfähigkeit** von Organisationen nach Art 9 GG *unabhängig von* der Frage der *Organisationsform* zu entscheiden – im letzten Falle sogar entgegen dem Wortlaut der Verfassung.

b) Die Rechtsfigur der juristischen Person, so wie sie in unserem privaten Recht **10** verwendet wird, *deckt sich* auch *nicht* mit einem der **Idealtypen**, die sich bei der

Bildung menschlicher Verbände beobachten lassen, nämlich Gesellschaft und Verein.

aa) Die **Gesellschaft** hat geschichtlich ihren Ursprung in der Erbengemeinschaft; wie sich insbes im römischen Recht verfolgen läßt, ist ihr Urbild, dem sie nachgebildet ist, die Gemeinschaft der Blutserben, die auf dem ungeteilten Erbgut sitzen bleiben und gemeinsam wirtschaften (vgl RABEL, Erbengemeinschaft und Gewährleistung, Mnemosyna Pappoylia [Athen 1934] 187 ff). Der rechtlichen Struktur nach ist sie dadurch gekennzeichnet, daß es sich typischerweise um einen Zusammenschluß weniger Personen handelt, die sich zur Erreichung des gemeinsamen Zwecks vereinigt haben. Daher ist ihre Existenz grundsätzlich an die *Person der Gesellschafter gebunden*, die gesellschaftlichen Rechte sind grundsätzlich unübertragbar, die Geschäftsführung erfolgt gemeinsam, und dem Treuegedanken kommt eine besondere Bedeutung zu.

bb) Der **Verein** ist demgegenüber typischerweise der Zusammenschluß einer größeren Zahl von Personen; er bedarf daher der *korporativen Organisation,* insbes eigener geschäftsführender Organe. Seine Existenz ist *unabhängig* vom Wechsel der Mitglieder und die Übertragung der Mitgliedschaftsrechte nicht grundsätzlich ausgeschlossen. Historisch hat das Vereinsrecht nichts mit der engen „Gemeinderschaft" der Hausgenossen zu tun, sondern ist stark vom Recht der politischen Gemeinwesen, wie der Städte, beeinflußt.

Daß sich zu diesen Grundtypen der Verbände der Begriff der juristischen Person, jedenfalls im deutschen Recht, neutral verhält, zeigen Gebilde, wie die GmbH auf der einen, der nichtrechtsfähige Verein auf der anderen Seite.

c) Dementsprechend ist das **private Organisationsrecht umfassender** als das Recht der juristischen Personen.

Für die Bildung von *Verbänden* steht neben dem Recht der juristischen Personen das Recht der Gesellschaften zur Verfügung (BGB-Gesellschaft, OHG, KG). Diese Regelungen sind so schmiegsam, daß sie sowohl für streng persönlichkeitsgebundene wie für größere, überpersönliche Organisationen (zB die sog Publikumspersonengesellschaften, meist in der Form der GmbH & Co KG) geeignet sind. Auch läßt sich in ihnen zwar keine begrenzte Haftung, wohl aber die Bildung eines vom sonstigen Privatvermögen der Mitglieder getrennten Sondervermögens erreichen.

Auch in der letzten Beziehung steht die juristische Person am Ende einer Reihe von Gestaltungsmöglichkeiten. Zunächst kennt unser Recht *gebundene Einzelvermögen*. Es handelt sich um Teilvermögen einer Person, die für bestimmte Zwecke gebunden und daher Sonderregeln (Veräußerungsverboten, dinglicher Surrogation, Verwaltungspflichten) unterworfen sind. Beispiele bieten der Nachlaß in der Hand des Vorerben oder das Sondervermögen einer Kapitalanlage-Gesellschaft. Aber auch das *Treuhandvermögen* gehört hierher. Es ist bekannt, daß gerade im Organisationsrecht durch Übertragung von Werten an Treuhänder funktionell ähnliche Wirkungen erzielt werden können wie mit der Einbringung in eine juristische Person; man denke an das für einen nichtrechtsfähigen Verein gehaltene Treuhandvermögen oder an die fiduziarische Stiftung. Es gibt sodann Fälle der Verselbständigung eines Vermögens durch gesonderte Verwaltung: Testamentsvollstreckung, Nachlaßverwaltung.

Eine **Verselbständigung eines Vermögens** kennt unser Recht aber vor allem bei der *Gesamthand,* die im Recht der Gesellschaft verwendet wird. Hier steht mehreren Personen ein Vermögen in der Weise gemeinsam zu, daß die Verfügungsgewalt über die einzelnen zur Gesamthand gehörenden Vermögensgegenstände der Gesamtheit vorbehalten ist, während dem einzelnen kein verfügbarer Anteil an diesen Einzelgegenständen, vielmehr höchstens ein Verfügungsrecht über seinen Anteil am Gesamtvermögen zusteht. Diese Regelung hat zur Folge, daß auch zur Vollstreckung in das Gesamthandsvermögen ein Titel gegen alle Beteiligten erforderlich ist. Es entsteht daher ein *gebundenes Sondervermögen,* das der gemeinsamen Verfügungsbefugnis der Gesamthänder unterliegt. Neuere Auffassungen in der Lit nehmen zumindest bei den Personengesellschaften eine Rechtsträgerschaft der Gesamthand als überindividueller, kollektiver Einheit an (FLUME ZHR 136, 177, 192 ff; K SCHMIDT AcP 182, 481, 486 f). Demgegenüber ist daran festzuhalten, daß bei allen Gesamthandsgemeinschaften im Gegensatz zu den juristischen Personen kein neues Rechtssubjekt als Vermögensträger entsteht; Vermögensträger sind vielmehr die Gesamthänder in ihrer Verbundenheit. Durch besondere rechtliche Ausgestaltung sind jedoch einige Personenvereinigungen den juristischen Personen *angenähert,* insbes die **OHG,** die **KG** und neuerdings die **Europäische Wirtschaftliche Interessenvereinigung (EWIV)**; vgl zur letztgenannten MÜLLER-GUGENBERGER NJW 1989, 1449, 1453; GLORIA/KARBOWSKI WM 1990, 1313. In anderen Staaten kann die EWIV dagegen Rechtsfähigkeit haben, so zB in Frankreich.

Die Gesamthand ist als Organisationsform von der germanistischen Theorie des 19. Jh entwickelt (vgl insbes KUNTZE ZHR 6, 209 ff) und im BGB für die Ausgestaltung der *Gesellschaft* und der *handelsrechtlichen Personengesellschaften* verwendet worden. Da den Handelsgesellschaften das Recht eingeräumt ist, unter ihrer Firma Rechte (auch Grundstücksrechte) zu erwerben, zu klagen und verklagt zu werden, bilden sie, wie die Gesamthand überhaupt, gewissermaßen eine Vorstufe der juristischen Person („Rechtspersönlichkeit zweiter Ordnung"), (HAFF, Institutionen 223 ff).

6. Unterschiedliche Gestaltung

Das deutsche Recht kennt nicht die juristische Person an sich, sondern *verschiedene Formen* der juristischen Person, die im einzelnen *sehr unterschiedlich gestaltet* sind.

a) Zu den juristischen Personen gehören die rechtsfähigen Idealvereine gem § 21 („e.V."), die Wirtschaftsvereine gem § 22, die eingetragenen Genossenschaften (eG), die Kapitalgesellschaften (AG, KGaA, GmbH) und die rechtsfähigen Stiftungen. Eine besondere Form des rechtsfähigen Vereins ist ferner der Versicherungsverein auf Gegenseitigkeit gem §§ 15 ff VAG.

b) Sind diese Formen schon an sich im einzelnen sehr unterschiedlich gestaltet, so kompliziert sich das Bild weiter durch die Art und Weise, wie diese verschiedenen Formen in der *Rechtspraxis* verwendet werden. Die verschiedenen Formen der juristischen Person sind zwar historisch jeweils im Hinblick auf bestimmte organisatorische Bedürfnisse geschaffen worden. Es besteht aber kein rechtlicher Zwang, sie nur für diese Zwecke einzusetzen. Auch Vorschriften, die für Unternehmen bestimmter Zielsetzung nur bestimmte Organisationsformen zulassen, sind selten, vgl etwa § 3 KAGG, § 2 HypBkG; im Bürgerlichen Recht kommen vor allem die §§ 21, 22 in Betracht. Vielmehr herrscht das Prinzip der **Freiheit der Wahl der rechtlichen Form**. Diese Freiheit hat dazu geführt, daß die verschiedenen Organisationsformen oft ganz andere Funktionen erfüllen, als man ihrer historischen Entstehung nach erwarten könnte, und dementsprechend auch in anderer Weise funktionieren.

13 aa) Es kann sich um eine organisierte *Vereinigung von Personen* handeln. Die Vereinigung kann privaten und öffentlichen Rechts sein; sie kann den Charakter einer Gesellschaft oder den eines Vereins tragen.

In der wissenschaftlichen Diskussion am Ende des 19. Jh hat die Rechtspersönlichkeit der korporativ gestalteten *menschlichen Verbände* (also der Verbände mit „Vereinscharakter") im Vordergrund gestanden. Aber es wäre falsch, den Begriff der juristischen Person nur im Zusammenhang mit solchen Verbänden oder überhaupt nur im Zusammenhang mit Personenvereinigungen zu sehen; denn die juristische Person als Rechtseinrichtung erfüllt in der modernen Rechtsordnung auch ganz andere Zwecke.

14 bb) Es kann sich um ein *Sondervermögen* handeln, das bestimmten Zwecken dauerhaft gewidmet ist und von einer dazu geschaffenen oder verpflichteten Verwaltungsorganisation für diese Zwecke verwaltet wird (anstaltliche Organisation).

Hierher gehören die privatrechtliche und öffentlichrechtliche **Stiftung** und vor allem die öffentlichrechtliche **Anstalt**. Aber in der modernen Wirtschaftsorganisation werden auch Rechtsformen, die eigentlich für Personenvereinigungen geschaffen sind, wie die GmbH und die AG, benutzt, um rechtlich verselbständigte Verwaltungseinheiten oder Sondervermögen für bestimmte Zwecke zu schaffen; man denke zB an eine Geschäftsführungs-GmbH in einem Kartell (dazu E R Huber, Wirtschaftsverwaltungsrecht [1953] I 302 f). Der Zweck, eine *selbständige Verwaltungseinheit,* ähnlich der öffentlichrechtlichen Anstalt, zu schaffen, bzw ein Sondervermögen, etwa ein bestimmtes Unternehmen, zu verselbständigen, steht dann im Vordergrund. Von hier aus ist auch die Erscheinung der sog **abhängigen juristischen Person** zu verstehen. Soweit ein bestimmter Teil eines Unternehmens, etwa ein besonderer Betrieb, verselbständigt wird, hat Kronstein mit Recht von einer „pekuliarischen Form" der juristischen Person gesprochen (vgl insbes 64 ff, 70), weil hier, ähnlich dem römischen Peculium, ein Sondervermögen gegenüber dem übrigen Vermögen verwaltungsmäßig und haftungsrechtlich verselbständigt wird. Im ganzen gesehen dienen hier Formen des Gesellschaftsrechts anstaltsmäßigen Zwecken. Diese Gestaltung ist vom Gesetzgeber durch das sog *Schachtelprivileg* (dazu Tipke/Lang, Steuerrecht, 13. Aufl [1991] 462, 469, 514 f; Knobbe-Keuk, Bilanz- und Unternehmenssteuerrecht, 7. Aufl [1991] § 26 III 5) anerkannt. Die Heranbildung besonderer „rechtsfähiger Verwaltungseinheiten" im öffentlichen Recht bietet eine Parallele.

Außerhalb der Wirtschaft wird zB die Rechtsform des Vereins in der *Wissenschafts- und Kulturverwaltung* benutzt, um eine selbständige Trägerorganisation für die

Unterhaltung von Forschungseinrichtungen zu schaffen; ein Beispiel bietet die Max-Planck-Gesellschaft zur Förderung der Wissenschaften.

Freilich ist die Frage, *wie weit Freiheit der Wahl* der rechtlichen Organisationsform besteht, nicht unbestritten. Gewichtige Stimmen in der Lit haben sich immer wieder dafür eingesetzt, diese Freiheit durch **Typenzwang** oder zum mindesten durch **Zwang zur typenreinen Verwendung** der gesetzlich vorgesehenen Formen der Personalgesellschaft und Kapitalgesellschaft zu begrenzen. Insbes sind *Mischformen* wie die GmbH und Co KG oder die Publikums-KG kritisiert worden. Vgl dazu etwa GROSSFELD, Zivilrecht als Gestaltungsaufgabe (1977); REUTER, Privatrechtliche Schranken der Perpetuierung von Unternehmen (1973); H P WESTERMANN, Vertragsfreiheit und Typengesetzlichkeit im Recht der Personengesellschaften (1970); TEICHMANN, Gestaltungsfreiheit in Gesellschaftsverträgen (1970). De lege lata sind diese Versuche angesichts der *historischen Zufälligkeit,* mit der unser geltendes Gesellschaftsrecht entstanden ist, sowie der Art und Weise, wie insbes das Recht der Personengesellschaften vom Gesetz und durch Richterrecht ausgestaltet ist, kaum zu begründen. Der vorsichtigen Stellungnahme von WESTERMANN ist zuzustimmen. Es bedürfte hier eines auf klaren Ordnungsvorstellungen beruhenden Eingreifens des Gesetzgebers.

7. Zusammenfassung

Nach all dem ist festzuhalten, daß die Rechtsfigur der juristischen Person auf der einen Seite nur eine *Teilregelung* im Rahmen des privaten Organisationsrechts darstellt, daß sie auf der anderen Seite auch *nicht eine einheitliche Organisationsform* bezeichnet, daß mit dem Begriff vielmehr nur ganz bestimmte gleichartige Aspekte von Organisationsformen umschrieben sind, die im übrigen nach Struktur und Funktion verschieden gestaltet sind.

Daraus ergeben sich einige **grundsätzliche Folgerungen**:

a) Es erscheint unzulässig, eine Theorie der juristischen Person auf *philosophischen* oder soziologischen Einsichten in das Wesen der menschlichen Verbände aufzubauen.

b) Es ist notwendig, sich der *Unterschiedlichkeit* der einzelnen *Typen* juristischer Personen bewußt zu bleiben. Dies muß insbes dazu führen, sich zu fragen, ob Problemlösungen wirklich bei der hoch abstrakten Rechtsfigur der juristischen Person als solcher anzusetzen sind oder ob nicht vielmehr bei deren Einzelproblemen zu beginnen ist. So mE richtig MÜLLER-FREIENFELS in seiner Besprechung von SERICK, Rechtsform und Realität juristischer Personen, AcP 156, 522 ff.

c) Es gilt im Auge zu behalten, daß die Figur der juristischen Person nur die *Lösung* ganz *bestimmter Probleme des Organisationsrechts* darstellt. Dies deutlich hervorgehoben zu haben, ist das Verdienst der Theorie von WIEDEMANN von der juristischen Person als verselbständigtem Sondervermögen (WM Sonderbeilage 4/1975); denn diese *Verselbständigung* ist in der Tat das entscheidende Moment bei der juristischen Person.

18 Diese Auffassung der juristischen Person als *technischer Denkfigur* ist von OTT einer heftigen **Kritik** unterzogen worden; er sieht in dieser Ansicht eine Verschleierung der sozialen Realität, der wahren Machtsituation der großen privatrechtlichen Organisationen, insbes der Kapitalgesellschaften.

Indessen übersieht diese Kritik, daß es sich hierbei eben um das Sonderproblem der Großorganisationen handelt und das hier zweifellos vorliegende Regelungsproblem infolgedessen *nicht* an die allgemeine Figur der juristischen Person angeknüpft werden kann, sondern eben an die nach bestimmten Kriterien abzugrenzende *Großorganisation*, wie dies auch im Hinblick auf Mitbestimmung und Publizität geschehen ist. Vgl § 1 PublizitätsG v 15. 8. 1969 (BGBl I 1189); § 1 MitbestG v 4. 5. 1976 (BGBl I 1153). Pauschale Lösungen, die an die juristische Person als solche anknüpfen, helfen hier nicht weiter, wie übrigens auch die eigenen Lösungsvorschläge von OTT (272 ff) zeigen. Im übrigen weicht die von ihm gewählte Begriffsbildung von der im Zivilrecht üblichen ab (vgl etwa OTT 86 ff).

IV. Juristische Personen des öffentlichen Rechts und des Privatrechts

19 Es gibt juristische Personen des öffentlichen Rechts und des Privatrechts.

1. Juristische Personen des öffentlichen Rechts

Zu den juristischen Personen des öffentlichen Rechts gehören:

a) Zunächst der *Staat* selbst, sowohl als Hoheitsträger wie als Fiskus, dh der Staat, soweit er am privatrechtlichen Rechtsverkehr (im Verhältnis der Gleichordnung) teilnimmt. Der Staat wird zwar in der verwaltungsrechtlichen Systematik nicht zu den Personen des öffentlichen Rechts gerechnet. Aber haftungsrechtlich muß er zum Kreis der juristischen Personen gerechnet werden (vgl dazu SIEBERT DÖV 1951, 44).

b) Die eigentlichen sog juristischen Personen des öffentlichen Rechts. Sie sind „rechtsfähige Verwaltungseinheiten" (KÖTTGEN), welche als Träger der Selbstverwaltung oder der „mittelbaren Staatsverwaltung" (FORSTHOFF) aus dem unmittelbaren Instanzenzug der Staatsverwaltung herausgenommen sind. Sie sind durch einen Akt öffentlichen Rechts errichtet (vgl zB RUDOLF in: ERICHSEN/MARTENS, Allg Verwaltungsrecht, [9. Aufl 1992] § 56 Rn 10) und üben hoheitliche Befugnisse aus.

In Betracht kommen:

die **öffentlichrechtlichen Körperschaften**, dh „mitgliedschaftlich organisierte rechtsfähige Verbände öffentlichen Rechts, welche staatliche Aufgaben mit hoheitlichen Mitteln unter staatlicher Aufsicht wahrnehmen" (FORSTHOFF I 457), zB Gemeinden, Zweckverbände usw;

die **öffentlichrechtlichen Anstalten**. Sie sind ein Bestand von Mitteln, sächlichen und persönlichen, welche in der Hand einer dafür besonders geschaffenen juristischen Person des öffentlichen Rechts einem besonderen öffentlichen Zweck dauernd zu dienen bestimmt sind (vgl OTTO MAYER, Verwaltungsrecht [3. Aufl 1924] II 268, 331); zB die öffentlichrechtlichen Rundfunk- und Fernsehanstalten;

die **öffentlichrechtlichen Stiftungen**. Sie werden durch Stiftung einer öffentlichen Verwaltung für bestimmte öffentliche Zwecke **geschaffen**. Die Notwendigkeit und Selbständigkeit dieses Sonderbegriffs neben dem der Anstalt war früher umstritten, hat sich aber inzwischen durchgesetzt. Eine Stiftung des öffentlichen Rechts ist zB die Stiftung Preußischer Kulturbesitz.

c) Religiöse Vereinigungen (Religionsgesellschaften) können im allgemeinen Rechtsfähigkeit nur nach den Vorschriften des Bürgerlichen Rechts, also des Vereinsrechts erwerben. Vgl Art 137 Abs 4 WRV, der gem Art 140 GG aufrechterhalten ist.

Körperschaften des öffentlichen Rechts sind jedoch diejenigen Religionsgesellschaften, denen diese Stellung im Jahre 1919 zukam (Art 137 Abs 5 WRV, Art 140 GG).

Der *Begriff* hat hier einen besonderen Inhalt. Er bezeichnet die *Gesamtheit* der diesen Religionsgesellschaften nach deutscher Rechtstradition zustehenden *Rechte* (vgl FORSTHOFF I 455 Fn 4) und bezeichnet damit die Zuerkennung eines besonderen öffentlichrechtlichen Status (BVerfGE 18, 385, 387). Dazu gehört auch die Rechtsfähigkeit im Privatrecht.

Körperschaften des öffentlichen Rechts sind hiernach u a (vgl MAUNZ, in: MAUNZ/ DÜRIG/HERZOG [Stand 1973] Art 137 WRV Rn 30):

(1) die *Evangelische Kirche* in Deutschland (EKD) als Nachfolgerin des deutschen Evangelischen Kirchenbundes und der deutschen Evangelischen Kirche (Art 35 der Grundordnung der EKD v 13. 7. 1948). Ferner die evangelischen Landeskirchen, die Kirchengemeinden und Gemeindeverbände;

(2) die *katholischen Kirchengemeinden*, Kirchengemeindeverbände und Diözesanverbände, die Bischöflichen Stühle, Bistümer und Kapitel, nicht dagegen die Gesamtheit der Bistümer in Deutschland. Die Katholische Kirche als Ganzes, der Heilige Stuhl, ist Rechtspersönlichkeit kraft Völkerrechts im gleichen Sinne wie ausländische Staaten.

Art 13 des *Reichskonkordats* v 20. 7. 1933 sichert den ebengenannten Körperschaften, ferner Orden, religiösen Genossenschaften, Anstalten, Stiftungen und Sondervermögen der Katholischen Kirche die Eigenschaft als Körperschaft (Anstalt oder Stiftung) des öffentlichen Rechts zu, soweit sie sie bisher besaßen. Vgl auch Art 2 des Bayerischen Konkordats v 29. 3. 1924 und Art 1 des Vertrages zwischen dem Land Hessen und den Bistümern Fulda, Limburg, Mainz sowie dem Erzbistum Paderborn v 29. 3. 1974 (GVBl Hessen I 389) im gleichen Sinne.

Zur Fortgeltung der früheren Konkordate und Verträge sowie der seit 1949 abgeschlossenen Kirchenverträge und Konkordate vgl MAUNZ in MAUNZ/DÜRIG/HERZOG Art 140 GG Rn 31, 38–41;

(3) die *altkatholische Kirche* (vgl ERLER, Kirchenrecht[5] 100);

(4) die *israelitischen Kultusgemeinden;*

(5) die *russisch-orthodoxe Kirche* (vgl ERLER 100).

Dagegen ist die *griechisch-orthodoxe Kirche* juristische Person des Privatrechts. Entsprechendes gilt für *islamische* und *buddhistische* Gemeinden in Deutschland (vgl FRIESENHAHN/SCHEUNER/LISTL (Hrsg), Handbuch des Staatskirchenrechts Bd I [1974] 592).

2. Juristische Personen des Privatrechts

21 *Juristische Personen des Privatrechts* sind solche, die nach privatrechtlichen Vorschriften oder für private Zwecke, insbes Erwerbszwecke, errichtet sind. Sie sind nicht Träger hoheitlicher Befugnisse, können aber uU öffentliche Aufgaben (zB Versorgungsleistungen, vgl u Rn 22) übernehmen. Zu den juristischen Personen des Privatrechts gehören in erster Linie die rechtsfähigen Idealvereine, die eingetragenen Genossenschaften, die AG, GmbH usw.

Das BGB enthält im zweiten Teil des ersten Abschnitts nur eine Regelung für Vereine und Stiftungen. Daneben kommen für die privatrechtlichen juristischen Personen zahlreiche *Spezialgesetze* in Betracht, zB das AktG, das GmbHG, das GenG.

3. Abgrenzung

22 Die Feststellung, ob eine juristische Person des Privatrechts oder des öffentlichen Rechts vorliegt, kann im Einzelfall schwierig sein. Diese Schwierigkeit liegt insbes darin begründet, daß der moderne Staat und seine Verwaltung sich in breitem Umfang auf wirtschaftlichem Gebiet zu *Erwerbszwecken* (Finanzvermögen des Staates) und *Versorgungszwecken* (zB Verkehrsbetriebe, Gaswerke, Elektrizitätswerke) betätigen. Vgl über ähnliche Schwierigkeiten im italienischen Recht: MESSINEO, Manuale di Diritto Civile e Commerciale (1951) § 20 Nr 12.

Sie wird weiter dadurch erschwert, daß nach deutschem Recht nicht alle Personen des öffentlichen Rechts notwendig auch in allen ihren Beziehungen nach öffentlichem Recht leben. Es gibt vielmehr *öffentliche Anstalten mit privatrechtlicher Nutzungsordnung*, zB öffentlichrechtliche Banken und Sparkassen, und andererseits durch *öffentlichrechtlichen Zwang* geschaffene Verbände mit *privatrechtlich* gestalteter Satzung, zB Zwangskartelle, für die im Innenverhältnis Gesellschaftsrecht gilt. Es gibt für die Verwaltung daher die Möglichkeit, sich wirtschaftlich in Form einer privatrechtlichen Organisation, als öffentliche Anstalt mit privatrechtlicher Nutzungsordnung, als öffentliche Anstalt mit öffentlichrechtlicher Nutzungsordnung usw zu betätigen. Vgl dazu FORSTHOFF I 463 f.

Als **Kriterien der Unterscheidung** kommen in Betracht: Bei Verbänden der Umstand, daß sie durch *Hoheitsakt* (Gesetz, VO, Verwaltungsakt) zwangsweise geschaffen worden sind, zB das Bremer WirtschaftskammerG v 23. 6. 1950 (GVBl 71) und die Landwirtschaftskammer von Nordrhein-Westfalen durch Gesetz v 1 1. 2. 1949 (GVBl 53). Bei Anstalten neben dem Errichtungsakt der mit der Errichtung verfolgte *Zweck*, die der Anstalt gesetzte Funktion. Unternehmungen mit erwerbswirtschaftlichem Zweck, die mit privatwirtschaftlichen Betrieben in Konkurrenz stehen, werden dem Privatrecht, Unternehmungen, die Hoheitsverwaltung ausüben, dem öffentlichen Recht zuzurechnen sein. Bei den sog *Versorgungsbetrieben*, mit denen die Verwaltung der Daseinsfürsorge dient, ohne konkurrierend am Wirtschaftsleben teilzunehmen, kommen sowohl öffentlichrechtliche als auch privatrechtliche Organisationsformen in Betracht. Vgl FORSTHOFF I § 24. – Daneben kommt der ausdrücklichen positiven Bestimmung im Errichtungsakt sowie der insbes in der Rspr zutage tretenden Tradition Bedeutung zu (vgl auch STAUDINGER/RAWERT [1995] § 89 Rn 9). Zur Abgrenzung der privatrechtlichen von der öffentlich-rechtlichen Stiftung s STAUDINGER/RAWERT (1995) Vorbem 183 zu §§ 80 ff.

V. Die Rechtsfähigkeit der juristischen Personen

Die Rechtsfähigkeit der juristischen Person ist grundsätzlich allgemein. Dies gilt jedoch uneingeschränkt nur für die juristischen Personen des Privatrechts; juristische Personen des öffentlichen Rechts besitzen häufig nur eine Teilrechtsfähigkeit (vgl FORSTHOFF I § 24; BACHOF AöR 83, 208 und o Vorbem 4 zu § 1).

Sie besteht entweder auf dem Gebiet des öffentlichen Rechts oder auf dem des Privatrechts oder auf beiden Gebieten.

1. Im Bereich des öffentlichen Rechts

a) Umfang der Rechtsfähigkeit

Rechtsfähigkeit auf dem Gebiet des *öffentlichen Rechts* bedeutet ein *Doppeltes:* die Fähigkeit, Hoheitsbefugnisse auszuüben, und die Fähigkeit, sonstige Rechte und Pflichten auf dem Gebiet des öffentlichen Rechts zu haben, zB Wahlrechte, Anfechtungsrechte, Steuerpflichten usw. Die erste Fähigkeit kommt nur juristischen Personen des öffentlichen Rechts zu; die letzte grundsätzlich auch solchen des Privatrechts.

Die juristischen Personen des öffentlichen Rechts besitzen auch **Rechtsfähigkeit auf dem Gebiet des Privatrechts**. Das Bürgerliche Recht hat das vom öffentlichen Recht geschaffene Rechtssubjekt der juristischen Person als solches anzuerkennen (vgl Prot I 608); Voraussetzung für seine Beteiligung am Privatrechtsverkehr ist allerdings eine Verfassung, welche solche juristische Personen befähigt, sich tatsächlich im Privatrechtsverkehr zu betätigen (RGZ 130, 172). Die Rechtsfähigkeit ist für solche juristische Personen aber nur ein Mittel für ihren *Hauptzweck*, der auf dem Gebiet des öffentlichen Rechts gelegen ist.

Daraus folgt die Rspr des BGH, daß juristische Personen des öffentlichen Rechts nur beschränkt, uz nur im Rahmen des ihnen **„zugewiesenen Aufgaben- und Wirkungskreises"** rechtsfähig seien. Nur in diesem Rahmen können ihre Organe rechtlich *wirksam Privatrechtsgeschäfte vornehmen* (BGHZ 20, 119, 123, betr die Hauptgeschäftsstelle Fischwirtschaft, eine Bewirtschaftungsstelle, die im Rahmen der Planwirtschaft in den Jahren nach 1945 bestand und deren Geschäftsführer entgegen einem satzungsmäßigen Verbot „eigenwirtschaftlicher Betätigung" ein Geschäft dieser Art abgeschlossen hatte).

Für eine juristische Person des öffentlichen Rechts gilt daher die **„Ultra-Vires"-Lehre** (vgl dazu EGGERT, Die deutsche ultra-vires-Lehre, [1977] und WINTERFELD, Grenzen des Handelns juristischer Personen des öffentlichen Rechts im Privatrechtsverkehr [Diss Bonn 1986]; zur Entwicklung dieser Lehre im englischen Recht vgl STAUDINGER/COING[11] Einl 41 zu §§ 21 ff; SCHLINK, Die ultra-vires-Lehre im englischen Privatrecht, [1935]). Rechtsgeschäfte, die sie außerhalb ihres Aufgabenbereiches vornimmt, sind schlechthin *unwirksam*. Es liegt nicht nur eine Überschreitung der Vertretungsmacht durch die Organe der betreffenden juristischen Personen vor. Diesen Gesichtspunkt hatte das RG herangezogen (Recht 1907 Nr 2497; SeuffA 40, 389; RGZ 145, 311, 314). Eine Genehmigung, etwa durch die Aufsichtsbehörde, ist ausgeschlossen (BGHZ 20, 123). Der gute Glaube des Kontrahenten wird nicht geschützt (vgl BGB-RGRK/HADDING[12] [1987] Vorbem 23 ff zu § 21; ENNECCERUS/ NIPPERDEY § 105 I 1. – Zusammenfassende Darstellung bei EGGERT, Die deutsche Ultra-Vires-Lehre [1977]).

b) Grundrechtsfähigkeit

26 Nach Art 19 Abs 3 GG gelten die **Grundrechte** auch für inländische **juristische Personen**, soweit sie ihrem Wesen nach auf diese anwendbar sind. Das BVerfG versteht diesen Satz dahin, daß juristischen Personen des Privatrechts der Schutz der Grundrechte dann zusteht, „wenn ihre Bildung und Betätigung Ausdruck der freien Entfaltung der natürlichen Personen sind" (sog *„Durchblick"* auf die hinter der juristischen Person stehenden Menschen; (BVerfGE 21, 362, 369; 61, 82, 101). Grundrechtsfähig sind dann sowohl die rechtsfähigen Personenvereinigungen wie die Stiftungen. Zu deren Grundrechtsfähigkeit vgl STAUDINGER/RAWERT (1995) Vorbem 50 ff zu §§ 80 ff; MünchKomm/REUTER Vorbem 4 zu § 80; FROWEIN, Grundrecht auf Stiftung (1976); BVerwGE 40, 347 (348). Unter der genannten Voraussetzung stehen die Grundrechte dann aber auch privatrechtlich organisierten *Personenzusammenschlüssen* zu, welche nicht die juristische Persönlichkeit besitzen. Vgl etwa BVerfGE 10, 89, 99 (betr eine KG); 20, 162, 171 (Presseunternehmen in der Rechtsform einer KG). Bejaht worden ist diese Voraussetzung zB bei Eingriffen in das Geschäftsvermögen einer KGaA (Art 14 GG), BVerfGE 23, 153; bei zwangsweiser Eingliederung in einen Wasserwirtschaftsverband (Art 2 GG), BVerfGE 10, 89, 99.

Die gemachte *Einschränkung* gilt nur für die (echten) Grundrechte des ersten Abschnitts des GG; sie gilt zB nicht für die sog *Justizgrundrechte* wie das des Art 103 GG (rechtliches Gehör); auf diese kann sich jeder Verfahrensbeteiligte berufen, zB auch eine ausländische (französische) AG (BVerfGE 12, 6, 8).

Auf **juristische Personen des öffentlichen Rechts** ist Art 19 Abs 3 GG *grundsätzlich nicht anwendbar*, soweit es sich dabei um Teile der staatlichen Verwaltung (sog mittelbare Staatsverwaltung) handelt (BVerfGE 21, 362, 370–372; 45, 63, 78 f). Ausnahmen gelten nur insoweit, als eine juristische Person des öffentlichen Rechts einem unmittelbar durch Grundrechte geschützten Lebensbereich zuzuordnen ist, zB Fakultäten dem Bereich der freien Wissenschaft oder Rundfunkanstalten dem Bereich der Verwirklichung von Presse- und Rundfunkfreiheit (BVerfGE 15, 256, 262; 31, 314, 322; 61, 82, 101).

Zur ganzen Frage vgl RUPP-vBRÜNNECK, in: FS Adolf Arndt (1969) 349 ff; ULSAMER, in: FS Geiger (1969) 199–218; OECHSLE, Zur wesensgemäßen Anwendung der Grundrechte auf juristische Personen des Zivilrechts (Diss Tübingen 1970); ACHTERBERG, in: Gedächtnisschrift Friedrich Klein (1977) 1 ff, mit bemerkenswertem Neuansatz aufgrund der Lehre vom Rechtsverhältnis; FRÖHLER WuV 1979, 144.

Der BGH hat die Möglichkeit einer entschädigungspflichtigen Enteignung und damit den Schutz des Art 14 GG zugunsten eines – rechtsfähigen – Technischen Überwachungsvereins anerkannt (NJW 1967, 1927).

2. Im Bereich des Privatrechts

Die privatrechtliche Rechtsfähigkeit der juristischen Personen beschränkten E I § 41 **27** und Mot I 78 entsprechend der **Fiktionstheorie** auf die *Vermögensfähigkeit*. Dies war ein Rückschritt gegenüber dem geltenden Recht. Das BGB erkennt in §§ 21, 80 an, daß die juristischen Personen auf dem Gebiet des Privatrechts nicht bloß vermögensfähig, sondern *allgemein rechtsfähig* sind. Beschränkungen ergeben sich freilich, da manche Rechte nur physischen Personen zugänglich sind, aus der Natur der Sache.

a) Den juristischen Personen können im Grundsatz **alle Rechte** zustehen, welche **28** auch natürlichen Personen zugänglich sind. Dahin gehören *Vermögensrechte*, einzelne *Persönlichkeitsrechte*, wie das Recht auf den Namen, oder die Firma, Zeichenrechte, Urheber- und Erfinderrechte, Gewerberechte. Wegen des allgemeinen Persönlichkeitsrechtes vgl unten Rn 31–33. Eine juristische Person kann auch *Vollmachtträgerin* sein; sie handelt aufgrund der Vollmacht durch ihre Organe. Vgl dazu PLEWNIA, Die Bevollmächtigung juristischer Personen des Privatrechts, (Diss Frankfurt 1965). Über die Fähigkeit von juristischen Personen zur Mitgliedschaft in einem Verein, auch einem nichtrechtsfähigen Verein, vgl § 54 Rn 5; in einer OHG (P ULMER, in: GroßKomm HGB [4. Aufl 1988] § 105 Rn 91, 92); in einer Genossenschaft (LANG/WEIDMÜLLER/SCHAFFLAND [GenG, 32. Aufl 1988] § 15 Rn 3); in einem Konkursgläubigerausschuß (KUHN/UHLENBRUCK, Konkursordnung, [10. Aufl 1986] § 87 Rn 2, 7); im Gläubigerbeirat gem § 44 Abs 1 S 2 VerglO.

b) Die juristische Person kann auch **Besitz** haben und Besitz erwerben. Sie erwirbt **29** den Besitz und übt ihn aus durch ihre *Organe* oder durch Besitzdiener nach § 855 (aM KNIEP, Der Besitz des BGB [1900] 51, der einen Besitz juristischer Personen überhaupt leugnet). Im einzelnen vgl über die einschlägigen Besitzfragen STAUDINGER/BUND[12] § 854 Rn 45; WESTERMANN/GURSKY, Sachenrecht[6] I § 20 II.

c) Nach § 50 ZPO ist parteifähig, wer rechtsfähig ist. Die juristische Person ist **30** daher **aktiv und passiv** im Zivilprozeß **parteifähig**. Das gleiche gilt im Verwaltungsgerichtsverfahren. Vgl § 61 VwGO. Die Parteifähigkeit ist ausnahmsweise auch gewissen Personenverbänden zur gesamten Hand zuerkannt: der *OHG* (§ 124 HGB), nicht der Gesellschaft des BGB; die passive Parteifähigkeit steht auch dem *nichtrechtsfähigen Verein* zu (vgl hierüber § 54 Rn 11). Über Parteifähigkeit im FGG-Verfahren s KEIDEL/KUNTZE/WINKLER, Freiwillige Gerichtsbarkeit, Teil A (12. Aufl 1987) § 13 Rn 51.

Die juristische Person ist konkursfähig (§ 213 KO) und nach Maßgabe von § 108 Abs 1 VerglO vergleichsfähig.

3. Beschränkungen

Rechtsfähigkeit steht den juristischen Personen im Gebiet des Privatrechts zunächst **31** insofern beschränkt zu, als sie *gewisse Rechte* überhaupt wegen deren Natur *nicht* erwerben und nicht haben können. Das gilt zB für familienrechtliche Rechte und Pflichten.

Auch das **allgemeine Persönlichkeitsrecht** kann nicht ohne weiteres auf *juristische Personen* übertragen werden (abw jedoch die neuere Rspr, vgl u Rn 33). Es steht der Einzelperson zu, weil es sich bei ihr um ein geistig-sittliches Wesen mit Individualität und Selbstwert handelt. Demgegenüber liegt bei der juristischen Person eine soziale Organisation vor, die im einzelnen von sehr verschiedener Art sein kann. Es handelt sich bei ihr jedenfalls nicht um die Erhaltung und Entfaltung eines geistig-sittlichen Wesens, sondern um die einer *selbständigen Organisation* (vgl BGH WM 1976, 122).

Das ist aber ein rechtspolitisches Problem, das auf ganz anderer Ebene als die Entfaltung der Einzelperson liegt. Dies zeigt sich vor allen Dingen bei der abhängigen juristischen Person; es kommen ganz andere Interessen ins Spiel, insbes die *Gläubigerinteressen* an dem Vorhandensein eines Haftungsobjektes und die Interessen der *Öffentlichkeit* an der Klarheit und Durchsichtigkeit der rechtlichen Zuständigkeit.

32 Trotzdem gibt es sowohl in der Theorie wie in der Rspr Versuche, gerade den Gedanken des Persönlichkeitsrechtes heranzuziehen, um Fragen der *Abhängigkeit* juristischer Personen und damit der *Unternehmensverfassung* zu lösen (vgl etwa MAURER, Das Persönlichkeitsrecht der juristischen Person bei Konzern und Kartell [Diss Aarau 1955]). Das Reichsgericht spricht in RGZ 82, 308 (Standard Oil-Fall) von dem Recht der freien Entschließung, das der juristischen Person gewahrt werden müßte. In RGZ 3, 127 (Rumänische Eisenbahnen) spricht das Reichsgericht davon, daß die Selbstentwürdigung der AG unzulässig sei. Gerade der Standard Oil-Fall zeigt jedoch, daß es hier um ganz andere Probleme geht, nämlich in diesem Falle insbes um die Frage, ob nicht etwa eine Täuschung des Publikums über die Nationalität der abhängig gemachten Gesellschaft vorläge.

Die Verquickung dieser Fragen mit dem Persönlichkeitsrecht dient hier nicht dazu, die vorhandenen rechtlichen Fragen zu klären, sondern sie eher durch Begriffsrealismus zu verwirren.

33 Die **neuere Rspr** hat sich jedoch über die genannten grundsätzlichen Bedenken hinweggesetzt. BGH und Oberlandesgerichte erkennen inzwischen ständig auch **juristischen Personen ein allgemeines Persönlichkeitsrecht** zu (zB BGH NJW 1986, 2951: AG als „Träger des allgemeinen Persönlichkeitsrechts"; ferner BGHZ 81, 75, 78; OLG Karlsruhe WRP 1983, 287, 288; OLG Frankfurt WRP 1985, 498, 499) und gewähren aus diesem Rechtsgrund auch immateriellen Schadensersatz. Allerdings soll der Persönlichkeitsschutz nur so weit reichen, als die Organisationen „aus ihrem Wesen als Zweckschöpfung des Rechts" und ihren „Funktionen" diesen Schutz brauchen (zB BGH NJW 1986, 2951). Diese Einschränkungen sind denkbar vage. Vgl dazu näher Vorbem 30 zu § 1.

34 Dagegen bestehen keine Bedenken, der juristischen Person **einzelne besondere Persönlichkeitsrechte** zuzusprechen, insbes das Recht am *Namen* (vgl BGH WM 1976, 122 und § 12 Rn 190 ff) und sonstigen Kennzeichnungsgütern, das Recht auf Wahrung der *Geheimsphäre* im Hinblick auf Geschäftsgeheimnisse und das Recht auf Schutz der Ehre iS des *guten Rufes* und sozialen Geltungsanspruchs der Organisation (vgl BGHSt 6, 186; BGH NJW 1975, 1882, 1884; BRUNS NJW 1955, 689).

Ein **Hof** iS von § 1 HöfeO kann *nicht* einer juristischen Person gehören (vgl LANGE/ WULFF/LÜDTKE-HANDJERY, Höfeordnung [9. Aufl 1991] § 1 Rn 30).

Beschränkungen der vermögensrechtlichen *Erwerbsfähigkeit* der juristischen Person behielt Art 86 EGBGB dem Landesrecht vor. Diese Bestimmung ist jedoch aufgehoben (Art 2 Abs 2 Schlußvorschriften des GesEinhG), soweit inländische juristische Personen in Betracht kommen. Hinsichtlich ausländischer juristischer Personen vgl unten Rn 62.

4. Privatrechtliche Privilegien der juristischen Personen erkennt das BGB grundsätzlich nicht mehr an. Vgl jedoch §§ 45 Abs 2 und 3, 46, 1936; Art 138, 139 EGBGB; §§ 976, 981; § 928 Abs 2.

5. Die privatrechtliche Rechtsfähigkeit der juristischen Person kann dieser **entzogen** und damit ihre Existenz als juristische Person vernichtet werden, was bei der „natürlichen" Person im modernen Recht unmöglich ist. Vgl §§ 43, 45, 73.

6. **Das Problem des sog „Durchgriffs"***

a) **Begriffsbestimmung**
Als **„Durchgriff"** im weitesten Sinne kann man es bezeichnen, wenn die *Selbständigkeit*, welche der juristischen Person gegenüber ihren Mitgliedern in personeller und vermögensrechtlicher Hinsicht, dem „personalen" und „realen" Substrat also, zukommt, im Einzelfall *nicht beachtet*, das sog **„Trennungsprinzip"** also durchbrochen wird: Ein GmbH-Gesellschafter wird für eine Verbindlichkeit der GmbH haftbar gemacht; das Verhalten, die wirtschaftliche Lage oder die Kenntnisse eines Gesell-

---

* **Schrifttum:** (COING, Zum Problem des sogenannten Durchgriffs bei juristischen Personen, NJW 1977, 1793; DROBNIG, Haftungsdurchgriff bei Kapitalgesellschaften (1959); EMMERICH, Nachlese zum Autokran-Urteil des BGH zum GmbH-Konzern, GmbH-Rdsch 1987, 213; ERLINGHAGEN, Haftungsfragen bei einer unterkapitalisierten GmbH, GmbH-Rdsch 1962, 169; FLUME, Das Video-Urteil und das GmbH-Recht, Betrieb, 1992, 25; HABERLANDT, Zur Problematik der Durchgriffshaftung. Identität und Durchgriff, BB 1980, 847; HOMMELHOFF, Konzernpraxis nach „Video", Betrieb 1992, 309; KNOBBE-KEUK, Zum Erdbeben „Video", Betrieb 1992, 1461; MERTENS, in: HACHENBURG, Großkommentar zum GmbHG (8. Aufl 1992) Anh 1 zu § 13 Rn 38 ff; MÜLLER-FREIENFELS, Zur Lehre vom sogenannten Durchgriff bei juristischen Personen im Privatrecht, AcP 156, 522; E REHBINDER, Konzernaußenrecht und allgemeines Privatrecht (1969); ders, Minderheiten- und Gläubigerschutz im faktischen GmbH-Konzern, AG 1986, 85; SCHANZE, Einmanngesellschaft und Durchgriffshaftung (1975); C SCHMIDT, Der Haftungsdurchgriff und seine Umkehrung im internationalen Privatrecht (1983); K SCHMIDT, Zum Haftungsdurchgriff wegen Sphärenvermischung und zur Haftungsverfassung im GmbH-Konzern, BB 1985, 2074; ders, Zum Stand des Konzernhaftungsrechts bei der GmbH, ZIP 1991, 1325; SERICK, Rechtsform und Realität juristischer Personen (1955); STIMPEL, Haftung im qualifizierten faktischen Konzern, ZGR 1991, 144; WIEDEMANN, Spätlese zum Autokran – Besprechung der Entscheidung BGHZ 95, 330 ff, ZGR 1986, 656; J WILHELM, Rechtsform und Haftung bei der Juristischen Person (1981), insbes 330 ff; WINTER, Die Haftung der Gesellschafter im Konkurs der unterkapitalisierten GmbH (1973). Vgl ferner MünchKomm/REUTER Vorbem 19–47 zu § 21 mwN zur Lit bis 1992.

schafters werden der Gesellschaft zugerechnet, obwohl dieser nicht ihr Organ ist; die Veräußerung sämtlicher Anteile einer Gesellschaft wird als solche des Unternehmens angesehen, welches ihr gehört; die Veräußerung eines Grundstücks durch die juristische Person an ihre Mitglieder wird nicht als Verkehrsgeschäft iS des § 892 anerkannt.

38 In der *Lit* wird der *Begriff* jedoch zT *enger* gefaßt; so sieht zB WIEDEMANN einen Durchgriff nur als gegeben an, wenn die Verbandsmitglieder für Verbindlichkeiten der juristischen Person haftbar gemacht werden **(Durchgriffshaftung)** oder wenn die Trennung ihres Vermögens von dem der Verbandsmitglieder im Einzelfall nicht beachtet wird (vgl WIEDEMANN WM Sonderbeilage 4/1975, 18 ff). Im folgenden wird jedoch grundsätzlich von dem *weiteren* Begriff ausgegangen.

b) Die Rechtsprechung des Reichsgerichts und des Bundesgerichtshofs

39 In der *Rspr des RG* tauchen solche Durchgriffe – ohne daß der Terminus verwendet wird – in einer Reihe von Entscheidungen auf; sie betreffen häufig **Einmann-Gesellschaften**. Es geht dabei insbes um Streitigkeiten aus Verträgen, bei denen der einen Vertragspartei, welche Alleingesellschafter einer GmbH ist, *verwehrt* wird, sich der korrekten Vertragserfüllung durch den Hinweis auf die Selbständigkeit der Gesellschaft zu *entziehen* (RGZ 99, 233; RG DR 1939, 1083; 1940, 580); um die Berücksichtigung von *persönlichen Eigenschaften* und Verhältnissen der hinter einer juristischen Person stehenden Personen im Rahmen von rechtlichen Sonderbeziehungen zwischen der juristischen Person und Dritten (RGZ 129, 50; 143, 429); um Fragen der Stimmberechtigung von gesellschaftseigenen Geschäftsanteilen (RGZ 103, 64).

40 Zur Begründung wird in diesen Entscheidungen der Gesichtspunkt herangezogen, der Richter müsse uU die *juristische Konstruktion* gegenüber den „**Wirklichkeiten des Lebens**" und der „**Macht der Tatsachen**" *zurücksetzen;* er dürfe daher uU nicht die vollen Konsequenzen ziehen, welche sich aus der juristischen Auffassung (hier also der Selbständigkeit der juristischen Person) ergeben. Spätere Entscheidungen stützen sich auch auf den Gedanken, in dem Beharren auf diesen Folgerungen aus der juristischen Konstruktion liege eine *unzulässige Rechtsausübung* (so RG DR 1939, 1083 Nr 26; 1940, 580; auch OLG Karlsruhe DR 1943, 811). Ferner wird auf die Bedeutung von *Treu und Glauben* bei der Vertragserfüllung hingewiesen.

41 *Der BGH hat an diese Rspr angeknüpft* – vgl insbes die Zusammenfassung in BGHZ 22, 230 – aber vor allem das Gebot von Treu und Glauben hervorgehoben; neu eingeführt hat er den Gesichtspunkt der nicht „**rechtsordnungsgemäßen Verwendung**" von Formen der juristischen Person, der einen Durchgriff rechtfertigen könne (vgl BGHZ 20, 4; 29, 385; 54, 222). Die letztgenannte Entscheidung, die einen Siedlerverein betrifft, hat aus dem Durchgriff eine unmittelbare Haftung der Vereinsmitglieder für eine Verbindlichkeit des Vereins abgeleitet.

Die Rspr hat dabei jedoch betont, daß ein Durchgriff das *Vorliegen besonderer Umstände* voraussetze (vgl RGZ 156, 271, 277; BGH BB 1958, 169). Grundsätzlich müsse die Eigenständigkeit der juristischen Person beachtet werden (vgl BGHZ 20, 4, 11; 54, 222, 224). Dies ist auch für die Einmann-Gesellschaft anerkannt worden (vgl RGZ 129, 53; BGHZ 56, 97, 103; 22, 230). Seit 1985 ist in der Rspr des BGH jedenfalls für abhängige GmbH eine Akzentverschiebung hin zu einer konzernrechtlich begründeten

Ausgleichs- und Ausfallhaftung festzustellen (vgl u Rn 49), ohne daß aber die bisherigen Grundsätze der Durchgriffshaftung aufgegeben werden. Vgl zur Entwicklung der Rspr MERTENS, in: HACHENBURG, Großkommentar GmbHG (8. Aufl 1992) Anh zu § 13 Rn 39 ff.

c) Die Stellungnahme der Literatur
Die *Lit* hat den Versuch gemacht, für die Frage des Durchgriffs **Prinzipien** zu entwik- 42 keln. Übersichtliche und kritische Darstellung der Entwicklung bei REHBINDER, Konzernaußenrecht und allgemeines Privatrecht (1969) 85–125; vgl ferner WINTER, Die Haftung der Gesellschafter im Konkurs der unterkapitalisierten GmbH (1973) 61 ff. Drei Lösungsansätze sind hervorzuheben:

Nach SERICK (Rechtsform und Realität juristischer Personen [1955]) ist ein Durchgriff grundsätzlich nur zulässig, wenn die *Rechtsform* der juristischen Person bewußt *mißbraucht* wird, um Gesetze zu umgehen, vertragliche Verpflichtungen zu verletzen oder Dritte fraudulös zu schädigen (vgl SERICKS Satz 1, 203). Dagegen soll der Umstand, daß ohne Durchgriff der objektive Zweck einer Norm oder eines Rechtsgeschäftes nicht erreicht wird, diesen grundsätzlich nicht rechtfertigen (mit gewissen Ausnahmen SERICKS Satz 2, 208). Es kann aber die Rechtsform der juristischen Person dann mißachtet werden, wenn durch sie die Identität der an einer Rechtshandlung beteiligten Personen verdeckt wird (SERICKS Satz 4, 217).

Dieser „**subjektiven Mißbrauchstheorie**" haben sich insbes GODIN-WILHELMI, Aktiengesetz (4. Aufl 1971) § 1 Anm 18 und MÖHRING NJW 1956, 1791 angeschlossen. Ablehnend dagegen BGHZ 20, 4, 13. Im Ausgangspunkt auch DROBNIG. Stellt SERICK im wesentlichen auf den subjektiven Mißbrauch der Rechtsform ab, so ist von anderer Seite hervorgehoben, daß bereits die *objektiv unrichtige* Verwendung einer von der Rechtsordnung zur Verfügung gestellten Rechtsform uU einen Durchgriff rechtfertigen könne; diesen Gedanken hat insbes ERLINGHAGEN (für das spezielle Problem der unterkapitalisierten GmbH) herangezogen (GmbH-Rdsch 1962, 169 f). Vgl ferner KUHN, Strohmanngründungen bei Kapitalgesellschaften (1964) (insbes die Schlußbemerkungen). Dabei muß freilich auf ungeschriebene Sätze des Gesellschaftsrechts zurückgegriffen werden. Gegenüber der Mißbrauchstheorie ist von MÜLLER-FREIENFELS (AcP 156, 522) das grundsätzliche *Bedenken* erhoben worden, ob das Problem überhaupt von dem einheitlichen Gesichtspunkt des Durchgriffs durch die juristische Person her gelöst werden könne; es komme vielmehr darauf an, die Interessenlage bei den einzelnen Fallgruppen und den Zweck der dabei neben den Prinzipien der juristischen Person eingreifenden Normen zu prüfen; damit wird das Problem eine Frage der Anwendung bestimmter Einzelnormen. Diese sog **Normanwendungstheorie** hat breite Zustimmung gefunden (zB MERTENS, Anh zu § 13 Rn 42; REHBINDER, Konzernaußenrecht 109; WIETHÖLTER ZHR 125, 325; SOERGEL/HADDING Vorbem 40 zu § 21 jedenfalls für die meisten Fallgruppen; SCHANZE, Einmanngesellschaft 102 ff). Im Ergebnis nähert sich ihr auch MünchKomm/REUTER Vorbem 20 ff zu § 21; er begründet dies jedoch aus der allgemeinen These, daß die juristische Person (rechtstechnisches) Mittel zum Zweck sei und zum Objekt fremder Interessenverfolgung gemacht werden könne. Diese Abhängigkeit könne dazu führen, im Wege zweckgerechter Vertrags- und Gesetzesauslegung das Trennungsprinzip aufzugeben.

Gegen die bisherigen Durchgriffstheorien wendet sich J Wilhelm (Rechtsform und Haftung bei der juristischen Person [1981] insbes 330 ff). Er verlangt, das Trennungsprinzip ernst zu nehmen und will statt dessen Gesellschafter, die, ohne Geschäftsführer zu sein, tatsächlich *„Organmacht in Anspruch nehmen"* (337), einer *Sorgfaltshaftung* wie ein Organ (§ 43 GmbHG) unterwerfen. Diese Auffassung verengt jedoch die Problematik zu stark auf bestimmte Sachverhalte bei der GmbH und kann deshalb nicht als Alternative zu allgemeinen Durchgriffsmodellen überzeugen.

Die Lit hat ferner versucht, die *Fallgruppen*, in denen ein Durchgriff in Betracht kommt, *zu ordnen;* dabei ist vor allem auch rechtsvergleichend Material herangezogen worden, vgl insbes Drobnig, Haftungsdurchgriff bei Kapitalgesellschaften (1959). Vgl ferner die erwähnten Arbeiten von Wiedemann WM Sonderbeilage 4/1975, 22 ff; Rehbinder, Konzernaußenrecht 110 ff; MünchKomm/Reuter Vorbem 22 ff zu § 21.

d)   Stellungnahme

43 Auszugehen ist von der Beobachtung, daß es in einem lebendigen Rechtssystem, das sich ständig gegenüber der Realität bewähren muß, kaum ein Prinzip und kaum eine Norm gibt, die ohne *Ausnahmen* und *Einschränkungen* angewandt werden kann. Diese Erscheinung hat ihren Grund nicht allein in der „Macht der Tatsachen" und ihrer Vielfalt, sondern in der Vielfalt der normativen Gesichtspunkte, die ein entwickeltes Rechtssystem zur Verfügung hat, damit aber auch beachten muß. Daraus folgt, daß für jede Regel ein kritischer Punkt existiert, an dem ihre Geltung aufhört, und sie durch eine andere verdrängt oder beschränkt wird. Bei dem „Durchgriff" bei der juristischen Person geht es im Grunde um die Frage, ob dies auch für das sog Trennungsprinzip und die daraus folgenden Regeln gilt – was hier bejaht wird – und folgerichtig dann um die Frage, wo dieser kritische Punkt liegt.

Sieht man das Problem in diesem Zusammenhang, so erscheint das ursprünglich von Müller-Freienfels vorgeschlagene Verfahren, zu prüfen, wo sich aus dem Normzweck anderer Normen *Einschränkungen des „Trennungsprinzips"* ergeben können, jedenfalls als Maxime der Untersuchung am zweckentsprechendsten. Davon auszugehen, daß die juristische Person als Rechtsprinzip grundsätzlich sich anderen Normen gegenüber durchsetzen müsse (so Sericks Satz 2), erscheint dann als ein bedenkliches Postulat. Erst recht gilt das für die strikte Durchführung des Trennungsprinzips, wie sie J Wilhelm vertritt.

Es gilt also, im Sinne der **Normanwendungstheorie** diejenigen **typischen Fallgestaltungen** aufzusuchen, in denen das **Trennungsprinzip** und seine **Folgesätze** von **anderen normativen Gesichtspunkten verdrängt** werden. Dabei zeigt sich, daß es sich vor allem um **drei Fallgruppen** handelt: Die Berufung auf die Selbständigkeit der juristischen Person kann aufgrund einer sinngemäßen Vertragsauslegung *vertragswidrig* sein (s u Rn 44); sie kann sich infolge des Verhaltens der in Anspruch genommenen natürlichen Person als *Verstoß gegen Treu und Glauben* darstellen, zB als venire contra factum proprium (u Rn 45, 46); sie kann durch den besonderen *Zweck einer Norm* ausgeschlossen sein (u Rn 47). Vgl dazu Coing NJW 1977, 1793. Ergänzend hinzu kommen der Gesichtspunkt des Rechtsformmißbrauchs zur Haftungsvermeidung (u Rn 48), der auch als konkrete Ausprägung allgemeiner normativer Wertungen verstanden werden kann, sowie der konzernrechtliche Grundsatz der Risikoübernahme bei Fremdsteuerung der juristischen Person (u Rn 49).

e) Einzelnes
Die Regeln über die **Auslegung und Erfüllung von Verträgen** (§§ 157, 242) können dazu **44** führen, daß die grundsätzliche *Trennung* von juristischer Person und der dahinterstehenden Person, insbes dem Alleingesellschafter, *nicht beachtet* wird (grundsätzlich RGZ 156, 271, 277). Dieser kann sich nicht darauf berufen, daß die Leistung nur durch die juristische Person erbracht werden könne (RGZ 99, 232; BGH WM 1957, 1059, Verpflichtung, Einsicht in Geschäftsbücher der GmbH zu gewähren); die Verurteilung des Inhabers zu einer solchen Leistung ist daher nicht Verurteilung auf eine rechtlich unmögliche Leistung (RGZ 160, 257, 262 f). Ein Beauftragter hat nach § 667 auch Vorteile herauszugeben, die nicht ihm, sondern „seiner" GmbH zugeflossen sind (RG DR 1940, 580). Ein Rückerstattungsvergleich, der mit allen Aktionären einer AG geschlossen ist, bindet auch diese selbst (BGHZ 29, 385). Einwendungen aus einem Vertrag mit einer Einmann-AG sind auch gegenüber der Eigentumsfreiheitsklage des einzigen Aktionärs zulässig (RG DR 1939, 1083). Ein Vertrag mit einer GmbH kann wegen persönlicher Eigenschaften des Alleingesellschafters angefochten werden, wenn dieser tatsächlich deren Geschäfte maßgeblich bestimmt (RGZ 143, 429). – Aus § 157 ist auch herzuleiten, daß der Verkauf aller Aktien einer AG als Verkauf des von dieser innegehabten Unternehmens zu deuten ist.

Der von der Rspr entwickelte Grundsatz, daß im Rechtsverkehr *Treu und Glauben* **45** zu wahren ist, kann dazu führen, daß dem Alleingesellschafter einer juristischen Person die Berufung auf das Trennungsprinzip versagt wird. Hier kommt insbes das Verbot des **venire contra factum proprium** in Betracht. Hierher gehören zB Fälle vorangegangener, nach außen erkennbarer *Vermögensvermischung* zwischen Gesellschaft und Alleingesellschafter (OLG Karlsruhe DR 1943, 811; der Sachverhalt ist freilich unklar! OLG Nürnberg WM 1955, 1566). – Ferner BGH WM 1960, 1119: Alleingesellschafter klagt aus ihm abgetretener Forderung der Gesellschaft; er weist den Einwand, die Forderung sei nicht abtretbar, mit Hinweis auf die wirtschaftliche Identität von GmbH und Alleingesellschafter zurück: er kann sich dann gegenüber Gegenforderungen aus dem gleichen Vertrag nicht auf das Trennungsprinzip berufen. BGHZ 54, 222: Haftung der Mitglieder eines – vermögenslosen – Siedlungsvereins für die durch Urteil erhöhte Pacht des von ihnen gemieteten, aber vom Verein gepachteten Geländes, weil die Mitglieder einerseits beim Verein keine entsprechende Rücklage gebildet haben, andererseits sich auf die alleinige Haftung des Vereins berufen. – Vgl auch BGHZ 68, 312, 315 und 78, 318, 333; BSG NJW 1978, 2527, 2528 und NJW 1984, 2117, 2118.

Auch die Behandlung von *Darlehen an eine unterkapitalisierte GmbH* seitens des Alleingesellschafters als Einlage gem §§ 30, 31 GmbHG läßt sich hier anführen (vgl etwa BGH BB 1958, 169; WM 1972, 74; NJW 1952, 817; BGHZ 17, 19); jetzt wären die 1980 eingefügten §§ 32 a, b GmbHG zu berücksichtigen. S ferner BGH NJW 1979, 2104 (GmbH u Co KG).

Bei *Billigkeitsentscheidungen*, die in Rücksicht auf die **gesamte Vermögenslage** der **46** Parteien zu treffen sind, kann das Vermögen einer GmbH nur ihrem Alleingesellschafter zugerechnet werden (RGZ 129, 50, betr einen Fall individueller Aufwertung).

47 Der **Normzweck zwingender Gesetze** kann zur Nichtbeachtung des Trennungsprinzips führen. Hierhin würden die Fälle der unterkapitalisierten GmbH – oben Rn 42 – gehören, wenn man eine ungeschriebene, aber zwingende gesellschaftsrechtliche Norm zu ausreichender Kapitalisierung annähme. Vgl dazu ERLINGHAGEN GmbH-Rdsch 1962, 169 f.

Da die Regelung des § 892 ihrem Zweck nach ein *Verkehrsgeschäft voraussetzt*, ist das Trennungsprinzip nicht zu beachten, soweit es dazu führen würde, die **Identität** der beteiligten Parteien des Verfügungsgeschäftes zu **verschleiern**.

Durchgriffsprobleme stellen sich ferner, wenn eine juristische Person durch ein anderes Unternehmen **beherrscht** wird; vgl dazu u Rn 49.

48 Schließlich kann auch der **Mißbrauch der Rechtsform zwecks Haftungsausschlusses** zum Durchgriff führen. Vgl dazu WIEDEMANN WM Sonderbeilage 4/1975, 20 und den dort geschilderten Fall *Mull v Colt Co*, 31 FRD 154 (1962).

Wird die Privatautonomie auch in ihrer Erscheinungsform als privatrechtliche Organisationsgewalt durch den Respekt vor den guten Sitten und durch zwingende Gesetze begrenzt, so ist die Gründung und Ausgestaltung von Organisationen doch in diesem Rahmen grundsätzlich *frei*. Verträge, welche Organisationen ins Leben rufen und Regelungen für die neue Organisation aufstellen, Beschlüsse, welche solche Regelungen feststellen, sind nicht *schon deswegen* allein einer stärkeren richterlichen Richtigkeitskontrolle unterworfen. Gewiß kann keine Rechtsordnung übersehen, daß Organisationen Machtstellungen schaffen können, daß sie zu lang dauernden Vermögensfestlegungen führen können, daß sie im Rechtsverkehr besondere Probleme aufwerfen; die Gesetze, welche die einzelnen Formen privatrechtlicher Organisationen regeln, haben dem auch Rechnung getragen: Das *private Organisationsrecht* enthält dementsprechend zahlreiche zwingende Normen. Das Aktienrecht bietet hierfür das deutlichste Beispiel. Aber die richterliche Kontrolle des privaten Organisationsrechts muß sich stets auf solche besonderen Normen stützen, was deren analoge Anwendung natürlich nicht ausschließt. Die bloße Tatsache allein, daß es sich um privatautonom geschaffenes Organisationsrecht handelt, genügt nicht, um eine solche Kontrolle zu begründen. Anders zB REUTER 59.

49 Die bloße Tatsache, daß eine juristische Person von einer anderen **beherrscht** wird oder sonst einer Fremdsteuerung unterliegt, genügt grundsätzlich nicht zur Rechtfertigung des Durchgriffs auf das beherrschende Unternehmen. Vgl dazu zB BGHZ 22, 226, 234; BGH NJW 1977, 1449 m abl Anm EMMERICH NJW 1977, 2163; ferner WIEDEMANN WM Sonderbeil 4/1975, 18; STAUDINGER/COING[12], Einl 48 zu §§ 21 ff. Ausnahmen davon hat die Rspr früher nur dann gemacht, wenn „schwerwiegende Gesichtspunkte aus Treu und Glauben" das erforderlich machten (BGH NJW 1977, 1449 mwN), zB wenn der Anschein erweckt wurde, die beherrschende Person werde für die Verbindlichkeiten der beherrschten einstehen. **Die neuere Rspr** seit 1985 hat jedoch die Einstandspflichten beherrschender Unternehmen im Anschluß an Forderungen in der Lit wesentlich erweitert. Methodisch stützt sich diese Erweiterung auf analoge Anwendung konzernrechtlicher Vorschriften des Aktiengesetzes, insbes §§ 302, 303, 322 AktG. Sie ist jedoch vor allem für Gesellschaften mbH entwickelt worden, die in einen **qualifizierten faktischen Konzern** eingegliedert waren. In solchen

Fällen kommt nicht nur ein *Verlustausgleichsanspruch* gegen das herrschende Unternehmen analog § 302 AktG in Betracht (BGHZ 107, 7 ff), sondern uU auch ein *unmittelbar auf Zahlung gerichteter Anspruch* gegen das herrschende Unternehmen analog § 303 AktG (BGHZ 95, 330, 347 f; BGH NJW 1991, 3142, 3145). Herrschendes Unternehmen in diesem Sinne kann auch ein Einzelkaufmann sein, so daß die neue Rspr bei Vorliegen der übrigen Voraussetzungen (Eingliederung in qualifizierten faktischen Konzern, Vermögenslosigkeit der beherrschten GmbH) auch einen direkten Anspruch gegen den alleinigen Gesellschafter einer Einmann-GmbH ermöglicht.

Bei der Bestimmung der konkreten Haftungsvoraussetzungen läßt die Rspr des BGH noch eine gewisse Unsicherheit erkennen. Sie hat zunächst auf die dauernde und umfassende Ausübung der Geschäftsführung des abhängigen Unternehmens durch das herrschende Unternehmen abgestellt und dem letzteren lediglich den Gegenbeweis offengelassen, daß pflichtgemäß handelnde Geschäftsführer einer selbständigen GmbH deren Geschäfte nicht anders geführt hätten (BGHZ 95, 330, 345), nach einer späteren Formulierung in BGHZ 107, 7, 18, daß „die Verluste auf Umständen beruhen, die mit der Ausübung der Leitungsmacht nichts zu tun haben." Im Urteil des BGH vom 29.3.1993, BGHZ 122, 123 („TBB") wird das jedoch modifiziert – der BGH spricht von „Klarstellung". Als Voraussetzung der Haftung wird nun verlangt, daß die Konzernleitungsmacht in einer Weise ausgeübt wird, die *„keine angemessene Rücksicht auf die eigenen Belange der abhängigen Gesellschaft nimmt, ohne daß sich der ihr insgesamt zugefügte Nachteil durch Einzelausgleichsmaßnahmen kompensieren ließe."* Eine tatsächliche Vermutung dafür könne allein aus der Ausübung der Leitungsmacht nicht hergeleitet werden. Die Behauptungs- und Beweislast für die obengenannte mangelnde Rücksichtnahme auf die Belange der abhängigen Gesellschaft wird danach also dem *Kläger* zugewiesen (BGHZ 122, 123, 131), doch will der BGH ihm Erleichterungen hinsichtlich der Substantiierung zugestehen (133).

Die Rspr ist in der Lit teils kritisiert, teils begrüßt worden (vgl krit K Schmidt BB 1985, 2074 und ZIP 1991, 1325; Flume DB 1992, 25; zust Emmerich GmbH-Rdsch 1987, 213; Wiedemann ZGR 1986, 656 mwN). Die dagegen erhobenen verfassungsrechtlichen Bedenken hat das BVerfG zurückgewiesen (BVerfG NJW 1993, 2600), weil sich der BGH damit nicht in die Rolle des Normsetzers begeben habe, sondern sich noch innerhalb der Wertungen des geltenden Rechts halte. Die Rspr verdient *grundsätzlich Zustimmung*, da sie in der Konsequenz der Normanwendungstheorie (s oben Rn 42) liegt und nicht auf dem Mißbrauchsgedanken beruht, sondern auf einer im Konzernrecht enthaltenen Wertung, der Pflicht zur Risikoübernahme als Folge der Konzernbindung (BGH NJW 1991, 3144; Stimpel ZGR 1991, 144, 154). Zwar setzt sie primär bei einer internen Ausgleichs- bzw Sicherungspflicht an, führt aber in vielen kritischen Fällen zu einem *de facto-Durchgriff* auf beherrschende Unternehmer-Gesellschafter. Dessen materielle Voraussetzungen sind allerdings zZ noch etwas unscharf, doch ist ihre weitere Präzisierung durch die Rspr möglich und zu erwarten.

VI. Handlungsfähigkeit der juristischen Person

1. Zum Begriff des „Organs"

50 Die juristische Person kann als Organisation nur durch *natürliche Personen* handeln. Zu unterscheiden ist dabei das Handeln nach außen gegenüber Dritten von der Willensbildung im Innern der Organisation.

Das **Handeln nach außen** kann rechtsgeschäftlicher oder deliktischer Art sein. Zu regeln ist dabei die Frage, welche Handlungen welcher Personen der juristischen Person *zugerechnet* werden, wessen Vertragserklärungen und wessen Delikte sie *ersatzpflichtig* machen, wessen Verfügungen über Gegenstände ihres Vermögens *wirksam* sind. Hinsichtlich des rechtsgeschäftlichen Verkehrs ist diese Frage durch die Satzung zu regeln; das Gesetz bestimmt, daß die Satzung die Bildung eines entsprechenden Organes (Vorstand, Geschäftsführer usw) vorsehen muß. Vgl etwa § 26 Abs 1. Die Zurechnung von Delikten bestimmter Personen an die juristische Person ist unmittelbar durch Gesetz geregelt; vgl § 31.

51 Die **innere Willensbildung** einer juristischen Person vollzieht sich in der Regel durch Beschlüsse von Gremien, welche die Satzung vorsieht, im Verein zB des *Vorstandes* und der *Mitgliederversammlung;* es kann sich aber auch um Beschlüsse von Einzelpersonen handeln, zB bei einer Einmann-Gesellschaft. Wiederum folgt aus Gesetz und Satzung, daß die Entschließungen für die Verhältnisse der juristischen Person maßgebend sind.

52 Der Sprachgebrauch des Gesetzes ist dadurch bestimmt, daß der Redaktor des allgemeinen Teils von der **Fiktionstheorie** (vgl o Rn 4) ausging; da danach *juristische Personen* „an sich" als *handlungsunfähig* zu betrachten waren, sprach man – wie bei einem unmündigen Menschen – vom „gesetzlichen Vertreter" der juristischen Person, vgl § 26 Abs 2. Die Besonderheit der damit gegebenen Vertretungsmacht gegenüber einer durch Vollmacht erteilten ergibt sich daraus, daß sie unmittelbar auf Gesetz und Satzung und damit auf der Bestellung zum Vorstand, Geschäftsführer usw beruht. Gegenüber dieser Auffassung sprachen die Vertreter der **realen Verbandstheorie** in diesem Zusammenhang von *„Organen"*, indem sie etwa den Vorstand mit den Organen eines Lebewesens vergleichen. „Die Verbandsperson" sagt vGIERKE (Deutsches Privatrecht I 472), „kommt in den Lebensaktionen ihrer Organe zB in dem Beschluß einer Versammlung oder in den Ausführungshandlungen eines Vorstandes gleich unmittelbar zur Erscheinung wie die Einzelperson in der Rede des Mundes oder der Bewegung der Hand." In dem Handeln ihrer Organe stellt sich die juristische Person danach unmittelbar dar; daraus wird gefolgert, daß die juristische Person auch für deren deliktische Handlungen einstehen muß.

53 Aufgrund dieser Entwicklung hat es sich eingebürgert, von **„Organen"** einer juristischen Person in einem doppelten Sinn zu sprechen; man bezeichnet so einmal diejenigen **Personen**, deren rechtsgeschäftliche oder deliktische **Handlungen** der juristischen Person **kraft Gesetzes und Satzung im Verhältnis zu Dritten zugerechnet werden**, andererseits diejenigen **von der Satzung vorgesehenen Gremien**, in denen sich die **innere Willensbildung** für die juristische Person **vollzieht**. Wer „Organ" in diesem Sinne ist, ergibt sich aus Gesetz und Satzung. Ein Rückgriff auf die Bildvorstellungen der Theorie von der realen Verbandspersönlichkeit ist dazu nicht nötig und kann auch zur Lösung der mit dem geschilderten Fragenkomplex verbundenen Fragen nichts beitragen.

Nach dem Gesagten ist die juristische Person *geschäftsfähig* und folglich auch **pro- 54 zeßfähig** (BGH NJW 1965, 1667; JAUERNIG, Zivilprozeßrecht [23. Aufl 1991] § 20 II 1; aM STEIN/JONAS/LEIPOLD, ZPO [20. Aufl 1978] § 51 Rn 12; ROSENBERG/SCHWAB/GOTTWALD, Zivilprozeßrecht [15. Aufl 1993] § 44 II 1 und insbes für Aktiengesellschaften und Kommanditgesellschaften RGZ 63, 372; 66, 243). Über Prozeßfähigkeit im FGG-Verfahren s KEIDEL/ KUNTZE/WINKLER, FGG (12. Aufl 1987) § 13 Rn 32 ff.

2. Einzelheiten

Im einzelnen kann fraglich erscheinen: 55

a) ob gegen juristische Personen als Schuldner auch *Zwangs- und Ordnungsgelder* als *Zwangsmittel gem* §§ 888, 890 ZPO festgesetzt werden können; von der hM wird dies mit Recht bejaht (vgl STEIN/JONAS/MÜNZBERG, ZPO [20. Aufl 1980] § 888 Rn 43 und § 890 Rn 61).

b) ob eine juristische Person Mitglied eines *Aufsichtsrats* sein könne; die Frage ist jetzt durch § 86 Abs 2 AktG negativ entschieden worden.

c) ob die juristische Person *Schiedsrichter* sein könne; ist sie ernannt, so ist der jeweilige gesetzliche Vertreter der betreffenden juristischen Person als zum Schiedsrichter berufen anzusehen (vgl RG JW 1905, 54; STEIN/JONAS/SCHLOSSER [20. Aufl 1980] § 1032 Rn 2).

d) ob sie *Testamentsvollstrecker* sein könne; das wird man bejahen müssen (vgl Erl zu § 2197; KIPP/COING, Erbrecht [14. Bearb 1990] § 67 I 8).

e) ob sie **Konkursverwalter** sein könne. Die hM verneint es (OLG Köln LZ 1908, 246; JAEGER/LENT [8. Aufl] § 78 KO Rn 7; KUHN/UHLENBRUCK [10. Aufl 1986] § 78 KO Rn 4). Begründet wird dies nicht nur mit dem angeblichen Mangel der Prozeßfähigkeit, sondern auch damit, daß die Vorschriften der KO, insbes §§ 81−84, 86, einen *persönlich verantwortlichen* und persönlich mit den Beteiligten wie mit dem Gericht verkehrenden Verwalter voraussetzten. In der Tat ist der Gesetzgeber offenbar von dem Regelfall der natürlichen Person ausgegangen, was freilich eine entsprechende Anwendung auf juristische Personen (insbes Treuhandgesellschaften) nicht ausschließen würde. Eher läßt sich geltend machen, daß für den Konkursverwalter häufig ein *rasches Handeln* erforderlich ist, das einer juristischen Person schwerer fällt, wenn zB erst der Beschluß eines mehrgliedrigen Vorstands herbeigeführt werden muß. Gewicht hat ferner das Argument, daß bei der juristischen Person nach dem *Gesellschaftsrecht* der *gesetzliche Vertreter ausgewechselt* werden kann, was mit den Vorschriften der KO über Bestellung und Abberufung des Konkursverwalters unvereinbar ist (KUHN/UHLENBRUCK aaO). Überwiegende Gründe sprechen damit *gegen* die Bestellung juristischer Personen zum Konkursverwalter.

f) ob die juristische Person **Liquidator** sein kann. Das OLG Karlsruhe hat dies im

Gegensatz zu der früheren überwiegenden Lehre bejaht (vgl JW 1925, 2017 und 2338), indem es die Bestellung von Treuhandgesellschaften als Liquidatoren von körperschaftlichen Handelsgesellschaften für zulässig erklärt hat. Grundsätzlich ebenso E Molitor, Die Bestellung zum Vorstandsmitglied einer AG, in: FS Ehrenberg (1927) 14 ff (hier weitere Angaben); Hoeniger JW 1925, 2338; Schilling, in: Großkomm HGB (3. Aufl 1970) § 146 Anm 5. Für die AG s § 265 Abs 2 S 2 AktG; für die GmbH Baumbach/Hueck, GmbHG (15. Aufl 1988) § 66 Rn 6.

g) ob die juristische Person *Vorstand eines Vereins* sein könne; s darüber § 27 Rn 8.

h) ob einer juristischen Person *Prozeßkostenhilfe* (früher „Armenrecht") bewilligt werden könne. Diese früher bestrittene Frage ist seit 1933 in bejahendem Sinne entschieden; die jetzt maßgebliche Regelung ist § 116 Abs 1 Nr 2 ZPO. Zur Verfassungsmäßigkeit s BVerfG NJW 1974, 229.

i) ob der juristischen Person als Vollstreckungsschuldnerin die *Unpfändbarkeit* landwirtschaftlicher Betriebsmittel gem § 811 Nr 4 ZPO zugute kommt. Dies wird entsprechend dem Zweck der Vorschrift bejaht von KG JW 1933, 716 Nr 14.

56 3. Die *Handlungsfähigkeit* der juristischen Person reicht nicht weiter als ihre **Rechtsfähigkeit** oder ihre „Existenz".

VII. Deliktsfähigkeit juristischer Personen

57 Wie die rechtmäßige Handlung der Organe der juristischen Person innerhalb ihres verfassungsmäßigen Wirkungskreises der juristischen Person zugerechnet wird, so auch das **rechtswidrige Handeln der Organe**. Der juristischen Person wird als „eigene rechtswidrige Handlung oder Unterlassung zugerechnet, was ein Organ als solches innerhalb seiner Zuständigkeit rechtswidrig tut oder zu tun versäumt" (vGierke, Deutsches Privatrecht I 530). Für Vereine begründet § 31 eine Haftung für unerlaubte Handlungen des Vorstandes. Daneben besteht die Möglichkeit einer Haftung der juristischen Person für Verschulden von *Erfüllungsgehilfen* nach § 278 und (vorbehaltlich des sog Exkulpationsbeweises) für *Schädigung durch Bedienstete* nach Maßgabe des § 831. *Strafrechtliche Deliktsfähigkeit* besitzen juristische Personen nicht, soweit echte kriminelle, ethisch verwerfbare Straftaten in Betracht kommen, da sie nicht schuldfähig sind. Dagegen sind Geldbußen wegen *Ordnungswidrigkeiten* auch gegen juristische Personen zulässig. Vgl § 30 OWiG (Fassung der Bek v 19. 2. 1987); dazu Kommentar von Rotberg (1975). Zur Gesamtproblematik s Heinitz, Verh des 40. DJT I 65 f.

VIII. Entstehung juristischer Personen

1. Einleitung

58 Die Normen, welche bestimmen, unter welchen Voraussetzungen und in welchem Umfang überindividuelle Organisationen als juristische Person anerkannt werden, sind in der Gestaltung von gewissen *grundsätzlichen Entscheidungen* abhängig. Zur Zeit der Entstehung des BGB stand vor allem die Rechtspersönlichkeit der Verbände in Frage; von dieser Fragestellung wird die Behandlung des Problems im Bürgerlichen Recht heute noch weitgehend bestimmt. In Wahrheit sind die Fragen jedoch komplexer. Sie liegen für Personenvereinigungen und anstaltsmäßige Organisationen verschieden. Personenvereinigungen sind in ihrer Existenz nicht davon abhängig, daß sie *Rechtspersönlichkeit* besitzen; bei anstaltsmäßigen Organisationen dagegen läßt sich der erstrebte Zweck – von treuhänderischen Rechtsbildungen abgesehen – ohne juristische Persönlichkeit in der Regel gar nicht erreichen.

2. Zulassung und Rechtsform

Bei den Personenvereinigungen sind *zwei Probleme* zu unterscheiden: **59**

die Frage, ob solche Vereinigungen überhaupt – gleichgültig in welcher Rechtsform – von der Rechtsordnung **zugelassen** werden sollen;

die Frage, welche **Rechtsform** sie haben, insbes unter welchen Voraussetzungen sie Rechtspersönlichkeit erhalten sollen.

a) Die Frage der **Zulassung** entsteht, weil das Recht sich zu Verbänden zu vereinigen die Möglichkeit zu privater, nicht staatlicher Machtbildung gibt.

„Die Wirkung der Freiheit für Individuen ist, daß sie tun können, was sie wollen, ... aber Freiheit für Menschen, die in Verbänden handeln, bedeutet Macht" (BURKE). Der Zusammenschluß Gleichgesinnter in einer Organisation schafft politische Macht, die Vereinigung vieler kleiner Kapitalien zum Kapital einer AG Kapitalmacht, der Zusammenschluß einer Reihe von Unternehmen zu einem Kartell wirtschaftliche Marktbeherrschung, die Organisation der Arbeiter in Gewerkschaften gesellschaftliche Macht. Damit entsteht für die Rechtsordnung als erstes das Problem, ob und inwieweit sie solche *Machtbildung durch Zusammenschlüsse* erlauben soll. Dieses Problem ist eigentlich eine Frage des Verfassungsrechts. Es findet durch Verfassungssätze über Vereinigungsfreiheit, arbeitsrechtliche Koalitionsfreiheit, Sätze der Wirtschaftsordnung über Kartelle usw seine grundsätzliche Lösung (vgl Art 9, 21, 140 GG iVm Art 137 WRV) und in Ausführungsgesetzen, meist öffentlichen Rechts, seine Einzelregelung.

b) Die Frage, ob einem Verband **Rechtspersönlichkeit** zukommen soll, weist gegenüber der Frage, ob dieser Verband überhaupt erlaubt sein soll, einen mehr technischen Charakter auf. Die Rechtsordnung muß für die verschiedenen Typen der – einmal erlaubten – Vereinigungen eine *angemessene Ordnung* bereitstellen, und die Rechtsfigur der juristischen Person ist eines der hier in Betracht kommenden Institute.

Die Anerkennung als juristische Person bedeutet für einen Verband vor allem *zweierlei:* Sie macht die betreffende Organisation von der Person der Mitglieder und deren Wechsel **unabhängig**. Sie führt zu einer scharfen **Trennung** des Vermögens der Organisation von dem der Mitglieder und damit (vom Standpunkt der Mitglieder aus gesehen) zu einer **beschränkten Haftung** mit dem Organisationsvermögen. Ob eine Organisation juristische Persönlichkeit erhalten soll, sollte daher in erster Linie davon abhängen, ob diese Wirkungen der Eigenart der betreffenden Organisation angemessen sind oder nicht.

Im Gegensatz zu dieser Problemlage wurde im älteren Recht die Frage der *Zulassung* einer Vereinigung und die ihrer *Anerkennung* als Rechtsperson häufig miteinander *verbunden*. Die Verleihung der Rechtspersönlichkeit wurde als *Privileg* angesehen. Über die Zulassung einer (idealen oder erwerbswirtschaftlichen) Vereinigung und über die Bestimmung ihrer Rechtsstellung wurde in einem Hoheitsakt, dem Privileg, entschieden. Auch in der ursprünglichen Fassung des BGB sind die beiden Fragen hinsichtlich gewisser Vereine noch verknüpft gewesen, denn der Verwaltung war bei Vereinen mit politischer, sozial-politischer oder religiöser Zwecksetzung ein Einspruchsrecht gegen die Erlangung der Rechtspersönlichkeit gegeben (§ 61 aF). Dies ist aus politischen Gründen geschehen, denn die Preußische Verwaltung hoffte, damit trotz der verfassungsrechtlich bestehenden Vereinsfreiheit ein Zwangsmittel gegenüber politisch unerwünschten Vereinigungen zu erhalten (vgl Prot I 989 ff), sog *verschleiertes* oder verkapptes *Konzessionssystem*. Diese aus einer bestimmten geschichtlichen Situation entstandene Lösung sollte jedoch die wissenschaftliche Betrachtung nicht daran hindern, die Probleme der Anerkennung einer Vereinigung als juristische Person und ihrer Erlaubnis streng zu trennen. Mit Recht hatte Art 124 Abs 2 WRV den Erwerb der Rechtsfähigkeit ausschließlich dem Bürgerlichen Recht unterstellt.

3. System der Erlangung der Rechtsfähigkeit

60 Hinsichtlich der Erlangung der Rechtspersönlichkeit durch Vereinigungen sind **drei Systeme** entwickelt worden:

a) Rechtsfähigkeit kraft Daseins der Verbandsperson (**System der freien Körperschaftsbildung**). Die Rechtsordnung kann den Verband ohne weiteres mit dessen *Entstehung* als *rechtsfähig* anerkennen, so wie die Geburt eines Menschen sofort eine natürliche „Person" zur Existenz bringt. Nach diesem System fallen *Erlaubtsein* und *Zuerkennung* der Rechtsfähigkeit *zusammen*. Die Rechtsfähigkeit wurde in bezug auf korporativ organisierte Vereine als Grundsatz des gemeinen Rechts von hervorragenden Germanisten und Romanisten behauptet (vgl die Schrifttumsangaben bei vGierke, Genossenschaftstheorie 19 N 3; Deutsches Privatrecht I 488; sowie bei Regelsberger, Pandekten I [1893] § 78 N 10). Indessen ist die Theorie hierüber so wenig einig gewesen wie die Praxis. Die Frage ist auch jetzt noch von *praktischer Bedeutung*, da in bezug auf die zZ des Inkrafttretens des BGB bestehenden juristischen Personen das alte Recht zur Anwendung kommt, abgesehen von den Normen der §§ 25–53, 85–89, welche gem Art 163 EGBGB auf sie angewendet werden sollen (vgl Habicht, Die Einwirkungen des BGB auf zuvor entstandene Rechtsverhältnisse [3. Aufl 1901] 104). Das für diese Frage entscheidende Landesrecht kann nach Art 218 EGBGB durch *Landesgesetz* geändert werden. Von dieser Befugnis hat die bayerische Gesetzgebung in Art 2 des Gesetzes, Übergangsbestimmungen zum BGB betreffend, v 9. 6. 1899 Gebrauch gemacht, welcher in Abs 1 bestimmt: „Auf die zur Zeit des Inkrafttretens des BGB bestehenden nicht rechtsfähigen Vereine finden von diesem Zeitpunkt an die Vorschriften des BGB über die Gesellschaft Anwendung."

b) Rechtsfähigkeit durch Eintragung (**System der Normativbestimmungen**). Die

Rechtsfähigkeit einer Personenorganisation wird anerkannt auf Grund der *Erfüllung bestimmter* vom Gesetz aufgestellter *Anforderungen* und der *Eintragung* in ein öffentliches Register. Dieses System galt in Deutschland schon vor dem BGB: nach dem Reichsrecht für die Aktiengesellschaften, Gesellschaften mit beschränkter Haftung und solche Erwerbs- und Wirtschaftsgenossenschaften, welche die Rechtsstellung einer „eingetragenen Genossenschaft" erlangen wollen.

c)   Rechtsfähigkeit durch Verleihung seitens des Staates. Dies ist im kontinentalen Recht das *herkömmliche System* gewesen und wurde im Bereich der Kapitalgesellschaften erst im 19. Jh nach englischem Vorbild (Joint Stock Company Act 1844) durch das der Normativbedingungen ersetzt (für die AG Aktienreform von 1870). Das BGB kennt es noch für den *wirtschaftlichen Verein* des § 22 und die Stiftung des § 80 (dazu STAUDINGER/RAWERT [1995] § 80 Rn 26 ff).

4.   Zulassung der juristischen Person als Haftungsbeschränkung

Besondere Probleme bringt die Verwendung der juristischen Person als *Rechtsform für wirtschaftliche Unternehmungen* mit sich. Die juristische Person führt zu **beschränkter Haftung**. Sie steht daher im Widerspruch zu dem Prinzip, daß derjenige, der ein wirtschaftliches Unternehmen leitet, auch *persönlich* mit seinem Vermögen haften soll.

a)   Unentbehrlich und gerechtfertigt ist die juristische Person da, wo ein *großes Kapital* für wirtschaftliche Unternehmungen aus vielen kleinen Beiträgen zusammengebracht werden soll, also in dem Fall, für den ursprünglich die AG geschaffen worden ist, denn hier werden die einzelnen kaum bereit sein, die persönliche Haftung zu übernehmen.

b)   Problematisch ist dagegen die Verwendung der juristischen Person in anderen Fällen, insbes da, wo praktisch ein Einzelunternehmer oder wenige Gesellschafter ein Unternehmen betreiben oder wo die Rechtsform der juristischen Person benutzt wird, um ein *Sondervermögen* bzw eine bestimmte Verwaltung zu verselbständigen. Im gegenwärtigen deutschen Recht, das die GmbH zuläßt und steuerrechtlich ein „Schachtelprivileg" kennt, ist jedoch die Verwendung der juristischen Person auch für diese Zwecke als zulässig anzusehen.

IX.   Juristische Personen nach dem Recht der ehemaligen DDR

Vor dem Beitritt am 3. 10. 1990 gab es in der DDR eine Vielzahl verschiedenartiger rechtsfähiger Organisationen. Ihre Überleitung oder sonstige rechtliche Behandlung kann hier nur in einem groben Überblick skizziert werden.

Im Bereich des **Wirtschaftsrechts** sind die *Volkseigenen Betriebe (VEB)*, die volkseigenen *Kombinate* und sonstigen rechtlich selbständigen Wirtschaftseinheiten in Kapitalgesellschaften nach bundesdeutschem Recht umgewandelt worden (§§ 11 ff TreuhandG), zB Kombinate in Aktiengesellschaften, VEB meist in GmbH. Volkseigene Wohnungswirtschaftsbetriebe wurden auf der Grundlage von Beschlüssen der kommunalen Körperschaften zT in gemeinnützige Wohnungsbaugenossenschaften umgewandelt (G vom 22. 7. 1990, GBl DDR I 901), zT in GmbH.

Im Bereich des **Zivilrechts** ist zwischen vier Arten von Organisationen zu unterscheiden, die es in der letzten Phase der DDR vor dem Beitritt gab:

(1) *Rechtsfähige Vereinigungen* nach dem Vereinigungsgesetz vom 21. 2. 1990 (GBl DDR I 75), das erstmals für die DDR die Vereinigungsfreiheit verwirklichte: Diese rechtsfähigen Vereinigungen sind zT nach dem VereinigungsG neu gegründet worden, teils vorher nach dem damals in der DDR geltenden Zulassungssystem entstanden, mußten sich dann jedoch nach dem neuen Gesetz registrieren lassen. Nach § 4 Abs 1 VereinigungsG erlangten die Vereinigungen Rechtsfähigkeit mit der „Registrierung", dh der richterlichen Entscheidung über die Eintragung, nicht erst mit der Eintragung ins Vereinigungsregister (NISSEL DtZ 1991, 239; CHRISTOPH DtZ 1991, 234, 237; ähnlich WOLTZ NJ 1991, 115, 116; aA MünchKomm/REUTER Vor 135 zu § 21). Rechtsfähige Vereinigungen, die gemäß dem Vereinigungsgesetz entstanden sind, bestehen nach dem 3. 10. 1990 fort, unterliegen jedoch nach diesem Zeitpunkt den §§ 21–79 BGB und tragen die Bezeichnung „eingetragener Verein" (Art 231 § 2 Abs 1–3 EGBGB). Zum Problem der rechtsfähigen Vereinigungen aus der Zeit vor dem Vereinigungsgesetz, die nicht nach diesem Gesetz registriert worden sind, vgl CHRISTOPH 236 f; NISSEL 240; MünchKomm/REUTER Vorbem 134 ff zu § 21.

(2) *Nicht rechtsfähige Vereinigungen* iS des VereinigungsG: Für sie gilt ab dem 3. 10. 1990 § 54 BGB (Art 231 § 2 Abs 4 EGBGB), allerdings mit den erheblichen Modifikationen, die Rspr und Lit seit der Entstehung des BGB für nichtrechtsfähige Vereine entwickelt haben (vgl dazu Erl zu § 54).

(3) *Gesellschaften bürgerlichen Rechts:* Sie konnten seit dem 1. 7. 1990 gem §§ 705 ff BGB gegründet werden (§ 17 des G über Inkraftsetzung von Bundesrecht in der DDR v 21. 6. 1990) und bestehen als solche weiter.

(4) *Bürgergemeinschaften* gem §§ 266 ff ZGB-DDR: Sie sind vertraglich organisierte, nicht rechtsfähige Zusammenschlüsse mit dem Zweck der gemeinsamen Errichtung, Erhaltung und Nutzung von Einrichtungen und Anlagen. Vom VereinigungsG wurden sie nicht erfaßt; sie sind auch im Einigungsvertrag nicht besonders erwähnt. Da sie zugleich vertragliche Schuldverhältnisse darstellen, fallen sie unter Art 232 § 1 EGBGB, dh die vor dem 3. 10. 1990 entstandenen Bürgermeinschaften bestehen gem dem Recht der früheren DDR fort (UEBELER/ALBRECHT DtZ 1991, 400; PALANDT/HEINRICHS Art 231 § 2 EGBGB Rn 1).

Ferner existieren *rechtsfähige private Stifungen* aus der Zeit vor dem ZGB-DDR. Dieses ließ neue Stiftungen nicht mehr zu, doch hatte die DDR kurz vor dem Beitritt noch ein Stiftungsgesetz erlassen. Die rechtsfähigen Stiftungen bestehen fort; auf sie sind ab 3. 10. 1990 die §§ 80–88 BGB anzuwenden (Art 231 § 3 EGBGB).

X. Anerkennung ausländischer juristischer Personen

63 Ob eine überindividuelle Organisation juristische Person ist, bestimmt sich nach dem **Personalstatut**, dem sie unterläge, wenn sie Rechtspersönlichkeit besäße. Das Personalstatut aber bestimmt sich nach dem *Sitz der Hauptverwaltung der Organisation* (s Vorbem 61 zu §§ 21–54), der mit dem Gebiet ihrer Tätigkeit nicht zusammenfallen muß.

Ausländische juristische Personen, die ihren Verwaltungssitz in dem betreffenden Ausland haben, werden in Deutschland grundsätzlich als solche *anerkannt* (RGZ 92, 73, 76; BayObLGZ 1986, 61, 67). Eine Ausnahme bildet Art 86 EGBGB, der dem Landesrecht vorbehält, den Rechtserwerb ausländischer juristischer Personen zu beschränken (dazu Erl zu Art 86 EGBGB).

Ausländische Staaten, die in ihrer Eigenschaft als Fiskus in Deutschland am Rechtsverkehr teilnehmen, haben *Rechtspersönlichkeit*. Inwieweit sie *Immunität* genießen, also von der deutschen Gerichtsbarkeit befreit sind, ist streitig. Die Europäische Konvention über Staatenimmunität vom 16. 5. 1972 (Intern Legal Materials 11 [1972] 470) ist von der BRD bisher nicht ratifiziert worden. Maßgebend sind die allgemeinen Regeln des *Völkerrechts*, die über Art 25 GG im Inland unmittelbar verbindlich sind. Früher nahmen Lit und Rspr eine absolute Immunität ausländischer Staaten an (vgl zB RGZ 62, 165; 103, 274; 111, 375). Heute hat sich dagegen die Lehre von der eingeschränkten Immunität durchgesetzt (vgl zB RIEZLER, Intern Zivilprozeßrecht 1949, 387 ff; MünchKomm/EBENROTH Rn 523 nach Art 10 EGBGB, BVerfGE 15, 25; 16, 27). Weitgehende Einigkeit besteht darüber, daß ausländische Staaten hinsichtlich ihrer hoheitlichen Handlungen (*acta iure imperii*) nach Völkergewohnheitsrecht Immunität genießen (BGH NJW 1979, 1101; MünchKomm/EBENROTH aaO). Dagegen gilt das nicht ohne weiteres für nichthoheitliches Handeln (*acta iure gestionis*), insbes für Teilnahme am Privatrechtsverkehr. Das BVerfG hat mehrfach für Teilbereiche im nichthoheitlichen Sektor die Existenz von immunitätsbegründenden Regeln des Völkerrechts verneint, zB BVerfGE 15, 25 (Grundbuchberichtigung bezüglich Gesandtschaftsgrundstück); BVerfGE 16, 27 (Klage aus Werkvertrag wegen Arbeiten im Botschaftsgebäude; BVerfG NJW 1978, 485, 487 (Zwangsvollstreckung gegen fremden Staat nicht schlechthin verwehrt). Vgl allgemein zur Staatenimmunität DAMIAN, Staatenimmunität und Gerichtszwang (1985); vSCHÖNFELD, Die Immunität ausländischer Staaten vor deutschen Gerichten, NJW 1986, 2980.

In ähnlicher Weise wie ausländischen Staaten kommt auch gewissen **Staatenvereinigungen**, die Völkerrechtssubjekte sind, innerstaatliche Rechtspersönlichkeit zu, zB der UNO und ihren Unterorganisationen oder der NATO. Vgl VERDROSS/SIMMA, Universelles Völkerrecht [3. Aufl 1984] § 99; IGH ICJ Reports 1949, 170.

Die **Europäischen Gemeinschaften** besitzen Rechtsfähigkeit in den Mitgliedstaaten: Vertrag über die Gründung der Europäischen Gemeinschaft für Kohle und Stahl Art 6 Abs 3; EG-Vertrag Art 211; Euratom-Vertrag Art 185 (vgl SCHWEITZER/HUMMER, Europarecht [3. Aufl 1990] S 196 mwN). Die durch den sog Maastricht-Vertrag v 7. 2. 1992 geschaffene Europäische Union hat dagegen nach dem gegenwärtigen Stand keine eigene gesonderte Rechtssubjektivität (vgl dazu BVerfGE 89, 155, 195). Sie ist insbes auch kein Staat.

Private Rechtspersönlichkeit haben schließlich gewisse Verwaltungsstellen, Büros uä, die durch multilaterale völkerrechtliche Verträge ins Leben gerufen sind und der Durchführung multilateraler Abkommen dienen. Sie werden als **internationale juristische Personen** bezeichnet. Hierher gehören zB das frühere Internationale Landwirtschaftliche Institut in Rom, der International Monetary Fund, die Weltbank, die Weltgesundheitsorganisation (WHO), uä. Diese internationalen juristischen Personen erwerben die Rechtspersönlichkeit kraft *Verleihung* durch die jeweilige *nationale*

Rechtsordnung, im Bereich des deutschen Rechts also durch dieses. Die Verleihung braucht jedoch nicht ausdrücklich zu erfolgen; sie ist vielmehr in der innerstaatlichen Verkündung des betreffenden Gründungsvertrages bzw des Beitritts zu der bestehenden Union als Gesetz zu sehen, insbes wenn der Vertrag die Verpflichtung enthält, der betreffenden Verwaltungsorganisation eine ihren Aufgaben entsprechende Stellung zu geben. Vgl dazu VERDROSS/SIMMA (3. Aufl 1984) §§ 295 ff; IPSEN/EPPING, Völkerrecht (3. Aufl 1990) §§ 28–30 jeweils mit Übersicht der in Betracht kommenden Organisationen.

XI. Abhängige juristische Personen

64 Von abhängigen juristischen Personen kann man insofern sprechen, als es im modernen Wirtschaftsleben juristische Personen gibt, die nicht eigenem, sondern fremdem Zweck oder Nutzen dienen oder deren Wille planmäßig dauernd von anderen bestimmt wird. Die *Motive*, aus denen solche Bindungen entstehen, können sehr *verschiedenartig* sein; meistens sind sie wirtschaftliche: Ein Unternehmen will etwa einen seiner Betriebszweige verselbständigen, um ihn leichter veräußern oder mit diesem Vertriebszweig leichter einem Konzern beitreten zu können, oder es will einzelne Betriebszweige verselbständigen, um die Steuern niedriger halten zu können, oder es will eine eigene juristische Person von sich abspalten, um diese bestimmte Risiken übernehmen zu lassen. Aber auch bei nicht wirtschaftlichen Organisationen kommt das Abhängigkeitsverhältnis vor, es können namentlich Ortsgruppen eines idealen Vereins, die selbst rechtsfähige Vereine sind, zu einem Zentralverein in irgendeinem Abhängigkeitsverhältnis stehen (vgl § 21 Rn 35). Die Abhängigkeit kann sich zB darin äußern, daß der „herrschenden" juristischen Person ein Einfluß auf die Wahl der Organe der abhängigen gegeben ist oder eine Mitbeteiligung am Gewinn oder ein Einfluß auf die Gewinnverteilung oder eine Mitgliedschaft mit Vorzugsrechten; oder auch in einer größeren Kapitalbeteiligung, die der „herrschenden" Person Stimmrechte sichert. *Rechtlich* kann die Abhängigkeit **organisatorisch, vertragsmäßig** oder **stimmenmäßig** begründet sein. Bei organisatorischer Abhängigkeit sind der „herrschenden Person" durch die *Satzung* besondere Rechte eingeräumt (Vorstandsbestellung, Zweckbestimmung der abhängigen Person). Bei vertragsmäßig begründeter Abhängigkeit besteht ein entsprechender schuldrechtlicher Vertrag, zB ein *Geschäftsbesorgungsvertrag* mit der herrschenden Person. Bei stimmenmäßiger Abhängigkeit beherrscht die herrschende Person eine entsprechende Anzahl der *Stimmen* innerhalb der abhängigen juristischen Person (KRONSTEIN 7 f). Regelmäßig trifft jedoch die organisatorische Abhängigkeit mit einer vertragsmäßigen Bindung zusammen, wenn auch letztere oft noch weiter geht. Im Zweifel bestehen die Rechte und Pflichten der herrschenden juristischen Person unabhängig von denen der abhängigen und umgekehrt. Auch gibt es keineswegs einen allgemeinen Rechtssatz, wonach die herrschende juristische Person für die vertraglichen oder außervertraglichen Verpflichtungen der abhängigen juristischen Person *haften* würde, sondern es muß im einzelnen Falle ein besonderer Rechtsgrund für eine solche Haftung vorhanden sein (ins einzelne gehende Untersuchung bei KRONSTEIN 72 ff; vgl ferner o Rn 49).

Die abhängige juristische Person begegnet uns vor allem im Rahmen von **Konzernen**. Eine Regelung des Konzernrechts, in der Gesetzessprache das Recht der *„verbundenen Unternehmen"*, hat das AktG von 1965 gebracht (§§ 15 ff, 291–337 AktG).

Diese Regelung knüpft jedoch an den *Begriff des Unternehmens*, nicht an die Rechtsform der juristischen Person an. Abhängige Unternehmen sind nach § 17 Abs 1 AktG „rechtlich selbständige Unternehmen, auf die ein anderes Unternehmen (herrschendes Unternehmen) unmittelbar oder mittelbar einen beherrschenden Einfluß ausüben kann". Es ist gleichgültig, ob die Beherrschungsmöglichkeit auf rechtlichen oder tatsächlichen Gründen beruht. Das Konzernrecht kann hier natürlich nicht dargestellt werden. Vgl dazu die einschlägigen Darstellungen, etwa WÜRDINGER, Aktienrecht und das Recht der verbundenen Unternehmen (4. Aufl 1981); EMMERICH/SONNENSCHEIN, Konzernrecht (4. Aufl 1992).

XII. Juristische Personen und Steuerrecht

Im Steuerrecht können juristische Personen *Steuersubjekte* sein. Die Körperschaftsteuer knüpft dabei an bestimmte *Rechtsformen* an, bezieht aber neben den juristischen Personen auch nicht rechtsfähige Organisationen ein (§ 1 KStG). Bei anderen Steuern wird die juristische Person Steuersubjekt, wenn sie eine bestimmte *Tätigkeit* ausübt; zB ist für die Umsatz-(Mehrwert-)Steuer die Tätigkeit als Unternehmer maßgebend, ohne daß es auf die rechtliche Form des Unternehmens ankommt. 65

Die Vereinsbesteuerung ist zT durch besondere Vorschriften geregelt; vgl Gesetz zur Verbesserung und Vereinfachung der Vereinsbesteuerung (Vereinsförderungsgesetz) v 18. 12. 1989 (BGBl I 2212).) Vgl zur Vereinsbesteuerung auch MÄRKLE, Der Verein im Zivil- und Steuerrecht (8. Aufl 1992); SAUER/LUGER, Vereine und Steuern (2. Aufl 1991).

I. Vereine
1. Allgemeine Vorschriften*

Vorbemerkungen zu §§ 21–54

Schrifttum

ALBRECHT, Das Spannungsverhältnis zwischen dem privaten und öffentlichen Vereinsrecht in der Vergangenheit und Gegenwart (1989)
BEUTHIEN, Richterliche Kontrolle der Vereinsstrafe, BB 1968, Beil 12
BÖCKENFÖRDE, Die politischen Funktionen wirtschaftlich-sozialer Verbände, Der Staat 15 (1976) 457

ders, Demokratie und Repräsentation – Zur Kritik der heutigen Demokratiediskussion (1983)
BÜTTNER, Identität und Kontinuität bei der Gründung juristischer Personen (1967)
COING, Das Privatrecht und die Probleme der Ordnung des Verbandswesens, in: FS Flume I (1978) 429

---

* Auf der Grundlage der Kommentierung von HELMUT COING bearbeitet von GÜNTER WEICK.

Vorbem zu §§ 21 ff

DREGGER, Haftungsverhältnisse bei der Vorgesellschaft (1951)
FLUME, Die Problematik der werdenden juristischen Person, in: FS Geßler (1971) 3
ders, Die Vereinsstrafe, in: FS Bötticher (1969) 101
FRIEDRICH, Vereine und Gesellschaften (6. Aufl 1990)
GRUNEWALD, Vereinsaufnahme und Kontrahierungszwang, AcP 182 (1982) 181
dies, Der Ausschluß aus Gesellschaft und Verein (1987)
HECKELMANN, Der Idealverein als Unternehmer?, AcP 179 (1979) 1
HORNUNG, Der wirtschaftliche Verein nach § 22 BGB (Diss Göttingen 1972)
KNAUTH, Die Rechtsformverfehlung bei eingetragenen Vereinen mit wirtschaftlichem Geschäftsbetrieb (Diss Köln 1976)
ders, Die Ermittlung des Hauptzwecks bei eingetragenen Vereinen, JZ 1978, 339
LARENZ, Zur Rechtmäßigkeit einer „Vereinsstrafe", in: Gedächtnisschrift Dietz (1973) 45
LEIST, Untersuchungen zum inneren Vereinsrecht (1904)
LESSMANN, Die öffentlichen Aufgaben und Funktionen privatrechtlicher Wirtschaftsverbände (1976)
ders, Die Verbände in der Demokratie, NJW 1978, 1545
LUTTER, Theorie der Mitgliedschaft, AcP 180 (1980) 84
MÄRKLE, Der Verein im Zivil- und Steuerrecht (8. Aufl 1992)
MEYER-CORDING, Die Vereinsstrafe (1957)
NICKLISCH, Inhaltskontrolle von Verbandsnormen (1982)
OPPENHEIMER, Die beiden Vereinsklassen des BGB, JherJb 47, 99
REICHERT/DANNECKER, Handbuch des Vereins- und Verbandsrechts (5. Aufl 1993)
REUTER, Zur Abgrenzung von Vereins- und Gesellschaftsrecht, ZGR 1981, 364
ders, Probleme der Mitgliedschaft beim Idealverein – Mitgliedsfähigkeit, Nachfolge, Folgen des Ausscheidens, ZHR 145 (1981) 273
ders, 100 Bände BGHZ: Vereins- und Genossenschaftsrecht, ZHR 151 (1987) 355

RUMMEL, Privates Vereinsrecht im Konflikt zwischen Autonomie und rechtlicher Kontrolle, in: FS Strasser (Wien 1983) 813
SACK, Der „vollkaufmännische Idealverein", ZGR 1974, 179
SÄCKER/OETKER, Probleme der Repräsentation von Großvereinen (1986)
SÄCKER/RANCKE, Verbandsgewalt, Vereinsautonomie und richterliche Inhaltskontrolle, AuR 1981, 1
SAUTER/SCHWEYER, Der eingetragene Verein (14. Aufl 1990)
SCHLOSSER, Vereins- und Verbandsgerichtsbarkeit (1972)
K SCHMIDT, Die Abgrenzung der beiden Vereinsklassen, Rpfleger 1972, 286, 343
ders, Sieben Leitsätze zum Verhältnis zwischen Vereinsrecht und Handelsrecht, ZGR 1975, 477
ders, Systemfragen des Vereinsrechts, ZHR 147 (1983) 43
ders, Verbandszweck und Rechtsfähigkeit im Vereinsrecht (1984)
ders, Gesellschaftsrecht (2. Aufl 1991) §§ 23–25
SCHNORR, Öffentliches Vereinsrecht (1965)
SCHOCKENHOFF, Der Grundsatz der Vereinsautonomie, AcP 193 (1993) 35
STAUDINGER, Das Vereinsrecht nach dem BGB, SeuffBl 62, 305
STÖBER, Vereinsrecht (6. Aufl 1992)
TEUBNER, Organisationsdemokratie und Verbandsverfassung (1978)
TROLL, Besteuerung von Verein, Stiftung und Körperschaft des öffentlichen Rechts (2. Aufl 1978)
VAN LOOK, Vereinstrafen als Vertragsstrafen (1990)
VERSTEYL, Der Einfluß der Verbände auf die Gesetzgebung (1972)
VIEWEG, Normsetzung und Normanwendung deutscher und internationaler Verbände (1990)
H P WESTERMANN, Die Verbandsstrafgewalt und das allgemeine Recht (1972)
ZÖLLNER, Schranken mitgliedschaftlicher Stimmrechtsmacht bei den privatrechtlichen Personenverbänden (1963).

S auch die Schrifttumsangaben in der Einl zu § 21 und zur Vereinsstrafe bei § 35.

2. Titel. Juristische Personen.
I. Vereine

Vorbem zu §§ 21 ff

Systematische Übersicht

I. Das öffentliche Vereinsrecht
1. Art 9 GG — 1
2. Gegenstand des Grundrechts — 2
3. Sachliche Bedeutung — 3
4. Verbotene Vereinigungen — 4

II. Grundlagen des privaten Vereinsrechts
1. Gegenwärtige Probleme des Verbandsrechts — 5
2. Die geschichtlichen Grundlagen des geltenden Vereinsrechts — 6
3. Die Ziele der Gesetzesverfasser — 15
4. Die im Gesetz geregelten Probleme — 18
5. Die Entwicklung des Vereinsrechts nach Inkrafttreten des BGB in Literatur und Rechtsprechung — 23
6. Eigene Stellungnahme — 35

III. Begriff und Struktur des Vereins
1. Begriff — 43
2. Abgrenzung zur Gesellschaft — 44
3. Abgrenzung zur Kapitalgesellschaft — 47
4. Grundzüge der Rechtsstruktur — 48
5. Vereinsschiedsgerichtsbarkeit — 52

IV. Arten der Vereine des Privatrechts
1. Wirtschaftliche und Idealvereine — 54
2. Rechtsfähige und nichtrechtsfähige Vereine — 55
3. Rechtstatsächliches — 56

V. Geltungsbereich der vereinsrechtlichen Vorschriften des BGB
1. Direkter Anwendungsbereich — 57
2. Analoge Anwendung — 58
3. Politische Parteien und Fraktionen — 59

VI. Das subjektive Vereinsrecht
1. Öffentliches Recht — 60
2. Privatrecht — 60

VII. Internationales Privatrecht — 61

Alphabetische Übersicht

Abgrenzung zur Gesellschaft — 44 ff
– zur Kapitalgesellschaft — 47
Arten der Vereine — 54 ff

Begriff — 43 ff

Geltungsbereich des Vereinsrechts — 57
Grenzen der Vereinsautonomie — 39 ff

Historische Grundlagen — 6 ff

Intermediäre Gewalten — 5
Internationales Privatrecht — 61

Nachprüfung von Vereinsmaßnahmen durch Gerichte — 27 ff

Öffentliches Vereinsrecht — 1 ff

Organisation — 49

Politische Parteien — 59

Rechtsfähigkeit — 18
Rechtsstruktur — 48 ff

Sportverbände — 5
Subjektives Vereinsrecht — 60

Vereinsschiedsgerichtsbarkeit — 52
Verbotene Vereinigungen — 4
Vereinsautonomie — 10, 23
Vereinsgewalt — 25
Vereinsstrafe — 33 ff, 42
Vertragliche Grundlage — 38

Wirtschaftlicher und Idealverein — 54

I. Das öffentliche Vereinsrecht

1. Art 9 GG

1

„Alle Deutschen haben das Recht, Vereine und Gesellschaften zu bilden.

Vereinigungen, deren Zwecke oder deren Tätigkeit den Strafgesetzen zuwiderlaufen oder die sich gegen die verfassungsmäßige Ordnung oder gegen den Gedanken der Völkerverständigung richten, sind verboten.

Das Recht, zur Wahrung und Förderung der Arbeits- und Wirtschaftsbedingungen Vereinigungen zu bilden, ist für jedermann und für alle Berufe gewährleistet. Abreden, die dieses Recht einschränken oder zu behindern suchen, sind nichtig, hierauf gerichtete Maßnahmen sind rechtswidrig. Maßnahmen nach den Artikeln 12 a, 35 Abs 2 und 3, Artikel 87 a Abs 4 und Artikel 91 dürfen sich nicht gegen Arbeitskämpfe richten, die zur Wahrung und Förderung der Arbeits- und Wirtschaftsbedingungen von Vereinigungen im Sinne des Satzes 1 geführt werden."

Damit ist *allen Deutschen* – nicht den Ausländern – das Recht gewährleistet, privatrechtliche Vereinigungen zu gründen. Gegründete Vereinigungen haben das Recht auf Entstehen und Bestehen (vgl BVerfGE 10, 89, 102 und 354, 361; 13, 175). Das Grundrecht kann nach Art 18 GG verwirkt werden.

2. Gegenstand des Grundrechts

2 Das *Grundrecht* bezieht sich auf *Vereinigungen schlechthin;* auf die gewählte Rechtsform kommt es nicht an. Dies bedeutet, daß das Grundrecht sich nicht nur auf solche Vereinigungen bezieht, die nach den Vorschriften des Privatrechts rechtsfähig sind, andererseits aber auch, daß aus dem Grundrecht der Vereinigungsfreiheit sich nichts dafür ergibt, unter welchen Voraussetzungen eine Vereinigung iS des Art 9 Abs 1 GG die privatrechtliche Rechtsfähigkeit erwerben kann; die Entscheidung dieser Frage bleibt vielmehr dem Privatrecht überlassen (vgl SCHNORR § 1 VereinsG Rn 10). Art 9 Abs 1 GG verbürgt in dieser Hinsicht nur, daß jede Vereinigung bei seiner Verletzung berechtigt ist, Verfassungsbeschwerde zu erheben.

3. Sachliche Bedeutung

3 Inhaltlich bedeutet Art 9 Abs 1 GG, daß die öffentliche Gewalt die **Bildung** von Vereinen und Gesellschaften **nicht verbieten** und vorhandene Vereine und Gesellschaften **nicht auflösen** darf, wenn nicht die besonderen Voraussetzungen des *Art 9 Abs 2 GG* bzw *Art 18 GG* gegeben sind, also insbes nicht nach einfachem polizeilichen Ermessen, wie dies im absolutistischen Staat und zT noch in den Anfängen des Verfassungsstaates möglich war (vgl über die Entwicklung SCHNORR 24). Dagegen ist die *Bindung* von Zusammenschlüssen an bestimmte vom Gesetzgeber ausgestaltete *Formen* wie etwa AG oder GmbH zulässig. Gegen die verfassungsmäßige Ordnung richtet sich eine Vereinigung, wenn sie sich gegen Prinzipien oder Institutionen wendet, welche nach dem GG für unsere Verfassung grundlegend sind, zB das Rechtsstaatsprinzip oder das Mehrparteiensystem.

Auch die Vereinigungen sind wie natürliche Personen an die allgemeinen Gesetze, welche insbes die Rechte anderer schützen, gebunden.

4. Verbotene Vereinigungen

Art 9 Abs 2 GG sieht *drei Gründe* vor, die es erlauben, gegen eine Vereinigung einzuschreiten. Die Formulierung des Art 9 Abs 2 GG ließ es als zweifelhaft erscheinen, ob eine Vereinigung, auf die eine der drei genannten Merkmale zutrifft, *ipso iure verboten* sei, oder ob es einer entsprechenden **ausdrücklichen Feststellung durch Verwaltungsakt** bedarf. Nachdem das Bundesverwaltungsgericht sich bereits im letzteren Sinne ausgesprochen hatte (BVerwGE 4, 188), ist mit dem VereinsG v 5. 8. 1964 eine entsprechende gesetzliche Regelung ergangen (vgl § 3 VereinsG). Die wesentliche Bedeutung dieses Gesetzes liegt in der Gestaltung des *Verfahrens* bei der Durchführung des Verbotes von Art 9 Abs 2 GG (SCHNORR 33). Es ist zu beachten, daß das öffentliche Recht eine eigene Begriffsbildung entwickelt hat (vgl § 2 VereinsG).

Wegen der Einzelheiten des Auflösungsverfahrens vgl § 41 Rn 5 ff.

II. Grundlagen des privaten Vereinsrechts

1. Gegenwärtige Probleme des Verbandsrechts

Das Verbandswesen hat in Deutschland im letzten Jahrhundert einen großen Aufschwung genommen. EDMUND BURKES Bemerkung, daß die Vereinigungsfreiheit die Bildung von *Macht* bedeute, hat sich aber auch in unserer Gesellschaft bewahrheitet.

Große und einflußreiche Organisationen sind entstanden. Die Problematik dieser Entwicklung sog „*intermediärer Gewalten*" zwischen dem einzelnen und dem Staat ist bewußt geworden und Gegenstand sowohl sozialwissenschaftlicher wie rechtspolitischer Erörterung.

Breit angelegte Darstellung der verfassungsrechtlichen und ordnungspolitischen Problematik der Verbände und des Diskussionsstandes in MünchKomm/REUTER Vorbem 48–129 zu § 21.

Die Diskussion betrifft vor allem *drei Fragenbereiche:*

(1) **Die Rolle der Interessenverbände bei der politischen und administrativen Willensbildung** (dazu vgl WALTER SCHMIDT, Gesellschaftliche Machtbildung durch Verbände, Der Staat 17 [1978] 244; J H KAISER, Verbände, HdBStR II [1987] § 34; LESSMANN, Die öffentlichen Aufgaben und Funktionen privatrechtlicher Wirtschaftsverbände [1976]; BÖCKENFÖRDE, Die politischen Funktionen wirtschaftlich-sozialer Verbände und Interessenträger in der sozialstaatlichen Demokratie, Der Staat 15 [1976] 457 mwN; J HARTMANN, Verbände in der westlichen Industriegesellschaft – Ein international vergleichendes Handbuch [1985]). Schwerpunkte der Diskussion liegen bei Gewerkschaften und Wirtschaftsverbänden.

(2) **Die Stellung der Großunternehmen und Konzerne** (dazu Bericht der Studienkommission des DJT, Untersuchungen zur Reform des Unternehmensrechts, Teil I [1959] 44; zusammenfassend OTT, Recht und Realität der Unternehmenskorporation [1977]; TEUBNER, Organisationsdemokratie und Verbandsverfassung [1978]).

(3) **Die Stellung der großen Sportverbände**, die mit den von ihnen geschaffenen Sonderordnungen geradezu ein „sozialmächtiges Subsystem" errichtet haben (H P WESTERMANN, Die Verbandsstrafgewalt und das allgemeine Recht [1972]). Hier geht es um die Stellung der Vereine zu ihren Mitgliedern, die sog *Verbandsgewalt*, wie sie sich insbes in der Einrichtung der Vereinsstrafe zeigt, und um das Recht auf Aufnahme in Verbände, welche bestimmte Lebensbereiche beherrschen, wie dies bei den großen Dachverbänden des Sportes schon dadurch, daß sie praktisch über den Zugang zu internationalen Sportwettbewerben herrschen, häufig der Fall ist.

Von diesen Fragen gehört die erste dem Verfassungsrecht, die zweite dem Gesellschaftsrecht bzw dem als Recht der Wirtschaftsverfassung verstandenen Wirtschaftsrecht an (dazu SCHLUEP, Was ist Wirtschaftsrecht?, in: FS Hug [1968] 25 ff). Die dritte Frage führt dagegen auf *Grundprobleme des Vereinsrechts als privaten Verbandsrechts*; auf sie ist in einer kurzen grundsätzlichen Erörterung einzugehen (vgl hierzu auch COING, in: FS Flume I 429 ff).

Diese Diskussion wurde auf dem *52. DJT 1978* fortgesetzt. Vgl Podiumsdiskussion „Die Verbände in der Demokratie und ihre Regelungsprobleme" (Verh II Teil P 6 ff).

Bei einer solchen grundsätzlichen Besinnung ist es insbes notwendig zu prüfen, inwieweit der *Gesetzgeber*, als er die Regelung des BGB schuf, die *Probleme*, die uns heute beschäftigen, *gesehen* hat. Ohne eine solche Betrachtung können die vorhandenen gesetzlichen Bestimmungen, vor allem aber auch das Schweigen des Gesetzes zu bestimmten Problemen, nicht richtig gedeutet werden. Von dieser Fragestellung soll daher die folgende grundsätzliche Erörterung ausgehen.

2. Die geschichtlichen Grundlagen des geltenden Vereinsrechts

6 a) Zur Zeit der *Ausarbeitung des BGB* wurde die theoretische Auseinandersetzung mit der Problematik des Verbandsrechtes vor allem durch den **Streit um das Wesen der juristischen Person** beeinflußt (vgl dazu oben Einl 4 zu §§ 21 ff). Diese Streitfrage ist auch in der Begründung des Redaktors des Allgemeinen Teils eingehend dargestellt. Die um die Mitte des Jahrhunderts noch herrschende *Fiktionstheorie* sah dabei das Problem in erster Linie unter dem Gesichtspunkt, wer der Träger von Rechten sein könne, die einem Verband zustehen; sie wurden der fingierten Rechtspersönlichkeit zugeschrieben. Im übrigen beschränkte sich die gemeinrechtliche Theorie auf wenige sehr allgemeine Sätze. Das Problem der Verbandsgewalt über die Mitglieder wurde nicht als wesentliche Frage gesehen. Schärfer ausgearbeitet war die sog germanistische *Theorie von der realen Verbandspersönlichkeit*. Sie war begründet von dem Germanisten BESELER, hatte übrigens nicht nur bei den Germanisten Anhänger gefunden, und gerade in den Jahrzehnten, in welche die Ausarbeitung des BGB fiel, ihren Hauptverfechter in OTTO VGIERKE gefunden (vgl vor allem Die Genossenschaftstheorie und die deutsche Rechtsprechung [1885, Nachdruck 1963]; Besprechung reichsgerichtlicher Entscheidungen, JherJb 35, 167 ff, insbes 195 ff und zusammenfassend Deutsches Privatrecht I [1895]).

7 v GIERKES Ausgangspunkt war die Beobachtung der sozialen Wirksamkeit der Verbände. Er bezeichnete sie richtig als *„soziale Lebenszentren"* (Deutsches Privatrecht I

471) und stellte sie insofern der Einzelperson gleich (470). Die reale Persönlichkeit der Verbände suchte er in zahlreichen bildlichen Wendungen darzustellen, die er im wesentlichen der Organismuslehre entnahm. Aus dieser Anschauung des Wesens der Verbandsperson wurden von vGIERKE in apriorischer Weise ganz bestimmte Rechtsgrundsätze abgeleitet:

aa) Der Verband gehört als solcher dem **Sozialrecht**, nicht dem Privatrecht an. Das Sozialrecht ist eigentlich das *Recht der menschlichen Verbände*. Es reicht vom privaten Verein bis zum Staatsverband. vGIERKE folgert aus dieser Feststellung, daß das Privatrecht auf die eigentlichen verbandsrechtlichen Beziehungen nicht anwendbar ist; die Gründung eines Vereins ist ein sozialer Schöpfungsakt, nicht privates Rechtsgeschäft (Deutsches Privatrecht I 486; Genossenschaftstheorie 121); das Handeln des Vereinsvorstandes ist Organhandeln, nicht Vertretung; die Vereinsstrafe ist keine Vertragsstrafe (JherJb 35, 200).

bb) Das Sozialrecht ist gegenüber dem Privatrecht ein *„Rechtssystem höherer Ordnung"* (Genossenschaftstheorie 9, 10), weil in den Verbänden das Gemeinschaftsinteresse lebt, während das Privatrecht nur den individuellen Interessen dient (Genossenschaftstheorie 9, 10). Ebenso ist der Verband und sein „Gemeinleben" (Deutsches Privatrecht I 492) grundsätzlich gegenüber dem Einzelmitglied und seinen Interessen höher zu bewerten, ist doch der Verband eine „Person höherer Ordnung" (Deutsches Privatrecht I 458).

Daraus ergibt sich für vGIERKE die „Herrschaft des Verbandsganzen über seine Mitglieder" (Deutsches Privatrecht I 535); das Mitglied ist der „Körperschaftsgewalt" unterworfen (JherJb 35, 198). Die Körperschaft kann daher *„kraft ihres Wesens"* auch *„ohne besondere gesetzliche oder statutarische Ermächtigung"* über die Mitgliedsrechte verfügen (JherJb 35, 197). Freilich bindet vGIERKE diese Dispositionsgewalt des Verbandes an manchen Stellen an entsprechende Bestimmungen der Verfassung des Verbandes. Er weist außerdem darauf hin, daß gewisse Individualrechte, insbes Sonderrechte, der Verbandsgewalt entzogen sind.

cc) Endlich ergibt sich für vGIERKE aus dem *Wesen der Körperschaft* ein bestimmtes Verhältnis zur staatlichen Rechtsordnung.

Die Körperschaft hat grundsätzlich Anspruch auf Anerkennung als Person. Dies entspricht der Rechtsidee (Deutsches Privatrecht I 471). Das System der *freien Körperschaftsbildung* ist daher grundsätzlich das Richtige.

Die Verbandsperson hat ferner ein **Recht auf Autonomie**. Darunter versteht vGIERKE nicht nur das Recht, sich eine Satzung zu geben. Zur Autonomie rechnet er vielmehr auch die erwähnte Herrschaft des Verbandes über die Mitglieder und damit die *Verwaltungs- und Strafgewalt* der Verbandsorgane (vgl JherJb 35, 197). Die Gerichte haben diese Autonomie zu achten. Sie dürfen daher höchstens die Verfassungsmäßigkeit von Vereinsakten nachprüfen (Deutsches Privatrecht I 535. Vgl ferner die Kritik vGIERKES an den Urteilen RGZ 29, 319 und RG SeuffA 48 Nr 174 in JherJb 35, 199 ff).

Diese Theorie war zwar am Ende des 19. Jh nicht die vorherrschende, aber sie hat doch das juristische Denken stark beeinflußt.

11 b) Was die *positive Rechtslage* angeht, so hatten, als die Arbeiten am BGB begannen, die Vereinigungen zu wirtschaftlichen Zwecken bereits eine **reichseinheitliche Regelung** erhalten. Die AG und die KGaA waren im ADHGB von 1861 geregelt; durch die Novelle von 1870 war für sie das *System der Normativbedingungen* eingeführt worden. Das Recht der Genossenschaften war durch die Genossenschaftsgesetzgebung (1867 Preußen, 1868 Norddeutscher Bund) geregelt worden, und während die Arbeiten der zweiten Kommission im Gange waren, wurde durch das GmbHG von 1894 die GmbH geschaffen.

12 Der Bedarf für eine neue Regelung bestand daher in erster Linie für diejenigen Vereine, die nichtwirtschaftliche Zwecke verfolgten, die sog **Idealvereine**. Hier war das positive Recht nicht nur zersplittert, sondern im einzelnen auch sehr unterschiedlich. Das ALR (II.6) kannte nicht nur das *Konzessionsprinzip* für den Erwerb der Rechtsfähigkeit von Vereinen, sondern vor allem eine ausgedehnte *Staatsaufsicht* über deren Tätigkeit; es suchte die Vereine, von denen es in erster Linie die gemeinnützigen fördern wollte, weitgehend in die Staatsverwaltung einzugliedern. Nicht nur bei der Festlegung der Satzung und bei Verfassungsänderungen hatte der Staat ein Zustimmungsrecht, sondern ebenso bei der Ausschreibung neuer Umlagen, bei der Ausstoßung von Mitgliedern und der Absetzung von Beamten sowie der Veräußerung von Immobilien (vgl die Übersicht bei DERNBURG, Preußisches Privatrecht I [3. Aufl 1881] § 55). Vereinigungen, die nicht die Rechtsfähigkeit erlangt hatten, sondern Korporationen, privilegierte oder öffentliche Korporationen geworden waren, hießen Gesellschaften und waren im Innern ebenfalls den Regeln des Korporationsrechts unterworfen.

13 Der Code civil enthielt keine Regelung des Vereinsrechts. Die *Rspr* folgerte daraus jedoch nicht etwa, daß den Vereinen eine **vollkommene Autonomie** zukomme. So hat das Reichsgericht in RGZ 29, 319 unter Anwendung des Code civil eine Satzungsbestimmung wegen Verstoßes gegen den ordre public für unwirksam erklärt, nach der über den Anspruch eines Mitgliedes eines Viehversicherungsvereins durch die Vereinsorgane unter Ausschluß des Rechtsweges entschieden werden sollte. Auch das gemeine Recht enthielt kaum mehr als einige sehr allgemeine Grundsätze (vgl etwa WINDSCHEID, Pandekten [7. Aufl] §§ 57–60). In der Rspr des Reichsgerichts wurde gegen Ende des Jahrhunderts angenommen, daß nach gemeinem Recht den Vereinen ein weitgehendes Recht der Selbstverwaltung zustünde, welches eine *Nachprüfung der Verwaltungsakte* des Vereins weitgehend *ausschlösse* (vgl RG JW 1900, 417). RGZ 26, 271 hatte dies noch dahingestellt sein lassen, und das Urteil des OLG Kassel (SeuffA 48 Nr 174) erklärte eine Satzungsbestimmung, die Vereinsstrafen ohne nähere tatbestandliche Festsetzung zuließ, für unwirksam, weil nicht angenommen werden könne, daß sich jemand einer solchen Strafgewalt unterwerfen wollte.

14 Bereits 1869 war im Norddeutschen Reichstag von dem Abgeordneten SCHULZE-DELITZSCH, dem Förderer des Genossenschaftswesens, ein *Gesetzentwurf* über die *Rechtsstellung der Idealvereine* eingebracht worden. Dieser war auch in dritter Lesung vom Reichstag angenommen worden, aber im Bundesrat gescheitert. Auch entsprechende Anträge des gleichen Abgeordneten im Reichstag von 1871 und 1872 hatten nicht zum Erfolg geführt (vgl Sten Ber der ersten LegPer des Norddeutschen Bundes II 957; III 849 ff; GEBHARD in der Begründung seines Entwurfs, 80 f). Bayern hatte allerdings am 29. 4. 1869 ein dem Entwurf von SCHULZE-DELITZSCH entsprechendes Vereinsgesetz erlassen. Diesem lag das *System der Normativbedingungen* mit gerichtlicher Anerkennung zugrunde. Sachsen hatte 1868 das Vereinswesen ebenfalls auf der Grundlage der Normativbedingungen mit einem Vereinsregister geregelt.

Die Rechtslage für die Vereine konnte keineswegs als befriedigend angesehen werden.

3. Die Ziele der Gesetzesverfasser

Trotzdem war das *Programm der Verfasser des BGB zunächst nicht* auf die *Schaffung eines Vereinsrechtes* gerichtet. Der Rektor GEBHARD erstrebte vielmehr einen **allgemeinen Teil für juristische Personen**; sein Entwurf enthält daher nur die Regelung einiger grundsätzlicher Fragen der Körperschaften insgesamt (sowohl des öffentlichen wie des privaten Rechts), so über Entstehung und Ende der juristischen Persönlichkeit der Körperschaften, die Stellung der juristischen Person im Vermögensverkehr, insbes ihre Vertretung und ihre Liquidation, sowie einige grundlegende Bestimmungen organisatorischer Art. Dagegen sprach er sich nicht über die „inneren Verhältnisse der Personenvereine" aus, insbes über die Stellung der Mitglieder zum Verband. GEBHARD war der Auffassung, hier seien die Verhältnisse zu verschieden, um eine allgemeine Regelung zu übertragen (vgl seine Begründung 46 ff). **15**

Die *erste Kommission* übernahm grundsätzlich das Programm von GEBHARD und sah deswegen eine Regelung für Körperschaften und Stiftungen des öffentlichen wie des privaten Rechts vor. Sie fügte dem GEBHARDSCHEN Entwurf einige Bestimmungen hinzu, ohne aber eine nähere Regelung des Rechtes der Idealvereine anzustreben (vgl Mot bei MUGDAN I 397). **16**

Erst die *zweite Kommission änderte* das *Programm* und faßte den Entschluß, das **Recht der Idealvereine zu regeln**. Sie begründete diesen Beschluß mit der Zersplitterung des geltenden Rechts, der Tatsache, daß das geltende Recht nicht den „schutzwürdigen Interessen der Vereine" entspräche – was sich wohl auf die Schwierigkeiten in der Erlangung der Rechtsfähigkeit bezieht – und schließlich mit dem Gesichtspunkt der Rechtssicherheit und den Interessen derjenigen, welche mit den Idealvereinen in Geschäftsverkehr treten (vgl Prot bei MUGDAN I 594, 595, 603). Auf die Beschlüsse der zweiten Kommission geht im wesentlichen die Regelung des BGB zurück. **17**

4. Die im Gesetz geregelten Probleme

Für den Gesetzgeber des BGB standen die folgenden Fragen im Vordergrund: **18**

a) Hauptproblem war, wie ein Verein die **Rechtsfähigkeit erlangen** könne. Hier stand die Kommission vor einer sehr *umstrittenen politischen Frage*; die Regierungen, insbes die preußische, wollten keine Erleichterung für die Erlangung der Rechtsfähigkeit schaffen, die den politischen und sozialpolitischen Vereinen, vor allem auch den Gewerkschaften, zugute kommen könnte. GEBHARD und der E I hatten die Frage infolgedessen ausgespart, indem sie sie dem Landesrecht überließen.

Die zweite Kommission erörterte die Möglichkeiten des Konzessionssystems, des Systems der freien Körperschaftsbildung und des Systems der *Normativbedingungen mit Registereintrag*. Sie entschied sich für das letztere und folgte damit dem Beispiel des Handelsgesetzbuches sowie der sächsischen Gesetzgebung im Gegensatz zu dem von SCHULZE-DELITZSCH vorgeschlagenen System der gerichtlichen Anerkennung aufgrund von Normativbedingungen. Die politischen Bedenken der preußischen Regierung suchte die Kommission dadurch zu überwinden, daß sie ein Einspruchsrecht der Verwaltung im Rahmen des Eintragungsverfahrens für politische, religiöse und sozialpolitische Vereine vorsah.

19 b)   Das zweite Problem, das die Gesetzesverfasser klar gesehen und zu lösen versucht haben, war die **Stellung des Vereins im rechtsgeschäftlichen Verkehr**. Hierzu wurden zunächst grundsätzliche Bestimmungen über die *Organisation* der Vereine getroffen (Notwendigkeit des Vorstandes, grundsätzliche Kompetenz der Mitgliederversammlung) und klare Regelungen darüber vorgesehen, wer den Verein im Rechtsverkehr nach außen zu *vertreten* habe. Im Zusammenhang dieser Problematik ist auch die Einrichtung des *Vereinsregisters* zu sehen. Die Kommission wollte damit die Vereinsverhältnisse, soweit sie für den Rechtsverkehr nach außen von Bedeutung sind, transparent machen (vgl Prot bei MUGDAN I 602).

20 c)   Schließlich hat man das Problem der **Sicherung der Vereinsgläubiger** erkannt und zu lösen versucht, uz nicht durch Einführung eines Haftungskapitals, wohl aber durch die *Verpflichtung* des Vorstandes, bei Überschuldung den *Vereinskonkurs anzumelden* (vgl den heutigen § 42 Abs 2) mit der Sanktion der Haftung des Vorstandes, sowie durch eingehende Regelung des Liquidationsverfahrens bei Auflösung des Vereins.

21 d)   *Nicht gesehen* wurde dagegen von den Gesetzesverfassern das heute im Vordergrund des Interesses stehende Problem des **Verhältnisses des Verbandes zu seinen Mitgliedern**. Daß GEBHARD hier eine Regelung nicht für möglich hielt, wurde schon erwähnt (oben Rn 15). Der auf seinen Vorschlägen beruhende E I gibt infolgedessen in seinen §§ 43 und 48 nur *Kompetenzbestimmungen* für Vorstand und Mitgliederversammlung, enthält aber über die Mitgliedschaft selbst keine Regelungen. Auch die zweite Kommission hat sich nur mit Einzelfragen beschäftigt, das Problem aber nicht grundsätzlich aufgegriffen. E II enthielt in den §§ 33 und 31 ebenfalls Kompetenzbestimmungen (vgl dazu Prot bei MUGDAN I 621). § 52 des Entwurfes sah vor, daß das Statut den Ein- und Austritt der Mitglieder regeln sollte, dagegen – im Gegensatz etwa zu dem Entwurf von SCHULZE-DELITZSCH – nicht den Ausschluß. Gestreift wurde die Problematik bei der Schaffung des heutigen § 39; die zeitliche Begrenzung für die Abgabe einer wirksamen Austrittserklärung wurde aber nur mit der allgemeinen Bemerkung begründet, daß das Gesetz auch sonst gegen eine übermäßige Bindung von Personen sei (vgl MUGDAN I 625). Auch die Bestimmung über *Sonderrechte*, der heutige § 35 (E II § 33), wurde ohne grundsätzliche Erörterungen angenommen. Die Prot vermerken lakonisch: „Der Satz, daß Sonderrechte der einzelnen Mitglieder durch Mehrheitsbeschlüsse nicht beeinträchtigt werden können, bedürfe des Ausspruches." Er empfehle sich nach dem Beispiel des sächsischen BGB, des Zürcher Gesetzbuches und des Schweizer Obligationenrechtes (vgl MUGDAN I 623 ff). Was unter Sonderrechten zu verstehen sei, wollte man dabei der Entwicklung in Rechtsprechung und Wissenschaft überlassen. Es ist möglich, daß

2. Titel. Juristische Personen.
I. Vereine

die Kommission dabei von dem Rechtszustand des gemeinen Rechts ausgegangen ist, wie ihn das RG angenommen hat. Ausgesprochen ist dies jedoch in den Materialien nicht, und eine gesetzliche Regelung ist nicht gegeben worden.

Hervorzuheben ist, daß weder die erste noch die zweite Kommission sich auf eine **22** bestimmte *theoretische Grundanschauung von dem Wesen der Verbände* festlegen wollten. Für die erste Kommission ergeben dies die Mot ausdrücklich (MUGDAN I 404); für die zweite Kommission zeigt es sich schon daran, daß sie das *System der Normativbedingungen* und nicht das der freien Körperschaftsbildung wählte, welches sowohl von der germanistischen Verbandstheorie wie zB für das gemeine Recht auch von WINDSCHEID vertreten worden ist. Weder in der grundsätzlichen Frage der sog *Vereinsautonomie* noch in der Frage, wieweit die Mitgliedschaftsrechte der Verfügungsgewalt der Vereinsorgane unterworfen seien, bzw inwieweit den Vereinen eine *Strafgewalt* zukomme, haben also die Gesetzesverfasser Stellung bezogen. Das Gesetz enthält insoweit keine Regelung; die Gesetzesverfasser haben die hier vorliegenden grundsätzlichen Probleme nicht gesehen.

5. Die Entwicklung des Vereinsrechts nach Inkrafttreten des BGB in Literatur und Rechtsprechung

a) Die Rechtsprechung

Die *Rspr* des **RG** ist ursprünglich von einer sehr **weiten Autonomie** der Vereine aus- **23** gegangen. Dabei hat sie die Position des Gesetzgebers zu dem Problem nicht weiter untersucht, vielmehr das Schweigen des Gesetzes dahin verstanden, daß die gemeinrechtliche Tradition, wie sie von der Rspr des RG zuletzt umschrieben war, vom BGB fortgeführt worden sei. Schon in einem Urteil v 30. 10. 1901 (RGZ 49, 150) folgerte das RG aus den §§ 32 und 40, daß die Vereine ihre *inneren Angelegenheiten selbständig regeln* könnten, ohne näher auf die Entstehungsgeschichte dieser Bestimmungen, die reine Kompetenzbestimmungen sind, einzugehen. Es zog ferner daraus, daß das BGB im Gegensatz zum ALR (vgl oben Rn 11) sich über die Grenzen der Autonomie der Vereine und die Rechte des Staates gegenüber den Vereinen nicht ausspracht, den Schluß, daß auch unter dem BGB, wie unter dem gemeinen Recht, *Akte der Vereinsgewalt* von staatlichen Richtern nur *beschränkt nachprüfbar* seien; eine weitergehende Nachprüfung stelle sich als „unberechtigter Eingriff" in die Rechtsstellung der Vereine dar (RGZ 49, 154). Ob die einschränkenden staatsaufsichtsrechtlichen Bestimmungen des ALR nicht eigentlich verwaltungsrechtlicher Natur waren, ist dabei nicht näher geprüft; hierzu hatte das RG auch keine Veranlassung, da vereinsrechtliche Fragen, insbes der im ALR (II.6.44) behandelte Ausschluß, seit einer Entscheidung des preußischen Obertribunals von 1841 im preußischen Recht als solche des *Privatrechts* behandelt wurden (vgl PrObTribunal 7, 126 f; dazu TH SIMON, Die Rechtsprechung des 19. und beginnenden 20. Jh zur Möglichkeit gerichtlicher Nachprüfung von Vereinsentscheidungen [Diss Frankfurt 1972] insbes 98 ff).

Das RG gelangte auf dieser Grundlage zu folgenden Sätzen: **24**

– Die *Vereinsautonomie* umfasse sowohl die Satzungsgewalt als auch die Selbstverwaltung des Vereins und in diesem Rahmen auch eine *Strafgewalt* über die Mitglieder (so schon RGZ 49, 150; vgl ferner RG JW 1915, 1424; 1928, 2207; RGZ 151, 229).

– Die Vereinsgewalt beruhe auf der **Unterwerfung** seitens der Mitglieder.

– Die Vereinsgewalt umfasse das Recht, **Strafen** gegen die Mitglieder auszusprechen; sie können zB in Verweisen, Geldstrafen, Ehrenstrafen (zB der Unfähigkeit zur Bekleidung von Vereinsämtern) und im Ausschluß bestehen.

– Eine **Grenze** habe die Vereinsgewalt **nur in der Satzung**. Maßnahmen des Vereins, die die Mitglieder belasten, insbes Vereinsstrafen, müßten eine Grundlage in der Satzung haben. An die deutliche Fassung der Tatbestände werden dabei geringe Anforderungen gestellt (vgl etwa RGZ 49, 150; 73, 184; 151, 229, 231).

– Die Gerichte könnten *Akte der Vereinsselbstverwaltung*, insbes Strafen, nur **begrenzt nachprüfen**; sie dürften nur prüfen, ob bei der Verhängung der Strafe das in der Satzung vorgeschriebene Verfahren eingehalten worden ist. Dagegen hätten sie nicht zu prüfen, ob der vom Verein angenommene tatsächliche Grund wirklich bestanden hat, ebensowenig die Angemessenheit der in der Satzung vorgesehenen Strafmaßnahmen.

25 Diese Rspr hat das RG dann im Jahre 1923 mit Rücksicht auf die „Entwicklung des Vereinswesens in neuerer Zeit" insofern abgeändert, als es ein erweitertes Nachprüfungsrecht der Gerichte in allen Fällen angenommen hat, in denen die Zugehörigkeit zu einem bestimmten Verein **„geradezu eine Lebensfrage für die Mitglieder bildet"** (RGZ 107, 386, 388). In diesen Fällen sei zu prüfen, ob die Strafmaßnahme des Vereins **„offenbar unbillig"** oder **sitten- oder gesetzwidrig** sei; dabei seien die zur Last gelegten Handlungen gegen die Folgen der Bestrafung abzuwägen. RGZ 140, 23 hat diese Rspr auf Fälle *ausgedehnt*, in denen es sich um Mitgliedschaft in einem Verein von sozialer, wirtschaftlicher oder kultureller Bedeutung im Volksganzen oder in einem nicht unerheblichen Volksteil handele und in denen das Mitglied durch den Ausschluß in wichtigen Lebensbeziehungen betroffen würde (24; ebenso RGZ 147, 11, 15). Dieselben Entscheidungen lassen auch eine Nachprüfung des Verhaltens der Vereinsorgane unter dem Gesichtspunkt des § 826 zu. RGZ 147, 11 stellt aber ausdrücklich fest, daß die Überprüfung auf offenbare Unbilligkeit nicht die Prüfung einschließe, ob das betreffende Mitglied die ihm zur Last gelegte Handlung wirklich begangen habe.

26 Der **BGH** hat an dieser Rspr des RG zunächst festgehalten. Dabei hat er sogar – über das RG hinausgehend – gelegentlich von einer „selbständigen Vereinsgewalt" gesprochen, die „der Staat gelten läßt" (BGHZ 13, 11; vgl ferner BGHZ 21, 370, 373). Seit BGHZ 47, 381 geht er aber wieder davon aus, daß die Vereinsgewalt auf **Unterwerfung** der Mitglieder beruhe, diese jedoch bestimmte Grenzen habe. Auch das **BVerfG** (NJW 1991, 2623, 2625) sieht die Vereinsautonomie als „der Privatautonomie vergleichbar" an und erkennt als ihren Kern die Willensbestimmung und -betätigung der Mitglieder. Der Gesichtspunkt der freiwilligen Unterwerfung gibt dem BGH dann den Ansatzpunkt für einzelne Verschärfungen der gerichtlichen Kontrolle (so deutlich in BGHZ 87, 337, 344 f, vgl u Rn 28). Auch hinsichtlich der einzelnen Beschränkungen der Vereinsautonomie ist der BGH mehr und mehr von der Rspr des RG abgerückt und hat sowohl die Grundsätze zum Aufnahmeanspruch und zur Inhaltskontrolle von Satzungsbestimmungen neu gestaltet als auch die richterliche Nachprüfung von Vereinsstrafen verschärft.

Hatte bereits das RG zwischen zwei Kategorien von Vereinen unterschieden und ein 27 erweitertes Nachprüfungsrecht für solche Vereine angenommen, deren Mitgliedschaft geradezu eine Lebensfrage ist oder die von so großer Bedeutung sind, daß ein Ausschluß das Mitglied in wichtigen Lebensbeziehungen trifft (vgl o Rn 25), so *erweitert* der BGH diese zweite Gruppe: Sie umfaße nicht nur „Monopolverbände", sondern auch solche Vereine mit einer **überragenden Machtstellung** im wirtschaftlichen oder sozialen Bereich, **bei denen die Mitgliedschaft für den einzelnen aus beruflichen, wirtschaftlichen oder sozialen Gründen von erheblicher Bedeutung** sei (BGHZ 93, 151, 152 f; 102, 265, 276). Dazu gehören zB die großen Industriegewerkschaften. Derartige Vereinigungen unterliegen einerseits einem grundsätzlichen *Aufnahmezwang* (BGHZ 93, 151, 152), andererseits strengeren Maßstäben bei der *Vereinsstrafgewalt*, insbes hinsichtlich des Ausschlusses aus dem Verein (BGHZ 102, 265, 276 ff). Der Vereinsausschluß muß in diesen Fällen durch sachliche Gründe gerechtfertigt, darf also nicht unbillig sein; insofern ist er voll gerichtlich nachprüfbar.

Auch für die **übrigen Vereine** geht der BGH inzwischen bei der *Überprüfung von* 28 *Vereinsstrafen* erheblich weiter als das RG. Zwar betont die Rspr, daß sie nicht generell ihre Beurteilung an die Stelle derjenigen der Vereinsgremien setzen wolle. Die Überprüfung umfaßt aber nicht mehr nur das Bestehen einer satzungsmäßigen Grundlage und die Einhaltung des in der Satzung vorgeschriebenen Verfahrens, sondern auch die der Vereinsstrafe zugrundeliegenden **Tatsachenermittlungen** (BGHZ 87, 337) und ferner die Frage, ob **Subsumtion und Strafzumessung offenbar unbillig** sind (BGHZ 47, 381, 385; 75, 158, 159). Je nach der Bedeutung der Vereinszugehörigkeit kann die gerichtliche Überprüfung verschärft werden, dh offenbare Unbilligkeit ist umso eher anzunehmen, je wichtiger die Zugehörigkeit für das Mitglied ist (BGHZ 75, 158, 159).

Im Zusammenhang mit Aufnahmeanspruch und Vereinsstrafen steht die Überprü- 29 fung der Satzung selbst. Auch hier geht der BGH weiter als das RG. **Satzungsbestimmungen** von Vereinen werden einer **richterlichen Inhaltskontrolle** unterworfen, uz nicht nur im Hinblick auf Gesetz- und Sittenwidrigkeit, sondern auch auf *inhaltliche Billigkeit* (BGHZ 105, 319). Die Inhaltskontrolle stützt sich zwar nicht auf das AGBG (vgl dessen § 23), aber auf die Generalklauseln des BGB, insbes §§ 138, 826, 242 und auf § 315. Diese Kontrolle gilt wieder in besonderem Maße für die o zu Rn 27 genannten Vereine mit Monopol- oder überragender Machtstellung (vgl BGHZ 63, 282, 290 ff zu Monopolverband; BGHZ 105, 306, 318 f), sie betrifft aber grundsätzlich auch sonstige Vereine (OLG Frankfurt OLGZ 1981, 391, 392; PALANDT/HEINRICHS § 25 Rn 9 mwN). In BGHZ 71, 126 wird der *Vorrang der Gesetze vor innervereinsrechtlichen Normen* betont. In diesem Sinne hat der BGH wiederholt aus § 20 Abs 2 BetrVG die Unwirksamkeit von Ausschlußregelungen der Gewerkschaften gefolgert (BGHZ 71, 126; BGH NJW 1981, 2178). Vgl näher zum *Aufnahmezwang* § 35 Rn 28 ff, zur gerichtlichen *Nachprüfung von Vereinsstrafen* § 35 Rn 52 ff, zur *Inhaltskontrolle von Satzungsbestimmungen* § 25 Rn 20.

b) Die Literatur

Die *Theorie* hat die grundsätzliche Frage nach Grundlage und Grenzen der sog *Ver-* 30 *einsautonomie*, über die das Gesetz sich ausgeschwiegen hatte, alsbald nach Inkrafttreten des BGB aufgegriffen. Dabei haben sich im Ergebnis nicht die Thesen OTTO vGIERKES durchgesetzt, obwohl dieser sie noch einmal eindrucksvoll in seinem

„Deutschen Privatrecht" zusammengefaßt hatte. Die überwiegende Lehre ging vielmehr davon aus, daß es eine besondere Vereinsautonomie gegenüber der staatlichen Ordnung nicht geben könne. Die *Satzungsgewalt* der Vereine und die Geltung der Satzungen seien nicht aus einem besonderen Sozialrecht, sondern vielmehr aus der **allgemeinen Privatautonomie** abzuleiten. Konsequenterweise wurde das Vereinsrecht als Teil des Privatrechts aufgefaßt. Die Vereinsgründung wurde als Rechtsgeschäft, als Vertrag besonderer Art angesehen, die Organe, soweit sie nach außen tätig wurden, als Vertreter. Insbes war damit auch klargestellt, daß die Satzung und die Maßnahmen der Vereine sich im Rahmen der *§§ 134 und 138* zu halten hätten. Die Begründung der Vereinsgewalt wurde in der privatrechtlichen Unterwerfung der Mitglieder gesehen (so schon vTuhr in seiner bemerkenswerten Kritik der germanistischen Theorie, AT I, 479, 505, auch mit der Folgerung, daß die Vereinsstrafe eine Geldstrafe iS des § 343 und der Ausschluß nur aus wichtigem Grund zulässig sei, wenn die Satzung keine entsprechende Bestimmung enthielte [AT I 545]; ähnlich Enneccerus/Nipperdey § 112 VI).

31 Trotz dieses privatrechtlichen Ausgangspunktes *billigte* freilich die ältere Lehre *die Rspr* des RG in ihrer späteren Form. Auch findet sich selbst bei vTuhr gelegentlich (AT I 545) die Bemerkung von dem grundsätzlichen Vorrang der Vereinsinteressen; es wird damit die Möglichkeit eines freien Ausschlusses von Mitgliedern gerechtfertigt.

32 Seit den fünfziger Jahren sind die grundsätzlichen Fragen des Vereinsrechts und vor allem das Verhältnis zwischen Verband und Mitglied wieder intensiv diskutiert worden. Hierzu haben die Probleme der Vereinsstrafe und des Aufnahmeanspruchs Anlaß gegeben; hinzu kommt bei einem Teil der Literatur eine veränderte Sicht der Rolle der Verbände und ihrer Stellung in der vom Grundgesetz geprägten Ordnung des Gemeinwesens. Aus der Fülle der Literaturbeiträge können hier nur einige beispielhaft genannt werden.

Hinsichtlich der Grundlage der Vereinsautonomie halten die neueren Äußerungen überwiegend daran fest, daß sie nur aus der **Privatautonomie** abgeleitet werden könne (so zB Schlosser, Vereins- und Verbandsgerichtsbarkeit [1972] und Flume, in: FS Bötticher 101 ff; Nicklisch, Inhaltskontrolle 24; K Schmidt, Gesellschaftsrecht² § 24 V 2, 3). Andere wie Larenz ziehen daneben die gewohnheitsrechtlich anerkannte Vereinsgewalt heran (Gedächtnisschrift Dietz 49). Vieweg, Normsetzung 147 ff, sieht in der Verbandsautonomie eine *vom Staat abgeleitete* Kompetenz zur Normsetzung und -anwendung in eigenen Angelegenheiten, deren wichtigste Grundlage *Art 9 Abs 1 GG* sei.

33 In bezug auf die **Vereinsstrafen** hat seit der Monographie von Meyer-Cording (62, 71 ff) der Gedanke an Raum gewonnen, es handele sich um eine Art Disziplinarstrafe seitens des Verbandes, die *nicht als Vertragsstrafe* eingeordnet werden könne (so die zZ wohl hM, zB Larenz 45 ff; Schlosser 45 ff; H P Westermann 42; Reuter ZGR 1980, 118 ff; Wiedemann, Gesellschaftsrecht § 3 III 3); für die Einordnung als Vertragsstrafe in letzter Zeit wieder Soergel/Hadding § 25 Rn 38; van Look 134 ff, 230. Andererseits haben sich die Stimmen gemehrt, die sich *gegen* eine *Beschränkung der gerichtlichen Nachprüfung* der Vereinsakte und insbes der Vereinsstrafen wenden (vor allem Beuthien BB 1968 Beil 12; vgl ferner Schlosser 100, 104, 112; Larenz 52; K Schmidt, Gesellschaftsrecht § 24 V 3; Wiedemann, Gesellschaftsrecht § 3 III 3; Hadding/van Look ZGR 1988, 270, 279 f; für den Vereinsausschluß auch Grunewald, Der Ausschluß aus Gesellschaft und Verein,

2. Titel. Juristische Personen. **Vorbem zu §§ 21 ff**
I. Vereine **34**

40 ff, 161 f). Die Kritik an der eingeschränkten Nachprüfung der Vereinsstrafen ist – wie o zu Rn 27 ff ausgeführt- nicht ohne Einfluß auf die Rspr geblieben, doch gehen die Forderungen nach einer umfassenden gerichtlichen Nachprüfung zT noch über den derzeitigen Standpunkt des BGH hinaus (zB WIEDEMANN aaO; HADDING/VAN LOOK aaO; GRUNEWALD 42 ff).

Grundsätzlich gegen die Zulässigkeit von Vereinsstrafen, die ein Unwerturteil über den Bestraften enthalten, hat sich FLUME ausgesprochen (FS Bötticher 101 ff). Da die Vereinsstrafgewalt auf Unterwerfung beruhe, könne dem Verein nur eine *Ordnungsstrafgewalt* zuerkannt werden. Im übrigen stünden ihm nur die *Vertragsstrafe* des BGB (mit der Einschränkungsmöglichkeit aus § 343) und die *Kündigung* aus wichtigem Grund zur Verfügung. Daneben sei der Ausschluß durch Vereinsbeschluß unzulässig. FLUME hat dabei insbes betont, daß unser Recht es nicht gestatte, durch Rechtsgeschäft einem anderen die Verfügung über die eigene Ehre zu überlassen (124) und hat ferner auf das in Art 92 GG niedergelegte Rechtsprechungsmonopol des Staates hingewiesen.

In der während der letzten zwei Jahrzehnte geführten Diskussion über die Verbände **34** und ihre Einordnung in das Rechtssystem (vgl o Rn 5 f) ist der Gedanke entwickelt worden, daß die **Großverbände**, weil und soweit sie *öffentliche Funktionen* wahrnehmen, einer besonderen Ordnung unterstellt werden müßten. Sie seien zwar in der Grundlage Organisationen des Privatrechts, müßten aber wegen ihrer Bedeutung im gesellschaftlichen und politischen Leben zugleich nach den aus dem GG, insbes den Grundrechten, zu entnehmenden Leitbildern gestaltet werden. So hat zB LESSMANN in seiner Monographie von 1976 für die von ihm behandelten privatrechtlich organisierten Wirtschaftsverbände aus ihrer materiell-öffentlichen Funktion einen „*rechtlichen Sonderstatus*" abgeleitet. Dieser präge sich darin aus, daß die Verbände trotz ihrer privatrechtlichen Organisation den „Grundsätzen der freiheitlichen Demokratie und des sozialen Rechtsstaates" unterworfen seien (238–240). Die Abgrenzung dieser Gruppe von Verbänden hat sich jedoch als schwierig erwiesen und weist in der Literatur viele Varianten auf. NICKLISCH (JZ 1976, 105, 108 f) will die Grundrechtsbindung auf solche Verbände ausdehnen, die durch wirtschaftliche oder soziale Macht den einzelnen in eine ähnliche Position versetzen wie gegenüber dem Staat oder öffentlich-rechtlichen Körperschaften, wenn also ein „*staatsähnliches Über- und Unterordnungsverhältnis*" besteht". Für diese Verbände befürwortet er ein „Korporationsmodell", das über die Trennung von Privatrecht und öffentlichem Recht hinausgreift (113). Nach GRUNEWALD (AcP 182, 181 ff) kommt es dagegen nicht entscheidend auf die Macht des Vereins an, sondern darauf, ob der einzelne auf die Mitgliedschaft *angewiesen* ist (194, 209), ferner auch, ob der Verein öffentliche Privilegien genießt (zB Verteilung öffentlicher Mittel, privilegierter Zugang zu Informationen der öffentlichen Hand). Für die genannten Organisationen befürwortet sie einen Aufnahmezwang als Spezialfall des Kontrahierungszwangs. REUTER hat zunächst zwischen den Vereinen mit bloßer „*Kommunikationsfunktion*" und solchen mit „*Repräsentationsfunktion*" unterschieden (ZGR 1980, 101, 113; MünchKomm [1. Aufl] Vorbem 114 ff zu § 21). Mit der zweiten Gruppe sind Vereine gemeint, die national, regional oder lokal die externe Repräsentation eines gesellschaftlichen Interesses übernehmen. Im MünchKomm ([2. Aufl 1984], Vorbem 107 zu § 21) gibt er diese Einheitsformel wieder auf und will statt dessen nach typischen Schutzfunktionen differenzieren (entspr auch 3. Aufl 1993, Vor 94 ff zu § 21). Dennoch hält er in verschiedener

Hinsicht an einer besonderen Behandlung von Verbänden fest, bei denen eine authentische Interessenrepräsentation gegeben ist (vgl auch u Rn 42).

Soweit nach diesen Auffassungen bestimmten Verbänden ein Sonderstatus auferlegt wird, werden daraus Konsequenzen für die innere Ordnung des Vereins (vgl zB LESSMANN aaO), für die Überprüfung von Vereinsakten, insbes Vereinsstrafen, für die Kontrolle der Vereinssatzung und vor allem für den Aufnahmezwang hergeleitet.

6. Stellungnahme

35 a) Geht man davon aus, daß es sich bei der sog *Vereinsautonomie* um die Befugnis handelt, das innere Vereinsleben durch Aufstellung von Normen zu regeln, so ist zunächst festzustellen, daß diese Autonomie ihre *Grundlage* nur *innerhalb der staatlichen Rechtsordnung* haben kann. Die Autonomie kann daher niemals bedeuten, daß die Vereine unabhängig von der staatlichen Rechtsordnung Rechtsnormen aufstellen können, welche denjenigen der staatlichen Rechtsordnung gleichgeordnet seien. Die Vereinsautonomie ist in diesem Sinne **keine Rechtsquelle**; die Vereinsautonomie bedeutet nicht die Befugnis zur Setzung objektiven Rechts iS der Rechtsquellenlehre. Eine derartige Gleichstellung des von den Vereinen selbst geschaffenen Rechts mit dem staatlichen Recht kann insbes nicht aus Art 9 Abs 1 GG hergeleitet werden. Dieser sichert die Vereine nur gegen Eingriffe der staatlichen Verwaltung.

36 b) Ist also das von den Vereinen gesetzte Recht nicht eigene Rechtsquelle iS der vGIERKESCHEN Lehre von der Selbständigkeit des Sozialrechts, so fragt sich, worin es seine Grundlage innerhalb der staatlichen Rechtsordnung finden kann. *Drei Gesichtspunkte* sind hier in die Diskussion gebracht worden: Die Rechtsetzung der Vereine beruhe auf einem **staatlichen Geltenlassen** (so insbes BGHZ 13, 11), der **Anerkennung durch Gewohnheitsrecht** (so insbes LARENZ 45 ff) und schließlich der **allgemeinen Privatautonomie** (so insbes SCHLOSSER 42 und FLUME aaO).

37 Was den ersten Gesichtspunkt angeht, so dürfte es schwierig sein, einen staatlichen Akt nachzuweisen, in dem dieses *Geltenlassen* zum Ausdruck gekommen ist. In Wahrheit dürfte damit nur die Praxis unserer Gerichte gemeint sein, welche den Vereinen eine Autonomie in dem Sinne zuerkennt, daß die Nachprüfung durch die staatlichen Gerichte eingeschränkt ist. Ähnliches gilt für den Gesichtspunkt des *Gewohnheitsrechtes*. Was in Wahrheit vorliegt, ist nur eine freilich langjährige Rechtsprechung, also **Richterrecht**. Richterrecht kommt aber nur in seltenen Fällen – im Gegensatz zum Gewohnheitsrecht – zu endgültigen Sätzen; insbes besteht nach deutschem Recht grundsätzlich *keine Bindung* unserer obersten Gerichte an ihre bisherige Rechtsprechung. Dies hat sich auch gerade bei dem hier vorliegenden Problem insofern gezeigt, als der BGH mit der Entscheidung BGHZ 47, 381 die bisherigen Grundsätze hinsichtlich der Überprüfung von Vereinsakten verlassen hat.

38 Das Gesetz selbst hat das Vereinsrecht in die *Privatrechtskodifikation* einbezogen; schon diese systematische Einordnung legt es nahe, die Grundlage für die Vereinsautonomie, verstanden als Regelungsbefugnis der Vereine, im Privatrecht zu suchen. Zum gleichen Ergebnis führt auch die historische Analyse; wenn der Gesetzgeber sich auch über die Autonomie der Vereine nicht klar ausgesprochen hat, so spricht doch manches dafür, daß er die gemeinrechtliche Tradition weiterführen wollte. In der gemeinrechtlichen Praxis wurde aber die Vereinsorganisation im Rahmen der privatrechtlichen Willensbetätigung gesehen. Diese Gesichtspunkte führen mithin dazu, die **Grundlage für die Vereinsautonomie in der Regelungs- und Organisationsbefugnis zu** sehen, welche **in der Privatautonomie gegründet** ist. Die Satzung und die sonstigen vom Verein getroffenen Regelungen werden danach durch privates Rechtsgeschäft seitens der Gründer aufgestellt; sie gelten für die später eintretenden Mitglieder ebenfalls kraft privatrechtlicher Anerkennung, die mit dem Eintritt in den Verein verknüpft ist (sog *Unterwerfung*). Natürlich bedeutet diese Auffassung nicht, daß es sich bei der Gründung von Vereinen oder bei den mitgliedschaftlichen Verhältnissen nicht um Rechtsverhältnisse und Rechtsgestaltungen mit spezifischem Charakter handelt, für die entsprechende Regeln zu entwickeln sind. Es ergeben sich aber aus diesem Ansatz eine Reihe von grundlegenden *Folgerungen*.

Aus der hier vertretenen Ableitung aus der Privatautonomie ist zunächst zu folgern, daß die einzelnen vereinsrechtlichen Akte unter die privaten Rechtsgeschäfte zu subsumieren sind. Die Gründung erscheint demnach als *Vertrag besonderen Inhalts* (vgl dazu unten Rn 48). Ebenso sind Beitritt und Austritt als Rechtsgeschäfte aufzufassen und das Rechtsverhältnis zwischen Verein und Mitglied als privatrechtliches Rechtsverhältnis besonderer Art einzuordnen.

Aus dieser Einordnung ergeben sich weitere grundlegende Folgerungen. Handelt es sich um private Rechtsgeschäfte – wenn auch besonderen, insbes organisatorischen Inhalts –, so gelten für sie auch die **Schranken**, welche die Rechtsordnung allen privaten Rechtsgeschäften zieht. An solchen Beschränkungen kommen vor allem in Betracht der *gesetzliche Typenzwang* und die Bindung an die guten Sitten *(§§ 134, 138)*. Der Typenzwang, dh die Bindung an bestimmte, gesetzlich mehr oder weniger zwingend ausgestaltete Modelle, ist im ganzen privaten Organisationsrecht durchgeführt; er gilt auch für Vereine.

Genauerer Betrachtung bedarf die Schranke, welche **§ 138** für das Vereinsrecht bildet. Hier kommen namentlich *drei Sätze* in Betracht: das Verbot vollständiger Unterwerfung der Persönlichkeit durch Vertrag, das Verbot dauernder Bindung und die besonderen Pflichten, welche dem Inhaber eines Monopols auferlegt werden.

Das **Verbot**, sich durch **Vertrag seiner Persönlichkeit zu entäußern**, hat vor allem Bedeutung für die Möglichkeit der *Vereinsstrafe*. Die Möglichkeit solcher Strafen kritisch untersucht zu haben, kommt FLUME (FS Bötticher 101 ff) zu. Wie er dargelegt hat, können weder der Gründungsakt noch der Beitrittsvertrag mit einem Mitglied dem Verein die Befugnis verschaffen, eine Disziplinargerichtsbarkeit über die Mitglieder auszuüben, Unwerturteile über die Mitglieder in Form von Strafen auszusprechen. Es ist schon sehr zweifelhaft, ob man wirklich annehmen kann, daß jemand, der einem Verein beitritt, sich einer solchen Gerichtsbarkeit unterwerfen will. Aber selbst wenn man diese Absicht annehmen würde, so müßte das Recht doch einem solchen Vertrag die Gültigkeit versagen, denn er bedeutet eine Entäußerung des eigenen Persönlichkeitsrechtes, die mit unseren sittlichen Vorstellungen unvereinbar ist. Es ist dabei zu berücksichtigen, daß *die grundsätzliche Höherbewertung des Kollektivs*, wie sie bei vGIERKE in Erscheinung tritt, *den herrschenden Wertvorstellungen und den Wertungen des Grundgesetzes nicht mehr entspricht*, daß andererseits die geltenden Vorstellungen, aber auch unsere Rechtsordnung, Verletzungen der Persönlichkeit sehr viel größere Bedeutung beimessen. Nimmt man zB den Fall, der der Entscheidung des BGH in BGHZ 29, 352 zugrunde gelegen hat, so muß man sich doch angesichts des Umstandes, daß anerkanntermaßen niemand seine Ehre für wirtschaftliche Verpflichtungen verpfänden kann, fragen, ob der Beitritt zu einem wirtschaftlichen Fachverband in der Tat bedeuten kann, daß jemand sich einem Ehrenverfahren, wie es der Fall schildert, unterwirft, nur weil seine Firma Mitglied dieses Fachverbandes ist.

40 Die sog *Disziplinarstrafgewalt* der Vereine kann daher nur eine Befugnis zu **Ordnungsstrafen** sein, welche die Ordnung in dem Vereinsleben, insbes bei der Benutzung von Vereinsanlagen oder bei organisierten sportlichen Veranstaltungen, sichert. Sie kann aber keine Disziplinargewalt in dem Sinne sein, daß der Verein berechtigt ist, Strafen als Unwerturteile über die Person seiner Mitglieder zu verhängen. Ein Beitrittsvertrag mit diesem Inhalt hält einer Prüfung nach § 138 nicht stand.

Damit ist, wie FLUME ebenfalls richtig dargetan hat, nicht die Möglichkeit für den Verein abgeschnitten, sich von Mitgliedern gegebenenfalls zu trennen. Diesem Bedürfnis ist durch die Möglichkeit der **Kündigung aus wichtigem Grunde** Rechnung getragen; sie wird allen Bedürfnissen gerecht und ist, soweit erreichbar, wertneutral; sie verhindert damit, daß sich das Recht zum Instrument sozialer Ächtungsmaßnahmen hergibt. Nur wenn man in diesem Sinne mit FLUME die Vereinsstrafgewalt auf Ordnungstatbestände beschränkt, ist auch die häufig unscharfe Fassung der Satzung, die eine Bestrafung ermöglicht, erträglich.

Das **Verbot dauernder Bindung** führt dazu, daß dem Vereinsmitglied die Möglichkeit auszutreten, nicht genommen werden kann. Seine Unterwerfung unter die Organisationsgewalt des Vereins wird durch diese *Austrittsmöglichkeit* begrenzt. Diesen Zusammenhang hat der Gesetzgeber deutlich gesehen und daher in § 39 eine zwingende positive Normierung geschaffen.

Es gibt aber Vereine, zu denen zu gehören für den einzelnen so wichtig sein kann, daß die Austrittsmöglichkeit ihm keinen wirklichen Schutz bietet; ja daß es für ihn von entscheidender Wichtigkeit ist, überhaupt Mitglied werden zu können. Hier greifen die aus § 138 und § 826 entwickelten *Grundsätze* für die *Bindung desjenigen* ein, der eine tatsächliche **Monopolstellung** innehat. Sie sind zunächst von der Rspr für den Geschäftsverkehr entwickelt worden; heute finden sie auch in § 27 GWB Ausdruck. Im Vereinsrecht hat die Rspr aus diesen Gedanken mit Recht zunächst die strengere Überprüfung des strafweisen Ausschlusses (dazu § 35 Rn 52 und 32), sodann die Grundsätze über den *Aufnahmezwang* (dazu vgl § 35 Rn 28 f) entwickelt.

41 c)   Stellt sich die Vereinsautonomie nicht als eine besondere staatsunabhängige Rechtssetzungs- und Verwaltungsgewalt dar, gründet sie vielmehr auf der Privatautonomie, welche das Privatrecht garantiert, aber auch regelt, **ist** somit **die Mitgliedschaft im Verein ein Privatrechtsverhältnis**, so ist die von unseren Gerichten bisher angenommene *Einschränkung* der *gerichtlichen Nachprüfung von Akten des Vereins gegenüber seinen Mitgliedern*, insbes von Strafmaßnahmen, *nicht zu rechtfertigen*. Sie ist dann eine unzulässige Einschränkung des Rechtsschutzes, im Grunde genommen eine Rechtsverweigerung.

Mit der vordringenden Meinung in der Lit ist daher davon auszugehen, daß die Gerichte Verwaltungsakte von Vereinsorganen gegenüber Vereinsmitgliedern *in vollem Umfange nachprüfen* können. Dies bedeutet, wie BEUTHIEN (BB 1968 Beil 12) ausgeführt hat, daß die Gerichte nachprüfen können, ob die Tat wirklich begangen ist **(Tatsachenkontrolle)**, ob das vorgeworfene Verhalten wirklich einen satzungsgemäßen Straftatbestand erfüllt **(Subsumtionskontrolle)** und schließlich, ob die Strafe angemessen ist **(Strafzumessungskontrolle)**.

Endlich sind *Geldstrafen* auch daraufhin zu überprüfen, ob sie unangemessen hoch sind. Auch wenn man die von Vereinsorganen verhängten Ordnungsstrafen nicht als Vertragsstrafen im eigentlichen Sinne ansehen, sondern als ein Phänomen sui generis betrachten will, so ist doch die Vorschrift des *§ 343* ihrem Grundgedanken nach anzuwenden (richtig BEUTHIEN aaO).

Beruht die **Vereinsautonomie** also auf der **Privatautonomie** und muß sie deren Grenzen respektieren, so ist es *nicht überzeugend, privatrechtliche Vereine* – wenn auch nur bei besonders einflußreicher Stellung – wie öffentliche Organisationen zu behandeln und **Prinzipien des öffentlichen Rechts** zu *unterstellen*, wie dies ua von LESSMANN und REUTER vorgeschlagen wird. Vgl oben Vorbem 34. Für eine solche Anwendung öffentlichrechtlicher Prinzipien – etwa des Erfordernisses eines demokratischen inneren Aufbaus – scheint mir die Grundlage im positiven Recht zu fehlen; auch bleiben die daraus abgeleiteten Sätze im einzelnen unsicher. Dagegen zeigt sich, daß eine konsequente Anwendung der *Beschränkungen der Gestaltungsfreiheit*, welche das *Privatrecht* enthält – etwa §§ 315, 826, sowie die Regeln über die Vertragsstrafe –, es ermöglicht, der Macht privater Großorganisationen Grenzen zu ziehen. Eine Anwendung öffentlichrechtlicher Prinzipien, insbes hinsichtlich des inneren Aufbaus von Verbänden, scheint mir nur dann gerechtfertigt zu sein, wenn ihnen *formell öffentliche Aufgaben* übertragen werden, wie etwa die Mitwirkung an der Gesetzgebung. Dann sollten die anzuwendenden Regeln aber durch gesetzliche Regelung festgestellt werden, wie dies etwa für die Parteien im PartG geschehen ist. Die hier gegebene Stellungnahme zu Einzelproblemen – etwa zur Einschränkung des § 40 – beruht auf dieser Grundanschauung, ohne daß jeweils eine erneute Auseinandersetzung mit den Vertretern der öffentlichrechtlichen Auffassung erfolgt.

Wegen der Stellungnahme der hL und Rspr zu diesem Problem vgl § 35 Rn 34 ff.

Aus der umschriebenen Grundlage der Vereinsautonomie ergibt sich schließlich, daß Vereine, die eine *besondere Machtstellung*, insbes eine Monopolstellung, einnehmen, in mancher Hinsicht anderen Regeln unterworfen werden können, wie dies auch für natürliche Personen oder für Unternehmen in den Rechtsformen des Handelsrechts gilt. Dies zeigt sich insbes bei Fragen des Aufnahmezwanges. Vgl dazu § 35 Rn 28.

Erheblich weiter gehen einige Autoren, die solche Vereine auch hinsichtlich ihrer inneren Organisation strengeren Maßstäben unterwerfen wollen. So fordert REUTER für Vereine, die bestimmte Interessen authentisch repräsentieren, allgemein eine

„der Repräsentationsfunktion angepaßte Organisation der Willensbildung und Verantwortlichkeit" (MünchKomm/REUTER Vorbem 115 zu §§ 21). Im Anschluß an LESSMANN (Die öffentlichen Aufgaben 244 ff, 249 ff, 253 ff), der die Mitgliederversammlung in derartigen Fällen als „Grund- und Hauptorgan" bezeichnet hat, nimmt er an, daß bei diesen Vereinen entgegen § 40 die Dispositivität der vereinsrechtlichen Vorschriften über Mitgliederversammlung und Vorstand einzuschränken sei (Vorbem 117). Soweit es sich um Interessenverbände mit großer Mitgliederzahl handele, müsse an die Stelle der Mitgliederversammlung eine nach Verhältniswahlrecht gewählte Delegiertenversammlung treten (vgl dazu auch BÖCKENFÖRDE, Demokratie und Repräsentation 10 ff). Ferner folgert REUTER (§ 27 Rn 10), daß die Amtszeiten der Vereinsorgane zwingend zeitlich begrenzt sein müssen. MünchKomm/REUTER hatte in der 1. Aufl 1977, Vorbem 118, 119 die Ansicht vertreten, daß darüber hinaus bei Interessenverbänden mit Repräsentationsfunktion auch § 27 Abs 2 (jederzeitige Abberufbarkeit des Vorstands) unabdingbar sei.

Aus der hier vertretenen Grundauffassung, daß das Vereinsrecht auf die Privatautonomie zurückgeführt werden müsse und deren Schranken unterliege, kann den obengenannten Auffassungen nicht gefolgt werden.

III. Begriff und Struktur des Vereins

1. Begriff

43 Der Begriff des Vereins wird im BGB nicht definiert. Dieses setzt vielmehr einen bestimmten Vereinsbegriff voraus.

Es ist der des *gemeinen Rechts*, welches mit Recht den Verein als besonderen Verbandstyp der Gesellschaft entgegengesetzt hat. Danach ist ein Verein eine Vereinigung von Personen zu *gemeinsamen Zwecken*, die auf eine *gewisse Dauer angelegt, korporativ organisiert* ist und in ihrer Existenz *vom Wechsel der Mitglieder unabhängig* sein soll. Damit ist zugleich gesagt, daß der Verein typischerweise **nicht auf** einen **bestimmten Personenkreis begrenzt** ist. Das RG hat in seiner Entscheidung v 2. 2. 1905 (RGZ 60, 94) den Verein genauer folgendermaßen definiert: „eine dauernde Verbindung einer größeren Anzahl von Personen zur Erreichung eines ihnen gemeinsamen Zwecks..., die sich eine die wesentlichen Merkmale korporativer Organisation enthaltende Gestaltung gegeben hat, einen Gesamtnamen führt, und bei welcher ein Wechsel in dem Mitgliederbestande, und zwar nicht vermöge besonderen Ausnahmerechts, sondern naturgemäß, infolge des Wesens der Vereinigung, stattfindet." Später in einer Entscheidung von 1934 (RGZ 143, 212) hat das RG zusammenfassend formuliert, ein Verein sei „eine auf die Dauer berechnete Verbindung einer größeren Anzahl von Personen zur Erreichung eines gemeinsamen Zweckes, die nach ihrer Satzung körperschaftlich organisiert ist, einen Gesamtnamen führt und auf einen wechselnden Mitgliederbestand angelegt ist".

Dagegen ist die *Rechtsfähigkeit* – mag auch eigene Rechtspersönlichkeit die dem Verein am meisten angemessene Form sein – *kein typisches Merkmal* des Vereins. Vgl auch die Zusammenfassung der Kriterien eines Vereins in RGZ 165, 140.

2. Abgrenzung zur Gesellschaft

Danach ergibt sich im einzelnen folgende Abgrenzung zur Gesellschaft bürgerlichen Rechts. **44**

a) Gemeinsame Merkmale
aa) Eine Verbindung zu *gemeinsamem Zweck* (§ 705). Die Dauer der Verbindung kann verschieden sein; auch ein Verein muß nicht notwendig auf unbegrenzte Zeit gegründet sein;

bb) der Zweck kann idealer oder materieller Art sein;

cc) die Verbindung ist bei beiden in der Form einer rechtlichen Organisation vorhanden;

dd) das Vereinsvermögen wie das Gesellschaftsvermögen ist *„selbständig"*, dh durch Rechtsvorschriften vom Privatvermögen der Vereinsmitglieder oder Gesellschafter geschieden.

b) Unterscheidungsmerkmale
aa) Die **Gesellschaft** ist ein *Vertragsverhältnis unter bestimmten* – natürlichen oder **45** juristischen – *Personen*. Hierauf sind die Vorschriften des BGB über die Gesellschaft berechnet. Daher wird die Gesellschaft grundsätzlich **aufgelöst** durch den Tod, die Kündigung, den Konkurs über das Vermögen eines Gesellschafters. Der Eintritt eines neuen Gesellschafters bedeutet das Eingehen eines neuen Gesellschaftsverhältnisses unter den bisherigen Gesellschaftern wie zwischen diesen und dem neuen Gesellschafter (vgl hierzu § 736). Die Möglichkeit der Änderung der Subjekte des Rechtsverhältnisses muß durch bestimmte Abmachungen unter den Beteiligten geschaffen werden, welche am eingreifendsten sind beim Eintritt neuer Gesellschafter, also auf dem Weg eines *Ausnahmerechts*.

Dem **Verein** dagegen ist die **Veränderlichkeit des Personenbestandes** der Verbindung wesentlich. Vgl § 54 Rn 81. Es kann zwar die Zahl der Mitglieder satzungsmäßig fest bestimmt oder durch Mindest- oder Höchstzahlen begrenzt sein. Es muß aber wenigstens der *Wechsel* der Individuen nach dem Wesen der Verbindung *offenstehen*.

bb) Daraus ergibt sich die **Verschiedenheit der „Organisation"** bei dem Verein einerseits, bei der Gesellschaft andererseits. Die Organe des Vereins sind *abstrakt* bestimmt, die der Gesellschaft *konkret* durch den Gesellschaftsvertrag bezeichnet. Die Organisation der Gesellschaft besteht in einer vertragsmäßigen Funktionenverteilung unter den einzelnen bestimmten Gesellschaftern. Dabei ist typisch, daß die einzelnen Gesellschafter auch in dieser Hinsicht gleichberechtigt sind und daher entweder alle gemeinsam oder jeder einzeln und allein geschäftsführungs- und vertretungsberechtigt sind. Es gilt grundsätzlich das *Einstimmigkeitsprinzip*. Der Verein setzt (abstrakt) „Vereinsämter" ein, die während des Vereinsdaseins durch bestimmte Personen repräsentiert werden. Dabei ist die Vereinsorganisation korporativ, dh Grundlage ist eine Mitgliederversammlung, die nach *Mehrheitsprinzip* abstimmt; daneben besteht ein Vorstand, der die Geschäfte führt und den Verein vertritt. Daß bestimmte Personen ein für allemal zu den Verrichtungen der Organe bestimmt sind, ist eine Ausnahme von der Regel, wenn auch möglich durch Setzung von „Sonderrechten". Nach manchen (so vGIERKE, Vereine ohne Rechtsfähigkeit [2. Aufl 1902] 10; FLECHTHEIM, Kartellrecht 24 f) ist die Verschiedenheit in der Organisation gerade das bestimmende Unterscheidungsmerkmal zwischen Verein und Gesellschaft.

cc) *Kein Unterscheidungsmerkmal* zwischen Verein und Gesellschaft liegt in dem **Zweck**, den der Verband verfolgt. Daher kann zB ein Kartell oder Syndikat sowohl die Verbandsform des Vereins als auch die der Gesellschaft annehmen (vgl MÜLLER-ERZBACH, Lehrbuch des Handelsrechts [2. und 3. Aufl 1928] 410 f).

c) **Typen der Personenvereinigung**

46 Es handelt sich bei Verein und Gesellschaft um *Typen der Personenvereinigung*. Sie haben sich auch rechtsgeschichtlich schon früh nebeneinander entwickelt: die Gesellschaft aus der Hausgemeinschaft der Erben, der Verein aus dem öffentlichen (insbes dem Kommunal-)Recht. Wie es bei derartigen **„Idealtypen"** immer ist, treten in der Wirklichkeit des gesellschaftlichen Lebens *Übergangsformen auf*, die durch die dispositive Natur vieler Rechtssätze möglich werden und deren Einordnung schwierig ist. Entscheidend muß daher stets sein, welchem Typ eine konkrete Vereinigung ihrem *Gesamtcharakter* nach zuzurechnen ist (so HEINRICH STOLL, Gegenwärtige Lage der Vereine ohne Rechtsfähigkeit, in: FS Reichsgericht II [1929] 74); die konkrete „Verkehrsauffassung", auf die STOLL letzten Endes abstellen will (75), wird freilich in der Regel dafür kaum etwas hergeben. Dabei darf auch der Gesichtspunkt nicht außer acht gelassen werden, ob die rechtliche Regelung, die das Gesetz den beiden Idealtypen zuordnet, im Einzelfall angemessen ist oder nicht. So mit Recht FLECHTHEIM, Kartellrecht 24 f.

3. Abgrenzung zur Kapitalgesellschaft

47 a) Der Verein teilt mit den Kapitalgesellschaften des Handelsrechts, daß es sich um eine *Dauerorganisation* handelt, daß die Willensbildung grundsätzlich im Wege der Mehrheitsentscheidung erfolgt, daß das einzelne Mitglied der *Verbandsgewalt* unterworfen ist. Daraus ergeben sich sowohl im Vereinsrecht wie in dem Recht der Kapitalgesellschaften und der Genossenschaften die grundlegenden Züge des Organisationsrechts sowie die Notwendigkeit des Schutzes der einzelnen Mitglieder oder der Minoritäten, die der Vereinsmacht der Majorität unterworfen sind.

b) Der Verein teilt mit den Kapitalgesellschaften des Handelsrechts und der Genossenschaft auch das Kriterium, daß ein **besonderes Vermögen** gebildet wird, das (nach der hier vertretenen Ansicht) den Gläubigern **ausschließlich haftet**.

Während aber bei den Kapitalgesellschaften besondere Bestimmungen getroffen sind, welche den Gläubigern das Vorhandensein eines gewissen *Haftungskapitals sichern* sollen oder aber die Gläubiger durch eine Nachschußpflicht der Mitglieder sichern, *fehlen* derartige Bestimmungen *im Vereinsrecht*.

Die Sicherung des Haftungskapitals erfolgt bei den **Kapitalgesellschaften**, abgesehen von den besonderen Vorschriften über die Gründung,

– durch das *Verbot, Forderungen*, die aus der Übernahme von Anteilen entstanden sind, zu *erlassen* (vgl § 66 AktG, § 19 Abs 2–3 GmbHG; § 22 Abs 4 GenG),
– durch *Rückzahlungsverbote* hinsichtlich geleisteter Einlagen (vgl § 57 AktG; §§ 30–31 GmbHG; § 22 Abs 4 GenG),
– durch *Passivierung des Haftungskapitals* in der Bilanz (vgl § 266 HGB iVm § 152 AktG bzw § 42 Abs 1 GmbHG),
– durch die Notwendigkeit eines *Gläubigeraufgebots* und der Einhaltung eines *Sperrjahres* im Falle der Auflösung der Gesellschaft oder der Herabsetzung des Kapitals (vgl §§ 267, 272, 225 AktG; §§ 73, 58 GmbHG; §§ 82, 90, 22 GenG). Für die Nachschußpflicht vgl §§ 6, 22 a, 93 r, 105 GenG.

Derartige Sicherungsvorschriften für die Gläubiger fehlen im Vereinsrecht fast vollständig. Nur beim rechtsfähigen Verein ist für den Fall der Auflösung die Einhaltung eines Sperrjahres vorgesehen, vgl §§ 50, 51.

Diese Gegenüberstellung zeigt, daß das **Vereinsrecht für wirtschaftliche Erwerbsbetriebe nicht geeignet ist**, weil es eine beschränkte Haftung vorsieht, ohne die entsprechenden Sicherheitsvorschriften für die Interessen der Gläubiger vorzusehen. Aus diesem Umstand zieht das BGB in den §§ 21, 22 die Konsequenz, daß das Vereinsrecht grundsätzlich wirtschaftlichen Erwerbsbetrieben verschlossen ist; freilich ist eine bedeutsame *Ausnahme* zugunsten der Wirtschaftsbetriebe von *Idealvereinen* gemacht; vgl Erl zu § 21, insbes Rn 5 ff.

4. Grundzüge der Rechtsstruktur

a) Gründung

Die *Gründung* eines Vereins ist ein *Vertrag*, durch den sich die Gründer zu dem **48** Verein zusammenschließen, dessen Zweck und Organisation, also die Verfassung, festlegen und ihn dadurch ins Leben rufen (vgl § 21 Rn 18, § 25 Rn 15).

Mit der Gründung ist der Verein zunächst ein **nichtrechtsfähiger Verein**. Die Rechtsfähigkeit erlangt er erst durch *Eintragung* in das Vereinsregister nach §§ 55 ff bzw durch *Verleihung* gem § 22. Eine besondere Gründungskontrolle besteht nicht, da ein Haftungsvermögen beim Verein, anders als bei den Kapitalgesellschaften, nicht gebildet wird. Von dem nichtrechtsfähigen Verein, der mit der Gründung entsteht, ist zu unterscheiden die Verbindung, in welche die Gründer selbst treten, um den Verein zu gründen. Hier liegt, wenn es überhaupt schon zu einem organisatorischen Zusammenschluß kommt, nur eine Gesellschaft bürgerlichen Rechts vor.

Der nichtrechtsfähige Verein des Gründungsstadiums und der eingetragene Verein bilden eine *Rechtseinheit* (vgl § 21 Rn 31 ff). Aktivvermögen und Verbindlichkeiten des nichtrechtsfähigen Vereins gehen ohne weiteres auf den rechtsfähigen Verein über.

Über die Beendigung des Vereins vgl §§ 41 ff und Erl dazu.

b) Organisation

Das oberste Vereinsorgan ist die *Mitgliederversammlung*. Das Vereinsrecht des BGB **49** ist so angelegt, daß eine völlige Ausschaltung der Vereinsmitglieder nicht möglich ist und die Mitgliederversammlung daher ein notwendiges Vereinsorgan darstellt (vgl dazu § 32 Rn 5). Dies ergibt sich daraus, daß die §§ 36 und 37 unabdingbar sind (§ 40).

Ausführendes und geschäftsführendes Organ des Vereins ist der *Vorstand*, welcher regelmäßig von der Mitgliederversammlung bestellt wird. Daneben können andere Organe bestellt werden (vgl § 30).

c) Mitgliedschaft

50 Zwischen dem Verein und dem einzelnen Mitglied entsteht das Rechtsverhältnis der Mitgliedschaft. Es schafft **beiderseits Rechte und Pflichten**, ohne jedoch einen gegenseitigen Vertrag darzustellen, da kein Leistungsaustausch stattfindet. Trotzdem können auf die einzelnen Ansprüche und Pflichten, welche aus diesem Rechtsverhältnis entstehen, die Regeln des allgemeinen Teils der Schuldverhältnisse Anwendung finden, so zB hinsichtlich der Erfüllung, der Forderungsverletzung, der Haftung für Erfüllungsgehilfen usw.

Dem Mitglied erwachsen aus dem Mitgliedschaftsverhältnis die *einzelnen Mitgliedschaftsrechte*. Sie sind Mitwirkungs-(Organ-)Rechte, Wertrechte und Schutzrechte (vgl dazu im einzelnen § 35 Rn 2 ff). Ebenso entstehen *Pflichten*, zB Beitrags- oder Mitwirkungspflichten.

Für den Verein erwächst aus dem Mitgliedschaftsverhältnis gegenüber dem einzelnen Mitglied die *Vereinsgewalt*. Die Vereinsorgane sind berechtigt, die Vereinsangelegenheiten mit Wirkung gegen das Mitglied zu regeln, zu bestimmen, was das einzelne Mitglied im Rahmen des Vereins tun darf, welche Pflichten ihm zukommen, insbes, ob und welche Beiträge es zu zahlen hat.

Dem Verein erwachsen gegenüber dem Mitglied neben der *Verpflichtung*, den Vereinszweck positiv zu fördern, auch gewisse Unterlassungspflichten, insbes auf Achtung der Schutzrechte des einzelnen Mitglieds.

Die Mitgliedschaft wird *begründet* durch Teilnahme an der Gründung oder durch späteren Beitritt. Dieser ist als Vertrag anzusehen, der aus der Eintrittserklärung des Mitglieds und der Aufnahmeerklärung seitens des Vereins besteht (vgl dazu § 58 Rn 2). Die Mitgliedschaft *endet* durch Austritt, welcher sich als einseitig-gestaltendes Rechtsgeschäft darstellt und rechtssystematisch der Kündigung verwandt ist (vgl dazu § 39 Rn 2), sowie naturgemäß mit der Auflösung oder sonstigen Beendigung des Vereins.

d) Der Verein als abhängige juristische Person?

51 Das Vereinsrecht des BGB ist auf die *Herrschaft der Mitglieder* angelegt, wenn dies auch, weil es von den Verfassern offenbar als selbstverständlich betrachtet wurde, nicht ausgesprochen ist. Es tritt aber in den Bestimmungen der §§ 27 Abs 2, 36 und 37, welche unabdingbar sind, hervor.

Daraus ergibt sich, daß eine *organisatorische Abhängigkeit* iS der Unterscheidungen KRONSTEINS (vgl oben Einl 63 zu §§ 21 ff) beim Verein nicht durchführbar ist, weil auch die von Dritten bestellten Organe den Beschlüssen der Mitgliederversammlung unterworfen bleiben und von ihr abberufen werden können.

Dazu kommt, daß die Organisationsform des Vereins zur Verselbständigung einer Verwaltung deshalb wenig geeignet ist, weil das Vereinsrecht keine Haftungssumme kennt wie die Kapitalgesellschaften (vgl dazu oben Rn 47).

Man wird mE deshalb davon ausgehen müssen, daß die Ausgestaltung des Vereins zur abhängigen juristischen Person in dem Sinne, daß der Verein praktisch nur die **organisatorische Form** für eine **Sonderverwaltung eines außenstehenden Dritten** ist, *mit dem Gesetz nicht zu vereinbaren* ist, sich vielmehr als Mißbrauch der Rechtsform des Vereins darstellt (dazu LG Siegen Rpfleger 1964, 267). Entscheidend dabei muß stets der Gesamtcharakter der Regelung im Einzelfall sein. Die hier auftauchenden Einzelfragen sind freilich sehr umstritten. Es ist, namentlich im Zusammenhang mit der Einführung des sog *Führerprinzips* im Vereinswesen während des Nationalsozialismus, die Auffassung vertreten worden, daß die Mitgliederversammlung als Organ völlig ausgeschaltet werden könne. So insbes ein Gutachten des KG (DJ 1936, 1948). Aber auch schon vorher und unabhängig von der Frage des Führerprinzips ist die Auffassung vertreten worden, daß der Vorstand von dritten Personen bestellt werden könnte, ohne daß der Mitgliederversammlung ein Widerrufsrecht aus wichtigen Gründen zustünde. So zB KRONSTEIN (Die abhängige juristische Person 31 ff), allerdings gegen die damals herrschende Lehre. Was die Frage der Bindung von Beschlüssen der Mitgliederversammlung an die Genehmigung von außenstehenden Dritten angeht, so wird dies von der hL abgelehnt, soweit Satzungsänderungen in Betracht kommen, vgl im einzelnen die Kommentierung zu § 27 sowie zu § 33.

5. Vereinsschiedsgerichtsbarkeit

a) Vereine sehen häufig vor, daß Streitigkeiten innerhalb des Vereins durch *Schiedsgerichte* entschieden werden. Die Einrichtung solcher Schiedsgerichte liegt im Rahmen der Organisationsgewalt der Vereine, also im Rahmen der **Vereinsautonomie**. Zur Typologie der Verbandsschiedsgerichtsbarkeit vgl SCHLOSSER 158 ff.

b) Die Vereinsschiedsgerichtsbarkeit besteht nur für *Streitigkeiten zwischen Mitgliedern* oder zwischen *Mitgliedern und* dem *Verein*. Auf Dritte, auch auf Angestellte, die dem Verein nicht angehören, kann sie nur mittels individuellen Schiedsvertrages nach § 1025 ZPO erstreckt werden (vgl RG JW 1939, 1338; OLG Düsseldorf NJW 1950, 876).

Sachlich können der Schiedsgerichtsbarkeit durch die Vereinssatzung *alle* (aber auch nur die) auf das Mitgliedschaftsverhältnis bezogenen *Streitigkeiten* unterstellt werden, uz sowohl zwischen dem Verein und den Mitgliedern, wie zwischen Mitgliedern (vgl OLG Frankfurt JW 1930, 3490; SCHWAB/WALTER, Schiedsgerichtsbarkeit [4. Aufl 1990] Kap 32 Rn 9 f, S 277).

c) Die früher durchaus hL hatte angenommen, daß es eines **individuellen Schiedsvertrages** iS des § 1027 ZPO zwischen Verein und Mitglied *nicht bedürfe* (so auch noch STAUDINGER/COING[11]; PALANDT/HEINRICHS § 25 Rn 20; RGZ 165, 140). Es sollte die Unterwerfung des Mitglieds unter die Satzung genügen, die in der Beitrittserklärung zu finden sei. Auch BGHZ 88, 314 (316 ff) geht offenbar davon aus, daß eine Schiedsklausel in der Satzung genügt, sofern sie die „Grundentscheidungen" für die Zusammensetzung und Konstituierung des Schiedsgerichts enthält. Diese Auffassung ist jedoch inzwischen erheblicher Kritik ausgesetzt; vgl zB SCHLOSSER 122 ff; SCHÜTTE, Die Einsetzung von Schiedsgerichten durch juristische Personen des Privatrechts (Diss Regensburg 1969); SOERGEL/HADDING § 25 Rn 26; K SCHMIDT JZ 1989, 1082; SCHWAB/WALTER, Schiedsgerichtsbarkeit (4. Aufl 1990) Kap 32 Rn 5. SCHLOSSER aaO hat u a darauf hingewiesen, daß § 1048 ZPO schon nach seinem Wortlaut auf Vereinsschiedsgerichtsbarkeit keine Anwendung finden kann. Dem ist zuzustimmen. Es kann also die *Vereinssatzung* das Schiedsgericht *organisieren*; damit es aber für Streitigkeiten mit (oder unter) Mitgliedern zuständig wird, ist eine **Schiedsabrede** mit dem Mitglied in der besonderen **Form des § 1027 ZPO** erforderlich.

d) Verfahren

53 **aa)** Für das Verfahren und die Entscheidung der Verbandsschiedsgerichte gelten die **allgemeinen Grundsätze der Schiedsgerichtsbarkeit**. Das Schiedsgericht hat daher grundsätzlich eine *Rechtsentscheidung* zu erlassen. Wenn dem Schiedsgericht ein Ermessen in dem Sinne eingeräumt ist, daß es beispielsweise seiner Entschließung überlassen bleibt, ob eine bestimmte Maßnahme überhaupt ergriffen, zB eine Strafe gegen ein Mitglied ausgesprochen werden soll, so liegt keine schiedsgerichtliche Entscheidung vor, sondern eine gewöhnliche Entscheidung eines Vereinsorgans (vgl RGZ 151, 229). Weiterhin liegt nicht in jedem Fall, in dem ein Vereinsorgan in bezug auf ein Mitglied und seine Rechte eine Entscheidung trifft, bereits eine schiedsrichterliche Entscheidung vor; es kann sich ebenso um eine nähere Bestimmung *(„Vereinsverwaltungsakt")* handeln. Von einer schiedsrichterlichen Entscheidung läßt sich nur sprechen, wenn das betreffende Vereinsorgan sachlich und persönlich von den Organen der Vereinsverwaltung *unabhängig* ist (vgl SCHLOSSER 176). Ein Verfahren vor einer mehr oder weniger unabhängigen Instanz, welche nur die Entscheidung eines Verwaltungsorgans vorbereiten soll, ist natürlich ebenfalls noch kein Schiedsverfahren (dazu SCHLOSSER 186 ff).

bb) Gegen den Schiedspruch ist die **Aufhebungsklage** nach § 1041 ZPO gegeben. Der Rechtsweg kann insoweit nicht ausgeschlossen werden. § 1041 ZPO sieht die Aufhebung eines Schiedsspruches aus *folgenden Gründen* vor:

(1) wenn dem Schiedsspruch ein gültiger Schiedsvertrag nicht zugrunde liegt oder der Schiedsspruch sonst auf einem unzulässigen Verfahren beruht;

(2) wenn die Anerkennung des Schiedsspruchs zu einem Ergebnis führt, das mit wesentlichen Grundsätzen des deutschen Rechts offensichtlich unvereinbar ist, insbesondere wenn die Anerkennung mit den Grundrechten unvereinbar ist;

(3) wenn die Partei in dem Verfahren nicht nach Vorschrift der Gesetze vertreten war, sofern sie nicht die Prozeßführung ausdrücklich oder stillschweigend genehmigt hat;

(4) wenn der Partei in dem Verfahren das rechtliche Gehör nicht gewährt war;

(5) wenn der Schiedsspruch nicht mit Gründen versehen ist;

(6) wenn die Voraussetzungen vorliegen, unter denen in den Fällen der Nr 1 bis 6 des § 580 ZPO die Restitutionsklage stattfindet.

Da bei Verbandsschiedsgerichten häufig die Gefahr gegeben ist, daß auf das Mitglied ein gewisser Druck ausgeübt ist, sich dem Verbandsschiedsgericht zu unterwerfen, muß bei der Nachprüfung von Schiedssprüchen von Verbandsgerichten ein *strenger Maßstab* angelegt werden (vgl BAUMBACH/LAUTERBACH/ALBERS/HARTMANN, ZPO [51. Aufl 1993] § 1048 Rn 5).

cc)   Regelmäßig handelt es sich bei den Vereinsschiedsgerichten um sog **institutionelle Schiedsgerichte**. Vgl dazu ROSENBERG/SCHWAB/GOTTWALD, Zivilprozeßrecht (15. Aufl 1993) § 173 III.

Wie stets in Schiedsgerichtsverfahren kann eine *Partei nicht Richter* sein. Daher darf weder ein Vereinsorgan außerhalb des Schiedsgerichts noch eine Person, die einem Vereinsorgan angehört, als Richter in einem Schiedsgericht mitwirken, wenn der Verein selbst Partei ist (vgl RGZ 88, 402; 90, 309; RG HRR 1932 Nr 2217; SOERGEL/HADDING § 25 Rn 56). Das *Ablehnungsrecht* nach § 1032 ZPO muß einem Verbandsmitglied immer dann zugebilligt werden, wenn zu besorgen ist, daß der Abgelehnte die Verbandsinteressen höher stellen wird als die Rechte des Einzelmitglieds.

Ist ein Vereinsschiedsgericht durch *Individualabrede* für die Streitigkeiten zwischen einem Mitglied und einem Nichtmitglied für zuständig erklärt, so ist diese Abrede nach *§ 134 nichtig*, wenn das vorgesehene Schiedsgericht nur mit Vereinsmitgliedern besetzt ist (BGH NJW 1969, 750).

IV.   Arten der Vereine des Privatrechts

1.   Wirtschaftliche und Idealvereine

Das private Vereinsrecht unterscheidet **nach dem Zweck**: wirtschaftliche Vereine und Idealvereine, je nachdem, ob die Vereine zu *erwerbswirtschaftlichen Zwecken* gegründet sind oder nicht. Diese Unterscheidung ist grundlegend; bei den wirtschaftlichen Vereinen ist das „Sicherungsinteresse" der Vereinsgläubiger ein Problem von sehr viel größerer Wichtigkeit als bei den Idealvereinen. Vgl dazu § 21 Rn 32–34 und § 54 Rn 57. Dementsprechend unterliegt für sie die Erlangung der (haftungsbegrenzenden) Rechtspersönlichkeit besonderen Regeln, ist die Haftungsbeschränkung bei mangelnder Rechtspersönlichkeit nach richtiger Ansicht nicht zulässig.

2.   Rechtsfähige und nichtrechtsfähige Vereine

Diese Unterscheidung (vgl §§ 21–25, 54) ergibt sich daraus, daß das BGB die freie Körperschaftsbildung (Erwerb der Rechtspersönlichkeit kraft Existenz) abgelehnt hat.

a)   Die **Rechtsfähigkeit** wird vielmehr im einzelnen folgendermaßen **erworben**:

aa)   Ein inländischer Verein, dessen Zweck nicht auf einen wirtschaftlichen Geschäftsbetrieb gerichtet ist (Idealverein), erlangt Rechtsfähigkeit durch *Eintragung* ins Vereinsregister des Amtsgerichts (§ 21).

bb) Ein inländischer Verein, dessen Zweck auf einen wirtschaftlichen Geschäftsbetrieb gerichtet ist, erlangt in Ermangelung besonderer reichsgesetzlicher Vorschriften Rechtsfähigkeit durch *staatliche Verleihung* (§ 22). In der Praxis spielt dies eine geringe Rolle.

cc) Doch kommen daneben in bezug auf die wirtschaftlichen Vereine, deren Rechtsfähigkeit durch *besondere Bestimmungen* der Reichsgesetze (jetzt: des Bundesrechts) geregelt ist, diese Bestimmungen in Betracht, aufgrund des Vorbehalts in § 22. So können Vereine mit wirtschaftlichem Geschäftsbetrieb die Rechtsfähigkeit erlangen als Aktiengesellschaften, Gesellschaften mit beschränkter Haftung, als Genossenschaften usw.

dd) Aufgrund des Art 55 EGBGB kommen noch dazu die besonderen Vereine aus den dem *Landesrecht* speziell vorbehaltenen Rechtsgebieten. Hierzu gehörten die bergrechtlichen Gewerkschaften, die durch das BBergG v 1980 (§ 143 Abs I) abgeschafft worden sind.

b) Zu den **nichtrechtsfähigen Vereinen** gehören:

aa) die nichtrechtsfähigen Vereine des *§ 54*, welche nach dem Willen des Gesetzgebers dem Gesellschaftsrecht des BGB (§§ 705 ff) unterstellt werden sollen, im Prozeß jedoch passiv parteifähig sind (vgl näher § 54 Rn 11 ff, 30 ff, 50 ff);

bb) die nichtrechtsfähigen *Versicherungsvereine auf Gegenseitigkeit* gem § 130 VAG; in der Regel sind solche Vereine aber rechtsfähig, vgl § 15 VAG.

3. Rechtstatsächliches

56 In rechtstatsächlicher Hinsicht gilt das Vereinsrecht des BGB für Verbände sehr verschiedener Art; neben kleinen lokalen Vereinen geselliger oder kultureller Art stehen große, bundesweite *Organisationen* wie etwa der ADAC mit mehreren Millionen Mitgliedern, die großen Sportorganisationen, die Gewerkschaften oder die Fachverbände der Wirtschaft. Die Verwaltung bedient sich namentlich im Bereich der *Wissenschaftspflege* der Form des Vereins, um die Mitwirkung verschiedener politischer und gesellschaftlicher Kräfte an der Wissenschaftsförderung zu erleichtern (MPI, DAAD, DFG). Allgemein zur Frage des Verhältnisses von Verein und Stiftung s STRICKRODT NJW 1964, 2085. Dementsprechend ist auch die *soziale und politische Bedeutung der Verbände* ganz *verschieden*. Es kann die soziale und wirtschaftliche Existenz von Mitgliedern von der Vereinsmitgliedschaft abhängen. Bei der Auslegung der gesetzlichen Bestimmungen muß diesen rechtstatsächlichen Momenten aber Rechnung getragen werden. Vgl hierzu die rechtstatsächlichen Angaben bei VERSTEYL, Der Einfluß der Verbände auf die Gesetzgebung (1972).

V. Geltungsbereich der vereinsrechtlichen Vorschriften des BGB

1. Direkter Anwendungsbereich

57 Das BGB gibt in den §§ 21–54 allgemeine Vorschriften über Vereinsrecht; sie sollten nach der Absicht des Gesetzgebers *für alle rechtsfähigen Vereine* (ideale oder erwerbswirtschaftliche, im BGB oder in Landesgesetzen geregelte) gelten, nicht aber für die nichtrechtsfähigen. Über die jetzige Rechtslage vgl Erl zu § 54, insbes Rn 2. Die §§ 55–79 behandeln insbes die Eintragung im Vereinsregister.

2. Analoge Anwendung

Die Vorschriften des allgemeinen Vereinsrechts sind auf die AG, die GmbH und die **58** Genossenschaften nicht unmittelbar, sondern nur *im Einzelfall analog anwendbar*. Vgl etwa BRÄNDEL, in: Großkomm AktG (4. Aufl 1992) § 1 Rn 30, 31; KRAFT, in: Kölner Kommentar zum AktG (2. Aufl 1988) § 1 Rn 6; LANG/WEIDMÜLLER/METZ (32. Aufl 1988) § 1 Rn 8; KLAUS MÜLLER, GenG (1976) § 18 Rn 1; BGHZ 18, 334, 337; RG JW 1936, 2311. Diese Auffassung entspricht der Entstehungsgeschichte der vereinsrechtlichen Vorschriften; man ist dabei von dem Gedanken eines „Allgemeinen Teils des Rechts der juristischen Personen" abgekommen (vgl Einl 2 zu §§ 21 ff).

3. Politische Parteien und Fraktionen

Für die politischen Parteien gilt in erster Linie das *PartG* idF v 3. 3. 1989. Hiernach **59** sind die Parteien „Vereinigungen von Bürgern" (§ 2). Über die Rechtsform ist nichts Näheres bestimmt; die Parteien können daher privatrechtlich sowohl die Form eines **rechtsfähigen** wie diejenige eines **nichtrechtsfähigen Vereins** wählen. § 3 PartG legt jedoch fest, daß die „Gebietsverbände höchster Stufe" der Parteien unter ihrem Namen klagen und verklagt werden können. Vgl HENKE, Das Recht der politischen Parteien (2. Aufl 1972); SEIFERT, Die politischen Parteien im Recht der Bundesrepublik Deutschland (1975); vgl auch REICHERT/DANNECKER (5. Aufl 1992) Rn 2770 ff; ferner § 54 Rn 20 und 57.

Die *Fraktionen* der politischen Parteien sind Vereine öffentlichen Rechts. Die Vorschriften des Vereinsrechts des BGB sind analog anwendbar, soweit dies mit den verfassungsrechtlichen Aufgaben der Fraktionen vereinbar ist (vgl MOERKE NJW 1965, 276 f, 567 ff).

VI. Das subjektive Vereinsrecht

1. Öffentliches Recht

Das subjektive Vereinsrecht des öffentlichen Rechts ist das durch Art 9 GG **60** geschützte Recht, Vereine zu bilden (vgl dazu oben Rn 1 ff).

2. Privatrecht

Vom Standpunkt des Privatrechts aus ist das „Recht, Vereine zu bilden" gegen Störungen und Verletzungen durch *§ 823* geschützt, da dieses „Recht" privatrechtlich unter den Begriff des Persönlichkeitsrechts fällt. Dieser *privatrechtliche Schutz* steht dem Recht auf Vereinsbildung zur Seite ohne Rücksicht darauf, ob der Verein rechtsfähig oder nichtrechtsfähig ist und ob er letzterenfalls unter die Vorschriften der Gesellschaft des § 705 fällt. Denn mit dem Recht auf Vereinsbildung ist das Recht aus einer Vereinsbildung gegenüber den Vereinsmitgliedern nicht zu verwechseln. Ebenso ist die **„negative Vereinsfreiheit"** ein Bestandteil des allgemeinen Persönlichkeitsrechtes. Ebenso die Auffassung im Schweizerischen Recht (EGGER, Züricher Kommentar zum Schweizer ZGB [2. Aufl 1930] Art 70 Anm 5). Sie bedeutet privatrechtlich, daß der Beitritt zu einer privaten Vereinigung im freien Willen des einzelnen steht, und ist verletzt, wenn jemand *gezwungen* wird, einer Vereinigung *beizutreten*, zB dadurch, daß die Mitgliedschaft zu einem bestimmten Verein durch Veranstaltungen dieses Vereins de facto zur Voraussetzung für die Existenz oder doch für die Betätigung in einem bestimmten Beruf gemacht wird (vgl RGZ 104, 327). Daher sind Abreden, die dahin zielen, daß ein bestimmtes Unternehmen nur Angehörige eines bestimmten Verbandes beschäftigen dürfe, privatrechtlich unzulässig.

Daß Verträge, wodurch jemand auf sein subjektives Vereinsrecht *verzichtet* oder dasselbe *beschränken* läßt, ebenso wie Verträge, wodurch die Wahlfreiheit oder Gewissensfreiheit beschränkt oder ausgeschlossen werden, gegen die guten Sitten verstoßen und aus diesem Grunde *nichtig* sind, wurde in den Verhandlungen der RTK über den E III durch übereinstimmende Erklärungen der Vertreter der verbündeten Regierungen und der Kommission festgestellt (RTK-Drucks Nr 440, 9. LegPer 4. Sess 1895/1896, 45; vgl aber auch Reichstagsbericht zum RVereinsG 10 ff).

VII. Internationales Privatrecht

61 Das IPR in Deutschland enthält keine *gesetzliche* Regelung des Personalstatuts von Vereinen. Eine Anknüpfung an eine „Staatsangehörigkeit" wie bei natürlichen Personen scheidet aus, da Vereine keine Staatsangehörigkeit im rechtstechnischen Sinne haben. Sie haben auch keinen „gewöhnlichen Aufenthalt". Statt dessen werden Vereine so wie sonstige juristische Personen nach der in Deutschland hM gem der *Verwaltungssitztheorie* beurteilt, dh nach dem Recht des Staates, in dem sich der **tatsächliche Sitz ihrer Hauptverwaltung** befindet (BGHZ 53, 181, 183; BGH IPRax 1981, 130, 133; BGHZ 97, 269, 271; KEGEL, IPR [6. Aufl 1987] § 17 II 1; STAUDINGER/GROSSFELD (1993) Rn 22, 68). Ein Verein, dessen Hauptverwaltung im Ausland geführt wird, ist danach in Deutschland rechtsfähig, wenn er nach der an seinem tatsächlichen Sitz geltenden Rechtsordnung rechtsfähig ist. Die einschränkende Vorschrift des Art 10 EGBGB, welche für ausländische rechtsfähige Idealvereine deren Rechtsfähigkeit im Inland von einer besonderen Anerkennung abhängig machte, ist bereits 1964 aufgehoben worden. Dagegen ist § 23 weiter gültig, der umgekehrt die Verleihung der inländischen Rechtsfähigkeit an Idealvereine ermöglicht, die nach dem Recht ihres Sitzes nicht rechtsfähig sind; vgl Erl zu § 23. Im anglo-amerikanischen Rechtskreis wird statt der Sitztheorie die *Gründungsrechtstheorie* (oder Inkorporationstheorie) angewendet, die das Recht für maßgebend erklärt, nach der die juristische Person gegründet worden ist.

§ 21

Ein Verein, dessen Zweck nicht auf einen wirtschaftlichen Geschäftsbetrieb gerichtet ist, erlangt Rechtsfähigkeit durch Eintragung in das Vereinsregister des zuständigen Amtsgerichts.

2. Titel. Juristische Personen.
I. Vereine

Materialien: E I §§ 41, 42; II § 23; III § 21 Abs 1; Mot I 78 ff; Prot I 476 ff, 578 ff; JAKOBS/ SCHUBERT, AT I 142, 153 ff.

Schrifttum

FÜLLGRAF, Wieviel wirtschaftliche Betätigung im Idealverein?, Betrieb 1981, 2267
HEMMERICH, Möglichkeiten und Grenzen wirtschaftlicher Betätigung von Idealvereinen (1982)
dies, Die Ausgliederung bei Idealvereinen, BB 1983, 26
HECKELMANN, Der Idealverein als Unternehmer?, AcP 179 (1979), 1
HÖLDER, Über das Wesen des eintragungsfähigen Vereins, DJZ 1900, 412
KNAUTH, Die Rechtsformverfehlung bei eingetragenen Vereinen mit wirtschaftlichem Geschäftsbetrieb (Diss Köln 1976)
ders, Die Ermittlung des Hauptzwecks bei eingetragenen Vereinen, JZ 1978, 339
MUMMENHOFF, Gründungssysteme und Rechtsfähigkeit (1979)
REINHARDT, Die Abgrenzung zwischen Vereinen mit oder ohne „wirtschaftlichen Geschäftsbetrieb", in: FS Paulick (1973) 3

SACK, Der „vollkaufmännische Idealverein", ZGR 1974, 179
K SCHMIDT, Die Abgrenzung der beiden Vereinsklassen, Rpfleger 1972, 286, 343
ders, Der bürgerlichrechtliche Verein mit wirtschaftlicher Tätigkeit, AcP 182 (1982) 1
ders, Wirtschaftstätigkeit von „Idealvereinen" durch Auslagerung auf Handelsgesellschaften, NJW 1983, 543
ders, Verbandszweck und Rechtsfähigkeit im Vereinsrecht (1984)
ders, Eintragungsfähige und eintragungsunfähige Vereine, Rpfleger 1988, 45
SCHWIERKUS, Der rechtsfähige ideelle und wirtschaftliche Verein (§§ 21, 22 BGB) (Diss Berlin 1981).

S ferner Schrifttum bei Vorbem zu §§ 21 ff und bei § 22.

Systematische Übersicht

I. Grundsatz 1	b) Erlangung der Rechtsfähigkeit 17
	2. Vereinsgründung 18
II. Grundlagen der Regelung	3. Gültigkeit der Gründung 19
1. § 21 im Licht der Entstehungsgeschichte 2	a) Geschäftsfähigkeit 19
	b) Einfluß von Willensmängeln 19
2. Auslegung der §§ 21 und 22, 5	4. Verein nichtwirtschaftlicher Art 20
3. Stellungnahme 7	5. Formelle Voraussetzungen 22
4. Berufs- und Fachverbände 9	a) Antrag auf Eintragung 22
	b) Satzung 22
III. Das Problem der Mehrheit von Zwecksetzungen	c) Anmeldung 22
1. Problemstellung 10	6. Rechtsgestaltung 23
2. Exklusivitätsproblem 11	7. Wirkung einer Eintragung trotz Fehlens wesentlicher Voraussetzungen 24
3. Nebenzweckprivileg 12	8. Rechtsverstöße der Satzung 30
4. Einzelfälle aus der Rspr 16	
	V. Das sogenannte Identitätsproblem
IV. Voraussetzung der Eintragung im einzelnen	1. Grundsätzliche Fragen 31
1. Bestehen des Vereins 17	2. Die Bedeutung der Identität 32
a) Personenmehrheit 17	**VI. Bezirksgruppen, Sektionen, Verbände** 35

Alphabetische Übersicht

Ärztliche Verrechnungsstelle	16
Arbeitgeberverband	16
Berufsverband	9
Bestehendes Vereins	17
Betriebsarztzentren	16
Beweislast für Vereinszweck	21
Bezirksgruppe, Sektion	35
Darlehenskassen	16
Differenzhaftung	33
Eintragung	17 ff
– rechtsgestaltende Wirkung	23
Entstehungsgeschichte	2 ff
Exklusivitätsproblem	11
Funkzentrale einer Taxivereinigung	16
Genossenschaften	8
Geschäftsbetrieb	8
Geschäftsfähigkeit der Gründer	19
Gewerkschaft	9
Gründung	18 f
Grundbesitzerverein	16
Hauptzweck	10 ff
Hausbesitzerverein	16
Holdingvereine	8
Idealverein	1, 12
Identität mit Vorverein	33
Kartell	16
Konstitutive Wirkung der Eintragung	23
Löschung	26
Lohnsteuerhilfevereine	16
Mähdreschgemeinschaft	16
Mehrheit von Gründern	17
Mehrheit von Zwecksetzungen	10 ff
Nebenbetrieb	8
Nebenzweckprivileg	10 ff
Nichtwirtschaftlicher Geschäftsbetrieb	20
Rechtsfähigkeit	17, 23
Rechtsnachfolge	34
Registergericht	22, 31 f
Religiöse Vereine	16
Satzung	22
– fehlerhafte	30
Sportverein	16
Untergliederung, Bezirksorganisation	35
Unternehmen, vollkaufmännisches	14
Unterstützungskassen, betriebliche	16
Verband	36
Vereinszweck	10, 20
Voraussetzungen der Eintragung	17
– Fehlen wesentlicher	24 ff
– formelle	22
– wesentliche	17 ff
Vorbelastungshaftung s Differenzhaftung	
Vorteile für die Mitglieder	10 ff
Vorverein	31 ff
Willensmängel	19
Wirtschaftlicher Geschäftsbetrieb	6 ff
Zwecktheorie	5 ff

I. Grundsatz

1 § 21 spricht für die sog „**Vereine mit idealen Tendenzen**" den *Grundsatz* aus, daß sie Rechtsfähigkeit durch Eintragung in das Vereinsregister des zuständigen Amtsgerichts erlangen und *nur* auf diesem Wege erlangen können. Die näheren Ausführungen und insbes die Normen des Verfahrens enthalten die §§ 55–79. Dagegen verschließt § 21 den Weg zur Rechtsfähigkeit über das Vereinsregister den wirtschaftlichen Vereinen. Er trägt damit dem Umstand Rechnung, daß das Vereinsrecht für einen Verband, der wirtschaftliche Erwerbszwecke verfolgt, ungeeignet ist, weil es dem Gläubiger zu geringe Sicherheiten bietet. Vgl dazu Vorbem 47 zu §§ 21 ff. Der Verein hat, wenn die gesetzlichen Voraussetzungen gegeben sind, einen *Anspruch auf Eintragung* (BWVGH JR 1974, 242).

II. Grundlagen der Regelung

1. § 21 im Licht der Entstehungsgeschichte

Die wenig glücklich gefaßte Bestimmung muß im Lichte der Gesetzgebungsgeschichte verstanden und interpretiert werden; man muß dabei auf die ersten Versuche einer einheitlichen Regelung des Vereinsrechtes zurückgehen. Hierzu ist die Studie von OPPENHEIMER (JherJb 47, 99 ff) unentbehrlich. Dem deutschen *Gesetzgeber* stellten sich in der 2. Hälfte des 19. Jhs im Bereich der privatrechtlichen Organisation *zwei Aufgaben*. Im Bereich des *Wirtschaftsrechts* mußten **neue Formen für Zusammenschlüsse** entwickelt werden, die durch die ökonomische Entwicklung notwendig geworden waren; im Bereich des *allgemeinen Vereinsrechts* mußten Regelungen gefunden werden, die dem Geist der durch die neuen Verfassungen gewährleisteten **Vereinsfreiheit** entsprachen. Die erste Aufgabe war mit der Regelung der AG im ADHGB von 1861 und den ersten Gesetzen über die Erwerbs- und Wirtschaftsgenossenschaften (Preußen 1867; Norddeutscher Bund 1868) in Angriff genommen worden; der zweiten hatte sich vor allem einer der Führer der Genossenschaftsbewegung, der Abgeordnete SCHULZE-DELITZSCH, durch eine Reihe von Anträgen im Norddeutschen Reichstag und im Reichstag des Kaiserreichs angenommen (1869–1871); er war dabei ua in Bayern und später auch im Reichstag von dem bayerischen Parlamentarier VÖLK unterstützt worden.

SCHULTZE-DELITZSCH und seine Freunde sind sich nun von Anfang an darüber klar gewesen, daß diese beiden Aufgaben verschiedene Lösungen erforderlich machten. Dazu OPPENHEIMER JherJb 47, 114 ff. SCHULZE-DELITZSCH hat daher getrennte Anträge für ein *Genossenschafts-* und ein *Vereinsgesetz* eingebracht, und im bayerischen Landtag, dem die Regierung 1868 einen Entwurf vorgelegt hatte, der beide Fragen zusammen lösen wollte, hat VÖLK dafür gesorgt, daß statt dessen zwei gesonderte Gesetze ergangen sind (vgl OPPENHEIMER JherJb 47, 104 f; HAUSER ZHR 14 [1870] 341 f). Aus diesem Programm ergab sich die Notwendigkeit, zwischen ideell orientierten und wirtschaftlich ausgerichteten Vereinigungen zu unterscheiden und für die Frage, wie sie die Rechtsfähigkeit erlangen könnten, verschiedene Lösungen zu suchen.

Dementsprechend lautete § 1 des von SCHULZE-DELITZSCH vorgelegten *Entwurfs von 1869* (Hervorhebung vom Verfasser):

> „Vereinigungen von nicht geschlossener Mitgliederzahl zu einem in den Gesetzen nicht verbotenen Zwecke, insofern sie nicht zu den im Allgemeinen Deutschen Handelsgesetzbuch aufgeführten Handels- oder den Versicherungsgesellschaften, sowie zu den im Gesetze vom 4. Juli 1868 für den Norddeutschen Bund charakterisierten Erwerbs- und Wirtschaftsgenossenschaften gehören, *und auch sonst nicht auf Erwerb, Gewinn oder einen eigentlichen Geschäftsbetrieb abzielen*, erhalten die Rechte eines anerkannten Vereins nach Inhalt des gegenwärtigen Gesetzes unter den nachstehenden Bedingungen.

Namentlich gehören hierher:

1) Bildungs-, Lese-, Musik- und Turnvereine aller Art;

2) Religionsgesellschaften, welchen keine Korporationsrechte vom Staat verliehen sind;

3) Arbeiter-, Handwerker-, Gewerks- und Bürgervereine zur Förderung der Interessen ihrer Mitglieder;

4) Vereine zu geselligen und Wohltätigkeitszwecken;

5) Gelehrte Gesellschaften, wissenschaftliche, landwirtschaftliche, Kunst- und sonstige Vereine von Berufsgenossen zur Förderung ihrer Berufsinteressen."

3 Hier taucht zum erstenmal die Formel vom „**Geschäftsbetrieb**" auf, die später Gesetz werden sollte. Mit ihr sollten, wie OPPENHEIMER gezeigt hat, in erster Linie die Erwerbs- und Wirtschafts-Genossenschaften im Gegensatz zu den Idealvereinen charakterisiert werden; in einem weiteren Sinne sollte damit gesagt werden, daß Vereine, die einen „Geschäftsbetrieb" zum Zwecke hätten, einem bestimmten „Lebens- und Rechtsgebiet", nämlich dem „von Wirtschaft und Erwerb", angehörten. Vgl die Nachw aus SCHULZE-DELITZSCHS Äußerungen bei OPPENHEIMER JherJb 47, 114 ff.

Diese Formulierung ist dann zunächst von dem *Redaktor* GEBHARD aufgegriffen worden; dessen § 80 Abs 2 lautet (Hervorhebung vom Verfasser):

„Personenvereine, die durch freien Zusammentritt ihrer Mitglieder gebildet werden *und nicht auf Erwerb, Gewinn oder einen eigentlichen Geschäftsbetrieb abzielen*, erlangen, sofern nicht im Wege der Gesetzgebung etwas anderes vorgeschrieben ist, juristische Persönlichkeit nur durch besondere, im einzelnen Falle zu erwerbende Verleihung seitens der Landesverwaltung."

E II formulierte dann (Hervorhebung vom Verfasser):

„Vereine zu gemeinnützigen, wohltätigen, geselligen, wissenschaftlichen, künstlerischen oder anderen *nicht auf einen wirtschaftlichen Geschäftsbetrieb* gerichteten Zwecken erlangen Rechtsfähigkeit durch Eintragung in das Vereinsregister des zuständigen Amtsgerichts oder durch staatliche Verleihung.

Andere Vereine erlangen Rechtsfähigkeit in Ermangelung besonderer reichsgesetzlicher Vorschriften nur durch staatliche Verleihung."

Die *Reichstagskommission* hat dann die positive Erwähnung „*idealer*" Zwecke gestrichen und sich auf die jetzige negative Formulierung beschränkt.

4 Es kann kaum bezweifelt werden, daß die Gesetzesverfasser mit ihrer Formulierung die Gedanken wiedergeben wollten, von denen man bei den ersten Entwürfen einer einheitlichen privatrechtlichen Vereinsgesetzgebung ausgegangen war. Ihnen war die oben (Rn 2) kurz skizzierte Vorgeschichte noch gegenwärtig. Daraus ergibt sich aber, daß die gesetzliche Formel vom „Verein, dessen Zweck nicht auf einen wirtschaftlichen Geschäftsbetrieb gerichtet ist", nicht in ängstlicher Einzelexegese der verwendeten Worte verstanden werden darf, der **leitende Gesichtspunkt** vielmehr der sein muß, daß **§ 21 Vereine betrifft, die nach Zweck und Tätigkeit nicht dem Erwerbs- und Wirtschaftsleben angehören**. Angesichts des engen Zusammenhangs mit der Regelung der Erwerbs- und Wirtschaftsgenossenschaften muß der Idealverein des § 21 dabei nicht nur einen Gegensatz zu wirtschaftlichen Organisationen bilden, die ein Unternehmen betreiben und für die die Rechtsform der AG geschaffen war, sondern *auch* zu den Erwerbs- und Wirtschaftsgenossenschaften. Der entscheidende Gesichtspunkt ist, daß der Idealverein, weil er nicht dem Erwerbs- und Wirtschaftsleben angehört, die Rechtsfähigkeit nach anderen und *leichteren Normativbestimmungen* erlangen kann als Vereine, die dem Wirtschaftsleben zuzurechnen sind.

2. Auslegung der §§ 21 und 22

Die Auslegung der §§ 21, 22 hat zunächst nicht an diesen geschichtlichen Hintergrund, sondern an die Worte „wirtschaftlicher Geschäftsbetrieb" angeknüpft. Nach der von PLANCK (1. Aufl, Anm 2) vertretenen Auffassung ist ein wirtschaftlicher Verein immer gegeben, wenn „die Produktion oder der Umsatz wirtschaftlicher Güter geschäftsmäßig betrieben wird (also nicht nur in Einzelfällen). Die Absicht, dadurch einen Gewinn zu erzielen, ist nicht erforderlich." Diese Meinung wurde aus dem „Sprachgebrauch des Lebens" abgeleitet. Danach mußte der Zweck, den der Verein verfolgt, außer Betracht bleiben. Die Auffassung wurde später als **„objektive Theorie"** bezeichnet. Zu weiteren älteren Vertretern vgl STAUDINGER/COING[11] Rn 11. PLANCKS Auffassung ist von NITSCHKE, Die körperschaftlich strukturierte Personengesellschaft (1970) 123 f Fn 45 wieder aufgegriffen worden. Auch in neueren Kommentierungen wird zT die objektive Tätigkeit des Vereins und nicht die Zielsetzung als entscheidend angesehen (so PALANDT/HEINRICHS Rn 2).

Nach der entgegengesetzten Auffassung ist der vom Verein verfolgte Endzweck ausschlaggebend (sog **Zwecktheorie** oder „subjektive Theorie"). Selbst wenn eine nach außen gerichtete entgeltliche Betätigung dauernder Art vorliegt, soll danach bei ideellem Endzweck des Vereins § 21 anwendbar sein (HÖLDER DJZ 1900, 412 f; wN zur älteren Lit bei K SCHMIDT AcP 1982, 1, 9 Fn 30; in neuerer Zeit zB ENNECCERUS/NIPPERDEY § 107 II).

Die Zwecktheorie wurde später häufig mit objektiven Gesichtspunkten verbunden. So wurde insbes der wirtschaftliche Endzweck allein nicht als hinreichend für die Klassifizierung als wirtschaftlicher Verein angesehen; vielmehr mußte dieser Zweck auch in einem wirtschaftlichen Geschäftsbetrieb seinen objektiven Ausdruck finden (KÜBLER, Gesellschaftsrecht [2. Aufl 1986] § 10 II 3; KNAUTH JZ 1978, 339, 340; ähnlich schon vTUHR I 469, 471). Diese sog gemischte Theorie oder „subjektiv-objektive" Theorie hat vor allem in der Rspr Resonanz gefunden (vgl u Rn 6).

Die Rspr des **RG** ist der **Zwecktheorie** gefolgt, hat in deren Rahmen aber die Auslegung der Worte *„wirtschaftlicher Geschäftsbetrieb"* zum Ausgangspunkt genommen (vgl etwa RGZ 83, 231, 234 unten). Sie *hat folgende Kriterien* hervorgehoben: *Einzelne* Geschäfte des Vereins genügten nicht; ebensowenig komme es auf den (unvermeidlichen) *inneren* Geschäftsbetrieb des Vereins an; es müsse sich vielmehr um eine nach *außen* gerichtete geschäftliche Tätigkeit handeln, und diese müsse schließlich „auf den Erwerb wirtschaftlicher Vorteile" für den Verein oder die Mitglieder gerichtet, also entgeltlich sein. So RGZ 83, 231 (1913); RGZ 154, 343 (1937). Hinsichtlich des letzten Merkmals hat die Rspr geschwankt. RGZ 133, 176 forderte, daß Vorteile für den Verein selbst notwendig seien; RGZ 154, 343 hat dies korrigiert und betont, die Vermögensvorteile für den Verein oder seine Mitglieder könnten auch in der

Verhütung von Vermögensschäden oder Verbilligung des Bezuges von Gütern bestehen (unter Hinweis auf die Erwerbs- und Wirtschaftsgenossenschaften, 350). Damit würde allerdings fraglich, inwieweit das Merkmal einer *entgeltlichen* nach *außen* gerichteten Tätigkeit ausreiche, um den wirtschaftlichen Charakter eines Vereins festzustellen.

Während die Rspr der Nachkriegszeit im allgemeinen derjenigen des RG folgt – vgl etwa BayObLGZ 1953, 309; OLG Stuttgart OLGZ 1971, 465; LG Lübeck SchlHAnz 1962, 102 –, hat BGHZ 45, 395 betr einen Verein zur Unterhaltung einer Taxizentrale mit Funkanlage in diesem letzten Punkt eine **Korrektur** vorgenommen. Bei der gemeinsamen Zentrale handele es sich um einen ausgegliederten Teil der Gewerbebetriebe der Mitglieder, damit um einen *gewerblichen Nebenbetrieb*, dessen Kosten sich in der Preisstellung der Mitglieder an deren Kunden niederschlügen; dies müsse genügen. Die in RGZ 154, 343 hervorgehobene Geschäftstätigkeit nach außen bilde nicht das einzige Kriterium für den wirtschaftlichen Charakter eines Vereins.

Auch die Rspr vertritt also überwiegend eine mittlere Linie, die Zwecksetzung des Vereins und objektiven Geschäftsbetrieb miteinander verbindet.

Seit 1972 ist die Diskussion um die Auslegung der §§ 21, 22 und die Abgrenzung der beiden Vereinsarten durch die Arbeiten von KARSTEN SCHMIDT auf eine neue Grundlage gestellt worden; diese haben den Meinungsstand wesentlich verändert (vgl grundlegend K SCHMIDT Rpfleger 1972, 286 ff; ferner ders AcP 182, 1,11 ff; ders, Verbandszweck und Rechtsfähigkeit im Vereinsrecht [1984] insbes 99 ff; ders Rpfleger 1988, 45).

K SCHMIDT geht bei der Abgrenzung von der teleologischen Auslegungsmethode aus. Da § 22 als „Flankenschutz" für die Normativbestimmungen über Handelsgesellschaften und Genossenschaften gedacht sei, komme es entscheidend auf den Schutzzweck dieser Normativbestimmungen an. Diesen sieht SCHMIDT in erster Linie im Gläubigerschutz, mit Einschränkungen auch im Mitgliederschutz. Der Zweck des Vereins sei als klassifizierendes Merkmal nicht geeignet, um die Vereine abzugrenzen, die sich den Normativbestimmungen für AG, GmbH und eG unterwerfen sollen, weil Kapitalgesellschaften für jeden Zweck gegründet werden könnten und die Merkmale für die Genossenschaft nach § 1 GenG unscharf seien. Erforderlich sei statt dessen eine **typologische Abgrenzung**. SCHMIDT arbeitet dann drei Grundtypen heraus, denen der Weg über § 21 versperrt ist und die den wirtschaftlichen Vereinen nach § 22 zuzuordnen sind:

(1) der „Volltypus des unternehmerischen Vereins", der an einem äußeren Markt planmäßig und dauerhaft Leistungen gegen Entgelt anbietet, ohne daß es auf das Erwerbsstreben des Vereins oder seiner Mitglieder ankomme;

(2) der „Verein mit unternehmerischer Tätigkeit an einem inneren Markt" (zB wissenschaftliche Buchgesellschaft Darmstadt);

(3) der Typus der „genossenschaftlichen Kooperation" (zB Verkaufssyndikat, Taxirufzentrale); vgl zu den Grundtypen zB K SCHMIDT AcP 182, 16 ff.

3. Stellungnahme

Der Wortlaut der §§ 21, 22 ist offensichtlich als Grundlage für die Abgrenzung der 7
beiden Vereinsklassen ungeeignet. Wegen seiner Unklarheit konnten sich sowohl die
subjektive als auch die objektive Theorie und auch gemischte Auffassungen auf ihn
berufen. Ferner ist der Begriff „Zweck" mehrdeutig, da man darunter einerseits den
Endzweck (das Ziel) einer Vereinigung, andererseits aber auch einen dazwischen
liegenden Zweck, der diesem Ziel dient, verstehen kann. Sowohl im Hinblick auf
den oben zu Rn 4 skizzierten Entstehungszusammenhang als auch die teleologische
Auslegung verdient der Ansatz von K SCHMIDT den Vorzug vor den obengenannten
Theorien. Er ist am besten geeignet, die modernen wirtschaftlichen Abgrenzungsprobleme zu lösen, die sich aus immer neuen tatsächlichen Konstellationen ergeben.

Danach sind dem wirtschaftlichen Verein iS des § 22 vor allem zuzurechnen: 8

a) Vereine, welche als Haupttätigkeit ein Unternehmen betreiben oder zumindest
wie ein Unternehmen am Wirtschaftsverkehr teilnehmen. Hierfür ist das wichtigste
Kriterium, daß die vom Verein unterhaltene Organisation („Geschäftsbetrieb") auf
einem äußeren Markt planmäßig, dauernd und gegen Entgelt Waren oder Dienstleistungen anbietet. Dies entspricht dem ersten Grundtypus von K SCHMIDT (vgl o
Rn 6); die überkommene Rspr und Lit sprach hier von einem nach außen gerichteten
entgeltlichen Geschäftsberieb. Es handelt sich um Organisationen, für die grundsätzlich die Rechtsformen der AG oder GmbH geschaffen sind.

b) Da mit der Formel des wirtschaftlichen Geschäftsbetriebs aber auch eine
Abgrenzung zu den Erwerbs- und Wirtschaftsgenossenschaften erreicht werden
sollte, sind als wirtschaftliche Vereine auch solche Zusammenschlüsse anzusehen,
die ihren – im Erwerbs- und Wirtschaftsleben tätigen – Mitgliedern Einrichtungen
zur Verfügung stellen, auf welche die Mitglieder einen Teilbereich ihrer eigenen
unternehmerischen Tätigkeit übertragen; so zB Verkaufssyndikate oder Taxirufzentralen (BGHZ 45, 395); ferner Vereinigungen, die mit Hilfe ihrer Organisation den
Mitgliedern verbilligte Kredite, Waren oder Dienstleistungen anbieten (sog innerer
Markt), wie Einkaufsgenossenschaften von Verbrauchern, Bau- oder Kreditgenossenschaften. Diese Vereinstypen entsprechen den Grundtypen (3) und (2) bei
K SCHMIDT (vgl o Rn 6); ihnen ist die Abgrenzungsfunktion zwischen Genossenschaften und Idealvereinen gemeinsam, während SCHMIDT (AcP 182, 17) inzwischen in (2)
einen eigenständigen Typus sieht.

c) Den wirtschaftlichen Vereinen zuzuordnen sind ferner die sog **Holdingvereine**,
dh Vereine, die zwar nicht durch Eigenbetriebe, aber durch verselbständigte Wirtschaftseinheiten wirtschaftliche Haupttätigkeiten entfalten; so zB ein Verein als
Alleingesellschafter einer GmbH, die als Konzernspitze fungiert (FLUME, Jur Person
§ 4 II, S 106 f; MünchKomm/REUTER Rn 30 ff; K SCHMIDT AcP 182, 21 ff). K SCHMIDT hat hierfür das Stichwort „konzernrechtliche Zurechnung" geprägt (22). Diese Fallgruppe ist
allerdings in Lit und Rspr umstritten (vgl die gegenteilige Meinung bei JANSEN, FGG [2. Aufl
1970] § 159 Rn 4; HEMMERICH 134 f und BB 1983, 26, 28 ff; BGH NJW 1983, 569, 571).

Diese Typenreihe ist naturgemäß nicht als abschließend zu verstehen, sondern für

Ergänzungen offen, die insbes neuen rechtstatsächlichen Entwicklungen Rechnung tragen können. Zur Frage, ob ein besonderer Typus für Vereine zu bilden ist, die sich hauptsächlich der *Verwaltung* eines Vermögens widmen, vgl MünchKomm/REUTER Rn 33, 34.

4. Berufs- und Fachverbände

9 Am wirtschaftlichen Charakter fehlt es, wenn ein Verein die Vermögensinteressen seiner Mitglieder dadurch fördert, daß er die in ihrem Zusammenschluß liegende Macht gegenüber anderen Gruppen der Gesellschaft in der Öffentlichkeit oder gegenüber staatlichen Stellen zur Geltung bringt. Daher sind *Berufs- und Fachorganisationen*, insbes die *Gewerkschaften, keine wirtschaftlichen Vereine* iS der §§ 21, 22. Richtig RGZ 95, 91 für einen Textil- und Warenhausverband und RGZ 83, 231 für eine kassenärztliche Vereinigung, deren wesentlicher Zweck darin bestand, die Vertragsbedingungen für ihre Mitglieder mit den Krankenkassen auszuhandeln. Hierher gehören auch Vereine zur Förderung gewerblicher Interessen gem § 13 UWG (RGZ 78, 80).

III. Das Problem der Mehrheit von Zwecksetzungen

1. Problemstellung

10 Vom Standpunkt der Theorien, die für die Klassifizierung der Vereine maßgeblich auf den Endzweck abstellen, ergeben sich Probleme, wenn ein Verein mehrere Ziele verfolgt. Diese können gleichgeordnet sein, oder es kann ein Zweck als *Hauptzweck* hervortreten, während andere sich als *Nebenzwecke* darstellen. Ein Klub unterhält ein Klubgebäude mit Restaurant für die Mitglieder; ein Sportverein unterhält eine professionelle Abteilung, für die hohe Gehälter gezahlt werden; die hierzu erforderlichen Mittel werden durch Veranstaltung von Spielen aufgebracht, für die Eintritt erhoben wird, aber auch durch Verkauf von Fan-Artikeln und wiederholte Aufnahme von Krediten. Ein Fachverein verfolgt sowohl ideelle Ziele wie wirtschaftliche Unterstützung der Mitglieder. Diese Mehrheit von Zwecken kann im Zusammenhang mit der Regelung der §§ 21, 22 zu Problemen führen, weil das Gesetz auf die Alternative von (nur) ideellen Vereinen einerseits, und (nur) wirtschaftlichen Vereinen andererseits abstellt. Es geht um das sog **Exklusivitätsproblem** und das Problem von Haupt- und Nebenzweck (Frage des sog **Nebenzweckprivilegs**).

2. Exklusivitätsproblem

11 Für Vereine, die ideale und wirtschaftliche, also *„gemischte" Zielsetzungen* verfolgen, *ohne* daß einer als *Hauptzweck* bezeichnet werden kann, hatte die zweite Kommission vorgesehen, daß sie die Rechtsfähigkeit durch Verleihung, also nach § 22, erlangen könnten; man wollte damit auch eine Lösung für die Fälle schaffen, deren Einordnung zweifelhaft wäre. Die Verleihung sollte also auch bei Idealvereinen zulässig sein (vgl MUGDAN I 604, 605). In der Reichstagskommission wurde der Antrag gestellt, dies ausdrücklich im Gesetz auszusprechen; er wurde aber abgelehnt (vgl MUGDAN I 955, 956). Obwohl nähere Gründe dafür nicht gegeben worden sind, wird dies überwiegend als eine Entscheidung für das sog **Exklusivitätssystem** aufge-

faßt: danach können Idealvereine nur nach § 21, wirtschaftliche Vereine nur nach § 22 die Rechtsfähigkeit erlangen.

Von STAUDINGER/COING[12] war für die Fälle der gleichrangigen gemischten Zielsetzung die Zulässigkeit der Verleihung nach § 22 befürwortet worden. Stellt man dagegen auf eine typologische Zuordnung und nicht entscheidend auf das Ziel der Vereinigung ab, so wird unter dem teleologischen Aspekt idR auch in diesen Fällen eine Zuordnung zu § 21 oder § 22 möglich sein. In den restlichen Zweifelsfällen kann man dem Verein nach dem Grundsatz „in dubio pro libertate" das einfachere Verfahren nach § 21 eröffnen.

3. „Nebenzweckprivileg"

Hat ein Verein einen *idealen Hauptzweck*, verfolgt er aber im Rahmen dieser Hauptrichtung auch *wirtschaftliche Zwecke*, die der Erreichung dieses Hauptzwecks dienen, so soll nach der hM und Rspr der Hauptzweck maßgebend sein, soweit es um die Erlangung der Rechtsfähigkeit geht, sog **Nebenzweckprivileg**.

Diese Auffassung ist in der Tat schon von der zweiten Kommission bei der Beratung des heutigen § 21 vertreten (MUGDAN I 604; 602, 603) und von der Rspr übernommen worden (KG Recht 1909 Nr 191; BayObLGZ 1953, 309; BGH NJW 1962, 629, 630; BGHZ 15, 315, 319; BGHZ 85, 84, 93). Sie wird von der hM in der Lit gebilligt. Die Konsequenz dieser Lehre ist, daß ein *Idealverein* ein *wirtschaftliches Unternehmen führen* kann, sofern nur der Gewinn für die ideellen Zwecke verwendet wird. So hat das BayObLGZ 1953, 309 einen Verein als Idealverein iS des § 21 behandelt, der sich die Errichtung und Betreuung von Kleinsiedlungen und Kleineigenheimen zum Ziel gesetzt hatte, die in das Eigentum von Siedlern übergehen sollten, nicht aber an die Mitglieder. Mitglieder waren verschiedene katholische Organisationen.

Als Folge davon ist es möglich, daß ein Idealverein, der einen wirtschaftlichen Geschäftsbetrieb unterhält, insoweit im geschäftlichen Verkehr zu *Wettbewerbszwecken* handeln und den Schutz der besonderen Regeln des *UWG* in Anspruch nehmen kann, wie er andererseits selbst diesen Regeln unterliegt (BGH NJW 1962, 629; vgl auch LG Düsseldorf VersR 1979, 236). Natürlich gilt dies aber nicht, wo der Verein in Verfolgung seiner idealen Zwecke handelt, zB bei der Veranstaltung eines sportlichen Wettkampfes (BGH aaO).

Die Lehre vom Nebenzweckprivileg bedeutet eine Durchbrechung des Prinzips, daß für eine Vereinigung, die am wirtschaftlichen Erwerbsleben teilnimmt, bei Erwerb der Rechtsfähigkeit im Interesse eventueller Gläubiger strengere Normativbedingungen gelten sollten als für Idealvereine. Die Anwendung der Lehre kann daher zur Gefährdung von erheblichen Gläubigerinteressen führen. Vgl dazu die Kritik bei SACK ZGR 1974, 180 f, 194; NITSCHKE, Die körperschaftlich strukturierte Personengesellschaft (1970) 122 f; K SCHMIDT ZGR 1975, 477 f; KNAUTH, Rechtsformverfehlung (1979).

Dennoch behält der Grundgedanke des Nebenzweckprivilegs auch im Rahmen der neueren, an den Schutzzwecken orientierten typologischen Klassifizierung der Vereine seine Berechtigung, wenn man ihn von den Vereinszwecken löst und statt dessen auf die Bedeutung der verschiedenen Aktivitäten im Rahmen des gesamten Vereinslebens abstellt. In diesem Sinne stellt sich das Problem dann, wenn ein Verein in einem Teilbereich eine Tätigkeit ausübt, die einer der abgrenzbaren Typen der wirtschaftlichen Vereine zuzuordnen ist (vgl SOERGEL/HADDING Rn 34). Mit K SCHMIDT (Rpfleger 1972, 343, 351; AcP 182, 26) ist dann entscheidend, ob die Nebentätigkeit funktional untergeordnet ist, wobei der Maßstab der Abwägung nicht die bloße Quantität, sondern eine Zweck-Mittel-Relation sein soll (dazu näher K SCHMIDT Rpfleger 1972, 352 f). In diese Richtung weist auch BGHZ 85, 84, 93 (ADAC-Rechtsschutz), wo darauf abgestellt wird, ob die unternehmerischen Tätigkeiten „dem nichtwirtschaftlichen Hauptzweck zu- und untergeordnet und Hilfsmittel zu dessen Erreichung sind". K SCHMIDT (AcP 182, 26 ff) räumt ein, daß dieser Maßstab noch unscharf ist und bei Großvereinen zu erheblichen Problemen führt (Stichwort Bundesliga-Fußball).

15 Über das Nebenzweckprivileg ist nämlich bisher die Problematik der **Bundesligaabteilungen der Sportvereine** – besonders brisant im Fußball – behandelt worden. Die Sportvereine verfolgen laut Satzung ideelle Hauptzwecke. In quantitativer Hinsicht betragen jedoch die Einnahmen aus Eintrittsgeldern, Werbung, Ablösesummen und Verkauf von Fan-Artikeln im Rahmen der Fußball-Bundesliga-Abteilungen ein Vielfaches der übrigen Einnahmen, insbes der aus Mitgliederbeiträgen. Auch wenn man nicht allein auf die quantitativen Verhältnisse abstellt, werden in diesen Fällen sowohl die Kriterien der Nebenzwecktheorie als auch die hier vertretene funktionale Unterordnung der Tätigkeit sehr zweifelhaft. Andererseits haben die betreffenden Vereine aber idR auch Amateurabteilungen von beträchtlichem Umfang. Es ist deshalb vorgeschlagen worden, daß bei Vorliegen bestimmter wirtschaftlicher Kriterien der Vorstand verpflichtet sei, die betreffende Abteilung wegen Überwiegens des wirtschaftliches Zwecks auszugliedern und dafür eine andere Rechtsform, zB AG oder GmbH, zu schaffen (so KNAUTH, Rechtsformverfehlung [1979] insbes 153 ff; ders JZ 1978, 339 ff). Dieser Vorschlag ist erwägenswert, doch bestehen dagegen auch erhebliche Bedenken (vgl zu diesen K SCHMIDT AcP 182, 29). Ein Problem dabei ist zB, ob der Ab- oder Aufstieg mit seinen erheblichen wirtschaftlichen Auswirkungen jeweils zu Rechtsformänderungen führen soll. Bei Aktiengesellschaften würde sich das Problem der „Sacheinlagen" in Form von Berufsspielern stellen (vgl KNAUTH 168 ff). Eine angemessene Lösung des Problems kann daher weder über die Registergerichte bei Eintragung noch über die für die Entziehung der Rechtsfähigkeit nach § 43 zuständigen Behörden erwartet werden. Sie sind mit dem Problem schlicht überfordert. Will man es ernsthaft angreifen, so bleibt nur der Weg über die Gesetzgebung, die dann nicht nur die Sportvereine, sondern auch andere Großvereine erfassen müßte. Vgl aus der umfangreichen Lit zur Problematik des Bundesliga-Fußballs KEBEKUS, Alternativen zur Rechtsform des Idealvereins im bundesdeutschen Lizenzfußball (Diss Berlin 1991) mwN; REUTER, Probleme der Transferentschädigung im Fußballsport, NJW 1983, 649.

4. Einzelfälle aus der Rechtsprechung

16 Aufgrund der verschiedenen *Auslegungsansätze* zu den §§ 21, 22 sind auch Einzelentscheidungen zu problematischen Fällen recht unterschiedlich ausgefallen. Im folgenden wird eine Auswahl dargestellt, wobei eine Stellungnahme oft nicht möglich ist, da die Sachverhalte nicht voll erkennbar sind.

2. Titel. Juristische Personen. § 21
I. Vereine 16

a) Verein zur unentgeltlichen Vermittlung verbilligten **Wareneinkaufs**: Idealverein (LG Traunstein MDR 1962, 734); entgeltliche Vermittlung durch *Einkaufszentrale für Gewerkschaftsmitglieder*: Wirtschaftlicher Verein (AG Alzenau BB 1961, 7).

b) Verein zum Betrieb einer **Schauspielbühne**: Idealverein (AG Stuttgart Betrieb 1964, 1735).

c) Verein zum entgeltlichen Betrieb eines **Skischleppliftes** und einer Seilbahn mit Gewinnbeteiligung der Mitglieder: Wirtschaftlicher Verein (OLG Stuttgart OLGZ 1971, 465).

d) Verein zur Bewirtschaftung einer **Werkskantine**, deren Vorteile allein den Betriebsangehörigen zugute kommen: Idealverein (BayObLGZ 1973, 303).

e) **Werbegemeinschaft**, die Werbung für die Betriebe der Mitglieder beabsichtigt: Wirtschaftlicher Verein (BayObLG Rpfleger 1977, 20).

f) Verein „**Technische Prüf- und Vertriebsstelle des Schornsteinfegerhandwerks**": Wirtschaftlicher Verein (LG Oldenburg Rpfleger 1978, 371).

g) **Kreditreform-Vereine** uä, welche ihre Mitglieder durch Auskünfte über kreditbeanspruchende Kunden sowie durch Eintreibung von Außenständen unterstützen. OLG Stuttgart (OLGE 1, 15): Idealverein (nach PLANCKS Auslegung), weil kein auf Produktion oder Umsatz gerichteter Geschäftsbetrieb. Hier ist der Begriff des Geschäftsbetriebes zu eng gefaßt. Ähnlich OLG München (JFG 20, 61): Idealverein (da Inkassobüro und Kreditvermittlung nicht Hauptzweck) (mE eine sehr problematische Entscheidung!); ähnlich LG Hamburg JW 1937, 1730 Nr 26. Abw haben das LG Köln (DJZ 1900, 120) und das LG Hamburg (Hans RGZ Beibl 1900, 87) solche Vereine für wirtschaftliche erklärt. Dies ist mE im Zweifel die richtige Entscheidung.

h) **Darlehens- und Rentenvereine**, welche Darlehen an Mitglieder und Unterstützungen an deren Hinterbliebene zahlen, werden überwiegend als wirtschaftlich angesehen. Vgl LG Darmstadt (HessRspr 1900, 4); LG München I (ZBlFG 1, 704); vor allem RGZ 154, 343 (abw LG Stuttgart WürttZ 1900, 166).

i) **Verein zur Förderung christlicher Gesinnung** durch Herstellung und Verbreitung christlicher Literatur. OLG Hamburg (OLGE 14, 6): wirtschaftlicher Verein (nach PLANCKS Auffassung). Anders (mE richtig) KG OLGE 9, 17 für einen ähnlichen Fall.

j) **Haus- und Grundbesitzerverein**: Idealverein RGZ 88, 334. Abw (da wirtschaftliche Förderung bezweckend) LG Essen in einer älteren Entscheidung (ZBlFG 1, 440).

k) **Arbeitgeberverbände, Preis- und Konditionenkartelle**: Idealverein RGZ 85, 256 (Arbeitgeberverband); RGZ 95, 91 (Preis- und Konditionenkartell). Abw LG München I (SeuffBl 70, 335) für Verein von Mineralwasserfabrikanten wegen Vorhandenseins eines Betriebsfonds (mE verfehlt); LG Stuttgart (WürttZ 1901, 219) für einen

Arbeitgeberverband, der seine Mitglieder gegenüber Ausfällen durch Streiks mit Geld und Arbeitskräften unterstützte (mE verfehlt).

l)   **Kassenärztliche Vereinigung**: Idealverein RGZ 83, 231 (mit Rücksicht darauf, daß der Verband im wesentlichen nur die Verträge mit den Krankenkassen vermittle). Zweifelnd: RG SeuffA 84 Nr 135 (bei einem Verein, der auch die Honorare der Kassenärzte einzog und nach eigenen, sozialen Gesichtspunkten verteilte, sich dadurch einer „Erwerbsgenossenschaft" näherte).

m)   **Sterbeunterstützungsverein**, der in Zusammenarbeit mit einer Versicherungsgesellschaft seinen Mitgliedern eine verbilligte Versicherung vermittelt, ist wirtschaftlich (RGZ 154, 343).

n)   **Gewinnsparverein**, der Spargelder einnimmt und die Gewinne auslost, ist wirtschaftlich (LG Stuttgart NJW 1952, 1139 = JR 1953, 65 = BB 1952, 702).

o)   **Wohnungsbauverein**, der uneigennützige Heimbeschaffung für sozialbedürftige Familien bezweckt, ist Idealverein (BayObLGZ 1953, 309).

p)   **Verkehrsverein** zur Förderung des Fremdenverkehrs und zur **Vermittlung von Unterkünften für Feriengäste**: Wirtschaftlicher Verein (OLG Celle Rpfleger 1992, 66).

q)   **Ärztliche Verrechnungsstelle**: Wirtschaftlicher Verein (LG Hagen Rpfleger 1959, 348, unter Ablehnung des Nebenzweckprivilegs); ebenso Abrechnungsstelle für Physiotherapeuten, da Ausgliederung unternehmerischer Hilfstätigkeiten (KG OLGZ 1979, 279, 281).

r)   **Betriebsarztzentren**: Nicht wirtschaftliche Vereine (OLG Oldenburg NJW 1976, 374 LS).

s)   **Funkzentrale einer Taxivereinigung**: Wirtschaftlicher Verein (BGHZ 45, 395; OLG Frankfurt Rpfleger 1966, 176).

t)   **Mähdreschgemeinschaft**: Wirtschaftlicher Verein (LG Lübeck SchlHAnz 1962, 102).

u)   **Lohnsteuerhilfevereine**, dh Vereinigungen von Arbeitnehmern, die den Mitgliedern in Lohnsteuersachen Beratung und Hilfe gewähren, sind in der Rspr verschieden beurteilt worden: OLG Stuttgart OLGZ 1967, 475: wirtschaftlicher Verein; OLG Stuttgart OLGZ 1970, 416: nicht wirtschaftliche Vereine. Das dritte Gesetz zur Änderung des SteuerberatungsG v 24. 6. 1975 (BGBl I 1510), welches für derartige Vereine ein Anerkennungsverfahren durch die Finanzbehörden vorsieht (§§ 14 ff), geht nun davon aus, daß die Vereine vorher die Rechtsfähigkeit erworben haben (vgl Fassung des § 14). Daraus hat das OLG Celle NJW 1976, 197 mit Recht gefolgert, daß diese Vereine die Rechtsfähigkeit nach § 21 (also wie Idealvereine) erwerben können, da eine *zweimalige Prüfung* durch die Verwaltung – nach § 22 und nach dem SteuerberatungsG – vom Gesetzgeber *nicht gewollt* sein könne. Vgl dazu auch BGH NJW-RR 1989, 1515, wo zur Einordnung als Idealverein nicht direkt Stellung genommen wird.

v) **Betriebliche und überbetriebliche Unterstützungskassen:** nicht wirtschaftliche Vereine (LG Bonn Rpfleger 1991, 423, 424; vgl auch BayObLGZ 1975, 435, wo nicht wirtschaftlicher Charakter unterstellt wird).

w) **Verein zur gemeinsamen PKW-Nutzung aus Umweltschutzgründen:** nicht wirtschaftlich (LG Bremen Rpfleger 1992, 67: innerer Markt verneint).

x) **Verein zur Vermietung von Wohnungen und Garagen einer Wohnungseigentümergemeinschaft:** Wirtschaftlicher Verein (BayObLGZ 1985, 283, 284).

y) Die „**Scientology-Kirche**", eine Vereinigung, die sich als religiöse Gemeinschaft versteht, die auch an Nichtmitglieder Kurse und andere Dienstleistungen gegen erhebliche Entgelte anbietet und hieraus Gewinne erzielt, ist vom OLG Düsseldorf NJW 1983, 2574, 2575 den Wirtschaftsvereinen zugerechnet worden, weil sie eine „wesentlich wirtschaftliche Zielsetzung" in organisierter Form geschäftsmäßig verfolge. Dagegen LG Hamburg NJW 1988, 2617: Idealverein. Vgl dazu auch BVerwGE 61, 152; KOPP NJW 1989, 2497 und NJW 1990, 2669; vCAMPENHAUSEN NJW 1990, 887; GUBER NVwZ 1990, 40; K SCHMIDT NJW 1988, 2574.

z) Zum Problem der **Fußball-Bundesliga-Abteilungen** der **Sportvereine** s o Rn 14 f.

IV. Voraussetzung der Eintragung im einzelnen

Der nicht wirtschaftliche Verein erlangt die Rechtsfähigkeit durch die Eintragung in das Vereinsregister.

1. Bestehen des Vereins

Voraussetzung ist daher zunächst, daß bereits ein Verein besteht.

a) **Personenmehrheit**
Es wird also verlangt: *eine Mehrheit von Personen*, nach § 56 (nur Ordnungsvorschrift!) **mindestens 7**, eine zu einer Einheit rechtlich verbundene Personenmehrheit, korporative Verfassung und ein bestimmter gemeinsamer Vereinszweck. Einen bereits bestehenden Verein setzt nicht bloß § 21 für die Erlangung der Rechtsfähigkeit voraus, sondern auch § 59.

b) **Erlangung der Rechtsfähigkeit**
Der Bestand des Vereins ist in *doppelter Weise* denkbar: Erstens ein Verein wird gegründet **ohne** die **Absicht der Erlangung** der Rechtsfähigkeit. Später wird für den Verein die Eintragung erwirkt. Zweitens ein Verein wird begründet nur **für** den **Fall der Erlangung** der Rechtsfähigkeit, und er soll nur als rechtsfähiger Verein bestehen. Ersterenfalls ist zur Erlangung der Rechtsfähigkeit eine Satzungsänderung erforderlich (§ 57). Im zweiten Falle wurde ein Verein begründet unter dem Vorbehalt der Auflösung für den Fall der Nichterlangung der Rechtsfähigkeit. An sich könnten die Erklärungen der Personen, welche sich über die Gründung eines rechtsfähigen Vereins einigen und eine Satzung für einen solchen Verein vereinbaren, in doppeltem Sinne aufgefaßt werden, nämlich

erstens dahin, daß die Beteiligten gemeinsam und auf gemeinsame Kosten diejenigen Schritte unternehmen wollen, welche zur Erlangung der Rechtsfähigkeit für einen zu gründenden Verein erforderlich sind. So gefaßt würden die Vereinbarungen den Abschluß eines *Gesellschaftsvertrages* iS des § 705 darstellen. An diesen Gesellschaftsvertrag würde sich außerdem eine gemeinsame Erklärung der Beteiligten dahin anschließen, der zu errichtenden Körperschaft als Mitglieder beitreten zu wollen. Das letztere wäre ein Vertrag in bezug auf die Gründung eines rechtsfähigen Vereins, aber selbst weder eine Vereinsgründung noch ein Gesellschaftsvertrag;

oder *zweitens* dahin, daß die Beteiligten sofort einen Verein gründen mit der Maßgabe, daß er aufgelöst werden soll, wenn die Rechtsfähigkeit nicht erlangt wird.

In diesem *letzteren Sinne* sind die der Begründung eines rechtsfähigen Vereins vorausgehenden Handlungen der Beteiligten aufzufassen. Denn das BGB verlangt zur Eintragung einen fertigen, organisierten Verein, dem auch für die auf Erwirkung der Rechtsfähigkeit gerichteten Rechtshandlungen, also Anmeldung, Empfangnahme von Zustellungen, Erhebung von Beschwerden gegen Beschlüsse des Vereinsgerichts (§§ 60, 62), schon vor der Eintragung Rechtsfähigkeit für das Verfahren (Parteifähigkeit) zuerkannt wird. Dazu ist ein schon **bestehender Verein**, nicht etwa bloß eine unter aufschiebender Bedingung erfolgte Vereinsgründung (falls eine solche überhaupt möglich sein sollte) erforderlich. Vgl RG JW 1904, 395 Nr 27, wo eine nach Gesellschaftsrecht zu beurteilende nichtrechtsfähige Vereinigung als im Vorstadium vor der Eintragung vorhanden angenommen wird. Auf den Verein in diesem Vorstadium der Rechtsfähigkeit sind § 54 und ferner die Bestimmungen des öffentlichen Vereinsrechts anwendbar.

2. Vereinsgründung

18 Die *Vereinsgründung* ist ein **Vertrag**, welcher durch Feststellung der Satzung (Festlegung von Zweck, Name, Sitz und Organisation des Vereins) den Verein ins Leben ruft und für die Gründer die mitgliedschaftlichen Rechte und Pflichten begründet. Wegen der Streitfrage über die sog Rechtsnatur der Gründung vgl § 25 Rn 15. Immer muß eine *Mehrheit von Beteiligten* vorhanden sein, welche die Satzung feststellt und sich darüber geeinigt hat, daß der Verein eingetragen werden soll; fehlt es an dieser für den Verein begrifflich erforderlichen Mehrheit von Gründern, so ist eine Vereinsgründung nicht vorhanden und fehlt damit die erste und wichtigste Voraussetzung der Eintragung.

3. Gültigkeit der Gründung

a) Geschäftsfähigkeit

19 Die *Geschäftsfähigkeit* der erforderlichen Mindestzahl der Gründer ist erforderlich.

Wäre die Behauptung richtig, daß die Vereinsgründung im Abschluß eines Gesellschaftsvertrages bestehen kann, so würde die Geschäftsunfähigkeit eines einzelnen – nicht gesetzlich vertretenen – Gründers nach Gesellschaftsregeln die Ungültigkeit der Vereinsgründung zur Folge haben müssen. Nach der wohl richtigeren Ansicht, welche durch die Vereinsgründung einen vor Eintragung *nichtrechtsfähigen Verein* entstehen läßt, ist diese Folge ausgeschlossen, da dem Verein die Veränderlichkeit der Mitgliedschaft wesentlich ist, daher der Wegfall einzelner Mitglieder, sofern nur noch die erforderliche Mindestzahl übrig bleibt, auf die Entstehung des Vereins keinen Einfluß hat. Für den Fall der beschränkten Geschäftsfähigkeit von Vereinsgründern kommen die Bestimmungen der §§ 107 ff (auch § 110) in Betracht.

b) **Einfluß von Willensmängeln**
Die früher hL ließ die **Anfechtung** der von einem Gründer abgegebenen Willenserklärung nach den allgemeinen Vorschriften über Rechtsgeschäfte zu, sofern es sich nicht um einen wirtschaftlichen Verein handelt. Sie lehrte aber, daß die Anfechtung regelmäßig für die Existenz des Vereins ohne Bedeutung sei, wenn nämlich die erforderliche Mindestzahl der Gründer auch nach der Anfechtung noch gegeben sei. Vgl zB ENNECCERUS/NIPPERDEY § 106 II. Ebenso wendete die früher hL die §§ 116 ff ohne Einschränkung auf die hier in Rede stehende Willenserklärung an.

In der neueren Rspr und Lit hat sich indessen die Ansicht durchgesetzt, daß es bei den Gesellschaften des BGB und des Handelsrechts notwendig sei, die *Folgen des Vorliegens von Nichtigkeits- und Anfechtungsgründen einzuschränken*, uz nicht nur mit Rücksicht auf die Gläubiger, sondern auch mit Rücksicht auf die gerechte Abwicklung der Innenbeziehungen unter den Beteiligten, sobald die betreffende Gesellschaft einmal in Vollzug gesetzt sei. Vgl dazu BGHZ 3, 285; 63, 344; STAUDINGER/DILCHER[12] Vorbem 35 zu § 116. Nachdem das RG diese Gedanken auch auf die bürgerlich-rechtliche Gesellschaft angewendet hat (DRW 1943, 801), erscheint es richtig, sie auch auf den Verein anzuwenden, uz sowohl auf den rechtsfähigen wie auf den nichtrechtsfähigen.

Auch für den *Verein* hat daher die Anfechtung der Willenserklärung eines Gründers, die bei der Gründung abgegeben ist, nur die Wirkung einer *Austrittserklärung*. Sie wirkt nicht zurück und beeinträchtigt die Existenz des Vereins als solche nicht, wenn der Verein bereits in Tätigkeit getreten war (ebenso HÜBNER Rn 128; SOERGEL/HADDING § 25 Rn 31; MünchKomm/REUTER Rn 53; REICHERT/DANNECKER Rn 75). Dabei ist noch darauf hinzuweisen, daß beim eingetragenen Verein die Eintragung selbst evtl Mängel des Gründungsvertrages heilen kann. Vgl dazu unten Rn 28.

4. **Verein nichtwirtschaftlicher Art**

Der *Zweck des Vereins* muß **erlaubt** sein.

Es muß sich ferner nach der Terminologie des § 21 um einen Verein handeln, „dessen Zweck nicht auf einen wirtschaftlichen Geschäftsbetrieb gerichtet ist". Zur Problematik und Auslegung dieses Merkmals s o Rn 4 ff. Nach der Zwecktheorie kommt es auf den nichtwirtschaftlichen Endzweck des Vereins an; nach der hier vertretenen Auslegung auf die an den Schutzzweck orientierte typologische Zuordnung. Erkenntnisquellen für die nichtwirtschaftliche Ausrichtung und geplante Betätigung des Vereins sind die Satzung und andere ausdrückliche Erklärungen der an der Gründung beteiligten Personen, ferner auch schlüssiges Handeln, aus denen sich zB der Schwerpunkt der Vereinstätigkeit ergibt. Vgl hierzu § 3 VereinsG; § 61 Rn 5; RG GA 45, 72 und 309; BayObLG MDR 1974, 342.

Diese Handlungen können insbes ergeben, daß der satzungsmäßige Vereinszweck aufgegeben oder verändert worden ist, oder zu ihm andere Vereinszwecke hinzugetreten sind. Erst recht kann natürlich eine *Satzungsänderung* dazu führen, daß ein Verein zum wirtschaftlichen Verein wird (OLG Stuttgart OLGZ 1971, 465).

Entscheidend für die Frage, auf welchen Zweck der Verein gerichtet ist, ist also zunächst der **Inhalt der Satzung**. Doch ist anzunehmen, daß das Gericht einem Verein, dessen Zweck nach der Satzung ein „idealer" ist, die *Eintragung versagen* kann, wenn es die Überzeugung gewinnt, daß der Zweck in Wahrheit auf einen *wirtschaftlichen Geschäftsbetrieb* gerichtet ist und die Satzung dies nur verschleiern soll. Denn wenn es nach § 43 Abs 2 möglich ist, einem Verein, der gesetzwidrig einen wirtschaftlichen Zweck verfolgt, die bereits erlangte Rechtsfähigkeit wieder zu entziehen, muß es erst recht möglich sein, ihm die noch nicht erlangte Rechtsfähigkeit durch Versagung der Eintragung zu verweigern. Wird das Registergericht des Widerspruchs zwischen der Satzung und dem in Wahrheit *von vornherein* angestrebten Zweck erst nach der Eintragung gewahr, so ist streitig, ob es die Eintragung gem §§ 159, 142 FGG *von Amts wegen löschen*; kann (vgl dazu § 43 Rn 7).

21 Eine eigentliche „**Beweislast**" (so OERTMANN Anm 1 a; vgl auch JANSEN, FGG [2. Aufl 1970] § 159 Rn 4) gibt es in der Frage, ob der Zweck eines Vereins auf einen wirtschaftlichen Geschäftsbetrieb gerichtet ist oder nicht, insofern *nicht*, als die *Voraussetzungen der Eintragung* bzw der staatlichen Verleihung vom Registergericht bzw von der verleihenden Behörde *von Amts wegen festzustellen* sind. Allerdings kann sowohl das Registergericht als auch die um die Verleihung angegangene Behörde, soweit Zweifel bestehen, vom Antragsteller die Beibringung der erforderlichen Unterlagen und Nachweise verlangen. Dabei ist zu beachten, daß nicht nur die Satzung, sondern auch die tatsächliche Betätigung des Vereins über seinen wirtschaftlichen oder idealen Charakter entscheidet (s oben Rn 20).

5. Formelle Voraussetzungen

22 Die wesentlichen formellen Voraussetzungen der Eintragung müssen gegeben sein.

Hierher gehört:

a) Die *Anmeldung des Vereins zur Eintragung* durch den Vorstand, also ein **Antrag auf Eintragung**; der Antrag kann nur vom „Vorstand" gestellt werden (s Erl zu § 59); er ist ungültig als Antrag eines dritten Nichtbevollmächtigten, sofern er nicht vom Vorstand genehmigt wird.

b) Die Vorlage einer dem § 57 Abs 1 entsprechenden **Satzung**, die mindestens den Zweck, Namen und Sitz des Vereins bezeichnen und ferner ergeben muß, daß der Verein eingetragen werden soll.

c) Die **Anmeldung bei dem zuständigen Gericht** (vgl Erl zu § 55).

6. Rechtsgestaltung

Sind die wesentlichen Voraussetzungen der Eintragung gewahrt, so begründet die Eintragung die Rechtsfähigkeit des Vereins. Damit ist gesagt: Ohne Eintragung ist die Rechtsfähigkeit nicht vorhanden, auch wenn sämtliche Voraussetzungen erfüllt sind. Die Eintragung wirkt insofern **konstitutiv**, sie ist ein *rechtsgestaltender Akt*.

7. Wirkung einer Eintragung trotz Fehlens wesentlicher Voraussetzungen

Die Rechtslage, die entsteht, wenn ein Verein vom Registerrichter bzw Rechtspfleger in das Vereinsregister eingetragen wird, obwohl wesentliche Voraussetzungen der Eintragung fehlen, ist umstritten (vgl MünchKomm/REUTER § 55 Rn 2; SOERGEL/HADDING Vorbem 5 zu § 55). Tatbestandsmäßig kann es sich dabei zB darum handeln, daß der Verein als Idealverein eingetragen wird, obwohl er ein *wirtschaftlicher Verein* ist, daß er als Verein eingetragen wird, obwohl es sich bei richtiger Würdigung um eine *Gesellschaft* handelt, daß der Verein in Wahrheit Ziele verfolgt, die ihn nach öffentlichem Vereinsrecht (Art 9 Abs 2 GG) als *verbotene Vereinigung* erscheinen lassen.

Zum Teil wurde früher die Auffassung vertreten, daß in diesem Fall die Eintragung **keine Rechtswirkung** entfalten kann. Dem eingetragenen Verein käme dann trotz der Eintragung *keine Rechtspersönlichkeit* zu. Ihr Fehlen könnte jederzeit geltend gemacht werden, zB als Inzidentfrage in einem Prozeß vor dem Prozeßrichter oder in einem Verfahren vor dem Grundbuchamt (vgl die Nachweise in STAUDINGER/COING[11] Rn 29).

Nach heute herrschender Auffassung wirkt die **Eintragung konstitutiv**, auch wenn wesentliche Eintragungsvoraussetzungen fehlen (vgl STEIN/JONAS/LEIPOLD, ZPO [20. Aufl 1978] § 50 Rn 41; PALANDT/HEINRICHS Rn 11; ENNECCERUS/NIPPERDEY § 107 VI 2; BGH NJW 1983, 993; BGH WM 1984, 977, 979; BGB-RGRK/STEFFEN Rn 13). Der *Verein besteht* daher, wenn er einmal eingetragen ist, *als juristische Person bis zur Löschung*. Die Löschung im Vereinsregister ist allerdings gem §§ 142, 159 FGG vorzunehmen, sobald die wahre Sach- und Rechtslage dem Registerrichter bzw Rechtspfleger bekannt wird (vgl auch Vorbem 7 zu §§ 55 ff). Zur Streitfrage, ob dies auch für den Fall gilt, daß der Verein im Widerspruch zur Satzung einen wirtschaftlichen Zweck verfolgt, vgl § 43 Rn 7. Erfolgt die Auflösung des Vereins durch die Verwaltung aufgrund des öffentlichen Vereinsrechts, so erfolgt die Löschung gem § 74.

Die Folge dieser zweiten Auffassung ist, daß der *Mangel* einer Eintragungsvoraussetzung *nicht inzidenter* vor dem Prozeßrichter oder in einem Verfahren vor dem Grundbuchamt geltend gemacht werden kann. Allein das Registergericht ist berufen, über die Richtigkeit der Eintragung zu entscheiden und ggf das Löschungsverfahren einzuleiten. Diese Auffassung führt also dazu, daß der Prozeßrichter bzw. der Grundbuchrichter die Rechtsfähigkeit eines eingetragenen Vereins *nicht nachprüfen* kann (vgl KG OLGE 22, 110; RGZ 81, 206). Beide Stellen sind darauf beschränkt, beim Registergericht die Einleitung des Löschungsverfahrens anzuregen. Abgesehen davon kann nur die Verwaltung die Rechtspersönlichkeit des Vereins angreifen, indem sie ihn ggf aufgrund des öffentlichen Rechts auflöst.

Die **Löschung** oder Auflösung führt zur *Liquidation* des Vereins bzw zu seiner Abwicklung durch den Fiskus nach §§ 45 ff, denn der Löschung kommt *keine Rückwirkung* zu, sie wirkt vielmehr wie die Entziehung der Rechtsfähigkeit, also nur für die Zukunft (vgl dazu des Näheren Erl zu § 41).

27 *Die herrschende Auffassung ist vorzuziehen.* Die Institutionen des eV und des *Vereinsregisters* sind geschaffen, um für den Rechtsverkehr klarzustellen, daß ein Verein mit juristischer Persönlichkeit existiert. Die Eintragung in das Register erfolgt erst, nachdem eine amtliche Prüfung der Voraussetzungen für die Eintragung vorgenommen ist. Daher muß sich der außenstehende *Dritte* auf die einmal vorgenommene Eintragung auch *verlassen* können. Wird der Verein, zB weil er verbotene Zwecke verfolgt, trotz der Eintragung als nichtig behandelt, so würde dem außenstehenden Dritten sowohl die Möglichkeit der Klage gegen den Verein genommen (keine Parteifähigkeit), wie auch der Zugriff auf das Vereinsvermögen verwehrt sein. – Die konstitutive Wirkung der Eintragung gilt auch für das Innenverhältnis zwischen Verein und Mitglieder (OLG Köln OLGZ 1977, 65, 66).

Ein weiterer Vorzug dieser Auffassung liegt darin, daß die Frage der Existenz des Vereins als juristische Person ausschließlich im **Löschungsverfahren** durch das Registergericht geprüft werden kann. Die Frage der Existenz des Vereins wird in diesem Verfahren *konzentriert*. Es wäre sonst möglich, daß in verschiedenen Prozessen oder Grundbuchverfahren verschiedene Entscheidungen über diese Frage ergehen. Damit entspricht die hier vertretene Auffassung auch dem allgemeinen Grundsatz, daß die Prozeßgerichte Akte der freiwilligen Gerichtsbarkeit nur auf ihre Nichtigkeit, nicht aber auch auf ihre Anfechtbarkeit hin prüfen dürfen (vgl HABSCHEID, FGG [7. Aufl 1983] § 25 I 3).

Schließlich ist auf die bereits oben (Rn 19) erörterte Lit und Rspr zu verweisen, die grundsätzlich die *rückwirkende Nichtigkeit* bzw Anfechtbarkeit einmal in Vollzug gesetzter Personenvereinigungen *vermeiden* will. Die zu dieser Frage vorgebrachten Argumente müssen um so schwerer wiegen, wenn es sich bei der fraglichen Vereinigung um einen Verein handelt, der nach amtlicher Prüfung als juristische Person in ein öffentliches Register eingetragen ist.

28 Die **konstitutive Wirkung** der Eintragung ist auch dann anzunehmen, wenn ein Verein eingetragen worden ist, der in Wahrheit unter die Bestimmung des Art 9 Abs 2 GG fällt und daher *verboten* ist. Zwar ist in solchen Fällen das Gründungsgeschäft nach § 134 (uU auch nach § 138) zivilrechtlich nichtig. Diese Nichtigkeit der Gründung wird jedoch durch die Eintragung *geheilt*. Art 9 Abs 2 GG steht dieser – vorläufigen – zivilrechtlichen Gültigkeit nicht entgegen, da die Vorschrift nur die *jederzeitige Unterdrückung* der verbotenen Vereinigung durch die öffentliche Gewalt sicherstellen will, nicht aber die durchgehende zivilrechtliche Nichtigkeit solcher Vereinigungen zum Verfassungsprinzip erhebt.

Die Unterdrückung der verbotenen Vereinigung wird aber durch die Eintragung nicht behindert, da die Verwaltung trotzdem den Verein ihrerseits auflösen oder beim Registergericht das Löschungsverfahren anregen kann.

Auch ein nach Art 9 Abs 2 GG verbotener, aber eingetragener Verein *existiert* also als Rechtsperson bis zur *Auflösung* durch Verwaltungsakt oder bis die Löschung nach §§ 142, 159 FGG erfolgt. Sein Vermögen wird alsdann nach den Vorschriften der §§ 45 ff abgewickelt (s Erl zu § 41 und Erl zu § 45).

Man wird annehmen müssen, daß, solange der Verein durch die Eintragung den **Rechtsschein der Rechtsfähigkeit** hat, auch jedem *Mitglied* gegenüber dem Verein ein materiellrechtlicher *Anspruch auf Anerkennung* seiner *Mitgliedschaft* zusteht, auch wenn der Vereinszweck ein verbotswidriger ist, wie zB bei einem Verein zur Pflege verbotenen Glücksspiels (ebenso RG SeuffA 77 Nr 16 = JW 1921, 1527; dagegen HEINSHEIMER ebenda; wie hier JOSEF JW 1922, 1000). Es besteht hier eine *Kollision* zwischen *zwei Rechtsprinzipien*: dem der vorläufigen rechtsgestaltenden Wirkung des Staatsaktes der Eintragung und dem der Nichtigkeit verbotswidriger oder sittenwidriger Geschäfte; eine Kollisionsnorm fehlt; mE muß aus rechtspolitischen Gründen das erste Prinzip den Vorrang haben, anderenfalls käme man zur Sinnlosigkeit eines Vereins ohne Mitglieder. **29**

8. Rechtsverstöße der Satzung

Die Satzung kann Verstöße gegen das Gesetz enthalten, welche der Gültigkeit der Eintragung im allgemeinen nicht entgegenstehen. Bestimmungen, die im Verhältnis zum Vereinszweck *unwesentlich* sind, bleiben unbeschadet der rechtsgestaltenden Wirkung der Eintragung *ungültig*, zB dem Gesetz widersprechende Bestimmungen über Austritt von Mitgliedern (OLG Stuttgart SeuffBl 76, 288). In diesen Fällen kann man von einer partiellen Wirkung der Eintragung sprechen. **30**

V. Das sog Identitätsproblem

1. Grundsätzliche Fragen

Wird ein bisher *nichtrechtsfähiger Verein* durch *Eintragung rechtsfähig*, so stellt sich die Frage, in welchem Verhältnis der frühere nichtrechtsfähige zu dem jetzt als juristische Person konstituierten eingetragenen Verein steht. Diese Frage kann sich in zwei verschiedenen Sachlagen stellen. Es kann sein, daß ein nichtrechtsfähiger Verein, der seit langem als solcher bestanden hat, beschließt, die Rechtsfähigkeit zu erwerben; es kann sich aber auch um einen rechtsfähigen Verein im Gründungsstadium handeln; im letzten Fall ist das Problem des **Vorvereins** gegeben, dh eines als rechtsfähig beabsichtigten Vereins, der sich noch im Gründungsstadium befindet, also zwar gegründet aber noch nicht eingetragen worden ist. In beiden Fällen ist zunächst ein nichtrechtsfähiger Verein gegeben, der dann die Rechtsfähigkeit erwirbt. **31**

Da auch für den Vorverein die Rechtsform des nichtrechtsfähigen Vereins zur Verfügung steht und dies auch eine angemessene Lösung bietet, stellt sich das im Recht der Handelsgesellschaften gegebene, schwierige und umstrittene Problem der inneren Organisation der *Vorgesellschaft* nicht (richtig SOERGEL/HADDING Vorbem 64 zu § 21). Der Vorverein lebt nach dem Recht des nichtrechtsfähigen Vereins. Im Gesellschaftsrecht wird *das Problem* von der Rspr neuerdings in der Richtung gelöst, daß schon die Vorgesellschaft eine „*societas sui generis*" darstellt, die in ihrer Einzelgestaltung möglichst derjenigen der angestrebten rechtsfähigen Gesellschaftsform angepaßt ist, also zB dem Recht der GmbH. Vgl dazu näher § 54 Rn 4 sowie FLUME, in: FS vCaemmerer (1978) 517 ff.

Die Fragen der Vorgesellschaften gehören dem Gesellschaftsrecht an und sind hier im einzelnen nicht näher zu behandeln (vgl dazu etwa K SCHMIDT, Gesellschaftsrechts[2] § 27 II 4 zur Vor-AG und § 34 III 3 zur Vor-GmbH; KRAFT, in: Kölner Kommentar zum AktG [2. Aufl 1988] § 41 Rn 18 ff; SCHOLZ/K SCHMIDT [7. Aufl 1986] § 11 GmbHG Rn 21 ff).

Die Frage des *Verhältnisses* des zunächst existierenden *nichtrechtsfähigen Vereins* zu dem *späteren eV* wird von der in Literatur und Rechtsprechung hM dahin beantwortet, daß **beide** als **identisch** anzusehen sind. Dies wird insbes daraus gefolgert, daß beide Organisationen körperschaftlich organisiert sind und grundsätzlich die gleichen Ziele verfolgen. Vgl MÜLLER-ERZBACH, Das private Recht der Mitgliedschaft (1948) 188 f. Dabei ist jedoch nicht nötig, daß die Zielsetzung in allen Details gleich ist. Instruktiv hierfür BGH WM 1978, 115. Zu der Grundauffassung vgl OLG Celle OLGE 20, 28; RG SeuffA 77 Nr 53; RGZ 85, 256; BayObLGZ 9, 287; BGHZ 17, 387; BGH WM 1978, 115; SOERGEL/HADDING Vorbem 71 f zu § 21; LARENZ, AT § 10 I c; ERMAN/H P WESTERMANN Rn 10; **aM** vTUHR, AT I 588; ENNECCERUS/ NIPPERDEY § 107 VII; HORN NJW 1964, 86.

2. Die Bedeutung der Identität

32 Das Problem der Identität umfaßt im wesentlichen *zwei Fragen*:

(1) Wie geht das Vermögen von dem nichtrechtsfähigen Verein auf den rechtsfähig gewordenen Verein über? Ist insbes Einzelübertragung nötig?

(2) Haftet der eingetragene Verein für die Schulden, die vorher für den nichtrechtsfähigen Verein entstanden sind? Können insbes die Vereinsorgane im Gründungsstadium schon Verbindlichkeiten mit Wirkung für den später zur Entstehung gelangenden rechtsfähigen Verein eingehen?

Hinsichtlich der ersten Frage ist davon auszugehen, daß die Körperschaft als solche schon vor der Eintragung besteht, uz als nichtrechtsfähiger Verein (sog **Vorverein**). Auch die Organe sind schon vorhanden, sowohl die Mitgliederversammlung wie der Vorstand. In der Regel wird auch bereits ein gewisses Vereinsvermögen vorhanden sein. Dieses Vermögen ist auch vor der Eintragung des Vereins bereits von dem Vermögen der einzelnen Mitglieder getrennt; es bildet ein den Vereinszwecken gewidmetes **Sondervermögen**, das allen Mitgliedern zu gesamter Hand zusteht (vgl dazu DREGGER 81). Es wäre daher ein unnötiger Formalismus und würde den Lebenstatsachen nicht entsprechen, wenn man verlangen würde, daß schon vorhandenes Vermögen im Wege der *Einzelübertragung* auf den rechtsfähigen Verein übertragen werden müßte. Es sei dabei noch darauf hingewiesen, daß auch das Gesetz davon ausgeht, daß der Verein schon vor der Eintragung existiert; dies ergibt sich aus der Fassung des § 21, wonach der Verein die Rechtsfähigkeit auf dem in § 21 angegebenen Wege erlangt. Es ist daher davon auszugehen, daß das im Gründungsstadium vorhandene Vermögen mit der Eintragung ipso iure auf den rechtsfähigen Verein übergeht (BGHZ 17, 385, 387; BGH WM 1978, 115, 116). Eine *Rechtsübertragung findet nicht statt*; ja es liegt im eigentlichen Sinne keine Rechtsnachfolge vor.

Was die Frage der **Haftung für Verbindlichkeiten** angeht, welche im Gründungsstadium vor der Eintragung entstanden sind, so könnten hier die *Interessen* derjenigen *Gläubiger* entgegenstehen, welche nach der Eintragung Gläubiger des eingetragenen Vereins werden. Allein genauere Betrachtung zeigt, daß die Rücksicht auf diese späteren Vereinsgläubiger es nicht notwendig macht, die Haftung des rechtsfähigen Vereins für die Verbindlichkeiten aus der Gründungszeit auszuschließen. Beim Verein wird im Gegensatz zu den Kapitalgesellschaften kein Haftungsvermögen gebildet, das der Sicherung der Gläubiger dienen soll (vgl Vorbem 47 zu §§ 21 ff). Es ist daher auch kein Interesse der Vereinsgläubiger anzuerkennen, daß eine bestimmte Haftungssumme bei Beginn der Vereinstätigkeit unbelastet vorhanden ist. Aus diesem Grunde bestehen keine Bedenken, daß auch die Verbindlichkeiten, die für den Verein im Gründungsstadium eingegangen worden sind, ohne weiteres auf den nunmehr rechtsfähigen Verein übergehen (vgl dazu DREGGER 37; BGHZ 80, 129, 140 für GmbH).

Das sog **„Vorbelastungsverbot"**, welches bei Kapitalgesellschaften entwickelt worden war, um sicherzustellen, daß der juristischen Person bei Erlangung der Rechtsfähigkeit das Haftungskapital unbelastet zur Verfügung steht, ist von der Rspr inzwischen ausdrücklich für die Kapitalgesellschaften aufgegeben worden (vgl BGHZ 80, 129, 133 ff). Darauf, ob die von diesen eingegangenen Verpflichtungen wirtschaftlich notwendig für die Entstehung waren, kommt es also nicht an. Es war auch nach früher hL nicht auf den Vorverein anzuwenden. Infolgedessen haftet für die Schulden des Vorvereins zunächst dieser nach den Grundsätzen der Haftung beim nichtrechtsfähigen Verein, also beschränkt (vgl § 54 Rn 52), danach der rechtsfähig gewordene Verein mit dem auf ihn übergegangenen Vermögen. Abw MünchKomm/REUTER Rn 70 (für analoge Übertragung der für die GmbH entwickelten Differenzhaftung auf die Gründer des Vereins für den Fall der Überschuldung des Vereins). Dazu SOERGEL/HADDING Vorbem 74 zu § 21. **33**

Verfolgt der Vorverein allerdings *erwerbswirtschaftliche Ziele*, indem er ein vollkaufmännisches Gewerbe betreibt, so tritt unbeschränkte Haftung der Mitglieder nach § 128 HGB ein, wie dies für den nichtrechtsfähigen Verein im gleichen Falle gilt (vgl im einzelnen § 54 Rn 54. HM, vgl MünchKomm/REUTER Rn 86; SOERGEL/HADDING Vorbem 67 zu § 21; K SCHMIDT, Zur Stellung der OHG im System der Handelsgesellschaften [1972] 234). Diese *Haftung endet* allerdings, wenn der Verein die Rechtsfähigkeit nach § 22 erlangt (richtig K SCHMIDT aaO). Zur Haftung der Personen, die für einen Vorverein *handeln*, vgl § 54 Rn 57 und insbes Rn 70. **34**

VI. Bezirksgruppen, Sektionen, Verbände

Vereine mit großen Mitgliederzahlen sind häufig in Untergliederungen, wie *Bezirks- und Orts-Organisationen*, gegliedert, so zB viele Gewerkschaften und Parteien. **35**

Handelt es sich dabei um einen nichtrechtsfähigen Verein, so kann sich die Frage stellen, ob die Untergliederungen **unselbständige Teilorganisationen des Vereins oder selbständige nichtrechtsfähige Vereine** sind. Die gesetzliche Regelung in §§ 21 ff läßt beide Möglichkeiten offen.

Das Problem ist schon früh bei *Gewerkschaften* aufgetaucht, uz im Zusammenhang mit der Frage, ob der Gesamtverband oder der jeweilige Bezirksverband Vertragspartner von Tarifverträgen mit örtlicher Geltung sei (vgl RGZ 73, 92; 118, 196; RG JW 1927, 2363). Neuere Untersuchungen der Problematik bei KÖNIG, Der Verein im Verein (1992); SCHAIBLE, Der Gesamtverein und seine vereinsmäßig organisierten Untergliederungen (1992).

Das **RG** hat in diesen Entscheidungen für die Annahme eines selbständigen nichtrechtsfähigen Vereins als *maßgebend* angesehen, daß die Untergliederung einen *eigenen Aufgabenbereich* neben dem des Gesamtverbandes und eine *körperschaftliche Organisation* zur Wahrnehmung dieser Aufgaben (zB gewählter Beirat, eigene Mitgliederversammlung, eigene Beiträge) besitzt, daß sie *„eigene Interessen* nach eigenen Beschlüssen *regeln* und nach *außen* hin *wahrnehmen"* kann (so RGZ 118, 199; 73, 96; vgl auch RAGE 6, 258; BAG AP Nr 25 zu § 11 ArbGG). Als *nicht maßgebend* sind angesehen worden: das Fehlen einer eigenen Satzung (RG JW 1927, 2363; RAGE 6, 258); die automatische Doppelmitgliedschaft in Gesamtverein und lokalem Verein (RGZ 73, 97); dagegen würde völlige *Weisungsgebundenheit* der örtlichen Amtsträger und das Fehlen besonderer und in eigener Verantwortung wahrzunehmender Aufgaben nach diesen Kriterien die Annahme eines selbständigen nichtrechtsfähigen Vereins bei einer Untergliederung ausschließen (vgl RG Recht 1928 Nr 1802).

An diese Rspr des RG lehnt sich die neuere Rspr weitgehend an. Auch der **BGH** sieht als entscheidend für die Selbständigkeit der Untergliederungen an, ob sie „auf Dauer nach außen Aufgaben im eigenen Namen durch eine eigene, dafür handlungsfähige Organisation" wahrnehmen; nicht erforderlich sei die Festlegung von Zweck und Organisation der Untergliederung in einer von dieser beschlossenen Satzung (BGHZ 90, 331, 333 f). Vgl zur neueren Rspr ferner BGHZ 89, 153 (Stamm eines Pfadfindervereins); BGHZ 73, 257, 278: Landesverband der SPD; BGH LM § 50 ZPO Nr 23; OLG Bamberg NJW 1983, 895 (Ortsverband der CSU); KG OLGZ 1983, 272; BAG AP 1964 Nr 5 zu § 36 ZPO (Bezirksleitungen der IG Metall); BVerfG NJW 1991, 2623 (2625 f) zur freiwilligen Einschränkung der Selbstbestimmung von Teilgliederungen einer Religionsgemeinschaft.

Die **Mitgliedschaft** im Verhältnis von örtlichen Unterverbänden und Gesamtverein kann verschieden geregelt sein.

Es kann eine *Doppelmitgliedschaft* gegeben sein: die einzelnen Mitglieder gehören sowohl dem Gesamtverein wie dem örtlichen Verein an. Dies hat das RG in den oben angeführten Entscheidungen für die Gewerkschaften angenommen; entsprechend wohl auch im Pfadfinderfall BGHZ 89, 153, 155 f. Wer dann über die Aufnahme entscheidet, bestimmen die betreffenden Satzungen. Vgl zur Doppelmitgliedschaft auch REICHERT/DANNECKER Rn 494 ff.

Die Mitgliedschaftsfrage kann aber auch dahin geregelt sein, daß dem Verband nur *einzelne Vereine als Mitglieder* angehören (Vereinsverband); dann sind die Mitglieder der Einzelvereine nicht ohne weiteres auch Mitglieder des Gesamtverbandes; vielmehr bedarf es dazu besonderer Satzungsbestimmungen bei Gesamt- und GliedVerein (vgl BGHZ 28, 131). Diese Frage ist insbes im Zusammenhang mit der Verbandsgerichtsbarkeit wichtig. Vgl § 35 Rn 43.

36 Verbände (Großvereine) sind entweder einheitlich organisierte mitgliederstarke Ver-

2. Titel. Juristische Personen. § 22
I. Vereine

eine oder Vereine, die selbständige Vereine als Mitglieder haben, diese für bestimmte Zwecke zusammenfassen und für sie gemeinsame Aufgaben wahren, sog *Dachorganisationen*, Vereinsverbände, zB DFB. Ein Verein, der nur wenige natürliche Personen zu Mitgliedern hat, darf die Bezeichnung Verband nicht in seinem Namen aufnehmen; dies würde irreführend sein (BayObLGZ 1974, 299, betr Verein mit 26 Mitgliedern).

Verbände können als *rechtsfähige* oder als *nichtrechtsfähige Vereine* organisiert sein.

Selbständige Vereine, die einem Vereinsverband angehören, können mit dessen Zustimmung den *Namen* und die *Embleme des Gesamtverbandes* in ihren Namen aufnehmen. Dieses Recht entfällt jedoch, wenn der betreffende Einzelverein aus dem Verband ausscheidet (BGH GRUR 1976, 644, betr Kyffhäuser-Bund).

Es wird zT die Auffassung vertreten, daß der *Gerichtsstand* des § 22 ZPO bei **Mitgliedschaftsklagen** für mitgliederstarke und überregionale Großverbände kraft restriktiver Auslegung nicht gälte, sondern für diese vielmehr der Sitz ihrer örtlichen Verwaltung maßgebend sei. So SCHRADER MDR 1976, 725; LG Frankfurt NJW 1977, 538 mwN. Dagegen – mE angesichts des klaren Gesetzestextes mit Recht – DÜTZ Betrieb 1977, 2217.

§ 22

Ein Verein, dessen Zweck auf einen wirtschaftlichen Geschäftsbetrieb gerichtet ist, erlangt in Ermangelung besonderer reichsgesetzlicher Vorschriften Rechtsfähigkeit durch staatliche Verleihung. Die Verleihung steht dem Bundesstaate zu, in dessen Gebiete der Verein seinen Sitz hat.

Materialien: E II § 23; III § 21; Mot I 78 ff; Prot I 476 ff, 538, 578 ff; JAKOBS/SCHUBERT, AT I 142, 153 ff.

Schrifttum

HORNUNG, Der wirtschaftliche Verein nach § 22 BGB (Diss Göttingen 1972)
KNAUTH, Die Rechtsformverfehlung bei eingetragenen Vereinen mit wirtschaftlichem Geschäftsbetrieb (Diss Köln 1976)
ders, Die Ermittlung des Hauptzwecks bei eingetragenen Vereinen, JZ 1978, 339
REUTER, Rechtliche Grenzen ausgegliederter Wirtschaftstätigkeit von Idealvereinen, ZIP 1984, 1052
K SCHMIDT, Anspruch auf Verleihung der Rechtsfähigkeit an einen wirtschaftlichen Verein?, BB 1974, 254

ders, Der Subsidiaritätsgrundsatz im vereinsrechtlichen Konzessionssystem, NJW 1979, 2239
SCHULZE, Mitgliedsausschuß aus einem wirtschaftlichen Verein am Beispiel der GEMA, NJW 1991, 3264
SCHWIERKUS, Der rechtsfähige ideelle und wirtschaftliche Verein (§§ 21, 22 BGB) (Diss Berlin 1981).

S ferner Schrifttum bei Vorbem zu § 21 und bei § 21.

1 **1.** Über den Begriff des Vereins, „dessen Zweck auf einen *wirtschaftlichen Geschäftsbetrieb* gerichtet ist", vgl § 21 Rn 5 ff.

2 **2.** Wirtschaftliche Vereine erlangen Rechtsfähigkeit durch staatliche Verleihung **„in Ermangelung besonderer reichsgesetzlicher Vorschriften"**. Für die im Verkehr wichtigsten wirtschaftlichen Vereinigungen sind durch die Reichsgesetzgebung (jetzt Bundesgesetzgebung) *besondere Rechtsnormen* ausgebildet. Hierher gehören AG, Genossenschaft (vgl dazu die wichtige Entscheidung RGZ 133, 171), GmbH und VVaG (vgl ferner u Rn 11). Andererseits ist eine Anzahl wirtschaftlicher Vereinigungen durch den Vorbehalt des Art 82 EGBGB der landesrechtlichen Regelung überlassen.

3 **3.** Während „ideale" Vereine gem § 21 durch die Erfüllung der gesetzlichen Vorbedingungen auf die Eintragung und damit auf Erlangung der Rechtsfähigkeit einen Anspruch haben, kommt den wirtschaftlichen Vereinen, die unter § 22 fallen, *kein Anspruch auf staatliche Verleihung der Rechtsfähigkeit* zu. Vielmehr besteht nur ein **Anspruch auf** ein **fehlerfrei ausgeübtes Ermessen** (BWVGH JR 1974, 242; KNITTEL Betrieb 1965, 243; abw GÖBEL Betrieb 1964, 139; DOBROSCHKE Betrieb 1966, 1717; HORNUNG 125).

Dabei muß die *Verwaltungsbehörde prüfen*, ob der Vereinigung, welche die Verleihung beantragt, nach ihrer Eigenart zuzumuten ist, sich einer der vorhandenen *Formen der Kapitalgesellschaft* oder der Genossenschaft zu bedienen (vgl dazu OVG Lüneburg GewArch 1976, 377, 378). Die abstrakte Möglichkeit, eine dieser Formen zu benutzen, genügt nicht, um den Antrag auf Verleihung abzuweisen (BWVGH JR 1974, 242). In diesem Sinne ist die Verleihung der Rechtsfähigkeit nach § 22 der Erlangung der Rechtsfähigkeit nach den Normativbedingungen der Spezialgesetze *subsidiär* (vgl K SCHMIDT BB 1974, 255). Eine Ermessensentscheidung über die Verleihung der Rechtsfähigkeit setzt also voraus, daß der Vereinszweck überhaupt unter § 22 fällt, daß einschlägige bundesrechtliche Vorschriften nicht bestehen oder deren Einhaltung der antragstellenden Vereinigung wegen der besonderen Umstände des Einzelfalls nicht zugemutet werden kann (BVerwG NJW 1979, 2261). – Zum Subsidiaritätsproblem s auch BVerwG NJW 1979, 2265; K SCHMIDT NJW 1979, 2239; BGHZ 85, 84, 89.

4 Das BGB stellt nur *negativ* fest, daß andere als wirtschaftliche inländische Vereine durch staatliche Verleihung die Rechtsfähigkeit nicht erlangen können. Die *Bedingungen festzusetzen*, unter welchen im übrigen wirtschaftliche Vereine durch staatliche Verleihung die **Rechtsfähigkeit** erlangen, ist nach § 22 **Sache des Landesrechts.**

Das Landesrecht hat insbes die Zuständigkeit, das Verfahren und die weiteren materiellen Voraussetzungen der staatlichen Verleihung **festzustellen.**

5 **4.** Bestritten ist, ob die Verleihung, da das *Verfahren* dem Landesrecht anheim gestellt ist, bloß durch *individuellen Akt* für den einzelnen Verein oder auch durch **generellen Akt** für ganze Gruppen von Vereinen gegenüber bestehenden Vereinen und auch gegenüber zukünftig sich bildenden erfolgen kann. Man wird es für zulässig erachten müssen mit PLANCK/KNOKE Anm 3; SOERGEL/HADDING Rn 55; OERTMANN Anm 2, daß die Behörde durch eine Allgemeinverfügung einer ganzen *Gruppe von bestehenden Vereinen* die Rechtsfähigkeit verleiht. Das ist nur eine verwaltungstechnische Vereinfachung des Verfahrens, die nicht ausschließt, daß nachträglich in konkreten Fällen eine Einzelprüfung stattfindet. Dagegen dürfte es entsprechend dem Zweck des Verleihungsprinzips unzulässig sein, auch noch nicht bestehenden Vereinen für den Fall ihrer Bildung generell die Rechtsfähigkeit zuzusprechen (so auch BGB-RGRK/STEFFEN Rn 3).

5. Die Verleihung der Rechtsfähigkeit kann unter *Auflagen* erfolgen, welche den Interessen des allgemeinen Rechtsverkehrs und den Gesichtspunkten des Gemeinwohls Rechnung tragen; abw GÖBEL Betrieb 1964, 139 unter mE unrichtiger Berufung auf Art 9 GG. Zu dieser Frage s K SCHMIDT BB 1974, 257. **6**

6. Bei staatlicher Verleihung können über die **Verfassung** der betreffenden rechtsfähigen Vereine **7**

a) die *Landesgesetze* Bestimmungen treffen (Art 82 EGBGB); soweit dies aber nicht der Fall ist, kommen

b) die *bundesrechtlichen Normen* zur Anwendung (vgl Erl STAUDINGER/WINKLER[12] zu Art 82 EGBGB). Dies ergibt sich aus § 25, der sich nicht bloß auf eingetragene, sondern auch auf konzessionierte Vereine bezieht. Die §§ 26−57 kommen zur Anwendung, soweit nicht durch die Landesgesetzgebung einzelne dieser allgemeinen Bestimmungen ausgeschlossen sind, ebenso § 160 FGG (KEIDEL/KUNTZE/WINKLER, Freiwillige Gerichtsbarkeit, Teil A [12. Aufl 1987] § 159 Rn 9, § 160 Rn 3).

c) Dagegen kann das Landesrecht für die konzessionierten Vereine nicht etwa jede Verfassung *ausschließen*, da eine bestimmte Organisation zivilrechtlich überhaupt zur Annahme eines *Vereins* gehört und nur ein wirklicher Verein durch staatliche Verleihung gem § 22 rechtsfähig werden kann. Ebenso ist die Notwendigkeit eines bestimmten Zweckes, nämlich des wirtschaftlichen, selbstverständlich.

7. Zuständig für die **Verleihung** der Rechtsfähigkeit ist in:

Baden-Württemberg: Regierungspräsidium (§ 1 AGBGB v 26.11.1974, GBl 498); **8**

Bayern: Staatsministerium für Wirtschaft und Verkehr (Art 2 Abs 1 bayer AG BGB v 20.9.1982, GVBl 803);

Berlin: Senator für Justiz (Geschäftsverteilung des Senats vom 24.9.1981, Abschn IX Nr 22, Abl I 1831);

Bremen (und Bremerhaven): Senator für Inneres (§ 2 AGBGB v 18.7.1899, GBl 61; 2. G zur Einführung bremischen Rechts in Bremerhaven v 6.7.1965, GBl 107);

Hamburg: Senat − Senatskanzlei (Ziff II der Anordnung zur Durchführung des BGB und des hamburg AG BGB v 23.6.1970, Amtl Anz 1073);

Hessen: In kreisfreien Städten und kreisangehörigen Gemeinden mit über 50 000 Einwohnern der Magistrat, im übrigen der Landrat als Behörde der Landesverwaltung (§ 1 Nr 1 hess AG BGB v 18.12.1984, GVBl I 344);

Niedersachsen: Regierungspräsident in Hannover, Präsidenten der Verwaltungsbezirke Braunschweig und Oldenburg (§ 1 Abs 1 nieders AG BGB v 4. 3. 1971, GVBl 73 idF v 14. 7. 1972, GVBl 387);

Nordrhein-Westfalen: Regierungspräsident (VO v 28. 4. 1970, GVBl 325);

Rheinland-Pfalz: Bezirksregierung (§ 1 VO v 20. 12. 1976, GVBl 319);

Saarland: Minister des Inneren (unterschiedliche Vorschriften in den Landesteilen, vgl REICHERT/DANNECKER [5. Aufl] Rn 209);

Schleswig-Holstein: Innenminister (§ 1 Abs 1 Nr 1 LandesVO zu Bestimmung der zust Behörden nach den §§ 22, 33, 43, 61, 71 BGB v 17. 12. 1971, GVBl 480);

Neue Bundesländer:

Brandenburg: Minister des Innern (§ 1 Verordnung zur Regelung von Zuständigkeiten auf dem Gebiet des Vereinswesens v 29. 4. 1994, GVBl II 318);

Mecklenburg-Vorpommern: Innenminister (§ 1 Nr 1 LandesVO v 26. 4. 1991, GVBl 148);

Sachsen: Regierungspräsidium (§ 1 Abs 1 Sächs AG Vereinsrecht v 26. 8. 1992, GVBl 416);

Sachsen-Anhalt: Bezirksregierungen (Beschluß der Landesregierung v 11. 2. 1992, MBl Nr 10/1992);

Thüringen: Innenministerium (im Benehmen mit dem Min f Wirtschaft und Technik) (§ 5 Abs 2 S 1 LandesVO v 12. 2. 1992, GVBl 66).

Vgl zu den Zuständigkeiten auch REICHERT/DANNECKER [5. Aufl] Rn 209; SOERGEL/HADDING Rn 48; K SCHMIDT, Verbandszweck (1984) 339.

9 8.   Betreibt der wirtschaftliche Verein ein **Handelsgewerbe**, so muß er sich nach Erhalt der Konzession nach § 22 in das *Handelsregister eintragen* lassen (vgl RG HRR 1936 Nr 812). Gibt er das Handelsgewerbe auf, so ist sogleich (schon vor Beendigung der Abwicklung, insbes des Sperrjahres) die Löschung herbeizuführen (RG aaO).

10 9.   Ein nichtrechtsfähiger Verein, der ein vollkaufmännisches Handelsgewerbe betreibt, ist dem Recht der *OHG* unterstellt (BGHZ 22, 240, 244).

11 10.   Wirtschaftliche Vereine besonderer Art sind vorgesehen im MarktstrukturG idF v 26. 9. 1990 (BGBl I 2135): *Erzeugergemeinschaften*, vgl § 3 Abs 1 Nr 4 – dazu BayObLG MDR 1974, 842; HORNUNG Rpfleger 1974, 339; **aM** PELHAK und WÜST AgrarR 1975, 161 – und im Bundeswaldgesetz §§ 16–20, 37, 38: *Forstbetriebsgemeinschaften, forstwirtschaftliche Vereinigungen*.

12 11.   *Wirtschaftliche Vereine*, denen *Rechtsfähigkeit verliehen* worden ist, sind zB die

GEMA (vgl SCHULZE NJW 1991, 3264) und andere Verwertungsgesellschaften, Vereinigungen zum Betrieb konfessioneller Schulen, Spar- und Darlehensvereine, Winter- und Lohnausgleichskasse des Berliner Baugewerbes, Gesellschaft zur Förderung der Norddeutschen Bekleidungsindustrie, Tierärztliche Verrechnungsstelle, Funkzentrale einer Taxivereinigung, Wohnbauvereine. Zusammenstellung der zwischen 1950 und 1969 konzessionierten Wirtschaftsvereine bei HORNUNG 128 ff. Vgl ferner die Beispiele bei § 21 Rn 16.

§ 23

Einem Vereine, der seinen Sitz nicht in einem Bundesstaate hat, kann in Ermangelung besonderer reichsgesetzlicher Vorschriften Rechtsfähigkeit durch Beschluß des Bundesrats verliehen werden.

Materialien: E III § 21; JAKOBS/SCHUBERT, AT I 142, 153 ff.

Schrifttum

BEITZKE, Anerkennung und Sitzverlegung von Gesellschaften und juristischen Personen im EWG-Bereich, ZHR 127 (1965) 1
GROSSFELD, Die Anerkennung der Rechtsfähigkeit juristischer Personen, RabelsZ 31 (1967) 1
ders, Die Sitztheorie des Internationalen Gesellschaftsrechts in der Europäischen Gemeinschaft, IPRax 1986, 145

JAEGER, Die kollisionsrechtliche, fremdenrechtliche und europarechtliche Stellung der Idealvereine und ihrer Mitglieder, aufgezeigt am deutschen und französischen Recht (1981)
PANTHEN, Der „Sitz"-Begriff im Internationalen Gesellschaftsrecht (Diss Mainz 1987)
VON DER SEIPEN, Zur Bestimmung des effektiven Verwaltungssitzes im internationalen Gesellschaftsrecht, IPRax 1986, 91.

1. Die **ursprüngliche Bedeutung** des § 23 lag darin, daß nach seinen Vorschriften Vereine, die in einem der deutschen Schutzgebiete oder in einem Bezirk der Konsulargerichtsbarkeit gebildet wurden, die *Rechtsfähigkeit für das innerdeutsche Gebiet erlangen* konnten. Nach Verlust der Schutzgebiete im Jahre 1918 beschränkte sich seine Bedeutung auf die Bezirke der *Konsulargerichtsbarkeit.* Eine solche bestand vor dem zweiten Weltkrieg noch in Äthiopien bis zu dessen Eroberung durch Italien, und in beschränktem Umfang in Ägypten. Vgl Gesetz über die Konsulargerichtsbarkeit v 25. 2. 1938 (RGBl II 83) nebst VO v 23. 5. 1938 (RGBl II 216). Diese Bestimmungen sind durch den Kriegszustand zwischen dem Deutschen Reich und Ägypten suspendiert und nach dem Kriege auch nicht wieder in Kraft gesetzt worden.

Damit war § 23 an sich *gegenstandslos* geworden. 1

2. Die Vorschrift wird jedoch jetzt auf **Vereine** bezogen, die ihren tatsächlichen **Verwaltungssitz im Ausland** haben. Sofern ein solcher Verein allerdings schon nach dem betreffenden ausländischen Recht rechtsfähig ist, genießt er nach deutschem IPR auch im Inland Rechtsfähigkeit (vgl Vorbem 61 zu §§ 21 ff). § 23 kommt also nur für 2 die seltenen Fälle in Betracht, daß der Verein nach dem ausländischen Recht seines Sitzlandes nicht rechtsfähig ist, aber die Rechtsfähigkeit in Deutschland anstrebt. Dann kann ihm nach der jetzt herrschenden Auslegung *Rechtsfähigkeit mit Wirkung für das Inland* erteilt werden (vgl KEGEL, Internationales Privatrecht [6. Aufl 1987] § 17 II 4; SOERGEL/HADDING Rn 1; MünchKomm/REUTER Rn 1).

3 3. Die *Zuständigkeit* des Bundesrates, von der § 23 ausgeht, ist durch Gesetz v 14. 2. 1934 (RGBl I 89) auf den Reichsminister des Innern übertragen worden; an seiner Stelle ist gem Art 129 Abs 1 S 1 GG der *Bundesminister des Innern* zuständig geworden. Vgl DERNEDDE DVBl 1951, 31; ferner Entscheidung der BReg v 17. 2. 1953 (BGBl I 43), betr den 1964 aufgehobenen Art 10 EGBGB.

4 4. *Vereine ausländischer Staatsangehöriger* mit tatsächlichem Verwaltungssitz *in Deutschland* müssen die Rechtsfähigkeit nach den Vorschriften des deutschen Rechts, also insbes §§ 21, 22, erwerben. Im öffentlichen Vereinsrecht unterliegen Ausländervereine z T besonderen Vorschriften (vgl § 14 VereinsG, §§ 19, 20 DVO VereinsG).

5 5. Das Erfordernis einer *besonderen gewerberechtlichen Genehmigung* für gewerbliche Betätigung ausländischer juristischer Personen ist mit der Aufhebung des § 12 GewO im Jahre 1984 entfallen.

6 6. Das EWG-Übereinkommen über die gegenseitige Anerkennung von Gesellschaften und juristischen Personen v 29. 2. 1968 (vgl deutsches Zustimmungsgesetz v 18. 5. 1972, BGBl II 369) ist mangels einer ausreichenden Zahl von Ratifizierungen bisher *nicht in Kraft* getreten.

§ 24

Als Sitz eines Vereins gilt, wenn nicht ein anderes bestimmt wird, der Ort, an welchem die Verwaltung geführt wird.

Materialien: E II § 23; III § 21; Mot I 77; Prot I 504; JAKOBS/SCHUBERT, AT I 142, 153 ff.

1 1. *E I enthielt keine Bestimmung* über den Sitz des Vereins. Mot I 77 erklären den an die menschlichen Lebensverhältnisse anknüpfenden Begriff des Wohnsitzes als auf juristische Personen nicht anwendbar, in Übereinstimmung mit der Auffassung des E I, wonach die juristische Person nur eine künstliche Rechtsfigur für den Vermögensverkehr sein sollte (Mot I 78). § 24 wurde in der jetzigen Fassung durch die *2. Komm* aufgenommen (Prot I 478, 504). Indessen hatten schon die Mot I 77 eingeräumt, „daß der juristischen Person allgemein ein Sitz zugeschrieben wird. Nach dem Vorbild des Wohnsitzes hat die juristische Person ihren Sitz an dem Ort, an welchem der *Mittelpunkt ihrer Verhältnisse und ihrer Tätigkeit* sich befindet". Der frühere § 19 Abs 1 S 2 ZPO (= der nunmehrige § 17 Abs 1 S 2 ZPO) schrieb in bezug auf den Sitz der juristischen Person vor: „Als *Sitz gilt*, wenn nicht ein Anderes erhellt, der Ort, *wo die Verwaltung geführt wird.*" Diese Bestimmung ist in § 24 nachgebildet worden.

2. Der Sitz eines Vereins wird zunächst durch die Satzung bestimmt, sog **statuta-** 2
rischer Sitz (auch „Rechtssitz" oder „Satzungssitz"). Die Satzung eines eV *muß* eine Bestimmung über den Sitz enthalten (§ 57).

Ob die Satzung den Sitz beliebig festlegen kann oder ob eine rein **fiktive Sitzbestim-** 3
mung, also die Bestimmung eines Ortes, zu dem der Verein keine sachliche Beziehung hat, unzulässig ist, ist bestritten. Für freie Wahl und Zulässigkeit eines fiktiven Sitzes die überwiegende Meinung in Lit und Rspr (RG JW 1918, 305; BayObLGZ 30, 102; SOERGEL/HADDING Rn 2; aA ENNECCERUS/NIPPERDEY § 108 II 2). Die neuere Lit macht jedoch die Einschränkung, daß die fiktive Sitzbestimmung *nicht rechtsmißbräuchlich* sein dürfe, und nähert sich damit der zweiten Auffassung an, vgl SOERGEL/HADDING Rn 2; PALANDT/HEINRICHS Rn 2; auch BayObLG NJW-RR 1988, 96: freie Wahl bis zur Grenze des Rechtsmißbrauchs. Mißbrauch wird zB dann angenommen, wenn der zum Sitz bestimmte Ort weit von den Wohnorten der Mitglieder entfernt ist und diese dadurch von den Mitgliederversammlungen ferngehalten werden (SOERGEL/HADDING Rn 2). ME ist die Bestimmung eines rein fiktiven Sitzes, für den kein sachlicher Grund vorliegt, stets rechtsmißbräuchlich. Für Erforderlichkeit eines sachlichen Anknüpfungspunktes auch MünchKomm/REUTER Rn 2. In jedem Fall kann nur ein inländischer Sitz gewählt werden. Nicht notwendig ist, daß der statutarische Sitz mit dem Ort, an dem die Verwaltung geführt wird, zusammenfällt.

3. Bei den wirtschaftlichen Vereinen des § 22 ist die Bestimmung des Sitzes eine 4
der *Grundlagen der Verleihung* der Rechtsfähigkeit. Das Landesrecht kann daher die Änderung des Sitzes von Genehmigungen abhängig machen.

4. § 24 stellt eine Regel für den Fall auf, daß in der Satzung der Sitz des Vereins 5
nicht festgelegt wird. Dies kann bei nichtrechtsfähigen Vereinen, uU auch bei Wirtschaftsvereinen der Fall sein. Dann gilt als Sitz der **Ort der Verwaltung**.

Dieser Ort kann *ständig* sein oder *wechseln*. Letzteres ist zB der Fall, wenn die Mitgliedschaft über ein größeres geographisches Gebiet zerstreut oder international ist. In solchen Fällen kann der Ort der Verwaltung periodisch aufgrund der Satzung oder aufgrund satzungsgemäßen Mitgliederbeschlusses wechseln. Damit wechselt auch der „*Sitz*" des Vereins, sofern der Ort der Verwaltung diesen bestimmt.

Der Ort, wo die Verwaltung geführt wird, ist da, wo der *Mittelpunkt* der den Verein betreffenden Tätigkeit derjenigen Organe ist, denen nach der Satzung die Verwaltung obliegt.

Unter „**Ort**" des Sitzes ist idR eine bestimmte politische *Gemeinde* zu verstehen (RGZ 59, 106, 109); jedoch kann auch ein *Gemeindeteil* als Sitz gewählt werden, wenn er einen eigenen Namen führt und dazu berechtigt ist (vgl BayObLGZ 1976, 21, 23; dazu ausf SOERGEL/HADDING Rn 1 sowie gutachtliche Stellungnahme des OLG Hamm Rpfleger 1977, 275). Nicht ausreichend ist die Bezeichnung des jeweiligen Wohnortes des 1. Vorsitzenden usw als Sitz (dazu näher SAUTER/SCHWEYER Rn 66).

6 5. Der statutarische Sitz des Vereins ist entscheidend für die *Zuständigkeit der Behörden* bezüglich der Eintragung der idealen Vereine, wie bezüglich der Verleihung der Rechtsfähigkeit an wirtschaftliche Vereine. Die *Veränderung des Sitzes* eines eingetragenen Vereins hat, sofern dieser in einem deutschen Bundesland bleibt, auf die Rechtsfähigkeit keinen Einfluß. Dagegen kann das Bundesland, welches die Rechtsfähigkeit einem wirtschaftlichen Verein verleiht, aufgrund der Verleihungsbedingungen die Rechtsfähigkeit widerrufen, wenn der Verein seinen Sitz in einem anderen Land nimmt. Das Bundesland, welches die Rechtsfähigkeit verleiht, kann überhaupt über den Sitz des Vereins Vorschriften aufstellen, insbes bestimmen, daß der Verein seinen Sitz am Amtssitz der beaufsichtigenden Behörde zu nehmen und zu behalten hat.

7 Wegen der *Zuständigkeit zur Eintragung* einer *Sitzveränderung* in das Vereinsregister vgl § 55 Rn 2.

8 6. Für die Bestimmung der Rechtsordnung, der ein Verein nach Internationalem Privatrecht untersteht, ist der Ort entscheidend, an dem seine *Hauptverwaltung tatsächlich geführt* wird (vgl Vorbem 61 zu §§ 21 ff mwN). Auf den statutarischen Sitz kommt es also nicht an (vgl BGHZ 25, 134; 43, 51). Nach dem gleichen Gesichtspunkt ist die Frage zu entscheiden, ob ein Verein als inländischer oder ausländischer anzusehen ist.

9 *Verlegt* ein Verein seinen Verwaltungssitz ins *Ausland*, so verliert er seine Rechtsfähigkeit nach deutschem Recht; er tritt in Liquidation (vgl BGHZ 25, 134; RGZ 88, 53). Ob er sie in dem neuen Sitzland behält bzw neu erwirbt, bestimmt sich nach dessen Recht. Das deutsche Recht erkennt dessen Entscheidung an. Ausnahmen können sich bei staatlichen Zwangseingriffen gegen eine juristische Person ergeben, die im Inland nicht anerkannt werden (vgl dazu BGHZ 25, 134, 144).

10 7. Ob ein Verein einen **mehrfachen** Sitz haben kann, ist umstritten.

Unzweifelhaft kann ein Verein einen vom tatsächlichen Verwaltungssitz verschiedenen statutarischen Sitz haben; dies wird auch durch die o Rn 3 vertretene Auffassung, daß ein rein fiktiver Sitz mißbräuchlich ist, nicht ausgeschlossen.

Fraglich ist dagegen, ob die Satzung *mehrere statutarische Sitze* vorsehen darf. Das Gesetz schweigt dazu – im Gegensatz zur ausdrücklichen Zulassung mehrerer Wohnsitze natürlicher Personen in § 7 Abs 2. Daraus kann man unterschiedliche Schlüsse ziehen (vgl Nachweise zum älteren Meinungsstand bei STAUDINGER/COING[11] Rn 5). Entscheidend sind jedoch nicht diese formalen Argumente, sondern die sachlichen Gründe. *Gegen* die Zulässigkeit spricht vor allem die Konsequenz mehrfacher Registerführung mit der Gefahr divergierender Eintragungen (SOERGEL/HADDING Rn 3; MünchKomm/REUTER Rn 3: OLG Hamburg MDR 1972, 417). Anderseits gab es während der Zeit der Teilung Deutschlands praktische Bedürfnisse und legitime Interessen, die *für* die Zulassung sprachen. Deshalb hatte sich in dieser Zeit die überwiegende Meinung bei grundsätzlicher Ablehnung mehrerer Sitze für die Zulässigkeit in derartigen teilungsbedingten Ausnahmefällen entschieden (SOERGEL/HADDING Rn 3; MünchKomm/REUTER [2. Aufl] Rn 3; OLG Hamburg MDR 1972, 417). Das entsprechende Problem trat im Aktienrecht auf und wurde gründlich erörtert (vgl zB KLUG AcP 151, 67; Bay-

2. Titel. Juristische Personen. § 24, 11
I. Vereine § 25

ObLGZ 1985, 111, 114). Mit der Wiedervereinigung im Jahre 1990 sind die Gründe für diese Ausnahmen weggefallen. Die obengenannten grundsätzlichen Bedenken gegen mehrfache Registerführung sprechen – jedenfalls in der gegenwärtigen Situation – entschieden gegen die Zulassung mehrfacher Vereinssitze (so auch REICHERT/ DANNECKER [5. Aufl], Rn 392; MünchKomm/REUTER [3. Aufl] Rn 3).

8. Von dem Begriff des Sitzes im bürgerlich-rechtlichen Sinn zu unterscheiden ist 11 der im Steuerrecht entwickelte und auch im Wohnungsrecht bedeutsame Begriff des *„Ortes der Geschäftsleitung"*. Dazu KARL JR 1962, 244 f; BGH WM 1961, 476.

§ 25

Die Verfassung eines rechtsfähigen Vereins wird, soweit sie nicht auf den nachfolgenden Vorschriften beruht, durch die Vereinssatzung bestimmt.

Materialien: E I § 43; II § 42; III § 22; Mot I 93 ff; Prot I 504 ff; JAKOBS/SCHUBERT, AT I 142, 153 ff.

Schrifttum

BAECKER, Grenzen der Vereinsautonomie im deutschen Sportverbandswesen (Diss Münster 1985)
BEUTHIEN/GÄTSCH, Vereinsautonomie und Satzungsrechte Dritter. Statutarischer Einfluß Dritter auf die Gestaltung von Körperschaftssatzungen, ZHR 156 (1992) 459
BUNTE, Richterliche Kontrolle von Verbandsnormen – Besprechung der Entscheidung BGH ZIP 1989, 14, ZGR 1991, 316
GRUNEWALD, Vereinsordnungen. Praktische Bedeutung und Kontrolle, ZHR 152 (1988) 242
HADDING, Korporationsrechtliche oder rechtsgeschäftliche Grundlagen des Vereinsrechts?, in: FS R Fischer (1979) 165
KIRBERGER, Die Nebenordnungen im Vereins- und Verbandsrecht (Diss Marburg 1981)
S KOHLER, Mitgliedschaftliche Regelungen in Vereinsordnungen (Diss Heidelberg 1992)
LOHBECK, Die Vereinsordnungen, MDR 1972, 381
LUKES, Der Satzungsinhalt beim eingetragenen Verein und die Abgrenzung zu sonstigen Vereinsregelungen, NJW 1972, 121

ders, Die Erstreckung der Vereinsgewalt auf Nichtmitglieder durch Rechtsgeschäft, in: FS Westermann (1974) 325
MÖSCHEL, Monopolverband und Satzungskontrolle (1978)
NICKLISCH, Inhaltskontrolle von Verbandsnormen (1982)
OTT, Die Vereinssatzung (1992)
REEMANN, Die Verfassung des Vereins. Notwendiger Inhalt und Individualschutz (1988)
REUTER, Die Verfassung des Vereins gemäß § 25 BGB, ZHR 148 (1984) 523
ROGIER, Die Auslegung von Gesellschaftsverträgen und Satzungen privatrechtlicher Personenverbände (Diss Köln 1981)
SCHOCKENHOFF, Der Grundsatz der Vereinsautonomie, AcP 193 (1993) 35
TEUBNER, Organisationsdemokratie und Verbandsverfassung (1978)
VIEWEG, Normsetzung und -anwendung deutscher und internationaler Verbände (1990)
VOGEL, Die Vereinssatzung (6. Aufl 1991).

Schrifttum zur Vereinsstrafe s § 35 Rn 34.

Systematische Übersicht

1.	Regelungsbereich der Vorschrift	1
2.	Begriffsbestimmungen	2
a)	Verfassung	3
b)	Ordnungen	4
c)	Geschäftsordnungen	5
d)	Satzung und Vereinsgewohnheitsrecht	6
3.	Geltungsbereich der Satzung und anderer Vereinsordnungen	9
a)	Bindung	9
b)	Nichtmitglieder	11
c)	Dachverband	12
d)	In Vereinsorganen tätige Nichtmitglieder	13
e)	Rechte für Außenstehende	14
4.	Auslegung, Revisibilität und inhaltliche Schranken von Satzungen und Ordnungen	15
a)	Einordnung der Vereinsgründung	15
b)	Satzungsauslegung	16
c)	Revisibilität der Auslegung	17
d)	Willensmängel	18
e)	Grenzen der Ordnungsgewalt, Teilnichtigkeit	19
f)	Inhaltskontrolle von Satzungsbestimmungen	20
5.	Die Bedeutung des § 25	21
a)	Vereinssatzung	21
b)	Schranken der Satzung	22
c)	Disziplinargewalt	23
d)	Schiedsgericht	24
6.	Geltung des § 25	25
a)	Nichtrechtsfähige Vereine	25
b)	Konzessionierte Vereine	25

1. Regelungsbereich der Vorschrift

1 § 25 legt fest, daß der rechtsfähige Verein unter Beachtung der im Gesetz enthaltenen zwingenden Bestimmungen (dazu unten Rn 19) seine Verfassung selber regeln kann. Insofern bestätigt die Bestimmung die sog *Vereinsautonomie* (dazu Vorbem 23 ff zu §§ 21 ff) hinsichtlich der Verfassung des Vereins.

2. Begriffsbestimmungen

2 Das BGB geht allgemein davon aus, daß ein Verein das *Vereinsleben* im Rahmen der Gesetze *selbständig ordnen* kann; dies wird zB in der Kompetenzbestimmung des § 32 vorausgesetzt. Dieses „Ordnen" kann nicht nur durch Beschlüsse im Einzelfall, sondern durch Aufstellung allgemeiner Regeln geschehen. Richtig LOHBECK MDR 1972, 382. Diese Regeln können nun verschiedene Bedeutungen und unterschiedlichen Rang haben – ähnlich wie dies bei den vom Staat aufgestellten Normen der Fall ist. Folgende Gruppen von Vereins- oder Körperschaftsnormen lassen sich unterscheiden: die *Vereinsverfassung, besondere Ordnungen* und *Geschäftsordnungen*. Unterscheiden sich diese Normengruppen nach der *Funktion* der Normen, so ist demgegenüber der Begriff der Satzung nach formellen Kriterien zu bestimmen.

3 **a)** Der Begriff der **Verfassung** des Vereins wurde ursprünglich in Lit und Rspr inhaltlich beschreibend als *Inbegriff* derjenigen *Normen* definiert, durch welche Zweck und Mittel des Vereins, die Voraussetzungen und Folgen der Mitgliedschaft, Zusammensetzung, Organe, insbes deren Bildung, Bestellung und Wirkungskreis, Sitz und Name des Vereins bestimmt werden (so auch STAUDINGER/COING[11] Rn 1. Vgl ferner PLANCK/KNOKE Anm 1; RGZ 73, 187); man sprach auch von den Normen, die die Identität des Vereins festlegen. Demgegenüber wird heute in Analogie zur staatlichen Verfassung auf das allgemeine Moment abgestellt, bei der *Verfassung* handele es sich um „**die das Vereinsleben bestimmenden Grundlagenentscheidungen**" (so BGHZ 47, 172, 177; 105, 306, 314; MünchKomm/Reuter Rn 1; Lohbeck MDR 1972, 382; Lukes NJW 1972, 121 f). Dies ist insbes im Hinblick auf die Unterscheidung von Vereinsverfassungen und anderen Ordnungen geschehen.

Die Rspr hat sich mit der Abgrenzung dessen, was zu diesen Grundentscheidungen, also zur Verfassung gehört, vor allem im Zusammenhang mit der Vereinsstrafe beschäftigt, da sie verlangt, daß die Vereinsstrafgewalt in der Satzung bzw der Verfassung eine Grundlage habe (vgl § 35 Rn 36). In Verfolgung dieses Gedankens hat BGHZ 47, 172, 178 zu den Grundentscheidungen Bestimmungen gerechnet, die es dem Ehrenrat eines Vereins erlaubten, einen strafweisen Ausschluß nebst Gründen im Vereinsorgan zu veröffentlichen und dem Ausgeschlossenen die Verfahrenskosten aufzuerlegen. Kritik der Entscheidung bei Lukes aaO. S ferner BGHZ 88, 314, 316: Grundentscheidungen sind auch die wesentlichen Punkte der Einsetzung und Bildung eines Vereinschiedsgerichts; BGHZ 105, 306, 314 f: Grundentscheidungen des Sicherungssystems eines Verbandes von Kreditgenossenschaften.

Zwischen beiden Betrachtungsweisen wird kein entscheidender Unterschied zu sehen sein. Denn die „*Grundentscheidungen*" für das Leben eines Vereins sind eben die Regelungen, die für die *Grundfragen* des Vereinslebens getroffen sind: dies aber sind eben Zweck, Name und Sitz des Vereins, seine Organisation, Bestimmungen über die Mitglieder, ihre wesentlichen Rechte und Pflichten sowie Regelung über Erwerb und Verlust der Mitgliedschaft. In diesen Rahmen gehören dann, wenn man eine Strafgewalt des Vereins für zulässig hält (vgl dazu Vorbem 33, 40 zu §§ 21 ff), auch die Strafbestimmungen; nach der hier vertretenen Auffassung jedenfalls die Grundlagen für eventuelle Ordnungsstrafen. Dabei müssen jeweils die **Grundsatzfragen entschieden** werden, während **Einzelheiten** einer **näheren Regelung vorbehalten** werden können: Daß von den Mitgliedern *Beiträge* erhoben werden können, ist eine Grundfrage; ihre *Höhe* nicht; ob die Mitglieder eines Tennisvereins ein Recht haben, die Plätze des Vereins zu nutzen, ist eine Frage der Verfassung; welche Spielzeiten den einzelnen zugebilligt werden, dagegen nicht; daß der Verein hierzu durch ein bestimmtes Organ *Benutzungsordnungen* für die Vereinsanlagen aufstellen und durch Ordnungsstrafen, evtl durch Geldbußen in bestimmter Höhe sanktionieren kann, ist eine Grundfrage; die Festlegung der Ordnungsstrafen (Platzverweis, Geldbuße) nicht. Allgemein wird man daher sagen können: zur Verfassung des Vereins gehören diejenigen Regeln, welche die Grundfragen des Vereinslebens grundsätzlich entscheiden.

b) *Die* **Ordnungen** sind demgegenüber **körperschaftliche Normen untergeordneter** 4 **Art** oder „*nachrangige Körperschaftsnormen*" (Lohbeck MDR 1972, 382). Sie binden alle Vereinsmitglieder, führen aber Bestimmungen der Verfassung des Vereins durch Spezialregelungen aus oder ordnen bestimmte Bereiche des Vereinslebens im Rahmen der Verfassung. Hierher gehören etwa *Verfahrensordnungen* für Vereinsgerichte, Ehrenräte usw, *Benutzungsordnungen* für Vereinsanlagen, Wettkampfregeln, *Richtlinien* für bestimmte Ausschüsse von Fachvereinen, uä. In der Praxis werden sie unterschiedlich bezeichnet: neben dem Ausdruck Ordnung als Statuten, Richtlinien oder Gesetze.

Die Ordnungen müssen von dem in der Vereinsverfassung für zuständig erklärten

Organ aufgrund einer *Ermächtigung* und in dem durch sie vorgeschriebenen *Verfahren* erlassen sein; andernfalls sind sie unwirksam. Mit Recht hat der BGH es zB als unzulässig erklärt, daß die Anordnung der Veröffentlichung eines strafweisen Ausschlusses nur in einer Ehrengerichtsordnung, nicht jedoch in der Satzung vorgesehen war (BGHZ 47, 172, 178).

5 c) **Geschäftsordnungen** sind interne Regelungen für Verfahren und Geschäftsgang *einzelner* Vereinsorgane, etwa des Vorstandes. Auch sie sind Normen untergeordneter Art und dürfen daher nicht mit Verfassungsbestimmungen in Widerspruch stehen.

6 d) Im Gegensatz zu den bisher erörterten Begriffen ist der Begriff der **Satzung** zunächst rein formal zu bestimmen. Es sind alle diejenigen Regeln, welche ursprünglich von den Gründern, später von der Mitgliederversammlung als Satzung *festgestellt* werden. Problematisch ist jedoch, ob der Begriff der Satzung auch Regeln des **Vereinsgewohnheitsrechts** umfaßt. Eine *allgemeine* Vorschrift, daß die Satzung schriftlich niedergelegt sein müsse, besteht nicht. Für den rechtsfähigen Verein ergibt sich ein Schriftformgebot jedoch schon zwingend aus § 59 Abs 2 S 1 und für Satzungsänderungen aus § 71 Abs 1; für den konzessionierten Verein iSv § 22 aus dem Genehmigungserfordernis, das ebenfalls schriftliche Fixierung impliziert (vgl § 33 Abs 2 und SOERGEL/HADDING §§ 21, 22 Rn 49). Dagegen besteht für den *nichtrechtsfähigen Verein* die Möglichkeit, daß sich Satzungregeln und damit auch Teile des Vereinsverfassungsrechts aus Vereinsgewohnheitsrecht ergeben (SOERGEL/HADDING Rn 5; Münch-Komm/REUTER Rn 2; OLG Frankfurt NJW-RR 1985, 1466, 1468; OLG Köln WM 1990, 1068, 1070). Dies setzt jedoch eine lang andauernde, gleichmäßige Übung und einen entsprechenden Rechtsgeltungswillen voraus. Von dieser Bedeutung als Rechtsquelle ist die Bedeutung einer längeren Übung (Vereinsobservanz) als Auslegungskriterium zu unterscheiden, die für *alle* Vereine in Betracht kommt (vgl dazu u Rn 16).

7 Was das Verhältnis der Satzungsurkunde zu der Verfassung des Vereins angeht, so wird und muß sie grundsätzlich die „**Grundentscheidungen**", welche die Verfassung des Vereins ausmachen (oben Rn 3), enthalten. Für den rechtsfähigen Verein ergibt sich dies aus §§ 57, 58. Die *Rspr* ist jedoch *darüber hinausgegangen*. Schon das RG hat ausgesprochen, daß Bestimmungen über den Ausschluß von Mitgliedern wie alle Regeln, die den Personenbestand eines Vereins betreffen, in der Satzung enthalten sein müssen und daher *unwirksam* sind, wenn sie, weil in anderen Ordnungen enthalten, nicht gem § 71 zum Register angemeldet worden sind (RGZ 73, 187, 192). Diese Rspr hat der *BGH weitergeführt* (vgl BGHZ 47, 172, 178, betr Bestimmungen über Veröffentlichung eines strafweisen Ausschlusses und *Verurteilung zu den Kosten* eines Ausschlußverfahrens). Entsprechendes gilt für andere Vereinsstrafen (vgl näher § 35 Rn 36). Regeln, die materiell zur Vereinsverfassung gehören, aber nicht formal in die Satzung aufgenommen sind (sei es ursprünglich oder durch Satzungsänderung), sind danach bei eingetragenen Vereinen ohne Rechtswirkung (§ 71). BGHZ 47, 172 begründet dies mit dem Hinweis, daß die Mitglieder sich der *Satzung unterwerfen*, daher aus dieser alle wesentlichen ihre Stellung betreffenden Bestimmungen ersehen können müßten. Dagegen könnte man einwenden, daß das Mitglied ja auch Ordnungen einsehen könne und daß im übrigen kaum ein neu Eintretender alle diese Unterlagen einsähe (Kritik bei LUKES NJW 1972, 121 f). Aber die von der Rspr aufgestellte Forderung wird von der Überlegung getragen, daß derartige Bestimmungen besonderen Regeln über

die *Satzungsänderung* usw unterworfen sein müssen; der Gesetzgeber hat die besonderen Anforderungen an Satzungsänderungen (§ 33) gerade mit Rücksicht auf solche Bestimmungen aufgestellt (vgl ua BGHZ 105, 306, 314).

Trotzdem sind **Satzung** und **Vereinsverfassung** *nicht* einfach *inhaltsgleich*. Einerseits kann es sein, daß eine Satzung Lücken aufweist, die durch subsidiär geltende Bestimmungen des Gesetzes gefüllt werden; gerade darin liegt zT die Bedeutung des § 25, vgl etwa § 32. Andererseits kann die Satzung Bestimmungen enthalten, die nicht zu den Grundentscheidungen gehören, sog „unwesentlicher Satzungsinhalt". Auch solche Bestimmungen bilden aber einen Bestandteil der Satzung, insbes iS der Regeln über die Beschlußfassung (§ 33) und die Notwendigkeit der Eintragung in das Vereinsregister (§ 71).

Daß der Begriff der Satzung in diesem formellen Sinne zu bestimmen ist, ergibt sich **8** eindeutig aus der *Entstehungsgeschichte*. Der E I hatte in § 48 für die Änderung der Satzung Einstimmigkeit gefordert. Die zweite Kommission änderte diese Regelung iS der heute nach § 33 geltenden Ordnung ab (E II § 32), mit Rücksicht auf den Umstand, daß Vereinssatzungen häufig ganz unwesentliche Bestimmungen enthielten (vgl MUGDAN I 412, 621, 622). Die gesetzliche Regelung ist also gerade im Hinblick auf diesen unwesentlichen Satzungsinhalt getroffen worden.

3. Geltungsbereich der Satzung und anderer Vereinsordnungen

a) Die Satzung und die aufgrund der Satzung zustande gekommenen sonstigen **9** Ordnungen *binden* die *Vereinsmitglieder*. Diese Bindung beruht auf dem durch Vertrag erfolgenden – dazu vgl Vorbem 38 zu §§ 21 ff – **Eintritt** des Mitglieds; das Mitglied erkennt damit die Verbindlichkeit der Satzung für sich an.

Dagegen können die intern vereinsrechtlichen Normen gegenüber Nichtmitgliedern **10** *(Dritten)* als solche *keine Geltung* beanspruchen. Daraus folgt, daß ein Verein keine „Vereinsgewalt" gegenüber *Nichtmitgliedern* in Anspruch nehmen kann (hM, vgl MEYER-CORDING, Die Vereinsstrafe [1957] 137, 138).

Dies gilt auch im Verhältnis zu ausgeschiedenen ehemaligen Mitgliedern.

b) Fraglich kann nur sein, ob ein Nichtmitglied sich durch *Vertrag der Gewalt,* **11** insbes der Strafgewalt eines Vereins, dem er nicht als Mitglied angehört, *unterwerfen* kann. Diese Frage hat insbes im **Sportrecht** an Bedeutung gewonnen. So unterwerfen sich zB die sog „Lizenzspieler" und „Lizenztrainer", die an den vom Deutschen Fußballbund veranstalteten Bundesligaspielen teilnehmen wollen, in einem besonderen sog „Lizenzvertrag" der Vereinsgerichtsbarkeit des DFB, ohne dessen Mitglieder zu sein. Auch die Berechtigungsverträge, welche die GEMA mit Nichtmitgliedern abschließt, sind dazu zu rechnen.

Die Zulässigkeit einer solchen **Unterwerfung eines Nichtmitgliedes unter die Vereinsgewalt** wird mit dem Hinweis auf die *Vertragsfreiheit* (§ 305) und die Möglichkeit, einer Vertragspartei die *Gestaltung* der Leistung zu *überlassen*, gerechtfertigt (vgl insbes LUKES, in: FS Westermann [1974] 325 ff; ferner SCHLOSSER, Vereins- und Verbandsgerichtsbarkeit [1972] 74 f; BRUDER MDR 1973, 897). Auch BGHZ 29, 352 ist im Sinne der Zulässigkeit interpretiert worden (LUKES aaO). Dabei macht LUKES allerdings die Einschränkung, die Vereinsgewalt könne nur in einem „begrenzten sachlich-gegenständlichen Bereich" erstreckt werden und der sich Unterwerfende müsse seinerseits aus dem Vertrage Vorteile ziehen. Die Unterwerfung unter die in den Vereinsordnungen vorgeschriebene Sanktion will LUKES aber in den genannten Rahmen einschließen.

Zunächst ist zu *unterscheiden*, ob in einem Vertrag nur bestimmte festgelegte Ordnungen anerkannt werden, die ggf auch bestimmte Sachentscheidungen der Vereinsorgane einschließen können, oder ob sich der Vertragspartner der Strafgewalt des Vereins unterwirft. Die Anerkennung bestimmter, vom Verein festgelegter Regeln ist wie die *Unterwerfung unter allgemeine Geschäftsbedingungen* zu behandeln. Richtig im Ansatz OLG Frankfurt NJW 1973, 2208; s auch BGH LM Nr 10 zu § 25. Es sind die Bestimmungen des **AGBG analog anzuwenden**. Die *Unterwerfung* unter die *Strafgewalt* des Vereins ist dagegen *unzulässig*. Will man sie überhaupt anerkennen, so kann sie nur aus der Eigenart des körperschaftlichen Zusammenschlusses und seiner Anerkennung durch den Staat abgeleitet werden; auf jemanden, der am Leben des Vereins keinen Anteil nimmt, kann sie nicht durch schuldrechtlichen Vertrag erstreckt werden. Dieser kann nur die im Schuldrecht vorhandenen Behelfe wie Kündigungs- und Rücktrittsrechte oder Vertragsstrafen vorsehen.

12 c) Sind Vereine in einem **Dachverband** zusammengeschlossen, so stellt sich die Frage, ob die Satzung und sonstigen Ordnungen des Dachverbandes Geltung für die Mitglieder der angeschlossenen Vereine besitzen, auch wenn diese nicht durch den Beitritt zu einem Mitgliedsverein selbst Mitglieder des Dachverbandes werden (Frage der Geltung von Vereinssatzungen für sog „**mittelbare**" **Mitglieder**). Auch diese Frage ist namentlich im Sportrecht, zB im Zusammenhang mit der Disziplinargewalt, von Bedeutung. Die Auffassungen sind geteilt. Vgl die eingehende Darstellung bei SCHLOSSER 74 f.

Die *unmittelbare Wirkung* der Ordnungen des Dachverbandes wird mit der Begründung bejaht, durch den Beitritt des Vereins zu dem Dachverband entstünden gewisse unmittelbare Rechtsbeziehungen zwischen dessen Mitgliedern und dem Dachverband. Insbes seien diese dessen Disziplinargerichtsbarkeit unterworfen (so OLG Karlsruhe OLGZ 1970, 300; BGH LM Nr 2 zu § 35; RGZ 143, 1, 5; wohl auch RG JW 1906, 416 und im Anschluß daran STAUDINGER/COING[11] Rn 13).

BGHZ 28, 131, 134 hat festgestellt, daß ein Mitglied eines verbandsangehörigen Vereins nicht ohne weiteres Mitglied des Dachverbandes ist; die Frage, ob sich jemand, der einem solchen Verein beitritt, damit der Strafgewalt des Verbandes unterwirft, ist offengelassen worden.

Dagegen wird geltend gemacht, daß ein Verein seine Mitglieder und deren Rechte *nicht durch Beitritt* zu einem Verband dessen Ordnungen und den Maßnahmen seiner Organe *unterwerfen* könne (vgl SCHLOSSER 74 f).

Dem ist mE *zuzustimmen*; dies folgt schon daraus, daß sonst die Bestimmungen über die Satzungsänderung umgangen werden könnten. Sollen Regeln des Dachverbandes für die Mitglieder des beitretenden Vereins unmittelbar Geltung erlangen, so muß dieser sie in seine Ordnungen übernehmen.

Dagegen kann der Dachverband in seiner Satzung Rechte für die Mitglieder seiner Mitgliedsvereine begründen. Vgl dazu unten Rn 14.

d) Schließlich taucht die Frage der Geltung von Vereinsordnungen gegenüber **13** Nichtmitgliedern auf, wenn **Nichtmitglieder** in *Vereinsorganen tätig* sind. Dies kann zB bei wirtschaftlichen Vereinigungen vorkommen, deren Mitglieder Firmen sind, während in ihren Organen Vorstandsmitglieder oder Gesellschafter der Mitgliedsfirmen tätig sind. Vgl den Sachverhalt in BGHZ 29, 352. Der BGH hat in diesem Urteil die Frage implizit bejaht. Dies ist mE zu billigen; wer in einem Vereinsorgan tätig wird, erhält damit eine mitgliedsähnliche Stellung und ist an die Ordnungen des Vereins gebunden.

e) Zu Recht wird die Meinung vertreten, daß durch eine Vereinssatzung unmit- **14** telbar *Rechte für Außenstehende* begründet werden können (§ 328 analog). So SCHLOSSER 78 unter Hinweis auf ein unveröffentlichtes Urteil des LG Köln. Vgl auch RGZ 106, 120; dort lag freilich ein Vertrag zwischen Landesärzteverband und der Arbeitsgemeinschaft der Krankenkassen vor.

4. Auslegung, Revisibilität und inhaltliche Schranken von Satzungen und Ordnungen

a) Über die **Einordnung der Vereinsgründung** und damit auch über die Natur der **15** Satzung ist erheblich gestritten worden. Im Zusammenhang mit seiner Theorie vom Sozialrecht (dazu Vorbem 8 zu §§ 21 ff) hat vGIERKE die Vereinsgründung als sozialen Schöpfungsakt und konstitutive Gesamthandlung bezeichnet, die nicht Rechtsgeschäft sei und nicht dem Vertragsrecht unterstehe (Deutsches Privatrecht I [1895] § 60). Diese **Theorie des Gesamtaktes** wurde auch von anderen vertreten, zB KUNTZE, in: Leipziger Festgabe Otto Müller (1892); sie diente dazu, in der Weise der Begriffsjurisprudenz die Einschränkung der Anfechtung von Gründungserklärungen aus einem vorgegebenen Allgemeinbegriff zu „erklären".

Gegen die Theorie vom Gesamtakt ist mit Recht eingewendet worden, daß sie den Begriff des Rechtsgeschäfts und des Vertrages unnötig einschränkt (vTUHR, AT I 476). In Wahrheit handelt es sich bei der Vereinsgründung um *Willenserklärungen*, die Rechtswirkungen haben sollen und auch tatsächlich haben (also um Rechtsgeschäfte), und, da mehrere sich auf diese Rechtswirkungen einigen, um einen *Vertrag* (RGZ 165, 140). Allerdings sind diese Rechtswirkungen eigenartig: Sie bestehen in der Errichtung des Vereins und in der Begründung der mitgliedschaftlichen Rechte und Pflichten für die Gründer. Die restriktive Auslegung der Vorschriften über Willensmängel bei Rechtsgeschäften im Hinblick auf manche Verbände erklärt sich aus der besonderen Interessenlage, insbes die Rücksicht auf die Gläubiger. Wegen der Rechtslage in dieser Hinsicht beim Verein vgl § 21 Rn 19.

Mit verschiedenen Modifikationen *für* den *Gesamtakt* auch WINDSCHEID/KIPP I § 60; OERTMANN Vorbem 5 zu § 21. *Dagegen* zB ENNECCERUS/NIPPERDEY § 106 Fn 12; FLUME, AT II § 32, 3; LARENZ, AT § 10 I 1; MÜLLER-ERZBACH, Das private Recht der Mitgliedschaft (1948) 181; RGZ 127, 191; 130, 73.

Wie in Vorbem 6 ff, 35, 36 zu § 21 dargelegt, ist die Zuordnung des Vereinsrechts zu einem besonderen *Sozialrecht* ebenso *abzulehnen* wie die darauf aufbauenden Lehren vom *Gesamtakt* und der Normqualität (im Sinne der Gleichstellung mit Regeln des staatlichen Rechts) der Satzung. Gründung und Organisation von Vereinen und damit auch die Setzung interner vereinsrechtlicher Normen sind vielmehr als **Akte des Privatrechts** anzusehen und aus der Privatautonomie zu begründen. Diese Anschauung schließt jedoch nicht aus, daß *für ihre Auslegung besondere Grundsätze* gelten; sie ergeben sich daraus, daß sie sich angesichts des wechselnden Mitgliederbestandes von Vereinen an eine unbestimmte Vielzahl verschiedener Personen wenden, uz auch an Personen, die bei ihrer Entstehung nicht oder jedenfalls nicht notwendig beteiligt gewesen sind.

16 b)   Die **Auslegung der Satzung** muß der Tatsache Rechnung tragen, daß sie zwar einen rechtsgeschäftlichen Ursprung hat, daß sie aber auf Dauer angelegte Regeln für eine körperschaftlich organisierte Vereinigung mit wechselndem Mitgliederbestand schafft (s o Rn 15). Die Satzung ist deshalb *aus sich heraus auszulegen*. Das bedeutet in negativer Hinsicht, daß die Auslegung sich nicht an dem Willen oder den Interessen der Gründer orientieren kann (BGHZ 47, 172, 180). § 133 gilt insoweit nicht; aus BGHZ 96, 245, 250 ergibt sich nichts anderes, da dort § 133 nicht als Auslegungsvorschrift für Satzungsbestimmungen, sondern nur im Zusammenhang mit der Feststellung zitiert wird, daß die Frage, wie die Satzung auszulegen ist, eine Rechtsfrage ist. Ebenso kommt der Entstehungsgeschichte keine Bedeutung zu (BGHZ 47, 172, 180; 96, 245, 250; MÜLLER-ERZBACH, Mitgliedschaft 180).

In positiver Hinsicht ergibt sich daraus, daß für die Auslegung der Satzungsbestimmungen zunächst der *Wortlaut* maßgebend ist, und zwar in einem durch den allgemeinen Sprachgebrauch, evtl auch durch die Fachsprache in bestimmten Lebensbereichen festgelegten Sinn. Es gilt, was ein vernünftiger Mensch daraus entnehmen kann. Was für das normale Vereinsmitglied nicht erkennbar ist, sondern erst durch juristische Beratung erschlossen werden muß, ist nicht Satzungsinhalt (BGHZ 47, 172, 175). *Teleologische* Auslegung, also ein Verständnis nach Sinn und Zweck der Bestimmung, ist zwar zulässig, muß sich aber an *objektiv bekannten Umständen* orientieren (BGHZ 106, 67, 71). Dabei müssen vor allem der *Vereinszweck* und die danach zu fördernden *Mitgliederinteressen* eine Rolle spielen (vgl BGHZ 47, 172, 180; BayObLGZ 1971, 178, 181). Ferner kann insbes hinsichtlich der Kompetenzverteilung einer längeren vereinsinternen Übung Bedeutung zukommen (RG JW 1936, 2387 Nr 1; OLG Frankfurt NJW-RR 1985, 1466, 1468). Berücksichtigt werden können auch die Gründe und Sachzusammenhänge einer Satzungsbestimmung, wenn deren Kenntnis bei Mitgliedern und Organen vorauszusetzen sind (BGHZ 63, 282, 290).

Die Normentheorie (zB MünchKomm/REUTER Rn 14) kommt aus ihrer Sicht zu ähnlichen Ergebnissen.

Aus den obengenannten Gründen kann § 139 bei Unwirksamkeit einzelner Satzungsbestimmungen keine Anwendung finden (vgl näher u Rn 19).

17 c)   Nach der Rspr des BGH ist die Auslegung der Satzung **revisibel**, sie kann also vom Revisionsgericht selbständig ausgelegt werden, sofern die Satzung über die Grenzen eines OLG-Bezirks hinaus Wirkungen entfaltet, dh wenn die Mitglieder des Vereins ihre Wohnsitze nicht nur im Bezirk eines OLG haben (BGHZ 21, 370, 374; 27,

297, 300; BGH NJW 1971, 879, 880). Liegt die zuletzt genannte Voraussetzung nicht vor, so ist nach Meinung des BGH das Revisionsgericht an die Auslegung der letzten Tatsacheninstanz gebunden (vgl BGH NJW 1969, 316, 317 und NJW 1980, 2799, 2780). Die Satzung wird also im Sinne des Revisionsrechts wie eine Rechtsnorm behandelt (ROSENBERG/SCHWAB/GOTTWALD, Zivilprozeßrecht [15. Aufl 1993] § 143 I 7) und § 549 Abs 1 ZPO entsprechend angewendet. Die Einschränkung, daß die Mitglieder ihre Wohnsitze nicht nur in einem OLG-Bezirk haben dürfen, ist abzulehnen, da die Analogie zu Rechtsnormen nach der hier vertretenen Meinung nicht zwingend ist und weil die Revisibilität von einem zufälligen, vom Gericht praktisch nicht kontrollierbaren Kriterium – Wohnsitz einzelner Mitglieder – abhängig gemacht wird (so auch SOERGEL/ HADDING Rn 32; krit auch ENNECCERUS/NIPPERDEY § 108 Fn 8; REICHERT/DANNECKER Rn 304). Für freie Auslegung durch das Rechtsbeschwerdegericht im Bereich der Freiwilligen Gerichtsbarkeit auch BGHZ 96, 245 (250); BayObLG Betrieb 1971, 1428.

d) **Willensmängel**, die bei einem der Gründer gegeben waren, können die Wirksamkeit der Satzung nach der Registereintragung bzw dem praktischen Beginn der Vereinstätigkeit nicht mehr beeinflussen (vgl BGHZ 47, 172, 180).

Geheimen Abreden der Mitglieder, etwa über den Zweck des Vereins, kommt keine rechtliche Bedeutung zu; insoweit gilt § 116.

e) Die Ordnungsgewalt des Vereins hat ihre **Grenzen** in zwingenden Gesetzen und in den guten Sitten. Auf Vereinssatzungen und -ordnungen sind daher die §§ 134 und 138 anwendbar. Nichtigkeit nach § 134 ist angenommen worden bei einer Satzungsbestimmung, die den Vereinsmitgliedern das unmittelbare Stimmrecht entzog und es nur den 10 Inhabern von Vereinsämtern beließ, während die übrigen Mitglieder darauf beschränkt wurden, 19 Delegierte zu wählen (Verstoß gegen den Grundsatz der Gleichbehandlung) sowie bei einer weiteren Bestimmung, wonach ein Mitglied bei Anrufen der Gerichte automatisch ausschied (KG Rpfleger 1963, 292). Nichtig ist ferner eine Satzungsbestimmung, welche den Mitgliedern verbietet, die Gerichte anzurufen (OLG Karlsruhe OLGZ 1970, 300, 302; vgl auch BGHZ 47, 172, 174). Sittenwidrig nach § 138 ist es, wenn eine Satzung eines Monopolverbandes dessen Präsidenten erlaubt, ein Beitrittsgesuch ohne Angabe von Gründen abzulehnen (KG Rpfleger 1963, 292).

Sind danach einzelne Satzungsbestimmungen nichtig, so ist **§ 139 nicht anwendbar** (so Rn 16). Ob die Satzung im übrigen gültig bleibt, hängt nicht vom Willen der Gründer ab, sondern ist aufgrund des objektiven Inhalts der Satzung zu beurteilen und dann anzunehmen, wenn die verbleibenden Bestimmungen als Regelung für ein geordnetes Vereinsleben ausreichen (BGHZ 47, 172, 180; auch KG Rpfleger 1963, 292 unter mE unrichtigem, aber hier unschädlichem Hinweis auf § 139). Es kann jedoch auch gerade das Zusammenwirken mehrerer Einzelbestimmungen die Sittenwidrigkeit der Satzung ergeben (LG Bremen MDR 1974, 134).

f) **Inhaltskontrolle von Satzungsbestimmungen**: Ähnlich wie Allgemeine Geschäftsbedingungen hat der BGH seit längerem in Einzelfällen Satzungsbestimmungen einer richterlichen Kontrolle unterworfen. Bei Vereinen mit Monopolstellung wurden Aufnahmebeschränkungen nach § 826 (zT auch mit Bezug auf § 27 GWB) für unzulässig erklärt (vgl § 35 Rn 28). Im Hinblick auf die durch §§ **134, 138** gezogenen

Grenzen der Vereinsautonomie wurden ferner einzelne Bestimmungen, zB über Verbot der Anrufung der Gerichte, für nichtig erklärt (vgl o Rn 19 und § 35 Rn 56), ohne daß es auf eine Monopolstellung des Vereins ankam. Nachdem in BGHZ 64, 241 der Gesellschaftsvertrag einer Publikums-KG einer Inhaltskontrolle auf der Grundlage von **§ 242** unterzogen worden war, hat der BGH diese Vorschrift nun auch direkt zur Überprüfung von Vereinssatzungen herangezogen (BGHZ 105, 306, 316 ff). Er beschränkt dies zZ aber noch auf solche Vereine, die entweder eine Monopolstellung haben oder die jedenfalls im wirtschaftlichen oder sozialen Bereich eine überragende Machtstellung haben und auf deren Mitgliedschaft das einzelne Mitglied angewiesen ist (BGH 318 f). Bei diesen Vereinen unterliegen die Satzungsbestimmungen einer Kontrolle am Maßstab von Treu und Glauben (§ 242). Dabei kann auch gesetzlichen Vorschriften, die an sich abdingbar sind, eine Leitbildfunktion zukommen (BGH WM 1972, 1249); ihr „Kernbereich", die in ihnen enthaltenen grundlegenden Wertentscheidungen sind zu beachten (BGH WM 1987, 373, 374). Eine Angemessenheitskontrolle auf der Grundlage von § 242 wird ferner auch dann vorgenommen, wenn außenstehende Dritte von den Satzungsbestimmungen des Vereins betroffen sind (BGH WM 1972, 1249; OLG Frankfurt NJW 1973, 2208; NICKLISCH, Inhaltskontrolle 46 f); vgl dazu o Rn 11.

5. Die Bedeutung des § 25

21 a) Nach § 25 wird die Verfassung eines rechtsfähigen Vereins, soweit sie nicht auf den Vorschriften des BGB beruht, durch die **Vereinssatzung** bestimmt. Zur ergänzenden Bedeutung von Vereinsgewohnheitsrecht bei nichtrechtsfähigen Vereinen s oben Rn 6. Die Vorschriften des BGB über die Verfassung der nach den §§ 21–23 zur Rechtsfähigkeit gelangenden Vereine sind *doppelter* Art. Ein Teil davon ist als *zwingende Norm* anzusehen, derart, daß eine entgegenstehende Satzungsbestimmung nichtig ist, wie zB die Bestimmung, daß der Verein einen Vorstand haben muß, oder daß die Bestellung des Vorstandes (vorbehaltlich des § 27 Abs 2 S 2) jederzeit widerruflich ist. Ein anderer Teil der Vorschriften des BGB ist *dispositiver Natur* und gilt nur insoweit, als die Satzung nichts anderes bestimmt (§ 40). Hiernach „beruht" die Verfassung eines rechtsfähigen Vereins in doppeltem Sinne auf den Vorschriften des BGB. Ein Teil der Normen des BGB bildet ein für allemal einen Bestandteil der Verfassung eines rechtsfähigen Vereins. Ein anderer Teil gilt nur subsidiär, sofern die Satzung schweigt. Auch zwingende Vorschriften des BGB gelten unbedingt nur für eingetragene Vereine, nicht für konzessionierte iSv § 22.

22 b) Dem möglichen **Inhalt der Satzung sind** insofern **Schranken** gezogen, als sie nicht gegen ein *gesetzliches Verbot*, nicht gegen die *guten Sitten* und nicht gegen das *Wesen einer Korporation* verstoßen darf. Aus letzterem Gesichtspunkt ist insbes unmöglich, durch die Satzung eines rechtsfähigen Vereins dessen Haftung für die Schulden auszuschließen, die sich für rechtsgeschäftliche Schulden aus den §§ 26 Abs 2 iVm 164 und für außervertragliche aus § 31 zwingend ergibt.

Eine im Gesetz nicht ausdrücklich geregelte Frage ist, ob die Satzung eines rechtsfähigen Vereins gültig bestimmen kann, daß *für die* **Schulden** *des Vereins neben diesem auch die Mitglieder haften*. Die grundsätzliche Freiheit des Vereins, seinen Mitgliedern, soweit das Gesetz oder die guten Sitten nicht entgegenstehen, beliebig vermögensrechtliche Verpflichtungen aufzuerlegen, könnte dazu führen, die Frage wenigstens für das Verhältnis des Vereins zu seinen Mitgliedern zu bejahen. Dagegen bestehen aber die schwersten *Bedenken*. Einmal, daß auf dem Gebiet des Handelsrechts diese Möglichkeit satzungsmäßiger Gestaltung der Haftung für einen bestimmten Typus von rechtsfähigen Vereinen, nämlich für die eingetragenen Erwerbs- und Wirtschaftsgenossenschaften mit Nachschußpflicht (§ 6 Nr 3 GenG), aber eben nur für diese, eine besondere gesetzliche Anerkennung gefunden hat; sodann aber das rechtspolitische Bedenken, daß bei großen Vereinen, insbes auch bei Aktiengesellschaften, die Mehrheit der Mitglieder erfahrungsgemäß von den Einzelheiten der Satzung keine genauere Kenntnis nimmt und es höchst unbillig wäre, sie ohne ihr Wissen und ohne ihren Willen einer derartigen *durchaus ungewöhnlichen Satzungsbestimmung*, mit der zu rechnen ihnen *nicht zuzumuten* ist, zu unterwerfen. Es erscheint aber richtiger, die Zulässigkeit einer solchen allgemeinen Satzungsbestimmung, von den Genossenschaften abgesehen, für rechtsfähige Vereine überhaupt zu verneinen. Natürlich steht es den einzelnen Mitgliedern frei, im Wege besonderen Vertrages mit dem rechtsfähigen Verein eine Haftung für dessen Schulden zu übernehmen, insbes auch eine Bürgschaft für den Verein (unter Beachtung von § 766; §§ 350, 351 HGB).

Im Rahmen des Vereinszwecks, des Vereinsrechts und der zivilrechtlichen Generalklauseln dürfen die Satzung und darauf beruhende Beschlüsse von allen Mitgliedern *Sonderleistungen* (zB Arbeitsleistungen oder Ausgleichszahlungen) verlangen; darin liegt kein Verstoß gegen Art 9 Abs 1 GG (BVerfG NJW 1991, 2626).

Über den Grundsatz der Gleichberechtigung und Gleichbelastung der Mitglieder und die Möglichkeit seiner Abänderung durch die Satzung s § 32 Rn 34, § 35 Rn 13 ff.

c) Nach hL und Rspr steht dem Verein eine **Disziplinargewalt** zu, deren Ausübung (Tatbestände, mögliche Strafen) in der Satzung zu regeln ist. Einzelheiten vgl § 35 Rn 34 ff.

Nach der hier (Vorbem 39, 40 zu §§ 21 ff) vertretenen Auffassung kann den Vereinen eine Disziplinarstrafgewalt *nicht* zustehen. Möglich sind *Ausschluß aus wichtigem Grund* sowie *Ordnungsstrafen*. Letztere müssen in der Satzung nach Zulässigkeit, Rahmen und Verfahren eine Grundlage haben.

d) Nach überwiegender Lehre und nach der Rspr kann die Satzung ein *Schiedsgericht* für Streitigkeiten zwischen Verein und Mitgliedern sowie unter den Mitgliedern vorsehen (zu den Anforderungen an die Schiedsabrede s OLG München BB 1977, 865). Die Zulässigkeit eines sog institutionellen Schiedsgerichts ist jedoch neuerdings bestritten. Vgl zu dieser Frage Vorbem 52 zu §§ 21 ff.

6. Geltung des § 25

a) § 25 bezieht sich ausdrücklich nur auf rechtsfähige Vereine. Angesichts der Entwicklung des Rechts der *nichtrechtsfähigen Vereine* (dazu § 54 Rn 2) wird man aber die Regel, daß die Vereinsverfassung auf der Satzung beruht, nunmehr auch auf diese Vereine beziehen können, soweit nicht Vorschriften in Frage stehen, welche die juristische Persönlichkeit voraussetzen.

b) Für konzessionierte Vereine des § 22 gelten die Bestimmungen des BGB nur *subsidiär* (Art 82 EGBGB).

§ 26

[1] Der Verein muß einen Vorstand haben. Der Vorstand kann aus mehreren Personen bestehen.

[2] Der Vorstand vertritt den Verein gerichtlich und außergerichtlich; er hat die Stellung eines gesetzlichen Vertreters. Der Umfang seiner Vertretungsmacht kann durch die Satzung mit Wirkung gegen Dritte beschränkt werden.

Materialien: E I § 44; II § 25; III § 23; Mot I 94 ff, 97 ff; Prot I 506 ff, 513; VI 114; JAKOBS/SCHUBERT, AT I 143, 153 ff.

Schrifttum

BAUMANN, Die Kenntnis juristischer Personen des Privatrechts von rechtserheblichen Umständen, ZGR 1973, 284
BROICHER, Die Rechtsstellung des mehrgliedrigen Vereinsvorstandes eines rechtsfähigen Vereins nach BGB, ArchBürgR 24, 192
DANCKELMANN, Vertretung und Geschäftsführung des rechtsfähigen Vereins durch einen mehrköpfigen Vorstand, NJW 1973, 735
JÜNGST, Der Mißbrauch organschaftlicher Vertretungsmacht (1981)
W KIRBERGER, Zur Vertretung des eingetragenen Vereins bei mehrgliedrigem Vereinsvorstand, Rpfleger 1975, 277
ders, Gemischte Gesamtvertretung und organschaftliches Prinzip. Ein Beitrag zur Vertretung des eingetragenen Vereins, Rpfleger 1979, 5, 48

KLAMROTH, Geschäftsführung und Vertretung beim eingetragenen Verein, Betrieb 1972, 1953
MERGELMEYER, Eintragung einer Satzungsbestimmung über die Beschlußfassung des Vorstandes in das Vereinsregister, Rpfleger 1966, 197
MITTENZWEI, Zur Vertretung eines mehrgliedrigen Vereinsvorstandes im Verhinderungsfall, MDR 1991, 492
RICHERT, Vereinsmitglied und Vereinsvorstand im Verhältnis zueinander, Rpfleger 1957, 406
RIGGERS, Die Vertretung des Vereins im Grundbuchverkehr, JurBüro 1967, 379
K SCHMIDT, Ultra-vires-Doktrin: tot oder lebendig? – Bemerkungen zur Organvertretungsmacht – AcP 184 (1984) 529.

Systematische Übersicht

1. Inhalt und Zweck der Vorschrift	1
2. Zusammensetzung des Vorstandes	2
3. Die Bezeichnung als Vorstand	5
4. Ständige Bestellung des Vorstandes?	6
5. Der Vorstand im Gründungstadium des Vereins	7
6. Der Vorstand als Vertretungsorgan	8
7. Umfang der Vertretungsmacht des Vorstandes	9
8. Die Stellung des Vorstandes	10
9. Satzungsmäßige Beschränkung der Vertretungsmacht	11
10. Vertretung bei mehrgliedrigem Vorstand	12
11. Die Beschlußfassung	16
12. Die gerichtliche und außergerichtliche Vertretung des Vereins durch den Vorstand	21

2. Titel. Juristische Personen. § 26
I. Vereine 1, 2

13. Vertretung nach innen —————— 24
14. Haftung ————————————— 25
15. Regelungen außerhalb des BGB ——— 26

1. Inhalt und Zweck der Vorschrift

§ 26 enthält Bestimmungen über den *Vorstand* als ausnahmslos notwendiges Vereins- 1
organ, seine Zusammensetzung, seine Stellung als Vertretungsorgan und seine
Vertretungsmacht.

Die Vorschrift ist geschaffen, um für das Auftreten von Vereinen im Rechtsverkehr
im Interesse der *Rechtssicherheit* klare Verhältnisse zu schaffen. Dabei ist man von
dem Modell der gesetzlichen Stellvertretung ausgegangen (Mot I 94/95), ohne daß
jedoch zu dem dogmatischen Streit um das Wesen der juristischen Person endgültig
Stellung genommen werden sollte (vgl unten Rn 10, zu dem Theorienstreit Einl 4 zu
§§ 21 ff).

Der Vorstand ist als verfassungsmäßiges **Vereinsorgan** nach dem BGB für den Begriff
des rechtsfähigen Vereins *wesentlich*. Da das Gesetz dies zwingend vorschreibt, ist
eine Satzungsbestimmung, welche den Vorstand als Vereinsorgan schafft, entbehrlich. Der Vorstand ist *kraft Gesetzes ein Organ des Vereins*.

2. Zusammensetzung des Vorstandes

Das Gesetz schreibt nur vor, daß der Verein einen Vorstand haben muß. Über die 2
Bildung des Vorstandes sagt das Gesetz lediglich, daß derselbe aus einer oder mehreren Personen bestehen kann. Die näheren Bestimmungen über die Bildung des
Vorstandes überläßt das Gesetz der Vereinssatzung. Der Vorstand „kann" nach § 26
Abs 1 aus mehreren Personen bestehen; ein einköpfiger Vorstand genügt jedoch den
Anforderungen dea Gesetzes.

Für die AG mit einem Grundkapital von mehr als 3 Mio DM und für die Genossenschaft ist ein Vorstand mit mindestens 2 Mitgliedern gesetzlich vorgeschrieben (§ 76
Abs 2 S 2 AktG; § 24 Abs 2 GenG). Die GmbH kann einen oder mehrere Geschäftsführer haben. Soweit ein mehrköpfiger Vorstand vorgesehen ist, gilt für die Aktivvertretung das Prinzip der *Gesamtvertretung* (§ 78 AktG; § 25 GenG; § 35 GmbHG;
beim Verein ist dies dagegen str (vgl unten Rn 12).

Zur Frage, ob die Satzung vorsehen kann, daß im Rahmen eines „*erweiterten*" oder
„*Gesamtvorstandes*" ein engerer geschäftsführender Vorstand gebildet wird, wobei
diesem zwar die Vertretung nach außen obliegt, er aber an die Beschlüsse jenes
weiteren Gremiums gebunden wird, vgl im einzelnen § 28 Rn 8 ff; auch OLG Düsseldorf DNotZ 1962, 645; KG Rpfleger 1978, 133. Die Satzung muß jedoch *eindeutig*
festlegen, wer Vorstand im Sinne des Gesetzes sein soll. Daher kann sie nicht bestimmen, entweder der Vorsitzende oder der stellvertretende Vorsitzende sei Vorstand
(OLG Celle NJW 1969, 326; BayObLGZ 1971, 266; vgl auch OLG Hamm DNotZ 1978, 292, betr
vertretungsberechtigten „Geschäftsführer" außerhalb des Vorstandes).

Die Satzung kann auch nicht vorschreiben, daß ein Mitglied des Vorstandes diesem *überhaupt nur bedingt angehören solle*, etwa nur für den Fall der Verhinderung eines anderen Mitgliedes oder des alleinigen Vorstandes (LG Köln Rpfleger 1970, 240; LG München DNotZ 1972, 667; BayObLG Rpfleger 1972, 400; BayObLG NJW-RR 1992, 802; vgl dazu auch MITTENZWEI MDR 1991, 492, 495 f; zur mangelnden Eintragungsfähigkeit im Vereinsregister s § 64 Rn 8). Zwar ist die Bedingungsfeindlichkeit der Vorstandsbestellung im Gesetz nicht ausdrücklich ausgesprochen, sie erscheint aber als ein Erfordernis der Sicherheit des Rechtsverkehrs (vgl LG Essen JW 1934, 2800 Nr 6). Freilich wird das nur gelten können, soweit es sich um die Legitimation des Vorstandes Dritten gegenüber, also um den Rechtsverkehr nach außen, handelt; der schuldrechtliche Bestellungsvertrag des Vorstandes mit den Gründern oder mit dem Verein verträgt Bedingungen.

Zulässig ist dagegen eine Bestimmung, daß ein frei werdendes Vorstandsamt bis zur Neuwahl an den *Vorsitzenden*, bei dessen Wegfall an den stellvertretenden Vorsitzenden fallen soll; hier handelt es sich um die Verteilung der Funktionen innerhalb des Vorstandes (LG Frankenthal Rpfleger 1975, 354). Ohne eine solche Bestimmung rückt der Stellvertreter bei Ausscheiden des Vorsitzenden nicht ohne weiteres in dessen Amt ein (BayObLG Rpfleger 1972, 400).

Zu der Frage, ob *gemischte Gesamtvertretung* zulässig ist, dh gemeinsame Vertretung durch ein Mitglied des Vereinsvorstandes und einen Dritten (Nichtorgan), vgl KIRBERGER Rpfleger 1979, 6, 48 ff (bejahend unter Hinweis auf ein entsprechendes praktisches Bedürfnis); OLG Hamm DNotZ 1978, 292 und 295 (verneinend wegen Verstoßes gegen das Prinzip der organschaftlichen Vertretung).

3 Der Vorstand oder die Mitglieder des Vorstands brauchen **nicht notwendig Mitglieder des Vereins** zu sein (OLG Köln NJW 1992, 1048, 1049; MünchKomm/REUTER Rn 7), durch die Satzung kann dies aber vorgeschrieben sein.

Werden Mitglieder des Vereins zu Vorstandsmitgliedern bestellt, so wird der Bestellungsvertrag nach den Umständen des Falles häufig, aber nicht notwendig, dahin auszulegen sein, daß mit dem Verlust der Vereinsmitgliedschaft auch das Amt als Vorstandsmitglied **endigen** soll; diese Auslegung wird aber im Zweifel dann abzulehnen sein, wenn das Vorstandsmitglied offensichtlich nur im Hinblick auf bestimmte Eigenschaften, die mit seiner Vereinsmitgliedschaft in keinem Zusammenhang stehen, als solches bestellt ist, zB als Jurist oder als Bankfachmann. Die Zuständigkeit zum Abschluß und zur Lösung eines Anstellungsvertrages mit einem Vorstandsmitglied liegt in der Regel bei dem Vereinsorgan, das für Bestellung und Abberufung des Vorstands zuständig ist, also grundsätzlich der Mitgliederversammlung (BGH NJW 1991, 1727, 1729); auch dies ist jedoch abdingbar. Zur bedingten Bestellung s oben Rn 2.

4 Die Satzung kann die Zahl der Mitglieder des Vorstands fest bestimmen oder nur eine Mindest- oder Höchstzahl festsetzen und die Entscheidung über die definitive Zahl der Vorstandsmitglieder dem Bestellungsbeschluß überlassen.

Über die **Organisation** eines mehrgliedrigen Vorstands kann die Satzung Näheres bestimmen. Sie kann zB bestimmte Vereinsämter (Vorsitzender, dessen Stellvertreter, Schriftführer, Kassenwart usw) vorsehen und bindende Normen über ihre

2. Titel. Juristische Personen. § 26
I. Vereine 5, 6

Besetzung aufstellen. Die Satzung kann auch festlegen, daß die Inhaber bestimmter Vereinsämter den Vorstand bilden; dann ist durch Auslegung zu ermitteln, ob damit auch die Kopfzahl des Vorstands verbindlich festgesetzt werden soll (OLG Düsseldorf NJW-RR 1989, 894). Eine Personalunion in der Weise, daß eine Person in verschiedene Vorstandsämter gewählt wird, ist grundsätzlich zulässig (OLG Düsseldorf aaO; LG Köln Rpfleger 1984, 422; SOERGEL/HADDING Rn 7; aA PALANDT/HEINRICHS Rn 4 und LG Darmstadt Rpfleger 1983, 445, die das nur bei ausdrücklicher satzungsmäßiger Grundlage zulassen wollen). In der Satzung kann jedoch geregelt werden, daß bestimmte Ämter, zB das des Vorsitzenden und das des Kassenwarts, nicht in einer Person vereint werden dürfen. Von solchen satzungsmäßigen Bindungen kann natürlich nur im Wege der Satzungsänderung (§ 33) abgewichen werden, nicht durch einfachen Beschluß der Mitgliederversammlung. Soweit jedoch keine Bindung durch die Satzung besteht, steht es der Mitgliederversammlung frei, innerhalb des Vorstandes bestimmte Ämter zu schaffen und auch die bestehenden durch Realunion oder Personalunion zu vereinigen.

3. Die Bezeichnung als Vorstand

Die *Bezeichnung „Vorstand"* ist bei Vereinen nach BGB im allgemeinen *nicht wesent-* 5 *lich*. Dagegen hat bei eingetragenen Vereinen der Registerrichter (Rechtspfleger) das Recht, Anmeldungen zurückzuweisen, wenn sie den „Vorstand" nicht als solchen ausdrücklich bezeichnen (§ 58 Nr 3), und darauf zu bestehen, daß der „Vorstand" unter dieser Bezeichnung zur Eintragung angemeldet wird, so daß das Vereinsregister seine gesetzliche Bestimmung zu erfüllen vermag. Der Registerrichter (Rechtspfleger) ist nicht verpflichtet, den Vorstand unter einem anderen Namen (Direktor, Ausschuß, Geschäftsführer usw) einzutragen.

4. Ständige Bestellung des Vorstandes?

Wenn auch der Vorstand als verfassungsmäßiges Organ zum Begriff des rechtsfähi- 6 gen Vereins nach dem BGB gehört, so ist doch *nicht notwendig*, daß das Amt oder die **„Organstellung"** des Vorstandes *in jedem Augenblick besetzt* ist. Letzteres geschieht durch die „Bestellung" des Vorstandes, was § 27 regelt (Prot I 506: „Das Gesetz verlangt nicht, es müsse in jedem Augenblick ein Vorstand vorhanden sein, sondern nur, daß in geeigneter Weise Vorsorge getroffen sei für die Beschaffung eines Vorstandes").

Den Fall, daß ein Vorstand vorübergehend nicht oder nur unvollständig bestellt ist, setzt § 29 voraus; er gibt zugleich ein Mittel zur Beseitigung des Mangels an. Wenn ein Vorstand nicht oder unvollständig bestellt ist, so hört der Verein nicht auf, zu existieren (vgl BGHZ 32, 318, 326). Dagegen ist der Verein dann nach außen, innerhalb des Bereichs der Vertretungsmacht des Vorstandes, *nicht handlungsfähig*.

Handlungsfähigkeit kann aber dem Verein dadurch gewahrt bleiben, daß satzungsgemäß neben dem Vorstand für gewisse Geschäfte „besondere Vertreter" bestellt sind (§ 30).

Ist ein Verein vorübergehend ohne Vorstand, so tritt *keine Ablaufhemmung* der Verjährung gem § 206 ein (RGZ 156, 291, 300; BGH NJW 1968, 692, 693; aM ENNECCERUS/

NIPPERDEY § 109 Fn 20); es liegt auch keine höhere Gewalt iS des § 203 Abs 2 vor (BGH BB 1971, 369; s auch § 206 Rn 7).

5. Der Vorstand im Gründungsstadium des Vereins

7 Andererseits muß ein Vorstand schon vor Existenz des rechtsfähigen Vereins, im *Gründungsstadium, vorhanden* sein, jedenfalls beim eingetragenen Verein. Der Vorstand hat den Verein unter Vorlage der Vereinssatzung zur Eintragung anzumelden (§ 59). Ebenso bleibt grundsätzlich der Vorstand auch nach Auflösung des Vereins und nach Entziehung der Rechtsfähigkeit in Tätigkeit, wenn auch unter anderem Namen (§§ 48, 78), zum Zwecke der Liquidation des Vereinsvermögens und der erforderlichen Anmeldungen und Bekanntmachungen. Jedoch sind in bezug auf die Bestellung, Vertretungsmacht und Geschäftsführung des Vorstandes im Gründungsstadium nicht die §§ 26, 27 ff, sondern mit gewissen Ausnahmen die Gesellschaftsregeln anzuwenden.

6. Der Vorstand als Vertretungsorgan

8 Der Vorstand *vertritt* den Verein gerichtlich und außergerichtlich. Damit ist gesagt: die Willenserklärungen des Vorstandes sind Willenserklärungen des Vereins, sie berechtigen und verpflichten den Verein unmittelbar. Der Vorstand ist das *ordentliche Vertretungsorgan* des Vereins.

Die Satzung kann vorschreiben, daß der Vorstand *Erklärungen*, die er für den Verein abgibt, in bestimmter *Form*, zB schriftlich, abzugeben habe oder daß er außer mit seinem Namen mit dem des Vereins zu unterzeichnen habe; im Zweifel wird man derartige Satzungsbestimmungen aber nur als Ordnungsvorschriften aufzufassen haben (vgl RG JW 1933, 1331 m Anm RIEZLER = HRR 1933 Nr 138). Doch ist eine andere Auslegung nicht ausgeschlossen. Vgl unten Rn 11.

7. Umfang der Vertretungsmacht des Vorstands

9 Die **gesetzliche Vertretungsmacht des Vorstands** reicht grundsätzlich so weit wie die Rechtsfähigkeit des Vereins. Überschreitet der für den Verein handelnde Vorstand seine Vertretungsmacht, so sind die Vorschriften der §§ 177–180 anzuwenden (vgl auch unten Rn 18). Die Vertretungsmacht wird nicht durch Bevollmächtigung seitens der Mitglieder, sondern durch Gesetz begründet. Durch die Satzung kann sie dem Vorstand nicht völlig entzogen, sondern nur beschränkt werden. Näheres dazu unten Rn 11.

Das deutsche Privatrecht steht, wie schon § 82 AktG und § 38 Abs 2 GmbHG zeigen, nicht auf dem Boden der Ultra-Vires-Doktrin, wie sie zB in England – wenn auch inzwischen mit Einschränkungen – gilt (vgl Einl 25 zu §§ 21 ff), sondern schützt die Interessen Dritter, denen nicht zuzumuten ist, besondere Nachforschungen nach den inneren Verhältnissen des Vereins anzustellen. Die Vertretungsmacht des Vorstands wird also nicht schon grundsätzlich durch den Vereinszweck beschränkt. Die hL weicht jedoch von diesem Grundsatz dann ab, wenn das Geschäft für Dritte *erkennbar außerhalb des Vereinszwecks* liegt (vTUHR, AT I 527; ENNECCERUS/NIPPERDEY § 109 II; LARENZ § 10 II b; PALANDT/HEINRICHS Rn 5; der BGH hat sich in JZ 1953, 474, 475 in einem obiter dictum in diesem Sinne geäußert, in NJW 1980, 2799, 2800 die Frage offengelassen). Nach einer verbreiteten Auffassung soll dann schon die Vertretungsmacht des Vorstands fehlen, während nach anderer Ansicht das Handeln des Vorstands einen Mißbrauch der Vertretungsmacht darstellt und deshalb dem Verein nicht zugerechnet wird (Soergel/Hadding Rn 20; Flume, Die juristische Person § 10 II 2; K Schmidt, Gesellschaftsrecht [2. Aufl] § 8 V 2 b; Reichert/Dannecker Rn 1369; MünchKomm/Reuter Rn 17 bei „offenkundigem Mißbrauch" und mindestens grober Fahrlässigkeit des Partners). Die Lösung über **Mißbrauch der Vertretungsmacht** verdient den Vorzug. Mit dem das deutsche Recht beherrschenden Grundsatz von Treu und Glauben im rechtsgeschäftlichen Verkehr wäre es in der Tat nicht vereinbar, wenn der Verein auch solche Geschäfte gegen sich gelten lassen müßte, von denen der Partner sich ohne weiteres sagen mußte, daß sie mit den typischen Zwecken des Vereins in keinem Zusammenhang stehen. Eine Prüfungspflicht des Dritten, wie sie das RG in einem konkreten Fall bejahte (Recht 1907, 1059 Nr 2497, allerdings für eine jur Person des öff Rechts), wird man jedoch nur in Ausnahmefällen annehmen dürfen, wenn bereits deutliche Indizien dafür bestehen, daß das fragliche Geschäft außerhalb der typischen Zwecksetzung des Vereins liegt.

Wegen des eventuellen Einstehenmüssens für einen Mißbrauch der Vertretungsmacht unter dem Gesichtspunkt der culpa in contrahendo vgl § 31 Rn 9.

Bei *juristischen Personen des öffentlichen Rechts* ist nicht nur die Vertretungsmacht der Organe, sondern die Rechtsfähigkeit selbst beschränkt (BGHZ 20, 119, 126). Auch gelten andere Regeln hinsichtlich des Schutzes des guten Glaubens an die Vertretungsmacht (OLG Celle RdL 1965, 246; BayObLG ZGenW 1963, 337).

S auch Staudinger/Rawert (1995) § 89 Rn 40.

8. Die Stellung des Vorstandes

Nach § 26 Abs 2 ist der Vorstand **nicht gesetzlicher Vertreter des Vereins**, sondern hat die *Stellung* eines gesetzlichen Vertreters. Der Vorstand bildet einen Teil der Vereinsorganisation selbst und steht daher dem Verein nicht wie einer dritten fremden Person gegenüber, etwa wie der Bevollmächtigte gegenüber dem Vollmachtgeber oder der Vormund gegenüber dem Mündel. Indem § 26 sagt, der Vorstand „hat die Stellung eines gesetzlichen Vertreters", wollte man, wie in der 2. Komm hervorgehoben wurde, die „Konstruktionsfrage" unentschieden lassen, ob die juristische Person handlungsunfähig und von dem Vorstand vertreten oder handlungsfähig und der Vorstand ein Bestandteil derselben ist. Man wollte aber zugleich aussprechen, daß *alle Befugnisse eines gesetzlichen Vertreters* dem Vorstand zustehen; man wollte hiermit „die Vorteile wahren, welche sich aus dem Hinweis auf die Stellung eines gesetzlichen Vertreters für die Bemessung des Umfangs der Vertretungsmacht des Vorstandes ergeben" (Prot I 509). In der Tat erschöpft aber der Satz, daß der Vorstand „die Stellung eines gesetzlichen Vertreters" habe, nicht die rechtliche Bedeutung der dem Vorstand vom Gesetz zugewiesenen Stellung.

9. Satzungsmäßige Beschränkung der Vertretungsmacht

Die Satzung kann die **Vertretungsmacht** des Vorstandes **mit Wirkung gegen Dritte**

beschränken. Die Satzung hat also in diesem Falle, aber nur in diesem (vgl RG JW 1928, 240), eine „*Außenwirkung*". Soll eine Satzungsbestimmung diese Wirkung haben, so muß sich jedoch die Beschränkung der Vertretungsmacht *eindeutig* aus ihr ergeben; andernfalls kommt einer Einschränkung des Handlungsspielraums des Vorstands nur vereinsinterne Bedeutung zu (BGH NJW 1980, 2799, 2800). Die Satzung kann vorschreiben, daß dem Vorstand gewisse Geschäfte verboten, nur unter Bedingungen gestattet sein sollen oder nur in bestimmter Form, nur persönlich, nur schriftlich, oder daß zB bei Kreditgeschäften über einen bestimmten Betrag oder bei Grundstücksgeschäften (OLG Hamm OLGZ 1987, 452) die Mitwirkung der Mitgliederversammlung bzw Genehmigung der Mitgliederversammlung oder eines Aufsichtsrats notwendig ist, oder daß für gewisse Geschäfte nicht der Vorstand, sondern (vgl KG JW 1936, 2929) „besondere Vertreter" den Verein ausschließlich zu vertreten haben (§ 30 Rn 6). Die juristische Person wird durch ihre Organe und gesetzlichen Vertreter nur innerhalb des diesen *zugewiesenen satzungsmäßigen Wirkungskreises* vertreten und verpflichtet (RG Recht 1907, 1059 Nr 2497). Die satzungsmäßigen Beschränkungen der Vertretungsmacht des Vorstandes wirken also grundsätzlich gegenüber Dritten (RG HRR 1936 Nr 1208, unter besonderem Hinweis darauf, daß die Vertretungsmacht des Vorstandes nach § 64 einzutragen ist); anders bei der AG nach § 82 AktG und bei der GmbH nach § 37 Abs 2 GmbHG.

Die Satzung, *nicht* ein *Beschluß der Mitgliederversammlung*, kann die Vertretungsmacht des Vorstandes mit Wirkung gegen Dritte beschränken. Dagegen kann – je nach der Stellung des Vorstandes im Verein – ein Beschluß der Mitgliederversammlung den Vorstand nach innen, dem Verein gegenüber, verpflichten (§ 27 Abs 3).

12 § 26 Abs 2 S 1 beschränkt sich auf die allgemeine Aussage, daß „der Vorstand" den Verein vertritt. Das Gesetz läßt jedoch die nähere Regelung für den Fall des mehrgliedrigen Vorstands offen; es überläßt dies der Ausgestaltung durch die Satzung. Diese muß bestimmen, ob nur alle Mitglieder des Vorstands gemeinsam (Gesamtvertretung) oder jedes Mitglied allein (Alleinvertretung) oder mehrere Mitglieder (zB je zwei) gemeinsam Vertretungsmacht haben.

Probleme ergeben sich, wenn die Satzung keine oder nur eine unvollständige Regelung enthält. Gibt es nur **zwei Vorstandsmitglieder**, so gilt unstreitig **Gesamtvertretung**, da es für eine Alleinvertretung einer Satzungsregelung bedürfte und Mehrheitsvertretung nicht in Frage kommt.

a) Umstritten ist vor allem die Frage, ob bei einem **Vorstand mit mehr als zwei Mitgliedern** in Ermangelung einer Satzungsregelung auch Gesamtvertretung aller Mitglieder gilt oder ob Vertretung durch die Mehrheit der Vorstandsmitglieder genügt. Innerhalb der letztgenannten Meinungsgruppe besteht zusätzlich Uneinigkeit, ob eine Mehrheit der Gesamtzahl der Vorstandsmitglieder (so vTuhr, AT I 531; Larenz, AT § 10 II b) oder nur die Mehrheit der an der internen Beschlußfassung beteiligten Vorstandsmitglieder erforderlich ist (so die übw Meinung, zB Enneccerus/Nipperdey § 109 Fn 19; K Schmidt, Gesellschaftsrecht, [2. Aufl], § 24 III 2; Palandt/Heinrichs Rn 6; wohl auch Soergel/Hadding Rn 16). Der BGH hat bisher nicht ausdrücklich Stellung genommen; BGHZ 96, 245 (247) steht mit der Formulierung „vertretungsberechtigte Zahl" von Vorstandsmitgliedern der Mehrheitslösung jedenfalls nicht im Wege. Für die grundsätzliche Geltung der Gesamtvertretung spricht zwar, daß das

2. Titel. Juristische Personen.
I. Vereine

§ 26
13, 14

Gesetz in § 28 Abs 1 das Mehrheitsprinzip nur für die interne Beschlußfassung im Vorstand vorsieht und daß bei AG, GmbH und eG im Zweifel Gesamtvertretung gilt. Die letzte Bearbeitung STAUDINGER/COING[12] hatte sich deshalb für diese Lösung entschieden (ebenso REICHERT/DANNECKER [5. Aufl], Rn 1402; HÜBNER, AT Rn 139). Andererseits sprechen gewichtige Gründe für die Lösung über das Mehrheitsprinzip: Bereits in der 2. Kommission hatte sich die Mehrheit gegen die Gesamtvertretung ausgesprochen (Prot I 513/514); das Schweigen des Gesetzes zum Außenverhältnis sollte also keinen Gegensatz, sondern Parallelität zum Mehrheitsprinzip im Innenverhältnis gemäß § 28 Abs 1 zum Ausdruck bringen. Ferner ergibt sich aus § 64, der Eintragungspflicht für Abweichungen vom Mehrheitsprinzip nach § 28 Abs 1 vorsieht, daß das Gesetz auch von einer gewissen Relevanz des § 28 Abs 1 im Außenverhältnis ausgeht. Für eine Parallelität von Beschlußfassung und Vertretungsmacht und gegen eine Vertretung durch alle Vorstandsmitglieder gemeinsam sprechen schließlich auch Praktikabilitätsgründe (SOERGEL/HADDING Rn 16). Aus diesen Erwägungen ist – abweichend von der letzten Bearbeitung – der **Lösung über das Mehrheitsprinzip** der Vorzug zu geben.

Hinsichtlich der Berechnung der Mehrheit wäre es aus Gründen der Transparenz für die Geschäftspartner zwar besser, auf die Mehrheit aller Vorstandsmitglieder abzustellen (so schon Begründung von VTUHR I 513 f). Diese Meinung hat sich jedoch nicht durchgesetzt; sie würde auch die Parallelität von Beschlußfassung und Vertretungsmacht wieder durchbrechen und zur Folge haben, daß uU ein Vorstandsmitglied, das gegen das Geschäft gestimmt hat, bei der Vertretung mitwirken muß. Vertretungsmacht hat also bei Fehlen einer Satzungsregelung diejenige Anzahl von Vorstandsmitgliedern, die zur wirksamen Beschlußfassung nach § 28 Abs 1 erforderlich ist. Identität der beschlußfassenden und der vertretenden Vorstandsmitglieder ist dagegen nicht erforderlich. Zu der Streitfrage, ob die Anmeldung des Vereins zum Handelsregister ausnahmsweise durch alle Vorstandsmitglieder erfolgen muß oder auch hier eine vertretungsberechtigte Zahl von Vorstandsmitgliedern genügt, s § 59 Rn 10.

b) Umstritten ist ferner, ob beim mehrgliedrigen Vorstand ein nach § 28 Abs 1 ordnungsgemäßer Vorstandsbeschluß Voraussetzung für eine wirksame Vertretungshandlung ist. Dazu näher § 28 Rn 8 ff.

13

c) Unzweifelhaft können sich der Vorstand oder einzelne seiner Mitglieder **bei Abgabe der Erklärungen** wieder **vertreten** lassen. Der Vorstand kann zB einzelnen Mitgliedern Vollmacht erteilen, den Beschluß auszuführen (MünchKomm/REUTER Rn 15). Darin liegt weder ein Verstoß gegen eine Satzungsbestimmung über Gesamtvertretung noch gegen das sonst geltende Mehrheitsprinzip (vgl o Rn 12).

14

Über die Form der Erklärungen des Vorstandes enthält das Gesetz keine Regelung, die Satzung braucht keine Bestimmung zu enthalten (§§ 57, 58). Enthält die Satzung eine Bestimmung dahin, daß der Vorstand Willenserklärungen nur persönlich abgeben kann, so würde die Bestimmung eine Beschränkung der Vertretungsmacht darstellen, welche gem § 26 Abs 2 auch gegen Dritte wirkt. Fehlt eine solche Satzungsbestimmung, so steht der Vertretung des Vorstandes durch einzelne Vorstandsmitglieder (vgl BAG BB 1956, 79) oder durch Dritte sowie der Vertretung eines einzelnen Vorstandsmitgliedes (vgl BayObLG Rpfleger 1969, 243) bei Abgabe von Willenserklärungen (freilich nur hierbei) kein Hindernis im Wege. Die hierzu erforderliche Vertretungsmacht kann den Vertretern des Vorstandes auf dem Wege der *Vollmacht* (§ 167) beschafft werden, die vom Gesamtvorstand erteilt wird. Die Vollmacht bedarf grundsätzlich keiner Form, sie kann daher auch mündlich erklärt werden, ebenso wie die Genehmigung des von einem Vorstandsmitglied abgeschlossenen Rechtsgeschäftes. Voraussetzung ist jedoch für beides die Erklärung in einer unter Bezeichnung des Gegenstandes der Beratung berufenen Vorstandsversammlung (§§ 28 Abs 1, 32); RG Recht 1909 Nr 2348. Zu beachten ist jedoch, daß eine satzungsmäßige Anordnung der *Gesamtvertretung nicht ausgehöhlt* werden darf. Im Widerspruch dazu stände zB eine Generalbevollmächtigung eines Mitglieds durch die anderen zu allen erdenklichen Rechtshandlungen; dadurch würde der durch die Satzungsregelung bezweckte Schutz des Vereins vereitelt (OLG München NJW-RR 1991, 893; MITTENZWEI MDR 1991, 492, 494; zum GmbH-Recht BGHZ 34, 27, 30 und BGH NJW-RR 1986, 778). Statt dessen ist eine Satzungsänderung erforderlich. Zulässig ist etwa eine Satzungsbestimmung, daß der Vorstand nach außen bei Abgabe von Willenserklärungen sich durch den Vorsitzenden allein vertreten lassen darf oder daß er in der Ausübung seiner Vertretungsmacht durch ein Mitglied vertreten wird.

15 d) Für die *Empfangnahme von Willenserklärungen*, welche gegenüber dem Verein abgegeben werden, schreibt § 28 Abs 2 vor, daß die Abgabe gegenüber einem Mitglied des Vorstandes genügt (vgl § 171 Abs 3 ZPO); s § 28 Rn 13.

10. Die Beschlußfassung

16 Für die den Vertretungsakten des Vorstandes vorausgehenden Beschlußfassungen des Vorstandes gilt *nicht* das *Kollektivprinzip*, sondern das *Majoritätsprinzip*. Legt man das Prinzip der Gesamtvertretung zugrunde, so erwächst aus den Mehrheitsbeschlüssen der Vorstandsversammlung den nicht zustimmenden Mitgliedern die Pflicht, bei ihrem Vollzug in Gestalt der Gesamtvertretung *mitzuwirken*, soweit solche Mitwirkung nicht dadurch entbehrlich wird, daß für den Vorstand ein Vertreter handelt, der als solcher nicht die Mehrheit des Vorstandes, sondern den Gesamtvorstand vertritt (vgl unten Rn 17). Nach der hier (o Rn 12) vertretenen Auffassung genügt es, daß eine der Beschlußmehrheit entsprechende Zahl von Vorstandsmitgliedern die Vertretung wahrnimmt.

Die Beschlußfähigkeit eines mehrgliedrigen Vorstandes setzt *Ladung* aller bestellten Vorstandsmitglieder voraus, es sei denn, ein Mitglied habe ausdrücklich auf Ladung verzichtet oder ohne Ladung an der Sitzung teilgenommen; ob die Stimme des Nichtgeladenen von Bedeutung gewesen wäre, ist unerheblich (vgl OLG Schleswig SchlHAnz 1960, 239).

17 a) Ist satzungsgemäß *Einstimmigkeit der Beschlußfassung* des Vorstandes zu Vertretungshandlungen erforderlich, so können einzelne Vorstandsmitglieder als Vertreter des Vorstandes und daher mittelbar als Vertreter des Vereins nur mit **Vollmacht** der übrigen Vorstandsmitglieder handeln. Diese Vollmacht kann in dem einstimmigen Beschluß selbst ausgesprochen sein. Ist Mehrheitsbeschluß genügend, weil eine entgegenstehende Satzungsbestimmung nicht existiert, so können einzelne Vorstandsmitglieder den Gesamtvorstand aufgrund eines sie hierzu ermächtigenden *Mehrheitsbeschlusses* des Vorstandes vertreten. Sie vertreten dann auch die nicht zustimmenden Vorstandsmitglieder, weil sie den Vorstand als solchen vertreten. Dies ist ausgeschlossen, wenn die Satzung für die Vertretung die Form der persönlichen Erklärung vorschreibt. Dann sind aufgrund des Mehrheitsbeschlusses die nicht zustimmenden Vorstandsmitglieder verpflichtet, die beschlußgemäße Willenserklärung für den Verein abzugeben. Die Vollmacht zur Vertretung des Vorstandes kann nicht bloß von Fall zu Fall, sondern auch ein für allemal in der Satzung erteilt sein (vgl oben Rn 14).

b) Soweit nach der Satzung das Prinzip der Gesamtvertretung gilt, ist das *einzelne* **18** *Vorstandsmitglied* als solches *nicht vertretungsberechtigt*. Die Vertretungsmacht steht allen Vorstandsmitgliedern zusammen zu. Tritt ein Vorstandsmitglied allein auf, ohne Vollmacht der übrigen, so finden die Vorschriften über Handeln ohne Vertretungsmacht (§§ 177–180) Anwendung.

Gleiches gilt in dem Fall, wenn der *Gesamtvorstand* den Verein nur unter satzungs- **19** mäßigen Beschränkungen zu vertreten berechtigt ist, wenn er zB satzungsgemäß in einem bestimmten Fall an die Zustimmung eines Aufsichtsrats oder einer Mitgliederversammlung gebunden ist und die satzungsgemäße Schranke der Vertretung nicht eingehalten wurde.

c) Der Vorstand braucht den Verein **nicht ausschließlich** zu vertreten. Nach § 30 **20** können dem Vorstand für gewisse Geschäfte durch die Satzung besondere Vertreter zur Seite gestellt werden, welche den Verein innerhalb des ihnen zugewiesenen Bereichs selbständig vertreten. Dagegen steht der *Mitgliederversammlung* die Vertretung des Vereins nach außen nicht zu, auch nicht im Fall der Beschränkung der Vertretungsmacht des Vorstands; ebensowenig kann ihr, als Mitgliederversammlung, die Vertretungsmacht für diesen Fall durch die Satzung übertragen werden.

Wenn die sämtlichen Mitglieder satzungsgemäß den Vorstand bilden, hat ihre Gesamtheit Vertretungsmacht, aber nicht als Mitgliederversammlung, sondern als Vorstand. Vgl vTuhr, AT I 512 f.

11. Die gerichtliche und außergerichtliche Vertretung des Vereins durch den Vorstand

a) Gerichtlich

Der Vorstand hat im *Prozeß* die Stellung eines *gesetzlichen Vertreters* des Vereins **21** (Rosenberg/Schwab/Gottwald, Zivilprozeßrecht [15. Aufl 1993] § 43 II 2 a). Dementsprechend kann er nicht als Zeuge im Prozeß des Vereins vernommen werden. Im Falle einer Parteivernehmung (§§ 445 ff, vgl § 455 ZPO) ist er zu vernehmen und evtl (§ 452 ZPO) zu beeidigen; besteht er aus mehreren Personen, so bestimmt das Gericht nach Lage des Falles, ob alle oder nur einzelne zu vernehmen sind (Analogie zu § 449 ZPO). Der Vorstand bestellt den Prozeßbevollmächtigten; er verfügt über den Prozeßstoff und über den Prozeßanspruch. Es sind auf den Vorstand anzuwenden die Bestimmungen der §§ 41 Nr 4, 51, 86, 130 Nr 1, 171 Abs 2 und 3, 184, 185 ZPO. Der Vorstand eines eingetragenen Vereins ist auch zur Stellung eines *Strafantrags* für den Verein berechtigt und kann hierzu auch eines oder mehrere seiner Mitglieder oder einen anderen bevollmächtigen (vgl RGSt 15, 145; 35, 268; 44, 348; Herdegen, in: Leipziger Kommentar zum StGB [10. Aufl 1989] § 194 Rn 2; BGHSt 6, 186, 187 für

GmbH). Der Vorstand vertritt den Verein auch im Privatklageverfahren, sofern man (was bestritten ist; s dazu SCHÖNKE/SCHRÖDER/LENCKNER, StGB [24. Aufl 1991] Vorbem 3, 3 a zu § 185) annimmt, daß ein Verein beleidigt werden könne, nicht dagegen bei Beleidigung einzelner Vereinsmitglieder, auch nicht, wenn sich die Beleidigung auf deren Vereinstätigkeit bezieht.

Der Vorstand vertritt den Verein auch in der Stellung des Antrags auf Eröffnung des Konkursverfahrens oder des gerichtlichen Vergleichsverfahrens (dazu § 42); zur Leistung der eidesstattlichen Versicherung durch ein einzelnes Vorstandsmitglied s LG Köln Rpfleger 1972, 406.

Die gesetzliche Vertretung übt der Vorstand im gerichtlichen Verfahren über die Vereinsgründung schon *vor* der Erlangung der Rechtsfähigkeit seitens des Vereins aus.

b) Außergerichtlich
22 Der Vorstand vertritt den Verein

aa) vor den *Verwaltungsbehörden* im Verfahren betreffend den Einspruch (§ 61) sowie die Entziehung der Rechtsfähigkeit (§ 43);

bb) vor den Verwaltungsbehörden in bezug auf die nach den Normen des öffentlichen Rechts dem Verein obliegenden Handlungen; auch vor den Verwaltungsgerichten;

cc) bei privatrechtlichen Willenserklärungen gem *§§ 164 ff.* Soweit die rechtlichen Folgen einer Willenserklärung durch *Willensmängel* oder durch **Kenntnis** oder Kennenmüssen gewisser Umstände beeinflußt werden, kommt nach dem auch hier anwendbaren § 166 Abs 1 die Person des im entscheidenden Zeitpunkt im Amt befindlichen Vorstandes in Betracht. Nicht anwendbar auf den Vorstand ist aber § 166 Abs 2 (vgl STAUDINGER/DILCHER[12] § 166 Rn 30; PALANDT/HEINRICHS § 166 Rn 7; SOERGEL/HADDING Rn 11).

Bei mehrköpfigem Vorstand und auch bei Gesamtvertretung genügt es, wenn die *Kenntnis* bei einem *Mitglied* des Vorstandes gegeben war (hM u Rspr, vgl MERTENS, in: Kölner Kommentar zum AktG [2. Aufl 1989] § 76 Rn 63 f mN zum Meinungsstand; RG DR 1943, 984; BGHZ 41, 282, 287 mwN). Es kommt nicht darauf an, daß die betreffende Angelegenheit zum Geschäftskreis dieses Mitgliedes gehört. Die juristische Person gilt als wissend, auch wenn das betreffende Mitglied sein Wissen verschweigt (BGHZ 20, 149, 153: Verschweigen eines Bestätigungsschreibens) oder später ausscheidet (BGH WM 1959, 81).

Diese Grundsätze gelten auch, soweit es außerhalb von Rechtsgeschäften auf das *Kennen* bestimmter Tatsachen ankommt, wie bei § 852 oder § 990.

Soweit ein Irrtum bei Abschluß eines Rechtsgeschäftes in Frage steht, kommt es dagegen darauf an, daß das irrende Mitglied sachlich beteiligt war (MERTENS § 76 Rn 69).

Diese Grundsätze gelten allgemein für juristische Personen (BGHZ 20, 149, 153). Kritisch dazu BAUMANN ZGR 1973, 284 f. Der Vorstand übt die Rechte des Vereins aus und hat für den Verein Gewahrsam. Bezüglich des Besitzes s STAUDINGER/BUND[12] § 854.

Auch für die Vertretungsmacht des Vorstandes gelten die Grundsätze des Vollmachtsmißbrauches (vgl RGZ 145, 311, betr AktG).

c) **Steuerrechtlich** hat der Vorstand als gesetzlicher Vertreter einer juristischen Person deren steuerliche Pflichten zu erfüllen (§ 34 Abs 1 AO). Einzelheiten dazu bei REICHERT/DANNECKER [5. Aufl], Rn 1949. Zur Haftung bei Gesamtvertretung vgl FinG Saarland BB 1970, 910; REICHERT/DANNECKER [5. Aufl], Rn 1952, 1953 mwN.

12. Der Vorstand **vertritt** den Verein ferner **nach innen**, gegenüber den Mitgliedern. Er beruft die Mitgliederversammlung, sofern nicht die Satzung hierfür ein anderes Organ bestimmt.

13. Haftung

Vernachlässigt der Vorstand die ihm als solchem den Mitgliedern gegenüber obliegenden Pflichten, so *haftet* dafür der *Verein* nach allgemeinen Grundsätzen; besonders über die Haftung eines geselligen Vereins für die Rückgewähr der von seinen Mitgliedern im Garderoberaum des Vereinshauses abgelegten Sachen vgl RGZ 103, 265 ff.

Die Mitglieder des Vorstands haften *dem Verein* für Pflichtverletzungen aus dem organschaftlichen Rechtsverhältnis (SOERGEL/HADDING § 27 Rn 23) in analoger Anwendung des Auftragsrechts (vgl § 27 Abs 3), ferner aus dem Anstellungsverhältnis sowie nach Deliktsrecht und sonstigen allgemeinen Haftungsregeln. Es gilt grundsätzlich der allgemeine Haftungsmaßstab des § 276, doch kann die Satzung etwas anderes bestimmen, zB leichte Fahrlässigkeit ausklammern. § 680 ist entsprechend anwendbar. Die arbeitsrechtlichen Grundsätze der Haftungsfreistellung von Arbeitnehmern (früher bei „gefahrgeneigter Arbeit", jetzt auch darüber hinaus) sind grundsätzlich nicht anwendbar, können jedoch bei ehrenamtlicher Tätigkeit uU entsprechend angewendet werden (BGHZ 89, 153, 157 ff; str).

14. Regelungen außerhalb des BGB

Eingehende Regelungen der Stellung des Vorstandes bzw der gesetzlichen Vertreter finden sich für die AG (§§ 76–94 AktG), für die GmbH (§§ 35–39 GmbHG) und die Genossenschaft (§§ 24–29 GenG). Die Regelungen bauen zwar auf den gleichen Grundgedanken auf wie die des Vereinsrechts (Trennung von Vertretung und Geschäftsführung, Organstellung und Dienstverträgen, gesetzlich definierte Vertretungsmacht, Publizität durch Register), weisen aber auch erhebliche *Abweichungen* von der Regelung im Vereinsrecht des BGB auf. – Zum Verbot der Übertragung der organschaftlichen Vertretungsmacht bei der GmbH s BGH NJW 1977, 199 mwN.

§ 27

[1] Die Bestellung des Vorstandes erfolgt durch Beschluß der Mitgliederversammlung.

[2] Die Bestellung ist jederzeit widerruflich, unbeschadet des Anspruchs auf die vertragsmäßige Vergütung. Die Widerruflichkeit kann durch die Satzung auf den Fall beschränkt werden, daß ein wichtiger Grund für den Widerruf vorliegt; ein solcher Grund ist insbesondere grobe Pflichtverletzung oder Unfähigkeit zur ordnungsmäßigen Geschäftsführung.

[3] Auf die Geschäftsführung des Vorstandes finden die für den Auftrag geltenden Vorschriften der §§ 664 bis 670 entsprechende Anwendung.

Materialien: E I § 44; II § 26; III § 24; Mot I 95 ff; Prot I 377 ff, 509 ff, 552 ff; JAKOBS/SCHUBERT, AT I 143, 153 ff.

Schrifttum

BARNER, Die Entlastung als Institut des Verbandsrechts (Diss Berlin 1989)
BAUMS, Der Geschäftsleitervertrag (1987)
GRUNEWALD, Auskunftserteilung und Haftung des Vorstands im bürgerlich-rechtlichen Verein, ZIP 1989, 962
LEPKE, Zum Recht des Vereinsmitgliedes auf Auskunft außerhalb der Mitgliederversammlung, NJW 1966, 2099
LUTTER, Zur Rechnungslegung und Publizität gemeinnütziger Spenden-Vereine, BB 1988, 489
MARTENS, Die außerordentliche Beendigung von Organ- und Anstellungsverhältnis, in: FS Werner (1984) 495
PLANDER, Zur Bestellung der Geschäftsführer einer mehrgliedrigen GmbH, Gedanken zur Auslegung des § 27 Abs 1 BGB und der §§ 6 Abs 2, 46 Nr 5, 47 Abs 1 GmbHG, GmbH-Rdsch 1968, 197
RICHERT, Zur Frage der Amtsniederlegung des Vereinsvorsitzenden, SchlHA 1956, 194
SÄCKER/OETKER, Probleme der Repräsentation von Großvereinen (1986)
K SCHMIDT, Entlastung, Entlastungsrecht und Entlastungsklage des Geschäftsführers einer GmbH – Versuch einer Neuorientierung, ZGR 1978, 425
ders, Ultra-vires-Doktrin: tot oder lebendig? Bemerkungen zur Organvertretungsmacht, AcP 184 (1984) 529
U STEIN, Das faktische Organ (1984).

Systematische Übersicht

I. Die Bestellung des Vorstandes
1. Begriffsbestimmung ___ 1
2. Der Vorgang der Bestellung ___ 2
3. Bestellung durch Vereinsorgane und Kooptation ___ 3
4. Organbestellung durch Dritte ___ 4
5. Wer kann zum Vorstand bestellt werden? ___ 5
6. Rechtliche Natur der Bestellung ___ 9
7. Dauer der Bestellung ___ 13
8. Widerruf ___ 14
9. Umfang des Widerrufs ___ 15
10. Widerruf durch die Mitgliederversammlung? ___ 16
11. Wirksamwerden des Widerrufs ___ 17
12. Gründe für die Beendigung der Bestellung ___ 18
13. Vertrauensschutz Dritter? ___ 21

II. Die Geschäftsführungsaufgabe des Vorstandes ___ 22

2. Titel. Juristische Personen. §27
I. Vereine 1—3

1.	Satzungsmäßiger Ausschluß der Auftragsregeln	23	3.	Einzelheiten	25
2.	Entsprechende Anwendung der Auftragsregeln	24	4.	Persönliche Geschäftsführung	26
			5.	Die Entlastung des Vorstandes	27

I. Die Bestellung des Vorstandes

1. Begriffsbestimmung

„Bestellung" des Vorstands ist die verfassungsmäßige *Berufung* einer oder mehrerer **1** Personen *zur Organstellung* des Vorstandes (vGIERKE, Die Genossenschaftstheorie und die Deutsche Rechtsprechung [1885] 674).

Dagegen ist unter Bestellung des Vorstandes *nicht* zu verstehen die *„Bildung" des Organs* des Vorstandes mit den nach der Verfassung des Vereins dazu gehörigen Besonderheiten. Die Bestimmung darüber, ob der Vorstand „ein Einzelner ist oder eine Mehrheit Einzelner oder ein Kollegium und welche Merkmale entscheidend sind für die Bestimmung der Vorsteher oder Vorstandsmitglieder", das alles gehört zur „Bildung" des Organs des Vorstandes und ist ein Bestandteil der Verfassung des Vereins und der Satzung (§ 58 Nr 3). Die Bestellung des Vorstandes bedeutet die *Verwirklichung* der Verfassung und setzt die erforderlichen gesetz- und satzungsmäßigen Bestimmungen über die Bildung des Vorstandes voraus.

2. Der Vorgang der Bestellung

Bestellt wird der Vorstand *durch* die *in* der *Satzung bezeichneten Organe*. Enthält die **2** Satzung keine Vorschriften, so entscheidet § 27 Abs 1: Die *Mitgliederversammlung* bestellt den Vorstand. Dabei entscheidet gem § 32 Abs 1 S 3 die Mehrheit der erschienenen Mitglieder, also die sog *absolute Mehrheit*, wobei jedoch Stimmenthaltungen und ungültige Stimmen den nicht Erschienenen gleichzustellen sind (vgl BGHZ 83, 35, 37 und § 32 Rn 13 mwN. Anders OERTMANN Anm 1 a, der sog relative Mehrheit genügen lassen will). Vgl über die Stimmenzählung des Näheren § 32 Rn 13. Der Kandidat kann mitstimmen.

In den in § 29 bezeichneten „dringenden Fällen" werden der Vorstand oder die „erforderlichen Mitglieder des Vorstandes" durch das *Amtsgericht bestellt*, das für den Bezirk, in dem der Verein seinen Sitz hat, das Vereinsregister führt.

3. Bestellung durch Vereinsorgane und Kooptation

Die Satzung kann die Bestellung des Vorstandes statt der Mitgliederversammlung **3** einem *anderen Vereinsorgan*, zB einem Aufsichtsrat oder Kuratorium (BayObLGZ 1984, 1, 3), übertragen oder die Wahl unnötig machen, indem ein Wechsel der Vorstandschaft unter den Mitgliedern überhaupt oder unter den Mitgliedern von einer bestimmten Eigenschaft vorgeschrieben wird, oder dem Vorstand selbst das Recht der Ergänzung (**Kooptation**) eingeräumt wird (BGB-RGRK/STEFFEN Rn 1; SOERGEL/HADDING Rn 7; SAUTER/SCHWEYER Rn 255). Dem bestellenden Organ steht auch, falls die Satzung nichts anderes bestimmt, der *Widerruf der* Bestellung zu. Vgl aber unten

Rn 16. Bei Selbstergänzung dürfte das Widerrufsrecht dem kooptierenden Vorstand nicht zustehen (aM vTuhr, AT I 533).

4. Organbestellung durch Dritte

4 Die Vorschrift des § 27 Abs 1 ist gem § 40 *dispositives Recht*. Daraus folgt die hL, daß auch die Bestellung der Vereinsorgane, insbes des Vorstandes, ohne Beschränkung an *Dritte übertragen* werden kann (vgl vTuhr, AT I 520; Enneccerus/Nipperdey § 109 I; Kronstein, Die abhängige juristische Person [1931] 31 ff; Soergel/Hadding Rn 7; BAG BB 1965, 1028; LG Krefeld Rpfleger 1968, 17; LG Siegen Rpfleger 1964, 267; LG Hildesheim NJW 1965, 2400; OLG Köln NJW 1992, 1048, 1049). Häufig ist insbes, daß bei betrieblichen Unterstützungskassen, die in Vereinsform geführt werden, der Arbeitgeber den Vorstand bestellt.

Dem wird *zuzustimmen* sein, soweit es sich um *einzelne* Mitglieder des Vorstandes handelt und ihre Berufung im Sinne der Förderung des Vereinszweckes liegt (vgl dazu RG DRW 1942, 1327).

Indessen darf diese Möglichkeit nicht dazu mißbraucht werden, den Verein zu einer „pekuliarischen" juristischen Person zu machen (s dazu Einl 14 zu §§ 21 ff). Die Organbestellung durch Dritte wird dann **unzulässig**, wenn die Würdigung des Gesamtcharakters eines Vereins ergibt, daß dem Verein als Personenverband gar keine eigene Bedeutung mehr zukommt, er sich vielmehr nur noch als eine **Sonderverwaltung des Dritten** darstellt, welcher berechtigt ist, die Organe zu bestellen. Dies ist dann der Fall, wenn der Verein Sonderzwecken des Bestellungsberechtigten dient und der Einfluß der Mitgliederversammlung praktisch ausgeschaltet ist. Für diese Zwecke ist aber das Vereinsrecht wegen der geringen Sicherung der Gläubiger und wegen der grundsätzlichen Ausrichtung auf die Herrschaft der Mitglieder nicht geeignet. Es liegt daher eine *mißbräuchliche Verwendung* des Vereinsrechts vor (richtig in der Tendenz Kohler § 161 V; vgl auch Soergel/Hadding Rn 7; in diesem Sinne auch OLG Frankfurt OLGZ 1979, 5, 7 und OLGZ 1981, 391, 392 f; LG Hildesheim NJW 1965, 2400). Entscheidend ist, daß der Mitgliederversammlung wirksame Kontrollrechte (inklusive der Abberufungsmöglichkeit) verbleiben. Vgl ferner KG OLGZ 1974, 385, 388.

Zu beachten ist ferner die **Sonderstellung kirchlicher und anderer religiöser Vereine**; auf diese können wegen Art 140 GG iVm Art 137 Abs 3 WRV die og Grundsätze nicht übertragen werden (vgl näher § 33 Rn 8). So kann zB eine Religionsgesellschaft in der Rechtsform eines Vereins ihre innere Verfassung nach ihren spezifischen Ordnungsgesichtspunkten gestalten; ihr Vorstand muß nicht notwendig unter Beteiligung der Vereinsmitglieder bestellt werden (BayObLZ 1987, 161, 170 f).

Wegen der Abberufung des von Dritten bestellten Organs vgl u Rn 16.

5. Wer kann zum Vorstand bestellt werden?

5 a) Ausgeschlossen von der Bestellung sind *geschäftsunfähige* Personen, da sie weder zur Vertretung des Vereins (§ 26 Abs 2) noch zur Geschäftsführung (§ 27 Abs 3) die rechtliche Fähigkeit besitzen. Die Vertretung ist durch den entsprechend anwendbaren § 105 Abs 1 ausgeschlossen (vgl §§ 1673 Abs 1, 1780), die Geschäftsführung durch die in § 27 Abs 3 angeführten Haftungen aus Auftragsnormen, welche einen Geschäftsunfähigen aus seinen Handlungen nicht treffen können. Vgl auch SOERGEL/HADDING Rn 4.

b) Die Bestellung eines minderjährigen oder anderen in der **Geschäftsfähigkeit** **6** **beschränkten Vorstandes** oder Vorstandsmitgliedes ist mit *Genehmigung* des gesetzlichen Vertreters *gültig* (PLANCK/KNOKE Anm 3; BGB-RGRK/STEFFEN Rn 2; SOERGEL/HADDING Rn 4; PALANDT/HEINRICHS Rn 1; SAUTER/SCHWEYER Rn 253). Zur Begründung hierfür läßt sich die Regelung des § 165 heranziehen.

c) Durch die Vereinssatzung können weitere **subjektive Bestellungserfordernisse** **7** vorgeschrieben werden, zB daß zum Vorstand nur Vereinsmitglieder oder nur Personen einer bestimmten Berufsstellung zu bestellen sind. Ohne Satzungsbestimmung bestehen solche Erfordernisse nicht; es ist insbes *Vereinsmitgliedschaft* zur Bestellung als Vorstand *nicht erforderlich*. Vgl hierzu § 26 Rn 3; OLG Köln NJW 1992, 1048, 1049; BayObLGZ 7, 612; PLANCK/KNOKE Anm 3; SOERGEL/HADDING § 27 Rn 3.

d) Es ist ferner eine Satzungsbestimmung zulässig, daß der *jeweilige Inhaber eines* **8** *bestimmten Amtes* der erste Vorsitzende des Vorstandes sein soll. Zum Antritt der Stelle ist Erwerb der Vereinsmitgliedschaft nicht erforderlich (BayObLGZ 7, 612; OLG Stuttgart Rpfleger 1964, 20, mit dem Hinweis, daß der Zweck eines Vereins etwas anderes ergeben kann, zB bei ordensähnlicher Gemeinschaft). Eine *juristische Person* kann zum Vorstand bestellt werden. Diese früher umstrittene Frage wird jetzt von der hL bejaht (vgl BGB-RGRK/STEFFEN Rn 2; SOERGEL/HADDING Rn 5; SAUTER/SCHWEYER Rn 253; REICHERT/DANNECKER Rn 1219).

6. Rechtliche Natur der Bestellung

a) Die Bestellung ist ein **Rechtsgeschäft des Verbandsrechts**. Sie begründet ein *Per-* **9** *sonenrechtsverhältnis* zwischen der als Vorstand bestellten Person und der juristischen Person des Vereins, welchem der zum Vorstand Bestellte als Träger der Organstellung des Vorstandes angegliedert wird.

b) Sie ist ein **einseitiges empfangsbedürftiges** – vgl BGHZ 52, 316 – **Rechtsgeschäft** **10** des bestellenden Organs gegenüber dem Bestellten. Einer *besonderen Mitteilung* bedarf es *nicht*, wenn der Bestellte in der betreffenden Versammlung anwesend ist (BGHZ 52, 321). Ob die Bestellung „durch Beschluß der Mitgliederversammlung" (§ 27 Abs 1) erfolgt oder aufgrund der Satzung oder landesrechtlicher Bestimmung durch Beschluß eines anderen Vereinsorgans oder einer Behörde, ändert nichts daran, daß die Bestellung immer eine einseitige Berufung des Bestellten ist. Jedoch ist außerdem erforderlich, daß der *Bestellte* die *Bestellung annimmt* (hM, vgl BGH NJW 1975, 2101; BayObLGZ 1981, 270, 277; SOERGEL/HADDING Rn 9; REICHERT/DANNECKER Rn 1104, 1231; aA RICHERT SchlHA 1956, 194 f). Hierin ist aber nicht die Annahme eines Vertragsangebots zu sehen; es handelt sich vielmehr um eine Rechtsbedingung (OERTMANN [2. Aufl] § 26 Anm 5 b; ENNECCERUS/NIPPERDEY § 109 Fn 35; abw SOERGEL/HADDING Rn 9: vertragsähnliches Rechtsgeschäft). Ein Amt kann niemand aufgezwungen werden; verweigert er die Annahme, so erweist sich die Bestellung als unwirksam.

c) Die Bestellung ist ferner ein *abstraktes Rechtsgeschäft*, weil sie grundsätzlich **11**

von der Gültigkeit des Rechtsverhältnisses, aufgrund dessen sie erfolgt und aufgrund dessen der Bestellte der Bestellung Folge leistet, nicht abhängig ist.

12 d) Für dieses der Bestellung zugrunde liegende Rechtsverhältnis zwischen dem Vorstand und der juristischen Person gilt: Die Bestellung zum Vorstand ist von dem Rechtsverhältnis zu *unterscheiden*, aufgrund dessen der Bestellte die Vorstandstätigkeit übernimmt, dem **„Anstellungsverhältnis"**. Dieses letztere kann sich als Auftrag oder als Dienstvertrag darstellen. Soweit ein *Dienstvertrag* vorliegt, ist dieser von der Bestellung grundsätzlich unabhängig. Er bleibt zB bestehen, auch wenn die Bestellung widerrufen wird, es sei denn, dieser wird ebenfalls aus wichtigem Grund gekündigt. Fehlt ein besonderer Vertrag, so gelten die in Abs 3 genannten *Auftragsregeln*. Der Bestellte wird dann regelmäßig aufgrund seiner Mitgliedspflichten die Bestellung übernehmen. Vgl MOLITOR, Die Bestellung von Vorstandsmitgliedern einer AG (1927); DERSCH RdA 1951, 212. Falls die Satzung nichts anderes bestimmt, umfaßt die Zuständigkeit der Mitgliederversammlung auch den Abschluß und die Kündigung des Anstellungsvertrages (BGHZ 113, 237, 245).

7. Dauer der Bestellung

13 Die Bestellung kann ihrer *Dauer* nach auf Zeit oder auf Lebenszeit erfolgen. Zum Teil wird jedoch für Interessenverbände, die bestimmte Interessen authentisch repräsentieren, eine zeitliche Begrenzung der Amtszeit gefordert, die aus dem Gebot der demokratischen Organisation hergeleitet wird (MünchKomm/REUTER Rn 10; vgl auch o Vorbem 42 zu §§ 21 ff). Kraft Gesetzes ist die Bestellung *zeitlich beschränkt* in dem Falle des § 29. Die Zeitdauer der Bestellung kann sich ferner aus der Satzung ergeben oder durch den Beschluß des bestellenden Organs bestimmt werden. Letzterenfalls ist die Zeitdauer im Vereinsregister zu vermerken. Die Dauer der Bestellung kann auch durch das der Bestellung zugrunde liegende Rechtsverhältnis (zB Dienstvertrag) bestimmt sein, ohne in der Bestellung formell zum Ausdruck zu kommen. In diesem Falle ist bei Ablauf der vertragsmäßigen Zeit die Bestellung zu *widerrufen*, während sie von selbst erlischt, wenn sich aus der Satzung oder dem Bestellungsbeschluß ihre zeitliche Beschränkung ergibt.

8. Widerruf

14 Die Bestellung ist nach dem Gesetz *jederzeit widerruflich*, uz ohne Rücksicht auf das der Bestellung zugrunde liegende Rechtsverhältnis, sofern nicht ein *Sonderrecht* auf Führung der Vorstandsgeschäfte besteht. Der Verein kann auf die Tätigkeit des Bestellten verzichten „unbeschadet des Anspruchs auf die vertragsmäßige Vergütung". Auch durch die *Satzung* kann die Widerruflichkeit der Bestellung *nicht ausgeschlossen* werden. Dagegen ist es zulässig, sie in der Satzung auf den Fall zu beschränken, „daß ein **wichtiger Grund** für den Widerruf vorliegt; ein solcher Grund ist insbesondere grobe Pflichtverletzung oder Unfähigkeit zur ordnungsmäßigen Geschäftsführung" (§ 27 Abs 2 S 2). Die Unfähigkeit braucht keine dauernde zu sein, um den Widerruf zu rechtfertigen; sie rechtfertigt ihn aber nicht, wenn sie nach ihrer Lage des Falles voraussichtlich in kurzer Zeit behoben wird, zB ihren Grund in einer nicht chronischen Erkrankung hat. Als ein „wichtiger Grund" wäre es ferner zB anzusehen, wenn der Vorstand eines Vereins die von der Mitgliederversammlung vorgenommene Wahl eines Mitgliedes in ein Organ des Vereins in Mißachtung des

Willens der Mitgliederversammlung nicht gelten ließe (vgl den Fall RGZ 79, 409 ff). Die gleiche zwingende Regelung enthält Art 65 Abs 3 Schweiz ZGB.

Was das *Verfahren* angeht, so hat der Abzuberufende kein Recht auf vorheriges Gehör; denn es gibt **kein subjektives Recht auf „Fortbestand der Organstellung".** Die Dinge liegen insofern anders als bei einem Ausschluß, der zum Verlust des Mitgliedschaftsrechtes führt (BGH NJW 1960, 1861, betr Genossenschaft). Anders ist es natürlich, wenn ein Sonderrecht iS des § 35 vorliegt.

Ist die Widerruflichkeit der Bestellung in der Satzung *nicht beschränkt*, so kann die Bestellung gem § 27 Abs 2 *jederzeit widerrufen* werden, also insbes auch dann, wenn die Bestellung satzungsgemäß auf bestimmte Zeit erfolgte, während dieser Zeit. Mit dem Widerruf endet das Amt als Vorstand und damit die Organstellung, nicht aber automatisch auch das zugrundliegende Anstellungsverhältnis, zB der Dienstvertrag. Ist **Vergütung** für die Geschäftsführung des Vorstandes vereinbart, so entscheidet sich nach dem zugrunde liegenden Verhältnis und allgemeinen Grundsätzen, ob der Widerruf den *Anspruch auf Vergütung* beseitigt oder nicht berührt. Erfolgt der Widerruf aus einem „wichtigen Grunde", also insbes wegen Pflichtverletzung oder Unfähigkeit zur Geschäftsführung, so fällt aufgrund analoger Anwendung des § 626 auch der Anspruch auf Vergütung für die Zukunft weg. Erfolgt dagegen der Widerruf ohne solchen sachlich rechtfertigenden Grund aus der Person des Bestellten, so bleiben die vertragsmäßigen Rechte des Bestellten gewahrt. Der Anspruch geht auf Ersatz der vertragsmäßigen Vergütung. Vgl BAUMBACH/HUECK, AktG (13.Aufl 1968) § 84 Rn 17; BGHZ 15, 71 (betr AG); BGH WM 1968, 611 (betr GmbH).

Der Registerrichter (Rechtspfleger) hat die Rechtmäßigkeit des Widerrufs nicht nachzuprüfen (vgl BayObLG Recht 1914 Nr 2963).

9. Umfang des Widerrufs

Der Widerruf kann die Bestellung des gesamten Vorstandes oder *einzelner* oder eines einzelnen Vorstandsmitglieds betreffen (aM BROICHER ArchBürgR 24, 203). Wird die Bestellung nur einzelner Vorstandsmitglieder widerrufen, so kann der „Vorstand" vertretungsberechtigt bleiben oder nicht, je nach dem Inhalt der Satzung.

10. Widerruf durch die Mitgliederversammlung?

Der Widerruf steht dem *bestellenden Organ* zu. Das ist mangels abweichender Regelung in der Satzung die Mitgliederversammlung (§ 27 Abs 1). Der Vorstand kann also nicht eines seiner Mitglieder abberufen. Zur Frage, ob der Vorstand ein Vorstandsmitglied aus dem Verein ausschließen darf, s u Rn 18. Soweit die Bestellung des Vorstandes einem außerhalb des Vereins stehenden *Dritten*, zB einer Behörde, übertragen ist, steht diesem auch das Widerrufsrecht zu. Fraglich und umstritten ist, ob *daneben* der *Mitgliederversammlung* auch ohne ausdrückliche Satzungsbestimmung in jedem Fall das Recht zusteht, den Vorstand oder einzelne Mitglieder desselben jedenfalls dann abzuberufen, wenn ein **wichtiger Grund** iS des § 27 Abs 2 gegeben ist. Darüber, daß das Widerrufsrecht der Mitgliederversammlung bei Schweigen der Satzung zusteht, besteht Einigkeit. Vgl KG OLGE 6, 344, 346. Bestritten ist dagegen, ob die Satzung dieses Widerrufsrecht der Mitgliederversammlung ausschließen kann. Dafür KRONSTEIN, Die abhängige juristische Person (1931) 33; SAUTER/SCHWEYER Rn 268; FLUME, Jur Person § 10 I 1; dagegen: ENNECCERUS/ NIPPERDEY § 109 Fn 37; SOERGEL/HADDING Rn 17; BGB-RGRK/STEFFEN Rn 5; BayObLG OLGE 32, 330; differenzierend MünchKomm/REUTER Rn 15: unabdingbares Widerrufsrecht der Mitgliederversammlung nur bei Bestellungs- und Abberufungskompetenz außenstehender Dritter.

Die Entscheidung der Frage hängt davon ab, wie der § 27 Abs 2, der in § 40 für *unabdingbar* erklärt ist, auszulegen ist, ob er nämlich nur die Widerruflichkeit der Vorstandsbestellung unabdingbar macht oder ob er darüber hinaus das Widerrufsrecht der Mitgliederversammlung unabdingbar ausspricht. ME folgt aus dem Zusammenhang, in dem die Bestimmung des § 27 Abs 2 steht, daß hier nicht nur die Widerruflichkeit der Bestellung des Vorstandes, sondern auch das *Recht der Mitgliederversammlung*, diesen Widerruf auszusprechen, *festgelegt* ist. Vgl die im gleichen Sinne liegende Entscheidung des deutlicher gefaßten Art 65 Abs 3 Schweiz ZGB.

Daraus ergibt sich, daß die Bestellung eines Vorstandes, der von der Mitgliederversammlung völlig unabhängig ist, nach BGB nicht zulässig ist.

11. Wirksamwerden des Widerrufs

17 Der Widerruf ist eine *einseitige empfangsbedürftige Willenserklärung*, die mit ihrem *Zugehen* (vgl § 130) an den Vorstand wirksam wird (so auch RGZ 68, 385; PLANCK/KNOKE Anm 8; **aM** vTUHR, AT I 533 Anm 62: Wirksamwerden mit dem Beschluß). Der Widerruf ist an keine Form gebunden. Der Wille des Widerrufs kommt auch in der Ausschließung aus dem Verein wirksam zum Ausdruck, uz unter Umständen auch in einer ungültigen Ausschließung (vgl RG SeuffA 77 Nr 17).

12. Gründe für die Beendigung der Bestellung

18 a) Die Bestellung endigt von selbst durch *Erlöschen* derjenigen *rechtlichen Eigenschaft*, welche satzungsgemäß Vorbedingung für die Bestellung war, zB Beendigung der Mitgliedschaft (BGHZ 31, 192, 195; OLG Celle OLGZ 1980, 359, 361) oder Aufhören der Zugehörigkeit zu einem bestimmten Beruf (SOERGEL/HADDING Rn 15). Die Bestellung lebt nicht automatisch wieder auf, wenn eine Ausschließung für unwirksam erklärt wird (BGHZ aaO). Wegen der häufigen Verknüpfung von Vorstandsstellung und Vereinsmitgliedschaft ist der Vorstand auch nicht berechtigt, ein Vorstandsmitglied aus dem Verein *auszuschließen*, auch wenn er sonst allgemein das Recht zum Mitgliederausschluß hat. Dadurch würde die Zuständigkeit des Abberufungsorgans (idR der Mitgliederversammlung) unterlaufen, und außerdem könnte das einzelne Vorstandsmitglied in Abhängigkeit von der Vorstandsmehrheit geraten (BGHZ 90, 92, 95).

19 b) Die Bestellung kann ferner aufhören durch **Amtsniederlegung** seitens des Vorstandes oder seitens eines einzelnen Vorstandsmitgliedes oder mehrerer solcher. Die entsprechende Erklärung muß bei Amtsniederlegung des gesamten Vorstands dem Bestellungsorgan zugehen; sonst genügt es, wenn die Erklärung einem Vorstandsmitglied (vgl § 28 Abs 2) oder dem Bestellungsorgan zugeht (OLG Frankfurt Rpfleger 1978, 134, 135). Über die Frage, ob Amtsniederlegung zulässig ist, entscheidet das der

Bestellung zugrunde liegende Rechtsverhältnis zwischen Vorstand und juristischer Person. Sind auf dieses Verhältnis Auftragsregeln analog anzuwenden, so ist die *Kündigung* seitens des Vorstandes *jederzeit* zulässig (§ 671 Abs 1); dies ist regelmäßig der Fall, wenn ein Vorstandsmitglied ehrenamtlich tätig ist (OLG Frankfurt Rpfleger 1978, 1 34). Eine Kündigung geht, wenn die Geschäftsführung aufgrund dauernder Anstellung gegen Vergütung erfolgt, regelmäßig nur aus „wichtigem Grunde" (§ 626) oder bei Vorliegen des in § 627 bezeichneten Tatbestandes (einschränkend BAUMBACH/HUECK, AktG[13] § 84 Rn 17; vgl auch BROICHER ArchBürgR 24, 207). Die unberechtigte Niederlegung des Amtes ist wirkungslos, bei Verweigerung der Geschäftsführung kann auf Erfüllung und Schadensersatz geklagt werden.

c) Die Bestellung erlischt ferner mit dem Tod und dem Eintritt der Geschäftsunfähigkeit des Bestellten. Vgl auch SOERGEL/HADDING Rn 14.

13. Rechtliche Behandlung der fehlerhaften Bestellung

Problematisch ist die Beurteilung der Stellung und der Handlungen eines fehlerhaft bestellten Vorstandes. Die Problematik wird zT unter dem Stichwort „faktisches Organ" erörtert, doch führt das eher zur Verwirrung, weil damit auch die Ausdehnung der Verantwortlichkeit (zB für Konkursverschleppung) auf Personen bezeichnet wird, die keine Organstellung haben, aber tatsächliche Leitungsmacht ausüben (vgl auch K SCHMIDT, Gesellschaftsrecht [2. Aufl] § 14 III 3). Hier geht es dagegen um Fehler der Bestellung, also Unwirksamkeit oder Anfechtbarkeit der zur Bestellung erforderlichen Willenserklärungen (MünchKomm/REUTER Rn 24), nicht bloß des zugrundeliegenden Anstellungsvertrages (vgl zur Unterscheidung o Rn 12).

Auszugehen ist davon, daß eine Lösung *nicht* über einen *öffentlichen Glauben des Vereinsregisters* möglich ist. Es gibt für Vereine des BGB keinen Rechtssatz, daß das Vertrauen auf Eintragungen im Vereinsregister geschützt wird oder daß jedenfalls derjenige geschützt wird, der auf die Legitimation einer als Vereinsorgan eingetragenen Person vertraut. Nach BGB besteht ein Vertrauensschutz für Dritte vielmehr nur in den engen Grenzen der §§ 68 und 70 (vgl Erl dazu). Ferner ist davon auszugehen, daß das Vereinsrecht – anders als das Aktienrecht – nicht ein besonderes Anfechtungsverfahren für rechtswidrige Beschlüsse der Mitgliederversammlung kennt (vgl BGH NJW 1975, 2101 und § 32 Rn 23).

In Anlehnung an das Gesellschaftsrecht (vgl zB BGHZ 47, 341, 343; U STEIN 126, 199 mwN) wird jedoch auch für fehlerhaft bestellte Vereinsorgane inzwischen überwiegend die Ansicht vertreten, daß nach Beginn der Organtätigkeit *Nichtigkeits- und Anfechtungsgründe* hinsichtlich der Bestellung *nur für die Zukunft* (ex nunc) wirken, das Organhandeln also nicht rückwirkend unwirksam machen (MünchKomm/REUTER Rn 24; SÄCKER/OETKER 59 ff). Die Begründungen dafür divergieren (vgl REUTER aaO; STEIN 36 f). Richtig ist, daß die allgemeinen Nichtigkeits- und Anfechtungsregeln nicht für die im Rechtsverkehr aktiv und durch Organe tätig gewordenen Personenvereinigungen passen (MünchKomm/REUTER Rn 24). Vor allem im Hinblick auf die Interessen des Rechtsverkehrs ist es untragbar, die Organisation und ihr Auftreten nach außen rückwirkend als unwirksam zu behandeln. Dies gilt in gleicher Weise für fehlerhafte Gründung und fehlerhafte Organbestellung. Auf die Gutgläubigkeit des Partners im konkreten Fall kommt es dabei nicht entscheidend an (so auch REUTER Rn 25; abw STEIN 136 ff, 199 und REICHERT/DANNECKER Rn 1292).

Vom Problem der fehlerhaften Organstellung muß wiederum die Behandlung des fehlerhaften *Anstellungsvertrages* unterschieden werden. Auf letzteren sind die Grundsätze über fehlerhafte Arbeitsverhältnisse entsprechend anzuwenden (BGH NJW 1991, 1727, 1729; REICHERT/DANNECKER Rn 1289).

II. Die Geschäftsführungsaufgabe des Vorstandes

22 Der *Vorstand* ist das **ordentliche geschäftsführende Organ des Vereins**, sofern die Satzung nicht anders bestimmt. „Auf die Geschäftsführung des Vorstandes finden die für den Auftrag geltenden Vorschriften der §§ 661 bis 670 entsprechende Anwendung" (§ 27 Abs 3).

23 **1.** Die Anwendung dieser Normen kann durch die *Satzung* jedenfalls teilweise *ausgeschlossen* werden (§ 40). Vgl § 32 Rn 5.

2. Entsprechende Anwendung der Auftragsregeln

24 Die entsprechende Anwendung der bezeichneten Auftragsregeln ist *unabhängig* davon, ob ein dem Auftrag oder dem Dienstvertrag entsprechendes *Grundverhältnis* oder ein Gesellschaftsverhältnis als Grundlage für die Bestellung angenommen wird, abgesehen davon, daß auch auf den Dienstvertrag wie auf den Gesellschaftsvertrag die in Frage stehenden Auftragsnormen als anwendbar erklärt sind (§§ 675, 713). Hier kommt es überhaupt auf das zugrunde liegende Rechtsverhältnis nicht an, sondern nur darauf, ob die *Satzung* die Anwendung der bezeichneten Auftragsnormen ausgeschlossen oder abgeändert hat. Es wird dies in den Verhandlungen der 2. Komm damit begründet, daß die fraglichen Auftragsregeln überhaupt keine besonderen Grundsätze für den Auftrag enthalten, sondern in allen Fällen zutreffen, in welchen eine *fremde Geschäftsbesorgung* in Frage kommt (Prot II, 378).

3. Einzelheiten

25 Einzelne der in § 27 Abs 3 erwähnten Auftragsnormen wird auch die *Satzung* – trotz § 40 – überhaupt *nicht völlig ausschließen* können; zB nicht die Norm der §§ 666, 667, wonach der Vorstand verpflichtet ist, dem Verein **Auskunft** zu erteilen über seine Geschäftsführung und ferner Einnahmen, welche er für den Verein gemacht hat, diesem herauszugeben, da er nicht berechtigt ist, sie für sich zu behalten. Diese Verpflichtung zur Auskunft besteht jedoch grundsätzlich gegenüber *einzelnen* Mitgliedern nur, wenn die Auskunft in der Mitgliederversammlung begehrt wird. So richtig MünchKomm/REUTER Rn 21; LEPKE NJW 1966, 2099. Die Anwendbarkeit des § 665 dagegen zB hängt von der satzungsmäßigen Stellung des Vorstandes zur Mitgliederversammlung und zum Verein überhaupt ab. Besteht eine Mitgliederversammlung mit der verfassungsmäßigen Zuständigkeit als oberstes Vereinsorgan, wie dies mangels entgegenstehender Satzungsbestimmungen nach dem BGB der Fall ist, so ist der Vorstand an ihre **Weisungen** gebunden, und die §§ 664, 665 sind anwendbar. Anders dann, wenn die Zuständigkeit der Mitgliederversammlung durch verfassungsmäßige Vorschriften zugunsten des Vorstandes beschränkt ist. Innerhalb der so

dem Vorstand zugewiesenen verfassungsmäßigen Zuständigkeit ist er von Weisungen der Mitgliederversammlung *unabhängig*, und gleiches gilt von Weisungen anderer Vereinsorgane, soweit der Vorstand mit selbständiger Verfügungsgewalt ausgestattet ist. Die in der Satzung verankerte Regelung der Geschäftsführungsbefugnis von Vorstandsmitgliedern kann ohne dahingehende Ermächtigung durch die Satzung nicht durch einen internen Beschluß des Vorstands beseitigt werden (BGHZ 119, 379, 382). Die *Unanwendbarkeit* der Auftragsnormen braucht in der Satzung nicht direkt ausgesprochen zu sein, ihr Ausschluß kann sich aus der Vereinsorganisation von selbst ergeben.

Ergibt sich nicht aus dem Anstellungsvertrag ein Vergütungsanspruch, so steht dem Vorstand für geleistete Arbeit ein Anspruch auf **Entgelt** nur dann zu, wenn die Satzung dies vorsieht (BGH NJW-RR 1988, 745). Dagegen hat der Vorstand stets Anspruch auf *Aufwendungsersatz* entspr § 670 (zur Abgrenzung vgl BGH 746).

Werden einem nicht dem Vorstand angehörenden Vereinsmitglied bestimmte Aufgaben zur ehrenamtlichen Wahrnehmung übertragen, so ist ebenfalls Auftragsrecht entspr anwendbar (BGHZ 89, 153, 157: „Stammesführer" im Pfadfinderverein). Vgl zum Freistellungsanspruch des Funktionsträgers bei gefahrengeneigter Tätigkeit in einem solchen Fall BGH 157 f.

4. Die „entsprechende" Anwendung der §§ 664–670 hat zur Folge, daß der Vor- 26 stand im Zweifel die **Geschäfte persönlich** zu **führen** hat. Im Falle gestatteter Übertragung ist § 664 anwendbar (s BayObLG JFG 6, 230).

5. Die Entlastung des Vorstandes

Entlastung des Vorstands, für die grundsätzlich die Mitgliederversammlung zustän- 27 dig ist, bedeutet die *Billigung der Amtsführung* und die Feststellung, daß der Verein *keine Schadensersatz- und Bereicherungsansprüche* sowie *keine Kündigungsgründe* gegenüber dem Vorstand hat (BGHZ 97, 382, 386 für GmbH; RG HRR 1936 Nr 863; SAUTER/ SCHWEYER Rn 289). Sie wirkt wie ein einseitiger Verzicht (SOERGEL/HADDING Rn 24). Die *Verzichtswirkung* erstreckt sich aber nur auf diejenigen Vorkommnisse, die der Mitgliederversammlung bei sorgfältiger Prüfung aller ihr gemachten Vorlagen und Berichte erkennbar waren oder von denen alle Mitglieder privat Kenntnis hatten (BGH NJW 1969, 131 betr GmbH; BGH NJW-RR 1988, 745, 748; BGHZ 97, 382, 384). Die Kenntnismöglichkeit der Rechnungsprüfer allein ist nicht ausreichend (vgl BGH NJW-RR 1988, 745, 748 f).

Eine andere Bedeutung hat die Entlastung im *Aktienrecht*. Sie bedeutet dort nur eine allgemeine Billigung der Geschäftsführung; ein Verzicht auf Ersatzansprüche ist vor Ablauf von drei Jahren unzulässig (§§ 120, 93 Abs 4 AktG).

Die Entlastung kann am Ende der Amtszeit, nach Ende eines Geschäftsjahres oder nach bestimmten Geschäftstätigkeiten erteilt werden. Sie kann auf einzelne Vorstandsmitglieder, einzelne Geschäftsbereiche oder einen Teil der Amtszeit beschränkt werden.

Ob ein *Anspruch auf Entlastung* besteht, ist str. Für die GmbH wird er neuerdings überwiegend abgelehnt, weil Vertrauen nicht erzwingbar sei und hinsichtlich etwaiger Ansprüche eine negative Feststellungklage genüge (BGHZ 94, 324, 328 im Anschluß an K Schmidt ZGR 1978, 425, 440 f; aA Flume, Jur Person § 10 I 4 und A Hueck GmbHRdsch 1959, 189, 191, der sogar Gewohnheitsrecht annahm). Auch im Vereinsrecht ist nicht ohne weiteres ein mit der Leistungsklage durchsetzbarer Rechtsanspruch des Vorstands auf Entlastung gegeben (MünchKomm/Reuter Rn 23; Soergel/Hadding Rn 25; Sauter/Schweyer Rn 289; aA Flume aaO). Aus der Satzung oder aus Vereinsbrauch kann sich jedoch ein solcher Anspruch ergeben (so auch Palandt/Heinrichs Rn 5). Hierbei ist zu berücksichtigen, daß – insbes bei ehrenamtlicher Vorstandstätigkeit – die Entlastung nicht nur eine vermögensrechtliche Bedeutung, sondern mit der Billigung der Amtsführung auch eine immaterielle Komponente hat.

28 Ist noch keine Entlastung erteilt, so hindert der Umstand, daß die Mitgliederversammlung zuständig ist, sie zu erteilen, den *Vorstand* nicht daran, eventuelle Ansprüche des Vereins gegen frühere (noch nicht entlastete) Vorstandsmitglieder geltend zu machen (BGHZ 24, 47, 54, betr GmbH).

§ 28

[1] Besteht der Vorstand aus mehreren Personen, so erfolgt die Beschlußfassung nach den für die Beschlüsse der Mitglieder des Vereins geltenden Vorschriften der §§ 32, 34.

[2] Ist eine Willenserklärung dem Vereine gegenüber abzugeben, so genügt die Abgabe gegenüber einem Mitgliede des Vorstandes.

Materialien: E I § 44; II § 27; III § 25; Mot I 99 ff; Prot I 512 ff; VI 114 ff; Jakobs/Schubert, AT I 143, 153 ff.

Schrifttum

Siehe die Angaben zu § 26.

1. Inhalt der Vorschrift

1 Die Vorschrift regelt in Abs 1 die **Beschlußfassung** in einem **mehrgliedrigen Vorstand**, in Abs 2 die **Passivvertretung** durch einen solchen Vorstand.

Die Vorschrift des *§ 28 Abs 1* ist *dispositiv*, dagegen die des *§ 28 Abs 2 zwingend* (§ 40). Daß § 28 Abs 1 dispositiver Natur ist, bedeutet, daß die Satzung die Anwendung der für die Mitgliederversammlung geltenden Regeln in bezug auf die Vorstandsbeschlüsse beseitigen kann. So kommt § 28 Abs 1 zB dann nicht zur Anwendung, wenn die Satzung Einzelvertretung vorsieht (BGHZ 119, 379, 382; MünchKomm/Reuter Rn 3).

Über die Voraussetzungen und Formen der Beschlußfassung des aus mehreren Per- 2
sonen bestehenden Vorstandes entscheidet daher in erster Linie die *Satzung*. Diese
Satzungsbestimmungen sind bei idealen Vereinen in das Vereinsregister einzutragen
(§ 64 S 2). Sie wirken auch gegen Dritte (§§ 68, 70).

Durch die Satzung kann aber nicht die zwingende Vorschrift des *§ 34* abgeändert
werden (dazu unten Rn 6).

2. Sind *Satzungsbestimmungen nicht vorhanden*, so entscheidet § 28 Abs 1. Das 3
Vorbild dieser Bestimmung ist die Vorschrift des ALR II 6 § 26 (vgl Prot I 513).

3. Die Beschlußfassung

a) Nach **§ 28 Abs 1 wird** ein gültiger Beschluß des Vorstandes grundsätzlich nur in 4
einer **Versammlung des Vorstandes**, also aufgrund einer *mündlichen* Verhandlung
gefaßt. Die Versammlung des Vorstandes kann einen gültigen Beschluß nur dann
fassen, wenn sie gehörig berufen und bei der Berufung der Gegenstand der
Beschlußfassung bezeichnet worden ist (§ 32 Abs 1); s auch BayObLG JFG 6, 230.
Gehörig berufen ist die Versammlung, wenn die Ladung zu ihr an jedes einzelne
Mitglied des Vorstandes ergangen ist (OLG Schleswig NJW 1960, 1862). Bei der
Beschlußfassung entscheidet die *Mehrheit der erschienenen Mitglieder*, jedoch sind –
ebenso wie bei Abstimmungen in der Mitgliederversammlung – Stimmenthaltungen
und ungültige Stimmen den nicht Erschienenen gleichzustellen (vgl § 32 Rn 13). Ist nur
ein *einziges* Mitglied erschienen, so kann, falls die Satzung nicht Teilnahme einer
Mehrzahl von Mitgliedern verlangt, das erschienene Mitglied einen gültigen
Beschluß fassen. Das ist zwar kein Beschluß einer „Mehrheit", wohl aber ein einstimmiger Beschluß und daher genügend. Vgl auch REICHERT/DANNECKER Rn 1468.
Hierbei wird vorausgesetzt, daß das erschienene Mitglied gem § 34 stimmberechtigt
ist.

b) *Ohne Versammlung* ist ein Beschluß des Vorstandes nur dann gültig, wenn alle 5
Mitglieder ihre **Zustimmung** zu dem Beschluß schriftlich erklären.

c) Ferner ist ein **Vorstandsmitglied nicht stimmberechtigt**, wenn die Beschlußfas- 6
sung die Vornahme eines Rechtsgeschäftes mit ihm oder die Einleitung oder Erledigung eines Rechtsstreites zwischen ihm und dem Verein betrifft (§ 34). Die
Anwendung des *§ 34* kann *durch* die Satzung *nicht beseitigt* werden (§ 40). Der
Grund, aus welchem ein Vereinsmitglied in der Mitgliederversammlung in Angelegenheiten seines Privatinteresses nicht stimmberechtigt ist, trifft auf die Mitglieder
des Vorstandes bei deren geringer Zahl und der infolgedessen erhöhten Bedeutung
einer einzelnen Stimme um so mehr zu. § 34 ist Ausdruck eines allgemeinen Prinzips
und daher trotz des mißverständlichen Wortlauts von § 40 **zwingend** (SOERGEL/HADDING Rn 1; PALANDT/HEINRICHS Rn 1 und § 34 Rn 1; aA JAUERNIG § 34 Anm 1; vgl dazu § 34
Rn 5).

4. Inhalt der Beschlußfassung

§ 28 Abs 1 regelt die Beschlußfassung des Vorstandes, gleichviel ob sie sich auf ein 7
mit *Dritten* abzuschließendes oder Dritten gegenüber vorzunehmendes *Rechtsge-*

schäft bezieht oder lediglich auf die *innere Ordnung* des Vereins, wie zB Buchführung, Geschäftsordnung für Vereinsbedienstete usw.

5. Ordnungsgemäßer Vorstandsbeschluß als Voraussetzung für wirksame Vertretungshandlung?

8 Nach einer früher verbreiteten Lehre setzt eine wirksame Vertretungshandlung des Vorstands voraus, daß in der betreffenden Angelegenheit ein ordnungsgemäßer Beschluß des Vorstands gefaßt worden ist. Fehle es daran, so soll der Vorstand außerhalb seiner gesetzlichen Vertretungsmacht und damit als Vertreter ohne Vertretungsmacht gehandelt haben. So im Ansatz noch heute BGB-RGRK/STEFFEN § 26 Rn 6; ERMAN/H P WESTERMANN Rn 2; SAUTER/SCHWEYER Rn 232; STÖBER [6. Aufl] Rn 137. Diese Ansicht wird im wesentlichen darauf gestützt, daß in § 64 die Eintragung ins Vereinsregister auch für solche Satzungsbestimmungen vorgesehen ist, die die Beschlußfassung des Vorstands abweichend von § 28 regeln; das sei sinnlos, wenn dem Vorstandsbeschluß keine Außenwirkung zukomme (vgl zB SAUTER/ SCHWEYER aaO; STEFFEN aaO).

9 Das BayObLG hatte daraus die weitere Folgerung gezogen, daß Vertretungsorgan und Beschlußorgan identisch sein müßten und es daher auch unzulässig sei, die Beschlußfassung über vorzunehmende Vertretungshandlungen des Vorstands einem anderen Organ, zB einem erweiterten Vorstand, zu übertragen (BayObLGZ 1971, 266 und 1972, 286). Diese Entscheidungen sind auf erhebliche *Kritik* gestoßen (ua DANCKELMANN NJW 1973, 735; KLAMROTH Betrieb 1972, 1753; KIRBERGER Rpfleger 1975, 277). Das BayObLG hat in einem Vorlagebeschluß (BayObLGZ 1976, 230) die erwähnte Auffassung wieder aufgegeben, allerdings nicht den grundsätzlichen Ausgangspunkt, daß ordnungsgemäße Beschlußfassung Wirksamkeitsvoraussetzung für wirksame Vertretung sei.

10 Der daraufhin ergangene Beschluß des **BGH** (BGHZ 69, 250) hat nur einen Teil der Problematik entschieden: Die Satzung könne die interne Beschlußfassung einem anderen Organ als dem Vorstand iS des § 26 Abs 2 übertragen und so die Vertretungsmacht von der Beschlußfassung unabhängig machen. Der BGH hat jedoch die allgemeine Frage, ob bei Fehlen einer Satzungsregelung die interne Beschlußfassung Wirksamkeitsvoraussetzung der Vertretung ist, ausdrücklich offengelassen und insbes darauf hingewiesen, daß auch nach der Gegenmeinung § 64 iVm § 28 einen begrenzten Sinn behält (BGH aaO 253; ebenso schon KIRBERGER 279 f).

11 Der obengenannte grundsätzliche Ausgangspunkt stößt zunehmend auf *Ablehnung* (SOERGEL/HADDING Rn 9; REICHERT/DANNECKER [5. Aufl], Rn 1477; MünchKomm/REUTER Rn 6; auch MITTENZWEI MDR 1991, 492, 493 geht wohl von der Gegenmeinung aus). Er bedeutet eine *Durchbrechung der Prinzipien*, nach denen *gesetzliche Vertretungsmacht* in unserem Recht ausgestaltet ist, indem sie außenstehende Dritte zwingt, die internen Vorgänge zu prüfen, auf denen die ihnen gegenüber abgegebenen Erklärungen beruhen. Sie müßten zB die ordnungsgemäße Ladung zur Vorstandssitzung, die Abstimmungsergebnisse etc prüfen. Auch wenn man aus § 64 den Schluß zieht, daß der Gesetzgeber von einer Parallelität der Beschlußfassung und der Vertretung insbes hinsichtlich des Mehrheitsprinzips ausging, sind so weitgehende Folgerungen nicht gerechtfertigt. REICHERT/DANNECKER aaO weisen ferner zu Recht darauf hin, daß bei größeren Vereinen die Vorstellung von der vorherigen Beschlußfassung des Vorstands vor konkreten Vertretungshandlungen ohnehin unrealistisch sei. Die Lehre von der ordnungsgemäßen Beschlußfassung als Wirksamkeitsvoraussetzung der Vertretung ist daher **nicht zu folgen**.

Vertreter dieser Lehre schränken sie in der Weise ein, daß dann, wenn *alle* Vorstandsmitglieder oder die für die interne Beschlußfassung *erforderliche Mehrheit* des Vorstands die Vertretung wahrnimmt, eine Prüfung des internen Beschlusses nicht erforderlich sei (ERMAN/H P WESTERMANN Rn 2); in der Abgabe der Willenserklärung liege dann auch die Zustimmung zum Beschluß (WESTERMANN aaO). Dadurch nähern sich beide Auffassungen an (vgl zum Mehrheitsprinzip bei Vertretung § 26 Rn 12). Unterschiede bleiben jedoch insbes dann, wenn Beschlußorgan und Vertretungsorgan nicht identisch sind und man – abweichend vom BGH – an der Abhängigkeit der Vertretung von ordnungsgemäßer interner Beschlußfassung festhalten würde.

6. Die Regelung des § 28 Abs 2

Im Einklang mit *§ 171 Abs 3 ZPO* und in Fortbildung dieser Bestimmung schreibt § 28 Abs 2 **zwingend** vor, daß zur Abgabe von Willenserklärungen gegenüber dem Verein die *Abgabe der Willenserklärung gegenüber einem Mitglied des Vorstandes genügt*. Als Grund für diese Bestimmung wird in Prot I 515 angegeben, daß nicht selten die Person des mit der Geschäftsführung beauftragten Vorstandsmitglieds dem Erklärenden unbekannt sein wird und ihm nicht zugemutet werden könne, sich in dieser Hinsicht vor der Abgabe der Erklärung zu vergewissern. Dieser Satz des § 28 Abs 2 wird auf *alle privatrechtlichen Körperschaften mit Gesamtvertretung* angewendet (vgl BGHZ 20, 149, 153; vgl im übrigen § 26 Rn 22). Die Empfangswirkung gegenüber dem Verein tritt auch dann ein, wenn das Vorstandsmitglied die Willenserklärung vorsätzlich unterdrückt (BGHZ 20, 149, 153).

Was § 171 ZPO für den Fall der zivilprozessualen Zustellung vorschreibt, wird in § 28 auch auf solche Erklärungen angewendet, welche nicht im Zustellungsweg erfolgen. Eine weitere Verkehrserleichterung für Erklärungen gegenüber juristischen Personen schafft § 132.

Auch Willenserklärungen gegenüber dem Verein können grundsätzlich nicht demjenigen Vorstandsmitglied gültig *zugestellt* werden, der die betreffende Willenserklärung selbst abgegeben hat; insbes kann ein Vorstandsmitglied nicht die von ihm gegen den Verein erhobene Klage sich selbst zustellen lassen (RGZ 7, 404; § 181).

7. Entsprechende Ausdehnung des Abs 2

Die Vorschrift des § 28 Abs 2 darf entsprechend auf **alle Wissenszustände** des Vereins überhaupt angewendet werden, so daß das *Wissen eines Vorstandsmitgliedes* für die Annahme der Redlichkeit oder Unredlichkeit des Sachbesitzes, Vorsatz bei Rechtsgeschäften, für die Kenntnis iS der §§ 30, 32, 34 KO und des § 3 AnfG als genügend anzusehen ist (RG SeuffA 40 Nr 275; JW 1889, 154; ENNECCERUS/NIPPERDEY § 109 Fn 27; BAG WM 1985, 305, 307). Demgemäß genügt Verletzung von Treu und Glauben durch eines von mehreren Vorstandsmitgliedern auch bei Gesamtvertretung (RG WarnR 1908 Nr 599 zu §§ 278, 157, 242. Vgl auch RGZ 53, 230; 59, 408; RG Recht 1914 Nr 577).

15 8. Auf *Willenserklärungen des Vereins* kann § 28 Abs 2 nicht angewendet werden. Vgl hierzu RG LZ 1909, 230 Nr 10.

16 9. § 28, auch Abs 2, gilt *nicht* für **juristische Personen des öffentlichen Rechts** (vgl auch BGB-RGRK/STEFFEN Rn 6). Die hier maßgebenden öffentlichrechtlichen Vorschriften können von dem Grundsatz des § 28 abweichen.

§ 29

Soweit die erforderlichen Mitglieder des Vorstandes fehlen, sind sie in dringenden Fällen für die Zeit bis zur Behebung des Mangels auf Antrag eines Beteiligten von dem Amtsgericht zu bestellen, das für den Bezirk, in dem der Verein seinen Sitz hat, das Vereinsregister führt.

Materialien: E I § 44; II § 28; III § 26; Mot I 100; Prot I 515 ff; geändert durch § 30 Nr 1 RpflegerG v 8. 2. 1957 (BGBl I 18); JAKOBS/ SCHUBERT, AT I 143, 153 ff.

Schrifttum

BEITZKE, Pflegschaften für Handelsgesellschaften und juristische Personen, in: FS Ballerstedt (1975) 185
FICHTNER, Voraussetzungen der Bestellung eines Notgeschäftsführers bei der GmbH, BB 1964, 868
HABSCHEID, Zur analogen Anwendung des § 29 auf den nichtrechtsfähigen Verein, MDR 1952, 653
HAHN, Bestellung eines Notvorstandes für politische Parteien nach § 29?, NJW 1973, 2012
vKALM, Zur Auslegung des § 29 BGB, MDR 1956, 17

P KIRBERGER, Die Notwendigkeit der gerichtlichen Liquidatorenbestellung im Falle der Nachtragsliquidation einer wegen Vermögenslosigkeit gelöschten Gesellschaft oder Genossenschaft, Rpfleger 1975, 341
MELTENDORF, Zur Bereinigung des Berliner Vereinsregisters (insbesondere Notvorstandsbestellung bei Altvereinen), JR 1956, 5
PETERS, Anwendbarkeit des § 29 bei der OHG?, MDR 1951, 343
REIFF, Entziehung der Vertretungsbefugnis des einzigen Komplementärs einer KG, NJW 1964, 1940.

I. Entstehung der Vorschrift

1 § 44 Abs 6 E I hatte eine dem § 29 entsprechende Vorschrift nur für den Fall einer von einem *Dritten* gegenüber dem Verein abzugebenden Willenserklärung aufgenommen; die 2. Komm erachtete „die Rechte der Mitglieder des Vereins als des gleichen Schutzes würdig, wie die Interessen Dritter" (Prot I 517). Die jetzige Fassung beruht auf § 30 Nr 1 RpflegerG v 8. 2. 1957 (BGBl I 18).

II. Geltungsbereich

1. § 29 ist anwendbar nur auf Vereine, die ihren *Sitz* in einem *Bundesland* haben (§§ 21, 22).

2. § 29 ist auch auf die durch besondere Gesetze normierten Vereine anzuwenden, daher auch auf die **juristischen Personen des Handelsrechts** (KG OLGE 4, 256; RJA 8, 267; RGZ 116, 118; BayObLG LZ 1927, 856. Zur *GmbH* s auch RGZ 68, 180; 138, 101; OLG Hamburg MDR 1977, 1016; OLG Frankfurt JZ 1952, 565 und BB 1986, 1601; BayObLG 1955, 290; BayObLG WM 1977, 408). Für die *AG* gilt die entsprechende Bestimmung des § 85 AktG. Zur Genossenschaft *s* RG Recht 1936 Nr 5155; BGHZ 18, 334, 337; zu früheren *bergrechtlichen Gewerkschaften* BayObLG OLGE 44, 116; LG Koblenz NJW 1961, 732.

Das KG hat es abgelehnt, § 29 anzuwenden, wenn ein Aufsichtsrat einer AG sich nicht auf einen Vorsitzenden einigen kann; zuständig sei vielmehr die Hauptversammlung (KG DNotZ 1941, 124).

3. Ob § 29 auch auf **nichtrechtsfähige Vereine** anzuwenden ist, ist bestritten. Die früher auch in der Rspr vorherrschende Auffassung sprach sich dagegen aus (vgl RG Recht 1922 Nr 1996; RGZ 147, 124; OLG München HRR 1937 Nr 75; KG RJA 15, 127). Inzwischen ist die hM für die Anwendung (vgl HABSCHEID MDR 1952, 653; 1953, 726; AcP 155, 397; BGB-RGRK/STEFFEN Rn 1; SOERGEL/HADDING Rn 2; MünchKomm/REUTER Rn 2; REICHERT/DANNECKER Rn 1256; FLUME ZHR 148, 503, 515 f; ENNECCERUS/NIPPERDEY § 116 Fn 32; LG Berlin NJW 1970, 1047). Dieser Ansicht ist *zuzustimmen*. Zuständig ist, da es für den nichtrechtsfähigen Verein kein Registergericht gibt, das Amtsgericht des Sitzes.

4. Auf die **OHG, KG**, sowie die **Gesellschaft bürgerlichen Rechts** ist § 29 *nicht analog* anzuwenden; dies wäre mit dem Grundsatz, daß bei diesen Gesellschaften die Vertretungsbefugnis nur einem Gesellschafter zustehen kann – vgl BGHZ 33, 105, 108; dazu BGH LM Nr 8, 9 zu § 140 HGB – nicht zu vereinen. Ebenso SOERGEL/ HADDING Rn 3 mit gewissen Ausnahmen; zweifelnd RGZ 116, 119. Mit Recht jedoch anders für eine GmbH & Co SOERGEL/HADDING aaO; BayObLG WM 1977, 408. – Das OLG Saarbrücken (OLGZ 1977, 291, 293) will § 29 jedenfalls dann auf die KG anwenden, wenn deren Komplementär eine juristische Person ist (krit dazu MünchKomm/REUTER Rn 5).

6. Auf **Körperschaften des öffentlichen Rechts** ist § 29 nicht anwendbar (KG NJW 1960, 151).

Besondere Probleme stellen sich bei **politischen Parteien**. Sie sind keine Körperschaften des öffentlichen Rechts, sondern entweder rechtsfähige Vereine gem § 21 oder nichtrechtsfähige Vereine des Bürgerlichen Rechts. Dennoch haben sie nach Art 21 GG und dem Parteiengesetz einen Sonderstatus. § 37 PartG erklärt verschiedene Vorschriften des Vereinsrechts für unanwendbar. Obwohl § 29 dabei nicht genannt wird, ist dessen Anwendung auf politische Parteien umstritten. Nach einer zunehmenden Ansicht ist § 29 nicht anwendbar, sondern statt dessen das gem § 14 PartG zu bildende *Parteischiedsgericht* für die Bestellung eines Notvorstandes zuständig (HAHN NJW 1973, 2012, 2013; PALANDT/HEINRICHS Rn 1; OLG Hamm NJW-RR 1989, 1533).

Dies wird vor allem damit begründet, daß die innerparteiliche Willensbildung nicht durch hoheitlichen Eingriff unterbrochen werden dürfe, also „staatsfrei" bleiben müsse (HAHN aaO; OLG Hamm 1534). *Für* die Anwendung des § 29 sprechen sich allgemein SOERGEL/HADDING Rn 4 und MünchKomm/REUTER Rn 6 aus. Nach einer mittleren Meinung kann das Gericht zwar nach § 29 einen Notvorstand bestellen, doch sind dessen Kompetenzen auf unpolitische Angelegenheiten, insbes die Einberufung einer Mitglieder- bzw Delegiertenversammlung zur Wahl eines Vorstands, zu begrenzen (LG Berlin NJW 1970, 1047, 1048; ROELLECKE DRiZ 1968, 117, 118 f). Die erste Auffassung zugunsten einer *parteiinternen Lösung verdient den Vorzug* (so auch schon Rn 6 der vorigen Bearbeitung). Daß § 29 in § 37 PartG nicht genannt ist, schließt nicht aus, daß er dennoch der besonderen Stellung der Parteien in unserer Rechtsordnung nicht gerecht wird. Wenn ein anderes funktionsfähiges Parteiorgan dafür zur Verfügung steht, sollte der Staat nicht in den Willensbildungsprozeß der Partei eingreifen. Die Bestellung eines Vorstandes, selbst wenn sie nur vorübergehend ist, stellt einen gravierenden Eingriff dar, weil der Vorstand entscheidenden Einfluß auf die Partei und ihr Bild in der Öffentlichkeit haben kann. Eine Beschränkung der Kompetenzen auf „unpolitische Angelegenheiten" erscheint wenig praktikabel; schon die Terminierung eines Parteitages ist ein Politikum. HAHN 2012 f hat überzeugend dargetan, daß das Parteischiedsgericht idR als kompetentes Organ für die Bestellung des Notvorstandes in Frage kommt. Nur wenn entgegen der Pflicht aus § 14 PartG kein Parteischiedsgericht existiert, ist ein Rückgriff auf § 29 unvermeidlich.

III. Voraussetzungen der Bestellung durch das Amtsgericht

1. Materielle Voraussetzungen

7 Die erforderlichen **Mitglieder** des Vorstandes müssen **fehlen**. Die Vorstandsmitglieder „fehlen", wenn sie gestorben, geschäftsunfähig oder wenn sie durch Krankheit, Abwesenheit an der Geschäftsführung verhindert oder zurückgetreten oder durch eigene Beteiligung an der Sache von der Beschlußfassung und Vertretung des Vereins ausgeschlossen sind (§§ 28, 34).

Sie fehlen ferner, wenn ihre *Amtszeit abgelaufen ist* (OLG Hamm OLGZ 1965, 329); zu beachten ist, daß der eingetragene Vorstand auch nach Ablauf seiner Amtszeit noch zur Einberufung der Mitgliederversammlung berechtigt ist (RG JW 1911, 330; RICHERT NJW 1957, 1545; BayObLG MDR 1973, 134). Vgl auch § 32 Rn 8.

Die Ernennung eines *Vermögenstreuhänders* nach § 4 des 3. UmstellungsergänzungsG v 22. 1. 1964 schließt die Anwendung des § 29 jedenfalls dann nicht aus, wenn sich die betroffene juristische Person im Verwaltungsstreitverfahren gegen die Ernennung wehren will (OLG Hamm OLGZ 1965, 329); ebensowenig die durch MRG Nr 52 ausgesprochene Beschlagnahme (BGH WM 1959, 598).

Die Vorstandsmitglieder „fehlen" ferner, wenn die satzungsmäßige *Zahl* der Mitglieder eines mehrgliedrigen *Vorstandes* nicht vorhanden ist, wobei auch die Verhinderung im Einzelfall aufgrund §§ 34 oder 181 genügt (BayObLGZ 1989, 298, 306), ebenso wenn der Vorstand überhaupt *weggefallen* ist. Ob bei *Mitteilungen* an den Verein § 29 dann anwendbar ist, wenn die Mitteilung seitens des einzigen vorhandenen Vorstandsmitgliedes dem Verein in eigener Sache zu machen ist, hängt davon ab, ob in diesem Falle § 181 als anwendbar angesehen wird oder nicht (vgl § 28 Rn 13). Daß die Vorstandsmitglieder „fehlen", kann auch angenommen werden, wenn sie die *Geschäftsführung* überhaupt *verweigern*, nicht dagegen, wenn sie einen einzelnen Geschäftsführungsakt ablehnen (RG JW 1937, 1731 Nr 27; SOERGEL/HADDING Rn 7). Auch zur Klärung von Differenzen innerhalb des Vorstandes ist eine Notvorstandsbestellung nicht möglich (OLG Frankfurt NJW 1966, 504; bedenklich LG Bonn Rpfleger 1987, 460); ebenso nicht, wenn es auf verschiedenen Versammlungen zur Wahl konkurrierender Vorstände gekommen ist (BayObLG Rpfleger 1987, 74; MünchKomm/REUTER Rn 7). Unzweckmäßiges oder treuwidriges Verhalten des Vorstands ist auf keinen Fall ein ausreichender Grund nach § 29 (OLG Frankfurt BB 1986, 1601 für GmbH-Geschäftsführer).

§ 29 ist nicht anwendbar, wenn sich aus anderen Vorschriften ergibt, wer *vertretungsberechtigt* ist und die danach Berufenen auch vorhanden und bereit zur Tätigkeit sind, zB ein Liquidator (OLG Hamm NJW-RR 1990, 532). So für (den früheren) § 66 Abs 2 GmbHG RG JW 1936, 335 Nr 26. Abw für den Fall nur längerfristig zu behebender Schwierigkeiten des grundbuchgerechten Nachweises der satzungsgemäßen Wahl des Vorstandes vKALM MDR 1956, 17.

Weiter muß ein **dringender Fall** gegeben sein. Ein solcher liegt vor, wenn ein sofortiges Handeln erforderlich ist, um Schaden zu vermeiden oder eine erforderliche Handlung überhaupt nur sofort vorgenommen werden kann. Der Schaden muß nicht Vermögensschaden sein. Ein „dringender Fall" liegt schon dann vor, wenn ein Gläubiger auftritt, der gegen den Verein *klagen* will (vgl BayObLG LZ 1927, 856). Ob bei Gefahr im Verzug bis zum Eintritt des gesetzlichen Vertreters die Bestellung eines *Prozeßpflegers* durch den Vorsitzenden des Prozeßgerichts nach § 57 ZPO veranlaßt sein kann, ist fraglich. Die Motive wollten § 29 nicht anwenden, wenn der Verein *verklagt* wird; vielmehr sollte dann § 57 ZPO eingreifen (vgl dazu STAUDINGER/COING[11] Rn 8). Diese Auffassung ist unzutreffend; grundsätzlich kann auf § 57 ZPO nicht verwiesen werden. Jedoch entfällt die Dringlichkeit, wenn ein Prozeßpfleger vom Prozeßgericht *bestellt* worden ist (so auch SOERGEL/HADDING Rn 8; BGB-RGRK/STEFFEN Rn 2; aA MünchKomm/REUTER Rn 8, der das Schutzbedürfnis ablehnt, wenn der Weg über § 57 ZPO offensteht). Ist im Vereinsregister noch ein inzwischen nicht mehr amtierender Vorstand eingetragen, so kann dieser analog § 121 Abs 2 S 2 AktG noch eine Mitgliederversammlung einberufen, so daß es dafür keines Notvorstands bedarf (BayObLGZ 1985, 24; für den Fall des Ablaufs der Amtszeit auch MünchKomm/REUTER Rn 8).

Ist es zweifelhaft, ob die betroffene juristische Person noch besteht, so kann die Bestellung eines Notvorstandes doch nicht abgelehnt werden; das ist vielmehr nur möglich, wenn es offensichtlich ist, daß die juristische Person *nicht mehr existiert* (vgl OLG Frankfurt JZ 1952, 565; BayObLG JZ 1960, 254).

2. Formelle Voraussetzungen

a) Ein **Antrag** an das zuständige Amtsgericht. Das Amtsgericht, das für den Bezirk, in dem der Verein seinen Sitz hat, das Vereinsregister führt, ist hier das Vereinsgericht auch für *konzessionierte* Vereine.

b) Ein Antrag eines **Beteiligten**. Dieser kann sein ein Mitglied des Vorstandes oder ein Vereinsmitglied (KG Recht 1907, 632 Nr 1278 a; BGHZ 24, 47) oder ein Dritter, welcher gegenüber dem Verein eine Willenserklärung abgeben oder ihm zustellen lassen will, zB ein *Gläubiger* des Vereins (KG OLGE 4, 256; BayObLGZ 1971, 178). Dagegen kommt nicht in Betracht das Konkursgericht (BayObLGZ 1950/51, 340). Zur ausnahmsweisen Bestellung von Amts wegen s BayObLG NJW-RR 1989, 765; REICHERT/ DANNECKER Rn 1266.

IV. Der Bestellungsbeschluß

9 1. Er erfolgt nach den Bestimmungen des Gesetzes über die **freiwillige Gerichtsbarkeit** (vgl RGZ 138, 101). Die Bestellung erfolgt durch Beschluß; zuständig ist der Rechtspfleger (§ 3 Abs 1 Nr 1 a RpflegerG). Gegen den Beschluß, welcher die Bestellung abweist, hat der Antragsteller das Rechtsmittel der *Beschwerde* beim Landgericht (§§ 19, 20 FGG) sowie der weiteren Beschwerde gem §§ 27–29 FGG. Auch das Beschwerdegericht kann eine Bestellung vornehmen (BGHZ 24, 47, 52).

Der Mangel der gesetzlichen Voraussetzungen kann nur im Verfahren der freiwilligen Gerichtsbarkeit gerügt werden, nicht inzidenter im Prozeß oder sonst (RGZ 81, 206; RG SeuffA 73 Nr 129).

Die Bestellung hat **rechtsgestaltende Wirkung** (vgl RGZ 105, 403). Die Bestellung *bindet* den Prozeßrichter; dieser kann nur nachprüfen, ob der die Bestellung vornehmende Richter der freiwilligen Gerichtsbarkeit sachlich zuständig war (BGHZ 24, 47).

10 2. Zu bestellen sind „Mitglieder des **Vorstandes**" oder ein Vorstand, nicht, wie in § 44 Abs 6 E I angeordnet war, „ein besonderer Vertreter". Ebenso unzulässig ist die Bestellung eines Pflegers (KG KGJ 34 A, 53). Etwaige satzungsmäßige Anforderungen an die Person des Vorstands müssen nach Möglichkeit berücksichtigt werden (BayObLG Rpfleger 1992, 114). Die bestellten Vorstandsmitglieder haben die Rechte und Pflichten des Vorstandes, wie die von Vereinsorganen bestellten. Nur in *zeitlicher* Beziehung unterscheiden sie sich von den letzteren. Sie werden vom Amtsgericht bestellt „bis zur Behebung des Mangels". Hiernach können Vorstandsmitglieder oder ein Vorstandsmitglied auch nur für einen **einzigen Akt** bestellt werden, zB nur zum Zwecke der Einberufung der Mitgliederversammlung, in welcher die satzungsgemäße Vorstandswahl stattzufinden hat, wenn die Einberufung satzungsgemäß nur durch den Vorstand stattfinden darf und auch kein Vorstand im Vereinsregister eingetragen ist, der laden könnte (vgl o Rn 7). Ist die Mitgliederversammlung berufen oder beschlußfähig, so ist der Mangel „behoben", die gerichtliche Bestellung erloschen, ein *formeller Widerruf* seitens des bestellten Gerichts ist *unnötig* (ebenso SOERGEL/HADDING Rn 15; MünchKomm/REUTER Rn 14; RG JW 1918, 361; BGB-RGRK/STEFFEN Rn 5; MELTENDORF JR 1956, 6; **aM** SCHACK Gruchot 61, 854; ERMAN/H P WESTERMANN Rn 3). Die amtsgerichtliche Bestellung kann die Vertretungsmacht des Notvorstands beschränken (BayObLG NJW-RR 1986, 523); die Bestellung kann auch für einen einzigen Akt erfolgen, weil für diesen der noch in Tätigkeit befindliche Vorstand wegen Beteiligung ausgeschlossen ist. Bei der Bestellung kann diese *Beschränkung* auf einen bestimmten Akt oder auf eine bestimmte Zeit von vornherein angegeben oder nachträglicher Feststellung überlassen werden, wann der Mangel behoben ist. Auch letzterenfalls *erlischt* die amtsgerichtliche Bestellung mit der *Behebung* des Mangels, nicht erst mit der Feststellung, daß der Mangel behoben sei. Auf jeden Fall muß das

Gericht den Grundsatz der Verhältnismäßigkeit beachten, darf also mit schärfere Eingriffe vornehmen als zur Beseitigung der Notsituation erforderlich sind (BayObLGZ 1989, 298, 307; MünchKomm/REUTER Rn 12).

Ein Geschäftsunfähiger kann nicht als Mitglied des Vorstandes bestellt werden. Im übrigen steht es im pflichtgemäßen *Ermessen* des Amtsgerichts, wen es auf Antrag eines Beteiligten bestellen will. – Wird trotz satzungsmäßiger Festlegung von Gesamtvertretung nur *eine Person* als Notvorstand bestellt, so hat er wegen der rechtsgestaltenden Wirkung der Bestellung alleinige Vertretungsmacht (KG OLGZ 1965, 332; 1968, 200, 207).

Tritt der nach § 29 bestellte *Vorstand zurück*, bevor der Mangel behoben ist, so ist vom Gericht ein neuer einstweiliger Vorstand zu bestellen, ohne daß ein erneuter Antrag erforderlich ist (SOERGEL/HADDING Rn 15; aA MünchKomm/REUTER Rn 14). Man wird auch annehmen müssen, daß das Gericht den von ihm bestellten Vorstand *absetzen* kann, wenn das Vereinsinteresse dies erfordert, insbes wenn er sich als unfähig erweist (vgl BGHZ 24, 47, 52); die Abberufung kann von jedem beantragt werden, der nach § 29 antragsberechtigt ist (KG WM 1967, 83).

3.   Für den **Beginn der Wirksamkeit** der Bestellung ist § 16 FGG maßgebend. Die Bestellung ist dem Antragsteller und den bestellten Vorstandsmitgliedern sowie den etwa vorhandenen Vorstandsmitgliedern *bekannt zu machen*. BGHZ 6, 232 (235) läßt offen, ob zur Wirksamkeit der Bestellung schon die Bekanntgabe an den Bestellten genügt. Dies ist mit MünchKomm/REUTER Rn 11 anzunehmen. Zur Änderung der gerichtlichen Verfügung s § 18 FGG.

Handelt es sich um einen eingetragenen Verein, so sind auch die gerichtlich bestellten Vorstandsmitglieder in das *Vereinsregister einzutragen*, uz nach § 67 Abs 2 von Amts wegen. Über die Bedeutung der Eintragung vgl STAUDINGER/HABERMANN § 55 Rn 5 sowie die Erl zu §§ 68, 69.

4.   Damit, daß dem Amtsgericht für dringende Fälle das Recht der Bestellung auf Antrag von Beteiligten eingeräumt ist, ist ihm auch das Recht eingeräumt, mit den zu bestellenden Vorstandsmitgliedern diejenigen Vereinbarungen (insbes über eine **Vergütung**) zu treffen, aufgrund deren die zu bestellenden Personen die Bestellung annehmen. Denn das Amtsgericht kann zum Vollzug seiner Bestellung gegen die bestellten Personen keinen Zwang ausüben (vgl auch LG Siegen MDR 1951, 102). Zur *einseitigen Festsetzung* einer Vergütung ist das Gericht im Verfahren der freiwilligen Gerichtsbarkeit auf keinen Fall berechtigt (BayObLG Betrieb 1975, 1500 und NJW-RR 1988, 1500, 1501); bleibt der Anspruch streitig, so kann über ihn nur im Prozeßwege entschieden werden (vgl auch HAGEMANN ZBlFG 15, 305). Die Vergütung fällt dem *Verein* zur Last (OLG Düsseldorf Rpfleger 1961, 302; BayObLG Betrieb 1975, 1500; BGH WM 1959, 598). – Für Festsetzung der Vergütung durch das Gericht im Bestellungsbeschluß treten ein MÖHRING BB 1953, 1037; LG Hamburg MDR 1971, 298; PALANDT/HEINRICHS Rn 9.

Zur Entlassung vorhandener Vorstandsmitglieder, Geschäftsführer oder Liquidatoren berechtigt § 29 nicht (vgl KG Recht 1937 Nr 5210; OLG Schleswig SchlHAnz 1960, 239).

§ 30

Durch die Satzung kann bestimmt werden, daß neben dem Vorstande für gewisse Geschäfte besondere Vertreter zu bestellen sind. Die Vertretungsmacht eines solchen Vertreters erstreckt sich im Zweifel auf alle Rechtsgeschäfte, die der ihm zugewiesene Geschäftskreis gewöhnlich mit sich bringt.

Materialien: E II § 29; III § 27; Prot I 520; JAKOBS/SCHUBERT, AT I 143, 153 ff.

Schrifttum

BARFUSS, Die Stellung besonderer Vertreter gem § 30 BGB in der zivilprozessualen Beweisaufnahme, NJW 1977, 1273
FRELS, Sonderorgane nach § 30 BGB im Aktienrecht, AG 1958, 79

VARRENTRAPP, Der besondere Vertreter nach § 30 BGB unter Berücksichtigung des Handels- und Arbeitsrechts (1930).

1. Bedeutung der Vorschrift

1 § 30 wurde in der 2. Komm eingefügt (Prot I 520 ff). Einzelheiten zur Entstehungsgeschichte vgl STAUDINGER/COING[11(1957)]. Die Zulässigkeit gewöhnlicher Stellvertretung durch Bevollmächtigte behandelt § 30 nicht. Die *„besonderen Vertreter"* sind *nicht Stellvertreter*, sondern **Organe** des Vereins, nicht anders als der Vorstand selbst (so auch Prot I 521); sie gehören aber nicht zum Vorstand (vgl unten Rn 5). Über die Stellvertretung für Vereine enthält das BGB keine besonderen Bestimmungen, es sind die allgemeinen Rechtsnormen (§§ 164 ff) maßgebend. Nur insofern kann die Analogie zu den Stellvertretungsnormen in Betracht kommen, als der Vorstand gleich einem *Generalbevollmächtigten* grundsätzlich für alle Geschäfte des Vereins zuständig ist, soweit ihm nicht eine Befugnis ausdrücklich entzogen sein soll, während die „besonderen Vertreter" gleich *Spezialbevollmächtigten* von vornherein eine begrenzte Zuständigkeit besitzen (Prot I 521). Gedacht war von den Gesetzesverfassern an die Bestellung von Kassierern oder örtlichen Delegierten bei großen Vereinen neben dem Vorstand. Vgl MUGDAN I 617, 618. Die Vorschrift hat vor allem in der Entwicklung des Haftungsrechts der Vereine Bedeutung gewonnen. Vgl dazu § 31 und unten Rn 3.

2. Haftung des Vereins

2 Daß die *„besonderen Vertreter"* gem § 30 **Organe** des Vereins und nicht bloß Stellvertreter sind, hat zur Folge, daß der **Verein** für Handlungen solcher besonderen Vertreter, wie für Handlungen des Vorstandes, gem § 31 auf Schadensersatz **haftet** (vgl § 31 Rn 24, 25). Aus Handlungen gewöhnlicher Stellvertreter des Vereins, wodurch Dritten Schaden zugefügt wird, haftet der Verein nach den allgemeinen Grundsätzen der §§ 164 ff. Vgl PLANCK/KNOKE § 31 Anm 1.

3. Die Bestellung

Während das Gesetz vorschreibt, daß der Verein einen Vorstand haben muß (§ 26), **3** können „besondere Vertreter" nur aufgrund einer **Bestimmung der Satzung des Vereins** bestellt werden. Damit ist gesagt:

a) Wenn die Satzung über die Bestellung besonderer Vertreter nichts enthält, können sie *nicht bestellt* werden. Denn die Bestimmung der besonderen Vertreter als Organe des Vereins gehört zur Verfassung des Vereins, und über diese kann nur das Gesetz oder die Satzung bestimmen. Es ist nicht notwendig, daß die Satzung die Bestellung besonderer Vertreter vorschreibt, es genügt, daß sie sie *gestattet* (vgl SOERGEL/HADDING Rn 4; BGB-RGRK/STEFFEN Rn 4). Dies ist nach hL auch dann anzunehmen, wenn sie eine Einrichtung vorschreibt oder zuläßt, mit welcher die Stellung eines besonderen Vertreters notwendig verbunden ist, zB eine auswärtige Zweigniederlassung mit selbständigem Geschäftskreis (vgl RGZ 91, 1).

b) Sowenig wie die Satzung überhaupt, bedarf die Bestimmung über die „besonderen Vertreter" einer *Form*. Es ist daher nach hL genügend, wenn sie aus dem *Gesamtinhalt* der Satzung zu entnehmen ist (vgl SOERGEL/HADDING Rn 5; BGH WuW 1989, 242). §§ 133, 157 sind hier, auch wenn man die Satzung nicht als Rechtsgeschäft auffassen will (s darüber § 25 Rn 15), anwendbar. Vgl aber § 31 Rn 25.

c) Die Bestellung soll erfolgen, „für gewisse Geschäfte", für einen dem besonderen Vertreter „zugewiesenen Geschäftskreis". Diese Geschäfte müssen nicht sofort vorhanden sein oder einen solchen Umfang haben, daß ihre Besorgung eines besonderen Vertreters bedarf. Die Satzungsbestimmung kann daher auch eine *Blankettbestimmung* sein und den betreffenden *Geschäftskreis* bezeichnen, während die wirkliche Bestellung des besonderen Vertreters von der pflichtmäßigen Feststellung des Bedürfnisses abhängen soll, die dem bestellenden Vereinsorgan oder einem anderen Organ obliegen kann. Auch dann beruht die Bestellung des besonderen Vertreters auf der Satzung gem § 30. Im Ergebnis übereinstimmend BGB-RGRK/STEFFEN Rn 4; RGZ 91, 3 (mit ausführlicher Begründung).

d) Die Satzung kann über das *bestellende Organ* eine Regelung treffen. Ist dies nicht geschehen, so hat die *Mitgliederversammlung* die besonderen Vertreter zu bestellen; denn mangels anderweitiger Satzungsbestimmungen finden die Normen über die Bestellung des Vorstandes entsprechende Anwendung (§ 27).

e) Hinsichtlich der *rechtlichen Natur* der Bestellung und des ihr zugrunde liegenden Rechtsverhältnisses gilt das gleiche, was beim Vorstand ausgeführt wurde (§ 27 Rn 9 ff).

f) Die Rspr hat die von § 30 eröffnete Möglichkeit, „besondere Vertreter" zu bestellen, benutzt, um die **Haftung** juristischer Personen für deliktisches Handeln ihrer Organe *auszudehnen*. Vgl dazu § 31 Rn 3, 24 ff. Daher ist der Kreis der besonderen Vertreter weit ausgedehnt worden; vgl im einzelnen § 31 Rn 51 ff. Hierbei handelt es sich aber in vielen Fällen eben um *Haftungsvertreter*; daß die juristische Person für deren Verhalten einstehen muß, hat mit der die rechtsgeschäftliche Vertretung betreffenden Vorschrift des § 30 nichts mehr zu tun. Für diese gelten die oben genannten Voraussetzungen. Ferner hat die Rspr zu einer Haftung des Vereins auch argumentiert, der Verein habe es pflichtwidrig unterlassen, einen besonderen Vertreter zu bestellen: Wenn der Verein für wichtige Aufgaben einen Mitarbeiter heranziehe, ohne ihm eine Stellung gem § 30 zu verschaffen, liege darin ein Organisationsmangel (zB BGHZ 39, 124, 130; BGH MDR 1981, 40 mwN).

4. Rechtliche Stehung

4 Die „besonderen Vertreter" haben als Organe des Vereins die *Stellung eines gesetzlichen Vertreters* des Vereins nach außen, uz im Zweifel für alle Rechtsgeschäfte, welche der ihnen zugewiesene Geschäftskreis gewöhnlich mit sich bringt. Es kommt ihnen aber auch für den ihnen zugewiesenen Geschäftskreis die Geschäftsführung zu.

Angesichts des Umstandes, daß auch der besondere Vertreter nach § 30 gesetzlicher Vertreter des Vereins ist, müßte er im *Prozeß* als *Partei* vernommen werden. Dagegen mit beachtenswerten Gründen BARFUSS NJW 1977, 1273; SOERGEL/HADDING Rn 11; PALANDT/HEINRICHS Rn 6; *für* die Stellung als Partei MünchKomm/REUTER Rn 8.

5. Anwendbarkeit des § 29?

5 Die besonderen Vertreter sind nicht Vorstände und *nicht Vorstandsmitglieder*. Daher ist die Anwendung des § 29 auf ihre Bestellung *ausgeschlossen*. Es besteht auch keine sachliche Veranlassung, den § 29 auf die besonderen Vertreter auszudehnen (ebenso BGB-RGRK/STEFFEN Rn 1; SOERGEL/HADDING Rn 13; aM PLANCK/KNOKE Anm 1; MünchKomm/REUTER Rn 8). Der Ersatz eines besonderen Vertreters kann jederzeit, solange ein Vorstand besteht, auf dem ordentlichen verfassungsmäßigen Weg erfolgen.

6. Der Geschäftsbereich

6 Die Zuständigkeit der besonderen Vertreter kann satzungsmäßig eine *ausschließliche* sein. Es ist jedoch auch möglich, daß der Vorstand von den Geschäften der besonderen Vertreter nicht ausgeschlossen ist. Daß die besonderen Vertreter „neben dem Vorstande" bestellt werden, bedeutet aber nicht, daß sie bestellt werden können für den Zuständigkeitsbereich des Vorstandes. Es ist immer ein bestimmter **besonderer Geschäftsbereich**, nicht das gesamte Vorstandsgeschäft, für welches die besonderen Vertreter zu bestellen sind. Genannt wurden in den Verhandlungen: Kassageschäfte oder Geschäfte eines örtlichen Delegierten (vgl oben Rn 1). Besonderer Vertreter iS des § 30 kann auch ein zur Leitung einer Filiale bestellter Prokurist sein (vgl RG Recht 1908, 421 Nr 2450; WarnR 1915 Nr 317; RGZ 91, 3). Unter Umständen kann aber der Leiter einer Zweigstelle, zB einer Bankfiliale, auch besonderer Vertreter iS des § 30 sein, ohne Prokura zu haben, einfach aufgrund einer *Spezialvollmacht* für einen bestimmten Geschäftskreis; er verliert die Eigenschaft als besonderer Vertreter auch nicht dadurch, daß er für den bestimmten Geschäftskreis nur das Recht zur Kollektivzeichnung hat, sofern dies in der Satzung vorgesehen ist (vgl RGZ 117, 61). – Zur Haftung einer Großbank für einen Zweigstellenleiter als „besonderen Vertreter" s ausf BGH NJW 1977, 2259, 2260 mwN.

7. Vorstandsmitglieder

Es ist zulässig, daß für bestimmte Geschäfte einzelne Mitglieder des Vorstandes zur Vertretung des Vereins für sich allein ermächtigt werden, dh es ist die Eigenschaft als Vorstandsmitglied *kein Hindernis* für die „besondere Vertretung" iS des § 30 (OLG Hamburg OLGE 8, 14).

8. Umfang der Vertretungsmacht

Die Vertretungsmacht des Vorstands kann durch die Satzung mit Wirkung gegen Dritte **beschränkt** werden (§ 26 Abs 2 S 2). Die Vertretungsmacht des „besonderen Vertreters" erstreckt sich „im Zweifel" auf alle Rechtsgeschäfte, „die der ihm zugewiesene Geschäftskreis gewöhnlich mit sich bringt". Damit ist gesagt: Wenn die Satzungsbestimmung, durch welche der „Geschäftskreis" eines besonderen Vertreters begrenzt wird, keine genauere Begrenzung der Vertretungsmacht enthält, so ist die Satzung dahin zu verstehen, daß der besondere Vertreter innerhalb des Geschäftskreises für *alle einschlägigen Rechtsgeschäfte* Vertretungsmacht haben soll. Die Satzung kann aber anders bestimmen. Sie kann zwar nicht bestimmen, daß der besondere Vertreter außerhalb seines Geschäftskreises Vertretungsmacht habe, denn dadurch würde er zum Vorstand. Aber die Satzung kann bestimmen, daß die Vertretungsmacht des besonderen Vertreters beschränkter sein soll als sein Geschäftskreis; sie kann ferner die Vertretungsmacht des „besonderen Vertreters" völlig **ausschließen** (SOERGEL/HADDING Rn 9; ERMAN/H P WESTERMANN Rn 4; K SCHMIDT, Gesellschaftsrecht² § 24 III 2 e).

9. Einzelfragen zum Anwendungsbereich des § 30

a) Die Bestimmung ist auch auf die *AG* (RG JW 1913, 23) und die *GmbH* (RGZ 76, 135) anwendbar. Vgl auch RG JW 1936, 915 Nr 1 und FRELS, AG 1958, 79.

b) Für *nichtrechtsfähige Vereine* gilt § 30 entsprechend (vgl SOERGEL/HADDING Rn 2).

c) Ebenso ist eine entsprechende Anwendung auf *juristische Personen des öffentlichen Rechts* möglich (BAG JR 1992, 44; RGZ 157, 228, 234; 162, 202, 207; RG DRW 1942, 1703).

d) Zur Frage der *Eintragungsfähigkeit* der Bestellung besonderer Vertreter im Vereinsregister s BayObLGZ 1981, 71; OLG Köln MittRhNotK 1986, 225 und § 64 Rn 6 ff.

e) Zusammenstellung von Einzelfällen besonderer Vertreter bei § 31 Rn 51 ff; SOERGEL/HADDING Rn 12; BGB-RGRK/STEFFEN Rn 6. – Kein besonderer Vertreter iS des § 30 ist ein vertretungsberechtigter *Geschäftsführer* außerhalb des Vorstandes (OLG Hamm DNotZ 1978, 292).

§ 31

Der Verein ist für den Schaden verantwortlich, den der Vorstand, ein Mitglied des Vorstandes oder ein anderer verfassungsmäßig berufener Vertreter durch eine in Ausführung der ihm zustehenden Verrichtungen begangene, zum Schadensersatze verpflichtende Handlung einem Dritten zufügt.

Materialien: E I § 46; II § 30; III § 28; Mot I 102 ff; Prot I 521 ff; VI 144; SCHUBERT, AT I 616 ff; JAKOBS/SCHUBERT, AT I 144, 153 ff.

Schrifttum

vBAR, Zur Struktur der Deliktshaftung von juristischen Personen, ihren Organen und ihren Verrichtungsgehilfen, in: FS Kitagawa (1992) 279

BEUTHIEN, Die Haftung von Personengesellschaften, Betrieb 1975, 725, 773

BRÜGGEMEIER, Organisationshaftung, AcP 191 (1991) 33

vCAEMMERER, Objektive Haftung, Zurechnungsfähigkeit und ‚Organhaftung', in: FS Flume I (1978) 359

COING, Die Vertretungsordnung juristischer Personen und deren Haftung gemäß § 31 BGB, in: FS Robert Fischer (1979) 65

FABRICIUS, Zur Haftung der BGB-Gesellschaft für unerlaubte Handlungen aus der Geschäftsführung von Gesellschaftern, in: Gedächtnisschrift R Schmidt (1966) 171

FRANK, Die Haftung des Geschäftsführers einer GmbH und der Geschäftsorgane sonstiger juristischer Personen für Aufsichtsverschulden nach § 831 Abs 2, BB 1975, 588

LANDWEHR, Die Haftung der juristischen Person für körperschaftliche Organisationsmängel, AcP 164, 482

LENEL, Zur Deliktshaftung der juristischen Person, DJZ 1902, 9

LIPPERT, Das Organisationsverschulden in Hochschulklinika – zivilrechtliche Aspekte, NJW 1984, 2606

LÖFFLER, Die Haftung der Pressegesellschaften für betriebliche und körperschaftliche Organisationsmängel, NJW 1965, 2392

MARTINEK, Die Organhaftung nach § 31 BGB als allgemeines Prinzip der Haftung von Personenverbänden für ihre Repräsentanten (Diss Berlin 1978)

NEUMANN-DUESBERG, Die verlegerischen Gefahrenabwendungspflichten, NJW 1966, 624

ders, Repräsentantenhaftung (1979)

NITSCHKE, Die Anwendbarkeit des im § 31 enthaltenen Rechtsgedankens auf alle Unternehmensträger, NJW 1969, 1737

PRÖLSS, Haftung bei der Vertretung ohne Vertretungsmacht, JuS 1986, 169

REUBER, Die haftungsrechtliche Gleichbehandlung von Unternehmensträgern (1990)

SANDBERGER und MÜLLER-GRAFF, Die rechtliche Form freiberuflicher Zusammenarbeit, ZRP 1975, 1

SCHMIEDEL, Die sogenannte Organhaftung und die Gesellschaft bürgerlichen Rechts, in: Gedächtnisschrift Rödig (1978) 261

SELLERT, Zur Anwendung der §§ 831, 31 BGB auf die Gesellschaft bürgerlichen Rechts, AcP 175 (1975) 77

SIEBERT, Rechtsstellung und Haftung der Technischen Überwachungsvereine im Kraftfahrzeugprüfungswesen (1957)

ders, Haftung einer Gewerkschaft für ihre Organe nach § 31 BGB, BB 1950, 846

WÄLDE, Die Anwendung des § 31 und der Begriff des „gesetzlichen Vertreters" im Rahmen konzernrechtlicher Haftungstatbestände des faktischen Konzerns, Betrieb 1972, 2289

H WESTERMANN, Haftung für fremdes Handeln, JuS 1961, 333, 382

J WILHELM, Rechtsform und Haftung bei der juristischen Person (1981).

2. Titel. Juristische Personen. §31
I. Vereine

Systematische Übersicht

I. **Rechtspolitische Grundlage und theoretische Auffassung**
1. Rechtspolitische Grundlage — 1
2. Streit um die theoretische Auffassung — 2
3. Stellungnahme — 3

II. **Der Tatbestand des § 31**
1. Die zum Schadensersatz verpflichtende Handlung — 4
2. Verhältnis der Haftung aus § 31 zu den Regeln über die Vertretung der juristischen Person beim Abschluß von Rechtsgeschäften („Vertretungsordnung") — 13
3. Ausnahme mit Rücksicht auf Schutzvorschriften im Aktienrecht — 22
4. Der Personenkreis, für den gehaftet wird — 23
   a) Vorstand — 23
   b) Andere verfassungsmäßig berufene Vertreter (Haftungsvertreter) — 24
   c) Verrichtungsgehilfen — 37
   d) Mitgliederversammlung — 38
   e) Das Erfordernis des Handelns innerhalb des übertragenen Wirkungskreises — 39
   f) Prozessuales — 41

III. **Der Anwendungsbereich der Haftungsvorschrift**
1. Juristische Personen des öffentlichen Rechts — 42
2. Nichtrechtsfähige Vereine — 43
3. OHG — 44
4. Gesellschaft des BGB — 45
5. Konkursmasse — 46
6. Stiftungen — 47
7. Erbengemeinschaft — 48

IV. **Persönliche Haftung der Handelnden** — 49

V. **Zwingender Charakter** — 50

VI. **Einzelfälle** — 51

VII. **Fremde Rechte** — 57

Alphabetische Übersicht

AGBG — 50
Aktiengesellschaft — 51
Analoge Anwendung — 34, 38
Anscheinsvollmacht — 19
Anwendungsgebiet — 42
Aufsichtsrat — 38
Ausländisches Recht — 57

Bezeichnung des Organs — 24 ff

Chefarzt — 56
Culpa in contrahendo — 9, 15

Dritter — 11

Einzelfälle — 51 ff
Erbengemeinschaft — 48

Fiktionshaftung — 32, 41

Gelegentliche Schadensstiftung — 40

Genossenschaft — 53
Gesellschaft bürgerlichen Rechts — 45
GmbH — 52

Haftungsvertreter — 4, 32 ff

Mitgliederversammlung — 38
Mithaftung der Organe — 49

Nichtrechtsfähiger Verein — 43

Öffentlichrechtliche juristische Person — 42
Offene Handelsgesellschaft — 44
Organtheorie — 2

Personengesellschaft — 55

Rechtsgeschäftliche Haftung — 5
Repräsentantenhaftung — 32, 33

Sondervertreter — 25 ff

Stiftungen	47	Verrichtungsgehilfe	37
Streikleitung	56	Vertretertheorie	2
		Vertretungshaftung	13 ff
Täuschung	21	Verschulden	12
Tatbestand des § 31	4 ff	Vollmachtsmißbrauch	20
Überschreitung der Vertretungsmacht	13 ff	Wirkungskreis	39
Unterlassung	39		
		Zweigstellenleiter	52, 54
Verfassungsmäßige Vertreter	24 ff	Zwingender Charakter des § 31	50

I. Rechtspolitische Grundlage und theoretische Auffassung

1. Rechtspolitische Grundlage

1 Grundlage der Bestimmung ist eine Gerechtigkeitserwägung. Eine juristische Person kann erst durch bestimmte *physische Personen*, welche für sie handeln, ihre Verwaltung und ihre Einrichtungen organisieren und über ihr Vermögen verfügen, zu geschäftlicher und gesellschaftlicher Wirksamkeit kommen. Kommt die Tätigkeit dieser Personen also der juristischen Person zugute, so erscheint es gerecht, daß sie andererseits auch für die Schäden *einstehen* muß, die durch Fehler oder durch bewußte Rechtsverletzungen seitens dieser Personen bei Dritten entstehen. Voraussetzung ist allerdings, daß die schadensstiftenden Handlungen mit der Tätigkeit dieser Personen für die juristische Person in innerem Zusammenhang stehen (vgl WINDSCHEID Pand I § 59; Mot I 102; Prot 1049–1052).

Aufgrund dieser Erwägungen hat das BGB, *unabhängig* von der allgemeinen Haftung für Verrichtungsgehilfen nach *§ 831*, eine besondere Haftung der juristischen Person geschaffen. Kritische Würdigung des deutschen Rechts, seiner Grundlagen und seiner Entwicklung unter Gegenüberstellung mit dem österreichischen Recht bei OSTHEIM, in: Gedenkschrift Gschnitzer (1969) 317.

Wegen der Abgrenzung des in Betracht kommenden Personenkreises im einzelnen vgl unten Rn 51 ff.

2. Streit um die theoretische Auffassung

2 Die theoretische Auffassung und damit die systematische Stellung des § 31 ist umstritten.

a) Die **Organtheorie** sieht in § 31 eine Bestätigung ihrer Auffassung, daß die juristische Person durch ihre verfassungsmäßigen Vertreter handelt, damit handlungsfähig wird und folglich für die Konsequenzen ihrer Handlungen ggf rechtlich einstehen muß.

So die wohl hM (zB SOERGEL/HADDING Rn 1; PALANDT/HEINRICHS Rn 1; BGHZ 98, 148, 151).

Aus dieser Anschauung wird die Folgerung gezogen, daß die *Haftung* aus § 31 eine *allgemeine* sei, die für Haftung aus Rechtsgeschäft ebenso gelte wie für andere Haftungsgründe (Delikt, Gefährdung, Schadensersatz bei rechtmäßigem Handeln wie § 904 usw). Neben § 31 sei daher *§ 278 nicht anwendbar* (so PALANDT/HEINRICHS § 278 Rn 6; SOERGEL/HADDING Rn 4; BEUTHIEN Betrieb 1975, 725 f; ENNECCERUS/NIPPERDEY § 110 Fn 17; differenzierend MünchKomm/REUTER Rn 18).

b) Die **Vertretertheorie** sieht in § 31 dagegen eine Vorschrift, welche die Haftung der juristischen Person für das rechtsgeschäftliche Handeln ihrer verfassungsmäßigen Organe für außerrechtsgeschäftliche Handlungen ergänzt, indem sie § 831 zu Lasten der juristischen Person abändert. Danach behält *§ 278* auch für juristische Personen seine *Bedeutung*. So auch wohl ESSER/SCHMIDT, Schuldrecht I, AT Teilbd 2 (7. Aufl 1993) § 27 III 1.

Praktische Bedeutung könnte der Streit evtl im Hinblick auf die Möglichkeit der Freizeichnung nach § 278 S 2 haben.

3. Stellungnahme

Der Streit ist im Grunde ein Erbe der Begriffsjurisprudenz. Kritik beider Theorien bei LANDWEHR AcP 164, 502 f. Davon gilt es sich frei zu machen und auf die Sachprobleme zurückzugehen. Die systematische Stellung und damit der Anwendungsbereich des § 31 muß mE von der Überlegung aus bestimmt werden, welche *Regelungsprobleme* sich bei der Haftung einer Organisation für das Handeln der in ihr und für sie wirkenden natürlichen Personen ergeben.

Hier scheint es notwendig, zunächst zwischen der *Begründung* neuer und der *Erfüllung* bereits bestehender Verpflichtungen zu unterscheiden. Das zweite Problem ist durch die Bestimmung des § 278 geregelt, und nachdem der Begriff des Erfüllungsgehilfen durch Rspr und Lehre geklärt ist, erscheint hier ein Rückgriff auf die Vorschrift des § 31 überflüssig; daß zu den Erfüllungsgehilfen auch leitende Angestellte der betreffenden Organisation, zB Filialleiter, gehören können, dürfte heute zweifelsfrei sein. Vgl etwa die Entscheidung BGH JZ 1977, 755 (= NJW 1977, 2259) betr cic.

Was die Begründung von Verbindlichkeiten angeht, so sind zwei durchaus verschiedene Regelungsprobleme zu unterscheiden.

a) Die *Begründung der Haftung* des Vereins durch **Rechtsgeschäft**. Hier handelt es sich um die **Probleme der Vertretung**; es tauchen die gleichen Fragen auf, wie bei der Stellvertretung aufgrund rechtsgeschäftlicher Vertretungsmacht (Rücksicht auf die Interessen des Kontrahenten, daher klare Umgrenzung der Vollmacht, Lösung vom Innenverhältnis, Nachweis der Vertretungsmacht uä).

b) *Begründung einer Haftung* durch anderes, also **nichtrechtsgeschäftliches Verhalten**. Hier handelt es sich um ein Problem der Risiko- und Schadensverteilung kraft ausgleichender oder distributiver Gerechtigkeit (Delikt, Gefährdungshaftung uä).

Beide Probleme bedürfen gesonderter Regelung.

Die Gesetzesverfasser haben das *erste Problem* klar erkannt und in § 26 zweckentsprechend geregelt. Was das *zweite Problem* angeht, so haben sie zwar die Notwendigkeit, eine Regel aufzustellen, erkannt, aber, insbes wenn man ihre Regel im Lichte der späteren Erfahrung beurteilt, das Problem in seiner Besonderheit nicht vollständig überblickt; sie haben nämlich die Regelung der Frage, für welche Personen die juristische Person hinsichtlich des *nichtrechtsgeschäftlichen* Verhaltens haften muß, mit der Frage der satzungsmäßigen *Vertretungsmacht* nach § 26 oder § 30 verknüpft – obwohl die Vertretungsmacht bei diesem *zweiten* Fragenkomplex kein geeignetes Kriterium ist. Es ist deshalb wohl auch kein Zufall, daß sich gerade in diesem Punkte die Rspr vom Gesetz gelöst hat und für die Abgrenzung des Personenkreises, für den die juristische Person in diesem Bereich haften muß, zu anderen Kriterien gekommen ist. Vgl dazu unten Rn 27 ff.

Im Licht dieser Gegebenheiten und der Entwicklung der Rspr scheint es richtig zu sein, die Regel des § 31 überall zur Anwendung zu bringen, wo es nicht um die Frage geht, ob die Haftung einer juristischen Person durch rechtsgeschäftliches Handeln eines Vertreters begründet ist, vielmehr Haftung außerhalb dieses Bereiches, also *außerkontraktliche Haftung* gegeben ist. Soweit es sich dagegen um Probleme der Haftung für die *Erfüllung* von Verpflichtungen handelt, sollte allein § 278 und der dort verwendete Begriff des Erfüllungsgehilfen maßgebend sein.

II. Der Tatbestand des § 31

1. Die zum Schadensersatz verpflichtende Handlung

4 § 31 macht die juristische Person haftbar, wenn eine natürliche Person, für die sie eintreten muß – „Haftungsvertreter"; dazu unten Rn 32 ff –, die Voraussetzungen einer Norm verwirklicht hat, die einem Dritten gegenüber zum Schadensersatz verpflichtet. § 31 begründet also nicht selbständig die Haftung; die Vorschrift setzt eine zum Schadensersatz verpflichtende Handlung eines **„Haftungsvertreters"** voraus. Im einzelnen kommt in Betracht:

5 (1) die **Verletzung einer Verpflichtung aus Rechtsgeschäft**. So die hL; wegen der hier vertretenen abweichenden Ansicht vgl oben Rn 3;

6 (2) das **Begehen einer schuldhaften unerlaubten Handlung**;

7 (3) die Verwirklichung eines Tatbestandes, an den das Gesetz eine **Gefährdungshaftung** knüpft;

8 (4) *rechtmäßige Handlungen*, an welche das Gesetz **Schadensersatzpflichten** knüpft, zB §§ 904, 122;

9 (5) **Culpa in contrahendo** (vgl BGHZ 26, 330, 335). Auf cic kann jedoch nicht ein Anspruch gestützt werden, der aus fehlender Vertretungsmacht hergeleitet wird (MERTENS in Kölner Kommentar zum AktG [2. Aufl 1989] § 76 Rn 79, 80; RG SeuffA 82 Nr 57). Wegen des Verhältnisses zu den Stellvertretungsregeln vgl unten Rn 15. Vgl aber BGH JZ 1977, 755, der § 278 anwendet.

(6) Im Rahmen des § 254 gewinnt § 31 Bedeutung, wenn ein konkurrierendes Ver- 10
schulden der juristischen Person in Betracht kommt (BGH NJW 1952, 537).

§ 31 betrifft nur die Haftung für den Schaden, der durch das Verhalten des Organs 11
„einem **Dritten**" zugefügt wird. Dritte in diesem Sinne können aber auch Mitglieder
des Vereins (BGHZ 90, 92, 95 und 110, 323, 327 f) oder andere Organe des Vereins sein;
auch ein *Vorstandsmitglied*, sofern es nicht zu denjenigen gehört, die für die schadensstiftende Handlung verantwortlich sind (BGH NJW 1978, 2390).

Es könnte die Frage entstehen, ob nicht aufgrund des § 31 der *Verein* dem handelnden *Willensorgan selbst haftet*, wenn dieses durch seine schadensstiftende Handlung
sich selbst schädigt, insbes sich in eine Haftung gegenüber Dritten bringt. Dies ist
abzulehnen, und zwar nicht nur, weil das handelnde Organ kein „Dritter" iS des § 31
ist, sondern auch aus dem allgemeineren Grunde, weil niemand sich auf sein eigenes
unrechtes Tun zu seinen Gunsten berufen kann.

Über die durch § 31 gar nicht berührte Frage der Haftung des Organs gegenüber
dem Verein oder gegenüber den Mitgliedern s § 26 Rn 25.

Soweit die zum Schadensersatz verpflichtende Norm Verschulden voraussetzt, muß 12
das betreffende Organ schuldhaft gehandelt haben. Dies ist bei der Verrichtungsgehilfenhaftung nach § 831 anders. Im Fall des § 823 Abs 1 muß also mindestens
Fahrlässigkeit, bei § 826 sogar Vorsatz gegeben sein. Im übrigen ist aber keineswegs
immer ein subjektives Verschulden des Organs erforderlich. Es haftet daher die
juristische Person für objektiv unberechtigte Selbsthilfe des verfassungsmäßigen
Vertreters der juristischen Person gem § 231 sowie für einen nicht rechtswidrig zuge-
fügten Schaden, für welchen gem § 904 S 2 Ersatz zu leisten ist. Ebenso ist von dem
Verein in den Fällen des § 122, sofern eine von seinem verfassungsmäßigen Vertreter
abgegebene Erklärung nichtig oder angefochten ist, das sog negative Interesse des
Dritten zu ersetzen. Denn auch dies ist Schadensersatz aufgrund einer hierzu ver-
pflichtenden nicht notwendig schuldhaften Handlung (vgl Prot I 523). Vgl ferner
§ 829.

2. Verhältnis der Haftung aus § 31 zu den Regeln über die Vertretung der juristischen Person beim Abschluß von Rechtsgeschäften („Vertretungsordnung")

Die Rspr hat in mancher Hinsicht die Haftung der juristischen Person aus § 31 mit 13
Rücksicht auf die „Vertretungsordnung" *eingeschränkt*.

a) Nach der Bestimmung des § 179 ist jemand, der als Vertreter ohne Vertretungs- 14
macht einen Vertrag abgeschlossen hat, dem Vertragsgegner ggf zum Schadensersatz
wegen Nichterfüllung verpflichtet. Entgegen dem Wortlaut des § 31 hat schon das
RG entschieden, daß aus § 179 *nicht eine Haftung der juristischen Person* hergeleitet
werden kann (vgl RG SeuffA 82 Nr 57; RGZ 162, 129, 159). Der BGH hat sich dem – nach
Divergenzen zwischen dem 2. und dem 6. Senat – inzwischen einhellig ausgeschlossen (vgl BGH NJW 1986, 2939, 2940 und BGHZ 98, 148, 155; dazu näher MünchKomm/REUTER
Rn 22, 23). Es bleibt bei der persönlichen Haftung des Vertreters. Andernfalls würden
in der Tat die Regeln der Vertretungsordnung, zB die Einrichtung einer Gesamtver-

tretung, überflüssig; schlösse ihr zuwider *ein* Vorstandsmitglied allein einen Vertrag ab, handelte er also als Vertreter ohne Vertretungsmacht, so wäre die juristische Person zwar nicht aus dem Vertrag, wohl aber über §§ 179, 31 zum Schadensersatz wegen Nichterfüllung verpflichtet.

15 **b) Aus Verschulden bei Vertragsschluß** kann uU auch eine Haftung auf das *Erfüllungsinteresse* abgeleitet werden, wenn dies auch nicht die Regel sein wird (vgl BGH NJW 1965, 812; OLG Hamm MDR 1969, 306; NIRK, in: FS Möhring [1975] 90).

Besteht jedoch die Handlung, durch welche die Haftung wegen Aufnahme von Vertragsverhandlungen begründet wird, im *Verschweigen* fehlender Vertretungsmacht eines Organmitgliedes, so kann daraus ebenfalls nicht die juristische Person gem § 31 in der Weise haftbar gemacht werden, daß sie auf Vertragserfüllung oder Schadensersatz wegen Nichterfüllung oder entsprechenden Ersatz in Anspruch genommen wird (vgl RG SeuffA 82 Nr 57; BGHZ 6, 330). Ansprüche wegen Ersatzes von *Aufwendungen*, die im Vertrauen auf den gültigen Abschluß eines Vertrages mit der juristischen Person gemacht worden sind, sind dagegen zulässig (BGHZ 6, 330, 334, betr Aufwendungen für Herrichtung eines infolge Fehlens von Vertretungsmacht unwirksam verpachteten Geländes als Schrottplatz). Bei juristischen Personen des öffentlichen Rechts ist zu beachten, daß jemand, der keine Abschlußmacht besitzt, uU berechtigt ist, Verhandlungen zu führen (vgl RGZ 162, 129).

16 **c) Überschreitet** der **gesetzliche Vertreter** einer juristischen Person seine **Vertretungsmacht** und **begeht** er gleichzeitig eine **unerlaubte Handlung**, zB einen Betrug, gegenüber dem Vertragspartner, so *haftet* grundsätzlich die *juristische Person*, zwar nicht aus Rechtsgeschäft, wohl aber aus unerlaubter Handlung und § 31 auf Schadensersatz gegenüber dem Dritten (vgl etwa KG JW 1938, 1253 [Betrug]; BGH MDR 1959, 202 = GmbH-Rdsch 1959, 132 m Anm von MÖHRING; BGH NJW 1986, 2939, 2940).

17 Eine **Ausnahme** wurde von der Rspr früher angenommen, wenn bei *Gesamtvertretung* ein Organmitglied allein aufgetreten ist und die *Unterschrift* anderer Organmitglieder, deren Mitzeichnung erforderlich war, *gefälscht* hat. Hier sollte auch der Satz nicht gelten, daß an sich das Handeln *eines* Organmitgliedes genügt, um die juristische Person haftbar zu machen (RGZ 134, 375; BGH BB 1967, 856). Seit der Entscheidung BGHZ 98, 148 hat der BGH diese Ausnahme ausdrücklich aufgegeben.

18 Der Rspr kann nach ihrem gegenwärtigen Stand zugestimmt werden. Insbes ist die zu Rn 17 erwähnte Ausnahme für die Fälschung nicht zwingend geboten (aA noch STAUDINGER/COING[12]). Der Sicherungszweck der Vertretungsordnung und insbes von Regeln über Gesamtvertretung wird durch die deliktsrechtliche Zurechnung derartiger Handlungen des Organs nicht völlig vereitelt (BGHZ 98, 148, 156 f). Eine gewisse Beeinträchtigung der Vertretungsordnung ist zwar nicht zu leugnen, muß aber im Interesse der Haftungsordnung für deliktisches Verhalten hingenommen werden.

19 **d)** Die allgemeinen Grundsätze der Anscheinsvollmacht sind auch gegen **juristische Personen** anwendbar (hM, SOERGEL/LEPTIEN § 167 Rn 29; BGB-RGRK/STEFFEN Rn 2 mwN).

Dies gilt nach Rspr und hM für juristische Personen des öffentlichen Rechts jedoch nur, wenn das zur Vertretung *zuständige* Organ die Vertretungshandlungen geduldet bzw den Rechtsschein der Bevollmächtigung verursacht hat. Vgl STAUDINGER/DILCHER[12] § 167 Rn 49; ferner STAUDINGER/RAWERT (1995) § 89 Rn 40.

e) Auch bei **Vollmachtsmißbrauch** gelten die allgemeinen Grundsätze. Die juristische Person muß ein mißbräuchliches und weisungswidriges Handeln ihrer Vertreter gegen sich gelten lassen, wenn es durch den Umfang der Vertretungsmacht *gedeckt* ist. Eine Haftung nach § 31 kann also nicht entstehen. Im Falle der *Kollusion* kann der Dritte nach allgemeinen Grundsätzen sich auf das betreffende Rechtsgeschäft nicht berufen.

f) Bei **Täuschung** des Dritten durch den Vertreter der juristischen Person kommen sowohl die Vorschriften über *Rechtsgeschäfte* und *Stellvertretung* (§§ 123 Abs 2, 166) wie § 31 zur Anwendung (vgl RG JW 1916, 1269). Ein Vertrag kann angefochten werden; es kann Ersatz aus §§ 823 Abs 2, 826, 31 verlangt werden. Zu beachten ist in diesem Zusammenhang auch § 28 Abs 2. Vgl dazu BGHZ 20, 149 (betr Unterschlagung eines Bestätigungsschreibens).

3. Ausnahme mit Rücksicht auf Schutzvorschriften im Aktienrecht

Das RG hat die Haftung der AG nach § 31 in Fällen ausgeschlossen, in denen jemand durch *Täuschung* seitens des Vorstandes zum Kauf bzw zur Zeichnung von Aktien bestimmt worden war und nun, gestützt auf §§ 823, 31 Ersatz von der AG verlangte. Die Anwendung des § 31 würde hier an dem *Verbot der Einlagenrückzahlung*, also einer im Interesse der Gläubiger der AG geschaffenen Schutzvorschrift des Aktienrechts scheitern. Eine solche grundlegende Vorschrift des Aktienrechts müsse vorgehen (RGZ 54, 128; 62, 29; 72, 291. Zust MERTENS, in: Kölner Kommentar zum AktG [2. Aufl 1989] § 76 Rn 75).

4. Der Personenkreis, für den gehaftet wird

a) Vorstand
Die besondere Haftung aus § 31 trifft den Verein zunächst für das *Handeln* seines *Vorstandes* bzw dessen einzelner Mitglieder.

aa) Die Abgrenzung wird hier regelmäßig keine Schwierigkeiten bereiten. Wer Vorstand ist, kann an Hand der **Satzung** ermittelt werden.

Bei der AG kommt ebenfalls der Vorstand (§ 78 AktG), bei der GmbH die Geschäftsführer (§ 35 GmbHG), bei der Genossenschaft der Vorstand (§ 24 GenG), bei der OHG und KG die geschäftsführenden Gesellschafter (§ 125 HGB) in Betracht. Bei Stiftungen kommt der durch das Stiftungsgeschäft berufene *Stiftungsvorstand* (§§ 86, 26), bei juristischen Personen des öffentlichen Rechts die nach den zugrunde liegenden Satzungen berufenen *Leiter*, bei Behörden die jeweils leitenden Beamten in Frage.

Wegen der Haftung für andere willensbildende Organe, zB Mitgliederversammlung, Aufsichtsrat, vgl unten Rn 38.

bb) Bei einer **Gesamtvertretung** genügt schon das Verschulden (oder Verstoß gegen Treu und Glauben) *eines* der Vertreter, um die Haftung der vertretenen juristischen Person zu begründen. Dies gilt für die Verbindlichkeiten aus unerlaubten Handlungen (RG Recht 1908, 445 Nr 2529; RGZ 57, 94; 74, 257; 78, 123; 110, 145; 117, 64 f; 134, 375; 157, 228; BGH NJW 1986, 2339, 2340; BGHZ 98, 148, 155 ff). Es gilt aber in gleicher Weise auch für die Haftung aus vertraglichem Verschulden gem § 278 (RGZ 110, 145). Zu dem Problem der *Überschreitung* der Vertretungsmacht in der Weise, daß ein Organmitglied statt der vorgeschriebenen Gesamtvertretung handelt, sowie Täuschungen und Fälschungen in diesem Zusammenhang vgl oben Rn 16 ff, 21.

b)   Andere verfassungsmäßig berufene Vertreter (Haftungsvertreter)

24 Die Haftung aus § 31 trifft den Verein aber weiter für „andere verfassungsmäßig berufene Vertreter".

An diesem Punkt hat die *ausdehnende Anwendung* der Vorschrift durch die Rspr eingesetzt. Einzeldarstellung bei LANDWEHR AcP 164, 482.

Der **ursprüngliche Sinn** der Bestimmung ist allerdings klar. Sie stammt von der 2. Komm. Diese hatte (im heutigen § 30) die Möglichkeit geschaffen, neben dem Vorstand besondere Vertreter *(Sonderorgane)* für den Verein zu bestellen. Sie erstreckte in konsequenter Weise in § 31 die *Haftung* des Vereins auf diese neben dem Vorstand fungierenden Sonderorgane. Vgl Prot I 1050 f, 1048.

25 **aa)** Nach dem ursprünglichen Sinn des § 31 kommt als verfassungsmäßig berufener Vertreter somit nur in Betracht, wer eine Stellung inne hat, die in der **Satzung** als Sonderorgan neben dem Vorstand iS des § 30 geschaffen worden ist. Da man dabei ohne Zweifel an eine *ausdrückliche* Satzungsbestimmung gedacht hat, war danach der Kreis der „verfassungsmäßig berufenen Vertreter" durch ein klares *formales* Kriterium *abgegrenzt*. Damit war freilich zugleich klargestellt, daß der Bestimmung nur eine verhältnismäßig untergeordnete Bedeutung zukommen konnte.

26 Die *Schwierigkeiten* haben sich daraus ergeben, daß man die Regelung herangezogen hat, um bestimmte **Haftungsprobleme** zu lösen, die sich bei industriellen **Großbetrieben**, Großbanken und großen staatlichen Verwaltungen wie etwa der Bundespost ergeben. Die Schwierigkeiten traten also weniger bei der unmittelbaren Anwendung des § 31 auf Vereine, als vielmehr bei dessen Anwendung *auf juristische Personen des Handelsrechts* und des *öffentlichen Rechts* sowie auf den Fiskus hervor. Hier hat man es häufig mit weitverzweigten Organisationen zu tun, bei denen die *unmittelbaren Einwirkungsmöglichkeiten* des Vorstandes (bzw der gleichgestellten Stellen) aus der Natur der Sache *beschränkt* sind. Demgemäß verliert auch die in § 31 statuierte Haftung für den Vorstand an praktischer Bedeutung. Minima non curat praetor: Wie kann sich der Vorstand einer Großbank im einzelnen um die Erfüllung aller Obliegenheiten kümmern, die sich etwa aus der Verkehrssicherungspflicht für ein Filialgebäude oder eine Depositenkasse in X ergeben? Kann er sich aber nicht darum kümmern, so kann man ihm auch Versäumnisse nicht zur Last legen, und demgemäß könnte man die juristische Person auch *nicht haftbar* machen.

27 **bb)** Hier hat die *Rspr des RG* – zT wohl dadurch veranlaßt, daß sie die gesetzliche Haftung für Verrichtungsgehilfen nach § 831 nicht für ausreichend hielt – durch eine

Erweiterung der Organhaftung nach § 31 zu helfen gesucht, indem sie die in § 31 hinsichtlich des Vorstandes festgelegte Haftung auf *andere leitende Personen* in der Verwaltung der juristischen Person erstreckte, insbes auf Filialleiter, selbständige Sachbearbeiter in Behörden uä. Statt aber zu einer analogen Anwendung der Bestimmung zu greifen, hat sie (im Sinne der Begriffsjurisprudenz) den Begriff des „anderen verfassungsmäßig berufenen Vertreters" erweiternd zu definieren versucht. Dadurch ist die erweiterte Anwendung des Prinzips des § 31 zum Problem der *Definition* des „verfassungsmäßig berufenen Vertreters" geworden.

Die Haupthindernisse bei dieser Anwendung des § 31 lagen darin, daß nach dem Gesetz der verfassungsmäßig berufene Vertreter durch die *Satzung* vorgesehen und mit *rechtsgeschäftlicher Vollmacht* ausgestattet sein soll. In diese Richtung gingen daher die Erweiterungen, die die Rspr des RG vorgenommen hat.

cc) Auch mit dieser Erweiterung bleibt man aber in der Anwendung des § 31 von der mehr oder weniger zufälligen Gestaltung der *Satzung* bzw der *Zuständigkeitsregelung* im Einzelfall abhängig. Deshalb ist die Rspr noch einen Schritt weitergegangen und hat aus der *Möglichkeit*, ein Sonderorgan zu schaffen, unter bestimmten Umständen eine **Pflicht** gemacht. Das RG sagt in RGZ 157, 228, 235:

> „Der leitende Gedanke (dh von § 31) ging also dahin, die Haftung der Juristischen Person zu erweitern; sie sollte auch auf solche Personen erstreckt werden, die nicht die Vertretung der Juristischen Person im vollen Umfang haben, die aber für die Tätigkeit der Juristischen Person nicht entbehrt werden können, weil der Vorstand infolge des Umfangs oder der Art der zu erledigenden Geschäfte nicht imstande ist, von der ihm durch das Gesetz gegebenen Befugnis zur Vertretung der Juristischen Person in vollem Umfang und nach allen Richtungen Gebrauch zu machen. Diese Erwägung hat in der Rechtsprechung dazu geführt, sogar einen Organisationsmangel und ein Verschulden der verfassungsmäßigen Vertreter der Juristischen Person als gegeben anzusehen, wenn nicht für die Bestellung eines besonderen Vertreters im Sinne des § 30 BGB gesorgt wird, sobald der Vorstand nicht in der Lage ist, den Verpflichtungen zu genügen, denen eine Juristische Person durch ihren Vorstand nicht wie eine andere Person nachkommen kann. Die Sachlage kann dann je nach der Art des Geschäftskreises so sein, daß die Juristische Person ihren Pflichten nicht genügt durch Bestellung geeigneter Personen, für die sie sich nach § 831 BGB entlasten kann. Die tatsächlichen Umstände des täglichen Lebens, insbesondere des wirtschaftlichen Verkehrs, können es vielmehr mit sich bringen, daß ein solcher Vertreter bestellt werden muß, für den eine Entlastung dem Dritten gegenüber nicht möglich ist."

Im selben Sinne RGZ 89, 136; 162, 129, 166; 163, 29, 30; RG JW 1936, 915 Nr 1; JW 1938, 1651 Nr 12; BGHZ 24, 200 (213); BGH NJW 1980, 2810, 2811.

Nach dieser Rspr kommt es *praktisch nicht* mehr darauf an, ob das Sonderorgan in der *Satzung* vorgesehen ist oder nicht. Ist es vorgesehen, tritt eine Haftung für dieses Sonderorgan nach § 31 ein; ist es nicht vorgesehen, so tritt dieselbe Haftung wegen **Organisationsmangel** ein, weil der Verein seinen Tätigkeitsbereich so organisieren muß, daß für alle wichtigen Aufgabengebiete ein verfassungsmäßig berufener Vertreter zuständig ist, der Verein also entweder durch vorhandene Organe die direkte Kontrolle hätte ausüben oder ein Sonderorgan einsetzen müssen.

Besonders charakteristisch in dieser Hinsicht RG JW 1936, 915 Nr 1:

> „Vielmehr kommt es praktisch darauf an, daß der Umfang des von einer Juristischen Person unterhaltenen Betriebes so ist, daß die Einsetzung von Sonderorganen zur selbständigen Leitung von Zweigbetrieben oder Abteilungen erforderlich ist."

30 dd) Schließlich hat das RG das Erfordernis, das betreffende Sonderorgan müsse von der Satzung vorgesehen sein, ganz fallen lassen und es genügen lassen, daß die *„allgemeine Betriebsregelung und Handhabung"* im Einzelfall dazu geführt hatte, daß gewisse Aufgaben einzelnen Abteilungen oder Filialleitern zur selbständigen und eigenverantwortlichen Entscheidung zugewiesen werden (RGZ 163, 21, 29, 30).

31 ee) Auch hinsichtlich des Erfordernisses der **rechtsgeschäftlichen Vertretungsmacht** hat sich die Rspr des RG praktisch vom Gesetz *gelöst*. Sie hat in zunehmendem Maße auf die Wirksamkeit nach außen und die Selbständigkeit der Entscheidung abgestellt (vgl etwa RGZ 157, 236; 162, 129, 168). Sie hat das Erfordernis der Bestellung zu rechtsgeschäftlicher Vertretung schließlich ganz *fallen lassen* (RG DRW 1944, 287).

32 ff) Der *BGH* hat diese *Rspr fortgeführt*. BGHZ 49, 19, 21 sagt, es „genügt, daß dem Vertreter durch die allgemeine Betriebsregelung und Handhabung bedeutsame, wesensmäßige Funktionen der juristischen Person zur selbständigen, eigenverantwortlichen Erfüllung zugewiesen sind, daß er also die juristische Person auf diese Weise repräsentiert". Ein Aufgabenbereich in der geschäftsführenden Verwaltungstätigkeit der juristischen Person ist nicht erforderlich. Vgl auch BGHZ 13, 198, 202; BGH NJW 1972, 334; NJW 1977, 2259; BGHZ 101, 215, 218.

Ebenso wird die Lehre von der Nichtbestellung eines **„Haftungsvertreters"** als Organisationsmangel fortgeführt. Hier wird von *Fiktionshaftung* gesprochen (vgl BGB-RGRK/STEFFEN Rn 5; BGHZ 4, 1; 24, 200, 212; 27, 278; 39, 124).

33 Die Rspr hat damit im *Ergebnis* die *Haftung* der juristischen Person erheblich **erweitert** und die Geltung des § 831 für deren leitende Angestellte mit eigenverantwortlichem Aufgabenbereich weitgehend eingeschränkt. Im Grunde hat sie die Organhaftung zu einer – zwangsläufig unschärfer abgegrenzten – Repräsentantenhaftung weiterentwickelt (vgl MünchKomm/REUTER Rn 2, 3; MARTINEK Repräsentantenhaftung [1979]). Diese Ausweitung gehört zu den Folgen der immer mehr als untragbar empfundenen Einschränkung der Haftung der Verrichtungsgehilfen in *§ 831*. Sie hat aber auch *Kritik* gefunden (vgl LANDWEHR AcP 164, 482 f; NEUMANN-DUESBERG NJW 1966, 715). NITSCHKE (NJW 1969, 1737) hat mit Recht darauf hingewiesen, daß damit die juristische Person strenger behandelt wird als der Einzelunternehmer und daher die weitere Ausdehnung des § 31 auf alle Unternehmensträger gefordert.

34 gg) Dieser Rspr ist im **Ergebnis zuzustimmen**; sie ist aber **anders zu begründen**. Die Begründung ist insbes aus dem Zusammenhang mit der Definition des besonderen verfassungsmäßig berufenen Vertreters in §§ 30, 31 zu lösen und vielmehr auf den Gedanken der *Analogie* zu stützen. Der Versuch, die ausdehnende Auslegung des § 31 mit dem Begriff des „verfassungsmäßigen Vertreters" zu rechtfertigen, verknüpft das Haftungsproblem in unnötiger Weise mit der Auslegung der Satzung und läßt die eigentlich entscheidenden Gesichtspunkte nicht hervortreten. *Andere verfassungsmäßig berufene Vertreter* iS des § 31 sind danach nur die in § 30 vorgesehenen, durch die Satzung *ausdrücklich* geschaffenen Sonderorgane des Vereins, wie zB Kassenwart uä. Richtig LENEL DJZ 1902, 10. Bei juristischen Personen, die eine so ausgedehnte und *weitverzweigte Organisation* besitzen, daß der Vorstand die einzelnen Verwaltungsabteilungen und Zweigbetriebe nicht mehr selbst des Näheren leiten und überwachen kann, vielmehr andere Personen damit betraut werden müssen, die einzelnen Verwaltungsabteilungen bzw Zweigbetriebe selbständig unter eigener Verantwortung zu leiten, haftet die juristische Person auch für diese Personen nach Maßgabe des § 31 in analoger Anwendung.

Die **Analogie** rechtfertigt sich im einzelnen aus dem (oben Rn 1 näher erläuterten) allgemeinen *Zweck* der ganzen Vorschrift – denn eine juristische Person mit verzweigter Organisation bedarf eben *auch* der Filialleiter usw, um handlungsfähig zu werden – sowie, wie das RG gelegentlich richtig bemerkt hat (RGZ 157, 228), aus dem weiteren Umstand, daß das BGB die Organhaftung eben *nicht* auf den Vorstand *beschränkt*, sondern daneben auch noch für *andere Organe* zuläßt. Hierin liegt die eigentliche Bedeutung des Schrittes der 2. Kommission bei der Änderung des § 31 (vgl oben Rn 24). Was für den Kassenwart eines Idealvereins gelten muß, muß erst recht für den Leiter einer Bankfiliale oder den Betriebsleiter eines Zweigunternehmens gelten. Im großen gesehen, findet die Analogie ihre Rechtfertigung darin, daß die Deliktshaftung der Großorganisation in § 831 keine angemessene Regelung gefunden hat, und daher § 31 als ein gewisses Korrektiv herangezogen werden muß. So richtig schon LENEL DJZ 1902, 10.

hh) Im einzelnen gilt:

Nicht notwendig ist, daß das Amt dieses Sonderorgans gerade in der *Satzung* vorgesehen ist. § 31 behandelt nicht die Vertretung; der Gesichtspunkt der Publizität durch Aufnahme in die Satzung spielt gar keine Rolle. Erforderlich ist nur, daß die *gesamte Struktur* der der juristischen Person dienenden Verwaltung die Einrichtung solcher Posten mit selbständiger Leitungsgewalt *notwendig* macht. Insofern hat die Rspr mit einem gewissen Recht in solchen Fällen von der **Pflicht** der juristischen Person, solche Stellen zu schaffen, gesprochen (vgl oben Rn 29) und die juristische Person wegen Nichterfüllung dieser Pflicht aus dem Gesichtspunkt des *Organisationsmangels* haften lassen, obwohl der Gedanke einer Rechtspflicht, ein Organ einzusetzen, für das man haften muß, reichlich kompliziert ist.

Die Satzung kann daher für die Auslegung nur einen Ausgangspunkt bilden (zur Bestimmung besonderer Vertreter durch die Satzung s § 30 Rn 3). Sieht sie neben dem Vorstand Sonderorgane vor, so ist § 31 *unmittelbar* anzuwenden; andernfalls ist, wie eben ausgeführt, auf die *tatsächliche Organisation* abzustellen. Dasselbe gilt bei Behörden und juristischen Personen des öffentlichen Rechts bezüglich der maßgebenden Verwaltungs- und Organistionsbestimmungen bzw der maßgebenden Satzungen, Anstaltsordnungen, Statute usw. Sie treten an die Stelle der Satzung beim Verein (RG HRR 1940 Nr 609).

Notwendig ist vielmehr positiv, daß die betreffenden leitenden Beamten und Angestellten eine gewisse **Selbständigkeit der Entschließung** und dementsprechend ein gewisses Maß von *Eigenverantwortung* für einen größeren Verwaltungsbereich haben, so daß sie im Aufbau der Organisation der juristischen Person eine einem Vorstandsmitglied jedenfalls in etwa *vergleichbare* Rolle spielen (vgl das Verhältnis Vorstand – Kassenwart beim Idealverein!). Die Stellung muß es ihnen ferner ermöglichen, gerade auf die Beziehungen der der juristischen Person gewidmeten Verwaltung *nach außen* einzuwirken. Rechtsgeschäftliche Vertretungsmacht ist dazu, – man denke an die Verkehrssicherungspflicht (vgl RG JW 1936, 915 Nr 1) – *nicht* erforderlich (RG DRW 1944, 287), ihrem Vorhandensein kann aber als Indiz Bedeutung zukommen.

Daß die in Betracht kommenden leitenden Beamten und Angestellten den *Weisungen* des Vorstandes oder anderer Organe unterworfen sind, schließt noch nicht aus, auf sie § 31 anzuwenden, wenn sie nur eine gewisse Entscheidungsfreiheit haben (vgl RG Recht 1938 Nr 3812; BGH NJW 1977, 2259, 2260).

c) Verrichtungsgehilfen

37 Die Verfasser des BGB wollten zwar der juristischen Person eine besondere *„Organhaftung"* auferlegen; sie wollten aber die allgemeinen Regeln über die Haftung für Verrichtungsgehilfen im übrigen nicht zu Lasten der juristischen Person abändern. Daher gilt § **831** für alle *Verrichtungsgehilfen* einer juristischen Person, soweit § 31 nicht anzuwenden ist, und § 31 darf nicht über den Kreis der oben näher umschriebenen leitenden Personen in der Verwaltungsorganisation ausgedehnt werden.

d) Mitgliederversammlung

38 § 31 erwähnt unmittelbar nur den Vorstand und andere „Vertreter". Der Wortlaut paßt also nicht für die Mitgliederversammlung und einen eventuellen Aufsichtsrat. Die Haftung des Vereins muß aber a fortiori eintreten, wenn die Mitgliederversammlung selbst einem Dritten Schaden zufügt. In diesen Fällen und bei schädigenden Handlungen eines eventuellen Aufsichtsrats ist § 31 also **analog** anzuwenden. Denn § 31 ist Organhaftung, nicht Vertreterhaftung. Ebenso ENNECCERUS/NIPPERDEY § 110 Fn 3; SOERGEL/HADDING Rn 11; PALANDT/HEINRICHS Rn 5.

e) Das Erfordernis des Handelns innerhalb des übertragenen Wirkungskreises

39 Die schadenbringende Handlung oder Unterlassung muß objektiv innerhalb des Wirkungskreises des betreffenden Organs der juristischen Person liegen –, als *Handlung*, indem sie falsch oder pflichtwidrig oder unter inhaltlicher Überschreitung amtlicher Befugnisse vorgenommen wird –, als *Unterlassung*, indem eine dem Organ zukommende verfassungsmäßige Aufgabe nicht oder nicht gehörig erfüllt wird (OLG Hamburg OLGE 8, 14; OLG Dresden OLGE 9, 20; RG Recht 1909 Beil Nr 1837; JW 1930, 2927; RGZ 128, 233; vgl auch SOERGEL/HADDING Rn 22). Es genügt aber, wenn es sich um Verrichtungen handelt, welche der dem Vertreter zugewiesene Geschäftskreis gewöhnlich mit sich bringt (vgl RGZ 94, 320). Über Haftung einer AG für Aktienfälschung durch einen Direktor vgl MUMM DJZ 1909, 648; SONNTAG AG 1909, 1; SIMON ebenda 25.

Soweit es sich um eine Handlung handelt, die außerhalb des Rechtsgeschäftsverkehrs liegt, kommt es nicht darauf an, ob und in welchem Umfang der Handelnde Vertretungsmacht besaß.

Der BGH hat das Erfordernis des **objektiven Zusammenhangs** in BGHZ 49, 19, 23 folgendermaßen umschrieben: „In Ausführung der zustehenden Verrichtungen geschieht eine Handlung, die noch in den Kreis der Maßnahmen fällt, welche die Ausführung der dem Vertreter zustehenden Verrichtungen darstellen. Es muß ein enger objektiver Zusammenhang mit diesen Maßnahmen bestehen." Hierher gehören danach auch Überschreitung eines Auftrages, Mißbrauch einer Vollmacht und vorsätzlich falsche Auskunft durch den Filialleiter einer Auskunftei. Da es auf den objektiven und generellen Charakter der Maßnahmen ankommt, kann auch eine *vorsätzliche unerlaubte Handlung* in objektivem Zusammenhang mit einer übertragenen Verrichtung stehen (BGH MDR 1979, 832 = NJW 1980, 115).

Der **Wirkungskreis** der Organe einer juristischen Person und zugleich die Vertretungsmacht dieser Organe können durch organisatorische Bestimmungen und Satzungsbestimmungen begrenzt sein, uz grundsätzlich auch in einer Weise, die über das bei derartigen Organen übliche Maß hinausgeht. Fällt aber das schadenstiftende Handeln des Organs in den zugewiesenen Wirkungskreis, so kommt es grundsätzlich nicht darauf an, ob das Organ im konkreten Fall seine Vertretungsmacht oder seine Zuständigkeiten überschritten hat. Entscheidend ist, ob ein *innerer Zusammenhang* zwischen der schädigenden Handlung und den zugewiesenen Tätigkeiten besteht (RGZ 162, 129, 162; BGHZ 98, 148, 152; 99, 298, 300; OLG München NJW-RR 1991, 672). **40**

Die juristische Person haftet nicht für eine schädigende Handlung, welche sich ein Organ nicht in Ausführung seiner Verrichtungen, sondern nur **bei Gelegenheit der Ausführung** von Verrichtungen zuschulden kommen ließ, und für eine Handlung oder Unterlassung, welche dem Bereich der Aufgabe dieses Organs überhaupt nicht angehört. Dies wurde in der 2. Komm (Prot VI 144) ausdrücklich festgestellt (vgl RGZ 117, 65; 128, 293). Dann fehlt eindeutig der innere Zusammenhang zum zugewiesenen Tätigkeitskreis. So für Unfall bei einer *Privatfahrt* mit dem Wagen einer GmbH RG JW 1930, 2854. Anders OLG Schleswig SchlHAnz 1957, 302: OHG leiht sich Pkw für Besuch einer Landmaschinenausstellung. Auf der Rückfahrt wird ein Verwandter besucht; auf der Fahrt Unfall durch Fahrlässigkeit eines Gesellschafters. Das OLG läßt die Gesellschaft haften, weil in diesem Falle „der Besuch keinen ausscheidbaren Teil" der Gesamtfahrt dargestellt habe. Der innere Zusammenhang fehlt nach der Rspr ferner auch dann, wenn das Organ durch Überschreiten seiner Vertretungsmacht sein Verhalten so sehr außerhalb seines Wirkungskreises stellt, daß ein innerer Zusammenhang mit seinen Obliegenheiten nicht mehr erkennbar ist (RGZ 162, 129, 169; BGHZ 98, 148, 152).

f)   Prozessuales
Die *Bezeichnung* eines bestimmten verfassungsmäßigen Vertreters der juristischen **41** Person, welchem die schädigende Handlung oder Unterlassung zur Last fällt, ist zur Geltendmachung der Haftung grundsätzlich *nicht* erforderlich. Dies ergibt sich schon aus der Zulassung der sog Fiktionshaftung (vgl o Rn 32). Falls jedoch die Haftung auf vorsätzliches Verhalten eines verfassusngsmäßig berufenen Vertreters gestützt wird, muß dieser auch konkret bezeichnet werden. S auch Soergel/Hadding Rn 12.

III. Der Anwendungsbereich der Haftungsvorschrift

42 1. Die Vorschrift des § 31 bezieht sich nicht bloß auf rechtsfähige *privatrechtliche Vereine*, sondern nach § 89 auch auf die **juristischen Personen des öffentlichen Rechts**, soweit ihre Organe nicht in Ausübung öffentlicher Gewalt handeln. Vgl zu den Voraussetzungen STAUDINGER/RAWERT (1995) § 89 Rn 26 ff. Auch auf handelsrechtliche und sonstige juristische Personen des *Privatrechts*, insbes auf Aktiengesellschaften, GmbH und Genossenschaften, ist sie anzuwenden (RG JW 1903 Beil 39, 92; BayObLGZ 7, 52 Nr 10; RGZ 76, 48 [Anwendung der §§ 30, 31 auf Genossenschaften mbH]; RG JW 1930, 2927; BGH LM Nr 13 zu § 31 [Genossenschaft]).

Wegen gewisser Einschränkungen bei der *AG* mit Rücksicht auf grundlegende Vorschriften des Aktienrechts vgl oben Rn 22.

43 2. § 31 ist auf **nichtrechtsfähige Vereine** anwendbar (str). Einzelheiten vgl § 54 Rn 71.

44 3. Für die **OHG** und die **KG** hat bereits das RG angenommen, daß sie in entsprechender Anwendung des § 31 für schädigende Handlungen ihrer vertretungsberechtigten Gesellschafter haften (RGZ 76, 35, 48 mwN; RG JW 1931, 1689). Der BGH folgt dem in st Rspr (BGH NJW 1952, 537, 538; BGH VersR 1962, 664, 665). Die entsprechende Anwendung erfaßt die organschaftlichen Vertreter der Personenhandelsgesellschaften und sonstige geschäftsführungsbefugte Gesellschafter, nicht dagegen ihre Handlungsbevollmächtigten und auch nicht ihre Prokuristen (verneint von RG JW 1932, 722 Nr 4).

Ferner wird § 31 auch auf die **Vor-GmbH** entsprechend angewendet (OLG Stuttgart NJW-RR 1989, 637, 638; BAUMBACH/HUECK, GmbHG [15. Aufl 1988] § 11 Rn 24).

45 4. Für die **Gesellschaft bürgerlichen Rechts** hat die früher hM eine entsprechende Anwendung des § 31 abgelehnt (BGHZ 45, 311, 312; BGH NJW 1975, 533, 534; PALANDT/ HEINRICHS Rn 3; BGB-RGRK/vGAMM § 714 Rn 9). Der BGH begründet das damit, daß die BGB-Gesellschaft „zu wenig körperschaftlich organisiert sei", so daß man die handelnden Gesellschafter nicht als ihre Organe ansehen könne (BGHZ 45, 311, 312). Diese pauschale Begründung kann nicht überzeugen. Die analoge Anwendung auf Personenhandelsgesellschaften (s Rn 44) zeigt, daß es nicht auf die körperschaftliche Struktur ankommen kann. Wie bei den Personenhandelsgesellschaften gibt es dagegen bei zahlreichen BGB-Gesellschaften ein Gesellschaftsvermögen als vom Privatvermögen der Gesellschafter getrenntes Sondervermögen, die Teilnahme am Rechtsverkehr als selbständige Organisation und die Außenvertretung durch speziell dazu ermächtigte einzelne Gesellschafter (vgl MünchKomm/ULMER § 705 Rn 218, 219). Dies ist vor allem bei unternehmenstragenden BGB-Gesellschaften der Fall. Zumindest dann, wenn die Gesellschaft die obengenannten Merkmale erfüllt, ist die *analoge Anwendung des § 31 geboten*. Dies entspricht der inzwischen überwiegenden Meinung in der Lit (zB MünchKomm/ULMER aaO mwN; FLUME, Die Personengesellschaft § 16 IV 2, 322; K SCHMIDT, Gesellschaftsrecht [2. Aufl] § 60 II 4; SOERGEL/HADDING Rn 7 mwN).

46 5. Für die Anwendung des § 31 auf die **Konkursmasse**, soweit deren deliktsrechtliche **Haftung** in Frage steht, sind in der Lit eingetreten BOETTICHER ZZP 77, 55, 71;

PALANDT/HEINRICHS Rn 3; dagegen SOERGEL/HADDING Rn 8. – Für eine Anwendung des § 31 auf alle *Unternehmensträger*, also auch auf das einzelkaufmännische Unternehmen, ist NITSCHKE (NJW 1969, 1737) eingetreten.

6. Die Anwendbarkeit des § 31 auf **Stiftungen** ergibt sich aus §§ 86, 89. Aber auf *unselbständige* (sog fiduziarische) Stiftungen ist § 31 *nicht* anwendbar, auch nicht entsprechend, denn sie haben überhaupt keine Organe (s auch STAUDINGER/RAWERT [1995] Vorbem 167 zu § 80).

47

7. § 31 gilt *nicht* für die **Erbengemeinschaft** (OLG München HRR 1939 Nr 365).

48

IV. Persönliche Haftung der Handelnden

Die Frage der **Mithaftung der Organe**, also des handelnden oder eine pflichtgemäße Handlung unterlassenden Vorstandes oder anderer verfassungsmäßig berufener Vertreter, entscheidet sich nach allgemeinen Grundsätzen (RG JW 1924, 1155; für Beamte s RGZ 51, 259). Hat das Organ der juristischen Person eine unerlaubte Handlung begangen, aus welcher der Verein gem § 31 haftet, so sind der Verein und die handelnden Personen gem §§ 421, 840 *Gesamtschuldner* (RG Recht 1907, 966 Nr 2241; JW 1911, 939 Nr 2; RGZ 91, 72; vgl auch BGH GRUR 1959, 428, 429).

49

Wie sich im letzteren Falle die *Haftung* der beiden Gesamtschuldner, des Vereins und seines Organs, in ihrem *Verhältnis zueinander* gestaltet, hängt zunächst davon ab, ob der Verein gegen sein Organ wegen des Schadens, welcher dem Verein durch seine Haftung gegenüber dem geschädigten Dritten nach § 31 entstanden ist, einen Rückgriffsanspruch hat. Dies trifft dann zu, wenn das Organ aus dem Rechtsverhältnis, in welchem es zum Verein steht, diesem schadensersatzpflichtig ist; vgl § 26 Rn 25. In solchen Fällen trifft natürlich die Haftung, die nach außen für Verein und Organ als Gesamtschuldner besteht, im Verhältnis der beiden Gesamtschuldner zueinander lediglich das *Organ* (SOERGEL/HADDING Rn 28 und MünchKomm/REUTER Rn 27 wollen bei Delikten im Innenverhältnis § 840 Abs 2 analog anwenden). Kommt jedoch ausnahmsweise eine Haftung des Organs gegenüber dem Verein nicht in Betracht, was zB denkbar ist, wenn das Organ selbst dem geschädigten Dritten nach § 231 oder nach § 904 Abs 2, also ohne Verschulden, haftet und aus demselben Grunde zugleich die Haftung des Vereins nach § 31 besteht, so bleibt wohl nichts übrig, als die beiden Gesamtschuldner in ihrem Verhältnis zueinander zu *gleichen Teilen* haften zu lassen (im Ergebnis wohl ebenso OERTMANN Anm 6; vgl auch RG JW 1924, 1155 m zust Anm v HOENIGER; MünchKomm/REUTER Rn 27 will hier die Grundsätze über die sog „unechte Gesamtschuld" anwenden; abw auch SOERGEL/HADDING Rn 28).

Die Haftung eines *Beamten*, der als Organ handelt, bestimmt sich nach § 839. Kritik dieser Doppelhaftung bei LANDWEHR AcP 164, 504 ff (aus konstruktiven Gründen).

V. Zwingender Charakter

§ 31 ist insofern zwingend, als er *durch* die *Satzung nicht abgeändert* werden kann (§ 40). Etwas anderes ist es natürlich, daß der in § 31 vorausgesetzte Wirkungskreis

50

des verfassungsmäßig berufenen Vertreters satzungsmäßig *begrenzt* sein kann (s aber über die Haftung bei Überschreitungen oben Rn 23, 16 ff).

Wendet man mit der überwiegenden Lehre § 31 auf die *Vertragserfüllung* an, so kann die juristische Person sich bei Rechtsgeschäften im Rahmen des gesetzlich Zulässigen von der Haftung nach § 31 **freizeichnen**, die Grenzen dieser Möglichkeit liegen in § 276 Abs 2, der auch auf Organe iS des § 31 anzuwenden ist und in der Sonderbestimmung des § 11 Nr 7 **AGBG**. Danach kann in Allgemeinen Geschäftsbedingungen iS des § 1 AGBG die Haftung für Vorsatz und grobe Fahrlässigkeit von gesetzlichen Vertretern und Erfüllungsgehilfen nicht abbedungen werden. Diese Vorschrift setzt also auch die Grenze für die Haftung gem § 278 BGB (vgl o Rn 3 aE). Die Rspr hatte bereits vor dem AGBG die Freizeichnung für ein *vorsätzliches* oder *grobfahrlässiges Verhalten* von leitenden Angestellten („Haftungsvertretern" iS des § 31) für unwirksam erklärt, wenn sie in AGB erfolgte (BGHZ 20, 164; 38, 183; BGH NJW 1974, 900). Jetzt kommt es auf die Unterscheidung von leitenden Angestellten und anderen im Rahmen der Erfüllung tätigen Personen *nicht* mehr an. Dies gilt auf jeden Fall für die Verwendung der AGB gegenüber Nichtkaufleuten. Im kaufmännischen Verkehr gilt § 11 Nr 7 zwar nicht (§ 24 AGBG), doch kann § 9 Abs 1 AGBG eingreifen. Str ist, ob in *diesem* Rahmen noch die frühere Unterscheidung zwischen leitenden Angestellten und sonstigen Bediensteten eine Rolle spielt (vgl dazu Graf vWestphalen, in: Löwe/Graf vWestphalen/Trinkner, AGBG [2. Aufl 1983] § 11 Nr 7 Rn 39; Palandt/Heinrichs § 11 Rn 38 mwN).

VI. Einzelfälle

51 Aktiengesellschaften: Filialleiter einer AG (RG SeuffA 90 Nr 32; WarnR 1915 Nr 317); Leiter einer Zweigwerft (RG HRR 1936 Nr 864); Technischer Betriebsleiter einer einzelnen der von einer AG betriebenen Fabriken (RG BayZ 1907, 434).

52 Gesellschaften mit beschränkter Haftung: Leiter einer Warenhausfiliale (RG JW 1936, 915 Nr 1); Filialleiter einer Kreditauskunftei (BGHZ 49, 19). Keine Haftung einer GmbH für ihren Geschäftsführer, wenn dieser als ihr Organ nur Vorbereitungen für spätere unerlaubte Handlungen trifft (BGHZ 99, 298).

53 Genossenschaften: Vorstand einer Genossenschaft, der in Überschreitung seiner Vertretungsmacht eine zum Schadenersatz verpflichtende Handlung begeht (BGH LM Nr 13 zu § 31); Vorsteher einer Weidegenossenschaft (OLG Celle RdL 1966, 241). *Nicht aber*: Revisor eines genossenschaftlichen Revisionsverbandes (RGZ 78, 143).

54 Kreditinstitute: Vgl hierzu die Aufstellung bei Staudinger/Rawert (1995) § 89 Rn 36. Zum Zweigstellenleiter einer Großbank s zusammenfassend BGH NJW 1977, 2259; BGH NJW 1984, 921 (922); BGH NJW-RR 1990, 484.

55 Personengesellschaften: Vertretungsberechtigter Gesellschafter einer KG, auch soweit er im Zusammenhang mit seinen Aufgaben eine unerlaubte Handlung begeht (BGH WM 1974, 153); persönlich haftende Gesellschafter einer OHG oder KG (BGH LM Nr 1 zu § 126 HGB; LG Heidelberg VersR 1958, 347); Geschäftsführer einer OHG (RGZ 148, 154); weitgehend selbständiger und eigenverantwortlicher Leiter des innerbetrieblichen Transportwesens einer größeren KG (BGH VersR 1962, 664).

Sonstige: Grubenvorstand einer bergrechtlichen Gewerkschaft (RG JW 1928, 964); **56** auch hinsichtlich einer Sonderaufgabe (RG Recht 1909 Nr 790); Generaldirektor eines staatseigenen Hüttenwerkes (RG DR 1942, 1703 = SeuffA 96 Nr 68). Hauswirtschaftsleiter eines Altenheims (OLG Frankfurt/M NJW-RR 1989, 419); Vereinsvorstand für Eingriffe in Mitgliedschaftsrechte (BGHZ 110, 323, 327 f); örtliche Streikleiter einer Gewerkschaft (BAG NJW 1989, 57, 61), nicht dagegen die Streikposten; Chefarzt eines Krankenhauses (BGH LM § 31 Nr 17; BGHZ 77, 74); ebenso ein Oberarzt, sofern er als Vertreter des Chefarztes eingesetzt ist (BGHZ 101, 215, 218). *Nicht aber*: Angestellter ohne unternehmerische Aufgaben (BGH WM 1956, 826); verantwortlicher Schriftleiter oder Chefredakteur eines Verlages (RGZ 148, 154 [OHG]; RG JW 1935, 2428 [AG]); keine Haftung einer Stadt für Vorstand des örtlichen Fremdenverkehrsvereins (BGH WM 1984, 1119). Wegen weiterer Einzelfälle vgl die Darstellung bei STAUDINGER/RAWERT (1995) § 89 Rn 28 ff.

VII. Fremde Rechte

Eine dem § 31 entsprechende Haftung der juristischen Person für ihre Organe **57** besteht auch im *österreichischen Recht* (hL, vgl EHRENZWEIG, System des österreichischen allgemeinen Privatrechts I [2. Aufl 1951] § 82 II; KLANG-WOLFF, Kommentar zum ABGB [2. Aufl] Anm VIII zu §§ 26, 27))und nach dem *Schweizerischen ZGB* (Art 55 Abs 2).

Im *französischen* und *italienischen Recht* werden die Bestimmungen über die Haftung für Verrichtungsgehilfen (préposés, preposti) angewendet, Art 1384 cc, Art 2049 Codice civile, die im Gegensatz zu § 831 keinen Entlastungsbeweis des Bestellenden kennen. Im *englischen Recht* werden die Regeln über die Haftung des „master" für den „servant" angewendet, die ebenfalls keinen Entlastungsbeweis vorsehen. Vgl PAIN/TUGENDHAT in HALSBURY'S Laws of England (4th ed) vol 16 „Employment" para 740. Wegen der Bedeutung der Ultra-Vires-Doctrine im Deliktsrecht vgl STAUDINGER/COING[11] Einl 41 zu § 21.

Der Vergleich mit den fremden Rechten zeigt, daß § 31 in unserem Recht nur bedeutungsvoll ist, weil bei der Haftung für Verrichtungsgehilfen nach § 831 der Entlastungsbeweis möglich ist.

§ 32

[1] Die Angelegenheiten des Vereins werden, soweit sie nicht von dem Vorstand oder einem anderen Vereinsorgane zu besorgen sind, durch Beschlußfassung in einer Versammlung der Mitglieder geordnet. Zur Gültigkeit des Beschlusses ist erforderlich, daß der Gegenstand bei der Berufung bezeichnet wird. Bei der Beschlußfassung entscheidet die Mehrheit der erschienenen Mitglieder.

[2] Auch ohne Versammlung der Mitglieder ist ein Beschluß gültig, wenn alle Mitglieder ihre Zustimmung zu dem Beschlusse schriftlich erklären.

Materialien: E I § 48; II § 31; III § 29; Mot I

105 ff; Prot I 524 ff; JAKOBS/SCHUBERT, AT I 144, 153 ff.

Schrifttum

BALTZER, Der Beschluß als rechtstechnisches Mittel organschaftlicher Funktion im Privatrecht (1965)
BRAUN, Mitwirkung Minderjähriger bei Vereinsbeschlüssen, NJW 1962, 92
FABRICIUS, Das Vollmachtsstimmrecht – eine praktische Notwendigkeit, RuG 1972, 242
FLUME, Die Vereinsautonomie und ihre Wahrnehmung durch die Mitglieder hinsichtlich der Selbstverwaltung der Vereinsangelegenheiten und der Satzungsautonomie, in: FS Coing (1982) II 97
HEINSHEIMER, Schranken der Mehrheitsrechte bei Satzungsänderungen, RheinZ 1910, 158
HIMMELSBACH, Die Anwendbarkeit der rechtsgeschäftlichen Vorschriften auf die Stimmabgabe in den Personen- und Kapitalgesellschaften, (Diss Heidelberg 1972)
HÖLTERS, Stimmrechtsbeschränkungen als Schutz vor Überfremdung, Betrieb 1975, 917
IMMENGA, Grenzen einer nachträglichen Einführung von Stimmrechtsbeschränkungen, BB 1975, 1042
KIRBERGER, Stimmrechtsbündelung zugunsten von Vereinsorganen und anderen Gruppen von Vereinsmitgliedern, BB 1974, 1000
KLAUSING, Uneinheitliche Ausübung mehrerer Stimmen durch Einzelpersonen oder Personenverbände (1928)
KÖLSCH, Die Form der Einberufung der Mitgliederversammlung eines eingetragenen Vereins, Rpfleger 1985, 137
MÜLLER-ERZBACH, Das private Recht der Mitgliedschaft (1948)

NOACK, Fehlerhafte Beschlüsse in Gesellschaften und Vereinen (1989)
OVERATH, Die Stimmrechtsbindung (1974)
PRIESTER, Drittbindung des Stimmrechts und Satzungsautonomie, in: FS W Werner (1984) 657
PRIOR, Fehlerhafte Vereinsbeschlüsse (Diss Bochum 1971)
RAUSCHERT, Minderjährigenstimmrecht, RdJ 1962, 263
SÄCKER, Probleme der Repräsentation von Großvereinen (1986)
ders, Die Beschlußanfechtungsklage bei Vereinen und Personengesellschaften, in: FS Stimpel (1985) 217
ders, Verbandszweck und Rechtsfähigkeit im Vereinsrecht (1984)
K SCHMIDT, Fehlerhafte Beschlüsse in Gesellschaften und Vereinen, AG 1977, 205, 243
SENNEKAMP, Zur Rechtswirksamkeit von Vereinsbeschlüssen bei Nichtladung einzelner Vereinsmitglieder zur Mitgliederversammlung, JurBüro 1973, 905
WINNEFELD, Stimmrecht, Stimmabgabe und Beschluß, Betrieb 1972, 1053
ZÖLLNER, Die Schranken mitgliedschaftlicher Stimmrechtsmacht bei privaten Personenverbänden (1963)
ders, Die Konzentration der Abstimmungsvorgänge auf großen Hauptversammlungen, ZGR 1974, 1.

Systematische Übersicht

I.	**Bedeutung der Mitgliederversammlung**	
1.	Oberstes Vereinsorgan	1
2.	Keine Vertretung nach außen	2
3.	Entscheidung von Streitigkeiten	3
II.	**Zuständigkeit der Mitgliederversammlung**	
1.	Zuständigkeitsvermutung	4
2.	Unentziehbare Aufgaben des Vorstandes	5
III.	**Die Abdingbarkeit des § 32**	6

2. Titel. Juristische Personen.
I. Vereine

IV.	**Die Berufung der Mitgliederversammlung**	7	1.	Fehlende gesetzliche Regelung im Vereinsrecht	23
1.	Zuständiges Organ	8	2.	Stellungnahme	26
2.	Ort und Zeit	9	3.	Geltendmachung der Nichtigkeit	28
3.	Form	11	4.	Entscheidung aller Streitigkeiten durch die Mitgliederversammlung	29
V.	**Die Leitung der Mitgliederversammlung**	12	5.	Willensmängel bei der Stimmabgabe	30
			6.	Heilung	31
VI.	**Abstimmung**		**VIII.**	**Der Kreis der Mitglieder**	
1.	Die absolute Mehrheit	13	1.	Die Bezeichnung	32
2.	Wahlen	14	2.	Mitgliedsfähigkeit	33
3.	Beschlußfassung	15	3.	Gleichheit der Mitglieder	34
4.	Schriftliche Zustimmung	16	4.	Rechtliche Bedeutung der Mitgliedschaft	35
5.	Stellvertretung	17			
6.	Stimmrecht	18			
7.	Gleichberechtigung	19	**IX.**	**Beurkundung, Verkündung und Protokollierung der Beschlüsse der Mitgliederversammlung**	36
8.	Mehrstimmrecht	20			
9.	Stimmbindungsverträge	21			
10.	Machtmißbrauch	22	**X.**	**Rechtliche Natur des Beschlusses**	37
VII.	**Fehlerhafte Beschlüsse**				

Alphabetische Übersicht

Abdingbarkeit	6	Machtmißbrauch	22	
Absolute Mehrheit	13	Mehrstimmrecht	20	
Abstimmung	13	Mitgliederversammlung	1, 23 ff	
Aufgaben der Mitgliederversammlung	2 ff	Mitgliedsfähigkeit	33	
Berufung der Mitgliederversammlung	7 ff	Protokollierung	36	
Beurkundung	36			
Delegiertenversammlung	6	Rechtsnatur des Beschlusses	37	
		Stellvertretung	17	
Fehlerhafte Beschlüsse	23 ff	Stimmrecht	18 ff	
Form der Berufung	11	Stimmrechtsbindungsverträge	21	
Gleichheit	19, 34	Verkündung	36	
Heilung von Verstößen	31	Wahlen	13 f	
		Willensmängel bei Stimmabgabe	30	
Kreis der Mitglieder	32 f	Zuständigkeit der Mitgliederversammlung	4 ff	
Leiter der Mitgliederversammlung	12			

I. Bedeutung der Mitgliederversammlung

1. Oberstes Vereinsorgan

1 Die *Mitgliederversammlung* ist nach dem BGB im Zweifel das *oberste Vereinsorgan*. Dies ergibt sich daraus, daß die Mitgliederversammlung, falls die Satzung nicht anders bestimmt (aber nur unter dieser Voraussetzung, vgl RGZ 117, 206), den Vorstand bestellt und entläßt, daß sie über Vereinssatzung und Vereinszweck bestimmt (§ 33), ebenso wie grundsätzlich über die **Existenz** des Vereins (§ 41). Daß diese auch durch ein Verhalten des Vorstandes in Frage gestellt und deswegen dem Verein die Rechtsfähigkeit entzogen werden kann (§ 43 Abs 1), ist nur die Folge eines gesetzwidrigen Verhaltens des Vorstandes, hat daher auf die Rangordnung der Vereinsorgane keinen Bezug.

2. Keine Vertretung nach außen

2 Die Mitgliederversammlung als das oberste Organ des Vereins bestimmt über Entstehung, Beendigung und Zweck des Vereins. Sie wählt im Zweifel die übrigen Organe, insbes den Vorstand. Dagegen hat sie den Verein grundsätzlich *nicht* nach *außen zu vertreten*; daher wird die Vertretungsbefugnis des Vorstandes durch § 32 nicht berührt (LG Frankfurt Rpfleger 1979, 103; ERMAN/H P WESTERMANN Rn 1).

3. Entscheidung von Streitigkeiten

3 Als oberstes Organ ist die Mitgliederversammlung auch für Entscheidungen von Streitigkeiten zwischen anderen Organträgern des Vereins, zB zwischen Vorstand und Mitgliederversammlung oder zwei Vorstandsmitgliedern, zuständig. Wegen solcher Streitigkeiten können daher *nicht sogleich* die *Gerichte angerufen* werden (RGZ 79, 409; BGHZ 49, 396, 398).

II. Zuständigkeit der Mitgliederversammlung

1. Zuständigkeitsvermutung

4 Durch § 32 Abs 1 S 1 ist eine *gesetzliche Vermutung zugunsten* der **Zuständigkeit der Mitgliederversammlung** geschaffen. Soweit nicht durch Satzung oder Gesetz die Geschäftsführung dem Vorstand derart selbständig zugewiesen ist, daß er Weisungen der Mitgliederversammlung nicht zu empfangen und zu beachten hat, kann die Mitgliederversammlung die gesamte Geschäftsführung an sich ziehen und den *Vorstand* lediglich mit der Ausführung ihrer Beschlüsse *beauftragen*. Im Zweifel ist die Mitgliederversammlung in allen Angelegenheiten berechtigt, dem Vorstand Anweisungen zu erteilen (§ 27 Abs 3). Durch die Satzung kann dieses Verhältnis der Zuständigkeit und des Ranges zwischen Mitgliederversammlung und Vorstand geändert, der Wirkungskreis der Mitgliederversammlung auf bestimmte Aufgaben beschränkt und der Vorstand in dem ihm zugewiesenen Bereich von der Mitgliederversammlung unabhängig gestellt werden.

2. Unentziehbare Aufgaben des Vorstandes

Gewisse *Aufgaben können dem Vorstand* durch die Satzung und aufgrund dieser 5
durch die Mitgliederversammlung *nicht entzogen* werden.

a) Unentziehbar, wenn auch beschränkbar, ist die **Vertretungsmacht** (§ 26) des Vorstandes (vgl oben Rn 2).

b) Auch die **Geschäftsführung** kann dem Vorstand *nicht vollständig* entzogen werden. Er muß die Geschäftsführung unter allen Umständen soweit behalten, als es erforderlich ist, um die dem Vorstand *gesetzlich* auferlegten Pflichten zu erfüllen (§ 42 Abs 2). Im Liquidationsstadium des Vereins kann die Geschäftsführung, soweit sie dem Vorstand gem §§ 48, 49−53 obliegt, ihm überhaupt nicht entzogen werden.

Soweit dem Vorstand Geschäftsführungspflichten gesetzlich in unentziehbarer Weise zugewiesen sind, ist er auch von den *Anweisungen* der Mitgliederversammlung *unabhängig* (ebenso wie auch die Hauptversammlung einer AG in die gesetzlichen und satzungsmäßigen Rechte des Vorstands und des Aufsichtsrats, die nicht Bevollmächtigte der Hauptversammlung sind, nicht eingreifen kann, vgl RGZ 117, 203 ff). Der Vorstand kann zB bei Liquidation des Vereinsvermögens nicht angewiesen werden, Geschäfte einzugehen, welche nicht mit der Liquidationsaufgabe zusammenhängen. Dagegen ist der Vorstand bei Ausübung der Vertretungsmacht − welche nur einen der inneren Geschäftsführung entsprechenden äußeren Vorgang darstellt − an die Weisungen der Mitgliederversammlung gebunden. Gegen Dritte sind diese allerdings wirkungslos. Denn nur *satzungsmäßige* Beschränkungen der Vertretungsmacht des Vorstandes wirken gegen Dritte (§ 26 Abs 2).

III. Die Abdingbarkeit des § 32

Die Vorschriften des § 32 können **durch die Satzung abgeändert** werden (§ 40); inso- 6
fern sind sie dispositiv.

Aber die *Mitgliederversammlung* kann *nicht* überhaupt *fehlen*, außer in dem Falle, daß der Vorstand aus sämtlichen Vereinsmitgliedern besteht (so auch SOERGEL/HADDING Rn 3; ENNECCERUS/NIPPERDEY § 111 Fn 2; aM PLANCK/KNOKE Anm 5; RG JW 1906, 452 Nr 4). Sie kann jedoch durch eine Delegiertenversammlung ersetzt werden (s u).

Für die regelmäßige Geschäftsführung ist allerdings die Mitgliederversammlung nicht notwendig (§§ 32, 40). Was sonst gewöhnlich für die Notwendigkeit einer Mitgliederversammlung neben dem Vorstand nach dem BGB angeführt wird, ist nicht stichhaltig. Es bedarf nicht der Mitgliederversammlung wegen der in § 41 ihr überwiesenen *Vereinsauflösung* (wie hier PLANCK/KNOKE § 41 Anm 2). Denn die Satzung kann auch vorsehen, daß die Auflösung des Vereins durch schriftliche Abstimmungen gem § 32 Abs 2 erfolgen muß, zumal bei Vereinen mit vielen Tausenden von außerhalb des Vereinssitzes wohnenden Mitgliedern. Auch wird der Zweck der Vereinsauflösung ohne Versammlung durch *Austritt aller Mitglieder* erreicht.

Dagegen kann die Mitgliederversammlung nicht abgeschafft werden mit Rücksicht auf die Bestimmungen in §§ 27 Abs 2, 36 und 37, welche durch die Satzung nicht geändert werden können (§ 40). Durch diese Bestimmungen ist der Mitgliederversammlung unter allen Umständen ein *Recht zur Beeinflussung der Geschäftsleitung* des Vereins gewahrt (anders PLANCK/KNOKE Anm 5). Sie zeigen, daß das BGB die Mitgliederversammlung für ein notwendiges Organ hält, die Möglichkeit, ihre Meinung zu Vereinsangelegenheiten in der Mitgliederversammlung zur Erörterung zu stellen, für ein unentziehbares Recht der Mitglieder.

Im Gegensatz hierzu hat das KG in einem (während der NS-Herrschaft) erstatteten Gutachten (DJ 1936, 1948) die Meinung vertreten, daß die *Mitgliederversammlung völlig fortfallen* könne, wenn nur über Auflösung und, bei Idealvereinen, hinsichtlich des Vermögensverbleibs (vgl § 45) ein (schriftlicher) Beschluß der Mitglieder vorbehalten bleibe. Hierbei ist jedoch mE insbes das Gewicht des § 37 übersehen und § 27 Abs 2 unrichtig ausgelegt worden.

Mit dem Gesagten ist die Möglichkeit nicht unvereinbar, daß an die Stelle der Versammlung aller Mitglieder eine bloße **Delegiertenversammlung**, dh eine Versammlung bloßer Vertreter tritt. Dazu kann bei großen und weitverzweigten Vereinen zweifellos ein Bedürfnis bestehen. Aber diesem Bedürfnis kann auch im Rahmen des Gesetzes Rechnung getragen werden; denn durch die Satzung kann bestimmt werden, daß in der Mitgliederversammlung für eine Anzahl von Mitgliedern ein Stellvertreter teilnimmt und abstimmt (vgl unten Rn 17).

Das GenG sieht für Genossenschaften mit mehr als 1500 Mitgliedern vor, daß an die Stelle der Generalversammlung aller Genossen eine Vertreterversammlung treten kann (§ 43 a GenG idF v 19. 8. 1994). Eine entsprechende Bestimmung im Statut ist dafür erforderlich. Vgl zu § 43 a GenG aF BGHZ 32,318.

IV. Die Berufung der Mitgliederversammlung

7 Die Mitgliederversammlung ist nicht identisch mit dem Verein, auch nicht mit der Summe der einzelnen Mitglieder. Sie ist, wie der Vorstand, ein Organ des Vereins, uz grundsätzlich, wie oben (Rn 1 ff) ausgeführt, das **oberste Willensorgan** des Vereins. Als solches wird die Mitgliederversammlung nur in verfassungsmäßiger Form tätig.

1. Zuständiges Organ

8 Im Zweifel tritt die Mitgliederversammlung nur auf besondere **Berufung** zusammen. Berufung ist nach dem BGB eine Aufforderung an die Vereinsmitglieder zur Vereinsversammlung unter Angabe des Versammlungszwecks. Die *Aufforderung* hat durch das gesetzlich oder verfassungsmäßig *zuständige Organ* zu erfolgen (vgl OLG Dresden SächsArch 32, 414). Dieses kann der Vorstand oder ein anderes Vereinsorgan, auch eine außerhalb des Vereins stehende Persönlichkeit, endlich eine bestimmte Anzahl hierzu vom Vereinsgericht ermächtigter Mitglieder des Vereins sein (§ 37). Enthält die Satzung keine Vorschriften, so ist der Vorstand als ordentliches geschäftsführendes Organ des Vereins zur Berufung der Mitgliederversammlung zuständig. Zuständig ist jedoch nur der *Vorstand im Gesetzessinne*, dh die nach außen vertretungsberechtigten Vorstandsmitglieder, nicht ein etwa vorgesehener

„weiterer" Vorstand mit Geschäftsführerbefugnissen (vgl dazu auch § 26 Rn 2; KG Rpfleger 1978, 133).

Solange ein *Vorstand* im Vereinsregister *eingetragen* ist, kann er die Mitgliederversammlung einberufen, auch wenn seine Bestellung fehlerhaft oder seine Amtszeit abgelaufen war; § 121 AktG ist analog anzuwenden (allgemeines Prinzip: KG OLGZ 1971, 481; BayObLGZ 1972, 329; BGHZ 18, 334).

Eine „Versammlung der Mitglieder" iS v § 32 Abs 1 S 1 ist nur die ordnungsgemäß einberufene Versammlung (BGHZ 59, 369, 373). Zur ausnahmsweisen Gültigkeit von Beschlüssen trotz Einberufungsmängeln s u Rn 25, 26. Die Voraussetzungen der ordnungsgemäßen Berufung ergeben sich in erster Linie aus der Satzung (vgl § 58 Nr 4). Fehlt eine entsprechende Satzungsregelung, so ist der Vorstand zuständig. Es bedarf dann eines ordnungsgemäßen Vorstandsbeschlusses (OLG Schleswig NJW 1960, 1862); nach **aA** soll genügen, daß bei der Einberufung die für die Außenvertretung erforderliche Zahl von Vorstandsmitgliedern mitgewirkt hat (SAUTER/SCHWEYER Rn 157; REICHERT/DANNECKER Rn 767; OLG Hamm NJW-RR 1989, 1532, 1533; vgl auch BayObLGZ 1985, 24, 29 mwN zum Meinungsstand).

2. Ort und Zeit

Ort und Zeit der Versammlung sind, wenn sie nicht satzungsmäßig eindeutig feststehen, bei der Berufung bekannt zu geben. Eine gesetzliche Notwendigkeit, die Versammlung immer am Sitz des Vereins (s § 24) abzuhalten, besteht nicht. Zeit und Ort sind innerhalb der durch die Satzung gezogenen Grenzen von dem zur Berufung zuständigen Organ nach seinem *pflichtmäßigen Ermessen* festzusetzen und können innerhalb dieser Grenzen auch verschoben oder vorverlegt werden.

Keine ordnungsmäßige Berufung liegt vor, wenn sie ohne wichtigen Grund auf eine ganz *ungewöhnliche Zeit* (etwa 2 Uhr nachts) erfolgt oder wenn ein (nicht satzungsmäßig bestimmter) Versammlungsort gewählt wird, der so entlegen ist, daß die Reise dahin den Mitgliedern billigerweise nicht zuzumuten ist, oder wenn etwa ein viel zu kleiner Versammlungsraum gewählt ist, so daß einem Teil der Mitglieder die Teilnahme und Abstimmung *tatsächlich unmöglich* gemacht ist (vgl RG SeuffA 84 Nr 38).

3. Form

Über die *Form der Berufung*, dh die Art und Weise der Bekanntgabe der Versammlung an die Mitglieder, enthält das BGB keine Vorschriften. Doch *soll* beim eingetragenen Verein gem § 58 die **Satzung** über die Form der Berufung Bestimmungen enthalten. Sie kann öffentliche Berufung in bestimmten Zeitungen oder Anschlag der Mitteilungen an einem bestimmten Ort, Rundschreiben oder eingeschriebenen Brief vorschreiben oder jede Mitteilungsart gestatten, muß aber eindeutig sein (vgl LG Bremen Rpfleger 1992, 304, wo konkrete Bezeichnung der Zeitung in der Satzung verlangt wird); eine Formel wie „durch einfachen Brief oder in sonst geeigneter Weise" genügt nicht (OLG Hamm OLGZ 1965, 65). Die Satzung kann die Berufung überhaupt als *besonderen Akt* ausschließen, indem sie Zeit und Ort der (ordentlichen) Mitgliederversammlung ein für allemal bestimmt. Sie kann auch die Berufung erleichtern, insbes indem sie die *Angabe des Verhandlungsgegenstandes* der

Versammlung als entbehrlich erklärt und damit von der abdingbaren Bestimmung in
§ 32 Abs 1 S 2 abweicht. Jedenfalls muß die Berufung durch das zuständige Vereinsorgan erfolgen. Vgl BGHZ 32, 318: Ankündigung einer Satzungsänderung, Vornahme einer Wahl (betr Genossenschaft). Begrifflich ist die Angabe des Verhandlungszwecks für die Berufung einer Mitgliederversammlung nicht erforderlich (RGZ 12, 232 ff). Nach § 32 Abs 1 S 2 ist indessen die Angabe des Gegenstandes der Beschlußfassung bei der Berufung der Versammlung für die Gültigkeit der Beschlüsse nötig (diese Vorschrift enthält aber keinen allgemeinen Grundsatz des Körperschaftsrechts, (VG Minden AgrarR 1978, 1 16). Durch die Ankündigung einer **„Satzungsänderung"** ist der Gegenstand *nicht genügend* bezeichnet (dazu ausdrücklich BayObLG Rpfleger 1979, 196); vielmehr muß mindestens ersichtlich gemacht werden, *welche* Bestimmungen der Satzung geändert werden sollen (so KG JW 1934, 2161); wie sie geändert werden sollen, braucht aber nicht angegeben zu sein. Vgl aber BayObLGZ 1972, 29 (Sonderfall). Handelt es sich um *Ausschluß* eines Mitglieds, so ist der Gegenstand genügend angegeben durch die Bemerkung auf der Ladung: „Interne Angelegenheiten. § 7 der Statuten", wenn § 7 den Mitgliederausschluß enthält (RG JW 1908, 674). Zur Ankündigung des wichtigen Grundes bei einem Beschluß über Abberufung eines GmbH-Geschäftsführers (verneinend) s BGH NJW 1962, 393. Geht es um die Abwahl von Vorstandsmitgliedern und eine Neuwahl des Vorstands, so wird dieser Tagesordnungspunkt durch den Hinweis „Ergänzungswahlen zum Vorstand; Kassierer, stellvertretender Kassierer, Schriftführer" nicht hinreichend genau bezeichnet (OLG Köln OLGZ 1984, 401). Die Satzung kann es auch für zulässig erklären, daß Gegenstände zur Beschlußfassung noch *nach Einberufung* der Mitgliederversammlung auf die Tagesordnung gesetzt werden. Handelt es sich jedoch um Satzungsänderungen, so müssen diese Punkte den Mitgliedern (selbst im Fall der Eilbedürftigkeit) so rechtzeitig vor Zusammentritt der Versammlung mitgeteilt werden, daß genügend Zeit zu sachgerechter Vorbereitung bleibt (BGHZ 99, 119 ff).

Sind die Anforderungen des Gesetzes bzw der Satzung an eine ordnungsgemäße Bekanntgabe des Verhandlungsgegenstandes nicht erfüllt, so kann die Mitgliederversammlung über diesen Gegenstand keinen gültigen Beschluß fassen (RG WarnR 1909 Nr 1). Ebenso kommt ein gültiger Beschluß nicht zustande, wenn die satzungsmäßige Form der Berufung nicht eingehalten ist (vgl OLG Kassel HRR 1937 Nr 1220).

Zulässig ist eine Satzungsbestimmung über die Eventualeinberufung einer *Wiederholungsversammlung* mit geringeren Anforderungen an die Beschlußfähigkeit im Anschluß an eine beschlußunfähige Mitgliederversammlung; dies verstößt weder gegen zwingendes Gesetzesrecht noch gegen übergeordnete Grundsätze des Vereinsrechts (BGH NJW-RR 1989, 376).

Bei der Einberufung sind die satzungsgemäßen *Fristen* zu wahren. Ab wann diese zu laufen beginnen, hängt von der Form der Einberufung ab. Bei eingeschriebenem Brief gilt der Tag der Aufgabe zur Post als Beginn der Frist (vgl RGZ 60, 144, 145), bei einfachem Brief der Zugang beim Geladenen (vgl OLG Frankfurt NJW 1974, 189; RG Recht 1912 Nr 3257).

V. Die Leitung der Mitgliederversammlung

Ist die Mitgliederversammlung gültig berufen, so entscheidet über die Form ihrer **12** Abhaltung in erster Linie die Satzung. Enthält diese keine Bestimmung, so steht die *Leitung der Mitgliederversammlung* dem ordentlichen geschäftsführenden Organ des Vereins, dem **Vorstand**, kraft Gesetzes zu. Die Mitgliederversammlung kann nicht etwa aus bloßen Zweckmäßigkeitsgründen einen besonderen Leiter wählen (RG JW 1909, 411).

Die *Tagesordnung* legt der Vorsitzende (Vorstand) fest; er kann die etwa übersandte Tagesordnung auch abändern. Die Versammlung kann jedoch anders beschließen (vgl OLG Hamm MDR 1973, 929; KG NJW 1957, 1680).

Der Vorsitzende ist *verpflichtet*, einen Tagesordnungspunkt aufzunehmen, wenn eine dem Quorum des § 37 entsprechende Anzahl von Mitgliedern dies verlangt. Andernfalls können diese gem § 37 eine neue Versammlung herbeiführen. Da dieses Recht besteht, kann die Minderheit aber keine einstweilige Verfügung auf Aufnahme in die Tagesordnung beantragen (OLG Hamm MDR 1973, 929). Aus der Leitungsbefugnis des Vorsitzenden ergibt sich, daß er bei Bedarf die Redezeit begrenzen und Mitglieder, welche die Verhandlung stören, ausschließen darf (BGHZ 44, 245, betr AG). Der Vorsitzende hat die Verhandlung *objektiv zu leiten*; er ist aber nicht gehindert, selbst Stellung zu nehmen (KG NJW 1957, 1680). Unzulässig ist natürlich die Ausgabe von Stimmzetteln, in denen die Kandidaten bereits angekreuzt sind (vgl BGH NJW 1973, 235). Der Vorsitzende hat den Mitgliedern Auskunft zu erteilen, soweit dies für die Beschlußfassung erforderlich ist. Vgl §§ 27, 666.

VI. Abstimmung

1. Die absolute Mehrheit

Die Mitgliederversammlung bringt ihren *verbindlichen Willen durch Abstimmungen* **13** zum Ausdruck. Die bloße Erörterung und der Eindruck eines Einverständnisses genügen nicht für wichtige Entscheidungen, wie die Befreiung vom Verbot des § 181 (OLG München NJW-RR 1991, 893, 894).

Für einen **gültigen Beschluß** wird sog **absolute Mehrheit** verlangt. Die *Satzung* kann indessen mit Rücksicht auf § 40 auch *relative Mehrheit* als genügend erklären oder aber eine bestimmte Mitgliederzahl als Erfordernis einer gültigen Beschlußfassung vorschreiben, auch bei Stimmengleichheit die Stimme des Vorsitzenden oder das Los entscheiden lassen (so auch SOERGEL/HADDING Rn 33; REICHERT/DANNECKER [5. Aufl], Rn 1102). Ohne solche Bestimmung gilt bei Stimmengleichheit der *Antrag* als *abgelehnt* (MÜLLER-ERZBACH 151 f). Fehlt eine Satzungsbestimmung, so genügt die *Anwesenheit eines Mitgliedes* (SOERGEL/HADDING Rn 29; ebenso für AG RGZ 34, 116; 82, 388). Vgl auch § 28 Rn 4.

a) Erforderlich und genügend ist die „Mehrheit der **erschienenen** Mitglieder"; Grundlage der Berechnung ist also zunächst die *Anwesenheitszahl* und nicht etwa die gesamte Zahl der Vereinsmitglieder. Umstritten ist die Behandlung der **Stimmenthaltungen**. Nach dem Wortlaut des § 32 Abs 1 S 3 müßten sie eigentlich bei der Zahl der "erschienenen Mitglieder" mitgezählt werden. Wer zB einen leeren Stimmzettel abgibt, ist sowohl erschienen als auch – bei formaler Betrachtung – Teilnehmer an der Abstimmung. Das hätte jedoch zur Folge, daß die Stimmenthaltung im Ergebnis wie eine Nein-Stimme wirken würde. Die Rspr vertritt heute den Standpunkt, daß die Stimmenthaltung *der Abwesenheit gleichzustellen* sei, weil nach der Verkehrsanschauung niemand auf den Gedanken komme, seine Stimmenthaltung werde als Ablehnung gewertet (BGHZ 83, 35, 37). Das gilt auch für eine Abstimmung über die Entlastung des Vorstands (BGH NJW 1987, 2430). Die Satzung könne jedoch etwas anderes bestimmen, doch müsse das eindeutig geregelt sein (BGH NJW 1987, 2430). Die Lit stimmt dem BGH inzwischen weitgehend zu (vgl SOERGEL/HADDING Rn 32; PALANDT/HEINRICHS Rn 7; MünchKomm/REUTER Rn 32; SAUTER/SCHWEYER Rn 206). In der Tat wird die strenge Wortlautauslegung des § 32 Abs 1 S 3 dem Willen der sich der Stimme Enthaltenden nicht gerecht. Sie wollen Unentschiedenheit oder Unfähigkeit zu einer Sachentscheidung zum Ausdruck bringen und werden deshalb idR durch die Gleichstellung mit Nein-Stimmen überrascht. Dadurch wird die Entscheidungsfindung uU verfälscht. Es besteht auch kein Grund, durch das Vereinsrecht Druck auf die Mitglieder auszuüben, daß sie "Farbe bekennen". Der restriktiven Auslegung des *BGH ist deshalb zuzustimmen* (anders noch STAUDINGER/COING[12]). Dies entspricht auch den Regelungen in § 133 Abs 1 AktG, § 47 Abs 1 GmbHG und § 43 Abs 2 S 1 GenG. Entsprechendes wie für Stimmenthaltungen muß auch für **ungültige Stimmen** gelten.

Eine *schriftliche* Stimmabgabe *abwesender* Mitglieder ist, wenn sie nicht in der Satzung vorgesehen ist und nicht der besondere Fall des § 33 Abs 1 S 2 vorliegt, in der Versammlung *unzulässig*. Vgl G HOFMANN BayZ 1932, 370. Anders, wenn nach § 32 Abs 2 überhaupt keine Versammlung stattfindet.

b)   Die **Abstimmung** ist **beendet**, der Beschluß gefaßt, die Wahl vorgenommen, wenn der Vorsitzende das Ergebnis der Abstimmung *verkündet* und der Tenor des Beschlusses *protokolliert* ist. Danach kann der Vorsitzende eine neue Abstimmung nicht mehr herbeiführen; der *Beschluß* ist – vorbehaltlich der eventuellen Notwendigkeit der Registereintragung – *wirksam*. Jedoch kann die Versammlung eine neue Beratung und Abstimmung beschließen (KG NJW 1957, 1680). Hat freilich der Verhandlungsleiter ein falsches Wahlergebnis verkündet, so begründet dies nicht die Wirksamkeit der Wahl bzw des Beschlusses (BGH Betrieb 1975, 2032 = NJW 1975, 2101). Anders ist es im Aktienrecht und Genossenschaftsrecht (vgl u Rn 36).

Im übrigen kann die Satzung für *Abstimmungen* und *Wahlen* besondere, auch von § 32 abweichende Vorschriften treffen (§ 40). Sie kann also zB *höhere Mehrheiten* für Beschlüsse besonderer Art fordern; sie kann den Modus für Wahlen festlegen (vgl dazu BGH NJW 1974, 183, betr sog "Blockwahlen" in einer Partei). Jedoch fordert jede Abweichung von § 32 eine entsprechende *Satzungsbestimmung*; ein einfacher Beschluß genügt nicht.

Zur Bedeutung des Sitzungsprotokolls bei anfechtbaren oder nichtigen Beschlüssen vgl unten Rn 28.

2.   Wahlen

14 Die Auswahl des Wahlsystems und die Festlegung der Wahlrechtsgrundsätze liegt prinzipiell im pflichtgemäßen Ermessen des Satzungsgebers (BGHZ 106, 67, 72). Eine gerichtliche Überprüfung beschränkt sich also auf Ermessensfehler: Insbes darf das Wahlrecht nicht in unverhältnismäßig großem Maße den Wählerwillen verzerren oder verfälschen (BGHZ 106, 67, 72 f). Legt die Satzung nichts anderes fest, so gelten die o (Rn 13) dargestellten Regeln für Beschlüsse im Zweifel auch für *Wahlen*. Auch bei diesen genügt also dann relative Mehrheit nicht. Wird bei einer Wahl die absolute Mehrheit nicht erreicht, so ist zunächst nicht der Weg des § 29 zu beschreiten, sondern eine *Stichwahl* zwischen den beiden Bewerbern vorzunehmen, welche im ersten Wahlgang die relativ höchsten Stimmzahlen erreicht haben (ebenso ENNECCERUS/NIPPERDEY § 111 Fn 9; PLANCK/KNOKE Anm 2). Bei *Stimmengleichheit* unter diesen kann, sofern nicht die Satzung eine andere Bestimmung enthält (vgl § 40), nicht das Los oder der Vorsitzende entscheiden, sondern es ist ein Beschluß bzw die Wahl nicht zustande gekommen (so auch PLANCK/KNOKE Anm 2); dies ergibt sich aus § 32 Abs 1 S 3.

3. Zu den Erfordernissen der *Beschlußfassung* über Satzungsänderung, insbes Änderung des Vereinszwecks vgl § 33 Rn 2 u 6.

4. Infolge der Bestimmung des **Abs 2** kann auch eine ungültig berufene Mitgliederversammlung gültige Beschlüsse fassen, wenn zu ihr alle Vereinsmitglieder erscheinen, ihre Beschlüsse einstimmig fassen und „ihre *Zustimmung schriftlich* erklären". Für die hiermit vorgeschriebene Schriftform der Stimmabgabe ist § 126 maßgebend.

5. Stellvertretung

Sowohl in der Mitgliederversammlung als auch für sonstige Bekundung des Mitgliederwillens ist im Zweifel *persönliche* Erklärung der Mitglieder erforderlich. Erklärung durch gehörig bevollmächtigte Stellvertreter ist jedoch zulässig, wenn die *Satzung* dies gestattet (§§ 38, 40). Fehlt die Gestattung in der Satzung, so ist die Ausübung des Stimmrechts durch einen Bevollmächtigten auch dann unzulässig, wenn es sich bei dem Vereinsmitglied um eine juristische Person handelt; diese muß ihr Stimmrecht durch ihre Organe ausüben (OLG Hamm NJW-RR 1990, 532; **aA** SAUTER/SCHWEYER Rn 199). Vgl auch § 38 Rn 4. Die Ausübung des Stimmrechts für mehrere Mitglieder durch einen Bevollmächtigten kann ebenfalls durch die Satzung erlaubt werden, welche auch darüber bestimmen kann, ob der Bevollmächtigte selbst Mitglied des Vereins sein muß. Über die Delegiertenversammlung s oben Rn 6.

6. Stimmrecht

Das *Stimmrecht* ist das Recht, an Beschlußfassungen mitbestimmend teilzunehmen, in einem engeren Sinne (so namentlich iS des § 34) das Recht, an *einerAbstimmung teilzunehmen*. Es ist als solches kein Sonderrecht, sondern ein Einzelrecht, das aus dem Mitgliedschaftsrecht fließt (vgl MÜLLER-ERZBACH 209), kann aber durch die Satzung zu einem solchen gestaltet sein, indem es für bestimmte Mitglieder qualifiziert wird. Über die Bedingungen des Stimmrechts enthält das BGB keine Bestimmungen, abgesehen von der Sondervorschrift des § 34. Auch braucht die Satzung beim eingetragenen Verein keine Bestimmungen hierüber zu enthalten (§ 58). Die Satzung kann zB das Stimmrecht von einer bestimmten Höhe des Vereinsbeitrages abhängig machen. Vgl auch unten Rn 19.

Neben dem Stimmrecht fließt aus dem Mitgliedschaftsrecht für das Mitglied das Recht, sich vor der Stimmabgabe durch Fragen zu unterrichten (Recht auf *Auskunft*). Vgl dazu § 27 Rn 25.

7. Gleichberechtigung

19 Im Zweifel hat bei der grundsätzlichen Gleichbehandlung aller Mitglieder auch jeder das *gleiche Stimmrecht*. Wird dagegen verstoßen, so liegt ein ordnungsmäßiger und gültiger Beschluß nicht vor; dies kann von den Mitgliedern, denen das Stimmrecht zu Unrecht entzogen war, im Wege einer negativen Feststellungsklage geltend gemacht werden. Vgl über die Behandlung fehlerhafter Beschlüsse unten Rn 23 ff. Doch wird man annehmen müssen, daß die Satzung die Ausübung des Stimmrechts von gewissen Voraussetzungen, wie zB von der Zahlung des Mitgliedsbeitrages, abhängig machen kann, darf sie doch sogar bestimmen, daß die Mitgliedschaft bei nicht rechtzeitiger Zahlung des Mitgliedsbeitrages überhaupt verloren geht.

8. Mehrstimmrecht

20 Bestritten ist, ob und inwieweit, wenn einem Mitglied (sei es einem Einzelmitglied oder einem Personenverband als Mitglied) *mehrere Stimmen* zustehen, eine **uneinheitliche Stimmabgabe** zulässig ist, also das Mitglied mit einem Teil seiner Stimmen für, mit einem Teil gegen einen Antrag stimmen kann.

Die Frage wurde akut in einem Fall, in dem die Stadt Wiesbaden als Inhaberin von 51% der Aktien einer Gaslieferungs-AG in die Generalversammlung mehrere Vertreter entsandt hatte, welche den verschiedenen Fraktionen der Stadtverordnetenversammlung entnommen waren und entsprechend den verschiedenen Auffassungen dieser Fraktionen verschieden stimmten. Das *RG* erklärte das im Jahre 1927 für unzulässig. Die Stimmabgabe, als Willensäußerung, könne vernünftigerweise nur *einheitlich* erfolgen, nicht aber in sich widerspruchsvoll sein (RGZ 118, 67, 69).

In der an diese Entscheidung sich anknüpfenden Diskussion wurde die Möglichkeit uneinheitlicher Stimmabgabe vor allem von KLAUSING und FLECHTHEIM (BankArch 1928, 420 ff) verteidigt. FLECHTHEIM hat dafür vor allem auf Fälle hingewiesen, in denen jemand Aktien als indirekter Stellvertreter oder Treuhänder für verschiedene Personen besitzt (zB eine Bank hat als Kommissionär Aktien für verschiedene Kunden gekauft, aber noch nicht übertragen), in denen eine Unterbeteiligung an Aktienbesitz oder Geschäftsanteilen besteht oder in denen Zertifikate über einen Aktienbesitz ausgestellt und übertragen sind. Er folgerte daraus, daß es Fälle geben könne, in denen ein berechtigtes Interesse an uneinheitlicher Stimmabgabe bestehen könne, und daß diese daher – da sie niemandem schade – grundsätzlich zulässig sei.

Dieser Argumentation ist das RG in späteren Entscheidungen im wesentlichen gefolgt. Es hat in RGZ 137, 305 (1932) für die GmbH ausgesprochen, daß die *Satzung* die uneinheitliche Stimmabgabe *zulassen* könne, und in RGZ 157, 57 (1938) auch unabhängig von solcher Satzungsbestimmung den Satz aufgestellt: „Der Grundsatz der einheitlichen Stimmabgabe kann nur soweit gelten, wie dem Gesellschafter das Stimmrecht auch einheitlich zusteht." In diesem Fall hatte ein GmbH-Gesellschafter seinen Anteil teilweise verpfändet und dem Pfandnehmer durch besondere Vereinbarung insoweit das Stimmrecht eingeräumt.

ME ist am **Prinzip der einheitlichen Stimmabgabe** festzuhalten (so auch SOERGEL/HADDING Rn 24; SAUTER/SCHWEYER Rn 200; REICHERT/DANNECKER [5. Aufl] Rn 899; abw ENNECCERUS/NIPPERDEY § 111 I 2 b). Eine uneinheitliche Stimmabgabe verdient normalerweise keinen Rechtsschutz (zu der besonderen Situation des Auftretens einer Person für mehrere andere s u). Der Vorstand kann sie in der Mitgliederversammlung zurückweisen. Auch eine juristische Person muß einheitlich stimmen; soweit es sich dabei um Körperschaften handelt, ist das Mehrheitsprinzip ja gerade dazu da, eine einheitliche Willensbildung zu ermöglichen. Etwas anderes gilt dann, wenn die *Satzung* die uneinheitliche Stimmabgabe *ausdrücklich zuläßt*.

FLECHTHEIM hat mE das Problem falsch gestellt. In den von ihm angeführten Fällen (und auch im Falle RGZ 157, 57) handelt es sich darum, daß der formell Stimmberechtigte in irgendeiner Form sein Stimmrecht *teilweise übertragen* hat oder andere teilweise an seinen Mitgliedschaftsrechten *beteiligt* hat. In Wahrheit handelt es sich also gar nicht um eine uneinheitliche Stimmabgabe *einer* Person, sondern darum, daß *eine* Person für mehrere *andere* (direkt oder indirekt) Berechtigte auftritt. Die Frage, ob das zulässig ist, hängt aber nicht davon ab, ob „uneinheitliche Stimmabgabe" zulässig ist, sondern davon, ob jene teilweisen Übertragungen und Beteiligungen an dem Mitgliedschafts- und damit dem Stimmrecht zulässig sind (richtig: MÜLLER-ERZBACH 233). Für den Verein beurteilt sich diese Frage danach, ob § 38 gilt oder im Einzelfall gem § 40 durch die Satzung ausgeschlossen ist. Die sog uneinheitliche Stimmabgabe wird daher nur dann zu gestatten sein, wenn die Satzung die Teilübertragung des Mitgliedschafts- und Stimmrechts bzw die Beteiligung anderer Personen daran gestattet und im Einzelfall solche Übertragungen oder Beteiligungen die geteilte Stimmabgabe erforderlich machen.

Beim Verein wird das Problem vor allem dann auftauchen können, wenn *mehrere Vereine* oder *Zweigvereine* in einem größeren zusammengeschlossen und in dessen Mitgliederversammlung mit mehreren Stimmen vertreten sind. Hier ist zu unterscheiden: Sind nur die Einzel- bzw Zweigvereine als solche Mitglieder des Hauptvereins, so müssen die Stimmen der Zweigvereine einheitlich abgegeben werden, es muß in den Zweigvereinen eine entsprechende Willensbildung erfolgen. Sind aber die Einzelmitglieder der zusammengeschlossenen Einzel- und Zweigvereine zugleich Mitglieder des Hauptvereins, so können von den Zweigvereinen mehrere Delegierte mit verschiedener Instruktion (oder auch mit dem Recht freier Stimmabgabe nach eigener Überzeugung) in die im Hauptverein gebildete Versammlung entsandt werden. Diese ist dann keine Mitglieder-, sondern eine Delegierten-Versammlung.

Es kommt hier also auf die Gestaltung an, welche die Satzung im Einzelfall vorgesehen hat. – S zu der gesamten Problematik auch KIRBERGER BB 1974, 1000.

9. Stimmbindungsverträge

21 **a)** Stimmbindungsverträge sind Verträge, durch die sich Vereinsmitglieder *obligatorisch verpflichten*, in der Mitgliederversammlung oder bei einer sonstigen Abstimmung in einem bestimmten Sinn zu stimmen. Solche Verträge dienen der Gruppen- und Machtbildung innerhalb der Mitglieder und bilden eine dem Fraktionszwang im parlamentarischen Leben analoge Erscheinung. Sie sind vor allem im Aktienrecht hervorgetreten, aber auch im Vereinsleben möglich. Daß solche Gruppenbildung tatsächlich auftritt, ist nicht zu verhindern; die Frage ist, ob die Rechtsordnung solchen Abmachungen Schutz gewähren soll.

b) Das *RG* hat Stimmbindungsverträge bei Aktiengesellschaften **grundsätzlich** für **zulässig** erklärt (vgl RGZ 133, 90; 165, 68, 78). Wird gegen die Bindung verstoßen, so ist die Abstimmung gültig (vgl RG Gruchot 69, 617; RGZ 165, 68, 78). Bei Stimmbindungsverträgen liegt grundsätzlich *kein Verstoß gegen § 138* vor (vgl Erl zu § 138 mwN); jedoch kann bei einer Verpflichtung zur Verletzung von Vereinsinteressen § 138 eingreifen (vgl BGH NJW 1951, 268). Aus Stimmbindungsverträgen kann *nicht* auf *Erfüllung*, sondern nur auf *Schadensersatz* geklagt werden; auch können sie durch Vertragsstrafe gesichert werden (vgl vTuhr, AT I 510; BGB-RGRK/Steffen Rn 11; RGZ 156, 139; 165, 68, 78). Die neuere Rspr läßt jedoch die Klage auf Erfüllung jedenfalls bei der GmbH zu; die Erzwingung soll über § 894 ZPO erfolgen (BGHZ 48, 163, 170 ff; BGH NJW-RR 1989, 1056). Im übrigen werden die Grundsätze über Stimmbindungsverträge auch auf die GmbH übertragen.

Unzulässig sind jedoch *entgeltliche* Stimmbindungsverträge *(Stimmenkauf)*; vgl § 405 Abs 3 Nr 6 u 7 AktG, § 152 Abs 1 GenG. Solche Verträge verstoßen gegen die guten Sitten. Sittenwidrig ist ferner eine Vereinbarung, daß nach Weisung eines im konkreten Fall gem § 34 von der Abstimmung Ausgeschlossenen abgestimmt werden soll (BGHZ 48, 163, 166 betr GmbH). Zur Nichtigkeit von Stimmrechtsausübungsverträgen s ferner § 136 AktG. Wegen der Einzelheiten im Aktienrecht vgl Hüffer, Aktiengesetz (1993) § 133 Rn 25 ff; s auch Tank Die AG 1977, 34; Immenga BB 1975, 1042; zum GmbH-Recht s Zöllner ZHR 155 (1991) 168 ff.

c) Im **Vereinsrecht** sind die o zu b) genannten Grundsätze nach hL ebenfalls anwendbar (Soergel/Hadding Rn 23 mit einigen Differenzierungen; Enneccerus/Nipperdey § 111 I 2 a; BGB-RGRK/Steffen Rn 11; Sauter/Schweyer Rn 201). Der Zulasssung einer *Erfüllungsklage* aus dem Stimmbindungsvertrag ist aber jedenfalls für den Verein *abzulehnen* (ebenso BGB-RGRK/Steffen Rn 11). Sie würde, insbes wenn sogar einstweilige Verfügungen gegen das gebundene Mitglieder zur Erzwingung eines bestimmten Abstimmungsverhaltens gewährt würden, zu einer unerträglichen Fremdbestimmung des Vereins führen. Es ist also daran festzuhalten, daß Stimmbindungsverträge, soweit sie wirksam sind, keine Auswirkung auf die Gültigkeit der Stimmabgabe haben, daß sie nur schuldrechtlich unter den Vertragspartnern wirken und daß aus ihnen im Vereinsrecht nicht auf Erfüllung geklagt werden kann.

Die Stimmbindung ist von der Frage der persönlichen Ausübung des Stimmrechts (§ 38) zu trennen; ihre Zulässigkeit hängt also nicht davon ab, daß in der Satzung § 38 S 2 abbedungen ist (anders Staudinger/Coing[12]). Jedoch ist bei dauernder Stimmbindung gegenüber einer vereinsfremden Person ein besonderes rechtfertigendes Interesse (zB Treuhandverhältnis oder Pfandrecht) zu fordern; vgl SOERGEL/ HADDING Rn 23; REICHERT/DANNECKER [5. Aufl] Rn 938.

10. Zum *Machtmißbrauch durch die Mehrheit* vgl § 35 Rn 19. **22**

VII. Fehlerhafte Beschlüsse

1. Fehlende gesetzliche Regelung im Vereinsrecht

Das *BGB* enthält *keine Vorschriften* über die Rechtsfolgen fehlerhafter Beschlüsse. **23** Ein in den Beratungen der 2. Komm gestellter Antrag, eine Anfechtungsklage vorzusehen, wurde abgelehnt; eine solche Regelung sei für die Verhältnisse bei Vereinen zu kompliziert (MUGDAN I 626–627).

Das Schweizer ZGB (Art 75) kennt dagegen die Einrichtung einer Anfechtungsklage, die binnen einem Monat zu erheben ist.

Eine genaue Regelung enthält dagegen das **Aktienrecht** für Beschlüsse der Hauptversammlung (§§ 241, 243 AktG). Aus dieser Regelung sind zwei Momente von allgemeiner Bedeutung: die Unterscheidung zwischen *Nichtigkeits-* und *Anfechtbarkeitsgründen* und – bei Vorliegen der letzteren – die Institution der Anfechtungsklage. Nichtig sind insbes Beschlüsse, die gegen gesetzliche Vorschriften verstoßen, welche überwiegend zum Schutz der Gläubiger oder im öffentlichen Interesse gegeben sind, oder die mit dem Wesen des AktG nicht vereinbar sind, oder die mit den guten Sitten in Widerspruch stehen; ferner Beschlüsse, die in einer Versammlung gefaßt worden sind, welche nicht ordnungsgemäß entsprechend bestimmten Regeln des § 121 AktG einberufen worden ist. Diese Beschlüsse sind nichtig iS der §§ 134, 138; ihre Unwirksamkeit kann von jedermann und in jeder Form geltend gemacht werden. Die Anfechtbarkeit bedeutet dagegen, daß der betreffende Beschluß zunächst wirksam ist, auf *Anfechtungsklage* hin aber mit Wirkung gegen alle für nichtig erklärt werden kann. Die Klage ist fristgebunden. Anfechtungsgründe sind in erster Linie sonstige Verstöße gegen Gesetz und Satzung.

Diese Regelung ist von der Rspr auf die *GmbH* und die *Genossenschaften* (für die § 51 GenG eine Anfechtungsklage vorsieht) in Analogie übertragen worden (vgl SCHOLZ/K SCHMIDT, GmbHG [7. Aufl 1988] § 45 Rn 45 ff; LANG/WEIDMÜLLER/METZ, GenG, [32. Aufl 1988] § 51 Rn 1 ff; BGH NJW 1979, 2567 f).

Aus dem Schweigen des BGB ist zum Teil die Folgerung gezogen worden, daß *jeder* **24** Verstoß gegen eine gesetzliche oder satzungsmäßige Bestimmung den Beschluß der Mitgliederversammlung *nichtig* mache (vgl zB ENNECCERUS/NIPPERDEY § 111 III; OLG Schleswig NJW 1960, 1862). Auch der BGH hat durch den apodiktischen Satz, es gebe nur gültige oder ungültige Vereinsbeschlüsse (BGHZ 59, 369, 374; BGH NJW 1975, 2101), zu dieser rigorosen Annahme beigetragen. Tatsächlich wollte der BGH aber damit nur zum Ausdruck bringen, daß er die Übertragung der gesellschaftsrechtlichen Unterscheidung zwischen nichtigen und lediglich anfechtbaren Beschlüssen auf den Verein ablehnt.

In Wirklichkeit hat die Rspr bereits seit Jahrzehnten den o zu Rn 24 genannten Satz **25** abgeschwächt oder durchbrochen; er entspricht nicht mehr der heute hM. Schon in BGHZ 49, 209 wurde entschieden, daß ein Beschluß, bei dem nicht stimmberechtigte Personen mitgewirkt hatten, *gültig* sei, wenn nachgewiesen werden könne, daß der **Beschluß nicht auf diesen Stimmen beruhe**. In BGHZ 59, 369 wurde das auf bestimmte *Einberufungsmängel* ausgedehnt: Die Nichteinladung stimmberechtigter Mitglieder zur Versammlung macht die gefaßten Beschlüsse nicht in jedem Fall nichtig. Kann sicher nachgewiesen – bzw im Verfahren der Freiwilligen Gerichtsbarkeit durch Amtsermittlung festgestellt – werden, daß der Beschluß bei ordnungsgemäßer Ladung ebenso ausgefallen wäre, so ist er wirksam (BGHZ 59, 369, 375). Dieser **Kausalitätsgedanke** ist auf weitere Verfahrensfehler ausgedehnt worden (vgl zB OLG Köln OLGZ 1983, 269, 271; abgelehnt dagegen in OLG Köln OLGZ 1984, 401, 404 für irreführende Angabe des Tagesordnungspunktes in der Einladung). Vgl auch BayObLGZ 1988, 170, 179 und SOERGEL/HADDING Rn 17, 18 mwN. Die Rspr hat darüber hinaus eine Art **„Rügepflicht"** bei Verletzung von bloßen Schutzvorschriften zugunsten von Mitgliedern anerkannt. Ein entsprechender Verfahrensmangel könne heilen, wenn die geschützten Mitglieder nicht alsbald nach Kenntnis des Mangels widersprechen (vgl BGHZ 59, 369, 373, wo in einem obiter dictum diese Möglichkeit akzeptiert und nur für den konkreten Mangel abgelehnt wird; ferner LG Bremen Rpfleger 1990, 466 und BayObLG NJW-RR 1992, 910 für Eigentümerversammlung nach WEG; SOERGEL/HADDING Rn 16 mwN).

Der Vorschlag in der Lit, die aktienrechtliche Unterscheidung zwischen nichtigen und anfechtbaren (dh zunächst wirksamen) Beschlüssen sowie die *Anfechtungsklage* ins Vereinsrecht zu übernehmen (RICHERT NJW 1958, 1543; K SCHMIDT, Gesellschaftsrecht[2] § 24 III 3 f; ders, in: FS Stimpel [1985] 217 ff) wird von der Rspr *abgelehnt* (vgl zB BGHZ 59, 369, 374 f; BGHZ 55, 381) und hat sich auch in der Lit nicht durchgesetzt.

2. Stellungnahme

26 Ausgangspunkt der Überlegungen zu fehlerhaften Beschlüssen der Mitgliederversammlung muß sein, daß sich diese Beschlüsse auch beim Verein innerhalb der Grenzen der Privatautonomie halten müssen. Aus §§ **134, 138** folgt, daß sie nichtig sind, wenn sie gegen **gesetzliche Verbote** oder die **guten Sitten** verstoßen. Sie müssen sich ferner im Rahmen der zwingenden Satzungsbestimmungen halten. Allerdings macht nicht jeder Verstoß gegen ein Gesetz ein Rechtsgeschäft nichtig; die Sanktion ist dem betreffenden Rechtssatz selbst zu entnehmen; vgl Erl zu § 134. Dieser Gesichtspunkt ist auch auf **Satzungsbestimmungen** zu übertragen. Daraus ergibt sich, daß innerhalb der Verstöße gegen Gesetz und Satzung differenziert werden muß und daß bei bestimmten Verstößen der Beschluß nicht unwirksam ist.

Das Problem reduziert sich also zum einen auf eine *sachgerechte Differenzierung*, zum anderen auf die Wahrung eines Mindestmaßes von *Rechtssicherheit*. Den Befürwortern einer Anfechtungsklage in Anlehnung an das Gesellschaftsrecht ist zuzugeben, daß eine Differenzierung von Fall zu Fall zu unerträglicher Unsicherheit führen würde und daß ferner bis zur Klärung im Wege der Feststellungsklage unerwünschte „Schwebezustände" entstehen können. Daraus läßt sich aber jedenfalls de lege lata nicht die Übertragung der aktienrechtlichen Anfechtungsklage auf das Vereinsrecht herleiten. Indessen ist das bei der Unterscheidung zwischen wirksamen und unwirksamen Beschlüssen zu berücksichtigen.

Bei der **Nichtigkeit** muß es bleiben, wenn der Beschluß *inhaltlich* gegen zwingende gesetzliche Vorschriften oder gegen Verfassungsbestimmungen der Satzung (zu diesem Begriff s § 25 Rn 3) verstößt, zB Abschaffung des Vorstands, Entrechtung einer Minderheit. Eine Differenzierung ist also vor allem im Bereich der Verfahrensbestimmungen geboten. Die Verletzung *wesentlicher* Verfahrensvorschriften muß gleichfalls zur Nichtigkeit führen, zB Einberufung durch unbefugtes Organ (BGHZ 18, 334) oder falsche Angabe der Tagesordnung bzgl Abberufung des Vorstands (OLG Köln OLGZ 1984, 401). *Bedenklich* erscheint es, in Fällen, in denen Stimmberechtigte nicht geladen waren oder Nichtmitglieder mitgestimmt hatten, darauf abzustellen, welche *Bedeutung* dies im Einzelfall *für das Zustandekommen* des Beschlusses gehabt hat (so aber der BGH, vgl o Rn 25). Gerade das bereitet den Weg für Manipulationen und Spekulationen. Insbesondere bei *Wahlentscheidungen* sind die Verfahrensvorschriften streng zu handhaben. Schwebezustände sind hier möglichst zu vermeiden, Rechtssicherheit verdient den Vorrang.

In Betracht für eine Auflockerung des Grundsatzes der Nichtigkeit kommen danach in erster Linie Verstöße gegen **minder wichtige Verfahrensvorschriften**, insbes wenn sie dem **Schutz der einzelnen Mitglieder** dienen: Einberufung an einen anderen als in der Satzung genannten Ort oder zu einer anderen Zeit, sofern dies nicht die Teilnahme wesentlich erschwert; geringfügige Unterschreitung der Ladungsfristen; geringfügige Verstöße gegen die Verhandlungsordnung. In solchen Fällen muß das benachteiligte Mitglied umgehend **Widerspruch** erheben. Läßt es erst einen sachlichen Beschluß zustande kommen, so handelt es treuwidrig, wenn es sich später auf den stillschweigend hingenommenen Verfahrensfehler beruft, weil es mit der Sachentscheidung unzufrieden ist (vgl BayObLG NJW-RR 1992, 910). Ein Ladungsmangel kann ausnahmsweise auch geheilt werden, wenn *sämtliche* Vereinsmitglieder gleichwohl erschienen sind (SOERGEL/HADDING Rn 16).

3. Geltendmachung der Nichtigkeit

Hat die Mitgliederversammlung **nichtige Beschlüsse** gefaßt, so darf der Vorstand sie bei Vermeidung eigener Haftung nicht ausführen. Soweit die Ausführung Dritte schädigt, *haftet* der Verein gem § 31. Es kann aber auch von dem geschäftsführenden Vereinsorgan mit Rücksicht auf seine eigene Haftung die Nichtigkeit des Mitgliederbeschlusses durch *Feststellungsklage* nach § 256 ZPO geltend gemacht werden (RGZ 122, 266, 269). Auch die einzelnen Mitglieder können solche Mitgliederbeschlüsse als nichtig behandeln oder deren Nichtigkeit im Klagewege feststellen lassen (vgl RG Recht 1928 Nr 70), uz nicht bloß, sofern dadurch ihr Sonderrecht berührt oder das Maß ihrer Sonderpflichten gesteigert wird (vgl Mot I 109; Prot I 537; BGB-RGRK/STEFFEN Rn 17; ENNECCERUS/NIPPERDEY § 111 III; PLANCK/KNOKE Anm 4). Der Verein muß in diesem Falle den *Beweis* der *Gültigkeit* des Beschlusses führen; jedoch soll nach BGHZ 49, 209, 212 bei Verfahrensverstößen eine *Umkehr der Beweislast* eintreten, wenn das Sitzungsprotokoll, welches den fraglichen Beschluß enthält, in einer folgenden Sitzung genehmigt worden ist, ohne daß die Nichtigkeit des Beschlusses geltend gemacht worden ist. Das Urteil in einem Streit zwischen Verein und Mitglied hat entsprechend allgemeinen prozessualen Grundsätzen nur *Wirkung unter den Parteien* (Prot I 537; ebenso PALANDT/HEINRICHS Rn 11), wenn dies auch im Ergebnis unglücklich ist. Nach hM hat allerdings nur das Urteil über die Gültigkeit des Beschlusses Wirkung unter den Parteien; dagegen wirkt das Urteil, das die

Ungültigkeit des Beschlusses feststellt, für und gegen alle Mitglieder (vTUHR, AT I 318 ff; RGZ 85, 313; BGB-RGRK/STEFFEN Rn 17; SOERGEL/HADDING Rn 40; BGH Betrieb 1992, 1568, 1569; ENNECCERUS/NIPPERDEY § 111 Fn 29); auch der Registerrichter (bzw Rechtspfleger) ist gebunden (RG JW 1929, 2708). *Dritten* kann die Ungültigkeit von Vereinsbeschlüssen nur entgegengesetzt werden, sofern sie eine Verletzung satzungsgemäßer Schranken der Vertretungsmacht des Vorstandes (§ 26 Abs 2) oder des Vereinszweckes enthalten. Nur innerhalb dieser Grenzen kann auch von Dritten die Ungültigkeit geltend gemacht werden.

4. Entscheidung aller Streitigkeiten durch die Mitgliederversammlung

29 *Nichtig* sind *Satzungsbestimmungen*, welche die Mitgliederversammlung zur Entscheidung über alle Streitigkeiten des Vereins mit einem Mitglied berufen; die Mitgliederversammlung kann nicht *Richter in eigener Sache* sein, daher auch nicht Schiedsgericht in Streitigkeiten aus Mitgliedschaftsverhältnissen (vgl RGZ 29, 319; 55, 326). Die Versammlungsbeschlüsse, die dagegen verstoßen, sind ihrerseits nichtig.

5. Willensmängel bei der Stimmabgabe

30 Man wird die Stimmabgabe grundsätzlich den *Vorschriften über Willenserklärungen* zu unterstellen haben (RGZ 112, 279 läßt die Frage offen). Die Stimmabgabe eines Geschäftsunfähigen ist daher nichtig. Bei beschränkt Geschäftsfähigen ist an sich zur wirksamen Stimmabgabe die vorherige Zustimmung des gesetzlichen Vertreters erforderlich, sofern sie nicht lediglich einen rechtlichen Vorteil bringt. In der Zustimmung des gesetzlichen Vertreters zum Vereinsbeitritt liegt jedoch im Zweifel auch die Einwilligung zur Ausübung der Mitgliedschaftsrechte (vgl § 38 Rn 5 mwN). Das einzelne Mitglied kann seine Stimmabgabe wegen Irrtums usw **anfechten**, uz durch Erklärung gegenüber dem Versammlungsleiter, nach Schluß der Versammlung gegenüber dem Vorstand. Bemerkt es seinen Irrtum bereits in der Versammlung, so wird man es aber zu sofortiger Anfechtung für verpflichtet halten müssen; eine spätere Anfechtung ist mit Rücksicht auf das Interesse des Vereins an der Klarheit der Rechtslage und auf Treu und Glauben als unzulässig anzusehen (s auch SOERGEL/ SCHULTZE-VLASAULX [11. Aufl] Rn 19).

Durch die Anfechtung der Stimmabgabe wird der Beschluß natürlich nur hinfällig, wenn es gerade auf die angefochtene Stimme ankam, eine Mehrheit also ohne diese Stimme nicht gegeben war. Vgl auch MÜLLER-ERZBACH 219 f.

Die *Stimmabgabe* muß *unbedingt* erfolgen; denn durch die Abstimmung soll Klarheit geschaffen werden. Eine bedingt abgegebene Stimme muß daher als ungültig angesehen werden.

6. Heilung

31 Ein Beschluß, der wegen Vorliegens von Verfahrensverstößen, zB Mitwirkung nicht Stimmberechtigter, nichtig ist, kann nicht dadurch geheilt werden, daß ihn der Verein später als gültig behandelt (BGHZ 49, 209, 211). Vielmehr ist *Neuvornahme der Abstimmung* erforderlich.

Auch die Billigung der Niederschrift, welche den fraglichen Beschluß enthält, in einer späteren Versammlung genügt nicht (BGHZ 49, 209, 211 f).

VIII. Der Kreis der Mitglieder

1. Die Bezeichnung

„*Mitglieder*" iS des § 32 sind nur *Stimmberechtigte*. Ihre Bezeichnung als „Mitglieder" oder in anderer Weise ist *gleichgültig*. Es kann uU ein „Ausschuß" die Mitgliederversammlung darstellen und deshalb die „Generalversammlung" überhaupt nicht stimmberechtigt und daher nicht Mitgliederversammlung sein. Über die Mitgliedereigenschaft, Mitgliederrechte, Erwerb und Verlust der Mitgliedschaft bestimmt die Satzung. Sie „soll" nach § 58 Bestimmungen enthalten über Ein- und Austritt von Mitgliedern.

2. Mitgliedsfähigkeit

Mitglieder von Vereinen können *natürliche* und *juristische Personen* sowie *nichtrechtsfähige Vereine* sein (vgl O vGIERKE, Vereine ohne Rechtsfähigkeit [2. Aufl 1902] 30; ders DJZ 1907, 207; REICHERT/DANNECKER [5. Aufl] Rn 56, 61, 62; heute hM). Mitgliedsfähig sind auch *Personenhandelsgesellschaften* (REICHERT/DANNECKER, [5. Aufl] Rn 62). Umstritten ist noch, ob eine *BGB-Gesellschaft* Vereinsmitglied sein kann (dafür FLUME, Die juristische Person 277; SOERGEL/HADDING § 38 Rn 5; MünchKomm/REUTER § 38 Rn 13; dagegen LG Bonn NJW 1988, 1596; offengelassen bei REICHERT/DANNECKER [5. Aufl] Rn 62 und OLG Köln 1989, 173). Die überwiegenden Gründe, die von REUTER (ZHR 145, 273 ff) ausführlich dargelegt worden sind, sprechen dafür. Für die Mitgliedschaft in der eG und GmbH wird die Mitgliedsfähigkeit der BGB-Gesellschaft ebenfalls bejaht (BGH NJW 1992, 499; BGHZ 78, 311). Für alle Mitglieder kann die Satzung bestimmte Eigenschaften als Bedingung setzen; so für natürliche Personen einen bestimmten Beruf, Staatsangehörigkeit, männliches oder weibliches Geschlecht, ein bestimmtes Religionsbekenntnis. Vgl im übrigen wegen Aufnahmefreiheit und Aufnahmezwang § 35 Rn 27 ff.

3. Gleichheit der Mitglieder

Für das Stimmrecht gilt grundsätzlich der **Gleichheitssatz** im formalen Sinn. Er bedeutet bei Idealvereinen, daß grundsätzlich jedes Mitglied eine Stimme hat, bei Kapitalgesellschaften das *Stimmrecht nach Kapitalanteilen* berechnet wird. Jedoch ist im Vereinsrecht eine andere Gestaltung nicht ausgeschlossen; sie muß sich jedoch im Rahmen der Bindung an den Grundsatz der Gleichbehandlung und an Treu und Glauben halten. Näheres vgl § 35 Rn 13 ff.

4. Über die *rechtliche Bedeutung der Mitgliedschaft* s im übrigen § 35 Rn 25, 26.

IX. Beurkundung, Verkündung und Protokollierung der Beschlüsse der Mitgliederversammlung

Die *Satzung* der einzutragenden Vereine „soll" über die Beurkundung eine *Bestimmung enthalten* (§ 58 Nr 4), eine instruktionelle Vorschrift, deren Nichtbeachtung zwar das Amtsgericht zur Zurückweisung der Anmeldung berechtigt, aber die erfolgte Eintragung nicht ungültig macht. Beschlüsse, welche die Satzung ändern, bedürfen bei eingetragenen Vereinen zur Wirkung gegen Dritte der Eintragung in das Vereinsregister (§ 71); für die Beschlüsse betreffend die Bestellung des Vorstandes vgl §§ 67, 68.

Das Gesetz enthält keine Vorschriften über die *Verkündung* und *Protokollierung* der Beschlüsse der Mitgliederversammlung. Diese sind daher im Vereinsrecht **nicht** als **Wirksamkeitserfordernis** der Beschlüsse anzusehen. Die Verkündung eines Beschlusses oder einer Wahl durch den Vorsitzenden hat daher im Vereinsrecht auch nicht die Wirkung, daß der Beschluß bis zu anderweitiger gerichtlicher Feststellung als mit dem Inhalt gefaßt gilt, den der Vorsitzende verkündet hat (sog *konstitutive Wirkung*; BGH NJW 1975, 2101; ZÖLLNER, Schranken mitgliedschaftlicher Stimmrechtsmacht 396; SOERGEL/HADDING Rn 34). Gegen konstitutive Wirkung der Verkündung durch den Vorsitzenden – mit Ausnahme von Satzungsänderungen – auch BGHZ 14, 25; BGH NJW 1969, 841. Dies hängt mit dem Fehlen der Protokollierungsvorschriften und der formellen Anfechtungsklage im Vereinsrecht zusammen (BGH NJW 1969, 841). Im Aktienrecht (vgl §§ 130, 241 Nr 2 AktG; RGZ 142, 123) und im Genossenschaftsrecht (vgl §§ 47, 51 GenG; LANG/WEIDMÜLLER/METZ [32. Aufl 1988] § 51 Rn 3) liegen die Dinge anders.

Die *Satzung* oder eine Geschäftsordnung können jedoch eine *Regelung* über Verkündung und Niederschrift vorsehen. Enthalten sie keine ausdrückliche Vorschrift über die Bedeutung dieser Akte, so ist durch Auslegung festzustellen, welche Bedeutung ein Verstoß gegen solche Vorschriften für die Wirksamkeit des Beschlusses hat. Sieht die Satzung Niederschrift vor, so wird im Zweifel anzunehmen sein, daß die Aufnahme eines Beschlusses in das Protokoll Wirksamkeitserfordernis sein soll und daß der Beschluß bis zur Anfechtung mit dem Inhalt gilt, den das Protokoll enthält. Über die Wirkung der Genehmigung des Protokolls hinsichtlich von Anfechtungen vgl oben Rn 28.

X. Rechtliche Natur des Beschlusses

37 Sie ist *umstritten*. Der Beschluß wird als Gesamtakt (KISCH, JLBl 1909, 200), als „mehrseitiges Rechtsgeschäft" (vTUHR, AT I 514), „Gesamtwillensakt" (so RUTH ZHR 88, 477 ff; BUCHHOLZ 121 f) bezeichnet. Keine dieser Bezeichnungen paßt auf den oben (Rn 13) erwähnten Fall der Beschlußfassung durch ein *einziges* Mitglied, während andererseits kein Hindernis besteht, die beschlußmäßige Aufhebung von Sonderrechten (§ 35) oder der Gleichberechtigung der Mitglieder mit Zustimmung der Benachteiligten als Vertrag aufzufassen. In anderen Fällen ist der Beschluß wohl als Ergebnis von Stimmabgaben, ob sie nun geheim oder offen erfolgen, ein *zusammengesetztes einseitiges Rechtsgeschäft* (was übrigens mit der Auffassung als „Gesamtwillensakt" nicht vereinbar ist), nicht eine bloße Rechtshandlung. Das RG hat in RGZ 122, 369 für den Beschluß der Gesellschafter einer GmbH ohne nähere Begründung ausgesprochen, daß der „Beschluß als solcher kein Rechtsgeschäft" sei.

Der Beschluß ist kein Vertrag (anders MANIGK, Privatautonomie [1935] 88). Er ist vielmehr ein *Rechtsgeschäft eigener Art*, eigenartig durch die Art des Zustandekommens durch eine Mehrzahl gleichgerichteter Willenserklärungen, der Stimmen; eigenartig

2. Titel. Juristische Personen. § 33
I. Vereine

durch seine Wirkung: er bindet als Mehrheitsbeschluß alle (die Minderheit, die Nichterschienenen, die Vereinsorgane), weil er das Vereinsleben maßgeblich gestaltet. Überwiegend wird der Beschluß als ein Akt körperschaftlicher Willensbildung angesehen (MünchKomm/REUTER Rn 17; SOERGEL/HADDING Rn 21; ähnlich BGB-RGRK/STEFFEN Rn 10).

§ 33

[1] **Zu einem Beschlusse, der eine Änderung der Satzung enthält, ist eine Mehrheit von drei Vierteilen der erschienenen Mitglieder erforderlich. Zur Änderung des Zweckes des Vereins ist die Zustimmung aller Mitglieder erforderlich; die Zustimmung der nicht erschienenen Mitglieder muß schriftlich erfolgen.**

[2] **Beruht die Rechtsfähigkeit des Vereins auf Verleihung, so ist zu jeder Änderung der Satzung staatliche Genehmigung oder, falls die Verleihung durch den Bundesrat erfolgt ist, die Genehmigung des Bundesrats erforderlich.**

Materialien: E I § 48; II § 30; III § 32; Mot I 108; Prot I 527 ff; JAKOBS/SCHUBERT, AT I 144, 153 ff.

Schrifttum

BEUTHIEN, Mehrheitsprinzip und Minderheitenschutz im Vereinsrecht. Grenzen der Mehrheitsherrschaft bei Vereinszweckänderung und Pflichtenmehrung, BB 1987, 6

DÜTZ, Tendenzaufsicht im Vereinsrecht, in: FS Herschel (1982) 55

FLUME, Die Vereinsautonomie und ihre Wahrnehmung durch die Mitglieder hinsichtlich der Selbstverwaltung der Vereinsangelegenheiten und der Vereinsautonomie, in: FS Coing (1982) Bd I 97

Häuser/van Look, Zur Änderung des Zwecks beim eingetragenen Verein, ZIP 1986, 749

PRIESTER, Satzungsänderung und Satzungsdurchbrechung, ZHR 151 (1987), 40

REUTER, Die Änderung des Vereinszwecks – Besprechung von BGHZ 96, 245, ZGR 1987, 475

ders, Verbandszweck und Rechtsfähigkeit im Vereinsrecht, ZHR 151 (1987), 237

K SCHMIDT, Verbandszweck und Rechtsfähigkeit im Vereinsrecht. Eine Studie über Erwerb und Verlust der Rechtsfähigkeit nichtwirtschaftlicher und wirtschaftlicher Vereine (1984)

ders, Der Vereinszweck nach dem Bürgerlichen Gesetzbuch, BB 1987, 556

STÖBER, Änderung des Zwecks des Vereins mit der für allgemeine Satzungsänderungen vorgesehenen Stimmenmehrheit?, Rpfleger 1976, 377

WICHER, Zur Lehre von der Zweckänderung der Vereine, Gruchot 72, 22.

S auch die Angaben zu § 32.

Systematische Übersicht

1. Änderung der Satzung und des Vereinszwecks _____ 1
2. Unzulässigkeit der Satzungsdurchbrechung _____ 9
3. Begriff der Satzungsänderung _____ 10
4. Die Regelung des Abs 2 _____ 13
5. Ungültige Beschlüsse _____ 14
6. Austritt der Mehrheit _____ 15
7. Nichtrechtsfähiger Verein und Vorverein _____ 17

1. Änderung der Satzung und des Vereinszwecks

1 E I verlangte für jede Satzungsänderung die Zustimmung aller Mitglieder ohne Unterscheidung zwischen wesentlichen und unwesentlichen Bestimmungen (Mot I 108). Die 2. Komm und das Gesetz unterscheiden Satzungsänderungen, welche den *Zweck* des Vereins betreffen und daher für die Individualität des Vereins von grundlegender Bedeutung sind, und *andere* Satzungsänderungen (Prot I 528).

2 Für die **Änderung des Vereinszwecks** wird Zustimmung *aller Mitglieder* verlangt und diese Bestimmung dadurch verschärft, nach anderer Richtung aber erleichtert, daß die Zustimmung der in der Mitgliederversammlung nicht erschienenen Mitglieder schriftlich zu erfolgen hat. Eine, wenn auch noch so große, Mehrheit genügt hier nicht (vgl RG JW 1925, 237; 1928, 644). Auf Art und Umfang der Änderung des Zweckes kommt es dabei nicht an. Grund der Bestimmung ist, daß der Zweck des Vereins den *Umfang* der durch den Zusammenschluß gemeinschaftlich gewordenen Interessen und damit auch der Vereinsmacht bzw der Einschränkung der Einzelmitglieder bestimmt. Ein deutliches Beispiel bietet der Fall RG SeuffA 84 Nr 135, wo eine kassenärztliche Vereinigung aus einer Interessenvertretung zu einer Wohlfahrtsorganisation und Erwerbsgenossenschaft geworden war, die ein bestimmtes Mindesteinkommen garantierte, *dafür* aber das Einkommen der Kassenärzte nach eigenem Schlüssel verteilte.

3 Eine Änderung des Vereinszwecks ist noch nicht gegeben, weil sich der *ursprüngliche Aufgabenkreis* des Vereins durch tatsächliche Entwicklungen *verengt*; sie liegt erst vor, wenn sich der Verein angesichts der veränderten Umstände neue Zwecke setzt. Vgl BGHZ 49, 175 (betr Lage eines Kleingärtnervereins, nachdem das ursprüngliche Kleingartengelände mehr und mehr bebaut ist).

4 Führt die Zweckänderung dazu, daß der Verein nunmehr zu einem *Wirtschaftsverein* iS des § 22 wird, so kann sie im Rahmen des Rechts der Idealvereine überhaupt nicht mehr durchgeführt werden; es wird nunmehr ein Antrag gem § 22 erforderlich. Das Registergericht muß die Eintragung zurückweisen (OLG Stuttgart OLGZ 1971, 465).

5 An Stelle der formellen Zustimmung hat die Rspr es unter normalen Verhältnissen auch genügen lassen, daß sämtliche Mitglieder *Änderungen* von Name, Zweck und Satzung, selbst wenn sie einem Verein von außen (hier Umwandlung eines Turnvereins unter dem Einfluß des Nationalsozialismus) *aufgezwungen* oder angetragen waren, längere Zeit **widerspruchslos hingenommen** haben (BGHZ 16, 143, 150 f m wichtiger Anm v Fischer LM Nr 2 zu § 33). ME ist dies angesichts der gesetzlichen Regelung bedenklich (dagegen auch Soergel/Hadding Rn 14). Andererseits ist in der gleichen Entscheidung und in BGHZ 23, 122 ausgesprochen worden, daß das Verbleiben im Verein trotz Änderung des Vereinszwecks *nicht* als Zustimmung gewertet werden kann, wenn das einzelne Mitglied wegen der Verhältnisse in der Zeit der nationalsozialistischen Herrschaft nicht die Möglichkeit freier Entschließung hatte (ebenfalls betr Umwandlung eines Sportvereins in nationalsozialistischer Zeit). – Zur Bedeutung der Zwangssituation in jener Zeit für das Vereinsrecht vgl Heegner JZ 1956, 446, Anm zu BGHZ 19, 51.

Zu **anderen Satzungsänderungen** genügt dagegen eine Dreiviertelmehrheit der in der

Mitgliederversammlung erschienenen Mitglieder, worunter hier wie in § 32 nur stimmberechtigte Mitglieder zu verstehen sind.

Wie sich aus § 40 ergibt, ist § 33 nicht zwingendes Recht, dh die **Satzung kann abwei-** 6
chende Regelungen treffen. Durch die Satzung können die Bestimmungen in § 33 Abs 1 ganz ausgeschlossen werden und statt dessen eigenständige Regeln aufgestellt werden. Es kann zB für jede Satzungsänderung Einstimmigkeit verlangt werden, oder es kann zur Wirksamkeit einer Satzungsänderung die Bestätigung durch eine spätere Versammlung verlangt werden (BayObLGZ 1987, 161).

Streitig ist, ob die Satzung selbst wirksam bestimmen kann, daß sie oder einzelne ihrer Bestimmungen *unabänderlich* sind (sog „Ewigkeitsklauseln"). ME können solche Klauseln nicht verhindern, daß die Unabänderlichkeitsbestimmung selbst im Wege der Satzungsänderung beseitigt wird. Dazu ist, wenn dadurch der Vereinszweck berührt wird, Einstimmigkeit, andernfalls nach dem Gesetz Dreiviertelmehrheit erforderlich. Wie hier SOERGEL/HADDING Rn 7; SAUTER/SCHWEYER 137; BGB-RGRK/STEFFEN Rn 7, der in diesem Fall stets Zweckänderung annimmt; aA REICHERT/DANNECKER Rn 406 (für zeitlich begrenzte Zulässigkeit der Unabänderlichkeit) und FLUME, in: FS Coing II 97, 102 (für Nichtigkeit der Unabänderlichkeitsbestimmung wegen Verstoßes gegen die Vereinsautonomie).

Die Satzung darf die Voraussetzungen für die Beschlußfähigkeit nicht so hoch ansetzen, daß faktisch keine Satzungsänderung mehr möglich ist. Dies ist der Fall, wenn die Anwesenheit von mindestens 50% der Mitglieder verlangt wird bei einem Verein, von dessen zahlreichen Mitgliedern stets nur etwa 2% die Mitgliederversammlungen besuchen (OLG Frankfurt OLGZ 1979, 5; SOERGEL/HADDING Rn 7; OLG Frankfurt OLGZ 1981, 391 betr freie Wahl des Vorstands, der sonst vom Vorstand eines anderen Vereins besetzt wird).

Bestimmt die Satzung, daß zu einen Beschluß bestimmter Art die Zustimmung aller 7
Mitglieder erforderlich sei, so kann *diese* Satzungsbestimmung nicht mit Dreiviertelmehrheit, sondern nur mit *Zustimmung aller* Mitglieder geändert werden (RG LZ 1932, 949 Nr 1; SOMMERMEYER SchlHAnz 1967, 319).

Durch die Satzung (nicht durch Anordnung einer Verwaltungbehörde) kann auch für die Änderung des Vereinszwecks eine einfache Mehrheit der Mitgliederversammlung für genügend erklärt werden oder auch eine solche Änderung der Kompetenz der Mitgliederversammlung entzogen und einem anderen Organ – dem Vorstand oder einem Aufsichtsrat – zugewiesen werden (BGB-RGRK/STEFFEN Rn 2, 7; SOERGEL/ HADDING Rn 6; **aA** FLUME, in: FS Coing II 97, 102 ff).

Soll jedoch im Wege der Satzungs*änderung* bestimmt werden, daß es zur Änderung des Vereinszwecks in Abweichung von § 33 nicht der Zustimmung aller Mitglieder bedürfe, so kann *diese* Satzungsänderung gerade so wie eine solche, die unmittelbar eine Zweckänderung enthält, nur mit Zustimmung aller Mitglieder beschlossen werden; denn sonst könnte die Notwendigkeit der Einstimmigkeit für Zweckänderungen leicht umgangen werden (vgl KG JW 1932, 2161).

Enthält die Satzung nur Bestimmungen über die notwendige Stimmenmehrheit für „Satzungsänderungen", ohne weiter zu differenzieren, so gilt diese Regelung nicht für die Änderung des Vereinszwecks (BGHZ 96, 245, 249 f; STÖBER Rpfleger 1976, 377; MünchKomm/REUTER (5. Aufl), Rn 11; anders früher OLG Rpfleger 1976, 396). Zur Abbedingung von § 33 Abs 1 S 2 ist also eine eindeutige Satzungsbestimmung über Zweckänderungen erforderlich.

Ob eine Änderung des Vereinszwecks vorliegt, ist nicht immer zweifelsfrei und letztlich Auslegungsfrage (vgl RG LZ 1929, 831; BGHZ 96, 245, 250 ff). Die bloße Änderung des auf den Zweck bezogenen Wortlauts der Satzung braucht noch nicht immer eine Zweckänderung zu bedeuten. Andererseits können auch Maßnahmen, die außerhalb der Satzung getroffen werden, eine Zweckänderung bedeuten, die eines entsprechenden Beschlusses bedarf, zB wenn der Verein sich die Mittel zur Förderung des Vereinszwecks auf eine wesentlich andere als die bisher vorgesehene Weise verschaffen will (RG SeuffA 84 Nr 135; 83 Nr 102; BEUTHIEN BB 1987, 6, 7 unter Betonung des Ausnahmecharakters). Die Reichweite der Zweckbestimmung darf jedoch nicht zu weit ausgedehnt werden; im Zweifel wird mit dem Vereinszweck nur der „oberste Leitsatz" oder die große Linie der Vereinstätigkeit bezeichnet, während die Verwirklichung des Ziels grundsätzlich nicht davon umfaßt und daher eher disponibel ist (BGHZ 96, 245, 250 ff; BEUTHIEN BB 1987, 6, 7). Eine differenzierte Auslegung des Begriffs „Vereinszweck" je nach Regelungszusammenhang befürworten HÄUSER/ VAN LOOK ZIP 1986, 749, 751.

8 Problematisch ist, ob ein Verein Änderungen seiner Satzung von der **Genehmigung Dritter**, also vereinsfremder Personen, abhängig machen kann. Das entsprechende Problem tritt auch in bezug auf andere wichtige Vereinsentscheidungen auf, zB Ausschluß von Mitgliedern oder Auflösung des Vereins. Derartige Regelungen bedeuten eine Beschränkung der Selbstbestimmung des Vereins und berühren damit einen wesentlichen Teil der Vereinsautonomie. Für eine solche Selbstbeschränkung kann jedoch ein legitimes Interesse bestehen (vgl DÜTZ, in: FS Herschel [1982] 55 ff, zu Satzungsänderungen insbes 71 f). Dieses hat sich vor allem bei **religiös orientierten Vereinen** gezeigt, die eng mit kirchlichen Stellen zusammenarbeiten wollen oder die sich als Teil einer größeren Religionsgemeinschaft verstehen und in deren Hierarchie eingliedern wollen (vgl zB KG OLGZ 1974, 385; BayObLG Rpfleger 1979, 416; OLG Frankfurt OLGZ 1982, 309).

Das *BVerfG* hat in der Bahái-Entscheidung von 1991 grundsätzlich zu dieser Frage Stellung genommen (BVerfGE 83, 341; dazu SCHOCKENHOFF NJW 1992, 1013; krit FLUME JZ 1992, 238). In dieser Entscheidung wird aufgrund des besonderen verfassungsrechtlichen Schutzes der religiösen Vereinigungsfreiheit (Art 4 GG iVm Art 140 GG, Art 137 Abs 2, 4 WRV) den religiösen Vereinen eine Sonderstellung hinsichtlich der Vereinsautonomie eingeräumt. Dies gilt insbes für solche Vereine, die sich als **Teil einer Religionsgesellschaft** (vgl Art 137 WRV) organisieren und in deren Struktur einfügen wollen. Solche freiwillig gesetzten Einordnungszwecke sind von den staatlichen Gerichten zu respektieren. Daher können diese Vereine Grundentscheidungen, wie Satzungsänderung, Auflösung oder Ausschluß von Mitgliedern, von der Zustimmung einer hierarchisch übergeordneten Instanz abhängig machen (BVerfG 359 f). Die *Grenze zur völligen Fremdbestimmung* ist erst dann überschritten, wenn Selbstbestimmung und Selbstverwaltung des Vereins nicht nur hinsichtlich der religionsrechtlich bedingten hierarchischen Einordnung, sondern „darüber hinaus in weitem Umfang ausgeschlossen" würden (BVerfG 360), so daß der Verein als bloße

Verwaltungsstelle oder als *Sondervermögen* eines anderen erscheint (vgl zu dieser Grenze schon KG OLGZ 1974, 385, 390; OLG Frankfurt OLGZ 1979, 5, 7). Diese Grundsätze wird man auch auf andere religiös oder kirchlich orientierte Vereine anwenden müssen, die sich zwar nicht als Teilgliederung einer Religionsgesellschaft verstehen, aber sich eng an eine solche anlehnen und deshalb in ähnlicher Weise einen Widerspruch zu deren religiösen Lehren vermeiden wollen (ähnlich schon BayObLG Rpfleger 1979, 416 für örtlichen Caritas-Verein). Obwohl das BVerfG diesen Punkt nicht abschließend entscheidet, sondern nur andeutet (vgl 360 mit dem Hinweis auf Vereine, die mit Religionsgesellschaften „in enger Verbindung stehen"), ist der von ihm angenommene Vorrang der religiösen Vereinigungsfreiheit – iS einer Wahrung der religiösen Identität – vor der allgemeinen vereinsrechtlichen Selbstbestimmung auch hier geboten (insofern zumindest in der Begründung überholt OLG Frankfurt OLGZ 1982, 309, 310).

Von den vereinsrechtlich organisierten Gruppierungen sind die als öffentlich-rechtliche Körperschaften organisierten Religionsgemeinschaften zu unterscheiden; für sie tritt das Problem der Vereinsautonomie gar nicht auf, da sich ihre innere Struktur nach anderen Prinzipien richtet (vgl BVerfG 357 mit Hinweis auf die Römisch-Katholische Kirche; FLUME JZ 1992, 238, 239).

2. Unter **Satzungsdurchbrechung** versteht man die Abweichung von einer Satzungsbestimmung in einem konkreten Fall (evtl auch einer Mehrzahl von Fällen), ohne daß die Satzung selbst geändert wird. Ohne Zweifel unzulässig sind schlichte satzungswidrige Handlungen, zB durch den Vorstand. Problematisch ist dagegen die Durchbrechung im Wege eines für eine Satzungsänderung ausreichenden qualifizierten Mehrheitsbeschlusses. Im *Verfassungsrecht* ist durch Art 79 Abs 1 S 1 GG eine entsprechende Durchbrechung des Grundgesetzes ausgeschlossen. Im *Gesellschaftsrecht* ist die Zulässigkeit umstritten; die überwiegende Meinung verlangt in solchen Fällen für die Gültigkeit alle Voraussetzungen einer Satzungsänderung einschließlich der Eintragung im Handelsregister. Sie erkennt also im Grunde neben der Satzungsänderung eine Durchbrechung, auch wenn sie auf Einzelfälle beschränkt ist, nicht an (vgl zB BAUMBACH/HUECK, GmbHG [13. Aufl] Vor § 53, Anm 1 B; FISCHER/LUTTER, GmbHG [12. Aufl] § 53 Rn 11; für begrenzte Zulassung BOESEBECK NJW 1960, 2265, 2267; PRIESTER ZHR 151, 40, 58 mwN zum Meinungsstand S 45–47; K SCHMIDT, Gesellschaftsrecht[2] § 38 I 1 b, Unterscheidung zwischen Einzel- und Dauerregelungen). Der BGH lehnt im Gesellschaftsrecht die Wirksamkeit jedenfalls dann ab, wenn die Satzungsdurchbrechung einen von der Satzung abweichenden Zustand von nicht nur kurzer Dauer begründen soll; dann sei eine formelle Satzungsänderung unerläßlich (BGH NJW 1993, 2246, 2247). Eine Wirksamkeit wird allenfalls dann in Betracht gezogen, wenn es sich um einen Einzelfall, eine „punktuelle Regelung" handelt (BGH aaO und WM 1981, 1218, 1219, wo die Frage offengelassen wird, ob die Maßnahme wenigstens anfechtbar ist).

Im *Vereinsrecht* ist die Zulässigkeit von Satzungsdurchbrechungen jedenfalls abzulehnen, und zwar sowohl im Hinblick auf die Publizität des Vereinsregisters als auch wegen der Gefahr, daß die Satzung durch Einzelbeschlüsse ausgehöhlt wird. Ein Bedürfnis für den Verzicht auf einzelne Erfordernisse einer wirksamen Satzungsänderung besteht für den Verein nicht.

3. Begriff der Satzungsänderung

10 *Änderung der Satzung* ist jede Änderung ihres *Wortlautes* (BayObLG Rpfleger 1976, 435, 438), wenn und wie sie in urkundlicher Gestalt vorliegt, ohne Unterschied der materiellen Bedeutung der Änderung, also insbes auch dann, wenn die geänderte Bestimmung keine wesentliche Verfassungsbestimmung ist. Bei nicht beurkundeter Satzung ist bei jedem Beschluß zu erwägen, ob er die Verfassung des Vereins betrifft. Auch *Satzungsergänzungen*, zB die nachträgliche Einführung einer Schiedsgerichtsordnung, sind Satzungsänderungen iS des Gesetzes (vgl dazu RGZ 88, 395 ff). Auch Übernahme einer Dachverbandssatzung ist Satzungsänderung (LG Berlin JZ 1976, 602).

Auch für **bloß redaktionelle Änderungen der Satzung** gilt § 33 (BayObLGZ 1975, 435, 438; 1978, 282, 286; MünchKomm/REUTER Rn 1; PALANDT/HEINRICHS Rn 1; auch SOERGEL/HADDING Rn 3, 4, jedoch beschränkt auf materielle Satzungsänderungen; abw BGB-RGRK/STEFFEN Rn 1). Dies ist nicht nur deshalb anzunehmen, weil das Gesetz hier keinen Unterschied macht, sondern auch, weil die Entscheidung, ob die Änderung nur eine solche in der Fassung oder auch eine solche im Inhalt ist, uU recht zweifelhaft sein kann. Im allgemeinen ist also zu bloßen Fassungsänderungen Dreiviertelmehrheit erforderlich. Doch kann die Vornahme redaktioneller Änderungen einem anderen Organ, wie etwa dem Vorstand oder einem Beirat, übertragen werden,

a) wenn dies in der Satzung selbst vorgesehen ist; denn die Bestimmung des § 33 ist nur dispositiv;

b) wenn die Mitgliederversammlung selbst dies mit Dreiviertelmehrheit beschließt; dies liegt im Sinne des § 33.

11 *Abweichend* von dieser Auffassung sehen die Rspr und ein Teil der Lit formelle Änderungen der Satzung dann nicht als Änderung iS des § 33 an, wenn die geänderten Bestimmungen zwar in der Satzungsurkunde stehen, aber nach dem Selbstverständnis des Vereins keine Grundentscheidungen für das Vereinsleben oder andere körperschaftliche Regelungen enthalten, also *materiell* keine Verfassungsbestimmungen oder Regelungen korporativer Beziehungen sind (vgl RGZ 74, 277; BGHZ 18, 206, 207, betr GmbH; BGH NJW 1969, 131; BGB-RGRK/STEFFEN Rn 1; SOERGEL/HADDING Rn 3, 4).

Dieser Ansicht ist jedenfalls für das Vereinsrecht nicht zu folgen, da der **Satzungsbegriff** hier ein **formeller** ist; gerade mit Rücksicht auf solche für die Verfassung unwesentlichen Bestimmungen hat man sich in § 33 mit der ¾-Mehrheit begnügt. Im übrigen führt auch hier die Abgrenzung zwischen körperschaftlichen und sonstigen Regelungen zu Rechtsunsicherheit. Vgl dazu auch § 25 Rn 7.

12 Dem möglichen **Inhalt** der Satzungsänderung sind insofern *Schranken* gezogen, als die Änderung nicht gegen ein gesetzliches Verbot, nicht gegen die guten Sitten und nicht gegen das Wesen der Körperschaft verstoßen darf. Aus letzterem Gesichtspunkt ist es zB unmöglich, im Wege der Satzungsänderung die Haftung des rechtsfähigen Vereins für seine Schulden, sei es für die rechtsgeschäftlichen, sei es für die aufgrund des § 31 entstandenen, auszuschließen. Ferner können nach § 35 sog Sonderrechte eines Mitglieds im Wege der Satzungsänderung nicht ohne Zustimmung dieses Mitglieds geändert werden. Soweit es sich jedoch nicht um Sonderrechte handelt, kann die Satzung auch satzungsmäßig bestimmte Rechte der Mitglieder ändern, uz auch Rechte der schon vorhandenen Mitglieder, allerdings ohne rückwirkende Kraft. Insbes können Verhaltensnormen nicht mit Rückwirkung geändert werden (BGHZ 55, 381, 385).

4. Abs 2 des § 33 beruht auf einem Beschluß der 2. Komm (Prot I 526, 529). Nach § 40 ist auch diese Bestimmung *dispositiv* und kann durch die Satzung beseitigt werden. Zur Begründung der Reichstagskommission vgl STAUDINGER/COING[11] Rn 6.

Über die zur Verleihung zuständigen Behörden vgl § 22 Rn 8. Die Zuständigkeit des „Bundesrates" iS der Reichsverfassung von 1871 war für ausländische Vereine vorgesehen (vgl § 23). An seine Stelle ist zunächst nach § 3 des ÜbergangsG v 4. 3. 1919 der Staatenausschuß und an dessen Stelle nach Art 179 WRV v 11. 8. 1919 der Reichsrat zuständig geworden. An die Stelle des Reichsrats ist nach dessen Aufhebung durch das ReichsG v 14. 2. 1934 das zuständige Reichsministerium, jetzt gem Art 129 GG der *Bundesminister des Innern* getreten.

5. Beschlüsse, welche gegen § 33 verstoßen, sind *ungültig*. Wegen der Rechtsmittel gegen solche Beschlüsse vgl § 32 Rn 23 ff. Der Vorstand ist nicht berechtigt und nicht verpflichtet, ungültige Satzungsänderungen zum Eintrag in das Vereinsregister anzumelden. Das Amtsgericht ist berechtigt und verpflichtet, die Eintragung des ungültigen Beschlusses abzulehnen. Zur Anmeldung von Satzungsänderungen zum Vereinsregister vgl STAUDINGER/HABERMANN (1995) § 71 Rn 8.

6. Wird durch einen Beschluß der Vereinszweck geändert, ohne daß die Vorschriften des § 33 eingehalten sind, und verfolgt die beschließende Mehrheit den neuen Zweck trotz des Widerspruches der Minderheit weiter, so kann darin ein *Austritt der Mehrheit* gesehen werden, so daß nunmehr die widersprechende Minderheit allein Träger der Rechtspersönlichkeit des Vereins geworden und berechtigt ist, dessen Vermögen in Anspruch zu nehmen. Vgl RGZ 119, 184 f = JW 1928, 644. Zust BGHZ 16, 143, 151. Einschränkend auf Ausnahmefälle, wo der Minderheit nicht anders zu helfen ist, BGHZ 49, 175, 180.

Indessen wird man (abw von der Stellungnahme des RG und BGH) diese Folgerung nur dann ziehen können, wenn es zu einer *tatsächlichen Spaltung* des Vereins (wie im Fall RGZ 119, 184) kommt. Andernfalls bleibt der einheitliche (alte) Verein bestehen, muß jedoch die aufgrund des nichtigen Beschlusses durchgeführten Maßnahmen rückgängig machen. Vgl dazu den Fall RG SeuffA 84 Nr 135.

7. § 33 ist auch auf *nichtrechtsfähige Vereine* anwendbar (vgl RG Gruchot 51, 1121; LZ 1929, 831; SeuffA 83 Nr 102).

Hat ein **Vorverein** eine Satzung eingereicht und muß diese aufgrund einer Verfügung des Registergerichts geändert werden, so bedarf es eines neuen einstimmigen Beschlusses der Mitglieder (Gründer); an der betreffenden Sitzung müssen aber nicht die gleichen Mitglieder des Vorvereins teilnehmen wie an derjenigen, welche die erste Satzung beschlossen hat (BayObLGZ 1972, 29).

§ 34

Ein Mitglied ist nicht stimmberechtigt, wenn die Beschlußfassung die Vornahme eines Rechtsgeschäfts mit ihm oder die Einleitung oder Erledigung eines Rechtsstreits zwischen ihm und dem Vereine betrifft.

Materialien: E I § 48; II § 31; III § 31; Mot I 107; Prot I 527; JAKOBS/SCHUBERT, AT I 144, 153 ff.

Schrifttum

ENGFER, Der Ausschluß des organschaftlichen Stimmrechts bei Interessenkollision, (Diss Frankfurt 1970)
HERZFELDER, Stimmrecht und Interessenkollision bei den Personenverbänden des Deutschen Reichsprivatrechts (Diss Erlangen 1926) (Sonderabdruck 1927)
U HÜBNER, Interessenkonflikt und Vertretungsmacht (1977) 282 ff

VAN LOOK, Stimmverbot und „körperschaftlicher Sozialakt", NJW 1991, 152
J WILHELM, Rechtsform und Haftung bei der juristischen Person (1981) 59 ff
ders, Stimmrechtsausschluß und Verbot des Insichgeschäfts, JZ 1976, 674
ZÖLLNER, Die Schranken mitgliedschaftlicher Stimmrechtsmacht bei privaten Personenverbänden (1963).

Systematische Übersicht

I. Allgemeine Bedeutung der Vorschrift	**III. Die Folgen des Stimmrechtsausschlusses**
1. Regelungsbereich _____ 1	
2. Entwicklung bei den Kapitalgesellschaften _____ 3	1. Keine Abstimmung _____ 18
	2. Keine Vertretung _____ 18
3. § 34 als allgemeines Prinzip _____ 4	3. Ungültiger Beschluß _____ 18
II. Bedeutung der Vorschrift im einzelnen	**IV. Anwendungsbereich des § 34 außerhalb des rechtsfähigen Vereins**
1. Zwingender Charakter _____ 5	
2. Verhältnis zu § 181 _____ 6	1. Gesellschaften usw _____ 19
3. Entlastung _____ 7	2. Jagdgenossenschaften _____ 20
4. Rechtsstreit _____ 8	
5. Ausdehnende Anwendung _____ 9	

I. Allgemeine Bedeutung der Vorschrift

1. § 34 will einer bestimmten Form des Rechtsmißbrauches vorbeugen. Das *Stimmrecht* gibt dem Mitglied das Recht, an der Gestaltung des Vereinslebens mitzuwirken; es ist, wie vTUHR richtig bemerkt hat, eine *„Machtbefugnis"* (AT I 551).

Idealerweise soll von dieser Machtbefugnis nur im *Interesse der Körperschaft* Gebrauch gemacht werden; dann wären Abstimmungen und Wahlen nur Auseinandersetzungen darüber, welche Maßnahmen für die Körperschaft das Beste seien. In der Wirklichkeit wird es aber immer wieder Fälle geben, in denen bei dem einzelnen

Mitglied persönliche Interessen, die denjenigen der Körperschaft entgegengesetzt sind, ins Spiel kommen, also Fälle der **Interessenkollision**.

Den Gefahren, die sich daraus für die Körperschaft ergeben, muß die Rechtsordnung versuchen entgegenzutreten, indem sie in solchen Fällen dem Mitglied das **Stimmrecht entzieht**. Dies kann, da die wahren Motive der Abstimmenden in der Regel nicht erkennbar und nur schwer beweisbar sind, nur in der Weise geschehen, daß die Rechtsordnung an objektiv umschreibbare Sachverhalte anknüpft, in denen typischerweise, dh nach der Lebenserfahrung, solche Konflikte auftreten. Trotzdem stehen dem Gesetzgeber hier *zwei Wege* offen: Er kann *allgemein* festlegen, daß das Stimmrecht immer dann ausgeschlossen sei, wenn die Umstände eine Interessenkollision erkennen lassen, oder er kann *kasuistisch* vorgehen und bestimmte einzelne Tatbestände herausarbeiten, für die er das Stimmrecht ausschließt.

Der deutsche Gesetzgeber ist bei § 34 den *zweiten Weg gegangen*; dafür lassen sich **2** Gründe der Rechtssicherheit anführen, die gerade bei der Frage der Ausübung des Stimmrechts besonderes Gewicht haben. Die erste Kommission, auf die § 34 zurückgeht (§ 48 Abs 4 E I, dazu MUGDAN I 411), hat nur die im jetzigen Gesetzestext umschriebenen Fälle ins Auge gefaßt; die zweite hat nur redaktionelle Fragen diskutiert (MUGDAN I 623). Bei anderen Gesetzen ist ähnlich verfahren; es gibt eine Reihe verwandter Bestimmungen in *Sondergesetzen des Körperschaftsrechts*, die nach dem gleichen Grundsatz abgefaßt sind, freilich hinsichtlich der einzelnen Tatbestände voneinander abweichen. § 43 Abs 6 GenG sieht den Stimmrechtsausschluß vor bei Entlastung, Befreiung von einer Verbindlichkeit, Geltendmachung eines Anspruches gegen einen Genossen; § 47 Abs 4 GmbHG erwähnt Entlastung, Befreiung von einer Verbindlichkeit und die beiden Fälle des § 34. Für die AG sah das HGB (Fassung von 1897) in § 252 den Stimmrechtsausschluß für die Fälle der Entlastung, Befreiung von einer Verbindlichkeit und Abschluß eines Rechtsgeschäftes vor. Zur Entwicklung vgl ZÖLLNER 146 ff. § 114 AktG 1937 ließ den Tatbestand der Vornahme eines Rechtsgeschäftes fallen. Ihm folgt § 136 AktG 1965.

Demgegenüber kennt zB der italienische Codice civile für die Kapitalgesellschaften eine allgemein gefaßte Bestimmung, die alle Fälle der Interessenkollision erfaßt (vgl Art 2373 CC it für die AG, der über Art 2464 auf die KGaA und über Art 2486 auf die GmbH anwendbar ist).

Außerhalb des Körperschaftsrechts finden sich Regelungen von *vergleichbaren Fällen* der Interessenkollision, zB §§ 181, 1795; § 25 Abs 5 WEG (dazu OLG Hamm OLGZ 1978, 184, 187); sie knüpfen zT an andere Momente an.

2. Die Bestimmungen über den **Stimmrechtsausschluß** haben in der Praxis vor **3** allem im *Recht der Kapitalgesellschaften* Bedeutung gewonnen; ihre Auslegung ist zwiespältig gewesen. Sie hätten hier insbes ein Mittel des Minderheitenschutzes sein können. Indessen haben sie – ähnlich wie die in manchem verwandte Vorschrift des § 181 – durch die Rspr des RG eine sehr *restriktive und formale Auslegung erfahren* und dadurch ihre Funktion nicht erfüllen können. Beispiel dieser Auslegung ist vor allem die Entscheidung des RG im Hiberniafall (RGZ 68, 235, 241), der eine Aktienbegebung zum Zwecke einer Fusion betraf. Das RG hat hier den § 252 HGB (1897), welcher ein Stimmrechtsverbot für einen Aktionär bei Abschluß eines Rechtsgeschäftes mit ihm selbst vorsah, dahin ausgelegt, die Vorschrift greife nicht ein, wenn der Beschluß nur auf eine Ermächtigung (statt auf eine Weisung) an den Vorstand laute. Kritik bei MÜLLER-ERZBACH, Das private Recht der Mitgliedschaft (1948) 225; ZÖLLNER 255 I. Damit wurde der Weg zur *Umgehung der* Bestimmung eröffnet. Das Problem des Minderheitenschutzes ist dann von der Rspr mit ganz anderen Mitteln, wie Bindung der Mehrheit an Treu und Glauben, von ZÖLLNER (287 ff) als „bewegliche Schranken" des Ermessens der Mehrheit bezeichnet, in Angriff genommen und schließlich vom Gesetzgeber durch das *Konzernrecht* des AktG 1965, insbes die Regelung der sog Unternehmensverträge (§§ 291 ff AktG) und die Verantwortlichkeit bei faktischer Beherrschung (§§ 317, 314 AktG) zu lösen versucht worden. Zur Begründung wurde angeführt, es liege hier kein typischer Interessenkonflikt vor. Diese Entwicklung ist hier nicht zu verfolgen. Vgl dazu ZÖLLNER 288–356; MESTMÄCKER, Verwaltung, Konzerngewalt und Rechte des Aktionärs (1958).

Das *RG* hat ferner den Anwendungsbereich dieser Vorschriften dadurch *eingeschränkt*, daß es sie als unanwendbar im Bereich der die innere Ordnung der Gesellschaft betreffenden *Rechtsverhältnisse* angesehen hat (RGZ 60, 172; 74, 276; vgl ZÖLLNER 149, 150). Andererseits sind die Bestimmungen *ausdehnend* auf eine Reihe von Sachverhalten angewendet worden, auf die sie dem Wortlaut nach nicht zutrafen, zB auf Geschäftsabschluß mit einer GmbH, die sich im Alleinbesitz eines Aktionärs befindet.

Die frühere Lit ist dieser Rspr des RG im allgemeinen *gefolgt*. Einzelne Versuche, die Bestimmungen zu einer wirksamen, allgemeinen Regel für den Fall von Interessenkollision fortzuentwickeln (vor allem ein bedeutender Artikel von HACHENBURG LZ 1907, 460 f; HERZFELDER, Stimmrecht und Interessenkollision [1927] insbes 50; Kritik bei BRODMANN Gruchot 70, 121), sind nicht zur herrschenden Meinung geworden. Zur gesamten Entwicklung vgl HERZFELDER; ZÖLLNER 149 ff.

4 3.   Die hM ist sich heute darüber einig, daß die in § 34 genannten Fälle nicht abschließend zu verstehen sind, sondern darin allgemeine Rechtsgedanken zum Ausdruck kommen, die eine direkte oder analoge Anwendung auf ähnliche Situationen rechtfertigen; vgl zB SOERGEL/HADDING Rn 2, 7; K SCHMIDT, Gesellschaftsrecht[2] § 21 II 2 c; MünchKomm/REUTER Rn 2; REICHERT/DANNECKER [5. Aufl] Rn 911, 913; J WILHELM, Rechtsform und Haftung (1981) 66 ff; BGHZ 97, 28, 33; BGH NJW 1969, 841, 844. In der Formulierung des allgemeinen Grundsatzes bzw der Rechtsgedanken gibt es jedoch erhebliche Unterschiede. Häufig wird er mit dem Satz umschrieben, daß „niemand Richter in eigener Sache sein dürfe". Das deckt jedoch nicht alle Fälle anerkannten Stimmrechtsverbots ab und wird andererseits zB bei Vereinsstrafen auch nicht durchgehalten. MünchKomm/REUTER Rn 2, 4 ergänzt den Satz durch eine zweite „Leitidee", die verbandsrechtliche Ergänzung des Verbots von Insichgeschäften. Zum Teil werden auch nur Analogien von Fall zu Fall befürwortet.

Im Interesse einer sauberen und sachlichen Vereinsverwaltung erscheint es geboten, den § 34 und die verwandten Bestimmungen im Gesellschaftsrecht als Ausdruck eines **allgemeinen Prinzips** zu verstehen. Die in § 34 genannten Fälle sind also beispielhaft. § 34 schließt danach ein Mitglied immer dann von der Abstimmung aus, wenn eine *objektive Sachlage* gegeben ist, die den *in § 34 erwähnten Sachverhalten* insofern entspricht, als aus ihr nach der Lebenserfahrung auf einen Konflikt zwischen den Vereinsinteressen und den persönlichen Interessen des Mitglieds zu schließen ist. Die Rspr bewegt sich mit der u (Rn 9) dargestellten erweiterten Auslegung des § 34 auf dieses Prinzip hin. Von diesem Standpunkt aus wird im folgenden zu den Einzelfragen Stellung genommen. – Dagegen besteht kein allgemeiner Stimmrechtsausschluß bei irgendwelchen Interessenkonflikten; ein Interessenwiderstreit *anderer Art* als der in § 34 bezeichneten oder ihnen entsprechenden hindert ein Mitbestimmen nicht (vgl BGHZ 97, 28, 33; PALANDT/HEINRICHS Rn 2; OLG Hamm OLGZ 1978, 184, 187).

II. Bedeutung der Vorschrift im einzelnen

1. Die **Vorschrift ist zwingend** und kann durch die Satzung nicht abgeändert werden, § 40. Anders bei § 47 Abs 4 GmbHG (RGZ 122, 159). Gem § 28 ist sie auch auf die *Beschlußfassung im Vorstand* anzuwenden. Ob sie insoweit ebenfalls als zwingend anzusehen ist, ist bestritten. Die hM hält sie für *zwingend* (SOERGEL/HADDING Rn 1; PALANDT/HEINRICHS Rn 1; aA JAUERNIG Anm 1).

2. Die Vorschrift des § 34 war erforderlich, weil ein *Kontrahieren mit sich selbst nicht vorliegt*, wenn ein Mitglied an einer seine eigenen Angelegenheiten mitbetreffenden Beschlußfassung der Mitgliederversammlung sich beteiligt, also **§ 181** nicht anwendbar ist (vgl auch BGHZ 52, 316, 318; § 181 Rn 12); denn die Mitglieder sind nicht Vertreter des Vereins. Es gibt allerdings Fälle, in denen die Mitgliederversammlung als solche den Verein vertritt, so beim Abschluß von Anstellungsverträgen mit Organen oder bei der Erteilung eines Auftrags an ein Organ zur Ausführung eines Rechtsgeschäfts. Aber in solchen Fällen geht die besondere vereinsrechtliche Norm des § 34 der allgemeinen des § 181 vor.

3. *Nicht stimmberechtigt* als Mitglieder sind gem § 34 die Mitglieder des Vorstandes oder anderer Vereinsorgane, wenn es sich um Beschlüsse über ihre eigene **Entlastung** handelt. Auch diese ist Rechtsgeschäft. Der unter Mitwirkung von nicht stimmberechtigten Vorstandsmitgliedern gefaßte Beschluß ist daher nur gültig, wenn entweder die Entlastung verweigert oder die Entlastung mit einer Stimmenmehrheit beschlossen wurde, aufgrund deren das rechtswidrige Mitstimmen des Mitgliedes praktisch bedeutungslos war.

4. Bei Rechtsgeschäften, Einleitung oder Erledigung eines Rechtsstreites sowie Befreiung von einer Verbindlichkeit darf ein Mitglied nicht stimmen, wenn es die *andere Partei* bzw der Schuldner ist. Der Begriff **„Rechtsstreit"** ist im weitesten Sinne zu verstehen. Er umfaßt auch Verfahren uU vor den Verwaltungsgerichten und solche der Freiwilligen Gerichtsbarkeit (ZÖLLNER 213).

5. Ausdehnende Anwendung

Der Stimmrechtsausschluß tritt auch ein, wenn das Rechtsgeschäft zwar *nicht mit* dem *Mitglied* selbst, aber mit dem gesetzlichen Vertreter, Treuhänder (BGHZ 56, 47, 53), Legitimationszessionar oder Kommissionär (RGZ 104, 128, 130, betr GmbH) geschlossen wird. In all diesen Fällen liegt *„Interessenübereinstimmung"* zwischen dem Mitglied und dem „Dritten" vor, mit dem das Rechtsgeschäft abgeschlossen werden oder der Prozeß geführt werden soll. So richtig MÜLLER-ERZBACH 229.

10 Ferner, wenn auf der anderen Seite eine *juristische Person* steht, deren einziger Gesellschafter oder Aktionär das Mitglied ist, oder die es beherrscht (BGHZ 56, 47, 53).

11 Unter den Begriff „Befreiung von einer Verbindlichkeit" fällt auch das Pactum de non petendo, die Stundung.

Vom Stimmrecht ist in diesem Falle auch ausgeschlossen ein Mitglied, das Bürge oder Garant des zu befreienden Schuldners ist (ZÖLLNER 211; HERZFELDER 119).

Wird das Stimmrecht für das Mitglied von einem *Treuhänder* ausgeübt, so ist § 34 auch anzuwenden, wenn der Interessenkonflikt nicht in der Person des Mitgliedes, sondern in derjenigen des Treuhänders vorliegt (BGH NJW 1969, 841, betr GmbH). Entsprechendes dürfte von gesetzlichen Vertretern, Konkursverwaltern, Nachlaßverwaltern und in ähnlichen Fällen gelten.

12 Dies ist zB der Fall, wenn ein *Rechtsgeschäft* mit dem Ehegatten oder nahen *Verwandten* eines Mitgliedes in Frage steht (vgl § 1795), anders die hL (vgl ZÖLLNER 281); oder wenn die privaten Interessen eines Mitgliedes auch nur tatsächlich erheblich berührt werden. Beispiel aus der Literatur: ein Verband beschließt den Ausbau eines privaten Weges, an dem einem Mitglied ein Haus gehört.

13 Nach einer verbreiteten Meinung ist § 34 nicht anzuwenden, wenn es sich nicht um ein Rechtsgeschäft nach außen, sondern um einen **Sozialakt** der körperschaftlichen Willensbildung handelt (BGHZ 52, 316, 318; BGH NJW 1969, 841, 844; REICHERT/DANNEKKER [5. Aufl] Rn 920; RGZ 60, 172; 74, 278; 104, 182; ähnlich auch SOERGEL/HADDING Rn 4 für „mitgliedschaftliche Geschäfte"). Dieser Satz ist in dieser Allgemeinheit unbegründet und wird in der Lit inzwischen auch eingeschränkt (vgl zB MünchKomm/REUTER Rn 9; REICHERT/DANNECKER [5. Aufl] Rn 920). Es muß für die *einzelnen Akte jeweils geprüft* werden, ob eine Ausnahme vom Stimmrechtsverbot sachlich gerechtfertigt ist (vgl ZÖLLNER 224–232). Hinsichtlich der *Entlastung* von Vereinsorganen ist das bereits o Rn 7 abgelehnt worden.

14 Ein Mitglied ist *stimmberechtigt*, wenn es sich um seine **eigene Wahl** in den Vorstand oder Aufsichtsrat des Vereins handelt. Hier besteht nicht der Interessenkonflikt im gleichen Sinn. Grundsätzlich ist jedes Vereinsmitglied wählbar und hat das Recht zu kandidieren; jeder mag sich für geeignet halten, ein Vereinsamt zu bekleiden, und für sich werben. So für die AG RGZ 60, 172. Vgl auch OLG Hamm OLGZ 1978, 184, 187 (betr Wahl eines Verwalters nach WEG).

Dagegen kann bei der *Festsetzung seiner Bezüge* als Geschäftsführer ein Mitglied (zB ein Gesellschafter einer GmbH) nicht mit abstimmen, denn hier handelt es sich zweifellos um die „Vornahme eines Rechtsgeschäfts" mit einem Mitglied, und es ist nicht die freie Bewerbung um das Amt, sondern das finanzielle Interesse des Vereins involviert.

Der letzte Satz ist bestritten (wie hier SOERGEL/HADDING Rn 5 Fn 14; ERMAN/H P WESTERMANN Rn 3. Abw ZÖLLNER 233; RGZ 74, 276, 278 betr Wahl zum Geschäftsführer einer GmbH; BGHZ 18, 205, 210; BGB-RGRK/STEFFEN Rn 2).

Aus entsprechenden Gründen wie hinsichtlich der Wahl besteht kein Stimmrechtsausschluß, wenn es sich um die *Abberufung* eines Mitgliedes als Organ handelt (RGZ 104, 182; OLG Köln NJW 1968, 992). Hier muß jedoch eine Ausnahme für den Fall gelten, daß die Abberufung aus wichtigem Grund erfolgt, sofern der Antrag substantiiert ist (bestr; näheres bei ZÖLLNER 235 ff). Hier kann das Organ nicht Richter in eigener Sache sein.

Bei einem *Ausschlußverfahren* billigt die hL dem Betroffenen ebenfalls das Stimmrecht zu, uz unter dem Gesichtspunkt, daß jedes Mitglied seine Rechte müsse verteidigen können (vgl OLG Köln NJW 1968, 992). Dem ist zuzustimmen.

Bei Abstimmung über die *Einleitung eines Rechtsstreites* gegen ein Mitglied sind nicht nur der unmittelbar Betroffene, sondern auch weitere Mitglieder ausgeschlossen, die mit ihm die Pflichtverletzung gemeinsam begangen haben (BGHZ 97, 28, 33 ff für GmbH).

III. Die Folgen des Stimmrechtsausschlusses

1. § 34 schließt das Mitglied nur *von* der *Abstimmung* aus, nicht von der Beteiligung an der Aussprache. Die Stimmabgabe eines nach § 34 ausgeschlossenen Mitglieds ist nichtig (SOERGEL/HADDING Rn 9).

2. Ein durch § 34 vom Stimmrecht ausgeschlossenes Mitglied kann dieses natürlich auch *nicht* durch einen Vertreter ausüben. Es kann aber, dem Zweck des § 34 entsprechend, das Stimmrecht auch nicht als *Vertreter* für ein anderes Mitglied ausüben, auch nicht als sog Legitimationszessionar.

3. Abstimmung eines nicht stimmberechtigten Mitglieds macht den gefaßten *Beschluß* nur dann **ungültig**, wenn dieser zugunsten des rechtswidrig mitstimmenden Mitglieds ausfiel, also zB Vornahme eines Rechtsgeschäfts oder Beendigung eines Rechtsstreits; aber auch dann nicht, wenn die Stimme des betreffenden Mitglieds für das Ergebnis nicht in Betracht kam (so auch BGB-RGRK/STEFFEN Rn 3 mwN; SOERGEL/HADDING Rn 9).

IV. Anwendungsbereich des § 34 außerhalb des rechtsfähigen Vereins

1. § 34 ist anwendbar auf Gesellschaften des bürgerlichen Rechts (RG LZ 1907, 738; RGZ 136, 245), den nichtrechtsfähigen Verein, die OHG, die KG, auch auf die Erbengemeinschaft (BGHZ 56, 47, 42). § 47 Abs 4 GmbHG und § 43 Abs 6 GenG enthalten ähnliche Bestimmungen.

2. § 34 ist analog anzuwenden auf die öffentlichem Recht unterworfenen Jagdgenossenschaften (BVerwG DÖV 1970, 353).

§ 35

Sonderrechte eines Mitglieds können nicht ohne dessen Zustimmung durch Beschluß der Mitgliederversammlung beeinträchtigt werden.

Materialien: E I § 33; II § 32; Mot I 109; Prot I 529 ff; JAKOBS/SCHUBERT, AT I 144, 153 ff.

Schrifttum

Zur Mitgliedschaft allgemein:
BALLERSTEDT, Mitgliedschaft und Vermögen beim rechtsfähigen Verein, in: FS Knur (1972) 1
BEUTHIEN, Zweitmitgliedschaft wider Willen? Mitgliedschaftsvermittlungsklauseln im Vereinsrecht, ZGR 1989, 255
FAHLBUSCH-WENDLER, Der Minderjährige im Sportverein, RdJB 1980, 278
GADOW, Die Sonderrechte der Körperschaftsmitglieder, GRUCHOT 66, 514
HEINSHEIMER, Schranken der Mehrheitsrechte bei Satzungsänderungen, RheinZ 10, 158
HOFMANN, Der Vereinsbeitritt Minderjähriger, Rpfleger 1986, 5
KIRBERGER, Stimmrechtsbündelung zugunsten von Vereinsorganen und anderen Gruppen von Vereinsmitgliedern, BB 1974, 1000
KUNZ, Die rechtliche Stellung von Minderjährigen im Vereinsleben, ZfJ 1978, 453
LUTTER, Theorie der Mitgliedschaft, AcP 180 (1980), 84
MARKOWITZSCH, Probleme der Sonderrechte der Körperschaftsmitglieder (1910)
NICKLISCH, Gesetzliche Anerkennung und Kontrolle von Verbandsmacht – Zur rechtspolitischen Diskussion um ein Verbandsgesetz, in: FS Schiedermair (1976) 456
ders, Verbandsmacht und einstweiliger Rechtsschutz (1974)
ders, Inhaltskontrolle von Verbandsnormen (1982)
REUTER, Probleme der Mitgliedschaft beim Idealverein. Mitgliedsfähigkeit, Nachfolge, Folgen des Ausscheidens, ZHR 145 (1981) 273
ROITZSCH, Der Minderheitenschutz im Verbandsrecht (1981)
A SCHULTZE, Organschaftsrechte als Sonderrechte, JherJb 75, 455
TH SIMON, Die Rechtsprechung des 19. und beginnenden 20. Jahrhunderts zur Möglichkeit gerichtlicher Nachprüfung von Vereinsentscheidungen (Diss Frankfurt 1972)
WIEDEMANN, Richterliche Kontrolle privater Vereinsmacht, JZ 1968, 219.

Spezielle Lit zum **Gleichheitsgrundsatz** bei Rn 13, zum **Aufnahmezwang** vor Rn 28, zu **Vereinsausschluß** und **Vereinsstrafe** vor Rn 34.

Systematische Übersicht

I.	Entstehung der Vorschrift	1
II.	Rechte und Pflichten des Mitglieds	2
1.	Mitgliedschaftsrechte	2
2.	Organrechte	3
3.	Wertrechte	4
4.	Allgemeine und besondere Rechte	5
5.	Regelung im BGB	6
6.	Pflichten	7
III.	Die Sonderrechte	8
1.	Festsetzung	8
2.	Arten	9
3.	Mögliche Inhaber	10
IV.	Vereinsgewalt, Mehrheitsherrschaft und Mitgliederrechte	
1.	Art der Unterwerfung	11
2.	Allgemeine Rechte	12
3.	Gleichheitsgrundsatz	13
4.	Änderung der Abgrenzung der Mitgliedergruppen	17

2. Titel. Juristische Personen. § 35
I. Vereine

5.	Schutz bei Zweckänderung	18	VI.	Die Vereinsstrafe, insbes Entziehung der Mitgliedschaftsrechte und Ausschluß	
6.	Prinzip von Treu und Glauben	19			
7.	Die Gläubigerrechte	20			
8.	Sonderrechte	21	1.	Vorbemerkung	34
			2.	Allgemeines	35
V.	**Erwerb und Verlust der Mitgliedschaft**		3.	Die materiellen Voraussetzungen gültiger Vereinsstrafen	36
1.	Definition	25			
2.	Erwerb	26	4.	Keine Strafen gegen Nichtmitglieder	43
3.	Aufnahmefreiheit	27	5.	Verfahrensmäßige Voraussetzungen	46
4.	Aufnahmezwang	28	6.	Die Nachprüfung durch die staatlichen Gerichte	52
5.	Ende	33			

Alphabetische Übersicht

Anwaltszuziehung	49		Nichtmitglieder	43 f
Aufnahmefreiheit	27			
Aufnahmezwang	28 ff		Organschaftsrechte	3, 5, 9
Auskunftsrecht	3			
Ausschluß	32 f, 35 ff		Pflichten der Mitglieder	7, 9
Austritt	33			
			Religionsgesellschaften	61
Beiträge	7		Religiöse Vereine	61
Berufsorganisationen	28		Rückstufung	17
Ehrenmitglieder	45		Satzungsänderung	16, 31, 61
Einstweilige Verfügung	58		Schiedsgericht	56, 60
			Schutzrechte	5, 9, 12
Gewerkschaften	28, 32, 39		Sonderrechte	8 ff, 21 ff
Gläubigerrechte	19		Sportverbände	28 ff
Gleichheitsgrundsatz	13 ff			
			Treuepflicht	7
Inhaber	10		Treu und Glauben	19
Machtstellung des Vereins	28 ff		Unterwerfung	11 ff, 43
Mehrstimmrechte	15			
Minderjährige	26		Vereinsautonomie	52, 61
Mitgliedschaft	25 f		Vereinsgewalt	11 ff
– Ende	33		Vereinsstrafe	34 ff
– Erwerb	26		Vereinszweck	13 f
Mitgliedschaftsrechte	2		Verfahren bei Vereinsstrafen	37, 46 ff
– allgemeine	5, 12			
– besondere	5, 8		Wertrechte	4 f, 9, 19
Monopolstellung	28, 54 f			
			Zustimmung	8, 17, 21
Nachprüfung durch staatliche Gerichte	52 ff		Zweckänderung	18

I. Entstehung der Vorschrift

1 Der in § 35 aufgestellte Grundsatz über die **Sonderrechte** war vom E I abgelehnt, dagegen von der 2. Komm ausdrücklich aufgestellt worden. Vgl dazu ausf die Darstellung in der 11. Aufl. – Zur historischen Bedingtheit der Sonderrechte s ferner MünchKomm/REUTER Rn 1.

Der Begriff des Sonderrechts und die in § 35 aufgestellte Regel sind aus der Rechtstradition des *gemeinen Rechts* übernommen worden. Zur Geschichte vgl die Nachweise bei vGIERKE, Deutsches Privatrecht I (1895) 495, 504. Im *Aktienrecht* hatte die Theorie der Sonderrechte insbes im Zusammenhang mit dem Minderheitenschutz eine Rolle gespielt (vgl MESTMÄCKER, Verwaltung, Konzerngewalt und Rechte des Aktionärs [1958] 8 ff).

II. Rechte und Pflichten des Mitglieds

2 Dem Vereinsmitglied können gegenüber dem Verein *Rechte verschiedener Art* zustehen.

1. Mitgliedschaftsrechte

Dies sind Rechte, die dem Mitglied *kraft* seiner *Mitgliedschaft* zustehen. Die Vereinsmitgliedschaft ist jedenfalls bei Idealvereinen ein Rechtsverhältnis des Personenrechts, aus dem bestimmte einzelne Rechte und Pflichten erwachsen (zur Mitgliedschaft bei Idealverein als Personenrechtsverhältnis vgl RGZ 88, 334; 100, 1). Es entsteht durch Mitgründung oder Beitritt (dazu unten Rn 26). Es endet durch Austritt oder Ausschluß (dazu unten Rn 33, 35 ff und § 39 Rn 2).

Auf die Beziehung des Mitglieds zum Verein können die Vorschriften des *Vertragsrechts* wenigstens analog angewendet werden; daher haftet der Verein dem Mitglied für eine Verletzung der aus der Mitgliedschaft sich ergebenden Ansprüche.

2. Organschaftsrechte

3 Es sind die Rechte auf *Teilnahme* an Verwaltung und Rechtsetzung des Vereins, an seiner Gestaltung durch Verwaltung und Ordnungen.

Im einzelnen gehören hierher:

das Recht der Teilnahme und das *Stimmrecht* in den Gremien des Vereins, insbes in der Mitgliederversammlung; dazu Erl zu § 32;

das *Auskunftsrecht*; es wird grundsätzlich in der Mitgliederversammlung ausgeübt (vgl § 27 Rn 24), besteht aber, soweit es die Ausübung sonstiger Rechte erforderlich macht, auch sonst (OLG Hamm NJW 1966, 2099);

das aktive und passive *Wahlrecht* zu Vereinsämtern;

die besonderen *Minderheitenrechte* des § 37.

3. Wertrechte

Es sind Rechte auf die *individuellen Vorteile*, die sich aus der Mitgliedschaft ergeben: **4** zunächst das Recht der *Teilnahme* am eigentlichen Vereinsleben: Benutzungen von Vereinseinrichtungen wie Clubräume, Sportanlagen, sowie Dienstleistungen, zB Auskunfts- und Beratungsstellen usw, Teilnahme an Veranstaltungen des Vereins, zB geselliger Art, oder an sportlichen Wettbewerben; bei Wirtschafts- und Berufsverbänden das Recht auf Information, Beratung und Hilfe, Zugang zu gemeinsamen Forschungsstellen, Mitbenutzung eines eingeführten Gütezeichens ua.

Hierher gehören aber ggf auch Rechte auf *Gewinnanteile*, auf Vermögensanteile bei Auflösung des Vereins, auf Abfindungen bei freiwilligem Ausscheiden, die zB bei Vereinigungen, deren Mitglieder ein bestimmtes Gütezeichen benutzen dürfen, denkbar sein können. Dazu BALLERSTEDT, in: FS Knur 1 ff. Die Unterscheidung von Wertrechten und Organschaftsrechten ist von KOHLER (Bürgerliches Recht I § 159) entwickelt worden.

4. Allgemeine und besondere Rechte

Die aus der Mitgliedschaft entspringenden Rechte lassen sich ferner, je nachdem ob **5** sie allen Mitgliedern zustehen oder nur einzelnen besonders eingeräumt sind, unterscheiden in

a) allgemeine Mitgliedschaftsrechte, und

b) besondere Mitgliedschaftsrechte.

Die letzteren gehen inhaltlich über die allgemeinen Mitgliedschaftsrechte hinaus und gewähren ihren Inhabern eine *bevorzugte Stellung*. Dies sind die Sonderrechte des § 35 (dazu u Rn 8 ff und Rn 21 ff). Sie sind einzelnen Mitgliedern oder Gruppen von Mitgliedern durch die Satzung eingeräumt. Es kann sich dabei inhaltlich um *Organschaftsrechte* (zB Recht auf einen Sitz im Vorstand, Vorschlagsrecht für bestimmte Ämter, erhöhtes Stimmrecht), um *Wertrechte* (zB erhöhter Gewinnanteil, bevorzugte Nutzungsrechte an den Vereinseinrichtungen, etwa dem Tennisplatz eines Sportclubs) oder auch um *Schutzrechte* (zB erschwerte Bedingungen des Ausschlusses) handeln.

5. Regelung im BGB

Das BGB enthält nur eine *lückenhafte Regelung* der Mitgliedschaftsrechte. Es **6** erwähnt vor allem das Stimmrecht (§ 32) und das Recht, die Einberufung der Mitgliederversammlung zu verlangen (§ 37). Im übrigen ergeben sich die Rechte teils aus der Satzung, teils aus allgemeinen Rechtsgrundsätzen, zB die Gleichbehandlung und das Recht auf Auskunft.

6. Pflichten

Den Rechten der Mitglieder stehen bestimmte *Pflichten* gegenüber. **7**

Die Mitglieder müssen die *Satzung* und die sonstigen *Ordnungen* des Vereins (dazu § 25 Rn 2 ff) beachten und die Weisungen befolgen, welche die Vereinsorgane im Rahmen ihrer Zuständigkeit nach diesen Regelungen geben. Sie sind gehalten, die Vereinszwecke und die gemeinsamen Interessen zu fördern und mit den übrigen Vereinsmitgliedern zusammenzuwirken. Bei wirtschaftlichen Verbänden, insbes Kartellen, spielen spezifische Unterlassungspflichten häufig eine große Rolle. Alle diese Pflichten kann man unter dem Schlagwort der *"Treuepflicht"* zusammenfassen.

Ob *Beiträge* zu leisten sind, bestimmt die Satzung (vgl dazu näher § 58 Rn 3). Zum Bereicherungsanspruch auf gezahlte Beiträge bei Zurücknahme des Aufnahmeantrages s LG Wiesbaden NJW 1975, 1033.

III. Die Sonderrechte

8 *Sonderrechte* iS des § 35 sind nur die **besonderen Mitgliedschaftsrechte**.

1. Festsetzung

Sie werden durch die *Satzung* geschaffen (vgl RGZ 73, 187, 191; BGH MDR 1970, 913; NJW 1964, 131, betr GmbH). Wieweit Sonderrechte vorliegen, ist daher durch Auslegung, insbes der Satzung, zu ermitteln (RG Gruchot 78, 470; JW 1911, 747 Nr 1). Ihre Begründung bedarf, da sie eine Durchbrechung des Gleichheitsprinzips bedeuten, der *Zustimmung* der zurückgesetzten Mitglieder (wie hier SOERGEL/HADDING Rn 9; auch MünchKomm/REUTER, jedoch mit weiteren Differenzierungen; aA REICHERT/DANNECKER [5. Aufl], Rn 563: auch Zustimmung der Begünstigten erforderlich). Vgl ferner auch u Rn 17.

2. Arten

9 Sonderrechte können im Bereich der *Organschaftsrechte* (zB erhöhtes Stimmrecht; Zugehörigkeit zum Vorstand, vgl RG JW 1912, 907; RGZ 104, 186), der *Wertrechte* (zB Vorzüge bei Gewinnverteilung; Aufteilung des Vermögens bei der Auflösung des Vereins), der *Schutzrechte* (zB Unmöglichkeit des Ausschlusses) sowie der *Pflichten* (zB Befreiung von Beitragspflichten oder Teilnahmepflichten) bestehen.

3. Mögliche Inhaber

10 Sonderrechte können für *bestimmte Einzelpersonen* oder für abstrakt umschriebene *Gruppen* von Mitgliedern geschaffen werden.

IV. Vereinsgewalt, Mehrheitsherrschaft und Mitgliederrechte

1. Art der Unterwerfung

11 Die einzelnen Gruppen von Rechten sind der Verfügungsmacht der Vereinsorgane in *verschiedenem Maße* unterworfen; sie sind daher auch nicht alle im gleichen Umfang entziehbar.

2. Allgemeine Rechte

Von den *allgemeinen Mitgliedschaftsrechten* sind die Organschafts- und Wertrechte **12** grundsätzlich der *Regelung durch* die *Vereinsgewalt unterworfen*; sie können daher eingeschränkt und entzogen werden. Das gleiche gilt für die diesen Rechten entsprechenden Pflichten. Diese Verfügungsgewalt ist jedoch nicht schrankenlos. Sie ist begrenzt durch den Vereinszweck (§ 33), den Grundsatz der Gleichbehandlung der Mitglieder, das Verbot der Willkür. Die auf diesen Grundsätzen beruhenden *Schutzrechte* stehen daher nicht zur Verfügung des Vereins, sie sind *unentziehbar*.

3. Gleichheitsgrundsatz*

Die Satzung kann die Mitglieder in verschieden berechtigte Klassen einstufen **13** (ordentliche und außerordentliche Mitglieder, Einzelmitglieder und körperschaftliche Mitglieder, Ehrenmitglieder usw). Besteht keine Satzungsbestimmung, so gilt der *Grundsatz der Gleichberechtigung und Gleichbehandlung* aller Mitglieder, ein Prinzip, das nicht nur für das Aktienrecht von Bedeutung ist, für welches es besonders im Anschluß an den früheren § 185 HGB viel erörtert wurde (vgl dazu namentlich RGZ 52, 293), sondern auch für andere Körperschaften (Vereine, Erwerbs- und Wirtschaftsgenossenschaften, GmbH) Geltung beansprucht. Über die früher sehr bestrittene Rechtsgrundlage des Satzes vgl E Cohn AcP 132, 129 ff.

a) Der Gleichheitsgrundsatz ist im **Vereinsrecht** – ähnlich wie im Verfassungsrecht – einerseits ein objektives Rechtsprinzip und andererseits haben die Mitglieder ein im Mitgliedschaftsrecht enthaltenes subjektives Recht auf Beachtung des Grundsatzes. Das Gleichbehandlungsprinzip bedeutet nicht, daß eine absolut gleiche Behandlung stattfinden muß, sondern nur, daß keine Schlechterstellung von Mitgliedern ohne sachlichen Grund, also *willkürlich* erfolgen darf (vgl RG JW 1938, 1329 Nr 32). Eine Differenzierung aus sachlich gerechtfertigten Gründen (zB unterschiedliche Behandlung im Verhältnis zu unterschiedlicher Beteiligung) ist also zulässig.

Daß es Mitglieder geben könne, die keine Rechte, sondern nur Pflichten haben, ist nicht anzunehmen und kann insbes nicht aus § 35 gefolgert werden (vgl RG Gruchot 70, 88 ff).

b) **Der Gleichheitsgrundsatz bedeutet zweierlei:** **14**
aa) Im Prinzip haben alle Mitglieder *die gleichen Rechte und Pflichten*, insbes auch gleiches Stimmrecht. Diese Prinzip gilt im Zweifel, also insbes, wenn die Satzung keine abweichenden Vorschriften enthält.

bb) Wenn die Satzung Mitgliedergruppen mit unterschiedlicher Rechtsstellung vorsehen will, so darf sie dies nur, wenn die Differenzierung **sachlich gerechtfertigt** ist. Bei der Frage, ob das der Fall ist, muß insbes der *Vereinszweck* berücksichtigt wer-

---

* **Schrifttum:** E Cohn, Der Grundsatz der gleichmäßigen Behandlung aller Mitglieder im Verbandsrecht, AcP 132, 129; Gadow, Das Recht der Körperschaftsmitglieder auf gleichmäßige Behandlung, LZ 1932, 921; G Hueck, Der Grundsatz der gleichmäßigen Behandlung im Privatrecht (1958); K Kisch, Das Prinzip der Gleichbehandlung der Mitglieder beim Versicherungsverein auf Gegenseitigkeit, ArchRWPhil 20 (1927) 214.

den. Willkürliche Differenzierungen sind verboten; es müssen gleiche Tatbestandsgruppen gleich behandelt werden (materielle Gleichheit).

Beispiele aus der Rspr:

BGH LM Nr 2 zu § 39 hat einen Verstoß gegen den Gleichheitsgrundsatz darin erblickt, daß ein Wirtschaftsverband, der seine Umlage bisher nach dem Gesamtumsatz berechnet hatte, eine Zusatzumlage eingeführt hatte, die nach dem Baukalkumsatz allein berechnet wurde; dies traf eine Mitgliedsfirma besonders hart. Eine solche Maßnahme sei nur dann sachlich gerechtfertigt, wenn der Verband gerade die besonderen Interessen der Baukalkindustrie zu fördern habe, nicht bei der Kalkindustrie im allgemeinen. – Die Entscheidung ist instruktiv für den Zusammenhang zwischen Zwecksetzung und sachlich gerechtfertigten Differenzierungen.

BGH NJW 1960, 2142 betr eine Baugenossenschaft für Postbedienstete: Bei Verringerung der Aufwendungen der Genossenschaft muß die Nutzungsentschädigung für die erstellten Wohnungen für *alle* Genossen gleichmäßig gesenkt werden; zulässig ist nur eine Differenzierung nach Wohnungsgröße.

BAG AP Nr 4 zu § 242 (Ruhegeld) betr den Unterstützungsverein für zwei Firmen: Zulässig ist die unterschiedliche Behandlung der Arbeiter der beiden Firmen, wenn die eine sich gut entwickelt hat, die andere nicht nur deshalb veräußert wird.

KG NJW 1962, 1917: Eine ungerechtfertigte Schlechterstellung einer Gruppe von Mitgliedern liegt vor, wenn die Inhaber von Vereinsämtern 10 Stimmen, alle übrigen Mitglieder nur 19 Stimmen haben (vgl dazu auch u Rn 15).

LG Bonn Betrieb 1992, 879: Bei der Sicherungseinrichtung eines genossenschaftlichen Bankenverbandes wird ein Verstoß gegen den Gleichbehandlungsgrundsatz darin gesehen, daß die Beitragsregelung in der Satzung das von den Mitgliedsbanken jeweils gesetzte Insolvenzrisiko strukturell nicht sachgerecht, dh nicht proportional, erfaßt. Ein Verstoß wird ferner darin gesehen, daß eine Sonderbeitragserhebung nach der Zugehörigkeit zu regionalen Prüfungsverbänden differenziert, obwohl die Ursachen der Insolvenzen jedenfalls nicht überwiegend dem Kreis der Mitgliedsbanken eines Prüfungsverbandes zugeordnet werden können.

15 c) Nach diesen Gesichtspunkten sind auch Bestimmungen über **Mehrstimmrechte** zu beurteilen. § 12 Abs 2 S 1 AktG erklärt Mehrstimmrechte für unzulässig (mit Ausnahmevorbehalt in S 2); § 43 Abs 3 GenG läßt es zu, daß ein Genosse bis zu 3 Stimmen erhält, jedoch nur, wenn der Betreffende den Geschäftsbetrieb der Genossenschaft besonders fördert.

Das Vereinsrecht des BGB enthält keine besondere Vorschrift. *Differenzierungen* in der Zuteilung von Stimmrechten sind daher *nicht verboten*. Es kann etwa den ordentlichen Mitgliedern je 1 Stimme, den außerordentlichen nur eine Vertretung durch Delegierte gewährt werden – so die GEMA-Satzung, wie sie in BGHZ 55, 382 wiedergegeben wurde. Es können auch Mehrstimmrechte an einzelne Mitglieder gewährt werden. Jedoch werden diese Möglichkeiten der Differenzierung durch den *Gleichheitsgrundsatz*, die Bindung an *Treu und Glauben* und den *Vereinszweck* begrenzt. Danach erscheint es unzulässig, wenn den Amtsträgern des Vereins zusätzliche Stimmen gewährt werden, um Satzungsänderungen gegen ihren Willen unmöglich zu machen (so mit Recht KG NJW 1962, 1917, vgl o Rn 14; LG Berlin RdJ 1969, 24). Auch sog „Stimmrechtsbündelungen" zugunsten des Vorstandes oder bestimmter Mitgliedergruppen sind sonach im Zweifel unzulässig (vgl KIRBERGER BB 1974, 1000).

Werden Stimmrechtsvorzüge neu eingeführt, so ist die Zustimmung der zurückgesetzten Mitglieder erforderlich (ENNECCERUS/NIPPERDEY § 112 IV 2 a; KOHLER § 173 III 1 c; vTUHR, AT I 513).

d) Ein **Verstoß gegen den Gleichheitsgrundsatz** in der **Satzung** macht auf jeden Fall **16** die betreffende Satzungsbestimmung *nichtig*; er kann auch die Nichtigkeit der ganzen Satzung zur Folge haben, zB wenn wesentliche Satzungsbestimmungen betroffen sind und der Rest der Satzung ein geordnetes Vereinsleben nicht mehr gewährleistet (so KG NJW 1962, 1917). Das Registergericht darf nicht eintragen. Werden Mitgliedergruppen mit unterschiedlicher Rechtsstellung neu eingeführt, so müssen die Zurückgesetzten zustimmen (vgl Nachweise o Rn 15 aE)).

Mehrheitsbeschlüsse der Mitgliederversammlung oder des Vorstands, die gegen den Gleichheitsgrundsatz verstoßen, sind grundsätzlich nichtig (BGHZ 59, 369, 372; SOERGEL/HADDING § 38 Rn 19; aA K SCHMIDT, Gesellschaftsrecht § 15 II 3, der Ausdehnung der Anfechtungsklage auf das Vereinsrecht befürwortet). Vgl dazu auch § 32 Rn 23.

Bei Ungleichbehandlung hinsichtlich finanzieller Beiträge kann den Zurückgesetzten ein *Anspruch auf Gleichstellung* mit den Bevorzugten entstehen (so BGH NJW 1960, 2142 in bezug auf Nutzungsentschädigungen einer Baugenossenschaft). RG JW 1938, 1329 Nr 32 hat eine Schadensersatzklage zugelassen.

4. Änderung der Abgrenzung der Mitgliedergruppen

Sieht eine Satzung vor, daß verschiedene Mitgliedergruppen mit unterschiedlichen **17** Rechten und Pflichten bestehen, so entsteht die Frage, unter welchen Voraussetzungen die **Abgrenzungskriterien** geändert werden können, insbes dadurch Mitglieder von einer in eine andere, rechtlich benachteiligte Gruppe versetzt werden können (Problem der sog *„Rückstufung")*.

Natürlich ist in solchen Fällen eine *Satzungsänderung* erforderlich; es müssen also die Voraussetzungen der §§ 33, 67 und 71 erfüllt sein. Es fragt sich aber, ob der Gleichheitssatz nicht fordert, daß die zurückgesetzten Mitglieder *zustimmen*.

Der BGH hat in BGHZ 55, 381, 386 unter Offenlassen der allgemeinen Frage eine Änderung der Abgrenzungskriterien ohne Zustimmung der Betroffenen in dem Falle für zulässig erklärt, daß ein Wandel der tatsächlichen Verhältnisse die Maßnahme notwendig mache, um den Vereinszweck – es handelte sich um die „GEMA", also um die Vertretung bestimmter wirtschaftlicher Interessen – weiterhin zu erreichen.

ME fordert das *Gleichheitsprinzip* ebenso wie Treu und Glauben, daß der Verein in einem solchen Fall die *Zustimmung* der zurückgesetzten Mitglieder *herbeiführt* – vgl auch die Entscheidung BGH LM Nr 2 zu § 39 –; es müssen die gleichen Grundsätze gelten, wie in dem Falle, daß bevorrechtigte Mitgliedergruppen überhaupt erst geschaffen werden. Auch dann wird die Zustimmung der Zurücktretenden gefordert. In der besonderen Lage, welche die Entscheidung BGHZ 55, 381 voraussetzt, müßte der Verein, wenn die volle Mitgliedschaft der betreffenden Mitglieder die Erreichung des Vereinszwecks gefährdet, deren Mitgliedschaft aus wichtigem Grund kündigen. Man könnte in solchen Fällen auch an eine Art Änderungs- oder *Rückstufungskündigung* denken. Der BGH hat dies in der Entscheidung allerdings abgelehnt (vgl NJW 1971, 879, 880 – insoweit in der amtlichen Sammlung nicht abgedruckt).

5. Schutz bei Zweckänderung

18 Die *Zweckänderung* fordert bereits nach dem Gesetz die *Zustimmung aller* Mitglieder (§ 33). Dadurch ist das Recht auf Achtung der verbandsfreien Sphäre gegen eine Ausdehnung der Vereinsmacht geschützt. Vgl den Fall RGZ 106, 120 (ein kassenärztlicher Verein verwandelt sich in eine Art Erwerbsgenossenschaft und verfügt über die von den Krankenkassen gezahlten Honorare nach eigenen Grundsätzen).

Das Mitglied hat einen – klagbaren – Anspruch auf Einhaltung der Satzung, daher evtl Unterlassungsklage (BVerwG NJW 1970, 292). – Wegen der Rechtslage, wenn der Verein *ohne* Satzungsänderung dauernd satzungsfremde Zwecke verfolgt, vgl Erl zu § 33.

6. Prinzip von Treu und Glauben

19 Neben dem Gleichheitsgrundsatz ist der Verein und die in ihm herrschende Mehrheit an *Treu und Glauben* in dem Sinne *gebunden*, daß sie ihre Macht nicht mißbrauchen darf und in der Leitung der Vereinsgeschäfte Treu und Glauben gegenüber den Mitgliedern wahren muß (BGHZ 31, 37, 42, betr Baugenossenschaft; BGHZ 27, 297, 309, betr Genossenschaft).

Dem Grundsatz nach kommt der **Mehrheit** im Verein die **Herrschaft** zu. Das bedeutet aber nur, daß die Mehrheit die Mittel und Wege bestimmt, auf denen der Verein seine Ziele erreicht, und die Personen auswählt, welche die Geschäfte des Vereins führen sollen; es bedeutet aber nicht, daß die Mehrheit unter *Mißachtung* der gemeinsamen Vereinsinteressen rücksichtslos ihre *eigenen* egoistischen *Ziele* verfolgen darf. Denn die Mehrheit verwaltet, wirtschaftlich gesehen, fremdes Vermögen, nämlich das der Minorität, in dem Vereinsvermögen mit.

Daher sind die *Beschlüsse* der Mitgliederversammlung dann für *unwirksam* zu erachten, wenn die Mehrheit mit ihnen unter Mißachtung der gemeinsamen Interessen eigensüchtige Zwecke verfolgt und dadurch die überstimmte *Minderheit* in ihren Interessen *schwer geschädigt hat* (vgl RGZ 122, 159, 162, betr Genossenschaft; 132, 149; 167, 65; abw vTuhr, AT I 511).

Ob dieser Sachverhalt gegeben ist, wird im einzelnen oft schwer festzustellen sein. Immerhin ist diese Feststellung nicht unmöglich. Ein Beispiel bieten die eben erwähnten Reichsgerichtsentscheidungen. In RGZ 167, 65 hatten sich die stimmberechtigten Gesellschafter einer GmbH trotz drohenden Geschäftsrückgangs exorbitante Gewinne im Vergleich zu den Gewinnen zugesichert, welche den Nichtstimmberechtigten zufielen. In RGZ 132, 149 hatte die Majorität einer AG eine Kapitalerhöhung zu dem ausschließlichen Zweck beschlossen, neue Stammaktien einzuführen, durch deren Ausgabe sich die bestehende Majorität ihre Vorherrschaft sichern wollte.

7. Die Gläubigerrechte

Die Gläubigerrechte sind, da sie außerhalb des Mitgliedschaftsverhältnisses stehen, der Verfügungsgewalt des Vereins nicht unterworfen, sie sind alle **unentziehbar**.

Aus dem **Mitgliedschaftsrecht** können sich einzelne Wertrechte so verfestigen, daß sie *Gläubigeransprüchen* ähnlich werden. Das gilt zB von Ansprüchen auf Gewinnanteile, *nachdem* die Auszahlung und die Höhe des Gewinnanteils von den zuständigen Organen festgesetzt sind. Auch solche *„gläubigerrechtsähnliche"* Wertrechte sind der Verfügungsgewalt des Vereins entzogen und damit unentziehbar (vgl MÜLLER-ERZBACH, Das private Recht der Mitgliedschaft [1948] 282; BayObLG SeuffBl 61, 292 f; RGZ 57, 174; OLG Rostock OLGE 3, 267: Rechte aus einem Versicherungsvertrag beim Versicherungsverein).

8. Sonderrechte

a) Nach § 35 kann das „Sonderrecht" nicht ohne Zustimmung des berechtigten Mitgliedes durch Beschluß der Mitgliederversammlung beeinträchtigt werden. § 35 ist insoweit auf Sonderrechte von GmbH-Gesellschaften entsprechend anwendbar (BGH NJW-RR 1989, 542). Die **Zustimmung** bedarf keiner Form, sie kann daher auch durch *schlüssige Handlungen* erklärt werden (vgl PLANCK/KNOKE Anm 5 e; MünchKomm/REUTER Rn 7; SOERGEL/HADDING Rn 17); sie kann auch nachträglich und außerhalb der Mitgliederversammlung erfolgen (vgl RGZ 68, 263, 266). Auch bei Beschlußfassung der Mitglieder ohne Versammlung kann über ein Sonderrecht nicht ohne Zustimmung des beteiligten Mitgliedes verfügt werden. Dies brauchte nicht besonders ausgesprochen zu werden, da außerhalb einer Mitgliederversammlung ergehende Mitgliederbeschlüsse überhaupt nur bei schriftlicher Zustimmung aller Mitglieder gültig sind (§ 32).

b) § 35 kann *durch die Satzung nicht ausgeschlossen* werden. Vgl § 40.

c) Die *Rechtsfolge unzulässiger Beeinträchtigung* von Sonderrechten ist die *Nichtigkeit des Beschlusses*, durch welchen die Beeinträchtigung erfolgt. Der unzulässige Beschluß kann dem Beeinträchtigten Anlaß zu einer Klage auf Feststellung des Fortbestehens seines Sonderrechts nach § 256 ZPO geben; umgekehrt kann der Verein Anlaß haben, gegenüber der Geltendmachung von Sonderrechten durch ein Mitglied unter Berufung auf einen wirksamen Entziehungsbeschluß Klage auf Feststellung des Nichtbestehens des Sonderrechts zu erheben.

d) Sonderrechte sind auch bei *nichtrechtsfähigen Vereinen* nicht durch Mehrheitsbeschluß der Mitgliederversammlung entziehbar (RG Gruchot 51, 1117). Über die grundsätzliche Anwendbarkeit des § 35 auf die GmbH vgl RGZ 80, 385 ff.

V. Erwerb und Verlust der Mitgliedschaft

1. Definition

25 **Mitgliedschaft** bezeichnet die gesamte Rechtsstellung, welche eine (natürliche oder juristische) Person durch ihre Zugehörigkeit zu einer Körperschaft erwirbt. Aus der Mitgliedschaft fließen die oben (Rn 2 ff) entwickelten Einzelrechte. Die Mitgliedschaft ist ein *Dauerrechtsverhältnis* mit personenrechtlichen und vermögensrechtlichen Zügen. Vgl MÜLLER-ERZBACH, Mitgliedschaft 22 f.

2. Erwerb

26 Die Mitgliedschaft wird – abgesehen von den Gründern – durch den **Eintritt oder Beitritt** erworben.

Der Eintritt erfolgt durch einen *Vertrag* zwischen Mitglied und Verein. So auch die im Schweizer Recht (EGGER, Züricher Kommentar zum Schweizer ZGB [2. Aufl 1930] Art 70 Anm 3) herrschende Ansicht. Zum Abschluß des Vertrages durch schlüssiges Verhalten s BGHZ 105, 306, (313). Ohne eine zumindest konkludente Willenserklärung des Beitrittswilligen kommt ein wirksamer Eintritt nicht zustande. Eine Regelung, daß eine Spende für den Verein als Beitrittserklärung anzusehen ist, ist unzulässig (BayObLG NStZ 1982, 387; PALANDT/HEINRICHS § 38 Rn 4). **Minderjährige** bedürfen zum Beitritt grundsätzlich der Einwilligung oder der Genehmigung ihres gesetzlichen Vertreters (§ 108 Abs 1). § 110 ist auf den Beitritt nicht anwendbar (HOFMANN Rpfleger 1986, 5; PALANDT/HEINRICHS § 38 Rn 4). Dagegen umfaßt die Ermächtigung zur Eingehung eines Arbeitsverhältnisses gem § 113 auch den Beitritt zu einer Gewerkschaft (hM, vgl MünchKomm/GITTER § 113 Rn 14; PALANDT/HEINRICHS § 113 Rn 4 u Erl zu § 113 mwN). Der Inhalt des Vertrags ist *konstitutiv* (ähnlich dem der dinglichen Verträge oder Erbverträge); mit dem Abschluß wird der Eintretende Mitglied, übernimmt die Pflichten und Rechte eines Mitgliedes. Eine besondere haftungsrechtliche Bedeutung kommt der Erklärung des Mitglieds angesichts des Fehlens eines Haftungskapitals beim Verein (vgl Vorbem 47 zu §§ 21 ff) nicht zu. Das RG hat daher auch *bedingten* Beitritt zugelassen (RG JW 1938, 3229 Nr 9; zust SOERGEL/HADDING § 38 Rn 9; PALANDT/HEINRICHS § 38 Rn 4). Das ist aber mE mit der Eigenart des Vereinsrechts unvereinbar. Die Beitrittserklärung ist kein höchstpersönliches Rechtsgeschäft, sie kann auch durch einen *Vertreter erfolgen* (vgl H REICHEL, Höchstpersönliche Rechtsgeschäfte [1931] 18). Die **Anfechtung** (zB wegen Irrtums oder arglistiger Täuschung) des Beitritts zu einer AG, GmbH, Genossenschaft ist nach st Rspr ausgeschlossen (RGZ 57, 292; 82, 377; 123, 102; 127, 191; K SCHMIDT, Gesellschaftsrecht[2] 139; weitere Nachweise s Vorbem 34 zu §§ 116 ff). Die Anfechtung des Beitritts zu einem *Verein* wirkt nicht ex tunc, sondern erst ab Geltendmachung (so auch SAUTER/SCHWEYER Rn 75; ENNECCERUS/NIPPERDEY § 106 II; WALTER NJW 1975, 1033; PALANDT/HEINRICHS § 38 Rn 4; differenzierend SOERGEL/HADDING § 38 Rn 10; REICHERT/DANNECKER [5. Aufl] Rn 638 f; abw für ex-tunc-Wirkung: BGB-RGRK/STEFFEN § 38 Rn 2). Die Anfechtung wirkt also wie eine *Austrittserklärung* (zu dem gleichgelagerten Problem bei Anfechtung der Vereinsgründung s § 21 Rn 19 mwN). – Der Eintritts-(Aufnahme-)Vertrag ist kein gegenseitiger Vertrag iS des § 17 KO (richtig RGZ 100, 1, 3).

Da der Beitritt ein Vertrag ist, kann die Satzung nicht bestimmen, daß jemand kraft seiner *beruflichen Stellung* (zB als Betriebsratsmitglied in einem Werkskantinenverein) Vereinsmitglied ist (BayObLG Betrieb 1976, 2518).

3. Aufnahmefreiheit

Ob ein Verein jemanden aufnehmen will, steht ihm grundsätzlich frei, sog *Aufnahmefreiheit*. 27

Der Verein kann daher im Regelfall einen Aufnahmeantrag ohne Angabe von Gründen *ablehnen*. Daher ist auch die sog Ballotage (eine Form der geheimen Abstimmung durch die Mitglieder über den Aufnahmeantrag) möglich.

Der Verein kann ferner durch die Satzung für die Aufnahme neuer Mitglieder bestimmte *Voraussetzungen* festlegen. Unzulässig wegen Verstoßes gegen die Vereinsautonomie ist jedoch eine Satzungsbestimmung, wonach die Mitglieder des Vereins von außenstehenden Dritten ausgewählt werden (OLG Stuttgart NJW-RR 1986, 995).

4. Aufnahmezwang*

Die Rspr hat von den o zu Rn 27 genannten Grundsätzen der Aufnahmefreiheit zu 28
Recht *Ausnahmen* für Vereine entwickelt, die für den einzelnen vor allem im Hinblick auf seine berufliche oder wirtschaftliche Existenz von besonderer Bedeutung sind. Ob jemand einem bestimmten Kegelclub oder Geselligkeitsverein angehört, mag das Recht ruhig der Entscheidung des Vereins überlassen; wenn es sich aber um Berufsverbände handelt oder um eine Sportorganisation, die für die Zulassung zu bestimmten für Berufssportler entscheidenden Veranstaltungen ein Monopol hat, muß der einzelne gegen willkürliche oder diskriminierende Entscheidungen geschützt werden.

Die Rspr ist auf dieses Problem zuerst bei Berufsorganisationen der Ärzte gestoßen, deren Mitgliedschaft Voraussetzung für die Zulassung bei den Krankenkassen war (RGZ 106, 120). In dieser Entscheidung hat das RG einen Aufnahmeanspruch des einzelnen Arztes aus dem Vertrag abgeleitet, den der Ärzteverband mit den Krankenkassen abgeschlossen hatte. Später ist ein solcher Anspruch gegenüber existenzwichtigen Vereinen, sofern sie eine **Monopolstellung** hatten, aus § 826 abgeleitet

---

* **Schrifttum:** BARTODZIEJ, Ansprüche auf Mitgliedschaft in Vereinen und Verbänden, ZGR 1991, 517; BEUTHIEN/GÖTZ, Gesellschaftsrechtliche Aufnahmefreiheit und Diskriminierungsverbot, ZgGenW 28 (1978) 345; BIRK, Der Aufnahmezwang bei Vereinen und Verbänden, JZ 1972, 343; GALPERIN, Vereinsautonomie und Kontrahierungszwang im Koalitionsrecht, Betrieb 1969, 704; GRUNEWALD, Vereinsaufnahme und Kontrahierungszwang, AcP 182 (1982), 181; KÜTTNER, Aufnahmezwang für Gewerkschaften?, NJW 1980, 968; MÖSCHEL, Monopolverband und Satzungskontrolle (1978); NICKLISCH, Der verbandsrechtliche Aufnahmezwang und die Inhaltskontrolle satzungsmäßiger Aufnahmevoraussetzungen, JZ 1976, 105; SACHSE, Das Aufnahme- und Verbleiberecht in den Gewerkschaften der Bundesrepublik (1985); SCHOLZ/HOPPE, Das Recht auf Aufnahme in Wirtschafts- und Berufsvereinigungen (§ 27 GWB), in: FS Pfeiffer (1988) 785 TRAUB, Verbandsautonomie und Diskriminierung, WRP 1985, 591.

worden: Die unbegründete Nichtaufnahme wurde dabei als zum Schadensersatz verpflichtende Handlung angesehen (vgl BGH NJW 1969, 316; MDR 1960, 109; s ferner OLG Stuttgart JZ 1972, 490). Zum Teil wurde außerdem § 27 GWB herangezogen, so in BGH NJW 1969, 316. Zur Auslegung des § 27 GWB vgl BGHZ 29, 344, 347. In einer Entscheidung betr die Aufnahme eines Radsportvereins in den Deutschen Sportbund entwickelte BGHZ 63, 282, 285 dann auf dieser Grundlage den Satz, daß bei Monopolvereinen die Aufnahme eines Bewerbers nicht abgelehnt werden dürfe, wenn dies im Verhältnis zu bereits aufgenommenen Mitgliedern zu einer nicht berechtigten ungleichen Behandlung und unbilligen Benachteiligung führen würde. Das gilt auch dann, wenn sich die Ablehnung auf den Text der Satzung stützen kann. Bei dieser Bewertung ist das sachliche Interesse des Verbandes an der Aufrechterhaltung seiner satzungsmäßigen Aufnahmebedingungen gegen die Interessen des Bewerbers abzuwägen.

Seit 1984 hat der BGH dann diesen Aufnahmeanspruch **über den Bereich der Monopolverbände** hinaus ausgedehnt. In BGHZ 93, 151 ging es um die Aufnahme eines Bewerbers in die IG Metall, die nach der Beurteilung des BGH kein „Monopolverband im strengen Sinne" ist. Der eigentliche Grund für den Aufnahmezwang wird jedoch darin gesehen, daß die Rechtsordnung mit Rücksicht auf schwerwiegende Interessen der Betroffenen die grundsätzliche Selbstbestimmung des Verbandes nicht ohne Einschränkung hinnimmt (BGH 152). Daraus wird hergeleitet, daß ein Aufnahmezwang nach den bisher für Monopolverbände entwickelten Grundsätzen auch dann eingreift, „wenn der Verein oder Verband im wirtschaftlichen oder sozialen Bereich eine überragende Machtstellung innehat und ein wesentliches und grundlegendes Interesse am Erwerb der Mitgliedschaft besteht" (BGH aaO 152). Dies wurde für die IG Metall und in der Folge auch für andere große Gewerkschaften bejaht, dagegen *abgelehnt* für den Hamburgischen Anwaltsverein (BGH NJW 1980, 186; krit dazu MünchKomm/REUTER Vorbem 111 zu § 21) und wegen § 10 Abs 1 S 1 PartG auch für politische Parteien (BGHZ 101, 193, 200 f). Der Aufnahmezwang soll nicht unbeschränkt gelten, sondern nur nach Maßgabe der schon bisher angewendeten Interessenabwägung. Der Anspruch auf Beitritt zu einer Gewerkschaft findet seine Grenze im Recht der Gewerkschaft, ihre innere Ordnung zu verteidigen (BVerfG NZA 1993, 655 = NJW 1993, 1972 – Ls). Als normative Grundlage nennt der BGH eine „Anlehnung" an „§ 826 BGB und an die Tatbestandsmerkmale des § 27 GWB" (BGH 153). Zu weiteren Einzelfällen vgl BGH NJW-RR 1986, 583 (Landessportbund); BGH LM § 27 GWB Nr 4 (Großhändlerverband); BGH LM § 38 BGB Nr 3 (Boxsportverband); KG NJW-RR 1993, 183 (Ablehnung der Aufnahme eines Vereins homosexueller Sportler in Sport-Dachverband wegen dessen Namensgebung).

29 Die Rspr entspricht damit inzwischen weitgehend den Vorschlägen in der **Lit**, die bereits seit längerem für eine qualifizierte Gruppe von Vereinen einen Aufnahmezwang befürworten (vgl zB BIRK JZ 1972, 343; Nicklisch JZ 1976, 105; GRUNEWALD AcP 182,181,198 ff; MünchKomm/REUTER Vorbem 110 zu § 21), wobei freilich die Voraussetzungen und normativen Anknüpfungen divergieren. So will NICKLISCH (108 f) die Bindung an Grundrechte, wie etwa Art 2 GG, auf solche Vereine ausdehnen, die durch wirtschaftliche oder soziale Macht den einzelnen in eine ähnliche Position versetzen wie gegenüber dem Staat oder öffentlich-rechtlichen Körperschaften. GRUNEWALD (aaO) betont dagegen die Parallele zu den sonstigen Fällen des privatrechtlichen Kontrahierungszwangs und stellt nicht entscheidend auf die Macht des

Vereins ab, sondern darauf, ob der einzelne auf die Mitgliedschaft angewiesen ist oder ob der Verein öffentliche Privilegien (Subventionen, Verteilung öffentlicher Mittel, Zugang zu Informationen) genießt.

Stellungnahme

Obwohl am Grundsatz der Aufnahmefreiheit festzuhalten ist, muß andererseits das Privatrecht zur Kenntnis nehmen, daß die Entwicklung des Verbandswesens zu tatsächlichen Machtstellungen bestimmter Verbände geführt hat, die eine differenzierte Beurteilung des Aufnahmeproblems erforderlich machen. Insofern ist der Ansatz der neueren Rspr des BGH (insbes BGHZ 93, 151, 152) richtig, der die Monopolstellung des Vereins nicht als zwingende Voraussetzung, sondern als naheliegenden Anwendungsfall des allgemeineren Gedankens ansieht, daß die Rechtsordnung eine Abwägung zwischen der Selbstbestimmung des Vereins und schwerwiegenden Interessen von Bewerbern um die Mitgliedschaft vornehmen muß. Wesentliche Bewertungsmaßstäbe bei dieser Abwägung sind die wirtschaftliche, soziale oder auch kulturelle Machtstellung des Vereins, das Gewicht und die Intensität der Interessen an der Aufnahme (also das „Angewiesensein" auf die Mitgliedschaft, wie GRUNEWALD es formuliert) und die Frage, ob der Verein öffentliche Funktionen ausübt.

Diese Grundsätze sind dann wie folgt zu konkretisieren:

Sind die obengenannten Voraussetzungen für ein überwiegendes Interesse an der Mitgliedschaft erfüllt, so unterliegt der Verein einem grundsätzlichen Aufnahmezwang. Ihm ist insbes eine willkürliche Ablehnung untersagt. Sachliche Gründe können dagegen auch bei solchen Verbänden die Ablehnung rechtfertigen, zB wenn der Bewerber aktiv politische Ziele verfolgt, die denen des Verbandes zuwiderlaufen (vgl für die parallele Frage des Ausschlusses BGH NJW 1991, 485). Die Ablehnung muß auf jeden Fall mit Gründen versehen sein, damit sie nachvollziehbar und evtl angreifbar ist (vgl KG Rpfleger 1963, 292). Ggf ist der Verein verpflichtet, seine Satzungsbestimmungen, die die Aufnahme unzulässig verwehren, zu ändern. Andererseits ist aber auch der Bewerber, falls es sich ebenfalls um einen Verein handelt, zu einer zumutbaren Satzungsänderung verpflichtet, um dem aufnehmenden Verband die Aufnahme zu ermöglichen. Hier zeigt sich die Elastizität der geforderten Interessenabwägung.

Die Machtstellung des Verbandes kann zB darauf beruhen, daß er als Dachverband in einer Sportart allein die Teilnahme an internationalen Wettkämpfen vermittelt, insofern also eine Monopolstellung hat. In solchen Fällen ist ein schwerwiegendes Interesse nicht nur für Berufssportler, sondern auch für Amateure gegeben; im übrigen sind die Grenzen zwischen beiden Gruppen heute ohnehin fließend. Eine wirtschaftliche und soziale Machtstellung haben ferner große Gewerkschaften, die in einer Branche die Arbeitnehmerinteressen gegenüber den Arbeitgebern und dem Staat repräsentieren und auf deren Mitgliedschaft der einzelne Arbeitnehmer angewiesen ist, wenn er im sozialen Bereich effektiv vertreten sein will (vgl BGHZ 93, 151, 153). Eine entsprechende Position kommt dagegen einem örtlichen Sportverein nicht zu, selbst wenn er in der betreffenden Gemeinde der einzige Verein dieser Art ist, weil ein Interessent heute idR Ausweichmöglichkeiten hat, wie sich an der Mobilität vor allem jugendlicher Sportler deutlich zeigt. Die Machtstellung kann auch darauf beruhen, daß der Verband vom Staat mit der Verteilung von Subventionen betraut ist oder hinsichtlich der Mitwirkung in staatlichen Gremien oder beim Zugang zu staatlichen Informationen eine privilegierte Stellung hat (vgl BIRK JZ 1972, 343, 349; GRUNEWALD AcP 182, 181, 202 f).

Die Kehrseite des Aufnahmezwangs ist die Beschränkung des Ausschlußrechts (vgl dazu u Rn 34 ff).

5. Ende

33 Die Mitgliedschaft endet durch Austritt, Ausschluß, Tod des Mitglieds oder durch Eintritt einer Tatsache, an den die Satzung zulässigerweise die Beendigung der Mitgliedschaft knüpft.

Der **Austritt** erfordert eine *einseitige, empfangsbedürftige Willenserklärung* des Mitglieds an den Verein. Näheres s Erl zu § 39.

Der **Ausschluß** ist nach hM ein ebenfalls *einseitiger Akt* vereinsrechtlicher Verwaltung gegenüber dem betreffenden Mitglied.

Daß der **Tod** des Mitglieds die Mitgliedschaft beendet, folgt aus § 38 S 1, wonach die Mitgliedschaft nicht vererblich ist.

Soweit die **Satzung** in zulässiger Weise festgelegt hat, daß bei Eintritt **bestimmter Tatsachen** die Mitgliedschaft *ohne weiteres* endet, bedarf es keiner weiteren Erklärungen der Beteiligten. Vgl dazu BGH LM § 25 Nr 17; RG WarnR 1912 Nr 147; SOERGEL/HADDING § 38 Rn 14 mwN. An die eindeutige Festlegung der Tatbestände sollten jedoch im Interesse der Rechtssicherheit strenge Anforderungen gestellt werden.

VI. Die Vereinsstrafe, insbes Entziehung von Mitgliedschaftsrechten und Ausschluß*

1. Vorbemerkung

34 Nach noch hM kommt dem Verein eine Art Disziplinar-Strafgewalt über seine Mit-

---

* **Schrifttum:** BAECKER, Zur Nachprüfbarkeit von Vereinsstrafen, NJW 1984, 906; BAUMANN, Die Vereinsstrafgewalt des DFB über die Bundesligavereine, Lizenzspieler und Fußballehrer (Diss Bonn 1971); BEUTHIEN, Die richterliche Kontrolle von Vereinsstrafen und Vertragsstrafen, BB 1968 Beil 12; DEUTSCH, Sondergerichtsbarkeit im Sport?, VersR 1990, 2; L FISCHER, Der Ausschluß aus dem Verein (Diss Osnabrück 1985); FLUME, Die Vereinsstrafe, in: FS Bötticher (1969) 101; GRUNEWALD, Der Ausschluß aus Gesellschaft und Verein (1987); HADDING/vLOOK, Zur Ausschließung aus Vereinen des bürgerlichen Rechts, ZGR 1988, 270; HEDEMANN, Ausstoßung aus Vereinen, ArchBürgR 38, 132; GRAF KERSSENBROCK, Der Rechtsschutz der Parteimitglieder vor Parteischiedsgerichten (1994); LARENZ, Zur Rechtmäßigkeit einer ‚Vereinsstrafe‘, in: Gedächtnisschrift Dietz (1973) 45; LEIPOLD, Richterliche Kontrolle vereinsrechtlicher Disziplinarmaßnahmen, ZGR 1985, 113; VAN LOOK, Vereinsstrafen als Vertragsstrafen (1990); MEYER-CORDING, Die Vereinsstrafe (1957); D REINICKE,

glieder zu (vgl Vorbem 33 zu § 21 mN). Nach der von FLUME begründeten und hier vertretenen Auffassung (vgl Vorbem 39, 40 zu § 21) ist diese Ansicht rechtlich nicht zu halten; vielmehr kommt dem Verein einerseits nur die Befugnis zu, gegen Ordnungswidrigkeiten, insbes bei Benutzung seiner Anlagen oder Teilnahme an seinen Veranstaltungen, *Sanktionen* zu verhängen, zB Geldbuße (die dann wie eine Vertragsstrafe zu behandeln ist), Verweisung von einer Veranstaltung, Sperre hinsichtlich der Benutzung von Anlagen oder der Teilnahme an Veranstaltungen uä – andererseits das Recht, aus wichtigem Grund ein Mitglied auszuschließen, wie dies für alle die Person berührenden Dauerverhältnisse rechtlich anerkannt ist. Bei diesen Maßnahmen ist der Rechtsweg zur gerichtlichen Nachprüfung eröffnet. Zur Begründung dieser Auffassung s Vorbem 41 zu § 21.

Im folgenden wird jedoch die herrschende Auffassung dargestellt.

2. Allgemeines

Die Praxis zeigt eine breite Palette von Strafmaßnahmen. In Betracht kommen Verwarnung, Rüge, Verbot der Teilnahme an bestimmten Veranstaltungen, vorübergehender Entzug der Mitgliedschaftsrechte (insbes Suspendierung), teilweiser Entzug von Mitgliedschaftsrechten (zB des Stimmrechts oder der Fähigkeit, Vereinsämter zu bekleiden), Veröffentlichung der Bestrafung in Vereinsorganen und als schwerste Strafe der Ausschluß. Ob der Ausschluß eine Vereinsstrafe darstellt oder eine Sonderstellung hat, ist allerdings auch innerhalb der hM umstritten (vgl MünchKomm/ Reuter § 25 Rn 29 mN; ferner auch u Rn 39). Die Rspr hat sich jedoch in erster Linie mit den Problemen des Ausschlusses befaßt. An ihnen hat sie sich entwickelt, und auf sie bezieht sich idR die im Folgenden dargestellte Rspr. Auf die sonstigen Vereinsstrafen sind aber die gleichen Grundsätze anzuwenden (vgl BGHZ 21, 370 betr Nachprüfung bei Geldstrafen; BGH Betrieb 1956, 473 bei sonstigen Beschlüssen). 35

3. Die materiellen Voraussetzungen gültiger Vereinsstrafen

a) Die **Straftatbestände** und die **angedrohten Strafen** müssen in der Satzung festgelegt sein (RGZ 125, 338, 340; BGHZ 47, 172, 178). Dies gilt auch für Sanktionen zur Ahndung von Dopingverstößen; die bloße Festlegung in einer „Wettkampfordnung" reicht nicht (vgl Rechtsausschuß des DLV, NJW 1992, 2588, 2590). Insbes muß die *Art* der angedrohten Strafmaßnahmen schon in der Satzung angegeben werden (RGZ 125, 338, 340; RG JW 1928, 2208, 2209). Auch der *Strafrahmen* muß in der Satzung bezeichnet werden (SOERGEL/HADDING § 25 Rn 40; vorsichtig BGHZ 21, 370, 375, wo nur Bedenken geäußert 36

Die Zulassung von Rechtsanwälten im vereinsgerichtlichen Ausschlußverfahren, NJW 1975, 2048; REISS, Die Strafgewalt der Vereine (Diss Köln 1968); REUTER, Grenzen der Verbandsstrafgewalt, ZGR 1980, 101; ders, Der Ausschluß aus dem Verein, NJW 1987, 2401; SCHEYHING, Verfahrensrechtliche Fragen zum Vereinsstrafrecht, JZ 1958, 343; SCHLOSSER, Vereins- und Verbandsgerichtsbarkeit (1972); E SCHULZE, Mitgliedsausschluß aus einem wirtschaftlichen Verein am Beispiel der GEMA, NJW 1991, 3264; SPIESS, Zur Dogmatik der Vereinsstrafe (Diss Freiburg 1967); VIEWEG, Die gerichtliche Nachprüfung von Vereinsstrafen und -entscheidungen, JZ 1984, 167; WEITNAUER, Vereinsstrafe, Vertragsstrafe und Betriebsstrafe, in: FS Reinhardt (1972) 179; H P WESTERMANN, Die Verbandsgewalt und das allgemeine Recht (1972).

werden). Andererseits können die Strafrahmen weit sein. Die Straftatbestände können ebenfalls relativ weit gefaßt sein (zB Schädigung des Ansehens des Vereins), da es sich um Disziplinarstrafen handelt (vgl RG Recht 1929, 605; BGHZ 36, 105, 114; 47, 381, 384). Andererseits müssen dann aber die Umstände, auf die sich die Strafe stützt, bei der Verfahrenseinleitung und im Strafausspruch eindeutig und konkret bezeichnet werden (BGH NJW 1990, 40, 41); dies ist eine Konsequenz der von der Rspr neuerdings angenommenen erweiterten Nachprüfbarkeit. Hinsichtlich des Ausschlusses aus einer *politischen Partei* stellt § 10 Abs 4 PartG bestimmte Mindestanforderungen an die entsprechenden Satzungsbestimmungen: Ein Ausschluß des Mitglieds ist nur zulässig, „wenn es vorsätzlich gegen die Satzung oder erheblich gegen Grundsätze der Ordnung der Partei verstößt und ihr damit schweren Schaden zufügt" (vgl BGHZ 75, 158), dort auch zum Umfang der gerichtlichen Nachprüfbarkeit des Parteiausschlusses). Vgl zur Parteischiedsgerichtsbarkeit GRAF KERSSENBROCK, Der Rechtsschutz der Parteimitglieder vor Parteischiedsgerichten (1994).

37 **Verfahrensregeln** können dagegen auch in besonderen Ordnungen niedergelegt werden (RGZ 73, 192; BGHZ 47, 172, 177). Für Strafmaßnahmen, wie Veröffentlichung der Bestrafung oder Verurteilung in die Kosten des Verfahrens, genügt dies jedoch nicht (BGHZ 47, 172, 178).

38 b) Der Bestrafung darf nur eine Bestimmung zugrunde gelegt werden, die zur Zeit der Tat bereits in Kraft war; in diesem Sinne gilt der Satz **„Nulla poena sine lege"** (RGZ 125, 338, 340; BGHZ 55, 381, 385 allgemein: keine rückwirkende Änderung von Verhaltensnormen).

39 c) Jedoch ist der **Ausschluß aus wichtigem Grund** auch ohne besondere Satzungsbestimmung zulässig, da es ein „beherrschender Grundsatz" ist, „daß ein in die Lebensbetätigung der Beteiligten stark eingreifendes Rechtsverhältnis vorzeitig gelöst werden kann, wenn ein wichtiger Grund vorliegt" (BGHZ 9, 157, 161; RGZ 169, 330; OLG Frankfurt NJW-RR 1991, 1276).

Verschulden ist nicht immer erforderlich (RG JW 1932, 1010; BGHZ 29, 352, 359; BGH NJW 1972, 1892 f). Dieser Satz hängt wohl mit dem Umstand zusammen, daß die hM zu den Vereinsstrafen meist auch den Ausschluß aus wichtigem Grund rechnet; dieser setzt in der Tat kein Verschulden voraus (vgl dazu die Anm von FISCHER zu BGH LM § 25 Nr 3 = BGHZ 29, 352). Als zulässig ist daher auch eine Bestimmung angesehen worden, wonach das Verstreichenlassen der vereinsrechtlichen Rechtsmittelfrist nach Bestrafung *automatisch* zum Ausschluß führt; allerdings muß die Bestimmung klar gefaßt sein (BGHZ 47, 172, 174 f); ebenso eine Bestimmung, daß Mitglieder, welche zwei Jahre keinen Beitrag gezahlt haben, automatisch von der Mitgliederliste gestrichen und dann ausgeschlossen werden (LG Bonn MDR 1975, 139) oder – bei einer Gewerkschaft – daß der Beitritt in eine andere Gewerkschaft zum automatischen Ausschluß führt (vgl LG Frankfurt AP Nr 5 zu § 54).

Im Vordringen ist jedoch die Auffassung, daß – abgesehen vom Ausschluß – ein Verschulden idR Voraussetzung für die Bestrafung ist, insbes wenn mit der Strafe ein Unwerturteil verbunden ist (vgl OLG Frankfurt NJW-RR 1986, 133, 135; PALANDT/HEINRICHS § 25 Rn 14; MünchKomm/REUTER, [3. Aufl] § 25 Rn 30).

Zur besonderen Rechtslage bei *politischen Parteien* s oben Rn 36.

d) Eine Bestrafung eines Mitglieds für ein Verhalten Dritter ist grundsätzlich als **40** unzulässig anzusehen (zurückhaltender BGHZ 29, 352, 361, wo es heißt, ein Vereinsmitglied könne „nicht ohne weiteres" wegen des Verhaltens eines seiner Angestellten bestraft werden). Unter bestimmten Voraussetzungen hat die Rspr jedoch die Zulässigkeit der Strafe aus dem Gesichtspunkt der „Zurechnung" fremden Fehlverhaltens begründet (BGHZ 29, 352, 360 f: Bestrafung eines Gesellschafters einer verbandsangehörigen oHG, der die Handlung eines ihrer Angestellten zugerechnet wird – bedenklich). Vgl ferner BGH NJW 1972, 1892, 1893 (Brieftauben-Züchterverein), wo der BGH eine Differenzierung nach Art der Vereine und der Verstöße befürwortet; eine Strafbefugnis wegen des Verhaltens Dritter sei jedenfalls in Fällen zweifelhaft, in denen „die persönliche Ausübung der Mitgliederrechte durch die Mitglieder selbst ganz im Vordergrund des Vereinslebens steht" (BGH aaO 1893). Kritik dazu bei KIRBERGER NJW 1973, 1732. Davon zu unterscheiden ist das Problem, ob Vereinsstrafen auch gegen Nichtmitglieder verhängt werden dürfen (s dazu u Rn 43 f).

e) Die Strafe muß verhältnismäßig sein. **41**

f) Eine Vereinsstrafe wird nicht dadurch ausgeschlossen, daß dieselbe Handlung **42** mit öffentlicher Strafe bedroht ist (BGHZ 21, 370). Nur für mehrfache Vereinsstrafen gilt der Grundsatz *ne bis in idem* (RG Recht 1929 Nr 475 in sehr vorsichtiger Formulierung; OLG Hamm AnwBl 1973, 110; SOERGEL/HADDING § 25 Rn 48).

4. Keine Strafen gegen Nichtmitglieder

a) Nach hM können Vereinsstrafen nur gegen Mitglieder verhängt werden (BGHZ **43** 28, 131, 133; 29, 352, 359 mit bedenklicher Ausnahme für Gesellschafter einer Mitglieds-OHG; BAG NJW 1980, 470); (aA REICHERT/DANNECKER Rn 1646). Werden dennoch Strafen gegen Nichtmitglieder verhängt, die sich durch Vertrag mit einem Dritten der Satzung des Vereins unterworfen haben (zB Lizenzspieler unterwirft sich im Vertrag der Satzung des DFB), so qualifiziert die hM die Strafen ausnahmsweise als Vertragsstrafen, die der *vollen* richterlichen Nachprüfung unterliegen (BAG aaO; OLG Frankfurt NJW 1973, 2208; PALANDT/HEINRICHS § 25 Rn 15).

b) Aus dem o zu Rn 43 genannten Grundsatz folgt auch, daß eine Vereinsstrafe **44** nicht gegen ein Mitglied verhängt werden kann, das nach Einleitung des Verfahrens, aber vor dem Strafausspruch rechtswirksam **ausgetreten** ist (RGZ 143, 1, 3; vgl auch BGH NJW 1972, 1892). Es ist aber auch verboten, solche Mitglieder auf *schwarze Listen* zu setzen (RGZ 143, 1, 5).

c) Bei **Ehrenmitgliedern** wird nicht angenommen, daß sie sich der Disziplinarge- **45** walt des Vereins unterworfen haben (BGHZ 28, 134; MEYER-CORDING S 138 Fn 2).

5. Verfahrensmäßige Voraussetzungen

a) **Zuständig** für die Verhängung von Vereinsstrafen ist aufgrund ihrer General- **46** kompetenz die *Mitgliederversammlung*. Die Satzung kann jedoch *andere Organe* vorsehen, zB Ehrenrat, Schlichtungskommission, Untersuchungs- und Sühnekommission – die Namen sind sehr verschieden. Oft fungiert dann die Mitgliederversammlung als Berufungsinstanz, jedoch können dafür auch andere Organe vorgesehen sein, auch solche von Dachverbänden. – Für die Abberufung des *Vorstandes* ist die Mitgliederversammlung zuständig; eine Satzungsbestimmung, daß der Vorstand über den Ausschluß von der Vereinsmitgliedschaft entscheidet, gilt jedenfalls nicht gegenüber anderen Vorstandsmitgliedern (KG Rpfleger 1978, 133 mwN).

47 b) Der Grundsatz der Unabhängigkeit und Unparteilichkeit der Richter gilt hier nicht entsprechend (BGH NJW 1981, 744). Die zuständige Spruchstelle muß also nicht vollkommen unabhängig vom Vorstand sein; insbes ist die Trennung von Ankläger und Richter nicht erforderlich (BGH NJW 1967, 1657; OLG München MDR 1973, 405). Hier liegen erhebliche Gefahren (vgl etwa REINICKE NJW 1975, 2048, 2051). Auch der Ablehnungsgrund der Besorgnis der Befangenheit gilt nicht (SOERGEL/HADDING § 25 Rn 46). Andererseits darf niemand an dem Strafausspruch mitwirken, der durch das betreffende Verhalten des Beschuldigten selbst verletzt worden ist (BGH NJW 1981, 744 gegen RG WarnR 1913 Nr 182; OLG Köln NJW-RR 1993, 891 Ls 6). Der BGH (aaO) begründet das mit der „grundlegenden Rechtsüberzeugung", daß in einem solchen Fall die Gefahr einer allzu subjektiven und daher unsachlichen Entscheidung naheliege. Die Spruchstelle darf auch andere Tatsachen zugrunde legen, die von der Anklagestelle nicht vorgebracht worden sind; der Beibringungsgrundsatz gilt nicht (BGHZ 102, 271).

48 c) Das Verfahren muß **fair** sein. Der Beschuldigte hat auf jeden Fall Anspruch auf **rechtliches Gehör** (BGHZ 29, 352, 355; BGH NJW 1975, 160; RG JW 1937, 555). Dies wird als gewahrt angesehen, wenn ihm Gelegenheit zu einer schriftlichen Stellungnahme gegeben wurde (BGHZ 29, 352, 355; RG Recht 1928 Nr 2244). Vgl zur Verletzung des rechtlichen Gehörs auch OLG Köln NJW-RR 1993, 891.

Der Ausschluß einer ganzen Gruppe von Mitgliedern in einem Sammelverfahren ist unzulässig (OLG Köln NJW 1968, 992).

Zu den besonderen Anforderungen an ein Parteiausschlußverfahren s § 10 Abs 5 PartG; vgl dazu auch BGHZ 73, 275.

49 d) Die Vertretung des Beschuldigten durch einen **Anwalt** will der BGH nur zulassen, wenn dies notwendig ist, um die „Waffengleichheit" mit dem Verein herzustellen (BGHZ 55, 381, 391); jedenfalls nicht, wenn es sich um „einfache Vorgänge des Vereinslebens" handele (BGH NJW 1975, 160). Dagegen mit Recht REINICKE NJW 1975, 2048; KIRBERGER BB 1978, 1394.

Zutreffend hat es das OLG Hamm AnwBl 1973, 110 als offensichtlich unbillig bezeichnet, wenn die Zuziehung eines Anwalts als Ausschlußgrund genommen würde. Die Entscheidung ist wohl durch BGH NJW 1975, 160 aufgehoben worden.

50 e) Die Entscheidung muß dem Mitglied **mitgeteilt** werden. In der Regel sind dabei auch die Gründe mitzuteilen (MEYER-CORDING 84 mwN; zur Begründung s insbes OLG Hamburg Recht 1936 Nr 4191; RGZ 147, 11; RG HRR 1942 Nr 779).

f) Ob die Strafe ausgesprochen wird, liegt im pflichtmäßigen Ermessen der 51
Spruchstelle. Es gilt das *Opportunitätsprinzip* (MEYER-CORDING 96).

6. Die Nachprüfung durch die staatlichen Gerichte

a) Auf der Grundlage ihrer großzügigen Vorstellung von der Vereinsautonomie 52
hat die Rspr sich zunächst bei der Nachprüfung von Vereinsstrafen sehr zurückgehalten. Die Gerichte haben ursprünglich mit Rücksicht auf die Vereinsautonomie nur nachgeprüft, ob das Verfahren und die Verhängung der Vereinsstrafe den Satzungsbestimmungen entsprach (vgl Vorbem 24 zu § 21; zur Entwicklung der Rspr MEYER-CORDING § 22). Hiergegen hat sich schon früh in der Lit Widerspruch erhoben (vgl zB vTUHR, AT I 546 ff; HEDEMANN ArchBürgR 38, 132 ff).

Das RG hat diesen Standpunkt dann auch in neueren Entscheidungen erheblich 53
eingeschränkt. Es hat bei existenzwichtigen Vereinen geprüft, ob die Strafmaßnahmen gesetz- oder sittenwidrig oder „offenbar unbillig" waren (vgl dazu näher Vorbem 25 zu § 21).

b) Der **BGH** hat die Rspr zunächst weitergeführt, in der Folge aber die Nachprü- 54
fung der Vereinsstrafen schrittweise erweitert. Seit BGHZ 47, 381, 384 hat er die Beschränkung auf existenzwichtige Vereine, die immer mehr kritisiert worden war, aufgegeben und die Überprüfung, insbes des Vereinsausschlusses, am Maßstab der offenbaren Unbilligkeit bei *allen* Vereinen für zulässig erklärt. In einem nächsten Schritt wurden die der Vereinsstrafe zugrundeliegenden *Tatsachenermittlungen* der vollen Nachprüfung unterworfen (BGHZ 87, 337). Für Vereine, die eine Monopolstellung oder jedenfalls eine überragende Machtstellung haben und bei denen die Mitgliedschaft aus beruflichen, wirtschaftlichen oder sozialen Gründen von erheblicher Bedeutung ist, wurde die richterliche Nachprüfung weiter verschärft: Für sie gilt nicht nur die Grenze der offenbaren oder groben Unbilligkeit, sondern die Vereinsstrafe muß durch sachliche Gründe gerechtfertigt sein (BGHZ 102, 265, 276 ff; BGH NJW 1991, 485). Die Grenze liegt also schon bei „einfacher" Unbilligkeit, wobei dem Verein noch ein eng begrenzter Beurteilungsspielraum zugestanden wird (BGH aaO). Auch die der Strafe zugrundeliegenden Satzungsbestimmungen werden hier einer Inhaltskontrolle im Hinblick auf inhaltliche Billigkeit unterworfen (BGHZ 105, 319). Vgl dazu ausf Vorbem 26–29 zu §§ 21 ff.

c) Die richterliche Nachprüfung der Vereinsstrafen umfaßt also nach dem derzei- 55
tigen Stand der Rspr folgende Punkte: die hinreichende Grundlage in der Satzung; die Unterwerfung des Betroffenen unter die Vereinsstrafgewalt; die Einhaltung des ordnungsgemäßen Verfahrens nach der Satzung sowie der allgemeinen Grundsätze eines fairen Verfahrens, insbes der Gewährung rechtlichen Gehörs und die Frage, ob die am Strafausspruch Beteiligten selbst verletzt sind; die der Bestrafung zugrundeliegenden Tatsachen; die Subsumtion und die Strafzumessung im Hinblick auf Gesetz- oder Sittenwidrigkeit oder offenbare Unbilligkeit. Bei den oben umschriebenen qualifizierten Vereinen, die auch in ihrer Aufnahmefreiheit beschränkt sind, werden darüber hinaus Subsumtion und Strafzumessung am Maßstab der sachlichen Rechtfertigung überprüft.

d) Die Vereinssatzung kann die **gerichtliche Nachprüfung nicht ausschließen** (RGZ 56

140, 25; BGHZ 29, 354; 47, 172; KG Rpfleger 1963, 292). Zulässig ist dagegen Vereinbarung einer schiedsgerichtlichen Überprüfung (s u Rn 60).

57 e)   Dagegen verlangt die Rspr grundsätzlich, daß das Mitglied zunächst den **vereinsinternen Instanzenzug ausgeschöpft** haben muß, bevor es die staatlichen Gerichte anruft, da vorher keine endgültige Entscheidung des Vereins vorliege (BGHZ 13, 5, 16; 47, 172, 174; 49, 396, 398). Wird jedoch die Durchführung des vereinsinternen Verfahrens vereitelt oder ungebührlich verzögert oder ist dem Betroffenen aus anderem Grunde ein Abwarten nicht zumutbar, so kann er auch direkt das Gericht anrufen (BGHZ 47, 172, 174; OLG Düsseldorf NJW-RR 1988, 1271, 1272; PALANDT/HEINRICHS § 25 Rn 19; SOERGEL/HADDING § 25 Rn 57 Fn 14 mwN). Für Aussetzung des gerichtlichen Verfahrens während der (zumutbaren) Dauer des vereinsinternen Verfahrens SCHEYHING JZ 1958, 343, 345; zum Ausschluß von Abwehransprüchen während des vereinsinternen Verfahrens OLG Düsseldorf NJW-RR 1986, 675; LG Oldenburg JZ 1989, 594.

58 f)   Wegen Maßnahmen des **einstweiligen Rechtsschutzes** kann sich das Mitglied auch schon während des vereinsinternen Verfahrens an das staatliche Gericht wenden (PALANDT/HEINRICHS § 25 Rn 19; SOERGEL/HADDING § 25 Rn 55 mwN). OLG Celle BB 1973, 1190 hat einem Antrag auf einstweilige Verfügung gegen einen Vereinsbeschluß stattgegeben, der gegen ein Mitglied, gegen das das Ausschlußverfahren eingeleitet worden war, das Ruhen seiner Mitgliedschaftsrechte angeordnet hatte; damit werde das Mitglied in seiner Verteidigung innerhalb des Vereins unzulässig beschränkt (aA BayObLG Rpfleger 1980, 15).

59 g)   In dem gerichtlichen Nachprüfungsverfahren kann der Verein keine neuen Strafgründe nachschieben; wohl aber kann er neue *Tatsachen* vorbringen, die das Vorliegen des ursprünglichen Grundes für die Bestrafung stützen (RGZ 147, 16; BGHZ 45, 321; 47, 387; BGH JR 1973, 193).

60 h)   Ist für Streitigkeiten zwischen Verein und Mitglied, die sich aus Strafmaßnahmen ergeben, wirksam die schiedsgerichtliche Erledigung vereinbart (vgl o Vorbem 52 zu §§ 21 ff), so kann der Verein gegenüber einer Klage des Mitglieds vor dem staatlichen Gericht die **Einrede des Schiedsvertrages** erheben (SOERGEL/HADDING § 25 Rn 57).

61 i)   Mit Rücksicht auf die verfassungsrechtliche Stellung der **Religionsgesellschaften** (Art 140 GG iVm Art 137 Abs 3 WRV) wird bei deren Sanktionen, insbes beim Ausschluß, eine Nachprüfung durch staatliche Gerichte abgelehnt (RGZ 113, 125, 129; SOERGEL/HADDING § 25 Rn 57; SCHLOSSER, Vereins- und Verbandsgerichtsbarkeit 135 f; SAUTER/ SCHWEYER Nr 106). Dies gilt jedoch nicht für **religiöse Vereine**, die nicht den Status der Religionsgesellschaft iS des Art 137 WRV haben. Aufgrund des besonderen verfassungsrechtlichen Schutzes der religiösen Vereinigungsfreiheit (Art 4 GG iVm Art 140 GG, 137 Abs 2 und 4 WRV) haben jedoch auch solche religiösen Vereine eine gewisse Sonderstellung im Vereinsrecht. Insbes können sie ihre Vereinsautonomie iS der Selbstbestimmung des Vereins freiwillig in der Weise beschränken, daß sie wichtige Entscheidungen, wie Satzungsänderung, Ausschluß oder Auflösung, von der Zustimmung Dritter abhängig machen (BVerfG NJW 1991, 2623, 2625 f; dazu SCHOKKENHOFF NJW 1992, 1013; krit FLUME JZ 1992, 238). Vgl dazu näher § 33 Rn 8.

2. Titel. Juristische Personen. § 36
I. Vereine 1–3

§ 36

Die Mitgliederversammlung ist in den durch die Satzung bestimmten Fällen sowie dann zu berufen, wenn das Interesse des Vereins es erfordert.

Materialien: E II § 34; III § 33; Prot I 532 ff; Jakobs/Schubert, AT I 144, 153 f.

1. Indem die *Satzung* vorschreibt, daß die Mitgliederversammlung in bestimmten Fällen (zB wenn eine bestimmte Anzahl oder ein bestimmter Bruchteil der Mitglieder es verlangt) zu berufen ist, ist zunächst eine **Verpflichtung** derjenigen **Vereinsorgane** festgestellt, deren verfassungsmäßige Aufgabe die Berufung der Mitgliederversammlung ist, also in der Regel des *Vorstandes* (vgl jedoch zur Einberufung auf Initiative eines Teils der Mitglieder Erl zu § 37). Diese Verpflichtung besteht nur gegenüber dem *Verein*, nicht gegenüber dem einzelnen *Vereinsmitglied*. Nur dem Verein gegenüber ist das zur Einberufung der Versammlung verpflichtete Organ, insbes der Vorstand, verantwortlich, falls die satzungsgemäße Pflicht zur Einberufung der Versammlung vernachlässigt wird (übereinstimmend BGB-RGRK/Steffen Rn 3; Soergel/Hadding Rn 5; Reichert/Dannecker [5. Aufl] Rn 784). Der Vorstand bzw das sonst zur Einberufung zuständige Organ kann auch eine einberufene Mitgliederversammlung wieder absagen oder den Termin verschieben (OLG Hamm OLGZ 1981, 24, 25; Reichert/Dannecker [5. Aufl] Rn 775). Zum Einberufungsbeschluß des Vorstands s auch § 32 Rn 8.

2. Entsprechendes wie o zu Rn 1 gilt für den Fall, daß das „**Interesse des Vereins**" die Berufung der Mitgliederversammlung erfordert. Vereinsinteressen sind nur solche, die mit dem Vereinszweck oder anderen wichtigen Belangen des Vereins als solchem in Zusammenhang stehen, nicht die Interessen der einzelnen Mitglieder. In Betracht kommen zB Unmöglichwerden oder Gefährdung des Vereinszwecks, die Erforderlichkeit einer unverzüglichen Satzungsänderung (vgl den Fall BGH NJW 1987, 1811, der jedoch nicht die Berufung einer Mitgliederversammlung, sondern die kurzfristige Ergänzung der Tagesordnung betraf) oder ein Zuständigkeitsstreit zwischen zwei Vereinsorganen (Reichert/Dannecker [5. Aufl] Rn 782). Ob das Vereinsinteresse die Berufung erfordert, ist in erster Linie von dem Berufungsorgan pflichtgemäß zu erwägen und zu entscheiden. Die Vereinsmitglieder haben die Möglichkeit, in dem Verfahren gem § 37 ihre Ansicht über das Vereinsinteresse als Grund für die Berufung durchzusetzen. Ein *Recht* des einzelnen *Vereinsmitglieds*, die Berufung zu verlangen, besteht auch in diesem Falle *nicht* (vgl schon Prot I 533 und § 37 Rn 16). Andererseits droht dem Vorstand oder sonstigen Berufungsorganen auch hier die Regreßklage für den Fall der Pflichtverletzung. Auch wenn nach der Meinung eines einzelnen Mitglieds die Berufung der Mitgliederversammlung unbedingt geboten ist, hat es nach heute hM kein Klagerecht (MünchKomm/Reuter Rn 3; BGB-RGRK/Steffen Rn 3; Enneccerus/Nipperdey § 111 Fn 21; auch schon vTuhr, AT I 507 Anm 8); vgl zu der Frage auch § 37 Rn 16. Da § 36 *zwingendes Recht* ist (vgl § 40), kann die Satzung die Einberufung aufgrund des Vereinsinteresses nicht ausschließen.

3. Sind die Funktionen der Mitgliederversammlung durch die Satzung einer

Delegiertenversammlung übertragen, so gilt § 36 für diese analog (LG Berlin RdJ 1969, 24).

§ 37

[1] Die Mitgliederversammlung ist zu berufen, wenn der durch die Satzung bestimmte Teil oder in Ermangelung einer Bestimmung der zehnte Teil der Mitglieder die Berufung schriftlich unter Angabe des Zweckes und der Gründe verlangt.

[2] Wird dem Verlangen nicht entsprochen, so kann das Amtsgericht die Mitglieder, die das Verlangen gestellt haben, zur Berufung der Versammlung ermächtigen; es kann Anordnungen über die Führung des Vorsitzes in der Versammlung treffen. Zuständig ist das Amtsgericht, das für den Bezirk, in dem der Verein seinen Sitz hat, das Vereinsregister führt. Auf die Ermächtigung muß bei der Berufung der Versammlung Bezug genommen werden.

Materialien: E II § 35; III § 34; Prot I 532 ff; VI 115; geändert durch § 30 RpflG v 8. 2. 1957 (BGBl I 18); JAKOBS/SCHUBERT, AT I 145, 153 ff.

Systematische Übersicht

I. Zweck der Vorschrift ... 1	6. Prüfung der materiellen Voraussetzungen ... 12
II. **Voraussetzungen der Berufung** ... 2	7. Ermächtigung der Mitglieder ... 13
1. Formelle Voraussetzungen ... 3	8. Berufung der Versammlung ... 14
2. Materielle Voraussetzungen ... 5	IV. **Kosten** ... 15
III. **Ermächtigung durch das Amtsgericht** ... 6	
1. Antrag ... 7	V. **Klage vor dem Prozeßgericht** ... 16
2. Anhörung und Bekanntmachung ... 8	
3. Beschwerde ... 9	VI. **Entsprechende Anwendung** ... 17
4. Zurückweisung ... 10	
5. Stattgabe ... 11	VII. **Teilweise Abdingbarkeit des § 37** ... 18

I. Zweck der Vorschrift

1 § 37 gibt einer **Minderheit** der Vereinsmitglieder zu ihrem *Schutz* die rechtliche Möglichkeit, die Berufung der Mitgliederversammlung zu erzwingen, und damit **ein Recht der Initiative**, die im übrigen den Vereinsmitgliedern versagt ist. Die Notwendigkeit eines Zwanges ist nach den Verhandlungen der 2. Komm für den Fall ins Auge gefaßt worden, daß der *Vorstand sich weigert*, eine im Interesse des Vereins erforderliche außerordentliche Mitgliederversammlung *zu berufen*. Indessen bietet § 37 die Möglichkeit, die Berufung der Mitgliederversammlung auch für die Fälle zu *erzwingen*, in

denen schon die *Satzung* sie vorschreibt. – Entsprechende Regelungen finden sich in § 122 AktG, § 50 GmbHG, § 45 GenG.

II. Voraussetzungen der Berufung

Der im Eingang des § 37 enthaltene Gesetzesbefehl richtet sich an die für die Berufung der Mitgliederversammlung zuständigen *Vereinsorgane*, also in erster Linie an den *Vorstand*. Die Verpflichtung des Berufungsorgans aus § 37 hat aber formelle und materielle Voraussetzungen.

1. Formelle Voraussetzungen

a) Der *satzungsmäßig bestimmte Teil* der Mitglieder oder in Ermangelung solcher Bestimmung der zehnte Teil der Mitglieder muß die Forderung nach Berufung einer Mitgliederversammlung erhoben haben. Der „durch die Satzung bestimmte Teil" kann kleiner oder größer als der zehnte Teil der Mitglieder sein (vgl vTuhr, AT I 507 Anm 9); er kann auch in einer *bestimmten Zahl* von Mitgliedern bezeichnet sein. Angesichts des Schutzzwecks der Vorschrift (vgl o Rn 1 und 18) muß jedoch der in der Satzung festgelegte Teil noch eine Minderheit darstellen, also weniger als 50% sein (übw Meinung, vgl KG NJW 1962, 1917; OLG Stuttgart NJW-RR 1986, 995; Palandt/Heinrichs Rn 1; Sauter/Schweyer Rn 159; Erman/H P Westermann Rn 1). Nach aA ist „der zehnte Teil der Mitglieder" (§ 37 Abs 1) dagegen als Höchstgrenze zu verstehen, so daß die Satzung nur nach unten abweichen darf (Soergel/Hadding Rn 5; Reichert/Dannecker [5. Aufl], Rn 791 und MünchKomm/Reuter Rn 1, wobei zT § 45 GenG entsprechend herangezogen wird). Verlangt die Satzung nicht einen Prozentsatz, sondern eine *bestimmte Zahl* von Mitgliedern, so muß dabei einem eventuellen Mitgliederschwund Rechnung getragen werden (OLG Stuttgart aa0); auch hierbei darf also der Charakter des Minderheitsrechts nicht in Frage gestellt werden.

b) Das Verlangen muß *schriftlich* unter Angabe des Zwecks der Versammlung und der Gründe gestellt werden. „Zweck" der Versammlung ist der Gegenstand der verlangten Beschlußfassung, die sog „Tagesordnung". Die „Gründe" sind die tatsächlichen und rechtlichen Erwägungen, welche die Mitgliederversammlung als geboten erscheinen lassen. Ist die Versammlung durch die Satzung vorgeschrieben, so ist eine *weitere* Begründung überflüssig. Handelt es sich dagegen um eine *außerordentliche* Mitgliederversammlung, so sind die Gründe anzugeben, aus welchen die Versammlung im Interesse des Vereins als erforderlich erscheint.

2. Materielle Voraussetzungen

Sind die oben (unter Rn 3, 4) umschriebenen Voraussetzungen gegeben, so *muß der Vorstand die Versammlung berufen*. Er ist *nicht* berechtigt, *nachzuprüfen*, ob das Einberufungsverlangen **sachlich gerechtfertigt** ist. Nach überwiegender Auffassung soll der Vorstand ein *offensichtlich mißbräuchliches Verlangen* zurückweisen können (Reichert/Dannecker [5. Aufl], Rn 801; Palandt/Heinrichs Rn 4; MünchKomm/Reuter Rn 4). Dem ist nicht zu folgen. Es handelt sich um ein Schutzrecht der Minderheit, das von der Einschätzung und dem Ermessen des Vorstands, der im Zweifel die Mehrheit vertritt, unabhängig sein muß. Die Prüfung, ob Rechtsmißbrauch vorliegt, ist dem Gericht bei seiner Entscheidung gem § 37 Abs 2 vorbehalten (vgl u Rn 12).

III. Ermächtigung durch das Amtsgericht

6 Entspricht der Vorstand oder das sonst zuständige Organ *nicht dem* Verlangen nach Berufung der Mitgliederversammlung, obwohl die formellen Voraussetzungen des § 37 gewahrt sind, so können die Beteiligten sich an das zuständige *Amtsgericht* wenden mit dem Antrag auf Ermächtigung zur Berufung der Versammlung *statt des* zuständigen Berufungsorgans. Dagegen kann eine *einstweilige Verfügung* gegen den Vorstand, welche diesem die Berufung aufgibt, nicht beantragt werden (OLG Hamm MDR 1973, 928). Dies setzt jedoch voraus, daß bereits der *Antrag* an den Vorstand gem § 37 Abs 1 von einer durch die Satzung bestimmten entsprechenden Anzahl von Vereinsmitgliedern unterstützt worden war (OLG Frankfurt Rpfleger 1973, 54). Es handelt sich um ein Streitverfahren im Rahmen der Freiwilligen Gerichtsbarkeit, bei dem die Antragstellter und der Verein Beteiligte sind (REICHERT/DANNECKER [5. Aufl] Rn 806).

7 1. Der **Antrag** kann schriftlich oder zu Protokoll der Geschäftsstelle des Amtsgerichts gestellt werden (§ 11 FGG). Die Änderung der Zuständigkeit in § 37 Abs 2 S 2 erfolgte mit Rücksicht auf § 55 Abs 2. Es entscheidet der *Rechtspfleger* (§ 3 Nr 1 a RpflG).

8 2. *Vor Entscheidung* über den Antrag „soll" das Gericht, „soweit tunlich, den Vorstand des Vereins *hören*" (§ 160 S 1 FGG).

Die Entscheidung ist gem § 16 Abs 2 FGG den Antragstellern durch Zustellung *bekannt zu machen* (so BayObLGZ 1970, 120). Sie kann befristet erklärt werden (vgl BayObLGZ 1971, 84).

9 3. Gegen die Verfügung ist die *befristete Erinnerung* zulässig (§ 11 Abs 1 RpflG). Helfen weder der Rechtspfleger noch der Richter der Erinnerung ab, so legt letzterer sie dem Rechtsmittelgericht vor; in diesem Fall gilt sie als sofortige Beschwerde (§ 11 Abs 2 RpflG, § 160 S 2 FGG). Das Rechtsmittel gegen die Verfügung, die dem Antrag stattgibt, hat aber keine aufschiebende Wirkung (§ 24 Abs 1 FGG). Das Beschwerdegericht kann jedoch eine einstweilige Anordnung nach § 24 Abs 3 FGG erlassen. Ist aufgrund der Ermächtigung die Versammlung bereits ordnungsgemäß einberufen worden, so wird die Beschwerde *unzulässig*, da die Ermächtigung dann bereits benutzt worden ist (BayObLGZ 1970, 120 mwN). Über die weitere Beschwerde vgl BayObLG Recht 1908, 421 Nr 2451.

10 4. Das Verlangen ist *zurückzuweisen*, wenn die formellen Voraussetzungen nicht erfüllt sind, also nicht vor dem Antrag an das Gericht die Forderung an das Vereinsorgan gestellt worden ist oder nicht ein genügender Teil der Vereinsmitglieder das Verlangen unterstützt oder es an der Angabe der Gründe fehlt usw. Zum Umfang der materiellen Nachprüfung und zum Fall des Rechtsmißbrauchs s u Rn 12.

11 5. Dem Verlangen ist auf jeden Fall *stattzugeben*, wenn nicht nur die formellen, sondern auch die materiellen Voraussetzungen des Verlangens vorliegen, also wenn die *Satzung* die Berufung der Mitgliederversammlung zu einer bestimmten Zeit verlangt oder wenn ein *Interesse des Vereins* dargelegt werden kann, welches die Berufung einer außerordentlichen Mitgliederversammlung fordert.

6. Das *Amtsgericht* hat nicht nur die formellen, sondern in engen Grenzen auch **12** die **materiellen Voraussetzungen** des Verlangens zu *prüfen* und nach seinem pflichtmäßigen Ermessen auch in tatsächlicher Beziehung *Ermittlungen* anzustellen. Es kann den Antrag ablehnen, wenn die Antragsteller offenbar mißbräuchliche oder rechtswidrige Zwecke damit verfolgen (vgl KG JFG 13, 140). Manche Entscheidungen nehmen an, das Gericht habe zu prüfen, ob die Antragsteller wirklich ein schutzbedürftiges Interesse der Mitglieder verfolgen (vgl BayObLGZ 33, 16 = JW 1933, 1470; KG JW 1935, 2647; zust ENNECCERUS/NIPPERDEY § 111 II 1). Das ist bedenklich. Entgegen der in STAUDINGER/COING[12] vertretenen Ansicht ist aus der Formulierung des § 37 Abs 2 S 2 („kann") nicht zu schließen, daß dem Gericht ein echtes Handlungsermessen eingeräumt ist. Es hat vielmehr die formellen Voraussetzungen zu prüfen (so auch Prot I 533) und in materieller Hinsicht, ob das Verlangen der Minderheit *rechtsmißbräuchlich* ist. Darüber hinaus ist kein besonderes schutzwürdiges Interesse erforderlich (REICHERT/DANNECKER [5. Aufl] Rn 809, 810; SOERGEL/HADDING Rn 14; ähnlich auch MünchKomm/REUTER Rn 6, der ein schutzwürdiges Interesse immer dann annimmt, wenn kein offensichtlicher Rechtsmißbrauch vorliegt). Ein Fall des Rechtsmißbrauchs ist u a dann anzunehmen, wenn die Antragsteller im Fall einer außerordentlichen Mitgliederversammlung überhaupt kein Interesse des Vereins für deren Einberufung geltend machen können. – Ist der Verein bereits in *Liquidation* getreten, so kann die Ermächtigung nach § 37 Abs 2 nur erteilt werden, wenn die Gegenstände, die nach der vorgeschlagenen Tagesordnung erörtert werden sollen, im Rahmen des Liquidationszweckes liegen (KG JFG 13, 140 = JW 1935, 3636).

7. Wenn das Amtsgericht dem Berufungsverlangen stattgibt, so **ermächtigt** es die **13** **Mitglieder**, welche das Verlangen gestellt haben, zur *Berufung der Versammlung* und trifft zugleich über die *Führung* des Vorsitzes in der Versammlung Anordnungen, da die Besorgnis begründet sein kann, der Vorstand werde durch die Art seiner Leitung den Berufungszweck vereiteln. Zweifelhaft ist die Frage des Vorsitzes, wenn das ermächtigende Amtsgericht darüber keine Anordnung getroffen hat. Man wird annehmen müssen, daß in diesem Falle zwar der Vorsitz dem Vorstand verbleibt, daß jedoch die nach § 37 berechtigte Mitgliedergruppe, wenn sie sich dem Vorsitz des Vorstandes nicht fügen will, das Recht hat, *nachträglich* das Amtsgericht um die Anordnung des Vorsitzes anzugehen, und in diesem Falle die Versammlung erst weiter tagen kann, wenn diese Anordnung getroffen ist.

8. Die *Berufung der Versammlung* findet durch die *ermächtigten Mitglieder statt*, **14** die somit in diesem Falle als **Vereinsorgan** fungieren. Auf die gerichtliche Ermächtigung muß bei der Berufung Bezug genommen werden. Die Berufung ist daher trotz der gerichtlichen Ermächtigung ungültig, wenn sie ohne diese Bezugnahme erfolgt. Die Berufung kann schon vor Rechtskraft des Ermächtigungsbeschlusses erfolgen (RGZ 170, 90).

IV. Kosten

Zur Tragung der Gerichtskosten sind bei *Ablehnung* des Antrags die *Antragsteller* **15** verpflichtet (§§ 2 Nr 1, 121 KostO), bei *Stattgabe* der *Verein* (§ 3 Nr 1 KostO). Die *außergerichtlichen Kosten* für die Einberufung und Abhaltung der Mitgliederversammlung sind gem § 670 der Minderheit *vom Verein zu erstatten* (BGB-RGRK/

STEFFEN Rn 4; REICHERT/DANNECKER [5. Aufl] Rn 826; vgl auch die gesetzliche Regelung in § 122 Abs 4 AktG).

V. Klage vor dem Prozeßgericht

16 Eine Klage vor dem Prozeßgericht auf Berufung der Mitgliederversammlung steht den einzelnen Vereinsmitgliedern oder dem gem § 37 berechtigten Teil *nicht* offen (SOERGEL/HADDING Rn 11; PALANDT/HEINRICHS Rn 4; vgl auch § 36 Rn 2). Das BGB verweist zur Durchsetzung des Rechts auf Versammlungsberufung die Mitglieder auf den *Weg der Freiwilligen Gerichtsbarkeit* und schließt damit den ordentlichen Rechtsweg aus. Die ältere Rspr neigte jedoch dazu, dann, wenn der Vorstand Mitgliedern den Weg zur Mitgliederversammlung überhaupt abschneidet, den davon betroffenen und zugleich in der Ausübung ihres wichtigsten Mitgliedschaftsrechtes beeinträchtigten Mitgliedern auch eine Klage auf Einberufung der Versammlung gegen die widerstrebenden Mitglieder des *Vorstandes* (nicht etwa gegen den Verein) zu gewähren (vgl RGZ 79, 411 und die dort angeführten Entscheidungen, die übrigens nichtrechtsfähige Vereine bzw „erlaubte Privatgesellschaften" preußischen Rechts betreffen; RG JW 1912, 410 Nr 34). Für diese Auffassung läßt sich anführen, daß sie einem praktischen Bedürfnis entspricht, weil dem einzelnen Mitglied in den die innere Ordnung des Vereins betreffenden Angelegenheiten gar kein anderer Weg bleibt als die Anrufung der Mitgliederversammlung. Aber mit § 37 ist sie schwerlich in Einklang zu bringen und ist deshalb abzulehnen.

VI. Entsprechende Anwendung

17 § 37 ist auch anzuwenden auf den Fall, daß der Vorstand oder das sonstige Berufungsorgan sich weigern, einen bestimmten *Gegenstand* auf die *Tagesordnung* einer einberufenen Mitgliederversammlung zu setzen (vgl § 45 GenG; ERMAN/H P WESTERMANN Rn 1).

Auch dann wird § 37 entsprechend anzuwenden sein, wenn der Vorstand es durch Wahl eines offenbar *ungeeigneten Versammlungsortes* oder einer ungeeigneten *Versammlungszeit* einem Teil der Mitglieder unmöglich macht oder unbillig erschwert, an der von ihm einberufenen Mitgliederversammlung teilzunehmen. Vgl dazu auch § 32 Rn 10.

§ 37 ist endlich auch entsprechend anzuwenden auf eine **Vertreterversammlung**, wenn die Satzung des Vereins nur eine solche, aber keine Mitgliederversammlung als oberstes Organ vorsieht (vgl § 32 Rn 6; KGJW 1930, 1224 = DJZ 1930, 437; OLG Frankfurt Rpfleger 1973, 54; HABSCHEID AcP 155, 398).

§ 37 ist auch auf **nichtrechtsfähige Vereine** entsprechend anzuwenden (LG Heidelberg NJW 1975, 1661, betr Gewerkschaft; HABSCHEID AcP 155, 398; SOERGEL/HADDING Rn 3; PALANDT/HEINRICHS Rn 2; MünchKomm/REUTER Rn 8; aA KEIDEL/KUNTZE/WINKLER, Freiwillige Gerichtsbarkeit, Teil A [12. Aufl 1987] § 160 Rn 3). Die Rspr verwies früher an Stelle der amtsgerichtlichen Ermächtigung des Abs 2 auf den *Klageweg* (RG JW 1912, 410 Nr 34; RGZ 78, 52; KG JFG 13, 140). Allein die Stellung der nichtrechtsfähigen Vereine ist insofern nicht anders zu beurteilen als die der rechtsfähigen (vgl auch § 54 Rn 2), und die Regelung des *§ 37 Abs 2* ist gegenüber dem Klageweg die weitaus *praktikablere.* –

Über Anwendbarkeit der §§ 37 BGB, 160 FGG für konzessionierte Vereine (§ 22) s Keidel/Kuntze/ Winkler § 160 Rn 3.

VII. Teilweise Abdingbarkeit des § 37

§ 37 ist grundsätzlich **zwingendes Recht** (vgl § 40; BayObLG NJW 1973, 151). Insbes darf 18 die Satzung nicht vorsehen, daß auf Initiative der Mitglieder überhaupt keine Mitgliederversammlung einberufen werden kann oder daß das entsprechende Recht nur *allen* Mitgliedern zusteht. Dagegen ist § 37 **insofern dispositiv**, als die Satzung denjenigen Teil der Mitglieder, welcher die Berufung der Versammlung zu verlangen berechtigt ist, anders bestimmen kann als § 37 selbst. Da § 37 den **Schutz der Minderheit** bezweckt, kann aber nicht vorgeschrieben werden, daß der Antrag nur mit einfacher oder gar qualifizierter Mehrheit gestellt werden kann. Auch einen Anteil von 50% der Mitglieder zu verlangen, ist gegen den Sinn des Gesetzes (vgl auch o Rn 3). Es kann aber zB das Minderheitsrecht je einem einzelnen Mitglied eingeräumt werden.

§ 38

Die Mitgliedschaft ist nicht übertragbar und nicht vererblich. Die Ausübung der Mitgliedschaftsrechte kann nicht einem anderen überlassen werden.

Materialien: E II § 36; III § 35; Prot I 534 ff;
Jakobs/Schubert, AT I 145, 153 ff.

Schrifttum

Lutter, Theorie der Mitgliedschaft, AcP 180 (1980) 84
Reuter, Probleme der Mitgliedschaft beim Idealverein. Mitgliedsfähigkeit, Nachfolge, Folgen des Ausscheidens, ZHR 145 (1981) 273

Sernetz, Die Rechtsnachfolge in die Verbandsmitgliedschaft (1973).

S auch die Angaben zu § 35.

1. Über **Mitgliedschaft** vgl § 32 Rn 32 f, § 35 Rn 2 u 35; über den *Erwerb der Mit-* 1 *gliedschaft* s § 35 Rn 26; über den *Ausschluß* vgl § 35 Rn 35 ff.

2. Die Bestimmung des § 38 wurde in der *2. Komm* (Prot I 534, 525) mit der 2 Begründung aufgenommen, daß die Unveräußerlichkeit und Unvererblichkeit der Mitgliedschaft aus der Auffassung, wonach die Mitgliedschaft nicht ein „subjektives Privatrecht, sondern eine Rechtsposition sei", sich nicht notwendig ergebe, andererseits aber der Gesetzgeber von der Unübertragbarkeit und der Unvererblichkeit der Mitgliedschaft ausgehen müsse, weil dies der Natur der *hier* vorzugsweise in Betracht kommenden Vereine mit *idealer Tendenz* am besten entspreche. Es zeigt sich hier ein scharfer Gegensatz zwischen dem Idealverein und den Kapitalgesellschaften, insbes der AG, bei der die Mitgliedschaft bewußt und leicht übertragbar gemacht ist.

Mit der Veräußerlichkeit ist auch die Verpfändbarkeit ausgeschlossen.

Grundsätzlich nicht übertragbar sind auch einzelne Mitgliedschafts- und Organschaftsrechte (vgl § 35 Rn 2 f), auch nicht Sonderrechte iS von § 35; in diesem Sinne auch SOERGEL/HADDING Rn 29; MünchKomm/REUTER Rn 40. Etwas anderes gilt dagegen für Gläubigerrechte und gläubigerrechtsähnliche Wertrechte (vgl § 35 Rn 20; MünchKomm/REUTER Rn 40).

3 3. Nach § 38 **endigt** die *Mitgliedschaft* als das persönlichkeitsrechtliche Stammrecht, aus welchem die rechtlichen Befugnisse des Mitgliedes fließen, grundsätzlich mit dem *Tode* des Mitgliedes. Zwar ist diese Regelung dispositiv (vgl u Rn 5), aber die Satzung kann die Mitgliedschaft nicht in der Weise vererblich gestalten, daß sie mit dem Erbfall automatisch auf *Nichtmitglieder* übergeht (aA wohl SOERGEL/HADDING Rn 32); dies widerspräche dem zwingenden Grundsatz, daß niemand ohne entsprechende Willenserklärung Mitglied eines Vereins werden kann (BGH WM 1980, 1286; ERMAN/H P WESTERMANN Rn 2). Zulässig ist dagegen, daß die Satzung dem Erben ein *Eintrittsrecht* einräumt (BGH WM 1980, 1286; ERMAN/H P WESTERMANN Rn 2). Gegen die Zulässigkeit von Eintrittsklauseln zugunsten von *Nichterben* MünchKomm/REUTER Rn 38. Dagegen sind die einzelnen *vermögensrechtlichen Ansprüche* gegen den Verein, die bis zu seinem Tode bereits fällig geworden sind, wie etwa ein Anspruch auf Rückzahlung zuviel gezahlter Beiträge, nach den allgemeinen Regeln *vererblich*.

4 4. Die Bestimmung, daß die **Ausübung** der Mitgliederrechte nicht einem anderen überlassen werden könne, hat keinen Bezug auf juristische Personen, welche als Vereinsmitglieder ihre Mitgliederrechte durch ihre *Organe* ausüben. Denn diese Rechtsausübung erscheint nach dem BGB als Ausübung durch das Mitglied selbst. Dagegen darf die Ausübung der Mitgliedschaftsrechte, insbes des Stimmrechts, ohne ausdrückliche Zulassung in der Satzung nicht mittels rechtsgeschäftlicher Vollmacht auf Dritte, die nicht Organe sind, übertragen werden (OLG Hamm NJW-RR 1990, 532; STÖBER, Vereinsrecht [6. Aufl 1992] Rn 206 a; **aA** SAUTER/SCHWEYER [14. Aufl] Rn 199).

Die Bestimmung schließt aber, vorbehaltlich anderer Satzungsbestimmungen, die *Vertretung bei der Abstimmung* aus (vgl MÜLLER-ERZBACH, Das private Recht der Mitgliedschaft [1948] 250). Auch die Satzung kann aber nicht Vertretung durch *Nichtmitglieder* zulassen; das widerspricht dem Charakter des Idealvereins (abw RG Recht 1928 Nr 2244; wie hier BGB-RGRK/STEFFEN Rn 1; PALANDT/HEINRICHS Rn 3).

Wegen des Ausschlusses von Stimmbindungsverträgen durch § 38 vgl § 32 Rn 21.

5 5. Ebensowenig kann die Bestimmung des § 38 S 2 an sich auf die gesetzliche Vertretung eines *geschäftsunfähigen* oder *in der Geschäftsfähigkeit beschränkten* Mitgliedes angewendet werden, soweit solche Personen Mitglieder von Vereinen sein können. Auf die Ausübung der Mitgliedschaftsrechte, insbes des Stimmrechts, welche eine in der Geschäftsfähigkeit beschränkte Person selbst vornimmt, wären §§ 107, 111 anzuwenden. Danach wäre an sich bei Stimmabgabe durch einen beschränkt Geschäftsfähigen die vorherige Zustimmung des gesetzlichen Vertreters erforderlich. In der Zustimmung des gesetzlichen Vertreters zum Vereinsbeitritt ist jedoch im Zweifel auch die Zustimmung zur Ausübung der Mitgliedschaftsrechte durch den Minderjährigen selbst zu sehen (KG OLGE 15, 324; Reichert/Dannecker [5. Aufl] Rn 875; Kunz ZfJ 1978, 453, 457 f; dagegen Braun NJW 1962, 92).

Die Bestimmung des § 38 ist **dispositiv** (§ 40). Damit ist schon gesagt, daß sie kein „Verbotsgesetz" ist. Sie will *nur, wenn die Satzung nicht anders verfügt*, eine bestimmte Rechtsfolge ausschließen.

6. Bestimmt die Satzung, daß die Mitgliedschaft *veräußerlich* sei, so kann sie **6 Bedingungen** für den Übergang vorschreiben: *Genehmigung* des Vereins, Übergang nur an bisherige Mitglieder, nicht an Vereinsfremde, bestimmte Formen der Übertragung. Ebenso kann der Übergang von Todes wegen bedingt oder sonst beschränkt sein.

§ 39

[1] **Die Mitglieder sind zum Austritt aus dem Vereine berechtigt.**

[2] **Durch die Satzung kann bestimmt werden, daß der Austritt nur am Schlusse eines Geschäftsjahrs oder erst nach dem Ablauf einer Kündigungsfrist zulässig ist; die Kündigungsfrist kann höchstens zwei Jahre betragen.**

Materialien: E II § 36; III § 36; Prot I 534 ff;
Jakobs/Schubert, AT I 145, 153 ff.

Schrifttum

Heinsheimer, Mitgliedschaft und Ausschließung in der Praxis des Reichsgerichts (1913)
E Huber, Eintritt und Austritt von Mitgliedern einer Gemeinschaft, ZfSchweizR 40 (1921) 5
Reichert/Dannecker, Handbuch des Vereins- und Verbandsrechts (5. Aufl 1994) Rn 664–690, 2805
Reuter, Probleme der Mitgliedschaft beim Idealverein. Migliedsfähigkeit, Nachfolge, Folgen des Ausscheidens, ZHR 145 (1981), 273

Ruth, Eintritt und Austritt von Mitgliedern, ZHR 88 (1926) 454
Scholz, Ausschließung und Austritt aus der GmbH (3. Aufl 1950).

Vgl zum Vereinsausschluß Schrifttum bei § 35 Rn 34.

1. Bedeutung der Vorschrift

Die in der 2. Komm beschlossene Bestimmung des § 39 ist **zwingend** (vgl § 40). Sie **1** entspricht nach Prot I 535 der „Tendenz, eine unbedingte Bindung der Person für unbegrenzte Zeit auszuschließen". Der *Austritt* ist die *„ultima ratio"* des Mitgliedes, das mit der durch die Mehrheit bestimmten Haltung nicht einverstanden ist; es kann sich damit der „Vereinsmacht" entziehen.

Der Austritt aus dem Verein kann in der **Satzung** nur nach Maßgabe des *§ 39 Abs 2* *beschränkt* werden. Nach § 58 soll die Satzung eines eingetragenen Vereins eine Bestimmung über den Austritt von Mitgliedern enthalten. Die Eintragung kann abgelehnt werden, wenn die Satzung dieser Bestimmung nicht entspricht.

Eine über § 39 Abs 2 hinausgehende **Bindung** eines austretenden Mitglieds darf auch nicht in der Weise erfolgen, daß dieses trotzBeendigung seiner Mitgliedschaft im allgemeinen doch in einzelnen Beziehungen der *Satzung unterworfen* bleibt. Daher darf zB eine für die Zeit nach der Austrittserklärung vorgesehene Zuständigkeit eines Schiedsgerichts sachlich *nicht weiter ausgedehnt* werden als auf die Entscheidung darüber, ob die Mitgliedschaft zeitlich bis zur äußersten Grenze des § 39 Abs 2 fortbestanden hat oder innerhalb dieser Grenze noch fortbesteht (so mit Recht RGZ 88, 395 ff; auch 90, 307 ff; vgl ferner unten Rn 2 und wegen der Schiedsklausel unten Rn 8).

2. Der Austritt

2 a) „**Austritt**" ist die *Beendigung der Mitgliedschaft* aufgrund *einseitiger* empfangsbedürftiger *Willenserklärung* des Mitgliedes (über den Eintritt s § 35 Rn 26). Die Austrittserklärung ist wie die Beitrittserklärung kein höchstpersönliches Rechtsgeschäft, sie kann auch durch einen *Vertreter* erfolgen (vgl REICHEL, Höchstpersönliche Rechtsgeschäfte [1931] 18). Mangels entgegenstehender Satzungsbestimmung bewirkt die Austrittserklärung *sofort* die Beendigung der Mitgliedschaft. Die Satzung kann jedoch bestimmen, daß die **Wirkung** der Austrittserklärung erst zum Schlusse eines Geschäftsjahres oder nach dem Ablauf einer höchstens zweijährigen Kündigungsfrist eintritt. Eine Verbindung der beiden durch das Wort „oder" getrennten alternativen Beschränkungen dürfte nur dann zulässig sein, wenn die Kündigung nicht später als nach 2 Jahren zur Wirkung kommt (vgl auch RGZ 90, 307 ff). Einen *„Vollzug"* der Austrittserklärung gibt es nicht. Sie wirkt nicht aufgrund einer eigenen weiteren Willenshandlung, sondern kraft Gesetzes von selbst. Die Satzung kann nicht die Austrittserklärung beschränken, sondern nur die Zeit ihrer *Rechtswirkung hinausschieben*. Es ist insbes unzulässig, den Austritt durch satzungsmäßige Bestimmung einer nicht kostenlos und ohne Zeitaufwand wahrzunehmenden Form, etwa der notariellen Beurkundung oder öffentlichen Beglaubigung der Austrittserklärung, zu erschweren oder durch Bestimmung einer Vertragsstrafe, eines „Austrittsgeldes" zu *beschränken* (so auch vTUHR, AT I 544; SOERGEL/HADDING Rn 6; BGB-RGRK/STEFFEN Rn 4; LG München I NJW 1987, 847). Die Satzung darf aber einfache *Schriftform* für die Austrittserklärung verlangen (hM, vgl BayObLGZ 1986, 528, 533; ENNECCERUS/NIPPERDEY § 112 Fn 25; PALANDT/HEINRICHS Rn 2; REICHERT/DANNECKER [5. Aufl] Rn 673, die auch Einschreiben für zulässig halten).

3 b) Die Vereinssatzung kann auch nicht wirksam bestimmen, daß der Austritt einem Mitglied nicht gestattet sein soll, gegen das ein *ehrengerichtliches* Verfahren anhängig ist. Denn Abs 2 des § 39 ist als Schutzvorschrift streng auszulegen und läßt nur rein *zeitliche Beschränkungen* zu, nicht solche sachlicher Natur (vgl SOERGEL/HADDING Rn 6; SAUTER/SCHWEYER Rn 86; REICHERT/DANNECKER [5. Aufl] Rn 686; RGZ 108, 160 ff; aA DELIUS VerwArch 22, 254).

Bei **Gewerkschaften** sieht die hM die Zweijahresfrist wegen der durch Art 9 Abs 3 GG geschützten individuellen Koalitionsfreiheit, die auch das Recht auf Gewerkschaftswechsel einschließt, als zu lang an (BGH NJW 1981, 340; SOERGEL/HADDING Rn 4;

2. Titel. Juristische Personen. § 39
I. Vereine 4—6

PALANDT/HEINRICHS Rn 3). Als statt dessen zulässige Frist nimmt die Rspr 3 bis 6 Monate an (vgl BGH MDR 1978, 29, 30: 3 Monate unbedenklich; BGH NJW 1981, 340: höchstens 6 Monate; AG Hamburg NJW 1987, 2380: 3 Monate zum Quartalsende zulässig). Der Austritt aus **Parteien** ist gem § 10 Abs 2 S 3 PartG jederzeit mit sofortiger Wirkung möglich.

c) Hat die Satzung in zulässiger Weise, also innerhalb der Grenzen des § 39 **4** Abs 2, den Austritt erschwerende Bestimmungen getroffen, so ist trotzdem ein Austritt **aus wichtigem Grund** möglich. Dies gilt sowohl für nichtrechtsfähige als auch für rechtsfähige Vereine (SOERGEL/HADDING Rn 5; REICHERT/DANNECKER [5. Aufl] Rn 688). Ein wichtiger Grund liegt vor, wenn ein Verbleiben im Verein bis zum Ablauf der satzungsmäßigen Frist für das Mitglied eine unzumutbare, unerträgliche Belastung darstellen würde (RG JW 1931, 1024 m Anm RIEZLER). Vgl dazu BGH LM Nr 2 zu § 39; LG Frankfurt AP Nr 5 zu § 54; BGH NJW 1979, 2304, 2306; OLG Frankfurt/M NJW-RR 1991, 1276.

Als ein wichtiger Grund wird es insbes anzusehen sein, wenn einem Mitglied *ohne eigenes Verschulden* die Erfüllung seiner Mitgliedspflichten *unmöglich gemacht* oder in unbilliger Weise *erschwert* wird, zB durch Pflichten, die es in erlaubter und nicht vereinswidriger Weise gegenüber einem anderen Verband auf sich genommen hat oder die es gegenüber dem Staat oder einer öffentlichen Körperschaft, etwa in seiner Eigenschaft als Beamter, treffen. Nicht als wichtiger Grund ist idR eine einfache Beitragserhöhung anzusehen (AG Essen DWW 1961, 119), doch kann ausnahmsweise auch eine Belastung mit drastisch höheren Beiträgen oder Umlagen unzumutbar sein und den sofortigen Austritt rechtfertigen (vgl LG Aurich Rpfleger 1987, 115: zeitlich begrenzte Erhöhung um 83% noch zumutbar). Ein wichtiger Grund kann auch darin liegen, daß *anderen* Mitgliedern die Mitgliedschaftsrechte beschnitten wurden (LG Itzehoe NJW-RR 1989, 1531).

3. **Satzungsänderung**

Bei *Änderung des Vereinszweckes* im Weg der Satzungsänderung (sofern § 33 gem **5** § 40 ausgeschlossen ist) kann zwar die am alten Vereinszweck festhaltende und deswegen kündigende Minderheit spätestens nach zwei Jahren austreten, aber sie muß das Vereinsvermögen der Mehrheit zu ihren Zwecken überlassen. Denn eine Verpflichtung des Vereins, an die Ausgeschiedenen von dem Vereinsvermögen, zu dem sie beigetragen haben, irgend etwas herauszuzahlen, besteht regelmäßig nicht (vgl unten Rn 11; zu schuldrechtlichen Abfindungsvereinbarungen s SOERGEL/HADDING Rn 9 mwN).

Ist § 33 nicht durch die Satzung ausgeschlossen, so verbleibt das Vereinsvermögen, wenn es wegen einer von der Mehrheit beschlossenen und durchgeführten Satzungsänderung zu einer Spaltung kommt, dagegen bei der *Minderheit* (vgl § 33 Rn 15). Zur Auswechslung aller Mitglieder durch Satzungsänderung s u Rn 6.

4. **Austritt aller Mitglieder**

Nach Abs 1 kann auch die *Mitgliedschaft aller Mitglieder* durch Austritt beendigt **6** werden. Rechtliche Hindernisse stehen dem Gesamtaustritt und der damit herbeigeführten *Beendigung* nicht bloß der Mitgliedschaft, sondern auch des *Vereins* nicht entgegen (vgl auch § 41 Rn 12). Für die Entgegennahme der letzten Austrittserklärung muß nicht noch ein Notvorstand gem § 29 bestellt werden (SOERGEL/HADDING Rn 7; anders noch STAUDINGER/COING[12] Rn 6; abw MünchKomm/REUTER § 41 Rn 4). Dagegen dürfen nicht durch bloßen satzungsändernden Beschluß einer Delegiertenversammlung sämtliche bisherigen Mitglieder gegen neue Mitglieder ausgewechselt werden; dies würde praktisch wie ein pauschaler Ausschluß aller Mitglieder wirken (BGH NJW 1980, 2707).

5. Wirkungen des Austritts im allgemeinen

7 a) *Während* des Laufes der *Kündigungsfrist* bleibt das kündigende Mitglied, eben weil es noch Mitglied ist, der *Satzung*, den Beschlüssen der Mitgliederversammlung und den vom Vorstand innerhalb seiner Zuständigkeit getroffenen Anordnungen *unterworfen*. Während dieser Zeit ist auch ein Ausschluß des Mitglieds noch möglich.

8 b) Mit dem *wirksam vollzogenen Austritt* ist das bisherige Mitglied (ebenso wie mit einer wirksamen Ausschließung) im allgemeinen der Satzung des Vereins entrückt und an die Anordnungen der Vereinsorgane **nicht mehr gebunden** (RGZ 122, 266 ff; 143, 1 ff). Eine Bestimmung, welche auch ausgeschiedene Mitglieder noch an die Satzung binden würde, wäre jedenfalls insoweit ungültig, als sie unzulässigerweise den Austritt der Mitglieder erschweren würde und daher mit § 39 nicht verträglich wäre (vgl RGZ 88, 398). Man wird es aber für zulässig halten müssen, daß durch die Satzung oder durch satzungsmäßig zustande gekommene Beschlüsse der Mitgliederversammlung den gegenwärtigen Mitgliedern auch noch für die Zeit *nach* ihrem *Ausscheiden* aus dem Verein eine *Schweigepflicht* in bezug auf bestimmte Vereinsangelegenheiten auferlegt wird. Ferner besteht eine Bindung an die Satzung auch für das ausgeschiedene Mitglied, soweit es sich um Ansprüche handelt, die aus Verhältnissen *vor* dem *Austritt* entstanden sind. Unter dieser Voraussetzung wird auch die Weitergeltung einer *Schiedsklausel*, der sich ein Mitglied unterworfen hat, durch dessen Ausscheiden aus dem Verein nicht berührt (vgl RGZ 113, 321 ff).

9 c) Nach erfolgtem Austritt eines Mitgliedes kann der Verein nicht mehr dessen *Ausschließung* beschließen. S darüber u Rn 12.

Satzungsbestimmungen, die eine *Strafgewalt* über ordnungsmäßig ausgetretene Mitglieder noch ermöglichen wollen, sind unwirksam (vgl RG JW 1934, 610 Nr 2 m Anm v MÜLLEREISERT; RGZ 143, 1 ff).

10 d) Die Satzung kann nicht rechtswirksam bestimmen, daß ein seinen Austritt erklärendes Mitglied bis zu dem von ihr bezeichneten Zeitpunkt zwar noch alle Pflichten, aber *keine Rechte* mehr habe (vgl RG Gruchot 70, 88 ff = LZ 1927, 1531).

6. Vermögensrechtliche Wirkungen des Austritts

11 a) Die *Mitgliederrechte* einschließlich der Sonderrechte, insbes die Rechte am Vermögen des Vereins, *erlöschen*. Daß das ausscheidende Mitglied eines *rechtsfähigen Vereins* gegen den Verein keinen Anspruch auf Zahlung des Wertes eines **Anteils am Vereinsvermögen** hat, versteht sich von selbst, weil hier das Vereinsvermögen gar

2. Titel. Juristische Personen. § 39
I. Vereine 12

nicht den Mitgliedern anteilig gehört (vgl SOERGEL/HADDING Rn 9). Dies gilt auch für einen Sonderfonds, sofern dieser Bestandteil des Vereinsvermögens ist (vgl OLG Hamburg BB 1980, 122 m zust Anm MEINERT). Für den *nichtrechtsfähigen Verein* könnte man aufgrund des nach § 54 anwendbaren § 738 Abs 1 S 2, Abs 2 zu dem Ergebnis kommen, daß dem ausscheidenden Mitglied ein Anspruch auf Zahlung eines Betrages zustehe, welcher dem Wert dessen entspricht, was es bei der Auseinandersetzung des Vereinsvermögens erhalten hätte, wenn diese zZ seines Ausscheidens aus dem Verein stattgefunden hätte; doch muß in dieser Hinsicht die nur dispositive Norm des § 738 in der Regel als durch die Vereinssatzung *ausgeschlossen* gelten, auch wenn dies nicht ausdrücklich geschehen ist, weil sich aus der Vereinssatzung regelmäßig ergibt, daß das ganze Vermögen dauernd dem Vereinszweck dienen und diesem erhalten bleiben soll; daher *wächst* mit dem Ausscheiden eines Mitglieds sein Anteil am Vereinsvermögen ohne weiteres den übrigen Mitgliedern *an* (vgl auch § 54 Rn 81; BGHZ 50, 325, 329; BGB-RGRK/STEFFEN § 54 Rn 14; RGZ 113, 125, 135, wo die Konsequenz dieser Auffassung auch für ein aus einem katholischen Orden ausgeschiedenes Ordensmitglied gezogen wird). Steht aber nach dem Gesagten dem ausgeschiedenen Mitglied ein vermögensrechtlicher *Auseinandersetzungsanspruch* gegen die übrigen Vereinsmitglieder nicht zu, so kann ein solcher folgerichtig auch nicht von einem Gläubiger des Ausgeschiedenen gepfändet werden.

b) Es erlöschen nicht diejenigen Rechte, welche aufgrund der Mitgliedschaft bereits *Bestandteil des Vermögens des Mitglieds* geworden sind („Gläubigerrechte", vgl § 35 Rn 20), wie das Recht auf den endgültig festgestellten Gewinn einer vor dem Austritt abgeschlossenen Geschäftsperiode bei wirtschaftlichen Vereinen.

c) Ebenso bleiben bestehen *die bereits begründeten Ansprüche des Vereins gegen das Mitglied*, insbes der bereits fällig gewordene Beitragsanspruch des Vereins gegen das Milglied, nicht aber schon beschlossene, aber in dem letzten Jahr der Mitgliedschaft des Ausscheidenden nicht mehr fällig gestellte Umlagen (BGHZ 48, 207). Unwirksam wegen Verstoßes gegen § 39 ist dagegen eine Satzungsbestimmung, nach der durch die Kündigung der Mitgliedschaft erst Ansprüche des Vereins begründet werden, auch wenn dies in die Form gekleidet wird, daß es sich um Vergütung für empfangene Dienstleistungen des Vereins handelt (LG München I NJW 1987, 847 – Scientology Church; vgl auch o Rn 2).

7. Der Ausschluß

Die *gleichen Wirkungen* kommen auch dem *Ausschluß* eines Mitglieds zu. Vgl hierzu 12 § 35 Rn 33 ff.

Ein aus dem Verein *ausgetretenes* und damit dem Satzungskreis des Vereins entzogenes *Mitglied* kann **nicht mehr ausgeschlossen** werden (RGZ 51, 66; 108, 161 ff; 143, 1 ff; 78, 134 ff; gegen die dort angenommene Zulässigkeit einer Feststellungsklage erhebt beachtliche Bedenken LENEL DJZ 1913, 84 ff; gegen ihn wiederum RG JW 1914, 460 Nr 2).

Die Unzulässigkeit der Ausschließung nach erfolgtem Austritt ergibt sich daraus, daß dem Verein eine *Jurisdiktionsgewalt*, kraft deren die Ausschließung erfolgen könnte, über das schon ausgetretene frühere Mitglied *nicht mehr zusteht* (vgl RGZ 143, 1), aber auch aus der einfachen Erwägung, daß eine Mitgliedschaft, die gar nicht mehr vorhanden ist, *nicht mehr entzogen* werden kann. Die „Ausschließung" des Ausgetretenen könnte also höchstens die Bedeutung haben, daß dem Ausgetretenen damit die Befugnis abgesprochen wird, die Mitgliedschaft wiederum zu **erwerben**; diese Deutung ist aber nur dann möglich, wenn in dem Grund, aus welchem die sog „Ausschließung" erfolgt, zugleich ein *Grund zu* finden ist, der den Verein nach der Satzung zur *Verweigerung der Aufnahme* berechtigt, oder wenn die Aufnahme nach der Satzung zulässigerweise (vgl § 35 Rn 28 ff) in das Belieben der Vereinsorgane gestellt ist. Der Verein kann nach dem Austritt auch keinen wirksamen Beschluß der nach der Satzung zuständigen Organe des Inhalts herbeiführen, daß die Ausschließung beschlossen worden wäre, wenn das Mitglied nicht schon ausgetreten wäre (so RGZ 122, 266 ff). Das RG nahm hier auch an, daß auf Feststellung der Rechtsunwirksamkeit eines solchen Beschlusses negative Feststellungsklage nach § 256 ZPO erhoben werden könne. *Unzulässig*, weil mit § 39 unvereinbar, ist auch eine Satzungsbestimmung des Inhalts, daß ein freiwilliges Ausscheiden aus dem Verein nicht mehr möglich sei, sobald der Verein gegen ein Mitglied ein ehrengerichtliches Verfahren anhängig gemacht hat (RGZ 108, 160 ff), oder des Inhalts, daß Mitglieder, die sich durch Austritt einer Bestrafung entziehen, auf eine schwarze Liste zu setzen sind und damit als ausgeschlossen gelten (RGZ 143, 1 ff). Denn nach Ausscheiden kann ein Verein Strafmaßnahmen gegen den Ausgeschiedenen nicht mehr verhängen.

Über Unzulässigkeit des Ausschlusses nach erfolgter Ablehnung des Ausschlusses durch die Mitgliederversammlung aufgrund bestimmten *unveränderten* Tatbestandes s RGZ 51, 89.

13 8. Über den *Austritt* aus einem **nichtrechtsfähigen Verein** s § 54 Rn 47; BGH Rpfleger 1979; 373 = NJW 1979, 2304 (Werbegemeinschaft).

14 9. § 39 gilt nicht für **öffentlichrechtliche Zwangsvereine** (so auch SOERGEL/HADDING Rn 2).

15 10. Abgesehen vom Fall des Austritts gem § 39 kann die Mitgliedschaft auch dadurch automatisch *enden*, daß die Satzung die Beendigung bestimmt, wenn besondere **Voraussetzungen für** den **Erwerb** in der Person eines Mitglieds *wegfallen* (BGH Rpfleger 1978, 362). Vgl ferner BGH MDR 1979, 734 (Kandidatur für andere Partei).

§ 40

Die Vorschriften des § 27 Abs 1, 3, des § 28 Abs 1 und der §§ 32, 33, 38 finden insoweit keine Anwendung, als die Satzung ein anderes bestimmt.

Materialien: E I § 44; II § 37; III § 37; Mot I 194 ff, 105 ff; Prot V I 115; JAKOBS/SCHUBERT, AT I 145, 153 ff.

1 1. Außer den hier genannten Paragraphen ist der Inhalt einer Reihe *anderer teil-*

weise oder ganz **dispositiv**, was sich jeweils aus dem Wortlaut der Vorschriften ergibt; vgl §§ 26 Abs 2, 30, 37 Abs 1, 39 Abs 2, 41. Andererseits ergeben sich auch für die in § 40 genannten dispositiven Vorschriften gewisse **Grenzen der inhaltlichen Gestaltung** aus allgemeinen Rechtsgrundsätzen, zB dem Grundsatz der Vereinsautonomie, des Mitglieder- und Minderheitenschutzes (vgl SOERGEL/HADDING Rn 1) oder dem Grundsatz, daß niemand die Mitgliedschaft aufgezwungen werden darf (vgl zB zu § 38 BGH WM 1980, 1286 und o § 38 Rn 3; zu § 32 BGH NJW 1987, 1811, 1812; zu § 33 REUTER ZGR 1987, 475, 488).

2. Hinsichtlich der die Vereinsverfassung betreffenden *zwingenden Vorschriften* ist zu beachten, daß sie für Vereine, deren Rechtsfähigkeit auf staatlicher Verleihung beruht, nur soweit Geltung haben, als nicht entgegenstehende *landesrechtliche Normen* vorhanden sind, welche nach Art 82 EGBGB unberührt bleiben.

3. Über die *subsidiäre Bedeutung* der vereinsrechtlichen Vorschriften des BGB für die auf besonderen Gesetzen beruhenden rechtsfähigen Körperschaften vgl Vorbem 58 zu § 21.

4. Die Vorschriften des BGB finden in den Fällen des § 40 Anwendung, soweit nicht die **Satzung** anders bestimmt. Die Satzung kann nur durch Beschluß in der Mitgliederversammlung oder durch schriftliche Zustimmung aller Vereinsmitglieder geschaffen werden. Damit sollte nach Prot I 531 eine andere Quelle der Abänderung des Reichsrechts (heute: Bundesrechts), nämlich *Herkommen* und *Observanz*, für die Zukunft ausgeschlossen werden. Vgl hierzu Erl zu Art 2 EGBGB.

§ 41

Der Verein kann durch Beschluß der Mitgliederversammlung aufgelöst werden. Zu dem Beschluß ist eine Mehrheit von drei Vierteilen der erschienenen Mitglieder erforderlich, wenn nicht die Satzung ein anderes bestimmt.

Materialien: E II § 39; III § 38; Prot I 538 ff; JAKOBS/SCHUBERT, AT I 145, 153 ff.

Schrifttum

BAYER, Die liquidationslose Fortsetzung rechtsfähiger Idealvereine (Diss Mainz/Berlin 1984)
BEITZKE, Mitgliedlose Vereine, in: FS Wilburg (1965) 19
BÖTTCHER, Die Beendigung des rechtsfähigen Vereins. Kritische Darstellung mit Änderungsvorschlägen, Rpfleger 1988, 169
DROBNIG/BECKER/REMIEN, Verschmelzung und Koordinierung von Verbänden (1991)
KOLLHOSSER, Der Verzicht des rechtsfähigen Vereins auf seine Rechtsfähigkeit, ZIP 1984, 1434
RIEBLE, Die Vereinsverschmelzung, JZ 1991, 658
K SCHMIDT, Erlöschen eines eingetragenen Vereins durch Fortfall aller Mitglieder?, JZ 1987, 394
STOLTE, Der Verzicht auf die Rechtsfähigkeit beim rechtsfähigen Verein (Diss Münster 1984).

Systematische Übersicht

I. Allgemeines
1. Entstehungsgeschichte — 1
2. Auflösung des Vereins und Entziehung der Rechtsfähigkeit — 2
3. Bedeutung dieser Unterscheidung — 3

II. Endigungsgründe des Vereins, insbes Auflösung und Erlöschen — 4
1. Auflösung — 5
2. Erlöschen — 12
3. Entziehung der Rechtspersönlichkeit — 13

III. Entziehung der Rechtsfähigkeit und Auflösung
1. Unterschied im öffentlichen Vereinsrecht — 14
2. Unterschied im Privatrecht — 15
3. Besonderheiten — 16

IV. Form der Auflösung
1. Selbstauflösung — 17
2. Erforderliche Mehrheit — 18

V. Verzicht auf die Rechtsfähigkeit — 19

VI. Liquidationsverein
1. Fortbestehen des Vereins — 20
2. Klärung von Zweifeln am Fortbestand — 21

I. Allgemeines

1 1. Zur *Entstehungsgeschichte* vgl STAUDINGER/COING[11] Rn 1.

2 2. Hinsichtlich des Fortbestehens des Vereins zum Zwecke der Liquidation wollte die 10. Aufl zwischen der **Auflösung** bzw **Entziehung der Rechtsfähigkeit** einerseits und der **Löschung** des Vereins gem §§ 159, 142 FGG andererseits unterscheiden, weil im Falle der *Löschung* eine juristische Person rechtmäßig gar nicht entstanden sei. Daraus ergäbe sich, daß bei Löschung nach §§ 142, 159 FGG im Gegensatz zu den Fällen der Auflösung oder der Entziehung der Rechtsfähigkeit *keine Liquidation* stattzufinden habe.

Diese Ansicht kann *nicht* aufrecht erhalten werden. Sie widerspricht der Lehre von der konstitutiven Wirkung der Eintragung (vgl § 21 Rn 26). Schreibt man nämlich der Eintragung konstitutive Wirkung zu, so ist auch in den Fällen des Fehlens wesentlicher Eintragungsvoraussetzungen, in denen es später zum Löschungsverfahren kommt, zunächst eine *juristische Person entstanden*. Dann muß aber auch die Löschung hinsichtlich ihrer Folgen ebenso behandelt werden wie die Entziehung der Rechtsfähigkeit. Insbes muß daher ggf eine *Liquidation* des Vereinsvermögens stattfinden (so auch MünchKomm/REUTER Rn 17; SOERGEL/HADDING Vorbem 10 zu §§ 41–53). Diese Folgerung hindert nicht, daß der Verein selbst als nichtrechtsfähiger Verein fortbesteht, sofern er nicht gem Art 9 Abs 2 GG verboten ist. Er kann auch das nach der Liquidation verbleibende Vereinsvermögen behalten, da die Mitgliederversammlung noch im Liquidationsverfahren einen entsprechenden Beschluß fassen kann (vgl § 45 Rn 14). Über das Verhältnis von Liquidation zum bestehenbleibenden Verein s § 49 Rn 16.

3 3. Die *terminologische Unterscheidung* zwischen *Auflösung des Vereins* und *Entziehung der Rechtsfähigkeit* ist erst durch die Reichstagskomm eingeführt worden.

Vgl dazu Näheres bei STAUDINGER/COING[11]. Zur Bedeutung der Unterscheidung im öffentlichen Vereinsrecht und im Privatrecht s unten Rn 14 f.

II. Endigungsgründe des Vereins, insbes Auflösung und Erlöschen

Im BGB bedeutet *„Auflösung"* des Vereins ein Ende der Rechtsfähigkeit, welches *zugleich das Ende der Personenverbindung* als solcher ist. In diesem Sinne ist von „Auflösung des Vereins" die Rede in den §§ 41, 45, 50, 74 Abs 3. Daneben steht das *Erlöschen* des Vereins.

1. Auflösung

Der Verein wird „aufgelöst":

a) Durch *Beschluß der Mitgliederversammlung* (§ 41).

b) Aufgrund der *Satzung* durch **Ablauf der Zeit**, für die er gegründet ist (seltener Fall!) oder durch den **Eintritt bestimmter Ereignisse oder Zustände**, sofern sie in der Satzung als Auflösungsgrund vorgesehen sind; zB kann die Satzung bestimmen, daß der Verein als aufgelöst zu betrachten sei, wenn er nicht mehr eine *bestimmte Zahl von Mitgliedern* hat; hat die Satzung eine solche Bestimmung, so bedarf es nicht erst eines Auflösungsbeschlusses.

Zweifelhaft ist, ob die Satzung auch bestimmen kann, daß die Auflösung durch einen außerhalb des Vereins stehenden **Dritten** angeordnet werden kann oder daß ein Auflösungsbeschluß der Mitgliederversammlung seiner Genehmigung bedarf. § 41 steht dem seinem Wortlaut nach nicht entgegen; er gibt keine erschöpfende Aufzählung der Auflösungsmöglichkeiten. Beide genannten Regelungen stehen jedoch im Widerspruch mit dem Grundsatz der Selbstbestimmung des Vereins als einem wesentlichen Element der *Vereinsautonomie* und werden deshalb mit Recht überwiegend als grundsätzlich unzulässig angesehen (vgl OLG Stuttgart NJW-RR 1986, 995; SOERGEL/HADDING Rn 3; REICHERT/DANNECKER Rn 2057 mwN). *Ausnahmen* von diesem Grundsatz müssen jedoch für **kirchliche und sonstige religiöse Vereine** gelten. Aufgrund des besonderen verfassungsrechtlichen Schutzes der religiösen Vereinigungsfreiheit nach Artt 4 iVm 140 GG, 137 WRV kommt diesen Vereinen hinsichtlich des allgemeinen Grundsatzes der Vereinsautonomie eine Sonderstellung zu (BVerfGE 83, 341; vgl näher § 33 Rn 8). Sie können selbst Grundentscheidungen, wie die über die Auflösung, einer außerhalb des eigenen Vereins stehenden, in der Hierarchie der Religionsgemeinschaft übergeordneten Instanz überlassen (BVerfG 359 ff; REICHERT/DANNECKER Rn 2062 mwN; SCHOCKENHOFF NJW 1992, 1013, 1018; aA noch OLG Stuttgart NJW-RR 1986, 995). Die weitergehende Folgerung bei MünchKomm/REUTER Rn 15, daß für alle Vereine grundsätzliche eine Auflösung durch vereinsfremde Dritte zulässig sei, ist jedoch abzulehnen.

Zulässig ist dagegen ein satzungsmäßiges *Sonderrecht* bestimmter Vereinsmitglieder iSv § 35, daß ohne ihre Zustimmung der Verein nicht aufgelöst werden darf (SOERGEL/HADDING Rn 3; REICHERT/DANNECKER Rn 2056).

c) Früher wurde angenommen, daß der Verein auch durch völliges **Erreichen oder**

Unmöglichwerden seines Zwecks ohne weiteres als aufgelöst anzusehen sei (vTuhr, AT I 558; weitere Nw s Staudinger/Coing[11]). Doch dürfte es bei der Nichterwähnung dieses Grundes im Gesetz bei der Schwierigkeit der Feststellung solcher Tatbestände und mit Rücksicht auf das Interesse Dritter an einem klar erkennbaren Rechtszustand richtiger sein, die Auflösung in solchen Fällen *nicht ipso iure*, sondern erst als Folge eines *Auflösungsbeschlusses* der Mitgliederversammlung eintreten zu lassen (so auch Planck/Knoke Anm 3 b; Soergel/Hadding Vorbem 21 zu §§ 41–53; BGB-RGRK/Steffen Rn 3; Palandt/Heinrichs Rn 6; Enneccerus/Nipperdey § 113 Fn 2). Nicht zu bezweifeln ist, daß in der *Satzung* das Erreichen oder Unmöglichwerden des satzungsmäßigen Zwecks als Auflösungsgrund bestimmt werden kann (vgl RG LZ 1928, 1323 Nr 2; BGHZ 49, 175, 178); doch wird auch in diesem Falle der Eintritt des Auflösungsgrundes erst durch *Beschluß* festgestellt werden müssen; ist dies nicht geschehen, so schrumpft der Vereinszweck auf die Restaufgaben, insbes die Verwaltung des Vereinsvermögens zusammen (BGHZ 49, 175, 178). Daß jedoch das einzelne an der Auflösung interessierte Mitglied einen klagbaren Anspruch auf Auflösung habe, ist nicht anzunehmen. Die Mitgliederversammlung kann, wenn die Erreichung des Vereinszwecks unmöglich geworden ist, auch beschließen, unter Aufrechterhaltung der Identität des Vereins seinen Zweck zu ändern, wozu aber nach § 33 Abs 1 S 2 die Zustimmung aller Mitglieder erforderlich ist.

8 d) Der Verein wird weiter aufgelöst durch **Verlegung des Vereinssitzes in das Ausland** (vgl RGZ 7, 68 für eine AG; OLG Hamburg OLGE 16, 121 für eine GmbH, in beiden Fällen vorbehaltlich des Fortbestandes eines Liquidationsvereins); es entsteht dann jedoch evtl eine *neue juristische Person* nach den Vorschriften des ausländischen Rechts.

9 e) Auflösung tritt ferner ein durch Vereinigung des Vereins („**Fusion**") mit einem anderen rechtsfähigen Verein, der jenen in sich aufnimmt. Das Vereinsrecht des BGB kennt jedoch keine Verschmelzung (Fusion) im eigentlichen Sinne als Gesamtnachfolge (Soergel/Hadding Vorbem 7 zu §§ 41 ff; MünchKomm/Reuter § 41 Rn 9; OLG Hamburg MDR 1972, 236). Eine solche Fusion kann auch nicht entsprechend den Vorschriften des Aktienrechts (§§ 339 ff AktG) (aA Drobnig/Becker/Remien 37 ff) oder des Genossenschaftsrechts (§§ 93 a–93 s GenG) vollzogen werden (aA Rieble JZ 1991, 658 f unter Berufung auf Art 9 Abs 1 GG). Notwendig ist vielmehr *Auflösung* des fusionierenden Vereins, *Übertragung* der Vermögensgegenstände und *Aufnahme* der Mitglieder in den aufnehmenden Verein (vgl Soergel/Hadding Vorbem 7 zu §§ 41–53; OLG Hamburg MDR 1972, 236; vgl auch KG NJW 1969, 752). Es liegt somit ein besonderer Fall der Auflösung vor.

10 f) Der Verein wird schließlich durch Verbot gem § 3 VereinsG aufgelöst. Zur Frage der Unterdrückung von Vereinen während der Zeit der nationalsozialistischen Diktatur vgl BGHZ 19, 51 und dazu Heegner JZ 1956, 446 (betr die Große National-Mutterloge „Zu den drei Weltkugeln"). S auch § 33 Rn 5.

Zur Auflösung von *politischen Parteien* s Art 21 Abs 2 GG iVm §§ 13, 43 ff BVerfGG.

Auflösung ist auch möglich, wenn ein Verein die *Grundrechte verwirkt* hat (vgl Art 18 GG, §§ 13, 36 ff BVerfGG).

g) Eine bloße **Veränderung tatsächlicher Umstände**, die dazu führt, daß der Verein **11** seinen Zweck nur noch in sehr begrenztem Umfang verfolgen kann, führt dagegen *nicht* zur Auflösung (BGHZ 49,175,178f; vgl auch oben Rn 7).

Auch *jahrelanges Ruhen der Vereinstätigkeit* führt *nicht* von selbst zum Erlöschen oder zur Auflösung (OLG München JFG 18,183,188; BGHZ 19, 51 ff). Davon zu unterscheiden – allerdings nicht leicht abzugrenzen – ist die tatsächliche *Preisgabe* des Vereinszwecks durch alle Mitglieder (s dazu unten Rn 12).

2. Erlöschen

Der Verein endet ferner, wenn er *alle Mitglieder* durch **Austritt** verliert (vgl auch § 39 **12** Rn 6). Das Gesetz erwähnt diesen Tatbestand allerdings nicht. Umstritten sind deshalb auch die Rechtsfolgen im einzelnen: Mit der überwiegenden Meinung ist ein *Erlöschen* des Vereins anzunehmen (SOERGEL/HADDING Vorbem 11 zu §§ 41 ff; BGB-RGRK/STEFFEN Rn 3; PALANDT/HEINRICHS Rn 2; BGHZ 19, 51, 57; BAG JZ 1987, 420, 421). Nach aA wird der Verein in diesem Fall nur *aufgelöst*, so daß noch eine *Liquidation* erfolgen muß (BEITZKE, in: FS Wilburg [1965] 21 ff; FLUME, Die juristische Person § 6 II; K SCHMIDT JZ 1987, 394, 399; MünchKomm/REUTER Rn 4).

Nach der hier vertretenen Auffassung, daß der Verein erlischt, findet *keine Liquidation* nach vereinsrechtlichen Vorschriften statt. Eine Reaktivierung des Vereins ist – anders als im Stadium der Liquidation nach Auflösung – nicht möglich (BGH LM Nr 2 zu § 21). Zum Schicksal des Vereinsvermögens in diesem Fall s § 45 Rn 17. Zur evtl erforderlichen Abwicklung von Vermögensverhältnissen ist entspr § 1913 ein Pfleger zu bestellen; nach der Gegenmeinung kann gem § 29 ein Notvorstand bestellt werden, der die Aufgabe des Liquidators übernimmt (MünchKomm/REUTER Rn 4).

Entsprechendes wie für den Austritt gilt für den *Wegfall sämtlicher Mitglieder aus sonstigen Gründen*, zB durch Tod oder Verlust der zur Mitgliedschaft nach Gesetz oder Satzung erforderlichen rechtlichen Eigenschaften. In besonders gelagerten Fällen kann Erlöschen auch durch tatsächliche Preisgabe des Vereinszweckes ohne formellen Austritt erfolgen (BGH WM 1976, 686; vgl auch OLG München JFG 18, 183, 186 und BGH LM Nr 2 zu § 21, Begründung zu V 2, wo allerdings Preisgabe aus tatsächlichen Gründen verneint wurde). Dagegen tritt weder Erlöschen noch Auflösung des Vereins ein, wenn sich seine Mitgliederzahl auf ein einziges Mitglied reduziert (vgl BGH LM Nr 2 zu § 21; ENNECCERUS/NIPPERDEY § 113 I 3); rechtsfähigen Vereinen ist in diesem Fall nach § 73 die Rechtsfähigkeit zu entziehen.

3. Entziehung der Rechtspersönlichkeit

Dazu kommt es in folgenden Fällen: **13**

a) Bei *Verzicht* seitens des Vereins. Dazu unten Rn 19.

b) Bei Eröffnung des *Konkurses* über das Vereinsvermögen (§ 42).

c) Bei gerichtlicher Entziehung nach *§ 73*, weil die Mitgliederzahl unter drei Personen gesunken ist.

d) Bei Löschung des eingetragenen Vereins im Vereinsregister nach §§ 159, 142 FGG, weil Eintragungsvoraussetzungen fehlten. Vgl dazu oben Rn 2.

e) Bei Entziehung der Rechtspersönlichkeit gem § 43 durch die Verwaltung. Über dessen Fortgeltung vgl § 43 Rn 1 a E.

III. Entziehung der Rechtsfähigkeit und Auflösung

1. Der *Unterschied* von *Entziehung der Rechtsfähigkeit* und *Auflösung* hat zunächst Bedeutung für das **öffentliche Vereinsrecht**. Der Verein, welchem nur die Rechtsfähigkeit *entzogen* ist, *besteht* für das öffentliche Vereinsrecht *fort*. Gerade mit Rücksicht auf das öffentliche Vereinsrecht hat die Reichstagskommission an die Stelle der „Auflösung" in den §§ 43, 73 die Entziehung der Rechtsfähigkeit gesetzt, mit der Begründung, es sei dem öffentlichen Vereinsrecht „an sich" vorbehalten, die Entstehung bzw die Auflösung der Vereine zu bestimmen (RTK 14), während das BGB nur den Erwerb und den Verlust der Rechtsfähigkeit ordne.

2. Ob privatrechtlich ein *praktischer Unterschied* besteht zwischen der Entziehung der Rechtsfähigkeit und der Auflösung des Vereins, war früher umstritten. Vgl dazu ausf die Darstellung bei STAUDINGER/COING[11] Rn 14.

In beiden Fällen erhebt sich die Frage, ob der nichtrechtsfähige Personenverband und die juristische Person, welche einander zeitlich ablösen, rechtlich als *identisch* oder aber als *zwei verschiedene Vereine* zu betrachten sind. Für den Fall der Verwandlung eines nichtrechtsfähigen Vereins in eine juristische Person ist die Frage in § 21 Rn 32 ff allgemein im erstgenannten Sinne (Identität) beantwortet worden. Für den Fall der Rückbildung des rechtsfähigen Vereins in einen nichtrechtsfähigen Verein ist die Frage entsprechend zu entscheiden (zur Identität s ferner LARENZ, AT § 10 V).

3. Allerdings ergeben sich mit Rücksicht auf die Vorschriften über den Vermögensanfall und die Liquidation (§§ 45 ff) **Besonderheiten**.

a) Wenn das Vereinsvermögen an den *Fiskus* fällt (§§ 45, 46), so *endet* der rechtsfähige Verein im Augenblick der Entziehung der Rechtsfähigkeit, an seiner Stelle besteht nunmehr ein nichtrechtsfähiger Verein; genauer: der bisherige Verein ohne die bisherige Eigenschaft der Rechtsfähigkeit.

b) Fällt dagegen das Vereinsvermögen nicht an den Fiskus, so findet grundsätzlich *Liquidation* statt (§ 47) und der rechtsfähige Verein gilt nach § 49 Abs 2 als *fortbestehend*, jedoch nur für den Liquidationszweck (vgl dazu § 49 Rn 16 f). Zur Streitfrage, ob bei Fortsetzung als nichtrechtsfähiger Verein eine Spaltung in einen rechtsfähigen Liquidationsverein und einen nichtrechtsfähigen Verein für sonstige Zwecke eintritt, s § 47 Rn 1.

c) Selbstverständlich ist, daß die *Vereinssatzung* die Auflösung des Vereins für den Fall der Entziehung der Rechtspersönlichkeit vorsehen kann und daß die Mitglieder die Auflösung in diesem Fall beschließen können.

d) Ist der Verein *erloschen*, so kann, da keine Organe mehr vorhanden sind, eine *Liquidation* nach den Vorschriften der §§ 47 ff *nicht stattfinden*. Ist noch Vermögen vorhanden, so muß ein **Pfleger** nach § 1913 eingesetzt werden, der die Abwicklung durchführt (BGH LM Nr 2 zu § 21 [Bl 3]; BGHZ 19, 51; BAG AP Nr 1 zu § 1913; PALANDT/ HEINRICHS Rn 2. Abw BEITZKE, in: FS Wilburg [1965] 19).

IV. Form der Auflösung

1. Aus S 1 des § 41 darf geschlossen werden, daß die Vereinsauflösung durch Mitgliederbeschluß *außerhalb der Mitgliederversammlung* in der Form des § 32 Abs 2 unzulässig ist. Da indessen der gleichzeitige Austritt aller Mitglieder möglich ist, uz ohne weitere Form, so bedarf es jedenfalls zur *Selbstauflösung* des Vereins *nicht* schlechthin einer Mitgliederversammlung. Die rechtlichen Folgen in bezug auf das *Vermögen* des Vereins sind allerdings verschieden in dem Falle der Auflösung durch Versammlungsbeschluß und der Beendigung der Körperschaft durch Austritt aller Mitglieder (§ 45 Abs 2).

Zum Problem der Entscheidung über die Auslegung durch *Dritte* s oben Rn 6.

2. Zum *Auflösungsbeschluß* ist eine **Mehrheit** von $^3/_4$ der erschienenen Mitglieder erforderlich. Eine bestimmte Mitgliederzahl ist für die Versammlung selbst nicht vorgeschrieben. Die Vorschrift des § 41 hat daher nicht zur Folge, daß mindestens vier Mitglieder anwesend sein müssen. Die Satzung kann auch vorschreiben, daß *einfache Stimmenmehrheit* genügt. Für die Berechnung der Stimmenzahl gilt hier entsprechend das in § 32 Rn 13 Gesagte.

V. Verzicht auf die Rechtsfähigkeit

§ 41 setzt voraus, daß der Verein über seinen eigenen Bestand frei verfügen kann. Dies ist nicht notwendig der Fall. Wenn es aber der Fall ist, so fragt sich, ob der Verein nicht *auf die Rechtsfähigkeit verzichten* kann unter Aufrechterhaltung seines Daseins als **nichtrechtsfähiger Verein**. Diese Frage ist zu bejahen. Der Verzicht muß, um wirksam zu werden, gegenüber der verleihenden Behörde des Landes oder dem zuständigen Bundesministerium (§ 23) oder durch Löschungsantrag zum Amtsgericht erklärt werden. Der Verzicht auf die Rechtsfähigkeit stellt ein *Minus* gegenüber der Auflösung dar. Die hM nimmt daher die Zulässigkeit eines Verzichts an (SOERGEL/HADDING Vorbem 8 zu §§ 41 ff; MünchKomm/REUTER § 42 Rn 2; BGB-RGRK/STEFFEN § 42 Rn 2; REICHERT/DANNECKER Rn 2106; KOLLHOSSER ZIP 1984, 1434, 1435; BayObLGZ 1959, 152). Eine *Liquidation* ist in diesem Fall erforderlich (str, **aA** KOLLHOSSER aaO, insbes 1436 ff mN zum Meinungsstand; BAYER, Die liquidationslose Fortsetzung rechtsfähiger Idealvereine [1984] 212 ff).

VI. Liquidationsverein

1. In den Fällen der Beendigung der Rechtsfähigkeit – außer dem des Erlöschens – gilt der Verein für den *Zweck der Liquidation* (§§ 47 ff) als *fortbestehend*, soweit diese erforderlich ist. Der Fortbestand des Vereins ist hier nicht bloße Fiktion. Die Organe des Vereins bleiben in Tätigkeit und werden, falls der Vorstand fehlt, durch Neubestellung ersetzt (§ 48). Abgesehen von dem Fall der Liquidation hört der

rechtsfähige Verein mit der Auflösung oder Entziehung der Rechtsfähigkeit auf, zu bestehen. Er kann daher Rechte nicht mehr erwerben, insbes nicht mehr ins Grundbuch eingetragen werden. Anders im Liquidationsfall (vgl GÜTHE/TRIEBEL, GBO [6. Aufl 1936] § 32 Anm 63–66).

21 2. Sowohl nach Auflösung wie nach Erlöschen kann, wenn **Zweifel** daran bestehen, die Frage, ob der Verein **fortbesteht**, ob also wirklich Auflösung oder Erlöschen eingetreten ist, von dem – möglicherweise nicht mehr existierenden – *Verein geklärt* werden.

Es muß dann evtl ein Notvorstand bestellt werden (vgl BGH LM Nr 2 zu § 21). Bei Kapitalgesellschaften kommt es auf das Vorhandensein von Vermögensgegenständen an, die auch in geltend zu machenden Ansprüchen bestehen können (BGHZ 28, 355).

§ 42

[1] Der Verein verliert die Rechtsfähigkeit durch die Eröffnung des Konkurses.

[2] Der Vorstand hat im Falle der Überschuldung die Eröffnung eines Konkursverfahrens oder des gerichtlichen Vergleichsverfahrens zu beantragen. Wird die Stellung des Antrags verzögert, so sind die Vorstandsmitglieder, denen ein Verschulden zur Last fällt, den Gläubigern für den daraus entstehenden Schaden verantwortlich; sie haften als Gesamtschuldner.

Materialien: E I § 47; II § 39; III § 39; Mot I 104; Prot I 523 ff, 539; VI 118; geändert durch Art II Nr 1 G v 25.3.1930 (RGBl I 93); JAKOBS/SCHUBERT, AT I 145, 153 ff.

Schrifttum

KÜHN, Gläubigerschutz nach § 823 Abs2 BGB bei Überschuldung einer GmbH, NJW 1970, 589

K SCHMIDT, Wege zum Insolvenzrecht der Unternehmen (1990)
ders, Gesellschaftsrecht (2. Aufl 1991) § 11 VI.

1. Konkursgrund

1 Über das Vermögen eines *rechtsfähigen Vereins* findet ein **Konkursverfahren** nach Maßgabe der Bestimmungen der §§ 207, 213 KO statt, also außer dem Falle der Zahlungsunfähigkeit im Falle der Überschuldung.

2. Eröffnung des Konkursverfahrens

2 Die *Eröffnung des Konkursverfahrens* ist zulässig sowohl während des Bestehens eines rechtsfähigen Vereins als auch nach seiner Auflösung und nach erfolgter Entziehung der Rechtsfähigkeit. § 53 legt den *Liquidatoren* die *Verpflichtung* auf, bei Vermeidung eigener Haftung den Konkurs über das Vermögen des Vereins zu beantragen, wenn dieser überschuldet ist, ebenso wie § 42 Abs 2 dem Vorstand des noch bestehenden Vereins.

Die Einleitung des gerichtlichen **Vergleichsverfahrens** ist insoweit und so lange zulässig, als der Konkurs eröffnet werden kann (s § 108 VerglO).

3. Wirkung

Die Eröffnung des Konkurses bewirkt *nicht* die *sofortige* und vollständige *Beendigung* des Vereins als juristischer Person (s unten Rn 11, dort auch zu der grundlegend abweichenden Sicht von K Schmidt u a). Diese gilt vielmehr für das Konkursverfahren als fortbestehend (§ 49 Abs 2 analog). Daher ist nicht der Verlust der Rechtsfähigkeit (§ 74 Abs 1), sondern nur die *Eröffnung des Konkurses* gem § 75 in das Vereinsregister *einzutragen* (vgl hierzu Jaeger/Weber, KO [8. Aufl 1973] § 213 Anm 10).

Durch die Eröffnung des gerichtlichen *Vergleichsverfahrens* wird die Rechtsfähigkeit des Vereins überhaupt nicht berührt.

Durch die Eröffnung des Konkurses über den Verein endet, falls die Satzung nichts anderes bestimmt, die *Beitragspflicht* der Mitglieder (BGHZ 96, 253, 255).

4. Antrag

Die Eröffnung des Konkurses über das Vermögen des Vereins zu **beantragen**, ist nach § 208 KO jeder Konkursgläubiger, jedes Vorstandsmitglied und jeder Liquidator berechtigt. Wird jedoch der Antrag nicht von *allen Mitgliedern des Vorstands* oder von *allen Liquidatoren gestellt*, so ist er nur dann zuzulassen, wenn die Zahlungsunfähigkeit oder die Überschuldung glaubhaft gemacht werden können, ebenso wie in dem Falle, wenn ein Gläubiger den Eröffnungsantrag stellt (§§ 105, 208 Abs 2, 213 KO). Das Gericht hat die übrigen Vorstandsmitglieder oder Liquidatoren zu *hören* und, falls sie die Zahlungsunfähigkeit oder Überschuldung nicht einräumen, die erforderlichen Ermittlungen anzuordnen (§§ 105 Abs 2 u 3, 208 Abs 2, 213 KO).

Den Antrag auf Eröffnung des **Vergleichsverfahrens** kann *nur* der *Schuldner*, hier also der Vorstand als Organ des Schuldners stellen. Der Antrag muß nach § 3 VerglO einen bestimmten Vergleichsvorschlag enthalten und ergeben, ob und wie die Erfüllung des Vergleichs sichergestellt werden soll.

5. Dauer

Die *Eröffnung des Konkursverfahrens* ist so lange *zulässig*, als nicht die Verteilung des Vermögens des Vereins aufgrund des Liquidationsverfahrens erfolgt ist (§§ 207 Abs 2, 213 KO). Die Eröffnung des *Vergleichsverfahrens* ist zulässig, soweit der Konkurs eröffnet werden kann (§ 108 VerglO).

6. Verlust der Rechtsfähigkeit

6 Wird die *Eröffnung* des Konkurses gegen den rechtsfähigen Verein als solchen während seines Bestehens beantragt, so *bewirkt* die „Eröffnung des Konkurses" (nicht auch die des Vergleichsverfahrens) den **Verlust der Rechtsfähigkeit**; über die Bedeutung des Satzes s des Näheren unten Rn 11. Der Verlust der Rechtsfähigkeit wird durch den *Eröffnungsbeschluß* bewirkt, der gem § 108 KO die Stunde der Konkurseröffnung anzugeben hat. Ist dies versäumt worden, so gilt als Zeitpunkt der Eröffnung die Mittagsstunde des Tages der Konkurseröffnung.

Der Verlust der Rechtsfähigkeit infolge der Konkurseröffnung ist *nicht gleichbedeutend mit* der *Auflösung* des Vereins (**aA** K SCHMIDT, s unten Rn 11); dieser kann als nichtrechtsfähiger Verein weiter bestehen (OLG Hamburg HRR 1933 Nr 1634; SOERGEL/HADDING Rn 9). Dann bleibt er auch passiv parteifähig (RG JW 1936, 2063 Nr 2). Vermögen, das nach der Konkurseröffnung dem in dieser Form fortbestehenden Verein anfällt, ist konkursfrei.

Die Löschung des Vereinsnamens im Vereinsregister führt nicht zum Verlust der Rechtsfähigkeit (BGH NJW 1984, 668).

7. Aufhebung durch das Beschwerdegericht

7 *Gegen* den *Eröffnungsbeschluß* steht dem Verein die **sofortige Beschwerde** zu (§ 109 KO); die Entscheidung des Beschwerdegerichts wird jedoch erst mit der Rechtskraft wirksam, sofern nicht das Beschwerdegericht die sofortige Wirksamkeit der Entscheidung anordnet (§ 74 KO). *Hebt* das Beschwerdegericht die Konkurseröffnung *auf*, so fällt die Wirkung des Eröffnungsbeschlusses weg, und der Verlust der Rechtsfähigkeit gilt als *nicht erfolgt*. Bei eingetragenen Vereinen ist die Aufhebung des Eröffnungsbeschlusses in das Vereinsregister einzutragen (§ 75). Da aber sofort mit der Eröffnung des Konkursverfahrens die Tätigkeit des Konkursverwalters beginnt (§ 117 KO), so kann die Aufhebung des Eröffnungsbeschlusses nicht mehr den alten Stand wieder herstellen. Die etwa bereits erfolgte *Verwertung* des Vereinsvermögens ist nicht mehr rückgängig zu machen. Die entstandenen Masseansprüche müssen, obwohl eine Konkursmasse rechtlich nicht besteht, doch, wie wenn eine solche vorhanden wäre, aus dem Vermögen des Vereins befriedigt werden (§§ 116, 191 KO). Im übrigen ist die Aufhebung des Konkursverfahrens ebenso öffentlich bekannt zu machen, den Beteiligten zuzustellen und in das Grundbuch einzutragen, wie die Eröffnung des Verfahrens, alles auf Kosten des Vereins (§ 116 KO).

8. Einstellung und Aufhebung

8 Wird das Konkursverfahren **eingestellt** (§ 202 KO) oder nach Durchführung des Verfahrens durch Schlußverteilung (§ 163 KO) oder durch Zwangsvergleich **aufgehoben** (§ 190 KO), so lebt die durch die Konkurseröffnung dem Verein verlorene Rechtsfähigkeit *nicht* wieder auf. Der Verein muß daher, wenn nach Einstellung oder Aufhebung des Konkursverfahrens noch Vermögen vorhanden ist, in *Liquidation* treten oder die begonnene Liquidation zu Ende führen (§§ 45 ff; BGHZ 96, 253, 255 f). Dagegen fällt die Entziehung der Rechtsfähigkeit rückwirkend fort bei rechtskräftiger Aufhebung des Eröffnungsbeschlusses (§ 116 KO). Über Eintragung der Aufhebung des Eröffnungsbeschlusses s § 75.

Wird das *Vergleichsverfahren* abgelehnt oder eingestellt, so ist zugleich über die Eröffnung des Konkursverfahrens zu entscheiden (§§ 19, 101 VerglO).

9. Antragspflicht

Nach § 42 Abs 2 *hat der Vorstand* im Falle der **Überschuldung** die Konkurseröffnung oder – dieser Zusatz beruht auf dem G v 25. 3. 1930 – die Eröffnung des gerichtlichen Vergleichsverfahrens zu *beantragen*.

Daß auch *Zahlungsunfähigkeit* des Vereins Konkursgrund ist, ergibt sich schon aus §§ 207 Abs 1 iVm 213 KO (vgl o Rn 1). Eine *Verpflichtung* des Vorstandes, die Konkurseröffnung auch in diesem Fall (Zahlungsunfähigkeit iSv § 102 KO, ohne daß Überschuldung vorliegt) zu beantragen, hat das BGB – im Gegensatz zu § 92 Abs 2 AktG, 64 GmbHG, § 99 GenG – nicht bestimmt. Eine entsprechende Verpflichtung gegenüber dem Verein kann sich jedoch aus der Geschäftsführungspflicht aufgrund § 27 Abs 3 ergeben (Erman/H P Westermann Rn 4; im Ergebnis auch MünchKomm/Reuter Rn 12).

10. Haftung

Der Vorstand haftet im Falle *verschuldeter Verzögerung* der Antragstellung **dem Verein**; diese Haltung gründet sich nicht auf § 42, sondern auf positive Vertragsverletzung des *Bestellungsvertrags* zwischen dem Verein und dem Vorstand. Der Schadensersatzanspruch des Vereins gegen die Vorstandsmitglieder gehört, wenn dann über das Vermögen des Vereins infolge des Antrags eines anderen Antragsberechtigten oder auf nachträglichen Antrag des Vorstandes der Konkurs eröffnet wird, zur Konkursmasse.

Den **Gläubigern** haftet der Vorstand nach § 42 Abs 2 S 2 *unmittelbar* für den Fall der schuldhaften Verzögerung des Konkursantrages oder des Antrags auf Eröffnung des Vergleichsverfahrens im Falle der *Überschuldung*. Die Haftung *besteht gegenüber allen Gläubigern*, auch gegenüber denjenigen, die erst nach Eintritt der Überschuldung Ansprüche gegen den Verein erworben haben (BGHZ 29, 100, 104 zu § 64 GmbHG). Fraglich ist jedoch der *Umfang* des Schadensersatzes, den diese Gläubiger verlangen können. Die Frage wird vor allem für die entspr Bestimmung in § 64 GmbHG diskutiert, stellt sich aber in gleicher Weise auch für § 42 Abs 2 S 2. Nach der Rspr und einem Teil der Lit schützen diese Vorschriften nicht das allgemeine Vertrauen in die Kreditfähigkeit und Zahlungsfähigkeit der Gesellschaft; die Neugläubiger könnten deshalb nicht verlangen, so gestellt zu werden, als ob sie gar nicht mit dem Verein kontrahiert hätten (BGHZ 29, 100, 107; BGH WM 1987, 556, 558; Soergel/ Hadding Rn 12; Palandt/Heinrichs Rn 4; Erman/H P Westermann Rn 4; MünchKomm/Reuter Rn 11). Statt dessen könnten sie nur den sog *Quotenschaden* geltend machen, dh den Schaden, der durch die Verminderung der Konkursquote infolge der Verzögerung des Konkursantrags entstanden ist. Diese Ansicht verdient den Vorzug (aA noch Staudinger/Coing[12]; Kühn NJW 1970, 589 ff; für differenzierte Lösung P Ulmer NJW 1983,

1577, 1581 f betr GmbH). Eine Differenzierung zwischen Alt- und Neugläubigern (so der II. Senat BGHZ ZIP 1993, 763 mit abl Anm P ULMER) ist abzulehnen.

Die Haftung des Vorstandes *gegenüber* den *Gläubigern* findet nur dann statt, wenn dem Vorstand ein **Verschulden** zur Last fällt. Es haften nur diejenigen *Mitglieder* des Vorstandes, welchen ein Verschulden zur Last fällt. Sie haften nach § 42 Abs 2 S 2 als Gesamtschuldner.

11. Fortbestand der Rechtsfähigkeit für das Konkursverfahren

11 Nach hM verliert der Verein gem § 42 zwar durch die Konkurseröffnung seine Rechtsfähigkeit, doch *gilt diese für das Konkursverfahren als fortbestehend* (BGHZ 96, 253, 254). Der Verein ist nicht aufgelöst. Gemeinschuldner sind nicht diejenigen, an welche das Vermögen des Vereins nach der Auflösung fällt, sondern der Verein ist Gemeinschuldner. Insoweit besteht auch die *Organisation* fort, so daß die Organe des Vereins im Konkursverfahren als Organe des Gemeinschuldners in Betracht kommen (vgl JAEGER/WEBER, KO [8. Aufl 1973] § 213 Anm 10). Die Lage ist entsprechend wie nach § 49 Abs 2. Als rechtsfähiger Verein besteht der Verein nur für den Zweck des Konkurses fort. Im übrigen verliert er durch die Konkurseröffnung die Rechtsfähigkeit; für andere Zwecke kann er als nichtrechtsfähiger Verein weiterbestehen (vgl o Rn 6).

Ein grundlegend **anderes Verständnis** des § 42 vertritt K SCHMIDT, Gesellschaftsrecht [2. Aufl] S 283 ff u KTS 1984, 345, 368 f; ihm folgend MünchKomm/REUTER Rn 5 ff; ERMAN/H P WESTERMANN Rn 1: Danach beruht die Formulierung des § 42 Abs 1 auf einem Redaktionsversehen. In Wirklichkeit handle es sich um einen Fall der *Auflösung*, jedoch mit der Besonderheit, daß kein gesellschaftsrechtliches Liquidationsverfahren, sondern ein staatlich geordnetes Insolvenzverfahren ausgelöst wird (nach REUTER Rn 5 eine besondere Form der „Zwangsliquidation"). Dieses Verfahren könne auch zu einer Sanierung und damit zum Fortbestand des rechtsfähigen Vereins führen.

12 12. Zum *Übergangsrecht* vgl STAUDINGER/COING[11] Rn 12.

13. Landesrechtliche Bestimmungen

13 Über die Fragen, ob privatrechtliche Vereine, welche nicht den Bestimmungen des BGB, sondern lediglich den Landesgesetzen unterworfen sind (Art 65, 66, 67 EGBGB), ob ferner *Körperschaften, Stiftungen* und *Anstalten des öffentlichen Rechts* durch Konkurseröffnung die Rechtsfähigkeit verlieren, sowie ob und inwieweit über juristische Personen des öffentlichen Rechtes eine **Konkurseröffnung** stattfindet, entscheidet, soweit das Bundesrecht noch nicht eingegriffen hat, das *Landesrecht*. Für den Fall, daß ein Konkurs zulässig ist, vgl Erl zu § 89 Abs 2. Über das Vermögen der *Gemeinden* findet nach den Gemeindeordnungen der Länder *kein Konkursverfahren* statt (s zB § 146 Abs 2 Hessen, § 136 Abs 2 Niedersachsen, § 114 Abs 2 Nordrhein-Westfalen). Es ist daher gem § 108 Abs 1 VerglO über Gemeinden auch ein Vergleichsverfahren nicht zulässig.

2. Titel. Juristische Personen. §42, 14, 15
I. Vereine §43, 1

14. Über den Verlust der Rechtsfähigkeit durch *Verzicht vgl* § 41 Rn 19 und durch **14** *Entziehung* vgl § 43.

15. Nichtrechtsfähige Vereine sind ebenfalls konkursfähig (§ 213 KO iVm § 50 **15** Abs 2 ZPO); vgl § 54 Rn 24. Auf sie ist § 42 Abs 2 entsprechend anzuwenden (SOERGEL/HADDING Rn 12).

§ 43

[1] Dem Vereine kann die Rechtsfähigkeit entzogen werden, wenn er durch einen gesetzwidrigen Beschluß der Mitgliederversammlung oder durch gesetzwidriges Verhalten des Vorstandes das Gemeinwohl gefährdet.

[2] Einem Vereine, dessen Zweck nach der Satzung nicht auf einen wirtschaftlichen Geschäftsbetrieb gerichtet ist, kann die Rechtsfähigkeit entzogen werden, wenn er einen solchen Zweck verfolgt.

[3] *(aufgehoben)*

[4] Einem Vereine, dessen Rechtsfähigkeit auf Verleihung beruht, kann die Rechtsfähigkeit entzogen werden, wenn er einen anderen als den in der Satzung bestimmten Zweck verfolgt.

Materialien: E II § 40; III § 40; Prot I 572 ff; VI 116, 144; früherer Abs 3 gestrichen durch Teil 1 Art 1 Nr 1 GesEinhG v 5. 3. 1953 (BGBl I 33); JAKOBS/SCHUBERT, AT I 146, 153 ff.

Schrifttum

BÖTTCHER, Die Beendigung des rechtsfähigen Vereins, Rpfleger 1988, 169
LOOSE/SCHWÄGERL, Werben von Mitgliedern durch angeblich karitativ tätige eingetragene Vereine, BayVBl 1990, 577
MUMMENHOFF, Gründungssysteme und Rechtsfähigkeit (1979)
OETKER, Der Wandel vom Ideal- zum Wirtschaftsverein, NJW 1991, 385

K SCHMIDT, Verbandszweck und Rechtsfähigkeit im Vereinsrecht (1984)
ders, Eintragung „religiöser Wirtschaftsvereine"?, NJW 1988, 2574
ders, Zur Amtslöschung unrechtmäßig eingetragener Vereine, NJW 1993, 1225.

I. Bedeutung des Abs 1

1. Entstehung und allgemeine Einordnung

Die Vorschrift wurde von der 2. Komm nach dem Vorbild des früheren § 79 (heute **1**

§ 81 GenG), der wiederum auf früheres preußisches Aktienrecht zurückging, aufgenommen. Ähnliche Regelungen enthalten § 62 GmbHG und § 396 AktG.

§ 43 Abs 1 ist eine in mehrfacher Hinsicht *verfehlte Vorschrift*. Sie beruht auf einer Vermengung von öffentlichem und privatem Vereinsrecht (vgl die unten Rn 5 zit Bemerkung im Bericht der RTK, ferner K SCHMIDT NJW 1993, 1225, 1226) und konkurriert deshalb mit den Bestimmungen des VereinsG über das Vereinsverbot. Da § 30 Abs 2 Nr 2 VereinsG die Fortgeltung des § 43 ausdrücklich anordnet, nimmt die ganz hM auch die Weitergeltung des § 43 Abs 1 an (aA für Derogation MUMMENHOFF 67 ff). Ferner sind die tatbestandlichen Voraussetzungen verschwommen (s unten Rn 3 ff). Schließlich ist die Rechtsfolge untauglich: Der Verein kann als nichtrechtsfähiger Verein weiterbestehen und seine gesetzwidrigen Aktivitäten verfolgen. Sinnvoll wären statt dessen einzelne Sanktionen oder ein Verbot des Vereins nach § 3 VereinsG (K SCHMIDT NJW 1993,1225,1226; PALANDT/HEINRICHS Rn 1). Es verwundert unter diesen Umständen nicht, daß die Verwaltungsbehörden aufgrund des § 43 Abs 1 so gut wie nie tätig werden (vgl K SCHMIDT aaO, der von „de-facto-Derogation" spricht und empfiehlt, die Vorschrift neben dem VereinsG nicht mehr anzuwenden).

Die *Fortgeltung* des § 43 unter dem GG ist durch § 30 Abs 2 Nr 2 VereinsG bestätigt worden.

2. Voraussetzungen

2 Dem Verein kann die Rechtsfähigkeit entzogen werden, wenn er durch einen *gesetzwidrigen Beschluß der Mitgliederversammlung oder durch gesetzwidriges Verhalten des Vorstandes das Gemeinwohl gefährdet*.

Hiernach ist zur Anwendung des § 43 Abs 1 Voraussetzung:

3 a) Ein **gesetzwidriger Beschluß der Mitgliederversammlung**: Gegen welches Gesetz der Beschluß verstößt, ist an sich gleichgültig, doch ergibt sich eine erhebliche Einschränkung aus der weiteren Tatbestandsvoraussetzung „Gefährdung des Gemeinwohls". Nach aA muß es sich schon bei dem Gesetzesverstoß um einen solchen gegen Vorschriften zum Schutz der Allgemeinheit handeln (BGB-RGRK/STEFFEN Rn 2; SOERGEL/HADDING Rn 3; MünchKomm/REUTER Rn 2). Nach REICHERT/DANNECKER Rn 2083 kommen Gesetzesbestimmungen aller Art in Betracht, doch müßten die Gesetzesverstöße „eine gewisse Gewichtung" haben. Die Voraussetzung der Entziehung der Rechtsfähigkeit ist, daß der Verein durch gesetzwidrigen Beschluß der Mitgliederversammlung die von ihm einzuhaltenden Grenzen überschritten hat. Es genügt *objektive Gesetzwidrigkeit*, ein Verschulden ist nicht erforderlich (SOERGEL/HADDING Rn 3; REICHERT/DANNECKER Rn 2083).

4 b) Das **gesetzwidrige Verhalten des Vorstandes** kann in positiven *Handlungen* oder in *Unterlassungen* bestehen. Auch hier genügt *objektive* Gesetzwidrigkeit. Ob die Mitglieder des Vereins von dem gesetzwidrigen Verhalten des Vorstandes etwas wissen oder es billigen, ist gleichgültig.

Das „Verhalten" des Vorstandes muß ferner ein Verhalten in bezug auf *Vereinsange-*

legenheiten sein und in Ausführung oder Vernachlässigung der dem Vorstand als Organ des Vereins obliegenden Verrichtungen betätigt sein.

c) Der rechtswidrige Versammlungsbeschluß oder das rechtswidrige Verhalten des Vorstandes muß das **„Gemeinwohl" gefährden**. Der Bericht der RTK sagt hierüber (14): „Die Frage, ob ein Verein durch den gesetzwidrigen Beschluß einer Mitgliederversammlung oder durch gesetzwidriges Verhalten des Vorstandes das Gemeinwohl gefährde, sei offenbar nicht privatrechtlicher Natur, sondern gehöre dem *öffentlichen Rechte* an." Es ist anzunehmen, daß *Verstöße gegen das Privatrecht* kaum jemals den Begriff einer Gefährdung des Gemeinwohls erfüllen und auch verschiedene Verstöße gegen Vorschriften des öffentlichen Rechts nicht darunter fallen, wie zB Übertretungen der GewO, der Sonntagsruhe, der Polizeistunde. Im übrigen ist es unmöglich, einen Begriff von solcher Elastizität wie „Gefährdung des Gemeinwohls" juristisch mit genügender Sicherheit für die Rechtsanwendung zu *präzisieren* (zu dieser Problematik s auch MünchKomm/REUTER Rn 2).

II. Die Regelung des Abs 2

1. Nach Abs 2 kann dem Verein, dessen Zweck nach der Satzung **„ideal"** ist, die Rechtsfähigkeit entzogen werden, wenn er einen **wirtschaftlichen Zweck** verfolgt, uz als *Hauptzweck* (vgl PrOVGE 69, 323). Zur Problematik und Auslegung dieses Merkmals in § 21 vgl § 21 Rn 4 ff. Entsprechend der hier vertretenen typologischen Zuordnung ist § 43 Abs 2 auch dann anwendbar, wenn sich aufgrund der tatsächlichen Vereinstätigkeit der Charakter des Vereins derart verändert hat, daß er einem der Typen des wirtschaftlichen Vereins zugeordnet werden muß; auf die formelle Beibehaltung des idealen Zieles kommt es dann nicht an. § 43 Abs 2 ist auch auf Vereine anwendbar, die nach § 23 durch *Verleihung* seitens der Staatsgewalt die Rechtsfähigkeit erlangt haben. Grundlage dieser Bestimmung ist vor allem die Rücksicht auf die *Gläubigerinteressen*. Das Recht der Idealvereine trifft für sie nur in geringem Maße Vorsorge (vgl Vorbem 47 zu § 21). Daher muß darüber gewacht werden, daß der Idealverein sich nicht in einen wirtschaftlichen verwandelt. Die Entziehung der Rechtspersönlichkeit führt über § 46 oder § 47 zur Befriedigung der Gläubiger.

Zur Entziehung der Rechtsfähigkeit ist erforderlich und genügend, daß der Verein *tatsächlich* einen nicht der Satzung entsprechenden Zweck verfolgt (vgl AG Mannheim MDR 1955, 620; SOERGEL/HADDING Rn 4).

2. Problematisch ist das **Verhältnis des § 43 Abs 2 zu der Löschung** eines unrechtmäßig eingetragenen Wirtschaftsvereins von Amts wegen gem §§ 159, 142 FGG. Nach der hM kommt in diesen Fällen die Amtslöschung nach den Vorschriften des FGG nur dann in Frage, wenn das Eintragungshindernis bereits *aus der Satzung* des Vereins *erkennbar* ist, während in den übrigen Fällen der sog verdeckten Rechtsformverfehlung allein die Entziehung der Rechtsfähigkeit nach § 43 Abs 2 in Betracht kommt (MünchKomm/REUTER §§ 21, 22 Rn 59; PALANDT/HEINRICHS Rn 2; BayObLGZ 1984, 283, 287; KG OLGZ 1993, 30, 33 f; OLG Hamm OLGZ 1993, 24, 26 f). Nach der von KARSTEN SCHMIDT begründeten Gegenmeinung sind in den zuletzt genannten Fällen §§ 159, 142 FGG und § 43 Abs 2 nebeneinander anwendbar, so daß auch eine Amtslöschung durch das Registergericht erfolgen kann (K SCHMIDT, Verbandszweck [1984] 236 ff; ders, NJW 1993, 1225 ff; BÖTTCHER Rpfleger 1988, 170; OETKER NJW 1991, 385, 387). Zwar ist zuzugeben, daß nach der gegenwärtigen Verwaltungspraxis die Behörden nur sehr selten von der Möglichkeit des § 43 Abs 2 Gebrauch machen (vgl K SCHMIDT NJW 1993, 1225, 1226). Andererseits ist eine konkurrierende Zuständigkeit von Gerichten und Behörden mit ganz unterschiedlichen Rechtsfolgen für denselben Sachverhalt ebenfalls mißlich (vgl auch MünchKomm/REUTER §§ 21, 22 Rn 59, der sogar rechtsstaatliche Bedenken hat). Statt dessen ist ein entschiedeneres Vorgehen der Verwaltungsbehörden nach § 43 Abs 2 zu fordern, im übrigen aber der hM zu folgen.

8 3. Einem Verein, der nach der Satzung einen idealen Zweck verfolgt, kann nach den Vorschriften des BGB die Rechtsfähigkeit *nicht* deswegen entzogen werden, weil er statt des *satzungsmäßigen* idealen Zwecks einen **anderen idealen Zweck** verfolgt, zB statt eines Erziehungszwecks einen wohltätigen Zweck (Prot I 575); wohl aber bei wirtschaftlicher Zweckverfolgung (KG OLGE 44, 184).

4. Die *Einschränkungen*, die der frühere **Abs 3** des § 43 für Vereine mit politischem, sozialpolitischem oder religiösem Zweck vorsah, sind 1953 durch das GesEinhG weggefallen.

III. Die Entziehung der Rechtsfähigkeit nach Abs 4

9 Einem Verein, dessen *Rechtsfähigkeit* auf *Verleihung* beruht, kann die Rechtsfähigkeit entzogen werden, wenn er **irgendeinen anderen als den in der Satzung bestimmten Zweck verfolgt**.

1. Auf *„Verleihung"* beruht die Rechtsfähigkeit

a) der inländischen Vereine, deren Zweck auf einen wirtschaftlichen Geschäftsbetrieb gerichtet ist *(§ 22)*;

b) der Vereine, die in der Zeit vor Inkrafttreten des BGB die Rechtsfähigkeit kraft Verleihung nach *Landesrecht* erworben haben. Vgl dazu BayObLGZ 1959, 287 (betr Privilegierte bayerische Schützengesellschaft);

c) der Vereine, die ihren *Sitz nicht in einem* Bundesstaat *(Land)* haben (§ 23), unabhängig davon, ob sie satzungsmäßig einen idealen oder wirtschaftlichen Zweck verfolgen.

10 2. Bei diesen Vereinen genügt – im Gegensatz zu § 43 Abs 2 – jede *Änderung des satzungsmäßigen Zwecks* zur Entziehung der Rechtsfähigkeit.

a) Es genügt sonach bei *wirtschaftlichen Vereinen*, wenn an Stelle des satzungsmäßigen Zweckes ein anderer wirtschaftlicher Zweck tritt. Die Genehmigung kann – mit Rücksicht auf die Gläubiger oder den Rechtsverkehr – mit Auflagen versehen werden (vgl § 22 Rn 6). Diese müssen aber evtl geändert werden, wenn der Verein einen anderen Zweck verfolgt.

b) Es genügt bei den Vereinen, welche ihren *Sitz nicht* in einem *Bundesstaat* (Land) haben, wenn an die Stelle des satzungsmäßigen *idealen* Zwecks ein anderer

2. Titel. Juristische Personen.
I. Vereine

idealer Zweck tritt. Zur heutigen Bedeutung des früher gegenstandslosen § 23 vgl dort Rn 2.

3. Den Vereinen, deren Rechtsfähigkeit auf Verleihung beruht, kann aber auch **11** die Rechtsfähigkeit entzogen werden, wenn sie den satzungsmäßigen Zweck *nicht geändert* haben. Die Rechtsfähigkeit kann ihnen entzogen werden aufgrund eines bei der Verleihung selbst gemachten **Vorbehalts**. Ist dies nicht geschehen, so müssen die Voraussetzungen des § 43 Abs 3 gegeben sein, wenn ihnen die Rechtsfähigkeit entzogen werden soll.

IV. Der Vorgang der Entziehung

1. Der Verein *verliert* in den Fällen des § 43 die *Rechtsfähigkeit nicht von selbst*, **12** wie bei Eröffnung des Konkurses; es bedarf eines besonderen staatlichen Aktes (s auch § 44 Rn 2). Dieser hat **konstitutive** (rechtsgestaltende) **Bedeutung**.

2. Die Entziehung der Rechtsfähigkeit liegt im **pflichtgemäßen Ermessen** der **13** zuständigen Behörden (hM, vgl Soergel/Hadding Rn 6; Reichert/Dannecker Rn 2089; VGH München NJW-RR 1987, 830; **aA** MünchKomm/Reuter Rn 2). Dafür sprechen die Formulierung „kann ... die Rechtsfähigkeit entziehen" in § 43 und die vagen Tatbestandsvoraussetzungen. Nach der abw Ansicht von Reuter aaO besteht kein Handlungsermessen, sondern nur ein Beurteilungsspielraum der Behörde hinsichtlich des unbestimmten Rechtsbegriffs „Gefährdung des Gemeinwohls". Nach der hier vertretenen Meinung kann sich jedoch unter bestimmten Umständen der Ermessensspielraum der Behörde auf Null einengen, so daß sie die Rechtsfähigkeit entziehen *muß* (vgl Enneccerus/Nipperdey § 113 II 3 b).

V. § 43 ist auf alle rechtsfähigen Vereine anwendbar. Für Aktiengesellschaften vgl **14** § 396 AktG, wo die Auflösung der Gesellschaft einer gerichtlichen Entscheidung vorbehalten wird. Gegen die Fassung der Tatbestandsvoraussetzungen in § 396 Abs 1 AktG bestehen im übrigen ähnliche Bedenken wie gegen § 43 Abs 1. Zu weiteren gesetzlichen Regelungen vgl oben Rn 1.

§ 44

[1] Die Zuständigkeit und das Verfahren bestimmen sich in den Fällen des § 43 nach dem Recht des Landes, in dem der Verein seinen Sitz hat.

[2] Beruht die Rechtsfähigkeit auf Verleihung durch den Bundesrat, so erfolgt die Entziehung durch Beschluß des Bundesrats.

Materialien: E II § 40; III § 41; Prot I 572 ff; Abs 1 geändert durch Teil I Art 1 Nr 2 GesEinhG v 5.3.1953 (BGBl I 33); Jakobs/Schubert, AT I 146, 153 ff.

1 1. Zur *Entstehungsgeschichte* der Vorschrift vgl STAUDINGER/COING[11].

2. Verfahren und Rechtsmittel

2 Das Verfahren der für die Entziehung zuständigen Behörden richtet sich nach dem *Verwaltungsverfahrensgesetz* des betreffenden Bundeslandes. Die Entziehung der Rechtsfähigkeit ist ein privatrechtsgestaltender, belastender *Verwaltungakt*.

Ursprünglich enthielt § 44 hinsichtlich der Angreifbarkeit mit Rechtsmitteln eine Verweisung auf gewerberechtliche Vorschriften. Diese wurde überflüssig, nachdem in allen Ländern die verwaltungsgerichtliche Generalklausel eingeführt worden war. Seit 1960 gilt für die Anfechtung der Entziehungsverfügung die *VwGO*.

3. Zuständigkeiten

3 Für die Entziehung der Rechtsfähigkeit sind zuständig:

Baden-Württemberg: Regierungspräsidium (§§ 1 Abs 1, 2 Abs 2 Bad-Württ AGBGB v 26. 11. 1974, GBl 498);

Bayern: Kreisverwaltungsbehörde (Art 1, 2 Abs 3 bayer AGBGB v 20. 9. 1982, GVBl 803);

Berlin: Senator der Justiz (vgl K SCHMIDT, Verbandszweck 339 m Nw);

Bremen: Senator für Inneres (§ 3 brem AGBGB v 18. 7. 1899, GBl 61; für Bremerhaven iVm 2. Gesetz zur Einführung bremischen Rechts in Bremerhaven v 6. 7. 1965, GBl 107);

Hamburg: Senat – Senatskanzlei (Anordnung zur Durchführung des BGB und des Hamb AGBGB Teilziff II v 23. 6. 1970, Amtl Anz 1703);

Hessen: in kreisfreien Städten und kreisangehörigen Gemeinden mit mehr als 50 000 Einwohnern der Magistrat, im übrigen der Landrat als Behörde der Landesverwaltung (§ 1 Nr 5 hess AGBGB v 18. 12. 1984, GVBl I 344);

Niedersachsen: Präsident des Verwaltungsbezirks bzw (in Hannover) Regierungspräsident (§§ 1 Abs 1 2 Abs 2 nieders AGBGB v 4. 3. 1971, GVBl 73, idF v 14. 7. 1972, GVBl 387);

Nordrhein-Westfalen: Regierungspräsident (§ 1 Nr 3 VO v 28. 4. 1970, GVBl 325);

Rheinland-Pfalz: Kreisverwaltung als untere Behörde der Landesverwltung, in kreisfreien Städten die Stadtverwaltung (Auftragsangelegenheit) (§ 3 LandesVO v 20. 12. 1976, GVBl 319);

Saarland: Minister des Innern (vgl K SCHMIDT, Verbandszweck 340 m Nw);

Schleswig-Holstein: Innenminister (§ 1 LandesVO v 17. 12. 1971, GVBl 480);

2. Titel. Juristische Personen.　　　　　　　　　　　　　　　　　　§ 44, 4
I. Vereine　　　　　　　　　　　　　　　　　　　　　　　　　　　§ 45

Neue Bundesländer:

Brandenburg: Minister des Innern (§ 1 Verordnung zur Regelung von Zuständigkeiten auf dem Gebiet des Vereinswesens v 29. 4. 1994, GVBl II 318);

Mecklenburg-Vorpommern: Innenminister (§ 1 Nr 3 LandesVO v 26. 4. 1991, GVBl 148);

Sachsen: Regierungspräsidium (§ 1 Abs 4 sächs AG Vereinsrecht v 26. 8. 1992, GVBl 416);

Sachsen-Anhalt: Bezirksregierung (Beschluß der Landesregierung zur Bestimmung zuständiger Behörden auf dem Gebiet des bürgerlichen Vereinsrechts v 11. 2. 1992, MBl Nr 10/1992);

Thüringen: für Entziehung nach § 43 Abs 1, 2 die Kreisverwaltungsbehörde, für Entziehung nach § 43 Abs 4 das Landesverwaltungsamt (§ 5 Abs 1, 2 VO v 12. 2. 1992, GVBl 66).

4. Für die Entziehung der *Rechtsfähigkeit* derjenigen Vereine, denen Rechtsfähigkeit gem § 23 *verliehen* worden ist, ist nach **§ 44 Abs 2** anstelle des früheren Bundesrates heute der **Bundesminister des Innern** (vgl dazu § 33 Rn 13) zuständig. 　4

§ 45

[1] Mit der Auflösung des Vereins oder der Entziehung der Rechtsfähigkeit fällt das Vermögen an die in der Satzung bestimmten Personen.

[2] Durch die Satzung kann vorgeschrieben werden, daß die Anfallberechtigten durch Beschluß der Mitgliederversammlung oder eines anderen Vereinsorgans bestimmt werden. Ist der Zweck des Vereins nicht auf einen wirtschaftlichen Geschäftsbetrieb gerichtet, so kann die Mitgliederversammlung auch ohne eine solche Vorschrift das Vermögen einer öffentlichen Stiftung oder Anstalt zuweisen.

[3] Fehlt es an einer Bestimmung der Anfallberechtigten, so fällt das Vermögen, wenn der Verein nach der Satzung ausschließlich den Interessen seiner Mitglieder diente, an die zur Zeit der Auflösung oder der Entziehung der Rechtsfähigkeit vorhandenen Mitglieder zu gleichen Teilen, anderenfalls an den Fiskus des Bundesstaats, in dessen Gebiete der Verein seinen Sitz hatte.

Materialien: E I § 49; II § 41; III § 42; Mot I 109 ff; Prot I 539 ff; JAKOBS/SCHUBERT, AT I 146, 153 ff.

Schrifttum

BRETSCHNEIDER, Vom Schicksal einer Juristischen Person nach ihrem Ende (Diss Halle 1938)
MEURER, Die Juristischen Personen (1901) 300 ff
OBERWINTER, Über Vereine, Aktiengesellschaften und Gewerkschaften im Liquidationszustande nach Verteilung des gesamten Vermögens unter die Anfallberechtigten, Gruchot 53, 769
WIMPFHEIMER, Die Gesellschaften des Handelsrechts und des bürgerlichen Rechts im Stadium der Liquidation (1908).

Systematische Übersicht

I. Der Übergang von Persönlichkeitsrechten ___ 1	5. Bestimmung der Anfallberechtigten ___ 9
	6. Änderung der Anfallberechtigung ___ 14
II. Der Anfall des Vermögens an die Berechtigten ___ 2	7. Fehlende Bestimmung der Anfallberechtigten ___ 15
1. Ende der juristischen Person ___ 3	8. Landesrechtliche Bestimmungen ___ 19
2. Bedeutung des Anfalls ___ 4	9. Sinngemäße Anwendung ___ 20
3. Anfall an den Fiskus ___ 7	10. Juristische Personen des öffentlichen Rechts ___ 21
4. Erwerb der Anfallberechtigten ___ 8	11. Unbekannte Mitglieder ___ 22

I. Der Übergang von Persönlichkeitsrechten

1 § 45 trifft Bestimmungen nur über das **„Vermögen"** des Vereins, nicht über seine **Persönlichkeitsrechte**. Der Verein ist aber nicht bloß vermögensfähig, sondern überhaupt *rechtsfähig*. Er hat einen Namen, er kann, sofern er ein Gewerbe betreibt, eine Firma haben, er kann Zeichen-, Urheber- und Erfinderrechte besitzen, in denen persönlichkeitsrechtliche Elemente enthalten sind.

Diese Persönlichkeitsrechte *gehen* mit der Entziehung der Rechtsfähigkeit oder der Auflösung des Vereins *nicht notwendig unter*; sie können, sofern sie mit dem Vermögen in Zusammenhang stehen, mit dem Vermögen auf den Anfallberechtigten übergehen (vgl vGIERKE, Die Genossenschaftstheorie und die Deutsche Rechtsprechung [1885] 856; SOERGEL/HADDING Rn 4). Andererseits können Vermögensrechte mit dem Ende der juristischen Person erlöschen.

II. Der Anfall des Vermögens an die Berechtigten

2 Mit der *Auflösung* des Vereins (die eine freiwillige oder eine unfreiwillige sein kann) oder der *Entziehung* der Rechtsfähigkeit fällt das Vermögen an die in § 45 bezeichneten Personen. Die Bestimmungen des Gesetzes sind für die Vereinsauflösung und die Entziehung der Rechtsfähigkeit gleich.

Sie gelten ebenfalls für den Fall der Löschung des Vereins gem §§ 159, 142 FGG. Vgl § 41 Rn 2.

3 1. Der *Anfall* des Vermögens an die Berechtigten findet mit der Auflösung des

Vereins oder der Entziehung der Rechtsfähigkeit statt, also mit dem *Ende der juristischen Person* als solcher.

2. Der „Anfall" des Vermögens **hat verschiedene Bedeutung**, je nachdem das Vermögen des Vereins 4

a) an die in der *Satzung bestimmten Personen* oder mangels einer satzungsmäßigen Bestimmung im Falle des § 45 Abs 3 an die *Mitglieder* des Vereins fällt, oder aber

b) mangels einer satzungsmäßigen Bestimmung des Anfallberechtigten nach Abs 3 an den *Fiskus* oder an Stelle des Fiskus an eine *Körperschaft, Stiftung oder Anstalt des öffentlichen Rechts* fällt (Art 85 EGBGB).

Zu a) In diesem Falle bedeutet der „*Anfall des Vermögens*" an die berechtigten Per- 5 sonen, welcher mit dem Augenblick der Auflösung des Vereins oder der Entziehung seiner Rechtsfähigkeit stattfindet, nur den **Erwerb einer Forderung** der *Anfallberechtigten gegen den nunmehrigen Liquidationsverein* auf das nach Befriedigung der Vereinsgläubiger verbleibende Vermögen des rechtsfähigen Vereins. Eine *Gesamtnachfolge* zugunsten der Anfallberechtigten findet *nicht* statt (so auch LARENZ, AT § 10 V; SOERGEL/HADDING Rn 3; PALANDT/HEINRICHS §§ 45–47 Rn 1; MünchKomm/REUTER §§ 45–47 Rn 4; zu abw älteren Ansichten vgl STAUDINGER/COING[11]). Denn der rechtsfähige Verein bleibt als solcher für den Liquidationszweck und auf diesen Zweck beschränkt bestehen, bis die Liquidation beendigt ist (§ 49 Abs 2). Der Liquidationsverein hat *nur* die Aufgabe, die Vereinsgläubiger zu befriedigen und den sich ergebenden Überschuß des Vereinsvermögens den Anfallberechtigten herauszugeben, sei es in Gestalt eines Erlöses der sog Versilberung des Vereinsvermögens oder der Gegenstände dieses Vermögens in Natur (§§ 47–53).

Die Liquidation erfolgt namens des Liquidationsvereins und durch dessen Organe. Der *Liquidationsverein* ist Eigentümer und Besitzer der Sachen, die zu dem zu liquidierenden Vermögen gehören, Gläubiger der dazu gehörigen Forderungen und Schuldner der Gläubiger. Die Annahme, daß das Vermögen nicht Vermögen des Liquidationsvereins werde und daß insbes die *Schulden* des Vereins auf die Anfallberechtigten übergehen, ist nicht haltbar.

Zu b) In diesem Falle findet eine **Gesamtnachfolge** statt (§§ 46 S 1 iVm 1923, 1936). 6 Das „*Vermögen des Vereins*" fällt als Ganzes an den *Fiskus*, welcher, wenn auch beschränkt auf das Vereinsvermögen, für die *Verbindlichkeiten* des Vereins *haftet*. Der Grund für diese verschiedene Behandlung des Vermögensanfalls an den Fiskus und des Vermögensanfalls an die in der Satzung genannten Anfallberechtigten, insbes die Vereinsmitglieder, war zunächst die Rücksicht auf die Vereinsgläubiger (Mot I 1 13), sodann die Erwägung, daß nur auf diesem Wege den Anfallberechtigten die Befugnis gewahrt werden könne, „den ihnen angefallenen Teil des Vereinsvermögens auszuschlagen" (Prot I 547), eine Befugnis, die dem Fiskus als gesetzlichem Anfallberechtigten nicht zusteht.

3. Nach dem Wortlaut des § 46 und nach den Verhandlungen der 2. Komm findet 7 indessen auch dann Gesamtnachfolge statt, wenn das Vereinsvermögen *kraft* einer

Bestimmung der Satzung an den *Fiskus fällt*. Auch in diesem Falle ist der Fiskus nicht berechtigt, den Anfall auszuschlagen.

8 4. Das Vermögen „**fällt**" an die *Anfallberechtigten*, dh der *Anspruch* auf das nach Befriedigung der Gläubiger verbleibende Vereinsvermögen wird von den Anfallberechtigten regelmäßig mit der Auflösung des Vereins oder der Entziehung der Rechtsfähigkeit *erworben*. Es kann ihnen aber bis zur Beendigung der Liquidation, sofern diese stattfindet, durch entsprechende Änderung der Satzungsbestimmung noch entzogen werden. Die Anfallberechtigten können den Vermögensanfall ausschlagen.

Die Anfallberechtigten erwerben aber *vorher*, insbes durch die Aufnahme einer entsprechenden Satzungsbestimmung, noch *keine Rechte*. Es liegt kein Vertrag zugunsten Dritter vor. Daher kann die Bestimmung auch ohne ihre Zustimmung im Wege der Satzungsänderung geändert werden (RGZ 169, 65, 82).

9 5. Die **Anfallberechtigten bestimmt** zunächst die **Satzung** des Vereins.

10 a) Satzung ist nicht bloß der ursprüngliche Gründungsvertrag, sondern der *Gesamtinhalt* der jeweils geltenden autonomen Bestimmungen des Vereins. Der Verein kann jederzeit durch Satzungsänderung die Anfallberechtigten anderweitig bestimmen (Prot I 543).

11 b) Die Satzung kann die Anfallberechtigten *unmittelbar* bestimmen oder auch *mittelbar*, indem sie vorschreibt, daß die Anfallberechtigten durch einen Beschluß der Mitgliederversammlung oder eines anderen *Vereinsorgans* bestimmt werden (§ 45 Abs 2), also zB durch einen Beschluß des Vorstandes oder eines Aufsichtsrats. Dagegen kann die Satzung nicht eine außerhalb des Vereins stehende Person zur Bestimmung der Anfallberechtigten beauftragen oder ermächtigen.

12 c) Die Satzung kann *verschiedene Anfallberechtigte hintereinander* berufen, für den Fall, daß eine vorher berufene Person den Anfall des Vereinsvermögens ausschlägt.

13 d) Auch *ohne satzungsmäßige Ermächtigung* kann ein Vereinsorgan den Anfallberechtigten benennen: die **Mitgliederversammlung**; nicht dagegen der Vorstand oder ein anderes Vereinsorgan. Die Mitgliederversammlung kann dieses Benennungsrecht ausüben unter einer bestimmten Voraussetzung und mit einer Beschränkung, nämlich

aa) unter der *Voraussetzung*, daß der Zweck des Vereins nicht auf einen wirtschaftlichen Geschäftsbetrieb gerichtet ist;

bb) mit der *Beschränkung*, daß das Vermögen des Vereins in diesem Falle „einer öffentlichen Stiftung oder Anstalt" zugewiesen wird (§ 45 Abs 2 S 2). Man wird sinngemäß „öffentliche Anstalt" hier in einem weiteren Sinne zu verstehen haben, in welchem auch öffentliche **Körperschaften** (wie der Staat oder Kreis) inbegriffen sind (vgl vTuhr, AT I 562 Anm 23; Enneccerus/Nipperdey § 114 Fn 4; Soergel/Hadding Rn 6; BGB-RGRK/Steffen Rn 1; aA MünchKomm/Reuter §§ 45–47 Rn 6).

6. Eine Satzungsbestimmung über Anfallberechtigte kann noch im *Liquidations-* 14 *verfahren* im Wege eines Beschlusses nach § 33 *geändert* werden. Das gleiche gilt auch für eine entsprechende Verfügung eines Vereinsorgans. So mit Recht KG JFG 13, 140, 150.

7. Hat die Satzung weder unmittelbar noch mittelbar eine Bestimmung über die 15 Anfallberechtigten getroffen und hat auch die Mitgliederversammlung die oben (Rn 13) bezeichnete, ihr ohne Satzungsermächtigung zustehende Bestimmung der Anfallberechtigten nicht rechtzeitig vorgenommen, so „**fehlt** es an einer *Bestimmung* der Anfallberechtigten" (§ 45 Abs 3). In diesem Fall beruft das *Gesetz* unmittelbar die Anfallberechtigten. Dabei ist zu unterscheiden:

a) Dient der Verein nach der Satzung *ausschließlich den Interessen seiner Mit-* 16 *glieder*, so fällt das Vereinsvermögen an die zZ der Vereinsauflösung oder der Entziehung der Rechtsfähigkeit **vorhandenen Mitglieder** des Vereins zu gleichen Teilen.

Bleibt der Verein bei Entziehung der Rechtsfähigkeit als *nichtrechtsfähiger Verein* bestehen, so ist nach der in der 12. Bearb vertretenen Auffassung § 45 dahin auszulegen, daß das Anfallsrecht dem Verein selbst zusteht (ähnlich OERTMANN Anm 2 b). Nimmt man Identität des fortgeführten mit dem früheren Verein an (vgl § 47 Rn 1), so erübrigt sich der Vermögensanfall; für Identität des Vermögensträgers SOERGEL/ HADDING Rn 3; HÜBNER, AT Rn 153.

Vereine, welche ausschließlich den Interessen ihrer Mitglieder dienen, sind zunächst die *wirtschaftlichen Vereine*. Es können aber Vereine, deren Zweck nicht auf einen wirtschaftlichen Geschäftsbetrieb gerichtet ist, ebenfalls ausschließlich den Interessen ihrer Mitglieder dienen, als *„selbstnützige"* Vereine im Gegensatz zu den „gemeinnützigen" Vereinen, zB gesellige Vereine. Die Bestimmung des Abs 3 wurde in der 2. Komm als dem „mutmaßlichen Willen der Mitglieder" entsprechend bezeichnet. Bei Vereinen, deren Vermögen nicht ausschließlich dazu bestimmt ist, den Interessen der Mitglieder zu dienen, denke ein Mitglied weder daran, daß es bei künftigem Erlöschen des Vereins berechtigt sein werde, die von ihm geleisteten Beiträge zurückzufordern, noch daran, daß das Vermögen den bei Auflösung des Vereins vorhandenen Mitgliedern zugute kommen solle (Prot I 545).

Die *subsidiäre Vorschrift*, daß mangels einer Bestimmung der Anfallberechtigten das 17 Vermögen des selbstnützigen aufgelösten Vereins an die noch vorhandenen Mitglieder fällt, ist natürlich *nicht* anwendbar, wenn der Grund des Aufhörens des Vereins eben der **Wegfall der Mitglieder** ist (vgl § 41 Rn 12). In entsprechender Erweiterung des Grundgedankens des § 45 Abs 3 läßt sich wohl annehmen, daß das noch vorhandene Vereinsvermögen dem *Fiskus* zufällt (MünchKomm/REUTER Rn 6), der es dann gem § 46 S 2 tunlichst in einer den Zwecken des bisherigen Vereins entsprechenden Weise zu verwenden hat.

b) Dient der Verein *nicht* „ausschließlich den Interessen seiner Mitglieder", so 18 *fällt* das *Vereinsvermögen* „an den **Fiskus** des Bundesstaats, in dessen Gebiete der Verein seinen Sitz hatte". Für das Vermögen der Vereine, welche ihren Sitz in keinem Bundesland haben (§ 23), ist der *Bundesfiskus* anfallberechtigt (PLANCK/KNOKE

Anm 2 c; ENNECCERUS/NIPPERDEY § 114 Fn 7; REICHERT/DANNECKER Rn 2112), doch kann dies naturgemäß nur von solchem Vereinsvermögen gelten, das im Ausland belegen ist. Falls der Vereinssitz in mehreren Bundesländern ist, hat eine *Teilung des Vermögens* in entsprechender Anwendung des § 1936 Abs 1 einzutreten (ebenso ALTMANN, Handbuch des Deutschen Vereinsrechts [1905] 162).

19 8.   An die Stelle des Fiskus als *gesetzlichen* Anfallberechtigten kann nach *landesrechtlichen Bestimmungen* eine Körperschaft, Stiftung oder Anstalt des öffentlichen Rechts treten. Vgl Erl zu Art 85 EGBGB.

20 9.   Ist der Verein *erloschen* (dazu vgl § 41 Rn 12), so ist *§ 45 sinngemäß anzuwenden*; uU ist ein *Pfleger gem* § 1913 zu bestellen (vgl OLG München JFG 18, 183; BGHZ 19, 51, 57).

21 10.   Das Vermögen aufgelöster **juristischer Personen des öffentlichen Rechts** fällt im Zweifel an das Gemeinwesen, von dem sie errichtet und abgezweigt sind (vgl RGZ 130, 169; 136, 329; BGHZ 16, 184, 188).

22 11.   Sind die *Mitglieder* eines Vereins zZ der Entziehung der Rechtsfähigkeit *unbekannt*, so ist zwecks Feststellung der Anfallberechtigten nach § 50 (in entsprechender Anwendung) zu verfahren (LG Berlin NJW 1958, 1874). Vgl dazu § 50 Rn 2.

§ 46

Fällt das Vereinsvermögen an den Fiskus, so finden die Vorschriften über eine dem Fiskus als gesetzlichem Erben anfallende Erbschaft entsprechende Anwendung. Der Fiskus hat das Vermögen tunlichst in einer den Zwecken des Vereins entsprechenden Weise zu verwenden.

Materialien: E I § 40; II § 42; III § 43; Mot I 109 ff; Prot I 545 ff; VI 116; JAKOBS/SCHUBERT, AT I 146 f, 153 ff.

1 1.   Zur *Entstehung* der Vorschrift vgl STAUDINGER/COING[11]. – **Anfallberechtigt** kann der *Fiskus* sein aufgrund einer Bestimmung der Vereinssatzung oder eines Beschlusses der Mitgliederversammlung oder aufgrund des Gesetzes (§ 45 Abs 3). In allen diesen Fällen soll nach § 46 der Fiskus als *Gesamtnachfolger* „in die Schulden des Vereins eintreten und soll den Erwerb des angefallenen Vermögens auszuschlagen nicht befugt sein" (Prot I 547). Daher *findet* auch in allen Fällen, in welcher der Fiskus anfallberechtigt ist, ein *Liquidationsverfahren nicht statt* (vgl KG NJW 1969, 752); die Existenz des Vereins endet ohne weiteres mit dem Anfall an den Fiskus.

2 2.   Gleiches gilt von den **Körperschaften, Stiftungen und Anstalten des öffentlichen Rechts**, wenn diese gem den in Art 85 EGBGB aufrecht erhaltenen landesrechtlichen Bestimmungen *an* die *Stelle des Fiskus* als *gesetzliche* Anfallberechtigte treten, also der Anfall des Vereinsvermögens gem § 45 Abs 3 erfolgt.

3. Für den Fall, daß an Körperschaften, Stiftungen oder Anstalten des öffentlichen Rechts nicht aufgrund landesrechtlicher Bestimmungen kraft Gesetzes, sondern aufgrund der **Vereinssatzung** oder aufgrund eines **Beschlusses der Mitgliederversammlung** das Vermögen des Vereins fällt, findet § 46 keine Anwendung und hat daher gem § 47 ein *Liquidationsverfahren* stattzufinden. Ebenso sind in diesem Falle die anfallberechtigten Körperschaften, Stiftungen und Anstalten berechtigt, den *Anfall* des Vereinsvermögens *abzulehnen*.

4. Die Anwendung der für den Fiskus als **gesetzlichen Erben** geltenden Vorschriften auf den Fall des Anfallrechts des Fiskus führt dazu, daß die Feststellung des gesetzlichen Anfallrechts des Fiskus – oder der landesrechtlich an dessen Stelle tretenden juristischen Personen des öffentlichen Rechts – durch das **Nachlaßgericht** erfolgt (§ 1964). Insbes gegenüber dem Grundbuchamt hat der Fiskus als gesetzlicher Erbe den Anfall des Vereinsvermögens an ihn durch *Erbschein* nachzuweisen (vgl OLG Hamm OLGZ 1966, 109; GÜTHE-TRIEBEL, GBO [6. Aufl 1936] § 35 Anm 4). Der Fiskus ist somit nicht bloß nach materiellem Recht, sondern auch *formell* als *Erbe* zu behandeln. *Zuständig* für die Feststellung der Gesamtnachfolge des Fiskus ist nach §§ 72, 73 FGG das Amtsgericht des Ortes, an welchem der rechtsfähige Verein seinen Sitz hatte. Für Vereine, deren Rechtsfähigkeit auf Verleihung gem § 23 beruht, ist nach § 73 Abs 3 FGG jedes Amtsgericht zuständig, in dessen Bezirk sich Vereinsvermögen befindet (so auch BGB-RGRK/STEFFEN Rn 1). Wenn das Nachlaßgericht gem § 1964 das Anfallrecht des Fiskus festgestellt hat, so steht die Einsicht der dieser Feststellung vorausgegangenen Ermittlungen jedem zu, der ein berechtigtes Interesse glaubhaft macht (§ 78 Abs 1 S 1 FGG). Von den betreffenden Schriftstücken kann beglaubigte Abschrift gefordert werden (§ 78 Abs 2 FGG). Solange es unsicher ist, ob der Fiskus anfallberechtigt ist, kann das Nachlaßgericht gem § 1960 für das Vereinsvermögen Sorge tragen, auch einen Pfleger bestellen. Für diese *Sicherung des Vereinsvermögens* ist das Gericht zuständig, in dessen Bezirk das Bedürfnis der Fürsorge hervortritt (§ 74 FGG). Es soll jedoch von den getroffenen Maßnahmen dem zuständigen Nachlaßgericht Nachricht gegeben werden. Über die Nachlaßpflegschaft s § 75 FGG.

5. Nach § 46 *Abs 2* hat der Fiskus das Vereinsvermögen **tunlichst in einer den Zwecken des Vereins entsprechenden Weise zu verwenden**. Gleiches gilt von den gem Art 85 EGBGB an Stelle des Fiskus anfallberechtigten *juristischen Personen des öffentlichen Rechts*. Ob die **Verpflichtung des Fiskus** eine **privatrechtliche** oder eine **öffentlichrechtliche** sei, ist immer noch umstritten (für eine *öffentlichrechtliche* Verpflichtung die *hM*: PLANCK/KNOKE Anm 2; SOERGEL/HADDING Rn 3; SAUTER/SCHWEYER 369; BGB-RGRK/ STEFFEN Rn 2; ENNECCERUS/NIPPERDEY § 114 Fn 6; auch schon Prot VI 116; aA REICHERT/DANNECKER Rn 2116). Die hM verdient den Vorzug. Die zuständige Behörde ist demnach auf jeden Fall verpflichtet, für den Vollzug zu sorgen (nicht nur analog § 2194, wenn dies im öffentlichen Interesse liegt). Fraglich ist allerdings die Durchsetzung des Vollzugs durch Privatpersonen. Im Anschluß an MünchKomm/REUTER §§ 45–47 Rn 8 sollte man möglichen Begünstigten einen Anspruch auf fehlerfreien Ermessensgebrauch, also ermessensfehlerfreie Verwendung des Vermögens einräumen, der auch im verwaltungsgerichtlichen Verfahren geltend gemacht werden kann (aA PALANDT/HEINRICHS Rn 4; ERMAN/H P WESTERMANN Rn 2).

6. Die Verpflichtung des Fiskus, das Vereinsvermögen tunlichst in einer den

Zwecken des Vereins entsprechenden Weise zu verwenden, besteht nicht nur für den Fall, daß der *Fiskus kraft Gesetzes anfallberechtigt* ist. Fällt dem Fiskus das Vereinsvermögen infolge einer **Bestimmung der Satzung** an, so ist für den Fiskus zunächst allerdings die besondere Zweckbestimmung maßgebend, welche etwa bei der Zuwendung des Vermögens durch die *Satzung* dem Fiskus auferlegt wurde.

Fehlt eine solche Auflage, so hat auch in diesem Falle der Fiskus kraft Gesetzes die Aufgabe, das Vermögen des Vereins tunlichst in einer dessen Zwecken entsprechenden Weise zu verwenden.

7   7.   Der Fiskus *haftet* nach Anfall des Vereinsvermögens nach allgemeinen Rechtsgrundsätzen für die *Schulden* des Vereins (BGHZ 16, 184, 188).

§ 47

Fällt das Vereinsvermögen nicht an den Fiskus, so muß eine Liquidation stattfinden.

Materialien: E I § 40; II § 42; III § 44; Mot I 113; Prot I 546; JAKOBS/SCHUBERT, AT I 147, 153 ff.

1   1.   Über die **Bedeutung des § 47 im heutigen Vereinsrecht** herrscht Streit. Nach der früher hM, die auch in diesem Kommentar noch in der 12. Aufl vertreten wurde, enthält § 47 ein zwingendes Liquidationsgebot für die Fälle der Auflösung des Vereins und der Entziehung der Rechtsfähigkeit, sofern das Vereinsvermögen nicht an den Fiskus fällt. Die Mitglieder könnten daher weder die Liquidation ausschließen noch durch eine andere Art der Auseinandersetzung ersetzen (vgl PLANCK/KNOKE Anm 2). Falls die Mitglieder im Fall der Entziehung der Rechtsfähigkeit den Verein als nichtrechtsfähigen Verein fortsetzen wollen, sei dies zwar ohne Neugründung möglich (aA FLUME, Die juristische Person § 6 I S 182 f), doch führe das während des Liquidationsverfahrens zur Spaltung in einen gem § 49 Abs 2 als fortbestehend geltenden rechtsfähigen Liquidationsverein und einen nichtrechtsfähigen Verein (so STAUDINGER/COING[12] § 41 Rn 16).

Nach einer vordringenden Auffassung in der Lit folgt aus § 47 kein zwingendes Liquidationsgebot. Vielmehr sei die Vorschrift nach den Materialien so zu verstehen, daß sie nur verbiete, eine Verteilung des Vereinsvermögens anders als im Wege des Liquidationsverfahrens durchzuführen (K SCHMIDT, Verbandszweck, 295 ff; SOERGEL/HADDING, Vorbem 4 zu §§ 41 ff; REICHERT/DANNECKER [5. Aufl] Rn 2224).

Noch weitergehend nimmt REUTER (MünchKomm/REUTER, [3. Aufl] § 41 Rn 2) an, daß das Liquidationsgebot nach der Absicht des historischen Gesetzgebers in § 47 zwar enthalten, aber außer Kraft getreten sei, weil es wegen der weitgehenden Angleichung des nichtrechtsfähigen an den rechtsfähigen Verein seinen Sinn als Gläubigerschutzvorschrift verloren habe.

Der BGH hat in diesem Streit bisher nicht ausdrücklich Stellung genommen, doch kann man einem obiter dictum in BGHZ 96, 253 (256) entnehmen, daß er von der Weitergeltung eines Liquidationsgebots gem § 47 ausgeht.

Für die ältere Auffassung vom zwingenden Charakter des § 47 sprechen seine imperative Formulierung und der Zusammenhang der Vorschriften der §§ 45–47. Andererseits hat sich der historische Gesetzgeber eine Fortsetzung des aufgelösten oder der Rechtsfähigkeit entkleideten Vereins allenfalls als Gebilde vorgestellt, auf das das Recht der BGB-Gesellschaft anzuwenden ist, nicht aber im Sinne der heute hM als nichtrechtsfähigen Verein, der in vielfacher Hinsicht dem rechtsfähigen Verein angenähert ist (vgl MünchKomm/REUTER § 41 Rn 3). Es besteht dann aber auch kein zwingender Grund mehr, eine Identität des Vereins vor Entziehung der Rechtsfähigkeit mit dem fortgeführten nichtrechtsfähigen Verein abzulehnen oder an der komplizierten Vorstellung einer gespaltenen Existenz des Vereins während des Liquidationsverfahrens festzuhalten. Da weder eine Verteilung des Vermögens an die Mitglieder noch ein Anfall an einen Dritten stattfindet, ist in diesem Fall die Liquidation nicht zur Befriedigung der Gläubiger und auch nicht zur Klarstellung der Vermögensverhältnisse vor Überleitung an einen Anfallsberechtigten erforderlich. Das in § 47 enthaltene Liquidationsgebot ist deshalb im Wege der *teleologischen Reduktion* dahin einzuschränken, daß es nicht eingreift, wenn der Verein nach Auflösung oder Entziehung der Rechtsfähigkeit als nichtrechtsfähiger Verein fortgesetzt wird (so im Ergebnis auch MünchKomm/REUTER Rn 2). Beschließen die Mitglieder die Fortsetzung erst nach Beginn des Liquidationsverfahrens, so kann dieses abgebrochen werden. Dagegen bleibt in den übrigen Fällen das Liquidationsgebot des § 47 als **zwingender** Grundsatz bestehen.

2. Eine Liquidation findet insbes statt, wenn nach Beendigung eines Vereinskonkurses noch Aktivvermögen vorhanden ist, das nicht gem §§ 45 Abs 3, 46 an den Fiskus fällt (vgl § 42 Rn 8 und BGHZ 96, 253, 255 f). Gegen den Liquidationsverein findet die Zwangsvollstreckung gem § 194 KO statt (JAEGER/WEBER, Konkursordnung [8. Aufl 1973] § 213 Anm 14).

Im Falle des Erlöschens des Vereins erfolgt keine Liquidation nach §§ 47 ff (vgl § 41 Rn 12, 16; abw BEITZKE, in: FS Wilburg [1965] 21 ff).

Nach § 108 Abs 1 VerglO ist bei Vereinen das **Vergleichsverfahren** insoweit zulässig, als der Konkurs über das Vermögen eröffnet werden kann, also, wie sich aus § 207 Abs 2 iVm § 213 KO ergibt, auch noch im Liquidationsstadium, solange die Verteilung des Vermögens noch nicht vollzogen ist. Es ist aber auch zulässig, daß ein Verein, über welchem das gerichtliche Vergleichsverfahren schwebt, *aufgelöst* wird. In diesem Falle wird das Vergleichsverfahren trotz der Auflösung *fortgesetzt*; Subjekt des Vergleichsverfahrens ist von nun an der Liquidationsverein. Während des Vergleichsverfahrens müssen die Vorschriften des BGB denen der VerglO insoweit weichen, als sie mit ihnen unverträglich sind; soweit also dem Schuldner Verfügungsbeschränkungen auferlegt sind (vgl §§ 12, 58 ff VerglO), gelten sie hier als den Liquidatoren des Vereinsvermögens auferlegt. Auch die Vorschrift des § 49, die Gläubiger „zu befriedigen" und den Überschuß den Anfallberechtigten auszuantworten, wird hier durch die Vorschriften über das Vergleichsverfahren (das nicht zu einer „Befriedigung" der Gläubiger führt) verdrängt.

3 3. Die *Liquidation* hat den **Zweck**, die Rechte der Vereinsgläubiger zu sichern und eine „Gewähr für eine angemessene Überleitung des Vermögens" auf die Anfallberechtigten zu beschaffen (Mot I 112, 113).

4 4. Die Liquidation erfolgt gem § 48 namens des rechtsfähigen Vereins und durch dessen geschäftsführende Organe. Der Verein als **Liquidationsverein** verfügt in der Liquidation im Interesse der Gläubiger und der Anfallberechtigten über sein Vermögen nach Maßgabe des Gesetzes.

5 5. Die Vorschriften des BGB über die *Liquidation* sind denen des *HGB* in bezug auf die Liquidation der OHG (§§ 145 ff) und anderen bundes- (zB §§ 264 ff AktG, 66 ff GmbHG, 83 ff GenG) und landesrechtlichen Liquidationsnormen *nachgebildet* (vgl Mot I 113). Es sind daher auch die Ergebnisse der an diese Gesetze sich anschließenden Theorie und Praxis für das BGB verwertbar.

6 6. Die Regeln über die Liquidation gelten richtiger Ansicht nach auch für den *nichtrechtsfähigen Verein* (vgl § 54 Rn 84).

§ 48

[1] **Die Liquidation erfolgt durch den Vorstand. Zu Liquidatoren können auch andere Personen bestellt werden; für die Bestellung sind die für die Bestellung des Vorstandes geltenden Vorschriften maßgebend.**

[2] **Die Liquidatoren haben die rechtliche Stellung des Vorstandes, soweit sich nicht aus dem Zwecke der Liquidation ein anderes ergibt.**

[3] **Sind mehrere Liquidatoren vorhanden, so ist für ihre Beschlüsse Übereinstimmung aller erforderlich, sofern nicht ein anderes bestimmt ist.**

Materialien: E I § 50; II § 43; III § 45; Mot I 113 ff; Prot I 547 ff; JAKOBS/SCHUBERT, AT I 147, 153 ff.

1 1. Die *Liquidation* gehört zur **Geschäftsführungsaufgabe des Vorstandes**, der sich ihr nur dadurch *entziehen* kann, daß er sein *Amt niederlegt*, sofern er hierzu nach Maßgabe des der Bestellung zugrunde liegenden Rechtsverhältnisses (§ 27 Abs 3) berechtigt ist. Hat der Vorstand dieses Recht, so kann gegen ihn kein Zwang zur Übernahme der Stellung des Liquidators ausgeübt werden (KG RJA 7, 267). Trotz Auflösung des Vereins oder Entziehung der Rechtsfähigkeit *besteht* noch ein Vorstand, und ebenso besteht die sonstige *Organisation* des Vereins fort. Daß indessen der Fortbestand dieser Organisation wie des Vereins selbst nur dem *Liquidationszweck* dient, tritt in der Veränderung der Namen der geschäftsführenden Organe hervor: Der Vorstand wird *Liquidator*. In den §§ 49–53 ist nicht mehr vom Vorstand, sondern nur noch von Liquidatoren des Vereins die Rede.

2. Nach § 48 Abs 1 S 2 können **andere Personen**, auch juristische Personen, zB 2
eine Treuhand-AG (vgl SOERGEL/HADDING [11. Aufl] Rn 1; REICHERT/DANNECKER Rn 2130)
als Liquidatoren bestellt werden:

a) Aufgrund der *Satzung*, wenn sie für den Fall der Liquidation für deren
Geschäfte nicht den Vorstand, sondern andere Personen beruft; die Satzung braucht
die von ihr vorgesehenen Liquidatoren nicht namentlich zu bezeichnen; sie kann die
Bestellung auch einem außerhalb des Vereins stehenden Organ übertragen;

b) aufgrund *Beschlusses der Mitgliederversammlung* oder des sonst zur Bestellung
des Vorstandes berufenen Organs, indem aufgrund von § 27 Abs 2 der Vorstand
abberufen wird und an seiner Stelle andere Personen als Liquidatoren bestellt werden;

c) aufgrund von *§ 29* durch das *Amtsgericht* (vgl hierzu KG OLGE 4, 256; BayObLGZ
1955, 288, 291, betr GmbH). Über Bestellung von Behörden als Liquidatoren s FLATER
DJZ 1903, 318. Das Gericht kann dann zugleich die Vergütung des Liquidators festsetzen (LG Hamburg MDR 1971, 298).

Es besteht auch in den Fällen a)−c) *keine öffentlichrechtliche Verpflichtung zur
Annahme* des Amtes eines Liquidators; auch im Falle der Ersatzbestellung durch das
Amtsgericht kann dieses auf den Bestellten keinen Zwang zur Annahme des Amtes
ausüben.

3. Die *Liquidatoren* haben nach *Abs 2*, gleichviel ob als solche bisherige Vor- 3
standsmitglieder oder andere Personen berufen sind, die **rechtliche Stellung des
Vorstandes**, soweit sich nicht aus dem Zweck der Liquidation etwas anderes ergibt (zu
dieser Einschränkung s Rn 4).

a) Die Liquidatoren *vertreten* daher den *Liquidationsverein* gerichtlich und außergerichtlich. Sie haben die Stellung eines gesetzlichen Vertreters des Liquidationsvereins, dagegen vertreten sie nicht die Anfallberechtigten und ebensowenig die
Gläubiger des Vereins (§ 26 Abs 2).

b) Die Liquidatoren *führen* die *Geschäfte* des Liquidationsvereins nach Maßgabe
der §§ 49−53; diese Geschäftsführung kann ihnen durch die Satzung oder durch
Beschluß der Mitgliederversammlung nicht entzogen werden. Im übrigen kann die
Mitgliederversammlung in bezug auf die *Art* der Geschäftsführung **Weisungen** erteilen, sofern nicht das satzungsmäßige Verhältnis des Vorstandes zur Mitgliederversammlung dies ausschließt (§ 27 Abs 3). Die Liquidatoren haben der Mitgliederversammlung *Rechenschaft* abzulegen und von dieser ihre Entlastung zu empfangen
(§ 27 Abs 3). Dagegen haben die Liquidatoren weder von Anfallberechtigten noch
von den Gläubigern des Vereins Weisungen entgegen zu nehmen. Die Liquidatoren
können, gleich dem Vorstand, den *Verein* durch schuldhafte schadenstiftende Handlungen und Unterlassungen *schadensersatzpflichtig* machen (§ 31). Sofern sie selbst
aus schadenstiftenden Handlungen und aus Pflichtverletzungen dem Liquidationsverein haften, bilden die hieraus entstehenden Forderungen gegen sie einen
Bestandteil des Vermögens des Liquidationsvereins. Den Gläubigern haften die
Liquidatoren auch dann, wenn sie Weisungen der Mitgliederversammlung befolgt

haben und von dieser entlastet worden sind, *unmittelbar* wegen der in § 53 bezeichneten Pflichtverletzungen nach dem Vorbild der Liquidatoren der AG (§§ 268 Abs 2, 93 AktG).

4 4. Die **Rechtsstellung des Liquidators** *weicht* jedoch von derjenigen des Vorstandes mit Rücksicht auf den Liquidationszweck und dessen gesetzliche Regelung *ab*:

a) Die Möglichkeit der *Beschränkung der Geschäftsführungsaufgabe* des Liquidators durch die Satzung oder durch Beschluß der Mitgliederversammlung hat in der gesetzlichen Aufgabe der Liquidation und in der Zuweisung dieser Aufgabe an die Liquidatoren ihre Grenze.

b) Andererseits fallen für die Liquidatoren alle diejenigen Aufgaben weg, welche sich auf den Zweck des früheren rechtsfähigen Vereins, gleichviel ob dieser ein wirtschaftlicher oder idealer Verein war, beziehen. Dieser *Vereinszweck* besteht nicht mehr. Der Unterschied von wirtschaftlichen und idealen Vereinen ist für den Liquidationszweck bedeutungslos; der Liquidationsverein hat nur einen *vermögensrechtlichen* Zweck. Diese Beschränkungen durch den Liquidationszweck betreffen auf jeden Fall die Geschäftsführungsbefugnis, also das Innenverhältnis; ob sie zugleich auch die Vertretungsmacht begrenzen, ist umstr (vgl dazu § 49 Rn 11).

c) Die *Beschränkung der Vertretungsmacht der Liquidatoren* ist möglich durch die *Satzung*; solche Beschränkung wirkt auch gegen Dritte (§ 26 Abs 2 S 2). Die Vertretungsmacht nach außen kann aber ebenso wie die Geschäftsführungsbefugnis nicht weiter beschränkt sein, als es mit dem Liquidationszweck, der erreicht werden muß (§ 47), verträglich ist.

5 d) Während bei einem mehrgliedrigen Vorstand die §§ 28 Abs 1, 32 Abs 1 grundsätzlich *Mehrheitsbeschlüsse* entscheiden lassen, soweit nicht die Satzung ein anderes bestimmt (§ 40), schreibt § 48 Abs 3 für den Fall, daß mehrere Liquidatoren vorhanden sind, umgekehrt **einstimmige Beschlußfassung** vor, sofern nicht die Satzung eine andere Regelung enthält. Vgl hierzu § 76 Abs 1 S 2. Zweifelhaft ist, ob auch durch Beschluß der Mitgliederversammlung etwas *anderes* bestimmt werden kann; man wird es bejahen müssen, sofern überhaupt die Mitgliederversammlung über die Person der Liquidatoren bestimmen kann (vgl PLANCK/KNOKE Anm 3; SOERGEL/HADDING Rn 6; REICHERT/DANNECKER Rn 2138; aM MünchKomm/REUTER Rn 4). Im übrigen gilt in bezug auf die Beschlußfassung der mehreren Liquidatoren die Vorschrift des § 34; auf die Zustellungen an die Liquidatoren oder Erklärungen ihnen gegenüber ist § 28 Abs 2 anzuwenden.

§ 49

[1] **Die Liquidatoren haben die laufenden Geschäfte zu beendigen, die Forderungen einzuziehen, das übrige Vermögen in Geld umzusetzen, die Gläubiger zu befriedigen und den Überschuß den Anfallberechtigten auszuantworten. Zur Beendigung schwebender Geschäfte können die Liquidatoren auch neue Geschäfte eingehen.**

[2] **Die Einziehung der Forderungen sowie die Umsetzung des übrigen Vermögens in**

2. Titel. Juristische Personen.　　　　　　　　　　　　　　　　　　　　**§ 49**
I. Vereine　　　　　　　　　　　　　　　　　　　　　　　　　　　　　　　**1**

Geld darf unterbleiben, soweit diese Maßregeln nicht zur Befriedigung der Gläubiger oder zur Verteilung des Überschusses unter die Anfallberechtigten erforderlich sind.

[3] Der Verein gilt bis zur Beendigung der Liquidation als fortbestehend, soweit der Zweck der Liquidation es erfordert.

Materialien: E I § 51; II § 44, III § 46; Mot I 115 f; Prot I 548 ff; VI 136 ff; JAKOBS/SCHUBERT, AT I 147, 153 ff.

Schrifttum

FROTZ, Verkehrsschutz im Vertretungsrecht (1972)
K SCHMIDT, Liquidationszweck und Vertretungsmacht der Liquidatoren, AcP 174 (1974) 55

ders, Ultra-vires-Doktrin: tot oder lebendig? – Bemerkungen zur Organvertretungsmacht, AcP 184 (1984) 529.

Systematische Übersicht

I.	Regelungsbereich	1	3.	Kritik und Einschränkung der hM	13
			4.	Neuere Auffassung: unbeschränkte	
II.	Geschäftskreis	2		Vertretungsmacht	14
III.	Geschäftsführungsaufgabe		VI.	Die Regelung des Abs 2	
1.	Verflüssigung des Vermögens	3	1.	Fortbestehen	16
2.	Befriedigung der Gläubiger	8	2.	Rechtsfähigkeit	17
3.	Ausantwortung des Überschusses an die Anfallberechtigten	9	VII.	Die Mitgliederversammlung	18
IV.	Umsetzung in Geld	10	VIII.	Prozeßrechtliche Wirkungen der Liquidation	19
V.	Vertretungsmacht der Liquidatoren				
1.	Trennung vom Problem der beschränkten Rechtsfähigkeit	11	IX.	Beendete Liquidation	20
2.	Heterogene gesetzliche Regelungen	12	X.	Fortbestehen des Vereins	21

I.　Regelungsbereich

§ 49 bezeichnet im einzelnen die Aufgabe der *Geschäftsführung* und damit den **1** *Geschäftskreis* der Liquidatoren in teilweise wörtlicher Wiedergabe der Bestimmungen des § 149 HGB. Diese Bezeichnung des Geschäftskreises begrenzt zugleich die *Vertretungsmacht* der Liquidatoren näher.

II. Geschäftskreis

2 Der *Geschäftskreis* ist den Liquidatoren in § 49 in doppeltem Sinne vorgeschrieben:

1. § 49 *beschränkt* die *Aufgabe* der Liquidation auf die Abwicklung der Geschäfte und Flüssigmachung des Vermögens, Befriedigung der Gläubiger sowie Ausantwortung des Überschusses an die Anfallberechtigten.

2. Das Gesetz schreibt den Liquidatoren die Führung dieser Geschäfte *zwingend* vor, so daß sie dieser Aufgabe weder durch die Satzung noch durch Mitgliederbeschluß noch durch ein anderes Organ des Vereins enthoben werden können.

III. Geschäftsführungsaufgabe

3 Die *Aufgabe der Geschäftsführung* der Liquidatoren ist nach § 49 eine *dreifache*:

1. Sie haben das Vermögen des Vereins in **flüssige Geldform** zu bringen. Davon hat das ganze ihnen obliegende Verfahren – die „Liquidation" – und haben sie selbst ihren Namen. Zur Erfüllung dieser Aufgabe haben sie

4 a) *„die laufenden Geschäfte zu beendigen"*. **„Laufende Geschäfte"** sind alle Geschäfte, die während des Bestehens des Vereins abgeschlossen worden und noch nicht vollständig erledigt sind. Die Liquidation verändert die Rechtslage der an den laufenden Rechtsgeschäften beteiligten Parteien nicht; insbes sind die Bestimmungen der §§ 17 ff KO hier nicht entsprechend anwendbar. Die Liquidatoren haben daher nur die Rechte auszuüben, welche dem Verein aufgrund des Bürgerlichen Rechts in bezug auf die Beendigung laufender Rechtsgeschäfte zustehen, zB durch ordentliche Kündigung bestehender Miet- oder Dienstverträge. Auch diese Beendigung hat die *sachgemäße Abwicklung* der Geschäfte zum Zweck und hat daher so zu erfolgen, daß die Vermögensinteressen der Liquidation nicht Schaden leiden. Zu den „laufenden Geschäften" gehören insbes die *Prozeßgeschäfte* des Vereins und damit die Durchführung anhängiger Prozesse. Nach BAGE 23, 46 soll die *Fortführung* von *Tarifverträgen* nicht zur Aufgabe der Liquidatoren gehören; dagegen mit Recht WIEDEMANN in abl Anm AP Nr 28 zu § 2 TVG; SOERGEL/HADDING Rn 3; MünchKomm/REUTER § 41 Rn 20.

5 b) Zur Beendigung *schwebender* Geschäfte können die Liquidatoren auch **neue Geschäfte** eingehen. *„Schwebende Geschäfte"* sind dieselben, die in S 1 des Abs 1 als „laufende Geschäfte" bezeichnet werden. Die Worte „neue Geschäfte" bedeuten nicht den Abschluß von nur formell neuen Rechtsgeschäften. Denn ohne den Abschluß solcher Geschäfte wäre auch die Umsetzung des Vereinsvermögens in Geld nicht möglich. Es handelt sich vielmehr um auch *materiell neue Geschäfte*. Bei diesen wird unterschieden. Materiell neue Geschäfte einzugehen, die *ohne Zusammenhang* mit laufenden Geschäften sind und neue Unternehmungen des Vereins darstellen, sind die Liquidatoren *nicht berechtigt*. Es ist aber gleichgültig, ob die neuen Geschäfte unmittelbar oder nur durch Zwischenglieder dem Erfolg der Abwicklung dienen (vgl auch RGZ 60, 30 ff; 72, 240; SOERGEL/HADDING Rn 3).

Wenn das Gesetz sagt, daß die Liquidatoren zur Beendigung schwebender Geschäfte neue eingehen „*können*", so soll damit nicht ausgeschlossen sein, daß sie auch dazu *verpflichtet* sind, wenn der Liquidationszweck es nach Lage der Umstände erfordert oder wenn die Mitgliederversammlung es als dem Liquidationszweck dienlich beschlossen hat.

c) Die „**Einziehung der Forderungen**" des Vereins ist möglicherweise *undurchführ-* **6** *bar* wegen Mangels eines zahlungsfähigen Schuldners oder weil die Forderung in absehbarer Zeit nicht fällig wird. Dann besteht kein Hindernis, die Forderung in *anderer Weise*, zB durch Verkauf, zu verwerten oder auch den aussichtslosen Versuch der Einziehung oder Verwertung zu unterlassen. Es wird jedoch die Mitgliederversammlung über die Verwertung oder deren Unterlassung zu hören sein. Vgl § 162 KO.

Die Liquidatoren sind auch zur *gerichtlichen Beitreibung* der Forderungen im Namen des Vereins berechtigt, wie sie überhaupt in Verfolgung des Liquidationszwecks auch Prozeßrechtsgeschäfte vornehmen können.

Die Liquidatoren können für die Erfüllung der Aufgaben noch *Beiträge erheben* (was der Konkursverwalter, da er nur das vorhandene Vermögen zu versilbern hat, nicht kann); RG HRR 1937 Nr 429.

d) Die gesamte Tätigkeit der **Liquidierung** des Vereinsvermögens haben die Liqui- **7** datoren grundsätzlich *selbst zu leisten*. Sie können sich der Haftung für die Erfüllung der ihnen gesetzlich zugewiesenen Aufgabe nicht durch Übertragung auf einen anderen entziehen.

Es entsteht die Frage, ob die Liquidatoren berechtigt sind, ohne die gesetzlich vorgeschriebene Beendigung der schwebenden Geschäfte, Einziehung der Forderungen usw, die *gesamte Aktiv- und Passivmasse des Vereins zu veräußern*, derart, daß ein Dritter als Erwerber des Vereinsvermögens in dessen naturalen Bestandteilen die Verpflichtungen des Liquidationsvereins gegen Gläubiger und gegen Anfallberechtigte zu erfüllen hätte. Eine *Abwälzung* der Aufgabe der Liquidatoren auf ein anderes Rechtssubjekt ist allerdings *unzulässig*. Dagegen dürfte *kein Hindernis* bestehen, daß unter *Fortdauer der Haftung* des Liquidationsvereins und der Liquidatoren der erwähnte Weg eingeschlagen wird, sofern er *zweckentsprechender* ist als die persönliche Abwicklung durch die Liquidatoren (zust MünchKomm/REUTER Rn 6). Die Vorschrift des § 49 Abs 1 ist nicht dahin zu verstehen, daß die Liquidatoren gehalten wären, Unmögliches zu leisten oder zweckwidrige Handlungen auszuführen. Bei Verkauf der Aktiv- und Passivmasse ist jedoch, sofern die Gläubiger des Vereins nicht alsbald durch den Erwerber befriedigt werden können, weil die Schulden befristet oder bestritten sind, gem § 52 Abs 2 namens des Liquidationsvereins *Sicherheit* zu leisten. Ferner haben die Liquidatoren zu einer Verwertung des Vereinsvermögens als Ganzes die *Genehmigung* der Mitgliederversammlung einzuholen (**aA** ERMAN/H P WESTERMANN Rn 1; MünchKomm/REUTER Rn 6).

2. Die zweite Aufgabe der Liquidatoren besteht in der **Befriedigung der Gläubiger** **8** aus dem flüssig **gemachten** Vereinsvermögen. Das Gesetz legt den Liquidatoren im Anschluß an die handelsrechtlichen Bestimmungen über die Liquidatoren der AG besondere Pflichten auf in bezug auf die *Feststellung* der Passivmasse und *Sicherung* der Ansprüche der bekannten wie der unbekannten Gläubiger (§§ 50–52). Die Befriedigung der Gläubiger kann erfolgen, bevor das Vermögen vollständig in Geld umgesetzt ist.

9 3. Den nach Befriedigung der Gläubiger verbleibenden *Überschuß des Vereinsvermögens* haben die Liquidatoren den **Anfallberechtigten „auszuantworten"**. Die Ausantwortung besteht, wenn mehrere Anfallberechtigte vorhanden sind, im Grundsatz in einer Verteilung des Vereinsvermögens. Zur Frage, ob unbefriedigten Gläubigern Bereicherungsansprüche gegen die Anfallberechtigten oder den Liquidationsverein zustehen, s § 51 Rn 2, 5.

IV. Umsetzung in Geld

10 Infolge der Bestimmung des § 49 Abs 1 S 1 kann die Beendigung der laufenden Geschäfte keinesfalls unterbleiben, gleichviel, ob sich daraus Ansprüche oder Verbindlichkeiten des Vereins ergeben. Wenn zur Befriedigung der Gläubiger flüssige Mittel vorhanden sind oder diese Befriedigung im Wege der Aufrechnung erfolgen kann, so besteht die Möglichkeit, das übrige Vereinsvermögen *ohne Umsetzung in Geld* unter die Anfallberechtigten zu *verteilen*. Die Liquidatoren sind indessen in diesem Falle berechtigt, nach eigenem pflichtmäßigen Ermessen die Umsetzung in Geld zwecks Verteilung unter die Anfallberechtigten vorzunehmen oder davon *abzusehen* und das Vermögen den Anfallberechtigten in Natur zukommen zu lassen. Die Umsetzung in Geld wird man übrigens auch insoweit für *unnötig* halten müssen, als die Gläubiger bereit sind, im Vermögen des Liquidationsvereins befindliche Gegenstände in natura als Leistung an Zahlungs Statt anzunehmen, oder die Anfallberechtigten bereit sind, an Stelle des ihnen gebührenden Überschusses in Geld andere tatsächlich vorhandene Vermögensgegenstände anzunehmen; eine *Verpflichtung* dazu besteht aber weder für die Gläubiger noch für die Anfallberechtigten (zust MünchKomm/REUTER Rn 4).)

V. Vertretungsmacht der Liquidatoren

11 1. Der Aufgabenbereich und damit die Geschäftsführungsbefugnis der Liquidatoren wird durch den Liquidationszweck begrenzt (vgl § 48 Rn 4). Ob damit zugleich auch der **Bereich ihrer Vertretungsmacht** bezeichnet wird, ist seit längerer Zeit **umstritten**.

Dieses Problem darf nicht mit der Frage vermischt werden, ob der Liquidationsverein nur eine durch den Liquidationszweck *beschränkte Rechtsfähigkeit* hat (vgl dazu u Rn 17). Folgt man der zuletzt genannten Ansicht, so stellt sich das obengenannte Problem der Begrenzung der Vertretungsmacht überhaupt nicht mehr (aA allerdings ein Teil der Literatur, zB PALANDT/HEINRICHS Rn 3 f); die außerhalb des Liquidationszwecks liegenden Geschäfte müßten konsequenterweise als nichtig angesehen werden. Nach der hier vertretenen Auffassung hat jedoch der Liquidationsverein eine unbeschränkte Rechtsfähigkeit. Dies entspricht auch der inzwischen überwiegenden Meinung in der Literatur (vgl u Rn 17 mwN). Dann ist zu klären, wie weit die Vertretungsmacht der Liquidatoren reicht, ein Problem, das sich – wie K SCHMIDT

(AcP 182, 55, 57) gezeigt hat – aus dem Spannungsverhältnis zwischen Pflichtbindung der Liquidatoren und Verkehrsschutz ergibt.

2. Das Problem stellt sich bei allen rechtsfähigen Personenvereinigungen und bei den Personenhandelsgesellschaften, ist aber inzwischen durch **heterogene gesetzliche Regelungen** kompliziert worden. Während in bezug auf die Personenhandelsgesellschaften § 149 S 2 HGB deutlich für eine Parallelität von Geschäftsführungsbefugnis und Vertretungsmacht spricht, liegt andererseits für die AG in § 269 AktG eine klare Entscheidung gegen die Beschränkung der Vertretungsmacht vor. Dazwischen liegen die unscharfen Regelungen in § 70 GmbHG, § 88 GenG und §§ 48, 49, die jedenfalls auslegungsfähig und -bedürftig sind. Historisch ist die Entwicklung so verlaufen, daß ursprünglich bei den genannten Vorschriften des BGB, GmbHG und GenG sowie (für die AG) § 244 ADHGB, später § 298 HGB von 1897, an eine Beschränkung der Vertretungsmacht auf den übertragenen Geschäftskreis gedacht war. In der Gesetzesanwendung ist dieser Standpunkt dann aber nicht durchgehalten worden, sondern man hat auf verschiedenen Wegen versucht, die Geschäftspartner zu schützen. Vgl für die *GmbH* etwa die Darstellung bei SCHOLZ/K SCHMIDT, GmbHG (6. Aufl 1978/83) § 70 Rn 3. Diese Versuche haben zu erheblichen Streitfragen im einzelnen geführt. Im GmbH-Recht ist man zum Teil zu der Auslegung gelangt, daß die Liquidatoren unbeschränkte Vertretungsmacht haben (FEINE, in: Ehrenberg's Handbuch des gesamten Handelsrechts, Bd III/3 [1929] 650 ff; SCHOLZ/K SCHMIDT Rn 3 mwN).

Im Vereinsrecht ging die früher hM von der Parallelität von Geschäftsführungsbefugnis und Vertretungsmacht aus, also von einer auf den Liquidationszweck beschränkten Vertretungsmacht (SOERGEL/SCHULTZE-VLASAULX[11] Rn 8; BGB-RGRK/STEFFEN Rn 3; PALANDT/HEINRICHS Rn 3; ENNECCERUS/NIPPERDEY § 114 II 1 a; RG JW 1936, 2651 Nr 10; KG JW 1936, 672 Nr 38). Deshalb wurde zum Beispiel entschieden, daß die Liquidatoren keinen Ehrenschutz des Vereins geltend machen könnten.

3. Diese Auslegung des § 49 steht im Gegensatz zu der allgemeinen Regelung im BGB, daß Geschäftsführungsbefugnis (Innenverhältnis) und Vertretungsmacht (Außenverhältnis) zu trennen sind und nicht notwendig übereinstimmen. Dieser Grundsatz gilt u a auch für den Vereinsvorstand nach § 26 Abs 2 (vgl § 26 Rn 11). Ferner überzeugt es nicht, daß die Problematik bei den verschiedenen Personenvereinigungen unterschiedlich geregelt sein soll. Die verschiedenen Formulierungen der gesetzlichen Bestimmungen können hier ebensowenig entscheidend sein wie bei den Regelungen des Stimmrechtsausschlusses (vgl § 34 Rn 4). Die Sachprobleme liegen zumindest bei den rechtsfähigen Körperschaften gleich. Vor allem erweist sich aber der Ausgangspunkt der früher hM als gefährlich für Dritte, die mit den Liquidatoren Verträge abschließen. Die Frage, ob ein Liquidationsgeschäft vorliegt, kann besonders bei neuen Geschäften, welche der Beendigung laufender Geschäfte dienen, den sog *Abwicklungsgeschäften*, schwierig zu entscheiden sein. Für Dritte ist keineswegs immer erkennbar, ob ein konkretes Geschäft der Abwicklung dienlich ist oder nicht. Deshalb hat die Gerichtspraxis zu *§ 149 HGB* schon früh angenommen, daß Dritte zu schützen seien, wenn sie bei Anwendung gehöriger Sorgfalt zu der Annahme berechtigt waren, daß es sich um Abwicklungsgeschäfte handelt (vgl SCHILLING in Großkommentar HGB [3. Aufl 1970] § 149 Anm 37 mwN). Nach BGH NJW 1984, 982 (für KG) kommt es darauf an, ob der Geschäftsgegner wußte oder hätte wissen müssen, daß

sich das Rechtsgeschäft nicht mehr im Rahmen der Liquidation hielt; die Beweislast dafür treffe nicht den Dritten, sondern die Liquidationsgesellschaft.

Die früher hM hat dann auch im *Vereinsrecht* entsprechende Ausnahmen gemacht. Danach muß der Verein jedes Geschäft gegen sich gelten lassen, das seiner objektiven Eigenart nach in den Rahmen einer Vermögensabwicklung fallen kann, sofern der Geschäftspartner ohne Fahrlässigkeit angenommen hat, daß dies im konkreten Fall zutraf (RGZ 146, 376 zur Eingehung einer Bürgschaft; PALANDT/HEINRICHS Rn 3; BGB-RGRK/STEFFEN Rn 3).

14 4. Die früher hM ist seit den 70er Jahren zunehmend kritisiert worden. K SCHMIDT (AcP 174, 555 ff) hat aufgrund der Auslegungsgeschichte und der Erkenntnis, daß die unterschiedliche gesetzliche Ausgestaltung sachlich nicht gerechtfertigt sei, im Wege der Rechtsfortbildung eine einheitliche Lösung für rechtsfähigen Verein, Kapitalgesellschaften, Genossenschaft und Personenhandelsgesellschaften vorgeschlagen. Er hat auf die Inkonsequenz der hM hingewiesen und statt dessen eine unbeschränkte Vertretungsmacht der Liquidatoren befürwortet sowie eine Lösung des Konflikts zwischen Pflichtenbindung und Verkehrsschutz über die Grundsätze des Mißbrauchs der Vertretungsmacht vorgeschlagen. Diese Meinung ist jedenfalls im Vereinsrecht inzwischen so verbreitet, daß der Gegenstandpunkt nicht mehr als hM bezeichnet werden kann (vgl SOERGEL/HADDING Rn 3; REICHERT/DANNECKER Rn 2140; LARENZ, AT [7. Aufl] § 10 V S 179 Fn 78; JAUERNIG §§ 45–53 Anm 2 d; MünchKomm/REUTER [3. Aufl] Rn 9), wo nunmehr auch die Beschränkung auf Vereine mit erwerbswirtschaftlichem Zweck fallengelassen wurde).

15 Dieser Auffassung ist zu folgen; sie wurde bereits in der 12. Bearbeitung von 1980 befürwortet. Für sie spricht außer den oben zu Rn 12 ff genannten Gründen, daß an der ursprünglichen Konzeption des Gesetzgebers bei keiner der verschiedenen Verbandstypen festgehalten wurde. Im Vergleich zur früher hM bieten die Regeln über den Mißbrauch der Vertretungsmacht eine bessere Grundlage für sachgerechte Lösungen des Konflikts zwischen Pflichtenbindung der Liquidatoren und Verkehrsschutz. Die **Vertretungsmacht der Liquidatoren** ist also **nicht auf Liquidationsgeschäfte beschränkt**, für Fälle des Mißbrauchs gelten die allgemeinen Grundsätze.

VI. Die Regelung des Abs 2

16 1. Der **Verein gilt** bis zur Beendigung der Liquidation **als fortbestehend**, soweit der *Zweck der Liquidation* es erfordert. Das Dasein des Liquidationsvereins als eines rechtsfähigen Verbandes während der Liquidation ist aber *keine Fiktion*, sondern Wirklichkeit, wie das *tatsächliche* Fungieren der gesamten Organisation des rechtsfähigen Vereins für die Liquidationszwecke beweist. Nur die rechtliche *Identität* des Liquidationsvereins und der aufgehobenen juristischen Person will das Gesetz durch die Formulierung des § 49 Abs 2 feststellen. Auch dies ist keine Fiktion, sondern ein Gesetzesbefehl des Inhalts, daß der Liquidationsverein trotz der Verschiedenheit seines Zweckes gegenüber dem Zweck des aufgehobenen rechtsfähigen Vereins keiner Neugründung bedarf, sondern die Grundlage seines Daseins und seine Organisation ohne weiteres dem aufgehobenen rechtsfähigen Verband zu entnehmen hat.

Nach OLG Köln (OLGZ 1968, 200, 206) soll der *Wegfall aller Mitglieder* während der

Liquidation das Fortbestehen gem § 49 Abs 2 nicht berühren (aM BGB-RGRK/STEFFEN Rn 6).

2. § 49 Abs 2 *begrenzt* den **Zweck des Vereins**, nicht aber seine Rechtsfähigkeit in dem Sinne, daß jedes Rechtsgeschäft, das der Verein im Liquidationsverfahren abschließt und das außerhalb des Liquidationszwecks liegt, als „*ultra vires*" anzusehen und damit nichtig wäre. Das allgemeine Prinzip unseres Privatrechts, daß die **Rechtsfähigkeit** juristischer Personen des Privatrechts **unbegrenzt** ist, wird durch § 49 Abs 2 nicht aufgehoben (SOERGEL/HADDING Rn 11; MünchKomm/REUTER § 41 Rn 20; K SCHMIDT AcP 174, 55, 67 f; REICHERT/DANNECKER Rn 2121; aA PALANDT/HEINRICHS Rn 4; BGB-RGRK/STEFFEN Rn 4; ENNECCERUS/NIPPERDEY § 114 I 6).

Die Vertreter der gegenteiligen Meinung ziehen auch nicht die strenge Konsequenz ihrer Auffassung: daß nämlich Geschäfte, die durch den Liquidationszweck objektiv *nicht* gedeckt sind, unheilbar *nichtig* sind. Sie verlegen das Problem vielmehr in den *Bereich des Vertretungsrechts* und prüfen, ob ein Mißbrauch der Vertretungsmacht der Liquidatoren gegeben ist bzw ob der Geschäftspartner nach den Grundsätzen des Vertrauensschutzes bei der Stellvertretung geschützt wird (vgl zB PALANDT/HEINRICHS Rn 3; BGB-RGRK/STEFFEN Rn 3). Aus der hier vertretenen Ansicht ergibt sich, daß auch der Liquidationsverein Schenkungen, *Erbschaften* (dazu BayObLGZ 19, 188) und Vermächtnisse *erwerben* kann. – Vgl auch oben Rn 11.

VII. Die Mitgliederversammlung

Die *Mitgliederversammlung* selbst ist aber nicht auf die Mitwirkung bei der durch das Gesetz den Liquidatoren zugewiesenen Geschäftsführung durch Anordnung und Genehmigung beschränkt. Sie hat zur Durchführung des Liquidationszwecks alle gesetzlich oder satzungsgemäß der Mitgliederversammlung zustehenden *Rechte*, insbes kann auch mit Rücksicht auf den Liquidationszweck eine *Satzungsänderung* beschlossen werden, zB in bezug auf Besoldung der Liquidatoren, wenn solche in der Satzung nicht vorgesehen ist.

VIII. Prozeßrechtliche Wirkungen der Liquidation

Daß der Liquidationsverein als Fortsetzung des beendigten rechtsfähigen Vereins gilt, hat *im Prozeß* zur Folge, daß eine Unterbrechung des Verfahrens durch die Liquidation – sofern ein Wechsel der gesetzlichen Vertretung nicht eintritt – *nicht* zu erfolgen hat und daß der *Gerichtsstand* des Vereins *unverändert* bleibt. Zu einer Verlegung des Sitzes des Vereins sind die Liquidatoren und die Mitgliederversammlung nicht befugt.

IX. Beendete Liquidation

Mit *Beendigung der Liquidation* **hört** der **Verein völlig auf zu bestehen**. Es können daher auch keine Vollstreckungsmaßnahmen mehr gegen ihn angeordnet werden. Auch können für ihn keine Rechtsmittel mehr eingelegt werden (OLG Düsseldorf NJW 1966, 1034).

Mit der abgeschlossenen Liquidation und Vermögensverteilung *endet* die *Rechtsfä-*

higkeit und damit Parteifähigkeit des Vereins; eine gegen ihn gerichtete Klage ist nunmehr als unzulässig *abzuweisen* (BGHZ 74, 212 m abl Anm THEIL JZ 1979, 567). Wer im Prozeß die Existenz eines erloschenen Vereins behauptet, unterliegt und hat die *Kosten* des Rechtsstreits zu tragen (BGH WM 1976, 686).

X. Fortbestehen des Vereins

21 *Vor Beendigung* der Liquidation kann der Verein ein *Fortbestehen* beschließen, wenn die **Liquidation** nicht gegen den Willen des Vereins (etwa durch Verbot von staatlicher Seite) herbeigeführt worden ist.

Erforderlich ist ein **Beschluß der Mitgliederversammlung**. Umstr ist, welche Mehrheit dafür erforderlich ist. Die Skala der Meinungen reicht von einfacher Mehrheit (LG Frankenthal Rpfleger 1955, 106; STÖBER [6. Aufl] Rn 271) über Dreiviertelmehrheit (PALANDT/HEINRICHS § 41 Rn 7; KG JW 1935, 3636; STAUDINGER/COING^{12} Rn 20) bis zur Einstimmigkeit (KG Recht 1930, 1063). Richtig ist eine differenzierte Lösung: Ergibt sich der Auflösungsgrund aus der Satzung, so liegt in der Fortsetzung zugleich eine Satzungsänderung, so daß die satzungsändernde Mehrheit, bei Fehlen einer anderen Regelung also gem § 33 Abs 1 S 1 Dreiviertelmehrheit, erforderlich ist (MünchKomm/ REUTER Rn 10; SOERGEL/HADDING Vorbem 23 zu §§ 41–53). Beruht die Auflösung auf einem Beschluß der Mitgliederversammlung, so muß die dafür erforderliche Mehrheit auch für den Fortsetzungsbeschluß gelten, also mangels einer anderweitigen Satzungsbestimmung entspr § 41 S 2 ebenfalls Dreiviertelmehrheit (REUTER aaO, HADDING aaO). Ist mit der Fortsetzung eine Zweckänderung gegenüber dem ursprünglichen Vereinszweck verbunden, so bedarf es nach § 33 Abs 1 S 2 zwingend eines einstimmigen Beschlusses.

Der Beschluß verwandelt den Verein aus einem Liquidationsverein wieder in einen „werbenden", also im Sinne der ursprünglichen Vereinszwecke tätigen Verein.

§ 50

[1] Die Auflösung des Vereins oder die Entziehung der Rechtsfähigkeit ist durch die Liquidatoren öffentlich bekanntzumachen. In der Bekanntmachung sind die Gläubiger zur Anmeldung ihrer Ansprüche aufzufordern. Die Bekanntmachung erfolgt durch das in der Satzung für Veröffentlichungen bestimmte Blatt, in Ermangelung eines solchen durch dasjenige Blatt, welches für Bekanntmachungen des Amtsgerichts bestimmt ist, in dessen Bezirke der Verein seinen Sitz hatte. Die Bekanntmachung gilt mit dem Ablaufe des zweiten Tages nach der Einrückung oder der ersten Einrückung als bewirkt.

[2] Bekannte Gläubiger sind durch besondere Mitteilung zur Anmeldung aufzufordern.

Materialien: E I § 52; II § 45; III § 47; Prot I 550; JAKOBS/SCHUBERT, AT I 147, 153 ff.

2. Titel. Juristische Personen. § 50, 1—3
I. Vereine § 51, 1, 2

1. § 50 Abs 1 S 1 überläßt es dem **Ermessen der Liquidatoren**, ob die öffentliche 1
Bekanntmachung der Auflösung des Vereins oder der Entziehung der Rechtsfähigkeit nur *einmal oder öfter* zu geschehen hat. Das in § 51 wie in anderen Bundesgesetzen (vgl § 51 Rn 1) vorgeschriebene Sperrjahr datiert nach § 50 Abs 1 S 3 vom Ablauf des zweiten Tages nach der *ersten* Einrückung der Bekanntmachung in den öffentlichen Blättern.

2. Nach *Abs 2* sind „**bekannte Gläubiger**" durch *besondere Mitteilung* zur Anmeldung aufzufordern. Bekannte Gläubiger sind solche, deren Forderungen feststehen 2
(wenn auch nicht dem Umfang nach) und die den Liquidatoren aus den Büchern des Vereins oder sonst bekannt sind. Es dürfte jedoch im Sinne des Gesetzes liegen, auch solche Gläubiger als „bekannte" anzusehen, von denen die Liquidatoren nur *wissen*, daß sie *Ansprüche erheben* (so auch PLANCK/KNOKE Anm 3; vgl im übrigen REICHERT/DANNECKER Rn 2158).

Zu den *Gläubigerrechten* gehören auch die endgültig erwachsenen *Ansprüche von Mitgliedern gegen den Verein*, wenn sie auch aus dem Mitgliederverhältnis erwachsen sind (vgl § 35 Rn 8, 20). Dagegen gehören zu den Gläubigern iS der §§ 50, 52 **nicht** die **Anfallberechtigten** (hM, vgl SOERGEL/HADDING Rn 3); bei *unbekannter Zahl* der anfallberechtigten Mitglieder ist aber § 50 *entsprechend* anwendbar (LG Berlin NJW 1958, 1874 m kritischer Anm v KUBISCH NJW 1959, 48, der für unmittelbare Anwendung eintritt; MünchKomm/REUTER Rn 3; PALANDT/HEINRICHS Rn 1).

3. Da die Liquidation *keine Änderung* in den *Rechtsverhältnissen Dritter zum* 3
Verein hervorbringt, ist die **Anmeldung** eines Gläubigers keine Voraussetzung für die Verpflichtung des Vereins zur Zahlung, wenn die Schuld des Vereins eine Bringschuld und keine Holschuld ist; vgl dazu auch § 52 Rn 2.

§ 51

Das Vermögen darf den Anfallberechtigten nicht vor dem Ablauf eines Jahres nach der Bekanntmachung der Auflösung des Vereins oder der Entziehung der Rechtsfähigkeit ausgeantwortet werden.

Materialien: E I § 53; II § 46; III § 48; Mot I 116; Prot I 550; JAKOBS/SCHUBERT, AT I 148, 153 ff.

1. Sperrjahr

Das **Sperrjahr** des § 51 entspricht dem des § 272 AktG, des § 73 GmbHG sowie des 1
§ 90 GenG. Das Sperrjahr ist nach §§ 187, 188 zu *berechnen*.

2. Gläubigerschutz

Die Vorschrift des Sperrjahres ist zunächst eine **Schutzvorschrift zugunsten der Gläu-** 2

biger des Vereins. Deren Ansprüche werden an sich durch die Liquidation nicht berührt (vgl aber unten Rn 4). Die Sperrfrist soll verhüten, daß den Gläubigern das *Vermögen* des Vereins, das zunächst zu ihrer Befriedigung bestimmt ist, *entzogen* wird. Während dieser Frist schließt das Gesetz die Ausantwortung des Vermögens an die Anfallberechtigten aus, gleichviel ob Gläubiger bekannt sind oder nicht, ob sich Gläubiger gemeldet haben oder nicht. Aber auch nach dem Ablauf der Sperrfrist dient das Vermögen des Vereins in erster Linie zur Befriedigung der Gläubiger. Die Sperrfrist hat *nicht* etwa *Ausschlußwirkung* gegenüber den Gläubigern; deren Forderungen bleiben also grundsätzlich bestehen und haben namentlich insofern noch praktische Bedeutung, als Bürgen und Pfänder für diese Forderungen verhaftet bleiben.

Eine **Ausantwortung** des **Vereinsvermögens** an die **Anfallberechtigten darf** auch dann *nicht stattfinden*, soweit das Vermögen zur Befriedigung oder Sicherstellung von Gläubigern erforderlich ist. Auch diejenigen Gläubiger, welche sich erst *nach* dem *Ablauf* der Sperrfrist *melden* oder *bekannt werden*, sind zu *befriedigen* oder sicherzustellen. Eine Ausantwortung an die Anfallberechtigten ist daher überhaupt gesetzwidrig, wenn sie während des Sperrjahres erfolgt, ferner aber auch nach Ablauf des Sperrjahres, wenn sie erfolgt unter Nichtbeachtung nachträglicher Anmeldung von Gläubigern oder bekannt gewordener Forderungen. In diesen Fällen *haften* die *Liquidatoren* den Gläubigern gem § 53.

Entgegen den *gesetzlichen Bestimmungen* geleistete Zahlungen an Anfallberechtigte sind, wenn sie irrtümlich erfolgten, als Zahlungen einer Nichtschuld gem *§ 812 von dem Liquidationsverein zurückzufordern* (vgl für den analogen Fall einer gegen § 73 Abs 2 GmbHG verstoßenden Verteilung des Gesellschaftsvermögens RGZ 109, 391 f; BAG NJW 1982, 1831 f). Diesen Rückforderungsanspruch können die Gläubiger pfänden und sich überweisen lassen. Haben die Liquidatoren die Zahlungen *wissentlich* entgegen den Sperrbestimmungen geleistet, so daß dem Liquidationsverein nach § 814 keine Kondiktion zusteht, so steht den *Gläubigern* unmittelbar ein *Bereicherungsanspruch* gegen die Empfänger (Anfallberechtigten) zu. *§ 822* ist analog anzuwenden (vgl vTuhr, AT I 572 Anm 61). Nach überwiegender Auffassung soll dagegen dem Verein ein Anspruch aus *§ 812* zustehen, wobei § 814 nicht eingreife (MünchKomm/Reuter Rn 2; BGB-RGRK/Steffen Erl zu § 51; Erman/H P Westermann Rn 1). Reichert/Dannecker Rn 2204; Soergel/Hadding Rn 3; Enneccerus/Nipperdey § 114 II 4 und OLG Braunschweig MDR 1956, 352 geben dem *Gläubiger* einen unmittelbaren Anspruch gegen den Empfänger aus § 812. Zur Problematik der Bereicherungsansprüche *nach* ordnungsgemäßer Liquidation s unten Rn 5.

3. Pflicht zur Beantragung der Konkurseröffnung

3 Während des Sperrjahrs können die *bekannten Gläubiger befriedigt* werden; diese haben einen gleichen Anspruch auf Befriedigung, soweit nicht gesetzliche Vorzugsrechte begründet sind. Ergibt sich die *Unmöglichkeit*, diese Gläubiger aus dem Vereinsvermögen zu befriedigen, so ist von den Liquidatoren gem § 42 Abs 2 die Eröffnung des **Konkurses** oder des gerichtlichen *Vergleichsverfahrens* über das Vermögen des Vereins zu beantragen. Diese Verpflichtung besteht auch nach Ablauf des Sperrjahres fort, wenn sich dann die Unmöglichkeit ergibt, *nachträglich* angemeldete oder bekannt gewordene Forderungen gleichmäßig und vollständig zu befriedigen. Die Verpflichtung der Liquidatoren zur gleichmäßigen Befriedigung der bekannten Gläubiger ergibt sich daraus, daß sie – ebenso wie der Vorstand (§ 42 Abs 2) – in dem Augenblick die Konkurseröffnung oder die Eröffnung des Vergleichsverfahrens zu beantragen haben, in welchem Überschuldung feststeht.

4. Ausantwortung des Vermögens an die Anfallberechtigten

Nach Ablauf des *Sperrjahres* darf den Anfallberechtigten das Vermögen des Vereins *ausgeantwortet* werden, soweit es nicht zur Befriedigung oder Sicherstellung angemeldeter oder bekannt gewordener Gläubiger in Anspruch genommen wird. Insoweit letzteres nicht der Fall ist, haben die Anfallberechtigten nunmehr einen **fälligen Anspruch auf Ausantwortung des Vereinsvermögens**. Gehören zum Vereinsvermögen *Grundstücke*, so bedarf es der Auflassung und Eintragung (vgl REICHERT/DANNECKER Rn 2192). Dieser Anspruch gilt als nicht erwachsen, wenn, bevor die Verteilung erfolgt oder vollendet ist, ein Gläubiger sich meldet oder bekannt wird und soweit hierdurch das Vermögen des Vereins erschöpft wird. Ist dagegen die Ausantwortung an die Anfallberechtigten nach Ablauf der Sperrfrist unter gehöriger Berücksichtigung angemeldeter oder bekannt gewordener Gläubiger vollendet, so ist die Liquidation *erledigt*. Der Verein hat auch als *Liquidationsverein aufgehört* zu bestehen. Das ist jedoch dann nur scheinbar der Fall, wenn sich herausstellt, daß Gläubiger noch nicht befriedigt sind, während das Vermögen oder dessen Rest den Anfallberechtigten ausgeantwortet wurde.

5. Bereicherungsanspruch nach ordnungsgemäßer Liquidation?

Darüber, wie nach *formeller* und *ordnungsmäßiger Beendigung der Liquidation* durch Ausantwortung gem § 49 an die Anfallberechtigten zu helfen sei, wenn sich *bisher unbekannte Gläubiger* melden, besteht Streit. OBERWINTER (Gruchot 53, 773) und ENNECCERUS/NIPPERDEY (§ 114 Fn 21) wollen den Gläubigern einen *Bereicherungsanspruch* aus § 812 gegen die Anfallberechtigten gewähren. Die Anfallberechtigten seien zwar nicht gegenüber dem Verein, aber gegenüber den Gläubigern bereichert (zur Sonderansicht HELLWIGS, der den Gläubigern einen Anspruch aus § 419 gegen die Anfallberechtigten geben will, was aber abzulehnen ist, vgl STAUDINGER/COING[11]). Gegen den **unmittelbaren** Bereicherungsanspruch spricht, daß der Anfallberechtigte im vorliegenden Fall nicht auf Kosten des Gläubigers, sondern auf Kosten des Liquidationsvereins, der bei Ausantwortung an den Anfallberechtigten noch bestand, etwas empfangen hat; nicht der sich später meldende Gläubiger, sondern der *Liquidationsverein* hätte also gegen den Empfänger einen Bereicherungsanspruch, wenn dieser das durch die Ausschüttung Empfangene überhaupt ohne rechtlichen Grund erhalten hätte. Dies ist aber mit RGZ 124, 210 (214) *abzulehnen* (ebenso MünchKomm/ REUTER Rn 3; BGB-RGRK/STEFFEN Erl zu § 51; REICHERT/DANNECKER Rn 2203; ERMAN/ H P WESTERMANN Rn 2; SOERGEL/HADDING Rn 4; **aA** noch RGZ 92, 77, 82). Das RG hat in der Entscheidung RGZ 124, 210 im Anschluß an die dort angegebene handelsrechtliche Literatur für das Rechtsgebiet der GmbH (und ebenso für das der AG) die Auffassung vertreten, daß die *Einhaltung* der gesetzlichen Verteilungsvorschriften, insbes über das *Sperrjahr*, selbst einen durch das Gesetz anerkannten *Rechtsgrund* für den Empfang von Ausschüttungen darstelle und daß daher die mit einer Vermögensausschüttung bedachten Gesellschafter die rechtlich empfangenen Beträge nicht, auch nicht teilweise, ohne rechtlichen Grund erlangt haben und daher **keinem Anspruch** aus ungerechtfertigter Bereicherung ausgesetzt seien. Auch das *Verkehrsbedürfnis* widerstrebt dem Gedanken, daß die Gesellschafter, an die einmal unter Beobachtung der gesetzlichen Regeln Ausschüttungen erfolgt sind, noch auf unbestimmte Zeit der Unsicherheit ausgesetzt sein sollen, ob damit wirklich ein endgültiger Rechtszustand geschaffen ist. Was in der mE billigenswerten Entscheidung RGZ 124, 210 ff für die *GmbH* und für die AG (vgl dazu auch FEINE, in: EHRENBERGS Handbuch des gesamten Handelsrechts, Bd 3, 3. Abt [1929] 664) angenommen wird, muß aber bei der grundsätzlichen Gleichheit der Rechtslage und der ratio legis auch für den entsprechenden Fall beim *Verein* gelten.

6. Beendete Liquidation

6 Die Liquidatoren haben, sofern die Satzung des Vereins nicht anders bestimmt, der Mitgliederversammlung *Schlußrechnung* zu erstatten (§§ 48 Abs 2, 27 Abs 3). Die Mitgliederversammlung kann über *Aufbewahrung* der Bücher und Schriften des Vereins Bestimmungen treffen. Das BGB selbst bestimmt hierüber nichts (vgl dagegen § 273 Abs 2 AktG und § 74 GmbHG). Eine **Eintragung** der *Beendigung der Liquidation* und des *Liquidationsvereins* in das Vereinsregister oder eine *Veröffentlichung* dieser Tatsachen findet *nicht* statt.

7. Wiederaufnahme der Liquidation

7 Ergibt sich nach dem formellen Ende der Liquidation *neues Vermögen* des Liquidationsvereins, zB in Gestalt eines Schadensersatzanspruchs des Vereins an die Liquidatoren, so ist auf Verlangen eines Gläubigers oder Anfallberechtigten die Liquidation *wieder aufzunehmen*. Wenn nötig, sind dann gem § 29 die Liquidatoren vom Amtsgericht zu bestellen.

§ 52

[1] Meldet sich ein bekannter Gläubiger nicht, so ist der geschuldete Betrag, wenn die Berechtigung zur Hinterlegung vorhanden ist, für den Gläubiger zu hinterlegen.

[2] Ist die Berichtigung einer Verbindlichkeit zur Zeit nicht ausführbar oder ist eine Verbindlichkeit streitig, so darf das Vermögen den Anfallberechtigten nur ausgeantwortet werden, wenn dem Gläubiger Sicherheit geleistet ist.

Materialien: E I § 54; II § 47; III § 48; Mot I 116 ff; Prot I 551; IV 568 ff, 607; VI 116 f; JAKOBS/SCHUBERT, AT I 148, 153 ff.

1 1. Bei der Liquidation können nur die **bekannten Gläubiger** berücksichtigt werden. Auf die Möglichkeit, daß *weitere* Gläubiger vorhanden sind, kann, wenn die gem § 50 zu erlassende Aufforderung zur Anmeldung der Forderungen ohne Erfolg geblieben ist, *keine Rücksicht* genommen werden (vgl aber § 51 Rn 5).

2. *Bekannte* Gläubiger sind auf jeden Fall zu befriedigen, wenn die Schuld des Vereins eine **Bringschuld** oder **Schickschuld** ist, uz auch dann, wenn sie ihre Ansprüche nicht angemeldet haben (vgl § 50 Rn 3). Ist der Gläubiger in *Annahmeverzug* (§§ 293, 294), so ist der geschuldete Betrag für den Gläubiger zu *hinterlegen*, uz auf dessen Kosten (§§ 372, 381). In Annahmeverzug ist der Gläubiger bei einer **Holschuld** schon dann, wenn er sich nicht gemeldet hat (§ 295). Auch hier hat Hinterlegung auf Kosten des säumigen Gläubigers stattzufinden. Die Liquidatoren dürften indessen auch berechtigt sein, bekannte Gläubiger einer Holschuld zu befriedigen, statt den Betrag zu hinterlegen; ein Verzicht auf das Rücknahmerecht ist nicht erforderlich (Prot IV 271).

3. Hinterlegung hat *ferner* zu erfolgen, wenn die Befriedigung des Gläubigers, abgesehen von dem Falle des Annahmeverzugs, wegen eines *anderen* in der Person des Gläubigers liegenden *Grundes* nicht erfolgen kann, zB wegen Abwesenheit, Verschollenheit, mangelnder Geschäftsfähigkeit ohne Vorhandensein eines Vertreters.

4. Nach § 372 S 2 besteht auch dann ein *Recht zur Hinterlegung*, wenn der Schuldner „infolge einer nicht auf Fahrlässigkeit beruhenden **Ungewißheit** über die Person des Gläubigers seine Verbindlichkeit nicht oder nicht mit Sicherheit erfüllen kann". Die Ungewißheit kann infolge von Erbfall, Zession, Forderungspfändung gegeben sein. In diesem Falle ist § 52 Abs 2 anzuwenden und dem (hinsichtlich seiner Identität ungewissen) Gläubiger Sicherheit zu leisten (aA MünchKomm/REUTER Rn 3). Solches kann auch durch Hinterlegung des geschuldeten Betrages geschehen (§ 232). Der Hinterlegungsgrund gem § 372 S 2 kann bei einem „*bekannten Gläubiger*" nicht eintreten, selbst wenn dieser seinen Anspruch nicht angemeldet hat.

5. Daß die Berichtigung einer Verbindlichkeit „zur Zeit nicht ausführbar" ist, kann, abgesehen von den oben (Rn 4) bezeichneten Fällen, zB der Fall sein, weil die Forderung bedingt ist oder weil es sich um Forderungen aus im Laufe befindlichen Inhaber- oder Orderpapieren handelt. Die Sicherheit, welche dem „Gläubiger" zu leisten ist, kann hier vielfach nicht einem *bestimmten Gläubiger* geleistet werden. Ist die Verbindlichkeit selbst streitig oder ungewiß, so ist die Höhe der zu leistenden *Sicherheit*, falls die Parteien sich nicht einigen, durch den Prozeßrichter festzustellen. Die Gläubiger haben ein Recht, Sicherheitsleistung oder Unterlassung der Ausantwortung eines entsprechenden Teiles des Vereinsvermögens an die Anfallberechtigten im Prozeßwege zu verlangen.

§ 53

Liquidatoren, welche die ihnen nach dem § 42 Abs 2 und den §§ 50 bis 52 obliegenden Verpflichtungen verletzen oder vor der Befriedigung der Gläubiger Vermögen den Anfallberechtigten ausantworten, sind, wenn ihnen ein Verschulden zur Last fällt, den Gläubigern für den daraus entstehenden Schaden verantwortlich; sie haften als Gesamtschuldner.

Materialien: E I § 56; II § 48; III § 49; Mot I 117; Prot I 551; idF des G v 25. 3. 1930 (RGBl I 93), geändert durch § 125 VerglO v 26. 2. 1935 (RGBl I 321); JAKOBS/SCHUBERT, AT I 148, 153 ff.

Schrifttum

K SCHMIDT, Zur Gläubigersicherung im Liquidationsverfahren der Kapitalgesellschaften, Genossenschaften und Vereine, ZIP 1981, 1.

1. Die jetzige Fassung geht auf § 125 VerglO von 1935 zurück und entspricht der ursprünglichen Fassung. Ein 1930 eingefügter Abs 1 wurde 1935 wieder gestrichen.

2. Die **Liquidatoren haften** als Organe des Liquidationsvereins *grundsätzlich* (s jedoch unten Rn 3) nur **dem Liquidationsverein** und nicht irgendwelchen *dritten* Personen, Anfallberechtigten oder Gläubigern des Vereins. Die gegenüber dem Liquidationsverein begründete Haftung kann während der Liquidation jederzeit geltend gemacht werden, und der Verein kann die hierzu erforderlichen *Organe* unter Anwendung des § 29 erhalten. Den Gläubigern haftet grundsätzlich nur der *Verein*; *indirekt* haften allerdings auch die *Liquidatoren* den Gläubigern und Anfallberechtigten, sofern die dem Verein gegenüber bestehenden Verbindlichkeiten der Liquidatoren einen Bestandteil des Vermögens des Liquidationsvereins bilden, das den Gläubigern haftet und daher von ihnen gepfändet werden kann und dessen Überschuß den Anfallberechtigten herauszugeben ist.

3. Nach dem Vorgang des Aktienrechts (§§ 268 Abs 2, 93 AktG) hat das BGB in § 53 *ausnahmsweise* eine **unmittelbare Haftung der Liquidatoren gegenüber den Gläubigern** begründet,

a) wenn entgegen dem *§ 42 Abs 2* im Falle der *Überschuldung* des Vereins die Stellung des Antrags auf Eröffnung des Konkursverfahrens oder des gerichtlichen Vergleichsverfahrens verzögert wurde;

b) wenn die zugunsten der Gläubiger bestehenden *Schutzvorschriften* der §§ 50–52 verletzt wurden oder

c) wenn vor Befriedigung der Gläubiger das *Vermögen* den *Anfallberechtigten ausgeantwortet* wurde.

4. In den oben (Rn 3) bezeichneten Fällen haften die Liquidatoren nur, wenn ihnen ein **Verschulden** zur Last fällt. Dieses kann in vorsätzlicher oder fahrlässiger Verletzung der Pflicht gefunden werden *(§ 276)*.

5. Sie haften den Gläubigern für den daraus entstehenden Schaden. Schaden und Pflichtverletzung müssen sonach in *ursächlichem Zusammenhang* stehen.

Sie haften auf **Schadensersatz**. Ein Schaden ist insoweit nicht erwachsen, als ein durchsetzbarer *Anspruch* gegen die Anfallberechtigten besteht, denen das Vereinsvermögen vorzeitig ausgeantwortet worden ist (vgl § 51 Rn 2; Soergel/Hadding Rn 4; BGB-RGRK/Steffen Erl zu § 53; aA K Schmidt ZIP 1981, 1, 9).

Ein *Schaden* kann Gläubigern auch dadurch erwachsen, daß der Konkurseröffnungsantrag nicht rechtzeitig gem § 42 Abs 2 gestellt und dadurch das allen Gläubigern zustehende Recht auf gleichmäßige Befriedigung verkürzt wird. Auch hier können aber Rückforderungsrechte des Liquidationsvereins bestehen, deren Verwirklichung einen Schaden und Schadensersatzansprüche ausschließt.

6. Für einen Schaden haften nach § 53 die Liquidatoren, welche ihn verschuldet haben, als **Gesamtschuldner**. Vgl hierzu §§ 421 ff.

7. Der *Schadensersatzanspruch* aus § 53 wird von der hM als Schadensersatzanspruch iS des **§ 823 Abs 2** erklärt (BGB-RGRK/Steffen Erl zu § 53 aE; Soergel/Hadding Rn 2; MünchKomm/Reuter Rn 1). Die Haftung richte sich nach den allgemeinen Grundsätzen über unerlaubte Handlungen. Hiernach wäre der Anspruch der *dreijährigen Verjährung* aus § 852 unterworfen. Für diese Auffassung spricht, daß der Anspruch aus § 53 *kein Vertragsanspruch*, auch kein Anspruch aus der Bestellung als solcher gem § 27 ist, da dieser nur dem Liquidationsverein zusteht. Aus dem deliktsrechtlichen Charakter folgt, daß den Gläubigern auch ein vorbeugender deliktischer Unterlassungsanspruch gegen die Liquidatoren zustehen kann (MünchKomm/Reuter Rn 2; Soergel/Hadding Rn 2).

§ 54

Auf Vereine, die nicht rechtsfähig sind, finden die Vorschriften über die Gesellschaft Anwendung. Aus einem Rechtsgeschäft, das im Namen eines solchen Vereins einem Dritten gegenüber vorgenommen wird, haftet der Handelnde persönlich; handeln mehrere, so haften sie als Gesamtschuldner.

Materialien: E II § 276; III § 51; Prot I 553 ff; II 452 ff; VI 117, 206, 209; Jakobs/Schubert, AT I 148, 153 ff.

Schrifttum

Breitbach, Nicht rechtsfähige Vereine und Körperschaften (1930)
Brisch, Die Rechtsstellung der deutschen Gewerkschaften (1951)
Denecke, Zur Haftung des nicht rechtsfähigen Vereins, JR 1951, 742
ders, Zur Haftung der Gewerkschaften, BB 1959, 637

Dregger, Haftungsverhältnisse bei der Vorgesellschaft (1951)
Eckstein, Die Bedeutung der Satzung für den nicht rechtsfähigen Verein, JherJb 55, 243
Engländer, Die regelmäßige Rechtsgemeinschaft (1914) insbes 57 ff
Fabricius, Relativität der Rechtsfähigkeit (1963) 187
ders, Vorgesellschaften bei der Aktiengesell-

schaft und der Gesellschaft mit beschränkter Haftung: ein Irrweg?, in: FS Kastner (1972) 85
FAISST, Zur Geschichte, Entwicklung und Zukunft des nichtrechtsfähigen Idealvereins nach deutschem bürgerlichen Gesetzbuch (Diss Tübingen 1986)
FENN, Zur aktiven Parteifähigkeit von gewerkschaftlichen Bezirksverbänden im Zivilprozeß, ZZP 86, 177
ders, Zivilprozessualer Rechtsschutz unter rivalisierenden Gewerkschaften – BGHZ 42, 210, in: JuS 1965, 175
FLUME, Die Problematik der werdenden juristischen Person, in: FS Geßler (1971) 3
ders, Der nichtrechtsfähige Verein, ZHR 148 (1984) 503
vGIERKE, Vereine ohne Rechtsfähigkeit (2. Aufl 1902)
ders, Nichtrechtsfähige Vereine als Mitglieder eines eingetragenen Vereins, DJZ 1907, 207
HABSCHEID, Der nichtrechtsfähige Verein zwischen juristischer Person und Gesellschaft, AcP 155 (1956) 375
ders, Zur analogen Anwendung des § 29 auf den nichtrechtsfähigen Verein, MDR 1952, 653
HAHN, Bestellung eines Notvorstandes für politische Parteien nach § 29?, NJW 1973, 2012
GRAF HARDENBERG, Die Beteiligung von nichtrechtsfähigen Vereinen an Gesellschaften und Körperschaften (Diss München 1969)
JOSEF, Letztwillige Zuwendungen an Vereine ohne Rechtsfähigkeit, ArchBürgR 20, 229
JUNG, Zur Partei- und Grundbuchunfähigkeit nichtrechtsfähiger Vereine, NJW 1986, 157
KÄMPFER, Die Rechtsstellung des nicht rechtsfähigen Vereins (1906)
KERTESS, Die Haftung des für einen nichtrechtsfähigen Verein Handelnden gemäß § 54 S 2 BGB (Diss Göttingen 1982)
KLUGE, Die Haftung der Organe des nicht rechtsfähigen Vereins (Diss Göttingen 1925)
KONZEN, Grundbuchfähigkeit eines nichtrechtsfähigen Vereins, JuS 1989, 20
KÜBLER, Rechtsfähigkeit und Verbandsverfassung (1971)
LEHMANN, Die Stellung des nicht rechtsfähigen Vereins im Prozeß (1914)
LEIST, Untersuchungen zum inneren Vereinsrecht (1904) 125 ff

LEONHARD, Der Einfluß des BGB auf nicht rechtsfähige Vereine und Gesellschaft (1907)
ders, Der Einfluß des BGB auf nicht rechtsfähige Vereine des älteren Rechts, BayZ 1906, 29
LINDEMANN, Der nicht rechtsfähige Verein (1910)
MANDOWSKI, Grenzscheidung zwischen nicht rechtsfähigem Verein und Gesellschaft (1907)
MARX, Delikte des nicht rechtsfähigen Vereins (Diss Freiburg 1925)
MEURER, Die juristischen Personen nach deutschem Reichsrecht (1901) § 7
MORLOK/SCHULTE-TRUX, Staatstragend, aber nicht grundbuchfähig? Zur Grundbuchfähigkeit politischer Parteien, NJW 1992, 2058
NEUBECKER, Vereine ohne Rechtsfähigkeit, I Grundbegriffe und geschichtlicher Überblick (1908)
NUSSBAUM, Beiträge zur Auslegung des § 54 Satz 2 BGB, SächsArch 10, 337
ders, Die nicht rechtsfähigen Vereine im Prozesse und Konkurse, ZZP 34, 107
PETRI, Haftung des nicht rechtsfähigen Vereins aus Quasidelikten, JherJb 73, 1 19
REICHERT, Die Mitgliedschaft Minderjähriger in Vereinen, RdJ 1971, 234
REICHERT/DANNECKER, Handbuch des Vereins- und Verbandsrechts (5. Aufl 1993)
REIMBOLD, Die Schuldenhaftung des nicht rechtsfähigen Vereins (Diss Köln 1936)
REUPER, Die Rechtslage des nicht rechtsfähigen Vereins (Diss Bonn 1938)
REUTER, Zur Abgrenzung von Vereins- und Gesellschaftsrecht, ZGR 1981, 364
ders, Der nichtrechtsfähige wirtschaftliche Verein, in: FS für Semler (1993) 931
RÜMELIN, Zur Frage der Haftung der Mitglieder eines nichtrechtsfähigen Vereins, AcP 101, 361
RUSTENBACH, Der Konkurs des Vereins ohne Rechtsfähigkeit (1904)
SACHAU, Der nicht rechtsfähige Verein als Unternehmer eines Handelsgewerbes, ZHR 56, 444
SACK, Der „vollkaufmännische Idealverein", ZGR 1974, 179
SAUTER/SCHWEYER, Der eingetragene Verein (14. Aufl 1990)

2. Titel. Juristische Personen.
I. Vereine

K Schmidt, Die „Kaufmannsfähigkeit" von Gesamthandsgemeinschaften, JZ 1973, 299
ders, Sieben Leitsätze zum Verhältnis zwischen Vereinsrecht und Handelsrecht, ZGR 1975, 477
ders, Die Partei- und Grundbuchunfähigkeit nichtrechtsfähiger Vereine, NJW 1984, 2249
Schnatz, Der Übergang des Vermögens vom nicht rechtsfähigen Verein auf den rechtsfähigen Verein (Diss Gießen 1938)
Scholz, Umfang und Grenzen der Gleichstellung des nicht rechtsfähigen Vereins mit der Körperschaft (Diss Breslau 1939)
Schultze-von Lasaulx, Der nicht rechtsfähige Verein im Handelsverkehr, in: FS Alfred Schultze (1934) 1
Schumann, Zur Haftung der nichtrechtsfähigen Vereine (1956)
Siebert, Haftung der Gewerkschaften für ihre Organe nach § 31, BB 1950, 846
Stoll, Gegenwärtige Lage der Vereine ohne Rechtsfähigkeit, in: FS Reichsgericht II (1929) 49
ders, Die Auflösung des nicht rechtsfähigen Vereins und seine Tariffähigkeit, AcP 133, 78
Stoltenberg, Rechtsfähigkeit nichtrechtsfähiger Vereine, MDR 1989, 494
Teusch, Der nicht rechtsfähige Verein auf dem Wege zur Rechtsfähigkeit, BayZ 1900, 153
Thyrolf, Der nicht rechtsfähige Verein unter besonderer Berücksichtigung seiner Rechtsstellung als Erbe (Diss Frankfurt 1926)
Wapler, Der nicht rechtsfähige Verein als Kläger im Zivilprozeß, NJW 1961, 439
Weimar, Rechtsfragen beim nicht rechtsfähigen Verein, MDR 1975, 288
Witte, Die Entstehung und Übertragung der Mitgliedschaft beim nicht rechtsfähigen Verein (Diss München 1938)
Wolff, Rechtliche Natur der Kartelle, DJZ 1906, 645.

S auch die Schrifttumsangaben in der Einl zu § 21.

Systematische Übersicht

I. **Der nichtrechtsfähige Verein als Körperschaft**
1. Definition ___ 1
2. Die gesetzliche Regelung ___ 2
3. Die Bedeutung des nichtrechtsfähigen Vereins ___ 3
4. Mitglieder ___ 5
5. Satzung ___ 6
6. Vermögen ___ 9
7. Sitz ___ 10
8. Stellung in Prozeß und Konkurs ___ 11
9. Erlangung der Rechtsfähigkeit ___ 25
10. Name ___ 26
11. Wechselfähigkeit ___ 27
12. Verhältnis zur Gesellschaft ___ 28
13. Betreiben eines Handelsgewerbes ___ 29

II. **Die Anwendung des Gesellschaftsrechts** ___ 30
1. Vereinszweck ___ 30
2. Verfassung ___ 31
3. Vorstand ___ 32
4. Mitgliederversammlung ___ 40

III. **Mitgliedschaft**
1. Allgemeines ___ 43
2. Erwerb ___ 46
3. Verlust ___ 47

IV. **Haftung**
1. Anwendung des Gesellschaftsrechts ___ 50
2. Einschränkung kraft Vollmachtsbeschränkung? ___ 51
3. Beschränkung auf das gesamthänderische Sondervermögen ___ 52
4. Haftung nach § 54 S 2 ___ 57
5. Analoge Anwendung des § 31 ___ 71
6. Haftung aus Quasidelikten ___ 73

V. **Rechtslage des Vermögens des nichtrechtsfähigen Vereins**
1. Sondervermögen, dem Vereinszweck gewidmet ___ 74
2. Erwerb von Vermögen ___ 77

VI. **Veränderlichkeit des Personenbestandes** ___ 81

§ 54

VII. Ende des nichtrechtsfähigen Vereins
1. Gründe — 82
2. Frage der Liquidation — 84

VIII. Übergangsrecht — 86

IX. Steuerrecht — 87

Alphabetische Übersicht

Abstimmung	40
Altes Recht	86
Anwendung von Gesellschaftsrecht	30 ff
Arbeitsgerichtliches Verfahren	21
Auflösung	82
Auflösungsbeschluß	82
Auseinandersetzung	84
Auslegung der Satzung	7
Ausschluß	48 f
Austritt	47, 49
Bedeutung	3 f
Beendigung	82
Begriff	1
Beitrittsvertrag	46
Berufung der Mitgliederversammlung	40
Eintritt	81
Erbfähigkeit	77
Erlangung der Rechtsfähigkeit	25
Erwerb von Vereinsvermögen	77
Gesamthandsverhältnis	74 ff
Gesamtschuldner	56, 68 f
Geschäftsführung	33
Gesellschaft, keine	28
Gewerkschaften	2, 3, 19
Grundbuch	79 f
Haftung	50 ff
– Beschränkung der	51 ff
– des Handelnden	57 ff
– aus Quasidelikten	73
– aus unerlaubter Handlung	71 ff
Handelsgewerbe	29, 54
Identität	25, 78, 81
Kollektivprinzip	39
Konkursverfahren	24
Korporative Verfassung	1, 28
Liquidation	84
Mehrheitsprinzip	40
Mitglieder	5, 14 ff
Mitgliederversammlung	40 ff
Mitgliedschaft	43 ff
– Beendigung	47
Name	16, 26, 79
Parteifähigkeit	11 ff
Politische Parteien	2, 20
Prozeßfähigkeit	11 ff
Prozeßstandschaft	17
Satzung	6 ff
Scheckfähigkeit	27
Sitz	10
Sonderrechte	44
Steuerrecht	87
Streitgenossen	14
Treuhänder	18, 79
Übergangsrecht	86
Veränderlichkeit des Personenbestandes	81
Vereinsstrafen	48
Verfassung	31
Vergleichsverfahren	24
Vermögen	9, 74 ff
Vertretungsmacht	14, 34 ff
Vorgesellschaft	4, 63
Vorstand	32, 35 ff
Vorverein	4, 70
Wechsel der Vereinsmitglieder	15
Wechselfähigkeit	27
Widerklage	13
Zwangsvollstreckung	23
Zweck des Vereins	30, 49, 54

I. Der nichtrechtsfähige Verein als Körperschaft

1. Definition

Die nichtrechtsfähigen Vereine sind *Personenverbände* zur gesamten Hand mit *korporativer Verfassung* (vgl Vorbem 43 zu § 21; RGZ 60, 94, 99; 76, 25; 95, 192; 143, 212, 213; 165, 140, 143; BGH RdA 1952, 159). Wesentliche, aber auch genügende Voraussetzungen sind körperschaftliche Verfassung, ein Gesamtname und Unabhängigkeit vom Wechsel der Mitglieder.

Die Rspr verwendet folgende *Definition*: „eine auf die Dauer berechnete Verbindung einer größeren Anzahl von Personen zur Erreichung eines gemeinsamen Zweckes, die nach ihrer Satzung körperschaftlich organisiert ist, einen Gesamtnamen führt und auf einen wechselnden Mitgliederbestand angelegt ist" (RGZ 143, 212, 213; übernommen in BGH LM Nr 11 zu § 31).

2. Die gesetzliche Regelung

Das BGB unterstellt die nichtrechtsfähigen Vereine dem *Gesellschaftsrecht*, obwohl sich seine Verfasser darüber klar waren, daß dieses für Vereine nicht angemessen ist (Prot I 554).

Diese Entscheidung beruht auf Erwägungen politischer und rechtspolitischer Natur. *Politisch* wollte man die Vereine anläßlich der Erlangung der Rechtsfähigkeit einer politischen Kontrolle unterwerfen („verschleiertes Konzessionssystem"); dazu diente das Einspruchsrecht der Verwaltung bei Vereinen mit politischer, sozialpolitischer oder religiöser Zwecksetzung. Die Vereine, welche sich dieser Kontrolle entzogen, indem sie von einer Eintragung in das Vereinsregister absahen, oder deren Antrag nach Einspruch der Verwaltung abgelehnt wurde, sollten einem für sie schlechten Recht unterstellt werden, das zu persönlicher Haftung der Mitglieder führte und die Vermögensbildung erschwerte. *Rechtspolitisch* wollte man durch das Vereinsregister Klarheit für den Rechtsverkehr schaffen, welcher Verein Rechtspersönlichkeit besitze; durch die Unterstellung der übrigen Vereine unter das nicht passende Gesellschaftsrecht hoffte man zu erreichen, daß sich die Masse der Vereine eintragen lassen werde. Aus diesen Gründen wollte man die für nichtrechtsfähige Vereine geltende Ordnung scharf von derjenigen trennen, die für rechtsfähige galt.

Die **politischen Erwägungen** sind nicht nur überholt, sondern mit den Grundsätzen des geltenden **Verfassungsrechts** (Art 9 GG) **unvereinbar**. Die rechtspolitischen Erwartungen der Verfasser des BGB haben sich als irrtümlich herausgestellt. Eine große Zahl von Vereinen hat von der Eintragung abgesehen. Außerordentlich bedeutsame Verbände haben die Rechtsform des nichtrechtsfähigen Vereins auch heute noch, zB die *Gewerkschaften* und die *politischen Parteien* (soweit sie nicht eV sind), etwa die SPD. Zur Entwicklung vgl HABSCHEID AcP 155, 379–385.

Daraus ergibt sich die Folgerung, daß die scharfe, sogar bewußt unbillige *Differenzierung* zwischen rechtsfähigen und nichtrechtsfähigen Vereinen, wie sie das BGB ursprünglich vorgenommen hat, nicht mehr bindend ist, sondern in dem Sinne berichtigt werden muß, daß die Stellung der nichtrechtsfähigen Vereine der der *rechtsfähigen* nach Möglichkeit, dh soweit das für einen Verband möglich ist, der keine Rechtspersönlichkeit darstellt, *angenähert* wird. Es mag dabei daran erinnert werden, daß auch vor 1900 ihre Stellung in dieser Hinsicht sich von der rechtsfähiger Korporationen nicht in dem Maße unterschieden hat, wie die Verfasser des BGB es anstrebten (richtig STOLL, in: FS Reichsgericht II, insbes 60 ff). Man kann mit FABRICIUS, Relativität 208 von einer *Teilrechtsfähigkeit* des Vereins sprechen. Für diese Korrektur ist es nicht erforderlich, ein Außerkrafttreten des § 54 S 1 für Idealvereine anzunehmen (so aber MünchKomm/REUTER Rn 2); es genügt eine berichtigende Auslegung.

Die Berichtigung wird dadurch erleichtert, daß das Gesellschaftsrecht weitgehend dispositiver Natur ist. Die *passenden Normen* müssen vom Richter, soweit ausdrückliche Satzungsbestimmungen fehlen, vor allem in Anlehnung an das Recht des rechtsfähigen Vereins gefunden werden; sie sind übrigens weitgehend schon von Wissenschaft und Rspr entwickelt worden. Es braucht dabei nicht anders verfahren zu werden, als es auch sonst bei Rechtsgeschäften geschieht, welche von den Parteien nur lückenhaft geregelt worden sind. Auch da muß der Richter die Norm finden, welche der Eigenart des Geschäftes und der Parteiabsicht am besten gerecht wird. Man muß sich nur klar machen, daß die Absicht der Vereinsgründer eben auf die Schaffung eines *Vereins* geht, nicht auf die einer Gesellschaft; sie wollen einen Personenverband, der unabhängig vom Wechsel der Mitglieder ist und ein eigenes, von dem der Mitglieder getrenntes Vermögen hat (richtig ENNECCERUS/NIPPERDEY § 116 II). Freilich findet das Bemühen, der Parteiabsicht gerecht zu werden, seine Grenze an zwingenden Rechtsregeln. Dazu können zB Vorschriften des Wechselrechts oder des Grundstücksrechts oder auch haftungsrechtliche Grundsätze im Handelsrecht gehören; die bewußte Verweigerung einer passenden Rechtsordnung, wie sie in der starken Differenzierung zwischen nichtrechtsfähigen und rechtsfähigen Vereinen im BGB ursprünglich enthalten war, gehört aber nicht mehr zu diesen zwingenden Regeln. – Zum Ganzen s BGH NJW 1979, 2304, 2305; BGHZ 50, 325, 328 ff.

Wegen der *Folgerungen*, die sich aus der Notwendigkeit einer *Gesetzesberichtigung* ergeben, vgl
Rn 14–19 (Prozeßstandschaft des Vorstands)
Rn 30–39 (Innere Organisation)
Rn 40–49 (Stellung der Mitglieder)
Rn 50–56 (Haftung)
Rn 72 (Organhaftung)

3. Die Bedeutung des nichtrechtsfähigen Vereins

3 Die *Bedeutung* der nichtrechtsfähigen Vereine ist erheblich. Nicht nur zahlreiche Idealvereine haben diese Rechtsform; auch viele *Verbände zur Vertretung wirtschaftlicher Interessen* sowie wirtschaftliche Fachverbände benutzen sie. Das wichtigste Beispiel sind die *Gewerkschaften*. Auch den politischen *Parteien* steht nach dem PartG diese Rechtsform offen und wird von den großen Parteien auch benutzt.

4 In der Lit ist die Meinung entwickelt worden und wird auch heute zT noch vertreten, daß die **Vorgesellschaft** bei der AG zwischen Errichtung (§ 29 AktG) und Entstehung

durch Eintragung (§ 41 AktG), sowie bei der GmbH und der Genossenschaft zwischen Gründung (Feststellung der Satzung) und Eintragung (§§ 11 GmbHG, 13 GenG) dem Recht des *nichtrechtsfähigen Vereins* unterstellt sei. Diese Ansicht war jedoch nie unbestritten; inzwischen hat sich unter Führung des BGH (vgl BGHZ 20, 281, 285; 21, 242, 246; 51, 30, 32; BayObLG NJW 1965, 2254; WM 1979, 317) die Meinung durchgesetzt, es liege eine *Organisation sui generis* vor, auf die, soweit es nicht die Eintragung voraussetze, das Aktien- bzw GmbH-Recht anzuwenden sei (vgl KRAFT, in: Kölner Kommentar zum AktG [2. Aufl 1988] § 41 Rn 19 ff, 25; SCHOLZ/K SCHMIDT GmbHG [8. Aufl 1993] § 11 Rn 24; BAUMBACH/HUECK, GmbH-Gesetz [15. Aufl 1988] § 11 Rn 6). FLUME (FS Geßler 3 ff) hat die Meinung entwickelt, es sei auf die Gründungsgesellschaft im Ausgangspunkt das Recht des nichtrechtsfähigen Vereins anzuwenden, jedoch gleichzeitig zu berücksichtigen, daß die Gesellschaft auf Gründung einer GmbH bzw AG abziele; er billigt insofern die Tendenz des BGH. Zu diesem im einzelnen sehr umstrittenen Fragenkomplex ist hier nicht Stellung zu nehmen. Dagegen gilt das Recht des nichtrechtsfähigen Vereins für den Verein, der die Rechtsfähigkeit erstrebt (**"Vorverein"**) *vor* seiner *Eintragung* in das Vereinsregister (BGH LM Nr 11 zu § 31; FLUME, in: FS Gessler 23). – Vgl auch unten Rn 63 u 70.

4. Mitglieder

Mitglieder können Einzelpersonen oder juristische Personen, auch nichtrechtsfähige Vereine sein (vgl hierzu vGIERKE, Vereine 30; ders DJZ 1907, 207; ENNECCERUS/NIPPERDEY § 116 IV 2 b; BGB-RGRK/STEFFEN Rn 13; SOERGEL/HADDING Rn 10, 16; RGZ 73, 92 ff; RG JW 1933, 2167; BREITBACH 52). Nicht selten sind bei einem nichtrechtsfähigen Verein zugleich *Einzelpersonen, juristische Personen* (vgl RG LZ 1930, 994 Nr 2) und *nichtrechtsfähige Vereine* Mitglieder. Aus spezialrechtlichen Gründen kann dem nichtrechtsfähigen Verein die Mitgliedschaft bei gewissen rechtsfähigen Vereinen, zB eingetragenen Genossenschaften, verschlossen sein (vgl RG ZBlFG 9, 547). Nichtrechtsfähige Vereine können, ebenso wie rechtsfähige, selbständige oder unselbständige Ortsgruppen haben (vgl § 21 Rn 35). 5

Daß eine Personenverbindung zugleich **öffentlichrechtliche Bedeutung** hat, hindert an sich nicht, sie, soweit ihre privatrechtlichen Beziehungen in Betracht kommen, *zugleich als nichtrechtsfähigen Verein* iS des § 54 anzusehen. So sind zB manche politische Parteien nichtrechtsfähige Vereine (vgl oben Rn 2 u 3).

Beispiele aus der früheren Rspr s STAUDINGER/COING[11] Rn 3 und unten Rn 30.

5. Satzung

Die *Satzung* des nichtrechtsfähigen Vereins fällt unter die rechtsgeschäftlichen Bestimmungen, nicht unter den Begriff des Gesetzes, also auch nicht unter den des Schutzgesetzes iS des § 823 Abs 2 (RGZ 135, 245). Vgl § 25 Rn 6 ff. Die Gründung erfolgt durch Vertrag wie beim rechtsfähigen Verein. Vgl § 21 Rn 18. Wegen Anfechtung und Nichtigkeit vgl § 21 Rn 19. 6

Für die **Auslegung** der Satzung gelten die gleichen Grundsätze wie beim rechtsfähigen Verein. Vgl § 25 Rn 15 f. Das Revisionsgericht ist zu eigener Auslegung der Satzung 7 berechtigt, wenn der Verein Mitglieder in verschiedenen Oberlandesgerichtsbezirken hat (BGHZ 21, 371, 374; 25, 312, 315). Vgl § 25 Rn 19.

8 Ist der Verein ins Leben getreten, so gilt nach der Rspr auch der Grundsatz, daß eine zunächst nicht wirksam beschlossene Satzungsregelung dadurch *Wirksamkeit* erlangen kann, daß sie von den Mitgliedern hingenommen und dadurch zur Grundlage des Vereinslebens wird. Eine Ausnahme gilt für die *Zweckänderung*, da hier die gesetzliche Regel – § 33 – eine formelle Zustimmung fordert (BGHZ 25, 312, 316; 16, 143; 23, 122).

6. Vermögen

9 Daß der nichtrechtsfähige Verein Vermögen hat, ist nicht notwendig. Hat er es, so bildet es ein gesamthänderisch gehaltenes *Sondervermögen*. Dazu unten Rn 74.

7. Sitz

10 Der nichtrechtsfähige Verein hat, wenn nicht die Satzung anders bestimmt, seinen Sitz an dem Ort, wo die Verwaltung geführt wird (§ 17 ZPO; § 24).

8. Stellung in Prozeß und Konkurs

11 a) „Ein Verein, der nicht rechtsfähig ist, **kann verklagt werden**; in dem Rechtstreit hat der Verein die Stellung eines rechtsfähigen Vereins" (§ 50 Abs 2 ZPO). Er ist in diesem Falle wie ein rechtsfähiger Verein *parteifähig*. Der Vorstand hat die Stellung eines gesetzlichen Vertreters. *Fehlt* der *Vorstand* eines zu verklagenden nichtrechtsfähigen Vereins, so ist er gem § 29 auf Antrag eines Beteiligten durch das *Amtsgericht* zu bestellen, nicht aber ist gem § 57 ZPO dem Verein vom Vorsitzenden des Prozeßgerichts ein „besonderer Vertreter" zu bestellen (so auch OLG Naumburg SeuffA 57 Nr 146; **aM** NUSSBAUM ZZP 34, 124). Fehlt nach der Verfassung des „Vereins" überhaupt das Organ des Vorstandes, so ist kein Verein vorhanden (RG JW 1901, 301). Da der Verein als Beklagter parteifähig ist, können seine Mitglieder in diesem Passivprozeß als *Zeugen vernommen* werden (vGIERKE, Vereine 42 N 74 a; STEIN/JONAS/BORK, Kommentar zur ZPO [21. Aufl 1993] § 50 Rn 21; RG WarnR 1908 Nr 679; ROSENBERG/SCHWAB/ GOTTWALD, Zivilprozeßrecht [15. Aufl 1993] § 43 II 3 c; **aM** NUSSBAUM ZZP 34, 122).

Wird der Verein während der Rechtshängigkeit *aufgelöst*, so dauert seine *passive Parteifähigkeit*, solange die Auseinandersetzung noch nicht beendigt ist, fort (so auch PLANCK/KNOKE Anm 3 o; STEIN/JONAS/BORK § 50 Rn 34 b; BGH JZ 1981, 631 [für GmbH]).

Die **Rechtskraft** eines Urteils gegen den Verein als Beklagten beschränkt sich auf den Verein, erstreckt sich also nicht auf dessen Mitglieder als Einzelpersonen (STEIN/ JONAS/BORK § 50 Rn 21; ROSENBERG/SCHWAB/GOTTWALD § 43 II 3 c; RG LZ 1929, 831 Nr 2, wo jedoch eine materiellrechtliche Bindung der Mitglieder durch das Urteil angenommen wird). Anders noch die 12. Bearb 1980.

12 b) Eine andere Frage ist, ob der Verein als solcher, als passiv parteifähig, **verklagt werden muß**, wenn es sich um Geltendmachung von Ansprüchen gegen den Verein handelt, ob nicht in diesem Fall gegen den Verein als Gesamthänderschaft und damit

gegen die sämtlichen Vereinsmitglieder wie gegen Gesellschafter geklagt werden *darf*. Im letzteren Sinne mit Recht die heute wohl überwiegende Meinung (vGIERKE, Vereine 44; NUSSBAUM ZZP 34, 147; SOERGEL/HADDING Rn 32; aA OLG Naumburg SeuffA 57 Nr 146; MünchKomm/REUTER Rn 14).

c) Da der nichtrechtsfähige Verein ferner als *Beklagter* „in dem Rechtsstreit" **13** überhaupt als rechtsfähig gilt, so ist er ferner **rechtsfähig für** alle **Prozeßhandlungen eines Beklagten** und nicht bloß für die Bekämpfung der Klage selbst. Er kann also *Widerklage* (§ 33 ZPO; vgl RGZ 74, 371, 375) und Inzidentfeststellungsklage und -widerklage (§ 256 Abs 2 ZPO) erheben; er kann den Prozeß über die zur getrennten Verhandlung verwiesene Aufrechnungseinrede betreiben (§§ 145, 302 ZPO); er kann das Verfahren nach einem Vorbehaltsurteil (§§ 302, 599 ZPO) und in demselben Prozeß (nicht in gesondertem Verfahren) den Anspruch auf Schadensersatz wegen ungerechtfertigter Vollstreckung (§§ 302 Abs 4, 600, 717, 945 ZPO) verfolgen; er kann die Wiederaufnahmeklage (§ 578 ZPO), die Vollstreckungsgegenklage (§ 767 ZPO) erheben; er kann die Aufhebung eines Arrestes (§ 927 ZPO) und einer einstweiligen Verfügung beantragen; er kann um Festsetzung der Prozeßkosten (§§ 103, 104 ff ZPO) nachsuchen; er kann die *Zwangsvollstreckung* wegen der Widerklageansprüche und der bezeichneten Ansprüche auf Schadensersatz und auf Kostenerstattung betreiben (ROSENBERG/SCHWAB/GOTTWALD § 43 II 3 b; STEIN/JONAS/BORK § 50 Rn 23).

d) Dagegen **fehlt** nach der gesetzlichen Regelung im übrigen dem nichtrechtsfähi- **14** gen Verein die **Parteifähigkeit beim Aktivprozeß**, (s jedoch die Stellungnahme u Rn 20). Die Frage ist aber umstritten.

aa) Folgt man dem *Gesetzeswortlaut*, so können nur die **Mitglieder in ihrer Gesamtheit** klagen. So in der Tat die ursprüngliche Auslegung des § 50 ZPO (vgl vSEUFFERT/ WALSMANN, Kommentar zur ZPO [12. Aufl 1932] § 50 Anm 2 d; OERTMANN Anm 6 a) und die heute noch überwiegende Auffassung in der Rspr (BGHZ 109, 15 ff; BAG NZA 1990, 615, 616 f; OLG München NJW 1969, 617; aA ein großer Teil der Lit, s u Rn 19). Dem Vorstand steht nach dieser Auffassung jedoch kraft der Satzung *Vertretungsmacht* im Aktivprozeß des Vereins zu; er vertritt die Gesamtheit der Mitglieder als *notwendige Streitgenossen*. Die Vorlage der Satzung, die ihm die Vertretung des Vereins überträgt, genügt als Nachweis der Vertretungsmacht; einer Prozeßbevollmächtigung durch die einzelnen Mitglieder bedarf es nicht (RGZ 57, 90).

Bestritten ist, ob die **Mitglieder** des klagenden nichtrechtsfähigen Vereins in der **15** Klage oder später einzeln **namhaft zu machen** sind. Das RG hat die Frage bejaht (JW 1903, 4 Nr 8; hierzu RGZ 57, 90); ebenso OLG Frankfurt NJW 1952, 792 und die hL (ROSENBERG/SCHWAB/GOTTWALD § 43 II 3 a; vSEUFFERT/WALSMANN § 253 Anm 4 A I; NUSSBAUM ZZP 34, 147; anders STOLL, in: FS Reichsgericht II 276 I). Die Namhaftmachung der Vereinsmitglieder kann aber nicht bloß in der Klage, sondern auch noch in *zweiter Instanz* erfolgen und stellt, wenn zunächst nur unter der Vereinsbezeichnung geklagt wurde, keine Klageänderung dar (RG JW 1903, 4 Nr 8).

Der *Wechsel der Vereinsmitglieder* ist einflußlos, da die bei Klageerhebung vorhandenen Mitglieder Partei bleiben (NUSSBAUM ZZP 34, 147; RGZ 57, 90; ROSENBERG/ SCHWAB/GOTTWALD § 43 II 3 a). Die einzelnen Mitglieder können, wenn namens der

Gesamtheit der Mitglieder als solcher geklagt wird, im Prozeß weder Nebenintervenienten noch Zeugen sein.

16 bb) Demgegenüber ist in der Lehre und in einigen Entscheidungen die Auffassung vertreten worden, die *Mitglieder* des nichtrechtsfähigen Vereins könnten **unter dem Vereinsnamen klagen**, so daß es sich erübrige, deren Namen im einzelnen im Rubrum aufzuführen (so STOLL, in: FS Reichsgericht II 76 f; BOEHMER, Grundlagen II 2, 184 f; HABSCHEID AcP 155, 415; LG Köln MDR 1962, 61).

Der *BGH* hat dies jedoch mit dem Argument *abgelehnt*, damit sei die Person der Kläger nicht genügend festgelegt; dies könne insbes bedeutsam werden, wenn die Frage einer Vernehmung als Zeuge in Betracht komme (BGHZ 42, 210, 214).

17 cc) Als weiterer Ausweg ist vorgeschlagen worden, den *Vorstand* als Inhaber einer **gewillkürten Prozeßstandschaft** anzusehen; eine entsprechende Ermächtigung könne in den Satzungsregeln über die Stellung des Vorstandes gefunden werden. So ENNECCERUS/NIPPERDEY § 116 IV 8; OLG Frankfurt NJW 1952, 792 (für den Fall der Geltendmachung des Namensrechts einer als nichtsrechtsfähiger Verein organisierten Partei). Auch diese Lösung hat jedoch der *BGH abgelehnt*, uz unter Hinweis auf die besondere Lage bei unabtretbaren Ansprüchen (BGHZ 42, 210, 213).

18 dd) *Folgt man* der geschilderten Auffassung des *BGH*, so ist es für nichtrechtsfähige Vereine mit großer Mitgliederzahl *praktisch unmöglich*, ihre Rechte klageweise geltend zu machen.

Es bleibt dann nur der Ausweg, den *Vorstand* zum fiduziarischen Vermögensträger (**Treuhänder**) zu machen. Dies ist auch möglich, wenn der Vorstand mehrgliedrig ist; die mehreren Treuhänder bilden dann eine bürgerlichrechtliche Gesellschaft. Dagegen versagt dieser Weg, wenn unübertragbare Rechte in Frage stehen.

19 ee) Den **Gewerkschaften**, bei welchen sich die oben dargestellte Problematik angesichts ihrer großen Mitgliederzahl besonders zeigt, hat der BGH die **aktive Parteifähigkeit** seit den sechziger Jahren zuerkannt (BGHZ 42, 210; 50, 325), was vor allem mit ihrer besonderen Stellung in der Rechtsordnung, insbes der Übertragung öffentlicher Funktionen, begründet wurde. Die Frage, ob die Ausdehnung der Parteifähigkeit auch auf andere nichtrechtsfähige Vereine übertragen werden kann, wurde zunächst offengelassen (BGHZ 42, 210, 216; 50, 325, 335). In einer Entscheidung von 1989 (BGHZ 109, 15) wurde jedoch der *allgemeinen* Anerkennung der Parteifähigkeit nichtrechtsfähiger Vereine eine Absage erteilt. Zwar läßt der BGH auch hier offen, ob wenigstens für Vereine mit großer Mitgliederzahl oder schnellem Mitgliederwechsel eine Ausnahme eingreifen könnte (BGHZ 109,15, 18); vgl zu dieser vermittelnden Meinung Rn 20. Andererseits betont dieses Urteil jedoch die Sonderstellung der Gewerkschaften und ihren verfassungsrechtlichen Schutz gem Art 9 Abs 3 GG, so daß die Hürden für eine entsprechende Behandlung anderer Vereine eher erhöht werden.

20 ff) Dennoch ist die für Gewerkschaften entwickelte Lösung **auf alle nichtrechtsfähigen Vereine auszudehnen**, da sie die einzig praktikable und klare Lösung darstellt. Ein Sonderrecht der Parteifähigkeit allein für Gewerkschaften kann letzlich nicht überzeugen. Auch bei anderen Organisationen kann die Versagung der aktiven Parteifähigkeit zu faktischer Verweigerung des Rechtsschutzes führen, wie LG Aachen NJW 1977, 255 (nichtrechtsfähige Bürgerinitiative) zeigt. Die weitgehende Angleichung der materiellrechtlichen Stellung der nichtrechtsfähigen an die rechtsfähigen Vereine spricht auch für die Beendigung der prozeßrechtlichen Diskriminierung; die o zu Rn 2 genannten Gründe gelten hier entsprechend. Daß damit noch nicht die allgemeine *Rechtsfähigkeit* des nichtrechtsfähigen Vereins anerkannt ist, zeigt die Parallele bei OHG und KG. Die hier vertretene Meinung ist auch in der Lit verbreitet, vgl FABRICIUS, Relativität der Rechtsfähigkeit 208; MünchKomm/REUTER Rn 12; SOERGEL/HADDING Rn 33; PALANDT/HEINRICHS Rn 11; JAUERNIG Anm 3 d; STOLTENBERG MDR 1989, 494, 496; WAPLER NJW 1961, 439. Eine *Mittelmeinung*, wonach nur mitgliederstarke nichtrechtsfähige Vereine aktiv parteifähig sind, vertreten BGB-RGRK/STEFFEN Rn 19 und SOERGEL/SCHULTZE-VLASAULX (11. Aufl) Rn 54; ähnlich K SCHMIDT NJW 1984, 2249 (2251 f); jedoch stellt sich dann die mißliche Frage der Abgrenzung.

gg) **Politischen Parteien** sowie ihren Gebietsverbänden höchster Stufe ist durch § 3 PartG die *volle Parteifähigkeit* zugesprochen worden. Zur Frage, ob auch Orts- und Kreisverbände parteifähig im Zivilprozeß sind, vgl PAPPERMANN JZ 1969, 490 mwN. Zur mangelnden Passivlegitimation eines CDU-Ortsverbandes s LG Bonn NJW 1976, 810; vgl auch LG Frankfurt NJW 1979, 1661 (passive Parteifähigkeit eines SPD-Ortsverbandes gem § 50 Abs 2 ZPO). Nicht aktiv parteifähig gem § 3 PartG ist ein Bezirksverband der SPD (s OLG Köln NJW 1978, 227). – Für Rechtsstreitigkeiten wegen Aufnahme in eine politische Partei ist der Verwaltungsrechtsweg nicht gegeben (VGH Mannheim NJW 1977, 72).

hh) Eine Besonderheit besteht im **arbeitsgerichtlichen Verfahren**. Hier sind nichtrechtsfähige Vereine, sofern sie wirtschaftliche Vereinigungen von Arbeitgebern oder von Arbeitnehmern sind, nicht nur passiv, sondern aufgrund der ausdrücklichen Bestimmung in § 10 ArbGG auch *aktiv parteifähig*. Die Beteiligungsfähigkeit im arbeitsgerichtlichen Beschlußverfahren ist in § 10 HS 2 ArbGG noch etwas erweitert worden.

Zur aktiven Parteifähigkeit vgl ferner § 61 Nr 2 VwGO, § 58 Abs 2 FGO, § 70 Nr 2 SGG; BVerfGE 17, 319, 329. – Zur Stellung nichtrechtsfähiger Vereine als Beteiligte im *Verwaltungsverfahren* und im Verwaltungsprozeßrecht s BVerwGE 10, 324; OVG Lüneburg NJW 1979, 735. – Zum Strafprozeß s OLG Düsseldorf NJW 1979, 2525.

f) Zur **Zwangsvollstreckung** in das Vermögen eines nichtrechtsfähigen Vereins genügt ein gegen den *Verein* ergangenes Urteil (§ 735 ZPO). Zulässig ist sie aber auch, wenn gegen alle *Einzelmitglieder* Urteile ergangen sind (ROSENBERG/SCHWAB/ GOTTWALD § 43 II 3 a). Im Wege der Zwangsvollstreckung können Forderungen eines nichtrechtsfähigen Vereins gepfändet und zur Einziehung überwiesen werden. Der Pfändungsgläubiger kann diese Forderungen gegen den Schuldner einklagen. Die Einrede der mangelnden Parteifähigkeit kann dem Pfändungsgläubiger nur dann entgegengesetzt werden, wenn ihm selbst die Parteifähigkeit mangelt (OLG Celle SeuffA 60 Nr 128). Dagegen ist bestritten, ob der Verein sich selbst Forderungen überweisen lassen kann. Für die Bejahung mit durchschlagenden Gründen NUSSBAUM ZZP 34, 119.

24 g) Ferner findet über das Vermögen eines nichtrechtsfähigen Vereins, wie über das Vermögen einer juristischen Person, ein **Konkursverfahren** statt nach §§ 213, 207, 208 KO (vgl dazu § 42 Rn 15, ferner BREITBACH 98 ff).

Die Einleitung eines *gerichtlichen Vergleichsverfahrens* nach der VerglO ist beim nichtrechtsfähigen Verein wie beim rechtsfähigen insoweit zulässig, als der Konkurs über sein Vermögen eröffnet werden kann (§ 108 Abs 1).

9. Erlangung der Rechtsfähigkeit

25 Der nichtrechtsfähige Verein kann – im Gegensatz zur Gesellschaft des BGB – die Rechtsfähigkeit erlangen und dies im Verfahren vor dem Vereinsregistergericht sowie vor den Verwaltungsbehörden und Verwaltungsgerichten durch den Vorstand betreiben (§§ 55 ff; über die *Identität* des nichtrechtsfähigen und des rechtsfähigen Vereins vgl § 21 Rn 32 sowie BGH WM 1978, 115). Die Bestimmung über Zustellungen an den Vorstand (§ 28 Abs 2) findet entsprechende Anwendung. Eine *Pflicht* der nichtrechtsfähigen Vereine, die Rechtsfähigkeit zu erlangen, kann grundsätzlich *nicht* angenommen werden. Vgl jedoch für die nichtrechtsfähigen Vereine, welche die Versicherung ihrer Mitglieder nach den Grundsätzen der Gegenseitigkeit betreiben, §§ 15 ff VAG. Ein solcher Verein erlangt die Rechtsfähigkeit mit Erteilung der Erlaubnis durch die Aufsichtsbehörde.

10. Name

26 Schon mit Rücksicht auf die passive Parteifähigkeit des nichtrechtsfähigen Vereins für das zivilprozessuale, Konkurs- und Vollstreckungsverfahren sowie für das Verfahren vor dem Vereinsgericht, den Verwaltungsbehörden und Verwaltungsgerichten bedarf der nichtrechtsfähige Verein eines Namens, der ihn aber auch sonst im Verkehr, insbes auch gegenüber den Behörden des öffentlichen Vereinsrechts, *bezeichnet*. Einen satzungsmäßigen Vereinsnamen setzt § 57 *vor* der Eintragung des Vereins voraus. Es besteht kein Hindernis, dem nichtrechtsfähigen Verein ein **Namensrecht** zuzuschreiben (so auch RGZ 78, 101 ff; OLG Frankfurt NJW 1952, 792; ENNECCERUS/NIPPERDEY § 116 IV 11; LARENZ, AT § 10 VI 1), wie er auch andere Persönlichkeitsrechte besitzen kann, insbes solche, die zugleich Vermögensrechte sind, wie Patentrechte usw (vGIERKE I 682 N 92). Damit ist vereinbar, daß in bestimmten Fällen das Auftreten des Vereins unter seinem Namen nicht genügt, vielmehr die einzelnen durch den Vereinsnamen *kollektiv* bezeichneten Vereinsmitglieder als solche *einzeln* sich bezeichnen und bezeichnet werden müssen, zB nach der Auffassung der Rspr im Grundbuchverkehr (vgl aber unten Rn 80) und im aktiven Zivilprozeß (vgl oben Rn 15–20). Dadurch unterscheidet sich der nichtrechtsfähige Verein nicht nur von dem rechtsfähigen, sondern auch von der OHG (§ 124 HGB). Der Name des nichtrechtsfähigen Vereins braucht übrigens nicht in der Satzung bestimmt zu sein; es genügt, wenn die Vereinigung bei ihrem Auftreten nach außen sich tatsächlich eines die Gesamtheit der Mitglieder bezeichnenden Namens bedient (RGZ 60, 94; vgl auch RG Holdheim 1906, 255 ff).

11. Wechselfähigkeit

Der nichtrechtsfähige Verein ist, da er als solcher nicht handlungsfähig ist, nach hL **27** als solcher auch **nicht wechselfähig**; er kann wechselmäßig weder berechtigt noch verpflichtet werden (vgl RG JW 1908, 545; RGZ 112, 124 ff = JW 1926, 2907 m kritischer Anm v KLAUSING; BAUMBACH/HEFERMEHL, Wechselgesetz und Scheckgesetz [17. Aufl 1990] Einl 22 zum WG; ENNECCERUS/NIPPERDEY § 116 Fn 49; BGB-RGRK/STEFFEN Rn 18).

Zeichnet jedoch der *Vereinsvorstand* unter Angabe des Vereinsnamens einen *Wechsel* bzw ein Wechselakzept, so ist formell ein gültiger Wechsel vorhanden, da es hierfür nicht einmal auf die Existenz der angegebenen juristischen Person oder Firma ankommt (RGZ 119, 198, 201 – die Entscheidung betrifft keinen Verein).

Hat der Vorstand im Rahmen seiner *Vertretungsmacht* gehandelt, so haftet aus dem Wechselgeschäft (nach der hier vertretenen Ansicht von der Haftung – unten Rn 52) das Vereinsvermögen als Sondervermögen (vgl HABSCHEID AcP 155, 403 f; SOERGEL/HADDING Rn 19; MünchKomm/REUTER Rn 18; PALANDT/HEINRICHS Rn 9; abw OLG Koblenz MDR 1955, 424); zusätzlich haftet aber nach § 54 S 2 der Unterzeichner des Wechsels.

Daß dem nichtrechtsfähigen Verein als solchem die *aktive* **Scheckfähigkeit** fehlt, ergibt sich aus seiner Handlungsunfähigkeit; daß ihm die *passive* Scheckfähigkeit fehlt, auch aus Art 3 ScheckG; daß er nicht Zahlungsempfänger sein kann, aus Art 5 ScheckG („an eine bestimmte Person"). Wird durch die satzungsmäßigen Vertreter des nichtrechtsfähigen Vereins ein Scheck ausgestellt, so gilt das oben zur Wechselzeichnung Gesagte entsprechend.

12. Verhältnis zur Gesellschaft

Der nichtrechtsfähige Verein ist **keine Gesellschaft**; er ist ein körperschaftlich organi- **28** sierter Verband mit unvollkommener, nur in einigen Beziehungen anerkannter Rechtspersönlichkeit (vgl RGZ 95, 192; 142, 212, 213; vGIERKE, Vereine 12; ENNECCERUS/ NIPPERDEY § 116 II; LARENZ, AT § 9 II 2; BGB-RGRK/STEFFEN Rn 5). Auf den nichtrechtsfähigen *Verein finden* jedoch nach § 54 S 1 die *Vorschriften über die Gesellschaft Anwendung*. Dabei sind jedoch die oben Rn 2 entwickelten Grundsätze zu beachten. Über die *Unterschiede* des nichtrechtsfähigen Vereins einerseits und der Gesellschaft andererseits, insbes bei der Organisation, vgl oben Vorbem 45 zu § 21 und auch Vorbem zu § 705. Aus diesen Unterschieden folgt, daß eine Gesellschaftsgründung nicht ohne weiteres in eine Vereinsgründung umgedeutet werden kann (vgl RG Recht 1938 Nr 3818). Möglich sind auch Mischformen im Übergangsbereich zwischen BGB-Gesellschaft und nichtrechtsfähigem Verein (vgl BGH NJW 1979, 2304, 2305; dazu REUTER ZGR 1981, 364 ff; SOERGEL/HADDING Rn 5). Dies ergibt sich aus dem Gestaltungsspielraum bei beiden Typen der Personenvereinigung. In solchen Fällen kann für die verschiedenen Regelungsbereiche teils die Anwendung von Vereinsrecht, teils von Gesellschaftsrecht geboten sein (BGH aaO).

Wesentlich ist für den Verein im Gegensatz zur Gesellschaft die *Veränderlichkeit des Personenbestandes* (s darüber unten Rn 81).

Aus dem körperschaftlichen Wesen des Vereins ist zu folgern, daß ein *Auseinander-*

setzungsanspruch der Mitglieder bei bestehendem Verein als *ausgeschlossen* zu gelten hat.

Ferner ist anzunehmen, daß *§ 708 keine Anwendung* findet; § 708, wonach ein Gesellschafter bei der Erfüllung der ihm obliegenden Verpflichtungen nur für die Sorgfalt einzustehen braucht, die er in eigenen Angelegenheiten anzuwenden pflegt, hat seinen Grund in dem persönlichen Charakter des auf einem Vertrag unter den Gesellschaftern beruhenden Verhältnisses; dieses persönliche Verhältnis wird beim nichtrechtsfähigen Verein unter den Mitgliedern meistens fehlen (vgl RGZ 143, 212 ff = JW 1934, 1165 ff m Anm v W SIEBERT). Der Fiktion eines stillschweigenden Ausschlusses des § 708 durch die Satzung bedarf es zur Begründung dieses durch den Gesetzeszweck geforderten Ergebnisses nicht (so richtig SIEBERT aaO).

Hinsichtlich des *Vermögens* vgl unten Rn 50 ff, 74 ff.

29 Nichtrechtsfähige Vereine können als solche **kein Handelsgewerbe** betreiben (vgl SCHLEGELBERGER/HILDEBRANDT/STECKHAN, Handelsgesetzbuch I [5. Aufl 1973] § 1 Rn 6). Der Verein muß in diesem Falle also eine andere Form wählen (vgl SCHULTZE-VLASAULX, in: FS Schultze 30).

Betreibt der Gesamtverein unter dem Vereinsnamen Handelsgeschäfte, so entsteht nach herrschender (freilich umstrittener) Lehre eine *OHG*, auch wenn dies von den Vereinsmitgliedern nicht gewollt war (vgl SCHULTZE-VLASAULX, in: FS Schultze 30; STOLL, in: FS Reichsgericht II 72 Anm 83; BGHZ 22, 240, 244; PALANDT/HEINRICHS Rn 4; BRÜGGEMANN in Großkommentar HGB [4. Aufl 1982] Vor § 1 Rn 20; aA SACK ZGR 1974, 179, 200 ff, der statt dessen KG annimmt). Ist die Bezeichnung als Verein irreführend, so kann der Registerrichter eine Änderung des Namens erzwingen (FISCHER in Großkomm HGB [3. Aufl 1973] § 105 Anm 18). Nach anderen (zB STOLL aaO) muß sich der Verein jedenfalls in seinen Beziehungen nach außen als OHG behandeln lassen.

Zu Schwierigkeiten führt diese Lehre, wenn es sich um einen *Idealverein* mit Geschäftsbetrieb handelt. Daher ist SCHULTZE-VLASAULX (aaO) in diesem Falle dafür eingetreten, daß der Verein als nichtrechtsfähig in das Handelsregister eingetragen werden kann. Vgl ferner K SCHMIDT JZ 1973, 299 (301) und ZGR 1975, 477, 485, der die Kaufmannseigenschaft und Eintragungsfähigkeit des nichtrechtsfähigen Vereins dann annehmen will, wenn der Betrieb eines Handelsgewerbes nur „Nebenzweck" des Vereins ist, dh eine untergeordnete Nebentätigkeit darstellt.

II. Die Anwendung des Gesellschaftsrechts

30 Die Anwendung des Gesellschaftsrechts auf den nichtrechtsfähigen Verein bei Wahrung seines grundsätzlich körperschaftlichen Charakters ergibt im einzelnen folgendes:

1. Vereinszweck

Der Vereinszweck kann ein *idealer* oder ein *wirtschaftlicher* sein. Es gelten für die Unterscheidung die Grundsätze, die zu § 21 entwickelt sind (vgl dort Rn 7, 10). Er kann sich erstrecken auf die Förderung der Interessen der Mitglieder oder auch von Nichtmitgliedern. Angehörige einer Dienststelle des öffentlichen Dienstes können für außerdienstliche Zwecke einen nichtrechtsfähigen Verein bilden, zB die Offiziere eines Regiments in bezug auf Pflege der Geselligkeit, Bewirtschaftung des Kasinos oder Unterstützung einzelner Mitglieder (vgl RG SeuffA 77 Nr 54).

2. Verfassung

Die Verfassung des nichtrechtsfähigen Vereins wird durch die **Vereinssatzung** 31 bestimmt. Die Satzung bedarf *keiner Form*; sie kann daher auch „stillschweigend" vereinbart werden. Dies gilt auch für Abänderungen von dispositiven Normen des Gesellschaftsrechts (PLANCK/KNOKE Anm 3 a und Prot II 460).

Eine andere Frage ist, welche materiellen Voraussetzungen für *Satzungsänderungen* verlangt werden müssen. Einstimmiger Beschluß ist, abgesehen von Änderungen des Vereinszwecks, nicht nötig, wenn die Satzung nichts anderes bestimmt. Wohl aber ist in entsprechender Anwendung des § 33 Dreiviertelmehrheit zu fordern (SOERGEL/ HADDING § 33 Rn 2; vgl auch RG WarnR 1929 Nr 59 zur entspr Anwendung des § 33 Abs 1 S 2 bei Zweckänderung).

Dem nichtrechtsfähigen Verein kommt im gleichen Maß wie dem rechtsfähigen das Recht zu, seine Angelegenheiten selbst zu ordnen. Er hat die gleichen Rechte gegenüber seinen Mitgliedern, einschließlich einer gewissen Strafgewalt.

3. Vorstand

Bei rechtsfähigen Vereinen kann der Vorstand aus sämtlichen Mitgliedern des Ver- 32 eins, aus einem Teil der Vereinsmitglieder oder aus Nichtmitgliedern bestehen. Diese *drei Möglichkeiten* bestehen auch beim nichtrechtsfähigen Verein bei Anwendung der Gesellschaftsregeln:

a) Nach § 709 Abs 1 steht die **Geschäftsführung** den Gesellschaftern gemeinschaft- 33 lich zu, nach § 710 kann die Führung der Geschäfte aber auch einem oder mehreren Gesellschaftern übertragen und es können hierdurch die übrigen Gesellschafter von der Geschäftsführung ausgeschlossen werden. Es können ferner auch, wie bei der OHG, *sämtliche* Gesellschafter von der Geschäftsführung ausgeschlossen und kann diese einem *Dritten* übertragen werden. Die Übertragung muß nicht mit einem vollständigen Ausschluß der anderen Gesellschafter oder der Gesellschafter überhaupt von der Geschäftsführung verbunden sein. Dies ergibt sich schon aus § 713, wonach innerhalb des Bereichs der Geschäftsführung die von ihr ausgeschlossenen Gesellschafter dem geschäftsführenden Gesellschafter Weisungen erteilen können. Die Satzung kann die übertragene Geschäftsführung näher begrenzen.

b) Soweit einem Gesellschafter die Befugnis zur Geschäftsführung zusteht, ist er 34 im Zweifel auch ermächtigt, die anderen Gesellschafter Dritten gegenüber zu *vertreten* (§ 714). Einem fremden Geschäftsführer kann die Vertretungsmacht ebenfalls zustehen.

c) Sieht man von dem verhältnismäßig seltenen Fall ab, daß der Vorstand aus 35 sämtlichen Vereinsmitgliedern besteht, und berücksichtigt man die dispositive Natur der bezeichneten Regeln des Gesellschaftsrechts, so ergeben sich folgende Möglichkeiten, die regelmäßig auch als gewollt und (im Gründungsvertrag) vereinbart anzusehen sind:

aa) Der Vorstand wird aufgrund der *Satzung* (des Gesellschaftsvertrags) bestellt. Die Satzung bestimmt den **Umfang** der Geschäftsführungsaufgabe und Vertretungsmacht des Vorstandes. Diese Geschäftsführungsaufgabe und Vertretungsmacht steht bei dem nichtrechtsfähigen Verein *nicht* grundsätzlich schon kraft Gesetzes fest, so daß die Satzung sie nur zu beschränken vermöchte, aber nicht mehr zu bestimmen hätte, während dies beim rechtsfähigen Verein (§ 26 Abs 2) der Fall ist. Der Dritte, der mit dem Vorstand einen Vertrag schließt, muß sich nach dem Umfang der Vertretungsmacht erkundigen (RGZ 90, 176).

36 bb) Der Vorstand vertritt gerichtlich und außergerichtlich die Vereinsmitglieder als deren **Bevollmächtigter**; eine *satzungsmäßige* Vollmacht kann auch gegen den Widerspruch einzelner Mitglieder ausgeübt werden; sie ist nicht Vollmacht des einzelnen als solchen, sondern der Gesamtheit als einer Gemeinschaft zur gesamten Hand. Im Prozeß, in der Zwangsvollstreckung und im Verfahren zur Erlangung der Rechtsfähigkeit erscheint der Vorstand als *gesetzlicher Vertreter* des Vereins.

Bedarf eine Willenserklärung des nichtrechtsfähigen Vereins der Schriftform, so genügt es zur Wahrung der Form des § 126, daß der *Vorstand* die Urkunde *unterzeichnet*, vorausgesetzt, daß er dabei innerhalb seiner Vertretungsmacht handelt. Eine andere Frage ist, wie weit diese Vertretungsmacht reicht (s oben Rn 35) und ob neben der nach § 54 S 2 bestehenden Haftung der Handelnden auch eine Haftung der Mitglieder über das Vereinsvermögen hinaus entsteht (darüber unten Rn 74 ff).

37 cc) Die *Rechte* und *Pflichten* des Vorstandes hinsichtlich der Geschäftsführung, also im Innenverhältnis, bestimmen sich, wie beim rechtsfähigen Verein, nach den für den Auftrag geltenden Vorschriften der §§ 664–670. Die Mitgliedergesamtheit oder die Mitgliederversammlung (vgl unten Rn 40) ist daher auch bei dem nichtrechtsfähigen Verein grundsätzlich berechtigt, dem Vorstand Weisungen zu erteilen.

38 dd) Die *Abberufung* des Vorstandes und die *Kündigung* seitens des Vorstandes erfolgt nach § 712 aus einem „wichtigen Grund". Die Bestellung des Vorstandes kann aber auch durch die Satzung als jederzeit widerruflich erklärt werden (§ 27 Abs 2 analog).

39 ee) Für die Geschäftsführung und die Vertretungsmacht des Vorstandes gilt nach Gesellschaftsrecht das **Kollektivprinzip** (§ 709 Abs 1). Durch die Satzung kann aber bestimmt werden, daß jedes Vorstandsmitglied für sich allein zur Geschäftsführung und Vertretung berechtigt ist (§ 711). Ferner ist anzunehmen, daß bei einem nichtrechtsfähigen Verein für die Stellung und Beschlußfassung des Vorstandes die Regeln der §§ 28, 32 und 34 entsprechend gelten, also insbes das *Mehrheitsprinzip* statt des Einstimmigkeitsprinzips (hM, vgl BAG AP Nr 4 zu § 54; BayObLGZ 1990, 71, 75; HABSCHEID AcP 155, 391 f; SOERGEL/HADDING Rn 14 und § 34 Rn 2; PALANDT/HEINRICHS Rn 6; BGB-RGRK/STEFFEN Rn 7). Anders als bei § 709 bedarf es also einer Satzungsregelung, wenn Einstimmigkeit gelten soll.

ff) Nach hL setzt eine gültige Vertretung des Vereins durch den Vorstand eine entsprechende *Beschlußfassung* voraus (so BAG AP Nr 4 zu § 54). Vgl zu diesem Problem § 28 Rn 8 ff.

gg) Die Bestellung eines *Notvorstandes* analog § 29 ist zulässig (vgl dort Rn 4).

Anders die früher in der Rspr vorherrschende Meinung (vgl die Nachweise bei § 29 Rn 4).

4. Mitgliederversammlung

Während bei dem rechtsfähigen Verein *kraft Gesetzes* die Mitgliederversammlung **40** nur diejenigen Angelegenheiten des Vereins zu ordnen hat, welche nicht dem Vorstand oder einem anderen Vereinsorgan überwiesen sind, der Vorstand aber kraft Gesetzes das ordentliche Geschäftsführungs- und Vertretungsorgan des Vereins ist, kommt beim nichtrechtsfähigen Verein von *Gesetzes wegen* (§ 709) diese Rechtsstellung der *Gesamtheit der Mitglieder* zur gesamten Hand zu. Eigentlich müßte daher Geschäftsführung und Vertretung durch sämtliche Mitglieder gemeinschaftlich erfolgen und für Entscheidungen das Einstimmigkeitsprinzip gelten. Abweichungen davon wären zwar möglich, bedürften aber einer Bestimmung in der Satzung. Für den nichtrechtsfähigen Verein entspricht das jedoch nicht mehr der heute hM. In den obengenannten Punkten ist *zur Ausschließung des Gesellschaftsrechts keine ausdrückliche Satzungsbestimmung* erforderlich. Da die Satzung hier keiner Form bedarf, kann man den Ausschluß der betreffenden gesellschaftsrechtlichen Normen aus dem Willen der Mitglieder herleiten, einen Verein mit körperschaftlicher Struktur zu schaffen, so daß eine „stillschweigende" Satzungsregelung vorliegt (vgl oben Rn 31). Zum gleichen Ergebnis führt eine berichtigende Auslegung des § 54 S 1 in der Weise, daß die Verweisung auf das Gesellschaftsrecht sich nicht auf die obengenannten Fragen der inneren Organisation des Vereins erstreckt. Statt dessen sind grundsätzlich die einschlägigen gesetzlichen Regeln des Vereinsrechts entsprechend anzuwenden. Insbes gilt im Zweifel, dh falls die Satzung nichts anderes bestimmt, auch für den nichtrechtsfähigen Verein bei Abstimmungen der Mitglieder das *Mehrheitsprinzip* (SOERGEL/HADDING Rn 13; PALANDT/HEINRICHS Rn 6; vgl ferner OLG Frankfurt WM 1985, 1466, 1470 zu § 32 Abs 1 S 2). Mangels abweichender Satzungsbestimmung ist ferner zu Satzungsänderungen entsprechend § 33 die dort vorgeschriebene qualifizierte Mehrheit erforderlich, zu Änderungen des Vereinszwecks analog § 33 Abs 1 S 2 Einstimmigkeit (vgl BREITBACH 46 ff; RG WarnR 1929 Nr 59). Zu einem Auflösungsbeschluß ist die in § 41 bezeichnete Mehrheit erforderlich (vgl SOERGEL/HADDING Rn 8 und § 41 Rn 1). Erfolgt die Abstimmung in einer Versammlung, so ist die erforderliche Mehrheit nach der Zahl der *anwesenden Mitglieder* zu berechnen.

Eine *Form* ist für die Beschlußfassung der Vereinsmitglieder nicht vorgeschrieben; es bedarf keiner persönlicher Ausübung der Mitgliederrechte.

Eine Mitgliederversammlung ist auch beim nichtrechtsfähigen Verein entsprechend der Vorschrift des § 36 dann zu berufen, wenn die Satzung es vorschreibt oder wenn das Interesse der Mitglieder es erfordert; das ergibt sich schon aus der selbstverständlichen Verpflichtung des Vorstandes, die Satzung zu beachten und das Vereinsinteresse zu wahren.

41 Die Bestimmung des *§ 37* wird, auch soweit es sich um die amtsgerichtliche Ermächtigung handelt, auf den nichtrechtsfähigen Verein *anzuwenden* sein. Zuständig ist das Amtsgericht, das für den Bezirk, in dem der Verein seinen Sitz hat, das Vereinsregister führt. Anders (für Klage) aber die früher hL. Wie hier ECKSTEIN JherJb 55, 249; BGB-RGRK/STEFFEN Rn 7 und § 37 Rn 5; SOERGEL/HADDING Rn 13; ENNECCERUS/NIPPERDEY § 116 Fn 39; LG Heidelberg NJW 1975, 1661. Vgl § 37 Rn 17 mwN.

42 Der für die Mitgliederversammlung rechtsfähiger Vereine geltende Grundsatz, daß das gültige Zustandekommen eines Beschlusses der Versammlung regelmäßig deren *ordnungsmäßige* **Einberufung** voraussetzt, ist auch auf die Mitgliederversammlung eines nichtrechtsfähigen Vereins entsprechend anzuwenden (vgl RG SeuffA 77 Nr 33; BAG AP Nr 4 zu § 54; LG Berlin JZ 1976, 602). Den Mitgliedern eines nichtrechtsfähigen Vereins kann ein *klagbarer Anspruch auf Einberufung einer außerordentlichen Mitgliederversammlung* durch die Satzung eingeräumt werden (vgl RG WarnR 1912, 162 Nr 147). Vgl dazu im einzelnen Erl zu § 32; zur entsprechenden Anwendung des § 37 o Rn 41.

III. Mitgliedschaft

1. Allgemeines

43 Die **Mitgliedschaft** im nichtrechtsfähigen Verein ist ein *Dauerrechtsverhältnis mit personenrechtlichen und vermögensrechtlichen Zügen*. Es ist kein Gesellschaftsverhältnis, sondern wird nur nach Gesellschaftsregeln behandelt, soweit diese nicht durch die Satzung rechtsgültig ausgeschlossen worden sind. Aus dem Mitgliederverhältnis erwachsen personenrechtliche Ansprüche und Verbindlichkeiten. Hierauf kommen vor allem die §§ 705–707 zur Anwendung. Ein Mitgliedsrecht ist der „Anteil am Vereinsvermögen" (§ 719), der während des Bestehens des Vereins vor allem nur eine Anwartschaft auf das reine aus der Auseinandersetzung nach Beendigung des Vereins sich ergebende Vereinsvermögen darstellt und durch die Satzung als solche Anwartschaft *ausgeschlossen* werden kann. Dies ist bei idealen Vereinen regelmäßig als gewollt anzunehmen. Vgl im einzelnen unten Rn 57, 84, 85.

44 Dem Mitglied erwachsen die gleichen Arten von Rechten wie beim rechtsfähigen Verein. Vgl darüber § 35 Rn 2. Für *Sonderrechte* gilt § 35 (vgl RG Gruchot 51, 1117).

Es gelten auch die gleichen, die Schutzrechte begründenden allgemeinen Grundsätze, zB das Prinzip der Gleichbehandlung.

45 Die Mitgliederrechte und -pflichten bestehen nicht gegenüber einem von den Vereinsmitgliedern verschiedenen Rechtssubjekt, sondern gegenüber der *Mitgliedergesamtheit* (§§ 705, 717).

2. Erwerb

46 Die Mitgliedschaft wird durch *Beitrittsvertrag* erworben. Vgl dazu Erl zu § 35.

2. Titel. Juristische Personen.　　　　　　　　　　　　　　　　　　　　　§ 54
I. Vereine　　　　　　　　　　　　　　　　　　　　　　　　　　　　　　47—51

3.　Verlust

Sie wird durch Austritt oder Ausschluß beendet. Der **Austritt** aus dem nichtrechts- 47
fähigen Verein entspricht der „Kündigung" bei der Gesellschaft. Der Austritt steht
dem Mitglied *jederzeit* frei; § 39 ist analog anzuwenden (HABSCHEID AcP 155, 392; **aM** für
§ 39 Abs 2 BGH Rpfleger 1979, 373). Ein satzungsgemäßes Verbot des Austritts ist demnach unverbindlich (vgl RGZ 78, 134 ff; auch BREITBACH 60 II). Der Austritt kann nicht
von einer „Genehmigung" durch den Verein abhängig gemacht werden, auch nicht
satzungsmäßig (vgl RG LZ 1930, 994 Nr 2).

Für den **Ausschluß** sowie für **Vereinsstrafen** überhaupt gelten die bei § 35 Rn 34 ff 48
entwickelten Grundsätze, auch hinsichtlich der gerichtlichen Nachprüfung (vgl BGHZ
13, 5, 11; BGHZ 21, 371, betr Geldstrafe). Ein Unterschied zwischen rechtsfähigen und
nichtrechtsfähigen Vereinen besteht insoweit nicht. Nach der hier vertretenen Auffassung gibt es keinen Ausschluß als Disziplinarstrafe, sondern nur eine *Kündigung
aus wichtigem Grund.*

Bei Austritt und Ausschluß eines Mitglieds aus dem Verein findet weder eine *Liqui-* 49
dation statt noch hat der Ausscheidende gegen den Verein einen Anspruch auf
Auszahlung seines bisherigen Anteils am Vereinsvermögen (ein solcher nach Gesellschaftsrecht gegebener Anspruch gilt als abbedungen); vielmehr *wächst* dieser
Anteil ohne weiteres den übrigbleibenden Vereinsmitgliedern *zu.*

Diese Regeln gelten jedoch *nicht*, wenn der nichtrechtsfähige Verein **wirtschaftliche
Zwecke** verfolgt. Dann gilt insoweit entweder das Recht der OHG – sofern nämlich
der Verein ein vollkaufmännisches Gewerbe betreibt –, oder aber § 738 in Fällen
sonstiger Verfolgung wirtschaftlicher Zwecke. Vgl NITSCHKE, Die körperschaftlich
strukturierte Personengesellschaft (1970) 141 f. Vgl auch unten Rn 54.

IV.　Haftung

1.　Anwendung des Gesellschaftsrechts

Die *Anwendung des Gesellschaftsrechts* würde dazu führen, daß neben dem Verein 50
alle Mitglieder auch **persönlich als Gesamtschuldner haften** würden. Das widerspricht
der typischen Absicht eines Menschen, der in einen Verein eintritt, ebenso wie den
normalen Erwartungen des Rechtsverkehrs.

2.　Einschränkung kraft Vollmachtsbeschränkung?

Rspr und hL sind deshalb schon früh dazu gekommen, eine **Beschränkung der Haf-** 51
tung auf das Vereinsvermögen anzunehmen (vgl etwa BGH LM Nr 11 zu § 31). Sie haben
sich dabei vor allem auf *zwei Gedankengänge* gestützt (vgl etwa vTUHR, AT I 580 f; K
SCHMIDT, Zur Stellung der OHG im System der Handelsgesellschaften [1972] 208 ff):

a)　Der Vorstand könne bei Abschluß von Verträgen die Haftung durch entsprechende *Abreden* mit dem Vertragsgegner beschränken. Ob eine solche Abrede zu
vermuten sei, war bestritten (dafür zB DANZ DJZ 1907, 377; dagegen RÜMELIN AcP 101,
361).

b) Da der Vorstand als Bevollmächtigter handele, könne seine *Vertretungsmacht* beschränkt werden. Bestimme die Satzung, daß die Mitglieder nicht persönlich haften sollten, so sei eine solche Beschränkung der Vertretungsmacht als gegeben anzusehen, und diese Beschränkung folgerte das RG (RGZ 63, 63) bereits aus Zweck und Eigenart des Vereins, ohne eine ausdrückliche Regelung zu fordern.

Die letztere Meinung ist wohl noch als herrschend zu bezeichnen (vgl BGH NJW 1979, 2304, 2306; ENNECCERUS/NIPPERDEY § 116 Fn 57; SOERGEL/HADDING Rn 24; PALANDT/HEINRICHS Rn 12; BGB-RGRK/STEFFEN Rn 15).

3. Beschränkung auf das gesamthänderische Sondervermögen

52 a) Diese Auffassung, welche die Haftung der Mitglieder allein aus dem Gesichtspunkt der *Stellvertretung* beschränkt, hat aber den Nachteil, daß sie nur für den Bereich *rechtsgeschäftlichen Handelns* zur Haftungsbeschränkung führt. Bei *deliktischer Haftung* müßte dann die Haftung unbeschränkt bleiben; dies korrigiert die hM allerdings durch entspr Anwendung des § 31 (vgl unten Rn 71). Sie hat außerdem zu der Konsequenz geführt, daß für den rechtsgeschäftlichen Bereich die Haftung immer beschränkt ist, auch wenn es sich um einen Verein handelt, der iS der §§ 21, 22 wirtschaftliche Ziele verfolgt. Letztere Auffassung wird aber zunehmend kritisiert und ist nicht hM (vgl K SCHMIDT, Gesellschaftsrecht, § 25 III 2 b; SOERGEL/HADDING Rn 25; PALANDT/HEINRICHS Rn 12; vgl auch unten Rn 54 mwN).

Es ist daher richtiger, auch hier auf die ursprüngliche Absicht der Vereinsgründer zurückzugreifen und anzunehmen, daß sie einen Verband mit einem **Sondervermögen** schaffen wollten, das von dem der Vereinsmitglieder getrennt verwaltet werden und allein für alle Verbindlichkeiten einstehen sollte, die im Zusammenhang mit der Existenz des Verbandes entstehen würden, gleichgültig, ob aus Rechtsgeschäft oder Delikt. Die Bildung eines solchen Sondervermögens entspricht nun einmal dem Wesen des Verbandsrechts; erlaubt man den einzelnen, Verbände zu errichten, so muß man ihnen auch erlauben, ein solches Sondervermögen zu schaffen. Der Vorgang ist aber auch nicht ganz ohne Analogie in unserem *sonstigen Vermögensrecht*; wenn ein Erblasser Testamentsvollstreckung mit Verwaltungsrecht des Testamentsvollstreckers anordnet, so schafft er ebenfalls eine Sonderverwaltung, bei der nur ein bestimmtes Vermögen, der Nachlaß, haftet, also beschränkte Vermögenshaftung eintritt. Dabei trifft auch die Gefährdungshaftung aus Tierhaltung oder Kraftfahrzeughaltung grundsätzlich nur den Nachlaß.

Allerdings muß der *Parteiwille* hinsichtlich des Sondervermögens – genau wie bei der Testamentsvollstreckung – da seine *Schranken* finden, wo zwingende Rechtsgrundsätze entgegenstehen. Das ist dann der Fall, wenn ein nichtrechtsfähiger Verein **wirtschaftliche Zwecke** (iS des § 22) verfolgt und sich deshalb im Geschäftsverkehr betätigt. Denn für den *Handelsverkehr* gestattet unsere Rechtsordnung nur die Wahl zwischen der unbeschränkten persönlichen Haftung oder der Annahme besonderer Formen der juristischen Persönlichkeit, bei denen, wie bei der AG, GmbH oder Genossenschaft, für die Aufbringung und Sicherung einer *Haftungssumme* gesorgt ist (vgl Vorbem 47 zu § 21). Gerade dieses Grundprinzip sollte durch die Bestimmung des § 21 gesichert werden, welcher die Form des rechtsfähigen Vereins, bei der jene Sicherungen fehlen, für Wirtschaftsvereine sperrt. Daher kann für die wirtschaftlichen, nichtrechtsfähigen Vereine die beschränkte Haftung (trotz dahingehender Parteiabsicht) *nicht* erreicht werden. Hier bleibt es vielmehr bei der unbeschränkten persönlichen Haftung.

b) Danach ergibt sich also: 53

aa) Bei einem nichtrechtsfähigen Verein, der (iS des § 21) auf einen **idealen Zweck** gerichtet ist, *haftet* für alle Verpflichtungen, die im Zusammenhang mit der Existenz des Vereins entstehen – seien sie rechtsgeschäftlicher Art oder nicht –, nur das *Vereinsvermögen*, also das der Gesamthand zustehende, dem Vereinszweck gewidmete Sondervermögen.

Die *Mitglieder haften* - abgesehen von der Vorschrift des § 54 S 2 – *nicht mit* ihrem sonstigen Vermögen; jetzt hM (vgl ERMAN/H P WESTERMANN Rn 11 ff; SOERGEL/HADDING Rn 24; SCHUMANN, Haftung 63 f; LARENZ, AT § 10 VI 3; BGB-RGRK/STEFFEN Rn 15; Münch-Komm/REUTER Rn 26; BGH LM Nr 11 zu § 31; BGH NJW 1979, 2304, 2306).

bb) Bei einem nichtrechtsfähigen Verein, der **wirtschaftliche Zwecke** (iS des § 22) 54 verfolgt, *haften* neben dem Vereinsvermögen auch alle *Mitglieder persönlich* (WIEDEMANN, in: FS Westermann [1974] 599; BGB-RGRK/STEFFEN Rn 15; SOERGEL/HADDING Rn 25; STOLL, in: FS Reichsgericht II 69). Soweit der nichtrechtsfähige Verein ein vollkaufmännisches Handelsgewerbe betreibt, wird dies damit begründet, daß der Verein dem Recht der *OHG unterstehe* (KG KGJ 41, 117; BGHZ 22, 244; FLUME, in: FS Geßler 24; NITSCHKE, Die körperschaftlich strukturierte Personengesellschaft [1970] 1 15 f; K SCHMIDT, Zur Stellung der OHG im System der Handelsgesellschaften [1972] 202 ff), mit eingehender Darstellung der Entwicklung). In anderen Fällen wirtschaftlicher Zwecksetzung gilt das Recht der BGB-Gesellschaft und § 427. Ebenso NITSCHKE 141. Abw und für eine differenzierende Lösung MünchKomm/REUTER Rn 28–30: Haftung nach OHG-Recht, wenn vollkaufmännisches Handelsgewerbe; bei sonstiger wirtschaftlicher Zwecksetzung grundsätzlich Haftung des Vereins, jedoch ergänzt durch Handelndenhaftung nach § 54 S 2, wobei der Handelndenbegriff sehr weit verstanden wird (REUTER Rn 30, 36).

Soweit hiernach unbeschränkte persönliche Haftung eintritt, kann sie nur durch *Abrede* im Einzelfall *abbedungen* werden; diese ist nicht zu unterstellen.

Die unbeschränkte Haftung muß hier *auch* für den *nicht rechtsgeschäftlichen Bereich* gelten, da viele Haftungstatbestände aus diesem Bereich nicht ohne Bezug zu der wirtschaftlichen Betätigung des Vereins stehen werden, zB Haftung für Bereicherung, cic, als Kraftfahrzeughalter, nach § 831.

c) Wie beim rechtsfähigen Verein wird eine Vereinsverbindlichkeit aus Rechtsge- 55 schäften überhaupt nicht begründet, wenn das **Rechtsgeschäft**, auch für den Gegner erkennbar, völlig *außerhalb des Vereinszwecks* liegt. Vgl § 26 Rn 9.

d) Haften die Vereinsmitglieder nach Maßgabe des (oben Rn 54) Gesagten *nicht* 56 *beschränkt* auf das Vereinsvermögen, so ist ihre *Haftung*, soweit sie nicht das Vereinsvermögen betrifft, grundsätzlich eine **gesamtschuldnerische** gem § 427. Denn der durch den Vorstand für den Verein abgeschlossene Vertrag erscheint als „gemeinschaftliches" verpflichtendes Rechtsgeschäft (OLG Hamburg SeuffA 62 Nr 31).

4. Haftung nach § 54 S 2

57 Nach § 54 S 2 haftet aus einem Rechtsgeschäft, das namens eines nichtrechtsfähigen Vereins einem Dritten gegenüber vorgenommen wird, „der Handelnde persönlich; handeln mehrere, so haften sie als Gesamtschuldner". Auf politische Parteien ist § 54 S 2 jedoch nicht anwendbar (§ 37 PartG idF vom 3.3.1989, BGBl I 327).

Dem § 54 S 2 entsprechende *Vorschriften* finden sich in § 41 Abs 2 AktG und § 11 Abs 2 GmbHG für die *Vorgesellschaften* (dazu oben Rn 4; KRAFT, in: Kölner Kommentar zum AktG [2. Aufl 1988] § 41 Rn 89 ff; SCHOLZ/K SCHMIDT, GmbHG [8. Aufl 1993] § 11 Rn 91 ff). Während aber der analogen Vorschrift für die Vorgesellschaft im Aktienrecht, welche auf die Zeit des Konzessionssystems zurückgeht, ursprünglich in erster Linie ein rechtspolitischer Strafzweck zukam, – zur Geschichte vgl FABRICIUS FS Kastner 89 f – ist *§ 54 S 2* geschaffen worden, um diejenigen, die mit dem nichtrechtsfähigen Verein kontrahieren, zu sichern (vgl Prot bei MUGDAN I 641); ihnen sollte der *Zugriff* auf das Vermögen derjenigen eröffnet werden, die für den Verein handeln. Nun muß ein Verein, auch wenn er rechtsfähig ist, kein Haftungskapital, nicht einmal eigenes Vermögen haben; die Bestimmung des § 54 S 2 ist daher in ihrer Beschränkung auf nichtrechtsfähige Vereine problematisch; sie muß als positive Vorschrift hingenommen werden. Auch die analogen Bestimmungen des Aktien- und des GmbH-Gesetzes werden heute übrigens häufig kritisch beurteilt (vgl etwa ULMER, in: HACHENBURG, GmbHG [7. Aufl 1975] § 11 Rn 7, 66 ff; FLECK, Die neuere Rechtsprechung des BGH zur Vorgesellschaft und zur Haftung des Handelnden, ZGR 1975, 212 f, 223). Vgl zum gegenwärtigen Stand des Haftungsrechts bei der Vor-GmbH allgemein SCHOLZ/K SCHMIDT GmbHG (8. Aufl 1993) § 11 Rn 21–90; RAISER, Recht der Kapitalgesellschaften (2. Aufl 1992) § 26 VI. Da die Probleme der Vorgesellschaften (dazu oben Rn 4) von AG und GmbH *anders gelagert* sind als beim Idealverein – es handelt sich regelmäßig um die Aufnahme der Geschäfte vor der Eintragung, insbes die Fortführung eines in die Gesellschaft eingebrachten Unternehmens –, lassen sich die Ergebnisse von Rspr und Wissenschaft zu den Vorschriften des Aktien- und GmbH-Rechts *nicht ohne weiteres* für das Vereinsrecht übernehmen. ZB spielt im Vereinsrecht das Problem der sog Vorbelastung des Haftungskapitals keine Rolle; am ehesten können sie für den wirtschaftlichen Verein angemessen sein.

Eine entsprechende Vorschrift für den nichtrechtsfähigen Verein kennt das italienische Zivilgesetzbuch (Art 38 Codice civile).

Einzelheiten

58 a) Es muß für einen nichtrechtsfähigen *Verein* gehandelt worden sein. Auf Gesellschaften findet § 54 S 2 keine Anwendung, ferner nicht auf politische Parteien (§ 37 PartG; vgl o Rn 57).

59 b) Die Haftung trifft denjenigen, der **„handelt"**, wenn ein Rechtsgeschäft im Namen des Vereins gegenüber einem Dritten vorgenommen wird.

2. Titel. Juristische Personen. § 54
I. Vereine 60

Standpunkt der hM:

Die hM versteht diese Voraussetzung so, daß nur derjenige haftet, der im Rechtsverkehr *unmittelbar* und *erkennbar* in Erscheinung tritt (vgl ENNECCERUS/NIPPERDEY § 116 Fn 51; SOERGEL/HADDING Rn 28; PALANDT/HEINRICHS Rn 13. Offen gelassen in RGZ 82, 294; BGH LM Nr 11 zu § 31). Der nur mittelbar Beteiligte haftet nicht. Daraus wird gefolgert: Ob der Handelnde Vertretungsmacht hatte, ist für die Haftung nach § 54 S 2 nicht entscheidend (SOERGEL/HADDING Rn 27; vgl auch unten Rn 65).

Hat der Vorstand einen *anderen bevollmächtigt*, und schließt dieser *im Namen des Vereins* einen Vertrag ab, so trifft die Haftung aus § 54 S 2 den Bevollmächtigten, nicht den Vorstand (ENNECCERUS/NIPPERDEY § 116 Fn 51; vTUHR, AT I 580; OLG Breslau OLGE 12, 3; anders OLG Frankfurt OLGE 10, 57). Nur wenn der Betreffende *im Namen des Vorstandes* gehandelt hat, soll dieser, nicht der Bevollmächtigte, als handelnd angesehen werden (ENNECCERUS/NIPPERDEY aaO; SOERGEL/HADDING Rn 28). Anders aber RGZ 82, 294).

Hat der Verein einen mehrköpfigen Vorstand und *Gesamtvertretung*, so soll die Haftung nur denjenigen treffen, der nach außen für den Verein auftritt, nicht diejenigen Vorstandsmitglieder, welche nur intern zugestimmt oder ermächtigt haben (MünchKomm/REUTER Rn 31, 34 für Idealverein; SOERGEL/HADDING Rn 28). Auch BGH LM Nr 11 zu § 31 *kann* so verstanden werden; die Stelle bezieht sich aber nicht genau auf den Fall der Gesamtvertretung.

Im übrigen kann die Haftung nach § 54 S 2 auch jedes Vereinsmitglied oder sogar Nichtmitglied treffen, wenn sie im Namen des Vereins im Rechtsverkehr auftreten. *Mitgliedschaft* im Verein ist also *nicht* Voraussetzung (RG Gruchot 46, 848; JW 1937, 392; BGH LM Nr 11 zu § 31; BGB-RGRK/STEFFEN Rn 21; SOERGEL/HADDING Rn 27). Das soll auch dann gelten, wenn der Betreffende bevollmächtigt war und im Rahmen seiner Vollmacht gehandelt hat. Seine Haftung wird auch nicht dadurch ausgeschlossen, daß der Kontrahent weiß oder wissen muß, daß er mit dem Vertreter eines nichtrechtsfähigen Vereins abgeschlossen hat (RG Gruchot 46, 854).

Stellungnahme

Die Auslegung des Handelndenbegriffs durch die hM ist nicht überzeugend. Sie 60
führt, insbes im Falle des Handelns von gebundenen Bevollmächtigten, zu *grotesken Ergebnissen*, die auch dann nicht gerechtfertigt sind, wenn man die Vorschrift als singuläre Sondervorschrift versteht; sie wird auch, wie die Auslegung des *§ 11 Abs 2 GmbHG* zeigt, vom Wortlaut nicht verlangt. Dort wird inzwischen die Handelndenhaftung von der Rspr und hL auf Geschäftsführer oder wie ein Geschäftsführer tätige Personen beschränkt (BGHZ 65, 378, 381; 80, 129, 135). Geschäftsführer werden als Handelnde angesehen, selbst wenn sie das betreffende Geschäft nicht selbst abgeschlossen hatten (BGH NJW 1974, 1284). Damit soll nicht eine völlige Parallelität der Auslegung von § 54 S 2 und § 11 Abs 2 GmbHG befürwortet werden. Grundlage der Auslegung von § 54 S 2 muß jedoch der Gedanke sein, daß *derjenige haftet*, der für die *Vornahme des Rechtsgeschäfts im Namen des Vereins verantwortlich* ist und es für den Verein veranlaßt hat. Hierbei kann man sich an die Auslegung der entsprechen-

den gesellschaftsrechtlichen Bestimmungen anlehnen, ohne ihr in allen Punkten folgen zu müssen.

Danach kommen zunächst die **Organe** des Vereins in Betracht, also insbes der Vorstand und sonstige satzungsgemäß berufene besondere Vertreter. Sieht die Satzung einen mehrköpfigen Vorstand mit Gesamtvertretung vor, so sind bei Rechtsgeschäften, die der Vorstand abschließt, *alle Vorstandsmitglieder* als handelnd anzusehen, da sie nur gemeinsam für den Verein handeln können (vgl dazu BGHZ 53, 210, 214, 215, betr Gesamtvertretung bei der GmbH). Für die hL müßte sich dies eigentlich schon daraus ergeben, daß nach ihrer Auffassung das wirksame Handeln für den Verein in diesem Falle einen Beschluß des Vorstandes voraussetzt; nach der hier vertretenen Ansicht kommt es jedenfalls auf eine *Ermächtigung* des Handelnden oder die *Genehmigung* seines Handelns durch die übrigen Vorstandsmitglieder an. Es lassen sich hier die Sätze anwenden, die der BGH hinsichtlich des Zusammenwirkens der Geschäftsführer bei der GmbH – Vorgesellschaft in BGHZ 51, 30, 36 aufgestellt hat, wo mit Recht gesagt ist, daß es nicht auf den mehr oder weniger zufälligen Umstand ankommen könne, wer von mehreren Geschäftsführern bei dem einzelnen Geschäft unmittelbar handelnd aufgetreten sei. Insofern ist die *Haftung also* gegenüber der hM zu **erweitern** (ebenso STOLL, in: FS Reichsgericht II 72).

Andererseits kann der für das Aktien- und GmbH-Recht vom RG aufgestellte Satz, daß die Haftung jeden *Gründer* treffe, welcher der *Geschäftsaufnahme* vor Eintragung *zugestimmt* habe, auf den nichtrechtsfähigen Verein auf keinen Fall angewendet werden; insbes kann daraus für einen „normalen" nichtrechtsfähigen Verein keine persönliche Haftung der Mitglieder abgeleitet werden. Der Satz ist aber auch auf den Sonderfall des Vorvereins nicht anzuwenden. Er paßt bei Idealvereinen ihrer Natur nach nicht (vgl dazu BGH LM Nr 11 zu § 31). Übrigens wird auch für die Vor-GmbH heute diese weite Ausdehnung der *Handelnden*haftung abgelehnt (vgl schon BGHZ 47, 25, 29 und seitdem die st Rspr); statt dessen ist dort unabhängig von § 11 Abs 2 GmbHG ein eigenständiges System der Gründer- und Vorbelastungshaftung entwickelt worden (vgl BGHZ 80, 129 ff; K SCHMIDT, Gesellschaftsrecht[2] § 34 III 3, 4).

Zweifelhaft bleibt, ob derjenige nach § 54 S 2 haften soll, der als **Bevollmächtigter** für den Verein auftritt, auch sofern er sich im Rahmen seiner Vollmacht hält. Die Frage ist auch im Gesellschaftsrecht noch nicht abschließend geklärt. Am sachgerechtesten erscheint die dort von FLECK ZGR 1975, 227 entwickelte Lösung, wonach die Haftung auch in diesen Fällen das *Organ* trifft, das die Vertretungsmacht erteilt hat, nicht aber denjenigen, der als Vertreter auftritt. Allgemein gegen die Haftung von Hilfspersonen, welche die Geschäftsführer einer Vor-GmbH verwenden, auch SCHOLZ/K SCHMIDT, GmbHG (7. Aufl 1986) § 11 Rn 105; BARZ, in: Großkomm AktG (1973) § 41 Anm 22; BGHZ 66, 359 (für Bevollmächtigten des GmbH-Geschäftsführers). Die Haftung trifft dann den Vollmachtgeber, also den *Vorstand*. Diese Lösung ist zwar mit dem *Wortlaut* des § 54 S 2 schwer zu vereinbaren, ergibt sich aber aus dem oben zugrunde gelegten Sinn und Zweck der Vorschrift.

Aus dem hier vertretenen Ansatz folgt *nicht* – wie MünchKomm/REUTER Rn 32 meint – die Haftungsfreistellung des Vertreters *ohne Vertretungsmacht*. Wer ohne entsprechende Organstellung wie ein Organ für den Verein auftritt oder ohne Vollmacht im Namen des Vereins handelt, trägt dafür selbst die Verantwortung. Dies fügt sich ohne weiteres in die obengenannte Grundkonzeption ein, daß derjenige haftet, der für die Vornahme des Rechtsgeschäfts verantwortlich ist und es für den Verein veranlaßt hat. Ein solches Auftreten kann weder den wirklichen Organen angelastet werden noch darf andererseits der Dritte gegenüber einer solchen Usurpation von Vertretungsmacht schutzlos bleiben. Vgl auch u Rn 65.

c) Die Bestimmung des § 54 S 2 ist *nicht* zwingendes Recht und kann daher **ausgeschlossen** werden durch **Vereinbarung** des Vertreters des Vereins mit dem Geschäftsgegner. Eine Satzungsbestimmung reicht dafür nicht (MünchKomm/REUTER Rn 38). Die Vereinbarung bedarf keiner Form und kann daher als *stillschweigende* Vereinbarung aus den Umständen des Falles abgeleitet werden (so auch OLG Celle OLGE 4, 199; RGZ 73, 104; abw SOERGEL/HADDING Rn 30 und MünchKomm/REUTER Rn 38, die in der Regel eine ausdrückliche Vereinbarung verlangen). Doch ist im Zweifel ein stillschweigender Auschluß nicht zu unterstellen (vgl RGZ 82, 294; 90, 177); insbes ist er nicht schon ohne weiteres deshalb anzunehmen, weil der Dritte gewußt hat, daß der Handelnde sich nicht persönlich verpflichten wollte. Nach dem RG müssen vielmehr *besondere Umstände* vorliegen, die den zwingenden Schluß zulassen, daß § 54 S 2 fortbedungen ist (RG JW 1937, 392 Nr 2). Ebenso der BGH (LM Nr 11 zu § 31). Das stellt aber zu hohe Anforderungen. – Zur Haftungsfreistellung des Handelnden s unten Rn 70. 61

d) Die Ansprüche aus § 54 S 2 *verjähren* in der gleichen Zeit wie die Ansprüche gegen den Verein (OLG Breslau OLGE 12, 3). Es gibt also keine besondere Verjährungsfrist für den Anspruch aus § 54 S 2 (vgl LG Frankfurt Betrieb 1976, 2058). 62

e) Die Haftung nach § 54 S 2 **beginnt** mit der Errichtung des nichtrechtsfähigen Vereins (MünchKomm/REUTER §§ 21, 22 Rn 91; BGHZ 91, 148, 152 f für Vor-GmbH unter Aufgabe der früheren Rspr). 63

f) Die Handelnden haften nur aus einem **Rechtsgeschäft**, aus einem solchen aber, gleichgültig, ob es sich um einen *Erfüllungsanspruch* oder um einen *Schadensersatzanspruch* wegen Nichterfüllung oder um einen Anspruch wegen mangelhafter Erfüllung handelt (BGH LM Nr 11 zu § 31; danach Haftung auch für cic). Ist das Rechtsgeschäft nichtig (etwa wegen Verstoßes gegen §§ 134, 138) und durch dieses dem Handelnden Vermögen zugekommen, so haftet er nicht aus § 54 S 2, sondern nach den Grundsätzen der außervertraglichen Haftung (vgl SOERGEL/HADDING Rn 27), zB nach Bereicherungsrecht (OLG Marienwerder SeuffA 63 Nr 79). 64

g) Der Handelnde haftet, auch wenn der nichtrechtsfähige Verein nicht haftet, weil für diesen ohne Vertretungsmacht gehandelt worden ist; er haftet auch dann, wenn der Geschäftsgegner weiß, daß er mit einem *falsus procurator* abschließt (ebenso wie im Falle des § 41 AktG). Die Haftung aus § 54 S 2 geht **über** die Haftung aus **§§ 177 ff hinaus** und besteht auch bei Genehmigung des Vereins, ebenso wie in dem Fall, daß der Handelnde sich innerhalb seiner Vertretungsmacht gehalten hat. Die Haftung erlischt auch nicht dadurch, daß der Verein etwa später die Rechtsfähigkeit erwirbt; denn auch damit ist beim Verein nicht notwendig die Bildung eines haftenden Vermögens verbunden (richtig DREGGER 113; wie hier auch OLG Düsseldorf MDR 1984, 489; aA MünchKomm/REUTER §§ 21, 22 Rn 92). – Zur abweichenden Rechtslage beim Vorverein s unten Rn 70. 65

66 h) „Aus einem Rechtsgeschäft" wird gehaftet. Daher besteht die Haftung des Handelnden aus § 54 S 2 nicht, wenn er **geschäftsunfähig** war – vgl dazu den Sachverhalt BGHZ 53, 210 – oder als in der *Geschäftsfähigkeit Beschränkter* ohne die erforderliche Zustimmung seines gesetzlichen Vertreters gehandelt hat (so auch NUSSBAUM SächsArch 10, 350; SOERGEL/HADDING Rn 27).

67 Abzulehnen ist die von NUSSBAUM (SächsArch 10, 340 f) vertretene Konstruktion der *Haftung* als einer *bürgschaftsartigen*; der Haftung fehlt der für die Bürgschaft charakteristische akzessorische Charakter (aA SOERGEL/HADDING Rn 29: Akzessorietät mit Einschränkung); auch stehen dem Haftenden nicht etwa die besonderen Einreden des Bürgen zu.

68 i) *Mehrere Handelnde* werden Gesamtschuldner iS der §§ 421 ff.

69 j) Hat der Handelnde das Geschäft innerhalb der ihm zustehenden Vertretungsmacht abgeschlossen oder ist das Geschäft nachträglich von den zuständigen Vereinsorganen genehmigt worden, so *haftet der Verein* (dh die Gesamthänderschaft der Mitglieder, s oben Rn 50) *neben* dem Handelnden. Dem Geschäftsgegner gegenüber sind der Verein und der Handelnde dann *Gesamtschuldner*, ihr Verhältnis zueinander richtet sich nach §§ 426, 713, 670.

70 k) Ist das Geschäft im Namen eines nichtrechtsfähigen Vereins geschlossen worden, der sich als **Vorverein** eines eingetragenen Vereins darstellt, so stellt sich, wenn später die Eintragung erfolgt, die Frage, ob die Haftung des Handelnden aus § 54 S 2 andauert. Dabei ist zu berücksichtigen, daß das sog *„Vorbelastungsverbot"*, das die Rspr früher bei Kapitalgesellschaften annahm, inzwischen jedoch fallengelassen hat (vgl § 21 Rn 33), für das Vereinsrecht nicht in Betracht kommt, vielmehr grundsätzlich alle Verbindlichkeiten des Vorvereins übergehen. Vgl § 21 Rn 32. Die früher überwiegende Meinung nahm eine Fortdauer der Handelndenhaftung nach Eintragung des Vereins an (so jetzt noch SOERGEL/HADDING Vorbem 70 zu § 21 mwN). Die gegenteilige Ansicht, daß die Haftung aus § 54 S 2 mit der Eintragung des Vereins und dem Übergang der Verbindlichkeiten auf den eV *erlischt*, dürfte inzwischen hM sein (vgl FLUME, in: FS Geßler 44, 45; MünchKomm/REUTER §§ 21, 22 Rn 92; PALANDT/HEINRICHS Rn 13; REICHERT/DANNECKER Rn 96; OLG Celle NJW 1976, 806). Entsprechendes gilt nach inzwischen gefestigter Rspr des BGH auch für § 11 Abs 2 GmbHG (BGHZ 80, 182, 185). Diese Auffassung verdient – allerdings nur für den echten Vorverein – den Vorzug (so auch bereits STAUDINGER/COING[12]; vgl im übrigen o Rn 65). Nach OLG Düsseldorf MDR 1984, 489 gilt dies jedoch nur für solche Geschäfte, die zu einer Zeit vorgenommen wurden, als die Eintragung bereits in die Wege geleitet war.

5. Analoge Anwendung des § 31

71 *§ 31 ist auf die nichtrechtsfähigen Vereine analog anwendbar* (ENNECCERUS/NIPPERDEY § 116 IV 7; MünchKomm/REUTER § 31 Rn 8; SOERGEL/HADDING Rn 22; LARENZ, AT § 10 VI 4; LAG Frankfurt BB 1950, 702 und 1953, 290; wohl auch BGHZ 50, 325, 329; anders noch RGZ 143, 212, 214). Die Grundgedanken treffen zu. Vgl darüber § 31 Rn 1. Auch der nichtrechtsfähige Verein wird erst dadurch handlungsfähig, daß *Menschen* leitend für ihn handeln. Erst recht muß dies dann gelten, wenn man sich die erweiternde Auslegung des § 31 für *Großorganisationen* vor Augen hält (dazu § 31 Rn 26 ff). Die Verpflichtung, in solchem Fall selbständig handelnde, leitende Personen einzusetzen, für die der Verband haftet, muß folglich auch gelten, wenn diese Großorganisation, wie bei den Gewerkschaften, von einem nichtrechtsfähigen Verein getragen wird.

Eine **Haftung des Vereins** für schädigende Handlungen seiner Angestellten **aus § 831** 72 besteht, soweit § 31 nicht eingreift.

Neben der Haftung der Organe nach § 31 kommt nach der hier vertretenen Ansicht für den nichtrechtsfähigen Verein die Haftung für Verrichtungsgehilfen nach § 831 in Betracht, soweit es sich *nicht um Organe iS* des *§ 31* handelt. Für den Entlastungsbeweis gelten die allgemeinen Regeln; es kommt dann darauf an, ob die *Vereinsorgane* bei Auswahl und Überwachung die erforderliche Sorgfalt angewendet haben. Folgt man hinsichtlich des § 31 der früher herrschenden *Gegenmeinung*, so haftet der nichtrechtsfähige Verein sowohl für seine Organe (Vorstand, besondere satzungsmäßig berufene Vertreter) wie für alle anderen Angestellten *einheitlich nach § 831* (vgl RGZ 135, 242). Es käme dann hinsichtlich des Vorstandes nur darauf an, ob die Mehrheit bei seiner Auswahl sorgfältig verfahren ist. Der Nachweis, daß einzelne oder eine Minderheit gegen die betreffende Wahl waren, entlastet den Verein nicht. Das würde dem Gedanken der korporativen Organisation (Mehrheitsherrschaft!) widersprechen. Die Rspr des RG hat aber darüber hinaus den Gedanken entwickelt, daß der Verein auch für die *Beaufsichtigung* des Vorstandes bzw sonstiger Organe verantwortlich sei, zB die Ortsgruppe einer Gewerkschaft für die Beaufsichtigung einer von ihr eingesetzten Streikleitung (vgl das bei NIPPERDEY Gutachten I [34. DJT 1926] 413 ff abgedruckte Urteil v 26. 4. 1926). Diese Folgerung verkennt mE das zwischen Mitgliederversammlung und „Organ" bestehende Verhältnis; sie führt zu einer Anwendung des § 831, die diese Bestimmung im praktischen Ergebnis dem § 31 annähert.

6. Haftung aus Quasidelikten

Auch die Haftung aus sog Quasidelikten (Gefährdungshaftung) trifft bei Idealverei- 73 nen nach der hier vertretenen Auffassung nur das *Vereinsvermögen*, anders bei wirtschaftlichen Vereinen.

Die Frage ist aber umstritten. Wie hier im Ergebnis PETRI JherJb 73, 119 ff; SOERGEL/HADDING Rn 22.

V. Rechtslage des Vermögens des nichtrechtsfähigen Vereins

1. Sondervermögen, dem Vereinszweck gewidmet

a) Das Vermögen des nichtrechtsfähigen Vereins ist nach den Gesellschaftsregeln 74 des BGB ein den Grundsätzen der Rechtsverhältnisse *zur gesamten Hand* unterliegendes **Sondervermögen**, das den Vereinszwecken gewidmet ist (vgl BGHZ 50, 325, 329). Subjekt der zu diesem Vermögen gehörigen Rechte und Verbindlichkeiten ist nicht, wie beim rechtsfähigen Verein, eine von den einzelnen Vereinsmitgliedern verschiedene Verbandsperson, sondern sind die *einzelnen Vereinsmitglieder* selbst (RGZ 57, 92), aber als **gesamthänderisch** verbundene *Personenmehrheit*. Das Gesamthandsverhältnis der Vereinsmitglieder hat nach Gesellschaftsrecht zur Folge, daß keinem einzelnen Vereinsmitglied an den körperlichen zum Vereinsvermögen gehörigen

Sachen ein nach Quoten geteiltes Miteigentum zusteht, ebensowenig an den zum Vereinsvermögen gehörigen Forderungen ein nach Quoten geteiltes Gläubigerrecht. Ebenso haben die einzelnen Vereinsmitglieder kein nach Quoten geteiltes Anteilsrecht am Inbegriff des Vereinsvermögens. Vgl dazu allgemein ENNECCERUS/NIPPERDEY § 116 IV 5; SOERGEL/HADDING Rn 20; BGB-RGRK/STEFFEN Rn 14.

75 b)   Weitere **Folgesätze** aus dem Rechtsverhältnis der gesamten Hand sind: daß der Gesellschafter über seinen „*Anteil*" am Gesellschaftsvermögen oder über die dazu gehörigen Gegenstände *nicht verfügen* kann (§ 719 Abs 1), da der Anteil bei bestehendem Gesamthandsverhältnis kein quantitativ bestimmter ist, sondern als eine auf das Ganze sich beziehende, aber durch die Konkurrenz gleichartiger Berechtigung der übrigen Gesamthänder in ihrer Intensität beschränkte Mitberechtigung sich darstellt; ferner, daß das einzelne Mitglied Teilung zu verlangen nicht berechtigt ist (§ 719 Abs 1); daß der Schuldner einer zum Gesellschaftsvermögen gehörigen Forderung nicht aufrechnen kann mit einer ihm gegen einen einzelnen Gesellschafter zustehenden Forderung (§ 719 Abs 2); daß das *Gesellschaftsvermögen* nur den Gesellschaftsgläubigern haftet, ein Recht des einzelnen Gesellschafters auf das Gesellschaftsvermögen erst nach Auflösung der Gesellschaft begründet ist und daher Zugriffe eines Privatgläubigers eines Gesellschafters auf das Gesellschaftsvermögen während des Bestehens der Gesellschaft ausgeschlossen und nach deren Auflösung nur nach Deckung der Ansprüche der Gesellschaftsgläubiger möglich sind (§§ 725, 730, 733). Auch dann können diese Zugriffe dadurch ausgeschlossen werden, daß der Gesellschaftsvertrag (die Satzung) dem Gesellschafter (dem Vereinsmitglied) für den Fall seines Ausscheidens keinen Anspruch an das Gesellschaftsvermögen gewährt. Anders gestaltet sich die Rechtslage nur dann, wenn sämtliche Gesellschafter dem Privatgläubiger als *Gesamtschuldner* haften, zB aus unerlaubter Handlung (§§ 823, 830, 840) oder privat übernommener Bürgschaft (§ 769), da in solchen Fällen die Zwangsvollstreckung in das Gesellschaftsvermögen jederzeit aufgrund eines gegen alle Gesellschafter ergangenen Urteils zulässig ist (§ 736 ZPO; Prot II 735; vGIERKE, Vereine 36), obwohl keine Schuld der *Gesellschaft* gegeben ist. Bei einem Verein wird diese Sachlage nicht leicht vorkommen und daher diese Möglichkeit sehr geringe praktische Bedeutung haben (vGIERKE, Vereine 37).

76 c)   Durch Anwendung dieser Gesellschaftsregeln und deren Anpassung an die Bedürfnisse des Vereinslebens wird das Vermögen des nichtrechtsfähigen Vereins der Verfügung der einzelnen Mitglieder entzogen und dem *Vereinszweck unmittelbar dienstbar* gemacht.

2.   Erwerb von Vermögen

77 a)   Da der nichtrechtsfähige Verein kein Vermögenssubjekt ist, kann er *als solcher* kein Eigentum und keine sonstigen dinglichen Rechte haben. Er kann auch keine Gläubigerrechte erwerben, nur die Mitglieder des Vereins können gemeinschaftlich zur gesamten Hand Gläubiger werden (RGZ 127, 311).

Trotzdem kann man in einem gewissen Sinne von einem „**Vereinsvermögen**" sprechen.

2. Titel. Juristische Personen. § 54
I. Vereine 78

Das Vereinsvermögen *besteht* zunächst aus den Beiträgen der Mitglieder, aus den vom Verein *erworbenen* Ansprüchen auf Leistung von Mitgliederbeiträgen (RGZ 54, 297), aus den Vermögensrechten, welche durch die Geschäftsführung für den Verein erworben werden oder infolge von Schadensersatzansprüchen an Stelle der ursprünglichen Vermögensgegenstände treten. *Durch die Geschäftsführung* kann dem Verein auch Vermögen erworben werden aufgrund von *Schenkung* und *letztwilliger Verfügung*. Die Schenkung an einen nichtrechtsfähigen Verein bedeutet eine *Zuwendung an sämtliche Mitglieder* als gemeinsames Vermögen zur gesamten Hand zwecks Verwendung zu Vereinszwecken, also als Sondervermögen. Ebenso kann die Einsetzung eines nichtrechtsfähigen Vereins als Erben durch *Berufung sämtlicher Vereinsmitglieder zu Erben* mit der Wirkung erfolgen, daß das Erbvermögen Vermögen *der Mitglieder als solcher* zur gesamten Hand und zu Vereinszwecken bestimmt, also Vereinsvermögen wird. In praktischer Hinsicht besteht dann kein Unterschied zu der vordringenden Meinung, daß der Verein als solcher trotz fehlender Rechtsfähigkeit **erbfähig** ist (so zB Soergel/Hadding Rn 17; Habscheid AcP 155, 375, 400 f; K Schmidt, Gesellschaftsrecht² § 25 II 1 a; Palandt/Heinrichs Rn 9; Kipp/Coing, Erbrecht [14. Aufl 1990] § 84 I 2 b). Diese Auffassung verdient den Vorzug. Die Annahme der Schenkung, wie die Annahme der Erbschaft (§ 1946), ist *Geschäftsführung* iS von § 718 Abs 1. Die Entscheidung darüber steht daher dem *Vorstand* zu. Daß der Erblasser die eingesetzten einzelnen Vereinsmitglieder gekannt habe, ist nicht erforderlich (§ 2071), ebensowenig ist die Auffassung der Zuwendung an einen nichtrechtsfähigen Verein als Zuwendung an ein nicht existierendes Rechtssubjekt (§ 2084) zutreffend. Das RG hat dagegen nur eine Zuwendung an die Vereinsmitglieder mit der Auflage, die Zuwendung dem Verein zu überlassen, angenommen (RG WarnR 1911 Nr 89; Recht 1929 Nr 975). Ferner hat es die Erbeinsetzung in ein Vermächtnis an die Mitglieder qua Mitglieder, also an das Sondervermögen des Vereins, umgedeutet (RG HRR 1936 Nr 2; vgl Erl zu § 2065).

b) Die von dem Vorstand des nichtrechtsfähigen Vereins (nach Gesellschaftsrecht **78** von den geschäftsführenden Gesellschaftern) für den Verein erworbenen Rechte werden zur gesamten Hand zunächst denjenigen Mitgliedern erworben, welche zZ des Rechtserwerbs dem Verein angehören. Diese Rechte werden aber mit Rücksicht auf die durch die Satzung des nichtrechtsfähigen Vereins ermöglichte **Identität** des Vereins bei Veränderung des Mitgliederbestandes und dadurch, daß der Anteil ausscheidender Mitglieder den Verbleibenden zuwächst, während eintretende Mitglieder ohne weiteres in die Rechte und Verbindlichkeiten des Vereins eintreten (vgl unten Rn 81), überhaupt den *jeweiligen Mitgliedern* des Vereins und damit dem Verein als *dauerndem Personenverband* erworben.

Das einzelne Mitglied als solches ist aber nicht berechtigt, einen dem Verein (also der Gesamthänderschaft) zustehenden Anspruch geltend zu machen (vgl RGZ 78, 101); eine actio pro socio gibt es für die Mitglieder nicht (BGB-RGRK/Steffen Rn 12; Enneccerus/Nipperdey § 116 Fn 46; aA Soergel/Hadding Rn 11), der jedoch die Zulassung stärker einschränken will als im Gesellschaftsrecht).

Der vom Vorstand als dem Vereinsorgan für den Verein erworbene *Besitz* (zB an der Vereinsbibliothek) kann insofern unmittelbarer Besitz des „Vereins" sein, als er unmittelbarer Besitz der Vereinsmitglieder zu gesamter Hand sein kann (vgl Breitbach 72).

79 c) Schwierig und umstritten ist die Frage, ob ein nichtrechtsfähiger Verein **grundbuchfähig** ist, also als Inhaber von Grundbuchrechten eingetragen werden kann.

Da die Träger des Vereinsvermögens die *Mitglieder zur gesamten Hand* sind, ist es logisch zu fordern, daß alle Vereinsmitglieder als Eigentümer, Inhaber von Hypotheken usw eingetragen werden mit dem Zusatz „zur gesamten Hand".

So in der Tat die noch vorherrschende Meinung in Lit und Rspr (vgl ENNECCERUS/ NIPPERDEY § 116 Fn 48; LARENZ, AT § 10 VI 2; MEIKEL/IMHOF/RIEDEL, Grundbuchrecht III [6. Aufl 1970] § 47 GBO Rn 25 mwN; RGZ 127, 309, 311; BGHZ 43, 316, 320; OLG Zweibrücken NJW-RR 1986, 181).

Dies macht dann allerdings die Eintragung mitgliederstarker Vereine mit wechselnder Mitgliederzahl *praktisch unmöglich*. Diesen bleibt nur der Ausweg, *Treuhänder* einzuschalten, welche die betreffenden Rechte für sie halten. Vgl für Gewerkschaften BRISCH 43 ff; ferner RG JW 1937, 392 Nr 2; OLG Frankfurt NJW 1952, 792 (SPD).

80 Aus diesem Grunde ist immer wieder versucht worden, dadurch zu helfen, daß man auf die *Eintragung* jedes einzelnen Mitgliedes verzichtete und statt dessen die **Eintragung des Vereinsnamens** als Gesamtbezeichnung der jeweiligen Mitglieder zuließ, etwa in der Form: „Die jeweiligen Mitglieder des X-Vereins zur gesamten Hand". So schon eine bayerische Dienstanweisung für die Grundbuchämter in den Landesteilen rechts des Rheins von 1905 (§ 273), abgedruckt in Rn 61 der 11. Aufl; ferner das KG in einem Vorlagebeschluß – vgl RGZ 127, 309, betr eine Grundschuld – und STOLL FS Reichsgericht II 77; BOEHMER, Grundlagen II 2, 175; HABSCHEID AcP 155, 402; BGB-RGRK/STEFFEN Rn 16 (jedenfalls für Massenorganisationen). Hierfür kann man auch auf die Regelung des § 124 HGB für die OHG verweisen. Das *RG* hat jedoch diesen Weg in der Entscheidung RGZ 127, 309 mit Rücksicht auf die für Grundbucheintragungen zu fordernde Genauigkeit *abgelehnt*. Ihm folgt insbes die grundbuchrechtliche Lit (vgl MEIKEL/IMHOF/RIEDEL § 47 GBO Rn 25, aber auch K SCHMIDT NJW 1984, 2249, 2250 f mwN und Gesellschaftsrecht[2] § 25 II 2 b). Eine stärker werdende Meinung in der Lit will dagegen den nichtrechtsfähigen Vereinen direkt die Grundbuchfähigkeit zuerkennen (SOERGEL/HADDING Rn 18; MünchKomm/REUTER Rn 16, 17; ERMAN/ H P WESTERMANN Rn 8; PALANDT/HEINRICHS Rn 8; MORLOK/SCHULTZE-TRUX NJW 1992, 2058 ff: nur für politische Parteien). Dabei berufen sich die Befürworter ua auf eine angebliche Wende in der Rspr, insbes BGHZ 45, 338 (348) und BGH WM 1985, 997 (999) (zu 2.). Die erste Entscheidung betrifft aber eine Vor-GmbH und begründet deren Grundbuchfähigkeit vor allem aus dem Gesichtspunkt, daß bei Sachgründungen die Sacheinlagen auf die GmbH übertragen sein müßten, ehe die Eintragung im Handelsregister erfolgen könne. Die zweite Entscheidung begrifft ebenfalls keinen nichtrechtsfähigen Verein, sondern weist nur beiläufig auf die Eintragung einer BGB-Gesellschaft im Grundbuch hin, ohne dazu näher Stellung zu nehmen. Da aus beiden Äußerungen keine allgemeinen Schlüsse für den nichtrechtsfähigen Verein gezogen werden können, ist es verfrüht, von einer Wende des BGH zu sprechen.

Richtig erscheint aber die oben wiedergegebene Ansicht, welche die Eintragung der Mitglieder unter dem *Vereinsnamen* als Gesamtbezeichnung für *zulässig* erklärt.

2. Titel. Juristische Personen. § 54
I. Vereine

VI. Veränderlichkeit des Personenbestandes

Für den Vereinsbegriff ist die *Veränderlichkeit des Personenbestandes* und damit die **81**
Kontinuität und **Identität** des Vereins beim Wechsel der Mitglieder ein wesentliches
Merkmal (RGZ 60, 94; RG SeuffA 62 Nr 76; BGB-RGRK/STEFFEN Rn 1; LINDEMANN 7 ff; BGH
WM 1961, 884). Andernfalls kann Gesellschaft nach BGB gegeben sein. Wenn die
Verfassung des nichtrechtsfähigen Vereins dem Vereinsbegriff entsprechen soll, so
darf nach der Satzung der *Austritt* oder sonstiges *Ausscheiden* eines Mitgliedes den
Bestand des Vereins nicht berühren (zum Ausschluß von Mitgliedern s § 35 Rn 34 ff, § 39
Rn 12; dies gilt entsprechend auch für den nichtrechtsfähigen Verein). Eine ausdrückliche Satzungsvorschrift dieses Inhalts ist indessen nicht erforderlich; die Vorschrift
wird sich regelmäßig von selbst aus der Tatsache ergeben, daß es sich um einen
Verein handelt; denn es ist anzunehmen, daß die Auflösung des Vereins als Erfolg
des Austritts oder sonstigen Ausscheidens eines Mitglieds durchaus dem Willen der
Beteiligten widerspricht. In den Verhandlungen der 2. Komm (Prot II 460) wurde
denn auch hervorgehoben, daß die Vereinbarung, wonach beim Ausscheiden einzelner Mitglieder die Gesellschaft unter den übrigen fortgesetzt werden sollte, nicht nur
stillschweigend erfolgen könne, sondern auch in der Regel bei nichtrechtsfähigen
Vereinen mit korporativer Verfassung *ohne weiteres anzunehmen* sein werde. Gem
§ 738 wächst der Anteil des Ausscheidenden den übrigen Vereinsmitgliedern zu. Die
Satzung kann vorschreiben, daß ihm Ansprüche gegen den Verein nicht zustehen.
Insbes der Anspruch auf das Auseinandersetzungsguthaben gem § 738 Abs 1 S 2 ist
bei einem Verein als in der Satzung abbedungen anzusehen, selbst wenn eine ausdrückliche Satzungsbestimmung fehlt (RGZ 113, 125, 135; BGHZ 50, 325, 329; SOERGEL/
HADDING Rn 20). Vgl auch § 39 Rn 11. Die grundsätzliche Anwendung des Gesellschaftsrechts ermöglicht also die Aufrechterhaltung des Bestandes des Vermögens
des nichtrechtsfähigen Vereins bei Veränderung des Mitgliederbestandes infolge des
Ausscheidens von Mitgliedern (vgl auch vGIERKE, Vereine 16, 24; ENNECCERUS/NIPPERDEY
§ 116 II).

Auch die Veränderung des Personenverbandes des nichtrechtsfähigen Vereins durch
Eintritt von Mitgliedern läßt die Identität des Vereins unberührt. Die „gesamte
Hand", welche der Personenverband des nichtrechtsfähigen Vereins nach dem
Gesellschaftsrecht des BGB darstellt, kann sich nach allgemeinen Rechtsgrundsätzen wie durch Ausscheidung verkleinern, so auch *erweitern* durch Eintritt neuer
Mitglieder, ohne daß hierdurch die Personeneinheit als solche verändert wird. Das
Gesellschaftsrecht des BGB enthält zwar eine ausdrückliche Vorschrift nur für den
Fall des Eintritts der Erben eines verstorbenen Gesellschafters (§ 727). Die Möglichkeit des Eintritts eines neuen Gesellschafters ohne Änderung des Gesellschaftsvertrages ist aber nach dem Grundsatz der gesamten Hand nicht zweifelhaft (vgl Erl zu
§ 736; ENNECCERUS/NIPPERDEY § 116 IV 2 b; KNOKE ArchBürgR 20, 170; SOERGEL/SCHULTZE-
VLASAULX[11] Rn 24). Auch hier ist eine *ausdrückliche* Satzungsbestimmung unnötig.
Das neue Mitglied wird mit dem Eintritt in das Gesamthandsverhältnis *ohne weiteres*
Mitträger der Rechte und Verbindlichkeiten, die sämtlich nicht den einzelnen als
solchen, sondern ihrer Gesamtheit als einer kollektiven Einheit zustehen und obliegen. Daher ist auch von einer stückweisen Übertragung von Rechten an den
einzelnen Vermögensobjekten der Gemeinschaft auf den Neueingetretenen nicht zu
sprechen, wie sie bei Einzelberechtigung erforderlich wäre (in diesem Sinne PLANCK/
KNOKE Anm 3 m; ENNECCERUS/NIPPERDEY § 116 Fn 25; vgl ferner vGIERKE, Vereine 27 f).

VII. Ende des nichtrechtsfähigen Vereins

1. Gründe

82 Der nichtrechtsfähige Verein wird **aufgelöst** oder **beendigt** wie der rechtsfähige Verein:

a) durch *Ablauf der Zeit*, für welche er gegründet wurde (§ 723);

b) dagegen nicht ohne weiteres durch *Erreichung oder Unmöglichwerden des Vereinszwecks* (§ 726); vgl darüber § 41 Rn 7. Daß § 726 nicht zu den mit dem Wesen eines Vereins unvereinbaren Vorschriften gehört und auch auf nichtrechtsfähige Vereine anwendbar ist, wird anerkannt von RG LZ 1928, 1323 Nr 2.

Weiter wird der Verein aufgelöst

c) durch *Auflösungsbeschluß* der Mitgliederversammlung, Absinken der Mitgliederzahl auf weniger als 2 (ERMAN/H P WESTERMANN Rn 17; PALANDT/HEINRICHS Rn 14). Bei Austritt oder sonstigem Wegfall *aller* Mitglieder *erlischt* der Verein (str, vgl § 41 Rn 12);

d) durch *Verwaltungsakt* der zuständigen Behörde aufgrund der Bestimmungen des öffentlichen Rechts. Vgl § 41 Rn 10.

83 Die nach *Gesellschaftsrecht* weiter noch möglichen *Auflösungsgründe* berühren aus den in Rn 81 bezeichneten Gründen den Rechtsbestand des Vereins nicht (Kündigung seitens eines Gesellschafters oder Gläubigers eines Gesellschafters; Konkurs über das Vermögen eines Gesellschafters; Tod eines Gesellschafters; §§ 725, 727, 728).

2. Frage der Liquidation

84 Bei Auflösung oder Beendigung des nichtrechtsfähigen Vereins (nicht bei Ausscheiden eines Mitglieds, vgl oben Rn 47) findet nach überwiegender Meinung kraft Gesellschaftsrechts (§§ 730 ff) über das Gesellschaftsvermögen die Auseinandersetzung unter den Vereinsmitgliedern statt (so RAGE 5, 1 ff; ENNECCERUS/NIPPERDEY § 116 IV 10; SOERGEL/HADDING Rn 9; ERMAN/H P WESTERMANN Rn 17). Da die §§ 730 ff dispositiv sind, kann nach dieser Auffassung die Satzung auch vorsehen, daß die Auseinandersetzung ausgeschlossen ist. Die oben dargestellte Meinung läßt zwar auch eine Liquidation nach §§ 47 ff zu, macht dies aber von einer entsprechenden Satzungsbestimmung abhängig (JAUERNIG Anm 2 g); zT werden auch einzelne Vorschriften der §§ 47 ff analog herangezogen (SOERGEL/HADDING aaO). ME muß beim nichtrechtsfähigen Verein **zwingend** eine **Liquidation** in entsprechender Anwendung der §§ **47 ff** stattfinden (ebenso MünchKomm/REUTER Rn 42; PALANDT/HEINRICHS Rn 14). Erkennt man an, daß nichtrechtsfähige Vereine grundsätzlich nur mit dem Vereinsvermögen haften, die Mitglieder aber nicht – und das tut inzwischen auch die hM –, so impliziert das bei Auflösung oder Beendigung des Vereins auch ein Liquidationsverfahren (richtig STOLL AcP 133, 82 ff; HABSCHEID AcP 155, 411; MünchKomm/REUTER Rn 42). In diese Richtung weist auch BGHZ 50, 325 (329); allerdings geht der BGH dort auf die Streitfrage nicht näher ein. Dagegen kann im Fall des Erlöschens keine Liquidation stattfinden; vgl § 41 Rn 12, 16.

Ein Anfall des Vermögens an den *Fiskus* ist, solange Mitglieder und deren Rechtsnachfolger vorhanden sind, ausgeschlossen.

Das einzelne *ausscheidende Mitglied* hat gegen den Verein, wenn dieser fortbesteht, weder einen Anspruch auf Liquidation noch auf Auszahlung eines Vermögensanteils oder eines entsprechenden Wertbetrages (so auch vGierke, Vereine 33; Enneccerus/Nipperdey § 116 IV 2 c; Larenz, AT § 10 VI 2). Der Anteil des Ausscheidenden wächst den übrigen zu (vgl oben Rn 81). Die gegenteilige Annahme wäre mit dem Wesen und den praktischen Bedürfnissen des Vereins unverträglich. **85**

VIII. Übergangsrecht

Auf die zZ des Inkrafttretens des BGB schon *bestehenden* nichtrechtsfähigen Vereine ist das neue Recht anzuwenden. So auch Enneccerus/Nipperdey § 120 II 4 mwN in Fn 6 (Analogie zu Art 163 EGBGB). S zu dieser Streitfrage auch Staudinger/Coing[11] Rn 68. **86**

IX. Steuerrecht

Gem *§ 34 AO* haben die Geschäftsführer bzw, wenn keine vorhanden sind, die Mitglieder von nichtrechtsfähigen Personenvereinigungen deren steuerliche Pflichten zu erfüllen. **87**

Nichtrechtsfähige Vereine, die ihre Geschäftsleitung oder ihren Sitz im Inland haben, sind nach § 1 Abs 1 Nr 2 e VStG unbeschränkt *vermögensteuerpflichtig* und nach § 1 Abs 1 Nr 5 KStG unbeschränkt *körperschaftsteuerpflichtig*. – Einzelheiten s Märkle, Der Verein im Zivil- und Steuerrecht (8. Aufl 1992) 2. Teil, C und E; Troll, Besteuerung von Verein, Stiftung und Körperschaft des öffentlichen Rechts (3. Aufl 1983).

2. Eingetragene Vereine*

Vorbemerkungen zu §§ 55—79

Schrifttum

BÖTTCHER, Die Beendigung des rechtsfähigen Vereins, Rpfleger 1988, 169
BUMILLER/WINKLER, Freiwillige Gerichtsbarkeit (6. Aufl 1995)
CHRISTOPH, Vereine im Vereinigungsprozeß, DtZ 1991, 234
DANCKELMANN, Vertretung und Geschäftsführung des rechtsfähigen Vereins durch einen mehrköpfigen Vorstand, NJW 1973, 735
FRIEDRICH, Grundlagen und ausgewählte Probleme des Vereinsrechts, DStR 1994, 61 u 101
GOEBELER, Die Entwicklung des Registerrechts in den Jahren 1980—1986, BB 1987, 2314
HAEGELE, Das Vereinsregister, JurBüro 1954, 158
JANSEN, FGG, Großkommentar, 3 Bde (2. Aufl 1969—1971)
KEIDEL/KUNTZE/WINKLER, Freiwillige Gerichtsbarkeit, Teil A (13. Aufl 1992)
KEIDEL/SCHMATZ/STÖBER, Registerrecht, Handbuch der Rechtspraxis Bd 7 (5. Aufl 1991)
KIRBERGER, Gemischte Gesamtvertretung und organschaftliches Prinzip. Ein Beitrag zur Vertretung des eingetragenen Vereins, Rpfleger 1979, 5, 48
MERGELMEYER, Eintragung einer Satzungsbestimmung über die Beschlußfassung des Vorstandes in das Vereinsregister, Rpfleger 1966, 197
MITTENZWEI, Zur Vertretung eines mehrgliedrigen Vereinsvorstands im Verhinderungsfall, MDR 1991, 493
MOHRBUTTER, Zur Gefahr des rechtlichen „Unterlaufens" des § 21, Rpfleger 1953, 611

MUMMENHOFF, Verbandszweck und Rechtsfähigkeit im Vereinsrecht, ZGenW Bd 37, 73
NISSEL, Zum Fortbestand rechtsfähiger Vereinigungen nach dem Einigungsvertrag, DtZ 1991, 239
OETKER, Der Wandel vom Ideal- zum Wirtschaftsverein, NJW 1991, 385
RICHERT, Anmeldebefugnis und Eintragungsfähigkeit des Vereinsvorstandes, NJW 1956, 364
ders, Zur Frage der satzungsändernden Vereinsvorstandsregelung, DRiZ 1957, 17
ders, Zum Stellvertreter des Vereins-, Gesellschafts- und Genossenschaftsvorsitzenden für den Behinderungsfall, SchlHA 1956, 309
ders, Die Heilbarkeit rechtlich mangelhafter Registeranmeldungen durch Eintragung, NJW 1958, 894
SCHMATZ, Sitzverlegung eines Vereins, Rpfleger 1963, 109
K SCHMIDT, Zur Löschung unrechtmäßig eingetragener Vereine, JR 1987, 177
ders, Erlöschen eines eingetragenen Vereins durch Fortfall aller Mitglieder?, JZ 1987, 394
ders, Eintragungsfähige und eintragungsunfähige Vereine, Rpfleger 1988, 45
ders, Zur Amtslöschung unrechtmäßig eingetragener Wirtschaftsvereine, NJW 1993, 1225
ders, Eintragung „religiöser Wirtschaftsvereine"?, NJW 1988, 2574
SPITZENBERG, Die Vereinssatzung und ihre Bestimmung über die Registereintragung (§ 57 Abs. 1 BGB), Rpfleger 1971, 242
STÖBER, Der Vorstand des eingetragenen Vereins bei Anmeldung zum Vereinsregister und

---

* Auf der Grundlage der Kommentierung der 12. Auflage von HELMUT COING bearbeitet von NORBERT HABERMANN.

2. Titel. Juristische Personen.
I. Vereine

nach Ablauf seiner Amtszeit, Rpfleger 1967, 342

ders, Anmeldung zum Vereinsregister durch den „Vorstand", Rpfleger 1980, 369

TIETJE, Die Löschung eingetragener Vereine im Vereinsregister der ehemaligen DDR – Zugleich ein Beitrag zu Art. 18 und 19 EinigsV, DtZ 1994, 138

UEBELER/ALBRECHT, Die gegenwärtige Rechtslage von Bürgergemeinschaften, DtZ 1991, 400

WAGNER/SEIDEL, Wann können im Vereinsregister eingetragene Vereine von Amts wegen gelöscht werden?, DFG 1937, 124, 221, 242

WALDMANN, Zur Bedeutung des Wirksamwerdens der Satzungsänderung durch Eintragung in das öffentliche Register, DFG 1940, 33

WEGENER, Vereine ohne Mitglieder und Vermögen, JW 1936, 2968.

Vgl auch die Literaturhinweise bei STAUDINGER/WEICK (1995) Einl zu §§ 21–89 sowie Vorbem zu §§ 21–54.

I. Regelungsbereich

Die §§ 55–79 regeln die **Eintragung der *Idealvereine***, aber nicht der wirtschaftlichen Vereine (vgl SOERGEL/HADDING Vorbem 1), und die **besonderen Rechte der eingetragenen Vereine** (§§ 67–79). Es handelt sich im wesentlichen um die formellen und materiellen Voraussetzungen der ursprünglichen Eintragung des Vereins (§§ 55–66), die später einzutragenden Tatsachen (§§ 67, 71, 74–76) und die Publizitätswirkung des Registers (§§ 68, 70). **1**

II. Allgemeine Verfahrensvorschriften

1. Regelung des BGB

Das BGB enthielt früher noch weitere Verfahrensvorschriften, insbes über die *Rechtsmittel* gegen Verfügungen des Registergerichts, die 1964 durch das VereinsG gestrichen und durch eine neue Regelung in § 160 a FGG ersetzt wurden. Das VereinsG hat auch die *Rechtsmittel bei Einspruch der Verwaltungsbehörde* gegen die Eintragung eines Vereins nach § 61 Abs 2 neu geregelt (vgl dazu KEIDEL/KUNTZE/WINKLER Vorbem 11 zu §§ 159–162 FGG); s auch § 62 Rn 1. **2**

2. Regelungen des FGG

Neben dem BGB kommen für die Anmeldungen und Eintragungen im Vereinsregister das FGG, insbes die §§ 159, 160 a, sowie die allgemeinen Verfahrensvorschriften in Betracht. Es gilt der Grundsatz der **Amtsermittlung** gem § 12 FGG. Hieraus hat das OLG Jena das Prinzip der fürsorglichen Behandlung der Verfahrensbeteiligten durch das Gericht abgeleitet (NJW-RR 1994, 106, der Fall betraf die Zurückweisung einer Handelsregistereintragung in den neuen Bundesländern; der zugrundeliegende Rechtsgedanke ist wohl auch auf das Vereinsregister übertragbar). – Im FGG-Verfahren ist auch eine *Erledigung der Hauptsache* möglich, insbes bei Verlust der Vereinsmitgliedschaft eines Antragstellers im Verfahren gem § 29 (BayObLG NJW-RR 1994, 832), oder im Amtslöschungsverfahren bei Eintragung eines geänderten Vereinsnamens (OLG Hamm OLGZ 1978, 428, 429); allg OLG Frankfurt NJW-RR 1995, 391 mwN. **3**

III. Rechtsmittel

4 Die **sofortige Beschwerde** gem § 22 FGG mit einer Frist von zwei Wochen seit Bekanntmachung der angefochtenen Verfügung (dazu KEIDEL/KUNTZE/WINKLER § 160 a FGG Rn 6) ist gegeben, wenn die Anmeldung eines Vereins (§§ 59, 60) oder einer Satzungsänderung (§ 71) zurückgewiesen wird (§ 160 a Abs 1 FGG); wenn dem Verein gem § 73 wegen Absinkens der Mitgliederzahl unter drei die Rechtsfähigkeit entzogen wird (§ 160 a Abs 2 FGG); ferner gegen eine Verfügung gem § 37, § 160 S 2 FGG sowie gegen ein Zwangsgeld- und Amtslöschungsverfahren gem § 78 bzw §§ 159, 142, 143 FGG (s dazu KEIDEL/KUNTZE/WINKLER § 160 a FGG Rn 11, 12).

Beschwerdeberechtigt (§ 20 FGG) und beteiligtenfähig im Eintragungsverfahren ist auch der **Vorverein** (OLG Jena NJW-RR 1994, 698, 699 = Rpfleger 1994, 217 m Anm WERNER OLG-NL 1994, 44; BayObLGZ 1991, 53 = NJW-RR 1991, 958, das zutr auf die Parallele zur Vor-GmbH hinweist; OLG Hamm NJW-RR 1995, 119 = Rpfleger 1995, 24; SOERGEL/HADDING § 60 Rn 5; aA MünchKomm/REUTER § 60 Rn 3; REICHERT/DANNECKER Rn 178). – Zum Beschwerderecht des Vereinsvorstandes bei Ablehnung der Amtslöschung s BayObLG NJW-RR 1993, 698 = Rpfleger 1993, 347. – Zur Beschwerdeberechtigung gem § 20 Abs 1 FGG im Eintragungsverfahren s auch OLG Köln Rpfleger 1995, 163, 164. Zur Beschwerdebefugnis der zur Anmeldung gem § 77 befugten Vorstandsmitglieder gem § 20 Abs 2 FGG s OLG Köln NJW-RR 1994, 1547, 1548 = Rpfleger 1994, 114.

5 Weiterhin gibt es die **unbefristete** (einfache) **Beschwerde** (vgl hierzu KEIDEL/KUNTZE/WINKLER § 160 a FGG Rn 13 f).

6 Die oben (Rn 4) erwähnten Entscheidungen gem §§ 60, 71, 73 sind durch § 3 Nr 1 a RPflG in vollem Umfang dem **Rechtspfleger** übertragen. Gegen sie ist daher die *befristete Erinnerung* nach § 11 Abs 1 RPflG gegeben, über die der *Richter* entscheidet (§§ 11 Abs 2, 28 RPflG). Hilft er der Erinnerung nicht ab, so findet gegen seine Entscheidung die sofortige Beschwerde gem § 160 a FGG statt (vgl ausf § 60 Rn 4). Die Befassung des Richters ist in §§ 4, 5, 6, 7, 10 RPflG geregelt.

IV. Unzulässige Eintragungen

7 Eintragungen in das Vereinsregister sind nicht deswegen unwirksam, weil sie unter Verletzung verfahrensrechtlicher oder materiellrechtlicher Regeln vorgenommen worden sind. Die Eintragung wirkt **konstitutiv** (rechtsbegründend), dies gilt auch dann, wenn die vereinsrechtlichen Voraussetzungen für die Vereinseintragung oder einer Satzungsänderung nicht vorliegen und die Eintragung zu Unrecht erfolgt ist (vgl BGH NJW 1983, 993 mwN, der Fall betraf die Eintragung einer nicht ordnungsgemäßen Satzungsänderung bei Umwandlung von Lohnsteuerhilfevereinen; STAUDINGER/WEICK [1995] § 21 Rn 26 ff). Der Verein ist dann rechts- und parteifähig (§ 21, § 50 Abs 1 ZPO). Es ist zu unterscheiden zwischen *Sollvorschriften*, also bloßen Ordnungsvorschriften, und *Mußvorschriften*, die zwingenden Charakter haben. Sollvorschriften finden sich etwa in §§ 56, 57 Abs 2, 58, 59 Abs 3, Mußvorschriften sind §§ 57 Abs 1, 59 Abs 1, 60, 73. Verstöße gegen Sollvorschriften, etwa § 58, rechtfertigen keine Löschung; die Eintragung bleibt wirksam, eine Beanstandung durch Zwischenverfügung vor Eintragung oder eine Zurückweisung der Anmeldung ist möglich (vgl BayObLG NJW-RR

1992, 802; PALANDT/HEINRICHS Vorbem 2; SAUTER/SCHWEYER Rn 41; s auch § 60 Rn 1). Verstöße gegen Mußvorschriften machen die Eintragung unzulässig. Das Registergericht kann solche Eintragungen von sich aus mit Wirkung ex nunc löschen, wenn sie wegen Mangels einer wesentlichen Voraussetzung unzulässig waren (§§ 159, 142 FGG). Ein derartiger **Mangel** ist zB gegeben, wenn ein wirtschaftlicher Verein eingetragen wurde, wenn keine Anmeldung vorgelegen hat, oder wenn die Anmeldung nicht durch die amtierenden Vorstandsmitglieder erfolgt ist; wenn sich herausstellt, daß der Name des Vereins zu Täuschungen Anlaß gibt, wenn die Satzung nicht den in § 57 festgelegten Inhalt hat oder gegen § 134 verstößt (vgl dazu KEIDEL/KUNTZE/WINKLER § 159 FGG Rn 24; zur *Amtslöschung* s weitergehend OETKER NJW 1991, 386 ff; K SCHMIDT NJW 1993, 1227 f; zum Streitstand s STAUDINGER/WEICK [1995] § 43 Rn 7).

Die *beabsichtigte* **Löschung** ist dem Verein mitzuteilen (§§ 142 Abs 2, 159 FGG). **8** Dieser kann dagegen *Widerspruch* bei dem Registergericht erheben. Wird er zurückgewiesen, ist gegen die Zurückweisung die sofortige Beschwerde gegeben (§§ 159, 142, 141 FGG). Eine Amtslöschung einer unzulässigen Registereintragung aufgrund einer *einstweiligen Anordnung* ist unzulässig, weil im erstinstanzlichen Löschungsverfahren nur das Verfahren gem §§ 159, 142, 143, 141 Abs 4 FGG vorgesehen ist; dadurch würde der Schutzzweck des § 142 FGG umgangen und die Entscheidung in der Hauptsache vorweggenommen (vgl BayObLG NJW-RR 1994, 870, 871 mwN).

V. Rechtslage im Verhältnis zur ehemaligen DDR

Nach Art 8 EinigsV v 31. 8. 1990 (BGBl II 889) ist in der ehemaligen DDR mit dem **9** Wirksamwerden des Beitritts zur Bundesrepublik Deutschland (3. 10. 1990) *Bundesrecht* in Kraft getreten, also auch BGB und FGG. Gem Art 231 § 2 Abs 1 EGBGB bestehen rechtsfähige Vereinigungen nach dem VereinG (DDR) v 21. 2. 1990 fort (s allgemein zu offenen Problemen des Übergangsrechts des EinigsV krit CHRISTOPH DtZ 1991, 235 ff; NISSEL DtZ 1991, 239 ff, betr insbes nicht abgeschlossene Registrierungsverfahren). Nach Abs 2 sind ab dem Tag der Wirksamkeit des Beitritts die §§ 21–79 anzuwenden. Gem Abs 3 führen die früheren Vereinigungen nunmehr die Bezeichnung „eingetragener Verein". – Zur Problematik der Amtslöschung von eingetragenen Vereinen in der ehemaligen DDR gem §§ 18, 19 EinigsV im Hinblick auf §§ 159, 142 FGG s TIETJE DtZ 1994, 139 ff; zur Eintragungsfähigkeit von Garagengemeinschaften vgl SCHUBEL DtZ 1994, 132 ff u § 60 Rn 3; ferner allgemein zu Bürgergemeinschaften gem §§ 266 ff ZGB (DDR) UEBELER/ALBRECHT DtZ 1991, 400; zur Rechtsfähigkeit der Vereine in den neuen Bundesländern s WOLTZ NJ 1991, 115; ferner STAUDINGER/WEICK (1995) Einl 62 zu §§ 21 ff. – Zum *Vereinsregister* in der ehemaligen DDR vgl § 55 Rn 5.

§ 55

[1] **Die Eintragung eines Vereins der im § 21 bezeichneten Art in das Vereinsregister hat bei dem Amtsgerichte zu geschehen, in dessen Bezirke der Verein seinen Sitz hat.**

[2] **Die Landesjustizverwaltungen können die Vereinssachen einem Amtsgericht für die Bezirke mehrerer Amtsgerichte zuweisen.**

Materialien: E II § 49; III § 52; Prot I 498 ff,
504; Abs 2 eingefügt durch § 30 RPflG v
8. 2. 1957 (BGBl I 18); JAKOBS/SCHUBERT AT I
268 f.

I. Zuständigkeit des Gerichts

1 § 21 legt fest, daß die *Eintragung des Vereins* bei dem *zuständigen* Amtsgericht zu erfolgen hat und dadurch der Verein die Rechtsfähigkeit erlangt. Der Sitz des Vereins bestimmt sich nach § 24. **Unzuständigkeit** des Gerichts hat zur Folge, daß die Eintragung nach §§ 159, 142, 143 FGG von Amts wegen wieder zu löschen ist; solange die Löschung jedoch nicht erfolgt ist, hat der eingetragene Verein den Rechtsschein der Rechtsfähigkeit für sich (ENNECCERUS/NIPPERDEY § 107 I; SOERGEL/HADDING Rn 5; MünchKomm/REUTER Rn 4, alle unter Berufung auf § 7 FGG; aA ERMAN/H P WESTERMANN Rn 2).

2 Wird der satzungsmäßige **Sitz** eines Vereins durch Beschluß in den Bezirk eines anderen Registergerichts **verlegt**, so bedarf dieser Beschluß als Satzungsänderung der **Eintragung** in das Vereinsregister, um wirksam zu werden. *Streitig* ist, ob das Gericht des **früheren Sitzes** die Eintragung vorzunehmen hat (so OLG Düsseldorf MDR 1956, 607; OLG Hamm Rpfleger 1963, 119; OLG Hamburg JVBl 1970, 64; BayObLGZ 1987, 161, 165; OLG Köln Rpfleger 1991, 462 = OLGZ 1992, 131 = MittRhNotK 1991, 209 [unter Aufgabe von JMBl NRW 1963, 201 u Rpfleger 1976, 243]; OLG Oldenburg NJW-RR 1992, 1533 = MDR 1993, 79 = Rpfleger 1992, 525, das eine Analogie zu den Sonderregelungen der §§ 13 c HGB aF, 45 AktG lediglich aus Vereinheitlichkeitsbestrebungen ablehnt; KG NJW-RR 1992, 509 = OLGZ 1992, 129 [unter Aufgabe von WM 1966, 330, 331 m umfangreicher Begr]; OLG Schleswig NJW-RR 1994, 1404 = Rpfleger 1995, 73 [unter Aufgabe von SchlHA 1955, 165 u 1965, 106]; BGB-RGRK/STEFFEN Rn 3 u § 24 Rn 4; ERMAN/H P WESTERMANN Rn 2; REICHERT/DANNECKER Rn 2278), oder ob zwar die Anmeldung bei diesem Gericht zu erfolgen hat, die Eintragung aber von dem des **neuen Sitzes** vorzunehmen ist, dem das früher zuständige die Akten übersandt hat (so OLG Zweibrücken GmbH-Rdsch 1992, 678; OLG Stuttgart Justiz 1981, 285; Rpfleger 1989, 27 = Justiz 1988, 432; OLG Hamm Rpfleger 1974, 195; GmbH-Rdsch 1991, 321; OLG Bremen Rpfleger 1981, 67 [unter Aufgabe von NJW 1957, 714]; LG Hamburg JVBl 1975, 94 [unter Aufgabe von OLG Hamburg JVBl 1970, 64]; KEIDEL/KUNTZE/WINKLER § 159 FGG Rn 23; KEIDEL/SCHMATZ/STÖBER Rn 1111; STÖBER, Vereinsrecht [6. Aufl 1992] Rn 335; JANSEN, FGG [2. Aufl 1970] § 159 Rn 9; SCHMATZ Rpfleger 1963, 109 mwN; SAUTER/SCHWEYER Rn 68; MünchKomm/REUTER Rn 3; PALANDT/HEINRICHS § 24 Rn 3; SOERGEL/HADDING Rn 3).

3 Eine herrschende Meinung hat sich bisher nicht herausgebildet. Es ist der **zweiten Auffassung** zu *folgen*, die sich auf eine entsprechende Regelung in § 13 h Abs 2 S 4 HGB (geändert durch G v 22. 7. 1993, BGBl I 1282, früher § 13 c HGB), § 45 Abs 2 S 4 AktG stützt. Für diese Auffassung sprechen Gesichtspunkte der Praktikabilität und daß nur dadurch eine einheitliche registerrechtliche Behandlung von Sitzverlegungen gewährleistet ist (vgl SCHMATZ Rpfleger 1963, 109). Die abweichende Ansicht von REICHERT/DANNECKER Rn 2278, wonach es an den Voraussetzungen einer Gesetzesanalogie fehle, überzeugt nicht. Das BGB regelt die Frage der Zuständigkeit bei Sitzverlegung in §§ 24, 55 nicht, es besteht also eine Gesetzeslücke. Außerdem dient die hier vorgeschlagene Verfahrensweise der praktischen Handhabung (vgl SAUTER/

SCHWEYER Rn 68). Der Ansicht von ERMAN/H P WESTERMANN Rn 2, § 13 c HGB aF stelle nur eine Sonderregelung für das Handelsregister dar, ist nicht zu folgen. Gerade die weitere Regelung in § 45 AktG zeigt, daß hier ein einheitliches gesetzliches Regelungsmodell vorliegt, dieser Rechtsgedanke ist der Verallgemeinerung fähig.

Zu den Anforderungen an die Prüfungspflicht bei Sitzverlegung einer *GmbH* im Hinblick auf § 13 c Abs 2 S 3 HGB aF s OLG Schleswig NJW-RR 1994, 610. – Zum Sonderfall der örtlichen Zuständigkeit bei Eintragung von Verschmelzung und Kapitalerhöhung bei einer GmbH s OLG Hamm Rpfleger 1995, 115, 116.

Die Eintragung der Sitzverlegung ins *Ausland* führt zum Verlust der Rechtsfähigkeit (vgl hierzu KEIDEL/SCHMATZ/STÖBER Rn 1068; SAUTER/SCHWEYER Rn 68, 361; FRIEDRICH DStR 1994, 104; STAUDINGER/WEICK [1995] § 24 Rn 9).

II. Eintragung und Bekanntmachung

Zum *Inhalt der Eintragung* vgl § 64. Nach §§ 130, 159 FGG ist die Eintragung zu **4** datieren und mit der Unterschrift des zuständigen Beamten zu versehen. Sie soll ferner demjenigen, der sie beantragt hat, *bekanntgemacht* werden, ein Verzicht hierauf ist jedoch möglich.

III. Das Vereinsregister

Über die *Einrichtung* und *Führung des Vereinsregisters* hat der frühere Bundesrat **5** durch Beschluß v 3. 11. 1898 die von den einzelnen früheren Bundesstaaten vereinbarten „**Bestimmungen über das Vereinsregister** *und das Güterrechtsregister*" veröffentlicht (ZBl für das Deutsche Reich Nr 47, geändert durch Reichsratsbeschluß v 24. 1. 1924, RMBl 22), die ein Formular für das Vereinsregister enthalten (abgedr bei KEIDEL/KUNTZE/WINKLER Anh 6). Sie sind teilweise durch Landesrecht wieder ersetzt worden (vgl die Zusammenstellung bei PILLER/HERMANN, Justizverwaltungsvorschriften [Stand Januar 1995] Nr 4 e). Zu den jetzt geltenden Ausführungsbestimmungen der alten Bundesländer zur Führung des Vereinsregisters in Karteiform s REICHERT/DANNECKER Rn 2337 mwN; KEIDEL/SCHMATZ/STÖBER Rn 1094; KEIDEL/KUNTZE/WINKLER § 159 FGG Rn 14; PILLER/HERMANN aaO; zur Führung in elektronischer Form s § 55 a. – Die Vereinsregistersachen sind dem Rechtspfleger übertragen (vgl Vorbem 6 zu §§ 55 ff).

Das Vereinsrecht war in der **früheren DDR** durch VO über die Gründung und Tätigkeiten von Vereinigungen v 6. 11. 1975 (GBl I 723) geregelt worden. Ein *Vereinsregister* war nicht vorgesehen. Das Vereinigungsrecht wurde durch das VereinG (DDR) v 21. 2. 1990 (GBl I 75) neu geregelt, insbes wurde gem § 12 dieses Gesetzes ein Vereinsregister eingeführt, das dem in den alten Bundesländern entspricht (vgl Einzelheiten bei SAUTER/SCHWEYER Rn 31). Im Gebiet der ehemaligen DDR wurde das Vereinsregister noch von den Kreisgerichten geführt, soweit noch keine Amtsgerichte eingerichtet waren (vgl Art 231 § 2 Abs 2 S 2 EGBGB aF). Diese Übergangsvorschrift ist mit Wirkung vom 1. 7. 1992 weggefallen, die Zuständigkeit liegt nunmehr bei den Amtsgerichten (weitere Einzelheiten s STAUDINGER/RAUSCHER[12] Art 231 § 2 EGBGB Rn 1 ff, 15 ff, 18).

Die gerichtlichen *Kosten* der Eintragung sind in § 80 KostO geregelt; zu den Gebühren bei *automatisiertem Vereinsregister* s § 79 Rn 13.

IV. Rechtliche Bedeutung der Einträge in das Vereinsregister

6 1. Das Vereinsregister ist **öffentlich** (§ 79). Ihm kommt im Gegensatz zum Grundbuch (§ 892) *kein öffentlicher Glaube* zu (vgl jedoch § 68). Die Eintragung einer *Änderung des Vorstandes* führt nach den in § 68 genannten Voraussetzungen zu einer Umkehr der Beweislast, sofern ein Dritter, der mit dem bisherigen Vorstand kontrahiert, beweisen muß, daß ihm die eingetragene Änderung ohne Verschulden unbekannt geblieben ist, widrigenfalls der Eintrag gegen ihn gilt.

7 2. Die Eintragung des Vereins wirkt **konstitutiv** (rechtsgestaltend) für dessen Bestehen als selbständige Rechtspersönlichkeit (vgl dazu auch § 65 Rn 1). Rechtsgestaltend wirkt auch die Eintragung von Satzungsänderungen (§ 71).

8 3. Die Eintragung des Namens und Sitzes des Vereins, des Tages der Errichtung der Satzung, der Mitglieder des Vorstands (§ 64), einer Änderung des Vorstandes sowie der erneuten Bestellung (Wiederwahl) eines Vorstandsmitglieds, gerichtlich bestellter Vorstandsmitglieder (§ 67) sowie der Liquidatoren (§ 76) wirkt **deklaratorisch**. Bei Widerspruch zwischen der Eintragung und der wirklichen Rechtslage entscheidet diese. Die Eintragung der in der ursprünglichen Satzung enthaltenen Beschränkungen der Vertretungsmacht des Vorstandes oder der Liquidatoren oder der in der ursprünglichen Satzung enthaltenen Bestimmungen, welche die Beschlußfassung des Vorstandes oder der Liquidatoren abweichend von § 28 Abs 1 oder § 48 Abs 3 regeln, wirkt deklaratorisch, Dritten gegenüber aber nach Maßgabe des § 68 (oben Rn 6); §§ 26, 28 Abs 1, 32, 40, 64, 68, 76. Die Eintragung der Auflösung des Vereins sowie der Entziehung der Rechtsfähigkeit, der Eröffnung des Konkurses und der Aufhebung des Eröffnungsbeschlusses, der Eröffnung des Vergleichsverfahrens und seiner Aufhebung wirken deklaratorisch (§§ 42, 74, 75; § 116 KO [ab 1. 1. 1999 § 34 Abs 3 InsO v 5. 10. 1994, s § 75 Rn 1]; §§ 108, 23, 98 VerglO).

9 4. Satzung, Zweck und Mitglieder des Vereins werden *nicht eingetragen*. Dagegen hat der Vorstand dem Registergericht auf Verlangen jederzeit eine von ihm vollzogene Bescheinigung über die Mitgliederzahl einzureichen (§ 72).

10 5. *Anmeldungszwang* besteht in den Fällen der §§ 67, 71 Abs 1, 74 Abs 2, 76 Abs 2; vgl § 78. Zur Anmeldung des Vereins (§ 59) besteht keine Verpflichtung (§ 59 Rn 2, 3).

11 6. Der Verein hat auf die Eintragung nach Erfüllung der gesetzlichen Voraussetzungen einen *Rechtsanspruch*; dieser steht auch dem Vorverein zu (vgl SOERGEL/HADDING Vorbem 7 zu § 55; OLG Jena NJW-RR 1994, 698, 699).

V. Die Regelung des Abs 2

12 Die **Ermächtigung** an die Landesjustizverwaltungen dient der Zentralisierung des Vereinsregisterwesens. Von der Ermächtigung haben einige Bundesländer Gebrauch gemacht (s die Zusammenstellungen bei MünchKomm/REUTER Rn 5; SOERGEL/HADDING Rn 5;

2. Titel. Juristische Personen. § 55 a
I. Vereine

REICHERT/DANNECKER Rn 2277; PILLER/HERMANN, Justizverwaltungsvorschriften [Stand Januar 1995] Nr 4 e).

§ 55 a

[1] Die Landesregierungen können durch Rechtsverordnung bestimmen, daß und in welchem Umfang das Vereinsregister in maschineller Form als automatisierte Datei geführt wird. Hierbei muß gewährleistet sein, daß
1. die Grundsätze einer ordnungsgemäßen Datenverarbeitung eingehalten, insbesondere Vorkehrungen gegen einen Datenverlust getroffen sowie die erforderlichen Kopien der Datenbestände mindestens tagesaktuell gehalten und die originären Datenbestände sowie deren Kopien sicher aufbewahrt werden;
2. die vorzunehmenden Eintragungen alsbald in einen Datenspeicher aufgenommen und auf Dauer inhaltlich unverändert in lesbarer Form wiedergegeben werden können;
3. die nach der Anlage zu § 126 Abs. 1 Satz 2 Nr. 3 der Grundbuchordnung gebotenen Maßnahmen getroffen werden.

Die Landesregierungen können durch Rechtsverordnung die Ermächtigung nach Satz 1 auf die Landesjustizverwaltungen übertragen.

[2] Die Führung des Vereinsregisters auch in maschineller Form umfaßt die Einrichtung und Führung eines Verzeichnisses der Vereine sowie weiterer, für die Führung des Vereinsregisters erforderlicher Verzeichnisse.

[3] Das maschinell geführte Vereinsregister tritt für eine Seite des Registers an die Stelle des bisherigen Registers, sobald die Eintragungen dieser Seite in den für die Vereinsregistereintragungen bestimmten Datenspeicher aufgenommen und als Vereinsregister freigegeben worden sind. Die entsprechenden Seiten des bisherigen Vereinsregisters sind mit einem Schließungsvermerk zu versehen.

[4] Eine Eintragung wird wirksam, sobald sie in den für die Registereintragungen bestimmten Datenspeicher aufgenommen ist und auf Dauer inhaltlich unverändert in lesbarer Form wiedergegeben werden kann. Durch eine Bestätigungsanzeige oder in anderer geeigneter Weise ist zu überprüfen, ob diese Voraussetzungen eingetreten sind. Jede Eintragung soll den Tag angeben, an dem sie wirksam geworden ist.

[5] Die zum Vereinsregister eingereichten Schriftstücke können zur Ersetzung der Urschrift auch als Wiedergabe auf einem Bildträger oder auf anderen Datenträgern aufbewahrt werden, wenn sichergestellt ist, daß die Wiedergaben oder die Daten innerhalb angemessener Zeit lesbar gemacht werden können. Bei der Herstellung der Bild- oder Datenträger ist ein schriftlicher Nachweis über ihre inhaltliche Übereinstimmung mit der Urschrift anzufertigen.

[6] Wird das Vereinsregister in maschineller Form als automatisierte Datei geführt, so kann die Datenverarbeitung im Auftrag des zuständigen Amtsgerichts auf den Anlagen einer anderen staatlichen Stelle oder auf den Anlagen einer juristischen Person des öffentlichen Rechts vorgenommen werden, wenn die ordnungsgemäße Erledi-

gung der Registersachen sichergestellt ist. Die Landesregierungen werden ermächtigt, durch Rechtsverordnung zu bestimmen, daß die Daten des bei einem Amtsgericht in maschineller Form geführten Vereinsregisters an andere Amtsgerichte übermittelt und dort auch zur Einsicht und zur Erteilung von Ausdrucken bereitgehalten werden, wenn dies der Erleichterung des Rechtsverkehrs dient und mit einer rationellen Registerführung vereinbar ist; die Landesregierungen können durch Rechtsverordnung die Ermächtigung auf die Landesjustizverwaltungen übertragen.

[7] **Das Bundesministerium der Justiz wird ermächtigt, durch Rechtsverordnung mit Zustimmung des Bundesrates nähere Vorschriften zu erlassen über die Einzelheiten der Einrichtung und Führung des Vereinsregisters, auch soweit es maschinell geführt wird.**

Materialien: Eingefügt durch Art 10 Nr 1 RegVBG v 20. 12. 1993 (BGBl I 2182) ; GesE der BReg BR-Drucks 360/93 v 28. 5. 1993; BT-Drucks 12/5553 v 12. 8. 1993; BT-Drucks 12/6229 v 23. 11. 1993; Ber des RAussch mit Beschlußempfehlung und Änderungsvorschlägen BT-Drucks 12/6228 v 24. 11. 1993; Gesetzesbeschluß des BT BR-Drucks 862/93 v 26. 11. 1993.

Schrifttum

BÖHRINGER, Das künftige Registerverfahrensbeschleunigungsgesetz, DtZ 1993, 336
FRENZ, Ein Jahrhundert-Gesetz für die Freiwillige Gerichtsbarkeit, DNotZ 1994, 153
HOLZER, Das Registerverfahrensbeschleunigungsgesetz, NJW 1994, 481
PALANDT/HEINRICHS, Bürgerliches Gesetzbuch (54. Aufl 1995)
SCHMIDT-RÄNTSCH, Grundzüge des geplanten Registerverfahrensbeschleunigungsgesetzes, VIZ 1993, 432
SIEBELT, Der Entwurf eines Registerverfahrensbeschleunigungsgesetzes, NJW 1993, 2517
STROBEL, Der Regierungsentwurf zum Registerverfahrensbeschleunigungsgesetz – ein Überblick, DStR 1993, 950
ders, Die Registerneuerungen des Registerverfahrensbeschleunigungsgesetzes im Überblick, DStR 1994, 363
VOSSIUS, Das Registerverfahrensbeschleunigungsgesetz, MittBayNot 1994, 10
WALTER, Registerverfahren-Beschleunigungsgesetz: Die Zukunft hat auch im Handels- und Genossenschaftsregister begonnen, MDR 1994, 429.

I. Entstehungsgeschichte und Zweck der Vorschrift

1 Die durch das Registerverfahrensbeschleunigungsgesetz (RegVBG) v 20. 12. 1993 (BGBl I 2182) neu eingeführte Vorschrift ist gem Art 20 in Kraft ab 21. 12. 1993.

Zweck des RegVBG ist es, vor allem im Hinblick auf die wirtschaftliche Entwicklung in den neuen Bundesländern für Entlastung zu sorgen; im Bereich des Registerwesens soll dies durch Einführung des vollelektronischen Systems geschaffen werden (vgl BT-Drucks 12/2223 S 1 f, 47 f, 51; skeptisch hierzu STROBEL DStR 1993, 950).

2 Das RegVBG gibt die gesetzlichen Voraussetzungen für den Einstieg in eine **vollelektronische Führung** des Grundbuchs und der anderen öffentlichen Register. Dieses

Ziel war bereits von den Justizverwaltungen betont worden, dem RegVBG lag ein einstimmiger Beschluß der Justizministerkonferenz vom 16. 11. 1992 zugrunde.

Die Regelungen der §§ 55 a, 79 Abs 2−10 sind dem **Muster** der *§§ 126−134 GBO nF* **3** über die Einführung des *EDV-Grundbuches* nachgebildet, teilweise auch den Bestimmungen über das *Handelsregister* in *§§ 8 a, 9 a HGB nF*. Es hätte nahegelegen, diese neuen Vorschriften, die vom Umfang, Sprachstil und Inhalt her Fremdkörper im System des BGB darstellen, einheitlich in das FGG aufzunehmen, zumal durch das RegVBG in § 125 FGG Änderungen bei den Ermächtigungsvorschriften wegen der Handelsregisterführung in maschineller Form als automatisierte Datei erfolgt sind; hiervon hat das RegVBG jedoch wegen des Sachzusammenhanges mit den bisherigen Regelungen im BGB abgesehen (vgl Begr des RegE BT-Drucks 12/5553 S 119). Dies ist deshalb nicht überzeugend, weil auch bisher schon ein Teil der Verfahrensbestimmungen außerhalb des BGB geregelt ist, zB in §§ 159 ff FGG über das Vereinsregister. Zu Recht ist daher gerügt worden, daß die Einfügung der §§ 55 a, 79 Abs 2−10 in das BGB „grob systemwidrig" sei (so PALANDT/HEINRICHS Rn 1, § 79 Rn 3).

Die für die Praxis wesentlich bedeutsameren neugefaßten Vorschriften des HGB sind erläutert bei BAUMBACH/HOPT (HGB [29. Aufl 1995]), diejenigen der GBO bei DEMHARTER (GBO [21. Aufl 1995]); hierauf wird verwiesen, so daß bei § 55 a, ebenso wie bei § 79, nur eine kurzgefaßte straffe Kommentierung im wesentlichen anhand der Gesetzesmaterialien erfolgt, in denen das Vereinsregister auch nur kursorisch behandelt wird.

II. Einzelregelungen

1. Die Vorschrift des **§ 55 a Abs 1** entspricht im wesentlichen wörtlich dem § 126 **4** Abs 1 GBO nF und gibt eine *Ermächtigung* an die Landesregierungen über die Umstellung des Vereinsregisters auf EDV (Begr des RegE BT-Drucks 12/5553 S 120). Möglich ist auch die Übertragung der Ermächtigung auf die Landesjustizverwaltungen. Bei der Führung des Vereinsregisters in maschineller Form müssen die Anforderungen von Nr 1−3 gewährleistet sein. Erforderlich ist die Zuverlässigkeit und Sicherheit des Registers, dies muß durch Datenschutz und Sicherung der Software erfolgen. Die Bezugnahme auf die Anlage zu § 126 Abs 1 S 2 Nr 3 GBO nF soll gewährleisten, daß Vorkehrungen gegen unbefugte Eingriffe Dritter (zB durch Abruf, Veränderung oder Vernichtung von Daten, etwa durch Hacker, vgl GesE der BReg BR-Drucks 360/93 S 235) getroffen werden (vgl PALANDT/HEINRICHS Rn 3; HOLZER NJW 1994, 484). Die Änderung von S 2 Nr 3 beruht auf einem Vorschlag aus der Stellungnahme des BR zu dem RegE (vgl BT-Drucks 12/5553 S 182 f Nr 13). Nach einer Gegenäußerung der BReg (BT-Drucks 12/5553 S 210 f) soll auf die Anlage zu § 126 GBO nF verwiesen werden, damit nicht zum Handels- und zum Bürgerlichen Gesetzbuch eine gleichlautende Anlage vorgesehen werden muß (vgl Beschlußempfehlung des RAussch BT-Drucks 12/6228 S 97). Die Bezugnahme auf die Anlage zu § 126 GBO nF *sprengt* auch hier das *System* des BGB, zumal diese Anlage bereits bei § 9 S 1 BDSG enthalten ist. Hier werden technische Datenschutzbestimmungen, die zu Recht im BDSG geregelt sind, ohne zwingende Notwendigkeit über die GBO in das BGB transplantiert, wo sie einen Fremdkörper darstellen. Auch dies zeigt, wie verfehlt

manche Einzelregelungen des RegVBG sind, wenn auch der Zielsetzung grundsätzlich zuzustimmen ist.

5 Die **Anlage zu § 126 Abs 1 S 2 Nr 3 GBO** lautet:

> **Werden personenbezogene Daten automatisiert verarbeitet, sind Maßnahmen zu treffen, die je nach Art der zu schützenden personenbezogenen Daten geeignet sind,**
> 1. Unbefugten den Zugang zu Datenverarbeitungsanlagen, mit denen personenbezogene Daten verarbeitet werden, zu verwehren (Zugangskontrolle),
> 2. zu verhindern, daß Datenträger unbefugt gelesen, kopiert, verändert oder entfernt werden können (Datenträgerkontrolle),
> 3. die unbefugte Eingabe in den Speicher sowie die unbefugte Kenntnisnahme, Veränderung oder Löschung gespeicherter personenbezogener Daten zu verhindern (Speicherkontrolle),
> 4. zu verhindern, daß Datenverarbeitungssysteme mit Hilfe von Einrichtungen zur Datenübertragung von Unbefugten genutzt werden können (Benutzerkontrolle),
> 5. zu gewährleisten, daß die zur Benutzung eines Datenverarbeitungssystems Berechtigten ausschließlich auf die ihrer Zugriffsberechtigung unterliegenden Daten zugreifen können (Zugriffskontrolle),
> 6. zu gewährleisten, daß überprüft und festgestellt werden kann, an welche Stellen personenbezogene Daten durch Einrichtungen zur Datenübertragung übermittelt werden können (Übermittlungskontrolle),
> 7. zu gewährleisten, daß nachträglich überprüft und festgestellt werden kann, welche personenbezogenen Daten zu welcher Zeit von wem in Datenverarbeitungssysteme eingegeben worden sind (Eingabekontrolle),
> 8. zu gewährleisten, daß personenbezogene Daten, die im Auftrag verarbeitet werden, nur entsprechend den Weisungen des Auftraggebers verarbeitet werden können (Auftragskontrolle),
> 9. zu verhindern, daß bei der Übertragung personenbezogener Daten sowie beim Transport von Datenträgern die Daten unbefugt gelesen, kopiert, verändert oder gelöscht werden können (Transportkontrolle),
> 10. die innerbehördliche oder innerbetriebliche Organisation so zu gestalten, daß sie den besonderen Anforderungen des Datenschutzes gerecht wird (Organisationskontrolle).

6 2.   Die Regelung des § 55 a Abs 2 sieht vor, daß das maschinelle Register auf einzelne Teile des Registers beschränkt werden kann. Die Vorschrift entspricht ihrem Gehalt nach § 126 Abs 2 GBO nF.

7 3.   Die Vorschrift des § 55 a Abs 3 entspricht weitgehend dem § 128 GBO nF (BT-Drucks 12/5553 S 120). Sie sieht eine *schrittweise Einführung* des maschinellen Registers vor, abgestellt wird auf das jeweils einzelne Register für einen Verein, alsdann erfolgt die Schließung des bisherigen Vereinsregisters. Dadurch soll die mit der Umstellung verbundene Vereinfachung und Beschleunigung möglichst früh wirksam werden (vgl PALANDT/HEINRICHS Rn 4).

8 4.   Die Vorschrift des § 55 a Abs 4 entspricht weitgehend dem § 129 GBO nF und bestimmt den *Zeitpunkt des Wirksamwerdens der Eintragung* (BT-Drucks 12/5553 S 120).

Gem §§ 159, 127 FGG kommt es auf die Unterzeichnung der Eintragung an. Da diese beim EDV-Register fehlt, wird auf den Zeitpunkt der Aufnahme in den Datenspeicher abgestellt (vgl Begr des RegE BT-Drucks 12/5553 S 81 für das Grundbuch). Die Angabe des Tages ist wegen der Sollvorschrift des § 55 a Abs 3 S 3 keine Wirksamkeitsvoraussetzung.

5. **§ 55 a Abs 5** regelt das Problem der *Aufbewahrung von Schriftstücken*, die zum Vereinsregister eingereicht werden. Sie können in erleichterter Form auf Bild- und Datenträgern aufbewahrt werden. Allerdings sieht § 55 a Abs 5 für die Vereinsregisterakten selbst keine Umstellung auf das EDV-Verfahren vor (vgl PALANDT/HEINRICHS Rn 7). Abs 5 ist aufgrund eines Vorschlags aus der Stellungnahme des BR zu dem RegE neu eingefügt worden (BT-Drucks 12/5553 S 191 Nr 38; Beschlußempfehlung des RAussch BT-Drucks 12/6228 S 97), ebenso Abs 6.

6. **§ 55 a Abs 6** S 1 regelt die *Benutzung von anderen EDV-Anlagen*. Die Datenverarbeitung kann bei einer anderen staatlichen Stelle, zB bei einem Rechenzentrum der Justiz, oder den Anlagen einer juristischen Person des öffentlichen Rechts (zB IHK) erfolgen. Ausgeschlossen ist die Benutzung der Anlagen von privaten Betreibern, um hier einer möglichen Gefahr von Mißbräuchen vorzubeugen. Auch bei Datenverarbeitung durch andere staatliche Stellen bleibt das Vereinsregister ein solches des Amtsgerichts, in dessen Auftrag andere tätig werden; dieses ist nur eine technische Hilfstätigkeit (vgl PALANDT/HEINRICHS Rn 8). § 55 a Abs 6 S 2 sieht die *Datenübermittlung* an andere Amtsgerichte vor, hierfür ist eine Regelung durch RechtsVO erforderlich. Zweck dieser Vorschrift ist es, die Registereinsicht bei anderen Amtsgerichten zu erleichtern, zB durch Erteilung von Ausdrucken gem § 79.

7. Die Begr des RegE zu **§ 55 a Abs 7** führt aus, die Vorschrift sei nötig, weil das Muster des Bundesrats über das Vereinsregister in der in den einzelnen Ländern jeweils geltenden Fassung keine ausreichende Rechtsgrundlage biete, denn es handele sich jetzt um eine Verwaltungsvorschrift der Länder; im Lichte der inzwischen eingetretenen Entwicklung sei eine *gesetzliche Grundlage* erforderlich für die Führung eines Verzeichnisses der Vereine, damit würden auch etwaige Unklarheiten über das Fortgelten der Bundesratsbestimmungen beseitigt (BT-Drucks 12/5553 S 120). Die entsprechende RechtsVO fehlt noch (s zu dem zu erwartenden Regelungskomplex WALTER MDR 1994, 431, insbes auch zu den bisher praktizierten HAREG-Verfahren bei Registergerichten 429 ff; zum Handelsregister s Entw einer VO des BMJ, BR-Drucks 217/95 v 20. 4. 1995).

§ 56

Die Eintragung soll nur erfolgen, wenn die Zahl der Mitglieder mindestens sieben beträgt.

Materialien: E II § 51; III § 54; Prot I 554 ff; JAKOBS/SCHUBERT AT I 292.

1. § 56 schreibt für die Eintragung des Vereins eine **Mindestzahl** von sieben Mitgliedern nicht zwingend, sondern nur instruktionell vor; es handelt sich um eine *Ordnungsvorschrift*. Ihr **Zweck** ist, die Eintragung von unbedeutenden Vereinen zu verhindern. Das Amtsgericht ist zwar gem § 60 verpflichtet, eine Anmeldung zurückzuweisen, die dem Erfordernis des § 56 nicht genügt. Wenn aber die Eintragung trotz ungenügender Mitgliederzahl des zur Eintragung angemeldeten Vereins erfolgt, so ist sie gültig, der Verein wird rechtsfähig, und die Eintragung kann *nicht* nachträglich gem §§ 142, 143, 159 FGG wegen Mangels einer „wesentlichen Voraussetzung" von Amts wegen *gelöscht* werden.

Selbst wenn das *Registergericht* über die Mitgliederzahl **getäuscht** worden ist, bietet das Gesetz für eine nachträgliche Löschung aus diesem Grund keine Grundlage, denn es fehlt nicht an einer „wesentlichen Voraussetzung" (vgl auch MünchKomm/Reuter Rn 1). In der Anmeldung eines Vereins von weniger als sieben Mitgliedern mag zwar ein gesetzwidriges Verhalten des Vorstandes zu sehen sein, jedoch wird dadurch das Gemeinwohl nicht gefährdet, wie dies § 43 Abs 1 voraussetzt.

2. Andererseits muß, wenn ein rechtsfähiger Verein entstehen soll, ein *Verein* vorhanden sein. Wenn auch der *Fortbestand* eines Vereins keine Mehrheit von Mitgliedern voraussetzt, so kann er aber ohne Mitglieder nicht entstehen. Die Eintragung kann daher nicht gültig erfolgen, wenn etwa nur ein Mitglied vorhanden wäre, es müssen mindestens *zwei* sein (zust Soergel/Hadding Rn 1; MünchKomm/Reuter Rn 1; Friedrich DStR 1994, 63).

Streitig ist, ob auch bei einem **Dachverband**, dessen Mitglieder eingetragene Vereine sind, *mindestens sieben Mitglieder* für die Eintragung gem § 56 erforderlich sind. Dies wird von der **hM** bejaht (LG Hamburg Rpfleger 1981, 198; Palandt/Heinrichs Rn 1; Erman/H P Westermann Rn 1; Soergel/Hadding Rn 2; MünchKomm/Reuter Rn 2; Sauter/Schweyer Rn 323; BGB-AK/Ott Rn 1). Die früher zur Begründung für diese Auffassung angeführte Entscheidung RG Gruchot 54, 649 ergibt zu dieser Frage nichts, sie befaßt sich nur mit der Haftungsfrage (so richtig LG Mainz MDR 1978, 312). Das LG Mainz hat unter Bezugnahme auf die Ordnungsfunktion des § 56 auch weniger als sieben eingetragene Vereine als Mitglieder ausreichen lassen, da diese wiederum jeweils mindestens sieben Mitglieder in der Regel als natürliche Personen hätten. Dieser Ansicht hatte sich Staudinger/Coing[12] angeschlossen, sie wird aufgegeben. *Zuzustimmen* ist vielmehr der *hM*, weil der Hinweis des LG Mainz auf die Sollvorschrift des § 56 nicht ausreicht. Es bedarf vielmehr der Unterzeichnung der Satzung durch mindestens sieben Vertreter von Mitgliedsvereinen. Maßgebend ist allein die *Anzahl der natürlichen Personen*, nicht die Zahl der Mitglieder der einzelnen Mitgliedsvereine, zumal die Mitgliederzahl nichts über die körperschaftliche Organisation des Dachverbandes aussagt (so zutr MünchKomm/Reuter Rn 2; Soergel/Hadding Rn 2). Wenn sich die Gründungsmitglieder eines Vereins aus natürlichen und juristischen Personen (zB eingetragener Verein, GmbH, AG) zusammensetzen und letztere von den natürlichen Personen beherrscht und repräsentiert werden, so ist für das Erfordernis von mindestens sieben Mitgliedern allein die Zahl der natürlichen Personen maßgebend (so richtig OLG Stuttgart OLGZ 1983, 307 = MDR 1983, 840 = Justiz 1983, 257 = Rpfleger 1983, 318; OLG Köln NJW 1989, 173, 174 u die **hM**: Palandt/Heinrichs Rn 1; MünchKomm/Reuter Rn 2; **aA** BGB-AK/Ott Rn 1 ohne überzeugende Begründung, er will auf rein formale, nicht auf strukturelle Kriterien abstellen); in diesem Fall sind sowohl die erforderliche Personenmehrheit als auch die körperschaftliche Organisation vorhanden.

Zu Dachorganisationen bei *Glaubensgemeinschaften* bzw Tarnorganisationen in Form eines eV s OLG Hamburg NJW-RR 1993, 1056, 1057; OLG Karlsruhe NJW-RR 1993, 1054, 1055; OLG Stuttgart NJW-RR 1993, 733. Die Entscheidungen betreffen die „Scientology Church" (s auch § 60 Rn 3). – Zu Untergliederungen eines Vereins in der Form eines nichtrechtsfähigen Vereins als selbständige Ortsgruppe s BGH NJW 1984, 2223. – Zum Problem der Dachverbände s allg STAUDINGER/WEICK (1995) § 25 Rn 12; BVerwG NVwZ 1995, 587.

3. Aus § 73 ergibt sich, daß die *Verminderung der Mitgliederzahl* unter die in § 56 vorgeschriebene Zahl der Fortdauer des eingetragenen Vereins nicht entgegensteht. **3**

4. Das Vorhandensein der nach § 56 erforderlichen Mitgliederzahl ist gem § 59 Abs 3 durch *Unterzeichnung der Satzung* festzustellen. **4**

5. Während des Anmeldeverfahrens können dem Verein aufgrund der Satzung *weitere Mitglieder* beitreten. Ihre rechtliche Stellung entspricht vorbehaltlich anderer Satzungsbestimmung derjenigen der Gründungsmitglieder. **5**

§ 57

[1] Die Satzung muß den Zweck, den Namen und den Sitz des Vereins enthalten und ergeben, daß der Verein eingetragen werden soll.

[2] Der Name soll sich von den Namen der an demselben Orte oder in derselben Gemeinde bestehenden eingetragenen Vereine deutlich unterscheiden.

Materialien: E II § 52; III § 55; Prot I 555 ff; VI 117; JAKOBS/SCHUBERT AT I 292 f, 330.

Schrifttum

K SCHMIDT, Der Vereinszweck nach dem Bürgerlichen Gesetzbuch, BB 1987, 556.

1. Abs 1 bezeichnet die **wesentlichen Bestandteile der Satzung**, bei deren Mangel die Eintragung unzulässig ist und, wenn sie trotzdem erfolgt, gem § 142 FGG von Amts wegen gelöscht werden kann; sie ist nicht etwa ohne weiteres unwirksam. **1**

2. Zum **Begriff der Satzung** vgl STAUDINGER/WEICK (1995) § 25 Rn 6. Die Satzung *muß* den Zweck, den Namen und den Sitz des Vereins „enthalten"; sie *muß* „ergeben", daß der Verein eingetragen werden soll. Diese unterschiedliche gesetzliche Ausdrucksweise begründet keinen formellen Unterschied, denn die Satzung bedarf keiner bestimmten Form, insbes **nicht der Schriftform** (§§ 125, 126). Dies war bereits die Auffassung der 2. Komm (Prot I 555 f). Die Beachtung der Schriftform (iS des § 126) ist danach trotz § 59 Abs 2 und 3 für die Errichtung der Satzung nicht wesent- **2**

lich und daher auch keine wesentliche Voraussetzung für die Eintragung (vgl ENNECCERUS/NIPPERDEY § 108 II 1; BGB-RGRK/STEFFEN Rn 1; SOERGEL/HADDING Rn 3; ERMAN/H P WESTERMANN Rn 1; PALANDT/HEINRICHS §§ 57, 58 Rn 1, unter Hinw auf eine bloße Ordnungsvorschrift). – Zur Abfassung der Satzung in plattdeutscher Sprache s LG Osnabrück Rpfleger 1965, 304 m abl Anm SCHWEYER; SAUTER/SCHWEYER Rn 35; SOERGEL/ HADDING Rn 4.

Zur Problematik der Bezugnahme in der Satzung eines Zweigvereins auf die Satzung des Gesamtvereins s § 58 Rn 2.

3 3. Aus der *Satzung* muß zunächst hervorgehen, daß der Verein *eingetragen* werden und damit die Rechtsfähigkeit erlangen soll. Dies wird zweckmäßigerweise in die Satzungsurkunde aufgenommen. Es genügt jedoch auch, wenn ein entsprechender formloser Beschluß des Vereins vorliegt, da das Gesetz für die Satzung nicht die Schriftform fordert (richtig SPITZENBERG Rpfleger 1971, 242).

4 4. Die gesetzlichen Anforderungen an den „**Zweck**" des einzutragenden Vereins sowie an seinen **Sitz** ergeben sich aus den zwingenden Vorschriften der §§ 21 und 24 (vgl auch MOHRBUTTER Rpfleger 1953, 611). Die Festlegung des Vereinszwecks dient dem Minderheitenschutz (vgl BEUTHIEN BB 1987, 6). Im Hinblick auf den „**Namen**" des Vereins dagegen, dessen Bezeichnung in der Satzung zwingend vorgeschrieben ist, stellt das BGB keine zwingenden Vorschriften auf. „*Deutlich*" iS des § 57 Abs 2 ist die Unterscheidung dann, wenn sie auch ohne gesteigerte Aufmerksamkeit wahrgenommen zu werden pflegt. Besteht eine Gemeinde aus verschiedenen „*Orten*", so soll sich der Name des an einem Orte bestehenden Vereines von dem Namen aller in der ganzen Gemeinde bestehenden eingetragenen Vereine deutlich unterscheiden. Dagegen muß sich der Name des eingetragenen Vereins nicht auch von den am gleichen Orte oder in der gleichen Gemeinde bestehenden durch Verleihung rechtsfähigen Vereinen oder von den nichtrechtsfähigen Vereinen unterscheiden. Auch bei sonstiger Namensgleichheit der Vereine sind die Namen der eingetragenen Vereine von den Namen nicht eingetragener Vereine durch den gesetzlichen Zusatz „eingetragener Verein" (§ 65) deutlich zu unterscheiden. – Zum Namensrecht des rechtsfähigen Vereins vgl STAUDINGER/WEICK/HABERMANN (1995) § 12 Rn 189 ff.

5 § 57 Abs 2 ist nur eine **Ordnungsvorschrift**, die vom Registergericht zu beachten ist (so auch MünchKomm/REUTER Rn 5). Ist die Eintragung entgegen dieser Vorschrift vorgenommen worden, so hat das Vereinsgericht kein Mittel, diese rückgängig zu machen oder den Verein am Gebrauch des Namens zu hindern. § 57 Abs 2 regelt den **Namensschutz** nicht, insbes enthält diese Vorschrift nichts dazu, daß durch den Zusatz „eingetragener Verein" eine Beeinträchtigung des Namensrechts in solchen Fällen ausgeschlossen wird, in denen der Name des Vereins ohne Hinweis auf die Eintragung gebraucht wird (vgl RG LZ 1927, 447; HRR 1930 Nr 484; BGB-RGRK/STEFFEN Rn 4). Die Eintragung darf auch nicht bei offensichtlicher Verletzung eines anderen Namensrechts (zB eines nichtrechtsfähigen Vereins) abgelehnt werden, denn dies unterliegt *nicht* der Prüfungskompetenz des Registergerichts; es erfolgt auch keine Löschung (RGZ 104, 341, 343; BayObLG NJW-RR 1993, 184, 185; DNotZ 1987, 353, 355 = BayObLGZ 1986, 370; BGHZ 8, 318, 321 = NJW 1953, 577, 578 = LM § 12 Nr 2; OLG Jena NJW-RR 1994, 698, 699 m Anm WERNER OLG-NL 1994, 44; SAUTER/SCHWEYER Rn 60; ferner STAUDINGER/WEICK/HABERMANN [1995] § 12 Rn 302; aA KG JFG 3, 259, dieser heute überholten

Entscheidung schließen sich ohne eigene Begründung an: MünchKomm/REUTER Rn 5; SOERGEL/ HADDING Rn 12).

5. Auf den **Verein** ist nach *hM* **§ 18 Abs 2 HGB anzuwenden**; es gilt also auch hier 6 der Grundsatz der „*Firmenwahrheit*" entsprechend (vgl BayObLGZ 1959, 287; 1974, 299; 1982, 278; BayObLG NJW 1972, 957, 958; LG Hagen Rpfleger 1971, 428; LG Berlin JR 1956, 24; OLG Celle Rpfleger 1974, 222; OLG Hamm Rpfleger 1978, 132; ERMAN/H P WESTERMANN Rn 2; SAUTER/SCHWEYER Rn 59). Danach sind Vereinsnamen unzulässig, welche zu *Täuschungen*, insbes über Art, Größe, Umfang und Bedeutung des Vereins Anlaß geben (vgl BayObLGZ 1990, 71, 77). Es kommt dabei allein nicht auf Täuschung im Rechtsverkehr an (BayObLG NJW 1972, 957, 959); es ist auch keine Täuschungsabsicht erforderlich (BayObLGZ 1989, 44, 46; BayObLG NJW-RR 1990, 1125).

Als **unzulässig** iS des § 18 Abs 2 HGB sind zB angesehen worden: die Bezeichnung 7 eines kleinen, lokalen Vereins als „Internationaler Wassersport-Club" (LG Hagen Rpfleger 1971, 428); die unberechtigte Bezeichnung als „Privilegierte Schützengesellschaft" in Bayern (BayObLGZ 1959, 287); eines auf Spendensammlung ausgerichteten Vereins als „Olympia-Stiftung" (BayObLGZ 1972, 340 = NJW 1973, 249); eines lokalen Vereins als „Hanseatisch", obwohl keine räumlichen Beziehungen zu einer Hansestadt gegeben waren (OLG Celle Rpfleger 1974, 222); die Verwendung des Wortes „*Kammer*" für einen Verein mit privater Zwecksetzung (KG JW 1925, 2013; OLG Frankfurt Rpfleger 1974, 261 m Anm KIRBERGER Rpfleger 1974, 309). Die Bezeichnung als „*Verband*" darf nur von Vereinen mit großer Mitgliederzahl gewählt werden oder von Vereinen, in denen sich mehrere Einzelvereine zusammengeschlossen haben (BayObLGZ 1974, 299 m Anm KIRBERGER Rpfleger 1975, 18), s auch die Bezeichnung „Fachverband" (LG Bremen Rpfleger 1989, 202) und „Reichsverband" im Jahre 1952 (LG Berlin JR 1956, 24), ferner „Bundesverband Deutscher Versicherungsberater und Versicherungsmakler" (LG Aachen VersR 1991, 1409). Der Namensbestandteil eines Verbraucherschutzverbandes „*Verbraucherschutz*" wurde in einem Fall zu §§ 3, 13 UWG als irreführend angesehen (LG Berlin NJW-RR 1992, 740). Die Verwendung von *Jahreszahlen* bei einem Sportverein wird im Verkehr üblicherweise als Hinweis auf das Gründungsjahr des Vereins verstanden (BayObLG NJW 1972, 957; KG OLGZ 1983, 272). Unzulässig ist der Name „Die Gemeinde in X" (LG Bonn Rpfleger 1987, 205), ebenso „Aktionsgemeinschaft der Deutschen Rechtsanwälte e.V." (OLG Hamm OLGZ 1978, 428, 431), ferner „Sozis gegen Filz" (BayObLG NJW-RR 1990, 996). Unzulässig ist auch idR der Vereinsname „*Institut*" (LG Verden Rpfleger 1985, 152, differenzierend; OLG Celle OLGZ 1985, 266; BGH NJW-RR 1987, 735; BayObLG NJW-RR 1990, 1125), ebenso „*Akademie*" (OLG Bremen NJW 1972, 164). Ferner ist auf den unzulässigen Zusatz „*international*" bei einer Firma (dazu OLG München OLG Rp 1994, 176, betr § 3 UWG) und den „Euro-Bestandteil" zu verweisen (BGH NJW 1994, 196, betr Dienstleistungsmarke bei Warenzeichen; OLG Hamm Rpfleger 1992, 230), dies gilt auch bei „Association Europa" beim Namen eines regional tätigen Vereins (LG Bremen Rpfleger 1994, 362; LG Tübingen Rpfleger 1995, 258 „German-Omani Association"). *Geographische Zusätze* sind in aller Regel unzulässig (vgl LG Schweinfurt Rpfleger 1985, 496; BayObLG NJW-RR 1993, 103; OLG Frankfurt Betrieb 1992, 2541 „Kurhessen", betr einen Sonderfall; s ferner STAUDINGER/WEICK/ HABERMANN [1995] § 12 Rn 17). – *Gattungsbezeichnungen* in Vereinsnamen können eine den Benutzer identifizierende Namensfunktion erlangen (s OLG Bremen OLGZ 1984, 359 = MDR 1984, 842; ferner STAUDINGER/WEICK/HABERMANN [1995] § 12 Rn 205).

8 Zulässig ist zB der Vereinsname „Freiwillige Feuerwehr . . . (Gemeindename) eV", hier besteht keine Verwechslungsgefahr mit der Freiwilligen Feuerwehr als öffentlicher Einrichtung der Gemeinde (BayObLG BayJMBl 1985, 83), ferner „Landesarbeitsgemeinschaft der . . . eV" (BayObLG NJW-RR 1993, 184 = BayObLGZ 1992, 168) und „Griechische Gemeinde in A. und Umgebung" (BayObLGZ 1982, 278). Als zulässig wurde auch der Vereinsname „Ärztetag für Medizin ohne Nebenwirkungen" angesehen (BayObLG NJW 1992, 2362, 2363 = BayObLGZ 1992, 47), ebenso die Bezeichnung „Anwalt des Kindes" (OLG Hamburg NJW-RR 1991, 1005 = MDR 1991, 439).

Der gewählte Name darf ferner *nicht anstößig* sein (BayObLG NJW 1972, 957, 958). In den vorstehend umschriebenen Grenzen steht dem Verein die Wahl des Namens frei (BayObLG aaO). – Im übrigen wird wegen der Einzeldarstellung auf REICHERT/DANNECKER Rn 374 ff und SAUTER/SCHWEYER Rn 59 verwiesen.

9 Im Gegensatz zur Ordnungsvorschrift des § 57 Abs 2 (vgl oben Rn 5) ist **§ 18 Abs 2 HGB zwingend**. Ist daher ein Vereinsname eingetragen worden, der nach § 18 Abs 2 HGB in analoger Anwendung unzulässig war, so ist die Eintragung gem §§ 159, 142 FGG zu *löschen* (BayObLG NJW 1972, 957, 958; BayObLGZ 1959, 290; OLG Hamm Rpfleger 1978, 132 = OLGZ 1978, 431; LG Aachen VersR 1991, 1409; KEIDEL/KUNTZE/WINKLER § 159 FGG Rn 24; **aM** SAUTER/SCHWEYER Rn 59, der weitergehend für Löschung des Vereins selbst eintritt; ebenso REICHERT/DANNECKER Rn 376); dies gilt auch, wenn sich die Täuschung erst nachträglich herausstellt (OLG Hamm OLGZ 1981, 434). Die Rechtsfähigkeit des Vereins wird durch die Löschung des Vereinsnamens aber nicht berührt (BGH NJW 1984, 668; PALANDT/HEINRICHS §§ 57, 58 Rn 2; SOERGEL/HADDING Rn 9). Ist nur ein Namensteil unzulässig, so muß der ganze Name gelöscht werden (BayObLG NJW 1972, 957, 959; REICHERT/DANNECKER Rn 376). Eine Löschung im Register muß auch erfolgen, wenn der Name eines eingetragenen Vereins eine Aussage über die Zusammensetzung seiner Mitgliedschaft enthält, die mit der Wirklichkeit nicht (mehr) übereinstimmt (OLG Karlsruhe OLGZ 1982, 385).

Das *Rechtsbeschwerdegericht* hat die Frage, ob der Vereinsname zu Täuschungen geeignet ist, bei einem aus Begriffen des allgemeinen Sprachgebrauchs zusammengesetzten Namen ohne Bindung an die tatrichterliche Auffassung selbständig zu beurteilen, wenn sich der Verein mit seinem Namen an die Allgemeinheit wendet (vgl BayObLG NJW-RR 1990, 996). – S ferner BayObLG NJW 1992, 2362.

§ 58

Die Satzung soll Bestimmungen enthalten:
1. über den Eintritt und Austritt der Mitglieder;
2. darüber, ob und welche Beiträge von den Mitgliedern zu leisten sind;
3. über die Bildung des Vorstandes;
4. über die Voraussetzungen, unter denen die Mitgliederversammlung zu berufen ist, über die Form der Berufung und über die Beurkundung der Beschlüsse.

Materialien: E II § 54; III § 56; Prot I 556 ff;
JAKOBS/SCHUBERT AT I 293.

Schrifttum

BEUTHIEN, Mehrheitsprinzip und Minderheitenschutz im Vereinsrecht, BB 1987, 6
DÜTZ, Verbandsbezogene Verhaltenspflichten von Koalitionsmitgliedern, in: FS Hilger u Stumpf (1983) 95

A MÜLLER, Die Erhebung von Umlagen, MDR 1992, 924.

I. Sollvorschrift

Wenn die Satzung keine der in § 58 vorgeschriebenen Bestimmungen enthält, ist die *Anmeldung* von dem Amtsgericht *zurückzuweisen* (§ 60). Eine trotz des Mangels erfolgte Eintragung ist gültig. Eine Löschung von Amts wegen hat wegen Fehlens der hier vorgeschriebenen Bestimmungen nicht zu erfolgen (vgl Vorbem 7 zu §§ 55 ff).

II. Einzelerfordernisse

1. Die Satzung muß Bestimmungen darüber enthalten, wie sich der **Eintritt und Austritt der Mitglieder** vollzieht, insbes muß sie klarstellen, ob der Eintritt im Wege des Aufnahmevertrages oder durch einseitige Beitrittserklärung erfolgt (vgl LG Münster MDR 1974, 309; BayObLG NJW 1972, 1323, 1324). Sie kann, muß aber nicht eine bestimmte Form für die Beitrittserklärung oder Austrittserklärung vorschreiben; sagt sie darüber nichts, so können die Erklärungen nach dem Grundsatz der Formfreiheit formlos abgegeben werden (vgl BayObLG NJW 1972, 1323; BGB-RGRK/STEFFEN Rn 2). – Zu Satzungsbestimmungen über „geborene Vereinsmitglieder" bei kirchlichen Vereinen s OLG Hamm NJW-RR 1995, 119, 120 = Rpfleger 1995, 24.

Wenn in der Satzung eines *Zweigvereins* bezüglich der in Nr 1–4 sowie § 57 Abs 1 genannten Regelungen auf die Satzung des Gesamtvereins verwiesen wird, so ist das nur zulässig, wenn die Verweisung selbst widerspruchsfrei und verständlich abgefaßt ist und sich auf bestimmte einzelne Vorschriften der in Bezug genommenen Satzung bezieht (vgl OLG Hamm OLGZ 1987, 397 = NJW-RR 1988, 183, 184).

Zu den materiellen Fragen bei Aufnahme und Austritt, insbes auch zur Frage des eventuellen Aufnahmezwanges, vgl STAUDINGER/WEICK (1995) § 35 Rn 26 ff, § 39 Rn 2 ff.

2. Mangels einer Satzungsbestimmung haben die Mitglieder keine **Beiträge** zu leisten (zum Streitstand hierzu s DÜTZ, in: FS Hilger u Stumpf 105 mwN; s auch BGH NJW 1986, 1604 = BGHZ 96, 253). Die Satzung „soll" aber Bestimmungen darüber enthalten, ob und welche Beiträge zu leisten sind, und mangels solcher Bestimmungen soll das Registergericht die Eintragung gem § 60 versagen; es handelt sich um eine registerrechtliche Ordnungsvorschrift (BEUTHIEN BB 1987, 10). Eine *ziffernmäßige Festlegung* der Höhe der Beiträge ist nicht erforderlich, es kann hierfür in der Satzung auf einen Beschluß der Mitgliederversammlung oder eines anderen Vereinsorgans und den jeweiligen Bedarf des Vereins verwiesen werden (SOERGEL/HADDING Rn 3; MünchKomm/REUTER Rn 2; BGB-AK/OTT Rn 2; BEUTHIEN BB 1987, 10; aA ERMAN/H P WESTERMANN Rn 2 unter Hinweis auf BGH NJW 1989, 1724, 1726; zu unwirksamen Beitragsregelungen s LG Bonn

Betrieb 1992, 879). **Umlagen** können nur aufgrund einer ermächtigenden Satzungsnorm erhoben werden, wobei die Nennung einer allgemeinen Beitragspflicht nicht ausreicht, allerdings brauchen Art und Umfang der Umlage nicht bestimmt zu sein (zu Einzelheiten vgl MÜLLER MDR 1992, 924 f, insbes zu den Arten der Umlage). Umlagen für außergewöhnlichen Bedarf benötigen eine satzungsgemäße Grundlage, weil die das Vereinsleben bestimmenden Grundentscheidungen in der Satzung zu regeln sind (vgl BGHZ 105, 306, 311; MÜLLER MDR 1992, 924, dort auch zur Frage der Umlageerhebung bei Beitragspflicht; allg BEUTHIEN BB 1987, 6, 10, unter Hinweis auf den Minderheitenschutz). – Zum Ende der Beitragspflicht, insbes bei Konkurseröffnung, s BGHZ 96, 253.

Ansprüche auf Leistung von Mitgliedsbeiträgen *verjähren*, da sie regelmäßig wiederkehrende Leistungen sind, nach § 197 in vier Jahren.

4 3. Abgesehen von Beiträgen kann die Satzung den Mitgliedern die Verpflichtung zu einem bestimmten *Tun oder Unterlassungen* auferlegen (zB Leistung von Arbeitsstunden, AG Grevenbroich NJW 1991, 2646, 2647; Einzelheiten bei DÜTZ, in: FS Hilger u Stumpf 103, 106). Für den Fall der Nichterfüllung satzungsmäßiger Pflichten kann die Satzung Geldstrafen, Bußen oder andere Rechtsfolgen (Suspension von Vereinsleistungen, Ausschluß; vgl zu den Vereinsstrafen STAUDINGER/WEICK [1995] Vorbem 39 ff zu §§ 21 ff; § 35 Rn 34 ff) anordnen. Die satzungsmäßige Disziplinargewalt des Vereins kann sich auf ausgetretene Mitglieder nicht mehr erstrecken (vgl STAUDINGER/WEICK [1995] § 39 Rn 8 ff, 12).

5 4. Wenn eine Bestimmung über die **Bildung des Vorstandes** fehlt, gilt die gesetzliche Mindestforderung (§ 26 Abs 1 S 1), der Vorstand besteht aus einer Person.

Zulässig ist es, daß die Satzung für die Zahl der Mitglieder des Vorstandes nur einen Rahmen festlegt, also *Mindest- und Höchstzahl* der Vorstandsmitglieder (BayObLGZ 1969, 33, 36, im Anschluß an KG KGJ 34 A, 175, 179, betr Genossenschaft; MünchKomm/REUTER Rn 2; SOERGEL/HADDING Rn 4; aA LG Gießen MDR 1984, 312, das darauf hinweist, daß gesetzlich keine Zahl von Vorstandsmitgliedern vorgeschrieben ist; ebenso PALANDT/HEINRICHS §§ 57, 58 Rn 6). Aus der Satzung muß sich aber zweifelsfrei entnehmen lassen, welche Vereinsmitglieder den Vorstand bilden (BayObLGZ 1971, 266, 269 f; 1972, 286, 291 [dazu DANCKELMANN NJW 1973, 737]; vgl auch den Fall BayObLGZ 1976, 230, 234). Daher ist die Bestimmung eines *stellvertretenden Vorsitzenden für den Verhinderungsfall* unzulässig und kann nicht im Vereinsregister eingetragen werden, weil dies eine bedingte Bildung des Vorstandes ist (BayObLGZ 1969, 33, 36; 1992, 16 mwN = NJW-RR 1992, 802 = Rpfleger 1992, 255; LG Köln Rpfleger 1970, 240; RICHERT SchlHA 1956, 309, 311; MITTENZWEI MDR 1991, 496; § 64 Rn 8; STAUDINGER/WEICK [1995] § 26 Rn 2).

6 5. Wenn **satzungsmäßige Bestimmungen über die Berufung der Mitgliederversammlung fehlen**, so gilt folgendes:

a) Hinsichtlich der *Voraussetzung* der Berufung verbleibt es bei den Regelungen der §§ 36, 37: Die Mitgliederversammlung ist zu berufen, wenn es das Interesse des Vereins erfordert oder wenn der zehnte Teil der Vereinsmitglieder die Berufung schriftlich unter Angabe des Zweckes und der Gründe verlangt;

7 b) für die *Form* der Berufung verlangt § 32 Abs 1 S 2 nur, daß der Gegenstand der

Beschlußfassung bei der Berufung bezeichnet werde. Wie die Berufung der Versammlung den Mitgliedern zur Kenntnis gebracht wird (zB durch öffentliche Bekanntmachung, Zirkular, eingeschriebener Brief usw), ist nicht geregelt.

Die Form der Berufung kann daher von der Satzung *frei festgelegt* werden; jedoch muß sie eine bestimmte Form festlegen, evtl mehrere als zulässig bezeichnen; sie kann diese nicht einfach dem Ermessen der Vereinsorgane überlassen (OLG Hamm OLGZ 1965, 65, 66 f; SAUTER/SCHWEYER Rn 171 mwN; vgl auch STAUDINGER/WEICK [1995] § 32 Rn 11). Das OLG Hamm läßt die Frage der Zulässigkeit *alternativer Formen* ausdrücklich offen. Unzulässig ist zB eine Satzungsbestimmung, wonach die Mitgliederversammlung durch ortsübliche Bekanntmachung oder Aushang einberufen werden kann, weil hier das Bestimmtheitserfordernis des § 58 Nr 4 nicht erfüllt ist (vgl OLG Zweibrücken Rpfleger 1985, 31 = MDR 1985, 230; ähnlich OLG Stuttgart Rpfleger 1986, 262). Zu weiteren Einzelheiten über die Form der Einberufung, insbes zur Zulässigkeit von Alternativbestimmungen, s KÖLSCH Rpfleger 1985, 139 ff.

c) Das Gesetz enthält auch keine Bestimmungen über die *Beurkundung der Ver-* **8** *sammlungsbeschlüsse*. Die Satzung kann daher über die Beurkundung frei bestimmen; sie braucht nicht vorzuschreiben, daß jeder Beschluß zu beurkunden sei, auch nicht, daß die Beurkundung der Beschlüsse von bestimmten Personen zu unterzeichnen sei (so auch SOERGEL/HADDING Rn 7; PALANDT/HEINRICHS §§ 57, 58 Rn 7; **aM** MünchKomm/ REUTER Rn 2; SAUTER/SCHWEYER Rn 127; LG Essen JW 1934, 2800 Nr 6; LG Lübeck Rpfleger 1986, 263 mwN).

§ 59

[1] **Der Vorstand hat den Verein zur Eintragung anzumelden.**

[2] **Der Anmeldung sind beizufügen:**
1. die Satzung in Urschrift und Abschrift;
2. eine Abschrift der Urkunden über die Bestellung des Vorstandes.

[3] **Die Satzung soll von mindestens sieben Mitgliedern unterzeichnet sein und die Angabe des Tages der Errichtung enthalten.**

Materialien: E II § 54; III § 57; Prot I 557 ff; VI 382; JAKOBS/SCHUBERT AT I 294.

Schrifttum

KIRBERGER, Registeranmeldung bei mehrgliedrigem Vereinsvorstand, ZIP 1986, 346.

I. Anmeldung zur Eintragung

1. Obwohl der Verein vor der Eintragung noch nicht rechtsfähig ist, hat er doch **1**

im Eintragungsverfahren bereits einen „**Vorstand**", dh ein Organ, dem hier die Stellung eines gesetzlichen Vertreters zukommt (§§ 26, 27). Die Anmeldung hat unter Vorlage der Urkunden über die „Bestellung" des Vorstandes (§ 27 Abs 1) zu erfolgen. Bei besonderen Vereinsorganen (zB Kuratorium) ist Abschrift der Urkunde über die Bestellung vorzulegen (BayObLGZ 1984, 1, 3 = DNotZ 1984, 485 = MDR 1984, 489 = Rpfleger 1984, 150).

2. Der Vorstand „hat" den Verein zur Eintragung **anzumelden**. Eine Verpflichtung des Vorstandes zur Anmeldung gegenüber dem Gericht gem §§ 67 Abs 1, 71, 72, 76 besteht nach § 59 nicht (vgl § 78). Das Zwangsgeldverfahren gem §§ 132 ff FGG kommt daher nicht in Betracht. Der Vorstand hat nur gegenüber dem Verein, dessen Satzung ergibt, daß er zur Eintragung angemeldet werden soll, die gesetzliche Pflicht zur Anmeldung. Eine öffentlichrechtliche Anmeldepflicht besteht nicht (vgl auch MünchKomm/REUTER Rn 1; BGB-AK/OTT Rn 1). Ein einfacher Beschluß der Mitgliederversammlung genügt nicht. Der *Verein* selbst wird dadurch, daß seine Satzung diese Bestimmung enthält, zur Herbeiführung der Eintragung nicht verpflichtet. Wenn der Vorstand die Erfüllung der ihm obliegenden Anmeldungspflicht verweigert, ist *§ 29* (zumindest entsprechend) anwendbar, da der Vorstand im Anmeldestadium die Stellung eines gesetzlichen Vertreters des Vereins hat (oben Rn 1; **aM** PLANCK/KNOKE Anm 1 b; BGB-RGRK/STEFFEN Rn 1; MünchKomm/REUTER Rn 2). Eine Klage auf Vollzug der Satzung durch Anmeldung zur Eintragung ist unzulässig, weil das Verfahren der freiwilligen Gerichtsbarkeit genügt und vorgeschrieben ist.

3. Daß der Vorstand den Verein zur Eintragung anzumelden hat, bedeutet ferner, daß die *Eintragung ohne Anmeldung* nicht erfolgt (§ 60); insbes nicht von Amts wegen.

Ist die Eintragung des Vereins tatsächlich erfolgt, **ohne** daß ein entsprechender **Antrag** (Anmeldung) vorgelegen hat, so sind *zwei Fälle* zu unterscheiden: Fehlte nur der Antrag, während der Verein tatsächlich nach dem Willen seiner Mitglieder eingetragen werden sollte (Satzungsbestimmung), so ist die Eintragung voll wirksam. Der andere Fall ist, daß die Eintragung nicht nur ohne Antrag erfolgt ist, sondern auch ohne daß eine entsprechende Willenserklärung des Vereins vorliegt. Dieser Fall kann insbes dann eintreten, wenn die betreffende Satzungsbestimmung oder der entsprechende Beschluß sich als nichtig herausstellen. Auch in diesem Falle ist die *konstitutive Wirkung* der Eintragung anzunehmen (vgl STAUDINGER/WEICK [1995] § 21 Rn 30; zust MünchKomm/REUTER Rn 4; SOERGEL/HADDING Rn 5; **aM** BGB-RGRK/STEFFEN Rn 2). Der Verein muß also ggf die Löschung im Vereinsregister erwirken.

4. Die „**Anmeldung**" des § 59 ist nicht nur eine Anzeige von Tatsachen, sondern zugleich eine *verfahrensrechtliche Willenserklärung*, durch die eine bestimmte Tätigkeit des Gerichts gefordert wird (vgl dazu allgemein KEIDEL/KUNTZE/WINKLER § 11 FGG Rn 13 ff; OLG Düsseldorf OLGZ 1984, 259, 262, betr Handelsregister). Die Anmeldung zur „Eintragung" bedeutet einen Antrag an das Gericht auf Vornahme eines Aktes der freiwilligen Gerichtsbarkeit, die Eintragung des Vereins. Als Antrag kann die Anmeldung, falls die gesetzlichen Voraussetzungen fehlen, vom Amtsgericht unter Angabe der Gründe zurückgewiesen werden, und gegen die Zurückweisung findet sofortige Beschwerde statt (§ 160 a Abs 1 FGG), was bei einer bloßen Anzeige im Sinne einer Wissenserklärung nicht denkbar wäre. Daß die Anmeldung ein Antrag auf Eintragung ist, ergibt sich insbes aus den Bestimmungen der §§ 159, 127–130 FGG. Als Antrag kann die Anmeldung *zurückgenommen* werden, hierzu bedarf es weder einer Auflösung des Vereins noch einer Satzungsänderung (so auch Münch-Komm/REUTER Rn 3).

5. Angemeldet zur Eintragung wird *„der Verein"*, nicht die Satzung des Vereins, denn auch nur dieser wird eingetragen.

II. Die Regelungen des Abs 2 und 3

1. Der *Anmeldung sind beizufügen*: die Satzung in Urschrift und Abschrift und eine Abschrift der Urkunden über die Bestellung des Vorstandes. Es handelt sich um bloße *Ordnungsvorschriften* (MünchKomm/REUTER Rn 5; SOERGEL/HADDING Rn 1, 4; **aA** für § 59 Abs 2 Nr 2 BayObLG OLGE 43, 206 f). Die *Abschrift* der Satzung braucht nicht beglaubigt zu sein. Sie hat sich auch auf die Unterschriften zu erstrecken, denn die Abschrift soll eine getreue Wiedergabe der ganzen Urkunde sein, die Unterschriften sind aber ein Bestandteil der Urkunde. Die Abschrift ist als solche zu bezeichnen.

2. Die Eintragung ist nicht unwirksam, wenn der Anmeldung die vorgeschriebenen Beilagen *fehlten* (vgl § 64 Rn 3).

3. Die Satzung *„soll"* von mindestens sieben Mitgliedern unterzeichnet sein und den Tag der Errichtung (s dazu § 64 Rn 10) enthalten. Ein Verstoß hiergegen berechtigt das Amtsgericht zur Zurückweisung der Anmeldung, macht aber die erfolgte Eintragung nicht ungültig.

III. Form der Anmeldung

Die Anmeldung kann nach § 77 durch *schriftliche, öffentlich beglaubigte amtsempfangsbedürftige Erklärung* an das Vereinsgericht erfolgen, nach §§ 159, 129 FGG auch durch Erklärung vor einem Notar, der kraft Gesetzes als ermächtigt gilt, die von ihm beurkundete oder beglaubigte Erklärung dem Vereinsgericht vorzulegen und namens des Vorstandes die Eintragung zu beantragen. – Zur Form und Unterzeichnung der Anmeldung s auch OLG Hamm DNotZ 1985, 172 m Anm KANZLEITER.

IV. Die anmeldepflichtigen Personen

Die **Anmeldung** ist nach **hM** von **allen Vorstandsmitgliedern** ohne Rücksicht auf abweichende Bestimmungen der Satzung, zB Gesamt-, Einzel- oder Mehrheitsvertretung, vorzunehmen; dies gilt jedenfalls für die **Erstanmeldung** (ENNECCERUS/NIPPERDEY § 107 Fn 20; PALANDT/HEINRICHS Rn 1 u Vorbem 1 zu § 55; BGB-RGRK/STEFFEN Rn 1; KEIDEL/KUNTZE/WINKLER § 159 FGG Rn 18; BUMILLLER/WINKLER § 159 FGG Anm 4; ERMAN/H P WESTERMANN Rn 1; REICHERT/DANNECKER Rn 2402; SOERGEL/HADDING Rn 3; BayObLGZ 1972, 29, 36; OLG Hamm OLGZ 1980, 384, 389 = DNotZ 1982, 118 = Rpfleger 1980, 384; OLGZ 1984, 15 = Rpfleger 1983, 487; MünchKomm/REUTER Rn 3; BGB-AK/OTT Rn 2; FRIEDRICH DStR 1994, 63). Nach einer *Mindermeinung* soll es nur auf den Vorstand in vertretungsberechtigter Zahl, also nicht notwendigerweise alle Vorstandsmitglieder, ankommen (LG Bremen NJW 1949, 349; BayObLGZ 1981, 270, 273 = BayObLG Rpfleger 1981, 487 = DNotZ 1982, 115 =

MDR 1981, 1015; NJW-RR 1991, 958, 959 = BayObLGZ 1991, 53 = DNotZ 1992, 46 = Rpfleger 1991, 207, betr Vorverein [dazu krit BUCHBERGER Rpfleger 1991, 347]; STÖBER Rpfleger 1967, 342; 1980, 369; KEIDEL/SCHMATZ/STÖBER Rn 1081 a; KIRBERGER ZIP 1986, 346, 349; SAUTER/SCHWEYER Rn 395; AG Mannheim Rpfleger 1979, 196; vgl auch OLG Karlsruhe Justiz 1978, 140, das darauf abstellt, welche Vorstandsmitglieder nach außen zur Vertretung ermächtigt sind). *Für die hM spricht*, daß „der" Vorstand, welcher anzumelden hat, der satzungsmäßig zu bestellende Vorstand ist, ohne seine Anmeldung erfolgt keine Eintragung; auch kann sie sich auf die entsprechenden Regelungen in §§ 11, 157 GenG, 7 Abs 1 , 78 GmbHG, 36 Abs 1 AktG stützen. Es kommt auf den *Vorstand im Sinne des Gesetzes* an, also auf diejenigen, welche den Verein vertreten (§ 26). Wenn – was öfter vorkommt – ein erweiterter Vorstand vorhanden ist, der aber als solcher den Verein nicht vertritt, so kommt es auf die weiteren, nicht vertretungsberechtigten Mitglieder nicht an (richtig LG Lüneburg DNotZ 1964, 491; AG Mannheim MDR 1962, 302). Soweit die Gegenansicht unter Bezugnahme auf die *BGH-Entscheidung* v 11. 11. 1985 (BGHZ 96, 245 m Anm REUTER ZGR 1987, 475 = BGH NJW 1986, 1033 = LM Nr 7 zu § 33) darauf abstellt, daß kein Grund bestehe, zwischen Erstanmeldung und späteren Anmeldungen zu unterscheiden (so etwa SAUTER/SCHWEYER Rn 395; KEIDEL/SCHMATZ/STÖBER Rn 1081 a m Fn 1 a; KIRBERGER ZIP 1986, 349 f), ist dem entgegenzuhalten, daß der BGH in der genannten Entscheidung die Frage der Erstanmeldung gar nicht, auch nicht inzident, behandelt. In dieser Entscheidung ging es nur um die Anmeldung einer Satzungsänderung gem § 71; der BGH hat ausgeführt, daß „jedenfalls bei der Anmeldung von Satzungsänderungen nicht sämtliche vertretungsberechtigten Vorstandsmitglieder mitwirken müssen" (NJW 1986, 1033, 1034). Daraus ergibt sich nichts für die hier streitige Frage, insbes kann nicht unter Hinweis auf die Wortwahl auf den „abstrakten Aussagegehalt" (so KIRBERGER ZIP 1986, 350) der Entscheidung abgestellt werden, dies ist reine Spekulation und geht über zulässige Auslegung hinaus. Zur Anmeldung von *späteren* Änderungen s § 67 Rn 3, § 71 Rn 2, § 77 Rn 1.

11 Verpflichtet sind die einzelnen *Mitglieder des Vorstandes persönlich* (KG OLGE 1, 388; 3, 38; BayObLGZ 10, 81; KG HRR 1930 Nr 765; DRW 1942, 725 Nr 7; **aA** MünchKomm/REUTER Rn 3; SOERGEL/HADDING Rn 3). Die Anmeldung kann auch durch **Bevollmächtigte** der Vorstandsmitglieder geschehen; bevollmächtigt kann auch ein Vorstandsmitglied selbst werden, keinesfalls ist aber ein etwa in der Satzung vorgesehener „Vorstands-Stellvertreter" (s dazu auch § 58 Rn 5) ohne weiteres zur Anmeldung befugt. Die Vollmacht bedarf der öffentlichen Beglaubigung; § 167 Abs 2 ist hier nicht anwendbar, da er rein privatrechtliche Verhältnisse betrifft, nicht aber Akte, für die im öffentlichen Interesse die Wahrung einer bestimmten Form vorgeschrieben ist (§ 77; KG RJA 4, 31 ff).

§ 60

Die Anmeldung ist, wenn den Erfordernissen der §§ 56 bis 59 nicht genügt ist, von dem Amtsgericht unter Angabe der Gründe zurückzuweisen.

2. Titel. Juristische Personen. § 60
I. Vereine 1—3

Materialien: E II § 54; II § 57; Prot I 558 ff; VI 117; Abs 2 aufgehoben durch § 24 Nr 1 VereinsG v 5. 8. 1964 (BGBl I 593); Jakobs/Schubert AT I 294 f, 330.

Schrifttum

Deselaers, Erzeugergemeinschaften als Idealvereine. Marktstrukturgesetz und Vereinsregister, Rpfleger 1990, 103
N Meier, Zur Zulässigkeit von Wohnungsvermittlungsvereinen, ZMR 1985, 258

Schubel, Zur Eintragungsfähigkeit ehemaliger ZGB-Gemeinschaften in das Vereinsregister, DtZ 1994, 132.

1. Wenn die Vorschriften der §§ 56—59 nicht erfüllt sind, hat das Amtsgericht die 1 Anmeldung unter Angabe von Gründen *zurückzuweisen*, es besteht also eine **Prüfungspflicht** und ein materielles Prüfungsrecht (vgl hierzu RG Recht 1930 Nr 778; BayObLG MDR 1963, 509; DNotZ 1987, 353, 354; LG Köln Rpfleger 1970, 240; BGB-AK/Ott Rn 2; Palandt/Heinrichs Rn 1; MünchKomm/Reuter Rn 1; Soergel/Hadding Rn 2; krit Goebeler BB 1987, 2317 f, betr Gesellschaftsrecht; Baumgärtel/Laumen, Handbuch der Beweislast im Privatrecht Bd 1 [2. Aufl 1991] Rn 1 zur Beweislast). Die Zurückweisung erfolgt durch Verfügung, die die Gründe dafür zu enthalten hat und dem Antragsteller zuzustellen ist.

Eine Zurückweisung darf allerdings nicht erfolgen, wenn die Satzungsbestimmungen keine zwingenden Rechtsvorschriften verletzen, das Registergericht sie lediglich für unzweckmäßig, unklar oder redaktionell überarbeitungsbedürftig hält (vgl OLG Köln NJW 1992, 1048; OLG Hamm NJW-RR 1995, 119 = Rpfleger 1995, 24, beide Entscheidungen betreffen kirchliche Vereine; OLG Köln Rpfleger 1995, 163, 165, betr Handwerksinnungsverband). Der vollen materiellen Prüfungsbefugnis unterliegen nur die gesetzlichen Mindestanforderungen an die körperschaftliche Organisation, nämlich Zweck des Vereins und die Einhaltung der in den §§ 56—59 genannten formellen Eintragungsvoraussetzungen, deren Inhalt freigestellt ist (vgl OLG Köln NJW-RR 1994, 1547, 1548 = Rpfleger 1994, 114; NJW 1989, 173, 174).

2. Die Anmeldung ist beim Fehlen der gesetzlichen Erfordernisse *sofort zurück-* 2 *zuweisen*, nicht erst nach Einleitung oder Abschluß des Verfahrens über die Anmeldung gem §§ 61 ff. Die Anmeldung kann aber auch später noch rechtswirksam zurückgewiesen werden. Mängel der Anmeldung können auch nach deren Einreichung noch beseitigt werden, hierauf kann das Registergericht hinwirken, auch durch *Zwischenverfügung* (MünchKomm/Reuter Rn 3; BayObLGZ 1969, 33, 36; OLG Köln Rpfleger 1994, 114 mwN). – Zur Anfechtbarkeit der Zwischenverfügung gem § 19 Abs 1 FGG s OLG Köln NJW-RR 1994, 1547, 1548 = Rpfleger 1994, 114.

3. Die **Anmeldung kann auch aus anderen Gründen** als den in § 60 genannten **zurück-** 3 **gewiesen** werden. So, weil ein „Verein" nicht besteht, sondern nur eine Gesellschaft, oder weil der Zweck des Vereins auf einen **wirtschaftlichen Geschäftsbetrieb** gerichtet ist (vgl auch BGB-RGRK/Steffen Rn 2; OLG Celle Rpfleger 1992, 66, betr Fremdenverkehrsförderungsverein; BayObLG MittBayNot 1985, 183, betr Vermietung durch Treuhänder einer Wohnungseigentümergemeinschaft; LG Bremen Rpfleger 1992, 67, betr Idealverein zur Minimierung von Umweltschäden bei Kraftfahrzeugen; LG Potsdam Rpfleger 1994, 361, betr Sparkassen-Lotterieverein, der einen eigenen wirtschaftlichen Geschäftsbetrieb unterhält; LG Chemnitz DtZ 1994, 412, betr Garagenverein; BezG Chemnitz DtZ 1994, 158 [2 Entscheidungen] = Rpfleger 1993, 162, betr "Garagenverein" als weitergeführte Bürgergemeinschaft nach §§ 266 ff ZGB [DDR] [s dazu allg UEBELER/ALBRECHT DtZ 1991, 400; abl und differenzierend nach den Umständen des Einzelfalles, insbes dem Schutz der Vereinigungsgläubiger, SCHUBEL DtZ 1994, 132 ff, 137; krit auch PETTERS Rpfleger 1993, 163]; zulässig ist die Eintragung von Erzeugergemeinschaften, DESELAERS Rpfleger 1990, 103; s ferner LG Hamburg NJW-RR 1986, 417; LG Kassel Rpfleger 1986, 228; OLG Bremen OLGZ 1989, 1; K SCHMIDT AcP 182, 1; VG Schleswig ZIP 1984, 1229). Dem Amtsgericht steht ferner das Recht zu, die Anmeldung des Vereins, dessen Zweck gegen ein *gesetzliches Verbot*, § 134 (zB Wohnraumvermittlung an die Mitglieder gegen Entgelt, LG Karlsruhe Rpfleger 1974, 221; MDR 1984, 227 = Rpfleger 1984, 22; LG Essen Rpfleger 1983, 158; LG Lübeck WM 1990, 601; in diesen Fällen ging es um Vermittlung gegen regelmäßige Beitragszahlung bzw Aufnahmegebühr, außerdem war der Vereinszweck auf einen wirtschaftlichen Geschäftsbetrieb gerichtet; damit liegt ein Verstoß gegen §§ 2 Abs 1, 3 Abs 2 [aF vor 1993] WoVermitG vor, vgl MEIER ZMR 1985, 258), oder gegen die guten Sitten, § 138 (RG JW 1920, 961; LG Bonn Rpfleger 1995, 302), verstößt, zurückzuweisen (ebenso ENNECCERUS/NIPPERDEY § 107 III 4). Bei einem Strafgefangenenverein (Gründung einer Organisation in Angelegenheiten der Gefangenenmitverantwortung durch Anstaltsinsassen) ist die Vorlage der Zustimmungserklärung der Anstaltsleitung Eintragungsvoraussetzung (OLG Karlsruhe Rpfleger 1983, 405; abw LG Mannheim Rpfleger 1982, 430). Auch bei einem Verstoß des satzungsgemäßen Zwecks gegen *Strafgesetze* darf die Anmeldung zurückgewiesen werden; dies lag aber zB nicht vor bei einem Verein, der Wettbewerbsfischen betrieb (vgl LG Hamburg NJW-RR 1991, 892). Die Anmeldung kann auch zurückgewiesen werden, wenn der Verein nach *öffentlichem Vereinsrecht* (vgl § 3 VereinsG; Art 9 Abs 2 GG; s dazu STAUDINGER/WEICK [1995] Vorbem 4 zu §§ 21 ff) unerlaubt ist (vgl LG Bremen MDR 1974, 134). Wenn der Zweck des Vereins gegen die guten Sitten oder gegen ein gesetzliches Verbot verstößt oder der Verein nach öffentlichem Vereinsrecht unerlaubt ist, ist die Satzung nichtig, und es muß daher auch die Anmeldung nach § 57 Abs 1 zurückgewiesen werden, da hier eine gültige Satzung vorausgesetzt ist. Andererseits präjudiziert die Zulassung eines nach öffentlichem Vereinsrecht unerlaubten Vereins durch das Amtsgericht der Entscheidung der Verwaltungsbehörde über den Einspruch gem §§ 61, 62 nicht (vgl PLANCK/KNOKE Anm 1 u 3). Das Registergericht ist berechtigt, bei der Anmeldung die Frage der Erlaubtheit des Vereins allgemein zu prüfen (so auch ENNECCERUS/NIPPERDEY § 107 III 4; MünchKomm/REUTER Rn 2 mwN; **aA** BGB-AK/OTT Rn 2: Die Frage der Erlaubtheit sei nur von der Verwaltungsbehörde zu prüfen).

Zur Frage der Zurückweisung der Registeranmeldung wegen der *Verletzung des Namensrechts* eines Dritten s § 57 Rn 5. – Zur Anmeldung von Fusionen von Vereinen zum Vereinsregister s BÖHRINGER BWNotZ 1990, 5.

Nicht zu prüfen hat das Registergericht, ob bei einem Verein, der sich als Sozialeinrichtung eines Unternehmens darstellt, das *Mitbestimmungsrecht* des Betriebsrates gem § 87 Abs 1 Nr 8 BetrVerfG beachtet worden ist (LG Augsburg Rpfleger 1975, 87; zust MünchKomm/REUTER Rn 2).

Zur Problematik *religiöser Vereine und Sekten* s STAUDINGER/WEICK (1995) § 33 Rn 8, insbes die dort angeführte Baháí-Entscheidung des BVerfG (dazu zust Anm

2. Titel. Juristische Personen. § 60
I. Vereine 4—8

JEAND'HEUR JuS 1992, 830; ferner BVerwG NJW 1992, 2497 „Bhagwan"; LG Hamburg NJW 1988, 2617 „Scientology Church" [dazu abl K SCHMIDT NJW 1988, 2574]; BayObLGZ 1987, 161; OLG Düsseldorf NJW 1983, 2574 [keine Eintragung in Vereinsregister]; VG Stuttgart NVwZ 1994, 612, 615, betr Entziehung der Rechtsfähigkeit wegen wirtschaftlichen Geschäftsbetriebs der „Scientology Church"; BVerwG ZIP 1995, 563, 566 = NVwZ 1995, 473).

Weitere Einzelfälle s STAUDINGER/WEICK (1995) § 21 Rn 16.

4. Gegen eine *zurückweisende Verfügung* des Rechtspflegers steht dem antrag- 4 stellenden Verein die befristete **Erinnerung** gem § 11 Abs 1 S 2 RPflG zu. Der Rechtspfleger kann der Erinnerung nicht abhelfen und legt sie dem Richter vor (§ 11 Abs 2 S 1 u 2 RpflG). Hält der Richter die Erinnerung für zulässig und begründet, so entscheidet er (§ 11 Abs 2 S 3 RPflG). Andernfalls hat er sie dem Landgericht vorzulegen und die Beteiligten davon zu unterrichten; sie gilt dann als Beschwerde gegen die Entscheidung des Rechtspflegers (§ 11 Abs 2 S 4 u 5 RPflG). Gegen die Entscheidung des Richters findet die *sofortige Beschwerde* statt (§ 11 Abs 3 RPflG iVm §§ 160 a Abs 1, 22 FGG). Gegen die Entscheidung des Landgerichts gibt es die sofortige weitere Beschwerde gem §§ 27—29 FGG. — *Beschwerdeberechtigt* sind bei Zurückweisung der Anmeldung die anmeldenden Vorstandsmitglieder (BayObLGZ 1984, 293, 294), auch der Vorverein (vgl Vorbem 4 zu §§ 55 ff mwN).

5. Ist die Anmeldung trotz *wesentlicher Mängel* entgegen § 60 zugelassen und der 5 Verein später eingetragen worden, so kann die Eintragung von Amts wegen gem §§ 142, 143 FGG **gelöscht** werden, auch wenn die Verwaltungsbehörde keinen Einspruch erhoben hat; die Eintragung hat aber vorläufig rechtsgestaltende Wirkung (vgl STAUDINGER/WEICK [1995] § 21 Rn 28; § 59 Rn 3; Vorbem 7 zu §§ 55 ff). — Zur Problematik der Amtslöschung bei wirtschaftlichem Geschäftsbetrieb s KG NJW-RR 1993, 187 = OLGZ 1993, 30; OLG Hamm OLGZ 1993, 24; zum Verhältnis zwischen Amtslöschung und Entziehung der Rechtsfähigkeit s ferner BÖTTCHER Rpfleger 1988, 170; STAUDINGER/WEICK (1995) § 43 Rn 7.

6. Außer Zurückweisung der Anmeldung kann das Amtsgericht auch die *Ausset-* 6 *zung der Verfügung* gem §§ 127, 159 FGG beschließen.

7. Zur *Stellung der Verwaltungsbehörde*, der nach § 61 Mitteilung von der Zulas- 7 sung der Anmeldung zu machen ist, im Eintragungsverfahren vgl § 61 Rn 9.

8. Im Gegensatz zur Zurückweisung der *Anmeldung* ist für ihre **Zulassung** keine 8 Form vorgeschrieben, insbes nicht, daß sie als zuzustellender Beschluß zu verfügen sei. Dies hat ausnahmsweise dann zu geschehen, wenn sie aufgrund einer gem § 160 a Abs 1 FGG eingelegten sofortigen Beschwerde unter Aufhebung der die Zulassung zurückweisenden Verfügung des Vereinsgerichts durch die höhere Instanz erfolgt. Abgesehen von diesem Fall wird die Zulassung dem anmeldenden Vorstand nicht, der Verwaltungsbehörde nur mittelbar, durch Mitteilung der Anmeldung gem § 61, bekanntgegeben. Soweit ihr Rechtswirkung zukommt, hat sie diese erst durch die Mitteilung, da sie das *Einspruchsverfahren* eröffnet.

§ 61

[1] **Wird die Anmeldung zugelassen, so hat das Amtsgericht sie der zuständigen Verwaltungsbehörde mitzuteilen.**

[2] **Die Verwaltungsbehörde kann gegen die Eintragung Einspruch erheben, wenn der Verein nach dem öffentlichen Vereinsrecht unerlaubt ist oder verboten werden kann.**

Materialien: E II § 54; III § 58; Prot I 558 ff;
Abs 2 geändert durch GesEinhG v 5. 3. 1953
(BGBl I 33); JAKOBS/SCHUBERT AT I 294 f.

Schrifttum

VAN CALKER, Der Begriff des politischen Vereins im Sinne des Reichsvereinsgesetzes vom 19. 4. 1908, ZPol 3 (1910) 284 ff
CREMER, Wann kann die Verwaltungsbehörde gegen die Eintragung von Vereinen Einspruch erheben?, JW 1933, 2257
SCHNORR, Öffentliches Vereinsrecht, Kommentar zum Vereinsgesetz (1965).

I. Allgemeines

1 § 61 gibt der **Verwaltungsbehörde** die Möglichkeit, **Einspruch** gegen die Eintragung in das Vereinsregister und die damit verbundene Erlangung der Rechtspersönlichkeit durch einen Verein zu erheben. – Zur früheren Fassung s STAUDINGER/COING^{12} u STAUDINGER/WEICK (1995) Einl 59 zu §§ 21 ff: „verkapptes Konzessionssystem".

II. Mitteilung der Anmeldung

2 Wird die Anmeldung zugelassen, sei es vom Amtsgericht oder auf erhobene sofortige Beschwerde vom Landgericht, so ist sie in allen Fällen (*politische Parteien ausgenommen*, § 37 PartG; s Rn 7) vom Amtsgericht der zuständigen Verwaltungsbehörde mitzuteilen. Die rechtskräftig zurückgewiesene Anmeldung wird der Verwaltungsbehörde nicht mitgeteilt. Eine *Form* ist für die Mitteilung nicht vorgeschrieben. Der Verwaltungsbehörde ist aber nicht nur die Anmeldung, sondern auch die ihr gem § 59 beizufügende Satzung mitzuteilen.

III. Zuständige Verwaltungsbehörde

3 Die für die Erhebung des Einspruchs zuständige Verwaltungsbehörde bestimmt das **Landesrecht**. Zuständig ist:

Baden-Württemberg: die untere Verwaltungsbehörde (Landratsamt, große Kreisstadt oder in Stadtkreisen die Gemeinde) (§ 2 Abs 1 AGBGB v 26. 11. 1974, GVBl 498);

Bayern: die Kreisverwaltungsbehörde (Art 4 Abs 4 S 3 AGBGB v 20. 9. 1982, GVBl 803);

Berlin: der Polizeipräsident (§ 23 Nr 4 VO über die Zuständigkeit der Ordnungsbehörden – DVO-ASOG – v 23. 11. 1992, GVBl 140);

Brandenburg: Innenministerium als zuständige Verwaltungsbehörde, Polizeipräsidien als Verfolgungsbehörden (§ 1 VO zur Regelung von Zuständigkeiten auf dem Gebiet des Vereinswesens [VereinZU] v 29. 4. 1994, GVBl II 318).

Bremen: das Stadt- und Polizeiamt (§ 3 AGBGB v 18. 7. 1899, GBl 61); in *Bremerhaven* die Ortspolizeibehörde (2. G zur Einführung bremischen Rechts in Bremerhaven v 6. 7. 1965, GBl 107);

Hamburg: die Behörde für Inneres (Abschn IV der Anordnung zur Durchführung des BGB und des hamburgischen AGBGB v 23. 6. 1970, GVBl II 1073);

Hessen: in kreisfreien Städten und kreisangehörigen Gemeinden mit mehr als 50 000 Einwohnern der Magistrat, im übrigen der Landrat als Behörde der Landesverwaltung (§ 1 Nr 2, 4 AGBGB v 18. 12. 1984, GVBl I 344);

Mecklenburg-Vorpommern: die Oberbürgermeister (Bürgermeister) der kreisfreien Städte, die Amtsvorsteher und Bürgermeister der amtsfreien Gemeinden (§ 2 VO zur Bestimmung der zuständigen Behörden auf dem Gebiet des bürgerlichen Vereinsrechts v 26. 4. 1991, GVBl 148, geänd durch Art 1 der 2. ÄndVO v 23. 8. 1994, GVBl 848; Art 5 G über die Funktionalreform v 5. 5. 1994, GVBl 566);

Niedersachsen: die Landkreise und die kreisfreien Städte (§ 2 Abs 1 AGBGB v 4. 3. 1971, GVBl 73, idF des G v 14. 7. 1972, GVBl 387) sowie die großen selbständigen Städte und die selbständigen Gemeinden (§ 11 Abs 1 NGO idF v 22. 6. 1982, GVBl 22);

Nordrhein-Westfalen: die Kreispolizeibehörden (§ 2 VO zur Regelung von Zuständigkeiten auf dem Gebiete des Vereinswesens v 28. 4. 1970, GVBl 325);

Rheinland-Pfalz: die Kreisverwaltung als untere Behörde der allgemeinen Landesverwaltung, in kreisfreien Städten die Stadtverwaltung in Auftragsverwaltung (§ 2 LandesVO über die Zuständigkeiten nach dem BGB auf den Gebieten des Vereinsrechts und der Vollziehung von Auflagen v 20. 12. 1976, GVBl 319);

Saarland: der Landrat als untere staatliche Verwaltungsbehörde, die Oberbürgermeister in kreisfreien Städten und Mittelstädten (§§ 8 Abs 2, 9 Abs 2 LandesorganisationsG v 2. 7. 1969, ABl 445);

Sachsen: die Regierungspräsidien (§ 1 Abs 4 AG zum Vereinsrecht des BGB v 26. 8. 1992, GVBl 416);

Sachsen-Anhalt: kreisfreie Städte und Landkreise (§ 1 Abs 1 Nr 14 Allgemeine

ZuständigkeitsVO für die Gemeinden und Landkreise zur Ausführung von Bundesrecht [Allg ZustVO-Kom] v 7. 5. 1994, GVBl 568);

Schleswig-Holstein: der Landrat, in kreisfreien Städten der Bürgermeister (§ 2 LandesVO zur Bestimmung der zuständigen Behörden nach den §§ 22, 33, 43, 61 und 71 des BGB v 17. 12. 1971, GVBl 480);

Thüringen: die Kreisverwaltungsbehörden (§ 5 Abs 1 der 2. VO zur Bestimmung von Zuständigkeiten im Geschäftsbereich des Thüringer Innenministeriums v 12. 2. 1992, GVBl 66).

IV. Der Einspruch

4 Die Verwaltungsbehörde kann gegen die Eintragung „Einspruch" erheben. Der Einspruch ist *kein Rechtsmittel* gegen eine Verfügung des Amtsgerichts, sondern eine Willenserklärung der Verwaltungsbehörde, wodurch eine solche Verfügung ausgeschlossen wird, sofern die gesetzlichen Voraussetzungen gegeben sind. Die Eintragung darf nicht erfolgen, solange der Einspruch nicht seine Wirksamkeit verloren hat (vgl dazu § 63 Rn 4). Darüber, ob die Eintragung aufgrund der zugelassenen Anmeldung erfolgen kann, entscheidet sonach nicht das Gericht, sondern zunächst die Verwaltungsbehörde durch Einspruch und auf die Anfechtung des Verbots (vgl § 62 Rn 1) durch den Verein die höhere Verwaltungsbehörde oder das Verwaltungsgericht. Um die der Verwaltungsbehörde zustehende Entscheidung zu ermöglichen, hat das Gesetz das Amtsgericht verpflichtet, in allen Fällen die zugelassene Anmeldung der Verwaltungsbehörde mitzuteilen (dazu oben Rn 2).

Der *Einspruch der Verwaltungsbehörde* wird vielfach als **Verwaltungsakt** aufgefaßt (so BGB-RGRK/STEFFEN Rn 2; SOERGEL/HADDING Rn 5; REICHERT/DANNECKER Rn 188; offen gelassen von SAUTER/SCHWEYER Rn 25). Nachdem aber das VereinsG die Möglichkeit des Verwaltungsrechtsweges gegen den Einspruch (früherer § 62 Abs 2) beseitigt hat, ist der Einspruch richtigerweise als Bestandteil, nämlich als *behördliche Erklärung*, im Rahmen des Antragsverfahrens aufzufassen (so auch MünchKomm/REUTER §§ 61–63 Rn 3; ähnlich SCHNORR § 1 Rn 28). Dies ändert jedoch nichts an dem Begründungszwang (s dazu § 62 Rn 2).

V. Zulässigkeit und Begründetheit des Einspruchs

5 **1. Formell** kann der Einspruch *in allen Fällen* erhoben und dadurch bis zur Entscheidung des Verwaltungsstreitverfahrens die Eintragung auch dann verhindert werden, wenn die materiellen Voraussetzungen des Einspruchs nicht vorliegen.

6 **2. Materiell** ist aber der Einspruch nur dann *begründet*, wenn der Verein nach öffentlichem Vereinsrecht unerlaubt ist oder verboten werden kann. Maßgebend sind Art 9 Abs 2 GG u § 3 VereinsG (vgl auch § 60 Rn 3; VGH Mannheim VBlBW 1994, 407; VGH München BayVBl 1994, 439; BVerwG NJW 1993, 3213).

7 **a)** Gegenüber **politischen Parteien** ist gem § 37 PartG ein Einspruch der Verwaltungsbehörde nicht möglich. Die Auflösung verfassungswidriger Parteien kann gem Art 21 Abs 2 GG nur aufgrund einer Entscheidung des BVerfG erfolgen; das Nähere

2. Titel. Juristische Personen. §61, 8, 9
I. Vereine §62, 1

ist in §§ 13 Nr 2, 43 ff BVerfGG, § 32 PartG geregelt. – Zum Begriff des Vereins nach öffentlichem Vereinsrecht s § 2 Abs 1 VereinsG, insbes zu politischen Parteien § 2 Abs 2 Nr 1 VereinsG (aus der Rspr vgl etwa VGH Mannheim NVwZ-RR 1993, 25; OLG Hamburg OLGZ 1993, 19; LG Hamburg NStZ 1987, 418; BVerwG DÖV 1984, 940; NJW 1993, 3213; VGH München NVwZ 1993, 1213; ferner ROEWER DVBl 1984, 1202, zu § 2 PartG, § 3 VereinsG; MEINE MDR 1990, 204, zu § 20 VereinsG; zum Steuerrecht: FG Köln NJW 1985, 1980; BFH NJW 1985, 454).

b) Der Einspruch ist nicht nur dann begründet, wenn sich die öffentlichrechtliche **8** Unerlaubtheit des Vereins aus seinen Satzungsbestimmungen ergibt, sondern auch schon dann, wenn sie aus seinem (bewiesenen, nicht nur befürchteten) *tatsächlichen Verhalten hervorgeht*. Andernfalls könnte sich ja ein Verein den Verbotsfolgen einfach durch Nichtaufnahme seines wahren Zweckes in die Satzung entziehen, was vom Gesetz nicht gewollt ist.

c) § 61 gibt der Verwaltung ein Einspruchsrecht aus den (oben Rn 6 ff) erörterten **9** **Gründen des öffentlichen Rechts**. Dagegen ist es nicht ihre Aufgabe, zu prüfen, ob die Eintragung des Vereins aus *anderen Gründen*, etwa weil der Verein einen wirtschaftlichen Geschäftsbetrieb unterhält, unzulässig ist. Aus solchen Gründen steht ihr auch kein Beschwerderecht nach § 20 FGG zu (zust MünchKomm/REUTER §§ 61–63 Rn 5; SOERGEL/HADDING Rn 9; KG RJA 12, 240; zur abw, heute überholten Sonderansicht KG ZBlFG 5, 141 s STAUDINGER/COING[12]).

Hält die Verwaltungsbehörde die Eintragung des Vereins aus Gründen des Bürgerlichen Rechts für unzulässig, so ist sie daher darauf beschränkt, dem Registergericht eine entsprechende *Anregung* zu geben (so auch REICHERT/DANNECKER Rn 185; BGB-RGRK/STEFFEN Rn 2; SOERGEL/HADDING Rn 8; *abw* PLANCK/KNOKE Anm 1).

§ 62

Erhebt die Verwaltungsbehörde Einspruch, so hat das Amtsgericht den Einspruch dem Vorstande mitzuteilen.

Materialien: E II § 45; III § 49; Prot I 558 ff,
564 ff; VI 144; Abs 2 geändert durch GesEinhG
v 5. 3. 1953 (BGBl I 33), aufgehoben durch § 24
Nr 2 VereinsG v 5. 8. 1964 (BGBl I 593);
JAKOBS/SCHUBERT AT I 294 f, 330 f.

1. Der jetzige Text beruht auf dem VereinsG 1964. Durch die *neue Regelung* ist **1** klargestellt, daß **nicht der Einspruch** der Verwaltung (so die vor 1964 geltende Regelung des früheren § 62 Abs 2), sondern das im Anschluß daran ausgesprochene **Verbot** im Verwaltungsrechtsweg **anfechtbar** ist; damit wird die Einheitlichkeit des Verbotsverfahrens sichergestellt (vgl SCHNORR § 1 Rn 28; Materialien zum VereinsG, BT-Drucks IV/430 S 26, Begr zu § 23 des Entw).

2 2. Das BGB enthält keine Regelung über die **Form des Einspruchs**, insbes nicht, daß die Verwaltungsbehörde bei Erhebung des Einspruchs **Gründe** anzugeben hat. Die Notwendigkeit einer *Begründung* folgt bei Verwaltungsakten aus *allgemeinen verwaltungsrechtlichen und rechtsstaatlichen* (Artt 19 Abs 4, 20 Abs 3 GG) *Grundsätzen* (vgl Forsthoff, Verwaltungsrecht I [10. Aufl 1973] § 12, 2 d; Wolff/Bachof/Stober, Verwaltungsrecht I [10. Aufl 1994] § 48 Rn 35; Badura, in: Erichsen [Hrsg], Allgemeines Verwaltungsrecht [10. Aufl 1995] § 38 Rn 9; BGB-RGRK/Steffen Rn 1). Diese Grundsätze sind in die Regelung des § 39 VwVfG eingegangen. Der Einspruch ist zwar *kein Verwaltungsakt* (vgl § 61 Rn 4), jedoch wird man die genannte Bestimmung aus allgemeinen rechtsstaatlichen Erwägungen entsprechend darauf anwenden können. Der Einspruch ist die Grundlage des evtl später ergehenden Verbots. Die Regelung des § 61 Abs 2 spricht auch dafür, daß der Einspruch zu begründen ist. Die in § 62 vorgesehene Mitteilung über den Einspruch kann nur den Sinn haben, dem Verein Informationen darüber zu geben, welche Gründe seiner Eintragung entgegenstehen; nur dann kann er beurteilen, ob der Einspruch rechtmäßig ist, dh ob wirklich Gründe des öffentlichen Vereinsrechts gegeben sind; außerdem können evtl vorliegende Hinderungsgründe in Gesprächen und Verhandlungen mit der Verwaltungsbehörde möglicherweise schon geklärt und ausgeräumt werden, so daß dann ein Verbot des Vereins nicht mehr erforderlich ist. Schließlich kann eine unberechtigte Einspruchserhebung uU einen Schadensersatzanspruch aus Amtshaftung auslösen (so auch MünchKomm/Reuter §§ 61–63 Rn 4). Die *formelle Gültigkeit* des Einspruchs wird allerdings durch das Fehlen einer Begründung noch nicht in Frage gestellt (vgl für Verwaltungsakte Forsthoff § 12, 2 d; zust Soergel/Hadding § 61 Rn 7). Wenn schon bei einem Verwaltungsakt das Fehlen einer Begründung nicht zur Nichtigkeit führt (vgl §§ 44, 45 VwVfG), so muß dies auch für den Einspruch gelten (**abw** – für Wirkungslosigkeit des unbegründeten Einspruchs – MünchKomm/Reuter §§ 61–63 Rn 4).

Über die Form des Einspruchs kann die Landesgesetzgebung Bestimmungen treffen.

3 3. Der Einspruch ist dem *Amtsgericht* gegenüber zu erklären. Dieses hat den Einspruch dem Vorstand des Vereins mitzuteilen. Auch für diese **Mitteilung** besteht keine Formvorschrift (vgl Reichert/Dannecker Rn 190; Sauter/Schweyer Rn 24). Zu einer besonderen unmittelbaren Eröffnung des Einspruchs durch die Verwaltungsbehörde an den Verein besteht neben der vorgeschriebenen Mitteilung durch das Amtsgericht kein Anlaß.

4 4. Der **Einspruch** ist **nicht** mehr **anfechtbar** (s oben Rn 1). Der betroffene Verein kann vielmehr nur das Verbot anfechten, das die Verwaltung binnen eines Monats nach erhobenem Einspruch aussprechen muß (vgl § 63).

5 5. Der *Einspruch* der Verwaltungsbehörde muß „**erhoben**", nicht bloß in Aussicht gestellt werden, wenn er die Eintragung hindern soll. Die Erklärung der Verwaltungsbehörde, daß sie keinen Einspruch erhebe, wenn bestimmte Bedingungen erfüllt werden, ist keine Erklärung eines Einspruchs. Die Verwaltungsbehörde kann unmittelbar mit dem Verein darüber verhandeln, unter welchen Bedingungen sie von ihrem Einspruchsrecht Gebrauch machen will oder nicht; das Amtsgericht ist hierfür nicht zuständig.

§ 63

[1] Die Eintragung darf, sofern nicht die Verwaltungsbehörde dem Amtsgericht mitteilt, daß Einspruch nicht erhoben werde, erst erfolgen, wenn seit der Mitteilung der Anmeldung an die Verwaltungsbehörde sechs Wochen verstrichen sind und Einspruch nicht erhoben ist oder wenn der erhobene Einspruch seine Wirksamkeit verloren hat.

[2] Der Einspruch wird unwirksam, wenn die nach den Bestimmungen des Vereinsgesetzes zuständige Behörde nicht binnen eines Monats nach Einspruchserhebung ein Verbot des Vereins ausgesprochen hat oder wenn das rechtzeitig ausgesprochene Verbot zurückgenommen oder unanfechtbar aufgehoben worden ist.

Materialien: E II § 56; III § 60; Prot I 560, 565 ff; geändert durch § 24 Nr 3 VereinsG v 5. 8. 1964 (BGBl I 593); JAKOBS/SCHUBERT AT I 295 f.

1. Die jetzige Fassung der Vorschrift, die auf dem VereinsG beruht (vgl dazu Vorbem 2 zu §§ 55 ff), hat den **Zweck**, sicherzustellen, daß ein Verein nicht eingetragen wird, ehe die Verwaltung Gelegenheit gehabt hat, die Unerlaubtheit des Vereins nach öffentlichem Recht geltend zu machen.

2. Die **Eintragung „darf" erst erfolgen**, wenn die Verwaltungsbehörde dem Amtsgericht mitteilt, daß Einspruch nicht erhoben wird, oder seit der Mitteilung der Anmeldung durch das Amtsgericht an die Verwaltungsbehörde sechs Wochen abgelaufen sind und Einspruch nicht erhoben wurde, oder der erhobene Einspruch seine Wirksamkeit verloren hat.

Die Verwaltungsbehörde hat unter allen Umständen **sechs Wochen** Zeit zur Erwägung, ob Einspruch erhoben werden soll. Den Ablauf dieser Frist hat das Amtsgericht abzuwarten, bevor es die Eintragung verfügt oder vollzieht. Die Verwaltungsbehörde kann aber das Eintragungsverfahren beschleunigen durch Abgabe der Erklärung während der bezeichneten Frist, daß Einspruch nicht erhoben werde. Dann steht, sofern nicht die eigene Prüfung des Amtsgerichts die Unerlaubtheit des Vereins oder einen anderen Grund zur nachträglichen Zurückweisung der Anmeldung ergibt (§ 60 Rn 2), der Eintragung kein Hindernis mehr im Weg, und sie hat sofort zu erfolgen. Die Eintragung *darf* ferner erfolgen, wenn die sechswöchige Frist abgelaufen ist, ohne daß die Verwaltungsbehörde einen Einspruch erklärt hat. Die Frist ist aber **keine Ausschlußfrist** (so auch SAUTER/SCHWEYER Rn 24). In der 2. Komm wurde festgestellt, daß der Einspruch auch dann noch zu berücksichtigen sei, wenn er nach dem Fristablauf, aber vor der Eintragung erfolge. In der Ausschließung eines nach dem Ablauf der Frist, aber vor der Eintragung erhobenen Einspruchs sah man einen „unbegründeten Formalismus" (Prot I 565). Die Eintragung darf erst erfolgen, wenn die sechswöchige Frist abgelaufen ist *und* Einspruch nicht erhoben wurde (ebenso ENNECCERUS/NIPPERDEY § 107 IV 3; REICHERT/DANNECKER Rn 191). Die Frist ist nach §§ 187 ff zu berechnen.

4 3. Die Eintragung wird ferner zulässig, wenn die Verwaltungsbehörde fristgemäß **Einspruch** erhoben hat, dieser aber seine **Wirksamkeit verloren** hat. Dieses kann in **drei Fällen** eintreten:

a) Die Verwaltungsbehörde spricht *nicht fristgemäß* ein Verbot aus. Die Frist beträgt einen Monat seit Erhebung des Einspruches. Da die mit dem VereinsG getroffene Regelung den Zweck verfolgt, das Verfahren, in dem die Erlaubtheit des Vereins geprüft wird, auf die Nachprüfung eines Verbotes zu konzentrieren, sorgt diese Bestimmung dafür, daß die Verwaltungsbehörde, wenn sie Einspruch erhoben hat, ein entsprechendes Verbot innerhalb angemessener Frist (ein Monat) erläßt. Damit wird dem betroffenen Verein der Verwaltungsrechtsweg eröffnet. Verzögert die Verwaltungsbehörde das Verbot über die Frist hinaus, so verliert ihr Einspruch die Sperrwirkung.

b) Der *zweite Fall* liegt vor, wenn die Verwaltungsbehörde das ausgesprochene Verbot zurücknimmt. Sie wird dies dem Registergericht mitzuteilen haben.

c) Der *dritte Fall* ist, daß das fristgerecht ausgesprochene Verbot im Verwaltungsstreitverfahren rechtskräftig aufgehoben wird.

5 4. Trägt das Registergericht den Verein *entgegen § 63* ein, obwohl die Sechswochenfrist noch nicht verstrichen ist oder die Verwaltungsbehörde einen (noch wirksamen) Einspruch erhoben hat, so ist die **Eintragung wirksam**. Das Registergericht ist jedoch verpflichtet, sie gem §§ 159, 142, 143 FGG von Amts wegen wieder zu *löschen* (ebenso Soergel/Hadding Rn 7; BGB-RGRK/Steffen Rn 1; einschränkend Sauter/Schweyer Rn 24; aA MünchKomm/Reuter §§ 61–63 Rn 6).

6 5. Ist die Eintragung nach Ablauf der Frist des § 63 Abs 1 und ohne daß ein Einspruch erhoben wurde erfolgt, so kann die Verwaltungsbehörde Verbotsgründe, die ihr schon während der Sechswochenfrist bekannt geworden sind, jetzt nicht mehr geltend machen (**Präklusivwirkung der Eintragung**; vgl BGB-RGRK/Steffen Rn 2; K Schmidt, Verbandszweck und Rechtsfähigkeit im Vereinsrecht [1984] 225; aA Mummenhoff, Gründungssysteme und Rechtsfähigkeit [1979] 64). Praktisch ist dies aber ohne Bedeutung, weil bei Vereinen, die gegen das öffentliche Vereinsrecht verstoßen, die gesetzeswidrige Eintragung von Amts wegen zu löschen ist (vgl MünchKomm/Reuter §§ 61–63 Rn 7 mit weiteren Einzelheiten; ferner Soergel/Hadding § 63 Rn 6; Reichert/Dannecker Rn 192; aA K Schmidt aaO).

§ 64

Bei der Eintragung sind der Name und der Sitz des Vereins, der Tag der Errichtung der Satzung sowie die Mitglieder des Vorstandes im Vereinsregister anzugeben. Bestimmungen, die den Umfang der Vertretungsmacht des Vorstandes beschränken oder die Beschlußfassung des Vorstandes abweichend von der Vorschrift des § 28 Abs. 1 regeln, sind gleichfalls einzutragen.

2. Titel. Juristische Personen. §64
I. Vereine 1–5

Materialien: E II § 56; III § 65; Prot I 560, 565 ff; Jakobs/Schubert AT I 296.

1. § 64 regelt das **Verfahren beim Eintragungsakt**. Es handelt sich um eine *Ord-* 1
nungsvorschrift (BGB-AK/Ott Rn 1). Weitere Bestimmungen enthalten die §§ 159, 130 FGG. Über die Einrichtung und Führung des Vereinsregisters s § 55 Rn 5, zur Wirkung der Eintragung vgl Staudinger/Weick (1995) § 21 Rn 23 ff.

2. Nach § 64 **sind einzutragen**, dh in das Vereinsregister einzuschreiben: der Name 2
und Sitz des Vereins, der Tag der Errichtung der Satzung, die Mitglieder des Vorstandes; eine Satzungsbestimmung, welche den Umfang der Vertretungsmacht des Vorstandes beschränkt (§ 26 Abs 2; zur Bedeutung des § 64 S 2 s auch Kirberger Rpfleger 1979, 7 Fn 21), nicht dagegen eine Satzungsbestimmung, welche die Vertretungsmacht des Vorstandes erweitert; eine Satzungsbestimmung, welche die Beschlußfassung des Vorstandes nicht übereinstimmend mit der gesetzlichen Beschlußfassungsform der Mitgliederversammlung regelt (§§ 28 Abs 1, 32, 34; dazu Mergelmeyer Rpfleger 1966, 197). Außerdem ist nach § 130 FGG der Tag des Eintragungsaktes einzutragen. Die Eintragung ist mit der Unterschrift des Registerführers abzuschließen. Diesen Anforderungen entspricht das Formular, welches den Vereinsgerichten als Muster empfohlen worden ist (s § 55 Rn 5). Hiernach sind für jeden einzutragenden Verein zwei eigene einander gegenüberstehende Folien des Vereinsregisters zu verwenden.

3. *Nicht eingetragen* wird die Satzung des Vereins. Sie bildet nur eine Beilage des 3
Registers (vgl § 66 Abs 2 S 2). Dagegen bedarf jede Änderung der Satzung zu ihrer Wirksamkeit der Eintragung in das Vereinsregister (§ 71).

4. Die Bestimmungen über die Eintragung haben zum Teil den Zweck, dieser als 4
dem Akt, durch den der Verein die Rechtsfähigkeit erlangt, die erforderliche Genauigkeit zu sichern. Einzutragen ist nach § 21 der **Verein als juristische Person**. Die Eintragung muß die einzutragende juristische Person als solche unterscheidbar von anderen feststellen, wie das Geburtsregister die einzutragende natürliche Person. Hierfür ist die Bezeichnung derjenigen Punkte erforderlich, durch welche die juristische Person von anderen unterschieden wird: *Name und Sitz*. Diese beiden Eintragungen genügen mit Rücksicht auf den Zweck des Vereinsregisters für die Feststellung der Individualität des Vereins. Nicht eingetragen wird der Zweck des Vereins, weil für die durch das Vereinsregister zu bewirkende äußerliche Erkennbarkeit des Vereins die Bezeichnung mit seinem Namen und Sitz ausreichend ist (vgl § 57 Rn 4).

5. Dagegen ist die Einhaltung der **Vorschriften über die weiteren Eintragungen** in 5
das Vereinsregister für die Rechtswirksamkeit der Eintragung des Vereins, zB Name, Sitz, nicht erforderlich (BGB-AK/Ott Rn 1). Dahin gehören die Vorschriften über die Eintragung des Tages der Errichtung der Vereinssatzung (vgl dazu unten Rn 10), der Mitglieder des Vorstandes, der Beschränkung der Vertretungsmacht des Vorstandes. Diese in § 64 vorgeschriebenen Eintragungen dienen nur teils der Bequemlichkeit, teils der Rechtssicherheit dritter mit dem eingetragenen Verein in Verkehr tretender Personen. Diese Tatsachen sind nicht nur aus dem Vereinsregister

zu ersehen, sondern auch aus den *Vereinsakten*, die für jeden eingetragenen Verein zu führen sind. Zu diesen Vereinsakten gehört nach § 59 Abs 2 und § 66 die Abschrift der Satzung sowie Abschrift der Urkunde über die Bestellung des Vorstandes. Die Satzung selbst muß ferner nach § 59 Abs 3 den Tag ihrer Errichtung ergeben. Die Vereinsakten können aber nach § 79 Abs 1 S 1, 2 von jedermann eingesehen und es können davon Abschriften gefordert werden. Die Vorschrift über diese weiteren Eintragungen hat nur den Zweck, die Einsicht in die Vereinsakten den in Verkehr mit dem Verein tretenden Personen zu ersparen.

6 6. **Streitig ist, ob in das Register über die gesetzlich vorgeschriebenen Tatsachen hinaus weitere Vermerke aufgenommen werden dürfen.** Nach Inkrafttreten des BGB war diese Frage zunächst vom KG für den Fall bejaht worden, daß die betreffenden Vermerke zweckmäßig und nicht gesetzeswidrig seien (KG KGJ 31 A, 220). Demgegenüber stellte 1914 das **RG** (RGZ 85, 138, 141) das Prinzip auf: „ In allen Zweigen des Registerrechts gilt der Grundsatz, daß in die gerichtlichen Register die im Gesetze bezeichneten Tatsachen und nur diese einzutragen sind." Das KG übernahm dieses Prinzip ausdrücklich in einer Entscheidung vom Jahre 1924 (JFG 2, 280; vgl auch BayObLGZ 1969, 33, 37; BayObLG NJW-RR 1992, 802, 803; zur Entwicklung der Rspr s ausf BGH NJW 1992, 1452, 1453 f). Andererseits hat die *Rspr* jedoch anerkannt, daß zu den nach dem Gesetz einzutragenden Tatsachen alles gehört, was dem Dritten die satzungsmäßigen Vertretungsverhältnisse des Vereins erkennbar macht. Darunter ist gerechnet worden: Der Vermerk, daß jemand „Vorsteher" sei, wenn die Genossenschaftssatzung vorsieht, daß die Genossenschaft – bei mehrköpfigem Vorstand – durch den Vorsteher und seinen Stellvertreter vertreten werde (RGZ 85, 138); die Bestellung eines besonderen Vertreters nach § 30, dieser ist einzutragen, weil er ebenso wie der Vorstand organschaftliche Funktionen wahrnimmt und ihm im Rahmen seines Aufgabenbereichs Vertretungsmacht für den Verein zukommt (vgl OLG Köln MittRhNotK 1986, 225; BayObLGZ 1981, 71 = Rpfleger 1981, 310; s STAUDINGER/WEICK [1995] § 30 Rn 9); die Regelung, wonach bei mehrköpfigem Vorstand die Satzung Einzelvertretung vorsieht (vgl dazu BGHZ 69, 250); die Regelung, daß eine Gesamtvertretung durch Präsident und Geschäftsführer sowie Alleinvertretung im Falle der Vereinigung dieser Ämter in einer Person stattfindet (OLG Düsseldorf Rpfleger 1982, 477 m Anm HEINEN, SIGLOCH); daß einem mehrgliedrigen Vorstand nur die Vertretung des Vereins obliegt, während die Beschlußfassung über die Vornahme der Vertretungshandlung einem anderen Vereinsorgan übertragen ist (BayObLGZ 1976, 230 = BB 1977, 13).

7 Die *Stellungnahmen in der Literatur* unterscheiden diese beiden Komplexe nicht immer eindeutig, überwiegend folgen sie der Auffassung des RG (vgl MünchKomm/REUTER Rn 4; BGB-AK/OTT Rn 2; BGB-RGRK/STEFFEN Rn 3; PALANDT/HEINRICHS §§ 64–66 Rn 1), teilweise wird differenziert (s etwa SOERGEL/HADDING Rn 3; REICHERT/DANNECKER Rn 195 unter Hinw auf BGH NJW 1992, 1452, 1453 f, betr Handelsregister).

8 Es ist dem in *RGZ 85, 138* aufgestellten *Prinzip* ebenso *zuzustimmen* wie der Auffassung, daß sich aus § 64 ergibt, daß *alle die Tatsachen einzutragen* sind, aus denen sich ergibt, *wer den Verein nach außen vertreten* kann. Dazu gehört die Ämterverteilung im Vorstand, wenn diese nach der Satzung für die Vertretung von Bedeutung ist (zB Vorstand aus neun Personen; jedoch vertretungsberechtigt auch Vorsteher, Schatzmeister und ein weiteres Vorstandsmitglied). Ist ein besonderer Vertreter nach § 30 bestellt, so ist dieser einzutragen, weil dies eben die Vertretung des Vereins

nach außen berührt (vgl oben Rn 6). Dies gilt natürlich *nicht* für die im Rahmen der Deliktshaftung gem § 31 angenommenen reinen *Haftungsvertreter* (vgl dazu STAUDINGER/WEICK [1995] § 31 Rn 4, 32 ff), sondern nur für Sonderorgane mit besonderer Vertretungsmacht in dem ursprünglich von den Verfassern des BGB gemeinten Sinne.

Mangels Eindeutigkeit ist die Beschränkung eines *Stellvertreters nur für den Behinderungsfall des Vereinsvorsitzenden* nicht eintragungsfähig (s § 58 Rn 5 mwN; STAUDINGER/WEICK [1995] § 26 Rn 2). Nicht eintragungsfähig ist auch ein Geschäftsführer eines Vereins, der kein Vereinsorgan ist, aber für die Erledigung der laufenden Geschäfte vorgesehen ist und die Befugnis haben soll, den Verein gemeinsam mit einem Vorstandsvorsitzenden zu vertreten (OLG Hamm OLGZ 1978, 21 = MDR 1978, 224 = DNotZ 1978, 292).

7. Nur **Ordnungsvorschrift** ist § 130 FGG, der die Angabe des Tages der Eintragung und die Unterschrift des zuständigen Beamten verlangt. Die Angabe des Tages der Eintragung ist für den Rechtsverkehr von Bedeutung, da erst mit der Eintragung die Rechtsfähigkeit des Vereins beginnt. Für die Frage des Beginnes und der Daseinsdauer des rechtsfähigen Vereins, die zB für die Auflösung des Vereins durch Zeitablauf (§ 74 Abs 2) von rechtlicher Bedeutung ist, gilt § 187, wonach der Eintragungstag nicht mitgerechnet wird.

8. Der **Tag der Errichtung der Satzung**, der gem § 64 bei der Eintragung anzugeben ist und nach § 59 Abs 3 in der schriftlichen Niederlegung der Satzung enthalten sein soll, ist in rechtlicher Hinsicht der Tag, an welchem die Vereinsgründer den Satzungsinhalt (nicht nur den wesentlichen, sondern auch den unwesentlichen, denn auch dieser gehört zum Bestand der Satzung) endgültig festgesetzt haben; nicht etwa der Tag, an welchem die Satzung entsprechend der nur instruktionellen Vorschrift des § 59 Abs 3 von sieben Mitgliedern unterzeichnet wird; dies schon deshalb nicht, weil das Gesetz nicht vorschreibt, daß die Unterzeichnung durch die verschiedenen Mitglieder am selben Tage erfolgen müsse, § 64 aber von der Annahme eines einheitlichen Errichtungstages ausgeht. Ist die Satzung, wie gewöhnlich, schriftlich festgelegt (*Schriftform* iS des § 126 ist jedoch für den Begriff der Satzung nicht wesentlich, vgl STAUDINGER/WEICK [1995] § 25 Rn 6) und enthält sie eine Angabe über den Tag der Errichtung, so hat diese nur die Vermutung der Richtigkeit für sich. Die Angabe eines unrichtigen Datums in der schriftlichen Satzung berührt nicht ihre Gültigkeit, da 59 Abs 3 nur Ordnungsvorschrift ist; demgemäß ist die Eintragung eines unrichtigen Datums als Tag der Errichtung der Satzung in das Vereinsregister *unschädlich*.

§ 65

Mit der Eintragung erhält der Name des Vereins den Zusatz „eingetragener Verein".

Materialien: E II § 58; III § 62; Prot I 566 ff; JAKOBS/SCHUBERT AT I 296.

1. 1. Mit der **Eintragung verändert** sich der **Name** des Vereins durch den Zusatz *„eingetragener Verein"*. Dieser Zusatz kann nur in deutscher Sprache geführt werden, auch wenn der Vereinsname selbst ein fremdsprachiger ist (vgl KG JW 1930, 3777). Der Verein hat diesen Namen zu führen, es besteht also eine *Namensführungspflicht* (vgl BGB-RGRK/STEFFEN Erl zu § 65; MünchKomm/REUTER Rn 1; SOERGEL/HADDING Rn 2; BayObLGZ 1987, 161, betr Religionsgesellschaft). Im gleichen Zeitpunkt erlangt der Verein die Eigenschaft einer juristischen Person und wird damit rechtsfähig (zur Grundrechtsfähigkeit s BVerfG NJW 1987, 2501, 2502; BVerwG NJW 1994, 2166, 2167; STAUDINGER/WEICK [1995] Einl 26 zu §§ 21 ff). Die Eintragung ist gem § 130 Abs 2 FGG demjenigen, der sie beantragt hat, bekanntzugeben, wenn er nicht auf die Bekanntmachung verzichtet hat; außerdem ist gem § 66 Abs 2 die Urschrift der Satzung mit der Bescheinigung der Eintragung zu versehen und zurückzugeben. Durch das BGB wird die entscheidende Wirkung schon an den Zeitpunkt der Eintragung in das Vereinsregister angeknüpft, so daß der Verein von seiner Umwandlung in eine juristische Person nicht erst in dem Moment Kenntnis erhält, in welchem sie erfolgt (vgl STAUDINGER/WEICK [1995] § 21 Rn 23). Die Eintragung hat nach alledem **rechtsgestaltende Bedeutung**. Ein Weglassen des Namenszusatzes kann Schadensersatzansprüche aus § 826 oder cic begründen (BGB-AK/OTT Rn 1; MünchKomm/REUTER Rn 2; SOERGEL/HADDING Rn 2).

2. 2. Die Änderung des Vereinsnamens durch den Zusatz „eV" bedeutet nicht, daß der Verein nicht mehr gem § 12 gegen eine *unberechtigte Verwendung* seines Namens, bei welcher der Zusatz „eV" nicht verwendet wird, vorgehen kann (RG JW 1927, 1584), da dieser Zusatz in der Verkehrsauffassung insoweit ohne Bedeutung sei (s auch SOERGEL/HADDING Rn 3).

§ 66

[1] **Das Amtsgericht hat die Eintragung durch das für seine Bekanntmachungen bestimmte Blatt zu veröffentlichen.**

[2] **Die Urschrift der Satzung ist mit der Bescheinigung der Eintragung zu versehen und zurückzugeben. Die Abschrift wird von dem Amtsgerichte beglaubigt und mit den übrigen Schriftstücken aufbewahrt.**

Materialien: E II § 57; III § 68; Prot I 567;
JAKOBS/SCHUBERT AT I 296.

1. 1. Das Amtsgericht hat die **Eintragung zu veröffentlichen**. Diese Ordnungsvorschrift kann *in doppeltem Sinne* verstanden werden, nämlich erstens, daß die Tatsache der Eintragung zu veröffentlichen ist, oder zweitens, daß die Tatsache und der Inhalt der Eintragung zu veröffentlichen sind. Die Frage ist dahin zu beantworten, daß unter allen Umständen der in § 64 Rn 4 bezeichnete *notwendige Inhalt* der Eintragung zu veröffentlichen ist, also Name und Sitz des Vereins, da es sonst auch an der erforderlichen Mitteilung der Tatsache der Eintragung fehlen würde; diese Veröffentlichung trägt dem Gesetz Rechnung (vgl Verfügung des OLG-Präsidenten zu Köln betr Bekanntmachung über die Eintragung in das Vereinsregister v 20. 2. 1901, ZBlFG 1, 864; SOER-

GEL/HADDING Rn 2; MünchKomm/REUTER Rn 1). Die Verletzung der Ordnungsvorschrift kann wegen Amtspflichtverletzung zu Amtshaftungsansprüchen führen (vgl Münch-Komm/REUTER Rn 1; SOERGEL/HADDING Rn 3).

2. Die Veröffentlichung hat für die *Rechtsfähigkeit* des Vereins keine Bedeutung (so auch BGB-AK/OTT Rn 1).

3. Durch § 66 Abs 2 ist die **Führung von Vereinsakten** vorgeschrieben. Die AktO v 28. 11. 1934 (DJ 1492; Amtl Sonderveröffentlichung Nr 6) sieht die Führung besonderer Akten für jeden eingetragenen Verein vor (§ 24) und gibt dafür weitere Anweisungen (s KEIDEL/SCHMATZ/STÖBER Rn 1157). Danach sind in die Registerakten aufzunehmen: „die zur Eintragung bestimmten Anmeldungen nebst den ihnen beigefügten Schriftstücken, die gerichtlichen Verfügungen, die Mitteilungen an die Behörden und die Nachweise über die Bekanntmachungen". Nach § 66 Abs 2 ist die Urschrift der Satzung, die mit der Anmeldung einzureichen ist, mit der Bescheinigung der Eintragung dem Verein zurückzugeben, die beigefügte Abschrift beglaubigt bei den Akten zu behalten. – Zum Landesrecht s RdErl d hessMdJuE v 16. 5. 1995 (JMBl 239).

Die Bescheinigung ist *kostenfrei* (§ 89 Abs 3 KostO).

§ 67

[1] Jede Änderung des Vorstands ist von dem Vorstand zur Eintragung anzumelden. Der Anmeldung ist eine Abschrift der Urkunde über die Änderung beizufügen.

[2] Die Eintragung gerichtlich bestellter Vorstandsmitglieder erfolgt von Amts wegen.

Materialien: E II § 59; III § 64; Prot I 568 ff; geändert durch § 24 Nr 4 VereinsG v 5. 8. 1964 (BGBl I 593); JAKOBS/SCHUBERT AT I 296 f.

Schrifttum

PEPERHOWE, Zweckmäßige Änderung des § 67 BGB, DJZ 1911, 643.

1. Anzumelden ist nach der *zwingenden* Vorschrift des Abs 1 die **Änderung des Vorstandes**. Dazu gehören auch die „besonderen Vertreter" des § 30, allerdings nicht die Haftungsvertreter, insoweit ist eine einheitliche Behandlung wie in § 64 geboten (ebenso MünchKomm/REUTER Rn 1; SOERGEL/HADDING Rn 4; **aA** BGB-RGRK/STEFFEN Rn 1; die abw Ansicht von STAUDINGER/COING[12] wird aufgegeben); vgl auch § 64 Rn 6, 8. Unter § 67 Abs 1 fällt aber nicht die Wiederbestellung des bisherigen Vorstandes (BGB-AK/OTT Rn 1; MünchKomm/REUTER Rn 1; SOERGEL/HADDING Rn 4).

2. Das *Registergericht* hat die *Rechtmäßigkeit* einer Änderung in den eintragungs-

pflichtigen Rechtsverhältnissen des Vereins *zu prüfen* (s OLG Hamburg OLGE 32, 335; JFG 11, 175), insbes zu untersuchen, ob die satzungsmäßige Berufungsfrist für die (wählende) Mitgliederversammlung eingehalten ist (KG Recht 1906, 1074 Nr 2472). Wird die Anmeldung vom Vereinsgericht zurückgewiesen, so findet hiergegen einfache Beschwerde nach § 19 FGG, gegen deren Verwerfung gem § 27 FGG weitere Beschwerde statt.

3. Die **Änderung des Vorstandes** war nach *früher herrschender Ansicht durch sämtliche Vorstandsmitglieder anzumelden* (Nachw bei STAUDINGER/COING[12]; so heute noch: ERMAN/H P WESTERMANN Rn 1; BGB-RGRK/STEFFEN Rn 2; OLG Hamm OLGZ 1980, 389; 1984, 15). Nach der **heute hM** genügt indessen auch hier **Anmeldung durch die Vorstandsmitglieder in vertretungsberechtigter Anzahl**, ebenso wie bei allen späteren Änderungen (ebenso LG Hof DNotZ 1974, 609; SOERGEL/HADDING Rn 6 mwN; SAUTER/SCHWEYER Rn 395; BUMILLER/WINKLER § 159 FGG Anm 4; BayObLG Rpfleger 1981, 487 = BayObLGZ 1981, 270, 272 = DNotZ 1982, 115; BayObLGZ 1991, 53 = NJW-RR 1991, 958, 959; KEIDEL/SCHMATZ/ STÖBER Rn 1097, 1081 a; STÖBER Rpfleger 1980, 369; BGHZ 96, 245, 247 = BGH NJW 1986, 1033; BGB-AK/OTT Rn 1; PALANDT/HEINRICHS §§ 67–70 Rn 1; KEIDEL/KUNTZE/WINKLER § 159 FGG Rn 18; MünchKomm/REUTER Rn 2; REICHERT/DANNECKER Rn 1353; FRIEDRICH DStR 1994, 64); vgl auch § 77 Rn 1. Durch den Beschluß des BGH v 11. 11. 1985 (BGHZ 96, 245) sind sämtliche früher ergangenenen abweichenden Entscheidungen als überholt anzusehen.

Sieht die Satzung eines Vereins neben dem gesetzlichen vertretungsberechtigten Vorstand einen *„erweiterten Vorstand"* vor, dem keine Vertretungsmacht zukommt, so kann die Anmeldung durch diesen nicht vorgenommen werden (MünchKomm/ REUTER Rn 2; die abw Ansicht von STAUDINGER/COING[12] wird aufgegeben).

4. Das Registergericht *hat die Anmeldung herbeizuführen*, wenn ihm anmeldepflichtige **Tatsachen** bekannt werden. Es ist aber nicht verpflichtet, eingereichte Protokolle auf solche Tatsachen hin besonders durchzuprüfen (RG HRR 1936 Nr 348).

Die Anmeldung kann nach § 78 Abs 1 durch *Zwangsgeld* gegen die Vorstandsmitglieder erzwungen werden (BayObLG OLGE 15, 306; BayObLGZ 7, 612). Das Verfahren ist in §§ 159, 127, 132–139 FGG geregelt.

5. Die Eintragung hat hier nur *deklaratorische Wirkung* (s § 55 Rn 8). Ihr Zweck ist, Dritten die Kenntnis der Verhältnisse des Vereins zu erleichtern.

6. Das Gesetz enthält keine ausdrückliche Regelung über die **Zurücknahme der Anmeldung**. Hier sind *zwei Fallgestaltungen* zu unterscheiden. Geschieht die Zurücknahme deshalb, weil die Anmeldung irrtümlich erfolgt ist, so hat sie die Bedeutung einer *Anfechtung* der Anmeldeerklärung, die zulässig ist (aA MünchKomm/REUTER Rn 4; SOERGEL/HADDING Rn 8) und eine amtsempfangsbedürftige Willenserklärung darstellt, für die das Formerfordernis des § 77 nicht gilt; es ist aber darauf zu achten, daß sie nur von dem dazu legitimierten Organ, also vom Vorstand, ausgehen kann. Erfolgt jedoch die Zurücknahme der Anmeldung, sei es, daß auf diese hin die Eintragung schon geschehen ist oder nicht, aus dem Grund, weil inzwischen eine neue Änderung des Vorstandes eingetreten ist, so unterliegt sie wiederum als Anmeldung iS des § 67

2. Titel. Juristische Personen. § 68
I. Vereine 1

der Formvorschrift des § 77. – Eine Änderung des Vorstandes ist dann *nicht einzutragen*, wenn sie im Eintragungszeitpunkt bereits überholt, zB die Amtszeit des Vorstandes bereits abgelaufen ist (vgl BayObLG Rpfleger 1986, 292, 295; MünchKomm/ Reuter Rn 4; Sauter/Schweyer Rn 259; aA Soergel/Hadding Rn 4; Reichert/Dannecker Rn 1350). – Zur Zurücknahme der Anmeldung ist auch der *Notar* ermächtigt (§ 24 Abs 3 BNotO).

§ 68

Wird zwischen den bisherigen Mitgliedern des Vorstandes und einem Dritten ein Rechtsgeschäft vorgenommen, so kann die Änderung des Vorstandes dem Dritten nur entgegengesetzt werden, wenn sie zur Zeit der Vornahme des Rechtsgeschäfts im Vereinsregister eingetragen oder dem Dritten bekannt ist. Ist die Änderung eingetragen, so braucht der Dritte sie nicht gegen sich gelten zu lassen, wenn er sie nicht kennt, seine Unkenntnis auch nicht auf Fahrlässigkeit beruht.

Materialien: E II § 60; III § 65; Prot I 569; Jakobs/Schubert AT I 297.

Schrifttum

H Westermann, Die Grundlagen des Gutglaubensschutzes, JuS 1963, 1.

1. Bedeutung der Vorschrift

Die *Bestellung des Vorstandes* ist *ohne Eintragung* in das Vereinsregister *wirksam*. 1 Nach §§ 64, 67 hat aber das **Vereinsregister** die Aufgabe, im Interesse des Verkehrs den jeweiligen Vorstand und die etwaigen Beschränkungen seiner Vertretungsmacht festzustellen. Die Mitglieder des Vorstandes sind daher verpflichtet, die Beschlüsse des Vereins zur Eintragung anzumelden. Diese Verpflichtung kann durch Zwangsgeld durchgesetzt werden. § 68 bestimmt, welche rechtliche Bedeutung es für den Verkehr des Vereins mit Dritten hat, wenn die Änderung des Vorstandes im Register eingetragen ist oder nicht. Wenn feststeht, daß bestimmte Personen als Vorstand vom Verein bestellt worden sind, so kann nach § 68 einem Dritten, der mit oder gegenüber diesen Personen in ihrer Eigenschaft als Organen des Vereins ein Rechtsgeschäft abgeschlossen oder vorgenommen hat, die Änderung des Vorstandes vom Verein nur dann entgegengesetzt werden, wenn die Änderung zZ der Vornahme des Rechtsgeschäfts in das Vereinsregister eingetragen oder dem Dritten *bekannt* ist. Auch die in das Vereinsregister eingetragene Änderung des Vorstandes kann dem Dritten dann nicht entgegengehalten werden, wenn er sie zZ der Vornahme des Rechtsgeschäfts nicht gekannt hat und seine Unkenntnis nicht auf Fahrlässigkeit beruhte. Das Vereinsregister genießt **negative Publizität** (vgl dazu näher H Westermann JuS 1963, 4; BGB-AK/Ott Rn 2; Friedrich DStR 1994, 64 f); ähnlich war der frühere § 15 HGB ausgestaltet.

2. Einzelheiten

2 a) Ist die *Änderung des Vorstandes* **nicht eingetragen**, dann kann sie vom Verein dem Dritten nur entgegengesetzt werden, wenn der Verein beweist, daß die Änderung dem Dritten zZ der Vornahme des Rechtsgeschäftes bekannt war. Daß die Änderung des Vorstandes dem Dritten, der mit dem früheren Vorstand oder ihm gegenüber ein Rechtsgeschäft abschließt, zZ des Geschäftsabschlusses bekannt war, hat der Verein zu beweisen (vgl BAUMGÄRTEL/LAUMEN, Handbuch der Beweislast im Privatrecht Bd 1 [2. Aufl 1991] Rn 1). Es genügt nicht, wenn der Verein beweist, daß die Änderung des Vorstandes dem Dritten bekannt sein *mußte*, dh daß er die Änderung infolge Fahrlässigkeit nicht kannte.

Ohne Bedeutung ist, ob der *„bisherige"* Vorstand im Vereinsregister eingetragen ist oder nicht. Wer mit Personen, die als Vorstand bestellt worden sind, rechtsgeschäftlich verkehrt, ist, solange die Änderung des Vorstandes, dh die Bestellung anderer Personen, nicht in das Vereinsregister eingetragen ist, nicht verpflichtet, sich zu erkundigen, ob die Bestellung noch zu Recht besteht. Als „Änderung" des Vorstandes ist die Bestellung anderer Personen nur dann eingetragen, wenn zuerst – sei es auch nachträglich – die Bestellung des früheren Vorstandes und dann die Bestellung des neuen Vorstandes eingetragen wird.

3 b) Ist die *Änderung des Vorstandes* im Vereinsregister **eingetragen**, so kehrt sich die *Beweislast* um. Der Dritte muß die Änderung gegen sich nicht gelten lassen, wenn er sie nicht kennt, seine Unkenntnis auch nicht auf Fahrlässigkeit beruht. Beides hat aber in diesen Fällen der Dritte zu beweisen (vgl BAUMGÄRTEL/LAUMEN Rn 2 mwN). Der Begriff der Fahrlässigkeit ist aus § 276 Abs 1 S 2 zu entnehmen.

4 c) Die Änderung des Vorstandes muß, um dem Dritten entgegengehalten werden zu können, zZ der Vornahme des Rechtsgeschäfts **im Vereinsregister eingetragen oder dem Dritten bekannt** sein. Die Eintragungen in das Vereinsregister haben gem § 130 Abs 1 FGG nur den Tag, an welchem sie erfolgt sind, anzugeben. Ist ein Rechtsgeschäft an diesem Tag mit dem bisherigen Vorstand abgeschlossen, so hat der Verein zu beweisen, daß das Rechtsgeschäft nach dem Vollzug der Eintragung an diesem Tag vorgenommen wurde. Dann hat der *Dritte* zu beweisen, daß er die erfolgte Eintragung nicht kannte und seine Unkenntnis nicht auf Fahrlässigkeit beruht, was ihm regelmäßig nicht schwer fallen dürfte.

5 d) Der Grundsatz des § 68, der Dritten einen Schutz gegen nicht ersichtliche Änderungen des Vorstandes geben will, kann nicht auf den Fall angewendet werden, daß jemand, der als Vorstandsmitglied nicht oder nicht richtig bestellt wurde, **zu Unrecht in das Vereinsregister eingetragen** wurde (so auch PLANCK/KNOKE Anm 1; RAMDOHR Gruchot 44, 810; LARENZ AT § 10 I b S 156; BGB-RGRK/STEFFEN Rn 2; SOERGEL/HADDING Rn 5 mwN); einen allgemeinen Vertrauensschutz gibt es für Eintragungen in das Vereinsregister nicht (vgl STAUDINGER/WEICK [1995] § 27 Rn 21).

6 e) „Dritter" iS des § 68 kann uU auch ein *Vereinsmitglied* sein, soweit es sich um Ansprüche oder Verpflichtungen gegen den Verein, zB die Zahlung des Vereinsbeitrages an ein früheres Vorstandsmitglied, handelt (zust PALANDT/HEINRICHS §§ 67–70

Rn 3; BGB-AK/Ott Rn 4; Soergel/Hadding Rn 7; Reichert/Dannecker Rn 2350; abw Münch-Komm/Reuter Rn 3).

f) § 68 bezieht sich seinem Wortlaut nach auf **Rechtsgeschäfte**, gleichgültig ob ein- 7
seitige oder zweiseitige, die zwischen den bisherigen Mitgliedern des Vorstandes und einem Dritten vorgenommen wurden. Es besteht kein Bedenken, die Vorschrift über ihren Wortlaut hinaus auch auf Rechtshandlungen, die nicht Rechtsgeschäfte sind, anzuwenden (vgl Planck/Knoke Anm 3; Soergel/Hadding Rn 6; MünchKomm/Reuter Rn 2; BGB-RGRK/Steffen Rn 3); doch ist diese Frage gerade für den hier insbes hervorgehobenen Fall der Mahnung ohne praktische Bedeutung, da diese nach hM als *geschäftsähnliche Handlung* anzusehen ist (vgl Staudinger/Dilcher[12] Einl 18 zu §§ 104–185; Palandt/Heinrichs Überbl Rn 6 vor § 104 mwN; BGB-AK/Ott Rn 3).

Die *hM* wendet § 68 entsprechend auch zugunsten des Prozeßgegners im **Prozeßverkehr** an (vgl OLG Frankfurt Rpfleger 1978, 134, der Fall betraf eine Zustellung an ein im Vereinsregister eingetragenes Vorstandsmitglied, dem Prozeßgegner war nicht bekannt, daß das Amt des Vorstandsmitglieds bereits erloschen war; zust MünchKomm/Reuter Rn 2; Soergel/Hadding Rn 6). Bei **Delikten** gilt § 68 aber nicht, weil hier ein Vertrauensschutz fehlt (vgl MünchKomm/Reuter Rn 2; Soergel/Hadding Rn 6; BGH Betrieb 1985, 1838 = WM 1985, 570; Reichert/Dannecker Rn 2351).

3. Der frühere Vorstand, welcher mit einem Dritten ein Rechtsgeschäft vornimmt 8
oder sich gegenüber vornehmen läßt, handelt ohne Vertretungsmacht. § 68 berechtigt den Dritten, unter bestimmten Voraussetzungen die Wirksamkeit des Rechtsgeschäfts gegenüber dem Verein in Anspruch zu nehmen. Der Verein kann, wenn er seinerseits die Wirksamkeit des Rechtsgeschäfts gegenüber dem Dritten geltend machen will, dies gem §§ 177 Abs 1, 180 durch Erklärung der Genehmigung des Rechtsgeschäfts oder des Einverständnisses mit der Vornahme des Rechtsgeschäfts bewirken (zust MünchKomm/Reuter Rn 4; Soergel/Hadding Rn 8).

4. § 70 überträgt die Vorschrift des § 68 auch auf die *Satzungsbestimmungen*, wel- 9
che die Vertretungsmacht des Vorstandes beschränken (§ 26 Abs 2) oder dessen Beschlußfassung abweichend von § 28 Abs 1 regeln.

§ 69

Der Nachweis, daß der Vorstand aus den im Register eingetragenen Personen besteht, wird Behörden gegenüber durch ein Zeugnis des Amtsgerichts über die Eintragung geführt.

Materialien: E II § 60; III § 66; Prot I 569;
Jakobs/Schubert AT I 297.

1. Der „**Nachweis**" des § 69 bedeutet eine Legitimation des Vorstandes des Vereins 1
für das **Verfahren der Behörden** und gegenüber ihnen, hat aber keinen Bezug auf das *materielle Recht*. Er ersetzt nicht die etwa in Wirklichkeit fehlende gültige Bestellung

des Vorstandes, da er sonst die Bedeutung einer Fiktion hätte, welche das Gesetz nicht aufstellt. Ohne die Vorschrift des § 69 wären die Behörden nicht verpflichtet, die als Vorstand des Vereins auftretenden Personen zu Handlungen für den Verein, zB Anmeldungen zum Grundbuch, zuzulassen, da weder die Eintragung in das Vereinsregister noch die Bescheinigung des Amtsgerichts hierüber einen Beweis für die gültige Bestellung des Vorstandes darstellen. Ein solcher Beweis könnte nur durch die Vorlage der Urkunde über die Bestellung des Vorstandes in Urschrift geliefert werden, welche aber dem Amtsgericht bei der Anmeldung der Bestellung des Vorstandes oder der Änderung der Vorstandsbestellung nicht vorzulegen ist (§§ 59 Abs 2, 67). Das Zeugnis bezieht sich nicht nur auf die Vertretungsmacht des Vorstandes, sondern auch auf den Umfang der Vertretungsmacht.

2 2. Abgesehen von den Vereinsorganen selbst kann *jeder Dritte* durch ein Zeugnis gem § 69 gegenüber den Behörden den Nachweis über den Bestand des Vorstandes führen, also insbes gegenüber Gerichten im Zivilprozeß zum Zwecke des Nachweises der Vertretung des verklagten rechtsfähigen Vereins.

3 3. Mit einer Legitimation, die den Behörden gegenüber genügt, kann sich auch eine *Privatperson*, die mit den Organen des Vereins rechtsgeschäftlich zu verkehren hat, begnügen, ohne Gefahr zu laufen, daß ihr fahrlässige Unkenntnis des Eintrags einer Änderung des Vorstands zum Vorwurf gemacht wird (§ 68 S 2). Andererseits braucht sich aber der Dritte, wenn sich die Organe des Vereins ihm gegenüber zu legitimieren haben, hiermit nicht zu begnügen, da § 69 sich nur auf das Verfahren vor Behörden bezieht. Er kann die Vorlage der Bestellungsurkunden verlangen.

4 4. Da der „Nachweis" des § 69 nur eine Erleichterung des Verkehrs mit Behörden bezweckt (SOERGEL/HADDING Rn 1; BGB-RGRK/STEFFEN Rn 1), schließt er *andere Beweismittel*, insbes die Bezugnahme auf das Vereinsregister und die Vereinsakten, nicht aus.

Auch im Verkehr mit dem *Grundbuchamt* als einer Behörde genügt die Vorlage des Zeugnisses zum Nachweis der Vertretungsmacht, es ersetzt den daneben noch möglichen Nachweis durch öffentliche Urkunden iS des § 29 GBO (vgl KG LZ 1930, 336 Nr 4; MünchKomm/REUTER Rn 1; SOERGEL/HADDING Rn 2; MEIKEL/ROTH, Grundbuchrecht II [7. Aufl 1988] § 32 Rn 51). Soweit die Auffassung von STAUDINGER/COING[11] anders verstanden wurde (so von MEIKEL/IMHOF/RIEDEL, Grundbuchrecht II [6. Aufl 1968] § 32 Anm 48), wird dies hier klargestellt.

5 5. § 69 gilt auch für die *Liquidatoren* (vgl § 48 Abs 2).

§ 70

Die Vorschriften des § 68 gelten auch für Bestimmungen, die den Umfang der Vertretungsmacht des Vorstandes beschränken oder die Beschlußfassung des Vorstandes abweichend von der Vorschrift des § 28 Abs. 1 regeln.

2. Titel. Juristische Personen. § 70
I. Vereine 1–3

Materialien: E II § 60; III § 67; Prot I 569;
JAKOBS/SCHUBERT AT I 297.

1. Satzungsbestimmungen, die den **Umfang der Vertretungsmacht des Vorstandes** 1
beschränken oder die Beschlußfassung eines mehrgliedrigen Vorstandes abweichend von
§ 28 Abs 1 regeln, können sowohl in der *ursprünglichen* Vereinssatzung enthalten sein
als auch *nachträglich* im Wege der Satzungsänderung eingeführt werden. Im letzteren Fall bedürfen sie zu ihrer Wirksamkeit gem § 71 der Eintragung in das Vereinsregister und sind daher ohne sie rechtlich nicht existent. Ohne Eintragung können sie
auch dem Dritten, der mit oder gegenüber dem Verein ein Rechtsgeschäft vornimmt,
nicht bekannt sein. Auf diesen Fall ist daher die in § 68 S 1 enthaltene Alternative
nicht anwendbar (so auch SOERGEL/HADDING Rn 1; MünchKomm/REUTER Rn 1). § 68 S 1
kann sich nur auf den Fall einer in der *ursprünglichen Satzung* enthaltenen Beschränkung der Vertretungsmacht des Vorstandes oder von den gesetzlichen Regeln
abweichenden Beschlußfassungsform eines mehrgliedrigen Vorstandes beziehen.
Eine Eintragung der ursprünglichen Satzung in das Vereinsregister als Ganzes findet
nicht statt; die Eintragung der Satzungsbestimmungen über die Beschränkung der
Vertretungsmacht und die Beschlußfassungsformen ist zwar vorgeschrieben (§ 64),
aber die Eintragung ist *keine Gültigkeitsvoraussetzung* der ursprünglichen Satzungsbestimmungen, wie dies bei nachträglichen Satzungsänderungen der Fall ist. Nur bei
der ursprünglichen Satzung kann also der Fall vorkommen, daß die Vertretungsmacht des Vorstandes beschränkt (§ 26 Abs 2) oder die Form der Beschlußfassung
abweichend von § 28 Abs 1 festgesetzt ist, ohne daß diese Satzungsbestimmungen in
das Vereinsregister eingetragen wurden; dann ist § 68 S 1 anwendbar. Einem Dritten, der die Satzungsbestimmungen nicht kennt, können sie nicht entgegengehalten
werden, sofern er, vertrauend auf die gesetzliche Regelung, mit dem Vorstand
rechtsgeschäftlich verkehrt hat.

2. *§ 68 S 2* gilt sowohl für den Fall einer ursprünglichen Satzungsbestimmung als 2
auch den der nachträglichen Satzungsänderung.

3. Die *Eintragung* über die Beschränkung der Vertretungsmacht des Vorstands im 3
Vereinsregister muß so erfolgen, daß die Einschränkung durch die Satzungsänderung *aus dem Vereinsregister selbst* klar hervorgeht (BGHZ 18, 303, 306). Es genügt zB
nicht eine Eintragung des Inhalts „Neufassung der Satzung nach Maßgabe des Protokolls", die inhaltlich also völlig auf die Registerakten verweist (OLG München MDR
1955, 160, im gleichen Verfahren ergangen wie BGHZ 18, 303).

Ist im Vereinsregister ein *Vorstand eingetragen*, so ist er auch befugt, eine Mitgliederversammlung einzuberufen, unabhängig davon, ob seine Bestellung unwirksam
war oder sein Amt beendet ist, was sich aus einer Analogie zu § 121 Abs 2 S 2 AktG
ergibt; dies gilt auch, wenn die Unrichtigkeit der Eintragung feststeht, es handelt
sich um eine *unwiderlegbare Vermutung* (vgl BayObLGZ 1985, 24, 27; 1988, 412; KG OLGZ
1971, 480, 481; 1978, 272, 274; LG Aurich Rpfleger 1987, 116; PALANDT/HEINRICHS Rn 3). Die
negative Publizität gem § 68 steht dem nicht entgegen (BayObLGZ 1985, 24, 28).

§ 71

[1] Änderungen der Satzung bedürfen zu ihrer Wirksamkeit der Eintragung in das Vereinsregister. Die Änderung ist von dem Vorstande zur Eintragung anzumelden. Der Anmeldung ist der die Änderung enthaltende Beschluß in Urschrift und Abschrift beizufügen.

[2] Die Vorschriften der §§ 60 bis 64 und des § 66 Abs. 2 finden entsprechende Anwendung.

Materialien: E II § 61; III § 68; Prot I 569 ff; JAKOBS/SCHUBERT AT I 297.

1. Zu Änderungen der Satzung vgl STAUDINGER/WEICK (1995) § 33 Rn 10 ff. Der auf dem Wege eines rechtsgültigen Verfahrens (§ 67 Rn 2) zustandegekommene Beschluß über die **Satzungsänderung** bedarf nach § 71 zu seiner Wirksamkeit der **Eintragung in das Vereinsregister**, sie ist also **konstitutiv**. Daher ist die Eintragung einer nach dem Beschluß der Mitgliederversammlung erst später in Kraft tretenden Satzungsänderung vor diesem Zeitpunkt nicht zulässig (LG Bonn Rpfleger 1984, 192 m abl Anm ZIEGLER Rpfleger 1984, 320, 321, der für die Zulässigkeit befristeter Satzungsänderungen mit Vorabeintragung in das Vereinsregister eintritt; abl auch ERMAN/H P WESTERMANN Rn 3). Solange die Eintragung nicht erfolgt ist, hat sie auch im Verhältnis zu den Mitgliedern, nicht nur nach außen, *keine Wirksamkeit* (vgl RG Recht 1924 Nr 589; HRR 1933 Nr 1635; BGHZ 23, 122, 128; OLG Köln NJW 1964, 1575; WALDMANN DFG 1940, 33). Die Eintragung hat aufgrund desselben Verfahrens zu erfolgen, das für die Eintragung des Vereins vorgeschrieben ist. – Das Registergericht hat die Wirksamkeit der von der Mitgliederversammlung beschlossenen Satzungsänderung selbst zu prüfen; bei Zweifeln darf die Anmeldung nicht zurückgewiesen werden (OLG Frankfurt OLGZ 1979, 5, 7). – Zum Umfang der Prüfungspflicht bei Satzungsänderungen s OLG Köln Rpfleger 1995, 163, 165 mwN u § 60 Rn 1.

2. Die Satzungsänderung ist nach *heute hM* von dem **Vorstand in satzungsmäßiger vertretungsberechtigter Anzahl** zur Eintragung beim Vereinsgericht **anzumelden** (PALANDT/HEINRICHS Rn 1; SOERGEL/HADDING Rn 3; KIRBERGER ZIP 1986, 346; REUTER ZGR 1987, 475, 476; MünchKomm/REUTER Rn 4; ERMAN/H P WESTERMANN Rn 1; BGHZ 96, 245, 247 mwN; GOEBELER BB 1987, 2316; **aA** BGB-RGRK/STEFFEN Rn 3; AG Mannheim Rpfleger 1979, 196 mwN; die ebenfalls abw Ansicht von STAUDINGER/COING[12] wird aufgegeben); vgl auch § 77 Rn 1. Für diese Ansicht spricht die einheitliche Behandlung der Eintragung von nachträglichen Änderungen, allerdings im Gegensatz zur Erstanmeldung (vgl § 59 Rn 10, § 67 Rn 3).

Der Anmeldung ist der die Änderung enthaltende Beschluß in **Urschrift und Abschrift** beizufügen; wenn die Satzung zwingend eine Beschlußfassung über eine Satzungsänderung in einer Versammlung und deren Bestätigung in einer späteren vorsieht, sind beide Beschlüsse vorzulegen (BayObLGZ 1987, 161). Urschrift ist die Urkunde, welche gemäß der Satzung über den Satzungsänderungsbeschluß zu errichten ist (vgl § 58 Rn 8). § 71 setzt voraus, daß eine solche Beurkundung stattfindet. Auch hier gelten die Ausführungen über die Beilagen bei der Anmeldung des Vereins (vgl § 59 Rn 6). Wird die Satzung hinsichtlich der *Bildung des Vorstandes geändert*, so ist die Satzungsänderung durch den **alten Vorstand** anzumelden; erst nach Eintragung der Satzungsänderung kann sich der aufgrund dieser Änderung neu bestellte Vorstand anmelden (BayObLGZ 10, 81; LG Münster JW 1937, 3180 Nr 35; OLG Bremen NJW 1955, 1925; PALANDT/HEINRICHS Rn 2; MünchKomm/REUTER Rn 5; SOERGEL/HADDING Rn 3; **aA** RICHERT DRiZ 1957, 17, der Gesamtanmeldung durch den neuen Vorstand für zulässig hält). – Eine dem Geschäftsführer vom Vorstand erteilte Vollmacht zur Anmeldung von Satzungsänderungen wirkt auch über das Ausscheiden des Vorstandes hinaus (LG Stuttgart Betrieb 1982, 638).

Von Satzungsänderungen sind bloße *Ausführungsverordnungen* zu Satzungen zu unterscheiden, auf die sich § 71 nicht bezieht. In der nachträglichen Einführung einer Schiedsgerichtsordnung ist aber nicht nur eine Ausführungsverordnung, sondern eine Satzungsänderung (vgl STAUDINGER/WEICK [1995] § 33 Rn 10) zu sehen.

Zur Frage, welches Gericht bei *Sitzverlegung* zuständig ist, s § 55 Rn 2 f.

3. Wird die Satzungsänderung nicht vorschriftsmäßig unter Vorlage der Urschrift und Abschrift des Beschlusses angemeldet, so ist die Anmeldung gem §§ 71 Abs 2, 60 von dem Amtsgericht unter Angabe der Gründe *zurückzuweisen*. **3**

4. Wird die Anmeldung *zugelassen*, so ist dies gem § 61 der **Verwaltungsbehörde** mitzuteilen. Die Verwaltungsbehörde kann gegen die Eintragung **Einspruch** erheben. Der Einspruch ist formell immer zulässig, materiell aber nur dann begründet, wenn die Satzungsänderung nach öffentlichem Vereinsrecht den Verein zum unerlaubten Verein macht oder zu einem, der verboten werden kann (vgl § 61 Rn 5 ff). Der Einspruch kann nicht damit begründet werden, daß der Verein infolge der Satzungsänderung nunmehr auf einen wirtschaftlichen Geschäftsbetrieb gerichtet ist und daher nicht mehr zu den eintragungsfähigen Vereinen gehört; die Prüfung dieser Frage ist Sache des Registergerichts, nicht der Verwaltungsbehörde, an welche die Mitteilung ergeht (vgl § 61 Rn 9). **4**

Die *Zuständigkeit* für die *Erhebung des Einspruchs* entspricht der in § 61 Rn 3 ausgeführten. **5**

Die Frage, ob der Einspruch gegen die Eintragung im öffentlichen Interesse notwendig und zweckmäßig ist, ist eine solche des *Verwaltungsermessens*. **6**

5. Die Satzungsänderung darf erst *eingetragen* werden, wenn den Anforderungen des § 63 genügt ist. **7**

6. Hinsichtlich des **Inhalts der Eintragung** ist zu unterscheiden: **8**

Soweit es sich um Änderungen handelt, welche die nach *§§ 64, 67* einzutragenden Tatsachen oder Bestimmungen betreffen, so muß der Registereintrag ihren Inhalt selbst klar wiedergeben. Dies gilt insbes für Beschränkungen der Vertretungsmacht des Vorstandes (vgl § 70 Rn 3), Name und Sitz des Vereins (so die hM: BGHZ 18, 303, 306;

MünchKomm/Reuter Rn 2; Soergel/Hadding Rn 6; BGB-RGRK/Steffen Rn 2; Palandt/ Heinrichs Rn 4; Sauter/Schweyer Rn 144).

Umstritten ist, welche Anforderungen an den Inhalt der Eintragung der Änderung **sonstiger Satzungsbestimmungen** zu stellen sind. Nach *überwiegender Ansicht* genügt es, daß die Eintragung die geänderten Satzungsbestimmungen angibt; dagegen reicht ein allgemeiner Vermerk, die Satzung sei neu gefaßt, nicht aus (so RG HRR 1933 Nr 1635; MünchKomm/Reuter Rn 2; BGB-AK/Ott Rn 2; Keidel/Kuntze/Winkler § 159 FGG Rn 14 a; BGB-RGRK/Steffen Rn 2; Soergel/Hadding Rn 6; Palandt/Heinrichs Rn 5; Reichert/Dannecker Rn 442; Sauter/Schweyer Rn 144; Keidel/Schmatz/Stöber Rn 1110). Eine *Mindermeinung* will einen allgemeinen Vermerk, daß die Satzung geändert sei, genügen lassen (so Enneccerus/Nipperdey § 111 Fn 15). *Zuzustimmen* ist der hM, weil ansonsten eine Überlastung des Vereinsregisters eintreten würde, seine Übersichtlichkeit und das Informationsinteresse Dritter nicht mehr gewährleistet wären.

Eine Eintragung, die den dargestellten Grundsätzen nicht entspricht, hat zur Folge, daß die Satzungsänderung, da sie nicht eingetragen ist, nicht in Kraft tritt (RG HRR 1933 Nr 1635).

9 7. Die Satzungsänderung wird *nicht* veröffentlicht (§ 66 Abs 1).

10 8. § 60, auf den in § 71 Abs 2 verwiesen ist, enthält in Abs 1 wieder eine weitere *Verweisung* auf die §§ 56–59. Von diesen sind aber §§ 56–58 auf den Fall des § 71 nicht anwendbar, ebenso nicht § 59 Abs 3, Abs 2 Nr 2; die Vorschrift des § 59 Abs 1 und Abs 2 Nr 1 ist aber in § 71 aufgenommen und daher ebenfalls nicht entsprechend anzuwenden.

11 9. Von der Einhaltung der Vorschrift des § 71 (ebenso der §§ 60–64 und des § 66 Abs 2) kann der Verein sich *nicht selbst befreien*, indem er sich in der Satzung formfreie und der amtlichen Prüfung nicht bedürftige Satzungsänderungen vorbehält (vgl RGZ 88, 395 ff).

12 10. Eine dem § 71 vergleichbare Problematik wird bei der *Neufassung der Anmeldung einer GmbH-Satzung* zum Handelsregister erörtert (vgl hierzu BayObLG Betrieb 1979, 84, 85; ferner BGH NJW 1987, 3191, 3192, betr Satzungsänderung; Reichert/Dannecker Rn 442 mwN; OLG Hamm NJW-RR 1994, 361).

§ 72

Der Vorstand hat dem Amtsgericht auf dessen Verlangen jederzeit eine von ihm vollzogene Bescheinigung über die Zahl der Vereinsmitglieder einzureichen.

Materialien: E II § 62; III § 69; Prot I 567 f;
geändert durch § 22 RVereinsG v 19. 4. 1908
(RGBl 151); Jakobs/Schubert AT I 296.

2. Titel. Juristische Personen. § 72, 1–3
I. Vereine § 73, 1, 2

1. Die *frühere Fassung* des § 72 lautete: „Der Vorstand hat dem Amtsgericht auf 1 dessen Verlangen jederzeit ein Verzeichnis der Vereinsmitglieder einzureichen". *Zweck* der durch das RVereinsG erfolgten *Neufassung* ist es, dem Registergericht im Hinblick auf §§ 37 Abs 2, 73 zu ermöglichen, die Zahl der Vereinsmitglieder nachzuprüfen (vgl Soergel/Hadding Rn 1). Die Bescheinigung muß vom Vorstand unterschrieben sein (vgl MünchKomm/Reuter §§ 72,73 Rn 1).

2. Die Vorlage einer Bescheinigung über die Mitgliederzahl ist nur für *eingetra-* 2 *gene Vereine* vorgeschrieben, nicht für andere rechtsfähige und nicht für nichtrechtsfähige Vereine. Die Vorlage eines Mitgliederverzeichnisses kann nicht verlangt werden (vgl BGB-AK/Ott Rn 1).

3. Zur Vorlage der Bescheinigung können die Mitglieder des Vorstandes durch 3 *Zwangsgeld* vom Vereinsgericht angehalten werden (§ 78).

§ 73

Sinkt die Zahl der Vereinsmitglieder unter drei herab, so hat das Amtsgericht auf Antrag des Vorstandes und, wenn der Antrag nicht binnen drei Monaten gestellt wird, von Amts wegen nach Anhörung des Vorstandes dem Vereine die Rechtsfähigkeit zu entziehen.

Materialien: E II § 63; III § 70; Prot I 570 f;
geändert durch § 24 Nr 5 VereinsG v 5. 8. 1964
(BGBl I 593); Jakobs/Schubert AT I 298.

1. Durch § 24 VereinsG sind die im früheren § 73 enthaltenen *Verfahrensbestim-* 1 *mungen* gestrichen worden; an deren Stelle sind diejenigen des § 160 a FGG getreten, der durch § 25 VereinsG eingefügt worden ist.

2. Während ein Verein nur, wenn mindestens *sieben Mitglieder* die Satzung unter- 2 zeichnen, eingetragen werden soll, hat ein **Sinken der Mitglieder unter diese Mindestzahl** zunächst keine rechtliche Bedeutung. Erst wenn die Zahl der Mitglieder *unter drei* gesunken ist, hat das Amtsgericht dem Verein die *Rechtsfähigkeit zu entziehen*. Der Verein verliert die Rechtsfähigkeit demnach nicht von selbst durch diese Verminderung der Mitgliederzahl (vgl RGZ 23, 202). Die Entziehung der Rechtsfähigkeit soll auf Antrag des Vorstandes stattfinden. Das Amtsgericht hat kein Mittel, diesen Antrag zu erzwingen, insbes ist die Verhängung von Zwangsgeld nicht zulässig. Wird aber der Antrag nicht binnen drei Monaten gestellt, so „hat" das Amtsgericht dem Verein von Amts wegen die Rechtsfähigkeit zu entziehen, jedoch erst „nach Anhörung" des Vorstandes. Die dreimonatige Frist läuft von dem Tage, an dem die Verminderung der Mitgliederzahl bis unter drei durch irgendein Ereignis stattgefunden hat. Die Zulässigkeit der Entziehung der Rechtsfähigkeit hört auf, wenn innerhalb der dreimonatigen Frist die Mitgliederzahl sich wieder auf drei oder über drei erhöht hat. Aber auch wenn dies nicht der Fall ist, kann das Amtsgericht von der Entziehung der Rechtsfähigkeit absehen, sofern glaubhaft gemacht wird, daß eine *alsbaldige Vermehrung der Mitgliederzahl* zu erwarten ist (ebenso BGB-RGRK/STEFFEN Rn 1; ENNECCERUS/NIPPERDEY § 113 II 2; MünchKomm/REUTER Rn 2; SOERGEL/HADDING Rn 2; aM PLANCK/KNOKE Anm 1). Bis zur Entziehung der Rechtsfähigkeit kann ein Verein sogar nur mit einem Mitglied fortbestehen (BGH LM Nr 2 zu § 21).

3 3. Ist **kein Vorstand mehr vorhanden**, weil zB die als Vorstand bestellten Personen gestorben sind, so ist das Verfahren nach § 73 möglicherweise nicht ohne weiteres durchführbar. Der Verein verliert die Rechtsfähigkeit erst mit der Rechtskraft der Verfügung (§ 160 a Abs 2 S 3 FGG). Die Bekanntmachung, dh *Zustellung*, kann aber gem § 28 Abs 2 nur an den Vorstand oder ein Mitglied des Vorstandes erfolgen. Fehlt der Vorstand, so kann, solange dies der Fall ist, die Zustellung der Verfügung *nicht erfolgen*. Die Verfügung kann somit nicht rechtskräftig werden, so daß kein Verlust der Rechtsfähigkeit eintritt. Die Möglichkeit der Entziehung der Rechtsfähigkeit könnte, wenn ein Vorstand nicht vorhanden ist, nur dadurch geschaffen werden, daß die noch vorhandenen Mitglieder des Vereins einen Vorstand bestellen. Dazu können sie nach dem BGB nicht gezwungen werden. Es bleibt daher nur die Möglichkeit, daß das Amtsgericht in analoger Anwendung des § 29 auch ohne Antrag eines der noch vorhandenen Mitglieder zum **Notvorstand** bestellt (so auch SOERGEL/HADDING Rn 5; MünchKomm/REUTER Rn 3; ferner BayObLGZ 1988, 410, 413 = NJW-RR 1989, 765, 766; *abw* aus formalen Gründen, weil es am Antrag eines „Beteiligten" fehle, ENNECCERUS/NIPPERDEY § 113 II 2).

4 4. Steht fest, daß ein eingetragener Verein weder Mitglieder noch Vermögen mehr hat, also **tatsächlich erloschen** ist, so ist er als *aufgelöst* einzutragen (vgl § 74 Rn 4; BÖTTCHER Rpfleger 1988, 172); dann ist auch kein Raum mehr für eine Notvorstandsbestellung (vgl BGB-AK/OTT Rn 3). Überwiegend wird unter Berufung auf eine Entscheidung des KG (JFG 4, 178) die *Löschung* von Amts wegen befürwortet (so WEGENER JW 1936, 2969; BECKER ZAkDR 1937, 52; SEIDEL/WAGNER DFG 1937, 124, 221, 242; SAUTER/SCHWEYER Rn 360 mwN; krit zur gesamten Problematik K SCHMIDT JZ 1987, 394, 398 ff). Über die Folge dieses Erlöschens vgl STAUDINGER/WEICK (1995) § 41 Rn 12.

Wenn sich allerdings aus den überreichten Unterlagen und den Ermittlungen des Registergerichts *nicht sicher ergibt*, daß keine Mitglieder mehr vorhanden sind, sind die Anmeldung der Vereinsauflösung wegen Fortfalls aller Mitglieder und der Löschungsantrag des Vereinsvorstandes zurückzuweisen (vgl OLG Frankfurt Rpfleger 1992, 28).

5 5. Das **Verfahren** ist in **§ 160 a Abs 2 FGG** geregelt. Die Verfügung, welche dem Verein die Rechtsfähigkeit entzieht, ist dem Vorstand – ggf dem Notvorstand gem § 29 – bekanntzumachen (§ 160 a Abs 2 S 1 FGG). Gegen die Verfügung ist die sofortige Beschwerde statthaft (§ 160 a Abs 2 S 2 FGG). Die Verfügung wird erst mit Rechtskraft wirksam, wenn also nicht innerhalb der vorgeschriebenen Frist Beschwerde (bzw Erinnerung, vgl Vorbem 6 zu §§ 55 ff) eingelegt worden ist (§ 160 a Abs 2 S 3 FGG; zum Verfahren s auch BÖTTCHER Rpfleger 1988, 169).

2. Titel. Juristische Personen.   § 74
I. Vereine   1—3

§ 74

[1] **Die Auflösung des Vereins sowie die Entziehung der Rechtsfähigkeit ist in das Vereinsregister einzutragen. Im Falle der Eröffnung des Konkurses unterbleibt die Eintragung.**

[2] **Wird der Verein durch Beschluß der Mitgliederversammlung oder durch den Ablauf der für die Dauer des Vereins bestimmten Zeit aufgelöst, so hat der Vorstand die Auflösung zur Eintragung anzumelden. Der Anmeldung ist im ersteren Falle eine Abschrift des Auflösungsbeschlusses beizufügen.**

[3] **Wird dem Verein auf Grund des § 43 die Rechtsfähigkeit entzogen, so erfolgt die Eintragung auf Anzeige der zuständigen Behörde.**

Materialien: E II § 64; III § 71; Prot I 576 ff;
geändert durch § 24 Nr 6 VereinsG v 5. 8. 1964
(BGBl I 593); JAKOBS/SCHUBERT AT I 300 f.

1.   Zum *Unterschied* zwischen Auflösung des Vereins und Entziehung der Rechts- 1
fähigkeit s STAUDINGER/WEICK (1995) § 41 Rn 14 ff.

2.   Die **Auflösung des Vereins** sowie die **Entziehung der Rechtsfähigkeit** ist im Ver- 2
einsregister einzutragen, dh es sind nicht die Tatsachen *einzutragen*, deren Rechtsfolge die Auflösung des Vereins und die Entziehung der Rechtsfähigkeit sind, nur die
Rechtsfolge. Der Verlust der Rechtsfähigkeit durch Eröffnung des Konkurses (ab
1. 1. 1999 Insolvenzverfahren, s § 75 Rn 1) wird nicht eingetragen, sondern nur die den
Rechtsgrund dieses Verlustes bildende Tatsache der Konkurseröffnung, was sich aus
§§ 74 Abs 1, 75 ergibt. Zur Eintragung des Vergleichsverfahrens s § 75 Rn 2. – S
ferner § 73 Rn 4.

Ist der Vereinsvorstand schon vor dem Wirksamwerden eines Auflösungsbeschlusses
ausgeschieden und ein **Liquidator** bestellt, so kann dieser die Vereinsauflösung und
die Bestellung des ersten Liquidators zur Eintragung in das Vereinsregister anmelden (vgl OLG Hamm OLGZ 1990, 257, 259 = NJW-RR 1990, 532 = Rpfleger 1990, 369 m *abl* Anm
BUCHBERGER Rpfleger 1991, 24 f unter Hinweis auf die dem § 76 Abs 2 entsprechende Regelung des
§ 67 Abs 1 GmbHG und die dazu ergangene Lit; *zust* ERMAN/H P WESTERMANN Rn 1; Münch-
Komm/REUTER Rn 2).

3.   Die **Beendigung der Liquidation ist im Vereinsregister einzutragen** (vgl auch LG 3
Siegen Rpfleger 1991, 115 m zust Anm MEYER-STOLTE, das aber eine Erzwingung der Anmeldung
der Beendigung der Liquidation mit Zwangsgeld durch das Registergericht ablehnt; MünchKomm/
REUTER §§ 74, 75 Rn 5; BGB-AK/OTT Rn 2; PALANDT/HEINRICHS §§ 74—76 Rn 3; BÖTTCHER
Rpfleger 1988, 175; FRIEDRICH DStR 1994, 64; ERMAN/H P WESTERMANN § 76 Rn 1; SAUTER/
SCHWEYER Rn 383; REICHERT/DANNECKER Rn 2211; die abw Ansicht von STAUDINGER/COING[12]
Rn 2 wird aufgegeben; aA heute noch BGB-RGRK/STEFFEN Rn 2). Diese heute *herrschende
Ansicht* läßt sich mit einer Analogie zu §§ 157 Abs 1 HGB, 273 Abs 1 AktG, 74
Abs 1 GmbHG begründen, weil im BGB eine Regelung fehlt und eine einheitliche

registerrechtliche Behandlung geboten ist, vor allem im Interesse des Rechtsverkehrs. Außerdem ist ohnehin die Beendigung der Rechtsfähigkeit im Vereinsregister zu verlautbaren. Die neueren Vorschriften über die Führung des Vereinsregisters regeln ausdrücklich, daß die Beendigung der Liquidation einzutragen ist (vgl SAUTER/ SCHWEYER Rn 383 m Nachw in Fn 93). Nach einer *anderen Ansicht* (OLG Düsseldorf NJW 1966, 1034; KG OLGE 19, 376; LG Hannover Rpfleger 1967, 174) ist die Eintragung aber *nicht unzulässig* (ebenso SOERGEL/HADDING Rn 2 unter zusätzlicher Berufung auf eine Analogie zu §§ 31 Abs 2 S 1 HGB, 7 Abs 2 VereinsG). Diese Auffassung ist aber mit Rücksicht auf den Grundsatz, daß eine Registereintragung gesetzlicher Grundlage bedarf, abzulehnen (so zutr BGB-RGRK/STEFFEN Rn 2; vgl auch MünchKomm/REUTER §§ 74, 75 Rn 5); s ferner § 64 Rn 6.

4 4. Die **Entziehung der Rechtsfähigkeit** durch das Vereinsgericht **gem § 73** wird **von Amts wegen eingetragen**, wenn die gerichtliche Verfügung rechtskräftig geworden ist. Wird die Rechtsfähigkeit dem Verein durch die *Verwaltungsbehörde* entzogen (vgl §§ 43, 44) oder der Verein durch die Verwaltungsbehörde aufgrund des öffentlichen Vereinsrechts aufgelöst (Art 9 Abs 2 GG; § 3 VereinsG; vgl § 61 Rn 6), so erfolgt die Eintragung ebenfalls von Amts wegen aufgrund einer Anzeige der zuständigen Behörde (§ 7 Abs 2 VereinsG). Dagegen ist die Auflösung des Vereins durch Beschluß der Mitgliederversammlung oder durch Ablauf der für die Dauer des Vereins bestimmten Zeit, ferner durch Erfüllung oder Unmöglichwerden des Vereinszweckes durch den *Vorstand* zur Eintragung anzumelden. Die Anmeldung kann nach § 78 durch Zwangsgeld erzwungen werden. Fehlt ein Vorstand, so kann gem § 29 ein *Notvorstand* bestellt werden (so die hM: MünchKomm/REUTER §§ 74, 75 Rn 2; SOERGEL/ HADDING Rn 4; BGB-RGRK/STEFFEN Rn 2); s auch § 73 Rn 3.

Die Eintragung kann jedoch im Falle des **Abs 2** nicht von Amts wegen erfolgen. Die Beendigung des Vereins durch Wegfall aller Mitglieder ist ebenfalls einzutragen, sofern sie unter den Begriff der Auflösung fällt. Die Eintragung ist in diesem Falle *von Amts wegen* vorzunehmen (hM, vgl MünchKomm/REUTER §§ 74, 75 Rn 4; SOERGEL/ HADDING Rn 6: Amtslöschung gem §§ 159, 142, 143 FGG), da ein anderes Verfahren nicht durchführbar und für diesen Fall auch keine Anmeldung vorgeschrieben ist.

5 5. Gem § 50 Abs 1 S 1 ist die Auflösung des Vereins und die Entziehung der Rechtsfähigkeit durch die *Liquidatoren* **öffentlich bekanntzumachen**. Eine weitere Bekanntmachung durch das Registergericht von Amts wegen ist in § 74 nicht vorgeschrieben, ausreichend ist die Bekanntmachung durch die Liquidatoren, so daß keine *doppelte* Bekanntmachung zu erfolgen hat (so auch PLANCK/KNOKE Anm 8; SOERGEL/HADDING Rn 9; MünchKomm/REUTER §§ 74, 75 Rn 6; BGB-RGRK/STEFFEN Rn 2; **abw** früher OERTMANN Anm 3). – Für den Fall, daß das Vermögen an den Fiskus fällt, fehlt eine entsprechende Vorschrift. Hier ist es Sache des Fiskus, das Erforderliche als Gesamtnachfolger zu veranlassen.

6 6. Nach §§ 3 Abs 4, 7 Abs 1 VereinsG hat, wenn ein Verein durch die zuständige *Verwaltungsbehörde* verboten ist, diese die Auflösung öffentlich bekanntzumachen.

§ 75

Die Eröffnung des Konkurses ist von Amts wegen einzutragen. Das gleiche gilt von der Aufhebung des Eröffnungsbeschlusses.

Materialien: E II § 65; III § 72; Prot I 576 ff; VI 118; JAKOBS/SCHUBERT AT I 300 f, 330.

1. Zur *Konkurseröffnung* s STAUDINGER/WEICK (1995) § 42 Rn 6 f; § 74 Rn 2. An deren Stelle tritt mit Wirkung ab 1. 1. 1999 die Eröffnung des Insolvenzverfahrens (vgl § 27 InsO v 5. 10. 1994, BGBl I 2866; Art 110 Abs 1 EGInsO v 5. 10. 1994, BGBl I 2911), die VerglO entfällt dann (s hierzu allg PICK NJW 1995, 992 ff).

2. Bei eingetragenen Vereinen ist nach § 108 Abs 1 S 2 VerglO auch die *Eröffnung des Vergleichsverfahrens* gem § 23 VerglO in das Vereinsregister einzutragen. Aus dem Hinweis auf § 23 VerglO ergibt sich, daß die Geschäftsstelle des Vergleichsgerichts dem Vereinsregistergericht eine Ausfertigung des Eröffnungsbeschlusses mitteilt, worauf das Registergericht die Eröffnung des Vergleichsverfahrens von Amts wegen in das Vereinsregister einträgt. Eine öffentliche Bekanntmachung der Eintragung findet nicht statt, aber eine Bekanntmachung des Eröffnungsbeschlusses (§ 22 VerglO).

3. Auch die *Aufhebung des Vergleichsverfahrens* ist öffentlich bekanntzumachen und in das Vereinsregister einzutragen (§§ 108, 98, 23 VerglO).

§ 76

[1] Die Liquidatoren sind in das Vereinsregister einzutragen. Das gleiche gilt von Bestimmungen, welche die Beschlußfassung der Liquidatoren abweichend von der Vorschrift des § 48 Abs. 3 regeln.

[2] Die Anmeldung hat durch den Vorstand, bei späteren Änderungen durch die Liquidatoren zu erfolgen. Der Anmeldung der durch Beschluß der Mitgliederversammlung bestellten Liquidatoren ist eine Abschrift des Beschlusses, der Anmeldung einer Bestimmung über die Beschlußfassung der Liquidatoren eine Abschrift der die Bestimmung enthaltenden Urkunde beizufügen.

[3] Die Eintragung gerichtlich bestellter Liquidatoren geschieht von Amts wegen.

Materialien: E II § 66; III § 72; Prot I 576 ff; JAKOBS/SCHUBERT AT I 300 f.

1. Die Bestimmung des Abs 1 S 1 gilt allgemein für **Liquidatoren jeder Art**. Der *Vorstand* des Vereins ist im Liquidationsstadium *Liquidator*. Es sind daher als Liqui-

§ 76, 2, 3
§ 77, 1, 2

datoren die bisherigen Vorstandsmitglieder einzutragen, falls nicht an ihrer Stelle andere Personen als Liquidatoren bestellt wurden. Die Tatsache der Liquidation ergibt sich nicht aus den durch § 74 vorgeschriebenen Eintragungen, sondern nur daraus, daß der bisherige Vorstand oder andere Personen als Liquidatoren in das Vereinsregister eingetragen werden. Die Liquidation ist nach §§ 45, 46 nicht die notwendige Folge der Auflösung des Vereins oder der Entziehung der Rechtsfähigkeit; daß sie im einzelnen Falle wirklich die Folge dieser eingetragenen Tatsachen ist, macht das Vereinsregister nur dadurch ersichtlich, daß die Liquidatoren als solche *in jedem Falle* der Liquidation eingetragen werden (übereinstimmend ENNECCERUS/NIPPERDEY § 114 Fn 11; SOERGEL/HADDING Rn 1; MünchKomm/REUTER Rn 1; PALANDT/HEINRICHS §§ 74–76 Rn 2; BGB-AK/OTT Rn 1). – Zur Eintragung von Liquidatoren bei einer GmbH aufgrund Auflösungsbeschlusses s LG Bremen ZIP 1994, 1186.

2 2.   Die **Anmeldung** der Liquidatoren erfolgt durch den *Vorstand*, uz auch dann, wenn er selbst oder seine Mitglieder als Liquidatoren zu fungieren haben. Die Liquidation gibt dem Vorstand einen anderen Namen und mit Rücksicht auf den Liquidationszweck eine andere Aufgabe als seine bisherige (vgl STAUDINGER/WEICK [1995] § 48 Rn 1, § 49 Rn 3 ff). – Zur Anmeldung der Auflösung durch den Liquidator s § 74 Rn 2 mwN u GRZIWOTZ DStR 1992, 1404, 1405.

3 3.   Im übrigen entsprechen die Vorschriften des § 76 denen der §§ 64, 67 hinsichtlich des Vorstandes, auch sind die §§ 68–70 entsprechend auf die Liquidatoren anwendbar (vgl § 48 Abs 2; SOERGEL/HADDING Rn 3; BGB-RGRK-STEFFEN Rn 1).

§ 77

Die Anmeldungen zum Vereinsregister sind von den Mitgliedern des Vorstandes sowie von den Liquidatoren mittels öffentlich beglaubigter Erklärung zu bewirken.

Materialien: E II § 64; III § 77; Prot I 576 ff; V 163 f; JAKOBS/SCHUBERT AT I 300 f.

1 1.   Aus dem Wortlaut des § 77 könnte man entnehmen, daß **Anmeldungen zum Vereinsregister** von allen Mitgliedern des Vorstandes vorgenommen werden müßten (so STAUDINGER/COING[12]). Allerdings liegt das Schwergewicht bei der erforderlichen Form, so daß keine zwingende Aussage über die Vertretungsberechtigung getroffen ist (so auch iE MünchKomm/REUTER Rn 1). Daher geht die heute **hM** zu Recht davon aus, daß auch hier, ebenso wie bei allen *späteren Anmeldungen*, eine solche **in vertretungsberechtigter Anzahl der Vorstandsmitglieder** ausreicht (PALANDT/HEINRICHS Rn 1; BGB-AK/OTT Rn 1; MünchKomm/REUTER Rn 1; LG Bremen NJW 1949, 345; LG Stade MDR 1962, 50; AG Mannheim Rpfleger 1979, 196; **aA** ERMAN/H P WESTERMANN Rn 1; BGB-RGRK/STEFFEN Rn 1; LG Düsseldorf NJW 1949, 387; LG Wuppertal MDR 1951, 751); vgl auch § 67 Rn 3, § 71 Rn 2. Dies gilt jedoch nicht für die *Erstanmeldung* (vgl § 59 Rn 10 mwN, insbes auch die dort zitierte Entscheidung BGHZ 96, 245).

2 Zulässig ist – auch nach der Gegenmeinung –, daß die Anmeldung durch einen vom

Gesamtvorstand **Bevollmächtigten** vorgenommen wird. Die Vollmacht bedarf öffentlicher Beglaubigung (KG RJA 4, 31); s auch § 59 Rn 11. Das Registergericht kann eine Spezialvollmacht verlangen (KG Recht 1907, 878 Nr 1948). Gem § 129 FGG gilt der Notar, der die zur Eintragung erforderliche Erklärung beurkundet oder beglaubigt, auch als ermächtigt, im Namen des zur Anmeldung Verpflichteten die Eintragung zu beantragen.

2. Die Anmeldung bedarf der *öffentlichen Beglaubigung* (vgl § 129). 3

3. Anmeldungen, die unter Mißachtung der vorgeschriebenen Form erfolgen, 4 sind vom Registergericht *zurückzuweisen*; eine dennoch erfolgte Eintragung ist weder unwirksam noch von Amts wegen zu löschen (vgl RICHERT NJW 1958, 894, 896; SOERGEL/HADDING Rn 4; MünchKomm/REUTER Rn 3; PALANDT/HEINRICHS Rn 1).

4. Zur *Zurücknahme* der Anmeldung s § 67 Rn 6. 5

§ 78

[1] **Das Amtsgericht kann die Mitglieder des Vorstandes zur Befolgung der Vorschriften des § 67 Abs. 1, des § 71 Abs. 1, des § 72, des § 74 Abs. 2 und des § 76 durch Festsetzung von Zwangsgeld anhalten.**

[2] **In gleicher Weise können die Liquidatoren zur Befolgung der Vorschriften des § 76 angehalten werden.**

Materialien: E II § 68; III § 75; Prot I 577 ff; geändert durch Teil I Art I Nr 5 GesEinhG v 5.3.1953 (BGBl I 33) u Art 121 Nr 1 EGStGB v 2.3.1974 (BGBl I 469); JAKOBS/SCHUBERT AT I 301.

Schrifttum

STARK, Der § 78 und das Ordnungsstrafverfahren, JW 1919, 94.

1. Die *Anmeldungen zum Vereinsregister*, zu welchen die Mitglieder des Vorstan- 1 des oder die Liquidatoren verpflichtet sind, können vom Amtsgericht durch **Zwangsgeld** erzwungen werden. – Zur Erzwingung der Anmeldung von Satzungsänderungen s OLG Frankfurt OLGZ 1979, 5.

2. Das Zwangsgeld ist **keine Strafe** iS des Strafrechts, sondern ein vom Gericht zu 2 verhängendes Verwaltungszwangsmittel. Daher ist auch die Umwandlung eines uneinbringlichen Zwangsgeldes in eine Ersatzfreiheitsstrafe gem § 43 StGB nicht möglich. Das *Mindestmaß* des Zwangsgeldes beträgt fünf, das *Höchstmaß* 1000 DM (Art 6 Abs 1 S 1 EGStGB).

3 3. Für das **Verfahren** sind *ausschließlich* die Bestimmungen der §§ *127, 132−139 FGG* anwendbar, wie sich aus § 159 FGG ergibt. Danach hat das Registergericht von Amts wegen einzuschreiten. Nachdem es von dem Sachverhalt glaubhafte Kenntnis erhalten hat, hat es den Beteiligten unter Androhung eines Zwangsgeldes aufzugeben, innerhalb einer bestimmten Frist der gesetzlichen Verpflichtung nachzukommen oder die Unterlassung mittels Einspruchs gegen die Verfügung zu rechtfertigen (§ 132 Abs 1 FGG). Wird während der festgesetzten Frist weder Einspruch erhoben noch die Anmeldung vorgenommen, so ist das angedrohte Zwangsgeld festzusetzen und zugleich die frühere Verfügung unter Androhung eines neuen Zwangsgeldes zu wiederholen (§ 133 Abs 1 FGG). Wird dagegen rechtzeitig *Einspruch* erhoben, so hat das Gericht, wenn sich der Einspruch nicht ohne weiteres als begründet ergibt, die Beteiligten zur mündlichen Erörterung der Sache zu einem Termin zu laden (§ 134 Abs 1 FGG). Erscheinen die Beteiligten nicht, so kann „nach Lage der Sache" entschieden werden (§ 134 Abs 2 FGG). Die Entscheidung kann auf Aufhebung der Verfügung (§ 135 Abs 1 FGG) oder auf Verwerfung des Einspruchs und Festsetzung des Zwangsgeldes oder auf Festsetzung eines geringeren Zwangsgeldes ergehen, ferner dahin, daß von einer Zwangsgeldfestsetzung abgesehen wird (§ 135 Abs 2 FGG).

Gegen die Festsetzung des Zwangsgeldes sowie gegen die Verwerfung des Einspruchs findet *sofortige Beschwerde* statt (§ 139 Abs 1 FGG). Diese steht nicht dem Verein, sondern nur dem betroffenen Vorstandsmitglied zu (BayObLG Recht 1907, 123 Nr 125).

4 4. Das Zwangsgeld wird gegen die *anmeldepflichtigen Einzelpersonen*, nicht gegen den Vorstand als Organ des Vereins verhängt (KG KGJ 26, 232; LG Lübeck SchlHA 1984, 115 mwN). Das Zwangsgeld kann daher auch nicht aus dem Vermögen des Vereins beigetrieben werden, die Kosten des Zwangsgeldverfahrens treffen nicht den Verein (vgl MünchKomm/REUTER Rn 1; SOERGEL/HADDING Rn 2).

§ 79

[1] **Die Einsicht des Vereinsregisters sowie der von dem Vereine bei dem Amtsgericht eingereichten Schriftstücke ist jedem gestattet. Von den Eintragungen kann eine Abschrift gefordert werden; die Abschrift ist auf Verlangen zu beglaubigen. Werden die Schriftstücke nach § 55 a Abs. 5 aufbewahrt, so kann eine Abschrift nur von der Wiedergabe gefordert werden. Die Abschrift ist auf Verlangen zu beglaubigen. Eine Einsicht in das Original ist nur gestattet, wenn ein berechtigtes Interesse an der Einsicht darin dargelegt wird.**

[2] **Die Einrichtung eines automatisierten Verfahrens, das die Übermittlung der Daten aus dem maschinell geführten Vereinsregister durch Abruf ermöglicht, ist zulässig, sofern sichergestellt ist, daß
1. der Abruf von Daten die nach Absatz 1 zulässige Einsicht nicht überschreitet und
2. die Zulässigkeit der Abrufe auf der Grundlage einer Protokollierung kontrolliert werden kann.**

[3] Die Einrichtung eines automatisierten Verfahrens nach Absatz 2 bedarf der Genehmigung durch die von der Landesregierung bestimmten Stelle. Die Genehmigung darf erteilt werden
1. öffentlichen Stellen, soweit der Abruf von Daten ausschließlich zur Erfüllung der ihnen gesetzlich zugewiesenen Aufgaben erfolgt,
2. nicht öffentlichen Stellen, soweit der Abruf von Daten zur Wahrnehmung eines berechtigten beruflichen oder gewerblichen Interesses des Empfängers erfolgt und kein Grund zu der Annahme besteht, daß die Daten zu anderen als zu den vom Empfänger dargelegten Zwecken abgerufen werden.

[4] Die Genehmigung setzt ferner voraus, daß
1. diese Form der Datenübermittlung wegen der Vielzahl der Übermittlungen oder wegen ihrer besonderen Eilbedürftigkeit angemessen ist,
2. auf seiten des Empfängers die Grundsätze einer ordnungsgemäßen Datenverarbeitung eingehalten werden und
3. auf seiten der speichernden Stelle die technischen Möglichkeiten der Einrichtung und Abwicklung des Verfahrens gegeben sind und eine Störung ihres Geschäftsbetriebs nicht zu erwarten ist.

[5] Die Genehmigung kann auch für den Abruf der Daten aus mehreren oder allen in einem Land maschinell geführten Vereinsregistern erteilt werden.

[6] Die Genehmigung ist zu widerrufen, wenn eine der Voraussetzungen nach den Absätzen 2 bis 4 weggefallen ist. Sie kann widerrufen werden, wenn die Anlage mißbräuchlich benutzt worden ist.

[7] Anstelle der Genehmigung kann ein öffentlich-rechtlicher Vertrag oder eine Verwaltungsvereinbarung geschlossen werden.

[8] Soweit in dem automatisierten Verfahren personenbezogene Daten übermittelt werden, darf der Empfänger diese nur für den Zweck verwenden, zu dessen Erfüllung sie ihm übermittelt worden sind. Bei der Genehmigung nach Absatz 3 Satz 2 Nr. 2 ist der Empfänger darauf hinzuweisen.

[9] Ist der Empfänger eine nicht öffentliche Stelle, gilt § 38 des Bundesdatenschutzgesetzes mit der Maßgabe, daß die Aufsichtsbehörde die Ausführung der Vorschriften über den Datenschutz auch dann überwacht, wenn keine hinreichenden Anhaltspunkte für eine Verletzung dieser Vorschriften vorliegen.

[10] Das Bundesministerium der Justiz wird ermächtigt, durch Rechtsverordnung mit Zustimmung des Bundesrates Gebühren für die Einrichtung und die Nutzung eines automatisierten Abrufverfahrens nach Absatz 2 zu bestimmen. Die Gebührensätze sind so zu bemessen, daß der mit der Einrichtung und Nutzung des Verfahrens verbundene Personal- und Sachaufwand gedeckt wird; hierbei kann daneben die Bedeutung, der wirtschaftliche Wert oder der sonstige Nutzen für den Begünstigten angemessen berücksichtigt werden.

Materialien: E II § 69; III § 76; Prot I 578; VI 118, 182; Abs 1 S 3–5, Abs 2–10 eingefügt durch Art 10 Nr 2 RegVBG v 20. 12. 1993 (BGBl I 2182), zu den Gesetzesmaterialien hierzu s § 55 a; JAKOBS/SCHUBERT AT I 301 f, 330.

Schrifttum

Vgl die Literaturangaben zum RegVBG bei § 55 a.
FROHN, Akten- und Registereinsicht. Prüfung des rechtlichen bzw. berechtigten Interesses, RpflJb 1981/1982, 343
LEUE, Einsichtsrechte in öffentliche Register, in: VOLLKOMMER (Hrsg), Datenverarbeitung und Persönlichkeitsrecht (1986) 83
LÜKE, Registereinsicht und Datenschutz, NJW 1983, 1407.

I. Die Regelung des Abs 1 S 1, 2

1 **1.** Mit § 79 Abs 1 S 1, 2, Abs 2 S 1 stimmen *§ 9 Abs 1, Abs 2 S 1 HGB* überein. Weitergehend kann allerdings gem § 9 Abs 2 S 2, 3 HGB von den zum Handelsregister eingereichten Schriftstücken eine beglaubigte Abschrift gefordert werden, uz – abweichend von § 34 FGG – *ohne Glaubhaftmachung eines berechtigten Interesses* (vgl BAUMBACH/HOPT, HGB [29. Aufl 1995] § 9 Rn 1). § 9 HGB wurde ebenso wie § 8 a HGB und § 79 durch das RegVBG geändert.

2 **2.** Nach § 79 Abs 1 S 1 ist das **Vereinsregister öffentlich**. *Ohne den Nachweis eines rechtlichen Interesses* steht jedem das Recht zu, das Vereinsregister und dessen Beilagen während der Dienststunden einzusehen und eine Abschrift zu fordern. Das Gericht ist auch verpflichtet, auf Verlangen von den Eintragungen in das Vereinsregister beglaubigte Abschriften zu erteilen (vgl § 79 Abs 1 S 2 2. HS). Die Glaubhaftmachung eines berechtigten Interesses ist aber erforderlich, wenn eine Abschrift von den beim Amtsgericht eingereichten Schriftstücken, also den *Registerakten*, begehrt wird (vgl § 34 Abs 1 FGG). Gem § 162 FGG hat das Amtsgericht auf Verlangen auch ohne Nachweis eines berechtigten Interesses eine *Negativbescheinigung* dahin zu erteilen, daß eine weitere Eintragung oder eine bestimmte Eintragung in das Register nicht erfolgt ist.

Weitere Bestimmungen sind in den landesrechtlichen *Ausführungsgesetzen* enthalten (so zB § 2 Abs 2 HessAGBGB v 18. 12. 1984, GVBl I 344, das ein Einsichtsrecht bei Behörden regelt, das sich auch auf die Satzung und die Erteilung von Abschriften hieraus bezieht).

3 Der in § 79 gewährte Anspruch auf Einsicht steht auch einem **Ausländer** zu, was sich bereits aus dem Wortlaut des § 79 Abs 1 S 1 ergibt und selbstverständlich ist (hM: SOERGEL/HADDING Rn 1; MünchKomm/REUTER Erl zu § 79; BGB-RGRK/STEFFEN Erl zu § 79; zur Begründung s STAUDINGER/COING[12]).

4 **3.** Der *Nachweis*, daß der Vorstand aus den im Register eingetragenen Personen besteht, wird gem § 69 durch ein **Zeugnis** des Amtsgerichts über die Eintragung geführt. Daraus ist zu entnehmen, daß das Amtsgericht verpflichtet ist, in den Fällen, in denen der Nachweis zu führen ist, das erforderliche Zeugnis aufgrund des Vereinsregisters zu erteilen. Dies gilt auch von der Eintragung der Liquidatoren.

II. Die Neuregelung der Absätze 1 Satz 3—5, 2—10

1. § 79 ist durch das RegVBG *wesentlich erweitert* worden (vgl dazu § 55 a Rn 1), er **5** enthält die notwendige Anpassung an die Einführung des elektronischen Registers. Der bisherige Inhalt des § 79 ist durch die Neufassung zum Abs 1 S 1, 2 geworden.

Die **Einsicht in das Vereinsregister** ist wie nach bisherigem Recht möglich (vgl Begr des RegE BT-Drucks 12/5553 S 192). Wenn die Schriftstücke gem § 55 a Abs 2 aufbewahrt werden, kann nur auf Verlangen eine zu beglaubigende Abschrift von der Wiedergabe verlangt werden (§ 55 a Abs 1 S 3). Eine Einsicht in das Original kann nur bei Darlegung eines berechtigten Interesses verlangt werden. Dies wird dann der Fall sein, wenn berechtigte Zweifel an Vollständigkeit oder Richtigkeit der Wiedergabe glaubhaft gemacht werden (PALANDT/HEINRICHS Rn 2). Die neu eingefügten Sätze 3 und 4 des Abs 1 gehen auf einen Vorschlag aus der Stellungnahme des BR zu dem RegE zurück (BT-Drucks 12/5553 S 191 Nr 39). Die Anfügung des weiteren Satzes 5 des Abs 1 beruht auf dem Vorschlag der BReg in der Gegenäußerung (BT-Drucks 12/5553 S 213). Dieser Satz entspricht der Neuregelung des § 12 b Abs 3 GBO (Beschlußempfehlung des RAussch BT-Drucks 12/6228 S 97).

2. Die neu eingefügten *Absätze 2—8* entsprechen *§ 133 GBO*, wobei allerdings **6** anders als dort für die Bestimmung des Online-Zugriffs die Kriterien des § 9 a HGB übernommen werden (Begr des RegE BT-Drucks 12/5553 S 47, 120). Abs 2—10 regeln das Problem der *Datenübermittlung auf Abruf*. Hierbei muß sichergestellt sein, daß das Maß der zulässigen Einsicht nicht überschritten wird und die Zulässigkeit des Abrufes kontrolliert werden kann (Abs 2). Bei Mißbrauch ist Widerruf der Genehmigung möglich (Abs 6 S 2). Ebenso wie beim maschinell geführten Grundbuch und Handelsregister können sich Dritte, also Behörden, Gerichte und private Interessenten Daten in ihre Geschäftsräume übermitteln lassen, sog **Online-Zugriff** (PALANDT/HEINRICHS Rn 3). Auf die entsprechenden Regelungen in §§ 133 GBO nF und 9 a HGB nF wird verwiesen. Für die Kontrolle können Codenummern vergeben werden (vgl GesE der BReg BR-Drucks 360/93 S 321).

3. Die Anfügung des neuen *Abs 5* beruht auf einem Vorschlag aus der Stellung- **7** nahme des BR zu dem RegE (BT-Drucks 12/5553 S 192 Nr 44). Aus den in der Gegenäußerung der BReg angeführten Gründen soll die dort vorgeschlagene Formulierung gewählt werden (BT-Drucks 12/5553 S 213; Beschlußempfehlung des RAussch BT-Drucks 12/6228 S 98). Abs 3—5 regeln die **Genehmigung**, sie wird von einer durch die Landesregierung ermächtigten Stelle erteilt. Empfänger der Genehmigung können staatliche Stellen sein (Abs 3 Nr 1; zB Notare, IHK, Gerichte, Polizei, Staatsanwaltschaften, Finanzämter, vgl Begr des RegE BT-Drucks 12/5553 S 106, 47; BR-Drucks 360/93 S 316), aber auch nicht öffentliche Stellen (zur Begriffsbestimmung s § 2 Abs 4 BDSG), also natürliche und juristische Personen des Privatrechts (zB Banken, Auskunfteien, Rechtsanwälte, private Wirtschaftsunternehmen, vgl BT-Drucks aaO); hierbei muß allerdings der Datenabruf zur Wahrnehmung eines *berechtigten Interesses* erforderlich sein, wobei gewerbliche und berufliche Interessen genannt sind. Außerdem muß sichergestellt sein, daß kein Abruf zu anderen Zwecken erfolgt. In der Praxis dürfte dies zu Schwierigkeiten führen, weil wohl kaum in jedem Einzelfall eine Kontrolle möglich sein wird.

8 Weitere Voraussetzung für die Erteilung der Genehmigung ist gem *Abs 4*, daß die Datenübermittlung wegen der Vielzahl oder der besonderen Eilbedürftigkeit angemessen ist (Nr 1), auf der Empfängerseite die Grundsätze einer ordnungsgemäßen Datenverarbeitung eingehalten sind (Nr 2) und bei der speichernden Stelle die technischen Möglichkeiten sowie ein störungsfreier Geschäftsbetrieb vorliegen (Nr 3). Hierbei sind vor allem die technischen Kapazitäten der entsprechenden EDV-Anlagen angesprochen, insbes Hard- und Software.

9 Die Erteilung der Genehmigung erfolgt nach *pflichtgemäßem Ermessen*. Ein Anspruch auf Erteilung besteht auch dann nicht, wenn der Antragsteller alle Genehmigungsvoraussetzungen des Abs 4 Nr 1–3 erfüllt (PALANDT/HEINRICHS Rn 5). Die Versagung der Genehmigung ist als Justizverwaltungsakt gem § 23 EGGVG anfechtbar (PALANDT/HEINRICHS Rn 5). Abs 5 sieht eine generelle Erteilung der Genehmigung für den Datenabruf aus mehreren oder allen in einem Land geführten maschinellen Vereinsregistern vor.

10 Der *Widerruf der Genehmigung* ist auszusprechen, wenn die Voraussetzungen der Absätze 2–4 weggefallen sind (Abs 6), ebenso bei Mißbrauch (s o Rn 7). Hier besteht ein Ermessen, während bei Abs 6 S 1 der Widerruf zwingend erfolgen muß. Die Anfügung beruht auf einem Vorschlag aus der Stellungnahme des Bundesrates zu dem RegE (BT-Drucks 12/5553 S 193 Nr 145; Beschlußempfehlung des RAussch BT-Drucks 12/6228 S 98).

11 4. *Abs 7* sieht anstelle der Genehmigung den Abschluß eines **öffentlich-rechtlichen Vertrages** oder einer Verwaltungsvereinbarung vor. Beides kommt nur bei öffentlichen Stellen in Betracht. Auf den öffentlich-rechtlichen Vertrag sind die Vorschriften der §§ 54–62 VwVfG anwendbar. Es gilt auch die Formvorschrift des § 57 VwVfG, zumindest analog, auch wenn § 2 Abs 3 Nr 1 VwVfG die Gerichtsverwaltungen und Behörden der Justizverwaltungen vom Geltungsbereich des VwVfG ausschließt (vgl PALANDT/HEINRICHS Rn 6). Durch die generelle Verweisung auf den öffentlich-rechtlichen Vertrag ist auch die Anwendung der Formvorschrift gedeckt, zumal Gründe der Rechtsklarheit dafür sprechen.

12 5. Mit der Neufassung des *Abs 9* wird den Bedenken des BR gegen die **datenschutzrechtliche Kontrolle** der nicht öffentlichen Stellen durch die für den öffentlichen Bereich zuständigen Kontrollinstanzen der Länder teilweise Rechnung getragen (BT-Drucks 12/5553 S 193 Nr 46; Beschlußempfehlung des RAussch BT-Drucks 12/6228 S 98). Abs 8 und 9 regeln den Datenschutz. Bei nicht öffentlichen Stellen ist eine *Überwachung* durch die Aufsichtsbehörde gem § 38 BDSG vorgesehen. Zu beachten ist, daß der Datenschutz hier keinen besonders hohen Stellenwert hat, weil die Einsicht in das Vereinsregister jedermann offensteht und von daher keine übertriebenen Anforderungen gestellt werden dürfen (s zu diesem Problem vor allem auch im Hinblick auf das Recht zur informationellen Selbstbestimmung HOLZER NJW 1994, 486; vgl auch PALANDT/HEINRICHS Rn 6). Die Anfügung des neuen Satzes 2 beruht auf einem Vorschlag aus der Stellungnahme des BR zu dem RegE (BT-Drucks 12/5553 S 193 Nr 47; Beschlußempfehlung des RAussch BT-Drucks 12/6228 S 98).

13 6. *Abs 10* regelt die Ermächtigung des BMJ, durch RechtsVO **Gebühren** für Nutzung und Einrichtung des automatisierten Verfahrens zu bestimmen. Daß die

2. Titel. Juristische Personen. **Vorbem zu §§ 80 ff**
II. Stiftungen

Gebührensätze kostendeckend sein müssen, ist eigentlich eine Selbstverständlichkeit, die im Gesetz nicht hätte ausgesprochen werden müssen (vgl PALANDT/HEINRICHS Rn 6). Bei Amtshilfe fallen aber keine Gebühren an (vgl Begr des GesE der BReg BT-Drucks 12/5553 S 192).

Für die Erteilung von *Abschriften und Ausdrucken* aus maschinell geführten Registern ist eine Gebührenregelung nunmehr in § 73 Abs 1–4 KostO idF des KostRÄndG v 24. 6. 1994 (BGBl I 1325) enthalten; diese Vorschrift gilt wegen §§ 80, 89 Abs 1 KostO auch für das Vereinsregister.

II. Stiftungen

Vorbemerkungen zu §§ 80–88

Schrifttum

ACHILLES, Die Aufsicht über die kirchlichen Stiftungen der evangelischen Kirche in der Bundesrepublik Deutschland (1986)
ANDRICK, Stiftungsrecht und Staatsaufsicht unter besonderer Berücksichtigung der nordrhein-westfälischen Verhältnisse (1988)
Arbeitsgemeinschaft Deutscher Stiftungen (Hrsg), Lebensbilder Deutscher Stiftungen, Band 1 bis 6 (1971 bis 1993)
BALLERSTEDT, siehe BALLERSTEDT/SALZWEDEL
BALLERSTEDT/SALZWEDEL, Soll das Stiftungsrecht bundesgesetzlich vereinheitlicht und reformiert werden, gegebenenfalls mit welchen Grundzügen?, Gutachten 44. DJT, Band 1, 5. Teil (1962)
BEHREND, Die Stiftung nach deutschem bürgerlichem Recht (1904)
ders, Gibt es im geltenden Recht noch „milde Stiftungen"?, AöR 45 (1924) 265 ff
BERKEL/NEUHOFF/SCHINDLER/STEINSDÖRFER, Stiftungshandbuch (3. Aufl 1989)
BINZ/SORG, Die Stiftung – Mustervertrag – (2. Aufl 1993)
BORGOLTE, Die Stiftungen des Mittelalters in rechts- und sozialhistorischer Sicht, ZRG KA 105 (1988) 71 ff

BOULDING, Über eine reine Theorie der Stiftung (1972)
BREUER, Zweckumwandlung und Aufhebung von Stiftungen nach deutschem Recht – unter vergleichender Heranziehung entsprechender Einrichtungen im anglo-amerikanischen Recht (Diss Köln 1967)
Bundesverband Deutscher Stiftungen e. V. (Hrsg), Verzeichnis der Deutschen Stiftungen (2. Aufl 1994)
vCAMPENHAUSEN, Stiftungsschicksale, in: Hommage für Kurt Bötsch (1988) 45 ff
Deutscher Juristentag – Studienkommission, Vorschläge zur Reform des Stiftungsrechts (1968)
CARSTENSEN, Vermögensverwaltung, Vermögenserhaltung und Rechnungslegung gemeinnütziger Stiftungen (1994)
DEWALD, Die privatrechtliche Stiftung als Instrument zur Wahrnehmung öffentlicher Zwecke (1990)
DREWS, Die Stiftung nach dem Recht der DDR, in: Arbeitsgemeinschaft Deutscher Stiftungen (Hrsg), Bericht über die 46. Jahrestagung am 21./22. 6. 1990 in Mainz (1990) 57 ff
DUDEN, Für ein Bundesstiftungsgesetz, JZ 1968, 1 ff

EBERSBACH, Handbuch des deutschen Stiftungsrechts (1972)
ders, Besprechung zu Frowein: Grundrecht auf Stiftung, AöR 104 (1979) 157 ff
EICHLER, Die Verfassung von Körperschaft und Stiftung (1986)
FLÄMIG, Alternative Stiftungsuniversität, WissR 8 (1975) 1 ff
ders, Die Erhaltung der Leistungskraft von gemeinnützigen Stiftungen (1984)
FLORY, Der Standort der Stiftungen im Forschungssystem (1974)
FRANZ, Das große Stiftungssterben in Mitteldeutschland, in: Deutsches Stiftungswesen 1948–1966 (1968) 435 ff
FROWEIN, Grundrecht auf Stiftung (1976)
GEBEL/HINRICHSEN, Schleswig-Holsteinisches Stiftungsgesetz – Kommentar (1994)
GOERDELER, Stiftungen in der Bundesrepublik aus heutiger Sicht, in: FS Heinsius (1991) 169 ff
GOERDELER/ULMER, Der Stiftungszweck und die Reform des Stiftungsrechts, AG 1963, 292 ff, 328 ff
GOETZE, Die Stellung der Stiftungen im heutigen Recht, PrVBl 21 (1899/1900) 309 ff
GRADENWITZ, Der Wille des Stifters, in: FS zur Erinnerung an Immanuel Kant (1904) 179 ff
GROSSFELD, „Unsterblichkeit" und Jurisprudenz – Eine rechtsmethodische Betrachtung, in: Festg Kummer (1980) 3 ff
GROSSFELD/MARK, Die Stiftung als Träger von Unternehmen im deutschen Recht, WuR 37 (1985) 65 ff
HÄRTL, Ist das Stiftungsrecht reformbedürftig? (1990)
HAMMER, Studie zur Regelung der Stiftung in der DDR auf der Grundlage des Zivilgesetzbuches (Diss Berlin, Humboldt-Universität 1988)
HARBECK, Gesetz über rechtsfähige Stiftungen des bürgerlichen Rechts – Kommentar, in: Praxis der Gemeindeverwaltung D4 (Schleswig-Holstein), Loseblatt (1974)
HARTMANN/ATZPODIEN, Zu den Auswirkungen stiftungsrechtlicher Genehmigungserfordernisse bei Rechtsgeschäften, in: FS Rittner (1991) 147 ff
HINDERMANN, Der Stiftungszweck, ZSR 47 (1928) 225 ff

HOF, Stiftung, in: Münchener Vertragshandbuch, Band 1, Form VII 1–5 (1992) 911 ff
ders, Die Vermögensausstattung von privaten Stiftungen, DStZ 1992, 1549 ff, 1587 ff
Interministerielle Arbeitsgruppe Stiftungsrecht, Bericht der Interministeriellen Arbeitsgruppe Stiftungsrecht zu Fragen einer Neugestaltung des Stiftungsrechts, in: Deutsches Stiftungswesen 1966–1976 (1977) 361 ff
J IPSEN, Staat und Stiftung – Überlegungen zum verfassungsrechtlichen Standort der Stiftung des privaten Rechts, in: Deutsches Stiftungswesen 1977–1988 (1989) 151 ff
JESS, Das Verhältnis des lebenden Stifters zur Stiftung (1991)
KARPEN, Gemeinnützige Stiftungen im pluralistischen Rechtsstaat (1980)
KNEIS/KAJA, Stiftungsrecht in Rheinland Pfalz, in: Praxis der Gemeindeverwaltung D4 (Rheinland-Pfalz), Loseblatt (1973)
KOHLER, Über das Recht der Stiftungen, ArchBürgR 3 (1890) 228 ff
KRONKE, Stiftungstypus und Unternehmensträgerstiftung (1988)
KRÜGER, Die Rundfunkstiftung – Die Stiftung des bürgerlichen Rechts als Organisationsform für den Rundfunk (1976)
KUCHINKE, Probleme bei letztwilligen Zuwendungen für Stiftungszwecke, in: FS Neumayer (1985) 389 ff
KUNZE, Zwischenbericht der Stiftungsrechtskommission, Vhdlg 46. DJT, Band 2, J 27 ff (1967)
LEISNER, Staat und Stiftung, in: Deutsches Stiftungswesen 1966–1976 (1977) 85 ff
ders, Stiftungsrecht in der Diskussion, in: Deutsches Stiftungswesen 1966–1976 (1977) 119 ff
LIEBETANZ, Das Stiftungswesen nach bürgerlichem und öffentlichem Recht unter Berücksichtigung der Rechtsprechung (1931)
LIERMANN, Handbuch des Stiftungsrechts (1963)
ders, Die Stiftung als Rechtspersönlichkeit, in: Deutsches Stiftungswesen 1948–1966 (1968) 153 ff
ders, Persönlichkeitswert der Stiftung – Ihr Recht auf Name und Wesensart, in: Deutsches Stiftungswesen 1948–1966 (1968) 173 ff
ders, Unitarismus und Föderalismus im deut-

schen Stiftungsrecht, in: Deutsches Stiftungswesen 1948–1966 (1968) 247 ff
ders, Wozu ein Bundesstiftungsgesetz?, ZRP 1970, 27 ff
LÖFFLER/FAUT, Die moderne Stiftung, BB 1974, 329 ff
MESTMÄCKER, Soll das Stiftungsrecht bundesgesetzlich vereinheitlicht und reformiert werden, gegebenenfalls mit welchen Grundzügen? Referat 44. DJT, Band 2, G 3 ff (1962)
MESTMÄCKER/REUTER, Länderbericht „Deutschland", in: Stiftungen in Europa (1971)
MICHALSKI, Gesellschaftsrechtliche Gestaltungsmöglichkeiten zur Perpetuierung von Unternehmen (1980)
MÖSL, Der Namensschutz der Stiftung, in: Deutsches Stiftungswesen 1948–1966 (1968) 191 ff
vMUTIUS, Zur Grundrechtsfähigkeit privatrechtlicher Stiftungen, VerwArch 65 (1974) 87 ff
NEUHOFF, Stiftungen an Universitäten und Hochschulen, WissR 3 (1970) 19 ff
ders, Die gemeinwohlkonforme Allzweckstiftung als Gegenstand des Stiftungsrechts des BGB, in: Deutsches Stiftungswesen 1977–1988 (1989) 61 ff
ders, Das Stiftungsgesetz für die neuen Bundesländer, DtZ 1991, 435 f
NEUHOFF/VINKEN, Deutsche Stiftungen für Wissenschaft, Bildung und Kultur (1969)
NOTTARP, Die Stiftungsreduktion, in: Bonner Festg Zitelmann (1923) 373 ff
ders, Beiträge zum Stiftungsrecht, ZGR KA 73 (1956) 324 ff
OPPERMANN, Zur Finanzkontrolle der Stiftung Volkswagenwerk (1972)
PLEIMES, Die Rechtsproblematik des Stiftungswesens (1938)
ders, Weltliches Stiftungrecht (1938)
ders, Irrwege der Dogmatik im Stiftungsrecht (1954)
vPÖLNITZ, Vom Werden und Sinn des Stiftungswesens, in: Deutsches Stiftungswesen 1948–1966 (1968) 1 ff
POHLEY, Kommentar zum Stiftungsgesetz Bayern (1993)
ders, Die Rechtsstellung der öffentlichen Stiftung des bürgerlichen Rechts nach dem bayerischen Stiftungsgesetz, BayVBl 1977, 592 ff
RAWERT, Die Genehmigungsfähigkeit der unternehmensverbundenen Stiftung (1990)
ders, Das Stiftungsrecht der neuen Bundesländer, BB Beil 6/1991, 13 ff
REICHE, Das deutsche Spital und sein Recht im Mittelalter (1932)
REUTER, Privatrechtliche Schranken der Perpetuierung von Unternehmen (1973)
ders, Stiftungsrecht und Vereinsrecht, in: Deutsches Stiftungswesen 1977–1988 (1989) 95 ff
ders, Rechtsprobleme unternehmensbezogener Stiftungen, DWiR 1991, 192 ff
ders, Probleme der Unternehmensnachfolge, ZGR 1991, 467 ff
RIEHMER, Körperschaften als Stiftungsorganisationen (1993)
RIETDORF, Stiftungsverwaltung (1952)
RÖSNER, Hessisches Stiftungsgesetz (1967)
vROTBERG, Stiftungsgesetz für Baden-Württemberg (2. Aufl 1992)
ROTH, Ueber Stiftungen, JherJb 1 (1857) 189 ff
SARTORIUS, Stiftungen, in: Wörterbuch des Deutschen Staats- und Verwaltungsrechts (2. Aufl 1914) 539 ff
SCHAIRER, Aufgabe, Struktur und Entwicklung der Stiftungen (1958)
SCHILLER, Stiftungen im gesellschaftlichen Prozeß (1969)
SCHLOSSMANN, Zur Lehre von den Stiftungen, JherJb 27 (1889) 1 ff
KARSTEN SCHMIDT, Stiftungswesen – Stiftungsrecht – Stiftungspolitik (1987)
ders, Wohin steuert die Stiftungspraxis, DB 1987, 261 ff
M SCHMIDT, Umfang und Grenzen der Prüfungsbefugnisse des Bundesrechnungshofes in der Bundesrepublik Deutschland unter besonderer Berücksichtigung privatrechtlicher Stiftungen (Diss Innsbruck 1967)
SCHOLZ/LANGNER, Stiftung und Verfassung – Strukturprobleme des Stiftungsrechts am Beispiel der „Stiftung Warentest" (1990)
SCHULTE, Staat und Stiftung (1989)
SCHULZE, Historischer Hintergrund des Stiftungsrechts, in: Deutsches Stiftungswesen 1977–1988 (1989) 29 ff
SCHUSTER/GUNZERT, Die Lage der Stiftungen

nach der Währungsreform, in: Deutsches Stiftungswesen 1948–1966 (1968) 21 ff
SCHWINGE, Die öffentliche Stiftung des bürgerlichen Rechts, BayVBl 1977, 396 ff
SEIFART, Neue Entwicklungen im Stiftungsrecht, WissR 8 (1975) 227 ff
ders, Grenzen staatlicher Stiftungskontrolle, in: Deutsches Stiftungswesen 1966–1976 (1977) 303 ff
ders, Kein Bundesstiftungsgesetz, ZRP 1978, 144 ff
ders (Hrsg), Handbuch des Stiftungsrechts (1987)
ders, Vermögensverwaltung bei Stiftungen, BB 1987, 1889 ff
ders, Die Verwaltung von Stiftungsvermögen, in: Festg Niedersächsische Börse (1987) 133 ff
SIEGMUND-SCHULTZE, Hospitalstiftungen zwischen Kirche und Staat im nachkonstitutionellen Stiftungsrecht, in: FS Geiger (1989) 671 ff
ders, Niedersächsisches Stiftungsgesetz (3. Aufl 1993)
STENGEL, Hessisches Stiftungsgesetz – Kommentar (1994)
Stiftungen in der Rechtsprechung (StiftRspr), Band I (1980), Band II (1982), Band III (1985), Band IV (1993)
STINZING, Über das Stiftungsgeschäft nach dem BGB, AcP 88 (1898) 392
STRICKRODT, Stiftungsrecht und Stiftungswirklichkeit, JZ 1961, 111 ff
ders, Zur Rechtspraxis der Stiftungsgründung, DB 1962, 529 ff, 561 ff
ders, Die Erscheinungsformen der Stiftung des privaten und des öffentlichen Rechts, NJW 1962, 1480 ff
ders, Neuordnung des Stiftungsrechts?, JR 1962, 285 ff
ders, Warentest-Institut als zivilrechtliche Stiftung, DB 1964, 1081 ff
ders, Rechtsfähige Stiftungen des privaten Rechts, JZ 1964, 576 ff
ders, Stiftungsrechtliche Modelle für städtebauliche Sanierungsinstitutionen, NJW 1971, 920 ff
ders, Warum Bemühungen um das Stiftungswesen, in: FS Hengst (1972) 170 ff

ders, Ordnungsaufgabe und Leistungsidee der Funktionsträgerstiftung, in: Deutsches Stiftungswesen 1966–1976 (1977) 323 ff
ders, Stiftungsrecht – Geltende Vorschriften und rechtspolitische Vorschläge (1977)
ders, Stiftungen als urbildhaftes Geschehen im Gemeinwesen (1984)
THOMSEN, Probleme „staatsnaher" Stiftungen unter besonderer Berücksichtigung ihrer Autonomie (Diss Hamburg 1991)
TOEPKE, Staatsaufsicht über Stiftungen nach anglo-amerikanischem Recht (Diss Hamburg 1967)
TOTENHÖFER-JUST, Öffentliche Stiftungen (1973)
TURNER, Die Stiftung – eine Möglichkeit zukunftsorientierter Vermögensbindung, DB 1995, 413 ff
VOLL/STÖRLE, Bayerisches Stiftungsgesetz (2. Aufl 1979)
WENDLER, Die Gemeinschaftsstiftung (Diss Frankfurt am Main 1972)
WEIMAR, Die rechtsfähige Stiftung des Privatrechts, MDR 1981, 548 ff
WOCHNER, Stiftungen und stiftungsähnliche Körperschaften als Instrumente dauerhafter Vermögensbindung, MittRhNotK 1994, 89 ff.

Weiteres Schrifttum: Zur Stiftungsaufsicht Rn 60; zur Publizität bei Stiftungen Rn 76; zur unternehmensverbundenen Stiftung Rn 83; zur Familienstiftung Rn 122; zur kirchlichen Stiftung Rn 137; zur kommunalen Stiftung Rn 147; zur unselbständigen Stiftung Rn 151; zum Sammelvermögen Rn 174; zu Stiftungsvereinen und -gesellschaften Rn 177; zur öffentlich-rechtlichen Stiftung Rn 181; zum Steuerrecht Rn 189. Im übrigen siehe die Schriftumshinweise zu den Einzelkommentierungen.

Hinweis: Das Stiftungsgesetz für das Land Brandenburg v 27. 6. 1995 (GVBl I 198) konnte nicht mehr berücksichtigt werden. S dazu LT Drucks 2/577 v 11. 4. 1995.

2. Titel. Juristische Personen.　　　　　　　　　　　　　　　　　　　　　Vorbem zu §§ 80 ff
II. Stiftungen

Systematische Übersicht

I. **Grundlagen**
1. Der Regelungsgegenstand der §§ 80 bis 88 _____ 1
2. Der Stiftungsbegriff _____ 3
a) Stiftungszweck _____ 6
b) Stiftungsvermögen _____ 15
c) Stiftungsorganisation _____ 25

II. **Zur Entwicklung des Stiftungsrechts** _____ 28
1. Geschichtliche Entwicklung bis zum BGB _____ 29
2. Die Regelung im BGB _____ 33
3. Die rechtspolitische Diskussion _____ 36
4. Stiftungsrecht und Grundrechtsschutz _____ 40
a) Der Grundrechtsschutz des Stifters _____ 40
b) Der Grundrechtsschutz der Stiftung _____ 50

III. **Landesrecht, Stiftungsaufsicht und stiftungsrechtliche Publizitätsvorschriften**
1. Die Landesstiftungsgesetze _____ 56
2. Die Stiftungsaufsicht _____ 60
a) Begriff _____ 60
b) Zweck _____ 61
c) Mittel _____ 69
d) Träger _____ 73
3. Stiftungsrechtliche Publizitätsvorschriften _____ 76

IV. **Sonderformen der rechtsfähigen Stiftung des Privatrechts** _____ 82
1. Die unternehmensverbundene Stiftung _____ 83
a) Begriff und Erscheinungsformen _____ 83
b) Problematik und Diskussionsstand _____ 89
c) Stellungnahme: Die analoge Anwendung des § 22 auf die Stiftung _____ 94
d) Stiftungsklassenabgrenzung, Nebentätigkeitsprivileg und Subsidiaritätsgrundsatz _____ 101
e) Landesrechtliche Regelungen _____ 114
f) Die unternehmensverbundene Stiftung im Handels-, Gesellschafts- und Arbeitsrecht _____ 116
2. Die Familienstiftung _____ 122
a) Begriff und Erscheinungsformen _____ 122
b) Problematik und Diskussionsstand _____ 127
c) Stellungnahme: Die Unzulässigkeit der Unterhaltsstiftung _____ 132
3. Die kirchliche Stiftung _____ 137
4. Die kommunale Stiftung _____ 147

V. **Stiftungen und stiftungsähnliche Gebilde außerhalb der §§ 80 bis 88 BGB**
1. Die unselbständige Stiftung _____ 151
a) Begriff und Erscheinungsformen _____ 151
b) Das Stiftungsgeschäft _____ 156
aa) Unter Lebenden _____ 158
bb) Von Todes wegen _____ 166
c) Haftungsfragen _____ 167
d) Zweckänderung und Aufhebung _____ 171
2. Das Sammelvermögen _____ 174
3. Stiftungsvereine und -gesellschaften _____ 177
4. Die öffentlich-rechtliche Stiftung _____ 181

VI. **Steuerrechtliche Fragen** _____ 189

Alphabetische Übersicht

Admassierungsverbot _____ 17 f
Allzweckstiftung, gemeinwohlkonforme _____ 13
Amtshaftung, s Staatshaftung
Anstaltsstiftung _____ 21 f
Auflagenschenkung, s Unselbständige Stiftung
Aufsicht, s Stiftungsaufsicht
Aufsichtsbehörden, s Stiftungsaufsicht
Ausgliederung _____ 120

Ausländische Stiftung _____ 56

Beteiligungsträgerstiftung, s Unternehmensverbundene Stiftung

charitable purposes _____ 13, 27
Codex Iuris Canonici _____ 141
Dauerhaftigkeit des Stiftungszwecks _____ 8, 160

DDR — 36, 58
Destinatär — 4, 62, 68, 124, 134, 138
Doppelstiftung — 92
Dotationsquelle, s Unternehmensverbundene Stiftung
Drittwirkung der Grundrechte — 46

Eigentumsgarantie — 44
Eigenstiftung — 152, 156
Einheitsstiftung — 82
Einigungsvertrag — 58
Einkommensstiftung — 24
Erbrechtsgarantie — 44

Fachaufsicht, s Stiftungsaufsicht
Familienfideikommiß, s Fideikommiß
Familienstiftung — 10, 122 ff
– ausländische — 74
– Begriff — 122 f
– Destinatäre — 124, 134
– Diskussionsstand — 127 ff
– Erbersatzsteuer — 128
– Erscheinungsformen — 125 f
– Fideikommißverbot — 127 ff
– Genehmigungsfähigkeit — 127 ff
– Grundrechtsschutz — 52
– Stiftungsaufsicht — 64, 122
– Unterhaltsstiftung, Verbot der — 132 ff
Fideikommiß
– Auflösung — 74, 126
Fiduziarische Stiftung, s Unselbständige Stiftung
Firma — 117, 179
Funktionsträgerstiftung — 23

Genehmigung, s Stiftungsgenehmigung
Geschäftsbetrieb, s Wirtschaftlicher Geschäftsbetrieb
Geschichte des Stiftungsrechts — 29 ff
Gesetzgebungskompetenz — 2
Gewerbliche Stiftung, s Unternehmensverbundene Stiftung
Gleichbehandlungsgrundsatz — 46
Grundrechte im Stiftungsrecht — 40 ff
– Drittwirkung — 46
– Eigentumsgarantie — 44
– Erbrechtsgarantie — 44
– Gleichbehandlungsgrundsatz — 46
– Grundrechtsschutz — 40 ff

– der Stiftung — 50 ff
– des Stifters — 51 ff
– Handlungsfreiheit, allgemeine — 45
– Privatautonomie — 45
– Stifterfreiheit — 42 ff
Grundstockvermögen — 16 f, 19 f

Haftung, s Unselbständige Stiftung
Handelsregister — 116
Handlungsfreiheit, allgemeine — 45
Hauptgeldstiftung — 21

Idealstiftung, s Unternehmensverbundene Stiftung
Interministerielle Arbeitsgruppe Stiftungsrecht — 38
Intertemporales Stiftungsrecht — 65

Justizverwaltungsakt — 72

Kapitalstiftung — 21
Kirchliche Stiftung — 137 ff
– Anerkennung — 139
– Arten — 143, 146
– autonomes Kirchenrecht — 140 ff
 – evangelische Kirche — 142
 – katholische Kirche — 145
– kirchliche Rechtsfähigkeit — 146
– kirchlicher Zweck — 138
– Stiftungsaufsicht — 144
– Pfründestiftung — 143
Kommunale Stiftung — 147 ff
Komplementärfunktion des Stiftungswesens — 36
Konzernrecht — 119
Konzessionssystem — 34, 37, 40, 48, 94
Kultur- und Stiftungsförderungsgesetz — 192

Landesrecht — 56 ff

Milde Stiftung — 12
Motive des Stifters — 7
Mitbestimmung
– betriebliche — 121
– Unternehmensmitbestimmung — 90, 121

Namensrecht der Stiftung — 53
Nebenbestimmungen, s Stiftungsgenehmigung

Nebentätigkeitsprivileg, s Unternehmensverbundene Stiftung
Nichtrechtsfähige Stiftung, s Unselbständige Stiftung
Normativsystem —— 34, 37, 40, 48, 94

Öffentliche Stiftung —— 10, 12
Öffentlich-rechtliche Stiftung —— 12, 181 ff
Organe, s Stiftungsorganisation
Örtliche Stiftung, s kommunale Stiftung

pia causa —— 32 f
Pfründestiftung —— 143
Privatautonomie —— 6, 45
Private Stiftung —— 10
– Stiftungsaufsicht —— 11, 64
Publizität
– handelsrechtliche —— 116, 118
– stiftungsrechtliche —— 76 ff

Rechtsaufsicht, s Stiftungsaufsicht
Reform des Stiftungsrechts —— 37 ff

Sammelvermögen —— 174 ff
Selbständige Stiftung —— 1
Selbstzweckstiftung —— 9
Spitalstiftung —— 30
Staatsaufsicht, s Stiftungsaufsicht
Staatshaftung —— 66 ff
Steuerrechtliche Fragen —— 189 ff
– Besteuerung
  – der Destinatäre —— 194
  – des Stifters —— 190 ff, 198
  – der Stiftung —— 193 ff
– Erbersatzsteuer —— 128, 191
– Erbschaftsteuer —— 190 ff
– Ertragsteuern —— 193, 198
– Gemeinnützigkeit —— 195 ff
– Gewerbesteuer —— 193
– Grundsteuer —— 193
– Körperschaftsteuer —— 193
– Schenkungsteuer —— 190 ff
– Thesaurierung —— 197
– Umsatzsteuer —— 193
– Vermögensteuer —— 193
– Zweckbetrieb —— 195
Stifter
– Eigenstiftung —— 152, 156
– Hoheitsträger als Stifter —— 47

– juristische Person als Stifter —— 47
– Grundrechtsschutz des Stifters —— 40 ff
– Motive des Stifters —— 7
– Stiftung für den Stifter —— 9
Stifterfreiheit —— 42 ff
Stiftung, selbständige des Privatrechts —— 1
– Abgrenzung von anderen Rechtsformen —— 4
– Begriff —— 3 ff
– Grundrechtsschutz —— 50 ff
Stiftung, unselbständige, s Unselbständige
  Stiftung
Stiftung & Co —— 90, 92
Stiftungsabsicht —— 27
Stiftungsaufsicht —— 60 ff
– Ausübung —— 70
– Begriff —— 60
– Behörden —— 73
– Fachaufsicht —— 54
– Funktion —— 54, 64
– Mittel —— 69
– Preußisches Recht —— 75
– Rechtsaufsicht —— 54, 63
– Rechtsweg —— 72
– Subsidiaritätsgrundsatz —— 70
– Träger —— 73 ff
– Verhältnismäßigkeitsgrundsatz —— 70
– Zweck —— 61 ff
Stiftungsbegriff —— 3 ff
Stiftungsgenehmigung —— 40
– Anspruch auf Erteilung —— 48, 94
– Funktion —— 48, 94
– Nebenbestimmungen —— 94
Stiftungsgeschäft —— 3
– als Organisationsakt —— 45
– als vermögensrechtliche Verfügung —— 44
Stiftungsgesellschaft —— 178 ff
Stiftungsgesetze
– Landesgesetze —— 57 f
– Kirchenstiftungsgesetze —— 141 f
Stiftungskapital —— 16
Stiftungsklassenabgrenzung —— 101 ff
Stiftungskörperschaften —— 178 ff
Stiftungsorganisation —— 25 f
– Organe —— 26
– Zulässigkeit körperschaftlicher Elemente —— 26
Stiftungsrecht
– Entwicklung —— 28 ff
– Gesetzgebungskompetenz —— 2
– Reform —— 37 ff

Stiftungssteuerrecht, s Steuerrechtliche Fragen
Stiftungsregister _____ 38, 76
Stiftungsverein _____ 178 ff
Stiftungsvermögen _____ 15 ff
– Admassierungsverbot _____ 17
– Anstaltsstiftung _____ 21, 22
– Begriff _____ 16
– Einkommensstiftung _____ 24
– Ertrag _____ 17
– Funktionsträgerstiftung _____ 23
– Grundstockvermögen _____ 16 f, 19 f
– Hauptgeldstiftung _____ 21
– Kapitalstiftung _____ 21
– Stiftungskapital _____ 16
– Vermögenserhaltung _____ 17 f
– Vermögensverwaltung _____ 24
– Vorratsstiftung _____ 24
– Zustiftungen _____ 16
– Zuwendungen _____ 16
Stiftungsverzeichnis _____ 78 f
Stiftungszweck _____ 6 ff
– Allzweckstiftung, gemeinwohlkonforme _____ 13
– Änderung _____ 6
– Dauerhaftigkeit _____ 8
– Gemeinnützigkeit _____ 12, 195 ff
– Haupt- und Nebenzwecke _____ 9
– inhaltliche Schranken _____ 13 f, 83 ff, 122 ff
– öffentliche Stiftung _____ 10
– private (privatnützige) Stiftung _____ 10
– Selbstzweckstiftung _____ 9
– Sukzessivstiftung _____ 9
Stiftungszweckbetrieb, s Unternehmensverbundene Stiftung
Subsidiaritätsgrundsatz _____ 70, 110 ff
Sukzessivstiftung _____ 9

Thesaurierung _____ 18, 197
Treuhänderische Stiftung, s Unselbständige Stiftung
Treuhandvertrag, s Unselbständige Stiftung

Unselbständige Stiftung _____ 4, 151 ff
– Aufhebung _____ 171
– Auflagenschenkung _____ 161 f, 165
– Begriff _____ 151
– Destinatäre, Rechtsstellung der _____ 173
– Eigenstiftung _____ 152
– Erscheinungsformen _____ 155
– Haftungsfragen _____ 167 ff
– Rechtsform alter Stiftungen _____ 154
– Stiftungsgeschäft _____ 156 ff
  – unter Lebenden _____ 158 ff
  – von Todes wegen _____ 166
– Stiftungsträger _____ 151
– Treuhandvertrag _____ 159 f, 164
– vertragstypologische Einordnung _____ 158 ff
– Zweckänderung _____ 171
Unterhaltsstiftung, Verbot der _____ 132 ff
Unternehmensbezogene Stiftung, s Unternehmensverbundene Stiftung
Unternehmensmitbestimmung _____ 120
Unternehmensselbstzweckstiftung _____ 88
Unternehmensstiftung, s Unternehmensverbundene Stiftung
Unternehmensträgerstiftung, s Unternehmensverbundene Stiftung
Unternehmensverbundene Stiftung _____ 83 ff
– analoge Anwendung des § 22 _____ 93 ff
  – Ausgegliederter Geschäftsbetrieb _____ 104 ff
  – Idealstiftung _____ 93
  – Nebentätigkeitsprivileg _____ 107 ff
  – Rechtsfortbildung, Grenzen der _____ 98
  – Stiftungsklassenabgrenzung _____ 101 ff
  – Stiftung & Co _____ 90, 92, 103
  – Subsidiaritätsgrundsatz _____ 110 ff
  – wirtschaftlicher Geschäftsbetrieb _____ 101 ff
  – wirtschaftliche Stiftung _____ 93, 101
– Arbeitsrecht _____ 121
– Ausgliederung _____ 120
– Begriff _____ 83 ff
– Beteiligungsträgerstiftung _____ 84, 103 ff
– Diskussionsstand _____ 89 ff
– Doppelstiftung _____ 92
– Erscheinungsformen _____ 85 ff
– Unternehmen als Dotationsquelle _____ 20, 87, 107, 109
– Unternehmen als Stiftungszweckbetrieb _____ 86, 107 f
– Firma _____ 117
– Genehmigungsfähigkeit _____ 89 ff
– Handels- und Gesellschaftsrecht _____ 116 ff
– Konzernrecht _____ 119
– Landesrechtliche Regelungen _____ 114 f
– Ordnungspolitische Bedenken _____ 89
– Reformdebatte _____ 38, 91
– Regelungsrahmen und Regelungsdefizite _____ 90

– Spaltung	120
– Stiftungszweckbetrieb	86
– Umwandlungsrecht	120
– Unternehmensträgerstiftung, eigentliche	84, 102
– Unternehmensselbstzweckstiftung	88
– Zweckverwirklichungsbetrieb	85 f, 107 f
Vermögenserhaltung	17
Vermögensperpetuierung	7
Vermögensverwaltung	24
Vertretungsbescheinigung	80
Verwaltungsstiftung	88, 103
Vorratsstiftung	24
Wirtschaftlicher Geschäftsbetrieb	101 ff
Wirtschaftliche Stiftung, s Unternehmensverbundene Stiftung	
Zustiftung	16
Zuwendung	16
Zweckverwirklichungsbetrieb, s Unternehmensverbundene Stiftung	

I. Grundlagen

1. Der Regelungsgegenstand der §§ 80 bis 88

Gegenstand der §§ 80 bis 88 ist die rechtsfähige Stiftung des privaten Rechts. Im **1** Gegensatz zu fiduziarischen Rechtsverhältnissen wie der sog treuhänderischen oder unselbständigen Stiftung (dazu u Rn 151 ff) wird sie auch als **selbständige Stiftung** bezeichnet. Die bundesgesetzlichen Regelungen des BGB enthalten keine vollständige Kodifikation der selbständigen Stiftung. Der historische Gesetzgeber ging aus Gründen der verfassungsmäßigen Kompetenzverteilung zwischen Bund und Ländern davon aus, nur die privatrechtlichen Gesichtspunkte des Stiftungsrechts normieren zu dürfen (vgl Mot bei MUGDAN I 417 f, 420; LIERMANN, Handbuch 274 f; s auch u Rn 33 f). Alle ihrem Inhalt nach öffentlich-rechtlichen Fragen sollten den Landesgesetzgebern vorbehalten bleiben. Das BGB regelt deshalb im wesentlichen nur drei Aspekte der selbständigen Stiftung (vgl BALLERSTEDT Verhdlg 44. DJT 8; DUDEN JZ 1968, 1): Die Rechtsnatur und die Rechtsfolgen des Stiftungsgeschäfts, gewisse vermögensrechtliche Gesichtspunkte wie den Erwerb und den Anfall des Stiftungsvermögens sowie die Eigenschaft der Stiftung als Rechtssubjekt und ihre Teilnahme am Rechtsverkehr. Alle anderen Fragen sind dem Landesrecht überlassen, so zB das Genehmigungsverfahren (s § 80 Rn 31 ff), die Stiftungsaufsicht (su Rn 60 ff) sowie nach § 85 BGB die Ausgestaltung der inhaltlichen Anforderungen an die Verfassungen von Stiftungen, die ihren Sitz in dem jeweiligen Bundesland nehmen wollen (s die Erl zu § 85).

An dem für das Stiftungsrecht typischen Nebeneinander von Bundes- und Landes- **2** recht hat sich auch unter der Herrschaft des Grundgesetzes nichts geändert. Zwar hat der Bund nach Art 74 Ziff 1, Art 72 GG für den Bereich des bürgerlichen Rechts die **konkurrierende Gesetzgebungskompetenz**. Diese Kompetenz umfaßt nach heute hM auch stiftungsrechtliche Regelungen, die für sich betrachtet öffentlich-rechtlicher Natur sind, im übrigen jedoch lediglich Vorfragen für den Eintritt oder Wegfall privatrechtlicher Rechtsfolgen behandeln (SALZWEDEL Verhdlg 44. DJT 52 ff; SEIFART/HOF § 4 Rn 184 ff). Tatsächlich hat der Bundesgesetzgeber es aber trotz einer in den 60er und 70er Jahren intensiv geführten Diskussion um die Einführung eines einheitlichen und umfassenden Bundesstiftungsgesetzes (su Rn 37 ff) bei den Regelungen der §§ 80 bis 88 belassen und damit den überkommenen Geltungsbereich der Landesstiftungsgesetze nicht angetastet.

2. Der Stiftungsbegriff

3 Eine **Definition des Stiftungsbegriffs** ist weder im BGB noch in den Landesstiftungsgesetzen enthalten. Während das *Wort Stiftung* im allgemeinen Sprachgebrauch sowohl den Akt der Widmung von Vermögenswerten für einen bestimmten Zweck als auch die gewidmeten Vermögenswerte selbst bezeichnet (SOERGEL/NEUHOFF Vorbem 1 f zu § 80; STRICKRODT, Stiftungsrecht 21; OLG Stuttgart NJW 1964, 1231 = StiftRspr I 118, 119), knüpft der *juristische Stiftungsbegriff* allein am Ergebnis des Stiftungsvorgangs an: Stiftung im Rechtssinne ist nur die vom Stifter geschaffene Institution. Die Handlung des Stifters, auf der sie gründet, wird Stiftungs*geschäft* genannt (EBERSBACH, Handbuch 15; s § 80 Rn 2 ff).

4 Nach heute hM ist die Stiftung iSd §§ 80 bis 88 eine **rechtsfähige Organisation, welche bestimmte durch ein Stiftungsgeschäft festgelegte Zwecke mit Hilfe eines Vermögens verfolgt, das diesen Zwecken dauernd gewidmet ist** (BayObLG NJW 1973, 249 = StiftRspr II 95; MünchKomm/REUTER Vorbem 11 zu § 80; BGB-RGRK/STEFFEN Vorbem 1 zu § 80; ERMAN/WESTERMANN Vorbem 2 zu § 80; PALANDT/HEINRICHS Vorbem 1 zu § 80; BGB-AK/OTT Vorbem 1 zu § 80; EBERSBACH, Handbuch 15; SEIFART/SEIFART § 1 Rn 3; LARENZ, AT 190; ENNECCERUS-NIPPERDEY, AT 716 f). Die Definition beschreibt die Stiftung durch ihren Gegensatz zu den Körperschaften und den unselbständigen (fiduziarischen) Rechtsverhältnissen (kritisch dazu PLEIMES, Irrwege 72 ff, 96 ff). Von den Körperschaften unterscheidet sich die Stiftung dadurch, daß der Wille des Stifters, der ihren Zweck bestimmt, grundsätzlich unabänderlich ist (s aber § 87). Eine *Körperschaft* wird vom wandelbaren Willen ihrer Mitglieder getragen. Ihre Existenz ist von der ihrer Mitglieder abhängig. Die Stiftung und ihr Zweck hingegen sind von natürlichen oder juristischen Personen als Träger gelöst und damit im Prinzip unsterblich (so bereits ROTH JherJb 1 [1857] 205; FLUME, AT I/2, 131; BGB-RGRK/STEFFEN Vorbem 1 zu § 80; zur Unterscheidung der Stiftung von der Anstalt su Rn 182). Die Stiftung ist eine **reine Verwaltungsorganisation** (BGHZ 99, 344 = StiftRspr IV 58, 61). Von ihr begünstigte Dritte, die sog *Destinatäre*, haben nicht die Stellung von Mitgliedern, sondern sind lediglich Nutznießer des Stiftungsvermögens (s § 85 Rn 10 ff). Von den *fiduziarischen Rechtsverhältnissen* hebt sich die Stiftung durch ihre eigene Rechtspersönlichkeit ab. Während die unselbständige Stiftung in die Verwaltung eines anderen rechtsfähigen Trägers eingegliedert werden muß und nur dieser für sie rechtlich verbindlich tätig werden kann (su Rn 151), wird bei der Stiftung der §§ 80 bis 88 eine selbständige Organisation geschaffen. Diese kann durch ihre Organe nach außen in Erscheinung treten und genießt volle Rechts- und Handlungsfähigkeit (EBERSBACH, Handbuch 72 ff; SEIFART/HOF § 9 Rn 138 ff).

5 Der Stiftungsbegriff hat nach hM **drei konstitutive Elemente**: den Stiftungszweck, das Stiftungsvermögen und die Stiftungsorganisation (vgl EBERSBACH, Handbuch 15 ff; SEIFART/SEIFART § 1 Rn 3, 7 ff, 12 ff, 16 ff; PALANDT/HEINRICHS Vorbem 2 ff zu § 80; ERMAN/WESTERMANN Vorbem 2 zu § 80; MünchKomm/REUTER Vorbem 11 ff zu § 80; zur Stiftungsabsicht su Rn 27).

a) Stiftungszweck

6 Der **Stiftungszweck** ist die Seele der Stiftung (LIERMANN, in: Deutsches Stiftungswesen

1948–1966, 154; vgl auch SEIFART/HOF § 8 Rn 36). Unter den drei Elementen des Stiftungsbegriffs kommt ihm die Zentralfunktion zu (hM, vgl SEIFART/SEIFART § 1 Rn 7; EBERSBACH, Handbuch 16; STRICKRODT, Stiftungrecht 26; SOERGEL/NEUHOFF Vorbem 10, 13 zu § 80; ACHILLES 35; kritisch KRONKE 57). Der Stiftungszweck wird durch den Willen des Stifters bestimmt. Er bildet die Leitlinie der Stiftungstätigkeit und ist nach Genehmigung der Stiftung grundsätzlich sowohl der Disposition des Stifters als auch dem Zugriff der Stiftungsorgane entzogen (s § 85 Rn 8 f; § 86 Rn 5; § 87 Rn 21 f). *Zweckänderungen* sind nur unter engen Voraussetzungen und nur mit staatlicher Genehmigung zulässig (vgl die Erl zu § 87). Durch das Institut der Stiftung gibt die Rechtsordnung dem Stifter die Möglichkeit, seinen im Stiftungszweck verkörperten Willen zu institutionalisieren und über die Grenzen seiner eigenen Existenz hinaus zu verewigen. Ob diese Rechtsmacht Bestandteil der verfassungsrechtlich garantierten *Privatautonomie* des Stifters ist, war ursprünglich umstritten (su Rn 34), wird heute jedoch von der ganz hM bejaht (su Rn 40 ff).

Vom Stiftungszweck zu unterscheiden sind die **Motive**, die der Stifter mit der Stiftung 7 verfolgt (BayVGHE 13, 20 = StiftRspr I 76, 79; SEIFART/SEIFART § 1 Rn 9; HOF, in: MünchVHb 916). Zweck und Motive können sich zwar im Einzelfall decken. So zum Beispiel, wenn beide auf die Förderung eines bestimmten Kreises mitteloser Personen gerichtet sind. Steht hinter der Errichtung einer Armenstiftung hingegen das Streben des Stifters nach persönlicher Anerkennung oder der Wunsch, sich mit Hilfe der Stiftung ein Stück Unsterblichkeit zu erkaufen (dazu aufschlußreich GROSSFELD, in: Festg Kummer 3 ff), gehen die Motive über den Stiftungszweck hinaus (vgl KRONKE 56). Gleiches gilt, wenn neben der Verfolgung fremdnütziger Zwecke beabsichtigt ist, die Stiftung als Instrument der Nachfolgeregelung zur Sicherung eines Vermögens einzusetzen (ERMAN/WESTERMANN Vorbem 2 zu § 80). Während die *Vermögensperpetuierung* als Motiv des Stifters häufig anzutreffen und rechtlich nicht zu beanstanden ist, ist sie als Stiftungszweck unzulässig und muß zur Verweigerung der Genehmigung führen (su Rn 9, 88, 111).

Der Stiftungszweck muß auf **Dauer** angelegt sein (MünchKomm/REUTER Vorbem 12 zu 8 § 80; SOERGEL/NEUHOFF Vorbem 13 zu § 80; ERMAN/WESTERMANN Vorbem 2 zu § 80; BGB-RGRK/ STEFFEN Vorbem 3 zu § 80; PALANDT/HEINRICHS Vorbem 2 zu § 80; SEIFART/SEIFART § 1 Rn 10; aA STAUDINGER/COING[12] § 80 Rn 7). Darunter versteht die hM seine *Beständigkeit gegenüber dem Wandel der Verhältnisse* (kritisch dazu MünchKomm/REUTER Vorbem 12 zu § 80). Allerdings ist Dauerhaftigkeit nicht mit Ewigkeit gleichzusetzen. Auch ein zeitlich begrenzter Zweck kann für die Errichtung einer Stiftung ausreichen (EBERSBACH, Handbuch 80 f; SEIFART/SEIFART § 1 Rn 10; SEIFART/HOF § 4 Rn 54). Entscheidend ist lediglich, daß der Stiftungszweck so angelegt ist, daß er nicht durch die einmalige Hingabe oder den bloßen Verbrauch des Stiftungsvermögens erfüllt werden kann. Die Rechtsform der Stiftung ist nicht für kurzfristig erreichbare Ziele gedacht (SOERGEL/ NEUHOFF Vorbem 13 zu § 80; MünchKomm/REUTER Vorbem 12 zu § 80). Der Stiftungszweck muß es erfordern, daß der Stiftung das in ihr gebundene Vermögen über einen gewissen Zeitraum erhalten bleibt. Nur dann unterscheidet die Stiftung sich von der einfachen Spende oder dem Sammelvermögen (su Rn 174).

Bei der Zwecksetzung ist der Stifter nicht auf einen einzigen *Zweck* beschränkt. 9 Vielmehr kann er der Stiftung eine Mehrzahl von Zwecken geben und dabei zwischen **Haupt- und Nebenzwecken** unterscheiden (SEIFART/HOF § 8 Rn 6). Denkbar ist auch die Festlegung zeitlich hintereinandergeschalteter Zwecke (sog *Sukzessivstiftung*, vgl EBERSBACH, Handbuch 17). Unzulässig weil begrifflich abgeschlossen ist allerdings die **Stiftung für den Stifter**. Der Stiftungszweck muß zumindest aus der Sicht des Stifters uneigennützigen Charakter haben (ganz hM, PLANCK/KNOKE Anm 1 vor § 80; STRICKRODT, Stiftungsrecht 166; SOERGEL/NEUHOFF Vorbem 8 zu § 80; LEISNER, in: Deutsches Stiftungswesen 1966–1976, 122; RIEHMER 22; WOLFF/BACHOF/STOBER, Verwaltungsrecht II [5. Aufl 1987] § 102 Rn 3; RAWERT 15, aA KRONKE 140, 225). Gleiches gilt für die **Selbstzweckstiftung**. Der Stiftungsbegriff setzt voraus, daß das Stiftungsvermögen nicht nur sich selbst und damit seiner eigenen Perpetuierung, sondern einem außerhalb seiner selbst liegenden Zweck gewidmet ist (ganz hM, vgl TROPS AG 1970, 368; ders ZRP 1971, 229; FLUME, AT I/2, 133 [Anm 146]; KARSTEN SCHMIDT DB 1987, 261; SOERGEL/NEUHOFF Vorbem 70 zu § 80; ders ZögU 11 [1988] 333; MünchKomm/REUTER Vorbem 7 zu § 80; ANDRICK 55; SCHINDLER, Familienstiftungen [1975] 29; DEWALD 184; BREUER 13; SCHWINTOWSKI NJW 1991, 2740; STENGEL, Stiftung und Personengesellschaft [1993] 40; ders, HessStiftG § 4 Anm 8.2; vROTBERG, BadWürttStiftG § 6 Anm 2 zu Nr 3; HÄRTL 122 f; GEBEL/HINRICHSEN, SchlHolStiftG § 3 Anm 4.3; WOCHNER MittRhNotK 1994, 91, 93; RAWERT 15, 26 f, 79 f mwN; aA SEIFART/HOF § 8 Rn 57; KRONKE 140; KERSSENBROCK, Unternehmenserhaltung [Diss Hamburg 1981] 57 f; vgl auch ERMAN/WESTERMANN Vorbem 8 zu § 80; BRANDMÜLLER, Gewerbliche Stiftungen [1988] 90; die Stellungnahmen befassen sich überwiegend mit der Frage der Zulässigkeit der *Unternehmensselbstzweckstiftung*; dazu u Rn 88). Die Selbstzweckstiftung wäre ein *perpetuum mobile* (RIEMER ZBernJV 116 [1980] 505), dh ein letztlich funktionsloses Gebilde.

10 Nach dem Stiftungszweck wird herkömmlich zwischen **öffentlichen** und **privaten** (genauer: privatnützigen) **Stiftungen** unterschieden. Ausdrücklich liegt die Unterscheidung lediglich den Stiftungsgesetzen von Bayern (Art 1 Abs 3) und Rheinland-Pfalz (§ 2 Abs 2 u 3) zugrunde. Implizit findet sie sich jedoch auch in anderen Bundesländern (vgl § 10 Abs 1 BerlStiftG; § 17 BremStiftG; § 14 Abs 2 HambAGBGB; § 21 HessStiftG; § 14 Abs 2 MecklVorPStiftG; § 10 Abs 2 NdsStiftG; § 19 SchlHolStiftG). Als öffentlichen Zwecken dienend gelten vor allem Stiftungen, die der Religion, der Wissenschaft, der Forschung, der Bildung, dem Unterricht, der Erziehung, der Kunst, der Denkmalpflege, dem Heimatschutz, dem Sport, der Wohltätigkeit oder auf sonstige Weise dem Gemeinwohl gewidmet sind. Begünstigt durch eine öffentliche Stiftung ist stets die *Allgemeinheit* (zum ganzen ausführlich DEWALD 41 ff mwN). Umgekehrt sind private Stiftungen solche, deren Zwecke nur einem durch Familien-, Vereins- oder Betriebszugehörigkeit bzw in ähnlicher Weise begrenzten Personenkreis zugute kommen (EBERSBACH, Handbuch 27 f; SORG, Die Familienstiftung [1984] 26; SCHULTE 15 f; DEWALD 27 f; SIEGMUND-SCHULTZE, NdsStiftG § 10 Anm 1 b mwN aus dem Gesetzgebungsverfahren; ähnlich WOLFF/BACHOF/STOBER, Verwaltungsrecht II [5. Aufl 1987] § 102 Rn 7). Dabei berührt es den Charakter einer Stiftung als privatnützig nicht, daß sie mit der Erfüllung ihrer Zwecke (zB Vergabe von Stipendien an begabte aber mittellose Familienmitglieder) mittelbar auch der Allgemeinheit dient. Entscheidend für die Unterscheidung ist vielmehr ausschließlich der durch die Leistungen begünstigte Personenkreis (EBERSBACH, Handbuch 28; aA POHLEY, BayStiftG Art 1 Anm 5). Zur Rechtsstellung der öffentlichen Stiftung des bürgerlichen Rechts eingehend POHLEY BayVBl 1977, 592 ff.

11 Prototyp der privaten Stiftung ist die **Familienstiftung**. Die Stiftungsgesetze einiger Bundesländer haben sie mangels öffentlichen Interesses an der Erfüllung ihrer Zwecke ganz oder teilweise aus der Stiftungsaufsicht entlassen (su Rn 122). In Bayern,

Rheinland-Pfalz und Niedersachsen gilt dies für sämtliche Formen privater Stiftungen. Wegen verfassungsrechtlicher Bedenken gegen die Zulässigkeit dieser Befreiungen su Rn 64. Private Stiftungen, die als reine **Unterhaltsstiftungen** fungieren sollen, sind wegen Verstoßes gegen das Verbot überlanger Nachlaßbindungen nicht genehmigungsfähig (str, Einzelheiten u Rn 132 ff).

Der Begriff der **öffentlichen Stiftung** deckt sich nicht mit dem Begriff der **öffentlich-** 12 **rechtlichen Stiftung** (ganz hM; vgl BVerwGE 40, 347 = StiftRspr II 89, 90 f; BayVerfGHE 27, 1 = StiftRspr II 105, 108; SEIFART/SEIFART § 2 Rn 3; SOERGEL/NEUHOFF Vorbem 54 zu § 80; aA SCHWINGE BayVBl 1977, 396 ff, der die öffentliche Stiftung des bürgerlichen Rechts als Anstalt qualifizieren und dem öffentlichen Recht zuordnen will). Während es für ersteren ausschließlich auf den Zweck der Stiftung ankommt, ist für letzteren vornehmlich der Entstehungstatbestand der Stiftung von Bedeutung (su Rn 183). Nur in mittelbarer Beziehung zum Begriffspaar öffentlich/privat steht der Begriff der *Gemeinnützigkeit*. Er ist ausschließlich abgabenrechtlicher Natur und Merkmal von Steuerbefreiungs- und Steuerbegünstigungstatbeständen (vgl §§ 51 ff AO; dazu Rn 195 ff). Gemeinnützige Stiftungen iSd AO sind immer öffentliche Stiftungen. Nicht jede öffentliche Stiftung hingegen qualifiziert für die Zuerkennung der steuerlichen Gemeinnützigkeit. Der Begriff der *milden Stiftung* spielt heute ebenfalls nur noch im Steuerrecht eine Rolle (vgl § 53 AO). Von den Stiftungsgesetzen wird er lediglich in Hamburg verwendet (§ 8 Abs 2 HambAGBGB; dazu EBERSBACH, Handbuch 29; SOERGEL/NEUHOFF Vorbem 60 zu § 80). Zur milden Stiftung ausführlich BEHREND AöR 45 (1924) 265 ff.

Für die **inhaltliche Ausgestaltung des Stiftungszwecks** enthält das BGB keine direkten 13 Vorgaben. Nur dem Umkehrschluß aus § 87 läßt sich entnehmen, daß unmögliche bzw gemeinwohlgefährdende Stiftungszwecke unzulässig sind (s § 80 Rn 15 f; § 87 Rn 3 ff). Leitbild der selbständigen Stiftung des Privatrechts ist nach hM die **gemeinwohlkonforme Allzweckstiftung**, bei der der Stifter im Grundsatz weder auf positive Zweckvorgaben noch auf die Förderung des Gemeinwohls festgelegt ist (SOERGEL/ NEUHOFF Vorbem 11 zu § 80; ders, in: Deutsches Stiftungswesen 1977–1988, 70 ff; SEIFART/HOF § 8 Rn 48; KARSTEN SCHMIDT, Stiftungswesen 17 f; SIEGMUND-SCHULTZE, NdsStiftG § 4 Anm 2 a; STENGEL, HessStiftG § 4 Anm 8; GROSSFELD/MARK WuR 37 [1985] 70; WOCHNER MittRhNotK 1994, 91; ANDRICK 37 f; RIEHMER 21; vgl auch Interministerielle Arbeitsgruppe Stiftungsrecht, in: Deutsches Stiftungswesen 1966–1976, 391 ff; kritisch jedoch MünchKomm/REUTER Vorbem 6 ff zu § 80). Anders als im anglo-amerikanischen Recht muß er sich die von der Rechtsordnung sanktionierte Perpetuierung seines Willens nicht durch *charitable purposes* erkaufen (RAWERT 15 f; RIEHMER 21; KRONKE 71 f).

Trotz der grundsätzlich anerkannten Zweckneutralität des Stiftungsrechts ist die 14 **Genehmigungsfähigkeit** der **unternehmensverbundenen Stiftung** sowie privater **Unterhaltsstiftungen** (Familienstiftungen) umstritten. Diskutiert werden Beschränkungen aus der analogen Anwendung des § 22 sowie den erbrechtlichen Bestimmungen über die zeitlichen Grenzen zulässiger Nachlaßbindungen. Wegen Einzelheiten su Rn 83 ff sowie Rn 122 ff.

b) Stiftungsvermögen
Für die Erfüllung ihres Zweckes bedarf die Stiftung eines **Vermögens**. Während eine 15 mitgliedschaftlich strukturierte Körperschaft ihren Zweck auch ohne den Einsatz vermögenswerter Mittel erreichen kann (KARSTEN SCHMIDT, Gesellschaftsrecht [2. Aufl

1991] 5; RIEHMER 32), bedarf ein institutionalisierter Zweck wie die Stiftung notwendig geeigneter Mittel, die seine Durchführung gewährleisten (so bereits ROTH JherJb 1 [1857] 204 f, 214; siehe auch MünchKomm/REUTER Vorbem 14 zu § 80; EBERSBACH, Handbuch 17 f). Obwohl das Stiftungsvermögen gegenüber dem die Stiftung prägenden Stiftungszweck eine dienende Rolle einnimmt (SEIFART/SEIFART § 1 Rn 7; STRICKRODT, Stiftungsrecht 26), ist die Vermögensausstattung der Stiftung unverzichtbares Element des Stiftungsbegriffs (SEIFART/SEIFART § 1 Rn 17). Allerdings ist anerkannt, daß das Stiftungsvermögen zeitweilig fehlen kann, ohne daß dies notwendig den Untergang der Stiftung nach sich zöge. Läßt sich der rechtliche Mangel fehlenden Stiftungsvermögens jedoch nicht über absehbare Zeit beheben, so muß er zur Aufhebung der Stiftung führen (SOERGEL/NEUHOFF Vorbem 14 zu § 80; SEIFART/SEIFART § 10 Rn 23; SEIFART/ HOF § 11 Rn 302; MünchKomm/REUTER § 87 Rn 3; vgl auch BALLERSTEDT Verhdlg 44. DJT 11). Dazu auch § 87 Rn 4.

16 Der **Begriff des Stiftungsvermögens** wird in einem weiteren und einem engeren Sinne verstanden. Im weiteren Sinne meint er sämtliche für die Stiftung verfügbaren Mittel. Im engeren Sinne bezieht er sich lediglich auf das **Stiftungskapital** oder **Grundstockvermögen**, das der Stiftung durch den Stifter zugeordnet worden und im Bestand zu erhalten ist (SEIFART/SEIFART § 10 Rn 3; kritisch zu dieser Unterscheidung CARSTENSEN 71 ff). Das Grundstockvermögen kann im Rahmen von **Zustiftungen** ergänzt werden. Solche Zustiftungen können nach Landesrecht gesondert genehmigungspflichtig sein (vgl Art 31 Ziff 1 BayStiftG; dazu POHLEY, BayStiftG Art 31 Anm 3; vgl auch SEIFART/HOF § 7 Rn 136). Erlaubt die Stiftungssatzung die Annahme von Zustiftungen, so gilt die Genehmigung durch die Genehmigung der entsprechenden Satzungsbestimmungen als erteilt. Eine weitere stiftungsbehördliche Entscheidung muß nicht herbeigeführt werden (GEBEL SchlHolAnz 1993, 181 f; GEBEL/HINRICHSEN, SchlHolStiftG § 4 Anm 5.2; BRANDMÜLLER, Gewerbliche Stiftungen [1988] 69). Hat die Hingabe von Vermögenswerten einen anderen Zweck als die Hauptstiftung, so wird in der Regel keine Zustiftung, sondern eine gesondert zu verwaltende *unselbständige Stiftung* in der Trägerschaft der bereits bestehenden selbständigen Stiftung vorliegen (EBERSBACH, Handbuch 116; VROTBERG, BadWürttStiftG § 1 Anm 5 h; su Rn 151 ff). Zustiftungen sind von bloßen **Zuwendungen** zu unterscheiden. Letztere sollen nicht der Stärkung des Grundstocks dienen, sondern sind zum Verbrauch bestimmt (vgl Art 12 BayStiftG; SEIFART/SEIFART § 10 Rn 11). Ob eine Zustiftung oder eine Zuwendung erfolgen soll, richtet sich nach dem Willen des Gebers. Trifft er keine Entscheidung, obliegt dies dem Stiftungsvorstand (EBERSBACH, Handbuch 116 f).

17 Vom Begriff des Stiftungsvermögens ist der Begriff des **Ertrages** zu unterscheiden. Er erfaßt nicht sämtliche der Stiftung zufließenden Beträge, sondern nur die Mittel, die mit Hilfe des Grundstocks selbst erwirtschaftet werden. Der Unterscheidung liegt die Vorstellung zugrunde, daß das Grundstockvermögen unter Wahrung seiner Substanz ertragbringend angelegt und der Ertrag zur Erreichung des Stiftungszwecks verwendet wird. Der Ertrag ist stets Frucht oder Nutzung des Grundstockvermögens (§§ 99, 100; SEIFART BB 1987, 1893). Dies unterscheidet ihn von anderen Stiftungsmitteln wie Zuwendungen oder Spenden (SEIFART/SEIFART § 10 Rn 14 f; RAWERT BB Beil 6/91, 15). Er muß grundsätzlich zugunsten des Stiftungszwecks verwendet werden (**Admassierungsverbot**). Dies ist landesgesetzlich zum Teil ausdrücklich festgelegt (Art 12 BayStiftG; § 7 Abs 3 BremStiftG, § 6 Abs 3 HessStiftG; § 6 Abs 2 NdsStiftG; § 8 Abs 1 NRWStiftG; § 15 Abs 1 RhPfStiftG; § 6 Abs 2 SaarlStiftG). Wo entsprechende Vorschriften fehlen gilt das Prinzip der Ertragsverwendung aufgrund des im Stiftungsbegriff enthaltenen Vorverständnisses und des Verbots der Selbstzweckstiftung (vgl SEIFART BB 1987, 1893 sowie o Rn 9). Allerdings erfährt das Admassierungsverbot eine innere Einschränkung durch den landesgesetzlich normierten **Grundsatz der Vermögenserhaltung** (§ 7 Abs 2 BadWürttStiftG; Art 10 Abs 1 BayStiftG; § 3 Abs 3 BerlStiftG; § 7 Abs 1 BremStiftG, § 7 HambAGBGB; § 6 HessStiftG; § 9 Abs 1 MecklVorPStiftG; § 6 Abs 1 u 2 NdsStiftG; §§ 7, 8 NRWStiftG; §§ 14, 15 Abs 2 u 3 RhPfStiftG; § 6 SaarlStiftG; § 4 Abs 2 u 3 SchlHolStiftG; § 14 Abs 2 DDRStiftG; dazu eingehend CARSTENSEN 58 ff). Aus ihm läßt sich in der Regel ableiten, daß Stiftungen ihre Erträge zur Erhaltung und Stärkung ihres Vermögens einsetzen dürfen, sofern dies zum Ausgleich von Vermögensverlusten erforderlich ist (SEIFART BB 1987, 1894; zum ganzen instruktiv auch SIEGMUND-SCHULTZE, NdsStiftG § 6 Anm 3).

Noch ungeklärt ist die Frage, ob die Erhaltung des Stiftungsvermögens auch um den **18** Preis eines völligen Ausschüttungsverzichts erfolgen darf. Vor allem CARSTENSEN, 58, bejaht dies, weil er den Begriff der *Ertragsverwendung für den Stiftungszweck* nicht mit *Ausschüttung* gleichsetzt, sondern auch die Thesaurierung von Vermögenswerten unter ihn subsumiert. Einen Verstoß gegen das Admassierungsverbot sieht er daher erst dann, wenn Erträge nicht ausgeschüttet werden, obwohl das Bestandserhaltungsgebot dies nicht erfordert. Dagegen spricht freilich, daß der bloße Erhalt des Stiftungsvermögens kein zulässiger Stiftungszweck ist (so Rn 9) und der Grundsatz der Vermögenserhaltung nicht isoliert, sondern in seiner Beziehung zu dem ihm *vorgelagerten Stiftungszweck* gesehen werden muß. Dieser mag es im Einzelfall durchaus gebieten, vom Grundsatz der Vermögenserhaltung abzuweichen, wenn die Verwirklichung des Stiftungszwecks und damit die Durchsetzung des Stifterwillens dies geboten erscheinen läßt. Zu den rechtlichen Fragen der Erhaltung der Leistungskraft von Stiftungen ausführlich FLÄMIG 17 ff. Zu den gemeinnützigkeitsrechtlichen Aspekten der **Thesaurierung** von Stiftungserträgen su Rn 197.

Das **Grundstockvermögen** (so Rn 16) muß der Stiftung auf Dauer gewidmet sein (so **19** Rn 8). Gewöhnlich erfolgt die Vermögenswidmung durch das Stiftungsgeschäft. Bei der Stiftung von Todes wegen (§ 83) ist dies zwingend (hM, vgl MünchKomm/REUTER Vorbem zu § 80 Rn 2; § 83 Rn 3; SEIFART/HOF § 7 Rn 69; s § 83 Rn 2; aA wohl EBERSBACH, Handbuch 45). Bei der Stiftung unter Lebenden ist es nach hM hingegen ausreichend, daß eine zuverlässige Aussicht darauf besteht, daß die Stiftung die zur Verwirklichung ihres Zwecks erforderlichen Mittel in absehbarer Zeit bekommen wird (so bereits STINZING AcP 88 [1898], 400 f; MünchKomm/REUTER Vorbem 14 zu § 80; BGB-RGRK/STEFFEN § 80 Rn 2; EBERSBACH, Handbuch 18, 45; enger § 13 AVBayStiftG v 22. 8. 1958 [GVBl 238]). Dies ist im Genehmigungsverfahren zu prüfen (s § 80 Rn 38). Der Genehmigungsbehörde kommt insoweit ein nur eingeschränkt überprüfbarer Beurteilungsspielraum zu (DEWALD 77).

Als Grundstockvermögen kommen Sachen und Rechte aller Art einschließlich gesi- **20** cherter Anwartschaften in Betracht, insbesondere Geld, Wertpapiere, Grundstücke, einklagbare Forderungen sowie Unternehmen bzw Anteile an Unternehmensträgern. Zur Ausstattung einer Stiftung mit Ansprüchen aus Darlehen s HÄRTL 118 f. Forderungen aus Erbverträgen reichen in der Regel nicht aus (aA SOERGEL/NEUHOFF Nachtrag 14 zu Vorbem zu § 80), da ein Erbvertrag keinen zuverlässigen Schutz gegen anderweitige lebzeitige Verfügungen des Erblassers bietet (vgl PALANDT/EDENHOFER Überbl v § 2274 Rn 5). Bei Unternehmen bzw Beteiligungen muß im Genehmigungsverfahren analog § 22 geprüft werden, ob die Vermögenswerte für die Stiftung lediglich *austauschbare Dotationsquelle* sind oder ob sich aus der Stiftungssatzung oder den Gesellschaftsverträgen der Unternehmensträger eine institutionalisierte Bindung der Stiftung an ein bestimmtes Unternehmen bzw seinen Träger ergibt. Eine solche Bindung ist regelmäßig unzulässig und muß die Verweigerung der Genehmigung zur Folge haben (sehr str, wegen Einzelheiten su Rn 94 ff; 101 ff sowie § 80 Rn 39).

21 Nach der Art ihrer Vermögensausstattung lassen sich zwei Grundtypen der Stiftung unterscheiden: Die sogenannte **Kapital- oder Hauptgeldstiftung**, die ihren Zweck mit Hilfe der aus dem Grundstockvermögen erwirtschafteten Erträge finanziert, und die **Anstaltsstiftung**, die ihn unmittelbar durch den Einsatz ihres Stiftungsvermögens, zB eines Krankenhauses oder eines Kunstbesitzes erreicht (SEIFART/SEIFART § 10 Rn 26; EBERSBACH, Handbuch 32 f; ACHILLES 35 f). Die Unterscheidung zwischen beiden Stiftungstypen läßt sich bis in das 13. Jahrhundert zurückverfolgen (vPÖLNITZ, in: Deutsches Stiftungswesen 1948–1966, 6). Sie wurde für das moderne deutsche Stiftungsrecht jedoch erst von PLEIMES (Rechtsproblematik 7 ff; ders, Weltliches Stiftungsrecht 30 ff; 58 ff) fruchtbar gemacht. Neuerdings scheinen sich auch im deutschen Sprachraum die aus dem anglo-amerikanischen Recht stammenden Begriffe der *grant making foundation* für die Kapitalstiftung und der *operating foundation* für die Anstaltsstiftung einzubürgern (vgl SEIFART BB 1987, 1890; FLORY 10).

22 In der Praxis kommt vor allem der Typus der *Anstaltsstiftung* kaum in Reinform vor. Die meisten Anstaltsstiftungen wie Museen etc können ihren Zweck nicht ausschließlich durch das Bereitstellen ihres Vermögens erfüllen. Häufig wird es zur Sicherung des unmittelbar dem Stiftungszweck dienenden Vermögens eines gewissen Kapitalstocks bedürfen, aus dem Unterhaltung und laufender Betrieb finanziert werden. Die Genehmigungsbehörden verlangen vor allem bei der Einbringung von bebauten Grundstücken den Nachweis einer die Instandhaltung deckenden Kapitalausstattung (HOF, in: MünchVHb 926). Reine Sachstiftungen ohne Ertragsmöglichkeiten sind in aller Regel nicht genehmigungsfähig (vgl HÄRTL 117; HOF DStR 1992, 1587).

23 Neben der Kapital- und der Anstaltsstiftung wird unter dem Gesichtspunkt der Vermögensaustattung in der Literatur zT noch die sogenannte **Funktionsträgerstiftung** diskutiert (s vor allem STRICKRODT, in: Deutsches Stiftungswesen 1966–1976, 323 ff; ders, Stiftungsrecht 206 ff; aus der neueren Lit vgl HOF DStZ 1992, 1549). Unter ihr versteht man eine Stiftung, die ihren Auftrag im wesentlichen aus selbst erworbenen Mitteln erfüllen und ohne nennenswertes Grundstockvermögen auskommen soll. Als Beispiel gilt die *Stiftung Warentest* (HOF DStR 1992, 1549). Der klassischen Unterscheidung zwischen Kapital- und Anstaltsstiftung fügt der Begriff der Funktionsträgerstiftung freilich keine neue Dimension hinzu. Genau genommen knüpft er nämlich nicht primär an der Dotierung der Stiftung, sondern an ihrem typischen Auftrag an (so STRICKRODT selbst in NJW 1962, 1483). Er hat sich in der Praxis daher zurecht nicht durchgesetzt (vgl SOERGEL/NEUHOFF Vorbem 64 zu § 80).

24 Zur notwendigen Kapitalausstattung sowie sog **Einkommens-** und **Vorratsstiftungen** s

§ 80 Rn 19 f. Zu den landesgesetzlich geregelten Fragen der *Vermögensverwaltung* bei Stiftungen s Seifart/Seifart § 10 Rn 31 ff; ders BB 1987, 1889 ff; ders, in: Festg Niedersächsische Börse 233 ff; Härtl 48 ff; 124 ff; Carstensen passim.

c) Stiftungsorganisation
Als bloßer institutionalisierter Zweck bedarf die Stiftung einer **Organisationsstruktur**, 25 die ihr die notwendige Handlungsfähigkeit verschafft (MünchKomm/Reuter Vorbem 13 zu § 80; Soergel/Neuhoff Vorbem 17 zu § 80; Ebersbach, Handbuch 97; Strickrodt, Stiftungsrecht 78; Seifart/Hof § 9 Rn 1). Die Organisation der Stiftung bestimmt sich in erster Linie nach der Satzung als dem *eigenen Verfassungsrecht* der Stiftung (s § 85 Rn 2), subsidiär nach Landesrecht und BGB. Der Stifter wird den organisatorischen Rahmen an Zweck, Funktion und Vermögensausstattung der Stiftung orientieren. In der Praxis sind neben dem Leitungsorgan (Vorstand) Aufsichtsorgane (Kuratorien, Beiräte) üblich. Als Mindestanforderung normieren BGB und Landesrecht nur die Einrichtung eines Vorstandes (§ 86 iVm § 26 Abs 1). Wegen weiterer Einzelheiten s die Erl zu § 86.

Im Gegensatz zu den regelmäßig aus der Mitte der Mitglieder gewählten Vorstands- 26 oder Gremienangehörigen der Körperschaften stellen die Organe der nichtkörperschaftlich organisierten Stiftung kein personales Substrat dar (Soergel/Neuhoff Vorbem 17 zu § 80). In welchem Umfang sich über die Schaffung von Mitbestimmungsrechten für Spender, Zustifter, Mitarbeiter oder Destinatäre (dazu BGHZ 99, 344 = StiftRspr IV 58, 61 f) **körperschaftliche Elemente** in der Stiftung verankern lassen, ist nicht abschließend geklärt (vgl Soergel/Neuhoff Vorbem 18 zu § 80; MünchKomm/Reuter Vorbem 13 zu § 80; Riehmer 23 f; Ebersbach, Handbuch 29, 111 f). Jedenfalls ist die Grenze der Zulässigkeit dort überschritten, wo die Einrichtung von Gremien oder Mitbestimmungsrechten auf eine dem Primat des Stifterwillens widersprechende und dem *Stiftungsrecht wesensfremde Willensbildung von unten* hinausläuft (vgl Jess 25, 28 ff [40 f]). Die Stiftung darf auf dem Wege über Mitbestimmungsrechte keine verbandsmäßige Verfassung erhalten (näher dazu § 85 Rn 8 f). Mischformen zwischen Körperschaft und Stiftung widersprechen dem *numerus clausus der Rechtsformen* im Privatrecht (so zutreffend Jess 40). Zur Stellung der Destinatäre s § 85 Rn 10 ff.

d) In der Literatur wird der Stiftungsbegriff neuerdings vereinzelt um ein *viertes* 27 *Element* ergänzt. Dabei soll es sich um eine im weitesten Sinne mit der *general charitable intention* des anglo-amerikanischen Rechts vergleichbare **Stiftungsabsicht** handeln (Soergel/Neuhoff Vorbem 8 zu § 80; Kronke 7). Diese Auffassung verdient keine Zustimmung. Bei der Stiftungsabsicht handelt es sich um ein subjektives Merkmal des Stiftungsgeschäfts. Bedeutung erlangt sie lediglich im Rahmen der Auslegung der Willenserklärungen des Stifters (s § 80 Rn 7). Zur Definition der Stiftung als eines Instituts des objektiven Rechts trägt sie nichts bei. Der Hinweis auf die *general charitable intention* des anglo-amerikanischen Rechts geht fehl, da sich der Stifter die Perpetuierung seines Willens im deutschen anders als im anglo-amerikanischen Recht gerade nicht durch die Verfolgung von *charitable purposes* erkaufen muß (so Rn 13).

II. Zur Entwicklung des Stiftungsrechts

Das Stiftungsrecht mit seiner eigentümlichen Gemengelage zwischen privatem und 28 öffentlichem Recht, bundes- und landesrechtlichen Regelungen sowie den Besonderheiten des Genehmigungs- und Aufsichtsverfahrens läßt sich nur vor dem Hintergrund einer durch staats- und privatrechtspolitische Vorbehalte gegenüber der Stiftung gekennzeichneten historischen Entwicklung verstehen (dazu MünchKomm/ REUTER Vorbem 3 f zu § 80; ders, in: Deutsches Stiftungswesen 1977–1988, 97 ff; SCHULZE, in: Deutsches Stiftungswesen 1977–1988, 29 ff; RAWERT 53 ff; SCHILLER 27 ff). Erst in jüngerer Zeit scheint es zu gelingen, das traditionell etatistische Verständnis vom Verhältnis zwischen Staat und Stiftung durch eine moderne und vom geltenden Verfassungsrecht getragene Interpretation stiftungsrechtlicher Zusammenhänge zu überwinden. Für Stiftungsrecht und -praxis hat dies weitreichende Bedeutung. Vor allem das stiftungsrechtliche Konzessionssystem und die Funktion der Stiftungsaufsicht haben unter dem Einfluß der verfassungsrechtlichen Entwicklung eine Wandlung erfahren. Diese zwingt sowohl die Rechtsdogmatik als auch die Stiftungspraxis zum Umdenken (su Rn 40 ff).

1. Geschichtliche Entwicklung bis zum BGB

29 Im europäischen Kulturkreis lassen sich stiftungsähnliche Gebilde bis in die Zeit der **griechisch-römischen Antike** zurückverfolgen. Inschriftenfunde aus dem fünften und vierten vorchristlichen Jahrhundert lassen darauf schließen, daß am Anfang der Stiftung der Totenkult und das Totengedächtnis standen (SEIFART/COING § 5 Rn 2). Vor dem geistesgeschichtlichen Hintergrund der Lehren der stoischen Philosophen war die Stiftung der römischen Antike vornehmlich Instrument zur Sicherung des Nachruhms des Stifters. Eigene Rechtspersönlichkeit kam ihr nicht zu. Sie war ein fiduziarisches Rechtsverhältnis (LIERMANN, Handbuch 2), das als Teil des Vulgarrechts kaum Beachtung durch die klassischen Juristen fand (SEIFART/COING § 5 Rn 3).

30 Den qualitativen Sprung in der Geschichte des Stiftungsrechts brachte die **Christianisierung**. Die Stiftung *pro salute animae* und die im *Codex* des Kaisers Justinian (527 bis 565 n Chr) enthaltenen Regelungen zum Sohnesteil Christi markieren den Anfang einer stiftungsrechtlichen Entwicklung, die sich bis in die Gegenwart verfolgen läßt (LIERMANN, Handbuch 24 ff; SEIFART/COING § 5 Rn 4 ff). Diese spielte sich zwar zunächst nahezu ausschließlich in den Bahnen des römischen und kanonischen Rechts ab (vgl ROTH JherJb 1 [1857] 189 ff). Lange Zeit galt es als wichtigster Zweck der Stiftung, dem Verfügenden den Zuspruch der Heiligen und die Rettung vor Fegefeuer und Hölle zu sichern (vgl vCAMPENHAUSEN, in: Hommage Bötsch 46; LIERMANN, Handbuch 107; PLEIMES, Weltliches Stiftungsrecht 13). Mit der Zeit jedoch entwickelten sich auch Stiftungen, deren Zwecke weltlichen Anliegen dienten. Wichtigstes Beispiel war die **Spitalstiftung** zur Pflege Alter und Kranker (dazu SIEGMUND-SCHULTZE, in: FS Geiger 671 ff), in der eine Erweiterung des Kreises zulässiger Stiftungszwecke zum Ausdruck kam, die den Beginn der Verweltlichung des Stiftungswesens darstellt (LIERMANN, Handbuch 93 ff; TOEPKE 34 ff; PLEIMES, Weltliches Stiftungsrecht 12 ff).

31 Mit dem Ende des Monopols kirchlicher Stiftungsverwaltung kam es ab dem **späten Mittelalter** vor allem im Bereich der örtlichen Stiftungen zu Eingriffen der Räte. Nicht selten wurde versucht, die im kommunalen Einflußbereich angesiedelten Stiftungen in städtischen Behörden zu zentralisieren und von dort zu verwalten (SIEGMUND-SCHULTZE, in: FS Geiger 673 ff mwN). Häufige Folge war die Abkopplung des Stiftungszwecks vom Stifterwillen und eine Verwendung des Stiftungsvermögens für

stiftungsfremde Interessen. Verstärkt wurden stiftungsfeindliche Tendenzen durch das Aufkommen der **Reformation**. Unter dem Vorwand der Unvereinbarkeit mit den Lehren des Protestantismus wurden zahlreiche Stiftungen aufgehoben oder umgewandelt und der Kuratel der sich herausbildenden Territorialstaaten unterstellt (LIERMANN, Handbuch 124 ff; SCHILLER 28).

Mit Beginn der **Aufklärung** vollzog sich die endgültige Lösung der zulässigen Stiftungszwecke von ihrer ehedem charakteristischen geistlich-religiösen Bindung (vgl SCHULZE, in: Deutsches Stiftungswesen 1977–1988, 43 f). Für die Stiftung bedeutete dies zwar einerseits, daß sie fortan nicht mehr auf die Verfolgung einer *pia causa* beschränkt war. Andererseits jedoch beanspruchte nunmehr der Territorialherr die allgemeine und umfassende Aufsicht über das Stiftungswesen und unterwarf die Stiftung in den meisten deutschen Ländern der Pflicht zur Konzessionierung (LIERMANN, Handbuch 176; ANDRICK 23). Der *Absolutismus* erhob auf die Förderung und Verwirklichung des Gemeinwohls einen staatlichen Monopolanspruch, der in völligem Gegensatz zu der religiös motivierten Sorge des Einzelnen stand, die dem Stiftungswesen bislang Existenzberechtigung und Gepräge gegeben hatte. Allenthalben konzentrierte die weltliche Obrigkeit das Stiftungswesen in staatlichen Behörden und versuchte, den selbständigen Wirkungskreis privater Gemeinwohlpflege auf diese Weise zu absorbieren (SARTORIUS 544; TOEPKE 44 ff; SCHULTE 26 f).

2. Die Regelung im BGB

Als Konsequenz der Entwicklung seit der Reformation war zu **Beginn des 19. Jahrhunderts** die Genehmigungsbedürftigkeit der Stiftung in allen deutschen Ländern gesetzlich festgelegt oder aufgrund entsprechender Verwaltungspraxis eingebürgert (SCHUBERT, AT I 694 f). Als die *Erste Kommission* im Jahre 1881 ihre Arbeit aufnahm, war die Rolle des Staates bei der Stiftungserrichtung zwar hinsichtlich ihrer theoretischen Funktion nach wie vor umstritten (zum Theorienstreit um das Wesen der juristischen Person im allgemeinen s STAUDINGER/WEICK [1995] Einl zu §§ 21 ff Rn 4; zur Stiftung im besonderen s OERTMANN Vorbem 4 zu § 80). In rechtspolitischer Hinsicht hingegen herrschte Einigkeit, daß die Stiftung, die sich von der Bindung an die *pia causa* gelöst hatte, den politischen Vorstellungen des Staates gefährlich werden konnte und schon deshalb auch weiterhin seiner Kuratel unterworfen bleiben mußte (SCHUBERT, AT I 701 ff). Zwar sollte die Regelung der Stiftungsgenehmigung dem Recht der Einzelstaaten überlassen bleiben. Ihre Beibehaltung oder Abschaffung war damit theoretisch den Landesgesetzgebern anheimgestellt. Hinter diesem Vorschlag verbarg sich jedoch keineswegs der Wunsch, über die Landesgesetzgeber auf eine Lockerung der staatlichen Oberaufsicht hinzuwirken (so aber wohl KRONKE 54 mit dem Hinweis, im E I sei das Prinzip der *freien Stiftungserrichtung* vorgesehen gewesen). Beabsichtigt war vielmehr ausschließlich, es beim bisherigen Rechtszustand zu belassen (vgl Mot bei MUGDAN I 419 f). Da auf diese Weise die wegen der mangelnden Zweckbindung der Stiftung notwendige länderübergreifende Uniformität der Rolle des Staates bei der Stiftungserrichtung jedoch nicht sichergestellt werden konnte, entschied sich die *Zweite Kommission* für eine reichseinheitliche gesetzliche Anerkennung des Genehmigungserfordernisses: Zur Abwehr von der Stiftung ausgehender Gefahren für das Gemeinwohl sei eine reichseinheitlich gewährleistete Möglichkeit staatlicher Prüfung nach Zweckmäßigkeitsgesichtspunkten unentbehrlich, da aus verfassungsrechtlichen

Gründen durch Reichsgesetz keine Vorschriften über den Zweck der Stiftung kodifiziert werden könnten (Prot bei MUGDAN I 659 f; vgl auch Denkschrift bei MUGDAN I 831).

34 Der **Zweite Entwurf** stieß auf breite Zustimmung. Zwar wurde während der Beratungen der *Reichstagskommission* von einer kleinen Zahl von Abgeordneten der Versuch unternommen, die Stiftung in Parallelität zum Idealverein von der Konzessionierungspflicht zu befreien und lediglich einem System von Normativbestimmungen zu unterwerfen. Die Mehrheit der Kommissionsmitglieder sprach sich jedoch gegen einen entsprechenden Antrag aus. Nach ihrer Ansicht war die Errichtung von Stiftungen mit der Gründung von privaten Vereinen nicht zu vergleichen: Durch die Anerkennung eines rein privaten Stiftungsgeschäfts, durch das auf unabsehbare Zeit ein Vermögen einem bestimmten Zweck unterworfen werde, würden die Befugnisse des Eigentümers weit über ihren normalen Gehalt hinaus erweitert. Der Gesetzgeber könne einen solchermaßen bindenden Stifterwillen daher nicht ohne Prüfung des Wertes oder Unwertes seines Inhalts anerkennen. Die keineswegs seltene Neigung, „Stiftungen zu thörichten, unnützen oder bizarren Zwecken" zu errichten, dürfe durch das Gesetz nicht unterstützt werden. Da eine Abgrenzung billigenswerter von nicht billigenswerten Zwecken durch eine allgemeine gesetzliche Regelung jedoch nicht erfolgen könne, sei es unvermeidlich, die Entscheidung darüber im Einzelfall staatlichen Genehmigungsbehörden anheimzustellen. Darüber hinaus sei es bedenklich, wenn erhebliche Vermögensobjekte dauernd für bestimmte „vielleicht ganz unnütze oder doch minderwertige" Zwecke festgelegt werden könnten. Ein Staat, der wie das Deutsche Reich an Überbevölkerung leide, tue gut daran, das „Nationalvermögen ... dem lebendigen Verkehre zu erhalten", zumal die Gefahr übermäßiger Stiftungen mit der steigenden Konzentration großer Vermögen in wenigen Händen wachse. Die Gleichstellung mit den Vereinen sei insoweit völlig unzutreffend, da der Verein lebe und die Verwendung seines Vermögens den Zeitverhältnissen entsprechend umgestalten könne, während die Stiftung „todt und der Einwirkung der lebenden Generation entzogen" sei (Kommissionsbericht bei MUGDAN I 961 f).

35 In den **Plenarberatungen des Reichstages** spielten die §§ 80 bis 88 keine nennenswerte Rolle. Auf der Grundlage der Empfehlungen der Reichstagskommission blieben wesentliche Teile des Stiftungsrechts unkodifiziert und die Voraussetzungen der stiftungsrechtlichen Genehmigung sowie die staatliche Aufsicht über die Stiftungen dem Landesrecht vorbehalten. Zum geltenden Landesrecht su Rn 56 ff.

3. Die rechtspolitische Diskussion

36 Nach der schweren Krise, in die das Stiftungswesen durch zweimalige Inflation und die stiftungsfeindliche Politik des Nationalsozialismus geraten war (vgl LIERMANN, Handbuch 285 ff; SCHUSTER/GUNZERT, in: Deutsches Stiftungswesen 1948–1966, 21 ff) fand es nach 1949 schnell erneute Aufmerksamkeit. Große Stifterpersönlichkeiten wie *Toepfer, Körber, Krupp, Henle oder Dräger* machten die Stiftung nach dem zweiten Weltkrieg auch im Bewußtsein einer breiten Öffentlichkeit bald wieder zu einem bedeutenden Institut der privaten Gemeinwohlpflege. Während das Stiftungswesen in der DDR durch die Enteignung vieler Stiftungen zunächst faktisch und 1976 durch die ersatzlose Aufhebung des BGB-Stiftungsrechts auch de jure zerschlagen wurde (vgl FRANZ, in: Deutsches Stiftungswesen 1948–1966, 435 ff; EBERSBACH, Handbuch 327 ff; GOERDELER, in: FS HEINSIUS 170; RAWERT BB Beil 6/91, 13; zur Stiftung auf der Grundlage des ZGB

HAMMER, passim, insbes 36 ff), bescherte ihm im Westen Deutschlands wachsender privater Wohlstand eine neue Blüte (Rechtstatsachenmaterial bei BERKEL/NEUHOFF/SCHINDLER/STEINSDÖRFER 11 ff; vgl auch SOERGEL/NEUHOFF Vorbem 49 ff zu § 80). Insbesondere seit Mitte der siebziger Jahre läßt sich ein ständiges Ansteigen der Stiftungsfreudigkeit registrieren. Vor dem Hintergrund leerer öffentlicher Hände und der Schwerfälligkeit staatlicher Gemeinwohlpflege hat das Stiftungswesen eine neue Dimension bekommen: Als private Initiative ist es nicht mehr politische Gefahr sondern entlastet und befruchtet staatliche Tätigkeit im Sinne einer echten *Komplementärfunktion* (vgl MünchKomm/REUTER Vorbem 3 ff zu § 80). Die Stiftung ist zu einem Instrument der Verwirklichung des verfassungsrechtlich geschützten Subsidiaritätsprinzips und zu einem Ausdruck privatautonomer Gestaltungsmöglichkeit des Stifters geworden (su Rn 40 ff). Das traditionell etatistisch geprägte Verständnis vom Verhältnis Staat zu Stiftung ist dem Verständnis einer Partnerschaft zwischen Staat und Stiftung gewichen.

Der Wandel der politischen, wirtschaftlichen und rechtlichen Rahmenbedingungen **37** ließ zu Beginn der sechziger Jahre Rufe nach einer **Reform des Stiftungsrechts** laut werden. Ein breites Forum fanden sie erstmals im Rahmen der Verhandlungen des 44. DJT (1962) (Arbeitstitel: *Soll das Stiftungsrecht bundesgesetzlich vereinheitlicht und reformiert werden, gegebenenfalls mit welchen Grundzügen?*, 2 Bände mit Gutachten von BALLERSTEDT und SALZWEDEL sowie Referat von MESTMÄCKER). Dabei zeichnete sich schon bald ein deutliches Meinungsbild für umfassende gesetzgeberische Maßnahmen ab (vgl Verhdlg 44. DJT Band 2, G 31 ff; KUNZE Verhdlg 46. DJT Band 2, J 27 ff; STRICKRODT JR 1962, 285 ff; DUDEN JZ 1968, 1 ff; GOERDELER/ULMER AG 1963, 292 ff, 328 ff; LIERMANN ZRP 1970, 27 ff; MESTMÄCKER/REUTER 138 ff; SEIFART WissR 1975, 227 ff; LEISNER, in: Deutsches Stiftungswesen 1966–1976, 119 ff). Unmittelbar im Anschluß an den 44. DJT begann eine von der Ständigen Deputation des DJT eingesetzte Kommission mit der Erarbeitung von *Vorschlägen zur Reform des Stiftungsrechts*. Sie wurden der Öffentlichkeit im Jahre 1968 vorgelegt. In der Reformdebatte wurden vor allem folgende Punkte diskutiert (siehe die vorstehend zitierte Lit sowie die zusammenfassenden Darstellungen bei MünchKomm/ REUTER Vorbem 54 ff zu § 80; SOERGEL/NEUHOFF Vorbem 99 f zu § 80; SEIFART/SEIFART § 6 Rn 3 ff):

(1) Eine umfassende Kodifikation des gesamten Rechts der selbständigen Stiftung des Privatrechts durch den Bundesgesetzgeber in einem Bundesstiftungsgesetz.

(2) Der Übergang vom Konzessionssystem zu einem System von Normativbestimmungen und die Errichtung eines öffentlichen und mit Publizitätswirkung ausgestatteten Stiftungsregister zur Erleichterung des Rechtsverkehrs.

(3) Die Zulässigkeit bzw Genehmigungsfähigkeit unternehmensverbundener Stiftungen sowie die Notwendigkeit der Einführung besonderer Vorschriften in Parallele zu den gesellschaftsrechtlichen Bestimmungen über die Kontrolle der Unternehmensleitung, die Publizität und den Gläubigerschutz.

(4) Die Genehmigungsfähigkeit von Familienstiftungen bzw die Beschränkung ihrer Dauer in Analogie zu den erbrechtlichen Vorschriften über den zeitlichen Rahmen zulässiger Nachlaßbindungen.

(5) Die Beschränkung der Stiftungsaufsicht auf eine reine Rechtsaufsicht und ihre Übertragung auf die Organe der freiwilligen Gerichtsbarkeit.

38 Der Bundesgesetzgeber hat die Forderung nach einem bundeseinheitlichen neuen Stiftungsrecht nicht aufgegriffen. Eine von der Bundesregierung 1974 eingesetzte **Interministerielle Arbeitsgruppe Stiftungsrecht** kam in ihrem Bericht (veröffentlicht in: Deutsches Stiftungswesen 1966–1976, 361 ff; dazu SEIFART ZRP 1978, 144 ff) zu dem Ergebnis, daß eine Reform des Stiftungsrechts nicht erforderlich sei: Insbesondere durch die zwischenzeitliche Verabschiedung moderner Stiftungsgesetze in den meisten Ländern sei eine Rechtsvereinheitlichung erreicht worden, die eine umfassende bundesgesetzliche Kodifikation unnötig mache (Interministerielle Arbeitsgruppe Stiftungsrecht, in: Deutsches Stiftungswesen 1966–1976, 376 ff). Das Konzessionssystem biete vor allem im Bereich unternehmensverbundener Stiftungen ausreichende Möglichkeiten, die im Interesse des Rechtsverkehrs erforderlichen Vorkehrungen im Einzelfall zu treffen (Interministerielle Arbeitsgruppe Stiftungsrecht, in: Deutsches Stiftungswesen 1966–1976, 395). Die Diskussion um eine gesetzgeberische Reform des Stiftungsrechts fand mit der billigenden Kenntnisnahme des Berichts der Arbeitsgruppe durch die Bundesregierung ihr Ende (SEIFART/SEIFART § 6 Rn 17). Ein von Abgeordneten aller Fraktionen im Bundestag eingebrachter Entwurf eines neuen § 88 a, mit dem nach dem Vorbild des Vereinsregisters ein publizitätstragendes *Stiftungsregister* eingeführt werden sollte (BT-Drucks 8/2612 v 5.3.1979; ausführlich dazu SEIFART/ORTH § 38 Rn 21 ff), ist nicht Gesetz geworden.

39 Die **Reformdebatte** ist de lege ferenda **ohne Ergebnisse** geblieben. Entgegen den Feststellungen der Interministeriellen Arbeitsgruppe leidet das Stiftungsrecht nach wie vor an einem der Rechtssicherheit abträglichen Partikularismus in Rechtsetzung und -anwendung. So hat unlängst HÄRTL in einer Arbeit zur Reformbedürftigkeit des Stiftungsrechts nach eingehender Analyse der Unterschiede und Gemeinsamkeiten der Landesstiftungsgesetze (HÄRTL 29 ff) und der auf ihnen aufbauenden Praxis der Genehmigungs- und Aufsichtsbehörden (HÄRTL 103 ff) als wichtigstes Ergebnis seiner Untersuchung festgestellt, daß das Stiftungsrecht reines Praxisrecht darstelle, seine Regelungen nur einen Rahmen vorgäben und daher eine erhebliche Ungleichbehandlung stiftungsrechtlicher Sachverhalte festzustellen sei (HÄRTL 163). Trotz dieses Ergebnisses gelangt HÄRTL zu dem Schluß, daß eine Stiftungsrechtsreform kein dringliches Anliegen darstelle (HÄRTL 168), da wegen des Rahmencharakters des Stiftungsrechts nahezu alle für die Stiftungen wichtigen Entscheidungen zwischen Behördenvertretern und Betroffenen verhandelbar seien. Diese Feststellungen haben vor allem REUTER zu scharfer Kritik veranlaßt (vgl MünchKomm/REUTER Vorbem 63 f zu § 80). REUTERS Hinweis darauf, daß derartige Praktiken rechtsstaatlichen Anforderungen schwerlich genügen und die These von der Reformbedürftigkeit des Stiftungsrechts nicht widerlegen, sondern unterstreichen, verdient Zustimmung.

4. Stiftungsrecht und Grundrechtsschutz

a) Der Grundrechtsschutz des Stifters

40 aa) Vor dem Hintergrund der Mängel des bestehenden Rechtszustandes mehren sich in neuerer Zeit die Stimmen, die die Funktionsfähigkeit des Stiftungsrechts auf dem Boden der lex lata zu stärken versuchen. Nach vordringender und zutreffender Auffassung hat sich durch ein modernes Verständnis von **Grundrechtsschutz des Stif-**

ters vor allem die Funktion des stiftungsrechtlichen Konzessionssystems gewandelt (vgl FROWEIN 17; SEIFART/HOF § 4 Rn 6 ff; ders, in: MünchVHb 916, 922; ders DStR 1992, 1550 f; MünchKomm/REUTER Vorbem 8 f zu § 80; ders, in: Deutsches Stiftungswesen 1977–1988, 95 ff [100 ff]; ders DWiR 1991, 193; ders ZGR 1991, 482 ff; IPSEN, in: Deutsches Stiftungswesen 1977–1988, 151 ff; SCHULTE 34 ff [42 ff]; THOMSEN 30 ff; RAWERT 53 ff; ders BB Beil 6/91, 15 f; vgl auch DEWALD 67 ff; KRONKE 39 f; RIEHMER 26 f). Danach haben die Behörden entgegen dem hergebrachten Verständnis von der Stiftungsgenehmigung als einem Ermessensakt (Nachweise unten Rn 48) außerhalb gesetzlich normierter Versagungsgründe keine Möglichkeit, eine Stiftungsgenehmigung zu verweigern. Materiell gilt heute auch im Stiftungsrecht ein *Normativsystem* entsprechend den Regelungen im Recht der (Handels-) Vereine (su Rn 48). Nach wie vor nicht endgültig geklärt ist allerdings die verfassungsrechtsdogmatische Begründung dieses Ergebnisses, dh insbesondere die Frage nach den auf den Stiftungsakt anwendbaren Grundrechten.

α) Vor allem FROWEIN, Grundrecht auf Stiftung (1976) und HOF, in: SEIFART **41** (Hrsg), Handbuch des Stiftungsrechts (1987), haben den Versuch unternommen, den Grundrechtsschutz des Stifters primär aus der **Glaubensfreiheit, der Presse-, Kunst- und Wissenschaftsfreiheit, dem Schutz von Ehe und Familie sowie der Privatschulfreiheit** zu begründen: Der Stifter, der eine religiöse Stiftung errichte, genieße den Schutz des Art 4 Abs 1 und 2 GG. Art 5 Abs 1 GG garantiere die Pressefreiheit, die zugleich das Recht erfasse, ein Presseunternehmen in der Rechtsform einer Stiftung zu betreiben. Die Errichtung einer Stiftung zur Durchführung von Forschungsaufgaben oder wissenschaftlicher Lehre oder der Finanzierung bzw sonstigen Förderung der Wissenschaft oder der Kunst stehe unter dem Schutz des Art 5 Abs 3 GG. Die Gründung einer Familienstiftung könne im Einzelfall in den Schutzbereich des Art 6 Abs 1 GG fallen. Art 7 Abs 4 GG schließlich gewähre das Recht, eine Privatschule in der Rechtsform einer Stiftung zu errichten (FROWEIN 12 ff; SEIFART/HOF § 4 Rn 65 ff; zurückhaltender ders jetzt allerdings in: MünchVHb 916 sowie DStR 1992, 1550 f; vgl auch STRICKRODT, Stiftungsrecht 69 ff).

Die Verankerung der **Stifterfreiheit** in den genannten Grundrechten kann dogmatisch **42** freilich nicht überzeugen. Die Wahl einer Rechtsform zur Verfolgung eines bestimmten Zwecks ist ein neutraler Akt und nicht selbst Ausübung der von FROWEIN und HOF ins Feld geführten Grundrechte. Das Stiftungsgeschäft, mit dem der Stifter zB eine Pressestiftung ins Leben rufen will, ist weder Meinungsäußerung noch eine mit Pressearbeit wesensmäßig zusammenhängende und deswegen von Art 5 Abs 1 GG geschützte Tätigkeit. Selbst im Falle der Glaubens- und Bekenntnisfreiheit, in dem ein weiter Gewährleistungsbereich des Grundrechts anerkannt ist, fallen religionsneutrale Vorgänge unstreitig nicht in den Schutzbereich des Art 4 Abs 1 und 2 GG. Das gilt selbst dann, wenn sie mittelbar der Religionsausübung dienen (BVerfGE 19, 129, 133). Die Schlüssigkeit der These, nach der der Stifter sich für die Wahl der Rechtsform der privatrechtlichen Stiftung auf Spezialgrundrechte berufen kann, würde den Nachweis voraussetzen, daß die rechtsfähige Stiftung des privaten Rechts *notwendige Bedingung* zur Verwirklichung der entsprechenden grundrechtlich gewährleisteten Freiheiten ist (vgl BVerfGE 66, 11, 134 und BVerfG NJW 1988, 1983 für die Pressefreiheit). Dieser Nachweis läßt sich für die genannten Grundrechte indes nicht erbringen. Die Verwirklichung der von ihnen geschützten Zwecke kann auch in den Rechtsformen des Vereins, der GmbH oder in Form einer unselbständigen Stiftung erfolgen (so zutreffend IPSEN, in: Deutsches Stiftungswesen 1977–1988, 152 f; vgl auch EBERS-BACH AöR 104 [1979] 159; SCHULTE 39 f; THOMSEN 33). Die Praxis belegt dies.

43 β) Nach richtiger Ansicht sind sedes materiae der **Stifterfreiheit Art 14 Abs 1 und Art 2 Abs 1 GG**.

44 Bei Gebrauch der ihm von den §§ 80 bis 88 eingeräumten Möglichkeiten kann sich der Stifter auf die **Eigentums- und Erbrechtsgarantie** des Grundgesetzes stützen (IPSEN, in: Deutsches Stiftungswesen 1977–1988, 153 ff; SCHULTE 41 ff; RAWERT 67 f; THOMSEN 34 f; vgl auch FROWEIN 16; SEIFART/HOF § 4 Rn 72 ff; ders, in: MünchVHb 916; ders DStR 1992, 1550 f; GEBEL/HINRICHSEN, SchlHolStiftG Einf Anm 2). Das Eigentum iSd Art 14 Abs 1 GG umfaßt als Individualrechtsgarantie alle Befugnisse, die die Rechtsordnung einem Eigentümer zu einem beliebigen Zeitpunkt zuweist (BVerfGE 58, 300, 336; PIEROTH/SCHLINK, Grundrechte [10. Aufl 1994] Rn 966 ff; BRYDE, in: vMÜNCH/KUNIG Grundgesetz-Kommentar [4. Aufl 1992] Art 14 Rn 11; PAPIER, in: MAUNZ/DÜRIG Art 14 GG Rn 37 [„dynamischer Eigentumsbegriff"]). Soweit sich der Stiftungsakt für den Stifter als eine **vermögensrechtliche Verfügung** darstellt (s § 80 Rn 10 f), wird die ihm vom einfachen Recht (§§ 80 bis 88) eingeräumte Verfügungsmöglichkeit daher als Akt der Eigentumsverwendung unter verfassungsrechtlichen Schutz gestellt (FROWEIN 16; SEIFART/HOF § 4 Rn 72; IPSEN, in: Deutsches Stiftungswesen 1977–1988, 153 ff; SCHULTE 41 f; vgl auch STRICKRODT, Stiftungsrecht 72). Gleiches gilt für das Erbrecht. Die Rechte des Erblassers werden wie das Eigentum durch die Inhalts- und Schrankenbestimmungen des einfachen Rechts definiert (PIEROTH/SCHLINK, Grundrechte [10. Aufl 1994] Rn 986). Auch der Stifter, der von Todes wegen verfügt (§ 83), genießt folglich grundrechtlichen Schutz (FROWEIN 16; SEIFART/HOF § 4 Rn 73; IPSEN, in: Deutsches Stiftungswesen 1977–1988, 154 f; SCHULTE 41 f).

45 Soweit das Stiftungsgeschäft einen auf die Schaffung einer juristischen Person gerichteten **Organisationsakt** enthält (s § 80 Rn 10), kommt für den Stifter im übrigen die Berufung auf Art 2 Abs 1 GG in Betracht (**aA** SCHULTE 40; ihm folgend THOMSEN 33 f). Da zumindest bei der Stiftung unter Lebenden das Stiftungsgeschäft nicht notwendig auch die Zuwendung des Stiftungsvermögens enthalten muß (so Rn 19; § 80 Rn 17), wird Art 2 Abs 1 GG insoweit nicht durch Art 14 Abs 1 GG verdrängt. Die durch Art 2 Abs 1 GG geschützte allgemeine Handlungsfreiheit umfaßt nach heute unbestrittener Ansicht auch das Recht des Einzelnen, seine Rechtsverhältnisse gegenüber gleichgeordneten Rechtssubjekten eigenverantwortlich und nach eigenem Willen (privatautonom) zu gestalten (vgl STAUDINGER/DILCHER[12] Einl 5 ff, 8 zu §§ 104–185; SOERGEL/WOLF Vorbem 42 zu § 145; FLUME, AT II 17 ff – jeweils mwN; aus der Rspr des BVerfG vgl E 8, 274, 328; 9, 237, 249). Stellt die Zivilrechtsordnung bestimmte Rechtsformen bereit, die dem Willen des Einzelnen die Macht geben, rechtsverbindliche Folgen zu setzen, fällt der Gebrauch dieser Formen in den Schutzbereich des Art 2 Abs 1 GG. Das bedeutet zwar nicht, daß das von der Privatrechtsordnung bereitgestellte Institut der rechtsfähigen Stiftung eine verfassungsrechtliche Bestandsgarantie genießt (das verkennt die Kritik von SCHULTE 35 ff). Es heißt aber, daß der Gebrauch dieser Rechtsform entgegen der Vorstellung des historischen Gesetzgebers (so Rn 34) unter der Herrschaft des Grundgesetzes ein **verfassungsrechtlich geschützter Akt privatautonomer Lebensgestaltung** geworden ist. Mit der gleichen Berechtigung, mit der von einer verfassungsrechtlich geschützten Vertragsfreiheit ausgegangen wird, läßt sich damit auch von einer aus Art 14 Abs 1 und Art 2 Abs 1 GG fließenden **Stifterfreiheit** sprechen.

2. Titel. Juristische Personen. **Vorbem zu §§ 80 ff**
II. Stiftungen **46—48**

Zum **Gleichbehandlungsgrundsatz** im Stiftungsrecht vgl SEIFART/HOF § 4 Rn 61 ff; **46**
SCHULTE 45 f – jeweils mwN. Zur Frage der **Drittwirkung** der Grundrechte im Stiftungsrecht BGHZ 70, 313 = StiftRspr III 89, 95 ff.

γ) Die Stifterfreiheit ist kein Privileg natürlicher Personen. Auch **juristische Per- 47
sonen** des Privatrechts können Stifter und in dieser Eigenschaft Träger der Grundrechte aus Art 14 Abs 1, Art 2 Abs 1 GG sein (vgl SEIFART/HOF § 4 Rn 91 ff, 157 ff; SCHULTE 46 mwN). Für die nicht grundrechtsfähigen juristischen Personen des öffentlichen Rechts gilt dies allerdings nur dann, wenn sie dem Staat als selbständige Rechtssubjekte gegenübertreten können und nicht in die Weisungsabhängigkeit der Staatsorganisation eingebunden sind (PIEROTH/SCHLINK, Grundrechte [10. Aufl 1994] Rn 177; vMUTIUS Jura 1983, 38 ff mwN). Nur in diesen Fällen besteht eine **grundrechtstypische Gefährdungslage** wie sie für Privatrechtspersonen kennzeichnend ist (vgl BETTERMANN NJW 1969, 1326; vMUTIUS Jura 1983, 40). Soweit eine juristische Person des öffentlichen Rechts als Stifter auftreten will, muß im Einzelfall geprüft werden, ob sie aufgrund einer ihr zugestandenen besonderen Autonomie die Rechte aus Art 14 Abs 1 bzw Art 2 Abs 1 GG in Anspruch nehmen kann (SEIFART/HOF § 4 Rn 82; SCHULTE 48 ff; KREBS, in: vMÜNCH/KUNIG, Grundgesetz-Kommentar I [4. Aufl 1992] Art 19 Rn 41 ff). Zur grundsätzlichen Frage der Eignung von *Hoheitsträgern als Stifter* s DEWALD 52 ff sowie SCHULTE 60 ff.

bb) **Konsequenz des verfassungsrechtlichen Schutzes** des Stifters aus Art 14 Abs 1, **48**
Art 2 Abs 1 GG ist ein grundlegender **Wandel der hergebrachten Funktion des stiftungsrechtlichen Konzessionssystems**. Entgegen der bislang hM (vgl BALLERSTEDT Verhldg 44. DJT 40 f; STRICKRODT, Stiftungsrecht 59 ff; DUDEN JZ 1968, 1; LIERMANN ZRP 1970, 27; EBERSBACH, Handbuch 61 ff; ENNECCERUS/NIPPERDEY, AT 721; FLUME, AT I/2, 135 f; SOERGEL/NEUHOFF § 80 Rn 15; PALANDT/HEINRICHS[53] § 80 Rn 2; BGB-RGRK/STEFFEN § 80 Rn 8; ERMAN/WESTERMANN § 80 Rn 4; JAUERNIG §§ 80–84 Anm 3; SIEGMUND-SCHULTZE, NdsStiftG § 4 Anm 2c; Richtlinien zur Ausführung des NdsStiftG v 16. 7. 1986 [Nds MBl 800] idF v 4. 10. 1989 [Nds MBl 1201] Ziffer 1.1; POHLEY, BayStiftG Art 4 Anm 4; vROTBERG, BadWürttStiftG § 5 Anm 11; STENGEL, HessStiftG § 3 Anm 4; KNEIS/KAJA 28, GROSSFELD/MARK WuR 37 [1985] 74; WEIMAR/GEITZHAUS/DELP BB 1986, 2004; HENNERKES/BINZ/SORG DB 1986, 2217; BayVGHE 23, 47 = StiftRspr II 18, 25 f; BayVGH StiftRspr III 178, 181, 186; OVG Lüneburg OVGE 22, 484, 485; so auch noch STAUDINGER/COING[12] § 80 Rn 21 ff) hat sich das *Genehmigungsermessen*, das der historische Gesetzgeber den Stiftungsbehörden im Interesse einer wirksamen Durchsetzung staats- und privatrechtspolitischer Vorbehalte gegenüber der Stiftung einräumen wollte (so Rn 33 f) zu einem **gebundenen Genehmigungsanspruch** entwickelt (SEIFART/HOF § 4 Rn 6 ff; ders, in: MünchVHb 922; ders DStR 1992, 1550; IPSEN, in: Deutsches Stiftungswesen 1977–1988, 156 ff; MünchKomm/REUTER Vorbem 8 zu § 80; ders § 80 Rn 12; ders, in: Deutsches Stiftungswesen 1977–1988, 100 ff; ders ZGR 1991, 482 ff; ders DWiR 1991, 193 ff; AK-BGB/OTT Vorbem 13 zu § 80; SCHULTE 42 ff; RAWERT 61 ff; ders BB Beil 6/91, 15 f; THOMSEN 37 ff; GEBEL/HINRICHSEN, SchlHolStiftG § 2 Anm 4; so jetzt auch DELP, Die Stiftung & Co KG [1991] 32; PALANDT/HEINRICHS § 80 Rn 2 [ohne freilich ein Grundrecht auf Stiftung anzuerkennen]; nach HÄRTL 119 befindet sich diese Auffassung *auch in der Stiftungspraxis im Vordringen*; vgl VG Minden StiftRspr IV 83, 85 f; VG Düsseldorf NVwZ 1994, 811, 815 aE). Denn für verwaltungsbehördliches Ermessen ist im Bereich der Grundrechtsausübung kein Raum. Stellt der Gesetzgeber der Ausübung grundrechtlicher Befugnisse ein Genehmigungsverfahren voran, so muß er selbst eine Aussage darüber treffen, unter welchen Voraussetzungen eine Genehmigung zu erteilen oder zu versagen ist. Das entspricht heute völlig hM (vgl BVerfGE 6, 32, 41 f; 8, 71, 76; 20, 150,

154 f, 158 f; 34, 165, 199 f; 41, 378, 399; 46, 120, 157 f; 49, 89, 145; 61, 291, 317 f; 80, 1, 20 f; Literaturnachweise bei RAWERT 72; vgl auch KRONKE 38 f). Die Entscheidung über Zulässigkeit oder Unzulässigkeit eines Stiftungsvorhabens darf folglich nicht in das Ermessen einer Verwaltungsbehörde gestellt werden (s die Nachweise o Rn 40). Bei Erfüllung aller tatbestandlichen Voraussetzungen, die die Rechtsordnung für die Errichtung einer Stiftung vorsieht, besteht ein gebundener Genehmigungsanspruch des Stifters. Dieser rührt nicht aus einer bloßen *Ermessensreduzierung auf Null*, bei der eine Genehmigungserteilung nur aufgrund einer im *Einzelfall* eindeutig zugunsten des Stifters ausgehenden Abwägung kollidierender Interessen erfolgen müßte (so aber BRANDMÜLLER 57; STRICKRODT, Stiftungsrecht 69 ff; STENGEL, HessStiftG § 3 Anm 4.3). Vielmehr handelt es sich um ein **subjektives öffentliches Recht**, dessen Bestehen von einer einzelfallbezogenen Güterabwägung unabhängig ist. Inhaltlich liegt dem Stiftungsrecht heute ein **System von Normativbestimmungen** zugrunde. Lediglich in formeller Hinsicht hat es wegen des nach wie vor bestehenden, nunmehr allerdings tatbestandsgebundenen Genehmigungserfordernisses noch die Gestalt des Konzessionssystems. Die Bezeichnung des für die Stiftungserrichtung erforderlichen hoheitlichen Aktes als *Genehmigung* ist aus der Perspektive des Grundrechtsschutzes des Stifters ein Relikt obrigkeitsstaatlichen vorkonstitutionellen Rechts (so treffend SEIFART/HOF § 4 Rn 16; § 7 Rn 188). Da sie heute tatsächlich nur noch eine Anerkennung darstellt, mit der bescheinigt wird, daß ein Stiftungsvorhaben alle bestehenden rechtlichen Anforderungen erfüllt, ist es nur mit Rücksicht auf den eingeführten Sprachgebrauch noch zu rechtfertigen, nach wie vor von einer Stiftungs*genehmigung* zu sprechen (SEIFART/HOF § 4 Rn 16).

49 Zum **Genehmigungsverfahren** und den tatbestandlichen Voraussetzungen des Genehmigungsanspruchs s § 80 Rn 31 ff.

b) Der Grundrechtsschutz der Stiftung

50 aa) Auch die **Grundrechtsfähigkeit der BGB-Stiftung** ist heute allgemein anerkannt. Sie wird wie jede andere juristische Person des Privatrechts über Art 19 Abs 3 GG in ihren Grundrechten geschützt (BVerfGE 46, 73 = StiftRspr III 58, 64; BVerwGE 40, 347 = StiftRspr II 89, 90; BVerwG NJW 1991, 713 = StiftRspr IV 151, 152; Bonner Kommentar/vMUTIUS Art 19 Abs 3 GG Rn 63 ff; ders Jura 1983, 37 f; ders VerwArch 1974, 87 ff; KREBS, in: vMÜNCH/ KUNIG, Grundgesetz-Kommentar I [4. Aufl 1992] Art 19 Rn 28; PIEROTH/SCHLINK, Grundrechte [10. Aufl 1994] Rn 167 f; SEIFART/HOF § 4 Rn 85 ff). In seiner grundlegenden Entscheidung vom 22. 9. 1972 (E 40, 370 = StiftRspr II 89) hat das BVerwG zutreffend festgestellt, daß die Stiftung, die „... als ständige Einrichtung bei der Gestaltung von Gegenwart und Zukunft mitwirken soll, ... für die Betätigung dieser ihr vom Stifter gesetzten Aufgabe des Schutzes der Grundrechte gegen unberechtigte Eingriffe des Staates..." bedarf (vgl auch BVerfGE 46, 73 = StiftRspr III 58, 64). Der im Schrifttum geführten Diskussion um die dogmatische Begründung dieses Ergebnisses (vgl Bonner Kommentar/vMUTIUS Art 19 Abs 3 GG Rn 63 ff; SCHULTE 52 ff – jeweils mwN) kommt angesichts der klaren Stellungnahme des Gerichts keine praktische Bedeutung mehr zu.

51 Die **Reichweite des Grundrechtsschutzes** selbständiger Stiftungen des privaten Rechts weist keine über Art 19 Abs 3 GG hinausgehenden Besonderheiten auf (so zutreffend SCHULTE 54). Anerkannt ist insbesondere die Anwendbarkeit der folgenden Grundrechte: Art 2 Abs 1 GG (BVerwGE 40, 347 = StiftRspr II 89, 91; BVerwG NJW 1991, 713 = StiftRspr IV 151, 152; OLG Hamm NJW-RR 1995, 120, 121); Art 3 Abs 1 GG (BVerfGE 4, 7, 12; 63, 312 = StiftRspr III 157, 158 ff [Erbersatzsteuer]); Art 4 Abs 1 und 2 GG (BVerfGE 18,

385 ff; 46, 73 = StiftRspr III 58, 64; 53, 366 = StiftRspr III 113); Art 5 Abs 1 und 3 GG (Frowein 20; Seifart/Hof § 4 Rn 140 f; Schulte 54); Art 7 Abs 4 GG (BVerwGE 40, 347 = StiftRspr II 89, 91); Art 11 (Seifart/Hof § 4 Rn 149; Schulte 54); Art 12 Abs 1 (Seifart/Hof § 4 Rn 154; Schulte 54); Art 13 Abs 1 GG (Seifart/Hof Rn 156; Schulte 54); Art 14 Abs 1 (BVerfGE 63, 312 = StiftRspr III 157, 160); Art 101 Abs 1 und 2 sowie Art 103 GG (Seifart/Hof § 4 Rn 161; Schulte 54). Darüber hinaus können sich kirchliche Stiftungen auf Art 140 GG iVm Art 137 Abs 3 WRV berufen (BVerfGE 46, 73 = StiftRspr III 58, 66 ff). Zur kirchlichen Stiftung su Rn 137 ff.

Familienstiftungen können sich nach richtiger Ansicht nicht auf den Schutz des Art 6 **52** Abs 1 GG berufen, weil der individualrechtlich geprägte Familienbegriff seinem Wesen nach nicht auf juristische Personen anwendbar ist (vgl BVerfGE 13, 290, 297; Schulte 55 mwN; aA Leisner Anm zu BVerfGE 63, 312 in: StiftRspr III, 165; Neuhoff, in: Deutsches Stiftungswesen 1977–1988, 74; differenzierend Seifart/Hof § 4 Rn 145). Das BVerfG (E 63, 312 = StiftRspr III 157 ff) hat bei der Prüfung der Verfassungsmäßigkeit der Erbersatzsteuer (su Rn 128) Art 6 Abs 1 GG nicht in Betracht gezogen und dieses Ergebnis damit inzident bestätigt.

Zum **Namensrecht** der Stiftung su § 80 Rn 24. **53**

bb) Die heute unstreitige Grundrechtsträgerschaft der Stiftung hat für die **Funktion** **54** **der Stiftungsaufsicht** weitreichende Folgen. Das BVerwG hat klargestellt, daß wegen der Grundrechtssubjektivität der Stiftung ausschließlich das öffentliche Interesse an der Verwirklichung des Stiftungszwecks den Eingriff in die Handlungsfreiheit der Stiftungsorgane rechtfertigt. Prüfungsmaßstab der Stiftungsaufsicht kann nur die Verletzung oder Gefährdung des Stiftungszwecks sein. Öffentliche Interessen, die dem Stiftungszweck nicht zu entnehmen sind, können entgegen der Vorstellung des historischen Gesetzgebers (so Rn 33 f) nicht mehr zum Maßstab für Entscheidungen der Stiftungsorgane gemacht werden. Entgegen der früheren Ansicht hat sich die Funktion der Stiftungsaufsicht auf eine **reine Rechtsaufsicht** reduziert. Bei deren Ausübung ist es den zuständigen Behörden untersagt, ihr Ermessen an die Stelle des Ermessens der Stiftungsorgane zu stellen (BVerwGE 40, 347 = StiftRspr II 89, 91). Eine Fachaufsicht ist unzulässig, weil sie „... auf eine Usurpation einer Organzuständigkeit und damit auf eine Einschränkung der Privatautonomie der Stiftung" hinausläuft (MünchKomm/Reuter Vorbem 35 zu § 80). Soweit die Stiftungsgesetze die Staatsaufsicht nicht ausdrücklich auf eine Rechtsaufsicht beschränken (so mittlerweile aber alle Stiftungsgesetze jüngeren Datums, vgl § 8 BadWürttStiftG; § 7 BerlStiftG; § 11 BremStiftG; § 10 HessStiftG; § 14 MecklVorPStiftG; § 17 NRWStiftG; § 26 RhPfStiftG; § 10 SaarlStiftG; § 8 SchlHolStiftG; § 18 DDRStiftG), muß dieses Ergebnis im Wege einer verfassungskonformen Auslegung der entsprechenden Bestimmungen des Landesrechts (§ 8 HambAGBGB; Art 21 BayStiftG) erreicht werden (ganz hM, vgl nur MünchKomm/Reuter Vorbem 35 zu § 80; Soergel/Neuhoff Vorbem 79 ff zu § 80; AK-BGB/Ott Vorbem 14 zu § 80; Erman/Westermann Vorbem 12 zu § 80; Palandt/Heinrichs Vorbem 13 zu § 80 – jeweils mwN).

Zu Einzelheiten der Stiftungsaufsicht – insbesondere Zweck, Mittel und Träger – su **55** Rn 60 ff.

III. Landesrecht, Stiftungsaufsicht, stiftungsrechtliche Publizitätsvorschriften

1. Die Landesstiftungsgesetze

56 Historisch bedingt beruht die rechtliche Ordnung des Stiftungswesens neben den bundesgesetzlichen Regelungen der §§ 80 bis 88 und individuellen Satzungsbestimmungen nach wie vor maßgeblich auf **landesrechtlichen Kodifikationen** (so Rn 1, 33 f). Diese regeln alle ihrem Inhalt nach öffentlich-rechtlichen Fragen des Stiftungsrechts, dh vor allem Stiftungsgenehmigung (s § 80 Rn 26 ff) und Stiftungsaufsicht (su Rn 60 ff). Darüber hinaus hat das BGB den Landesgesetzgebern mit § 85 die Möglichkeit eingeräumt, den Inhalt der Verfassungen der Stiftungen mit Sitz in ihrem Gebiet verbindlich zu bestimmen. So können die Landesgesetzgeber zwingende oder dispositive Vorschriften über die Stiftungsorgane und die Rechtsstellung der Destinatäre (s § 85 Rn 10 ff) aufstellen. Sie können regeln, nach welchen Grundsätzen eine Stiftung zu verwalten ist, wie ihre Satzung geändert oder wie die Stiftung aufgehoben werden kann. Weiter ist es ihnen gestattet, Vorschriften zu erlassen, die den Anfall des Stiftungsvermögens bei Erlöschen einer Stiftung betreffen (EBERSBACH, Handbuch 39; SOERGEL/NEUHOFF § 85 Rn 4; wegen Einzelheiten siehe die Erl zu § 86, § 87 und § 88). Zusätzliche stiftungsrechtliche Vorbehalte zugunsten der Landesgesetzgeber befinden sich in Art 86 EGBGB iVm Teil II Art 2 des *Gesetzes über die Wiederherstellung der Rechtseinheit auf dem Gebiete des bürgerlichen Rechts* v 5. 3. 1953 (BGBl I 33) und Art 91 EGBGB. Sie enthalten Sonderregelungen für den Vermögenserwerb *ausländischer Stiftungen* (s § 80 Rn 31) bzw Sicherungshypotheken für Stiftungen des öffentlichen Rechts oder Stiftungen, die unter der Verwaltung einer Behörde stehen. Die Bestimmungen sind heute ohne wesentliche praktische Bedeutung (Einzelheiten bei STAUDINGER/MERTEN/KIRCHHOF[12] Art 86 Rn 28 f; STAUDINGER/KANZLEITER/HÖNLE[12] Art 91 Rn 9 ff; EBERSBACH, Handbuch 39).

57 In der Nachkriegszeit haben außer Hamburg alle *alten Bundesländer* Stiftungsgesetze erlassen (zur Rechtslage vor Erlaß der Stiftungsgesetze EBERSBACH 40 f sowie Vorauflage Rn 4). In Hamburg ist das Stiftungsrecht als Teil des AGBGB geregelt. Das Stiftungsrecht der *neuen Bundesländer* beruht nach wie vor maßgeblich auf übergeleitetem DDR-Recht aus dem Jahre 1990 (RAWERT BB Beil 6/91, 13). Zwischenzeitlich hat sich allerdings *Mecklenburg-Vorpommern* als erstes neues Bundesland ein eigenes Stiftungsgesetz gegeben. Für *Brandenburg* (s Hinweis auf S 366 aE) und *Sachsen-Anhalt* liegen Entwürfe vor.

Im einzelnen ist die Rechtslage wie folgt:

Baden-Württemberg: StiftG v 4. 10. 1977 (GBl 408) idF seiner letzten Änderung v 23. 7. 1993 (GBl 533); dazu Kommentar von vROTBERG (2. Aufl 1992);

Bayern: StiftG v 26. 11. 1954 (GVBl 301) idF seiner letzten Änderung v 27. 12. 1991 (GVBl 496) = BayRS 282-1-1-K; dazu Kommentare von POHLEY (1993) und VOLL/STÖRLE (2. Aufl 1979);

Berlin: StiftG v 11. 3. 1960 (GVBl 228) idF v 10. 11. 1976 (GVBl 2599) idF seiner letzten Änderung v 26. 1. 1993 (GVBl 40); gilt seit 3. 10. 1990 in ganz Berlin (vgl RAWERT BB Beil 6/91, 14);

Bremen: StiftG v 7. 3. 1989 (GBl 163);

Hamburg: §§ 6–21 AGBGB idF v 1. 7. 1958 (GVBl 196);

Hessen: StiftG v 4. 4. 1966 (GVBl 77) idF seiner letzten Änderung v 31. 1. 1978 (GVBl 109); dazu Kommentare v STENGEL (1994) und RÖSNER (1967);

Mecklenburg-Vorpommern: StiftG v 24. 2. 1993 (GVBl 104);

Niedersachsen: StiftG v 24. 7. 1968 (GVBl 119) idF seiner letzten Änderung v 20. 12. 1985 (GVBl 609); dazu Kommentar v SIEGMUND-SCHULTZE (3. Aufl 1993);

Nordrhein-Westfalen: StiftG v 21. 6. 1977 (GVBl 274) nebst VO zur Übertragung von Befugnissen nach dem StiftG v 19. 11. 1991 (GVBl 449);

Rheinland-Pfalz: StiftG v. 22. 4. 1966 (GVBl 95) idF seiner letzten Änderung v 8. 4. 1991 (GVBl 104); dazu Kommentar v KNEIS/KAJA (1973);

Saarland: StiftG v 11. 7. 1984 (ABl 889);

Schleswig-Holstein: StiftG v 13. 7. 1972 (GVBl 123); dazu Kommentar v GEBEL/HINRICHSEN (1994).

In den neuen Bundesländern *Brandenburg, Sachsen, Sachsen-Anhalt* und *Thüringen* gilt zur Zeit das noch von der Volkskammer der DDR erlassene Gesetz über die Bildung und Tätigkeit von Stiftungen v 13. 9. 1990 (GBl DDR I 1483) – DDRStiftG. Das Gesetz wurde durch Art 9 Abs 3 EinigsV v 31. 8. 1990 iVm Art 3 Ziff 5 der Durchführungsvereinbarung zum EinigsV v 23. 9. 1990 (BGBl II 855) nach Maßgabe seiner Vereinbarkeit mit Bundesrecht als Landesrecht der neuen Bundesländer übernommen. Allerdings sind die in ihm enthaltenen Regelungen über die selbständige Stiftung des Privatrechts (§§ 4–14) mit Inkrafttreten des BGB in den neuen Bundesländern im wesentlichen hinfällig geworden. Sie sind von den §§ 80 bis 86, denen sie inhaltlich nachgebildet waren, abgelöst worden. Zum Stiftungsrecht der neuen Bundesländer ausführlich RAWERT BB Beil 6/91, 13 ff; siehe auch NEUHOFF DtZ 1991, 435 f; GOERDELER, in: FS HEINSIUS 169 ff; STAUDINGER/RAUSCHER[12] Art 231 § 3 EGBGB Rn 1 ff; HORN, Das Zivil- und Wirtschaftsrecht im neuen Bundesgebiet (2. Aufl 1993) § 6 Rn 27 ff. Zur Stiftung nach dem Recht der *DDR* vgl DREWS 57 ff; HAMMER, passim, insbes 36 ff.

Texte des Landesrechts bei SEIFART (Hrsg), Handbuch des Stiftungsrechts (1987). Kommentierung des Landesrechts aller alten Bundesländer (Stand 1972) bei EBERSBACH, Handbuch des Deutschen Stiftungsrechts (1972) Teil II. Umfassende vergleichende Untersuchung der Landesstiftungsgesetze unter Berücksichtigung der Praxis der zuständigen Behörden bei HÄRTL, Ist das Stiftungsrecht reformbedürftig? (1989). Zur Entwicklung des Stiftungswesens in den alten Bundesländern vgl die Beiträge von STROBL/ALDERATH, POHLEY, SCHUMANN, MATTHEY, THOMSEN, BARTOSCH, ROHDE, BEUKE, BÜERMANN, KLEIN und THORENZ, in: Deutsches Stiftungswesen 1977–1988, 273 ff.

59 Zu Sonderregelungen der Gemeindeordnungen der Länder für kommunale Stiftungen su Rn 148.

2. Die Stiftungsaufsicht*

a) Begriff

60 Der **Begriff der Stiftungsaufsicht** wird nicht einheitlich verwendet. In der *Literatur* wird er zum Teil synonym für die gesamte Mitwirkung des Staates im Stiftungsrecht gebraucht (so zB von SEIFART/HOF § 11 Rn 2, 92; vgl auch TOEPKE 20 ff). Danach umfaßt er neben der laufenden Überwachung der Stiftungsverwaltung auch die Genehmigung der Stiftung als eine Form *präventiver Stiftungsaufsicht* sowie staatliche Maßnahmen im Zusammenhang mit ihrer Beendigung. Bisweilen wird in diesem weiten Sinne auch von der **Staatsaufsicht** gesprochen (vgl ANDRICK 92 f; ACHILLES 59 f; SCHULTE 77). Trotz im einzelnen unterschiedlicher Terminologie verstehen die Stiftungsgesetze unter der Stiftungsaufsicht dagegen lediglich die laufende Verwaltungskontrolle der im Lande ansässigen Stiftungen (vgl §§ 8–13 BadWürttStiftG; Art 21–34 BayStiftG; §§ 7–10 BerlStiftG; §§ 11–15 BremStiftG; §§ 10–16 HessStiftG; §§ 14–20 MecklVorPStiftG; §§ 10–16 NdsStiftG; §§ 17–27 NRWStiftG; §§ 26–38 RhPfStiftG; §§ 10–16 SaarlStiftG; §§ 8–14 SchlHolStiftG; §§ 18–20 DDRStiftG). Dieser engere Begriff der Stiftungsaufsicht hat sich in der Praxis durchgesetzt. Ihm ist zu folgen. Dabei soll freilich nicht verkannt werden, daß zwischen sämtlichen Formen staatlicher Mitwirkung im Stiftungsrecht ein vom Verfassungsrecht vorgegebener normativer Zusammenhang besteht (so zutreffend SEIFART/HOF § 11 Rn 2). Die verfassungsrechtlichen Wertentscheidungen, die die Rolle der Behörden im Genehmigungsverfahren bestimmen (so Rn 40 ff, 50 ff), gelten auch im Aufsichtsverfahren und umgekehrt.

b) Zweck

61 Die staatliche **Stiftungsaufsicht gehört zu den fundamentalen Grundsätzen des deutschen Stiftungsrechts** (TOEPKE 20). Sie füllt eine Lücke aus, die dadurch entsteht, daß die Stiftungsverwaltung zwar an den Stiftungszweck und das Stiftungsrecht gebunden ist, in aller Regel jedoch Personen fehlen, die diese Verpflichtung aus eigenem Recht

---

* **Schrifttum**: ACHILLES, Die Aufsicht über die kirchlichen Stiftungen der evangelischen Kirche in der Bundesrepublik Deutschland (1986); ANDRICK, Zur Problematik staatlicher Aufsicht im nordrhein-westfälischen Stiftungswesen, NWVBl 1987, 103 ff; ders, Stiftungsrecht und Staatsaufsicht unter besonderer Berücksichtigung der nordrhein-westfälischen Verhältnisse (1988); DEICHMANN, Die Staatsaufsicht über die Stiftungen (Diss Bonn 1933); FISCHER, Die Staatsaufsicht über die öffentlichen Stiftungen unter Ausschluß der Kultusstiftungen nach dem bayerischen Stiftungsgesetz vom 26. 11. 1954 (Diss Erlangen 1962); GEBEL, Rechtsprobleme zwischen Stiftungen und Stiftungsaufsicht, SchlHolAnz 1993, 181 f; HARTMANN/ATZPODIEN, Zu den Auswirkungen stiftungsrechtlicher Genehmigungsvorbehalte bei Rechtsgeschäften, in: FS Rittner (1991) 147 ff; LIERMANN, Die Staatsaufsicht über Stiftungen – ihre Aufgaben und ihre Grenzen, in: Deutsches Stiftungswesen 1948–1966 (1968) 211 ff; ders, Die Staatsaufsicht über Wissenschaftsstiftungen und ihre Grenzen, WissR 9 (1976), 248 ff; MITTMANN, Demokratiegebot und rechtsstaatliche Überwachung bei selbständigen Stiftungen und Anstalten (Diss Darmstadt 1971); SCHULTE, Staat und Stiftung (1989); TOEPKE, Staatsaufsicht über Stiftungen nach anglo-amerikanischem Recht (Diss Hamburg 1967); VOLL, Die Obhutspflicht des Staates gegenüber Stiftungen in Bayern, BayVBl 1968, 49 ff.

durchsetzen können (vgl MESTMÄCKER Verhdlg 44. DJT G 1; KRONKE 148; ANDRICK 101 f; ders NWVBL 1987, 104; ACHILLES 67). Die Stiftungsaufsicht rechtfertigt sich durch das Fehlen einer funktionsfähigen Kontrolle durch das Eigeninteresse natürlicher Personen (MünchKomm/REUTER Vorbem 34 zu § 80) sowie die Anonymität der durch die Stiftungsleistungen bedachten Allgemeinheit. Das mangelnde personale Substrat der Stiftung suggeriert, daß durch Satzungsverstöße niemand direkt und persönlich geschädigt wird (SOERGEL/NEUHOFF Vorbem 78 zu § 80). Dies setzt die Stiftung einer besonderen Gefahr aus. Die Wahrnehmung der Stiftungsaufsicht obliegt dem Staat folglich nicht nur im Interesse der Allgemeinheit an der dauerhaften Erfüllung der vom Stifter verfolgten Zwecke sowie der Verkehrsfähigkeit eines eigentümerlosen Rechtssubjektes. Sie dient vielmehr auch dem Integritätsinteresse der Stiftung selbst (BGHZ 68, 142 = StiftRspr III 27, 29; BGHZ 99, 344 = StiftRspr IV 58, 60 f; BVerwG NJW 1991, 713 = StiftRspr IV 151, 152 f; OVG Bremen StiftRspr IV 127, 129; OVG Berlin StiftRspr III 152, 153 f; VGH Mannheim NJW 1985, 1573 = StiftRspr IV 5, 6; OVG Lüneburg NJW 1985, 1572 = StiftRspr IV 8, 9). Zur dogmatischen Begründung der Stiftungsaufsicht vgl TOEPKE 59 ff; ANDRICK 98 ff; ders NWVBL 1987, 104 ff; SCHULTE 82 ff; ACHILLES 66 ff; zu Parallelen im Auflagenrecht siehe § 525 Abs 2; § 2194 S 2.

Die Stiftungsaufsicht schützt nicht die Interessen der durch die Stiftung begünstigten **Destinatäre**. Soweit durch das Einschreiten der Behörden bei den Destinatären eine tatsächliche Verbesserung ihrer Interessenlage eintritt, stellt dies nur eine Reflexwirkung dar, die Ansprüche auf behördliches Einschreiten nicht begründet (grundlegend OVG Lüneburg NJW 1985, 1572 = StiftRspr IV 8, 10; bestätigt durch BVerwG NJW 1985, 2964 = StiftRspr IV 27 ff; vgl auch BGHZ 99, 344 = StiftRspr IV 58, 60 f; VGH Mannheim NJW 1985, 1573 = StiftRspr IV 5, 6; OVG Berlin StiftRspr III 152, 153 f; OVG Münster NWVBL 1992, 360; OVG Münster Urteil v 24. 2. 1995 – 25 A 2/93 – unveröffentlicht; VG Hamburg Urteil v 9. 9. 1993 – 13 VG 229/91 – unveröffentlicht). Dies gilt auch, wenn den Destinatären im Einzelfall klagbare Ansprüche auf Stiftungsleistungen zustehen. Zur Rechtsstellung der Stiftungsdestinatäre s § 85 Rn 10 ff.

Die Stiftungsaufsicht ist **reine Rechtsaufsicht** (BVerwGE 40, 347 = StiftRspr II 89). Den zuständigen Behörden ist es untersagt, ihr Ermessen an die Stelle des Ermessens der Stiftungsorgane zu setzen. Die traditionelle Auffassung von der umfassenden *Obervormundschaft* der Stiftungsaufsicht (vgl BALLERSTEDT Verhdlg 44. DJT 48) ist unter der Herrschaft des Grundgesetzes einer *reinen Rechtmäßigkeitskontrolle* gewichen. Stiftungsgesetze neueren Datums haben dies zur Kenntnis genommen (so Rn 54 mwN). Ältere Stiftungsgesetze wie das BayStiftG und das HambAGBGB sind verfassungskonform auszulegen.

Die Stiftungsaufsicht ist kein Widerspruch zu den **Grundrechten der Stiftung** (so Rn 50 ff). Reduziert auf eine reine Rechtmäßigkeitskontrolle ist sie vielmehr Forderung an den Staat, einen seiner Natur nach besonders wehrlosen Vermögensträger (vgl LIERMANN, Handbuch 281) vor der Ausplünderung durch Stiftungsorgane oder Dritte zu schützen. Folglich ist es kritisch zu bewerten, daß einzelne Bundesländer Stiftungen, die ausschließlich oder überwiegend *private Zwecke* (so Rn 10 f) verfolgen, ganz oder teilweise aus der Stiftungsaufsicht entlassen (vgl Art 34 BayStiftG; § 10 Abs 1 BerlStiftG; § 17 BremStiftG; § 14 Abs 2 HambAGBGB; § 21 Abs 2 HessStiftG; §§ 14 Abs 2, 27 Abs 2 MecklVorPStiftG; § 10 Abs 2 NdsStiftG; § 27 RhPfStiftG; § 19 SchlHolStiftG). Soweit Stiftungen zu privaten Zwecken überhaupt genehmigungsfähig sind (dazu u Rn 132 ff), unterscheidet sich ihre Schutzbedürftigkeit nicht von der anderer Stiftungen (vgl MünchKomm/REUTER Vorbem 37 zu § 80 unter Hervorhebung von Verkehrsschutzargumenten; aA SEIFART/HOF § 11 Rn 62). Für das Institut der selbständigen Stiftung ist die **Stiftungsaufsicht funktional unentbehrlich** (MünchKomm/REUTER § 85 Rn 6; EBERSBACH, Handbuch 127; JESS 39; vgl auch ACHILLES 70; ANDRICK NWVBL 1987, 104 ff; STRICKRODT, Stiftungsrecht 377 f; LIERMANN, in: Deutsches Stiftungswesen 1948−1966, 215; aA SEIFART/HOF § 11 Rn 59 ff; SOERGEL/NEUHOFF Vorbem 80 zu § 80 unter Berufung auf BGH WM 1966, 221 = StiftRspr I 138, 145). Nur durch staatliche Aufsicht lassen sich die dauerhafte Verfolgung des Stifterwillens und die Verkehrsfähigkeit der Stiftung sicherstellen (MünchKomm/REUTER Vorbem 37 zu § 80; ANDRICK 98 f; ders NWVBL 1987, 104; vgl auch GEBEL/HINRICHSEN, SchlHolStiftG § 8 Anm 3). Dem steht nicht entgegen, daß einzelne Landesstiftungsgesetze bei wirksamer Kontrolle durch stiftungsinterne Organe ein teilweises Ruhen der Stiftungsaufsicht zulassen (vgl § 8 Abs 2 BadWürttStiftG; § 19 Abs 2 bis 4 NRWStiftG). Auch in diesen Fällen hat der Gesetzgeber den Behörden stets das Recht vorbehalten, die Aufsicht wieder an sich zu ziehen, wenn die Kontrolle durch die Organe versagt.

65 Rechtsfähige Stiftungen, die bereits bei Inkrafttreten des BGB bestanden, sind der Stiftungsaufsicht gemäß Art 163 EGBGB unterworfen (vgl TOEPKE 20; STAUDINGER/WINKLER[12] Art 163 EGBGB Rn 11 f; zum *intertemporalen Stiftungsrecht* s auch OLG Hamm FamRZ 1987, 1084 = StiftRspr IV 66, 69 f). Zur Aufsicht über kirchliche und kommunale Stiftungen su Rn 140, 150.

66 Der Schutzpflicht des Staates gegenüber der Stiftung korrespondiert seine **Haftung**. Schuldhaftes Fehlverhalten der in der Stiftungsaufsicht tätigen Beamten kann Ansprüche der Stiftung aus § 839, Art 34 GG auslösen (BGHZ 68, 142 = StiftRspr III 27; BGHZ 99, 344 = StiftRspr IV 58, 60; BayObLGZ StiftRspr IV 135, unstr). Praktisch relevant ist die Staatshaftung vor allem in Fällen mangelnden Einschreitens der Stiftungsaufsicht bei zweckwidriger Mittelverwendung durch die Stiftungsorgane oder unerlaubtem Zugriff auf das Grundstockvermögen (vgl BGHZ 68, 142 = StiftRspr III 27).

67 Umstritten ist die Frage, ob sich die Stiftung ein Verschulden des Stiftungsvorstandes auf ihren Ersatzanspruch anrechnen lassen muß (§§ 86, 31, 254). Der BGH bejaht dies, und zwar unter Anwendung der Grundsätze, welche er für die Staatshaftung der Vormundschaftsgerichte entwickelt hat (BGHZ 68, 142, 151 = LM Nr 14 zu § 254 mAnm LOHMANN; dem folgend BayObLG StiftRspr IV 135 ff; PALANDT/HEINRICHS Vorbem 13 zu § 80). Danach muß sich das Mündel ein mitwirkendes Verschulden seines Vormundes oder Betreuers auf seine Ansprüche wegen Amtspflichtverletzung des Vormundschaftsrichters anrechnen lassen (BGHZ 33, 136, 142). In der Lit wird diese Rspr unter Hinweis auf die auch im Familienrecht kontroverse Diskussion über die Entscheidung des BGH im 33. Band überwiegend abgelehnt. Da sich eine Stiftung – anders als ein Mündel – gegen die Handlungen ihrer Organe nicht einmal tatsächlich wehren könne, fehle es an einem die Übertragung der Grundsätze auf die Stiftung rechtfertigenden vergleichbaren Sachverhalt (SEIFART/HOF § 11 Rn 328 ff). Im übrigen bestehe die Amtspflichtverletzung der Behörde gerade darin, daß sie das mit dem vermeintlichen Mitverschulden identische Fehlverhalten der Stiftungsorgane nicht verhindert habe. Die Anwendung des § 254 BGB sei unter diesen Umständen widersinnig (MünchKomm/REUTER Vorbem 36 zu § 80). Dem ist in vollem Umfang zuzustimmen.

Zur Frage einer **Staatshaftung gegenüber den Destinatären** der Stiftung su § 85 Rn 20.

c) Mittel
Bei allen Unterschieden in den Einzelregelungen der Landesgesetze lassen sich die Mittel der Stiftungsaufsicht im wesentlichen wie folgt systematisieren:

aa) Unterrichtungs- und Prüfungsrechte: vgl § 9 BadWürttStiftG; Art 23 Abs 1 u 2 BayStiftG; § 9 BerlStiftG; § 12 BremStiftG; §§ 12, 13 Abs 1 HambAGBGB; § 12 HessStiftG; § 15 MecklVorPStiftG; § 11 NdsStiftG; § 20 NRWStiftG; §§ 32, 33 Abs 2 RhPfStiftG; § 11 SaarlStiftG; § 10 Abs 1 SchlHolStiftG; § 19 Abs 1 DDRStiftG.

bb) Beanstandungs-, Anordnungs- und Ersatzvornahmerechte: vgl §§ 10, 11 Abs 1 u 2 BadWürttStiftG; Art 23 Abs 3 u 4 BayStiftG; § 13 Abs 1, 2 u 4 BremStiftG; § 15 HambAGBGB; §§ 13, 14 HessStiftG; § 16 MecklVorPStiftG; §§ 12, 13 NdsStiftG; § 22 NRWStiftG; §§ 33 Abs 1, 35, 36 RhPfStiftG; §§ 12, 13 SaarlStiftG; §§ 11, 12 SchlHolStiftG; § 19 Abs 2 DDRStiftG.

cc) Genehmigungsvorbehalte für bestimmte Geschäfte bzw anzeigepflichtige Maßnahmen: vgl § 13 BadWürttStiftG; Art 31 BayStiftG; § 20 MecklVorPStiftG; § 21 NRWStiftG; §§ 18, 34 RhPfStiftG; § 9 SchlHolStiftG; dazu HARTMANN/ATZPODIEN, in: FS Rittner 147 ff.

dd) Abberufung und Bestellung von Organmitgliedern: vgl § 12 BadWürttStiftG; Art 24 Abs 1 BayStiftG; §§ 4, 9 Abs 3 BerlStiftG; §§ 13 Abs 3, 14 BremStiftG; §§ 16, 18 HambAGBGB; § 15 HessStiftG; § 18 MecklVorPStiftG; §§ 14, 15 NdsStiftG; §§ 22 Abs 3, 24 NRWStiftG; §§ 14, 15 SaarlStiftG; § 13 SchlHolStiftG; § 19 Abs 3 u 4 DDRStiftG.

ee) Bestellung von Beauftragten bzw Sachwaltern: vgl § 16 HessStiftG; § 19 MecklVorPStiftG; § 23 NRWStiftG (dazu OLG Hamm, NJW-RR 1995, 120); § 37 RhPfStiftG; § 16 SaarlStiftG; § 14 SchlHolStiftG.

ff) Geltendmachung von Ansprüchen der Stiftung gegenüber ihren Organen: vgl § 11 Abs 3 BadWürttStiftG; Art 26 BayStiftG; § 16 NdsStiftG; § 38 RhPfStiftG.

Zu den Mitteln der Stiftungsaufsicht ausführlich SEIFART/HOF § 11 Rn 92 ff; ANDRICK 126 ff; ACHILLES 86 ff; HÄRTL 53 ff.

Für die **Ausübung der Stiftungsaufsicht** gelten die *Grundsätze der Subsidiarität und der Verhältnismäßigkeit* (SEIFART/HOF § 11 Rn 11 f; BGH NJW 1994, 184, 186; vgl auch GEBEL/ HINRICHSEN, SchlHolStiftG § 8 Anm 6). Wo die Einhaltung von Stiftungszweck, Satzung und Gesetz im Einzelfall durch unabhängige Instanzen sichergestellt ist, kann sich der Grad der Erforderlichkeit staatlicher Maßnahmen reduzieren (vgl KRONKE 150; SOERGEL/NEUHOFF Vorbem 87 zu § 80; § 8 Abs 2 BadWürttStiftG). Ein schon in der Stiftungssatzung enthaltener vollständiger Verzicht auf jegliche Form von Stiftungsaufsicht ist unzulässig (EBERSBACH, Handbuch 127, 130; s auch o Rn 64). Die Stiftungsaufsicht dient auch dem Schutz der Grundrechte der Stiftung. Sie entzieht sich damit der

Dispositionsbefugnis des Stifters. Dies gilt auch bei Stiftungen zu privaten Zwecken, soweit diese genehmigungsfähig sind (dazu u Rn 132 ff).

71 Zur **Praxis der Stiftungsaufsicht** eingehend HÄRTL 124 ff. Zur Problematik der Durchsetzung angeordneter Maßnahmen der Stiftungsaufsicht SOERGEL/NEUHOFF Vorbem 89 ff zu § 80.

72 Gegen Maßnahmen der Stiftungsaufsicht ist der **Verwaltungsrechtsweg** nach § 40 VwGO gegeben. Sie sind *keine Justizverwaltungsakte* iSd § 23 EGGVG (KG OLGZ 81, 297 = StiftRspr III 122; aA noch KG StiftRspr I 131 für die Erteilung einer Vertretungsbescheinigung). Zum Rechtsschutz gegen Akte der Stiftungsaufsicht vgl ANDRICK 149 ff; SEIFART/HOF § 11 Rn 87 ff.

d) Träger
73 Wer die Stiftungsaufsicht über die selbständigen Stiftungen des privaten Rechts auszuüben hat, bestimmt das Landesrecht:

Baden-Württemberg: Regierungspräsidium bzw Ministerium, in dessen Geschäftsbereich der Zweck der Stiftung überwiegend fällt (§§ 3 Abs 1 u 3, 8 Abs 3 BadWürttStiftG);

Bayern: Regierungen der Landesteile – Unterfranken, Mittelfranken, Oberfranken, Schwaben, Niederbayern, Oberbayern, Oberpfalz (Art 21 Abs 2 BayStiftG iVm § 43 AVBayStiftG v 22. 8. 1958 [GVBl 238]);

Berlin: Senator für Justiz (§§ 2 Abs 1, 7 Abs 1 BerlStiftG);

Brandenburg: Innenminister (§§ 3 Abs 1, 19 DDRStiftG iVm Kabinettsbeschluß v 18. 6. 1991 [ABl 334]);

Bremen: Senator für Inneres (§§ 2, 11 BremStiftG);

Hamburg: Der Senat – Senatskanzlei – (§ 8 Abs 1 AGBGB iVm Absch III der DurchführungsAO v 30. 6. 1970 [AmtlAnz 1073]);

Hessen: Regierungspräsident; obere Aufsichtsbehörde ist für Stiftungen bürgerlichen Rechts der Minister des Innern (§ 11 HessStiftG);

Mecklenburg-Vorpommern: Innenminister (§§ 3, 14 Abs 3 MecklVorPStiftG);

Niedersachsen: Bezirksregierung (§§ 3, 10 Abs 3 NdsStiftG);

Nordrhein-Westfalen: Regierungspräsident; oberste Aufsichtsbehörde ist der Innenminister (§ 18 NRWStiftG);

Rheinland-Pfalz: Landratsamt oder Stadtverwaltung bei kreisfreien Städten; obere Aufsichtsbehörde ist die Bezirksregierung, oberste das Ministerium des Innern bzw das Kultusministerium für Stiftungen, die vorwiegend der Religion, der Wissenschaft

2. Titel. Juristische Personen. Vorbem zu §§ 80 ff
II. Stiftungen 74—78

und Forschung, dem Unterricht und der Erziehung, der Kunst oder der Denkmalpflege gewidmet sind (§ 29 RhPfStiftG);

Saarland: Minister des Innern (§§ 2, 10 Abs 1 S 1 SaarlStiftG);

Sachsen: Regierungspräsident (§§ 3 Abs 1, 19 DDRStiftG iVm Verwaltungsvorschrift zur Durchführung der DDRStiftG v 4. 6. 1991 [ABl Nr 16 S 37 v 12. 6. 1991]);

Sachsen-Anhalt: Regierungspräsidium – ehedem: Bezirksregierung (§§ 3 Abs 1, 19 DDRStiftG iVm § 3 des Beschlusses der Landesregierung über die Zuständigkeit nach dem DDRStiftG v 13. 8. 1991 [MBl LSA 410]);

Schleswig-Holstein: Landräte und Bürgermeister der kreisfreien Städte (§§ 8, 16 Abs 2 SchlHolStiftG);

Thüringen: Landesverwaltungsamt (§§ 3 Abs 1, 19 DDRStiftG iVm § 15 Abs 2 der 2. Thüringer VO zur Bestimmung von Zuständigkeiten im Geschäftsbereich des Thüringer Innenministeriums v 12. 2. 1992 [GVBl 66]).

Soweit eine *Familienstiftung* oder eine Stiftung, die aus Anlaß der Fideikommißauf- 74
lösung errichtet ist (su Rn 126), ihren Sitz außerhalb der Bundesrepublik Deutschland aber Vermögen im Bereich der Bundesrepublik Deutschland hat, kann die *oberste Landesbehörde* die Aufsichtsbefugnisse ausüben (§§ 2, 2 a *Gesetz zur Änderung von Vorschriften des Fideikommiß- und Stiftungsrechts* v 28. 12. 1950 [BGBl I 820] idF seiner Änderung v 3. 8. 1967 [BGBl I 839]). Zum Fideikommißauflösungsrecht su Rn 126.

Zur früheren *preußischen Regelung* der Stiftungsaufsicht vgl STAUDINGER/COING[11] 75
Vorbem 23 zu § 80.

3. Stiftungsrechtliche Publizitätsvorschriften*

Das BGB und die Landesstiftungsgesetze enthalten nur lückenhafte Publizitätsvor- 76
schriften. Ein **Stiftungsregister** mit positiver oder negativer Publizität gibt es nicht. Reformbestrebungen auf Bundesebene sind ohne Ergebnis geblieben (so Rn 38).

a)   Das **BGB** regelt nur einen Fall von stiftungsrechtlicher Publizität: Nach § 88 S 2 77
iVm § 50 Abs 1 besteht die Pflicht zur Bekanntmachung der Auflösung oder Aufhebung einer Stiftung.

b)   Das **Landesrecht** ist uneinheitlich. Zum Teil ordnet es die Pflicht zur Bekanntma- 78
chung bestimmter statusbegründender bzw statusändernder Rechtsakte in den Staatsanzeigern, Amtsblättern oä an (vgl § 16 BadWürttStiftG; Art 7 BayStiftG; § 2 Abs 2 BerlStiftG; § 17 HessStiftG; § 21 MecklVorPStiftG; § 17 NdsStiftG; §§ 8 Abs 2, 9 Abs 1, 12, 20 Abs 4; 21 Abs 2; 24 Abs 1 u 2 RhPfStiftG; § 17 SaarlStiftG; § 15 SchlHolStiftG). Diese Bekanntmachungen haben keine konstitutive sondern lediglich dekla-

---

* **Schrifttum**: Mühlhäuser, Publizität bei Stiftungen (Diss München 1970).

ratorische Bedeutung. Sie erzeugen keinen Vertrauensschutz (SEIFART/ORTH § 38 Rn 9 f). Zum Teil bestimmt das Landesrecht alternativ oder kumulativ die Führung von **Stiftungsverzeichnissen** mit den wesentlichen Angaben zur Stiftung wie Namen, Zweck, Sitz, Organe, Vertretung etc (vgl § 4 BadWürttStiftG; § 15 AVBayStiftG v 22. 8. 1958 [GVBl 238]; § 15 BremStiftG; § 4 MecklVorPStiftG; Ziffer 1.5 NdsAVRichtlinien v 16. 7. 1986 [MBl 800] idF v 4. 10. 1989 [MBl 1201]; §§ 26, 33 NRWStiftG [gilt auch für unselbständige Stiftungen]; § 18 SaarlStiftG; §§ 20, 28 Abs 2 DDRStiftG [gilt auch für unselbständige Stiftungen]). Auch diese Verzeichnisse schützen jedoch nicht das Vertrauen des Rechtsverkehrs in die Richtigkeit und Vollständigkeit der in ihnen enthaltenen Eintragungen (SEIFART/ORTH § 38 Rn 12 ff; CARSTENSEN 85 f; vgl auch § 4 Abs 4 MecklVorPStiftG). Sie sind bloße Informationsmittel.

79 Die **Einsicht** in die Verzeichnisse erfordert idR die Geltendmachung eines berechtigten Interesses (so ausdrücklich § 4 Abs 4 MecklVorPStiftG). Zur Stiftungspraxis HÄRTL 92 ff, 160 ff.

80 c) Die Erteilung von **Vertretungsbescheinigungen**, aufgrund derer sich Organmitglieder im Rechtsverkehr legitimieren können, ist gesetzlich nur in einigen Bundesländern geregelt (vgl § 17 HambAGBGB und das Bremer Gesetz über die Ausstellung von Vertretungsbescheinigungen v 9. 12. 1986 [GVBl 283]; dazu HÄRTL 98). Ihre Erteilung gehört jedoch auch ohne besondere gesetzliche Anordnung zu den Aufgaben der Stiftungsaufsicht (KG DJ 1941, 831; KG StiftRspr I 131 ff; OLG Hamm StiftRspr II 156, 157 f; SEIFART/HOF § 9 Rn 34 f; ders § 11 Rn 260). Entgegen Ziffer 3. 2 der NdsAVRichtlinien v 16. 7. 1986 (MBl 800) idF v 4. 10. 1989 (MBl 1201) hat die Stiftung einen *Rechtsanspruch auf Erteilung einer Vertretungsbescheinigung*, sofern ihre Organe ihren aufsichtsrechtlichen Verpflichtungen zur Meldung von Veränderungen in der Zusammensetzung des Vorstandes nachgekommen sind. Anderenfalls würde der Stiftung zB im Registerrecht die Handlungsfähigkeit genommen (vgl § 29 GBO; § 12 HGB). Dies wäre mit dem Grundrechtsschutz der Stiftung nicht vereinbar.

81 d) Zur Publizität der Stiftung nach Handels- und Gesellschaftsrecht su Rn 116, 118.

IV. Sonderformen der rechtsfähigen Stiftung des Privatrechts

82 Das BGB differenziert nicht zwischen unterschiedlichen Stiftungsformen. Den §§ 80 bis 88 liegt die Idee der **Einheitsstiftung** zugrunde. Im Landesrecht und in der Praxis haben jedoch Sonderformen Anerkennung gefunden. Deren wichtigste sind die unternehmensverbundene Stiftung, die Familienstiftung, die kirchliche Stiftung und die kommunale Stiftung. Zur Typologie der Stiftungen allgemein SOERGEL/NEUHOFF Vorbem 53 ff zu § 80; EBERSBACH, Handbuch 22 ff; SEIFART/SEIFART § 2.

1. Die unternehmensverbundene Stiftung*

a) Begriff und Erscheinungsformen

83 Stiftungen, zu deren Vermögen ein Unternehmen oder eine Beteiligung an einem

---

* **Schrifttum:** Arbeitskreis „Unternehmensnachfolge" des Instituts der Wirtschaftsprüfer (Hrsg), Gestaltungen zur Unternehmensfortführung – Die Stiftung (1985); AUERBACH, Das

Unternehmensträger gehört, werden als *Unternehmensträgerstiftungen, Unternehmensstiftungen, gewerbliche, unternehmensbezogene oder auch unternehmensverbundene Stiftungen* bezeichnet (Nachweise zur Terminologie bei RAWERT 22). Eine rechtliche Bedeutung kommt diesen Begriffen nicht zu (STRICKRODT, Stiftungsrecht 226; vgl auch

Zeiss-Werk und die Carl-Zeiss-Stiftung in Jena (1925); BERNDT, Stiftung und Unternehmen (4. Aufl 1986); BINZ, Die Familienstiftung – Renaissance einer Rechtsform für Familienunternehmen?, StbJb 1987/88, 145 ff; BRANDMÜLLER, Gewerbliche Stiftungen (1988); CSOKLICH/MÜLLER (Hrsg), Die Stiftung als Unternehmer (1990); DAVID, Die Carl-Zeiss-Stiftung, ihre Vergangenheit und ihre gegenwärtige Lage (1954); ders, Das rechtliche Schicksal von Unternehmen im geteilten Deutschland am Beispiel der Carl-Zeiss-Stiftung, in: FS zur Wiedererrichtung des Oberlandesgerichts in Jena (1994) 111 ff; DELP, Die Stiftung & Co KG (1991); DRUEY, Die Unternehmensstiftung als Instrument der Unternehmensnachfolge, WuR 37 (1985) 95 ff; DUDEN, Zur Verwertbarkeit der Stiftung für vergesellschaftete Betriebe, BB 1947, 142 ff; FASSELT, Die Beteiligungsstiftung (Diss Berlin 1988); FISCHER, Das Volkswagenwerk als Stiftungsunternehmen, ArchföufrU 4 (1958) 98 ff; FLÄMIG, Unternehmensnachfolge mittels stiftungshafter Gebilde, DB Beil 22/1978; GOERDELER, Die Stiftung als Rechtsform für wirtschaftliche Unternehmen (Diss Heidelberg 1948); ders, Die Stiftung als Rechtsform für Unternehmungen, ZHR 113 (1950) 145 ff; ders, Probleme bei Unternehmensträgerstiftungen, in: Festg Kunze (1969) 209 ff; ders, Unternehmensträgerstiftungen im System des Stiftungsrechts, in: Deutsches Stiftungswesen 1977–1988 (1989) 119 ff; ders, Stiftungen in der Bundesrepublik aus heutiger Sicht, in: FS Heinsius (1991) 169 ff; ders, Zur Problematik der Unternehmensträgerstiftung, NJW 1992, 1487 ff; GROSSFELD/MARK, Die Stiftung als Träger von Unternehmen im deutschen Recht, WuR 37 (1985) 65 ff; GRÜNINGER, Die Unternehmensstiftung in der Schweiz: Zulässigkeit – Eignung – Besteuerung (1984); HEINZELER, Der Fall „Zeiss" (1972); HENKEL-HOFFMANN, Die Stiftung im Umfeld wirtschaftlicher Tätigkeit; insbesondere als geschäftsführender Gesellschafter (Diss Bayreuth 1988); HENLE, Der Entwurf eines Stiftungsgesetzes für das Land Nordrhein-Westfalen und die Familien- und Unternehmensträgerstiftungen, AG 1975, 85 ff; HENNERKES, Die Stiftung & Co – eine interessante Alternative zur GmbH & Co, StbJb 1984/85, 107 ff; HENNERKES/BINZ/SORG, Die Stiftung als Rechtsform für Familienunternehmen, DB 1986, 2217 ff, 2269 ff; HENNERKES/MAY, Überlegungen zur Rechtsformenwahl im Familienunternehmen, DB 1988, 483 ff, 537 ff; HENNERKES/SCHIFFER, Regelung der Unternehmensnachfolge durch Stiftungskonstruktionen?, DB 1992, 1940 ff; HENNERKES/SCHIFFER/FUCHS, Die unterschiedliche Behandlung der unternehmensverbundenen Familienstiftung in der Praxis der Stiftungsbehörden, BB 1995, 209 ff; HOLZSCHUH, Die Stiftung als Rechtsform für erwerbswirtschaftliche Unternehmen in rechtlicher, steuerrechtlicher und betriebswirtschaftlicher Sicht in der Bundesrepublik Deutschland und in den Vereinigten Staaten von Amerika (Diss Würzburg 1970); KAHRENKE, Sollen Beteiligungen des Staates an Unternehmen auf Stiftungen privaten Rechts übergeleitet werden?, DöH 1972, 30 ff; KALTEIS, Der Stiftungsgedanke und seine Verwirklichung bei wirtschaftlichen Unternehmungen (Diss München 1969); KERSSENBROCK, Unternehmenserhaltung (Diss Hamburg 1981); KERSTEN, Stiftung und Handelsgesellschaft, in: FS 45. DJT (1964) 123 ff; KOHL, Brauchen wir ein Stiftungskonzernrecht?, NJW 1992, 1922 ff; KREIENSCHULTE, Der Rechtscharakter der Stiftung Volkswagenwerk (Diss Münster 1969); KRONKE, Stiftungstypus und Unternehmensträgerstiftung (1988); KUNZE, Unternehmensträger-Stiftung und Unternehmensrechtsreform, in: FS Barz (1974) 171 ff; MACK, Die Stiftung als „moderne" Rechtsform für wirtschaftliche Unternehmen, WiSt 1977, 540 ff; MERKERT, Die Unternehmensstiftung als Rechtsproblem (Diss Heidelberg 1962); NEUHOFF, Die Bereitstellung

WIEDERHOLD 44 ff; GRÜNINGER 7 f). Sie dienen allein der terminologischen Erfassung eines Sachverhalts und haben keine normative Relevanz.

von Unternehmenskapital für Stiftungen (Diss Köln 1964); ders, Stiftungen und Unternehmen, ZögU 11 (1988) 329 ff; NIPPERDEY, Die Rechtslage der Carl-Zeiss-Stiftung und der Firma Carl Zeiss seit 1945, in: FS Schmidt-Rimpler (1957) 41 ff; ORTH, Die Stiftung im Wirtschaftsverkehr – Die Stiftung als Unternehmensträger und mit (mit)unternehmerischer Beteiligung, JbFStR 1993/94, 417 ff; PAULICK, Die Stiftung als Unternehmensform, ArchföufrU 6 (1964) 318 ff; PAVEL, Eignet sich die Stiftung für den Betrieb erwerbswirtschaftlicher Unternehmen? (1967); PFLEGER, Die Stiftung als Alleingesellschafterin der Einmann-GmbH (Diss Heidelberg 1969); PLAGEMANN, Die Stiftung als Unternehmensform (Diss Marburg 1950); ders, Stiftungsunternehmen, AG 1962, 199 ff; PRINZ, Die Stiftung im Wirtschaftsverkehr – Die Stiftung als Familienstiftung, JbFStR 1993/94, 426 ff; RAWERT, Die Genehmigungsfähigkeit der unternehmensverbundenen Stiftung (1990); ders, Einbringung volkseigener Betriebe in Stiftungen – Unternehmensrechtliche, rechtspolitische und volkswirtschafliche Bedenken, BB Beil 24/1990, 9 ff; REUTER, Privatrechtliche Schranken der Perpetuierung von Unternehmen (1973); ders, Die Stiftungsabhängigkeit des Unternehmens – ein Mittel zur Lösung des Nachfolgeproblems?, GmbHR 1973, 241 ff; ders, Stiftungsrecht und Vereinsrecht, in: Deutsches Stiftungswesen 1977–1988 (1989) 95 ff; ders, Rechtsprobleme unternehmensbezogener Stiftungen, DWiR 1991, 192 ff; ders, Probleme der Unternehmensnachfolge, ZGR 1991, 467 ff; RIEMER, Rechtsprobleme der Unternehmensstiftung, ZBernJV 116 (1980) 489 ff; ders, Die Unternehmensstiftung im Schweizerischen Recht, WuR 37 (1985) 9 ff; ROSENKRANZ, Die Stiftung als Unternehmensform (Diss Köln 1957); RUPP, Stiftung und Unternehmensnachfolge, in: GAIL (Hrsg), Probleme der Rechts- und Steuerberatung in mittelständischen Unternehmen (1988) 249 ff; SCHEYHING, Stiftungsunternehmen als Grundlage einer neuen Konzeption der Beziehungen in Unternehmen und Betrieb, DB 1983, 1412 ff; SCHICK/RÜD, Stiftung und Verein als Unternehmensträger (1988); SCHOMERUS, Geschichte des Jenaer Zeisswerkes 1846–1946 (1952); ders, Werden und Wesen der Carl-Zeiss-Stiftung an Hand von Briefen und Dokumenten aus der Gründerzeit (1886–1896) dargestellt (2. Aufl 1955); SCHULZE ZUR WIESCHE, Die Stiftung & Co KG – eine attraktive Unternehmensform, WPg 1988, 128 ff; SCHWINTOWSKI, Die Stiftung als Konzernspitze, NJW 1991, 2736 ff; STEINDORFF, Zur Rechtslage der Carl Zeiss-Stiftung, in: FS Stimpel (1985) 907 ff; STEINHOFF, Die betrieblichen Stiftungen (Diss Köln 1929); STENGEL, Stiftung und Personengesellschaft (1993); STEUCK, Die Stiftung als Rechtsform für wirtschaftliche Unternehmen (1967); STRICKRODT, Die Stiftung als neue Unternehmensform (2. Aufl 1951); ders, Unternehmen unter frei gewählter Stiftungssatzung (1956); ders, Stiftungs- und Genossenschaftselemente in der Unternehmensverfassung, ArchföufrU 3 (1957) 206 ff; ders, Probleme zur rechtlichen Struktur von Stiftungsunternehmen (1960); ders, Stiftungen als Unternehmensform und in anderen Unternehmensbeziehungen, in: Deutsches Stiftungswesen 1948–1966 (1968) 355 ff; ders, Genossenschaft und Stiftung als Ordnungsstrukturen für Gesetzgebung und Rechtsgebildepraxis, in: FS Draheim (1968) 250 ff; ders, Stiftungsrechtliche Modelle für städtebauliche Sanierungsinstitutionen, NJW 1971, 920 ff; SUDHOFF, Die „ewige" Nachfolgegesellschaft, DB 1971, 2097 ff; TROPS, Wirtschaftliche Unternehmen innerhalb einer Stiftung, AG 1970, 367 ff; ders, Stiftungsreform oder Unternehmensreform?, ZRP 1971, 227 ff; VINKEN, Die Stiftung als Trägerin von Unternehmen und Unternehmensteilen (1970); VOLL/STURM, Die Unternehmensträgerstiftung (1985); WEIMAR/DELP, Die Stiftung & Co KG – ein dauerhafter Schutz gegen Bilanzeinsicht?, BB 1987, 1707 ff; WEIMAR/GEITZHAUS/DELP, Die Stiftung & Co als Rechtsform der Unternehmung, BB 1986, 1999 ff; vWERTHERN, Unternehmensverfas-

Die größte Verbreitung hat der Begriff der *Unternehmensträgerstiftung* gefunden. **84**
Die DJT-Studienkommission faßt unter ihn alle Stiftungen, die selbst ein Unternehmen als Inhaberinnen betreiben (vgl § 33 HGB), die persönlich haftende Gesellschafterinnen einer Offenen Handelsgesellschaft bzw einer Kommanditgesellschaft sind oder die auf ein Unternehmen unmittelbar oder mittelbar einen beherrschenden Einfluß ausüben können (DJT Studienkommission 42 f; vgl auch SOERGEL/NEUHOFF Vorbem 65 zu § 80; MünchKomm/REUTER Vorbem 24 ff zu § 80; BGB-RGRK/STEFFEN Vorbem 11 zu § 80; PALANDT/HEINRICHS Vorbem 11 zu § 80; ERMAN/WESTERMANN Vorbem 8 ff zu § 80; KRONKE 187). Weil eine Stiftung als juristische Person freilich nur dann wirklich *Unternehmensträger* ist, wenn sie unmittelbar und unter ihrer Rechtsform selbst ein Unternehmen betreibt, nicht hingegen, wenn sie bloß Beteiligungen innehat, ist es terminologisch korrekter, von **unternehmensverbundenen Stiftungen** zu sprechen (vgl SCHWINTOWSKI NJW 1991, 2738; BERNDT 25 f; HENNERKES/BINZ/SORG DB 1986, 2219 f; HENNERKES/SCHIFFER BB 1992, 1941; HENNERKES/SCHIFFER/FUCHS BB 1995, 209 ff; HOF DStZ 1992, 1588 f; WOCHNER MittRhNotK 1994, 92 ff). Da in der Praxis im übrigen auch Minderheitsbeteiligungen, Beteiligungen mit begrenztem Stimmrecht sowie die Stiftung als Kommanditistin eine wichtige Rolle spielen, ist es darüber hinaus vorzugswürdig, den Begriff weit zu fassen und nicht auf Mehrheitsbeteiligungen zu beschränken: *Unternehmensverbunden ist jede Stiftung, die unter ihrer Rechtsform selbst ein Unternehmen betreibt (eigentliche Unternehmensträgerstiftung) oder Beteiligungen an Personen- oder Kapitalgesellschaften hält (Beteiligungsträgerstiftung)*. Auf die Art der Beteiligung kommt es nicht an.

Die Verbindung von Unternehmen und Stiftung kann handels- und gesellschafts- **85**
rechtlich unterschiedliche Gestalten annehmen (dazu ausführlich PAVEL 29 ff; STENGEL 26 ff; WIEDERHOLD 48 ff; RAWERT 29 ff; KRONKE 200 ff; FLÄMIG DB Beil 22/1978, 4 ff). Nach der Funktion, die das Unternehmen im Verhältnis zum Stiftungszweck bekleidet, lassen sich *zwei Grundtatbestände* unterscheiden: Das Unternehmen als Zweckverwirklichungsbetrieb und das Unternehmen als Dotationsquelle (grundlegend TROPS AG 1970, 367 ff; ders ZRP 1971, 228 f; vgl auch SOERGEL/NEUHOFF Vorbem 69 zu § 80; MünchKomm/REUTER Vorbem 24 ff zu § 80; RAWERT 25 ff mwN).

Als **Zweckverwirklichungsbetrieb** (Stiftungszweckbetrieb) hat das Unternehmen die **86**
Aufgabe, in seiner konkreten Funktion der Erfüllung eines außerhalb seiner selbst liegenden Stiftungszwecks zu dienen. Das Unternehmen steht in einer so engen sachlichen Beziehung zum Stiftungszweck, daß sich dieser ohne das individuelle Unternehmen nicht erreichen läßt, und der Stiftungszweck damit auch über die Führung des Unternehmens entscheidet. Beispiel ist das einer Stiftung gewidmete Krankenhaus, das mit eigenen sachlichen Mitteln den Stiftungszweck der Krankenpflege erfüllt.

Als **Dotationsquelle** wird das Unternehmen nur zur Erzielung der Gewinne einge- **87**
setzt, die die Stiftung zur Erfüllung ihres vom konkreten Unternehmen unabhängigen Zweckes benötigt. Es besteht keine unmittelbare Beziehung zwischen dem

---

sungsrecht und Stiftung (1986); WIEDERHOLD, Stiftung und Unternehmen im Spannungsverhältnis (1971); WINDMÜLLER, Beteiligung einer Stiftung an der Kapitalerhöhung ihrer Basisgesellschaft – Gemeinnützigkeit trotz dynamischer Vermögenspolitik, BB 1970, 486 ff.

individuellen Unternehmen und dem Stiftungszweck. Das Unternehmen dient dem Stiftungszweck lediglich in einer Funktion, die auch von jedem anderen Unternehmen wahrgenommen werden könnte. Es handelt sich hierbei um den Regelfall der Praxis.

88 Eine Kombination beider Grundtatbestände ist möglich. Begrifflich ausgeschlossen ist jedoch ein dritter Grundtatbestand mit einer Identität von Unternehmen und Stiftungszweck. Entgegen einer Minderansicht in der Lit (BRANDMÜLLER 90; KRONKE 140; SEIFART/HOF § 8 Rn 57; ERMAN/WESTERMANN Vorbem 8 zu § 80; KERSSENBROCK 57 f) ist die **Unternehmensselbstzweckstiftung** rechtlich unmöglich und damit unzulässig. Nach heute ganz hM setzt der Stiftungsbegriff voraus, daß das Stiftungsvermögen nicht nur seiner eigenen Perpetuierung gewidmet ist (vgl TROPS AG 1970, 368; ders ZRP 1971, 229; FLUME AT I/2, 133 [Anm 146]; KARSTEN SCHMIDT DB 1987, 261; SOERGEL/NEUHOFF Vorbem 70 zu § 80; ders ZögU 11 [1988] 333; MünchKomm/REUTER Vorbem 7 zu § 80; ANDRICK 55; SCHINDLER, Familienstiftungen [1975] 29; ORTH JbFStR 1993/94, 421; DEWALD 184; BREUER 13; SCHWINTOWSKI NJW 1991, 2740; STENGEL 40; ders, HessStiftG § 4 Anm 8.2, 8.3 aE; GEBEL/HINRICHSEN, SchlHolStiftG § 3 Anm 4.3; HÄRTL 122 f; RAWERT 15, 26 f, 79 f mwN). Die Stiftung ist eine *Leistungsorganisation*, deren Zweck nicht im Erwerb um des Erwerbes willen sondern im Einsatz der erwirtschafteten Erträge zugunsten eines außerhalb des Stiftungsvermögens selbst ruhenden Zweckes liegt. Könnte ein wirtschaftliches Unternehmen durch Einbringung in eine Stiftung sich selbst zum Zwecke gewidmet werden, liefe dies auf eine zeitlich und mengenmäßig unbegrenzte Anhäufung von Vermögen hinaus, das weder der Befriedigung der Erwerbsinteressen eines personalen Eigentümers noch der Erbringung von aus Erträgen finanzierten Leistungen an Dritte dienen könnte. Die Unternehmensselbstzweckstiftung wäre ein *perpetuum mobile* (RIEMER ZBernJV 116 [1980] 505; GRÜNINGER 42), dh ein letztlich funktionsloses Gebilde. Dies gilt auch für die reine **Verwaltungsstiftung** (STENGEL 60), deren *einziger Zweck* die Übernahme der Komplementärfunktion im Rahmen einer *Stiftung & Co* ist. Auch ihr Zweck erschöpft sich im Zur-Verfügung-Stellen einer juristischen Person, die letztlich Gegenstand ihres eigenen Zweckes ist (so treffend STENGEL 61; vgl auch KERSTEN, in: FS 45. DJT 143). Unbeschadet des Meinungsstreits um die Genehmigungsfähigkeit von Komplementärstiftungen mit weitergehenden Zwecken (su Rn 92, 94 ff), ist dies in jedem Falle unzulässig.

b) Problematik und Diskussionsstand

89 aa) Die *Zulässigkeit* der unternehmensverbundenen Stiftung wird kontrovers diskutiert. Während sie vor allem von der Kautelarjurisprudenz als Instrument zur Bestandssicherung von Unternehmen empfohlen wird (su Rn 92), hält man ihr unter **ordnungspolitischen Gesichtspunkten** entgegen, daß sie wegen ihrer strengen Zweckbindung und ihrer Unterstellung unter die staatliche Stiftungsaufsicht zu starr sei, um sich den Erfordernissen einer Unternehmenswirtschaft dauerhaft anpassen zu können. Das Fehlen eines personalen Eigentümers passe nicht in eine von privaten Erwerbsinteressen beherrschte Wirtschaftsordnung. Die Bindung unternehmerischen Vermögens an eine Stiftung bewirke eine mit dem Rechtsgedanken des § 137 nicht zu vereinbarende Einschränkung der Kapitalmobilität und laufe damit tendenziell auf eine Refeudalisierung der wirtschaftlichen Verhältnisse hinaus (vgl BALLERSTEDT Verhdlg 44. DJT 33 ff; MESTMÄCKER Verhdlg 44. DJT 17 ff; MünchKomm/REUTER Vorbem 6 ff, 24 ff zu § 80; ders GmbHR 1973, 241 ff; ders DWiR 1991, 192 ff; ders, in: Deutsches Stiftungswesen 1977–1988, 95 ff; ders, Privatrechtliche Schranken 129 ff; Bericht der Unternehmensrechts-

kommission [1980] Rn 932 ff; GOERDELER, in: FS Heinsius 174 ff für die eigentliche Unternehmensträgerstiftung; EMMERICH/SONNENSCHEIN, Konzernrecht [5. Aufl 1993] 526; Überblick über die Diskussion bei RAWERT 38 ff; STENGEL 28 ff; KRONKE 213 ff, 221 ff; GOERDELER, in: Deutsches Stiftungswesen 1977–1988, 119 ff).

In **rechtlicher Hinsicht** setzt die **Kritik** an der unternehmensverbundenen Stiftung **90** vornehmlich an der **Regelungslosigkeit** an, durch die sie sich im Vergleich zu den Handelsvereinen auszeichnet: Anders als das Aktien- und das GmbH-Recht kennt das Stiftungsrecht keine gläubigerschützenden Kapitalaufbringungs- und -erhaltungsvorschriften (**aA** STENGEL 103 ff, der § 82 Kapitalaufbringungswirkung zumißt). Ist die Stiftung Komplementärin einer *Stiftung & Co*, führt dies zu einer haftungsrechtlichen Privilegierung der Kommanditisten, die – wie bei solchen Konstruktionen üblich – zugleich Destinatäre der Komplementärstiftung sind. Eine analoge Anwendung des § 31 GmbHG, wie sie von der Rspr bei der GmbH & Co KG befürwortet wird (vgl BGHZ 60, 324, 328 ff; 69, 274, 279 f; dazu KARSTEN SCHMIDT, Gesellschaftsrecht [2. Aufl 1991] 1386 f), kommt bei der Stiftung & Co KG mangels eines Stammkapitals der Stiftung nicht in Betracht (vgl WEIMAR/GEITZHAUS/DELP BB 1986, 2007; HENNERKES StbJb 1984/85, 122; HENNERKES/BINZ/SORG DB 1986, 2271; HENNERKES/SCHIFFER BB 1992, 1942; BRANDMÜLLER 131; aA wohl STENGEL 106 f). Im Errichtungstadium der Stiftung bleibt der Schutz der Gläubiger und des Rechtsverkehrs erheblich hinter dem Standard des Handelsvereinsrechts zurück, weil während des Schwebezustandes zwischen der Vornahme des Stiftungsgeschäfts und der Genehmigung der Stiftung mit Ausnahme der von § 84 erfaßten Fälle keine Rechtsbeziehungen für die werdende Stiftung begründet werden können. Nach hM gibt es keine *Vorstiftung* (s § 80 Rn 41 ff). Im Bereich der Organvertretungsmacht, bei der im Recht der Handelsvereine das Prinzip der Unbeschränkbarkeit gilt (§ 82 Abs 1 AktG; § 37 Abs 2 GmbHG; § 27 Abs 2 GenG), läßt das Stiftungsrecht auch im Außenverhältnis wirksame Beschränkungen zu (s § 86 Rn 8). Die Rechnungslegungspublizität der §§ 325–329, 339 HGB gilt für die Stiftung nur dann, wenn sie die erheblichen Größenkriterien des PublG erfüllt (vgl HENNERKES StbJb 1984/85, 117; HENNERKES/SCHIFFER DB 1992, 1943; WEIMAR/GEITZHAUS/ DELP BB 1986, 2009; BERNDT 54 ff; STENGEL 66 f; DELP 72 ff). Von der Unternehmensmitbestimmung ist die Stiftung bei jeder denkbaren Form wirtschaftlicher Betätigung und unabhängig von der Zahl der von ihr beschäftigten Arbeitnehmer frei (HENNERKES StbJb 1984/85, 116 f; WEIMAR/GEITZHAUS/DELP BB 1986, 2009; GROSSFELD/MARK WuR 37 [1985] 89 f; KRONKE 125 f; STENGEL 69 f). Die insolvenzrechtlichen Organpflichten des Stiftungsvorstandes (§ 86 iVm § 42 Abs 2 S 1) sind anders als bei den Vorständen und Geschäftsführern der Handelsvereine nicht zum Schutze der Gläubiger strafbewehrt (zur Einführung einer Strafbewehrung de lege ferenda KRONKE 101). Im alten Umwandlungsrecht genoß die Stiftung Privilegien, da sie nicht unter das ehedem bestehende gläubigerschützende Umwandlungsverbot des § 1 Abs 2 S 1 UmwG (alt) fiel und damit zB die direkte Umwandlung einer GmbH in eine Stiftung & Co möglich war (SCHULZE ZUR WIESCHE WPg 1988, 129 f; BRANDMÜLLER 100). Zu den Regelungsunterschieden zwischen dem Stiftungsrecht und dem Recht der Handelsvereine eingehend RAWERT 88 ff mwN.

bb) Angesichts der Regelungsdefizite, die die Stiftung im Vergleich mit den Han- **91** delsvereinen aufweist, ist in der *de lege ferenda* geführten Debatte auf und nach dem 44. DJT auch von Befürwortern der unternehmensverbundenen Stiftung die Einführung geeigneter unternehmensrechtlicher Bestimmungen gefordert worden, um

Gefahren sowohl für den Bestand der Stiftung als auch für die Belange der Allgemeinheit vorzubeugen (Studienkommission 42 ff; Bericht der Unternehmensrechtskommission [1980] Rn 935 ff). Die Diskussion ist jedoch ohne Ergebnis geblieben, weil vor allem die Interministerielle Arbeitsgruppe Stiftungsrecht mit dem Argument durchdrang, daß das stiftungsrechtliche Konzessionssystem ausreichende Möglichkeiten biete, im Genehmigungsverfahren auf die Ausgestaltung unternehmensverbundener Stiftungen einzuwirken (Interministerielle Arbeitsgruppe Stiftungrecht, in: Deutsches Stiftungswesen 1966–1976, 395 f; s auch o Rn 38).

92 **De lege lata** geht die hM trotz unterschiedlicher Auffassungen über die unternehmenswirtschaftliche Eignung sowie die ordnungspolitische Erwünschtheit unternehmensverbundener Stiftungen von deren grundsätzlicher Zulässigkeit aus (vgl SOERGEL/ NEUHOFF Vorbem 65 ff zu § 80; PALANDT/HEINRICHS Vorbem 11 zu § 80; ERMAN/WESTERMANN Vorbem 8 ff zu § 80; BGB-RGRK/STEFFEN Vorbem 11 zu § 80; AK-BGB/OTT Vorbem 8 zu § 80; STAUDINGER/COING[12] Vorbem 12 f zu § 80; HOF, in: MünchVHb 942 ff; KRONKE 62 ff; STENGEL 26 ff jeweils mwN; kritisch KARSTEN SCHMIDT, Stiftungswesen 20 ff; ders DB 1987, 261 ff; ders, Gesellschaftsrecht [2. Aufl 1991] 151 ff). Vor allem die Kautelarjurisprudenz bekundet unter dem Druck zunehmender Regelungsdichte im Recht der Erwerbsgesellschaften sowie dem Gesichtspunkt der *Unternehmensperpetuierung* wachsendes Interesse an der Rechtsform der Stiftung. Sie empfiehlt nicht zuletzt die **Stiftung & Co** als Instrument zur Haftungsbeschränkung unter gleichzeitiger Freiheit von Mitbestimmung und Publizität. Zur Bestandssicherung werden Doppelkonstruktionen wie die Kombination einer kapitalarmen, aber durch Stimmrechtszuweisungen unternehmensbeherrschenden (Familien-)Stiftung mit einer kapitalstarken, aber stimmrechtslosen gemeinnützigen Stiftung (**Doppelstiftung**) vorgeschlagen (zum ganzen vgl BRANDMÜLLER passim; HENKEL-HOFFMANN passim; BERNDT passim; DELP passim; FLÄMIG DB Beil 22/1978; SEIFART/PÖLLATH § 13; HENNERKES/BINZ/SORG DB 1986, 2217 ff, 2269 ff; HENNERKES/MAY DB 1988, 488 f; HENNERKES/SCHIFFER DB 1992, 1940 ff; HENNERKES/SCHIFFER/FUCHS BB 1995, 209 ff; BINZ StbJb 1987/88, 145 ff; WEIMAR/GEITZHAUS/DELP BB 1986, 1999 ff; WEIMAR/ DELP BB 1987, 1707 ff; SCHULZE ZUR WIESCHE WPg 1988, 128 f; ORTH JbFStR 1993/94, 417 ff; PRINZ JbFStR 1993/94, 426 ff). Zwar stößt vor allem die Stiftung & Co auch bei den Vertretern der hM auf Kritik (vgl KARSTEN SCHMIDT, Stiftungswesen 30 f [„Perversion des Stiftungsgedankens"]; ders JbFStR 1993/94, 425, ihm ausdrücklich zustimmend GOERDELER, in: FS Heinsius 175 sowie in: Deutsches Stiftungswesen 1977–1988, 140). Vereinzelt ist dabei von *Rechtsmißbrauch* die Rede, der im Genehmigungsverfahren verhindert werden müsse (SOERGEL/NEUHOFF Vorbem 70 zu § 80; SCHICK/RÜD 57 ff, 62 f; HOF, in: MünchVHb 943 f; ders DStR 1992, 1589; SEIFART/SEIFART § 10 Rn 65; SIEGMUND-SCHULTZE, NdsStiftG § 4 Anm 2 a; vgl auch WOCHNER MittRhNotK 1994, 94; KERSTEN, in: FS 45. DJT 143). § 7 Abs 2 lit c MecklVorPStiftG und § 4 Abs 1 lit c NRWStiftG schreiben ausdrücklich vor, daß die Stiftungsgenehmigung zu versagen ist, wenn durch die Stiftung Vermögen des Stifters oder seine Verwendung gesetzlich vorgeschriebener Kontrolle oder Publizität entzogen würde. Generell jedoch ist für die hM die unternehmensverbundene Stiftung – mit Ausnahme der Unternehmensselbstzweckstiftung und der reinen Verwaltungsstiftung (so Rn 88) – bis zur Grenze der Gemeinwohlgefährdung iSd § 87 zulässig. Regelungsdefizite im Bezug auf die Sicherheit und den Schutz des Rechtsverkehrs sollen im Genehmigungsverfahren ausgeglichen (so zB HOF, in: MünchVHb 942; KRONKE 87) bzw im Interesse des Grundrechtsschutzes des Stifters hingenommen werden (vgl IPSEN, in: Deutsches Stiftungswesen 1977–1988, 156 ff).

cc) Entgegen der hM sieht vor allem **Reuter** (MünchKomm/Reuter Vorbem 6 ff, 24 ff zu 93
§ 80; ders GmbHR 1973, 241 ff; ders, in: Deutsches Stiftungswesen 1977–1988, 95 ff; ders DWiR
1991, 192 ff; ders ZGR 1991, 481 ff; ders, Privatrechtliche Schranken 449 ff; ihm folgend Rawert
77 ff) der Genehmigungsfähigkeit unternehmensverbundener Stiftungen schon auf
dem Boden des geltenden Rechts engere Grenzen gezogen. Unter Hinweis auf den
Rechtsgedanken des § 22, der den in seiner Regelungslosigkeit mit der Stiftung vergleichbaren wirtschaftlichen Verein gerade wegen dieser Defizite vorrangig auf die
Organisationsformen des Handelsvereinsrechts verweist, fordert er die analoge
Anwendung der Vorschrift auf die Stiftung. Bereits de lege lata will er zwischen ohne
weiteres genehmigungsfähigen **Idealstiftungen** und regelmäßig nicht genehmigungsfähigen **wirtschaftlichen Stiftungen** unterschieden wissen. Aufgrund des verfassungsrechtlich bedingten Wandels der Stiftungsgenehmigung zu einem gebundenen
Verwaltungsakt (vgl o Rn 48 sowie § 80 Rn 28 f) habe sich deren Erteilung heute nach
gesetzlichen Vorgaben zu richten. Wolle man gleichwohl nicht einer schrankenlosen
Stifterfreiheit das Wort reden, so dränge sich der Schluß auf, daß das geltende Recht
hinsichtlich der Genehmigungsvoraussetzungen eine ausfüllungsbedürftige Lücke
enthalte. Daß die Stifterfreiheit nicht nach Maßgabe verwaltungsbehördlichen
Ermessens eingeschränkt werden dürfe, beseitige nicht das sachliche Bedürfnis für
Einschränkungen. Sei eine Stiftung in der Anlage ihres Vermögens auf ein bestimmtes Unternehmen festgelegt und sei dieses Unternehmen für die Stiftung mithin nicht
bloße Dotationsquelle, sondern Gegenstand eines unternehmerischen Führungsauftrages, so trete selbst die Wahrnehmung einer Gemeinschaftsaufgabe, mit der die
Stiftung in eine an sich schützenswerte Konkurrenz zu den primär zuständigen staatlichen Instanzen trete, zwangsläufig hinter die Verfolgung wirtschaftlicher Interessen
zurück. Damit gewönnen nicht nur die vom historischen Gesetzgeber gehegten privatrechtspolitischen Vorbehalte gegen eine Vermögensbindung an die *tote Hand* an
Gewicht. Vielmehr träten auch die Interessen der Gläubiger und besonders gefährdeter Dritter wie der Arbeitnehmer in den Vordergrund. Da die Stiftung sich
zwingenden Regeln des Wirtschaftsrechts entziehe, müsse sie analog den Regeln
über den wirtschaftlichen Verein gegebenenfalls auf die Rechtsformen des Handelsvereinsrechts verwiesen werden, wenn nicht die Wahl einer solchen Rechtsform dem
Stifter im Einzelfall unzumutbar sei oder die wirtschaftliche Betätigung der Stiftung
eine dem idealen Hauptzweck untergeordnete Bedeutung habe (vgl MünchKomm/
Reuter Vorbem 24 ff zu § 80; ders, in: Deutsches Stiftungswesen 1977–1988, 95 ff; ders DWiR
1991, 195 ff).

c) Stellungnahme: Die analoge Anwendung des § 22 auf die Stiftung
aa) Entgegen der hM ist Reuters Forderung nach einer **analogen Anwendung des** 94
§ 22 auf die Stiftung **zuzustimmen**. Die gemeinwohlkonforme Allzweckstiftung klassischer Prägung mit Freiheit des Stiftungszwecks unter gleichzeitiger Möglichkeit
lenkender Eingriffe im Genehmigungsverfahren ist überholt. Das stiftungsrechtliche
Konzessionssystem hat sich unter dem Einfluß der Grundrechte zu einer bloßen
Technik der Verselbständigung der Stiftung entwickelt. Materiell gilt heute im Stiftungsrecht ein System von Normativbestimmungen (so Rn 48 sowie § 80 Rn 28 f). Gefahren für den Rechtsverkehr, die sich wegen der Regelungsdefizite des Stiftungsrechts
(so Rn 90) aus der wirtschaftlichen Betätigung von Stiftungen ergeben können, lassen
sich durch Konzessionsverweigerung nicht verhindern. Auch die Verbindung einer
Stiftungsgenehmigung mit Auflagen zum Schutz vor drohender Umgehung handels-
und gesellschaftsrechtlicher Vorschriften ist nicht möglich (aA Flume, AT I/2, 133 f

[Anm 146]; Interministerielle Arbeitsgruppe Stiftungsrecht, in: Deutsches Stiftungswesen 1966–1976, 395). Da auf die Erteilung der Genehmigung ein Anspruch besteht, sind Nebenbestimmungen, die nicht ausschließlich sicherstellen sollen, daß die Voraussetzungen des Genehmigungstatbestandes erfüllt werden, nach Verwaltungsverfahrensrecht unzulässig (vgl § 36 VwVfG des Bundes und die entsprechenden Vorschriften des Landesrechts; aA offenbar SEIFART/HOF § 4 Rn 18; ders, in: MünchVHb 942). Der vom historischen Gesetzgeber gewollte Ermessensvorbehalt besteht nicht mehr. Das Stiftungsrecht ist im Bereich des Genehmigungsverfahrens nachträglich lückenhaft geworden.

95 Nach dem **Normzweck des § 22** besteht zwischen Verein und Stiftung eine **teleologische Vergleichbarkeit**, die eine Gleichbehandlung beider Sachverhalte durch die analoge Anwendung der Vorschrift auf die Stiftung gebietet. § 22 will verhindern, daß durch die Gründung wirtschaftlicher Vereine gesellschaftsrechtliche Normativbestimmungen sowie Verhaltensanforderungen umgangen werden (vgl BVerwGE 58, 26, 28 = NJW 1979, 2261, 2263; BGHZ 45, 395, 397; 85, 84, 88 f; BGH NJW 1986, 3201, 3202; MünchKomm/ REUTER §§ 21, 22 Rn 7; ERMAN/WESTERMANN § 21 Rn 1; REICHERT/DANNECKER, Handbuch des Vereins- und Verbandsrechts [5. Aufl 1993] Rn 97 f; s auch STAUDINGER/WEICK [1995] § 21 Rn 2 ff unter ausführlicher Darstellung der Entstehungsgeschichte). Der wirtschaftlich tätige Verein, dessen Regelungsstandard im Hinblick auf den Schutz des Rechtsverkehrs, seiner Gläubiger, Mitglieder und Arbeitnehmer hinter dem der Handelsvereine zurückbleibt (statt vieler KARSTEN SCHMIDT, Verbandszweck und Rechtsfähigkeit im Vereinsrecht [1984] 92 ff mwN), soll in die Rechtsformen der Erwerbsgesellschaften gezwungen werden, um sich den dort vorgesehenen Anforderungen an deren Struktur und Verhalten nicht durch die Flucht in das Vereinsrecht zu entziehen (MünchKomm/REUTER §§ 21, 22 Rn 7). Der bei den Handelsvereinen durch die Vorschriften über die Kapitalausstattung und -erhaltung, die Grundsätze der Haftung im Gründungsstadium, das Organvertretungsrecht, die Publizitätsvorschriften, die insolvenzrechtlichen Organpflichten und das Unternehmensmitbestimmungsrecht institutionalisierte Schutz des Rechtsverkehrs, der Gläubiger und der Arbeitnehmer bleibt in nahezu völliger Parallelität mit der Lage im Vereinsrecht auch im Stiftungsrecht hinter dem zB bei AG und GmbH gewährleisteten Standard zurück (so Rn 90 sowie RAWERT 88 ff, 104 f). Unterhält eine Stiftung einen wirtschaftlichen Geschäftsbetrieb, so unterscheidet sich ihre auf der Teilnahme am Marktgeschehen beruhende Gefährlichkeit nicht von der eines Vereins in vergleichbarer Lage. Dies hat im Rahmen der Verabschiedung des neuen Umwandlungsrechts nunmehr auch der Gesetzgeber erkannt und der Stiftung daher in bewußter Parallele zum Verein die Rolle des übernehmenden Rechtsträgers verweigert (su Rn 120).

96 **bb)** Die von der hM gegen die analoge Anwendung des § 22 auf die Stiftung geltend gemachten *Bedenken sind sämtlich nicht überzeugend*.

97 Fehl geht zunächst der Einwand, es mangele an der für eine Analogie notwendigen *planwidrigen Lücke* des Stiftungsrechts, da dem historischen Gesetzgeber das Phänomen der unternehmensverbundenen Stiftung bekannt gewesen und der Verzicht auf eine Regelung folglich als beredtes Schweigen des Gesetzes zu werden sei (SOERGEL/NEUHOFF Vorbem 65 zu § 80; KRONKE 210; BERNDT 32 f; ähnlich BINZ StbJb 1987/88, 153; STENGEL 39). Hier wird übersehen, daß eine ursprünglich vollständige Regelung auch nachträglich lückenhaft werden kann und es für die Feststellung von Lücken im

2. Titel. Juristische Personen.   **Vorbem zu §§ 80 ff**
II. Stiftungen   **98, 99**

Gesetz weder ausschließlich noch entscheidend auf die Perspektive des historischen Gesetzgebers ankommt (völlig hM, vgl nur CANARIS, Die Feststellung von Lücken im Gesetz [2. Aufl 1983] 135 f; LARENZ, Methodenlehre der Rechtswissenschaft [6. Aufl 1991] 377 f).

Auch vereinzelt erhobene *verfassungsrechtliche Bedenken* gegen die analoge Anwen- **98** dung des § 22 auf die Stiftung sind nicht stichhaltig. Das gilt vor allem für IPSENS These, nach der die Analogie im Widerspruch zur verfassungsgerichtlichen Rspr zum Gesetzes- bzw Parlamentsvorbehalt (Wesentlichkeitstheorie) stehe, weil die Schaffung neuer stiftungsrechtlicher Normativbestimmungen ausschließlich Sache des Gesetzgebers und nicht der streitentscheidenden Gerichte sei (IPSEN, in: Deutsches Stiftungswesen 1977–1988, 156 ff, insbes Anm 22; vgl auch ERMAN/WESTERMANN Vorbem 8 zu § 80). Das BVerfG geht seit jeher von einer grundgesetzlich legitimierten Aufgabe und Befugnis der Gerichte zur Rechtsfortbildung im Wege der Lückenfüllung aus (BVerfG 3, 225, 243 f; 13, 153, 164; 18, 224, 237 ff; 25, 167, 183; 34, 269, 286 ff; 49, 304, 318; 65, 182, 190 f; 69, 188, 203 f; 74, 129, 152; 80, 269, 280; 82, 6, 11 ff; 87, 273, 280; 88, 145, 166 f). Zwar hat das Gericht stets betont, daß die Befugnis zur Schaffung von Richterrecht im Rahmen der Kompetenzordnung der Verfassung nicht schrankenlos ist (vgl BVerfGE 34, 269, 288; 49, 304, 318 f; 65, 182, 190 ff; 74, 129, 152; 82, 6, 11 ff). Die Zulässigkeit der Analogie hat es indes nie in Frage gestellt. Vielmehr hat es ausdrücklich festgehalten, daß die konkrete Ordnung der Verteilung und des Ausgleichs staatlicher Macht nicht durch einen aus dem Demokratieprinzip fälschlich abgeleiteten Gewaltenmonismus in Form eines umfassenden Parlamentsvorbehalts unterlaufen werden darf (BVerfGE 68, 1, 87). Die Berufung auf die Wesentlichkeitstheorie kann nicht zu einer Änderung der verfassungsrechtlich gestützten Kompetenzverteilung zwischen Legislative und Judikative führen (BVerfGE 68, 1, 108 f). Im Lichte des Parlamentsvorbehalts lassen sich gegen eine punktuelle Rechtsfortbildung im Wege der Analogie daher keine Bedenken anmelden (vgl auch SÄCKER/OETKER, Grundlagen und Grenzen der Tarifautonomie [1992] 269 ff mwN). Wäre dies anders, so müßte man weite Teile des geltenden Vertragsrechts verwerfen, weil gerade dort die Grenzen der verfassungsrechtlich anerkannten Privatautonomie in besonderem Maße von Richterrecht bestimmt werden (MünchKomm/REUTER Vorbem 9 zu § 80; ders DWiR 1991, 199; RAWERT 112 ff).

Soweit schließlich vorgetragen wird, daß die *konzeptionelle Unterschiedlichkeit von* **99** *Korporation und Stiftung* Zweifel an der analogen Anwendbarkeit des § 22 wecke, zumal das Stiftungsgeschäft als Privatrechtsgeschäft nicht dem Gleichbehandlungsgrundsatz unterfalle (Soergel/Neuhoff Vorbem 12 zu § 80 unter Berufung auf BGH NJW 1978, 943), vermag auch dies nicht zu überzeugen. Unter dem Gesichtspunkt des Schutzzwecks des § 22 spielt die Unterschiedlichkeit der Verfassung von Verein und Stiftung keine Rolle. Für Rechtsverkehr, Gläubiger und Arbeitnehmer, die sich mit wirtschaftlich tätigen Vereinen oder Stiftungen konfrontiert sehen, zählen allein die zu ihren Lasten gehenden Regelungsdefizite, die beide Rechtsformen gegenüber den Erwerbsgesellschaften aufweisen. Daß die Regelung des § 22 auf Besonderheiten beruht, die im konzeptionellen Unterschied zwischen Korporation und Stiftung gründen, ist nicht der Fall. Nichts belegt dies besser als die vereinsrechtliche Kontroverse um die Frage, ob der Mitgliederschutz überhaupt zu den Zwecken des § 22 zählt oder ob die Norm nicht vielmehr ausschließlich dem Interesse außerhalb des Vereins agierender Dritter gilt (vgl KARSTEN SCHMIDT, Verbandszweck und Rechtsfähigkeit im Vereinsrecht [1984] 96 ff; MünchKomm/REUTER §§ 21, 22 Rn 11 ff; SOERGEL/HADDING §§ 21, 22

Rn 7). NEUHOFFS Hinweis auf BGH NJW 1978, 943 geht fehl, weil sich die dortigen Ausführungen des Gerichts ausschließlich auf das Problem der Drittwirkung der Grundrechte im Privatrechtsverkehr, nicht hingegen auf die Methodenfrage richterlicher Rechtsfortbildung im Wege der Lückenfüllung beziehen. Für letztere bleibt anerkannt, daß sie ihre Legitimation in dem Gerechtigkeitsgebot findet, dem maßgeblichen Wertungszusammenhang nach gleichartige Fälle gleich zu behandeln (LARENZ, Methodenlehre [6. Aufl 1991] 392; CANARIS, Die Feststellung von Lücken im Gesetz [2. Aufl 1983] 71 ff). Nicht ihre Anwendung, sondern ihr Verbot ist damit bei Vorliegen der von der Methodenlehre geforderten Voraussetzungen die zu begründende Ausnahme (Canaris, Die Feststellung von Lücken im Gesetz [2. Aufl 1983] 183 f).

100 Zur Kritik an der analogen Anwendung des vereinsrechtlichen Subsidiaritätsgrundsatzes su Rn 112.

d) Stiftungsklassenabgrenzung, Nebentätigkeitsprivileg und Subsidiaritätsgrundsatz

101 aa) Wegen der vor allem bei Kapitalstiftungen bestehenden Notwendigkeit der Erwirtschaftung von Erträgen kann nicht jede Unternehmensverbundenheit zur Genehmigungsunfähigkeit analog § 22 führen. In entsprechender Anwendung vereinsrechtlicher Grundsätze ist daher durch **Stiftungsklassenabgrenzung** zu ermitteln, wann ein **wirtschaftlicher Geschäftsbetrieb** iSd §§ 21, 22 vorliegt. Dabei kommt es weder auf den Stiftungszweck noch auf die objektive Existenz eines Gewerbebetriebes an. Wie im Vereinsrecht ist vielmehr zu fragen, ob die *satzungsmäßige Tätigkeit der Stiftung* Schutzinteressen berührt, die es gebieten, den Stifter mit seinem Vorhaben auf die Rechtsformen des Handelsvereinsrechts zu verweisen (für das Vereinsrecht grundlegend KARSTEN SCHMIDT Rpfleger 1972, 286 ff, 343 ff; ders AcP 182 [1982] 1 ff; ders, Verbandszweck und Rechtsfähigkeit im Vereinsrecht [1984] 89 ff; ders Rpfleger 1988, 45 ff; ihm folgend die hM, vgl nur MünchKomm/REUTER §§ 21, 22 Rn 7 ff; SOERGEL/HADDING §§ 21, 22 Rn 24 ff; STAUDINGER/WEICK [1995] § 21 Rn 7 ff; PALANDT/HEINRICHS § 21 Rn 2; REICHERT/DANNECKER, Handbuch des Vereins- und Verbandsrecht [5. Aufl 1993] Rn 104 ff; SAUTER/SCHWEYER, Der eingetragene Verein [15. Aufl 1994] Rn 43 ff; aus der Rspr: BVerwGE 58, 26 = NJW 1979, 2261 ff; BayObLG Rpfleger 1985, 495 f; OLG Düsseldorf NJW 1983, 2574; HansOLG Bremen Rpfleger 1988, 532; LG Hamburg ZIP 1986, 228 ff; LG Chemnitz DtZ 1994, 412 ff). Im Wege **teleologischer Typenbildung** sind **Idealtypen wirtschaftlicher Stiftungen** zu ermitteln, deren *Tätigkeit* materiell in die *zwingende Domäne* (vgl MünchKomm/REUTER §§ 21, 22 Rn 7) der Handelsvereine fällt. Ihnen ist die Genehmigung regelmäßig zu versagen.

102 α) **Volltypus** der wirtschaftlichen Stiftung ist die **eigentliche Unternehmensträgerstiftung**. Sofern sie unter ihrer Rechtsform ein Unternehmen betreibt und dadurch *planmäßig, dauernd, anbietend und entgeltlich* am Markt tätig wird (vgl KARSTEN SCHMIDT, Verbandszweck und Rechtsfähigkeit im Vereinsrecht [1984] 105, 113 ff), setzt sie den von § 22 geschützten Personenkreis jenen typischen Gefahren aus, vor denen dieser durch die Normen des Handelsvereinsrechts bewahrt werden soll. Sie ist damit regelmäßig nicht genehmigungsfähig.

103 β) Schwierigkeiten bereitet die Beurteilung der **Beteiligungsträgerstiftung**. Im Vereinsrecht besteht zunächst Einigkeit darüber, daß ein Verein, der die Stellung eines persönlich haftenden Gesellschafters einer Personenhandelsgesellschaft einnimmt, *auf einen wirtschaftlichen Geschäftsbetrieb gerichtet* ist (vgl KARSTEN SCHMIDT, Verbands-

zweck und Rechtsfähigkeit im Vereinsrecht [1984] 124 f; SAUTER/SCHWEYER, Der eingetragene Verein [15. Aufl 1994] Rn 46; REICHERT/DANNEKER, Handbuch des Vereins- und Verbandsrechts [5. Aufl 1993] Rn 110; HEMMERICH, Möglichkeiten und Grenzen wirtschaftlicher Betätigung von Idealvereinen [1982] 127). Übertragen ins Stiftungsrecht bedeutet dies, daß die Komplementärin einer **Stiftung & Co** stets dem Typus der unter § 22 (analog) fallenden Beteiligungsträgerstiftung zuzuordnen und damit grundsätzlich **nicht genehmigungsfähig** ist, sofern sich dies nicht schon aus ihrer Eigenschaft als einer reinen *Verwaltungsstiftung* (so Rn 88) ergibt.

Für den Verein der ein Unternehmen über einen **ausgegliederten Rechtsträger des** **104** **Kapitalgesellschaftsrechts** betreibt, hat der BGH in seinem *ADAC-Urteil* dagegen entschieden, daß unter dem Gesichtspunkt des § 22 kein Anlaß für eine eintragungs- oder genehmigungsschädliche Zuordnung zur Holding bestehe (BGHZ 84, 85). Nach Ansicht des Gerichts wird selbst im Rahmen von Abhängigkeitsverhältnissen im Sinne des § 17 AktG der Schutz der Gläubiger durch die für das abhängige Unternehmen geltenden Normativbestimmungen in Verbindung mit der persönlichen und gesamtschuldnerischen Haftung der Organmitglieder aus §§ 317 Abs 4, 309, 310 AktG hinreichend gewährleistet. Das Fehlen einer Mindestkapitalausstattung bei der Holding sei unschädlich. Ein auf einen wirtschaftlichen Geschäftsbetrieb gerichteter Vereinszweck liege nicht vor (BGHZ 85, 84, 90 f). Übertragen ins Stiftungsrecht hieße dies, daß die an Kapitalgesellschaften oder als Kommanditistin an einer KG beteiligte Stiftung nicht wirtschaftlich iSd § 22 (analog) ist. Ihrer Genehmigung stünden unter dem Gesichtspunkt ihrer Unternehmensverbundenheit keine Bedenken entgegen. Selbst konnzernrechtliche Abhängigkeitsverhältnisse zwischen Stiftung und Kapitalgesellschaften würden keine Nachteile für die Genehmigungsfähigkeit mit sich bringen.

Die Entscheidung des BGH hat freilich Widerspruch gefunden. Namentlich KAR- **105** STEN SCHMIDT plädiert dafür, unter dem Gesichtspunkt des Gläubigerschutzes einen wirtschaftlichen Geschäftsbetrieb iSd § 22 im Wege *konzernrechtlicher Zurechnung* auch dann zu bejahen, wenn sich die Beteiligung eines Vereins in einem unmittelbar oder mittelbar beherrschenden Einfluß auf den ausgegliederten Rechtsträger äußert (vgl KARSTEN SCHMIDT, Verbandszweck und Rechtsfähigkeit im Vereinsrecht [1984] 127 f; ihm folgend vor allem SOERGEL/HADDING §§ 21, 22 Rn 41 f; STAUDINGER/WEICK [1995] § 21 Rn 8; vgl auch DANNECKER/KÜHR, Handbuch des Vereins- und Verbandsrechts [5. Aufl 1993] Rn 110 ff). Übertragen auf die Stiftung bedeutet dies, daß die Fälle einer Stiftungsabhängigkeit iSd § 17 AktG grundsätzlich genehmigungsschädlich sind, eine analoge Anwendung des § 22 unterhalb dieser Schwelle indes nicht in Betracht kommt.

Weitergehend wird in der Literatur vereinzelt eine Zurechnung jeder Form ausge- **106** gliederter Wirtschaftstätigkeit gefordert, und zwar ohne Rücksicht auf Art und Höhe der Beteiligung. Zur Begründung wird zum Teil auf die Funktion des beim Verein fehlenden Mindestkapitals als einer gläubigerschützenden Risikobeteiligung abgestellt (MünchKomm/REUTER §§ 21, 22 Rn 10, 31 ff). Zum Teil wird darauf hingewiesen, daß es bei der Verwendung des Vereins in allen denkbaren Beteiligungskonstellationen wegen seiner im Vergleich zu den Handelsvereinen fehlenden Mindestkapitalausstattung zu einer auf der Haftungsstruktur des Beteiligungsträgers beruhenden Schwächung der Position der Gläubiger kommen und auch der ursprüngliche Idealverein zum beherrschenden Unternehmen mutieren kann (eingehend RAWERT 136 ff).

Folgt man diesen weiten Auffassungen und überträgt sie ins Stiftungsrecht, so sind dem Typus der auf einen wirtschaftlichen Geschäftsbetrieb gerichteten Beteiligungsträgerstiftung *sämtliche Stiftungen zuzuordnen, die Gesellschafter oder Aktionäre von Kapital- oder Personengesellschaften sind*. Dies gilt unabhängig davon, ob es sich um Mehrheits- oder Minderheitsbeteiligungen oder um die Stellung der Stiftung als beschränkt oder unbeschränkt haftender Personengesellschafter handelt. Die zur Erhaltung der Funktionsfähigkeit der Stiftung notwendigen Einschränkungen werden über die Anwendung des Nebentätigkeitsprivilegs (su Rn 107 ff) erreicht.

107 **bb)** Im Vereinsrecht ist anerkannt, daß eine wirtschaftliche Tätigkeit der Eintragung als Idealverein nicht per se entgegensteht. Sofern sie sich in einer Nebentätigkeit im Interesse der ideellen Haupttätigkeit erschöpft, ist sie durch das **Nebentätigkeitsprivileg** gedeckt (vgl SOERGEL/HADDING §§ 21, 22 Rn 33 ff; MünchKomm/REUTER §§ 21, 22 Rn 17 ff; STAUDINGER/WEICK [1995] § 21 Rn 12 ff; PALANDT/HEINRICHS § 21 Rn 4; REICHERT/DANNECKER, Handbuch des Vereins- und Verbandsrechts [5. Aufl 1993] Rn 128 ff; jeweils mwN). Auch im Stiftungsrecht beansprucht dieser Gedanke Geltung. Vor allem dort, wo für eine weite Zurechnung wirtschaftlicher Geschäftsbetriebe plädiert wird (so Rn 105 f), bedarf es eines Korrektivs, mit dessen Hilfe für sich genommen genehmigungsschädliche Tätigkeiten aus dem Anwendungsbereich des § 22 (analog) herausgefiltert werden können. Es liegt auf der Hand, daß eine Kapitalstiftung, die die Verfolgung ihres Zweckes mit Hilfe der aus dem Stiftungsvermögen erwirtschafteten Mittel finanziert, ihr Geld zur Erhaltung ihrer Funktionsfähigkeit in Unternehmensbeteiligungen anlegen können muß. Einer Anstaltsstiftung, die der Krankenfürsorge gewidmet ist, muß es zur Realisierung ihres Zweckes möglich sein, einen wirtschaftlichen Geschäftsbetrieb in Form eines Krankenhauses zu unterhalten. Der wirtschaftliche Geschäftsbetrieb muß der nichtwirtschaftlichen Tätigkeit der Stiftung jedoch **funktional untergeordnet** sein, um ihre Genehmigungsfähigkeit als Idealstiftung unberührt zu lassen (ausführlich RAWERT 148 ff mwN). Er muß daher entweder **Zweckverwirklichungsbetrieb** (so Rn 86) sein und als solcher in einer sachlich notwendigen Beziehung zur konkreten Art der nichtwirtschaftlichen Haupttätigkeit der Stiftung stehen oder lediglich den Charakter einer austauschbaren **Dotationsquelle** (so Rn 87) haben (so auch MünchKomm/REUTER Vorbem 24 ff zu § 80; ders, in: Deutsches Stiftungswesen 1977–1988, 112 ff).

108 Beim **Zweckverwirklichungsbetrieb** folgt die funktionale Unterordnung daraus, daß er aufgrund seiner sachlichen Orientierung auf die nichtwirtschaftliche Haupttätigkeit der Stiftung vollkommen in dieser aufgeht. Für die stiftungsrechtliche Zulässigkeit solcher Betriebe ist es unerheblich, ob sie unmittelbar unter der Rechtsform der Stiftung oder durch einen ausgegliederten Unternehmensträger geführt werden.

109 Dient der in der Rechtsform der Stiftung selbst geführte oder auf einen anderen Unternehmensträger ausgelagerte wirtschaftliche Geschäftsbetrieb der Stiftung als **reine Dotationsquelle**, so ergibt sich seine funktionale Unterordnung unter die nichtwirtschaftliche Haupttätigkeit daraus, daß es der Stiftung und ihren Organen idealtypisch allein darauf ankommt, daß der Betrieb auf Dauer möglichst große Erträge abwirft. Für die Erhaltung des wirtschaftlichen Geschäftsbetriebs um anderer Gründe als der Ertragsoptimierung willen besteht aus der Sicht der Stiftung keine Veranlassung. Seine Aufgabe könnte auch durch jedes andere Unternehmen wahrgenommen werden. Damit die untergeordnete Funktion eines solchen Betriebes im

Interesse einer Dominanz der ideellen Haupttätigkeit der Stiftung dauerhaft gesichert ist, muß durch Stiftungssatzung und Gesellschaftsverträge sichergestellt sein, daß **keine institutionelle Bindung der Stiftung an den Geschäftsbetrieb besteht**. Die Stiftung muß sich von ihm trennen können, wenn es im Interesse einer möglichst sicheren und ertragreichen Anlage des Stiftungsvermögens geboten erscheint (vgl MünchKomm/REUTER Vorbem 25 zu § 80; ders, in: Deutsches Stiftungswesen 1977—1988, 113; RAWERT 150 ff, 155 ff; so trotz Ablehnung der Analogie zu § 22 auch SOERGEL/NEUHOFF Vorbem 15 zu § 80; GOERDELER, in: FS Heinsius 180). Ist die freie Verfügbarkeit über die Dotationsquelle sichergestellt, so ist eine auf die Beschaffung von wirtschaftlichen Mitteln gerichtete Nebentätigkeit der Stiftung nicht genehmigungsschädlich.

cc) Bei analoger Anwendung des § 22 BGB kann eine Stiftung, die *auf einen wirtschaftlichen Geschäftsbetrieb gerichtet ist*, nur *in Ermangelung reichsgesetzlicher Vorschriften* Rechtsfähigkeit durch staatliche Verleihung erlangen. Die Übertragung der zum **Subsidiaritätsgrundsatz** im Vereinsrecht entwickelten Prinzipien (vgl KARSTEN SCHMIDT, Verbandszweck und Rechtsfähigkeit im Vereinsrecht [1984] 73 ff; MünchKomm/REUTER §§ 21, 22 Rn 43 ff; SOERGEL/HADDING §§ 21, 22 Rn 51; STAUDINGER/WEICK [1995] § 22 Rn 3 – jeweils mwN) hat zur Folge, daß eine wirtschaftliche Stiftung nur dann genehmigt werden darf, wenn sich das Stiftungsvorhaben nicht anderweitig, dh unter Verwendung handelsvereinsrechtlicher Organisationsformen durchführen läßt.

Der Subsidiaritätsgrundsatz gilt nicht uneingeschränkt. Da die Rechtsformen des Handelsvereinsrechts zur Verfolgung *jedes* rechtmäßigen Zwecks eingesetzt werden können, muß bei Vorliegen atypischer Umstände die Genehmigung einer wirtschaftlichen Stiftung möglich bleiben, wenn § 22 BGB (analog) ein Anwendungsbereich erhalten bleiben soll (vgl BVerwGE 58, 26, 30 f = NJW 1979, 2261, 2263). Gleichwohl können solche Umstände nicht bei jedem beliebigen Interesse an der Genehmigung einer wirtschaftlichen Stiftung angenommen werden. Nur bei Unzumutbarkeit der Verwendung handelsvereinsrechtlicher Organisationsformen ist es gerechtfertigt, den Interessen des Stifters ausnahmsweise Vorrang vor den Interessen der durch § 22 BGB geschützten Personengruppen einzuräumen. In Parallele zum Vereinsrecht ist Unzumutbarkeit nur anzunehmen, wenn die Verfolgung des Stiftungsvorhabens in den sondergesetzlich geregelten Rechtsformen aus rechtlichen oder tatsächlichen Gründen unmöglich oder unverhältnismäßig erschwert wäre (BVerwGE 58, 26, 31 f = NJW 1979, 2261, 2264). Konsequenz ist, daß das Interesse des Stifters an der Perpetuierung eines Unternehmens, das als faktisch wichtigstes Motiv hinter der Errichtung der meisten wirtschaftlichen Stiftungen steht (vgl BERNDT 147 ff; HENKEL-HOFFMANN 83 ff), nicht ausreicht, um atypische und ausnahmsweise zur Genehmigung führende Umstände dartun zu können. Außerhalb der privilegierten Fälle der Zweckverwirklichungsbetriebe besteht keine Notwendigkeit, eine Stiftung institutionell an ein bestimmtes Unternehmen zu binden. Die *Unternehmensperpetuierung* selbst scheidet als Stiftungszweck schon wegen der Unzulässigkeit der Unternehmensselbstzweckstiftung aus (so Rn 88).

Im Schrifttum wird der Zulässigkeit einer entsprechenden Anwendung des Subsidiaritätsgrundsatzes auf die Stiftung entgegengehalten, es sei etwas anderes, ob einem wirtschaftlich tätigen Verband nur das Ausweichen auf eine andere Rechtsform zugemutet oder ob einem Stiftungsvorhaben unter Berufung auf § 22 BGB (analog) die Anerkennung als einer juristischen Person generell versagt werde (KAR-

SCHMIDT DB 1987, 262; vgl auch HENKEL-HOFFMANN 41 f). Dieser Einwand geht fehl. Wie die Praxis zeigt, lassen sich Stiftungsvorhaben auch in der Form von Stiftungs-Kapitalgesellschaften – insbesondere GmbHs – verwirklichen (su Rn 177 ff). Kann der Stifter im Einzelfall substantiiert dartun, daß ihm die Gründung einer solchen Stiftungs-Kapitalgesellschaft unzumutbar ist, bleibt ihm der Weg zur wirtschaftlichen Stiftung offen.

113 Zur Prüfungskompetenz der Behörden im Genehmigungsverfahren § 80 Rn 39 f; zu den Folgen einer Rechtsformverfehlung § 87 Rn 7.

e) Landesrechtliche Regelungen

114 Nach § 4 Abs 2 lit b NRWStiftG sowie § 7 Abs 3 lit a MecklVorPStiftG kann die Genehmigung einer Stiftung versagt werden, wenn ihr Hauptzweck in dem Betrieb oder der Verwaltung eines erwerbswirtschaftlichen Unternehmens besteht, das ausschließlich oder überwiegend eigennützigen Interessen des Stifters oder seiner Erben dient.

115 Beide Tatbestände sind wegen der Gesetzgebungskompetenz des Bundes für die privatrechtlichen Fragen des Stiftungswesens (vgl SALZWEDEL Verhdlg 44. DJT 52 ff; SEIFART/HOF § 4 Rn 184 ff) verfassungsrechtlich problematisch. Sie sind nur insoweit wirksam, als sie sich im Rahmen der durch das Bundesrecht für die Zulässigkeit von Stiftungszwecken gezogenen Grenzen halten (hM, vgl HENLE AG 1975, 85 f; GROSSFELD/MARK WuR 37 [1985] 82; WEIMAR/GEITZHAUS/DELP BB 1986, 2002; HENNERKES/BINZ/SORG DB 1986, 2270; FLÄMIG DB Beil 22/1978, 4; BRANDMÜLLER 35, 52; STRICKRODT, Stiftungsrecht 61 f; BERNDT 32; MünchKomm/REUTER Vorbem 10 [Anm 50] zu § 80; aA KRONKE 63 f; WOCHNER MittRhNotK 1994, 100 f; kritisch auch SOERGEL/NEUHOFF Vorbem 11 zu § 80). Diese Grenzen ergeben sich ausschließlich aus der analogen Anwendung des § 22 und den vor allem für Familienstiftungen relevanten Regelungen über die zeitlichen Grenzen zulässiger Nachlaßbindungen (su Rn 132 ff).

f) Die unternehmensverbundene Stiftung im Handels-, Gesellschafts- und Arbeitsrecht

116 Unterhält eine Stiftung als eigentliche Unternehmensträgerstiftung unter ihrer Rechtsform zulässigerweise (so Rn 107 ff) einen wirtschaftlichen Geschäftsbetrieb, so gelten für sie die allgemeinen handelsrechtlichen Regeln. Als Einzelkaufmann ist sie ins **Handelsregister** (Abteilung A) einzutragen, wenn sie ein Handelsgewerbe iSd § 1 HGB betreibt oder wenn Art und Umfang ihres Betriebs nach § 2 HGB eine Eintragung erforderlich machen (§ 33 HGB). Dies gilt auch, wenn das Gewerbe nur als Nebenbetrieb geführt wird (vgl OLG Kiel OLGE 41, 189; SOERGEL/NEUHOFF Vorbem 75 zu § 80). Für die anmeldepflichtigen Angaben sowie die zum Handelsregister einzureichenden Unterlagen gilt § 33 Abs 2 HGB. Eine Beschränkung der Vertretungsbefugnis des Stiftungsvorstandes (§ 86 iVm § 26 Abs 2) kann im Handelsverkehr gegenüber Dritten nur im Rahmen des § 15 HGB geltend gemacht werden (EBERSBACH, Handbuch 166; SOERGEL/NEUHOFF Vorbem 76 zu § 80; vgl auch § 86 Rn 8 f). Auch hinsichtlich der **Prokura** sowie der **Handelsbücher** gelten für die Stiftung, die Kaufmann iSd §§ 1, 2 iVm § 33 HGB ist, keine Besonderheiten (BERNDT 53; kritisch MünchKomm/REUTER Vorbem 29 zu § 80).

117 Als Voll- oder Sollkaufmann muß die Stiftung eine **Firma** führen, in der ihr Name

enthalten ist (§ 18 HGB; ganz hM, siehe nur GOERDELER ZHR 113 [1950] 149; BERNDT 53; aA HGB-RGRK/WÜRDINGER § 33 Anm 8; ders § 18 Anm 4; vgl auch PAVEL 77 ff mwN). Übernimmt die Stiftung ein bestehendes Handelsgeschäft mit dem Recht auf Firmenfortführung, so gilt § 22 HGB (GOERDELER ZHR 113 [1950] 149; EBERSBACH, Handbuch 166; PAVEL 79 f). Zur Haftung nach § 25 HGB s EBERSBACH, Handbuch 166.

Bei Erreichen der Größenkriterien des PublG gilt für die Stiftung die **Rechnungslegungspublizität** der §§ 325–329, 339 HGB. Unterhalb dieser Grenze ist die Stiftung publizitätsfrei (so Rn 90). Zu spezifisch stiftungsrechtlichen Publizitätsvorschriften so Rn 76 ff.

Mit den sich aus der analogen Anwendung des § 22 ergebenden Einschränkungen kann die **Stiftung herrschendes Unternehmen iSd Konzernrechts** sein (unstr, vgl SCHWINTOWSKI NJW 1991, 2736 ff; KOHL NJW 1992, 1923; STENGEL 127 f; MünchKomm/REUTER Vorbem 29 zu § 80). Als abhängiges Unternehmen kommt sie dagegen nicht in Betracht. Wegen ihrer Eigentümer- und Mitgliederlosigkeit sowie der Unabänderlichkeit ihrer Zweckbestimmung kann sie weder aufgrund von Beteiligungsverhältnissen noch kraft Unternehmensvertrages dem Willen eines herrschenden Unternehmens untergeordnet werden (vgl STENGEL 127 ff; EMMERICH/SONNENSCHEIN, Konzernrecht [5. Aufl 1993] 525 f). Zum Verhältnis von Stiftungs- und Konzernrecht allgemein SCHWINTOWSKI NJW 1991, 2736 ff; KOHL NJW 1992, 1922 ff; EMMERICH/SONNENSCHEIN, Konzernrecht (5. Aufl 1993) 526 f.

Mit dem **Umwandlungsgesetz** (UmwG) v 28. 10. 1994 (BGBl I 3210) hat der Gesetzgeber die Stiftung in den Kreis der *spaltungsfähigen Rechtsträger* (§ 124 UmwG) aufgenommen. Er hat ihre Rolle jedoch auf die des *übertragenden Rechtsträgers* beschränkt. Bewußt hat er sich dem im Gesetzgebungsverfahren vorgebrachten Wunsch widersetzt, der Stiftung auch als übernehmendem Rechtsträger die verschiedenen Möglichkeiten der Umwandlung zu eröffnen. Zur Begründung hat er ausgeführt, die Rechtsform der Stiftung sei vom Gesetzgeber ursprünglich nicht als Träger von Unternehmen gedacht gewesen. Ihre Eignung hierfür begegne vielmehr den gleichen Bedenken, die auch gegen die Berücksichtigung des wirtschaftlichen Vereins als übernehmendem Rechtsträger bestünden, nämlich dessen mangelnde Einbindung in das System handels- und gesellschaftsrechtlicher Normativbestimmungen. Bei der Stiftung würden diese Bedenken sogar noch dadurch verstärkt, daß eine Kontrolle der Unternehmensleitung durch Anteilseigner oder vergleichbar interessierte Personen wegen der Mitgliederlosigkeit der Stiftung nicht in Betracht komme (s BT-Drucks 12/6699 zu § 124 [Spaltungsfähige Rechtsträger] sowie zu § 3 [Verschmelzungsfähige Rechtsträger]). Mit diesen Feststellungen bestätigt der Gesetzgeber die *Lehre von der analogen Anwendung des § 22 auf die Stiftung* (so Rn 94 ff) und verdient uneingeschränkten Zuspruch.

Stiftungen, die unter ihrer Rechtsform ein Unternehmen betreiben (*eigentliche Unternehmensträgerstiftungen* – so Rn 84) ist es nunmehr gestattet, diese Unternehmen oder Teile davon zur Aufnahme durch bestehende Personen- oder Kapitalgesellschaften oder zur Neugründung von Kapitalgesellschaften *im Wege partieller Gesamtrechtsnachfolge auszugliedern* (vgl §§ 161 bis 167 UmwG). Dabei sind freilich die gleichen Beschränkungen zu beachten, die aufgrund der analogen Anwendung des § 22 auch für Beteiligungsträgerstiftungen gelten (so Rn 103 ff, 107 ff). Die nach

Landesrecht zuständige Stiftungsbehörde, die die Ausgliederung gegebenenfalls zu genehmigen hat (vgl § 164 Abs 1 UmwG) hat dies zu beachten. Zu Einzelheiten s BT-Drucks 12/6699 zu §§ 161 ff.

121 Die Regeln über die **Unternehmensmitbestimmung** finden auf die unternehmensverbundene Stiftung weder im Falle einer unmittelbaren Unternehmensträgerschaft noch im Falle einer Beteiligungsträgerschaft Anwendung (so Rn 90 mwN). Das Recht der Unternehmensmitbestimmung gilt nur für die in den Mitbestimmungsgesetzen enumerativ aufgezählten Rechtsformen, zu denen die Stiftung nicht gehört (vgl §§ 1 Abs 1, 4 Abs 1 MitBestG 1976; §§ 76, 77 BetrVG 1952; § 1 Abs 1 u 2 MontanMitBestG; § 1 Abs 1 MitBestErgG). Ist bei einer *eigentlichen Unternehmensträgerstiftung* (so Rn 84) jedoch ein Gremium eingerichtet, dessen Aufgaben denen eines Aufsichtsrates ähnlich sind, stellt sich die Beteiligung von Arbeitnehmervertretern in diesem Gremium als Akt der Unternehmensmitbestimmung dar (BGHZ 84, 352 = StiftRspr III 149, 151 f).

Der rechtsformunabhängigen **betrieblichen Mitbestimmung** ist auch die Stiftung unterworfen (§ 1 BetrVG 1972; BERNDT 53). Bei einer Stiftung mit mehreren Betrieben ist ein Gesamtbetriebsrat zu bilden (SOERGEL/NEUHOFF Vorbem 76 zu § 80 unter Berufung auf BAG AP Nr 4 zu BetrVG 1972 § 47).

2. Die Familienstiftung*

a) Begriff und Erscheinungsformen

122 aa) Die Familienstiftung ist der **Prototyp der privaten Stiftung** (so Rn 10 f). Dem

---

* **Schrifttum:** BAUR, Fideikommissähnliche Unternehmensbindungen, in: FS Vischer (1983) 515 ff; BEHREND, Zur Dogmatik der Familienstiftung, JherJb 72 (1922) 117 ff; BINZ, Die Familienstiftung – Renaissance einer Rechtsform für Familienunternehmen?, StbJb 1987/88, 145 ff; BINZ/SORG, Erbschaftsteuerprobleme der Familienstiftung, DB 1988, 1822 ff; dies, Aktuelle Erbschaftsteuerprobleme der Familienstiftung, DStR 1994, 229 ff; DÄUBLER, Zur aktuellen Bedeutung des Fideikommißverbots, JZ 1969, 499 ff; DOMCKE, Zweckänderungen bei Familienstiftungen für das Land Bayern, DNotZ 1965, 220 f; ECKERT, Der Kampf um die Familienfideikommisse in Deutschland (1992); FLÄMIG, Die Familienstiftung unter dem Damoklesschwert der Erbersatzsteuer, DStZ 1986, 11 ff; ders, Zur Stiftungsfreiheit und Bestandsgarantie für Familienstiftungen, in: Entwicklungstendenzen im Stiftungsrecht (1987) 138 ff; FROMMHOLD, Die Familienstiftung, AcP 117 (1919) 87 ff; vGERBER, Die Familienstiftung in der Function des Familienfideikommisses, JherJb 2 (1858) 351 ff; GERHARD, Die Familienstiftung nach ZGB, ZSR 49 (1930) 137 ff; HAGER, Familienfideikommisse (1899); HENLE, Der Entwurf eines Stiftungsgesetzes für das Land Nordrhein-Westfalen und die Familien- und Unternehmensträgerstiftungen, AG 1975, 85 ff; HENNERKES/BINZ/SORG, Die Stiftung als Rechtsform für Familienunternehmen, DB 1986, 2217 ff, 2269 ff; HENNERKES/SCHIFFER/FUCHS, Die unterschiedliche Behandlung der unternehmensverbundenen Familienstiftung in der Praxis der Stiftungsbehörden, BB 1995, 209 ff; KANES, Zweckänderungen bei Familienstiftungen, DNotZ 1965, 217 ff; KERSSENBROCK, Unternehmenserhaltung (Diss Hamburg 1981); KOEHLER, Familienstiftungen, DJ 1940, 809 ff; KOEHLER/HEINEMANN, Das Erlöschen der Fideikommisse und sonstiger gebundener Vermögen (1940); LAULE/HEUER, Familienstiftungen als Objekt der Erbschaftsteuer, DStZ 1987, 495 ff; MAYER-ARNDT, Schenkungsteuer bei Umwandlung einer Familienstiftung, BB 1984, 1542 ff; MEYER ZU HÖR-

BGB ist der Begriff fremd. Mit Ausnahme steuerrechtlicher Tatbestände (dazu SCHRUMPF, passim; SORG 75 ff; SEIFART/PÖLLATH § 14 Rn 15 ff; HOF, in: MünchVHb 951 ff; MEYER ZU HÖRSTE BB 1974, 1633 f) sind alle Sonderregelungen zu Familienstiftungen landesrechtlicher Natur (SORG 62 ff; SEIFART/PÖLLATH § 14 Rn 8 ff). Sie betreffen vor allem die Stiftungsaufsicht. Von ihr ist die Familienstiftung nach dem Recht einiger Bundesländer ganz oder teilweise befreit (vgl Art 34 BayStiftG; § 10 Abs 1 BerlStiftG; § 17 BremStiftG; § 14 Abs 2 HambAGBGB; § 21 Abs 2 HessStiftG; §§ 14 Abs 2, 27 Abs 2 MecklVorPStiftG; § 10 Abs 2 NdsStiftG; § 27 RhPfStiftG; § 19 SchlHolStiftG). Nach verbreiteter Ansicht hat die Befreiung ihren Grund in den korporativen Elementen der Familienstiftung. Das Eigeninteresse der Familienmitglieder am Genuß der Stiftungserträge soll die Erfüllung des Stifterwillens garantieren (EBERSBACH, Handbuch 29; HÄRTL 153; HOF, in: MünchVHb 953; STENGEL, HessStiftG § 21 Anm 3; vgl auch MünchKomm/REUTER Vorbem 17 zu § 80; kritisch SOERGEL/NEUHOFF Vorbem 57 zu § 80). Zu verfassungsrechtlichen Bedenken gegen die Befreiung der Familienstiftung von der Staatsaufsicht so Rn 64.

Im Anschluß an Art 1 § 1 PrAGBGB (zum Recht der Familienstiftungen in Preußen PERL, in: Festgabe Wilke 15 ff) versteht man unter einer Familienstiftung eine **Stiftung, die dem Interesse einer bestimmten oder mehrerer bestimmter Familien gewidmet ist** (vgl EBERSBACH, Handbuch 29 f; SORG 28 ff; SCHINDLER 21 f; MEYER ZU HÖRSTE 35 ff; MünchKomm/REUTER Vorbem 17 zu § 80; ERMAN/WESTERMANN Vorbem 6 zu § 80; PALANDT/HEINRICHS Vorbem 9 zu § 80). Unter den Begriff der Familie werden alle durch Ehe oder Verwandtschaft iSd BGB verbundenen Personen subsumiert (grundlegend FROMMHOLD AcP 117 [1919] 99 f; SORG 50 f; EBERSBACH, Handbuch 30; MEYER ZU HÖRSTE 46 ff). Je nach Landesrecht muß der Familienbezug *ausschließlich* (§ 13 Abs 2 BadWürttStiftG; § 2 Abs 2 NRWStiftG) oder zumindest *überwiegend* (vgl § 10 Abs 1 BerlStiftG; § 17 BremStiftG; § 14 Abs 2 HambAGBGB; § 21 Abs 1 HessStiftG; § 27 Abs 1 MecklVorPStiftG; § 19 SchlHolStiftG) sein.

123

Der Kreis der **Destinatäre einer Familienstiftung** muß mit dem Kreis der Familienangehörigen nicht notwendig identisch sein. Der Stifter kann anordnen, daß der Stiftungsnutzen nur einzelnen Familienmitgliedern zukommen soll. Er kann auch andere nicht zur Familie gehörende Personen in den Kreis der Destinatäre einbezie-

124

STE, Zum Begriff der Familienstiftung nach dem Erbschaft- und Schenkungsteuergesetz, BB 1974, 1633 f; ders, Die Familienstiftung als Technik der Vermögensverewigung (Diss Göttingen 1976); OLZE, Die Familienstiftung unter besonderer Berücksichtigung ihrer steuerlichen und devisenrechtlichen Behandlung (Diss Heidelberg 1939); PERL, Zum Recht der Familienstiftungen in Preußen, in: Festg Wilke (1900) 225 ff; PRINZ, Die Stiftung im Wirtschaftsverkehr – Die Stiftung als Familienstiftung, JbFStR 1993/94, 426 ff; REUTER, Privatrechtliche Schranken der Perpetuierung von Unternehmen (1973); vRINTELEN, Rechtstatsachen zur Familienstiftung, in: Deutsches Stiftungswesen 1977–1988 (1989) 143 ff; vSCHEURL, Familienstiftung, AcP 77 (1891) 243 ff; SCHINDLER, Familienstiftungen (1975); SCHRUMPF, Familienstiftung im Steuerrecht (1979); SÖLLNER, Zur Rechtsgeschichte des Familienfideikommisses, in: FS Kaser (1976) 657 ff; SORG, Hat die Familienstiftung jetzt noch eine Überlebenschance?, BB 1983, 1620 ff; ders, Die Familienstiftung (1984); Stiftungszentrum im Stifterverband für die Deutsche Wissenschaft (Hrsg), Zur Praxis der Familienstiftungen (1974); WIGET, Gläubigerschutz bei nichtigen Familienstiftungen (1975); ZIMMERMANN, Die Familienstiftung im Lande Nordrhein-Westfalen, ZRP 1976, 300 ff.

hen, sofern das Landesrecht (§ 13 Abs 2 BadWürttStiftG; § 2 Abs 5 NRWStiftG) nicht ausnahmsweise ausschließliche Familienbindung voraussetzt (EBERSBACH, Handbuch 30). An den Gleichbehandlungsgrundsatz bzw das Diskriminierungsverbot des Art 3 Abs 1 GG ist der Stifter nicht gebunden. Der Ausschluß männlicher oder weiblicher Familienmitglieder vom Stiftungsnutzen ist zulässig (BGHZ 70, 313 = StiftRspr III 89, 95 ff; vgl auch BayVGHE 24, 10 = StiftRspr II 2, 5 ff).

125 bb) Die Familienstiftung kann **unternehmensverbundene Stiftung** sein. Vor allem als solche ist sie in jüngerer Zeit von der Kautelarjurisprudenz als Instrument der Unternehmensnachfolge empfohlen worden (vgl BINZ StbJb 1987/88, 145 ff; HENNERKES/BINZ/SORG DB 1986, 2217 ff, 2269 ff; MEYER ZU HÖRSTE passim; SCHINDLER passim; siehe auch o Rn 92). Der institutionalisierten Bindung eines Unternehmens an eine Familienstiftung ist unter dem Gesichtspunkt der analogen Anwendung des § 22 jedoch mit Vorbehalten zu begegnen (so Rn 94 ff).

126 cc) Die Familienstiftung ist im Zusammenhang mit der **Auflösung der Fideikomisse** Sonderregelungen unterstellt worden. Nach der im Anschluß an Art 155 Abs 2 S 2 WRV (*Die Familienfideikomisse sind aufzulösen*) ergangenen *Fideikommißgesetzgebung* der dreißiger Jahre (vgl STAUDINGER/PROMBERGER/SCHREIBER[12] Art 59 EGBGB Rn 22 ff; ECKERT 697 ff, 741 ff) konnten die Fideikommißgerichte bei der Auflösung der gebundenen Vermögen für bestimmte Zwecke Stiftungen errichten, so zB um Gegenstände von besonderem künstlerischem Wert oder die Versorgung von Angestellten bzw Versorgungsberechtigten zu sichern. Diesen Stiftungen wurde durch § 18 des *Gesetzes über das Erlöschen der Familienfideikomisse und sonstiger gebundener Vermögen* v 6. 7. 1938 (RGBl I 825) allerdings auferlegt, etwa in ihrem Besitz befindliche land- und forstwirtschaftliche Grundstücke binnen bestimmter Fristen zu veräußern. Die gleiche Pflicht wurde durch die *Verordnung über Familienstiftungen* v 17. 5. 1940 RGBl I 806) auch auf Familienstiftungen erstreckt, die nicht aus Anlaß der Fideikommißauflösung errichtet worden waren (dazu KOEHLER DJ 1940, 809 ff). Die dafür gesetzten Fristen wurden mehrfach und zuletzt durch das *Gesetz zur Änderung von Vorschriften des Fideikommiß- und Stiftungsrechts* v 28. 12. 1950 (BGBl I 820, ergänzt durch Gesetz v 3. 8. 1967, BGBl I 839) *„bis auf weiteres"* verlängert. Im übrigen wurden die Länder zur Änderung, Ergänzung oder Aufhebung der VO v 17. 5. 1940 ermächtigt. Die VO ist daraufhin in einigen Bundesländern formell aufgehoben und in den übrigen faktisch nicht mehr durchgeführt worden (Nachweise zum geltenden Fideikommißauflösungsrecht bei STAUDINGER/PROMBERGER/SCHREIBER[12] Art 59 EGBGB Rn 37 ff; ECKERT 764 ff; vgl auch EBERSBACH, Handbuch 151 ff, 705 ff – dort Wiedergabe der wichtigsten Rechtsquellen).

b) Problematik und Diskussionsstand

127 aa) Dem BGB ist die Einrichtung eines dauerhaft familiär gebundenen Sondervermögens fremd. Zu einer derartigen **Vermögensbindung** an sich geeignete Rechtsinstitute wie Teilungsverbote, Vor- und Nacherbschaft, aufgeschobene Vermächtnisse und Dauertestamentsvollstreckung sind vom Gesetzgeber im Interesse der Verhinderung fideikommißähnlicher Strukturen einer zeitlichen Beschränkung von regelmäßig 30 Jahren unterworfen worden (§§ 2044 Abs 2; 2109, 2162, 2163, 2210; vgl Prot bei MUGDAN V 668 f; STAUDINGER/PROMBERGER/SCHREIBER[12] Art 59 EGBGB Rn 7; weitere Nachweise su Rn 132). Dagegen vermag die Familienstiftung in ihrer wirtschaftlichen Funktion nahezu völlig die Rolle des Fideikommisses zu übernehmen (vgl DÄUBLER JZ

1969, 500). Zwar unterscheiden sich beide Institute in ihrer rechtlichen Konstruktion (RGZ 61, 28, 33 ff; vgl auch OLG Hamburg StiftRspr III 193). Das Fideikommißvermögen ist sowohl der Veräußerung als auch der Vollstreckung entzogen (DÄUBLER JZ 1969, 499 f; BAUR, in: FS VISCHER 517; STAUDINGER/PROMBERGER/SCHREIBER¹² Art 59 EGBGB Rn 8 ff; MEYER ZU HÖRSTE 15 ff), während die Stiftung über ihr Vermögen im Rahmen der Gesetze verfügen kann, für eigene Verbindlichkeiten haftet und ihre Gläubiger ihr Vermögen pfänden können. Fideikommiß und Familienstiftung beruhen jedoch beide auf einem unabänderlichen Errichtungsgeschäft, das mit der Schaffung eines seinen Nutznießern nur zur Verwaltung und nicht zur freien Verfügung eingeräumten Sondervermögens das wirtschaftliche Wohlergehen bzw die Machtstellung einer Familie geschützt gegen Unfähigkeit oder Verschwendungssucht der Nachkommen über Generationen zu erhalten versucht (vgl DÄUBLER JZ 1969, 500; KRONKE 60; BAUR, in: FS Vischer 520 ff; DUDEN JZ 1968, 4; REUTER, Privatrechtliche Schranken 103 ff; GROSSFELD/MARK WuR 37 [1985] 82 ff). Nicht von ungefähr behandelte bereits das ALR (II 4 §§ 21 bis 46) Familienstiftung und Fideikommiß zusammen unter dem Begriff der *gemeinschaftlichen Familienrechte* (vgl FROMMHOLD AcP 117 [1919] 110 f; REUTER, Privatrechtliche Schranken 103). Seit der Wende des 18. zum 19. Jahrhundert galt die Familienstiftung als bürgerliches Äquivalent des in erster Linie auf den Adel zugeschnittenen Fideikommisses (vgl ECKERT 782; SOERGEL/NEUHOFF Vorbem 59 zu § 80). Mit dem Einsetzen der Fideikommißgesetzgebung wurde sie ein Instrument zur Umgehung der dort normierten Beschränkungen (LIERMANN, Handbuch 242 mwN; vgl auch SCHULZE, in: Deutsches Stiftungswesen 1977–1988, 41 ff; aus der älteren Lit: vROTH, JherJb 1 [1857] 202; vGERBER, JherJb 2 [1858] 351 ff; vSCHEUERL AcP 77 [1891] 244; FROMMHOLD AcP 117 [1919] 94, 133 ff; s auch SCHUBERT, AT I 709 ff). Die funktionale Ähnlichkeit beider Rechtsinstitute führte dazu, daß das Reichsgericht die einem Testamentsvollstrecker überlassene Wahl, einen Fideikommiß oder eine Familienstiftung zu errichten, als Befugnis zur Verwirklichung des gleichen Willens aufrecht erhielt, ohne darin einen Verstoß gegen §§ 2064, 2065 zu sehen (RG Recht 1913 Nr 2309; STAUDINGER/BEHRENDS¹² Vorbem 13 zu §§ 2100–2146). Nach wie vor wird die Familienstiftung als Ersatzlösung zum Fideikommiß diskutiert (vgl SÖLLNER, in: FS KASER 668 f; BAUR, in: FS VISCHER 520 ff; ECKERT 782 ff) und in der Praxis verwendet.

bb) Die hM hält die Familienstiftung trotz ihrer funktionalen Ähnlichkeit mit dem Fideikommiß **de lege lata für unbeschränkt zulässig** (vgl ERMAN/WESTERMANN Vorbem 6 zu § 80; PALANDT/HEINRICHS Vorbem 9 zu § 80; AK-BGB/OTT Vorbem 8 zu § 80; HOF, in: MünchVHb 952 f; SORG 32 f, 63 f; EBERSBACH, Handbuch 151 f; SEIFART/PÖLLATH § 14 Rn 7 ff; SCHINDLER 50 ff; MEYER ZU HÖRSTE 33 f; KERSSENBROCK 49 f; BINZ StbJb 1987/88, 147 ff; HENNERKES/BINZ/ SORG DB 1986, 2218 f; ZIMMERMANN ZRP 1976, 300 ff; FLÄMIG, in: Entwicklungstendenzen im Stiftungsrecht 138 ff; kritisch BGB-RGRK/STEFFEN Vorbem 10 zu § 80). Das Verfassungsrecht soll eine einschränkende Auslegung des bewußt offen gehaltenen Tatbestandes des § 80 verbieten (vgl SORG 63 f; SEIFART/HOF § 4 Rn 40 ff). Eine Ausdehnung des Fideikommißverbots auf die Familienstiftung soll mangels Vorliegen der Analogievoraussetzungen unzulässig sein (vgl KRONKE 59 ff; ähnlich FLÄMIG, in: Entwicklungstendenzen im Stiftungsrecht 138 ff). Im Rahmen der Diskussion um die Reform des Stiftungsrechts (so Rn 36 ff) wurde der Kritik an der Familienstiftung lediglich rechtspolitische Bedeutung beigemessen (vgl DJT Studienkommission 46 f; DUDEN JZ 1968, 4). Gesetzgeberische Konsequenzen blieben aus (vgl Interministerielle Arbeitsgruppe Stiftungsrecht, in: Deutsches Stiftungswesen 1966–1976, 392 ff). Zwar wird heute zum Teil zur Zurückhaltung bei der Genehmigung neuer Familienstiftungen geraten (vgl SOERGEL/NEUHOFF Vorbem 57 f zu

§ 80 [dort insbes Anm 14]; GROSSFELD/MARK WuR 37 [1985] 83 ff; SIEGMUND-SCHULTZE, Nds StiftG § 4 Anm 4 c; siehe auch KARSTEN SCHMIDT, Gesellschaftsrecht [2. Aufl 1991] 152 f). Auch die Praxis einiger Stiftungsbehörden läßt Vorbehalte gegenüber Familienstiftungen erkennen (HÄRTL 152 f; HENNERKES/SCHIFFER/FUCHS BB 1995, 210 ff). Auf eine schlüssige Begründung stützen sich solche Empfehlungen bzw Praktiken jedoch nicht. Lediglich rechtspolitischen Bedenken gegen eine *steuerliche Privilegierung* von Familienstiftungen hat der Gesetzgeber 1974 mit der Einführung der **Erbersatzsteuer** durch das Gesetz zur Reform des Erbschaftsteuer- und Schenkungsteuerrechts v 17. 4. 1974 (BGBl I 933) Rechnung getragen. Seitdem unterliegen Stiftungen, sofern sie wesentlich im Interesse einer Familie errichtet sind, in Zeitabständen von je 30 Jahren seit dem Zeitpunkt des ersten Übergangs von Vermögen auf sie der Erbschaftsteuer (§§ 1 Abs 1 Ziff 4, 9 Abs 1 Ziff 4 ErbStG). Verfassungsrechtliche Zweifel an dieser Regelung (vgl SORG 76 ff mwN; ders BB 1983, 1622 f; FLÄMIG DStZ 1986, 11 ff; MEINCKE, ErbStG [10. Aufl 1994] § 1 Rn 13 ff mwN) haben sich nicht durchgesetzt (BVerfGE 63, 312 = StiftRspr III 157).

129 cc) **Bedenken gegen die Genehmigungsfähigkeit von Familienstiftungen** haben auf dem Boden der lex lata vor allem REUTER und DÄUBLER geltend gemacht.

130 REUTER sieht in der typischen Familienstiftung mit voraussetzungsloser Teilhabe der Familienmitglieder an den Erträgnissen des Stiftungsvermögens eine Rechtsform, die dem einzelnen Destinatär wirtschaftlich die Verfügungsmöglichkeit über Teile seines Vermögens nimmt und sie zugleich dem Zugriff seiner Gläubiger entzieht (MünchKomm/REUTER Vorbem 19 zu § 80). In Parallele zum Verein mit dem Zweck der Vermögensverwaltung im Mitgliederinteresse (MünchKomm/REUTER §§ 21, 22 Rn 34) will er die **Familienstiftung der Sperre des § 22 (analog) unterstellen**. Dabei räumt REUTER zwar ein, daß der (umstrittene) Aspekt des Mitgliederschutzes, der die Anwendung des § 22 auf den Vermögensverwaltungsverein tragen soll, bei der Stiftung mangels körperschaftlicher Organisation nicht in Betracht kommt. Gleichwohl hält er die Parallele nicht für gegenstandslos, da hinter der Anwendung des § 22 auf den Vermögensverwaltungsverein und die Familienstiftung auch das Interesse der Gläubiger der Mitglieder bzw Destinatäre am Zugriff auf sämtliche Vermögenswerte ihrer Schuldner stehe. Pflichtteilsberechtigten verstorbener Mitglieder oder Destinatäre sei darüber hinaus daran gelegen, daß ihnen nicht gewichtige Vermögenswerte entzogen würden (REUTER, in: Deutsches Stiftungswesen 1977–1988, 107). Verstärkt sieht REUTER seine Bedenken durch das Fideikommißverbot (vgl REUTER, Privatrechtliche Schranken 103 ff). Wegen seines Charakters als sozialgestaltender und gegen die Bindung von Familienvermögen gerichteter Maßnahme entfalte es ohne Rücksicht auf seine rechtstechnische Einkleidung und trotz unvollkommener Umsetzung eine *teleologische Expansionskraft*, die die wirtschaftliche Familienstiftung schlechthin erfasse (MünchKomm/REUTER Vorbem 20 f zu § 80). Als Konsequenz will REUTER die wirtschaftliche Familienstiftung grundsätzlich nicht genehmigt wissen. Bei bereits konzessionierten wirtschaftlichen Familienstiftungen plädiert er nach Ausübung pflichtgemäßen Ermessens im Einzelfall für Genehmigungsrücknahme gemäß § 48 Abs 1 S 1 VwVfG mit Wirkung ex nunc (MünchKomm/REUTER Vorbem 22 f zu § 80).

131 DÄUBLERS Kritik knüpft an den **Wertungen des Erbrechts** an. Obwohl auch er die Familienstiftung als funktionales Äquivalent der Fideikommisse betrachtet, hält er sie unter dem Gesichtspunkt des Fideikommißverbots für zulässig, da sie der Gesetzgeber – wie vor allem § 18 des FidKomAuflG und nachfolgende Bestimmungen (so Rn 126) zeigten – in seinen Willen aufgenommen habe (DÄUBLER JZ 1969, 501). Allein daraus sei allerdings nicht der Schluß zu ziehen, daß dem Willen des Stifters keine Grenzen gezogen seien. Vielmehr folge aus dem Regelungsgehalt der §§ 2044 Abs 2, 2109, 2162, 2163 und 2210, daß eine übermäßig lange Festlegung von Vermögen vermieden werden müsse und die Stiftung hiervon keine Ausnahme machen dürfte (DÄUBLER aaO). Unter Beachtung des Grundsatzes der generellen Zulässigkeit der Familienstiftung bedeute dies, daß einer Familienstiftung dann die Genehmigung zu versagen sei, wenn sie *ausschließlich* dazu diene, die wirtschaftliche Position einer Familie auf Dauer zu sichern (DÄUBLER aaO). Bei bereits bestehenden Familienstiftungen, die gegen diesen Grundsatz verstoßen, soll die Bestimmung der Destinatäre nach Auffassung DÄUBLERS mit Ablauf von 30 Jahren unwirksam werden mit der Konsequenz der Notwendigkeit der Neubestimmung des Stiftungszwecks oder der Auflösung der Stiftung (DÄUBLER JZ 1969, 502). Darüber hinaus müsse Gläubigern der Destinatäre im Einzelfall ein „Durchgriff" auf die Stiftung möglich sein. Auf die Personenverschiedenheit von Destinatären und Stiftung könne letztere sich nach § 242 nicht berufen (DÄUBLER aaO).

c) **Stellungnahme: Die Unzulässigkeit der Unterhaltsstiftung**
Entgegen der hM sind der **Genehmigungsfähigkeit von Familienstiftungen** schon auf der Grundlage des geltenden Rechts **enge Grenzen gezogen**. Zwar vermag die von REUTER befürwortete Parallele zwischen dem Vermögensverwaltungsverein und der Familienstiftung nicht zu überzeugen. Zweck des § 22 kann auch bei analoger Anwendung der Norm auf die Stiftung nur der Schutz *der Gläubiger der Stiftung*, nicht hingegen der *Gläubiger der Destinatäre* sein. Auch bei den Pflichtteilsberechtigten der Destinatäre geht REUTERS Berufung auf § 22 fehl. Der von der Norm gewährleistete Schutz von Gläubigerinteressen kann nur die Durchsetzung *bestehender Ansprüche* betreffen. Keinesfalls kann er dazu dienen, *nicht bestehende Ansprüche zu schaffen* (näher dazu RAWERT 145 f). Ein eigenständiger Typus der wirtschaftlichen Familienstiftung ist unter dem Gesichtspunkt des § 22 folglich nicht anzuerkennen. Zustimmung verdient jedoch der vor allem von DÄUBLER hervorgehobene und von der hM zu Unrecht vernachlässigte Gedanke des wertungsmäßigen Zusammenhanges zwischen dem Fideikommißverbot, den zeitlichen Schranken zulässiger Nachlaßbindung und dem Stiftungsrecht. Die §§ 2044 Abs 2, 2109, 2162, 2163 und 2210 lassen erkennen, daß das BGB gegen die dauerhafte Erhaltung von Vermögenseinheiten gerichtet ist. Das Gesetz widersetzt sich bewußt dem Versuch des Erblassers, die Aufteilung des Nachlasses durch ein Verbot der Auseinandersetzung, endlose Vor- und Nacherbschaft, zeitlich unbegrenzten Aufschub für den Anfall von Vermächtnissen oder Dauertestamentsvollstreckung ad infinitum zu unterbinden (vgl STAUDINGER/BEHRENDS[12] Vorbem 8 zu §§ 2100–2146; ders § 2109 Rn 1; STAUDINGER/REIMANN[12] § 2210 Rn 1; AK-BGB/SCHAPER Vorbem 1 ff zu § 2100; SOERGEL/HARDER § 2109 Rn 1; PALANDT/EDENHOFER Einf 2 v § 2100; GROSSFELD JZ 1968, 120). Es war der erklärte Wille des historischen Gesetzgebers, mit Hilfe der §§ 2044 Abs 2, 2109, 2162, 2163 und 2210 fideikommißähnliche Nachlaßbindungen zu verhindern (Prot bei MUGDAN V 668 f) und zugleich eine Konkordanz zwischen den Regelungen über das Fideikommiß und die Familienstiftung herzustellen (JACOBS/SCHUBERT, AT I 381 f). Die nach Inkrafttreten des BGB erlassenen Fideikommißauflösungsgesetze (so Rn 126) haben diese ratio legis bekräftigt.

133 Die Bedeutung, die das BGB dem Verbot überlanger Nachlaßbindungen zumißt, läßt den Schluß zu, daß es sich hierbei um einen Satz von allgemeiner Geltung handelt: Verhindert werden soll eine bestimmte wirtschaftliche Erscheinung, dh ein *Typus* und nicht die bloße Rechtsform, in der er sich zufällig zeigt (vgl DÄUBLER JZ 1969, 501; MünchKomm/REUTER Vorbem 20 zu § 80; FRANZ ZSR 49 [1930] 153 zu Art 335 Abs 2 und 488 Abs 2 ZGB). Auch für die Stiftung belegt die Entstehungsgeschichte der §§ 80 bis 88, daß sie nicht zur Schaffung fideikommißähnlicher Nachlaßbindungen dienen sollte. Die Entscheidung des historischen Gesetzgebers für das Konzessionssystem im Stiftungsrecht ist maßgeblich auf privatrechtspolitische Vorbehalte gegen eine Vermögensbindung an die tote Hand zurückzuführen (so Rn 34). Schon für den historischen Gesetzgeber bestand kein Unterschied darin, ob ein Testamentsvollstrecker oder eine Stiftung und ihre Organe verpflichtet werden, eine bestimmte Vermögensmasse dauerhaft ertragbringend anzulegen und den wirtschaftlichen Nutzen einem bestimmten Kreis von Erben oder Destinatären auszukehren. Tatsächlich läßt sich mit einer Stiftung der Effekt einer Dauertestamentsvollstreckung ad infinitum erzielen. Umgekehrt sollte die infinite Testamentsvollstreckung gerade wegen ihres stiftungsähnlichen Charakters unterbleiben (Prot bei MUGDAN V 668 f). Wenn folglich die Stiftung, deren Zulässigkeit der Gesetzgeber trotz privatrechtspolitischer Vorbehalte in den §§ 80 bis 88 prinzipiell anerkannt hat, nicht in Widerspruch zu den durch das Fideikommißverbot verstärkten Regelungen der §§ 2044 Abs 2, 2109, 2162, 2163 und 2210 geraten soll, so muß der Kreis zulässiger Stiftungsvorhaben aus dem Gedanken des Verbots überlanger Nachlaßbindungen eine Einschränkung erfahren: Zulässig kann eine Stiftung nur sein, wenn sie sich anders als das mittelbar auch vom Erbrecht inkriminierte Fideikommiß nicht in der Erbringung voraussetzungsloser Leistungen, dh ausschließlich privatnütziger Nachlaßbindung erschöpft, sondern ihr Ertrag den Destinatären nur für einen bestimmten und über den bloßen Lebensunterhalt hinausgehenden Zweck (zB Ausbildungsförderung begabter aber mitteloser Familienmitglieder) zur Verfügung steht. Der verfassungsrechtlich bedingte Wegfall des stiftungsbehördlichen Genehmigungsermessens (so Rn 48) führt nicht zu einem Wegfall der Tote-Hand-Vorbehalte, die in der unveränderten und durch das Fideikommißverbot bekräftigten Geltung der §§ 2044 Abs 2, 2109, 2162, 2163 und 2210 zum Ausdruck kommen. Auch auf der Grundlage eines gewandelten Verständnisses von der stiftungsrechtlichen Genehmigung als eines gebundenen Verwaltungsaktes muß sich die Stiftung in das Wertungsgefüge des BGB einpassen (MünchKomm/REUTER Vorbem 18 zu § 80). **Die reine Vermögensverwaltung im Interesse eines bestimmten Personenkreises ist kein zulässiger Stiftungszweck** (so auch SOERGEL/NEUHOFF Vorbem 59 zu § 80 Anm 14). Als Äquivalent zum Privileg der Rechtsfähigkeit ist vielmehr ein zumindest mittelbarer Gemeinwohlbezug in der Zwecksetzung der Stiftung zu fordern (so zutreffend SOERGEL/NEUHOFF Vorbem 57 zu § 80; vgl auch § 9 AVBayStiftG v 22. 8. 1958 [GVBl 238]). Reine Unterhaltsleistungen als Stiftungszweck sind stets unzulässig, und zwar selbst dann, wenn sie neben an sich zulässige Zwecke treten. Die bloße Dekoration der Unterhaltsstiftung mit gemeinnützigem Beiwerk (zB 10% der Erträge für wohltätige Zwecke, der Rest jedoch voraussetzungslos für die Familie) vermag den Verstoß gegen das Verbot überlanger Nachlaßbindungen nicht zu heilen.

134 Der Anwendungsbereich des **Verbots der Unterhaltsstiftung** geht über den Bereich der Familienstiftung hinaus. Fideikommißähnliche Nachlaßbindungen entstehen nicht nur dort, wo der Kreis der Destinatäre über die Zugehörigkeit zu einer bestimmten Familie definiert wird. Auch voraussetzungslose Leistungen an jeden anderen ausschließlich nach persönlichen Merkmalen bestimmten Kreis von Destinatären (zB Arbeitnehmer eines bestimmten Betriebes) stehen im Widerspruch zu den Wertungen der §§ 2044 Abs 2, 2109, 2162, 2163, 2210. Es besteht kein relevanter Unterschied, der eine abweichende Bewertung erlauben würde. Das Verdikt der Unzulässigkeit trifft **jede private Stiftung, deren Zweck sich in reinen Unterhaltsleistungen** (dh reiner Vermögensverwaltung zugunsten eines ausschließlich nach persönlichen Merkmalen definierten Personenkreises) **erschöpft**. Seine Beschränkung auf die Familienstiftung würde gegen den Gleichbehandlungsgrundsatz des Art 3 Abs 1 GG verstoßen.

135 Die Beschneidung der zulässigen Stiftungszwecke um die Unterhaltsstiftung steht nicht in Widerspruch zur verfassungsrechtlich gewährleisteten Privatautonomie des Stifters. **Das Verbot der Unterhaltsstiftung ist dem BGB immanent.** Es greift nicht von außen in den Schutzbereich der dem Stifter zustehenden Grundrechte ein, sondern stellt eine von Entstehungsgeschichte und Zweck der erbrechtlichen Regeln über zulässige Nachlaßbindungen getragene Grundrechtsausgestaltung dar. Da es nicht die Familien- oder die private Stiftung schlechthin, sondern *nur eine bestimmte Erscheinungsform der privaten Stiftung betrifft,* steht es auch nicht im Widerspruch zu deren grundsätzlicher landes- und steuergesetzlicher Anerkennung. Schließlich führt es nicht zu einer methodisch unzulässigen Überdehnung des Fideikommißverbots, da es nicht auf dessen analoger Anwendung beruht, sondern auf erbrechtliche Wertungen zurückgeht, die durch das Fideikommißverbot zwar bestärkt, nicht jedoch begründet werden.

136 Zur Prüfungskompetenz der Behörden im Genehmigungsverfahren § 80 Rn 38; zu den Folgen einer Rechtsformverfehlung § 87 Rn 7.

3. Kirchliche Stiftungen*

137 a) Nach den Stiftungsgesetzen der Länder gelten als **kirchliche Stiftungen des welt-**

---

* **Schrifttum**: ACHILLES, Die Aufsicht über die kirchlichen Stiftungen der evangelischen Kirche in der Bundesrepublik Deutschland (1986); ders, Zur Aufsicht über kirchliche Stifungen, ZevKR 33 (1988) 184 ff; BÄR, Das Stiftungswesen als Konfliktfeld zwischen Staat und Kirche, ArchSozArb 1993, 93 ff; BUSCH, Die Vermögensverwaltung und das Stiftungsrecht im Bereich der katholischen Kirche, in: Handbuch des Staatskirchenrechts der Bundesrepublik Deutschland – Erster Band (2. Aufl 1994), 947 ff; vCAMPENHAUSEN, Aktuelle Fragen des kirchlichen Stiftungswesens, ZevKR 13 (1967/68) 115 ff; ders, Grenzprobleme staatlicher und kirchlicher Organisationsgewalt, ZevKR 14 (1968/69) 278 ff; ders, Die kirchlichen Stiftungen, ihre Bedeutung in Vergangenheit und Gegenwart, in: Lebensbilder Deutscher Stiftungen, 5. Band (1986) 57 ff; FAHR/WEBER/BINDER, Ordnung für kirchliche Stiftungen (Bayerische Diözesen) (13. Aufl 1988); HAUFF, Die staatliche Mitwirkung bei der Entstehung kirchlicher Stiftungen mit eigener Rechtspersönlichkeit unter besonderer Berücksichtigung der historischen Entwicklung in der Provinz Hannover (Diss Köln 1965); HECKEL, Kirchliche Autonomie und staatliches Stiftungsrecht in den Kirchengemeinden der Evangelisch-Lutherischen Landeskirche in Bayern r d Rh (1932); HEIMERL/PREE, Handbuch des Vermögensrechts der katholischen Kirche (1993); HOFMANN, Die Rechtsstellung der kirchlichen Stiftungen unter besonderer Berücksichtigung ihres Verhältnisses zu Staat und Kirche, ZevKR 12 (1966/67) 313 ff; KRAG, Hans Liermann und die kirchliche Stiftung, in: Deutsches Stiftungs-

lichen Rechts Stiftungen, deren Zweck ausschließlich oder überwiegend kirchlichen Aufgaben dient und die eine besondere organisatorische Verbindung zu einer Kirche aufweisen (vgl § 22 BadWürttStiftG; Art 36 BayStiftG; § 16 Abs 1 BremStiftG; § 20 Abs 1 HessStiftG; § 26 Abs 1 MecklVorPStiftG; § 20 NdsStiftG; § 2 Abs 4 NRWStiftG; § 19 Abs 1 SaarlStiftG; § 18 Abs 1 SchlHolStiftG; § 26 Abs 1 DDRStiftG; weiter § 41 Abs 1 RhPfStiftG; Seifart/vCampenhausen § 23 Rn 1 ff; Ebersbach, Handbuch 248; Strickrodt, Stiftungsrecht 128; vRotberg, BadWürttStiftG § 22 Anm 3; Siegmund-Schultze, NdsStiftG § 20 Anm 2; Pohley, BayStiftG Art 36 Anm 1; Stengel, HessStiftG § 20 Anm 1; Andrick 55 ff; vgl auch BVerfGE 46, 73 = StiftRspr III 58, 65 ff; BayVerfGHE 37, 184 = StiftRspr IV 13, 19; Nds OVG DÖV 1994, 1053, 1055; aA Renck DÖV 1990, 1048, der vornehmlich auf den Stiftungszweck und die Motive des Stifters abstellen will; vgl auch Schulte 18).

138 Der Begriff der **kirchlichen Zwecke** ist weit zu verstehen. Er ist nicht auf Kultuszwecke wie Gottesdienste, Messen, Verkündigung und Seelsorge beschränkt. Er umfaßt vielmehr auch die Einrichtung und Unterhaltung von kirchlichen Gebäuden, die Verwaltung des Kirchenvermögens, die Besoldung und Versorgung von Kirchenamtsinhabern sowie entsprechend Art 140 GG iVm Art 138 Abs 2 WRV Erziehungs-, Unterrichts- und Wohlfahrtszwecke jeder Art, soweit sie durch den Auftrag der Kirche geprägt sind (ganz hM, vgl Ebersbach, Handbuch 249 f; Seifart/vCampenhausen § 23 Rn 9 ff; Schulte 17; Stolba, BayVBl 1957, 180 ff; Siegmund-Schultze, NdsStiftG § 20 Anm 2 a; Stengel, HessStiftG § 20 Anm 1.1; Gebel/Hinrichsen, SchlHolStiftG § 18 Anm 3.1; BVerfGE 46, 73 = StiftRspr III 58, 67 ff; BayVerfGHE 37, 184 = StiftRspr IV 13, 19 f; s auch OVG Lüneburg StiftRspr III 165, 167 f). Eine **organisatorische Verbindung** zwischen Stiftung und Kirche liegt vor, wenn die Stiftung nach dem Willen des Stifters von kirchlichen Organen verwaltet bzw beaufsichtigt wird oder ein institutionalisierter Einfluß kirchlicher Organe auf die Besetzung der Stiftungsämter besteht (vgl Ebersbach, Handbuch 250; Seifart/vCampenhausen § 23 Rn 19; Siegmund-Schultze, NdsStiftG § 20 Anm 2 b; BVerfGE 46, 73 = StiftRspr III 58, 67 ff; Nds OVG DÖV 1994, 1053, 1055). Aus der Beschränkung der Stiftungsleistungen auf *Destinatäre*, die einer

wesen 1966–1976 (1977) 27 ff; Liermann, Besprechung v Hauff: Die staatliche Mitwirkung bei der Entstehung kirchlicher Stiftungen mit eigener Rechtspersönlichkeit, ZevKR 13 (1967/68) 216 ff; ders, Die kirchliche Stiftung – Rechtslage und Rechtsfragen, in: Hecker/Obermayer/Pirson (Hrsg), Der Jurist und die Kirche (1973) 274 ff; Meyer, Die Vermögensverwaltung und das Stiftungsrecht im Bereich der evangelischen Kirche, in: Handbuch des Staatskirchenrechts der Bundesrepublik Deutschland – Erster Band (2. Aufl 1994) 907 ff; Müller, Zur Rechtsstellung der selbständigen örtlichen Kirchen- und Pfarrvermögen unter besonderer Berücksichtigung der Kirchen- und Pfründestiftungen in der Ev-Luth Kirche in Bayern, ZevKR 8 (1961/62) 369 ff; Pirson, Juristische Personen kirchlichen Rechts, ZevKR 16 (1971) 1 ff; Potz, Der Erwerb von Kirchenvermögen, in: Handbuch des katholischen Kirchenrechts (1983) 881 ff; Renck, Zur Problematik der Verwaltung religiöser Stiftungen durch die öffentliche Hand, DÖV 1990, 1047 ff; Scheuermann, Auswirkungen des Codex Juris Canonici von 1983 auf die kirchlichen Stiftungen, in: Deutsches Stiftungswesen 1977–1988 (1989) 237 ff; Siegmund-Schultze, Zur konfessionell beschränkten Stiftung im heutigen Recht, DÖV 1994, 1017 ff; Stolba, Unterrichts- und Wohltätigkeitsstiftungen in kirchlicher Selbstverwaltung?, BayVBl 1957, 180 ff; Zilles, Stiftungsaufsicht über kirchliche Stiftungen (Bürgerliches Recht) in Nordrhein-Westfalen – Zum StiftG NW vom 21. Juni 1977, AfkKR 150 (1981) 158 ff.

bestimmten Konfession angehören, kann nach richtiger Ansicht nicht ohne weiteres auf den kirchlichen Charakter der betreffenden Stiftung geschlossen werden (Siegmund-Schultze DÖV 1994, 1019 mwN; aA offenbar Renck DÖV 1990, 1048).

Kirchliche Stiftungen weltlichen Rechts bedürfen neben der staatlichen Genehmigung stets der **Anerkennung durch die zuständige kirchliche Behörde** (Seifart/vCampenhausen § 23 Rn 21; § 25 Rn 1 ff). Der Kirche kann eine Stiftung nicht gegen ihren Willen aufgedrängt werden. **139**

b) Für die Rechtsverhältnisse der kirchlichen Stiftungen ist in erster Linie das **autonome Kirchenrecht** maßgebend. Auf der Grundlage der staatskirchenrechtlichen Bestimmungen des Grundgesetzes (Art 140 GG iVm Art 137 bis 139 WRV), der Landesverfassungen, der Konkordate, der Kirchenverträge sowie der Landesstiftungsgesetze ist den Kirchen das Recht zur eigenverantwortlichen Regelung des Kirchenstiftungsrechts eingeräumt (vgl Strickrodt, Stiftungsrecht 127 ff). Sie sind insbesondere zum Erlaß von Vorschriften über Satzungserfordernisse, Verwaltung und Aufsicht über kirchliche Stiftungen berechtigt. Im Rahmen ihres Anwendungsbereichs verdrängen die Sonderregeln staatliches Recht. Das gilt nicht für die Teilnahme kirchlicher Stiftungen am allgemeinen weltlichen Rechtsverkehr. Hier sind sie Stiftungen staatlichen Rechts wie jede andere Stiftung auch und unterstehen den allgemeinen Regeln des BGB und der Landesstiftungsgesetze (vgl Achilles 42; Ebersbach, Handbuch 255; Busch, in: HdBStKirchR I 953 ff). Zur **Entstehung** rechtsfähiger kirchlicher Stiftungen des weltlichen Rechts Seifart/vCampenhausen § 25 Rn 1 ff. **140**

aa) Das autonome Stiftungsrecht der **katholischen Kirche** ist vornehmlich im **Codex Iuris Canonici 1983** (CIC) geregelt. Die cc 1299–1310 enthalten Rahmenvorschriften in deren Ausführung die deutschen Diözesen zum Teil Sonderregelungen erlassen haben. Im übrigen gilt allgemeines Kirchenvermögensrecht (dazu Busch, in: HdBStKirchR I 947 ff; Heimerl/Pree Rn 5/903 ff). Die wichtigsten spezifisch stiftungsrechtlichen kirchlichen Rechtsgrundlagen sind: **141**

Bayerische Diözesen (Augsburg, Bamberg, Eichstätt, München und Freising, Passau, Regensburg, Würzburg): Ordnung für kirchliche Stiftungen in den bayerischen (Erz-)Diözesen (KiStiftO) idF v 1. 7. 1988 (ABl 274 ff; KWMBl I 235); Gesetz der Bayerischen (Erz-)Bischöfe zur Neuordnung des Pfründewesens v 20. 6. 1986 (KiPfrWG) (ABl 292);

Diözese Aachen: Stiftungsordnung für das Bistum Aachen v 4. 4. 1978 (KirchAnz 56);

Erzdiözese Berlin: Keine Sonderregelungen;

Diözese Dresden-Meißen: Keine Sonderregelungen;

Diözese Erfurt: Keine Sonderregelungen;

Diözese Essen: Stiftungsordnung für das Bistum Essen v 1. 1. 1978 (KABl 28);

Diözese Fulda: Keine Sonderregelungen;

Erzdiözese Freiburg: Verordnung über das Recht der Stiftungen v 15. 6. 1988 (ABl 365) idF der Ordnung über die Verwaltung des katholischen Kirchenvermögens im Erzbistum Freiburg v 23. 6. 1994 (ABl 401 ff);

Diözese Görlitz: Keine Sonderregelungen;

Erzdiözese Hamburg: Keine Sonderregelungen;

Diözese Hildesheim: Bestimmungen betreffend kirchliche Stiftungen im Sinne des § 20 des Niedersächsischen Stiftungsgesetzes im Bereich der katholischen Kirche (KiBestNStiftG) v 1. 8. 1981 (KAnz 229);

Erzdiözese Köln: Stiftungsordnung für das Erzbistum Köln v 13. 2. 1978 (KABl 78);

Diözese Limburg: Anordnung zur Regelung der Stiftungsaufsicht bei kirchlichen Stiftungen v 20. 11. 1970 (KABl 208) – für den Bereich des HessStiftG; Anordnung zur Regelung der Stiftungsaufsicht im rheinland-pfälzischen Teil des Bistums Limburg v 26. 9. 1994 (KABl 171);

Diözese Magdeburg: Keine Sonderregelungen;

Diözese Mainz: Keine Sonderregelungen;

Diözese Münster: Stiftungsordnung für den nordrhein-westfälischen Teil des Bistums Münster v 15. 2. 1978 (KABl 65);

Diözese Osnabrück: Bestimmungen betreffend kirchliche Stiftungen im Sinne des § 20 des Niedersächsischen Stiftungsgesetzes im Bereich der katholischen Kirche (KiBestNStiftG) v 1. 8. 1981 (KABl 1983, 173)

Erzdiözese Paderborn: Stiftungsordnung für das Erzbistum Paderborn v 13. 3. 1978 (KABl 57);

Diözese Rottenburg-Stuttgart: Anordnung zur Durchführung des BadWürttStiftG v 2. 3. 1978 (KABl 331);

Diözese Speyer: Keine Sonderregelungen;

Diözese Trier: Keine Sonderregelungen.

142 bb) Das autonome Stiftungsrecht der **evangelischen Kirche** wird vor allem durch das allgemeine Kirchenvermögensrecht oder in besonderen Kirchenstiftungsgesetzen geregelt (dazu MEYER, in: HdBStKirchR I 907 ff). Sonderregelungen über die Stiftungsaufsicht finden sich zum Teil auch in den Kirchenverfassungen. Hinsichtlich spezifisch stiftungsrechtlicher Sonderregelungen stellt sich die Rechtslage für die in der EKD zusammengeschlossenen Kirchen wie folgt dar:

Evangelische Landeskirche Anhalts: Keine Sonderregelungen;

Evangelische Landeskirche in Baden: Kirchliches Gesetz über die kirchlichen Stiftungen im Bereich der Evangelischen Landeskirche in Baden (KStiftG) v 17. 4. 1980 (KGVBl 53);

Evangelisch-Lutherische Kirche in Bayern: Kirchengesetz über die kirchlichen Stiftungen v 31. 3. 1955 (KABl 36) idF seiner letzten Änderung v 3. 12. 1984 (KABl 350) nebst Ausführungsbestimmungen v 24. 9. 1955 (KABl 103) idF der Bekanntmachung v 30. 11. 1964 (KABl 227); Kirchengesetz über die Bildung eines Pfründestiftungsverbandes v 18. 1. 1935 (KABl 10) idF seiner letzten Änderung v 25. 4. 1986 (KABl 120);

Evangelische Kirche in Berlin-Brandenburg: Keine Sonderregelungen;

Bremische Evangelische Kirche: Kirchengesetz über die kirchlichen Stiftungen v 13. 3. 1991 (GVM Nr 2, 1);

Evangelisch-Lutherische Kirche in Braunschweig: Keine Sonderregelungen;

Evangelisch-Lutherische Landeskirche Hannovers: Kirchengesetz über die kirchliche Stiftungsaufsicht v 18. 12. 1973 (KABl 1974, 20);

Evangelische Kirche in Hessen und Nassau: Keine Sonderregelungen;

Evangelische Kirche von Kurhessen Waldeck: Keine Sonderregelungen; vgl aber Art 134 Abs 3 der Grundordnung der Evangelischen Kirche von Kurhessen Waldeck v 22. 5. 1967 (KABl 19) idF ihrer letzten Änderung v 23. 11. 1994 (KABl 174) zur Stiftungsaufsicht;

Lippische Landeskirche: Kirchengesetz über rechtsfähige Stiftungen des privaten Rechts v 22. 11. 1977 (GVOBl 235);

Evangelisch-Lutherische Landeskirche Mecklenburgs: Kirchengesetz über die kirchliche Stiftungsaufsicht v 15. 11. 1992 (KABl 91) idF seiner letzten Änderung v 31. 10. 1993 (KABl 1994, 4);

Nordelbische Evangelisch-Lutherische Kirche: Keine Sonderregelungen;

Evangelische Kirche in Oldenburg: Keine Sonderregelungen;

Evangelische Kirche der Pfalz: Keine Sonderregelungen;

Pommersche Evangelische Kirche: Kirchengesetz über die kirchliche Stiftungsaufsicht v 14. 11. 1993 (KABl 1994, 27);

Evangelische Kirche im Rheinland: Kirchengesetz über die kirchliche Aufsicht für rechtsfähige kirchliche Stiftungen v 18. 1. 1979 (KABl 15) nebst Erster Ausführungsverordnung v 8. 2. 1979 (KABl 16);

Evangelische Kirche der Kirchenprovinz Sachsen: Kirchengesetz über kirchliche Stiftungen in der Evangelischen Kirche der Kirchenprovinz Sachsen v 19. 11. 1994 (KABl 164);

Evangelisch-Lutherische Landeskirche in Sachsen: Keine Sonderregelungen;

Evangelisch-Lutherische Landeskirche Schaumburg-Lippe: Keine Sonderregelungen;

Evangelische Kirche der Schlesischen Oberlausitz: Keine Sonderregelungen;

Evangelisch-Lutherische Kirche in Thüringen: Vorläufige Richtlinien über die kirchliche Stiftungsaufsicht v 9. 11. 1993 (KABl 174);

Evangelische Kirche von Westfalen: Kirchengesetz über rechtsfähige Evangelische Stiftungen des privaten Rechts v 4. 11. 1977 (KABl 145) nebst Verwaltungsvorschriften v 19. 12. 1978 (KABl 1979, 43);

Evangelische Kirche in Württemberg: Verordnung des Oberkirchenrats über die Stiftungsaufsicht v 18. 7. 1979 (ABl 388) idF d VO v 20. 11. 1990 (ABl 300);

Evangelische-reformierte Kirche: Keine Sonderregelungen.

143 c)   Auch innerhalb der kirchlichen Stiftungen des weltlichen Rechts werden **rechtsfähige Stiftungen** (*piae fundationes autonomae*) und **Stiftungen ohne eigene Rechtspersönlichkeit** (*piae fundationes non autonomae*) unterschieden (vgl c 1303 § 1 CIC; § 2 Abs 3 KiBestNStiftG; siehe auch HEIMERL/PREE Rn 5/977; SCHEUERMANN, in: Deutsches Stiftungswesen 1977–1988, 238 f). Sie können jeweils privat- oder öffentlichrechtlicher Natur sein (SEIFART/vCAMPENHAUSEN § 23 Rn 25 ff; ACHILLES 35 ff; vROTBERG, BadWürttStiftG § 22 Anm 5). Für die Abgrenzung der unterschiedlichen Stiftungsformen gelten die allgemeinen Regeln. Die Stiftungsgesetze der Länder gelten nur für die rechtsfähigen Stiftungen kirchlichen Rechts (undeutlich insoweit aber § 28 DDRStiftG). In Bremen, Niedersachsen, Nordrhein-Westfalen und Schleswig-Holstein ist der Anwendungsbereich der Stiftungsgesetze darüber hinaus auf die selbständigen kirchlichen Stiftungen des Privatrechts beschränkt. Zu den kirchlichen Stiftungen des öffentlichen Rechts gehören vor allem die Kirchen- und *Pfründestiftungen* nach Art 1 Abs 2 Ziff 1 u 2 KiStiftO der Bayerischen Diözesen sowie § 1 lit b KirchlStG der Evangelisch-Lutherischen Kirche in Bayern.

144 d)   Die **Aufsicht** über die kirchlichen Stiftungen ist je nach Landesrecht unterschiedlich geregelt. Zum Teil obliegt sie den staatlichen Behörden (vgl § 7 Abs 1 BerlStiftG; § 8 HambAGBGB, dazu ACHILLES 117 f, 119 f), die diese wiederum teilweise im Einvernehmen mit den zuständigen kirchlichen Stellen ausüben (vgl § 18 Abs 2 SchlHolStiftG; dazu ACHILLES 129 f). Zum Teil sind kirchliche Stiftungen weltlichen Rechts von der staatlichen Stiftungsaufsicht ganz oder teilweise befreit (vgl § 25 BadWürttStiftG; Art 38 BayStifG; § 16 Abs 2 Ziff 5 BremStiftG; § 20 Abs 4 HessStiftG; § 26 Abs 2 Ziff 1 MecklVorPStiftG; § 20 Abs 2 NdsStiftG; § 17 NRWStiftG; § 28 RhPfStiftG; § 19 Abs 2 Ziff 4 SaarlStiftG; § 27 Abs 3 DDRStiftG). In diesen Fällen wird die Aufsicht von kirchlichen Stellen wahrgenommen. Soweit nach kirchlichem Stiftungsaufsichtsrecht Genehmigungsvorbehalte für bestimmte Rechtsgeschäfte bestehen, handelt es sich bei ihnen um gesetzliche Verbote iSd § 134 (BayObLG NJW-RR 1990, 476 = StiftRspr IV 90, 95). Zur Aufsicht über kirchliche Stiftungen grundlegend ACHILLES 103 ff; ders ZevKR 33 (1988) 144 ff; vgl auch ZILLES AfkKR 150 (1981) 158 ff.

e) Die landesrechtlichen Regelungen über kirchliche Stiftungen gelten entsprechend für **Stiftungen der jüdischen Kultusgemeinden** bzw **sonstiger Religions- und Weltanschauungsgemeinschaften**, soweit sie den Status einer Körperschaft des öffentlichen Rechts besitzen (vgl § 30 BadWürttStiftG; Art 40 BayStiftG; § 16 Abs 3 BremStiftG; § 20 Abs 5 HessStiftG; § 20 Abs 3 NdsStiftG; § 2 Abs 4 S 2 NRWStiftG; § 46 RhPfStiftG; § 19 Abs 3 SaarlStiftG; § 18 Abs 3 SchlHolStiftG; § 26 Abs 2 DDRStiftG).

f) Von der rechtsfähigen kirchlichen Stiftung weltlichen Rechts ist die **rechtsfähige kirchliche Stiftung kanonischen Rechts** zu unterscheiden. Da es den Kirchen freisteht, den *kirchlichen Rechtsstatus* der ihnen zugeordneten Stiftungen selbst zu bestimmen, ist der Regelungsrahmen von staatlichem und kirchlichem Stiftungsrecht nicht deckungsgleich. So wie nicht jeder rechtsfähigen Stiftung weltlichen Rechts auch nach kirchlichem Recht Rechtsfähigkeit zukommt, ist umgekehrt nicht jede rechtsfähige Stiftung kirchlichen Rechts auch nach den Regeln des weltlichen Stiftungsrechts rechtsfähig (vgl § 2 Abs 2 KiBestNStiftG Diözese Osnabrück). Wegen Einzelheiten s ACHILLES 35 ff, 47 ff; vgl auch SOERGEL/NEUHOFF Vorbem 46 f, 55 zu § 80.

4. Kommunale Stiftungen*

Mit Ausnahme der Stadtstaaten kennt das Recht aller Bundesländer die **kommunale** oder **örtliche Stiftung** (vgl § 31 BadWürttStiftG; Art 35 BayStiftG; § 18 HessStiftG; § 25 MecklVorPStiftG; § 19 NdsStiftG; §§ 2 Abs 3, 19 Abs 3 NRWStiftG; §§ 39, 40 RhPfStiftG, § 20 SaarlStiftG; § 17 SchlHolStiftG; § 25 DDRStiftG). Sie zeichnet sich dadurch aus, daß sie einer kommunalen Gebietskörperschaft zugeordnet ist, ihre Zweckbestimmung im Rahmen der öffentlichen Aufgaben dieser Körperschaft liegt und sie in der Regel durch die Organe der Körperschaft verwaltet wird (SEIFART/ vCAMPENHAUSEN § 30 Rn 1 ff; EBERSBACH, Handbuch 219 f; STRICKRODT, Stiftungsrecht 145 f). Zur Stiftung unter Behördenverwaltung s § 86 Rn 20 ff. In ihrem Wirkungskreis auf einen örtlichen Zusammenhang beschränkte Stiftungen, die nicht öffentlichen, sondern privaten Zwecken (so Rn 10) dienen, sind nicht *kommunal* im Sinne der Stiftungsgesetze. Umgekehrt fällt nicht jeder öffentliche Zweck in den Rahmen kommunaler Aufgaben. Einzelheiten bei EBERSBACH, Handbuch 219 ff.

Die **Rechtsverhältnisse** kommunaler Stiftungen werden durch ihre Einbindung in das Gefüge der öffentlichen Verwaltung geprägt (vgl am Beispiel NRW WENZEL 7 ff, 14 ff). Entsprechend der Tradition des deutschen Kommunalrechts sowie im Anschluß an die Regelung des § 35 der Deutschen Gemeindeordnung v 1935 werden sie grund-

---

* **Schrifttum:** EBERSBACH, Zur Rechtsnatur kommunaler Stiftungen, DVBl 1960, 81 ff; SCHMALSTIEG, Die Kommunen und ihre Stiftungen, in: Stiftungen aus Vergangenheit und Gegenwart, Lebensbilder Deutscher Stiftungen 5. Band (1986) 83 ff; WENZEL, Örtliche Stiftungen in Nordrhein-Westfalen (1993).

sätzlich nach den Regeln des Gemeinderechts verwaltet (EBERSBACH, Handbuch 218 f; WENZEL 11). Die Wechselbeziehung zwischen Stiftungs- und Kommunalrecht ist dabei von Bundesland zu Bundesland unterschiedlich geregelt (vgl SEIFART/vCAMPEN- HAUSEN § 31 Rn 2 mwN). Nachweise der stiftungsspezifischen Regeln des Kommu- nalrechts bei MünchKomm/REUTER Vorbem 16 zu § 80 sowie bei WOLFF/BACHOF/ STOBER, Verwaltungsrecht II (5. Aufl 1987) § 102 Rn 9. Zur **Entstehung** kommunaler Stiftungen SEIFART/vCAMPENHAUSEN § 32 Rn 3 ff.

149 Auch innerhalb der Gruppe der kommunalen Stiftungen werden **rechtsfähige und nichtrechtsfähige Stiftungen** unterschieden. Sie können jeweils privat- oder öffentlich- rechtlicher Natur sein (vgl vROTBERG, BadWürttStiftG § 31 Anm 4; STENGEL, HessStiftG § 20 Anm 2; SEIFART/vCAMPENHAUSEN § 31 Rn 2 f). Wo der Geltungsbereich der Landesstif- tungsgesetze auf die rechtsfähigen Stiftungen des Privatrechts beschränkt ist (Nie- dersachsen, Nordrhein-Westfalen, Saarland, Schleswig-Holstein) kommen für die kommunale Stiftung des öffentlichen Rechts ausschließlich kommunalrechtliche Vorschriften zur Anwendung. Die unselbständigen kommunalen Stiftungen unterfal- len generell nur dem Gemeinderecht (undeutlich insoweit § 28 DDRStiftG).

150 Die **Aufsicht** über kommunale Stiftungen folgt vornehmlich den Regeln des Kommu- nalrechts. Die Landesstiftungsgesetze enthalten entsprechende Verweisungsnor- men. Einzelheiten bei SEIFART/vCAMPENHAUSEN § 35 Rn 1 ff.

V. Stiftungen und stiftungsähnliche Gebilde außerhalb der §§ 80−88

1. Die unselbständige Stiftung*

a) Begriff und Erscheinungsformen

151 aa) Unter einer **unselbständigen Stiftung** versteht man die Zuwendung von Vermö- genswerten durch den Stifter an eine natürliche oder juristische Person mit der Maßgabe, die übertragenen Werte dauerhaft zur Verfolgung eines vom Stifter fest- gelegten Zweckes zu nutzen (vgl MünchKomm/REUTER Vorbem 41 zu § 80; SOERGEL/ NEUHOFF Vorbem 21 zu § 80; AK-BGB/OTT Vorbem 16 zu § 80; BGB-RGRK/STEFFEN Vorbem 5 zu § 80; PALANDT/HEINRICHS Vorbem 6 zu § 80; EBERSBACH, Handbuch 24; SEIFART/SEIFART § 2 Rn 4; SEIFART/HOF § 36 Rn 1; LIERMANN, in: Deutsches Stiftungswesen 1948−1966, 229; WESTEBBE 33; DANCKWERTH 30; LIEBICH/MATHEWS 200; RGZ 88, 335, 339; OLG Hamburg NJW-RR 1986, 1305; Bad-Württ VGH VRspr 8, 550 = StiftRspr I 11, 12; § 2 Abs 2 NRWStiftG; enger § 28 DDRStiftG

---

* **Schrifttum**: BÄCHSTÄDT, Die unselbständige Stiftung des Privatrechts (Diss Göttingen 1966); BERKEL/NEUHOFF/SCHINDLER/STEINSDÖRFER, Treuhänderische Stiftungen (4. Aufl 1994); BLEY, Die Universitätskörperschaft als Vermö- gensträger (1963); COING, Die Treuhand kraft privaten Rechtsgeschäfts (1973); DANCK- WERTH, Das Recht der unselbständigen Stiftun- gen (1908); HAUGER, Die unselbständige Stif- tung (1929); KÖTZ, Trust und Treuhand (1963); LIEBICH/MATHEWS, Treuhand und Treuhänder in Recht und Wirtschaft (2. Aufl 1988); LIER- MANN, Die unselbständigen Stiftungen, in: Deutsches Stiftungswesen 1948−1966 (1968), 229 ff; NOTTARP, Die Stiftungsreduktion, in: Bonner Festg für Ernst Zitelmann zum 50jähri- gen Doktorjubiläum (1923), 373 ff; REICH, Selbständige und unselbständige Stiftungen des privaten Rechts nach dem Bürgerlichen Gesetz- buch (Diss Heidelberg 1923); STRECK, Die Steuerpflicht nichtrechtsfähiger Stiftungen und anderer Zweckvermögen, StuW 1975, 135 ff; WESTEBBE, Die Stiftungstreuhand (1993).

2. Titel. Juristische Personen. **Vorbem zu §§ 80 ff**
II. Stiftungen **152, 153**

und can 1303 § 1 [2] CIC, die in den Begriff nur die Übertragung von Vermögenswerten auf juristische Personen aufnehmen; ähnlich Bächstädt 144 ff; aA Hauger 23 ff sowie Stengel, HessStiftG § 1 Anm 2.4, die auf das Merkmal der *dauerhaften* Zweckverfolgung bei der unselbständigen Stiftung verzichten). Die unselbständige Stiftung ist Stiftung im Rechtssinne (ganz hM; siehe nur RGZ 88, 335, 338 f; Pleimes, Irrwege 94 ff; Hauger 7 ff; Liermann, in: Deutsches Stiftungswesen 1948–1966, 229; Reich, 6; BGB-RGRK/Steffen Vorbem 5 zu § 80; Seifart/Hof § 36 Rn 3; Andrick 44; Kronke 31; Strickrodt, Stiftungsrecht 118, Westebbe 35; OLG Stuttgart NJW 1964, 1231 = StiftRspr I 118; OVG Münster DÖV 1985, 983 mAnm Neuhoff = StiftRspr IV 1). Sie zeichnet sich ebenso wie die selbständige Stiftung durch eine nichtverbandsmäßige Struktur und die Dauerhaftigkeit des mit ihr verfolgten Zweckes sowie der dazu erforderlichen Vermögenswidmung aus (Ebersbach, Handbuch 170; Soergel/Neuhoff Vorbem 23 zu § 80 mwN). Im Gegensatz zur selbständigen Stiftung fehlt ihr indes die eigene Rechtspersönlichkeit (zur Steuersubjektivität der unselbständigen Stiftung vgl § 34 AO, § 1 Abs 1 Nr 5 KStG, § 1 Abs 1 Nr 2 e VStG; Streck StuW 1975, 135 ff). Zu ihrer Errichtung bedarf es stets eines **Rechtsträgers (Stiftungsträgers)**, der die mit der Vermögenswidmung des Stifters verbundenen Rechte und Pflichten wahrnimmt (Ebersbach, Handbuch 24; Westebbe 33). In das Eigentum dieses Trägers geht das Vermögen der Stiftung über (Soergel/Neuhoff Vorbem 24 zu § 80 mwN). Der Träger ist nicht Organ der unselbständigen Stiftung (ganz hM, vgl nur Westebbe 85; Seifart/Hof § 36 Rn 92; aA Reich 117 ff). Im Rechtsverkehr handelt er im eigenen Namen. Gegenüber dem Stifter oder dessen Rechtsnachfolger ist er lediglich schuld- oder erbrechtlich gebunden. Zur Rechtsstellung der Gremien unselbständiger Stiftungen Westebbe 85 ff.

Nach hM kann der Stifter selbst nicht Stiftungsträger sein. Die **Eigenstiftung** ist unzulässig (Seifart/Hof § 36 Rn 39; Ebersbach, Handbuch 173; Westebbe 47 f; Bächstädt 67 f; Stengel, HessStiftG § 1 Anm 2.5; aA Soergel/Neuhoff Vorbem 21 zu § 80; ders, in: Deutsches Stiftungswesen 1977–1988, 87 [Stiftungserrichtung durch Absonderungserklärung bzw Auslobung]; so jetzt offenbar auch Hof, in: MünchVHb 966). Nur für die Eigenstiftung der öffentlichen Verwaltung soll anderes gelten, weil hier trotz Personalunion von Stifter und Stiftungsträger eine dauerhafte Zweckverfolgung hinreichend sicher erscheine (Ebersbach, Handbuch 173 f; Westebbe 48; Seifart/Hof § 36 Rn 39; Stengel, HessStiftG § 1 Anm 2.5).

Obwohl es sich bei der unselbständigen Stiftung um die Grundform der Stiftung handelt (vgl Westebbe 23 f, 39; Seifart/Hof § 36 Rn 1; OLG Stuttgart NJW 1964, 1231 = StiftRspr I 118 f), hat sie im BGB keine eigenständige Regelung erfahren. Der historische Gesetzgeber hat die Schaffung von Sonderregelungen bewußt vermieden (vgl Prot bei Mugdan II 754 f; dagegen die Kritik von Kohler ArchBürgR 3 [1890] 291 f und Pleimes, Irrwege 92 ff). Die analoge Anwendung der §§ 80 bis 88 auf die unselbständige Stiftung ist nach hM nicht zulässig (grundlegend RGZ 105, 305, 306 f; vgl auch Ebersbach, Handbuch 175; MünchKomm/Reuter Vorbem 45 zu § 80; BGB-RGRK/Steffen Vorbem 5 zu § 80; Seifart/Hof § 36 Rn 9; Hauger 67; kritisch dazu Soergel/Neuhoff Vorbem 23 zu § 80; vCampenhausen ZevKR 13 [1967/68] 115 ff, 130; siehe auch Pleimes, Irrwege 94 ff; zur analogen Anwendung des § 87 su Rn 171). Die unselbständige Stiftung ist nicht genehmigungsbedürftig. Die Landesstiftungsgesetze erfassen sie grundsätzlich nicht. Lediglich in Nordrhein-Westfalen (§§ 2 Abs 2, 32, 33 StiftG) und in einigen neuen Bundesländern (§ 28 DDRStiftG) bestehen Sonderregelungen. Wegen der mangelnden Gesetzgebungskompetenz der Länder im Bereich des bürgerlichen Rechts sind die Vorschriften allerdings ausschließlich verwaltungsrechtlicher Natur. Sie sind eng auszulegen. Bedeutung haben sie nun im Rahmen der Stiftungsaufsicht (RAWERT BB Beil 6/91, 17).

154 bb) Die **Rechtsform alter Stiftungen** aus der Zeit vor Inkrafttreten des BGB läßt sich häufig schwer ermitteln. Neben ihrer Entstehungsgeschichte ist für die Annahme eigener Rechtspersönlichkeit vor allem auf Indizien wie das Vorhandensein besonderer Stiftungsorgane, Grundbucheintragungen etc Rückgriff zu nehmen (vgl OLG Celle NdsRpflg 1959, 81 = StiftRspr I 55 ff – dazu EBERSBACH DVBl 1960, 83; BayVGH KirchE 5, 42 = StiftRspr I 63; SEIFART/HOF § 36 Rn 12; EBERSBACH, Handbuch 24). In einigen Bundesländern kann über die Frage, ob eine selbständige oder eine unselbständige Stiftung vorliegt, die konstitutive Entscheidung der Stiftungsbehörde eingeholt werden (vgl Art 46 Abs 2 BayStiftG; § 13 BerlStiftG; § 22 HessStiftG; § 28 MecklVorPStiftG; § 27 NRWStiftG; § 48 Abs 1 RhPfStiftG; § 31 DDRStiftG).

155 cc) Der unselbständigen Stiftung kommt in der Praxis vor allem bei kleineren Stiftungsvermögen eine wichtige Rolle zu (vgl SOERGEL/NEUHOFF Vorbem 32 zu § 80). Sie kann wie die selbständige Stiftung als unternehmensverbundene Stiftung, als Familienstiftung, als kirchliche Stiftung und als kommunale Stiftung in Erscheinung treten (WESTEBBE 43 ff; kritisch zur unselbständigen unternehmensverbundenen Stiftung unter Gläubigerschutzgesichtspunkten KRONKE 208). Neben allgemeinen Grundsätzen (§§ 138, 306) findet die Errichtung unselbständiger Familienstiftungen ihre Grenzen vor allem in der Umgehung der zeitlichen Beschränkungen zulässiger Nachlaßbindungen (so Rn 132 ff).

b) Das Stiftungsgeschäft
156 Das **Stiftungsgeschäft** ist bei der unselbständigen Stiftung *kein einseitiger Errichtungsakt*. Es ist vielmehr von der Annahme durch den Träger abhängig. Dies ist unstreitig für die Stiftungserrichtung unter Lebenden. Sie ist nach heute allg Ansicht als ein Vertrag zwischen Stifter und Stiftungsträger zu qualifizieren (vgl EBERSBACH, Handbuch 171; SEIFART/HOF § 36 Rn 25; PALANDT/HEINRICHS Vorbem 6 zu § 80; WESTEBBE 65; HAUGER 73 ff; DANCKWERTH 34 f; **aA** Kohler ArchBürgR 3 [1890] 283 [einseitiger Kreationsakt]; Reich 104; vgl auch BÄCHSTÄDT 163 ff). Der neuerdings von NEUHOFF (Deutsches Stiftungswesen 1978–1988, 87) aufgeworfene Gedanke, die unselbständige Stiftung als eine Form der *Auslobung* (§ 657) zu verstehen, ist abzulehnen, da er auf die Errichtung einer unzulässigen Eigenstiftung (so Rn 152) hinausläuft.

157 In der Sache gilt das Einigungserfordernis auch für die Stiftungserrichtung von Todes wegen. Gleichgültig ob sie durch Erbvertrag oder einseitige letztwillige Verfügung erfolgt, steht es dem potentiellen Stiftungsträger frei, das ihm zugewandte und mit einer Auflage beschwerte Erbe oder Vermächtnis nicht anzunehmen bzw auszuschlagen. Auch hier bedarf es daher stets eines Einvernehmens zwischen den Beteiligten (EBERSBACH, Handbuch 180; HOF, in: MünchVHb 965).

aa) Unter Lebenden
158 Für die **vertragstypologische Einordnung** des Stiftungsgeschäfts unter Lebenden wird heute entweder auf den Treuhandvertrag (Auftrag, Geschäftsbesorgung) oder die Schenkung unter Auflage zurückgegriffen. Versuche, die unselbständige Stiftung als ein *Rechtsgeschäft sui generis* zu qualifizieren (dazu WESTEBBE 69 ff mwN), haben sich nicht durchgesetzt. Umstritten ist allerdings, ob sich beide Vertragstypen zur Stif-

tungserrichtung eignen (so die hM, vgl EBERSBACH, Handbuch 172; LIERMANN, in: Deutsches Stiftungswesen 1948–1966, 236 ff; SEIFART/HOF § 36 Rn 25 ff; ders, in: MünchVHb 968; HAUGER 73 ff, 92; WOCHNER MittRhNotK 1994, 104 ff) oder ausschließlich Treuhandvertrag bzw Auflagenschenkung in Betracht kommen (ausschließlich Treuhandvertrag: SOERGEL/NEUHOFF Vorbem 23 [Anm 3a] zu § 80; ders jetzt differenzierend, in: Deutsches Stiftungswesen 1978–1988, 87 ff; ähnlich WESTEBBE 188 ff sowie STAUDINGER/COING[12] Vorbem 27 zu § 80; ausschließlich Auflagenschenkung: MünchKomm/REUTER Vorbem 41 ff zu § 80; EICHLER 89 f).

α) Bei Annahme eines **Treuhandverhältnisses** (dazu SOERGEL/NEUHOFF Vorbem 23 ff zu **159** § 80; SEIFART/HOF § 36 Rn 32 ff; LIERMANN, in: Deutsches Stiftungswesen 1948–1966, 238 f; EBERSBACH, Handbuch 178 f; HAUGER 82 ff; WESTEBBE 66 f; STAUDINGER/COING[12] Vorbem 27 zu § 80) ist die unselbständige Stiftung entweder ein Auftrag (§§ 662 ff) oder – bei Entgeltlichkeit der Tätigkeit des Trägers – ein Geschäftsbesorgungsvertrag (§ 675). Der Stiftungsträger übernimmt das Stiftungsvermögen als Fiduziar des Stifters zur *uneigennützigen Verwaltung*. Er ist dem Stifter und seinen Rechtsnachfolgern schuldrechtlich zur Erfüllung des Stiftungszwecks verpflichtet. Die Rechte und Pflichten der Beteiligten ergeben sich aus dem Treuhandvertrag.

Das **Hauptproblem** der Zuordnung der unselbständigen Stiftung zum Typus der uneigennützigen Treuhand ist das auch für die unselbständige Stiftung konstitutive Merkmal der **Dauerhaftigkeit der Zweckverfolgung** (so Rn 8; MünchKomm/REUTER Vorbem 41 f zu § 80). Als Dauerschuldverhältnis ist der dem Treuhandvertrag zugrundeliegende Auftrag bzw Geschäftsbesorgungsvertrag zumindest aus wichtigem Grunde stets widerruflich bzw kündbar (weitergehend MünchKomm/REUTER Vorbem 41 zu § 80, der bei der uneigennützigen Treuhand die vollständige Unabdingbarkeit des Widerrufsrechts nach § 671 annimmt). Im Konkurs des Stifters erlischt er gemäß § 23 KO. Eine endgültige Vermögensübertragung im Rahmen eines uneigennützigen Treuhandverhältnisses gibt es nicht (aA SEIFART/HOF § 36 Rn 34; SOERGEL/NEUHOFF Vorbem 26 zu § 80; LIEBICH/MATHEWS 203). § 23 KO ist aufgrund seines drittschützenden Charakters unabdingbar und kann durch vorgängige Vereinbarungen nicht eingeschränkt werden (KILGER/KARSTEN SCHMIDT, Konkursordnung [16. Aufl 1993] § 23 Anm 5 mwN). Ob ausnahmsweise etwas anderes gilt, wenn der Stifter wegen einer gemeinnützigkeitsrechtlichen Vermögensbindung nach §§ 55 Abs 1 Nr 4, 61 AO für den Fall der Auflösung der Stiftung durch Beendigung des Treuhandverhältnisses kein Recht auf Rückgabe hat (so WESTEBBE 142), ist ungeklärt.

β) Qualifiziert man die unselbständige Stiftung als **Schenkung unter Auflage** (so **161** heute vor allem MünchKomm/REUTER Vorbem 43 ff zu § 80; EICHLER 89 f; s auch SEIFART/HOF § 36 Rn 26 ff; LIERMANN, in: Deutsches Stiftungswesen 1948–1966, 236 ff; EBERSBACH, Handbuch 175 ff; HAUGER 76 ff; BLEY 133 f), so finden die §§ 516 ff Anwendung. Das Stiftungsgeschäft bedarf notarieller Beurkundung (§ 518), sofern das Stiftungsvermögen nicht unmittelbar übertragen wird. Die Vermögensübertragung ist dauerhafter Natur. Ein Widerruf der Schenkung kommt nur unter den engen Voraussetzungen der §§ 528 ff oder mangels Vollziehung der Auflage (§ 527) in Betracht. Der Stiftungsträger ist zur Vollziehung der Auflage verpflichtet, sobald der Stifter das Stiftungsvermögen auf ihn übertragen hat (§ 525 Abs 1). Die Vollziehung der Auflage können der Stifter und seine Rechtsnachfolger verlangen (PALANDT/PUTZO § 525 Rn 13; STAUDINGER/REUSS[12] § 525 Rn 27). Liegt die Vollziehung der Auflage im öffentlichen Interesse, so kann auch die nach Landesrecht zuständige Behörde (Nachweise bei PALANDT/PUTZO § 525

Rn 14) die Verpflichtung des Stiftungsträgers durchsetzen (§ 525 Abs 2). § 23 KO findet keine Anwendung. Der Konkurs des Stifters führt nicht zum Erlöschen der Stiftung.

162 Die **Schwäche der Auflagenschenkung** zur Verwendung in stiftungsrechtlichen Zusammenhängen liegt darin, daß der Begriff der Schenkung nach hM eine Bereicherung des Stiftungsträgers voraussetzt. Für ihr Vorliegen soll die Erlangung des bloß formalen Eigentums am Stiftungsvermögen nicht ausreichen. Entscheidend soll vielmehr sein, daß dem Beschenkten bei wirtschaftlicher Betrachtungsweise ein eigener Vorteil verbleibt (vgl RGZ 62, 386, 390; 105, 305, 308; MünchKomm/KOLLHOSSER § 516 Rn 6; STAUDINGER/REUSS[12] § 525 Rn 13; HAUGER 76 ff). Dies ist nach hM bei der unselbständigen Stiftung nur dann der Fall, wenn der Stiftungsträger eine juristische Person ist, deren Zwecke sich ganz oder teilweise mit dem Stiftungszweck decken (RGZ 62, 386, 388 f; 105, 305, 308; STAUDINGER/REUSS[12] § 525 Rn 13; EBERSBACH, Handbuch 175 f; LIERMANN, in: Deutsches Stiftungswesen 1948–1966, 236 f; WOCHNER MittRhNotK 1994, 104; kritisch WESTEBBE 68 f). Da die juristische Person nicht von ihrem Zweck isoliert betrachtet werden könne, sei die Verwendung der Zuwendung für den Zweck bei ihr Eigenverwendung (RGZ 71, 140, 141 f; MünchKomm/KOLLHOSSER § 516 Rn 8 mwN). Bei natürlichen Personen hingegen habe der Stiftungsträger lediglich die Position einer Durchgangsstation für das Stiftungsvermögen und dessen Erträge auf dem Wege zu den Destinatären (KOLLHOSSER aaO, WESTEBBE 68). Ein wirtschaftlicher Vorteil liege daher nicht vor.

163 γ) Trotz konstruktiver Schwächen **lassen sich grundsätzlich sowohl Treuhandvertrag als auch Schenkung unter Auflage zur Errichtung unselbständiger Stiftungen verwenden** (hM, vgl die Nachweise o Rn 158; aA MünchKomm/REUTER Vorbem 41 ff zu § 80; EICHLER 89 f; SOERGEL/NEUHOFF Vorbem 23 [Anm 3a] zu § 80).

164 Beim **Treuhandvertrag** wird man unter dem Gesichtspunkt der Dauerhaftigkeit des Stiftungszwecks und der zu seiner Verfolgung erforderlichen Vermögenswidmung freilich fordern müssen, daß die Parteien ihr Widerrufs- bzw Kündigungsrecht auf die Fälle des Vorliegens wichtiger Gründe beschränken. Dieses ist entgegen MünchKomm/REUTER Vorbem 41 zu § 80 zulässig, da die Stiftungstreuhand nicht ausschließlich den Interessen des Stifters, sondern auch denen Dritter, dh der Destinatäre dient (vgl MünchKomm/SEILER § 671 Rn 7 mwN). Im Einzelfall wird man unter den Begriff des wichtigen Grundes allerdings nur solche Tatsachen subsumieren dürfen, die einen Widerruf des Stiftungsgeschäfts dem Stiftungszweck dienlicher erscheinen lassen, als die Weiterführung der Stiftung in der Hand des bisherigen Stiftungsträgers (WESTEBBE 155). Darüber hinaus wird man verlangen müssen, daß der Treuhandvertrag über die Zweifelsregel des § 672 hinaus eindeutig so gestaltet ist, daß er nicht durch den Tod des Stifters erlischt, sondern die Rechtsstellung des Stifters als des Treugebers auf dessen Erben übergeht. Das verbleibende Restrisiko einer Auflösung der Stiftung wegen Kündigung aus wichtigem Grund oder im Konkurs des Stifters nach § 23 KO spricht nicht dagegen, aus der ex ante Perspektive zum Zeitpunkt des Abschlusses des Stiftungsgeschäfts das Merkmal der Dauerhaftigkeit zu bejahen. Dauerhaftigkeit im stiftungsrechtlichen Sinne setzt nicht Ewigkeit des Auftragsverhältnisses voraus (so aber offenbar MünchKomm/REUTER Vorbem 42 zu § 80). Erforderlich ist nur, daß das Stiftungsvermögen zur Verfolgung des Stiftungszwecks einen gewissen Zeitraum erhalten bleibt und nicht bloß zum Verbrauch bestimmt ist (so Rn 8; aA HAUGER 23 ff).

Bei der **Auflagenschenkung** ist entgegen der hM auch bei Zuwendungen an natürliche **165**
Personen eine Bereicherung im Sinne des Schenkungsrechts zu bejahen. Die objektive Gleichwertigkeit von Schenkung und Auflage schließt das Vorliegen einer Schenkung nicht aus (arg ex § 526). Entscheidend ist allein, daß dem Stiftungsträger nach dem Parteiwillen ein wenn auch nur immaterieller Vorteil verbleibt, weil die Auflage auch seinen eigenen Interessen dient (vgl MünchKomm/KOLLHOSSER § 525 Rn 2). Dies ist bei der unselbständigen Stiftung regelmäßig der Fall, weil nur derjenige, der sich mit dem Zweck der Stiftung identifiziert, die Position des Stiftungsträgers annehmen wird. Die von der hM befürwortete unterschiedliche Behandlung natürlicher und juristischer Personen ist künstlich. Zurecht ist darauf hingewiesen worden, daß die satzungsmäßigen Zwecke einer juristischen Person letztlich „... den Lebenszwecken des Menschen ..." entsprechen (HAUGER 80; LIERMANN, in: Deutsches Stiftungswesen 1948–1966, 237). Daß es freilich der Perpetuierungsfunktion einer unselbständigen Stiftung in der Regel besser entsprechen wird, als ihren Träger eine potentiell unsterbliche juristische anstelle einer sterblichen natürlichen Person zu wählen (SEIFART/HOF § 36 Rn 37; MünchKomm/REUTER Vorbem 43 zu § 80), bleibt unbestritten.

bb) Von Todes wegen
Das **Stiftungsgeschäft von Todes wegen** kann die Form einer Erbeinsetzung oder eines **166**
Vermächtnisses unter Auflage annehmen, §§ 1940 f, 2192 ff (ganz hM, vgl MünchKomm/ REUTER Vorbem 43 zu § 80; SOERGEL/NEUHOFF Vorbem 25 zu § 80; SEIFART/HOF § 36 Rn 68 ff; EBERSBACH, Handbuch 179 ff; WESTEBBE 79; aA DANCKWERTH 62 ff). Das bloße Vermächtnis bzw Untervermächtnis ist wegen §§ 2151 Abs 3, 2162 für die Stiftungserrichtung praktisch unbrauchbar (WESTEBBE 75 ff; WOCHNER MittRhNotK 1994, 105 f; so schon HAUGER 90 f, vgl auch BÄCHSTÄDT 36 f). Die Stiftung entsteht mit dem Tode des Stifters sofern das Erbe oder das Vermächtnis angenommen wird. Bei der Beschwerung von Pflichtteilsberechtigten ist § 2306 Abs 1 S 1 zu beachten. Der Stiftungsträger ist verpflichtet, die den Stiftungszweck enthaltende Auflage auszuführen. Die Bestimmung der Destinatäre kann der Stifter ihm oder einem Dritten überlassen, § 2193. Für den Anspruch auf Vollziehung gilt § 2194. Liegt die Vollziehung im öffentlichen Interesse, so kann sie auch von der nach Landesrecht zuständigen Behörde (Nachweise bei PALANDT/EDENHOFER[53] § 2194 Rn 2) verlangt werden. Der belastete Erbe haftet unbeschränkt aber beschränkbar, §§ 1975 ff. Für die Haftung des beschwerten Vermächtnisnehmers gilt § 2187 (zum ganzen EBERSBACH, Handbuch 179 ff; SEIFART/HOF § 36 Rn 68 ff). Die Vollziehung der Auflage unterliegt keinen zeitlichen Beschränkungen. Beim Tod des Beschwerten geht die Haftung für ihre Erfüllung auf dessen Erben über (WESTEBBE 80; EBERSBACH, Handbuch 181 f; aA MünchKomm/REUTER Vorbem 43 zu § 80; vgl auch STAUDINGER/OTTE § 2192 Rn 16).

c) Haftungsfragen
aa) Aus **Rechtsgeschäften**, die der Stiftungsträger **im Rahmen der Stiftungsverwaltung** **167**
abschließt, haftet er persönlich mit seinem gesamten Vermögen (hM; vgl BGH WM 1964, 179; 1965, 1050; COING 174; SEIFART/HOF § 36 Rn 118; BÄCHSTÄDT 60; WESTEBBE 125; aA RGZ 105, 305, 307 [obiter]; EBERSBACH, Handbuch 173, BGB-RGRK/STEFFEN Vorbem 5 zu § 80), sofern nicht eine abweichende Vereinbarung getroffen worden ist (COING 174; SEIFART/ HOF § 36 Rn 118). Auch die **Delikshaftung** ist persönlich und unbeschränkt. §§ 86, 31 sind mangels hinreichender organisatorischer Verselbständigung des Stiftungsvermögens nicht entsprechend anwendbar (MünchKomm/REUTER Vorbem 44 zu § 80; SEIFART/ HOF § 36 Rn 114; WESTEBBE 138 ff). Für kommunale Stiftungen, deren Organisation

gegenüber dem übrigen Rechtskreis der Verwaltung gesetzlich verselbständigt ist, wird die analoge Anwendung des § 31 diskutiert (dafür: SOERGEL/NEUHOFF Vorbem 25 zu § 80; ders § 86 Rn 15; dagegen: MünchKomm/REUTER Vorbem 44 vor § 80 unter Hinweis auf den rein haushaltsrechtlichen Charakter der entsprechenden Vorschriften).

168 bb) Da das Vermögen der unselbständigen Stiftung Teil des Vermögens seines Trägers ist, haftet es bei der Stiftung von Todes wegen und bei der Auflagenschenkung auch für **Verbindlichkeiten des Stiftungsträgers**, die keinen Bezug zur Arbeit der Stiftung haben (MünchKomm/REUTER Vorbem 44 zu § 80; SEIFART/HOF § 36 Rn 113 ff; WESTEBBE 144; aA BLEY 133 unter Berufung auf RGZ 105, 305, 307). Ist die unselbständige Stiftung als Treuhandverhältnis ausgestaltet, kann der Stifter nach §§ 771 ZPO, 43 KO vorgehen (hM; so bereits KOHLER ArchBürgR 3 [1890] 281 f; vgl auch SEIFART/HOF § 36 Rn 116; COING 58 f; LIEBICH/MATHEWS 203; LIERMANN, in: Deutsches Stiftungswesen 1948–1966, 239; RGZ 105, 305, 308; aA WESTEBBE 145 für die unselbständige gemeinnützige Stiftung, bei der der Stifter wegen §§ 55 Abs 1 Nr 4, 61 AO auch bei Beendigung des Treuhandverhältnisses kein Rückgaberecht haben soll). Der Schutz des Stiftungsvermögens wird jedoch in dem Maße beeinträchtigt, in dem das konkursrechtliche Unmittelbarkeitsprinzip sowie das Surrogationsverbot auch für das Recht der unselbständigen Stiftung Geltung beanspruchen. Die Frage ist umstritten (vgl EBERSBACH, Handbuch 172 f; WESTEBBE 145 mwN). Eine endgültige Klärung steht aus. Die vor allem von SOERGEL/NEUHOFF Vorbem 26 zu § 80 aus einem obiter dictum in RGZ 105, 305, 308 abgeleitete Vollstreckungsimmunität des Stiftungsvermögens ist dogmatisch nur in den Grenzen der §§ 771 ZPO, 43 KO haltbar (vgl EBERSBACH, Handbuch 172 f Anm 19; MünchKomm/REUTER Vorbem 44 zu § 80; MESTMÄCKER/REUTER 134).

169 cc) Für **Verbindlichkeiten des Stifters** gelten bei der Stiftungserrichtung von Todes wegen die §§ 1990, 1991 Abs 4 sowie § 226 Abs 2 Ziff 5 KO: Die Berichtigung von Erblasserschulden geht der Erfüllung von Vermächtnissen und Auflagen vor. Bei der Auflagenschenkung ist das Vermögen der unselbständigen Stiftung den Gläubigern des Stifters in der Regel entzogen. Ausnahmsweise kommt eine Anfechtung nach §§ 3 Abs 1 Ziff 3 AnfG, 32 Ziff 1 KO in Betracht (SEIFART/HOF § 36 Rn 117; WESTEBBE 142 f). Bei Vorliegen eines Treuhandverhältnisses erlischt dieses im Konkurs nach § 23 KO (str, so Rn 160). Der Stiftungsträger hat das Stiftungsvermögen an den Konkursverwalter herauszugeben (§ 667).

170 dd) Ein selbständiges Konkurs- oder Vergleichsverfahren kann über das Vermögen der unselbständigen Stiftung nicht eröffnet werden. Ein Sondervermögenskonkurs entsprechend den Regelungen über den Nachlaßkonkurs oder das Gesamtgut der (fortgesetzten) Gütergemeinschaft (§§ 214, 236, 236 a KO) wäre konstruktiv allerdings denkbar.

d) **Zweckänderung, Aufhebung**

171 Fällt der Stiftungsträger fort, gehen seine Verpflichtungen aus dem Stiftungsgeschäft auf seinen Rechtsnachfolger über. Ist er eine juristische Person, so steht die Stiftungsträgerschaft seiner Vollbeendigung entgegen (aA EBERSBACH, Handbuch 178). Die Auslegung des Stiftungsgeschäfts kann jedoch ergeben, daß die Liquidatoren die Position des Stiftungsträgers auf einen Dritten übertragen dürfen (WESTEBBE 163). Bei Unmöglichkeit weiterer Zweckverfolgung kann § 87 nicht analog angewandt werden (hM, vgl RGZ 105, 305, 307; MünchKomm/REUTER Vorbem 45 zu § 80; BGB-RGRK/STEFFEN

Vorbem 5 zu § 80; EBERSBACH, Handbuch 183; WESTEBBE 177 ff; aA SOERGEL/NEUHOFF Vorbem 30 zu § 80; PALANDT/HEINRICHS Vorbem 6 zu § 80; ERMAN/WESTERMANN Vorbem 3 zu § 80). Es mangelt an einer planwidrigen Regelungslücke. Der historische Gesetzgeber hat die Rechtsverhältnisse der unselbständigen Stiftung bewußt den allgemeinen Regeln des Schuld- und Erbrechts unterstellt (Prot bei MUGDAN II 754 f). Über die Anpassung des Stiftungszwecks oder die Auflösung der unselbständigen Stiftung ist durch (ergänzende) Vertragsauslegung bzw mit den Mitteln des Auflagenrechts zu entscheiden (WESTEBBE 168 ff; BGH NJW 1965, 688). Nach MünchKomm/REUTER Vorbem 45 zu § 80 soll davon auszugehen sein, daß das Stiftungsgeschäft auch bei der unselbständigen Stiftung die stiftungsrechtlichen Änderungsregeln meist konkludent in Bezug nehmen wird (kritisch insoweit BGB-RGRK/STEFFEN Vorbem 5 zu § 80).

Für die unselbständigen kommunalen Stiftungen (so Rn 149) enthalten die Gemeindeordnungen der Länder Sondervorschriften über die Zweckänderung, Umwandlung, Auflösung und Zusammenlegung (Nachweise bei SEIFART/vCAMPENHAUSEN § 32 Rn 13). Die Regelungen sind nicht analogiefähig. **172**

e) Für die **Rechtsstellung der Destinatäre** der unselbständigen Stiftung gelten die von der Rechtsprechung für die selbständige Stiftung entwickelten Grundsätze entsprechend (RG WarnR 1917 Nr 148). S § 85 Rn 10 ff. **173**

2. Das Sammelvermögen*

Das **Sammelvermögen** ist ein Vermögen, das von einer Mehrzahl von Personen (Spendern) für einen bestimmten Zweck aufgebracht und von den Sammlern für diesen Zweck verwendet wird (BGB-RGRK/STEFFEN Vorbem 6 zu § 80; ERMAN/WESTERMANN Vorbem 4 zu § 80; EBERSBACH, Handbuch 19; LAUX JZ 1953, 214; WESTEBBE, Die Stiftungstreuhand [1993] 45). Der Zweck der Sammlung ist im Rahmen der Rechtsordnung beliebig (BVerfGE 20, 150, 151 f). Der Sammler kann eine natürliche oder juristische Person oder eine Personenmehrheit sein. Auf den Namen, unter dem er auftritt (Ausschuß, Komitee etc), kommt es nicht an. **174**

Trotz unverkennbar stiftungshafter Elemente (vgl SOERGEL/NEUHOFF Vorbem 35 zu § 80; ERB 150 ff) ist das Sammelvermögen nicht Stiftung im Rechtssinne, sondern allenfalls **stiftungsähnliches Gebilde** (BGB-RGRK/STEFFEN Vorbem 6 zu § 80; PALANDT/HEINRICHS Vorbem 7 zu § 80; PALANDT/DIEDERICHSEN § 1914 Rn 1; SOERGEL/DAMRAU § 1914 Rn 1; OLG Frankfurt NJW-RR 1987, 56 = StiftRspr IV 46, 47). Im Unterschied zum Vermögen sowohl der selbständigen als auch der unselbständigen Stiftung ist das Sammelvermögen zum Verbrauch bestimmt. Es fehlt ihm damit das für den Stiftungsbegriff konstitutive Merkmal der Dauerhaftigkeit der Zweckverfolgung aus dem Vermögen (ganz hM, vgl PALANDT/HEINRICHS Vorbem 7 zu § 80; MünchKomm/REUTER Vorbem 12 zu § 80; ERMAN/WESTERMANN Vorbem 4 zu § 80; SEIFART/SEIFART § 10 Rn 13; EBERSBACH, Handbuch 19 f; LIERMANN, in: Deutsches Stiftungswesen 1948–1966, 233 f; aA WESTEBBE, Die Stiftungstreuhand [1993] **175**

---

* **Schrifttum**: ERB, Sammelvermögen und Stiftung (1971); LAUX, Sammelvermögen, JZ 1953, 214 ff; LINDEMANN, Haftung der Sammler bei Sammelvermögen, Recht 1911, 90 ff.

46 f). Die stiftungsrechtlichen Vorschriften des BGB sind weder direkt noch analog auf das Sammelvermögen anwendbar (aA ERB 150 ff, 207 ff).

176 Die **Rechtsnatur des Sammelvermögens** ist umstritten. Für BGB-Gesellschaft der Sammler: MünchKomm/REUTER Vorbem 12 zu § 80; SEIFART/SEIFART § 10 Rn 13; BGB-RGRK/STEFFEN Vorbem 6 zu § 80; für Bruchteilsgemeinschaft der Spender: PALANDT/DIEDERICHSEN § 1914 Rn 1; für Treuhandverhältnis in Anlehnung an die für die unselbständige Stiftung entwickelten Grundsätze: SOERGEL/NEUHOFF Vorbem 35 zu § 80; WESTEBBE, Die Stiftungstreuhand [1993] 46 f. Umfassende Darstellung des älteren Meinungsstandes bei ERB 55−114; OERTMANN Vorbem 6 zu § 80. Unbeschadet des Meinungsstreites über die Rechtsnatur des Sammelvermögens besteht Einigkeit, daß die Sammler einer treuhänderischen Bindung an den Sammlungszweck unterworfen sind, sobald die Spender durch ihre Spende das Eigentum an dieser verlieren (COING, Die Treuhand kraft privaten Rechtsgeschäfts [1973] 59; EBERSBACH, Handbuch 19; ERMAN/WESTERMANN Vorbem 4 zu § 80; vgl auch RGZ 62, 386, 391 aE). Sind zur Verwaltung und Verwendung eines durch öffentliche Sammlung zusammengebrachten Vermögens berufene Personen weggefallen, so kann nach § 1914 ein Pfleger bestellt werden. Wegen Einzelheiten vgl die Erl zu § 1914.

3. Stiftungsvereine und -gesellschaften*

177 Als **Ersatzformen** für die rechtsfähige Stiftung des Privatrechts sind in der Praxis körperschaftlich strukturierte Stiftungsorganisationen entwickelt worden. Diese werden in der Regel in der Form des Idealvereins oder der GmbH geführt. Bekannte Beispiele sind die Parteienstiftungen (Friedrich-Ebert-Stiftung eV, Hanns-Seidel-Stiftung eV, Konrad-Adenauer-Stiftung eV, Karl-Herrmann-Flach-Stiftung eV; dazu vVIEREGGE, Parteistiftungen [1977]), der Stifterverband für die Deutsche Wissenschaft eV, die FAZIT-STIFTUNG Gemeinnützige Verlagsgesellschaft mbH (Mehrheitsgesellschafterin der Frankfurter Allgemeine Zeitung GmbH), die Robert Bosch Stiftung GmbH (Mehrheitsgesellschafterin der Robert Bosch GmbH), die Mahle Stiftung GmbH etc (umfangreiches Rechtstatsachenmaterial bei RÖMER 128 ff und RIEHMER 217 ff). Die Motive für die Wahl einer **Körperschaft als Stiftungsorganisation** (RIEHMER) sind vielschichtig: Mangelnde Genehmigungsbedürftigkeit, Freiheit von der Staatsaufsicht und dem noch lebenden Stifter im Vergleich zur BGB-Stiftung verbleibende größere Einflußmöglichkeiten (s § 86 Rn 5) sind nur einige der Gründe, die zur Verwendung einer Ersatzform anstelle des gesetzlichen Typus führen können (vgl RÖMER 21 f; SOERGEL/NEUHOFF Vorbem 41 zu § 80; RIEHMER 143).

178 Ähnlich der rechtsfähigen Stiftung sind auch die Stiftungskörperschaften im allgemeinen **durch drei Merkmale gekennzeichnet** (RIEHMER 51): *Erstens* durch eine *fremdnützige Zielrichtung*, die dazu führt, daß ihre Leistungen abweichend vom gesetzli-

---

* **Schrifttum**: HOLZSCHUH, Stiftungsähnliche Einrichtungen im deutschen Recht, DB 1974, 1004 f; RIEHMER, Körperschaften als Stiftungsorganisationen (1993); RÖMER, Die Eignung der GmbH als Rechtsform für Stiftungszwecke − Eine Untersuchung anhand der unternehmensverbundenen gemeinnützigen Stiftungs-GmbH (Diss Gießen 1990); STRICKRODT, Der rechtsfähige Verein stiftungsartiger Struktur, NJW 1964, 2085 ff; WOCHNER, Stiftungen und stiftungsähnliche Körperschaften als Instrumente dauerhafter Vermögensbindung, MittRhNotK 1994, 89 ff.

chen Leitbild des Vereins oder der Gesellschaft nicht ihren Mitgliedern, sondern einem mehr oder minder bestimmten Kreis von Dritten zufließen. *Zweitens* durch das Vorhandensein eines *Vermögensgrundstockes* in eigener Trägerschaft oder zumindest regelmäßige Zuwendungen. *Drittens* durch eine *Organisation*, die der Vermögensverwaltung und -verteilung, dem Erwerb weiteren Vermögens und insbesondere dem Erhalt der stiftungstypischen Vermögen-Zweckbeziehung dienen soll. Das Zentralproblem der Stiftungskörperschaft liegt im letzten Punkt. Anerkannt ist von der heute hM zwar, daß nicht nur beim Idealverein sondern auch bei der GmbH durch satzungsrechtliche Gestaltungsmaßnahmen eine fast vollständige Abkopplung der Mitglieder vom Körperschaftsvermögen erfolgen kann. Die Mitgliedschaft läßt sich auf kautelarjuristischem Wege praktisch vollständig nichtvermögensrechtlich ausgestalten. Durch den Ausschluß von Gewinnbezugsrechten, einer Beteiligung am Liquidationserlös sowie eines Abfindungsanspruchs im Falle des Ausscheidens (vgl RIEHMER 99 ff; RÖMER 67 ff) kann das Vermögen der Stiftungskörperschaft *auf den Stiftungszweck anstatt auf die Mitglieder bezogen werden* (RIEHMER 147 f). Das Stiftungsvermögen wird damit gegenüber den Interessen individueller Mitglieder immunisiert. Auch die Gewährleistung einer stiftungszweckloyalen Mitgliedschaft läßt sich sowohl im Vereins- als auch im GmbH-Recht weitgehend durch satzungsrechtliche Maßnahmen erreichen. Beim Verein kommen dabei insbesondere die Festschreibung bestimmter Auswahlkriterien für die Mitgliedschaft, der automatische Ausschluß bei Wegfall bestimmter Eigenschaften oder die Anordnung des Ruhens einer Mitgliedschaft in Frage (vgl RIEHMER 89 ff). Im GmbH-Recht läßt sich an die Vinkulierung und Zwangseinziehung der Anteile, an Kautelen zur Ausschließung von Gesellschaftern, an die Statuierung von Abtretungspflichten bei Vorliegen näher bestimmter Voraussetzungen sowie an die Festlegung von Austrittsrechten denken (vgl RÖMER 34 ff; RIEHMER 118 ff). Weder im Vereins- noch im GmbH-Recht hingegen vermag die Vermögens- und Zweckbindung der Stiftungskörperschaft dauerhaft gegenüber dem einstimmigen Willen der Verbandsmitglieder geschützt zu werden. Die zulässigen Beschränkungen von Satzungs- und Zweckänderungen sowie Auflösungsmöglichkeiten finden bei Verein und GmbH ihre Grenze im *Prinzip der Verbandsautonomie.* Dieses läßt einen vollständigen Ausschluß gegen den Willen aller Verbandsmitglieder nicht zu (RÖMER 74 ff; RIEHMER 71 ff, 110 ff, 151 ff; aA STRICKRODT NJW 1964, 2086). Zurecht weist MünchKomm/REUTER Vorbem 39 zu § 80 darauf hin, daß bei Fehlen einer staatlichen Aufsicht Stiftungsvereine oder -gesellschaften nur solange als verkehrsfähige Rechtssubjekte anerkannt werden können, als ihr Zweck vom Willen ihrer Mitglieder getragen wird (ders, Privatrechtliche Schranken 93; vgl auch RIEHMER 158 f). Die **Staatsfreiheit** der Stiftungskörperschaften besteht damit um den Preis mangelnder Immunität des Stiftungszwecks gegenüber dem einstimmigen Willen der Verbandsmitglieder.

Stiftungskörperschaften können in ihrem **Namen** oder in ihrer **Firma** grundsätzlich den Begriff *Stiftung* führen. Da er entwicklungsgeschichtlich nicht auf die Stiftung der §§ 80 bis 88 festgelegt ist, ist er nicht ausschließlich den staatlich genehmigten Stiftungen vorbehalten (ganz hM, grundlegend OLG Stuttgart NJW 1964, 1231 = StiftRspr I 118; dem folgend BayObLG NJW 1973, 249 = StiftRspr II 95; SEIFART/HOF § 7 Rn 112; HOF, in: MünchVHb 927; PALANDT/HEINRICHS Vorbem 8 zu § 80; EBERSBACH, Handbuch 74; HACHENBURG/HEINRICH, GMBHG [8. Aufl 1992] § 4 Rn 65; kritisch DORN VR 1990, 169 ff; aA LIERMANN, in: Deutsches Stiftungswesen 1948–1966, 176 ff). Um eine Irreführung auszuschließen, muß bei Verwendung des Begriffs durch Körperschaften die Rechtsform der juristischen

Person allerdings durch einen Zusatz („eV", „GmbH") gekennzeichnet sein (OLG Stuttgart aaO). Darüber hinaus bedarf es nach überwiegender Ansicht insbesondere beim eingetragenen Verein einer kapitalmäßigen Vermögensausstattung oder zumindest der gesicherten Anwartschaft auf eine Dotierung, durch die eine stiftungshafte Aufgabenerfüllung für eine gewisse Dauer gewährleistet ist. Weder die Verweisung auf Mitgliedsbeiträge oder auf noch einzuwerbende Spenden reicht dafür aus (BayObLG NJW 1973, 249 = StiftRspr II 95, 96 m zust Anm LEISNER StiftRspr II 97; SEIFART/HOF § 7 Rn 112; SAUTER/SCHWEYER, Der eingetragene Verein [15. Aufl 1994] Rn 59; kritisch MünchKomm/REUTER Vorbem 14 [Anm 68] zu § 80). Die Praxis der Registergerichte scheint insoweit allerdings nicht einheitlich zu sein (vgl RIEHMER 39 f).

180 Zu den steuerrechtlichen Fragen der Mittel- und Vermögensbindung von Stiftungskörperschaften siehe HERBERT BB 1991, 178 ff.

4. Die Stiftung des öffentlichen Rechts*

181 a) Die **rechtsfähige Stiftung des öffentlichen Rechts** ist eine auf einen Stiftungsakt gegründete, aufgrund öffentlichen Rechts errichtete oder anerkannte Verwaltungseinheit mit eigener Rechtspersönlichkeit, die mit einem Kapital- oder Sachbestand Aufgaben der öffentlichen Verwaltung erfüllt (so die Legaldefinition in § 46 Abs 1 SchlHolLVwG; vgl auch SEIFART/vCAMPENHAUSEN § 16 Rn 2; EBERSBACH, Handbuch 184 f; WOLFF/BACHOF/STOBER § 103 Rn 1).

182 b) Die öffentlich-rechtliche Stiftung ist von der **Anstalt** abzugrenzen (dazu EBERSBACH, Die Stiftung des öffentlichen Rechts 28 ff; ders, Handbuch 186 ff; SEIFART/vCAMPENHAUSEN § 16 Rn 11 ff; SCHULTE 7 ff; WOLFF/BACHOF/STOBER § 102 Rn 3; POHLEY, BayStiftG Art 1 Anm 4; vROTBERG, BadWürttStiftG § 17 Anm 4; LVG Hannover StiftRspr I 13, 14 f). Zwar besteht zwischen beiden Rechtsformen eine nahe Verwandtschaft. Anstalt und Stiftung haben gemeinsame historische Wurzeln wie die öffentlichen Armenanstalten des preußischen Rechts. Manche Stiftungen älterer Herkunft führen bis in die Gegenwart die Bezeichnung *Anstalt* in ihrem Namen. Typologisch ist noch heute die aus dem 13. Jahrhundert stammende Unterscheidung zwischen Kapital- und Anstaltsstiftungen geläufig (so Rn 21). Die Begriffe Anstalt und Stiftung werden daher im allgemeinen Sprachgebrauch bisweilen gleichbedeutend verwendet (vgl EBERSBACH, Die Stiftung des öffentlichen Rechts 21 f). Der Unterschied zwischen Stiftung und Anstalt besteht jedoch darin, daß Zweckbindung, Organisation, Fortbestand und Verwaltung einer Anstalt der dauernden Einflußnahme und Disposition des Anstaltsträgers ausgesetzt bleiben, während sich die einmal errichtete Stiftung selbst dem Zugriff des Stifters entzieht. Dem korrespondiert der Grundsatz, daß der von einer öffentlich-rechtlichen Stiftung verfolgte Zweck zwar zu den fremd- bzw gemeinnützigen Aufgaben der öffentlichen Verwaltung gehören kann, jedoch *keine eigene gesetzliche Aufgabe* des betreffenden Hoheitsträgers sein darf. Zur Wahrnehmung *eigener gesetzlicher Aufgaben* muß er eine Anstalt schaffen, auf deren Führung und Verwaltung er laufenden Einfluß nehmen kann (WOLFF/BACHOF/STOBER § 102 Rn 6).

---

* **Schrifttum**: EBERSBACH, Die Stiftung des öffentlichen Rechts (1961); ders, Zur Rechtsnatur kommunaler Stiftungen, DVBl 1960, 81 ff; WEBER, Die Körperschaften, Anstalten und Stiftungen des öffentlichen Rechts (2. Aufl 1943); WOLFF/BACHOF/STOBER, Verwaltungsrecht II (5. Aufl 1987).

Für die **Abgrenzung** der selbständigen öffentlich-rechtlichen **von der privatrechtlichen** 183
Stiftung wird von der völlig hM auf den *Entstehungstatbestand* der Stiftung abgestellt
(so bereits Prot bei MUGDAN I 658; vgl auch EBERSBACH, Die Stiftung des öffentlichen Rechts 37 ff
unter Darstellung älterer Auffassungen; ders, Handbuch 184 ff; SEIFART/vCAMPENHAUSEN § 16
Rn 4 ff; SCHULTE 11 ff; STRICKRODT, Stiftungsrecht 133 ff; WOLFF/BACHOF/STOBER § 102 Rn 6;
ANDRICK 41 ff). Dies bereitet keine Schwierigkeiten, wenn einer Stiftung ihr öffentlich-rechtlicher Status durch Gesetz oder Verwaltungsakt verliehen wurde. Dagegen ist vor allem bei *älteren Stiftungen*, deren genauer Entstehungstatbestand nicht mehr nachvollzogen werden kann, im Wege einer Gesamtbetrachtung festzustellen, ob sie durch Ausstattung mit *öffentlich-rechtlichen Strukturelementen* in den Wirkungsbereich der öffentlichen Verwaltung einbezogen worden sind (vgl EBERSBACH, Handbuch 185; SEIFART/vCAMPENHAUSEN § 16 Rn 5; BGB-RGRK/STEFFEN Vorbem 7 zu § 80). Als Indizien kommen die Zweckbestimmung sowie die Art der Zuordnung zu einem Träger hoheitlicher Gewalt in Betracht (aus der Rspr zu den Abgrenzungskriterien vgl BVerfGE 15, 46 = StiftRspr I 97, 99 f; OVG Berlin StiftRspr I 47 f; LVG Hannover StiftRspr I 13, 15 f; BFHE 67, 536 = StiftRspr I 49, 50 ff; OLG Celle NdsRpfleger 1959, 81 = StiftRspr I 55, 57 f m ablehnender Anm EBERSBACH DVBl 1960, 81; BayVerfGE 27, 1 = StiftRspr II 105, 107 ff; BGH WM 1975, 198 = StiftRspr II 124, 125 f; OVG Münster DÖV 1985, 983 m Anm NEUHOFF = StiftRspr IV 1). Die nicht mehr nachweisbare Anerkennung einer Stiftung als solcher öffentlichen Rechts kann bei Vorliegen fremdnütziger Stiftungszwecke auch durch Unvordenklichkeit bewiesen werden (WOLFF/BACHOF/STOBER § 102 Rn 6; EBERSBACH, Handbuch 186; PALANDT/ HEINRICHS Vorbem 5 zu § 80).

c)   Auch öffentlich-rechtliche Stiftungen können vorbehaltlich staatlicher Geneh- 184
migung durch bürgerlich-rechtliches Stiftungsgeschäft **von Privaten** errichtet werden.
Die Stiftung muß jedoch öffentliche Zwecke (so Rn 10) verfolgen. Darüber hinaus muß ihre Verwaltung durch Organe der öffentlichen Hand sichergestellt sein (BayVerfGE 27, 1 = StiftRspr II 105, 110; WENZEL, Örtliche Stiftungen in Nordrhein-Westfalen [1993] 9 f). Eine privatrechtliche Stiftung kann auf landesgesetzlicher Grundlage in eine Stiftung des öffentlichen Rechts umgewandelt werden (vgl § 20 RhPfStiftG; EBERSBACH, Handbuch 194).

Zur Unterscheidung der öffentlichen Stiftung von der Stiftung des öffentlichen 185
Rechts so Rn 12.

d)   Grundsätzlich unterliegen Stiftungen des öffentlichen Rechts den allgemeinen 186
oder anläßlich ihrer Errichtung erlassenen besonderen **Regeln des Verwaltungsrechts**.
Vor allem die Gesetze über die allgemeine Landesverwaltung enthalten Spezialregelungen (vgl zB §§ 46–49 SchlHolLVwG). In Baden-Württemberg, Bayern, Hessen, Rheinland-Pfalz und in den neuen Bundesländern gelten die Landesstiftungsgesetze kraft besonderer Anordnung auch für die öffentlich-rechtliche Stiftung (§ 1 BadWürttStiftG; Art 1 Abs 1 BayStiftG; § 1 HessStiftG; § 1 MecklVorPStiftG; § 1 DDRStiftG). Diese wiederum bestimmen zum Teil die entsprechende Anwendung der §§ 80 bis 88 (vgl Art 4 Abs 1, 17 Abs 1 BayStiftG; § 2 Abs 3 HessStiftG; §§ 5, 24 MecklVorPStiftG). Die analoge Anwendung der §§ 87, 88 wird von der hM auch ohne besondere landesgesetzliche Anordnung befürwortet (SEIFART/vCAMPENHAUSEN § 18 Rn 8; WOLFF/BACHOF/STOBER § 103 Rn 9; OVG Berlin StiftRspr I 47, 48; vgl auch SOERGEL/ NEUHOFF Vorbem 45 zu § 80).

187 e) Auch die Stiftung des öffentlichen Rechts unterliegt staatlicher **Aufsicht**. Wo sie in den Geltungsbereich der Landesstiftungsgesetze einbezogen ist, gelten im wesentlichen die bei der privatrechtlichen Stiftung anwendbaren Regeln. Wo mangels spezialgesetzlicher Regelungen die Betonung auf der Zugehörigkeit öffentlich-rechtlicher Stiftungen zum Bereich der mittelbaren Staatsverwaltung liegt, stellt sich die Stiftungsaufsicht als Unterfall der allgemeinen Staatsaufsicht über die juristischen Personen des öffentlichen Rechts dar (SEIFART/vCAMPENHAUSEN § 21 Rn 2 mwN). Zu Besonderheiten bei **kirchlichen** und **kommunalen Stiftungen** so Rn 144, 150.

188 f) Auch das öffentliche Recht kennt die **nichtrechtsfähige Stiftung**. Ihr Träger ist das Gemeinwesen, in dessen Verwaltung sie eingegliedert ist. Das Stiftungsvermögen wird haushaltsrechtlich als Sondervermögen getrennt vom übrigen Vermögen des Trägers geführt. Die Stiftungsverwaltung folgt den Rechtssätzen, die für den jeweiligen Stiftungsträger gelten (EBERSBACH, Handbuch 189 f; ANDRICK 46 f; WENZEL, Die örtlichen Stiftungen in Nordrhein-Westfalen [1993] 14 ff).

VI. Steuerrechtliche Fragen

189 1. a) Privatrechtliche Stiftungen unterliegen grundsätzlich ebenso der **Steuerpflicht** wie jede andere juristische Person des privaten Rechts. Das gilt insbesondere hinsichtlich der Erbschaft- und Schenkungsteuer, der Körperschaft- und Gewerbesteuer, der Vermögen- und Grundsteuer sowie der Umsatzsteuer. Maßgebend sind die einzelnen Steuergesetze. Es gibt kein Spezialgesetz für die Besteuerung von Stiftungen. Eventuelle Sonderbestimmungen für Stiftungen befinden sich in den jeweils anzuwendenden Einzelgesetzen. Ausführlich zum Stiftungssteuerrecht SEIFART/PÖLLATH § 39–43; TROLL, Besteuerung von Verein, Stiftung und Körperschaft des öffentlichen Rechts (3. Aufl 1983); BERNDT, Stiftung und Unternehmen (4. Aufl 1986) 59 ff; HAHN/SCHINDLER, Die Besteuerung der Stiftungen (2. Aufl 1977); DÜLL, Stiftungen im Ertrag- und Substanzsteuerrecht (1984); SCHICK/RÜD, Stiftung und Verein als Unternehmensträger (1988) 77 ff; ORTH, Die Stiftung im Wirtschaftsverkehr – Die Stiftung als Unternehmensträger und mit (mit)unternehmerischer Beteiligung, JbFStR 1993/94, 417 ff; PRINZ, Die Stiftung im Wirtschaftsverkehr – Die Stiftung als Familienstiftung, JbFStR 1993/94, 426 ff; KARPEN, Gemeinnützige Stiftungen im pluralistischen Rechtsstaat (1980) 29 ff; DELP, Die Stiftung & Co KG (1991) 79 ff; BRANDMÜLLER, Gewerbliche Stiftungen (1988) 73 ff; SCHRUMPF, Familienstiftung im Steuerrecht (1979); aus der älteren Literatur EBERSBACH, Handbuch 271 ff; STRICKRODT, Stiftungsrecht 387 ff.

190 b) Der **Übergang von Vermögen auf die Stiftung** ist als Erwerb von Todes wegen (§ 3 Abs 2 Nr 1 ErbStG) oder als Zuwendung unter Lebenden (§ 7 Abs 1 Nr 8 ErbStG) erbschaft- bzw schenkungsteuerpflichtig. Steuerschuldner ist beim Erwerb von Todes wegen die Stiftung, bei einer Schenkung neben der Stiftung auch der Schenker als Gesamtschuldner (§ 20 Abs 1 ErbStG). Die Steuerschuld entsteht bei der Stiftung von Todes wegen mit deren Genehmigung (§ 9 Abs 1 Nr 1 c ErbStG), bei der Stiftung unter Lebenden mit dem Zeitpunkt der Ausführung der Zuwendung (§ 9 Abs 2 ErbStG). Zuwendungen an eine Stiftung unterfallen der Steuerklasse IV (§ 15 Abs 1 ErbStG). Bei der inländischen **Familienstiftung** (zum steuerrechtlichen Begriff MEINCKE, ErbStG [10. Aufl 1994] § 15 Rn 19 ff mwN) ist der Besteuerung das Verwandtschaftsverhältnis zwischen dem Stifter und dem entferntesten Destinatär zugrunde zu legen (§ 15 Abs 2 ErbStG). Zur Bestimmung der Steuerklasse vgl Koordinierter Ländererlaß FinMinNRW v 31.1.1992, DB 1992, 451 f, sowie dazu BINZ/SORG DStR 1994, 229 ff.

Die Familienstiftung unterliegt in Abständen von 30 Jahren der **Erbersatzsteuer** (§ 1 **191** Abs 1 Nr 4 iVm § 9 Abs 1 Nr 4 ErbStG). Dabei steht ihr der doppelte Freibetrag nach § 16 Abs 1 Nr 2 ErbStG (Kinderfreibetrag) zu. Die Steuer selbst ist nach dem Vomhundertsatz der Steuerklasse I zu berechnen, der für die Hälfte des steuerpflichtigen Vermögens gelten würde (§ 15 Abs 2 S 3 ErbStG). Zur Erbersatzsteuer siehe auch o Rn 128.

Nach § 29 Abs 1 Nr 4 ErbStG (eingeführt durch das **Kultur- und Stiftungsförderungs- 192 gesetz** v 13.12.1990 [BGBl I 2775]; dazu PÖLLATH NJW 1991, 2608 ff; THIEL/EVERSBERG DB 1991, 118 ff) besteht innerhalb von 24 Monaten nach dem Zeitpunkt der Entstehung der Erbschaft- oder Schenkungsteuer (§ 9 ErbStG) die Möglichkeit einer steuerfreien Weitergabe geschenkter oder ererbter Vermögensgegenstände an Stiftungen, die ausschließlich und unmittelbar als gemeinnützig anzuerkennenden wissenschaftlichen oder kulturellen Zwecken dienen. Mit der Vorschrift sollen Erwerber, denen steuerpflichtige Zuwendungen unter Lebenden oder von Todes wegen gemacht worden sind, ermutigt werden, gemeinnützige Stiftungen durch Zuwendungen zu fördern. Die Erwerber werden nicht nur mit ihrer eigenen Zuwendung an die Stiftung freigestellt, sondern auch mit dem vorangegangenen eigenen Erwerb (vgl BTDrucks 11/7833; TROLL DB 1991, 672; PÖLLATH NJW 1991, 2609 f). Da § 29 Abs 1 Nr 4 nur von *erworbenen Vermögensgegenständen* und nicht vom Vermögen oder der Erbschaft schlechthin spricht, ist fraglich, ob der Wegfall der Steuer auch eintritt, wenn nicht die erworbenen Gegenstände selbst, sondern ihre Surrogate weitergeleitet werden. Dem Zweck des § 29 Abs 1 Nr 4 ErbStG dürfte es entsprechen, die Vorschrift weit auszulegen und auch die Surrogatzuwendung von der Steuer freizustellen (MEINCKE, ErbStG [10. Aufl 1992] § 29 Rn 14 mwN).

c) Für die **laufende Besteuerung der Stiftung** gelten die allgemeinen Grundsätze des **193** Körperschaft-, Gewerbe-, Vermögen-, Grund- und Umsatzsteuerrechts (dazu eingehend BERNDT, Stiftung und Unternehmen [4. Aufl 1986] 59 ff, SEIFART/PÖLLATH § 41). Die Stiftung ist allerdings nicht in das körperschaftsteuerliche Anrechnungsverfahren nach §§ 27 ff KStG einbezogen. Die Besteuerung mit dem vollen Körperschaftsteuersatz stellt damit die Definitivbelastung dar. Die persönliche Steuersituation der Destinatäre bleibt unberücksichtigt (vgl DELP, Die Stiftung & Co KG [1991] 90). Dagegen erhobene verfassungsrechtliche Bedenken hat der BFH zurückgewiesen (BFH DStR 1990, 612 = StiftRspr IV 153).

Satzungsgemäße Aufwendungen einer Stiftung – insbesondere Zuwendungen an die **194** Destinatäre – führen nicht zu einer Minderung ihres steuerpflichtigen Einkommens (§ 10 Nr 1 KStG). Dem korrespondiert auf der Ebene der **Destinatäre Steuerfreiheit** gemäß § 22 Nr 1 S 2 EStG (vgl BFH BStBl 1988 II 344 = StiftRspr IV 73; SEIFART/PÖLLATH § 41 Rn 56 ff; BERNDT, Stiftung und Unternehmen [4. Aufl 1986] 114 ff). Ist die Stiftung unbeschränkt steuerpflichtig aber wegen Gemeinnützigkeit steuerbefreit, haben die Destinatäre die empfangenen Leistungen zu versteuern, wenn sie ihnen außerhalb steuerbegünstigter Zwecke iSd §§ 52–54 AO gewährt werden (§ 22 Nr 1 S 2 lit a EStG; vgl SEIFART/PÖLLATH § 41 Rn 59).

195 d) Verfolgt eine Stiftung ausschließlich und unmittelbar gemeinnützige, mildtätige oder kirchliche Zwecke iSd §§ 51 ff AO (**steuerbegünstigte Zwecke**), so ist sie von der Erbschaft-, Körperschaft-, Gewerbe-, Vermögen- und Grundsteuer befreit (§ 13 Abs 1 Nr 16 b ErbStG; § 5 Abs 1 Nr 9 KStG; § 3 Nr 6 GewStG; § 3 Abs 1 Nr 12 VStG; § 3 Abs 1 Nr 3 b GrStG). Die Umsatzsteuer reduziert sich auf den halben Steuersatz (§ 12 Abs 2 Nr 8 a UStG). Unterhält eine nach §§ 51 ff AO steuerbegünstigte Stiftung einen **wirtschaftlichen Geschäftsbetrieb**, so bleibt sie mit diesem trotz subjektiver Steuerbegünstigung objektiv steuerpflichtig. Bei der **Beteiligungsträgerstiftung** liegt ein wirtschaftlicher Geschäftsbetrieb dann vor, wenn die Stiftung einen entscheidenden Einfluß auf die Geschäftsführung der Beteiligungsgesellschaft ausübt (zu Einzelheiten SEIFART/PÖLLATH § 43 Rn 109 ff, insbes 127 ff). Der Ausschluß von der Steuervergünstigung gilt nicht für **Zweckbetriebe** iSd §§ 65 ff AO.

196 Die Steuervergünstigung für gemeinnützige Stiftungen werden nicht dadurch ausgeschlossen, daß eine Stiftung höchstens ein Drittel ihres Einkommens dazu verwendet, um in angemessener Weise den Stifter und seine nächsten Angehörigen zu unterhalten, ihre Gräber zu pflegen und ihr Andenken zu wahren (§ 58 Nr 5 AO). Durch die Beschränkung auf *angemessene Unterhaltsleistungen* und die *nächsten Angehörigen* wird jedoch auch steuerrechtlich die zivilrechtliche Unzulässigkeit der reinen Unterhaltsstiftung (so Rn 132 ff) anerkannt.

197 Gemeinnützigen Stiftungen ist es seit Inkrafttreten des Steuerbereinigungsgesetzes v 19. 12. 1985 (BGBl I 2436) gestattet, bis zu maximal ein Viertel ihrer Erträge aus Vermögensverwaltung einer freien Rücklage zuzuführen (sog **Thesaurierung**; § 58 Nr 7 a AO). Mit dieser Durchbrechung des für das Gemeinnützigkeitsrecht kennzeichnenden Verbots der Mittelansammlung bzw des Gebots zeitnaher Mittelverwendung soll gemeinnützigen Stiftungen die dauerhafte Erhaltung ihrer Leistungsfähigkeit ermöglicht werden (vgl SEIFART/PÖLLATH § 43 Rn 51 ff; kritisch dazu SOERGEL/NEUHOFF Nachtrag zu Vorbem 93 ff zu § 80). In der Praxis erweisen sich die Rücklagenregelungen des § 58 Nr 7 a AO indes nach wie vor als unzureichend. Zum Spannungsverhältnis zwischen dem stiftungsrechtlichen Gebot der Vermögenserhaltung (so Rn 17) und den Thesaurierungsbeschränkungen des Gemeinnützigkeitsrechts eingehend CARSTENSEN 149 ff.

198 2. Für den **Stifter** ist die Errichtung einer Stiftung ohne ertragsteuerliche Bedeutung, sofern er sie ausschließlich mit Mitteln aus seinem Privatvermögen ausstattet. Die unentgeltliche Übertragung von Einzelgegenständen aus dem Betriebsvermögen führt bei Aufdeckung stiller Reserven jedoch zu einem **steuerpflichten Entnahmegewinn**. Eine andere Beurteilung ist nur geboten, wenn die Stiftung bestimmte steuerbegünstigte Zwecke verfolgt und damit die Voraussetzungen für eine Entnahme zu Buchwerten nach § 6 Abs 1 Nr 4 EStG vorliegen. Zur unentgeltlichen Übertragung eines Betriebs, Teilbetriebs oder eines Mitunternehmeranteils vgl BERNDT, Stiftung und Unternehmen (4. Aufl 1986) 60 ff.

199 Zur Möglichkeit des Sonderausgabenabzugs für steuerbegünstigte Zwecke vgl § 10 b Abs 1 EStG, § 9 Nr 3 a KStG (dazu PÖLLATH NJW 1991, 2609).

§ 80

Zur Entstehung einer rechtsfähigen Stiftung ist außer dem Stiftungsgeschäfte die Genehmigung des *Bundesstaats* erforderlich, in dessen Gebiete die Stiftung ihren Sitz haben soll. Soll die Stiftung ihren Sitz nicht in einem *Bundesstaate* haben, so ist die Genehmigung des *Bundesrats* erforderlich. Als Sitz der Stiftung gilt, wenn nicht ein anderes bestimmt ist, der Ort, an welchem die Verwaltung geführt wird.

Materialien: TE-JP § 27; KE §§ 58 ff; E I §§ 58 S 1, 59, 62 Abs 1; II § 70; II rev (III) § 77; Mot I 118 ff; Prot I 585 ff; SCHUBERT, AT I 694 ff; JACOBS/SCHUBERT, AT I 373 ff.

Schrifttum

EICHINGER, Die rechtliche Natur des Stiftungsgeschäfts (Diss Greifswald 1913)
HINDERMANN, Der Stiftungszweck, ZSR 47 (1928) 225 ff
SCHWINGE, Die Stiftung im Errichtungsstadium, BB 1978, 527 ff

SCHULTZ, Das Stiftungsgeschäft als Willenserklärung (Diss Berlin 1914)
STINZING, Über das Stiftungsgeschäft nach dem BGB, AcP 88 (1898) 392 ff.
Vgl auch die Literaturhinweise in den Vorbem zu §§ 80 ff.

Systematische Übersicht

I.	Inhaltsübersicht		1
II.	**Das Stiftungsgeschäft**		
1.	Die Entstehung der Stiftung		2
2.	Die Bestandteile des Stiftungsgeschäfts		10
3.	Der Inhalt des Stiftungsgeschäfts		12
a)	Stiftungszweck		13
b)	Stiftungsvermögen		17
c)	Sitz		21
d)	Organe		23
e)	Name		24

III.	**Die Stiftungsgenehmigung**		
1.	Rechtsnatur und Funktion		26
2.	Das Genehmigungsverfahren		31
a)	Zuständigkeit		31
b)	Antragserfordernis		34
c)	Wirksamwerden der Stiftungsgenehmigung		36
d)	Nebenbestimmungen		37
e)	Materielle Genehmigungsvoraussetzungen		38
IV.	**Die Stiftung im Errichtungsstadium**		41

Alphabetische Übersicht

Alte Stiftung	33
Antragserfordernis	34
Ausländische Stiftung	31
Ausstattungsversprechen	11
Bewidmungsakt	10 f
Dauerhaftigkeit des Stiftungszwecks	14

Doppelsitz	22
Einkommensstiftung	20
Entstehung der Stiftung	2 ff
Ermessen	28 f
Errichtungsstadium der Stiftung	41 ff
– Pflegerbestellung	43
– Vorstiftung	41 f

Gemeinwohlgefährdung	15	– Nebenbestimmungen	37
Genehmigungsverfahren	31 ff	– Rechtsnatur	26 f
		– Streitwert	28
Haushaltsvorbehalt	20	– Wirksamwerden	36
		Stiftungsgeschäft	2 ff
Intertemporales Stiftungsrecht	33	– Anfechtung	5
		– Auslegung	7, 13
Mängel des Stiftungsgeschäfts	30	– Bedingung	6
Mehrfachsitz	22	– Bestandteile	10 f
Mindestkapitalausstattung	18	– Inhalt	12 ff
		– behördliche Ergänzungskompetenzen	13
Name	24	– notwendige Bestandteile	12 ff
Nebenbestimmungen	37	– Sollvorschriften	25
		– Mängel	5, 30
Organe	23	– Stellvertretung	4
		– unter Lebenden	2 ff
Rechtsformzusatz	24	– von Todes wegen	9
Rechtssitz	22	Stiftungsvermögen	17 ff
		Stiftungszweck	13 ff
Sammelstiftung	19	– Dauerhaftigkeit	14
Satzung	12	– Gemeinwohlgefährdung	15
– behördliche Ergänzungskompetenz	13	– inhaltliche Ausgestaltung	15 f
– notwendige Bestandteile	12 ff	– mehrere Zwecke	14
– Sollvorschriften	25	– Selbstzweckstiftung	16
Selbstzweckstiftung	16	– Unmöglichkeit	15
Sitz	21 f	– unzulässige Zwecke	16
– Doppelsitz	22	Stiftungszweckbetrieb	40
– Mehrfachsitz	22		
– Rechtssitz	22	Unterhaltsstiftung	16, 38
– Verwaltungssitz	22	Unternehmensverbundene Stiftung	16, 39
Sitzverlegung	22		
Stellvertretung	4	Verfassungsrecht der Stiftung, eigenes	12
Stifterfreiheit	8, 29	Verwaltungssitz	22
Stifterwille	8, 14	Vorratsstiftung	19
Stiftungsabsicht	7	Vorstiftung	41 f
Stiftungsgenehmigung	26 ff		
– Anspruch auf Erteilung	28 f	Willensmängel	5, 30
– Antragserfordernis	34 f	Wirksamwerden der Stiftungsgenehmigung	36
– Ermessen	28 f		
– Funktion	29	Zuständigkeiten	31 f
– Genehmigungsbehörden	31 f	Zweckverwirklichungsbetrieb	40
– Genehmigungsverfahren	31 ff		

I. Inhaltsübersicht

1 § 80 regelt die materiellrechtlichen Erfordernisse für die Entstehung einer rechtsfähigen Stiftung des bürgerlichen Rechts. Ihre Errichtung setzt ein privates Rechtsgeschäft (**Stiftungsgeschäft**) voraus. Dieses besteht aus einem organisations- und einem vermögensrechtlichen Teil: Der *Satzung* und dem *Ausstattungsversprechen* (Münch-Komm/Reuter Rn 1). Daneben bedarf es eines privatrechtsgestaltenden Verwaltungsaktes: der **Stiftungsgenehmigung**. Stiftungsgeschäft und Stiftungsgenehmigung stehen selbständig nebeneinander (allgM, vgl BVerwGE 29, 314 = StiftRspr I 158, 160; BGHZ 70, 313 = StiftRspr II 89, 93). Das Stiftungsgeschäft untersteht dem Privatrecht. Für die Genehmigung gelten die Regeln des öffentlichen Rechts.

II. Das Stiftungsgeschäft

1. Die Entstehung der Stiftung

a) Das Stiftungsgeschäft kann als **Rechtsgeschäft unter Lebenden** (vgl § 81) oder als **Verfügung von Todes wegen** (vgl § 83) vorgenommen werden. Es ist eine einseitige nicht empfangsbedürftige Willenserklärung. Diese kann zwar im Rahmen eines Vertrages abgegeben (RGZ 158, 185, 187 f), nicht jedoch durch Vertrag ersetzt werden (MünchKomm/Reuter Rn 3). Zulässig ist es, sich durch Vertrag zur Errichtung einer Stiftung zu verpflichten. Der Vertragspartner kann dann auf Vornahme des Stiftungsgeschäfts und Beantragung der Genehmigung klagen. In der vertraglichen Verpflichtung zur Stiftungserrichtung liegt indes kein Verzicht auf das Widerrufsrecht nach § 81 Abs 2 (s § 81 Rn 6). 2

b) Für das **Stiftungsgeschäft unter Lebenden** gelten die allgemeinen Regeln über Rechtsgeschäfte. Es kann von einem oder mehreren Stiftern vorgenommen werden. Bei mehreren Stiftern ist es möglich, daß es sich für den einen als Rechtsgeschäft unter Lebenden und für den anderen als Rechtsgeschäft von Todes wegen darstellt (BGHZ 70, 313 = StiftRspr III 89, 94 f; Palandt/Heinrichs Rn 1; kritisch Kuchinke, in: FS Neumayer 392 f). Der Stifter muß geschäftsfähig sein. Das Stiftungsgeschäft eines Geschäftsunfähigen oder beschränkt Geschäftsfähigen kann entsprechend §§ 1641, 1804 nicht von seinem gesetzlichen Vertreter vorgenommen werden (Ebersbach, Handbuch 49; Seifart/Hof § 7 Rn 6; Erman/Westermann Rn 2; aA Staudinger/Coing[12] Rn 2). Auch juristische Personen sowie die mit eigener Identität ausgestatteten Gesamthandsgemeinschaften des HGB (oHG, KG) oder nichtrechtsfähige Vereine bzw Parteien können Stifter sein (MünchKomm/Reuter Rn 3; Kronke 15; VG Düsseldorf NVwZ 1994, 811, 812; aA Seifart/Hof § 4 Rn 79). Zu Besonderheiten bei der Stiftungserrichtung durch juristische Personen des öffentlichen Rechts s Vorbem 47 zu §§ 80 ff sowie Dewald 51 ff. 3

Das Stiftungsgeschäft ist nicht höchstpersönlicher Natur (BGB-RGRK/Steffen Rn 1). **Stellvertretung** ist nach allgemeinen Regeln zulässig (MünchKomm/Reuter Rn 4; Ebersbach, Handbuch 49 f; BayObLG NJW-RR 1991, 523 = StiftRspr IV 145, 149). Vollmachtslose Vertretung des Stifters ist wegen § 180 S 1 ausgeschlossen (vgl Palandt/Heinrichs § 180 Rn 1 sowie ders Überbl v § 104 Rn 11). 4

Für **Willensmängel** des Stiftungsgeschäfts gelten die §§ 116 ff. Eine Anfechtung durch den Stifter kommt idR erst nach Genehmigung in Betracht. Bis dahin kann das Stiftungsgeschäft frei widerrufen werden (§ 81 Abs 2; vgl Ebersbach, Handbuch 47). Zum Anfechtungsgegner s § 143 Abs 4; zu den Rechtsfolgen mangelhafter Stiftungsgeschäfte su Rn 30. 5

6 Das Stiftungsgeschäft ist **nicht bedingungsfeindlich**, und zwar weder hinsichtlich seines organisationsrechtlichen noch bezüglich seines vermögensrechtlichen Teils (vgl BGHZ 70, 313 = StiftRspr III 89, 94; **aA** MünchKomm/REUTER Rn 5). Allerdings darf die unter einer aufschiebenden Bedingung errichtete Stiftung erst genehmigt werden, wenn die Bedingung eingetreten ist. Auflösende Bedingungen dürfen aus Gründen der Rechtssicherheit nur in Form von Satzungsanordnungen über die Auflösung der Stiftung getroffen werden (s § 87 Rn 21). Durch das Landesrecht ist sichergestellt, daß die Beendigung der Stiftung immer erst aufgrund staatlichen Mitwirkungsaktes eintritt (s § 87 Rn 18). Eine trotz schwebend unwirksamen Stiftungsgeschäfts genehmigte Stiftung besteht wirksam, ist jedoch aufzuheben. Zum ganzen EBERSBACH, Handbuch 45 f; STRICKRODT, Stiftungsrecht 40; SEIFART/HOF § 7 Rn 12; KRONKE 15 f, 182.

7 Für die **Auslegung** des Stiftungsgeschäfts gilt § 133 (unstr, so bereits STINZING AcP 88 [1898] 406). Maßgeblich ist der im Stiftungsgeschäft und in der Satzung zum Ausdruck kommende objektivierte Stifterwille (BGHZ 99, 344 = StiftRspr IV 58, 60; BGH NJW 1994, 184, 186; BGB-RGRK/STEFFEN § 85 Rn 2). Dieser muß erkennen lassen, daß die Errichtung eines selbständigen Rechtsträgers gewollt ist (**Stiftungsabsicht**, vgl Prot bei MUGDAN I 660 f). Bei fehlender Stiftungsabsicht ist zu prüfen, ob evtl ein fiduziarisches Rechtsverhältnis vorliegt (s Vorbem 151 ff zu §§ 80 ff).

8 Für den Bereich des Verwaltungsverfahrens werden die Grundsätze des BGB zT durch landesrechtliche Regelungen ergänzt. Danach ist der **Stifterwille oberster Grundsatz** für die Anwendung und Auslegung der Stiftungsgesetze (vgl § 2 Bad-WürttStiftG; § 2 NdsStiftG; § 2 MecklVorPStiftG; § 3 RhPfStiftG; § 2 DDRStiftG). Bestehen keine besonderen Regelungen, folgt dies unmittelbar aus der grundrechtlich geschützten **Stifterfreiheit** (s Vorbem 40 ff zu §§ 80 ff; dazu auch RAWERT BB Beil 6/91, 14).

9 c) Das **Stiftungsgeschäft von Todes wegen** kann als Testament oder – als einseitige Erklärung (vgl § 2278 Abs 2) – in einem Erbvertrag vorgenommen werden (BGHZ 70, 313 = StiftRspr III 89). Es gelten die persönlichen, sachlichen und formalen Voraussetzungen des Erbrechts (vgl EBERSBACH, Handbuch 52 ff). Es ist testierfähigen natürlichen Personen vorbehalten (§ 2229). Eine Stellvertretung scheidet aus (§§ 2064, 2065). Es muß zur Niederschrift eines Notars oder durch eigenhändig geschriebene und unterschriebene Erklärung errichtet werden (§§ 2231 ff). Für die Auslegung und Anfechtung des *vermögensrechtlichen Teils* des Stiftungsgeschäfts gelten die Regeln des Erbrechts. Der auf die Schaffung eines selbständigen Rechtssubjekts gerichtete *organisationsrechtliche Teil* des Stiftungsgeschäfts bleibt nach allgemeinen Regeln (zB § 133) zu beurteilen. Hier besteht kein relevanter Unterschied zwischen der Stiftung unter Lebenden und der Stiftung von Todes wegen (BVerwG StiftRspr II 152, 154; III 178; MünchKomm/REUTER § 83 Rn 5; SOERGEL/NEUHOFF § 83 Rn 1; SEIFART/HOF § 7 Rn 67; vgl auch KUCHINKE, in: FS Neumayer 391). Wegen weiterer Einzelheiten s die Erl zu § 83.

2. Die Bestandteile des Stiftungsgeschäfts

10 Das Stiftungsgeschäft zerfällt in **zwei Bestandteile**: (a) einen **organisationsrechtlichen**, der auf die Schaffung einer juristischen Person gerichtet ist und (b) einen **vermögens-**

rechtlichen, der die sachliche Ausstattung der Stiftung mit Mitteln des Stifters oder Dritter betrifft (ganz hM, EBERSBACH, Handbuch 44 f; MünchKomm/REUTER Rn 1; SOERGEL/ NEUHOFF Rn 3; ERMAN/WESTERMANN Rn 2). Bei der Stiftung von Todes wegen muß der vermögensrechtliche Teil (der sog **Bewidmungsakt**) im Stiftungsgeschäft selbst enthalten sein (s § 83 Rn 2). Bei der Stiftung unter Lebenden ist es ausreichend, daß zum Zeitpunkt der Genehmigung eine zuverlässige Aussicht besteht, daß die Stiftung die zur Verwirklichung ihres Zweckes erforderlichen Mittel in absehbarer Zeit erhält (hM, vgl Vorbem 19 zu §§ 80 ff).

Die rechtliche Behandlung des vermögensrechtlichen **Bewidmungsaktes** (Ausstattungsversprechens) ist nicht abschließend geklärt. Das Reichsgericht ging in einer Entscheidung vor Inkrafttreten des BGB davon aus, daß Schenkungsrecht anzuwenden sei (RGZ 5, 138, 141 ff). Auch der Erste Entwurf bestimmte in § 58 S 4 die Anwendung des Schenkungsrechts auf die Gewährleistungspflicht des Stifters. In der Zweiten Kommission wurde der Passus gestrichen, um die Frage der Rechtsprechung und der Wissenschaft zu überlassen. Man nahm an, daß der positive Ausspruch des Satzes 4 zu dem Umkehrschluß verleiten könne, „daß bezüglich anderer Punkte wie Pflichtteilsrecht, Erbvertrag, die Bestimmungen über die Schenkung auf das Stiftungsgeschäft keine Anwendung finden sollten" (Prot bei MUGDAN I 662). Die heute hM qualifiziert den vermögensrechtlichen Teil des Stiftungsgeschäfts als *Rechtsgeschäft sui generis*, auf das sie Schenkungsrecht analog anwendet (vgl STRICKRODT, Stiftungsrecht 46 f; SOERGEL/NEUHOFF Rn 9; ders, in: Deutsches Stiftungswesen 1977–1988, 66 ff; FLUME, AT I/2, 141; vgl auch MünchKomm/REUTER Rn 7). Insbesondere Gläubiger des Stifters, Vertragserben und Pflichtteilsberechtigte können damit nach allgemeinen Regeln (zB § 32 KO, §§ 2287, 2325, 2329) gegen sie beeinträchtigende Verfügungen vorgehen. Umstritten ist allerdings, ob daraus auch zu folgern ist, daß der Stifter nur entsprechend §§ 521 ff haftet, bei Verarmung nach § 519 frei wird oder ein Rückforderungsrecht nach § 528 hat. Während dies bislang unter Hinweis auf den Charakter der Transferleistung als eines freigiebigen Aktes überwiegend bejaht wurde (vgl SOERGEL/NEUHOFF Rn 9; BGB-RGRK/STEFFEN § 82 Rn 4; STAUDINGER/COING[12] § 82 Rn 4; PALANDT/ HEINRICHS § 82 Rn 1) weisen vor allem MünchKomm/REUTER Rn 7 und SEIFART/HOF § 7 Rn 34 f zurecht darauf hin, daß die Zuwendung an die Stiftung Geschäftsgrundlage ihrer Genehmigung ist und wegen ihrer Bedeutung für die Entstehung einer neuen juristischen Person keine nach schenkungsrechtlichen Regeln gelockerte Rechtsverbindlichkeit verträgt. Die Stiftung wird von der zuständigen Behörde gerade in Ansehung des ihr zugesagten Vermögens zur selbständigen Rechtspersönlichkeit erhoben. Damit unterscheidet sie sich vom gewöhnlichen Beschenkten. Ihr Schutzbedürfnis überwiegt die Interessen des Stifters, dem es zuzumuten ist, gegen typische Schenkerrisiken Vorsorge zu treffen (MünchKomm/REUTER § 82 Rn 3; SEIFART/ HOF § 7 Rn 35).

3. Der Inhalt des Stiftungsgeschäfts

Das Stiftungsgeschäft hat die Verfassung der Stiftung zu bestimmen, soweit diese nicht auf Bundes- oder Landesrecht beruht (vgl § 85). Das **eigene Verfassungsrecht** der Stiftung wird als *Satzung* bezeichnet. Die Satzung ist die Grundordnung der Stiftung. Die Mindestanforderungen an das Stiftungsgeschäft sind zugleich notwendige Satzungsbestandteile (vgl SIEGMUND-SCHULTZE, NdsStiftG § 5 Anm 1). Bundesrechtlich notwendig und nicht durch behördliche Maßnahmen ersetz- bzw ergänzbar sind

Anordnungen über Zweck, Vermögensausstattung und Sitz der Stiftung (BGB-RGRK/STEFFEN § 85 Rn 3). Darüber hinaus muß der Stifter Regelungen über Namen und Organe seiner Stiftung treffen (vgl SOERGEL/NEUHOFF § 85 Rn 10; MünchKomm/REUTER Rn 5; ders § 85 Rn 2). Das Landesrecht kann weitergehende Anforderungen oder *behördliche Ergänzungskompetenzen* für lückenhafte Stiftungsgeschäfte normieren (vgl § 85). Dies hat es vor allem für die Regelungen über Organe und Namen der Stiftung getan. Daneben bestehen zT umfangreiche Sollvorschriften (zum ganzen vgl § 6 BadWürttStiftG; Art 8, 9 BayStiftG; § 3 BerlStiftG; § 5 BremStiftG; § 6 Hamb-AGBGB; § 4 HessStiftG; § 6 MecklVorPStiftG; § 5 NdsStiftG; § 5 NRWStiftG; § 5 RhPfStiftG; § 4 SaarlStiftG; § 3 SchlHolStiftG; § 10 DDRStiftG).

a) Stiftungszweck

13 Das Stiftungsgeschäft muß den oder die **Zwecke der Stiftung** feststellen. Ohne genügende Bezeichnung des Stiftungszwecks ist ein Stiftungsgeschäft nicht vorhanden. Ein fehlender Stiftungszweck kann von der Behörde nicht ergänzt werden. Das gilt nach herrschender und richtiger Ansicht auch dort, wo das Landesrecht scheinbar eine Ergänzungskompetenz normiert (vgl § 4 Abs 4 HessStiftG; § 5 Abs 4 NdsStiftG; § 5 Abs 3 RhPfStiftG; § 3 Abs 4 SchlHolStiftG). Der Stiftungszweck als persönlicher Ausdruck des Stifterwillens kann nur durch den Stifter bestimmt werden (vgl SOERGEL/NEUHOFF Rn 5; MünchKomm/REUTER Rn 5; SEIFART/HOF § 7 Rn 232; ders § 8 Rn 39; KUCHINKE, in: FS Neumayer 398 f; vROTBERG, BadWürttStiftG § 6 Anm 4; s auch BVerwG NJW 1991, 713 = StiftRspr IV 151, 153; OVG Bremen [Vorinstanz] StiftRspr IV 127, 131). Mängel im Rahmen der Zweckbestimmung dürfen von der Behörde freilich im Rahmen ergänzender Auslegung korrigiert werden (MünchKomm/REUTER Rn 5). Dies ist in der Praxis vor allem bei der Stiftung von Todes wegen bedeutsam (vgl KUCHINKE, in: FS Neumayer 393 ff). Zu Lebzeiten des Stifters bedarf allerdings auch dies seiner Zustimmung (SEIFART/HOF § 8 Rn 39 mwN).

14 Bei der Zwecksetzung ist der Stifter nicht auf einen Zweck beschränkt. Er kann der Stiftung eine **Vielzahl von Zwecken** geben (s Vorbem 9 zu §§ 80 ff). Die beabsichtigte Zweckverfolgung muß allerdings eine gewisse **Dauerhaftigkeit** aufweisen (s Vorbem 8 zu §§ 80 ff). Darüber hinaus muß der Zweck der Stiftung **bestimmt** sein. Der Stifterwille darf nicht so allgemein gehalten werden, daß er den Organen eine gleichsam körperschaftliche Willensbildung ermöglicht (vgl § 85 Rn 8 f; JESS 35; MünchKomm/REUTER § 85 Rn 3). Die Stiftungsorgane müssen einen eindeutigen und abgegrenzten Auftrag erhalten, dessen Erfüllung sich als Vollzug des *ursprünglichen Stifterwillens* darstellt. Nur so lassen sich im übrigen Rechtsunsicherheit, Willkür der Stiftungsverwaltung und ein Verzetteln von Stiftungsleistungen verhindern (EBERSBACH, Handbuch 81; KUCHINKE, in: FS Neumayer 398; vgl auch STRICKRODT, Stiftungsrecht 78). Damit ist nicht gesagt, daß es erforderlich oder auch nur ratsam wäre, den Stiftungszweck eng zu fassen. Zu kleinherzig angelegte Stiftungszwecke nehmen der Stiftung die Möglichkeit, sich veränderten Umweltbedingungen notfalls anzupassen. Das Bestimmtheitsgebot soll lediglich Stiftungzwecke wie die „Förderung des Glücks der Menschheit" oder des „Gemeinwohls schlechthin" unterbinden (vgl MünchKomm/REUTER § 85 Rn 3) und damit ein Ausfransen des Instituts der Stiftung als eines nichtkörperschaftlich organisierten und auf den ursprünglichen Stifterwillen ausgerichteten Zweckvermögens verhindern.

15 Bei der **inhaltlichen Ausgestaltung** des Stiftungszwecks ist der Stifter im Rahmen der

Rechtsordnung frei. Er ist nicht auf die Förderung des Gemeinwohls beschränkt. Dem Umkehrschluß aus § 87 läßt sich entnehmen, daß lediglich gemeinwohlgefährdende und tatsächlich bzw rechtlich unmögliche Stiftungszwecke unzulässig sind. Eine Gemeinwohlgefährdung ist in Kongruenz mit den Schranken des Art 2 Abs 1 GG allerdings nur anzunehmen, wenn der Stiftungszweck gegen die Rechtsordnung verstößt (Seifart/Hof § 7 Rn 238; MünchKomm/Reuter § 87 Rn 4; Erman/Westermann § 87 Rn 2; vgl auch VG Düsseldorf NVwZ 1994, 811 ff). Zweckmäßigkeitserwägungen oder die Prüfung des Stiftungsvorhabens auf seine Übereinstimmung mit öffentlichen Interessen oder seine Würdigkeit sind entgegen klassischer Auffassung (s Vorbem 33 f zu §§ 80 ff) heute nicht mehr erlaubt. Gemeinwohlgefährdung bedeutet *Gesetzesverletzung*. In den Fällen rechtlicher Unmöglichkeit überschneiden sich daher die beiden Tatbestände des § 87 (s § 87 Rn 6).

Fälle unzulässiger Stiftungszwecke sind die *Stiftung für den Stifter* sowie die *Selbst-* **16** *zweckstiftung* (s Vorbem 9 zu §§ 80 ff). Auch die reine Vermögensverwaltung zugunsten eines ausschließlich nach persönlichen Merkmalen bestimmten Kreises von Destinatären ist nach umstrittener aber richtiger Ansicht kein zulässiger Stiftungszweck. Die sog *Unterhaltsstiftung* ist eine über die zeitlichen Grenzen zulässiger Nachlaßbindungen hinausgehende verkappte Dauertestamentsvollstreckung. Sie ist gesetzeswidrig und nicht genehmigungsfähig (s Vorbem 132 ff zu §§ 80 ff). Bei *unternehmensverbundenen Stiftungen* ist analog § 22 zu prüfen, ob sie *auf einen wirtschaftlichen Geschäftsbetrieb* gerichtet sind. Ist dies der Fall, so ist ihnen die Genehmigung idR zu versagen (s Vorbem 94 ff zu §§ 80 ff). Nach richtiger Ansicht ist über das Vorliegen einer *wirtschaftlichen Stiftung* allerdings nicht anhand der bloßen Zwecksetzung sondern vielmehr im Wege teleologischer Typenbildung aufgrund der ins Auge gefaßten Tätigkeit sowie der Art und Weise ihrer Vermögensausstattung zu entscheiden (s Vorbem 111 ff zu §§ 80 ff sowie u Rn 39).

b) Stiftungsvermögen

Das Stiftungsgeschäft muß die *sachlichen Mittel* angeben, durch welche der Stiftungs- **17** zweck erreicht werden soll. Wie beim Stiftungszweck können auch bei der Vermögensausstattung Mängel des Stiftungsgeschäfts nicht durch behördliche Ergänzungen geheilt werden (so Rn 13). Auch das Vermögen ist begriffsnotwendige Voraussetzung der Stiftung und der Bestimmung durch Dritte nicht zugänglich (Seifart/Hof § 7 Rn 232). Bei der Stiftung von Todes wegen muß das Stiftungsgeschäft selbst die Zuwendung des Stiftungsvermögens enthalten (s Vorbem 19 zu §§ 80 ff und § 83 Rn 2). Beim Stiftungsgeschäft unter Lebenden ist es nach heute ganz hM ausreichend, daß der Stifter den *Weg* beschreibt, auf welchem die Stiftung die zur Durchführung ihrer Zwecke erforderlichen Mittel erlangt. Wegen Einzelheiten s Vorbem 15 ff zu §§ 80 ff.

Eine **Mindestkapitalausstattung** entsprechend dem Recht der Handelsvereine ist dem **18** Stiftungsrecht nicht bekannt. Die Einführung eines *Stiftungskapitals* wurde in der Reformdiskussion (s Vorbem 36 ff zu §§ 80 ff) überwiegend abgelehnt (vgl Interministerielle Arbeitsgruppe Stiftungsrecht, in: Deutsches Stiftungswesen 1966–1976, 387 f). Grundsätzlich muß der Zweck einer Stiftung mit dem bereitgestellten Vermögen erfüllbar sein, und sei es schrittweise (vgl VG Minden StiftRspr IV 83, 86; BayVGH StiftRspr III 178, 189 f; Seifart/Hof § 7 Rn 30). Bei der Herstellung der Mittel/Zweck-Relation kommt den Behörden auf Tatbestandsebene Beurteilungsspielraum zu. In der Praxis haben Stiftungen mit einem Grundstockvermögen (s Vorbem 16 zu §§ 80 ff) von weniger als DM 50 000,- kaum Aussicht auf Genehmigung (dazu ausführlich HÄRTL 114 ff; vgl auch CARSTENSEN 28 ff).

19 **Sammelstiftungen**, die ihre Tätigkeit mit einem niedrigen Grundstockvermögen aufnehmen sollen, um alsdann Zustiftungen zu werben, sind nur genehmigungsfähig, wenn bereits das Anfangsvermögen eine dauerhafte Zweckverfolgung gewährleistet (vgl HÄRTL 117). Gleiches gilt für sogenannte **Vorratsstiftungen**, die vom Stifter zu Lebzeiten nur mit einem geringen Vermögen ausgestattet werden und denen ihre endgültige Dotation erst mit dem Tode des Stifters zufallen soll (VG Minden StiftRspr IV 83, 86 ff; SOERGEL/NEUHOFF Nachtrag 14 zu Vorbem zu § 80). Eine Stiftung, die wegen ihrer geringen Kapitalausstattung bis zum Tode des Stifters praktisch zur Passivität verurteilt wäre, verstieße gegen das zwingende stiftungsrechtliche Strukturmerkmal der Loslösung des Stiftungsvermögens aus der Verfügungsgewalt des Stifters. Da das eigentliche Stiftungsvermögen der Stiftung erst nach Jahren oder gar Jahrzehnten zu übertragen wäre, wäre die Stiftung der Unwägbarkeit stifterlicher Entscheidungsmacht ausgesetzt und in ihrem Bestand nicht dauerhaft gesichert (so zutreffend STENGEL, Stiftung und Personengesellschaft [1993] 95).

20 Soll eine Stiftung sich aus laufenden Zuwendungen Dritter speisen (sog **Einkommensstiftung**), ist sie nur genehmigungsfähig, wenn auf diese Zuwendungen ein durchsetzbarer Anspruch besteht. Ohne solchen Anspruch könnten Dritte auf die Geschäftstätigkeit der Stiftung so nachhaltig Einfluß ausüben, daß die für die Stiftung typische Autonomie der Zweckverfolgung nicht gewährleistet wäre. In solchen Fällen muß die Stiftungsbehörde die Genehmigung versagen (vgl DEWALD 72 ff; HOF, in: MünchVHb 917, 933; SOERGEL/NEUHOFF Nachtrag 14 zu Vorbem zu § 80; vgl auch THOMSEN 22 ff). Insbesondere die unter **Haushaltsvorbehalt** gestellte Stiftungsfinanzierung der öffentlichen Hand (vgl SCHOLZ/LANGNER 116 ff; THOMSEN 46 ff; DEWALD 166; GEBEL/HINRICHSEN, SchlHol-StiftG Einf Anm 1) ist unter dem Gesichtspunkt der Stiftungsautonomie stets problematisch.

c) Sitz

21 Die Angaben des Stiftungsgeschäfts über die Verfassung der Stiftung müssen eine Bestimmung über den **Sitz der Stiftung** enthalten oder darüber, wo die Verwaltung der Stiftung zu führen ist. Nach dem Sitz der Stiftung bestimmt sich gem § 80 S 1 die *Zuständigkeit* eines *Bundesstaates* (Landes) zur Erteilung der Stiftungsgenehmigung. Die Genehmigung kann nicht eingeholt werden, wenn der Sitz der Stiftung nicht feststeht. Die Feststellung des Sitzes kann nicht durch ergänzende Bestimmungen des Landesrechts oder durch Verfügung der genehmigenden Behörde ersetzt werden. Die Beantwortung der Frage, welches Landesrecht maßgebend und welche Behörde zuständig ist, setzt voraus, daß der Sitz der Stiftung oder zumindest der Ort ihrer Verwaltung (§ 80 S 3) bereits bestimmt ist (EBERSBACH, Handbuch 80; aA SOERGEL/ NEUHOFF Rn 6). Auch die Rechtmäßigkeit der Stiftungsgenehmigung hängt davon ab, daß der Sitz der Stiftung sich wirklich im Zuständigkeitsbereich der genehmigenden Behörde befindet. Das an Stelle des *Bundesrats* zuständig gewordene Bundesministerium des Inneren (Art 129 Abs 1 GG; vgl OVG Münster OVGE 17, 75 = StiftRspr I 94 ff) kann keine Genehmigung für eine Stiftung erteilen, die ihren Sitz innerhalb eines Landes hat, ein Land keine Genehmigung für eine Stiftung, die einem anderen oder keinem Land angehört. Während die erstmals um Genehmigung angegangene

Behörde beim Stiftungsgeschäft unter Lebenden dem Stifter die Benennung des noch fehlenden Sitzes aufgeben wird, hat sie bei der Stiftung von Todes wegen im Wege der Auslegung zu verfahren (vgl VGH Mannheim StiftRspr III 13, 16 ff). Sind Anhaltspunkte für den mutmaßlichen Erblasserwillen weder dem Stiftungszweck noch den konkreten Erfordernissen der Vermögensverwaltung zu entnehmen, wird in der Regel der letzte Wohnsitz des Erblassers als Sitz der Stiftung seinem mutmaßlichen Willen entsprechen (KUCHINKE, in: FS Neumayer 403). Ist dies ausnahmsweise nicht der Fall, so ist die Stiftung nicht genehmigungsfähig (vgl SEIFART/HOF § 7 Rn 232). Entgegen SOERGEL/NEUHOFF Rn 6 läßt sich aus §§ 1960, 1936 keine Zuständigkeit der Stiftungsbehörden herleiten.

Rechtssitz und **Verwaltungssitz** einer Stiftung können auseinanderfallen (arg ex § 80 **22** S 3; vgl OLG Hamburg IPRspr 1977 Nr 5 = StiftRspr III 75 ff). Ein rein fiktiver Sitz ohne jeden Bezug zur Stiftungstätigkeit ist jedoch unzulässig (str, vgl MünchKomm/REUTER Rn 9). Ein **Doppel-** oder **Mehrfachsitz** ist möglich, setzt jedoch voraus, daß die Stiftung die für jeden Sitz erforderlichen formellen und materiellen Voraussetzungen erfüllt (vROTBERG, BadWürttStiftG § 6 Anm 2 d). Die **Sitzverlegung** ist genehmigungspflichtige Satzungsänderung im abgebenden Land. Ob die Sitzverlegung in das aufnehmende Land auch dort der Genehmigung bedarf, hängt vom jeweiligen Landesrecht ab (vgl § 7 Abs 4 NdsStiftG). Auf die Rechtsfähigkeit der Stiftung hat die Sitzverlegung keinen Einfluß (hM, vgl vROTBERG, BadWürttStiftG § 6 Anm 2 d; SIEGMUND-SCHULTZE, NdsStiftG § 7 Anm 7; wegen abweichender älterer Ansichten s EBERSBACH, Handbuch 93).

d) Organe
Das Stiftungsgeschäft muß die Geschäftsführung und die Vertretung der Stiftung **23** regeln. Es muß angeben, wie die hierfür notwendigen **Organe** der Stiftung gebildet werden. Bundesrechtlich unverzichtbar sind Bestimmungen über einen Vorstand (§§ 86, 26), wobei die Ernennung konkreter Organpersonen im Stiftungsgeschäft selbst nicht erforderlich ist (BGB-RGRK/STEFFEN Rn 2). Fehlen dem Stiftungsgeschäft Regelungen über Organe, so sind die Stiftungsbehörden idR aufgrund landesgesetzlicher Ermächtigung zur Ergänzung des Stiftungsgeschäfts befugt (vgl § 6 Abs 3 BadWürttStiftG; Art 8 Abs 2 BayStiftG; § 3 Abs 2 BerlStiftG; § 5 Abs 3 BremStiftG; § 9 Abs 1 HambAGBGB; § 4 Abs 4 HessStiftG; § 6 Abs 3 MecklVorPStiftG; § 5 Abs 4 NdsStiftG; § 5 Abs 3 RhPfStiftG [§ 7 Abs 2 RhPfStiftG ist als Muß-Vorschrift auszulegen – dazu SOERGEL/NEUHOFF § 86 Rn 3; MünchKomm/REUTER § 86 Rn 2]; § 4 Abs 4 SaarlStiftG; § 3 Abs 4 SchlHolStiftG; § 10 Abs 3 DDRStiftG). Enthält das Landesrecht keine derartigen Bestimmungen (so das NRWStiftG) und hilft – insbesondere beim Stiftungsgeschäft von Todes wegen – auch die Auslegung nicht weiter, so ist die Stiftung nicht genehmigungsfähig. Die §§ 89, 29 gelten nur für die Notbestellung des Stiftungsvorstands. Eine fehlende Vertretungsregelung ersetzen sie nicht (MünchKomm/REUTER § 86 Rn 2; VG Minden StiftRspr IV 83, 88; aA SOERGEL/NEUHOFF Rn 7; ders § 86 Rn 3; SEIFART/HOF § 9 Rn 93). Siehe auch die Erl zu § 86.

e) Name
Das Stiftungsgeschäft muß der Stiftung den **Namen** geben, unter dem sie im Rechts- **24** verkehr auftreten soll. Er dient der Individualisierung der Stiftung und genießt den Schutz des § 12 (vgl MÖSL, in: Deutsches Stiftungswesen 1948–1966, 191 ff; LIERMANN, in: Deutsches Stiftungswesen 1948–1966, 173 ff; SOERGEL/HEINRICH § 12 Rn 132). Der Namensschutz der Stiftung ist Ausdruck ihrer Grundrechtssubjektivität (s Vorbem 50 zu §§ 80 ff). Bei

der Wahl des Namens ist der Stifter im Rahmen der §§ 30, 37 HGB, 16 UWG und 24 WZG frei (EBERSBACH, Handbuch 74; SEIFART/HOF § 7 Rn 21). § 57 Abs 2 ist mangels Existenz eines dem Vereinsregister entsprechenden Stiftungsregisters nicht analog anwendbar (aA GEBEL/HINRICHSEN, SchlHolStiftG § 3 Anm 4.1). Ein **Rechtsformzusatz** ist nicht erforderlich. Die schlagwortartige Verwendung des Stiftungszwecks im Stiftungsnamen ist zulässig und verbreitet. Ein fehlender Name kann aufgrund landesrechtlicher Ermächtigung ergänzt werden (zum Landesrecht so Rn 23). Zur Verwendung der Bezeichnung *Stiftung* für stiftungsähnliche Gebilde s Vorbem 179 zu §§ 80 ff.

25 f) Neben Regelungen zu Zweck, Vermögen, Sitz, Organen und Namen verlangen einige Stiftungsgesetze zwingend Bestimmungen über die Verwendung der Stiftungserträge (so zB Art 8 Abs 2 BayStiftG). Darüber hinaus bestehen in allen Bundesländern umfangreiche **Sollvorschriften** für den Inhalt der Stiftungssatzung (vgl die Nachweise in Rn 12 aE). Während bei Verletzung von Mußvorschriften kein wirksames Stiftungsgeschäft vorliegt und die Genehmigung der Stiftung rechtswidrig ist, hat die Verletzung von Sollvorschriften weder für die Wirksamkeit des Stiftungsgeschäfts noch für die Rechtmäßigkeit der Genehmigung Bedeutung. Nach MünchKomm/ REUTER Rn 6 soll die Verletzung von Sollvorschriften die Genehmigungsbehörde analog § 58 zur Versagung der Genehmigung berechtigen. Nach richtiger und durch den Grundrechtsschutz des Stifters gestützter Ansicht ist dies dagegen nur der Fall, wenn ihre Nichtbeachtung die Stiftung funktions- oder leistungsunfähig werden ließe (so vROTBERG, BadWürttStiftG § 6 Anm 3). Wegen weiterer Einzelheiten s § 85 Rn 10 ff (Rechtsstellung der Destinatäre) sowie die Erl zu § 86 (Organstruktur) und § 87 (Zweck- und Satzungsänderungen).

III. Die Stiftungsgenehmigung

1. Rechtsnatur und Funktion

26 Stiftungen erlangen die Rechtsfähigkeit nach dem **Konzessionssystem** durch privatrechtsgestaltenden Verwaltungsakt. Er wird als *Stiftungsgenehmigung* bezeichnet (zur Kritik am Sprachgebrauch s Vorbem 48 zu §§ 80 ff). Sein Gegenstand ist die Errichtung der Stiftung als einer rechtsfähigen Organisation. Er tritt selbständig neben das Stiftungsgeschäft (vgl BGHZ 70, 313 = StiftRspr III 89, 93; BVerwGE 29, 314 = StiftRspr I 158, 160) und ist keine Genehmigung der Willenserklärungen des Stifters. Wird die Genehmigung einer Stiftung versagt, so kann ein erneuter Genehmigungsantrag gleichwohl auf dasselbe Stiftungsgeschäft gestützt werden. Dies ist erst dann nicht mehr möglich, wenn der Stifter das Stiftungsgeschäft zuvor wegen der Versagung der Genehmigung nach § 81 widerrufen hat (MünchKomm/REUTER Rn 1; SOERGEL/NEUHOFF Rn 17; vgl auch BGB-RGRK/STEFFEN Rn 5; aA STAUDINGER/COING[12] § 81 Rn 9; ERMAN/WESTERMANN § 81 Rn 3; STRICKRODT, Stiftungsrecht 56). Wegen Besonderheiten bei der zum Zeitpunkt des Todes des Stifters noch nicht genehmigten Stiftung s § 84 Rn 8.

27 Entgegen einem obiter dictum des BVerwG (E 29, 314 = StiftRspr I 158, 160) ist die Stiftungsgenehmigung nicht belastender, sondern **begünstigender Verwaltungsakt**. Die von ihr ausgelöste Verpflichtung des Stifters zur Vermögensübertragung (§ 82) beruht nicht auf einem eingreifenden Hoheitsakt, sondern auf dem vom Stifter freiwillig vorgenommenen Stiftungsgeschäft und dem auf seine Initiative zurückgehenden Genehmigungsantrag. Die „Belastung" ist daher die in Kauf genommene Nebenfolge einer vom Staat begehrten Begünstigung.

Nach *überkommener Auffassung* besteht auf die Erteilung der Stiftungsgenehmigung **28** *kein Rechtsanspruch*. Die Genehmigung soll Ermessensentscheidung sein, bei der die Behörde nach eigener Wahl über Recht- und Zweckmäßigkeit einer Stiftungserrichtung befindet und zwischen Genehmigung und Versagung wählt (vgl Vorbem 48 zu §§ 80 ff m umf Nachw). Zwar ist unbestritten, daß ein freies Genehmigungsermessen, so wie es der historische Gesetzgeber den zuständigen Stellen noch einräumen wollte (s Vorbem 32 f zu §§ 80 ff), aufgrund des rechtsstaatlichen Willkürverbotes heute nicht mehr zulässig ist (vgl RAWERT 61 mwN). Entsprechend ist von der Ausübung *pflichtgemäßen Ermessens* die Rede (so zB PALANDT/HEINRICHS[53] Rn 2; anders aber PALANDT/ HEINRICHS[54] aaO; FLUME, AT I/2, 135 f; STENGEL, HessStiftG § 3 Anm 4.3). Einen qualitativen Wandel in der Beurteilung des Genehmigungstatbestandes bedeutet dies freilich nicht. Selbst wenn man dem Stifter einen Anspruch auf ermessensfehlerfreie Entscheidung zubilligt, bleibt es im Grundsatz bei der für das Konzessionssystem charakteristischen Möglichkeit der Behörden, die Genehmigung einer Stiftung auch unterhalb der von § 87 normierten absoluten Grenze der Gemeinwohlgefährdung (so Rn 15) zu verweigern oder mit einschränkenden Nebenbestimmungen zu versehen. Lediglich die Rechtsschutzmöglichkeiten des Stifters erfahren eine Verbesserung, da die Ausübung pflichtgemäßen Ermessens anders als die freien Ermessens verwaltungsgerichtlicher Kontrolle unterliegt (vgl § 114 VwGO; zur Bemessung des *Streitwerts* bei Klage auf Erteilung einer Stiftungsgenehmigung vgl OVG Münster NWVBL 1994, 393 f). Zum ganzen RAWERT 61 ff.

Mit geltendem Verfassungsrecht ist die Lehre von der Stiftungsgenehmigung als **29** eines Ermessensaktes nicht zu vereinbaren. Unter der Herrschaft des Grundgesetzes ist das **Stiften** zu einem **Akt privatautonomer Lebensgestaltung** geworden. Der Stifter ist beim Gebrauchmachen von der Rechtsform der Stiftung durch Art 14 Abs 1, Art 2 Abs 1 GG grundrechtlich geschützt (s Vorbem 43 ff zu §§ 80 ff). Mit der gleichen Berechtigung, mit der heute von einer verfassungsrechtlich verbürgten Vertragsfreiheit ausgegangen wird, ist auch von der Existenz einer **Stifterfreiheit** auszugehen. Diese verbietet es, die Entscheidung über die Zulässigkeit eines Stiftungsvorhabens dem Ermessen staatlicher Stellen anheimzugeben. Im Bereich der Grundrechtsausübung ist für verwaltungsbehördliches Ermessen kein Raum. Bei Vorliegen aller Voraussetzungen für die Errichtung einer Stiftung sind die landesrechtlichen Genehmigungstatbestände vielmehr verfassungskonform als **subjektiv öffentliches Recht des Stifters** auf Errichtung der Stiftung auszulegen (s Vorbem 48 zu §§ 80 ff). Außerhalb gesetzlich normierter Versagungsgründe haben die Behörden keine Möglichkeit, ein Stiftungsvorhaben, daß den vom BGB und den Landesgesetzen aufgestellten Mindestanforderungen an die Errichtung einer selbständigen Stiftung entspricht, zu verhindern. Die Funktion der Stiftungsgenehmigung hat sich auf eine reine Technik der Verselbständigung juristischer Personen reduziert. In der Sache unterscheidet sie sich nicht mehr von einer handels- oder vereinsregisterlichen Eintragung im Rahmen eines Normativsystems (MünchKomm/REUTER Vorbem 8 zu §§ 80 ff; wegen weiterer Nachweise s Vorbem 48 zu §§ 80 ff).

Die Stiftungsgenehmigung vermag rechtliche **Mängel des Stiftungsgeschäfts** nicht zu **30** heilen (BVerwGE 29, 314 = StiftRspr I 158, 160; BGHZ 70, 313 = StiftRspr III 89, 93; Münch-

Komm/Reuter Rn 2; Palandt/Heinrichs Rn 2; Karsten Schmidt, Stiftungswesen 14 ff; mißverständlich aber ders, Gesellschaftsrecht [2. Aufl 1991] 154). Das folgt daraus, daß sie keine Genehmigung des Stiftungsgeschäfts darstellt, sondern eine Anerkennung des darin vorgesehenen Zweckvermögens als einer juristischen Person (Seifart/Hof § 7 Rn 191). Die bislang hM hat daraus den Schluß gezogen, daß durch die Genehmigung allein eine Stiftung nicht ins Leben gerufen werden kann, wenn sich das Stiftungsgeschäft zivilrechtlich als ungültig erweist (RGZ 170, 22, 23 f; Staudinger/Coing[12] Rn 18; Erman/Westermann Rn 4; AK-BGB/Ott Rn 2; vRotberg, BadWürttStiftG § 5 Anm 5). Nach vordringender und zutreffender Ansicht erwirbt dagegen auch die fehlerhafte Stiftung mit Genehmigung *uneingeschränkte Rechtsfähigkeit* (MünchKomm/Reuter Rn 2; Palandt/Heinrichs Rn 2; Seifart/Hof § 7 Rn 191; Grossfeld/Mark WuR 37 [1985] 72 f; Karsten Schmidt, Stiftungswesen 14 ff; im Ergebnis auch BVerwGE 29, 314 = StiftRspr I 158, 160 f; Soergel/Neuhoff Rn 10; Ebersbach, Handbuch 56). Nur der nichtige Verwaltungsakt entfaltet keine Wirkungen. Ein Mangel des Stiftungsgeschäfts fällt jedoch nicht unter den Katalog der Nichtigkeitsgründe des § 44 VwVfG bzw des entsprechenden Landesrechts. Die Unwirksamkeit des Stiftungsgeschäfts führt lediglich dazu, daß bei Vorliegen der Voraussetzungen des § 87 oder kraft besonderer landesrechtlicher Anordnung (vgl § 9 Abs 1 RhPfStiftG) eine Aufhebung der Stiftung in Betracht kommt. Dies wird regelmäßig der Fall sein, wenn der Stifter oder seine Erben wegen der zivilrechtlichen Nichtigkeit die Herausgabe des der Stiftung überlassenen Vermögens verlangen können (vgl § 87 Rn 4).

2. Das Genehmigungsverfahren

a) Zuständigkeit

31 Welches **Bundesland** für die Genehmigung zuständig ist, bestimmt sich nach dem im Stiftungsgeschäft vorgesehenen Sitz der Stiftung, mangels Festsetzung nach dem Ort, an dem nach der Satzung die Verwaltung der Stiftung geführt wird (§ 80 S 3). Soll die Stiftung ihren Sitz nicht in einem Land der Bundesrepublik Deutschland haben, so ist anstelle des im Gesetz genannten *Bundesrates* (§ 80 S 2) der *Bundesminister des Inneren* zuständig (Art 129 Abs 1 GG; vgl OVG Münster OVGE 17, 75 = StiftRspr I 94 ff). Die Bestimmung war früher vornehmlich für Stiftungen praktisch, die ihren Sitz in den deutschen Kolonien oder einem Gebiet der heute nicht mehr bestehenden *Konsulargerichtsbarkeit* hatten (vgl Gesetz v 7. 4. 1900, RGBl 213). Die Rspr hat sie vereinzelt auf die Genehmigung von Stiftungen mit *Sitz im Ausland* angewandt (OVG Münster OVGE 17, 75 = StiftRspr I 94). Eine **ausländische Stiftung** untersteht jedoch grundsätzlich ausländischem Recht (vgl OLG Stuttgart NJW 1965, 1139 = StiftRspr I 124 f; BayObLGZ 65, 77 = StiftRspr I 126, 127; OLG Hamburg IPRspr 1977 Nr 5 = StiftRspr III 75 ff; vgl auch BGH WM 1966, 221 = StiftRspr I 138). Erwirbt sie danach die Rechtsfähigkeit, wird diese auch im Inland anerkannt (ganz hM, vgl vorherige Anm sowie Ebersbach, Handbuch 319 ff; Seifart/Hof § 7 Rn 203; BGB-RGRK/Steffen Rn 11; Palandt/Heinrichs Rn 3; Erman/Westermann Rn 5), und zwar selbst dann noch, wenn sie in ihrem Heimatstaat später enteignet und aufgelöst wird, in der Bundesrepublik Deutschland aber noch Vermögen hat (BGH WM 1966, 221 = StiftRspr I 138, 144). Die Anwendung des § 80 S 2 kommt heute daher nur noch dort in Betracht, wo es darum geht, einer *im Sitzland nichtrechtsfähigen Stiftung* im Inland und für den inländischen Rechtsverkehr Rechtsfähigkeit zu verleihen (dazu Staudinger/Grossfeld [1993] IntGesR Rn 106 ff, 112). Praktisch ist die Vorschrift nahezu bedeutungslos.

2. Titel. Juristische Personen. § 80
II. Stiftungen 32

Welche **Behörde** innerhalb des einzelnen Landes zuständig ist, bestimmt sich nach 32
den Stiftungsgesetzen und den dazu ergangenen Ausführungsbestimmungen. Im einzelnen gilt:

Baden-Württemberg: Regierungspräsidium; bei Mitstiftung durch das Land bzw Verwaltung durch das Regierungspräsidium das Ministerium, in dessen Geschäftsbereich der Zweck der Stiftung überwiegend fällt (§§ 3 Abs 1 und 3, 5 BadWürttStiftG);

Bayern: Staatsministerium für Unterricht, Kultus, Wissenschaft und Kunst bzw Staatsministerium des Inneren – je nach Stiftungszweck (Art 6 BayStiftG);

Berlin: Senator für Justiz (§ 2 Abs 1 BerlStiftG);

Brandenburg: Innenminister (§§ 3 Abs 1, 15 Abs 1 DDRStiftG iVm Kabinettsbeschluß v 18. 6. 1991 [ABl 334]);

Bremen: Senator für Inneres (§§ 2, 4 BremStiftG);

Hamburg: Der Senat – Senatskanzlei – (§ 8 Abs 1 AGBGB iVm Absch III der DurchführungsAO v 30. 6. 1970 [AmtlAnz 1073]);

Hessen: Regierungspräsident; öffentlich-rechtliche Stiftungen werden von der Landesregierung genehmigt (§§ 3 Abs 1, 11 Abs 1 HessStiftG);

Mecklenburg-Vorpommern: Innenminister (§§ 3, 7 Abs 1 MecklVorPStiftG);

Niedersachsen: Bezirksregierung (§§ 3, 4 Abs 1 NdsStiftG); Besonderheiten gelten für vom Land errichtete oder verwaltete Stiftungen (vgl § 18 NdsStiftG);

Nordrhein-Westfalen: Innenminister mit dem Recht zur Aufgabenübertragung an den Regierungspräsidenten (§ 3 NRWStiftG);

Rheinland-Pfalz: Bezirksregierung (§ 4 RhPfStiftG);

Saarland: Minister des Innern (§§ 2, 3 Abs 1 SaarlStiftG);

Sachsen: Regierungspräsident (§§ 3 Abs 1, 15 Abs 1 DDRStiftG iVm Verwaltungsvorschrift zur Durchführung des DDRStiftG v 4. 6. 1991 [ABl Nr 16 S 37 v 12. 6. 1991]);

Sachsen-Anhalt: Regierungspräsidium – ehedem: Bezirksregierung (§§ 3 Abs 1, 15 Abs 1 DDRStiftG iVm § 3 des Beschlusses der Landesregierung über die Zuständigkeit nach dem DDRStiftG v 13. 8. 1991 [MBl LSA 410]);

Schleswig-Holstein: Innenminister im Einvernehmen mit dem fachlich zuständigen Minister (§ 2 SchlHolStiftG);

Thüringen: Innenministerium im Einvernehmen mit dem Ministerium, das für den dem Zweck der Stiftung entsprechenden Sachbereich zuständig ist (§§ 3 Abs 1, 15 Abs 1 DDRStiftG iVm § 15 Abs 1 der 2. Thüringer VO zur Bestimmung von Zuständigkeiten im Geschäftsbereich des Thüringer Innenministeriums v 12. 2. 1992 [GVBl 66]).

33 Zur Frage der Rechtsfähigkeit sog **alter Stiftungen** aus der Zeit vor Inkrafttreten des BGB s Art 163 EGBGB (Intertemporales Stiftungsrecht) sowie OLG Hamm FamRZ 1987, 1084 = StiftRspr IV 66, 69 f. Rechtsfähige Stiftungen aus dem Beitrittsgebiet (Art 3 EinigV) bestehen nach Art 231 § 3 Abs 1 EGBGB fort; dazu STAUDINGER/RAUSCHER[12] Art 231 § 3 Rn 1 ff.

b) Antragserfordernis

34 Bei der *Stiftung unter Lebenden* muß das Genehmigungsverfahren durch einen **Antrag** des Stifters eingeleitet werden. Anders als bei der *Stiftung von Todes wegen* (vgl § 83 Rn 13) ist das Antragserfordernis zwingend. Dem Stifter darf nicht gegen seinen Willen das Widerrufsrecht nach § 81 Abs 2 entzogen werden (unstr, vgl MünchKomm/REUTER Rn 10; SIEGMUND-SCHULTZE, NdsStiftG § 4 Anm 4 a). Der Antrag kann vom Stifter oder einem von ihm mit der Einreichung beauftragten Dritten (arg ex § 81 Abs 2 S 3) gestellt werden. Er ist amtsempfangsbedürftige Willenserklärung und wird wirksam, wenn er der Behörde, welche die Genehmigung zu erteilen hat, zugegangen ist (§ 130). Soll eine Stiftung von mehreren Stiftern errichtet werden, so muß der Antrag von allen Stiftern gemeinsam gestellt werden. Vertretung ist zulässig. Bei der Stiftung unter Lebenden ist die Stiftungsgenehmigung *mitwirkungsbedürftiger Verwaltungsakt.* Fehlt der Antrag, so ist sie unwirksam (SIEGMUND-SCHULTZE, NdsStiftG § 4 Anm 4 a; **aA** MünchKomm/REUTER Rn 10; SEIFART/HOF § 7 Rn 212).

35 Durch die Genehmigung kann keine andere als die im Stiftungsgeschäft vorgesehene Stiftung errichtet werden. Hält die zuständige Behörde Änderungen des Stiftungsgeschäfts für erforderlich, so hat sie den noch lebenden Stifter zu unterrichten. Der Stifter ist an Hinweise der Behörde nicht gebunden. Die Behörde wird die Genehmigung ggfls versagen, kann aber aus eigener Kompetenz kein abweichendes Stiftungsvorhaben genehmigen. Zu den Ergänzungskompetenzen der Stiftungsbehörden so Rn 13 sowie KUCHNINKE, in: FS Neumayer 389 ff.

c) Wirksamwerden der Stiftungsgenehmigung

36 Die Stiftungsgenehmigung ist dem Beteiligten bekanntzugeben, für den sie bestimmt ist (Adressat) oder der von ihr betroffen wird. Sie wird für den Adressaten und die Betroffenen zu dem Zeitpunkt wirksam, in dem sie ihnen bekanntgegeben wird (§§ 41 Abs 1, 43 Abs 1 VwVfG; vgl SIEGMUND-SCHULTZE, NdsStiftG § 4 Anm 4 d). Adressat der Stiftungsgenehmigung ist der Stiftungsvorstand. Betroffen von der Stiftungsgenehmigung sind alle Personen, deren Rechtsstellung von der Stiftungsgenehmigung berührt wird, zB der Stifter, seine Erben oder sein Testamentsvollstrecker (MünchKomm/REUTER Rn 13; **aA** SOERGEL/NEUHOFF Rn 16, der eine Bekanntgabe nicht für erforderlich hält; OVG Münster NJW 1959, 1700, das Bekanntgabe nur an den Stifter fordert; SEIFART/HOF § 7 Rn 244, der alternativ Bekanntgabe an den Stiftungsvorstand oder den Stifter fordert). Die nach Landesrecht zT vorgeschriebene Bekanntmachung in öffentlichen Anzeigen oä (s Vorbem 78 zu §§ 80 ff) hat lediglich deklaratorische Bedeutung.

d) Nebenbestimmungen

Aufgrund ihres privatrechtsgestaltenden Charakters ist die Stiftungsgenehmigung 37 bedingungsfeindlich (hM, vgl SEIFART/HOF § 7 Rn 193; SIEGMUND-SCHULTZE, NdsStiftG § 4 Anm 4 e; POHLEY, BayStiftG Art 4 Anm 4.5; STENGEL, HessStiftG § 3 Anm 3.4; zum Stiftungsgeschäft so Rn 6). Der Erlaß von Nebenbestimmungen wie zB Auflagen oder Widerrufsvorbehalten ist den Behörden ebenfalls versagt. Da der Stifter auf die Erteilung der Stiftungsgenehmigung einen Anspruch hat, sind Nebenbestimmungen, die nicht ausschließlich sicherstellen sollen, daß die Voraussetzungen des Genehmigungstatbestandes erfüllt werden, unzulässig, sofern sie nicht ausnahmsweise durch besondere Rechtsvorschriften vorgesehen sind (vgl § 36 VwVfG sowie die sachlich gleichen Vorschriften des Landesrechts; aA BGB-RGRK/STEFFEN Rn 9; SEIFART/HOF § 7 Rn 194; SIEGMUND-SCHULTZE, NdsStiftG § 4 Anm 4 e; POHLEY, BayStiftG Art 4 Anm 4.5; wie hier jedoch MünchKomm/REUTER § 88 Rn 1; ähnlich STENGEL, HessStiftG § 3 Anm 3.4).

e) Materielle Genehmigungsvoraussetzungen

Die **materiellen Voraussetzungen** für die Genehmigung eines Stiftungsvorhabens erge- 38 ben sich aus den §§ 80 ff, den Stiftungsgesetzen und den allgemeinen Grundsätzen des Stiftungsrechts. Die Behörden haben insbesondere zu prüfen, ob das Stiftungsgeschäft den zwingenden gesetzlichen Anforderungen an Stiftungszweck, Stiftungsvermögen, Sitz, Organe und Namen der Stiftung entspricht (so Rn 12 ff). Die Beachtung landesrechtlicher Sollvorschriften ist einzufordern, wenn anderenfalls die Funktions- oder Leistungsfähigkeit der beabsichtigten Stiftung beeinträchtigt würde (so Rn 25). Zur Unzulässigkeit der *reinen Unterhaltsstiftung* s Vorbem 132 ff zu §§ 80 ff.

Folgt man für die **unternehmensverbundene Stiftung** der Lehre von der analogen 39 Anwendung des § 22 auf die Stiftung (s Vorbem 94 ff zu §§ 80 ff), so muß die Stiftungssatzung den Behörden die Zuordnung des Stiftungsvorhabens zur Klasse der *nichtwirtschaftlichen oder Idealstiftungen* ermöglichen. Auf dem Boden einer teleologisch begründeten Stiftungsklassenabgrenzung kommt es dafür nicht auf die Formulierung des Stiftungszwecks, sondern auf die Beschreibung der *satzungsmäßigen Tätigkeit* der Stiftung an. Die Satzung muß folglich erkennen lassen, daß weder *gegenwärtig* noch *künftig* eine Zuordnung des Vorhabens zum Volltypus der unternehmerischen Stiftung oder zum Typus der Beteiligungsträgerstiftung in Betracht kommt. Nach den dazu entwickelten Kriterien (s Vorbem 101 ff zu §§ 80 ff) bedeutet dies, daß sichergestellt sein muß, daß die Vermögensausstattung der Stiftung keine institutionalisierte Bindung an ein bestimmtes Unternehmen enthält, und die Eingehung einer solchen Bindung auch in Zukunft nicht möglich ist. Ausnahmen bestehen für Zweckverwirklichungsbetriebe (s Vorbem 107 f zu §§ 80 ff). Bei Stiftung von Beteiligungen müssen die Genehmigungsbehörden überprüfen, ob diese dem Kriterium der jederzeitigen Verfügbarkeit im Interesse der nichtwirtschaftlichen Stiftungstätigkeit und des mit ihr verfolgten Zwecks entsprechen. Dies wird in der Regel nur bei Beteiligungen an Publikumsgesellschaften der Fall sein. Entscheidend sind freilich die Umstände des Einzelfalls. Zu deren Ermittlung müssen notfalls die Satzungen oder Gesellschaftsverträge der jeweiligen Unternehmensträger im Genehmigungsverfahren herangezogen werden. Bestimmungen, die eine institutionalisierte Personalunion zwischen Stiftungsorganen und der Leitung von mit der Stiftung verbundenen Unternehmen vorsehen, sind unzulässig. Auch durch derartige Vorschriften würde eine uneingeschränkte Disponibilität des Stiftungsvermögens zumindest faktisch erschwert oder gar verhindert. Zum ganzen eingehend RAWERT 155 ff.

40 Soll die nichtwirtschaftliche Haupttätigkeit der Stiftung mit Hilfe eines **Zweckverwirklichungsbetriebs** (Stiftungszweckbetriebs) verfolgt werden, muß im Genehmigungsverfahren geprüft werden, ob die konkrete Ausgestaltung der Verbindung von Stiftung und Unternehmen der Stiftung die Unternehmensführung garantiert (dazu RAWERT 27 ff). Im Zeitpunkt der behördlichen Entscheidung muß die nachhaltige Erfüllung des Stiftungszwecks, der mit Hilfe einer nichtwirtschaftlichen Haupt- und einer wirtschaftlichen Nebentätigkeit verfolgt wird, gesichert erscheinen. Nur wenn dies gewährleistet ist, darf die Genehmigung erteilt werden.

IV. Die Stiftung im Errichtungsstadium

41 Zwischen der Vornahme des Stiftungsgeschäfts und der Erteilung der zur Erlangung der Rechtspersönlichkeit erforderlichen Genehmigung kann ein längerer Zeitraum liegen. Gleichwohl mag sich bereits im Errichtungsstadium die Notwendigkeit ergeben, daß der Stifter oder die künftigen Organpersonen zur Durchführung von Aufbau- und Vorbereitungshandlungen für die Stiftung am Rechtsverkehr teilnehmen. In der Literatur wird daher die Rechtsfigur der **Vorstiftung** diskutiert. Diese soll grundbuchfähig sein, Beteiligungen erwerben können und analog den Regeln über die Vorgesellschaft bzw den Vorverein den im Recht der Kapitalgesellschaften und Genossenschaften im Gründungsstadium bestehenden Standard des Schutzes von Rechtsverkehr und Gläubigern gewährleisten (vgl SCHWINGE BB 1978, 527 f; WEIMAR/DELP BB 1987, 1709 Anm 37; DELP, Die Stiftung & Co KG [1991] 29 ff; HENNERKES/BINZ/SORG DB 1986, 2270; PALANDT/HEINRICHS Rn 2; HOF, in: MünchVHb 923). Sie soll sicherstellen, daß namens der Stiftung vor deren Genehmigung erworbene Rechtspositionen zum Zeitpunkt ihrer Verselbständigung zur juristischen Person eo ipso auf sie übergehen und nicht durch erneutes Rechtsgeschäft auf sie übertragen werden müssen.

42 Nach richtiger Ansicht stößt die Anerkennung einer Vorstiftung freilich auf unüberwindliche **dogmatische Bedenken**. Das vor allem für die Frage der Haftung charakteristische Merkmal der Vorgesellschaft besteht darin, daß sie über eine Vermögensmasse verfügt, die im Verhältnis zu den sie einbringenden Gesellschaftern schon vor Eintragung der Gesellschaft eine gewisse Verselbständigung erfahren hat. Das gilt sowohl für die klassische Mehrpersonengesellschaft als auch für die Einmann-GmbH. Obwohl bei der Einmann-GmbH keine gesamthänderische Bindung der Vorgesellschafter an das Einlagevermögen besteht, erkennt die heute hM auch hier eine rechtliche Trennung des Vermögens des Einmann von seinem übrigen Vermögen an. Dies hat zur Folge, daß wie bei der Mehrpersonen-GmbH auch bei der Einmann-Gründung eine Zwangsvollstreckung von Privatgläubigern des Gründers in das Vermögen der Vorgesellschaft nicht in Betracht kommt, obwohl es bei letzterer an einer Gesamthand fehlt (statt vieler KARSTEN SCHMIDT, Gesellschaftsrecht [2. Aufl 1991] 263 f mwN). Im Stiftungsrecht dagegen findet eine solche Vermögensverselbständigung vor Genehmigung der Stiftung nicht statt. Bis zur Genehmigung ist der Stifter an sein Zuwendungsversprechen weder schuld- noch sachenrechtlich gebunden. Er kann über das der Stiftung zugedachte Vermögen frei verfügen und das Stiftungsgeschäft jederzeit widerrufen (§ 81 Abs 2). Seine Privatgläubiger werden anders als die Privatgläubiger von Vorgesellschaftern durch das Stiftungsgeschäft nicht daran gehindert, in das für die Stiftung vorgesehene Vermögen zu vollstrecken. Erst mit Erlangung der Rechtspersönlichkeit erwirbt die durch Rechtsgeschäft unter Lebenden errichtete Stiftung einen gegen den Stifter gerichteten schuldrechtlichen Anspruch auf Übertragung der im Stiftungsgeschäft versprochenen Gegenstände oder Rechte (§ 82 S 1). Auch Rechte, zu deren Übertragung die Abtretung genügt, gehen erst im Zeitpunkt der Genehmigung auf die Stiftung über und auch dann nur, wenn sich nicht aus dem Stiftungsgeschäft ein anderer Wille des Stifters ergibt (§ 82 S 2 BGB). Anders als die Handelsvereine entsteht die Stiftung nicht durch einen Prozeß, in dessen Verlauf eine juristische Person, die als Verband oder Vermögensmasse schon vor Entstehung eine gewisse soziale Realität besaß, stufenweise aufgebaut und von ihren Gründern verselbständigt wird (Karsten Schmidt, Verbandszweck und Rechtsfähigkeit im Vereinsrecht [1984] 15; Rittner, Die werdende juristische Person [1973] 52). Vielmehr gibt erst das Zusammentreffen von Stiftungsgeschäft und behördlicher Genehmigung „der Stiftung mit einem Schlag das Dasein" (Rittner, Die werdende juristische Person [1973] 41; vgl auch Karsten Schmidt, Gesellschaftsrecht [2. Aufl 1991] 154; ders, Stiftungswesen 13; Kronke 47).

Eine andere Beurteilung des Meinungsstreits über die Vorstiftung ergibt sich auch 43 nicht daraus, daß die hM in den Fällen des § 84 die Bestellung eines Pflegers zuläßt und die Stiftung im Gründungsstadium folglich wie einen **nasciturus** behandelt (vgl KG OLGE 24, 246; Flume, AT I/2, 147 f; Seifart/Hof § 7 Rn 200; Ebersbach, Handbuch 66 f; MünchKomm/Reuter Rn 11; Palandt/Heinrichs Rn 2; Soergel/Neuhoff § 84 Rn 1; Rittner, Die werdende juristische Person [1973] 41). Die gesetzliche Fiktion des § 84 betrifft einen Sonderfall. Sie behandelt nur *Zuwendungen des Stifters* und bezieht sich nicht auf Zuwendungen anderer Personen oder Geschäfte, die nicht den für die Stiftung vorgesehenen Nachlaß betreffen (Flume, AT I/2, 148; vgl auch Henkel-Hoffmann, Die Stiftung im Umfeld wirtschaftlicher Tätigkeit [Diss Bayreuth 1988] 152 f; Liermann, Handbuch 249 f; **aA** trotz des eindeutigen Wortlauts des § 84 Seifart/Hof § 7 Rn 200; Strickrodt, Stiftungsrecht 54 f). Mit Ausnahme der von § 84 erfaßten Fälle können während des Schwebezustandes zwischen Vornahme des Stiftungsgeschäfts und Erteilung der Stiftungsgenehmigung keine Rechtsbeziehungen für die werdende Stiftung begründet werden (Flume, in: FS Gessler [1971] 4). Treten der Stifter oder künftige Organe der Stiftung im Rechtsverkehr für diese auf, so sind von ihnen eingegangene Rechtsgeschäfte bis zur Konzessionierung der Stiftung schwebend unwirksam. Ob die entstandene Stiftung die entsprechenden Rechtsgeschäfte genehmigen kann, hängt vom Inhalt ihrer Satzung ab. Im Einzelfall mag auch eine persönliche Haftung des Stifters nach den Grundsätzen über die Anscheins- oder Duldungsvollmacht in Betracht kommen. Dogmatisch unhaltbar ist jedenfalls die Ansicht, nach der im Errichtungsstadium ein *Treuhandverhältnis* entsprechend den für die unselbständige Stiftung entwickelten Grundsätzen anzunehmen sein soll (vgl Staudinger/Coing[12] Rn 34; Kronke 48). Würde der Stifter selbst für die künftige Stiftung handeln, so bestünde eine unzulässige Identität zwischen Treugeber und Treuhänder. Wollte man die künftigen Organpersonen als Treuhänder betrachten, so müßte der Stifter das Vermögen der Stiftung entgegen § 82 zuvor auf die Treuhänder übertragen (vgl Stengel, Stiftung und Personengesellschaft [1993] 93).

§ 81

[1] **Das Stiftungsgeschäft unter Lebenden bedarf der schriftlichen Form.**

[2] **Bis zur Erteilung der Genehmigung ist der Stifter zum Widerrufe berechtigt. Ist die Genehmigung bei der zuständigen Behörde nachgesucht, so kann der Widerruf nur dieser gegenüber erklärt werden.** Der Erbe des Stifters ist zum Widerrufe nicht berechtigt, wenn der Stifter das Gesuch bei der zuständigen Behörde eingereicht oder im Falle der notariellen Beurkundung des Stiftungsgeschäfts den Notar bei oder nach der Beurkundung mit der Einreichung betraut hat.

Materialien: TE-JP § 27; KE §§ 58 ff; E I §§ 58 S 1 u 2, 62 Abs 2; II § 71 Abs 1 u 2; II rev (III) § 78; Mot I 118 ff; Prot I 591 ff; IV 258; V 443 ff; VI 118 f; SCHUBERT, AT I 694 ff; JACOBS/SCHUBERT, AT I 373 ff; geändert durch § 56 BeurkG v 28. 8. 1969 (BGBl I 1513).

Schrifttum

Vgl die Literaturhinweise in den Vorbem zu §§ 80 ff.

I. Inhalt des § 81

1 § 81 regelt *Form* und *Widerruf* des Stiftungsgeschäfts unter Lebenden.

II. Form

2 1. Das Stiftungsgeschäft unter Lebenden bedarf der schriftlichen Form. Formmangel führt zur Nichtigkeit (§§ 125, 126). Der E I, E II und der E II rev (III) verlangten gerichtliche oder notarielle Beurkundung. Die weittragende Bedeutung des Stiftungsgeschäfts erfordere die Garantie, daß der Wille des Stifters in ausreichender Weise zum Ausdruck gelange (Mot bei MUGDAN I 418; Prot bei MUGDAN I 661). In der Reichstagskommission dagegen erachtete man die Schriftform als genügend, weil das Erfordernis der Staatsgenehmigung eine Gewähr für die Unzweifelhaftigkeit und Sicherheit der im Stiftungsgeschäft enthaltenen Willenserklärungen biete und die zuständige Behörde im Genehmigungsverfahren notfalls auf eine bessere Abfassung bzw Klarstellung des Stiftungsgeschäftes drängen werde (Kommissionsbericht bei MUGDAN I 962). Im Rahmen der Reformdiskussion (s Vorbem 37 ff zu §§ 80 ff) ist die Einführung der notariellen Beurkundung gefordert worden (vgl BALLERSTEDT Verhdlg 44. DJT 48; DJT Studienkommission 22 f; s auch WOCHNER MittRhNotK 1994, 94 f). Der Gesetzgeber hat die Forderung nicht aufgegriffen. Zur Form des Stiftungsgeschäfts von Todes wegen s die Erl zu § 83.

3 2. Umstritten ist die Frage, ob die einfache Schriftform auch dann genügt, wenn zu dem der Stiftung gewidmeten Vermögen **Grundstücke** gehören. In der stiftungsrechtlichen Literatur wird dies unter Hinweis auf die Entstehungsgeschichte des § 81 überwiegend bejaht (siehe MünchKomm/REUTER Rn 1; ERMAN/WESTERMANN Rn 1; PALANDT/HEINRICHS Rn 1; BGB-RGRK/STEFFEN Rn 1; EBERSBACH, Handbuch 50; SEIFART/HOF § 7 Rn 14;

vgl auch WOCHNER MittRhNotK 1994, 95). Dagegen läßt sich freilich einwenden, daß das Genehmigungsverfahren nur der Überprüfung der Genehmigungsfähigkeit der Stiftung dient und nicht die dem § 313 zugrundeliegenden Funktionen der Beurkundung (Warnfunktion, Beweisfunktion, Richtigkeitsgewähr, Schutzfunktion – vgl MünchKomm/KANZLEITER § 313 Rn 1; STAUDINGER/WUFKA[12] § 313 Rn 3) ersetzt (so vor allem WEIMAR/ DELP BB 1986, 2004; kritisch auch FLUME, AT I/2, 140). Insbesondere treffen die Behörden nicht die allgemeinen und speziellen Prüfungs- und Belehrungspflichten, denen der Notar bei der Beurkundung von Grundstücksgeschäften unterworfen ist (vgl §§ 17 ff BeurkG). Die überwiegende Kommentarliteratur zu § 313 bejaht daher zurecht die Anwendbarkeit der Norm auch auf das Stiftungsgeschäft, sofern der Stiftung Grundstücke versprochen werden (vgl MünchKomm/KANZLEITER § 313 Rn 24; STAUDINGER/ WUFKA[12] § 313 Rn 83; SOERGEL/WOLF § 313 Rn 37; BGB-RGRK/BALLHAUS § 313 Rn 18; PALANDT/ HEINRICHS § 313 Rn 16). Dieser Ansicht läßt sich nicht ohne weiteres unter Hinweis auf die mit einer notariellen Beurkundung verbundenen Kosten begegnen. Da das durch Stiftungsgeschäft zugesicherte Grundstückseigentum nicht kraft Gesetzes, sondern immer erst durch gesonderten Übertragungsakt auf die Stiftung übergeht (BayObLG NJW-RR 1987, 1418 = StiftRspr IV 72; vgl auch § 82 Rn 4), bedarf spätestens die nach Genehmigung der Stiftung erforderliche Auflassung ohnehin der notariellen Beurkundung (§ 925). Für diese fällt eine 20/10 Gebühr nach § 36 Abs 2 KostO an, wenn nicht bereits das ihr zugrundeliegende Kausalgeschäft beurkundet wurde. Hat der Stifter dagegen gleich das Stiftungsgeschäft zu notariellem Protokoll erklärt, reduzieren sich die Kosten für die Auflassung gemäß § 38 Abs 2 Ziff 6 a KostO auf eine 5/10 Gebühr, wobei das Stiftungsgeschäft selbst als einseitige Erklärung lediglich eine 10/10 Gebühr nach § 36 Abs 1 KostO auslöst.

III. Der Widerruf des Stiftungsgeschäfts unter Lebenden

1. Der Widerruf vor dem Tode des Stifters

Das Stiftungsgeschäft unter Lebenden besteht schon vor Erteilung der Genehmi- **4** gung und vor Einreichung des entsprechenden Antrags (*Gesuchs*). *Vor Antragstellung* kann es vom Stifter jederzeit durch einseitige nicht empfangsbedürftige Willenserklärung widerrufen werden. Der Widerruf ist formlos möglich. Vertretung ist zulässig (aA SOERGEL/NEUHOFF Rn 3). Es reicht jede nach außen erkennbare Willensbekundung des Stifters, das Stiftungsgeschäft nicht mehr aufrecht erhalten zu wollen, zB die anderweitige Verfügung über das der Stiftung zugedachte Vermögen oder das Vernichten der Errichtungsurkunde (MünchKomm/REUTER Rn 2; BGB-RGRK/ STEFFEN Rn 2; EBERSBACH, Handbuch 51). Auch ein teilweiser Widerruf ist möglich. Über die Wirksamkeit des verbleibenden Teils des Stiftungsgeschäfts ist nach § 139 zu entscheiden. *Nach Antragstellung* kann der Widerruf nur durch Erklärung gegenüber der für die Genehmigung zuständigen Behörde erfolgen. Diese ist einseitige amtsempfangsbedürftige Willenserklärung und nach § 130 zu behandeln. Zur zuständigen Behörde s § 80 Rn 32.

Der Stifter kann bei notarieller Beurkundung des Stiftungsgeschäfts, die gem § 126 **5** Abs 3 iVm § 81 Abs 1 die Schriftform ersetzt, den beurkundenden **Notar** bei oder nach der Beurkundung mit der Einreichung des Genehmigungsantrags betrauen. Auch in diesem Fall ist der Stifter selbst so lange zum Widerruf des Stiftungsgeschäfts berechtigt, als der Auftrag nicht ausgeführt ist. Gleiches gilt, wenn der Stifter eine *andere Person* mit seiner Vertretung bei der Einreichung des Antrags betraut hat.

6 Ist das Stiftungsgeschäft von **mehreren Stiftern** errichtet, so kann jeder Stifter für sich widerrufen. Das Schicksal des Stiftungsgeschäfts insgesamt bestimmt sich nach § 139 (MünchKomm/REUTER Rn 3; SEIFART/HOF § 7 Rn 57). Die Möglichkeit des Widerrufs ist nicht dadurch ausgeschlossen, daß der Widerruf einer etwa unter den Stiftern getroffenen Vereinbarung widerspricht. Das Widerrufsrecht nach § 81 Abs 2 ist unverzichtbar. Der Verstoß gegen eine vertraglich übernommene Verpflichtung, ein unter Beteiligung mehrerer Stifter errichtetes Stiftungsgeschäft nicht zu widerrufen, kann zwar Ansprüche aus Vertragsverletzung auslösen. Das Widerrufsrecht als solches hingegen bleibt unberührt (ENNECCERUS/NIPPERDEY, AT § 117 Anm 17; MünchKomm/REUTER Rn 3; WOCHNER MittRhNotK 1994, 95; ähnlich KUCHINKE, in: FS Neumayer 390 f; aA SEIFART/HOF § 7 Rn 55; unklar in BGHZ 70, 313 = StiftRspr III 89, 95).

2. Der Widerruf nach dem Tode des Stifters

7 Nimmt der Stifter zu Lebzeiten von der Antragstellung Abstand, widerruft er das Stiftungsgeschäft aber nicht, so kann ein **Erbe** oder ein mit wirksamer postmortaler Vollmacht ausgestatteter Vertreter nach wie vor den Antrag auf Genehmigung stellen. Die Stiftung bleibt in diesem Falle *Stiftung des Erblassers unter Lebenden*. § 83 findet keine Anwendung. Umgekehrt kann der Erbe des Stifters das Stiftungsgeschäft widerrufen, es sei denn, der Stifter selbst hätte den Genehmigungsantrag bereits eingereicht oder – bei beurkundetem Stiftungsgeschäft – den Notar mit der Einreichung betraut. Das Stiftungsgeschäft ist der Disposition des Erben ferner entzogen, wenn der Stifter eine andere Person als den beurkundenden Notar mit der Antragstellung betraut hat *und* diese den Auftrag noch zu Lebzeiten in Vollmacht des Stifters ausgeführt hat. Hier gilt der Antrag als noch vom Stifter selbst gestellt (EBERSBACH, Handbuch 51). Ist dagegen der Einreichungsauftrag einer *anderen vom Stifter betrauten Person* von dieser erst nach dem Tod des Stifters ausgeführt worden (was möglich ist, da der Auftrag und die Vollmacht im Zweifel durch den Tod des Auftraggebers nicht erlöschen, §§ 672, 168), kann der Erbe noch durch Erklärung gegenüber der zuständigen Behörde widerrufen (hM, vgl MünchKomm/REUTER Rn 5; SEIFART/HOF § 7 Rn 58; EBERSBACH, Handbuch 51). Die abweichende Ansicht von SOERGEL/NEUHOFF Rn 5 findet keine Stütze im Gesetz.

8 **Mehrere Erben** eines Stifters können ihr Widerrufsrecht nur gemeinsam ausüben, §§ 2038, 2040 (BGB-RGRK/STEFFEN Rn 3; MünchKomm/REUTER Rn 5). Der **minderjährige Erbe** kann das Stiftungsgeschäft ohne Einwilligung seines gesetzlichen Vertreters widerrufen, da er durch den Widerruf lediglich einen rechtlichen Vorteil erlangt, § 107 (vgl EBERSBACH, Handbuch 51).

IV. Antragsrücknahme und Genehmigungsverweigerung

9 Streng vom Widerruf des Stiftungsgeschäfts zu unterscheiden ist die Rücknahme des Genehmigungsantrages. Sie läßt das Stiftungsgeschäft unberührt, sofern sich nicht aus den Umständen ergibt, daß mit ihr auch dessen Widerruf verbunden sein soll (vgl MünchKomm/REUTER Rn 4). Ist der Widerruf des Stiftungsgeschäfts dem Erben des Stifters aufgrund der Sperre des § 81 Abs 2 S 3 versagt (so Rn 7), ist auch die isolierte

2. Titel. Juristische Personen. § 81, 10, 11
II. Stiftungen § 82, 1

Antragsrücknahme unzulässig, weil die materiellen Regelungen der Norm nicht auf verfahrensrechtlichem Wege umgangen werden dürfen (ähnlich MünchKomm/REUTER Rn 5; aA scheinbar SEIFART/HOF § 7 Rn 56).

Ist eine Stiftung von mehreren Stiftern errichtet und zur Genehmigung beantragt worden, fehlt ein wirksamer Genehmigungsantrag bereits bei Antragsrücknahme durch einen Stifter (vgl MünchKomm/REUTER Rn 4). Zu den Rechtsfolgen s § 80 Rn 34 aE. 10

Wird die Genehmigung durch die zuständige Behörde verweigert, **erlischt** das Stiftungsgeschäft dadurch **nicht** (hM, MünchKomm/REUTER § 80 Rn 1; SOERGEL/NEUHOFF § 80 Rn 17; vgl auch BGB-RGRK/STEFFEN § 80 Rn 5; aA STAUDINGER/COING[12] Rn 9; ERMAN/WESTERMANN Rn 3; STRICKRODT, Stiftungsrecht 56). Ein erneuter Genehmigungsantrag kann auf dasselbe Stiftungsgeschäft gestützt werden, zB wenn die ursprünglichen Versagungsgründe (etwa mangelnde Aussicht auf Erwerb des zugesagten Vermögens) weggefallen sind (s § 80 Rn 26). Wegen Besonderheiten bei der zum Zeitpunkt des Todes des Stifters noch nicht genehmigten Stiftung s § 84 Rn 8. 11

§ 82

Wird die Stiftung genehmigt, so ist der Stifter verpflichtet, das in dem Stiftungsgeschäfte zugesicherte Vermögen auf die Stiftung zu übertragen. Rechte, zu deren Übertragung der Abtretungsvertrag genügt, gehen mit der Genehmigung auf die Stiftung über, sofern nicht aus dem Stiftungsgeschäfte sich ein anderer Wille des Stifters ergibt.

Materialien: TE-JP § 27; KE § 58; E I § 58 S 3 u 4; II § 71 Abs 3; II rev (III) § 79; Mot 120; Prot 592 f; SCHUBERT, AT I 694 ff; JACOBS/SCHUBERT, AT I 373 ff.

Schrifttum

JACKE, Die Haftung des Stifters und seines Erben (Diss Rostock 1905)
SEYBOTH, Die Haftung des Stifters und seines Erben bei Stiftungen unter Lebenden (Diss Erlangen 1936).

Vgl auch die Literaturhinweise in den Vorbem zu §§ 80 ff.

I. Inhalt des § 82

§ 82 regelt den *Vermögenserwerb* der Stiftung sowie die *Haftung des Stifters* für die Übertragung des der Stiftung im Stiftungsgeschäft zugesicherten Vermögens. 1

II. Der Vermögenserwerb der Stiftung

2 Mit ihrer Genehmigung entsteht die Stiftung als juristische Person. Auch wenn ihr der Stifter im Stiftungsgeschäft bereits ein bestimmtes Vermögen zugesichert hat (vgl Vorbem 19 zu §§ 80 ff; § 80 Rn 10), wird sie im allgemeinen noch nicht ohne weiteres Rechtsträgerin dieses Vermögens. Es findet kein Rechtsübergang kraft Gesetzes wie bei der Erbfolge (§ 1922) statt. Vielmehr entsteht die Stiftung idR nur als ausgestattet mit dem **Anspruch auf Übertragung** des zugesicherten Vermögens (vgl MünchKomm/ REUTER Rn 1; SOERGEL/NEUHOFF Rn 1).

3 Sind der Stiftung im Stiftungsgeschäft dagegen Rechte zugesichert, zu deren Übertragung der **Abtretungsvertrag** genügt, so gehen diese Rechte mit der Genehmigung *ausnahmsweise ipso iure* auf die Stiftung über, sofern sich nicht – wogegen nach dem Wortlaut der Norm eine gesetzliche Vermutung spricht – aus dem Stiftungsgeschäft ein anderer Wille des Stifters ergibt (mit umgekehrter Beweislast noch E I § 58). Rechte iSd § 82 S 2 sind vor allem Forderungs-, Mitgliedschafts- und gewerbliche Schutzrechte (vgl §§ 398, 413) mit Ausnahme der nicht übertragbaren Urheberrechte (§ 29 S 2 UrhG). Wegen Besonderheiten bei der *Fideikommißauflösungsstiftung* (dazu Vorbem 126 zu §§ 80 ff) s § 10 Abs 2 DVOFidErlG v 20. 3. 1939 (RGBl I 509).

4 Rechte, zu deren Übertragung der *Abtretungsvertrag nicht genügt*, hat der Stifter auf die Stiftung *einzeln zu übertragen*. Hierzu gehört vor allem das **Eigentum an beweglichen und unbeweglichen Sachen**. Bei letzteren ist neben der Einigung über die dingliche Rechtsänderung noch die Eintragung in das Grundbuch erforderlich (§ 873). Eine Eintragung im Wege der Grundbuchberichtigung kommt weder aufgrund des Stiftungsgeschäfts noch aufgrund der Stiftungsgenehmigung in Betracht (BayObLG NJW-RR 1987, 1418 = StiftRspr IV 72).

5 § 82 ist auch anwendbar, wenn die Stiftung unter Lebenden erst **nach dem Tode des Stifters** genehmigt wird (so auch SOERGEL/NEUHOFF Rn 6; MünchKomm/REUTER Rn 2). Gemäß § 84 gilt sie dann für Zuwendungen des Stifters als schon vor seinem Tode entstanden. Allerdings bedarf es auch hier der Einzelrechtsübertragung. Es findet anders als bei der Stiftung von Todes wegen keine Gesamtrechtsnachfolge statt. Wegen weiterer Einzelheiten s die Erl zu § 84.

III. Die Haftung des Stifters

6 1. Wird die Stiftung genehmigt, so ist der Stifter verpflichtet, ihr das im Stiftungsgeschäft zugesagte Vermögen zu übertragen. Dabei gilt der **Grundsatz**, daß die *Haftung des Stifters* erst im Augenblick des Wirksamwerdens der Genehmigung (dazu § 80 Rn 36) beginnt. Eine Rückwirkung auf den Zeitpunkt der Vornahme des Stiftungsgeschäfts findet nicht statt, sofern sich nicht aus dem Stiftungsgeschäft ausnahmsweise ergibt, daß eine solche Rückwirkung vom Stifter gewollt ist (vgl Mot I bei MUGDAN I 420).

7 Umstritten ist, ob es von diesem Grundsatz **Ausnahmen** gibt. Während die heute *hM dies verneint* (vgl MünchKomm/REUTER Rn 4; BGB-RGRK/STEFFEN Rn 3; STAUDINGER/COING[12] Rn 3; FLUME, AT I/2, 139; SEYBOTH 10 ff), begründet die Einreichung des Antrags auf

2. Titel. Juristische Personen. §82
II. Stiftungen 8, 9

Genehmigung nach *älterer Ansicht* eine *bedingungsähnliche Bindung*, die die analoge Anwendung der §§ 160 ff zur Folge hat (vgl JACKE, 16 ff; EBERSBACH 69 f; siehe auch RGZ 75, 406, 408 f). Letztere Auffassung verdient den Vorzug. Verfügungen über das im Stiftungsgeschäft zugesicherte Vermögen während des Schwebezustandes bis zur Genehmigung beinhalten einen schlüssigen vollständigen oder teilweisen Widerruf des Stiftungsgeschäfts (JACKE 19 ff; EBERSBACH, Handbuch 70; s auch § 81 Rn 4). Befreite man mit der hM den Stifter auch dann von der Haftung für sein Zuwendungsversprechen, wenn er den Antrag auf Genehmigung bereits eingereicht, den in der Verfügung über das Stiftungsvermögen liegenden (teilweisen) Widerruf jedoch entgegen § 81 Abs 2 S 2 gegenüber der Behörde noch nicht erklärt hat, würde die Behörde mangels Kenntnis von den veränderten Umständen eine Stiftung genehmigen, der das für sie vorgesehene Vermögen nicht mehr zugeführt werden kann. Da der Stifter zu Ersatzleistungen nicht verpflichtet wäre, müßte die eben genehmigte Stiftung im Ernstfall wegen Vermögenslosigkeit oder wegen zwar vorhandener aber zu geringer Kapitalausstattung wieder aufgelöst werden; ein Ergebnis, dessen Unzuträglichkeit auf der Hand liegt.

Nach *richtiger Ansicht* kann der Stifter über die der Stiftung zugesagten Vermögens- **8** gegenstände nur dann vollständig frei verfügen, wenn auch die Voraussetzungen für einen schlüssigen Widerruf des Stiftungsgeschäfts vorliegen. Sobald der Widerruf gemäß § 81 Abs 2 S 2 gegenüber der Behörde erklärt werden muß, müssen Zwischenverfügungen dieser angezeigt werden. Nur auf diese Weise läßt sich ein Einklang zwischen den Regelungen über den Widerruf und den Vorschriften über die Haftung des Stifters herstellen. Verfügt der Stifter ohne Anzeige an die Behörde, so kann die Stiftung im Interesse ihrer vermögensmäßigen Ausstattung ab Wirksamwerden der Genehmigung analog § 160 auf Schadensersatz klagen. Zwischenverfügungen, die Rechte betreffen, die nach § 82 S 2 im Zeitpunkt der Genehmigung der Stiftung ipso iure auf diese übergehen (so Rn 3), sind analog § 161 unwirksam.

Die Annahme einer bedingungsähnlichen Bindung des Stifters wird durch die *Ent-* **9** *stehungsgeschichte* der §§ 81, 82 gestützt. Zwar beseitigte die Zweite Kommission die von E I § 62 Abs 2 noch vorgesehene endgültige vermögensrechtliche Verpflichtung des Stifters ab Stellung des Antrags auf Genehmigung. Im Gegensatz zum E I nahm sie mit Rücksicht auf den Charakter des Stiftungsgeschäfts als eines einseitigen Rechtsgeschäfts dessen freie Widerruflichkeit in E II § 71 Abs 2 auf (Prot bei MUGDAN I 661). Dieser Vorschlag wurde unverändert Gesetz. Daraus ist allerdings nicht zu schließen, daß der Stifter nach dem Willen des historischen Gesetzgebers von jeder Haftung für die zugesagte Vermögensausstattung der Stiftung frei werden sollte (so aber SEYBOTH 16 f). Mit der Pflicht des Stifters, den Widerruf nach Antragstellung durch amtsempfangsbedürftige Willenserklärung zum Ausdruck zu bringen, wollte die Zweite Kommission vielmehr bewußt das mißliche Ergebnis vermeiden, daß einer Stiftung, der die zivilrechtliche Grundlage entzogen ist, gleichwohl die staatliche Genehmigung zuteil wird, die ihr alsbald wieder entzogen werden müßte (Prot bei MUGDAN I 662). Dem *formellen Erfordernis des § 81 Abs 2 S 2* (MünchKomm/REUTER Rn 4) liegt mithin ein *materielles Interesse* zugrunde: Die Erhaltung des der einmal genehmigten Stiftung zugesicherten Vermögens. Dieser gesetzgeberischen Zielsetzung entspricht es, den Stifter auch in haftungsrechtlicher Hinsicht zur Einhaltung des Vorgehens nach § 81 Abs 2 S 2 zu zwingen. Am Grundsatz der freien Widerruflichkeit des Stiftungsgeschäfts ändert dies nichts. Der Stifter wird nicht unzumutbar beschwert.

2. Art und Umfang der Haftung des Stifters sind seit jeher umstritten. Der historische Gesetzgeber hat die Klärung der Frage mit Absicht Rechtsprechung und Wissenschaft überlassen wollen (s § 80 Rn 11). Die heute hM qualifiziert den vermögensrechtlichen Teil des Stiftungsgeschäfts als *Rechtsgeschäft sui generis* auf das sie Schenkungsrecht analog anwendet (vgl die Nachw bei § 80 Rn 11). Sie gelangt damit insbesondere zur Geltung der §§ 519, 521 ff und 528. Da die Zuwendung an die Stiftung als Geschäftsgrundlage der Genehmigung jedoch keine gelockerte Rechtsverbindlichkeit verträgt (so vor allem MünchKomm/REUTER Rn 3; ders § 80 Rn 7; SEIFART/HOF § 7 Rn 35), ist die Anwendung der Haftungserleichterungen des Schenkungsrechts nach richtiger Ansicht abzulehnen. Wegen Einzelheiten s § 80 Rn 11.

Der Stifter *haftet* der Stiftung, *ohne* daß es einer *Annahmeerklärung* durch sie bedarf. Die Haftung ist durch das zur Vertretung der Stiftung nach außen berufene Organ, dh den **Vorstand** geltend zu machen. Ist der Stifter selbst der Vorstand, muß das Amtsgericht des Stiftungssitzes für die Geltendmachung der Ansprüche einen *Notvorstand* bestellen (§§ 86, 29), wenn sich nicht aus der Satzung der Stiftung oder aus den Landesstiftungsgesetzen ein anderes ergibt.

Gegenüber den **Destinatären** besteht keine Haftung des Stifters aus § 82. Zur Rechtsstellung der Destinatäre sowie der Frage klagbarer Ansprüche auf Stiftungsleistungen s § 85 Rn 10 ff.

IV. Die Haftung des Erben des Stifters

Stirbt der Stifter *vor Übertragung* des der Stiftung zugesicherten Vermögens, aber *nach deren Genehmigung*, gelten für die **Haftung des Erben** keine spezifisch stiftungsrechtlichen Besonderheiten. Die Verpflichtungen des Stifters gehen auf ihn über und stellen Nachlaßverbindlichkeiten dar (§ 1967). Ist der Erbe gleichzeitig pflichtteilsberechtigt, so ist § 2325 analog anzuwenden (RGZ 54, 399; vgl auch MünchKomm/FRANK § 2325 Rn 13; SOERGEL/DIECKMANN § 2325 Rn 4; STAUDINGER/FERID/CIESLAR[12] § 2325 Rn 19 mwN). Wird er von der Stiftung aus § 82 auf Erfüllung der Forderung in Anspruch genommen, kann er die Einrede des § 2328 geltend machen. Künftige Leistungen der Stiftung muß er sich auch dann nicht analog § 2327 anrechnen lassen, wenn er zu den Destinatären der Stiftung gehört (SEYBOTH 30; JACKE 30; aA RGZ 54, 399, 401; STAUDINGER/FERID/CIESLAR[12] § 2327 Rn 5). Wird dem Erben nach dem Tode des Stifters die Übereignung der zugesagten Vermögensgegenstände unmöglich, so haftet er nach §§ 280, 276. Da es sich hierbei um eine persönliche Schuld des Erben handelt, kommt eine Beschränkung der Haftung auf den Nachlaß nicht in Betracht.

Wird die Stiftung erst *nach dem Tode des Stifters* genehmigt, so gelten die vorstehenden Grundsätze unter Anwendung des § 84 mutatis mutandis. Wegen Einzelheiten vgl die Erl zu § 84. Gefährdet der Erbe durch sein Verhalten die Ansprüche der künftigen Stiftung und ist er selbst nicht mehr zum Widerruf des Stiftungsgeschäfts berechtigt (s § 81 Rn 7), so kann der Stiftung ein Pfleger bestellt werden (dazu JACKE 32 f).

§ 83

Besteht das Stiftungsgeschäft in einer Verfügung von Todes wegen, so hat das Nachlaßgericht die Genehmigung einzuholen, sofern sie nicht von dem Erben oder dem Testamentsvollstrecker nachgesucht wird.

Materialien: TE-ErbR § 8; KE § 58 a; E I § 59; E II § 72 Abs 1; E II rev (III) § 80; Mot I 120 ff; Prot I 586 ff, 594 ff; Schubert ErbR I 201 ff; Jacobs/Schubert, AT I 373 ff.

Schrifttum

Harrer, Der Begriff „Verfügung von Todes wegen" im BGB in erbrechtlicher und sonstiger Beziehung, mit besonderer Berücksichtigung des Stiftungsgeschäfts von Todes wegen, ZBlFG 19 (1919) 361 ff
Kuchinke, Probleme bei letztwilligen Zuwendungen für Stiftungszwecke, in: FS Neumayer (1985) 389 ff
Stinzing, Über das Stiftungsgeschäft nach dem BGB, AcP 88 (1898) 392 ff.
Vgl auch die Literaturhinweise in den Vorbem zu §§ 80 ff.

I. Inhalt des § 83

§ 83 regelt die letztwillige Errichtung einer Stiftung. Er entscheidet die im Gemeinen Recht kontrovers diskutierte Frage, ob eine rechtsfähige Stiftung auch dadurch entstehen kann, daß der Erblasser den auf Errichtung einer Stiftung gerichteten Willen im Wege ihrer Einsetzung zum *Erben* oder durch Zuwendung eines *Vermächtnisses* erklärt (Mot bei Mugdan I 418).

II. Verfügung von Todes wegen

1. Das Stiftungsgeschäft von Todes wegen iSd § 83 kann in einem **Testament** oder im Rahmen eines **Erbvertrages** vorgenommen werden. Es gelten die persönlichen, sachlichen und formellen Voraussetzungen des Erbrechts (vgl Ebersbach, Handbuch 52 ff). Es ist testierfähigen natürlichen Personen vorbehalten (§ 2229). Stellvertretung ist unzulässig (§§ 2064, 2065). Es muß zur Niederschrift eines Notars oder durch eigenhändig geschriebene und unterschriebene Erklärung errichtet werden (§§ 2231 ff). Das der Stiftung zugedachte Vermögen muß ihr unmittelbar durch das Stiftungsgeschäft gewidmet werden. Anders als bei der Stiftung unter Lebenden genügt die zuverlässige Aussicht auf späteren Erwerb des Stiftungsvermögens nicht (hM, vgl MünchKomm/Reuter Rn 3; Seifart/Hof § 7 Rn 69; aA wohl Ebersbach, Handbuch 45; s auch Vorbem 19 zu §§ 80 ff). Für die **Auslegung** und **Anfechtung** des vermögensrechtlichen Bewidmungsaktes gelten die Bestimmungen des Erbrechts. Der organisationsrechtliche Teil des Stiftungsgeschäfts (vgl § 80 Rn 10) bleibt dagegen nach allgemeinen Regeln (zB § 133) zu beurteilen. Insoweit besteht kein sachlicher Unterschied zur Stiftung unter Lebenden (BVerwG StiftRspr II 152, 154; III 178; MünchKomm/Reuter Rn 5; Soergel/Neuhoff Rn 1; Seifart/Hof § 7 Rn 67; vgl auch Kuchinke, in: FS Neumayer 391).

3 Wird eine Stiftung im Rahmen eines *Erbvertrages* dadurch errichtet, daß beide Parteien der Stiftung Vermögen zuwenden und diese schon beim Tod des Erstversterbenden genehmigt werden soll, so ist ein Stiftungsgeschäft durch Verfügung von Todes wegen mit einem Stiftungsgeschäft unter Lebenden verbunden. Da bei Abschluß des Vertrages ungewiß ist, welche Partei zuerst verstirbt, die Stiftung aber bereits mit dem Tode des Erstversterbenden wirksam werden soll, nimmt jede der Vertragsparteien ein Stiftungsgeschäft sowohl unter Lebenden als auch von Todes wegen vor. Ersteres steht unter der Bedingung, daß die andere Partei zuerst, letzteres, daß sie selbst als erste verstirbt. Derartige Gestaltungen sind zulässig (BGHZ 70, 313 = StiftRspr III 94; kritisch aber KUCHINKE, in: FS Neumayer 392 f).

4 2. Die *Verfügung von Todes wegen* iSd § 83 kann in der Einsetzung der Stiftung als **Erbin, Miterbin, Vorerbin, Nacherbin oder Ersatzerbin** bestehen. Sie kann ferner die Form eines **Vermächtnisses** oder einer **Auflage** annehmen. Durch Schenkung von Todes wegen (§ 2301) kann eine Stiftung nicht errichtet werden (**aA** STINZING AcP 88 [1898] 460). Im Einzelfall ist zu prüfen, ob eine solche Schenkung in ein Vermächtnis umgedeutet werden kann (§§ 2084, 140). Vgl dazu EBERSBACH, Handbuch 52; SEIFART/HOF § 7 Rn 83.

5 a) Bei testamentarischer oder erbvertraglicher Einsetzung der Stiftung als **Erbin** erwirbt sie das Vermögen des Stifters im Wege der Gesamtrechtsnachfolge, §§ 1922, 84. Das Nachlaßgericht ist gemäß § 1960 berechtigt, einen Nachlaßpfleger zur Sicherung des Nachlasses zu bestellen. Dieser hat neben den in § 83 genannten Personen das Recht und die Pflicht, um die Genehmigung der Stiftung nachzusuchen (BayVGH StiftRspr III 178, 179 f). Ist die Stiftung **Miterbin**, so ist die Auseinandersetzung unter den Erben ausgeschlossen, bis die Entscheidung über die Genehmigung der Stiftung wirksam geworden ist (vgl § 2043). Ist sie bloß **Vorerbin** (§§ 2100 ff), so wird eine Genehmigung in der Regel nicht in Betracht kommen, da ihre Vermögensausstattung nur vorübergehender Natur ist. Anderes kann ausnahmsweise gelten, wenn der Stiftungszweck zeitlich begrenzt und während der voraussichtlichen Dauer der Vorerbschaft erfüllbar ist (zur Dauerhaftigkeit des Stiftungszwecks s Vorbem 8 zu §§ 80 ff). Im Einzelfall mag die Vorerbschaft auch so ausgestaltet sein, daß die anfallenden Erträge zur Verwirklichung des Stiftungszwecks auch nach Eintritt des Nacherbfalles ausreichend sind. Insgesamt ist der Stiftungserrichtung durch Anordnung von Vorerbschaft jedoch mit Zurückhaltung zu begegnen (so auch MünchKomm/REUTER Rn 3; SOERGEL/NEUHOFF Rn 3). Ist die Stiftung als **Nacherbin** eingesetzt, so ist eine Genehmigung vor Eintritt des Nacherbfalls allenfalls bei *nicht befreiter Vorerbschaft* zulässig. Da § 84 die Errichtung der Stiftung auf die juristische Sekunde vor dem Tode des Stifters fingiert, muß sie allerdings selbst bei befreiter Vorerbschaft schon vor tatsächlicher Genehmigung ins Grundbuch eingetragen werden, wenn zum Nachlaß ein Grundstück oder ein Recht an einem Grundstück gehört. Die Eintragung hat zusammen mit der Grundbuchberichtigung auf den Vorerben von Amts wegen zu erfolgen (KG RJA 4, 228). Bei Einsetzung der Stiftung als **Ersatzerbin** (§ 2096), ist der Eintritt des Ersatzerbfalls Voraussetzung für die Genehmigung. Zum ganzen STINZING AcP 88 (1898) 440 ff; EBERSBACH, Handbuch 53 f; SEIFART/HOF § 7 Rn 59 ff; WOCHNER MittRhNotK 1994, 96 f.

6 b) Ist das Stiftungsgeschäft als **Vermächtnis** ausgestaltet, so besteht die Vermögensausstattung der Stiftung aus dem Anspruch auf Leistung der vermachten Gegenstände (§ 2174). Dieser Anspruch richtet sich gegen den mit dem Vermächtnis Beschwerten. Aufgrund der Fiktion des § 84 entsteht der Anspruch bereits mit dem Tode des Stifters, obwohl die Stiftung erst zu einem späteren Zeitpunkt genehmigt wird (§ 2176). Das Vermächtnis bleibt – sofern ein anderer Wille des Stifters nicht anzunehmen ist – auch dann wirksam, wenn der Beschwerte wegen Ausschlagung oä wegfällt (§ 2161). Ist die Stiftung als Untervermächtnisnehmer eingesetzt, richtet sich der von ihrem Vorstand geltend zu machende Ausstattungsanspruch gegen den Hauptvermächtnisnehmer (vgl § 2186). Für **Vor-** und **Nachvermächtnisse** sowie **Ersatzvermächtnisse** an eine Stiftung gilt das oben Rn 5 zur Erbeinsetzung Gesagte entsprechend (§§ 2190, 2191 Abs 2).

c) Das Stiftungsgeschäft von Todes wegen kann auch in einer **Auflage** an den 7 Erben oder Vermächtnisnehmer bestehen (hM, vgl MünchKomm/REUTER Rn 4; SEIFART/ HOF § 7 Rn 80; EBERSBACH, Handbuch 54 f; WOCHNER MittRhNotK 1994, 97; **aA** STINZING AcP 88 [1898] 453 f). Allerdings muß die Auflage dem Beschwerten die Vollziehung eines vom Stifter selbst stammenden und inhaltlich vollständigen Stiftungsgeschäfts abverlangen. Fehlt es daran, kann die Auflage nur durch Errichtung einer Stiftung des Beschwerten unter Lebenden vollzogen werden (SOERGEL/NEUHOFF Rn 4 ff; BGB-RGRK/ STEFFEN Rn 1; EBERSBACH, Handbuch 54). Der Erblasser ist dann nur *mittelbarer Stifter*. § 83 gilt nicht. Zum Schutz der Stiftung ist allerdings § 84 analog anzuwenden (so wohl auch STINZING AcP 88 [1898] 454). Die durch Auflage errichtete Stiftung hat *keinen eigenen Anspruch* auf Erbringung der ihr zugedachten Leistungen (§ 1940). Die Vollziehung der Auflage kann jedoch vom Erben, Miterben oder derjenigen Person verlangt werden, der der Wegfall des mit der Auflage Beschwerten unmittelbar zustatten kommt (§ 2194 S 1). Liegt die Vollziehung der Auflage im *öffentlichen Interesse*, so kann auch die nach Landesrecht zuständige Behörde die Errichtung der Stiftung verlangen (§ 2194 S 2). Zur zuständigen Behörde vgl die Nachweise bei PALANDT/EDENHOFER[53] § 2194 Rn 2.

3. Zu den **inhaltlichen Anforderungen** an das Stiftungsgeschäft von Todes wegen s 8 die Erl zu § 80 Rn 12 ff. Während Mängel des Stiftungsgeschäfts unter Lebenden auf Hinweis der zuständigen Behörde vom Stifter behoben werden können, kommt eine Heilung testamentarischer Anordnungen nach dem Tode des Stifters nicht mehr in Betracht. Den bereits bei § 80 Rn 12 ff dargestellten Ergänzungs- und Auslegungskompetenzen der Stiftungsbehörden kommt damit ihre eigentliche Bedeutung im Rahmen letztwilliger Zuwendungen zu Stiftungszwecken zu. Dazu eingehend KUCHINKE, in: FS Neumayer 389 ff.

4. Der genehmigten Stiftung von Todes wegen steht **kein Recht auf Ausschlagung** 9 der ihr zugewandten Erbschaft oder des Vermächtnisses zu. Die Stiftung kann sich nicht selbst ihrer Existenzgrundlage berauben (ganz hM, siehe nur MünchKomm/REUTER Rn 3; SEIFART/HOF § 7 Rn 89; **aA** jedoch STINZING AcP 88 [1898] 440). Für die Stiftung bedeutet das Fehlen eines Ausschlagungsrechts freilich kein Risiko, da im Rahmen des Genehmigungsverfahrens geprüft wird, ob der Nachlaß die zur dauerhaften Verfolgung des Stiftungszwecks notwendigen Mittel hergibt. Bei dürftigem Nachlaß erfolgt keine Genehmigung.

5. Der Stifter kann Testamentsvollstreckung anordnen und den **Testamentsvoll-** 10 **strecker** dazu befugen, der Stiftung eine Satzung zu geben bzw eine von ihm selbst der Stiftung bereits gegebene Satzung den Anordnungen der Genehmigungsbehörde entsprechend anzupassen. Ein fehlender Stiftungszweck sowie mangelnde Angaben zur Vermögensausstattung der Stiftung können vom Testamentsvollstrecker jedoch nicht geheilt werden. Beide Festsetzungen sind persönlicher Ausdruck des Stifterwillens und können nur vom Stifter selbst bestimmt werden (s § 80 Rn 13, 17; vgl auch § 2065 Abs 2). Sofern der Stifter nichts anderes bestimmt hat, enden die Befugnisse des Testamentsvollstreckers mit der Genehmigung der Stiftung. Zu Satzungsänderungen nach erfolgter Genehmigung ermächtigen sie idR nicht (BGHZ 41, 23 = StiftRspr III 177 f). Die Rechte der Stiftung gegenüber dem Nachlaß werden ab Genehmigung von ihrem Vorstand und nicht mehr vom Testamentsvollstrecker wahrgenommen. Personalunion zwischen Vorstand und Testamentsvollstrecker ist zulässig. Zum ganzen SEIFART/HOF § 7 Rn 93; ders, in: MünchVHb 946 f; WOCHNER Mitt-RhNotK 1994, 97 f.

III. Widerruflichkeit und Genehmigungsersuchen

11 1.   Das durch Testament errichtete Stiftungsgeschäft von Todes wegen kann **vom Stifter** frei **widerrufen** werden, §§ 2253 ff. Bei der durch gemeinschaftliches Testament errichteten Stiftung sind die §§ 2271, 2272 zu beachten, sofern das Stiftungsgeschäft zu den *wechselbezüglichen Verfügungen* gehört. Ist das Stiftungsgeschäft Bestandteil eines Erbvertrages und als *vertragsmäßige Verfügung* getroffen, kann auch der Widerruf nur durch Vertrag erfolgen (§ 2290), oder, wenn das Stiftungsgeschäft in einer Vermächtnisverfügung oder Auflage besteht, durch Testament mit Zustimmung des Vertragsgegners (§ 2291). Das vertragsmäßige Stiftungsgeschäft kann auch durch Ausübung eines *Rücktrittsrechts* (§§ 2293 ff) erlöschen. Ist das Stiftungsgeschäft trotz seiner Einbindung in einen Erbvertrag als *einseitige Verfügung* getroffen, kann es wie ein Testament widerrufen werden. Einer Zustimmung des Vertragsgegners bedarf es nicht (§ 2299). Zum Stiftungsgeschäft als Bestandteil eines Ehegattenerbvertrages siehe BGHZ 70, 313 = StiftRspr III 89.

12 2.   Den **Erben des Stifters** steht im Falle des § 83 **kein Widerrufsrecht** zu. § 81 Abs 2 ist auf das Stiftungsgeschäft von Todes wegen nicht anwendbar (völlig hM, vgl Münch-Komm/REUTER Rn 6; SOERGEL/NEUHOFF Rn 8; BGB-RGRK/STEFFEN Rn 4; ERMAN/WESTERMANN Rn 3; SEIFART/HOF § 7 Rn 87). Behält der Erblasser in seiner Verfügung dem Erben den Widerruf des Stiftungsgeschäfts ausdrücklich vor, so kann darin die Ermächtigung des Erben liegen, das Stiftungsgeschäft erneut als eines unter Lebenden vorzunehmen (BGB-RGRK/STEFFEN Rn 4).

13 3.   Während die Stiftung unter Lebenden stets nur auf Antrag des Stifters genehmigt werden darf (s § 80 Rn 34), ist bei der Stiftung von Todes wegen der **Antrag eines Beteiligten nicht erforderlich**. Das folgt daraus, daß es nach dem Tode des Stifters keine Widerrufsrechte mehr gibt. Sofern nicht der Erbe oder der Testamentsvollstrecker des Stifters um Genehmigung der Stiftung nachsuchen, hat das Nachlaßgericht die Genehmigung einzuholen. Die gleiche Pflicht trifft einen zur Sicherung des Nachlasses bestellten Nachlaßpfleger (vgl BayVGH StiftRspr III 178). Das Gesuch des Nachlaßgerichts bzw -pflegers ist kein formeller Antrag, sondern lediglich eine Anzeige, aufgrund derer die Stiftungsbehörden von Amts wegen tätig werden. Praktisch bedeutsam ist dies dann, wenn die Stiftung ohne die gleichzeitige Anordnung einer Testamentsvollstreckung zur Alleinerbin eingesetzt wurde bzw der Erbe und/

oder Testamentsvollstrecker untätig bleiben. Hat der Erblasser seine Verfügungen zu notariellem Protokoll erklärt, ist durch die von den Justiz- und Innenministern der Länder gleichlautend erlassenen Verfügungen über die Benachrichtigung in Nachlaßsachen (s DNotZ 1980, 65) sichergestellt, daß das für den letzten Wohnsitz des Erblassers zuständige Amtsgericht von dem Stiftungsgeschäft erfährt. Im übrigen gilt § 2259.

Wegen des fehlenden Antragserfordernisses ist die Genehmigung einer Stiftung von Todes wegen auch dann wirksam, wenn sie ohne Tätigwerden des Nachlaßgerichts aufgrund der Anzeige einer dritten Person erfolgt. 14

Will der Stifter bereits zu seinen Lebzeiten erfahren, ob eine von ihm von Todes wegen geplante Stiftung genehmigt werden kann, kann er die Erteilung einer **Zusage** iSd § 38 VwVfG beantragen (vgl SIEGMUND/SCHULTZE, NdsStiftG § 4 Anm 4 c; kritisch vROTBERG, BadWürttStiftG § 5 Anm 8). 15

§ 84

Wird die Stiftung erst nach dem Tode des Stifters genehmigt, so gilt sie für die Zuwendungen des Stifters als schon vor dessen Tode entstanden.

Materialien: TE-JP § 27; TE-ErbR § 8; KE § 61 Abs 3; E I § 62 Abs 3; II § 72; II rev (III) § 81; Mot I 123 f; Prot I 594 ff; V 883 ff; SCHUBERT, AT I 694 ff; ErbR I 201 ff; JACOBS/SCHUBERT, AT I 373 ff.

Schrifttum

BECKER, Der Städel-Paragraph (§ 84), in: FS Hübner (1984) 21 ff.
Vgl auch die Literaturhinweise in den Vorbem zu §§ 80 ff.

I. Inhalt des § 84

Für den Fall, daß die Stiftung erst nach dem Tode des Stifters genehmigt wird, bezieht § 84 ihre Entstehung für Zuwendungen des Stifters auf die *juristische Sekunde vor dessen Tode* zurück. Die Vorschrift ermöglicht dem Stifter die Erbeinsetzung der Stiftung, die anderenfalls an § 1923 scheitern würde (MünchKomm/REUTER Rn 1; SOERGEL/NEUHOFF Rn 1; BGB-RGRK/STEFFEN Rn 2). Sie ergänzt ferner den Haftungstatbestand des § 82. Zur Entstehungsgeschichte s BECKER, in: FS Hübner 21 ff. 1

II. Anwendungsbereich

2 1. § 84 gilt sowohl für die **Stiftung von Todes wegen** als auch für die **Stiftung unter Lebenden** (BayObLG NJW-RR 1991, 523 = StiftRspr IV 145, 149; MünchKomm/REUTER Rn 1; SOERGEL/NEUHOFF Rn 2; BGB-RGRK/STEFFEN Rn 1). Auch die Stiftung unter Lebenden wird unter Umständen erst nach dem Tode des Stifters genehmigt, obwohl dieser den Antrag auf Genehmigung noch persönlich gestellt hat. Personen, die der Stifter mit der Einreichung des Genehmigungsantrages beauftragt hat (§ 81 Abs 2 S 3), haben den Antrag möglicherweise erst nach dem Tode des Stifters eingereicht. Schließlich kann, wenn der Stifter selbst weder einen Antrag gestellt noch andere mit der Einreichung des Antrags beauftragt hat, der Erbe des Stifters die Genehmigung beantragen. In allen Fällen ist § 84 anwendbar.

3 2. Die *gesetzliche Fiktion* des § 84 betrifft nur **Zuwendungen des Stifters** im Rahmen des Stiftungsgeschäfts bzw letztwillige Verfügungen zugunsten einer von ihm unter Lebenden errichteten Stiftung. Zuwendungen aus Rechtsgeschäften unter Lebenden werden von § 84 nicht erfaßt (MünchKomm/REUTER Rn 1; aA STAUDINGER/COING[12] Rn 2; SEIFART/HOF § 7 Rn 45). Gleiches gilt für Zuwendungen Dritter an die noch nicht genehmigte und daher noch nicht entstandene Stiftung. Hier gelten die allgemeinen Grundsätze: Rechtsgeschäfte mit der **Stiftung im Errichtungsstadium** sind bis zu deren Konzessionierung schwebend unwirksam. Ob die entstandene Stiftung sie genehmigen kann, ist Frage des Einzelfalls und hängt von der Satzung der Stiftung ab. Wegen Einzelheiten s § 80 Rn 42.

4 Die **Erbeinsetzung** einer noch nicht genehmigten Stiftung **durch einen Dritten** ist nach § 2101 im Zweifel als Nacherbeneinsetzung der künftigen Stiftung aufzufassen. Entspricht dies nicht dem Willen des Erblassers, so ist die Erbeinsetzung unwirksam. Dagegen kann ein **Vermächtnis** zugunsten einer noch nicht genehmigten Stiftung stets wirksam verfügt werden (vgl § 2178).

5 3. § 84 ist auch dann anwendbar, wenn die zu errichtende **Stiftung ihren Sitz im Ausland** hat und sich der Hoheitsakt, der ihre Entstehung bewirkt, nach ausländischem Recht richtet. Entscheidend ist allein, daß für die Erbeinsetzung der Stiftung deutsches Recht gilt. Dies ist nach internationalprivatrechtlichen Grundsätzen festzustellen (BayObLGZ 65, 77 = StiftRspr I 126, 129).

III. Wirkungen

6 1. Für den **Schwebezustand** zwischen dem Tod des Stifters und der Genehmigung der Stiftung hat die Fiktion des § 84 unterschiedliche Konsequenzen, je nachdem, ob es sich um eine Stiftung unter Lebenden oder von Todes wegen handelt, und ob in letzterem Falle der Stifter die Stiftung als Vermächtnisnehmerin oder Erbin eingesetzt hat. Bei der **Stiftung unter Lebenden**, der der Anspruch auf das ihr zugesagte Vermögen gemäß § 82 zuwächst, bewirkt § 84, daß der Anspruch als schon vor dem Tode des Stifters entstanden gilt. Hat der Stifter der Stiftung Rechte iSd § 82 S 2 zugewandt, so hat dies zur Folge, daß abweichende Verfügungen des Erben mit Genehmigung unwirksam werden. Der Erbe wird nachträglich zum *Nichtberechtigten*. Ähnliches gilt bei der **Erb- oder Miterbeneinsetzung der Stiftung von Todes wegen**. Anders als im Falle des § 82 umfaßt die Unwirksamkeit der Verfügungen des Schein-

oder Miterben hier jedoch das gesamte der Stiftung zugewandte Vermögen und nicht nur die Rechte iSd § 82 S 2. Hat der Stifter die Stiftung von Todes wegen nur mit einem **Vermächtnis** bedacht, so kann der Erbe über die entsprechenden Vermögensgegenstände zwar als deren Eigentümer (§ 1922) wirksam verfügen (aA WOCHNER MittRhNotK 1994, 97, unter Berufung auf §§ 2179, 161 Abs 1, der jedoch übersieht, daß der Erbe nicht Verfügender iSd § 161 Abs 1 ist; vgl PALANDT/EDENHOFER § 2179 Rn 2). Die Fiktion des § 84 macht ihn nicht nachträglich zum Nichtberechtigten. Verhindert er jedoch vorwerfbar die Erfüllung des Vermächtnisses, so wird er der Stiftung ersatzpflichtig (§§ 2174, 276 ff). Im übrigen hat er der Stiftung ab dem Todestag des Stifters die aus dem vermachten Gegenstand gezogenen Früchte sowie das sonst aufgrund des vermachten Rechts Erlangte herauszugeben (§§ 2184, 2176).

Umstritten ist, ob Verfügungen derjenigen, die durch die Fiktion des § 84 bei Genehmigung der Stiftung nachträglich zu Nichtberechtigten werden, **analog § 184 Abs 2** geheilt werden können. Die früher hM hat dies bejaht (vgl PLANCK/KNOKE Anm 2; SOERGEL/SCHULTZE-VLASAULX[10] Rn 4; STAUDINGER/COING[11] Rn 4). Dagegen ist mit Recht einzuwenden, daß die Interessenlage, die § 184 Abs 2 voraussetzt, nicht gegeben ist, weil derjenige, der verfügt hat, die Genehmigung der Stiftung idR nicht verhindern kann (MünchKomm/REUTER Rn 3; BGB-RGRK/STEFFEN Rn 2). Anders mag dies zwar dann sein, wenn der Erbe des Stifters bei der Stiftung unter Lebenden noch widerrufsberechtigt ist oder den Genehmigungsantrag selbst gestellt hat (vgl § 81 Rn 7). Entgegen MünchKomm/REUTER Rn 3 (ihm folgend SEIFART/HOF § 7 Rn 44) kommt eine analoge Anwendung des § 184 Abs 2 aber auch in diesen Fällen nicht in Betracht. Verfügt nämlich der widerrufsberechtigte Erbe über das der Stiftung zugedachte Vermögen, so liegt darin der schlüssige Widerruf des Stiftungsgeschäfts. Die Wirkungen des § 84 können nicht mehr eintreten, weil der Stiftung die vermögensrechtliche Grundlage entzogen wurde und ihre Genehmigung nicht mehr in Betracht kommt. Wird der in der Verfügung des Erben liegende Widerruf nicht wirksam, weil er entgegen § 81 Abs 2 S 2 nicht gegenüber der zuständigen Behörde erklärt wurde (vgl § 82 Rn 7 ff), ist für die analoge Anwendung des § 184 Abs 2 kein Raum.

3. Wird der im Zeitpunkt des Todes des Stifters noch nicht genehmigten Stiftung die **Genehmigung versagt**, wird das Stiftungsgeschäft unbeschadet der Erl zu § 80 Rn 26 sowie § 81 Rn 11 wirkungslos. Anders als bei der Zurückweisung des Genehmigungsantrages zu Lebzeiten des Stifters erfordert die Sicherheit der erbrechtlichen Verhältnisse hier endgültige Klarheit. Könnte der Antrag auf Genehmigung auch nach dem Tode des Stifters erneut gestellt werden, wären die Rechte der Erben und sonstigen Beteiligten am Nachlaß des Stifters aufgrund der Fiktion des § 84 auch noch nach Jahren oder gar Jahrzehnten ungewiß. Dies widerspricht dem Willen des historischen Gesetzgebers (vgl Prot bei MUGDAN I 663). Zum ganzen eingehend PLANCK/KNOKE Anm 3; OERTMANN Anm 4.

§ 85

Die Verfassung einer Stiftung wird, soweit sie nicht auf *Reichs*- oder Landesgesetz beruht, durch das Stiftungsgeschäft bestimmt.

Materialien: TE-JP § 27; KE § 59; E I § 60; II § 73; II rev (III) § 82; Mot I 121; Prot I 596; Schubert, AT I 694 ff; Jacobs/Schubert, AT I 373 ff.

Schrifttum

Eichler, Die Verfassung von Körperschaft und Stiftung (1986)
Jess, Das Verhältnis des lebenden Stifters zur Stiftung (1991)

Klinger, Das Klagerecht der Stiftungsinteressenten (Diss Bonn 1914).
Vgl auch die Literaturhinweise in den Vorbem zu §§ 80 ff.

I. Inhalt des § 85

1 § 85 gibt die **Rechtsquellen** für die Verfassung der Stiftung an: *Reichs(Bundes-)recht, Landesrecht und das Stiftungsgeschäft*. Die Vorschrift stellt die wichtigste Grundlage für die Regelungen der Landesstiftungsgesetze dar. Sie gibt den Gesetzgebern der Bundesländer die Möglichkeit, die Verfassungen der Stiftungen mit Sitz im jeweiligen Landesgebiet verbindlich festzulegen (Ebersbach, Handbuch 39 f). Die Landesgesetzgeber haben von dieser Möglichkeit Gebrauch gemacht; vgl § 80 Rn 12 sowie die Erl zu §§ 86 bis 88.

II. Der Begriff der Stiftungsverfassung

2 1. Die **Stiftungsverfassung** ist die *Gesamtheit aller Rechtsnormen, die die Organisation der selbständigen Stiftung des Privatrechts betreffen*. Neben den zwingenden und dispositiven Regelungen des Bundes- und Landesrechts (dazu eingehend Soergel/Neuhoff Rn 2 ff) handelt es sich vor allem um das vom Stifter gesetzte *eigene Verfassungsrecht* der Stiftung. Dieses wird als *Satzung* bezeichnet (vgl § 80 Rn 12). Der Begriff ist inhaltlich und nicht formal zu verstehen. Die Satzung ist der Inbegriff aller Normen, aus denen sich die Grundordnung der Stiftung ergibt, nicht bloß ein besonderes als *Satzung* gekennzeichnetes Schriftstück. Sie muß folglich nicht in einem einheitlichen Dokument niedergelegt sein (RGZ 158, 185, 188). Ihr Inhalt ist vielmehr allen vom Stifter im Genehmigungsverfahren vorgelegten Erklärungen zu entnehmen (Soergel/Neuhoff Rn 6).

3 2. Die Stiftungssatzung hat *Normcharakter*. Ihre **Auslegung** durch die Tatsachengerichte ist revisibel (RG HRR 1929 Nr 1523; BGH NJW 1957, 708 = StiftRspr I 33, 34; BGH WM 1976, 869 = StiftRspr III 1; BGHZ 68, 142 = StiftRspr III 27, 30; BGHZ 70, 313 = StiftRspr III 89, 94; BGHZ 99, 344 = StiftRspr IV 58, 63; BGH NJW 1994, 184, 185; BAG NJW 1962, 555, 556). Es gelten die von der Rspr für die Gesellschaftsverträge bzw Satzungen von Kapitalgesellschaften aufgestellten Grundsätze (BGHZ 9, 279, 281). Maßgebend für die Auslegung der Satzung ist der objektivierte Stifterwille (vgl § 80 Rn 7), so wie er im Stiftungsgeschäft und den Erklärungen des Stifters im Rahmen des Genehmigungsverfahrens zum Ausdruck gekommen ist (BGB-RGRK/Steffen Rn 2; MünchKomm/Reuter Rn 4; Seifart/Hof § 7 Rn 8).

4 Entgegen verbreiteter Ansicht (vgl RGZ 100, 230, 234; Ebersbach, Handbuch 47; Soergel/

NEUHOFF Rn 6; BGB-RGRK/STEFFEN Rn 2; ERMAN/WESTERMANN Rn 2; PALANDT/HEINRICHS Rn 2) kann der Stifter die **verbindliche Auslegung der Satzung** nicht unter Ausschluß der Gerichte den Stiftungsorganen oder der Stiftungsaufsicht übertragen. Die Stiftungsaufsicht kann an die Auslegung der Satzung durch die Stiftungsorgane nicht gebunden werden, weil ihr die Aufgabe der Kontrolle dieser Organe zukommt. Demzufolge darf die Satzung als wichtigster Kontrollmaßstab nicht zur Disposition des Kontrollierten stehen (so zutreffend MünchKomm/REUTER Rn 4). Ließe man umgekehrt zu, daß die Aufsichtsbehörde selbst mit der verbindlichen Auslegung der Stiftungssatzung betraut wird, gäbe man die Stiftung der Fremdbestimmung durch ihre Kontrollinstanz preis. Dies ist mit der Grundrechtssubjektivität der Stiftung (s Vorbem 50 zu §§ 80 ff) nicht zu vereinbaren. Der Stiftung darf der Rechtsschutz gegenüber Maßnahmen der Stiftungsaufsicht nicht genommen werden. Die Letztkompetenz für die Auslegung der Satzung muß daher bei den Gerichten bleiben (vgl MünchKomm/REUTER Rn 4; SEIFART/HOF § 7 Rn 101 ff; JESS 135).

III. Der Inhalt der Stiftungsverfassung

1. Die bundesrechtlich **notwendigen Bestandteile der Stiftungssatzung** korrespondie- 5 ren den gesetzlichen Mindestanforderungen an das Stiftungsgeschäft (vgl § 80 Rn 12 ff). Es handelt sich um Anordnungen des Stifters über Zweck, Vermögensausstattung, Sitz, Organe und Namen der Stiftung. Das Landesrecht kann weitere Anforderungen normieren (vgl § 80 Rn 12, 26 sowie die Erl zu §§ 86 bis 88). Soweit es sich um Sollvorschriften handelt, hat deren Verletzung weder für die Wirksamkeit des Stiftungsgeschäfts noch für die Rechtmäßigkeit der Stiftungsgenehmigung Bedeutung. Die Genehmigungsbehörde ist allerdings zur Versagung der Stiftungsgenehmigung berechtigt, wenn die Nichtbeachtung von Sollvorschriften die Stiftung funktions- oder leistungsunfähig werden ließe (vgl § 80 Rn 25).

Die Stiftungsbehörden können kraft Landesrechts zur **Ergänzung lückenhafter Sat-** 6 **zungen** ermächtigt werden. Die Ermächtigungskompetenz des Landesgesetzgebers ist allerdings nicht unbeschränkt. Die Bestimmungen über Zweck und Vermögen sind persönlicher Ausdruck des Stifterwillens und der Bestimmung durch Dritte nicht zugänglich (vgl § 80 Rn 13, 17). Ähnliches gilt für die Feststellung des Stiftungssitzes (vgl § 80 Rn 21). Fehlt es an notwendigen Satzungsbestandteilen, ist die Stiftung nicht genehmigungsfähig.

2. Neben den notwendigen Bestandteilen der Stiftungsverfassung kann der Stifter 7 im Rahmen der Satzung **gewillkürte Anordnungen** (SOERGEL/NEUHOFF Rn 11) treffen. Praktisch bedeutsam sind vor allem Festlegungen über die Rechtsstellung der Stiftungsorgane (s die Erl zu § 86) und der Destinatäre (su Rn 10 ff), die Zulässigkeit von Satzungsänderungen (s die Erl zu § 87), die Verwendung des Stiftungsvermögens im Falle der Aufhebung der Stiftung (s die Erl zu § 88) etc. Die Stifterfreiheit (vgl Vorbem 40 ff zu §§ 80 ff) gewährleistet **Satzungsautonomie** im Rahmen der Rechtsordnung (BGHZ 70, 313 = StiftRspr III 89, 95 f; BGHZ 99, 344 = StiftRspr IV 58, 62). Zu Besonderheiten bei der *unternehmensverbundenen Stiftung* und der *Unterhaltsstiftung* siehe Vorbem 83 ff, 94 ff und 121 ff, 132 ff zu §§ 80 ff.

3. Nicht abschließend geklärt ist die Frage, in welchem Maße der Stifter den 8 Stiftungsorganen bzw Dritten durch satzungsrechtliche Regelungen Rechte bei der

Willensbildung innerhalb der Stiftung einräumen und damit **korporative Elemente** in die Stiftung hineintragen kann. Im Schrifttum wird dies zT für zulässig gehalten, und zwar unter Hinweis auf die Regelungen des PrAGBGB zur Familienstiftung (so vor allem KRONKE 120 ff, s auch 78 f). Vereinzelt ist von der Möglichkeit die Rede, Stiftungsorganen Funktionen der Mitgliederversammlung des Vereins zuzuordnen (vgl STAUDINGER/COING¹² § 80 Rn 14) oder die Stiftung als *Korporation von Destinatären* (so SOERGEL/NEUHOFF Rn 16) zu führen. Allen Versuchen einer quasi-körperschaftlichen Organisationsgestaltung von Stiftungen ist jedoch zu wehren. Anders als die Körperschaft hat der Gesetzgeber die Stiftung gerade nicht auf den wandelbaren Willen von Mitgliedern oder „Stiftungsinteressierten" (KRONKE 136), sondern auf den in der Stiftungssatzung verobjektivierten *ursprünglichen Willen des Stifters* ausgerichtet (vgl OVG Bremen StiftRspr IV 127, 129 f, 131; BVerwG NJW 1991, 713 = StiftRspr IV 151). Die vom preußischen Recht für die Familienstiftung normierten Regelungen über den *Familienschluß* (Art 2 PrAGBGB; dazu EBERSBACH, Handbuch 659 f) waren Ausnahmetatbestände, die das geltende Stiftungsrecht nicht mehr kennt. Die Stiftung hat kein personales Substrat, das einen autonomen Willen der Stiftung bilden könnte (MünchKomm/REUTER Vorbem 13 zu § 80; FLUME, AT I/2, 131). Wo ihren Organen bei der Ausübung des Stifterwillens im Einzelfall Ermessen zukommt, ist die dazu erforderliche Willensbildung stets nur *Vollzug des ursprünglichen Stifterwillens* (RITTNER, Die werdende juristische Person [1973] 235). Eine dessen Primat in Frage stellende *Willensbildung von unten* läuft auf eine Mischform zwischen Körperschaft und Stiftung hinaus und widerspricht dem numerus clausus der Rechtsformen im Privatrecht (JESS 40 f; MünchKomm/REUTER Vorbem 13 zu § 80). Bewußt bestimmt § 85, daß die notwendigen und identitätsbestimmenden Bestandteile der Stiftungsverfassung *durch das Stiftungsgeschäft,* dh vom Stifter selbst zu bestimmen sind, soweit sie nicht auf Bundes- oder Landesgesetz beruhen (MünchKomm/REUTER Rn 5). Eine Delegation auf Stiftungsorgane, die es diesen ermöglichen würde, einen autonomen Willen der Stiftung zu bilden, ist mit der Vorschrift nicht zu vereinbaren.

9 Für die Gestaltung der Stiftungssatzung haben die aufgestellten Grundsätze wichtige **Konsequenzen**: Vor allem den Stiftungszweck muß der Stifter so bestimmt formulieren, daß die Stiftungsorgane einen eindeutigen und abgrenzbaren Auftrag erhalten, dessen Erfüllung sich als Vollzug des ursprünglichen Stifterwillens und nicht als Produkt korporativer Willensbildung darstellt (vgl § 80 Rn 14). Auf eigenem Verfassungsrecht der Stiftung und nicht auf Bundes- oder Landesrecht beruhende Regelungen über Satzungsänderungen oder gar die Aufhebung bzw Umwandlung einer Stiftung dürfen den Organen oder Dritten keine Rechte einräumen, die die notwendigen Bestandteile der Stiftungssatzung vom ursprünglichen Stifterwillen abkoppeln (vgl OVG Bremen StiftRspr IV 127, 129 f, 131; BVerwG NJW 1991, 713 = StiftRspr IV 151). Mit dem Prinzip der Stiftungsautonomie ist es nicht vereinbar, daß die Stiftung in ein dauerhaftes rechtliches Abhängigkeitsverhältnis von Drittinteressen gerät (vgl BGHZ 99, 344 = StiftRspr IV 58, 61 f). Es sind daher stets nur Regelungen zulässig, deren Tatbestandsvoraussetzungen vom Stifter objektiv umrissen worden sind. Nur so ist gewährleistet, daß an die Stelle des ursprünglichen Stifterwillens nicht der Wille Dritter tritt (zum ganzen JESS 78 ff; 108 ff; MünchKomm/REUTER Rn 5). Wegen weiterer Einzelheiten s § 87 Rn 21.

IV. Die Rechtsstellung der Destinatäre

1. Die §§ 80 bis 88 enthalten keine Aussage über die **Rechtsstellung der Destinatäre**. Das preußische und badische Recht billigte ihnen bei Familien- bzw konfessionell beschränkten Stiftungen ehedem Verwaltungsrechte zu (Art 2 PrAGBGB; § 23 BadStiftG; Texte bei EBERSBACH, Handbuch 1132 ff, 793 ff). Das geltende Landesrecht kennt solche Regelungen nicht mehr. Die Stiftungsgesetze von Niedersachsen, dem Saarland und den neuen Bundesländern bestimmen lediglich, daß in die Rechte der Destinatäre nicht durch Satzungsänderungen bzw Zusammenlegung oder Aufhebung der Stiftung eingegriffen werden darf (vgl § 11 Abs 2 MecklVorPStiftG; § 7 Abs 2 NdsStiftG; § 7 Abs 2 SaarlStiftG; § 21 Abs 2 DDRStiftG; kritisch dazu MünchKomm/REUTER Rn 9). Das Landesrecht von Berlin räumt den Destinatären von Familienstiftungen vor der Durchführung entsprechender Maßnahmen Anhörungsrechte ein (§ 10 Abs 2 BerlStiftG). Im übrigen richtet sich die Rechtsstellung der Destinatäre nach dem eigenen Verfassungsrecht, dh der Satzung der Stiftung (vgl OLG Hamburg ZIP 1994, 1950, 1951, m Anm RAWERT). Nach dem Stiftungsrecht der meisten Bundesländer gehören Bestimmungen über die Rechtsstellung der Destinatäre zu den Sollbestandteilen der Satzung (vgl § 6 Abs 2 Ziff 5 BadWürttStiftG; § 5 Abs 2 Ziff 4 BremStiftG; § 4 Abs 2 Ziff 3 HessStiftG; § 6 Abs 2 MecklVorPStiftG; § 5 Abs 3 Ziff 5 NdsStiftG; § 5 Abs 2 Ziff 1 NRWStiftG; § 5 Abs 2 lit f RhPfStiftG; § 4 Abs 3 Ziff 4 SaarlStiftG; § 3 Abs 3 Ziff 1 SchlHolStiftG; § 10 Abs 2 DDRStiftG). Zu den Rechtsfolgen einer Verletzung von Sollvorschriften s § 80 Rn 25.

2. Nach hM kann der Stifter den Destinatären durch die Stiftungssatzung sowohl **Verwaltungs- bzw Mitwirkungsrechte** als auch **Ansprüche auf Stiftungsleistungen** einräumen (aus der älteren Rspr: RG JW 1901, 579; RG WarnR 1917 Nr 148 [für die unselbständige Stiftung]; RG HRR 1931 Nr 1427; OLG Breslau OLGRspr 24, 247; OLG Rostock OLGRspr 28, 13; aus der neueren Rspr: BGH NJW 1957, 708 = StiftRspr I 33; BGH WM 1976, 869 = StiftRspr III 1; BGHZ 99, 344 = StiftRspr IV 58, 62 f; OLG Schleswig StiftRspr III 136; OLG Frankfurt OLGZ 1988, 21 = StiftRspr IV 46, 47; OLG Hamm MDR 1992, 949 = StiftRspr IV 168; OLG Hamburg ZIP 1994, 1950, 1951, m Anm RAWERT; BAG NJW 1991, 514 = StiftRspr IV 46, 47; BFHE 151, 506 = StiftRspr IV 73, 76 f; FG Hamburg StiftRspr II 72, 73 f; vgl auch BayVGH KirchE 5, 42 = StiftRspr I 63, 65; KG WM 1968, 856 = StiftRspr I 163, 166; KG StiftRspr II 68; OLG Hamburg StiftRspr III 106; OVG Münster NWVBL 1994, 388 ff; aus der Lit: SOERGEL/NEUHOFF Rn 13 f; BGB-RGRK/STEFFEN Rn 4; ERMAN/WESTERMANN Rn 3; PALANDT/HEINRICHS Rn 4; EBERSBACH, Handbuch 112; STRICKRODT, Stiftungsrecht 89 ff; SEIFART/HOF § 8 Rn 111 ff). Ihre Grenze findet die Gestaltungsfreiheit des Stifters erst dort, wo den Destinatären eine Einflußnahme ermöglicht wird, die auf eine vom ursprünglichen Stifterwillen gelöste autonome Willensbildung der Stiftung hinausläuft (so Rn 8 f).

Gegen die hM wendet sich MünchKomm/REUTER Rn 9. Nach ihm kann die eigene Stiftungsverfassung zwar Verwaltungs- bzw Organschaftsrechte externer Dritter schaffen (§§ 86, 30). Klagbare Ansprüche auf Stiftungsleistungen hingegen sollen wegen des Rechtscharakters der Satzung als eines reinen Organisationsstatuts nicht möglich sein. Da lediglich die Organe zur Außenvertretung der Stiftung befugt seien, sollen derartige Ansprüche nach REUTER nur in Betracht kommen, wenn der Vorstand ihre Verteilung bereits bindend zugesagt hat. Mit dem Willen des historischen Gesetzgebers ist REUTERS Standpunkt freilich schwer zu vereinbaren. Zur Verfassung der Stiftung gehört ausweislich der Materialien auch die Frage, ob Destinatäre klagbare Rechte auf Stiftungsleistungen haben sollen (Prot bei MUGDAN I 665). Soweit Bundes- und Landesrecht keine zwingenden gegenteiligen Festsetzungen enthalten, muß die Stiftungssatzung darüber also Bestimmungen treffen können (so bereits OERTMANN Anm 4). Das dogmatische Problem der Begründung von Destinatärsansprüchen hat zwar schon der historische Gesetzgeber erkannt. Ihre Möglichkeit hat er jedoch nicht in Zweifel gezogen (Prot bei MUGDAN I 665). REUTERS Ansicht ist daher abzulehnen.

13 **Klagbare Ansprüche von Destinatären** kommen in der Praxis nur selten vor. Einige Genehmigungsbehörden empfehlen ausdrücklich, auf ihre Einräumung zu verzichten (so zB die Mustersatzung der hamburgischen Senatskanzlei). Bei gemeinnützigen Stiftungen sind sie wegen der Notwendigkeit der Förderung der *Allgemeinheit* (§ 52 AO; dazu SEIFART/PÖLLATH § 43 Rn 30 ff) schon aus steuerrechtlichen Gründen kaum denkbar. Darüber hinaus zieht das *Verbot der Unterhaltsstiftung* (vgl Vorbem 132 ff zu §§ 80 ff) den zulässigen Gestaltungen enge Grenzen. Ob in den verbleibenden *Einzelfällen* klagbare Ansprüche begründet sind, ist nach dem im Stiftungsgeschäft bzw in der Satzung niedergelegten Willen des Stifters zu entscheiden. Dieser ist erforderlichenfalls im Wege der Auslegung zu ermitteln. Nach der Rspr des **BGH** gelten folgende **Grundsätze**: Hat der Stifter für die Bestimmung des Kreises der in Frage kommenden Destinatäre in der Satzung objektive Merkmale festgelegt, durch deren Erfüllung die Eigenschaft eines Destinatärs unmittelbar erworben wird, so entsteht kraft satzungsrechtlicher Regelung ein klagbarer Anspruch, wenn die Bedingungen erfüllt sind. Die Stiftungsorgane haben in diesem Fall keine Auswahlmöglichkeit. Der Erwerb des Anspruchs erfolgt automatisch. Hat der Stifter umgekehrt dem nach der Satzung zuständigen Gremium einen Beurteilungs- oder Ermessensanspruch gelassen, so bleibt der Stiftung die Möglichkeit der Wahl. Ansprüche Dritter entstehen erst, wenn sie vom Bestimmungsberechtigten zuerkannt worden sind (BGH NJW 1957, 708 = StiftRspr I 33 f; BGHZ 99, 344 = StiftRspr IV 58, 62 f). Bis dahin sind Klagen auf Stiftungsleistungen unbegründet. Entsprechendes gilt für die Einräumung von Verwaltungs- bzw Mitwirkungsrechten.

14 Hat der Destinatär ein Recht auf Stiftungsleistungen, so darf er sich diese gleichwohl nicht eigenmächtig verschaffen (LG Köln NJW-RR 1986, 1396 = StiftRspr IV 25). Er hat die Entscheidung des zuständigen Organs der Stiftung abzuwarten und muß notfalls Klage erheben bzw versuchen, die Aufsichtsbehörde zum Tätigwerden zu veranlassen (s dazu aber u Rn 19).

15 Zum Umfang des Rechts des Destinatärs einer Familienstiftung auf **Einsicht in Stiftungsunterlagen** OLG Hamburg StiftRspr III 106.

16 **3.** Die **Rechtsnatur** von Ansprüchen auf Stiftungsleistungen ist nicht abschließend geklärt. Einigkeit besteht nur darüber, daß es sich nicht um Schenkungen handelt (BGH NJW 1957, 708 = StiftRspr I 33 f; vgl auch SOERGEL/NEUHOFF Rn 17; MünchKomm/REUTER Rn 10; SEIFART/HOF § 8 Rn 117 ff). Durch Zuwendungen an die Destinatäre wird der Stiftungszweck erfüllt. Folglich bildet er selbst und nicht ein Rechtsgeschäft iSd § 518 die causa der Leistung. Im übrigen jedoch besteht Streit. In der älteren Lit wurden Analogien zum Vertrag zugunsten Dritter oder zum Vermächtnisanspruch in Erwägung gezogen (vgl die Nachweise bei EBERSBACH, Handbuch 112). Heute werden zT mitgliedschaftsähnliche Ansprüche angenommen (ERMAN/WESTERMANN Rn 3; vgl auch

BGB-RGRK/Steffen Rn 5; RG LZ 1929, 314 [analoge Anwendung des Vereinsrechts für die Ausschließung von der Berechtigung an einer Familienstiftung]; dagegen vor allem MünchKomm/Reuter Rn 10; ihm folgend Seifart/Hof § 8 Rn 118; Soergel/Neuhoff Rn 17). Die wohl hM verzichtet auf eine weitere typologische Einordnung und geht von in der Satzung selbst begründeten *Ansprüchen sui generis* (§ 305) aus (Ebersbach, Handbuch 112; Seifart/Hof § 8 Rn 119; Jess 169). Dem ist zuzustimmen.

Zur Stellung der Destinatäre im **Konkurs** der Stiftung s Ebersbach, Handbuch 143 f. **17**

Der private Stifter ist bei der Auswahl der Destinatäre frei (BGHZ 70, 313 = StiftRspr III 89, 95 f). Aus dem **Gleichbehandlungsgrundsatz** lassen sich Ansprüche auf Leistungen gegenüber privatrechtlichen Stiftungen nicht herleiten (**aA** Seifart/Hof § 8 Rn 122). **18**

4. Greifen Vorstand oder sonstige Stiftungsorgane in die satzungsmäßigen Rechte der Destinatäre ein, müssen diese ihre Ansprüche auf dem Zivilrechtsweg verfolgen. Sie haben **keinen Anspruch auf Tätigwerden der Stiftungsaufsicht** (ganz hM, grundlegend OVG Lüneburg NJW 1985, 1572 = StiftRspr IV 8, 10; bestätigt durch BVerwG NJW 1985, 2964 = StiftRspr IV 27; vgl auch BGHZ 99, 344 = StiftRspr IV 58, 60 f; VGH Mannheim NJW 1985, 1573 = StiftRspr IV 5, 6; OVG Berlin StiftRspr III 152, 153 f; OVG Münster NWVBl 1992, 360; OVG Münster Urteil v 24. 2. 1995 – 25 A 2/93 – unveröffentlicht; VG Hamburg Urteil v 9. 9. 1993 – 13 VG 229/91 – unveröffentlicht; MünchKomm/Reuter Rn 7; Ebersbach, Handbuch 131; Jess 150 ff; offen gelassen bei Soergel/Neuhoff Rn 19). Die landesrechtlichen Regelungen über die Stiftungsaufsicht dienen nur den Interessen der Allgemeinheit und der Stiftung selbst (dazu eingehend Vorbem 61 f zu §§ 80 ff). Sie bezwecken nicht den Schutz der Destinatäre. Das gilt selbst dann, wenn das Landesrecht deren Ansprüche unter besonderen Schutz stellt (vgl § 11 Abs 2 MecklVorPStiftG; § 7 Abs 2 NdsStiftG; § 7 Abs 2 SaarlStiftG; § 21 Abs 2 DDRStiftG). Die Beziehungen der Destinatäre zur BGB-Stiftung sind stets rein privatrechtlicher Natur (BVerwG NJW 1985, 2964 = StiftRspr IV 27, 28; MünchKomm/Reuter Rn 7; Jess 150 ff). Verwaltungsgerichtliche Klagen von Destinatären gegen die Stiftungsaufsicht sind nicht nur unbegründet, sondern mangels Möglichkeit einer Rechtsverletzung (§ 42 Abs 2 VwGO) unzulässig (OVG Berlin StiftRspr III 152, 153 f; VG Hamburg Urteil v 9. 9. 1993 [13 VG 229/91] unveröffentlicht). **19**

Unbeschadet bleibt die Möglichkeit der Destinatäre, vor den **Zivilgerichten** Rechtsschutz zu suchen. Da aufsichtsbehördliche Genehmigungen rechtswidrige Maßnahmen der Stiftungsorgane nicht heilen (vgl § 80 Rn 30), können sie ihre Nichtigkeit geltend machen (vgl BAG NJW 1991, 514 = StiftRspr IV 108 ff; OLG Hamburg ZIP 1994, 1950, m Anm Rawert). Ansprüche der Destinatäre aus Art 34 GG, § 839 kommen nicht in Betracht, weil die Stiftungsaufsicht ihnen gegenüber keine Amtspflichten hat (**aA** offenbar Seifart/Hof § 8 Rn 130; Soergel/Neuhoff Rn 15). Einen auf Art 14 GG gestützten Enteignungs- oder Entschädigungstatbestand stellt die Entziehung von Destinatärsrechten selbst bei rechtswidriger behördlicher Genehmigung nicht dar (Soergel/Neuhoff Rn 21; Erman/Westermann Rn 4; Jess 161 f; **aA** Palandt/Heinrichs Rn 4; Siegmund/Schultze, NdsStiftG § 7 Anm 3 b; Seifart/Hof § 8 Rn 129; offen gelassen in RGZ 121, 166, 168), weil es an der Unmittelbarkeit zwischen behördlichem Handeln und dem Eingriff in die Rechte der Destinatäre fehlt. **20**

5. Wird die **Stiftung** durch **Pflichtverletzungen ihrer Organe** geschädigt, so können **21**

die Destinatäre den entstandenen Schaden weder im eigenen Namen noch im Wege gesetzlicher Prozeßstandschaft geltend machen (vgl JESS 142 ff). Die Gegenansicht (SOERGEL/NEUHOFF Rn 15; BGB-RGRK/STEFFEN Rn 5; EBERSBACH, Handbuch 112), die sich auf RG JW 1909, 160 beruft, übersieht, daß der vom RG entschiedene Fall von den Besonderheiten des nicht mehr geltenden preußischen Familienstiftungsrechts beeinflußt wurde (vgl Art 2 PrAGBGB) und daher nicht verallgemeinerungsfähig ist.

§ 86

Die Vorschriften des § 26, des § 27 Abs. 3 und der §§ 28 bis 31, 42 finden auf Stiftungen entsprechende Anwendung, die Vorschriften des § 27 Abs. 3 und des § 28 Abs. 1 jedoch nur insoweit, als sich nicht aus der Verfassung, insbesondere daraus, daß die Verwaltung der Stiftung von einer öffentlichen Behörde geführt wird, ein anderes ergibt. Die Vorschriften des § 28 Abs. 2 und des § 29 finden auf Stiftungen, deren Verwaltung von einer öffentlichen Behörde geführt wird, keine Anwendung.

Materialien: TE-JP § 27; KE § 60; E I § 61; II § 74; II rev (III) § 83; Mot I 121; Prot I 599 f; VI 144; SCHUBERT, AT I 694 ff; JACOBS/SCHUBERT, AT I 373 ff.

Schrifttum

JESS, Das Verhältnis des lebenden Stifters zur Stiftung (1991).
Vgl auch die Literaturhinweise in den Vorbem zu §§ 80 ff.

I. Inhalt des § 86

1 § 86 überträgt *vereinsrechtliche Vorschriften* auf die rechtsfähige Stiftung zur entsprechenden Anwendung. Sie betreffen die Verfassung der Stiftung, ihre Haftung auf Schadensersatz sowie die Wirkung der Eröffnung des Konkurses über ihr Vermögen. Die Bestimmung unterscheidet zwischen gewöhnlichen Stiftungen und solchen, deren Verwaltung durch eine *öffentliche Behörde* geführt wird. Sie wird durch zahlreiche Vorschriften des Landesrechts ergänzt. Bei diesen handelt es sich um Verfassungsnormen iSd § 85.

II. Die Stiftungsorganisation

1. Der Stiftungsvorstand

2 a) Die Stiftung muß einen Vorstand haben. Über die **Bildung und Abberufung des Vorstandes** sowie die Rechtsstellung seiner Mitglieder entscheidet in erster Linie die Stiftungssatzung, dann das Landesrecht. Die Stiftungsgesetze normieren zT umfang-

reiche Sollvorschriften für den organisationsrechtlichen Inhalt der Satzung (vgl § 6 Abs 2 Ziff 1 bis 3 Bad WürttStiftG; § 5 Abs 2 Ziff 1 bis 3 BremStiftG; § 4 Abs 3 Ziff 1 u 2 HessStiftG; § 6 Abs 2 MecklVorPStiftG; § 5 Abs 3 Ziff 1 bis 4 NdsStiftG; § 5 Abs 1 Ziff 3 NRWStiftG; § 5 Abs 2 lit d RhPfStiftG; § 4 Abs 3 Ziff 1 bis 3 Saarl-StiftG; § 3 Abs 2 Ziff 5 bis 8 SchlHolStiftG [Mußvorschriften]; § 10 Abs 2 DDRStiftG). Gleiches gilt für die Bestellung und Abberufung von Vorständen im Rahmen stiftungsaufsichtsrechtlicher Maßnahmen (vgl § 12 BadWürttStiftG; Art 24 BayStiftG; §§ 4, 9 Abs 3 BerlStiftG; §§ 13 Abs 3, 14 BremStiftG; §§ 16, 18 Hamb-AGBGB; § 15 HessStiftG; § 18 MecklVorPStiftG; §§ 14, 15 NdsStiftG; §§ 22 Abs 3, 24 NRWStiftG; §§ 14, 15 SaarlStiftG; § 13 SchlHolStiftG; § 19 Abs 3 u 4 DDRStiftG). Enthalten weder Stiftungssatzung noch Landesrecht Regelungen über die Vorstandsbildung, so ist der Stiftung die Genehmigung zu versagen. §§ 86, 29 gelten nur für die Notbestellung des Vorstandes. Eine fehlende Vertretungsregelung ersetzen sie nicht (str, vgl § 80 Rn 23).

Zur Bestellung juristischer Personen des Privatrechts zum Vorstand einer Stiftung s 3 STRICKRODT, Stiftungsrecht 83 f.

Die **Berufung bzw Abberufung der Vorstandsmitglieder** kann durch den Stifter selbst 4 oder durch die kraft Satzung von ihm mit der Organbestellung beauftragten Personen oder Institutionen erfolgen. Ist der jeweilige Inhaber eines bestimmten Amtes mit ihr betraut, so steht das Bestellungs- bzw Abberufungsrecht ihm *ad personam* zu, nicht etwa der von ihm vertretenen Organisation. Bei Streitigkeiten über das Bestellungsrecht muß der Amtsinhaber als Privatperson und nicht im Namen seiner Organisation auftreten (BGH LM § 85 Nr 2 = StiftRspr III 5, 7). Zur Entziehung der Anwartschaft auf das Nachrücken in ein Vorstandsamt siehe BGH WM 1976, 869 = StiftRspr III 1; KG WM 1968, 856 = StiftRspr I 163.

Der **Stifter** kann sich **selbst zum Vorstand der Stiftung** bestellen bzw bestellen lassen. 5 Er kann sich auch die lebzeitige Position eines alleinigen Vorstands vorbehalten (SEIFART/HOF § 9 Rn 78; EBERSBACH, Handbuch 67; JESS 133). Bei der Ausgestaltung seiner eigenen Organstellung ist er freilich denselben Grenzen unterworfen, die auch für fremde Dritte gelten (MünchKomm/REUTER § 85 Rn 8). Insbesondere kann er seine Organfunktion nicht dazu benutzen, seinen aktuellen subjektiven Willen an die Stelle seines in der Stiftungssatzung veröbjektivierten ursprünglichen Willen, dh des *eigentlichen Stifterwillens* zu setzen (JESS 130 f). Eine körperschaftsähnliche Willensbildung durch den Stifter als den Quasi-Einmanngesellschafter „seiner" Stiftung ist nicht zulässig. Auch er ist als Organperson bloß Vollstrecker des ursprünglichen Stifterwillens (vgl § 85 Rn 8 f).

Die Regelung des § 84 Abs 3 S 4 AktG, wonach der Widerruf der Bestellung zum 6 Vorstandsmitglied wirksam ist, bis seine Unwirksamkeit rechtskräftig festgestellt ist, gilt im Stiftungsrecht nicht (BGB LM § 85 Nr 2 = StiftRspr III 5, 8 f).

b) Der Vorstand ist **gesetzlicher Vertreter** der Stiftung. Er vertritt die Stiftung 7 gerichtlich und außergerichtlich (§§ 86, 26 Abs 2 S 1). Das Landesrecht kann die Vertretungsmacht des Vorstands beschränken. Dies ist vor allem durch Genehmigungsvorbehalte für bestimmte Arten von Rechtsgeschäften geschehen (vgl § 13 BadWürttStiftG; Art 31 BayStiftG; § 20 MecklVorPStiftG; § 21 NRWStiftG; §§ 18,

34 RhPfStiftG; § 9 SchlHolStiftG). Wichtiger Anwendungsfall der Genehmigungsvorbehalte sind die **Verbote des Selbstkontrahierens und der Mehrvertretung** (§ 181). Sehen Stiftungsgeschäft oder die Satzung allerdings Befreiungen von den Beschränkungen des § 181 vor, werden diese von der Genehmigung der Stiftung nach § 80 iVm dem einschlägigen Landesrecht erfaßt (vgl KG StiftRspr III 35, 36 f; SEIFART/HOF § 9 Rn 177). Anderes gilt nur, wenn das Landesrecht für Insichgeschäfte zwingend die aufsichtsbehördliche Bestellung eines besonderen Vertreters vorschreibt (vgl Art 25 BayStiftG). Zu den Auswirkungen stiftungsrechtlicher Genehmigungsvorbehalte eingehend HARTMANN/ATZPODIEN, in: FS Rittner 147 ff.

8 Außer durch das Landesrecht kann der **Umfang der Vertretungsmacht** des Vorstandes auch *durch die Satzung* mit Wirkung gegenüber Dritten beschränkt werden (§§ 86, 26 Abs 2 S 2). Nach der Rspr und der bislang hM soll sich die Beschränkung schon aus dem Stiftungszweck und einer damit einhergehenden eingeschränkten Rechtssubjektivität der Stiftung ergeben (BGH LM § 85 Nr 1 = NJW 1957, 708; EBERSBACH, Handbuch 108, PALANDT/HEINRICHS Rn 1; ERMAN/WESTERMANN Rn 2; BGB-RGRK/STEFFEN Rn 3). Will man freilich im Stiftungsrecht nicht die dem BGB im übrigen fremde *ultra vires* Lehre des anglo-amerikanischen Rechts einführen, so wird man mit einer vordringenden Ansicht fordern müssen, daß den Umfang der Vertretungsmacht beschränkende Satzungsregelungen eine klare Begrenzung der Vertretungsbefugnisse enthalten und nicht erst der Auslegung des Stiftungszwecks entnommen werden müssen (MünchKomm/REUTER Rn 3; SEIFART/HOF § 9 Rn 31; KRONKE 111). Die neuere vereinsrechtliche Rspr läßt erkennen, daß sie dieser Tendenz folgt (vgl BGH NJW 1980, 2799 = StiftRspr III 118). Ob Beschränkungen der Vertretungsmacht des Vorstandes dem Geschäftsgegner zu ihrer Wirksamkeit bekannt sein müssen (so SEIFART/ HOF § 9 Rn 30) oder auch gegenüber gutgläubigen Dritten gelten (so MünchKomm/REUTER Rn 3; PALANDT/HEINRICHS Rn 1), ist umstritten. Die Kontroverse zeigt, daß das Fehlen eines publizitätstragenden *Stiftungsregisters* (Vorbem 38, 76 zu §§ 80 ff) einen gravierenden Mangel des geltenden Rechtszustandes darstellt.

9 Unterhält die Stiftung einen ausnahmsweise zulässigen wirtschaftlichen Geschäftsbetrieb (dazu Vorbem 101 ff zu §§ 80 ff), können Beschränkungen der Vertretungsmacht gegenüber Dritten anders als nach § 126 Abs 2 HGB, § 82 Abs 1 AktG; § 37 Abs 2 GmbHG, § 27 Abs 2 GenG nach Eintragung in das Handelsregister geltend gemacht werden (SOERGEL/NEUHOFF Rn 7; kritisch dazu KRONKE 111; aA ERMAN/WESTERMANN Rn 2).

10 Zur Ausstellung von **Vertretungsbescheinigungen** durch die Stiftungsaufsicht s Vorbem 80 zu §§ 80 ff.

11 Die **Aktivvertretung** der Stiftung erfolgt durch den Gesamtvorstand, es sei denn die Satzung räumt Organmitgliedern Einzelvertretungsbefugnis ein. Allerdings kann auch bei Gesamtvertretung der Vorstand eines seiner Mitglieder durch Mehrheitsbeschluß zur alleinigen Abgabe von Willenserklärungen ermächtigen (vgl EBERSBACH, Handbuch 107; MünchKomm/REUTER Rn 4). Zur **passiven Vertretung** ist stets jedes Vorstandsmitglied befugt (§ 28 Abs 2). Dies gilt nicht für Stiftungen, deren Verwaltung von einer öffentlichen Behörde geführt wird (su Rn 20).

12 c) Mangels abweichender Regelung in der Satzung gilt für die **Geschäftsführung durch den Vorstand** und dessen Rechtsverhältnis zur Stiftung § 27 Abs 3. Danach finden die §§ 664 bis 670 entsprechende Anwendung. Das gilt nicht für Stiftungen, die von einer öffentlichen Behörde geführt werden (su Rn 20). In der Sache besteht die Geschäftsführungstätigkeit des Vorstandes vornehmlich in der ordnungsmäßigen Verwaltung des Stiftungsvermögens und seinem Einsatz zur bestmöglichen Verwirklichung des Stiftungszwecks. Landesrechtliche Genehmigungsvorbehalte für bestimmte Rechtsgeschäfte (so Rn 7) konkretisieren diese Pflichten. Darüber hinaus können die Geschäftsführungsaufgaben durch die Satzung, Geschäftsordnungen oder im Rahmen von Anstellungsverträgen näher spezifiziert werden (EBERSBACH, Handbuch 103; SEIFART/HOF § 9 Rn 26 f). Zur **Vergütung** von Organmitgliedern vgl SEIFART/HOF § 9 Rn 120 ff; CARSTENSEN 41.

Für **Pflichtverletzungen** im Rahmen ihrer Geschäftsführungstätigkeit haften die Vorstandsmitglieder aus positiver Forderungsverletzung ihrer Pflichten nach §§ 86, 27 Abs 3, 664 bis 670 und ggfls ihres Anstellungsvertrages. Die billigende Zurkenntnisnahme landesgesetzlich vorgesehener Rechenschaftsberichte durch die Stiftungsaufsicht hat keine Entlastungswirkung und führt auch nicht zum Erlöschen von Regreßansprüchen der Stiftung (MünchKomm/REUTER Rn 6; aA SOERGEL/NEUHOFF Rn 13). Soweit das Landesrecht vereinzelt eigene Haftungstatbestände oder Haftungsbeschränkungen auf Vorsatz und grobe Fahrlässigkeit normiert (vgl Art 15 BayStiftG; § 6 Abs 1 BremStiftG; § 8 HessStiftG; § 8 Abs 2 MecklVorPStiftG; § 6 Abs 3 NdsStiftG; § 19 RhPfStiftG; § 5 Abs 2 SaarlStiftG; § 12 DDRStiftG), sind diese unter verfassungsrechtlichen Gesichtspunkten bedenklich. Nach der Rspr des BVerfG ist davon auszugehen, daß die bundesgesetzlichen Regelungen im Bereich des Art 74 Ziff 1 GG abschließender Natur und einer Länderregelung daher nicht zugänglich sind (BVerfGE 7, 342, 354 f; vgl auch BVerfGE 45, 297, 341, 345). Für landesgesetzliche Haftungstatbestände bleibt neben dem allgemeinen Anspruch der Stiftung gegen ihre Organmitglieder aus positiver Forderungsverletzung kein Raum. Von § 85, der den Ländern auf dem Gebiet des bürgerlichen Stiftungsrechts eine Regelungskompetenz für Fragen der Stiftungsverfassung einräumt (s § 85 Rn 1), sind die Normen nicht gedeckt, da sie keine satzungsrechtlichen, sondern individualrechtliche Beziehungen der Organmitglieder zur Stiftung regeln (vgl SEIFART/SEIFART § 10 Rn 49; SIEGMUND-SCHULTZE, NdsStiftG § 6 Anm 4 b; aA offenbar SEIFART/HOF § 9 Rn 201 unter Hinweis auf Art 15 BayStiftG und § 8 HessStiftG). Keine Bedenken dürften freilich dagegen bestehen, die Vorschriften des Landesrechts verfassungskonform als durch § 85 legitimierte Ermächtigungen auszulegen, Organmitglieder kraft satzungsrechtlicher Anordnung von der Haftung für einfache Fahrlässigkeit zu befreien (vgl § 6 Abs 3 S 3 NdsStiftG). Dies kann vor allem bei unentgeltlicher Tätigkeit die Bereitschaft zur Übernahme von Organpositionen fördern.

d) Für die **Willensbildung innerhalb eines mehrgliedrigen Stiftungsvorstandes** gilt § 28 Abs 1. Vorbehaltlich abweichender Regelungen in der Satzung erfolgt die Beschlußfassung nach den für die Beschlüsse der Mitglieder eines Vereins geltenden Vorschriften der §§ 32, 34. Das gilt nicht für Stiftungen in behördlicher Verwaltung (su Rn 20). Nach den Regelungen des dispositiven Rechts bedarf es zur Beschlußfassung durch den Vorstand einer ordnungsgemäß einberufenen Versammlung, die mit der Mehrheit der erschienenen Mitglieder entscheidet. In der Praxis normieren Stiftungssatzungen häufig ein Anwesenheitsquorum für die Mitglieder des Vorstands. Darüber hinaus sind Regelungen über die Pattauflösung üblich (SOERGEL/NEUHOFF Rn 8). Zur Frage, ob bei der Beurteilung der Beschlußfähigkeit eines Stiftungsorgans auch solche Organmitglieder mitzuzählen sind, denen die Stiftungsaufsicht die Wahrnehmung ihrer Geschäfte einstweilen versagt hat, vgl BGH NJW 1994, 184. Ohne Versammlung ist ein Vorstandsbeschluß gültig, wenn alle Vorstandsmitglieder ihre Zustimmung schriftlich erklären (Umlaufverfahren). Ein Vorstandsmitglied ist nicht stimmberechtigt, wenn die Beschlußfassung die Vornahme eines Rechtsgeschäfts mit ihm oder die Einleitung oder Erledigung eines Rechtsstreits zwischen ihm und der Stiftung betrifft (§ 34). Ein Organmitglied kann Beschlüsse des Organs, dem es angehört, gerichtlich nur dann im eigenen Namen überprüfen lassen, wenn es durch sie in seinen organschaftlichen Rechten beeinträchtigt wird. Eine allgemeine Befugnis der Organmitglieder zur Beschlußanfechtung ist dem Stiftungsrecht fremd (BGH NJW 1994, 184, 185 = EWiR § 85 1/94, 223 [Neuhoff]).

15 e)   In dringenden Fällen kann das für den Sitz der Stiftung zuständige Amtsgericht der Stiftung einen **Notvorstand** bestellen (§§ 86, 29). Voraussetzung ist das ständige oder vorübergehende Fehlen der erforderlichen Mitglieder des Vorstandes. Ein Vorstandsmitglied fehlt, wenn es tatsächlich oder rechtlich an der Wahrnehmung seiner Aufgaben gehindert ist. Praktisch bedeutsamer Grund einer rechtlichen Verhinderung ist das Verbot von Insichgeschäften (so Rn 7). Das Bestellungsverfahren richtet sich nach den Vorschriften des FGG. Antragsberechtigt ist jeder *Beteiligte*. Unter den Begriff fällt neben den übrigen Vorstandsmitgliedern der Stiftung jeder, der ein Interesse an der Notbestellung glaubhaft machen kann, insbesondere Destinatäre, Stiftungsgläubiger, aber auch die Stiftungsaufsicht (su Rn 17). Voraussetzung ist, daß Rechte und Pflichten des Antragstellers durch die beantragte Maßnahme *unmittelbar beeinflußt* werden (BayOLGZ 1971, 178, 180; KG StiftRspr II, 68, 69 f; Reichert/Danecker, Handbuch des Vereinsrechts [5. Aufl 1993] Rn 1267; Palandt/Heinrichs § 29 Rn 4). Bei Destinatären, die keine klagbaren Ansprüche auf Stiftungsleistungen oder Mitwirkungsrechte geltend machen können (vgl § 85 Rn 10 ff), ist dies nicht der Fall (aA Jess 187).

16 Ob die gemeinsame Weigerung von Vorstand und Stiftungsaufsicht, Ansprüche der Stiftung gegenüber den Organmitgliedern bzw der Aufsichtsbehörde geltend zu machen, einen Anwendungsfall der §§ 86, 29 darstellt, ist ungeklärt (dafür Jess 182 ff; dagegen MünchKomm/Reuter § 85 Rn 7).

17 § 29 geht als Bundesrecht für seinen Anwendungsbereich den landesrechtlichen Regelungen über die Bestellung von Organmitgliedern durch die Stiftungsaufsicht vor (Seifart/Hof § 11 Rn 187; vgl auch § 14 BremStiftG; § 15 NdsStiftG; § 15 SaarlStiftG; aA Soergel/Neuhoff Rn 3). Auch die Stiftungsaufsicht kann daher Beteiligte iSd § 29 sein (so Rn 15). Zur Abgrenzung der Befugnisse von (Not-)Vorständen und nach Landesrecht bestellten Sachwaltern (Vorbem 69 zu §§ 80 ff lit ee) s OLG Hamm NJW-RR 1995, 120, 122 f.

18 f)   Nach §§ 86, 31 gelten die allgemeinen Grundsätze der **Organhaftung** auch für die Vorstände oder andere verfassungsmäßig berufene Vertreter der rechtsfähigen Stiftung des Privatrechts. Für die Stiftung des öffentlichen Rechts ergibt sich dies aus § 89. Auf die unselbständige Stiftung ist § 31 mangels hinreichend konkreter Verselbständigung des Stiftungsvermögens nicht entsprechend anwendbar (hM, vgl Vorbem 167 zu §§ 80 ff). Wegen weiterer Einzelheiten siehe Staudinger/Weick (1995) § 31.

2. Besondere Vertreter

Neben dem Vorstand kann die Stiftungssatzung für bestimmte Geschäfte **besondere** 19
Vertreter bestellen (§§ 86, 30). Mangels abweichender Regelung erstreckt sich deren Vertretungsmacht auf alle Rechtsgeschäfte, die der ihnen zugewiesene Geschäftsbereich gewöhnlich mit sich bringt (vgl STAUDINGER/WEICK [1995] § 30 Rn 8). In der Stiftungspraxis wird von der Bestellung besonderer Vertreter in großem Umfang Gebrauch gemacht. Sie werden als Beiräte, Kuratorien, Stiftungsräte oä bezeichnet. In der Bestimmung ihrer Aufgaben ist der Stifter weitgehend frei. Erst die Bestellung eines besonderen Vertreters für alle Vorstandsaufgaben ist unzulässig (OLG Hamm OLGZ 78, 21, 24; PALANDT/HEINRICHS § 30 Rn 6). Im übrigen gelten die Ausführungen zu § 85 Rn 8 f, dh der Stifter kann besonderen Vertretern keine echten körperschaftlichen Mitwirkungsbefugnisse einräumen. Soweit die Satzung nichts anderes bestimmt, sind die für den Vorstand aufgrund dispositiven Rechts geltenden Regelungen über die Bestellung, die Abberufung und die Willensbildung (so Rn 2 ff, 14) entsprechend anwendbar. Auch für einen besonderen Vertreter kann gemäß § 29 ein Notvertreter bestellt werden (EBERSBACH, Handbuch 100; MünchKomm/REUTER § 29 Rn 8; SEIFART/HOF § 9 Rn 49 [anders aber ders § 9 Rn 63]; aA SOERGEL/NEUHOFF Rn 10; STAUDINGER/WEICK [1995] § 30 Rn 5). In der Praxis wird es dabei jedoch häufig an der von § 29 geforderten Dringlichkeit fehlen.

III. Die Stiftung unter Verwaltung einer Behörde

Der Stifter kann die Verwaltung einer rechtsfähigen Stiftung des privaten Rechts 20 einer öffentlichen Behörde übertragen (rechtspolitische Kritik daran bei MünchKomm/ REUTER Rn 1). Anders als die öffentlich-rechtliche Stiftung (Vorbem 181 ff zu §§ 80 ff) wird sie dadurch nicht selbst Teil der öffentlichen Verwaltung, sondern nur organisatorisch mit der Verwaltung verbunden (EBERSBACH, Handbuch 36; STRICKRODT, Stiftungsrecht 82). Gleichwohl besteht für die behördlich verwaltete Stiftung eine Gemengelage zwischen allgemeinem Stiftungsrecht und öffentlichem Organisationsrecht (vROTBERG, BadWürttStiftG § 1 Anm 5 g mwN). Das BGB trägt dem Rechnung (vgl Prot bei MUGDAN I 666 ff), indem § 86 die zwingende Verweisung in das Vereinsrecht für Stiftungen unter Behördenverwaltung einschränkt. Die Vorschriften der §§ 27 Abs 3, 28 und 29 finden keine Anwendung, da die internen Beziehungen zwischen Behörde und Stiftung nicht dem Auftragsrecht der §§ 664 bis 670, sondern öffentlichem Recht unterfallen, für die Beschlußfassung und Passivvertretung die besonderen Regeln des öffentlichen Organisations- bzw Kommunalrechts gelten und die Notbestellung eines Vorstandes aufgrund des Institutionscharakters öffentlicher Behörden keine Bedeutung hat (vgl STRICKRODT, Stiftungsrecht 81 f; EBERSBACH, Handbuch 109 f; SOERGEL/NEUHOFF Rn 7). Ein praktisch wichtiger Sonderfall der behördlich verwalteten Stiftung ist die selbständige kommunale Stiftung des Privatrechts (vgl Vorbem 147 ff zu §§ 80 ff). Zur Problematik der Verwaltung religiöser Stiftungen durch die öffentliche Hand vgl RENCK DÖV 1990, 1047 ff; SIEGMUND-SCHULTZE DÖV 1994, 1017 ff.

Nicht unter den Begriff der behördlich verwalteten Stiftung fallen Stiftungen, deren 21 Satzung lediglich den Inhaber eines bestimmten behördlichen Amtes als Stiftungsvorstand benennt. Hier bleibt es bei den allgemeinen Regeln. Gleiches gilt, wenn der Stifter einer Behörde nur das Recht zur Bestellung von Organpersonen eingeräumt hat (EBERSBACH, Handbuch 37).

22 Auch behördlich verwaltete Stiftungen unterliegen der **Stiftungsaufsicht**. Das Landesrecht enthält dafür zT spezielle Regelungen (vgl Art 24 Abs 3, 33 BayStiftG; § 10 Abs 2 HessStiftG; § 18 Abs 2 NdsStiftG; § 31 RhPfStiftG). Zu den Besonderheiten bei kommunalen Stiftungen s Vorbem 150 zu §§ 80 ff. Wird eine behördlich verwaltete Stiftung von den Beamten der sie verwaltenden Körperschaft oder Anstalt geschädigt, richten sich ihre Schadensersatzansprüche mangels Anwendbarkeit des Auftragsrechts (so Rn 20) nach Art 34 GG, § 839 (vgl RGZ 161, 288, 294 f; SOERGEL/NEUHOFF Rn 6; MünchKomm/REUTER Rn 6; EBERSBACH 121).

IV. Der Konkurs der Stiftung

23 Durch die **Eröffnung des Konkurses** verliert die Stiftung ihre Rechtsfähigkeit (§§ 86, 42 Abs 1). Da sie anders als der rechtsfähige Verein (vgl BGHZ 96, 257) nicht als unselbständige Stiftung weiterbestehen kann, bedeutet dies das Ende ihrer rechtlichen Existenz (unstr, statt vieler MünchKomm/REUTER Rn 8; SOERGEL/NEUHOFF Rn 17). Nur für die Zwecke des Konkurses *gilt sie vorübergehend als rechtlich fortbestehend*. Nach SOERGEL/NEUHOFF Rn 17 soll dies zur Konsequenz haben, daß der Konkursverwalter an aufsichtsrechtliche Genehmigungsvorbehalte gebunden bleibt. Wird der **Eröffnungsbeschluß aufgehoben** (§§ 109, 116 KO), werden die nach §§ 86, 42 Abs 1 eingetretenen Rechtsfolgen mit Rechtskraft des Aufhebungsbeschlusses hinfällig. Die Stiftung erlangt wieder volle Rechtsfähigkeit (EBERSBACH, Handbuch 145; SEIFART/HOF § 12 Rn 31). Zur Stellung der Destinatäre im Konkurs der Stiftung vgl EBERSBACH, Handbuch 143 f.

24 Die Eröffnung eines gerichtlichen **Vergleichsverfahrens**, das nach § 108 Abs 1 VglO auch bei Stiftungen zulässig ist, hat auf deren Rechtsfähigkeit keinen Einfluß.

§ 87

[1] Ist die Erfüllung des Stiftungszwecks unmöglich geworden oder gefährdet sie das Gemeinwohl, so kann die zuständige Behörde der Stiftung eine andere Zweckbestimmung geben oder sie aufheben.

[2] Bei der Umwandlung des Zweckes ist die Absicht des Stifters tunlichst zu berücksichtigen, insbesondere dafür Sorge zu tragen, daß die Erträge des Stiftungsvermögens dem Personenkreise, dem sie zustatten kommen sollten, im Sinne des Stifters tunlichst erhalten bleiben. Die Behörde kann die Verfassung der Stiftung ändern, soweit die Umwandlung des Zweckes es erfordert.

[3] Vor der Umwandlung des Zweckes und der Änderung der Verfassung soll der Vorstand der Stiftung gehört werden.

Materialien: E II Art 85 EGBGB; JACOBS/SCHUBERT, AT 373 ff.

Schrifttum

BRESLAUER, Zur Auslegung des § 87 BGB, JW 1923, 226 ff
BREUER, Zweckumwandlung und Aufhebung von Stiftungen nach deutschem Recht – unter vergleichender Heranziehung entsprechender Einrichtungen im anglo-amerikanischen Recht (Diss Köln 1967)
GUTZSCHEBAUCH, Umwandlung und Aufhebung von Stiftungen infolge der Geldumstellung, BB 1949, 119 ff
HAEFELIN, Die Anpassung der Stiftung an veränderte Verhältnisse (Diss Zürich 1946)
HEIMBERGER, Die Veränderung des Stiftungszwecks (1913)
KANES/DOMCKE, Zweckänderungen bei Familienstiftungen, DNotZ 1965, 217 ff
KARPER, Die Zusammenlegung von privatrechtlichen Stiftungen (Diss Göttingen 1993)
dies, Die staatliche Zusammenlegung von rechtsfähigem privatrechtlichen Stiftungen, BWVPr 1994, 275 ff
THIESING, Zur Aufhebung und Änderung der Verfassung einer Stiftung, DJZ 1913, 318 ff
VOLL/VOLL, Aufhebung und Umwandlung von Stiftungen, BayVBl 1962, 80 ff.
Vgl auch die Literaturhinweise in den Vorbem zu §§ 80 ff.

I. Inhaltsübersicht

Bei Unmöglichkeit der Zweckerreichung oder Gemeinwohlgefährdung durch die Erfüllung des Stiftungszwecks können die nach den Stiftungsgesetzen der Länder zuständigen Behörden gemäß § 87 die Zwecksetzung einer Stiftung ändern oder die Stiftung aufheben. Das Landesrecht ergänzt die Vorschrift um die Möglichkeit der *Zusammenlegung* und *Zulegung* von Stiftungen (vgl § 14 Abs 3 BadWürttStiftG; Art 19 BayStiftG; § 9 Abs 1 BremStiftG; § 9 Abs 1 HessStiftG; § 12 MecklVorPStiftG; § 8 NdsStiftG; § 13 NRWStiftG; § 23 RhPfStiftG; § 8 SaarlStiftG; § 6 SchlHolStiftG) sowie vereinzelt um die Befugnis zu hoheitlichen Maßnahmen wegen *wesentlichen Wandels der Verhältnisse* (vgl § 6 Abs 4 S 2 BadWürttStiftG; § 11 Abs 1 HambAGBGB; § 9 Abs 2 HessStiftG [auf Antrag der Stiftungsorgane]). Die Ergänzungen sind durch den Regelungsvorbehalt des § 85 legitimiert. Sowohl das Erlöschen der Stiftung als auch Satzungsänderungen sind Verfassungsfragen iSd Norm (hM, vgl RGZ 121, 166, 168 f; BREUER 42; KARPER 76 ff; SOERGEL/NEUHOFF Rn 5; MünchKomm/REUTER Rn 7; BGB-RGRK/STEFFEN Rn 2; aA STRICKRODT 103 f). Zum Landesrecht ausführlich HÄRTL 65 ff; KARPER 62 ff.

Neben behördlich veranlaßte Maßnahmen tritt die Möglichkeit von Zweck- und Satzungsänderungen sowie Aufhebungs- oder Zusammenlegungsbeschlüssen durch die Stiftungsorgane. Diese können auf landesrechtlicher Grundlage (vgl § 5 BerlStiftG; § 10 HambAGBGB; § 9 Abs 1 HessStiftG [Antragsrecht der Stiftungsorgane]; § 11 MecklVorPStiftG; § 7 NdsStiftG; § 12 NRWStiftG; §§ 21, 22 RhPfStiftG; § 7 SaarlStiftG; § 5 SchlHolStiftG; § 21 DDRStiftG) oder auf eigenem Verfassungsrecht der Stiftung beruhen. Erweist sich der Stiftungszweck als nicht mehr erreichbar, so haben die Stiftungsorgane die Wege zu beschreiten, die ihnen das Stiftungsrecht für diesen Fall eröffnet. Keinesfalls sind sie berechtigt, den Stiftungszweck nicht oder auch nur weniger genau zu befolgen (BGHZ 68, 142 = StiftRspr III 27, 31).

II. Behördlich veranlaßte Maßnahmen

1. Aufhebung, Zusammenlegung, Zulegung und Zweckänderung (Umwandlung)

3 a) **Tatbestandliche Voraussetzungen** behördlicher Maßnahmen nach § 87 sind Unmöglichkeit des Stiftungszwecks oder Gemeinwohlgefährdung durch seine Erfüllung.

4 aa) Der Begriff der **Unmöglichkeit** iSd § 87 deckt sich mit dem der §§ 275, 280, 306, 323–325 (MünchKomm/REUTER Rn 1). Sie kann rechtlicher oder tatsächlicher Natur sein. Rechtlich unmöglich sind unerlaubte Stiftungszwecke. Tatsächliche Unmöglichkeit liegt bei endgültiger Zweckerfüllung, dem Wegfall der Destinatäre oder dem dauerhaften Verlust des Stiftungsvermögens vor. Letzterer kann ua Folge einer zivilrechtlichen Nichtigkeit des Stiftungsgeschäfts sein (s § 80 Rn 30 aE). Zur Unmöglichkeit infolge von Inflation und Währungsumstellung s GUTZSCHEBAUCH BB 1949, 119 ff.

5 § 87 betrifft sowohl die Fälle *nachträglicher als auch anfänglicher Unmöglichkeit*. Zwar ist eine Stiftung, deren Zweck von vornherein unmöglich ist, an sich nicht genehmigungsfähig. Da sie jedoch als juristische Person entsteht, wenn sie gleichwohl genehmigt wird (vgl § 80 Rn 30; **aA** MünchKomm/REUTER Rn 3, der bei anfänglicher Unmöglichkeit Nichtigkeit der Genehmigung annimmt; ähnlich ERMAN/WESTERMANN Rn 1), ist § 87 zumindest entsprechend anwendbar (vgl BVerwGE 29, 314 = StiftRspr I 158 ff; SIEGMUND-SCHULTZE, NdsStiftG § 4 Anm 4 e; ders § 9 Anm 2; SEIFART/HOF § 12 Rn 52 f). Die Regeln des allgemeinen Verwaltungsverfahrensrechts (§§ 48 ff VwVfG) treten zurück.

6 bb) **Gemeinwohlgefährdung** iSd § 87 liegt vor, wenn die Erfüllung des Stiftungszwecks – und nicht bloß das Verhalten der Stiftungsorgane (vgl MünchKomm/REUTER Rn 4; SOERGEL/NEUHOFF Rn 9; ERMAN/WESTERMANN Rn 2) – gegen die Rechtsordnung verstößt (vgl Art 2 Abs 1 GG). Der Grundrechtsschutz des Stifters und der Stiftung (vgl Vorbem 40 ff, 50 ff zu §§ 80 ff) gebietet eine enge und mit den Schranken der allgemeinen Handlungsfreiheit kongruente Auslegung des Begriffs der Gemeinwohlgefährdung (FROWEIN 18; SEIFART/HOF § 7 Rn 238; MünchKomm/REUTER Rn 4; ERMAN/WESTERMANN Rn 2; GEBEL/HINRICHSEN, SchlHolStiftG § 6 Anm 4.4; vgl auch VG Düsseldorf, NVwZ 1994, 811, 812 ff). Zweckmäßigkeitserwägungen oder die Prüfung, ob sich der Stiftungszweck nach der Verkehrsanschauung noch als vernünftig darstellt (vgl EBERSBACH, Handbuch 137 f) sind entgegen älterer Auffassung nicht zulässig. Nach richtiger Ansicht bedeutet Gemeinwohlgefährdung *Gesetzesverletzung*. Der Begriff deckt sich daher mit dem der rechtlichen Unmöglichkeit (MünchKomm/REUTER Rn 4; ERMAN/WESTERMANN Rn 2).

7 cc) Die tatbestandlichen Voraussetzungen des § 87 liegen auch bei einer **Rechtsformverfehlung** der Stiftung vor (MünchKomm/REUTER Rn 5). Haben die Stiftungsbehörden zu Unrecht eine *wirtschaftliche Stiftung* (vgl Vorbem 94 ff zu §§ 80 ff) oder eine *Unterhaltsstiftung* (vgl Vorbem 132 ff zu §§ 80 ff) genehmigt oder hat sich eine zurecht genehmigte Idealstiftung faktisch zur wirtschaftlichen Stiftung oder Unterhaltsstiftung gewandelt, könnten daher grundsätzlich Maßnahmen nach § 87 in Betracht kommen. Tatsächlich plädiert MünchKomm/REUTER Rn 5 bei der wirtschaftlichen

Stiftung für Konzessionsentzug, sofern sich die mit der Rechtsformverfehlung abstrakt verbundenen Gefahren für den Rechtsverkehr im konkreten Einzelfall bestätigen (so auch noch RAWERT 162 ff). Ähnliches soll für die Unterhaltsstiftung gelten (MünchKomm/REUTER Vorbem 23 zu § 80). Dagegen läßt sich allerdings einwenden, daß die Rechtsformverfehlung im Stiftungsrecht Ergebnis eines von der hM und der Praxis bislang nicht anerkannten Wandels in der Auslegung des Gesetzes ist. Für den *Rechtserkenntniswandel* läßt sich den zu § 87 parallelen Vorschriften des allgemeinen Verwaltungsrechts (§§ 48 ff VwVfG) entnehmen, daß er nicht dazu berechtigen soll, einen bestandskräftigen begünstigenden und bis dato als rechtmäßig erachteten Verwaltungsakt zu widerrufen (vgl OETKER, Der Wandel vom Ideal- zum Wirtschaftsverein, NJW 1991, 385 ff, 387 mwN). Man wird genehmigten wirtschaftlichen Stiftungen und reinen Unterhaltsstiftungen daher zumindest vorläufig Bestandsschutz zubilligen müssen. Daß der Schutzzweck des § 22 sowie der erbrechtlichen Vorschriften über die zeitlichen Grenzen zulässiger Nachlaßbindungen dadurch vorübergehend Einbußen erleidet, ist im Interesse der Rechtssicherheit hinzunehmen.

b) Auf der **Rechtsfolgenseite** sieht § 87 die *Zweckänderung* oder *Aufhebung* der **8** Stiftung vor. Das Landesrecht erweitert das Eingriffsinstrumentarium um die *Zusammenlegung* und die *Zulegung*.

aa) Die **Aufhebung** ist der schwerwiegendste Eingriff in die Existenz der Stiftung. **9** Mit ihr erlischt sie. Die vom Landesrecht vorgesehene Zusammenlegung oder die Zulegung von Stiftungen sind ihr daher idR als mildere Mittel vorzuziehen (s aber u Rn 13).

bb) Bei der **Zusammenlegung** werden mehrere Stiftungen gleichartiger oder ähnli- **10** cher Zwecksetzung zu einer neuen Stiftung zusammengefaßt. Voraussetzung ist, daß bei allen Stiftungen die Tatbestandsmerkmale des § 87 vorliegen. Die beteiligten Stiftungen verlieren zwar ihre eigene Rechtspersönlichkeit. In der Sache ist ihnen jedoch gleichwohl ein Weiterwirken in Gestalt einer neuen juristischen Person möglich. Die Zusammenlegung als solche löst keine *Gesamtrechtsnachfolge* aus. Die alten Stiftungen müssen liquidiert werden. Ihr Vermögen ist – ggfls nach Änderung der Anfallberechtigung oder mit Zustimmung der Anfallberechtigten (vgl die Erl zu § 88) – nach den allgemeinen Regeln auf die neue Stiftung zu übertragen (vgl SIEGMUND-SCHULTZE, NdsStiftG § 7 Anm 6). Anders kann dies sein, wenn das Landesrecht ausdrücklich Gesamtrechtsnachfolge anordnet (vgl § 14 Abs 2 S 4 BadWürttStiftG; § 5 Abs 3 S 2 BerlStiftG; § 12 S 3 MecklVorPStiftG; § 7 Abs 4 S 2 SaarlStiftG; § 5 Abs 3 S 2 SchlHolStiftG). Die Gesetzgebungskompetenz der Länder zum Erlaß derartiger Regelungen wird in der Lit allerdings in Frage gestellt (vgl KNEIS/KAJA 49 f; STENGEL, HessStiftG § 9 Anm 6).

cc) Bei der **Zulegung** wird das Vermögen einer oder mehrerer Stiftungen auf eine **11** bestehende andere Stiftung übertragen. Auch hier müssen bei allen beteiligten Stiftungen die tatbestandlichen Voraussetzungen des § 87 vorliegen (vROTBERG, BadWürttStiftG § 14 Anm 4 b). Eine funktions- und leistungsfähige Stiftung kann nicht dazu gezwungen werden, eine funktions- und leistungsunfähige Stiftung in sich aufzunehmen. Praktisch erfolgt die Zulegung durch Satzungs- und gegebenenfalls Zweckänderung der aufnehmenden Stiftung, Änderung der Anfallberechtigung bei der aufzuhebenden zugunsten der aufnehmenden Stiftung sowie Aufhebung der aufzuhebenden Stiftung und Liquidation durch Übertragung ihres Vermögens auf die aufnehmende Stiftung (vgl STENGEL, HessStiftG § 9 Anm 6). An die Stelle einer Änderung der Anfallberechtigung kann die Zustimmung der Anfallberechtigten treten.

12 **dd)** Die **Zweckänderung** oder **Umwandlung** läßt die Existenz der betroffenen Stiftung unberührt. Darin unterscheidet sie sich von der Aufhebung sowie der Zusammen- und Zulegung von Stiftungen. Sie ist lediglich eine besondere Form der Satzungsänderung, die mit Rücksicht auf die zentrale und identitätsbestimmende Bedeutung des Stiftungszwecks an besondere Voraussetzungen geknüpft ist. Bei der Zweckänderung ist dafür Sorge zu tragen, daß die Erträge des Stiftungsvermögens soweit möglich dem Kreis der vom Stifter bestimmten Destinatäre erhalten bleiben (§ 87 Abs 2 S 1). Da Zweckänderungen regelmäßig weitere Änderungen in der Satzung der Stiftung erforderlich machen, normiert § 87 Abs 2 S 2 eine entsprechende bundesgesetzliche Ermächtigung der zuständigen Behörden.

13 **ee)** Maßnahmen nach § 87 sind hoheitliche Eingriffe in die verfassungsmäßig verbürgten Rechte des Stifters und der Stiftung (vgl Vorbem 40 ff, 50 ff zu §§ 80 ff). Sie sind am Grundsatz der **Verhältnismäßigkeit** zu messen und müssen dem Stifterwillen entsprechen (BVerwG NJW 1991, 713 = StiftRspr IV 151, 153; OVG Bremen StiftRspr IV 127 ff; BGHZ 99, 344 = StiftRspr IV 58, 60; MünchKomm/REUTER Rn 2; ERMAN/WESTERMANN Rn 3; SEIFART/HOF § 11 Rn 274). Der Vorrang des Stifterwillens verbietet es, die Zweckänderung oder Zusammen- bzw Zulegung von Stiftungen stets schematisch als das der vollständigen Aufhebung der Stiftung vorgehende mildere Mittel zu betrachten (so aber SEIFART/HOF § 11 Rn 293 ff). Im Einzelfall kann der erkennbare Wille des Stifters die Aufhebung unter Zuteilung des Stiftungsvermögens an die in der Satzung bestimmten Anfallberechtigten vor der Anordnung anderer Maßnahmen rechtfertigen. Dem läßt sich nicht unter Hinweis auf das eigene verfassungsrechtlich geschützte Existenzrecht der Stiftung begegnen (so aber SEIFART/HOF § 11 Rn 311). Das Existenzrecht der Stiftung besteht nur nach Maßgabe des ursprünglichen Stifterwillens. Steht dieser einer Fortsetzung der Stiftung unter geändertem Zweck oder im Gewand einer anderen juristischen Person entgegen, ist die Aufhebung die einzig zulässige Maßnahme (so zutreffend MünchKomm/REUTER Rn 8; vgl auch BVerwG NJW 1991, 713 = StiftRspr IV 151, 153).

2. Satzungsänderungen

14 Über den Anwendungsbereich des § 87 hinaus sieht das Landesrecht zT die Befugnis zu hoheitlichen Satzungsänderungen unterhalb der Schwelle der Unmöglichkeit bzw Gemeinwohlgefährdung vor (vgl § 6 Abs 4 S 2 BadWürttStiftG; § 11 HambAGBGB; § 9 Abs 2 HessStiftG [auf Antrag der Stiftungsorgane]). Sie setzen lediglich eine *wesentliche Veränderung der Verhältnisse* voraus. Als staatliche Eingriffe in die Grundrechte von Stifter und Stiftung sind sie gleichwohl nur zulässig, wenn sie im Interesse der Funktions- und Leistungsfähigkeit der Stiftung geeignet, notwendig und verhältnismäßig sind. Im übrigen gilt auch für Satzungsänderungen aufgrund wesentlich geänderter Verhältnisse der Grundsatz des Vorrangs des ursprünglichen Stifterwillens (MünchKomm/REUTER § 85 Rn 5; vgl auch BGHZ 99, 344 = StiftRspr IV 58, 60). Ergibt dieser, daß der Stifter Satzungsänderungen generell ausschließen wollte, sind behördliche Anordnungen unzulässig.

3. Verfahrensrechtliches

Maßnahmen nach § 87 und ergänzendem Landesrecht sind stets subsidiär. Die Stiftungsbehörden dürfen erst eingreifen, wenn die Stiftungsorgane selbst keine Abhilfe schaffen oder schaffen können (BGB-RGRK/STEFFEN Rn 5; GEBEL/HINRICHSEN, SchlHolStiftG § 6 Anm 1; vgl auch § 6 Abs 4 S 2 BadWürttStiftG; § 8 SaarlStiftG). Dem Vorstand der Stiftung ist vor Erlaß der Maßnahmen Gehör zu gewähren. Dabei ist § 87 Abs 3 über seinen Wortlaut hinaus auch auf die Aufhebung der Stiftung anzuwenden (ERMAN/WESTERMANN Rn 3; aA STAUDINGER/COING[12] Rn 10). In Übereinstimmung mit den Regeln des allgemeinen Verwaltungsverfahrensrechts ist er zudem als Mußvorschrift auszulegen. Ein ausnahmsweises Abweichen von der Regel vorherigen rechtlichen Gehörs bedarf eines rechtfertigenden Grundes (vgl § 28 Abs 2 VwVfG). 15

Die behördliche Pflicht zur Anhörung gilt auch für den noch lebenden Stifter. Auch er wird durch Anordnungen, die die Existenz oder die Satzung der Stiftung betreffen, in seinen Rechten berührt. Wo die Stiftungsgesetze keine besonderen Regelungen enthalten (so aber Art 17 Abs 3 BayStiftG; § 9 Abs 2 BremStiftG), folgt sein Anspruch aus § 28 VwVfG bzw entsprechendem Landesrecht (vgl SEIFART/HOF § 12 Rn 43). Bei behördlicher Ergänzung der Stiftungssatzung unterhalb der Schwelle des § 87 (so Rn 14) bedarf es nach Landesrecht zT der ausdrücklichen *Zustimmung* des noch lebenden Stifters (vgl § 6 Abs 4 BadWürttStiftG; § 11 Abs 2 HambAGBGB; § 11 Abs 2 MecklVorPStiftG; § 7 Abs 2 NdsStiftG; § 7 Abs 2 SaarlStiftG; § 5 Abs 1 SchlHolStiftG; § 21 Abs 2 DDRStiftG). 16

Die Nichtbeachtung von Anhörungs- oder Zustimmungsrechten führt nicht zur Nichtigkeit der behördlichen Maßnahme. Der entsprechende Verwaltungsakt kann jedoch wegen Rechtswidrigkeit angefochten und verwaltungsgerichtlich überprüft werden. Kommt es zur Aufhebung einer Stiftung, hat diese wegen der privatrechtsgestaltenden Wirkung der Stiftungsgenehmigung nur Wirkung *ex nunc* (BVerwGE 29, 314 = StiftRspr I 158, 160; SOERGEL/NEUHOFF § 80 Rn 10; ERMAN/WESTERMANN § 80 Rn 4; KRONKE 41). Das gilt auch bei ursprünglicher zivilrechtlicher Nichtigkeit des Stiftungsgeschäfts. Gegen die Aufhebungsverfügung kann die Stiftung Widerspruch einlegen und Anfechtungsklage erheben. Beide Rechtsbehelfe haben aufschiebende Wirkung. Die Stiftung bleibt bis zur Bestandskraft der Aufhebungsverfügung uneingeschränkt rechtsfähig (SEIFART/HOF § 12 Rn 49; MünchKomm/REUTER Rn 6; vgl auch OLG Hamm NJW-RR 1995, 120, 121). 17

III. Durch Organbeschluß veranlaßte Maßnahmen

1. Die Aufhebung einer Stiftung, ihre Zusammen- oder Zulegung, ihre Zweckumwandlung oder andere Satzungsänderungen können auch durch ihre Organe beschlossen werden. Das Landesrecht enthält entsprechende Ermächtigungstatbestände (vgl § 5 BerlStiftG; § 8 BremStiftG; § 10 HambAGBGB; § 9 HessStiftG [Antragsrecht der Stiftungsorgane]; § 11 MecklVorPStiftG; § 7 NdsStiftG; § 12 NRWStiftG; §§ 21, 22 RhPfStiftG; § 7 SaarlStiftG; § 5 SchlHolStiftG; § 21 DDRStiftG). Auch die Satzung kann derartige Befugnisse verleihen (allg Ansicht vgl PALANDT/HEINRICHS § 85 Rn 3; SOERGEL/NEUHOFF Rn 4; MünchKomm/REUTER Rn 7; KRONKE 78 f; KARPER 83; JESS 80 ff, 93 ff; s auch BAG NJW 1991, 514 = StiftRspr IV 108 ff). Alle durch 18

Organbeschluß veranlaßten Maßnahmen bedürfen zu ihrer Wirksamkeit jedoch der behördlichen Genehmigung. Das gilt unabhängig davon, ob sie auf Landesrecht oder eigenem Verfassungsrecht der Stiftung beruhen (vgl §§ 6 Abs 4, 14 Abs 2 BadWürttStiftG; Art 8 Abs 3 BayStiftG; § 5 Abs 1 BerlStiftG; § 8 Abs 2 BremStiftG; §§ 10 S 2, 19 HambAGBGB; § 9 Abs 1 HessStiftG; § 11 Abs 2 S 3 MecklVorPStiftG; § 7 Abs 3 S 3 NdsStiftG; § 12 Abs 1 S 2 NRWStiftG; § 21 Abs 1 S 2 RhPfStiftG; § 7 Abs 3 S 3 SaarlStiftG; § 5 Abs 2 S 1 SchlHolStiftG; § 21 Abs 2 S 3 DDRStiftG).

19 Organbeschlüsse auf landesrechtlicher Ermächtigungsgrundlage sind nur zulässig, wenn sie wegen einer *wesentlichen Änderung der Verhältnisse notwendig sind*. Wo das Landesrecht derartige Einschränkungen nicht ausdrücklich normiert, folgt dies aus dem allgemeinen stiftungsrechtlichen Grundsatz, daß Eingriffe in den Bestand und die Zwecksetzung einer Stiftung nur erfolgen dürfen, wenn für sie ein rechtfertigender Grund besteht (BGH WM 1976, 869 = StiftRspr III 1; BGHZ 99, 344 = StiftRspr IV 58, 60). Lediglich Satzungsänderungen, die nicht den Stiftungszweck betreffen, können unterhalb der Schwelle wesentlich geänderter Verhältnisse zugelassen werden. Beliebige Organbeschlüsse rechtfertigt freilich auch dies nicht. Der verfassungsrechtlich verbürgte Schutz des in der Stiftungssatzung niedergelegten ursprünglichen Stifterwillens macht es erforderlich, daß auch vor solchen Satzungsänderungen geprüft wird, ob sie im Interesse der Leistungs- und Funktionsfähigkeit der Stiftung zumindest zweckmäßig sind (vgl EBERSBACH, Handbuch 91; ähnlich MünchKomm/REUTER Rn 7; JESS 87 ff; s auch § 7 Abs 1 NdsStiftG).

20 Ergibt sich aus dem ausdrücklich oder schlüssig erklärten Willen des Stifters, daß Organbeschlüsse über die Aufhebung oder Satzungsänderungen nicht zulässig sein sollen, sind die landesrechtlichen Ermächtigungsgrundlagen nicht anwendbar. Eingriffe in den Bestand der Stiftung oder Änderungen ihrer Satzung sind dann nur möglich, wenn die Voraussetzungen für behördliche Zwangsmaßnahmen (so Rn 3 ff) vorliegen (SEIFART/HOF § 11 Rn 228; SIEGMUND/SCHULTZE, NdsStiftG § 7 Anm 2 a).

21 2. Auch durch **satzungsrechtliche Anordnungen** kann der Stifter den Organen der Stiftung keine uneingeschränkte Beschlußkompetenz zur Aufhebung der Stiftung oder Änderung ihrer Satzung einräumen. Die Ausrichtung der Stiftung auf den ursprünglichen Stifterwillen läßt nicht zu, daß die notwendigen Bestandteile des Stiftungsgeschäfts bzw der Stiftungssatzung (s § 80 Rn 12 ff; § 85 Rn 5), vom ursprünglichen Stifterwillen gelöst und der quasi-körperschaftlichen Willensbildung der Stiftungsorgane überlassen werden (s § 85 Rn 8 f; vgl auch SOERGEL/NEUHOFF Nachtrag 13 zu Vor § 80; ders, in: Deutsches Stiftungswesen 1977–1988, 80 f; WOCHNER MittRhNotK 1994, 104). Zurecht hat das BVerwG für den Fall einer Zweckänderung entschieden, daß die Aufsichtsbehörden ungeachtet satzungsrechtlicher Änderungsvorbehalte keine Maßnahmen genehmigen dürfen, die sachlich auf die Neugründung der Stiftung durch ihre Organe hinauslaufen (BVerwG NJW 1991, 713 = StiftRspr IV 151 ff; instruktiv auch Vorinstanz OLG Bremen StiftRspr IV 127 ff). Eine Änderung notwendiger Satzungsbestandteile kommt folglich auch aufgrund satzungsrechtlicher Anordnung nur in Betracht, wenn entweder eine wesentliche Veränderung der Verhältnisse dies unter Berücksichtigung des ursprünglichen Stifterwillens rechtfertigt (vgl BGH WM 1976, 869 = StiftRspr III 1: *allgemeiner Grundsatz des Stiftungsrechts*) oder die Kriterien, aufgrund derer die Stiftungsorgane tätig werden, vom Stifter konkret bestimmt sind (zB Umwandlung einer Schulgeldstiftung bei Abschaffung des Schulgeldes). Für eine eigene, dh über den Vollzug des ursprünglichen Stifterwillens hinausgehende Willensbildung der Stiftungsorgane läßt das Stiftungsrecht keinen Raum (MünchKomm/ REUTER Rn 7; ders § 85 Rn 5). Mit dem Prinzip der Stiftungsautonomie ist es nicht zu vereinbaren, daß die Stiftung in ein dauerndes rechtliches Abhängigkeitsverhältnis von Drittinteressen gerät (vgl BGHZ 99, 344 = StiftRspr IV 58, 61 f). Für die Aufhebung, Zusammen- und Zulegung der Stiftung aufgrund satzungsrechtlicher Ermächtigung gilt dies erst recht.

Alle auf Organbeschluß beruhenden Maßnahmen zur Aufhebung der Stiftung bzw 22 Änderung ihrer Satzung bedürfen zu ihrer Wirksamkeit der stiftungsbehördlichen Genehmigung (so Rn 18). Diese kann sowohl von der Stiftung selbst als auch vom noch lebenden Stifter vor den Verwaltungsgerichten angefochten werden. Etwaige Beschlußmängel werden durch die Genehmigung nicht geheilt (s § 80 Rn 30). Dritte, dh vor allem Destinatäre, die geltend machen, durch Organbeschlüsse in ihren Rechten verletzt zu sein, müssen Rechtsschutz gegen mangelhafte Organbeschlüsse vor den ordentlichen Gerichten suchen (s § 85 Rn 20). Zum Streitwert einer Klage auf Satzungsänderung s OLG Hamm ZIP 1993, 1384; RAWERT ZIP 1994, 1953 aE.

IV. Unselbständige Stiftungen

§ 87 ist auf unselbständige Stiftungen weder direkt noch analog anwendbar. Über die 23 Anpassung des Stiftungszwecks oder die Auflösung einer unselbständigen Stiftung ist im Wege der Auslegung bzw mit den Mitteln des Auflagenrechts zu entscheiden. Wegen Einzelheiten s Vorbem 171 ff zu §§ 80 ff.

§ 88

Mit dem Erlöschen der Stiftung fällt das Vermögen an die in der Verfassung bestimmten Personen. Die Vorschriften der §§ 46 bis 53 finden entsprechende Anwendung.

Materialien: TE-JP § 27; KE §§ 60 f; E I §§ 61, 62 Abs 1; II § 75; II rev (III) § 84; Mot I 124; Prot I 605 ff; SCHUBERT, AT I 694 ff; JACOBS/ SCHUBERT, AT I 373 ff.

Schrifttum

MÜLLER, Die Beendigung einer rechtsfähigen Stiftung des Privatrechts und die Regelung des Anfalls ihres Vermögens nach dem BGB (Diss Erlangen 1930).
Vgl auch die Literaturhinweise in den Vorbem zu §§ 80 ff.

I. Inhalt des § 88

1 § 88 regelt das Schicksal des Stiftungsvermögens bei Erlöschen der Stiftung. Die Vorschrift gilt für sämtliche Erlöschenstatbestände, nicht nur für die Aufhebung nach § 87 (MünchKomm/REUTER Rn 1; SOERGEL/NEUHOFF Rn 1; BGB-RGRK/STEFFEN Rn 1; ERMAN/WESTERMANN Rn 1; PALANDT/HEINRICHS Rn 1). Fällt das Vermögen dem Fiskus an, findet entsprechend § 46 Gesamtrechtsnachfolge statt. Anderenfalls muß das Liquidationsverfahren nach §§ 47 bis 53 durchgeführt werden.

II. Das Erlöschen der Stiftung

2 1. Eine **Stiftung erlischt nicht automatisch**, sondern stets nur aufgrund eines staatlichen Aktes, der ihr die im Genehmigungsverfahren verliehene Rechtsfähigkeit wieder entzieht. Selbst der vollständige und dauerhafte Verlust des Stiftungsvermögens führt nicht eo ipso zur Auflösung. Er berechtigt nur zur Aufhebung gemäß § 87 (BGB-RGRK/STEFFEN Rn 3; SEIFART/HOF § 12 Rn 2; EBERSBACH, Handbuch 142). Im Konkurs der Stiftung tritt der Verlust der Rechtsfähigkeit nach §§ 86, 42 durch Eröffnung des Konkursverfahrens ein (vgl § 86 Rn 23). Zu Sonderregelungen für Fideikommißauflösungsstiftungen vgl § 18 FidErlG sowie Vorbem 126 zu §§ 80 ff.

3 2. Bundesrechtliche **Erlöschensgründe** sind der Konkurs der Stiftung (§§ 86, 42) sowie Unmöglichkeit oder Gemeinwohlgefährdung iSd § 87. Aufgrund Landesrechts endet die Stiftung durch Aufhebung, Zusammenlegung oder Zulegung wegen *wesentlicher Veränderung der Verhältnisse* (s § 87 Rn 18 ff). Darüber hinaus kann der Stifter in der Satzung Festlegungen über das Erlöschen der Stiftung treffen. Typische Beispiele sind der Ablauf einer vorgesehenen Frist, der Eintritt einer bestimmten Bedingung oder die vollständige Zweckerfüllung. Zu den inhaltlichen Anforderungen und Grenzen solcher Regelungen s § 87 Rn 21.

4 Eine Stiftung kann nicht durch Ausübung eines **Widerrufsvorbehalts** oder wegen **Verstoßes gegen Auflagen** der Genehmigungsbehörde aufgehoben werden (RAWERT 83; MünchKomm/REUTER Rn 1; ähnlich vROTBERG, BadWürttStiftG § 5 Anm 9; SEIFART/HOF § 12 Rn 52; aA BGB-RGRK/STEFFEN Rn 1; STAUDINGER/COING[12] § 87 Rn 4; EBERSBACH, Handbuch 143). Die Stiftungsgenehmigung ist ein gebundener Verwaltungsakt (s Vorbem 48 zu §§ 80 ff; § 80 Rn 28 f). Da auf ihre Erteilung ein Anspruch besteht, sind Nebenbestimmungen, die nicht ausschließlich sicherstellen sollen, daß die Voraussetzungen des Genehmigungstatbestandes erfüllt werden, nach Verwaltungsverfahrensrecht nur zulässig, wenn sie durch Rechtsvorschriften vorgesehen sind (vgl § 36 VwVfG). Solche Rechtsvorschriften hält das Landesrecht jedoch nicht bereit.

III. Rechtsfolgen des Erlöschens

5 1. Mit dem Erlöschen **verliert die Stiftung ihre Rechtsfähigkeit**. Sie besteht nicht als unselbständige Stiftung fort (**aA** SOERGEL/NEUHOFF Rn 1), es sei denn, die Stiftungssatzung sähe für den Anfallberechtigten ausnahmsweise die Rolle des *Stiftungsträgers* einer unselbständigen Stiftung (vgl Vorbem 151 zu §§ 80 ff) vor (SEIFART/HOF § 12 Rn 9). Das Vermögen der erloschenen Stiftung fällt an die in der Verfassung bestimmten Personen. Es gelten primär die Regelungen der Stiftungssatzung und subsidiär die der Landesstiftungsgesetze. Das BGB selbst bestimmt keinen Anfallberechtigten, da nur die §§ 46 bis 53, nicht aber § 45 als auf die Stiftung entsprechend anwendbar erklärt werden.

2. Das **Landesrecht** (dazu HÄRTL 76 ff) beruft als Anfallberechtigten idR den Fiskus bzw bei kommunalen oder kirchlichen Stiftungen die entsprechenden Gebietskörperschaften oder Kirchen (vgl §§ 15, 26 Abs 2, 31 Abs 2 Ziff 2 BadWürttStiftG; Art 20 BayStiftG; § 6 BerlStiftG; §§ 10, 16 Abs 2 Ziff 6 BremStiftG; § 20 HambAGBGB; § 23 HessStiftG; §§ 13, 25 Abs 2 Ziff 2, 26 Abs 2 Ziff 3 MecklVorPStiftG; § 9 NdsStiftG; § 15 Abs 1 NRWStiftG; § 25 Abs 2 RhPfStiftG [bei noch lebendem Stifter Vermögensanfall an diesen – § 25 Abs 1 RhPfStiftG]; §§ 9, 19 Abs 2 Ziff 5, 20 Abs 3 SaarlStiftG; § 7 SchlHolStiftG; § 23 DDRStiftG). Ist der Landesfiskus anfallberechtigt, erwirbt er das Stiftungsvermögen nach §§ 88 Abs 2, 46 im Wege der *Gesamtrechtsnachfolge*. Für die Gebietskörperschaften und Kirchen gilt dies nur bei ausdrücklicher Anordnung durch das Landesrecht. Derartige Anordnungen sind Verfassungsnormen iSd § 85. Art 85 EGBGB ist auf die Stiftung weder direkt noch entsprechend anwendbar (STAUDINGER/WINKLER[12] Art 85 EGBGB Rn 6). Der Nachweis der Gesamtrechtsnachfolge ist durch Erbschein zu führen (BayObLGZ 1994, 33 ff). Zur autonomen Rechtsetzungskompetenz der Kirchen (vgl Vorbem 140 zu §§ 80 ff) für die Frage der Anfallberechtigung s BayObLGZ 1994, 33, 37 f.

Die landesrechtliche **Ausdehnung der Universalsukzession** auf andere Rechtsträger als den Fiskus gilt *nur für den Vermögensanfall kraft Gesetzes*. Setzt der Stifter eine Gemeinde oder Kirche qua Satzung als Anfallberechtigten einer kommunalen oder kirchlichen Stiftung ein, kann dieser das Vermögen nur im Rahmen der Liquidation, dh durch Übertragung einzelner Gegenstände erwerben (HARBECK, SchlHolStiftG § 7 Anm 5; SIEGMUND-SCHULTZE, NdsStiftG § 9 Anm 5 a; **aA** vROTBERG, BadWürttStiftG § 6 Anm 3 zu Nr 7). Lediglich der Landesfiskus erwirbt stets als Gesamtrechtsnachfolger (§§ 46, 1922). Als solcher kann er den Anfall nicht ausschlagen (§§ 46, 1942 Abs 2). Seine Haftung für Verbindlichkeiten der erloschenen Stiftung ist jedoch auf das angefallene Vermögen beschränkt (§§ 2011, 1994 Abs 1 S 2). Zum ganzen ausführlich SIEGMUND-SCHULTZE, NdsStiftG § 9 Anm 5.

Zum Vermögensanfall bei einer gemischt staatlich-kirchlichen Stiftung (Küsterlehrerpfründe) vgl RGZ 133, 69, 75.

3. Findet keine Gesamtrechtsnachfolge statt, muß die Liquidation nach §§ 47 bis 53 durchgeführt werden. Die Anfallberechtigten erwerben einen schuldrechtlichen Anspruch auf Auskehrung des Liquidationsüberschusses. Die an sich erloschene Stiftung bleibt als Liquidationsstiftung zum Zwecke der Abwicklung bestehen (§ 49 Abs 2). Die Vorstandsmitglieder oder andere bestellte Personen werden als Liquidatoren tätig (§ 48). Sie haften nach Maßgabe des § 53. Wird die Stiftung von einer öffentlichen Behörde verwaltet (s § 86 Rn 20), tritt an die Stelle der Haftung der Liquidatoren aus § 53 die Haftung des pflichtwidrig handelnden Beamten nach § 839 und an ihre Stelle die Haftung des Staates oder der Körperschaft oder Anstalt, in deren Dienst der Beamte steht (vgl Art 34 GG). Wegen Einzelheiten siehe die Erl zu §§ 47 bis 53.

4. Zu den gemeinnützigkeitsrechtlichen Fragen des Vermögensanfalls vgl §§ 61, 62 AO sowie HOF, in: MünchVHb 937; WOCHNER MittRhNotK 1994, 111.

III. Juristische Personen des öffentlichen Rechts

§ 89

[1] **Die Vorschrift des § 31 findet auf den Fiskus sowie auf die Körperschaften, Stiftungen und Anstalten des öffentlichen Rechts entsprechende Anwendung.**

[2] **Das gleiche gilt, soweit bei Körperschaften, Stiftungen und Anstalten des öffentlichen Rechts der Konkurs zulässig ist, von der Vorschrift des § 42 Abs. 2.**

Materialien: E I § 63; II § 77; II rev (III) 85; Mot I 124 f; Prot I 585 f, 607 ff; VI 144; JACOBS/ SCHUBERT, AT I 414 ff; geändert mit Wirkung ab 1. 1. 1999 durch Art 33 Ziff 5 des Einführungsgesetzes zur Insolvenzordnung (EGInsO) v 5. 10. 1994 (BGBl I 2911).

Schrifttum

APPEL, Landesrechtlicher Ausschluß der Konkursfähigkeit „sonstiger" juristischer Personen des öffentlichen Rechts, BayVBl 1980, 652 f
BEHR, Vom Recht des Fiskus, AöR 38 (1918) 288 ff
BENDER, Staatshaftungsrecht (2. Aufl 1974 [behandelt das geltende Recht]; 3. Aufl 1981 [behandelt das für verfassungswidrig erklärte StHG])
BÜSKEN/KLÜGLICH, Die Krankenhausbehandlung: Haftungssystem und innerbetrieblicher Schadensausgleich (Freistellung – Regreß), VersR 1994, 1141 ff
HATSCHEK, Die rechtliche Stellung des Fiskus im BGB, VerwArch 7 (1899) 424 ff
HERDT, Die Insolvenzsicherungspflicht nach dem Betriebsrentengesetz für öffentlich-rechtliche Arbeitgeber, BB 1977, 1357 ff
KEMPEN, Zur Konkursfähigkeit der öffentlichrechtlichen Rundfunkanstalten, DÖV 1988, 547 ff
KIRCHHOF, Die Kirchen und Religionsgemeinschaften als Körperschaften des öffentlichen Rechts, in: Handbuch des Staatskirchenrechts der Bundesrepublik Deutschland – Erster Band (2. Aufl 1994) 651 ff
KLEBER, Zur Konkursfähigkeit und Insolvenzsicherung juristischer Personen des öffentlichen Rechts, ZIP 1982, 1299 ff
MOTSCH, Gedanken zur Staatshaftung aus zivilrechtlicher Sicht, JZ 1986, 1082 ff
OSSENBÜHL, Staatshaftungsgesetz (4. Aufl 1991)
PIETTE, Ist die Konkursfähigkeit von juristischen Personen des öffentlichen Rechts landesgesetzlich ausschließbar?, BayVBl 1980, 332 ff
ders, Nochmals – Zur Weitergeltung landesrechtlicher Vorschriften über den Ausschluß des Konkurses juristischer Personen des öffentlichen Rechts, BayVBl 1981, 171 f
RENCK, Gesetzgebungsbefugnis und Konkursfähigkeit juristischer Personen des öffentlichen Rechts, BayVBl 1982, 300 f
H ROTH, Konkursfähigkeit juristischer Personen des öffentlichen Rechts, BayVBl 1981, 491 ff
RÖHRICH, Die Haftung des Staates aus § 89 BGB (Diss Tübingen 1905)
SCHMIDT-JORTZIG/PETERSEN, Deliktische Haftung der Gemeinde für betrügerische Vertretungshandlungen ihres Bürgermeisters – BGH NJW 1986, 2939, JuS 1989, 27 ff
SIEBERT, Die Haftung der juristischen Personen des öffentlichen Rechts nach § 89 BGB im Rah-

2. Titel. Juristische Personen.
III. Juristische Personen des öffentlichen Rechts

§ 89

men des allgemeinen Haftungsrechts, DÖV 1951, 44 ff
WAGNER, Amts- oder Fiskalhaftung? Zur Abgrenzung zwischen öffentlichem und privatem Recht im System der staatlichen Ersatzleistungen, JZ 1968, 245 ff
WEBER, Die Körperschaften, Anstalten und Stiftungen des öffentlichen Rechts (2. Aufl 1943)

WEYL, Der Fiskus im gegenwärtigen deutschen Privatrecht, in: Kieler Festgabe für Hänel (1907), 85 ff
WINTERFELD, Grenzen des Handelns juristischer Personen des öffentlichen Rechts im Privatrechtsverkehr (Diss Bonn 1986).

Systematische Übersicht

I.	**Allgemeines**		c)	Die Anstalten 18
1.	Inhalt des § 89 1		d)	Die Stiftungen 20
2.	Entstehungsgeschichte und Reformbestrebungen 2		2.	Der sachliche Anwendungsbereich des § 89 Abs 1: Handeln im Rahmen der Privatrechtsordnung 23
3.	Die Stellung des § 89 Abs 1 im System des Staatshaftungsrechts 5		3.	Der Handelnde als verfassungsmäßiger Vertreter iSd § 31 26
II.	**Die Voraussetzungen der Haftung nach §§ 89 Abs 1, 31** 7		a)	Grundsätze 26
			b)	Einzelfälle 28
1.	Der persönliche Anwendungsbereich des § 89 Abs 1: Handeln für eine juristische Person des öffentlichen Rechts 8		4.	Die Zurechnung des schädigenden Verhaltens 40
a)	Der Fiskus 9		**III.**	**Die Anwendung des § 42 Abs 2** 43
b)	Die Körperschaften 11			

Alphabetische Übersicht

Abgrenzung öffentlich-rechtliches/privatrechtliches Handeln	23 ff	Deutsche Bahn AG	10
Amtshaftung	5	Deutsche Post AG	10
Anscheinsvollmacht	40	Deutsche Postbank AG	10
Anstalten	18 f	Deutsche Telekom AG	10
– selbständige	19	Duldungsvollmacht	40
– unselbständige	19		
Anstaltsnutzung	25	Eigenhaftung	
		– des Beamten	6
Bahnbenutzungsverhältnis	25	– des vollmachtslosen Vertreters	41
Bahnreform	10	Entstehungsgeschichte	2
Beamtenbegriff	5 f		
Betriebskörperschaften	15	Fiskalhaftung	5 f
Bund		– Konkurrenzen	6
– Bundesfiskus	10	Fiskus	9 f
– verfassungsmäßige Vertreter	32	– Begriff	9
Bundesbahn	10, 37, 39	– Konkursfähigkeit	43
Bundespost	10, 38 f	Fiskustheorie	9
Bundesstaatshaftungsgesetz	4	Formvorschriften, öffentlich-rechtliche	40
		Gebietskörperschaften	12, 16

Gemeinden — 12, 29
Gemeindeverbände — 12
Gesetzgebungskompetenz — 4

Haftung im Konkurs — 45
Haftungsvertreter, s verfassungsmäßiger Vertreter

Insolvenzrechtsreform — 1, 46

Juristische Personen des öffentlichen Rechts — 8 ff
- Anstalten — 18 f
- Errichtungstatbestand — 8
- Fiskus — 9
- internationale — 22
- Kirchen — 17, 35
- Körperschaften — 11 ff
- Stiftungen — 20 f

Kirchen — 17, 35
Körperschaften — 11 ff
- Betriebskörperschaften — 15
- Gebietskörperschaften — 12
- Personalkörperschaften — 13
- Realkörperschaften — 14
- Verbandskörperschaften — 16
Konkursfähigkeit — 43 f
Konkursverfahren — 45
Krankenhäuser — 25, 33
Kreditinstitute — 36
Kreise — 12, 30

Land
- Landesfiskus — 10
- verfassungsmäßige Vertreter — 31
Landschaftsverbände — 31

Numerus clausus der Rechtsformen — 8

Personalkörperschaften — 13
Postbank — 10
Postbenutzungsverhältnis — 25
Postdienst — 10
Postreform — 10

Realkörperschaften — 14
Reformbestrebungen — 4
Religionsgemeinschaften — 17

Repräsentantenhaftung — 26
Rundfunk — 25

Schulen — 19, 34
Staatshaftungsgesetz — 4
Stiftungen des öffentlichen Rechts — 20 f
Straßenbaulast — 25
Straßenverkehr — 4, 25

Telekom — 10

Ultra-vires-Lehre — 40
Universitäten — 13, 34
Universitätskliniken — 25

Verbandskörperschaften — 16
Verfassungsmäßig berufene Vertreter — 26 ff
- Bahn — 37, 39
- Bund — 32
- Gemeinden — 29
- Kirchengemeinden — 35
- Krankenhäuser — 33
- Kreditinstitute — 36
- Kreise — 30
- Land — 31
- Landschaftsverbände — 30
- Post — 38 f
- Schulen — 34
- Universitäten — 34
Verkehrssicherungspflicht — 4, 25
Verträge, Rechtscharakter — 25
Vertretungsmacht — 40
Verwaltungsprivatrecht — 23

Zurechnungsnorm, § 31 als — 5
Zweistufentheorie — 25

2. Titel. Juristische Personen. § 89
III. Juristische Personen des öffentlichen Rechts 1–4

I. Allgemeines

1. Inhalt des § 89

Die Vorschrift überträgt zwei Regelungen des Vereinsrechts in bestimmtem Umfang 1
auf juristische Personen des öffentlichen Rechts: Zum einen die des § 31 über die
Haftung für Schäden, die der Vorstand, ein Vorstandsmitglied oder ein besonderer
verfassungsmäßig berufener Vertreter in Ausführung der ihm übertragenen Verrichtungen einem Dritten zufügt. Zum anderen die Regel des § 42 Abs 2 über die Pflicht
des Vorstandes, bei Überschuldung **Eröffnung des Konkursverfahrens** zu beantragen
mit der als Sanktion ausgesprochenen persönlichen Haftung der Vorstandsmitglieder
für Schäden bei den Gläubigern. Wegen der generellen *Konkursunfähigkeit des Fiskus* und der meist landesrechtlich eingeschränkten Konkursfähigkeit der übrigen
juristischen Personen des öffentlichen Rechts (su Rn 43 f) ist § 89 Abs 2 in der Praxis
ohne große Bedeutung. Mit Inkrafttreten der Insolvenzrechtsreform am 1. 1. 1999
werden in § 89 Abs 2 die Worte „der Konkurs" durch die Worte „das Insolvenzverfahren" ersetzt (Art 33 Ziff 5 EG InsO v 5. 10. 1994 [BGBl I 2911]). Zur Insolvenzrechtsreform s auch u Rn 46.

2. Entstehungsgeschichte und Reformbestrebungen

Der E I hatte in den §§ 42 bis 57 eine Anzahl von Bestimmungen gemeinsam für 2
juristische Personen des privaten und des öffentlichen Rechts aufgestellt, so vor
allem Vorschriften über die Notwendigkeit eines Vorstandes, dessen Rechtsstellung
und den Umfang seiner Vertretungsmacht. Dagegen beschloß die Zweite Kommission unter Hinweis auf den Vorrang des öffentlichen Organisationsrechts die jetzt in
§ 89 enthaltenen beschränkten Regelungen (vgl Prot bei MUGDAN I 670 f). Hinsichtlich
des § 31 ist dabei vor allem erörtert worden, wieweit die Bestimmung auch auf *Handlungen in Ausübung hoheitlicher Gewalt* erstreckt werden könne. Der E I kannte
insofern – wie das BGB noch heute – nur eine persönliche Haftung des Beamten (E I
§ 736; vgl STAUDINGER/SCHÄFER[12] § 839 Rn 14 ff; MünchKomm/PAPIER[2] Rn 5 ff). Die Entscheidung fiel durch Stichentscheid des Vorsitzenden gegen die Ausdehnung (Prot bei
MUGDAN I 672). Dabei war der Gedanke maßgebend, daß man mit der Einführung
einer solchen Staatshaftung zu weit in das öffentliche Recht und die Kompetenzen
der Länder eingegriffen hätte. In der Tat hätte die beantragte weitere Fassung des
§ 89 in gewisser Weise eine Vorwegnahme der Art 131 WRV bzw 34 GG bedeutet.
Zum ganzen s Prot bei MUGDAN I 670 ff; JACOBS/SCHUBERT, AT I 414 ff.

Mit dem Beschluß für die Beschränkung des § 89 auf privatrechtliches Handeln hat 3
sich der historische Gesetzgeber für ein **zweispuriges System der Staatshaftung** entschieden. Die Haftung ist unterschiedlich geregelt, je nachdem ob es sich um ein
Handeln *öffentlicher Organisationen unter Privatrecht* oder um die *Ausübung von
Hoheitsgewalt* handelt. Die Unterscheidung ist bis heute maßgeblich geblieben.

Das Staatshaftungsrecht und seine Neugestaltung sind seit langem Gegenstand der 4
rechtspolitischen Diskussion. Im Anschluß an den 47. DJT 1968 kam es zu **Reformbestrebungen**, die nach jahrelangen Beratungen in die Verabschiedung des *Staatshaftungsgesetzes* (StHG) v 26. 6. 1981 (BGBl I 553) mündeten. Das Gesetz hielt an der
Zweiteilung der Staatshaftung, je nachdem ob ein Träger öffentlicher Gewalt hoheit-

lich oder privatrechtlich vorgeht, fest (§§ 1, 17 Abs 1 StHG). Die Neuregelung betraf im wesentlichen die Staatshaftung bei der Ausübung *hoheitlicher Gewalt* und war daher im Bereich des § 89 ohne größere Bedeutung. Für die Haftung von Trägern öffentlicher Gewalt unter Privatrecht sollte es im Grundsatz bei der bisherigen Regelung der §§ 89, 31, 278, 831 bleiben (§ 17 Abs 1 StHG). Allerdings unterstellte das Gesetz die Teilnahme am allgemeinen Straßenverkehr entgegen dem geltenden Rechtszustand (su Rn 25) einheitlich dem Privatrecht (§ 17 Abs 2 StHG), die Verkehrssicherungspflicht für öffentliche Straßen, Wege und Plätze hingegen dem öffentlichen Recht (§ 17 Abs 3 StHG). Ferner sollte nach § 17 Abs 4 in den Fällen der privatrechtlichen Staatshaftung die *persönliche Haftung* des Handelnden (su Rn 6) entfallen und bei der Haftung nach § 831 die Möglichkeit des Entlastungsbeweises ausgeschlossen sein (SOERGEL/GLASER[11] Anhang nach § 839, § 17 StHG Rn 18). Das StHG scheiterte jedoch vor dem BVerfG, welches es mangels Gesetzgebungskompetenz des Bundes durch Urteil v 19. 10. 1982 (BVerfGE 61, 149) für verfassungswidrig und nichtig erklärte. Auf Initiative der 54. Justizministerkonferenz wurde daraufhin 1983 eine Arbeitsgruppe eingesetzt, die verbesserte Regelungsmodelle für eine Reform des Staatshaftungsrechts entwickeln sollte (dazu ausführlich OSSENBÜHL 360 ff). Auf der Grundlage ihrer Arbeiten befürwortete die 58. Justizministerkonferenz 1987 erneut die Reform des Staatshaftungsrechts nach dem Modell eines *Bundesstaatshaftungsgesetzes*. Durch die Grundgesetzänderungen vom 27. 10. 1994 (BGBl I 3146), mit der dem Bundesgesetzgeber die dazu notwendige Legislativkompetenz eingeräumt wurde (vgl Art 74 Ziff 25 GG), ist eine entscheidende Voraussetzung für die überfällige Neuordnung geschaffen worden. Zum ganzen s OSSENBÜHL 357 ff; MAURER, AllgVerwR (9. Aufl 1994) § 30; MünchKomm/PAPIER[2] § 839 Rn 87 ff; BGB-RGRK/KREFT § 839 Rn 5 ff.

3. Die Stellung des § 89 Abs 1 im System des Staatshaftungsrechts

5 § 89 regelt die Verantwortlichkeit des Dienstherrn für *privatrechtliches Verhalten von Amtswaltern*, die als Vorstände oder verfassungsmäßig berufene Vertreter iSd § 31 eine Organstellung innehaben (WOLFF/BACHOF VerwR I [9. Aufl 1974] § 65 II; MAURER, AllgVerwR [9. Aufl 1994] § 25 Rn 58; SOERGEL/HADDING Rn 1). Die Bestimmung ist keine selbständige Anspruchsgrundlage, sondern eine reine *Zurechnungsnorm* (BGHZ 99, 298, 302; BGB-RGRK/STEFFEN § 31 Rn 1; KARSTEN SCHMIDT, Gesellschaftsrecht [2. Aufl 1991] 236 f). Sie gilt sowohl für deliktische als auch für vertragliche und vertragsähnliche Haftungstatbestände (hM, vgl SOERGEL/HADDING § 31 Rn 13 ff; MünchKomm/REUTER § 31 Rn 18; BGB-RGRK/STEFFEN § 31 Rn 1; PALANDT/HEINRICHS § 31 Rn 2; KARSTEN SCHMIDT, Gesellschaftsrecht [2. Aufl 1991] 239 f; aA STAUDINGER/WEICK § 31 Rn 3; FLUME, AT I/2, 395 f: nur Haftung im außerrechtsgeschäftlichen Bereich). Als Teil der **Fiskalhaftung** des Staates ist sie von der **Amtshaftung** (Art 34 GG, § 839) für kraft hoheitlicher Gewalt begangenes Unrecht zu unterscheiden (zur Terminologie MünchKomm/PAPIER[2] § 839 Rn 1 ff). Für Amtswalter, die nicht die Stellung eines Vorstandes oder verfassungsmäßig berufenen Vertreters innehaben, wird sie bei privatrechtlichem Handeln durch die Zurechnungstatbestände der §§ 278, 831 ergänzt. Ob der handelnde Amtswalter Beamter im *engeren statusrechtlichen Sinne* (vgl § 6 BBG, § 5 BRRG) oder im *weiteren haftungsrechtlichen Sinne* (vgl Art 34 GG) ist (dazu statt vieler STAUDINGER/SCHÄFER[12] § 839 Rn 65 f; MünchKomm/PAPIER[2] § 839 Rn 109 ff; OSSENBÜHL 13 f), ist für die Verantwortlichkeit des Dienstherrn im Privatrechtsverkehr ohne Bedeutung.

Die **Fiskalhaftung** nach §§ 89, 31 bzw §§ 278, 831 iVm vertraglichen oder deliktischen 6
Tatbeständen konkurriert mit der **Eigenhaftung** des schädigenden Amtswalters. Primäre Anspruchsgrundlage ist § 839 (vgl RGZ 155, 257, 268; BGHZ 34, 99, 104; Wolff/Bachof, VerwR [9. Aufl 1974] § 65 I; Staudinger/Schäfer[12] § 839 Rn 30; MünchKomm/Papier[2] § 839 Rn 103 – jeweils mwN). Dabei gilt bei privatrechtlichem Handeln der *enge Beamtenbegriff* (so Rn 5). Nur Beamte iSd Beamtengesetze haften nach § 839 (Staudinger/Schäfer[12] § 839 Rn 31), während Angestellte und sonstige Amtswalter, die nicht Beamte im statusrechtlichen Sinne sind, lediglich nach §§ 823 ff in Anspruch genommen werden können. Haftet allerdings ein Beamter aus § 839, bei dem zugleich die persönlichen Voraussetzungen des § 31 vorliegen, so muß er auch einen der allgemeinen Deliktstatbestände der §§ 823 ff erfüllt haben, um eine Haftung der juristischen Person auszulösen. Denn aus § 839 selbst kann letztere nicht in Anspruch genommen werden, weil auch juristische Personen des Privatrechts, mit denen § 89 die des öffentlichen Rechts gleichstellen will, nicht aus § 839 haften (unstr, s nur Soergel/Hadding Rn 4; MünchKomm/Reuter Rn 26). Ist der Dienstherr freilich nach §§ 89, 31, 823 ff für den von einem Beamten ieS verursachten Schaden verantwortlich, ist Folge, daß der Beamte nach § 839 Abs 1 S 2 von der Haftung frei wird, sofern ihm nur Fahrlässigkeit und nicht Vorsatz zur Last fällt. Die juristische Person dagegen kann sich auf dieses Privileg mangels Anwendbarkeit des § 839 nicht berufen (unstr, vgl RGZ 78, 325, 329; 162, 129, 161).

II. Die Voraussetzungen der Haftung nach §§ 89 Abs 1, 31

Die Anwendbarkeit des § 89 hängt von **persönlichen** und **sachlichen Voraussetzungen** 7
ab. Die Vorschrift verlangt, daß (1) für eine juristische Person des öffentlichen Rechts gehandelt wird und (2) ein Handeln im Rahmen der Privatrechtsordnung vorliegt. Sind beide Voraussetzungen gegeben, so ist (3) zu prüfen, ob der handelnde Amtsträger Vorstand oder verfassungsmäßig berufener Vertreter iSd § 31 ist, ob (4) sein Handeln der juristischen Person zugerechnet werden kann und ob (5) die übrigen allgemeinen Tatbestandsvoraussetzungen des § 31 vorliegen. Zur Anwendbarkeit im Beitrittsgebiet gemäß Art 3 EinigV s Art 231 § 4 EGBGB.

1. Der persönliche Anwendungsbereich des § 89 Abs 1:
 Handeln für eine juristische Person des öffentlichen Rechts

Für die Anwendbarkeit des § 89 ist erforderlich, daß für eine *juristische Person des* 8
öffentlichen Rechts gehandelt wird. Darunter versteht die Norm ihrem Wortlaut zufolge den **Fiskus** sowie die öffentlich-rechtlichen **Körperschaften, Stiftungen und Anstalten**. Die Aufzählung ist indes nicht abschließend, da das öffentliche anders als das private Recht keinen *numerus clausus der Rechtsformen* kennt (vgl Soergel/Hadding Rn 7) und Misch- bzw Sonderformen zulässig sind (vgl Rudolf, in: Erichsen/Martens, AllgVerwR [9. Aufl 1992] § 56 Rn 9). Tatsächlich hat der Gesetzgeber bei einigen juristischen Personen des öffentlichen Rechts bewußt auf eine klare Zuordnung zu einem bestimmten Organisationstypus verzichtet (vgl Berg, Die öffentliche Anstalt, NJW 1985, 2294 f). Die Offenheit des § 89 ist damit zur Vermeidung von Haftungslücken erforderlich. Einigkeit besteht freilich darüber, daß von einer juristischen Person des öffentlichen Rechts nur dann die Rede sein kann, wenn sich ihre Entstehung auf einen *hoheitlichen Errichtungstatbestand* zurückführen läßt (Soergel/Hadding Rn 12; Erman/Westermann Rn 2; MünchKomm/Reuter Rn 2; BGB-RGRK/Steffen Vorbem 2 zu § 89;

RUDOLF, in: ERICHSEN/MARTENS, AllgVerwR [9. Aufl 1992] § 56 Rn 10; RGZ 130, 169, 172). Dieser kann Gesetz oder Verwaltungsakt sein. Sein Vorliegen kann auch durch Unvordenklichkeit bewiesen werden (vgl Vorbem 183 zu §§ 80 ff für die Stiftung des öffentlichen Rechts). Kein ausreichendes Abgrenzungskriterium ist dagegen die Wahrnehmung hoheitlicher Aufgaben. Weder muß jede juristische Person des öffentlichen Rechts hoheitliche Befugnisse ausüben (hM, vgl BGB-RGRK/STEFFEN Vorbem 4 zu § 89; MünchKomm/REUTER Rn 2; aA offenbar STAUDINGER/WEICK Einl zu §§ 21–89 Rn 19) noch ist – wie das Rechtsinstitut der Beleihung (dazu WOLFF/BACHOF/STOBER VerwR II [5. Aufl 1987] § 104) zeigt – die Wahrnehmung hoheitlicher Befugnisse per definitionem auf juristische Personen des öffentlichen Rechts beschränkt.

a) Der Fiskus

9 Unter § 89 fällt zunächst der **Fiskus**. Der Begriff entstammt dem spätrömischen Recht und bezeichnete dort die *Staatskasse* des Kaisers. Vor allem im absolutistischen Staat der Neuzeit hatte er erhebliche Bedeutung. Er wurde als eine selbständig neben dem hoheitlich handelnden Staat stehende Rechtsperson betrachtet, die der Bürger auf Ersatz in Anspruch nehmen konnte, wenn er durch einen der Anfechtung entzogenen Akt obrigkeitlicher Gewalt geschädigt worden war (*Fiskustheorie*, vgl FORSTHOFF, VerwR [10. Aufl 1973] 112 f; WOLFF/BACHOF/STOBER, VerwR I [10. Aufl 1994] § 8 Rn 9 f). Mit der Organisation der Verwaltungsgerichtsbarkeit in der zweiten Hälfte des 19. Jahrhunderts wurde die Fiskustheorie freilich aufgegeben. Nach heute hM bezeichnet der Begriff des Fiskus „den *Staat* oder einen der ihm eingegliederten öffentlich-rechtlichen Verbände *in seiner Eigenschaft als Privatrechtssubjekt*, dh als Teilnehmer (Partner) am Privatrechtsverkehr" (vMÜNCH, in: ERICHSEN/MARTENS, AllgVerwR [9. Aufl 1992] § 2 Rn 58; s auch SOERGEL/HADDING Rn 8). Als solcher tritt er gewöhnlich auf den Gebieten der *Bedarfsverwaltung*, der *erwerbswirtschaftlichen Tätigkeit der öffentlichen Hand* und zT im Bereich der *Leistungsverwaltung* in Erscheinung (dazu eingehend vMÜNCH, in: ERICHSEN/MARTENS, AllgVerwR [9. Aufl 1992] § 2 Rn 59 ff mwN). Zu den öffentlich-rechtlichen Zulässigkeitsschranken privatrechtlichen Handels durch den Staat und seine Untergliederungen vgl statt vieler ERICHSEN, in: ERICHSEN/MARTENS, AllgVerwR (9. Aufl 1992) §§ 31, 32; WOLFF/BACHOF/STOBER, VerwR I [10. Aufl 1994] § 23 – jeweils m umf Nachw.

10 Unter den Begriff des Fiskus fallen in der Bundesrepublik der **Bund** und die **Länder** (Bundes- und Landesfiskus). Sie sind zugleich (Gebiets-)Körperschaften des öffentlichen Rechts (su Rn 12). Die einzelnen fiskalischen Stellen (Behörden) haben keine eigene Rechtspersönlichkeit (SOERGEL/HADDING Rn 8; PALANDT/HEINRICHS Vorbem zu § 89 Rn 2). Zum Bundesfiskus wurden bislang auch die *Deutsche Bundesbahn* und die *Deutsche Bundespost* als rechtlich verselbständigte Sondervermögen des Bundes gerechnet (vgl § 1 BundesbahnG v 13. 12. 1951 [BGBl I 955]; § 3 PostverwaltungsG v 24. 7. 1953 [BGBl I 676]; dazu WOLFF/BACHOF/STOBER, VerwR II [5. Aufl 1987] § 98 Rn 12, 20). Mit ihnen vereinigt wurden nach Art 26, 27 EinigV die Vermögen der *Deutschen Reichsbahn* und der *Deutschen Post*. Mit Inkrafttreten des *Eisenbahnneuordnungsgesetzes* v 27. 12. 1993 (BGBl I 2378) sind die unternehmerischen Bereiche Personenverkehr, Güterverkehr und Eisenbahninfrastruktur des ehemaligen Sondervermögens *Deutsche Bundesbahn* jedoch auf die *Deutsche Bahn Aktiengesellschaft* ausgegliedert und damit privatisiert worden (vgl HEINZE, Rechts- und Funktionsnachfolge bei der Eisenbahnneuordnung, NVwZ 1994, 748 ff). Gleiches gilt für das Sondervermögen *Deutsche Bundespost*, das nach Untergliederung in die Teilbereiche Postdienst, Postbank und Telekom durch das *Poststrukturgesetz* v 8. 6. 1989 (BGBl I 1026) mit Inkrafttreten des Postneuordnungsgesetzes v 14. 9. 1994 (BGBl I 2325) in die *Deutsche Post AG*, die *Deutsche Postbank AG* und die *Deutsche Telekom AG* überführt worden ist (dazu GRAMLICH, Von der Postreform zur Postneuordnung, NJW 1994, 2785 ff).

b) Die Körperschaften
Körperschaften des öffentlichen Rechts sind mitgliedschaftlich verfaßte, aber unabhängig vom Wechsel ihrer Mitglieder bestehende Organisationen, die Aufgaben der öffentlichen Verwaltung erfüllen. Sie sind Glieder der *mittelbaren Staatsverwaltung* (WOLFF/BACHOF/STOBER, VerwR II [5. Aufl 1987] § 84 Rn 12; s auch FORSTHOFF, VerwR [10. Aufl 1973] 486; MAURER, AllgVerwR [9. Aufl 1994] § 23 Rn 1 ff; SOERGEL/HADDING Rn 9; kritisch dazu MünchKomm/REUTER Rn 2 unter Hinweis auf Körperschaften wie das *Bayerische Rote Kreuz*, das seinen Status als öffentlich-rechtliche Körperschaft „gleichsam ehrenhalber" erhalten habe). Nach den Bedingungen ihrer Mitgliedschaft unterscheidet man Gebiets-, Personal-, Real-, Betriebs- und Verbandskörperschaften (vgl WOLFF/BACHOFF/STOBER, VerwR II [5. Aufl 1987] § 84 Rn 24 ff; RUDOLF, in: ERICHSEN/MARTENS, AllgVerwR [9. Aufl 1992] § 56 Rn 11).

aa) Bei den **Gebietskörperschaften** knüpft die Mitgliedschaft am Wohnort oder Rechtssitz natürlicher oder juristischer Personen an. Gebietskörperschaften sind Bund, Länder, Gemeinden und Gemeindeverbände, soweit die Repräsentativorgane letzterer von den Bürgern und nicht von den Vertretungen der sie tragenden Gemeinden gewählt werden. Zum ganzen eingehend WOLFF/BACHOFF/STOBER, VerwR II (5. Aufl 1987) §§ 85 ff; MAURER, AllgVerwR (9. Aufl 1994) § 23 Rn 2 ff.

bb) Bei den **Personalkörperschaften** ist für die Mitgliedschaft eine bestimmte Eigenschaft (zB Berufszugehörigkeit) oder schlicht der Wille zur Aufnahme Voraussetzung. Personalkörperschaften sind ua *(1) Wissenschaftliche Hochschulen* wie Universitäten, Gesamthochschulen, Fachhochschulen, Pädagogische Hochschulen, Kunsthochschulen sowie deren verfaßte Studentenschaften (s § 58 Abs 1 HRG; dazu KICKARTZ, in: WOLFF/BACHOFF/STOBER, VerwR II [5. Aufl 1987] § 93; zu den anstaltlichen Elementen der Hochschulen s SOERGEL/HADDING Rn 18 mwN); *(2) Berufsständische Kammern* wie Rechtsanwaltskammern als Pflichtverbände der Rechtsanwälte eines OLG-Bezirks (§§ 60 ff BRAO), Notarkammern (§§ 65 ff BNotO); Ärzte- und Apothekerkammern; kassenärztliche Vereinigungen (§ 77 Abs 5 SGB V); Handwerksinnungen (§§ 52 ff HandWO), Handwerkskammern (§§ 90 ff HandWO); *(3) Krankenversicherungsträger* wie die Allgemeinen Ortskrankenkassen, Betriebs- und Innungskrankenkassen, die See-Krankenkasse, die landwirtschaftlichen Krankenkassen, die Bundesknappschaft und die Ersatzkassen (§ 4 Abs 2, §§ 143 ff SGB V; dazu WOLFF/ BACHOFF/STOBER, VerwR II [5. Aufl 1987] § 96 Rn 21 ff); *(4) Unfallversicherungsträger* wie die Berufsgenossenschaften (§§ 646 f, 658 ff RVO), die Feuerwehrunfallversicherungskassen und die Gemeindeunfallversicherungsverbände (§§ 656 f RVO; zum ganzen WOLFF/BACHOFF/STOBER, VerwR II [5. Aufl 1987] § 96 Rn 33 ff); *(5) Rentenversicherungsträger* wie die Landesversicherungsanstalten, die Bundesversicherungsanstalt für Angestellte, die Alterskasse für Landwirte, die Bundesknappschaft sowie Rechtsanwalts- bzw Notarversorgungswerke einzelner Bundesländer, soweit sie nicht als Sondervermögen der jeweiligen Kammern organisiert sind (so zB das Notarversorgungswerk Hamburg; vgl § 1 des *Gesetzes über das Notarversorgungswerk Hamburg* v 19. 3. 1991 [GVBl 77]). Zum ganzen s WOLFF/BACHOFF/STOBER, VerwR II [5. Aufl 1987] § 96 Rn 39 ff mwN.

14 cc) Bei den **Realkörperschaften** ist Bedingung der Mitgliedschaft das Eigentum an einer bestimmten Liegenschaft bzw an einem Gewässer oder Wasserlauf. Typische Realkörperschaften sind die Wasser- und Bodenverbände, die Waldwirtschaftsgenossenschaften, die Jagdgenossenschaften, die Fischereiwirtschaftsgenossenschaften und die sog Landschaften (Realkreditinstitute, deren Mitglieder alle Darlehensnehmer sind, auf deren Grundstücken Rechte zugunsten der Landschaft lasten. Beispiel: Die Schleswig-Holsteinische Landschaft [nach Umwandlung jetzt allerdings Hypothekenbank Aktiengesellschaft]). Zum ganzen eingehend WOLFF/BACHOF/STOBER, VerwR II [5. Aufl 1987] § 97.

15 dd) Bei den **Betriebskörperschaften** ist die Unterhaltung eines wirtschaftlichen Geschäftsbetriebes bestimmter Art Voraussetzung der Mitgliedschaft. Beispiele für Betriebskörperschaften sind die Industrie- und Handelskammern nach dem Gesetz v 18. 12. 1956 (BGBl I 920) idF seiner letzten Änderung v 21. 12. 1992 (BGBl I 2133).

16 ee) Bei den **Verbandskörperschaften** ist die Mitgliedschaft juristischen Personen vorbehalten. Ein Durchgriff auf die Mitglieder der Mitglieder kommt nicht in Betracht (RUDOLF, in: ERICHSEN/MARTENS, AllgVerwR [9. Aufl 1992] § 56 Rn 11). Verbandskörperschaften sind ua die kommunalen Zweckverbände, Gemeindeverbände wie die Ämter in Schleswig-Holstein und Mecklenburg-Vorpommern, die Verbände der Krankenkassen und Sparkassen, die Bundesrechtsanwaltskammer als Pflichtverband der Rechtsanwaltskammern (§§ 175 ff BRAO) und die Bundesnotarkammer als Pflichtverband der Notarkammern (§§ 77 ff BNotO).

17 ff) Zu den Körperschaften des öffentlichen Rechts zählen auch die **Kirchen** bzw **Religionsgemeinschaften**. Zwar gehören sie nicht zur *mittelbaren Staatsverwaltung* (vgl SIEBERT DÖV 1951, 44). Sie können die Qualität einer juristischen Person des öffentlichen Rechts jedoch durch staatlichen Akt verliehen bekommen. Dieses Recht ist ihnen verfassungsmäßig verbürgt (vgl Art 140 GG iVm Art 137 Abs 5 WRV). Zu den kirchlichen Körperschaften des öffentlichen Rechts gehören neben der Römisch-Katholischen Kirche und den in der Evangelischen Kirche in Deutschland zusammengefaßten Lutherischen, Reformierten und Unierten Landeskirchen die Evangelisch-Methodistische Kirche, die Neuapostolische Kirche, die Gemeinschaft der Siebenten-Tags-Adventisten, die Alt-Katholische Kirche, der Bund Evangelisch-Freikirchlicher Gemeinden (Baptisten), die Christengemeinschaft, die Russisch-Orthodoxe Kirche im Ausland, die Griechisch-Orthodoxe Metropolie von Deutschland, die Jüdische Religionsgemeinschaft ua. Bei der Römisch-Katholischen Kirche besitzen die Diözesen und Pfarreien sowie zT die Dekanate Körperschaftsstatus. Im Bereich der Evangelischen Kirchen gilt dies für die Landeskirchen und die Gemeinden. Zum ganzen ausführlich KIRCHHOF, in: HdBStKirchR I 651 ff, 678 ff; vgl auch STAUDINGER/WEICK (1995) EINL ZU §§ 21–89 RN 20; SOERGEL/HADDING Rn 17.

c) Die Anstalten

18 Unter den **Anstalten des öffentlichen Rechts** versteht man die organisatorische Zusammenfassung von Verwaltungsbediensteten und Sachmitteln zu selbständigen Einheiten, die ihrer Zwecksetzung entsprechend bestimmte Verwaltungsaufgaben dauerhaft wahrzunehmen hat (grundlegend MEYER, Deutsches Verwaltungsrecht II [1924] 268; s auch BERG, Die öffentliche Anstalt, NJW 1985, 2294 ff; WOLFF/BACHOF/STOBER, VerwR II [5. Aufl 1987]

§ 98 Rn 1 ff; Maurer, AllgVerwR [9. Aufl 1994] § 23 Rn 46 f; Rudolf, in: Erichsen/Martens, AllgVerwR [9. Aufl 1992] § 56 Rn 15; Achterberg, AllgVerwR [2. Aufl 1986] § 11 Rn 5). Anders als die Körperschaften haben die Anstalten keine Mitglieder, sondern *Benutzer.* Nach dem Grad ihrer rechtlichen Verselbständigung lassen sich vollrechtsfähige, teilrechtsfähige und nichtrechtsfähige Anstalten unterscheiden (Wolff/Bachof/Stober, VerwR II [5. Aufl 1987] § 98 Rn 17 ff mwN; kritisch dazu MünchKomm/Reuter Rn 5). Zur Unterscheidung der Anstalt von der Stiftung des öffentlichen Rechts s Vorbem 182 zu §§ 80 ff.

Zu den *selbständigen Anstalten* gehören ua die Deutsche Bundesbank (§ 2 BBankG), die Bundesanstalt für Arbeit (anders aber § 189 Abs 1 AFG), die Bundesanstalt für Güterfernverkehr (§ 53 GüKG), die Deutsche Bibliothek (§ 1 Gesetz v 31. 3. 1969, BGBl I 265), die Treuhandanstalt (§ 2 Abs 1 TreuhandG iVm Art 25 EinigV – seit dem 1. 1. 1995 Bundesanstalt für vereinigungsbedingte Sonderaufgaben – § 1 TreuhUmbenV v 20. 12. 1994 [BGBl I 3913]), die Bundesanstalt für Post und Telekommunikation Deutsche Bundespost als öffentlich-rechtliche Holding der Deutsche Post AG, Deutsche Postbank AG und Telekom AG (Art 1 § 1 Postneuordnungsgesetz v 14. 9. 1994 [BGBl I 2325]), die kommunalen Sparkassen, einzelne öffentliche Bausparkassen sowie die Rundfunkanstalten des Bundes und der Länder (vgl Berg, Die öffentliche Anstalt, NJW 1985, 2296 mwN). In der Regel *unselbständige Anstalten* sind die Schulen sowie die kommunalen Einrichtungen der Daseinsvorsorge wie Schlachthöfe, Museen, Badeanstalten etc. Bundesbahn und Bundespost galten bis zu ihrer Privatisierung als Sondervermögen des Bundes mit dem Charakter von teilrechtsfähigen Anstalten (vgl Soergel/Hadding Rn 28 mwN). Sie sind nunmehr privatrechtlich organisiert (so Rn 10). **19**

d) Die Stiftungen
Die **öffentlich-rechtlichen Stiftungen** sind auf einem Stiftungsakt gründende, kraft öffentlichen Rechts errichtete oder anerkannte Verwaltungseinheiten, die mit einem Kapital- oder Sachbestand Aufgaben der öffentlichen Verwaltung erfüllen, und zwar entweder in rechtlich verselbständigter Form oder als unselbständige Stiftungen in der Verwaltung eines öffentlich-rechtlich organisierten Trägers (s Vorbem 181 ff zu §§ 80 ff). Die Stiftungen des öffentlichen Rechts sind von den *öffentlichen Stiftungen* des bürgerlichen Rechts und den Anstalten zu unterscheiden. Dazu eingehend Vorbem 10 und 182 zu §§ 80 ff. **20**

Beispiele öffentlich-rechtlicher Stiftungen sind die Stiftung *Preußischer Kulturbesitz* (Gesetz v 25. 7. 1957 [BGBl I 841]), die Stiftung *Hilfswerk für behinderte Kinder* (Gesetz v 17. 12. 1971 [BGBl I 2018]), die Stiftung *Mutter und Kind – Schutz des ungeborenen Lebens* (Gesetz v 13. 7. 1984 [BGBl I 880]), die Stiftung *Haus der Geschichte der Bundesrepublik Deutschland* (Gesetz v 28. 2. 1990 [BGBl I 294]); die *Museumsstiftung Post und Telekommunikation* (Art 11 Postneuordnungsgesetz v 14. 9. 1994 [BGBl I 2325]) ua. Zu den kirchlichen Stiftungen des öffentlichen Rechts s Vorbem 143 zu §§ 80 ff. **21**

e) Unter § 89 fallen auch die **internationalen juristischen Personen** des öffentlichen Rechts (Soergel/Hadding Rn 32 f; Palandt/Heinrichs Vorbem 2 zu § 89). Zu ihnen gehören vor allem die Vereinten Nationen (UNO) und ihre Unterorganisationen, die **22**

Europäischen Gemeinschaften (EG) und der Nordatlantikpakt (NATO). Wegen Einzelheiten s IPSEN, Völkerrecht (3. Aufl 1990) §§ 27 ff.

2. **Der sachliche Anwendungsbereich des § 89 Abs 1: Handeln im Rahmen der Privatrechtsordnung**

23 a) § 89 erstreckt die Geltung des § 31 auf den Fiskus und die sonstigen juristischen Personen des öffentlichen Rechts nur insoweit, als diese **im Rahmen der Privatrechtsordnung** tätig werden (ganz hM, vgl SOERGEL/HADDING Rn 34; BGB-RGRK/STEFFEN Rn 1; MünchKomm/REUTER Rn 6; PALANDT/HEINRICHS Rn 1; ERMAN/WESTERMANN Rn 1; **aA** wohl nur MEYER, Das neue öffentliche Vertragsrecht und die Leistungsstörungen, NJW 1977, 1705, 1712 Anm 92). Für die Abgrenzung zum Bereich des öffentlich-rechtlichen Handelns sind dabei nicht schon die von der Verwaltung verfolgten Ziele oder Inhalte der wahrgenommenen Aufgaben ausschlaggebend (BGHZ 60, 54, 59 mwN; STAUDINGER/SCHÄFER[12] § 839 Rn 78; MünchKomm/PAPIER[2] § 839 Rn 124; BGB-RGRK/STEFFEN Vorbem 14 zu § 89). Vielmehr ist mit der hM primär darauf abzustellen, ob die juristischen Personen des öffentlichen Rechts ihre Aufgaben in *hoheitlichen Handlungsformen* oder durch Verwendung *privatrechtlicher Instrumentarien* erfüllen (**aA** aber MünchKomm/REUTER Rn 7 ff, 12, der für die Abgrenzung nicht formal auf die Handlungsform, sondern materiell darauf abstellen will, „... ob die öffentliche Hand allgemein zugängliche soziale Rollen innerhalb gesellschaftlicher Handlungssysteme übernimmt" [dann privatrechtliches Handeln] oder „... ob sie als externer Regulator solcher Systeme oder als Korrektor ihrer Ergebnisse auftritt" [dann öffentlich-rechtliches Handeln]; ähnlich OSSENBÜHL 26). Dem liegt der Gedanke zugrunde, daß die Verwaltung grundsätzlich die Wahl hat, ob sie eine Aufgabe mit den Mitteln des öffentlichen oder privaten Rechts erledigen will, sofern nicht besondere Rechtssätze oder die Eigenart der öffentlichen Aufgabe entgegenstehen (BGHZ 60, 54, 59; 91, 84, 86; ERICHSEN, in: ERICHSEN/MARTENS, AllgVerwR [9. Aufl 1992] § 31 Rn 1 ff mwN). Daß die öffentliche Hand sich bei der Wahl privatrechtlicher Handlungsformen den Bindungen des öffentlichen Rechts nicht ohne weiteres entziehen kann, ist ein anderes und gewöhnlich unter dem Stichwort *Verwaltungsprivatrecht* diskutiertes Problem (s dazu statt vieler ERICHSEN, in: ERICHSEN/MARTENS, AllgVerwR [9. Aufl 1992] § 32 Rn 1 ff mwN; WOLFF/BACHOF/STOBER, VerwR I [10. Aufl 1994] § 23 Rn 29 ff). Für die Anwendung des § 89 ist es ohne Bedeutung (**aA** MünchKomm/REUTER Rn 7 ff).

24 Die Problematik der **Abgrenzung nach der Art der verwendeten Handlungsform** liegt darin, daß zivilrechtliche und öffentlich-rechtliche Instrumentarien bisweilen nicht eindeutig unterscheidbar sind (so auch die Kritik von MünchKomm/REUTER Rn 14). Vor allem im Bereich des *Vertragsrechts* und der sogenannten *Realakte* können Klassifikationsprobleme entstehen, weil das Tätigwerden des Staates und der anderen juristischen Personen des öffentlichen Rechts häufig *ambivalent* ist (ERICHSEN, Öffentliches und privates Recht, Jura 1982, 537, 542 ff). Dabei hilft der Rückgriff auf die für die Abgrenzung von öffentlichem und privatem Recht entwickelten Qualifikationstheorien (zB *Interessentheorie, Subordinationstheorie, Sonderrechtstheorie* – zum ganzen statt vieler ERICHSEN, Öffentliches und privates Recht, Jura 1982, 537, 538 ff mwN; vMÜNCH/EHLERS, in: ERICHSEN/MARTENS, AllgVerwR [9. Aufl 1992] § 2 Rn 12 ff; MAURER, AllgVerwR [9. Aufl 1994] § 3 Rn 14 ff; WOLFF/BACHOF/STOBER, VerwR I [10. Aufl 1994] § 22 Rn 8 ff) meist nicht weiter (**aA** offenbar SOERGEL/HADDING Rn 35 ff; ERMAN/WESTERMANN Rn 3). Bei der Subsumtion unter § 89 geht es nämlich nicht primär um die Qualifikation von Normen als solcher des öffentlichen oder privaten Rechts, sondern um die *Zuordnung*

von Lebenssachverhalten zu bestimmten Normen oder Normbereichen, deren Qualifikation selbst in der Praxis meist unstreitig ist (vgl MAURER, AllgVerwR [9. Aufl 1994] § 3 Rn 20; ERICHSEN, Öffentliches und privates Recht, Jura 1982, 537, 542). In Fällen *ambivalenten Verwaltungshandelns* ist daher vorrangig eine an Sachzusammenhang und Zweck des Verwaltungshandelns orientierte Einzelfallanalyse erforderlich (MAURER, AllgVerwR [9. Aufl 1994] § 3 Rn 21). Führt diese nicht zu einer eindeutigen Zuordnung, so gilt, daß bei Erledigung typisch öffentlich-rechtlicher Aufgaben im Zweifel eine Vermutung für öffentlich-rechtliches Handeln besteht (BGB-RGRK/STEFFEN Vorbem 16 zu § 89; ERICHSEN, in: ERICHSEN/MARTENS, AllgVerwR [9. Aufl 1992] § 25 Rn 7; ders, Öffentliches und privates Recht, Jura 1982, 537, 543 f; WOLFF/BACHOF/STOBER VerwR I [10. Aufl 1994] § 22 Rn 43). Will die Verwaltung in diesen Bereichen privatrechtlich handeln, muß der Wille dazu folglich eindeutig in Erscheinung treten.

b) Die Erkenntnis, daß die Anwendung des § 89 in erster Linie ein Zuordnungs- und nicht ein aufgrund von Normabgrenzungstheorien lösbares Qualifikationsproblem ist, hat zu umfangreicher Kasuistik geführt. Im wesentlichen gilt folgendes: Bei **Verträgen** zwischen Privaten und der öffentlichen Hand ist für die Zuordnung zum privaten oder öffentlichen Recht auf den Vertragsgegenstand, dh auf die durch ihn begründeten oder von den Parteien mit ihm verknüpften Rechtsfolgen abzustellen (GmS-OBG BGHZ 97, 312, 314; ERICHSEN, in: ERICHSEN/MARTENS, AllgVerwR [9. Aufl 1992] § 25 Rn 2; MAURER, AllgVerwR [9. Aufl 1994] § 14 Rn 8 ff; WOLFF/BACHOF/STOBER, VerwR I [10. Aufl 1994] § 22 Rn 55 ff). Ein nach öffentlichem und nicht nach privatem Recht zu beurteilender Vertrag liegt demnach immer dann vor, wenn durch ihn „... auf von der gesetzlichen Ordnung öffentlich-rechtlich... geregelte Sachverhalte..." Einfluß genommen werden soll (BGHZ 32, 214, 216; zu Einzelfällen s die Übersicht bei PALANDT/HEINRICHS Einf v § 305 Rn 36 ff). Bei der **Teilnahme am Straßenverkehr** hängt die Zuordnung davon ab, welcher Zweck mit ihr verfolgt wird. Dient sie der Wahrnehmung hoheitlicher Aufgaben, liegt öffentlich-rechtliches Handeln vor; ansonsten ist Privatrecht anwendbar. Unerheblich ist, ob das Fahrzeug in behördlichem oder privatem Eigentum steht (std Rspr, vgl RGZ 165, 365; BGHZ 29, 38, 42; BGH NJW 1977, 1238; OSSENBÜHL 32 ff mwN). Bei der **Anstaltsnutzung** sind Indizien für eine öffentlich-rechtliche Ausgestaltung Benutzungsordnungen in der Form von Satzungen, die Aufhebung des Benutzungsverhältnisses durch Widerruf oder die Erhebung von Gebühren. Auf privatrechtliches Handeln deuten dagegen die Verwendung Allgemeiner Geschäftsbedingungen, Kündigungsvorschriften sowie die Berechnung von Nutzungsentgelten hin (BGHZ 35, 111; OSSENBÜHL 36; MAURER, AllgVerwR [9. Aufl 1994] § 3 Rn 26). Nicht ausschlaggebend ist, daß über die Zulassung zur Benutzung möglicherweise durch Verwaltungsakt entschieden wird. Auch bei öffentlich-rechtlicher Zulassungsentscheidung kann nämlich die Abwicklung des Benutzungsverhältnisses privatrechtlich ausgestaltet sein (*Zweistufentheorie*, dazu MAURER, AllgVerwR [9. Aufl 1994] § 3 Rn 26; WOLFF/BACHOF/STOBER, VerwR I [10. Aufl 1994] § 22 Rn 64 ff). Allerdings spricht bei öffentlich-rechtlicher Zulassung eine Vermutung dafür, daß das gesamte Benutzungsverhältnis öffentlich-rechtlich ist (MAURER aaO; vgl auch BGHZ 38, 49, 51 f). Die Haftung für die Erfüllung von **Verkehrssicherungspflichten** auf öffentlichen Straßen, Wegen und Plätzen leitet die Rspr aus dem besonderen rechtlichen Schuldverhältnis ab, daß sich aus deren Eröffnung für den öffentlichen Verkehr und damit aus der Schaffung einer objektiven Gefahrenquelle ergibt (BGHZ 9, 373; 20, 57, 59; 37, 69, 70; 60, 54, 55 f; 86, 152, 153; 103, 338). In diesem Rahmen soll die öffentliche Hand gegenüber Privaten haftungsrechtlich weder privilegiert noch benachteiligt werden.

Demzufolge soll Privatrecht gelten. Ein Teil des Schrifttums dagegen will die Verkehrssicherungspflichten der öffentlichen Hand parallel zur unstreitig öffentlich-rechtlichen **Straßenbaulast** (vgl BGHZ 9, 373, 389) beurteilt wissen, weil es keinen Unterschied mache, ob ein Schaden durch positives Tun oder Unterlassen entstehe (vgl SALZWEDEL, in: ERICHSEN/MARTENS, AllgVerwR [9. Aufl 1992] § 46 Rn 27 mwN; MAURER, AllgVerwR [9. Aufl 1994] § 25 Rn 23). Unbeschadet des Meinungsstreits haben die meisten Bundesländer die Verkehrssicherungspflicht mittlerweile kraft Gesetzes öffentlich-rechtlich ausgestaltet (vgl KODAL/KRÄMER, Straßenrecht [4. Aufl 1985] 1220 ff; zu § 1 StrReinG NRW v 18. 12. 1975 s BGHZ 103, 75). *Privatrechtlich* sind die Beziehungen der Patienten zu den **öffentlichen Krankenhäusern** und **Universitätskliniken** (BGHZ 4, 138, 148 ff; 9, 145, 149; 88, 248; 105, 160, 161). Gleiches gilt nach der umstrittenen Rspr des BGH für die Ausstrahlung von **Rundfunksendungen** durch die öffentlich-rechtlichen Anbieter (BGHZ 66, 182; BGH NJW 1987, 2746; OLG Frankfurt NJW 1971, 47, 48; OLG Köln NJW 1973, 858; einschränkend OLG München NJW 1970, 1745; insgesamt zustimmend OSSENBÜHL 36 f; aA BVerfGE 31, 314; BETTERMANN, Vom Rechtsschutz und Rechtsweg des Bürgers gegen Rundfunk-Rufmord, NJW 1977, 513, 514 f; MünchKomm/PAPIER[2] § 839 Rn 146). Das Benutzungsverhältnis zur **Bundesbahn** ist sowohl bei der Personen- als auch bei der Güterbeförderung privatrechtlich zu beurteilen. Dies galt auch schon vor der Privatisierung durch das *Eisenbahnneuordnungsgesetz* (so Rn 10). Dagegen wurde das **Postbenutzungsverhältnis** ehedem als öffentlich-rechtlich klassifiziert (vgl BGHZ 98, 140, 143 mwN; BVerwGE 71, 85, 87). Seit der *Postreform* (so Rn 10) gilt jedoch sowohl für Postdienst als auch für Postbank und Telekom Privatrecht (vgl § 7 PostG; § 9 Abs 1 FAG). Nur dann, wenn der Postdienst im Rahmen förmlicher Zustellungen oder bei Wechselprotesten tätig wird, ist nach wie vor hoheitliches Handeln gegeben (vgl § 16 PostG). Wegen weiterer Einzelheiten s die Erl zu § 839.

3. Der Handelnde als verfassungsmäßiger Vertreter iSd § 31

a) Grundsätze

Die Anwendung des § 31 setzt voraus, daß der Handelnde **verfassungsmäßig berufener Vertreter** des Fiskus oder einer anderen juristischen Person des öffentlichen Rechts ist. Wie im Rahmen der unmittelbaren Anwendung der Norm muß seine Position daher entweder eine Grundlage in der Verfassung der von ihm vertretenen juristischen Person haben oder es müssen ihm durch „... allgemeine Betriebsregelung und Handhabung bedeutsame, wesensmäßige Funktionen der juristischen Person zur selbständigen, eigenverantwortlichen Erfüllung zugewiesen ..." sein, so daß er „... die juristische Person auf diese Weise *repräsentiert*" (**Repräsentantenhaftung**, grundlegend BGHZ 49, 19, 21; s auch BGHZ 101, 215, 218; zur Kritik vgl STAUDINGER/ WEICK § 31 Rn 33 f; MünchKomm/REUTER § 31 Rn 3 – jeweils mwN). Freilich weist die Organisation der juristischen Personen des öffentlichen Rechts spezifische Besonderheiten auf, die auf ihrer Einbindung in das Gesamtgefüge staatlichen Organisationsrechts zurückzuführen sind (BGB-RGRK/STEFFEN Rn 1; MünchKomm/REUTER Rn 16). So treten an die Stelle privatrechtlicher Satzungsregelungen Organisationsnormen, die nach hM *Gesetze in materiellem Sinne* sein müssen, um Grundlage verfassungsmäßiger Vertretung sein zu können (SOERGEL/HADDING Rn 50; MünchKomm/REUTER Rn 17; **aA** offenbar BGB-RGRK/STEFFEN Rn 3 aE). Interne Dienstanweisungen oder eine auf Einzelfälle beschränkte Übertragung von Aufgaben durch einen verfassungsmäßigen Vertreter auf einen anderen Amtsträger reichen zur Begründung verfassungsmäßiger Vertretung nicht aus (vgl RGZ 121, 382, 387; SOERGEL/HADDING Rn 50). Wegen der

Ausdehnung der Organhaftung zur **Repräsentantenhaftung** (s STAUDINGER/WEICK § 31 Rn 31 ff mwN) genügt allerdings schon eine leitende Stellung in einem nicht unbedeutenden Geschäftskreis den persönlichen Anforderungen des § 31 (BGB-RGRK/ STEFFEN Rn 4; SOERGEL/HADDING Rn 51). Dabei schließt die für die Verwaltung typische interne Weisungsgebundenheit eines Amtsträgers an ein ihm übergeordnetes Organ den Tatbestand des § 31 nicht aus (vgl RGZ 157, 228, 236; 162, 129, 168; BGH NJW 1977, 2259, 2260). Wann ein Amtsträger eine Behörde repräsentiert entscheidet demnach letztlich die *Verkehrsanschauung*. Sein Rang in der Hierarchie des öffentlichen Dienstes hat lediglich indizielle Bedeutung (MünchKomm/REUTER Rn 18).

Zur **Organisationspflicht** der juristischen Person des öffentlichen Rechts sowie zur Haftung bei der Ausführung von *Auftragsangelegenheiten* s BGB-RGRK/STEFFEN Rn 5 f. 27

b) Einzelfälle
Da über die Frage, ob ein Amtsträger *verfassungsmäßig berufener Vertreter* ist, mangels eindeutiger organisationsrechtlicher Festlegungen die Verkehrsanschauung entscheidet (so Rn 26), ist die Rechtsprechung kasuistisch und nicht frei von Kuriositäten. Kaum einer Entscheidung kommt über den Einzelfall hinaus wesentliche Bedeutung zu. Als *verfassungsmäßige Vertreter* sind zB angesehen worden: 28

Gemeinde: Bürgermeister (RGZ 44, 303, 306; OLG Celle HEZ 2 [1949] 44; BGH MDR 1979, 832 = NJW 1980, 115; BGH NJW 1986, 2939; BGHZ 109, 327, 330 f); Amtsdirektor (AG Burgsteinfurt VersR 1957, 456); Stadtbaurat als Magistratsmitglied (RG JW 1911, 939); Baudezernent hinsichtlich der in seine Zuständigkeit fallenden Überwachung von Straßenbauarbeiten (OLG Braunschweig VersR 1966, 961); Leiter eines städtischen Bauamtes (RG JW 1904, 282, 284; RG Recht 1906 Nr 2339); Magistrat und Stadtbaurat (RG BayZ 1909, 453, 454; OLG Schleswig SchlHolAnz 1954, 183, 186); Beamter eines Liegenschaftsamtes mit allgemeiner Vertragsabschlußvollmacht (BGHZ 117, 104, 106); Leiter der Tiefbauabteilung (RG JW 1908, 169; s aber OLG Hamm MDR 1954, 736); Stadtbaumeister (RGZ 70, 118, 120; RG JW 1909, 69, 70); Distrikttechniker und Bezirksbaumeister (OLG Nürnberg Recht 1910 Nr 2772); Leiter eines Stadtreinigungsamtes (BGH VersR 1962, 1013, 1014); Markthalleninspektor (RG JW 1909, 682); Betriebsdirektor einer städtischen Eisenbahn, dessen Amt nach Ortsstatut vorgesehen war (RG JW 1911, 640); Intendant eines Stadttheaters (RG Recht 1919 Nr 2062). *Nicht aber*: Bauinspektoren und Vorsteher von Bauabteilungen (OLG Schleswig SchlHolAnz 1954, 183, 186); angestellter Stadtbaumeister (RGZ 74, 21, 23 gegen RGZ 70, 118, 120; OLG Hamm MDR 1954, 736); Direktor eines Schlachthauses (RG LZ 1922, 615, 616; OLG Oldenburg OldZ 46 [1920] 175, 176; aA zurecht PALANDT/HEINRICHS Rn 5; ERMAN/WESTERMANN Rn 7); Direktor eines Gaswerkes (RGZ 74, 21, 23; aA zurecht ERMAN/WESTERMANN Rn 7); Beamter eines Jugendamtes als Amtsvormund (OLG Kassel JW 1937, 38, 39); Motorwagenführer der Straßenbahn (RG JW 1903 Beil 92, 93; RG JW 1906, 377). 29

Kreise und Landschaftsverbände: Landrat als Organ der Selbstverwaltung (RG JW 1938, 2541); Kreisbaumeister, dem die Überwachung des baulichen Zustandes der Straßen obliegt (RGZ 62, 31, 33 ff, 37; gegen RG JW 1915, 395, 396); Kreisbauinspektor (RG JW 1915, 395, 396; RG Gruchot 57 [1913] 679, 681; OLG Darmstadt HessRspr 1904, 183); Verbandstechniker eines Verbandes für Wasserversorgung (LG Mainz SoergRspr 1931 § 30 Nr 1). 30

Nicht aber: Leiter eines staatlichen Straßen- und Flußbauamtes in Bayern (OLG Bayreuth VersR 1957, 133, 134, gegen LG Bayreuth VersR 1957, 760).

31 Land: Vorstände der Landesbau- und Wasserbauämter hinsichtlich der Verkehrssicherungspflicht (BGHZ 6, 195, 201; RG Recht 1935 Nr 3622 a; RG HRR 1940 Nr 1389; OLG Köln NJW 1951, 845; OLG Hamburg MDR 1953, 167, 168, 170); Vorstände der Kanalbauverwaltung eines Landes (RGZ 106, 340, 342); Straßenmeister in Bayern (BayObLGZ 1955, 91, 94); Straßenbaumeister als örtlicher Bauleiter (OLG Karlsruhe VerkBl 1959, 550); Oberförster bzw Forstmeister (RG JW 1904, 548; BGH VersR 1965, 1055, 1056); Forstoberinspektor, der mit eigenständigen Überwachungsaufgaben (Fällen eines Baumes) betraut ist (OLG Frankfurt VRS 56 [1979] 81, 82); Polizeipräsident (KG Recht 1929 Nr 996); Leiter einer Nervenheilanstalt (OLG Stuttgart Recht 1905 Nr 2251; aA RG WarnR 1912 Nr 146); Landgerichtspräsident (RG DJZ 1905, 699); richterlicher Referent für Bausachen mit selbständiger Entscheidungsbefugnis (OLG Hamburg MDR 1954, 354, 355); Leiter einer Staatsanwaltschaft (RG DJZ 1905, 699); aufsichtsführender Richter/Amtsgerichtspräsident (RG PrJMBl 1904, 321, 322; RG Gruchot 49, 635, 637); Intendant eines Landestheaters (OLG Stuttgart HRR 1929 Nr 1198). *Nicht aber*: Straßenkontrolleur (RG SeuffA 59 Nr 27 gegen OLG Stettin OLGE 5, 376, 377 f); untergeordneter Beamter der Justizverwaltung, der für die Beschaffung von Einrichtungsgegenständen zuständig ist (RG PrJMBl 1904, 321 f); richterlicher Referent für Bausachen ohne Entscheidungsbefugnis (OLG Hamburg MDR 1954, 354, 355).

32 Bund: Treuhänder der Autobahnen für die Bundesrepublik (BGHZ 4, 253, 263); Betriebsdirektor eines Kanalamtes (RGZ 79, 101, 107); Wasser- und Schiffahrtsdirektion (BGH VersR 1967, 468, 469); Oberschleusenmeister bei einer Wasserstraße erster Ordnung (OLG Celle VersR 1961, 1143 f; BGHZ 20, 57, 58, 61); Vorstand eines Arbeitsamtes (KG JW 1933, 66).

33 Krankenhäuser: Chefarzt eines städtischen Krankenhauses ohne Vertretungsmacht (BGH NJW 1972, 334); selbstliquidierender Chefarzt im Rahmen eines sog Arzt/Krankenhaus-Vertrages (BGHZ 95, 63, 67 = NJW 1985, 2189, 2191; aA noch BGH NJW 1975, 1463; OLG Düsseldorf VersR 1984, 446, 448); Chefarzt eines Kreiskrankenhauses (OLG München NJW 1977, 2123); Chefarzt einer unselbständigen, aber im medizinischen Bereich weisungsfrei arbeitenden Klinik (BGHZ 77, 74, 77 f, 79; aA noch BGHZ 4, 138, 152); Chefarzt als Organ eines Krankenhausträgers (OLG Köln VersR 1990, 1244); beamteter Chefarzt (OLG Köln VersR 1991, 1376, 1377; vgl auch OLG Köln VersR 1982, 677); Arzt eines Krankenhauses mit einem Aufgabenbereich, der dem eines Vorstandes eines Vereins oder einer Gesellschaft im Hinblick auf Bedeutung, Selbständigkeit und Repräsentationswirkung nicht nachsteht (OLG Koblenz VersR 1990, 309); Assistenzarzt als selbständiger Leiter der Ambulanz einer Universitätsklinik (RG DR 1944, 287); Direktor einer Universitätsklinik (LG Köln VersR 1975, 458; LG Köln VersR 1980, 491); Leiter einer städtischen Kinderklinik (OLG München VersR 1978, 285, 286). *Nicht aber*: Chefarzt, der die postoperative Ambulanz aufgrund kassenärztlicher Bestellung betreibt (OLG Frankfurt VersR 1994, 430); Chefarzt der Fachabteilung eines städtischen Krankenhauses in Berlin (KG MDR 1978, 929); nur zu ärztlichen Leistungen berufener Leiter eines städtischen Krankenhauses (Stationsarzt), dessen Stelle nicht in der Satzung vorgesehen war (OLG Bamberg NJW 1959, 816); Oberarzt (BGH VersR 1960, 752, 753); Assistenzarzt bei Anfängernarkose (OLG Zweibrücken VersR 1988, 165, 169); Prosektor (OLG Karlsruhe BadRspr 1927, 161). Zum ganzen BÜSKEN/KLÜGLICH VersR 1994, 1144 f.

2. Titel. Juristische Personen. § 89
III. Juristische Personen des öffentlichen Rechts 34—40

Schule und Universität: Schulleiter (RG JW 1906, 427, 429; OLG Dresden SeuffA 64 Nr 6); 34
Lehrer, aber nicht im Rahmen des Unterrichts (OLG Dresden SächsArch 1907, 346; OLG
Kiel JDR VI [1908] 28 f); Professor oder Institutsleiter, aber nicht im Rahmen der Lehrtätigkeit (LG Bonn JW 1928, 2294, 2295).

Kirchengemeinde: Pfarrer (RG JW 1917, 593; RGZ 136, 1, 2); Mitglieder des Gemeinde- 35
rates (RG JW 1917, 593); Mitglieder des Kirchenvorstandes (RG JW 1938, 1253; KG Recht
1938 Nr 3819).

Kreditinstitute: Vorstände und leitende Beamte bzw Zweigstellenleiter öffentlich- 36
rechtlicher Sparkassen (RG WarnR 1935, 326; BGHZ 13, 198, 203; BGH DB 1956, 770, 771;
OLG Oldenburg WM 1987, 836, 837). *Nicht aber*: Sparkassendirektor mit rein technischen
Aufgaben (RGZ 131, 239, 247 f); Sachbearbeiter und Leiter der Wechselabteilung
(BGH WM 1955, 230, 234); Prokurist, der Weisungen des Zweigstellenleiters untersteht
(BGH WM 1970, 632, 633).

Bahn: Vorstand einer Eisenbahnbetriebsinspektion (RG LZ 1916, 221); Betriebsdirek- 37
tor einer Bahnverwaltung (OLG Kiel JDR VI [1908] 28); Betriebsdirektor, der einen
besonderen Geschäftszweig leitet (RG WarnR 1916 Nr 125); Leiter einer Betriebsinspektion (RG SeuffA 66 Nr 179; RG Recht 1910 Nr 1477); Stationsvorsteher und stellvertretender Stationsvorsteher der Deutschen Reichsbahn (RGZ 121, 382, 387); Vorsteher
eines Bahnhofs dritter Klasse (OLG Neustadt VersR 1956, 631, 632). *Nicht aber*: Fahrdienstleiter (RG DR 1940, 952; OLG Köln DR 1940, 1945; OLG Dresden SeuffA 73 Nr 132);
Eisenbahnstationsassistent als oberster Beamter einer Station (RG SächsArch 1
[1906] 7); Rangierleiter (BayObLGZ 3, 25, 33; 3, 50, 54).

Post: Oberpostrat, der selbständig Bau- und Grundstücksangelegenheiten einer 38
Oberpostdirektion bearbeitet (RGZ 162, 129, 161); Leiter eines Sonderpostamtes (LG
Nürnberg Recht 1937 Nr 1889); Vorsteher eines Telegraphenbauamtes (OLG Jena JW 1933,
1667); Oberpostinspektor, der mit der Beaufsichtigung von Telegraphenbauarbeiten
betraut ist (RG Recht 1914 Nr 1651). *Nicht aber*: Vorsteher eines Zweigpostamtes (OLG
Darmstadt Recht 1941 Nr 2321); Hausmeister (RG JW 1904, 165); Postassistent (RG Recht
1907 Nr 1); Hilfsbriefträger (OLG Stuttgart OLGE 9, 22, 23).

Mit der Einbringung der unternehmerischen Bereiche Personenverkehr, Güter- 39
kehr und Eisenbahninfrastruktur in die *Deutsche Bahn Aktiengesellschaft* sowie der
Umwandlung von *Postdienst, Postbank* und *Telekom* in selbständige Aktiengesellschaften (so Rn 10) findet für die Zurechnung des schadensursächlichen Verhaltens
eines Vorstandes oder verfassungsmäßig berufenen Vertreters bei Bahn und Post
künftig § 31 direkt Anwendung. Anderes gilt nur dann, wenn sein Handeln in den
Zuständigkeitsbereich des öffentlich-rechtlich organisierten *Eisenbahnbundesamtes*
oder der öffentlich-rechtlichen Holding der Postaktiengesellschaften (so Rn 19) fällt.
Hier bleibt es bei der Haftung nach §§ 89 Abs 1, 31.

4. Die Zurechnung des schädigenden Verhaltens

Für die **Zurechnung des schädigenden Verhaltens** eines Organs oder Repräsentanten 40
gelten bei der juristischen Person des öffentlichen Rechts im Grundsatz dieselben
Prinzipien, die auch im Rahmen der unmittelbaren Anwendung des § 31 Platz grei-

fen (dazu STAUDINGER/WEICK § 31 Rn 4 ff). Insbesondere muß der Haftungsvertreter die zum Schadensersatz verpflichtende Handlung *in Ausführung der ihm zustehenden Verrichtungen* begangen haben. Ein Handeln lediglich *bei Gelegenheit* reicht für die Anwendung des § 31 nicht aus (STAUDINGER/WEICK § 31 Rn 40). Anders als bei den juristischen Personen des Privatrechts gehen Rspr und Schrifttum allerdings davon aus, daß juristische Personen des öffentlichen Rechts durch rechtsgeschäftliches Handeln ihrer verfassungsmäßigen Vertreter oder Repräsentanten nur im Rahmen ihres kraft Gesetzes festgelegten *Zuständigkeitsbereiches* verpflichtet werden können. Rechtsgeschäfte, die außerhalb dieses Bereiches abgeschlossen werden, sind wirkungslos. Sie können nicht durch Genehmigung geheilt werden (vgl BGHZ 20, 119, 123, 126; MünchKomm/REUTER Rn 21; BGB-RGRK/STEFFEN Rn 8; SOERGEL/HADDING Rn 53; ERICHSEN, in: ERICHSEN/MARTENS, AllgVerwR [9. Aufl 1992] § 10 Rn 34). In der Sache bedeutet dies die Rezeption der **ultra-vires Lehre**, wie sie ansonsten nur dem angelsächsischen Rechtskreis geläufig ist (MünchKomm/REUTER Rn 21; STAUDINGER/WEICK [1995] § 31 Rn 25). Darüber hinaus wird überwiegend angenommen, daß auch die Grundsätze über die *Anscheins- und Duldungsvollmacht* für die juristische Person des öffentlichen Rechts nur eingeschränkt Geltung beanspruchen (STAUDINGER/DILCHER[12] § 167 Rn 46 ff; MünchKomm/SCHRAMM § 167 Rn 37, 42; SOERGEL/LEPTIEN § 167 Rn 26 ff; PALANDT/HEINRICHS § 173 Rn 20). Vor allem nach der Rspr sollen sie dann keine Anwendung finden, wenn anderenfalls eine durch das Organisationsrecht der betreffenden juristischen Person nicht gedeckte Verpflichtung entstehen würde (vgl RGZ 116, 247, 253; 122, 351; 127, 226, 228 f; 162, 129, 137; BGHZ 5, 205, 213; 6, 330, 331 f; 47, 30, 39; BGH NJW 1972, 940, 941; *anders aber*, wenn das *zuständige Organ* im Rahmen seiner ihm kraft Gesetzes eingeräumten Zuständigkeiten den Rechtsschein einer Bevollmächtigung erweckt oder den Anschein einer Bevollmächtigung geduldet hat, vgl BGH NJW 1955, 985; 1972, 940, 941). Damit soll im öffentlichen Interesse verhindert werden, daß Überschreitungen der Vertretungsmacht durch Mißachtung von Zuständigkeiten, Genehmigungserfordernissen und Formvorschriften zulasten des Staates gehen (kritisch dazu MünchKomm/ REUTER Rn 22 ff mwN). Zu den vertretungsrechtlichen Wirkungen von Verstößen gegen öffentlich-rechtliche **Formvorschriften** vgl STAUDINGER/DILCHER[12] § 125 Rn 51 ff; MünchKomm/FRÖSCHLER § 125 Rn 17; BGB-RGRK/KRÜGER-NIELAND § 125 Rn 23 f; SOERGEL/HEFERMEHL § 125 Rn 2; PALANDT/HEINRICHS § 125 Rn 3 f – jeweils mwN.

41 Scheidet nach den vorstehenden Grundsätzen eine vertragliche Haftung der juristischen Person des öffentlichen Rechts aus, so kann sich die Pflicht zu Ersatzleistungen gleichwohl aus §§ 89 Abs 1, 31, 823 Abs 2 iVm § 263 StGB ergeben, wenn der Haftungsvertreter seinen Vertragspartner über den Umfang seiner Vertretungsmacht getäuscht hat (BGH NJW 1986, 2939; dazu SCHMIDT-JORTZIG/PETERSEN JuS 1989, 27 ff). Im Einzelfall kann auch eine Haftung aus *culpa in contrahendo* in Betracht kommen (vgl BGHZ 6, 330, 333; 21, 59, 65; 92, 164, 175 f). Insoweit finden die unter Rn 40 dargestellten Haftungsprivilegien keine Anwendung (ERMAN/WESTERMANN Rn 9; vgl auch MünchKomm/ REUTER Rn 25). Grundsätzlich nicht zugerechnet werden kann der juristischen Person des öffentlichen Rechts allerdings die Eigenhaftung des vollmachtslosen Vertreters aus § 179 (BGH NJW 1986, 2939, 2940; ERMAN/WESTERMANN Rn 9).

42 5.   Zu den Tatbestandsvoraussetzungen des § 31 im übrigen s STAUDINGER/WEICK § 31 Rn 4 ff.

III. Die Anwendung des § 42 Abs 2

Bund und **Länder** sind **nicht konkursfähig**. Die öffentlichen Aufgaben des Staates 43
sowie das Fehlen einer übergeordneten Zwangsgewalt stehen der Durchführung
eines Konkursverfahrens entgegen (Jaeger/Weber, KO [8. Aufl 1973] § 213 Anm 2; Kilger/
Karsten Schmidt, KO [16. Aufl 1993] § 213 Anm 1; Kuhn/Uhlenbruck, KO [11. Aufl 1994]
Rn 2; vgl auch BVerfGE 15, 126, 135 f = NJW 1963, 32, 33). Der *Fiskus* ist in § 89 Abs 2
folgerichtig nicht erwähnt.

Über die **Zulässigkeit des Konkursverfahrens** bei den übrigen juristischen Personen 44
des öffentlichen Rechts entscheidet das Bundes- oder Landesrecht; vgl Art IV des
EG zu dem *Gesetz betreffend die Änderungen der Konkursordnung* v 17. Mai 1898
(RGBl I 248) iVm § 15 Nr 3 EGZPO v 30. 1. 1877 (RGBl I 244). Die Neufassung des § 15
Nr 3 EGZPO durch das Gesetz v 20. 8. 1953 (BGBl I 952) hat daran nichts geändert
(BVerfGE 60, 135, 154 ff = NJW 1982, 2859 f; BVerfG ZIP 1984, 344 f; vgl auch BVerfG NJW 1994,
1465, 1466; Soergel/Hadding Rn 73). Aufgrund dieses Vorbehalts haben die Länder vor
allem die Konkursfähigkeit der Gemeinden und Gemeindeverbände ausgeschlossen
(s Weber/Jaeger, KO [8. Aufl 1973] § 213 Rn 3; Kuhn/Uhlenbruck, KO [11. Aufl 1994] § 213
Rn 2 a). Wegen der Anstaltslast (Gewährträgerschaft) der öffentlichen Hand nicht
konkursfähig sind im übrigen die öffentlich-rechtlichen Kreditinstitute (Kuhn/Uhlenbruck, KO [11. Aufl 1994] § 213 Rn 2 b; Hess/Kropshofer, KO [4. Aufl 1993] § 213 Rn 5). Die
Konkursunfähigkeit der kirchlichen Körperschaften des öffentlichen Rechts leitet
das BVerfG aus deren verfassungsrechtlich gewährleisteter Autonomie ab (BVerfG
NJW 1984, 2401). Gleiches soll wegen Art 5 Abs 1 S 2 GG auch für die öffentlich-
rechtlichen Rundfunkanstalten gelten (BVerfGE 89, 144 = NJW 1994, 1466; NJW 1994,
2348; **aA** noch OVG Münster ZIP 1980, 686). Als **konkursfähig** anerkannt sind dagegen die
Träger der Sozialversicherung (vgl RGZ 143, 355; BSG MDR 1978, 962 f), die Rechtsanwaltskammern (BVerwG BB 1982, 372) sowie die Industrie- und Handelskammern
(BVerfG BB 1982, 373; vgl auch BVerfG NJW 1994, 1465, 1466).

Ist das Konkursverfahren zulässig, gilt § 213 KO mit seiner Verweisung auf die 45
§§ 207, 208 KO. Die Eröffnung des Konkurses setzt Zahlungsunfähigkeit oder Überschuldung voraus. Zum Antrag auf Eröffnung des Verfahrens ist außer den Konkursgläubigern jedes Mitglied des Vorstands und jeder Liquidator befugt. Entsprechend
§ 42 Abs 2 haben im übrigen diejenigen Personen, welche eine dem Vereinsvorstand
vergleichbare Funktion innehaben, bei Überschuldung rechtzeitig die Eröffnung des
Konkursverfahrens zu beantragen. Bei Verstoß gegen diese Verpflichtung setzen sie
sich der **persönlichen Haftung** für den Schaden aus, den die Gläubiger der betreffenden juristischen Person des öffentlichen Rechts erleiden. Wegen Einzelheiten s
Staudinger/Weick (1995) § 42 Rn 10.

Mit Inkrafttreten der *Insolvenzordnung* vom 5. 10. 1994 (BGBl I 2866) am 1. 1. 1999 46
(vgl Art 110 Abs 1 EGInsO vom 5. 10. 1994 [BGBl I 2911]) wird die Konkursunfähigkeit von
Bund und Ländern ausdrücklich gesetzlich bestätigt (§ 12 Abs 1 Ziff 1 InsO). Auch
Art IV des *EG zu dem Gesetz betreffend die Änderung der Konkursordnung vom
17. Mai 1898* (RGBl I 248) wird inhaltlich voll übernommen (§ 12 Abs 1 Ziff 2 InsO).
Zu Einzelheiten s BT-Drucks 12/2443, 113; 12/7302, 156.

Zweiter Abschnitt
Sachen

Vorbemerkungen zu §§ 90—103

Systematische Übersicht

I.	Überblick über die §§ 90—103	1	d)	Ausländische Regelungen	25
II.	**Sache und Gegenstand**		V.	**Bewegliche und unbewegliche Sachen**	26
1.	Römisches und gemeines Recht	2			
2.	Der Gegenstand	3	VI.	**Die verkehrsunfähigen Sachen**	
a)	Die formale Bestimmung	3	1.	Der menschliche Körper	27
b)	Die materiale Bestimmung	4	2.	Die res extra commercium	28
c)	Die Auffassung SOHMS	5	a)	Die freie Luft	28
d)	Die eigene Ansicht	6	b)	Das freie Wasser	29
e)	Andere europäische Rechte	7	c)	Der Meeresstrand	30
3.	Die Sache	8	d)	Der Meeresboden	31
4.	Objekte des Tauschverkehrs	10	3.	Die öffentlichen Sachen	32
5.	Die Ware	11	a)	Der Begriffsinhalt	32
6.	Prozessuale Begriffe	12	b)	Das Verwaltungsvermögen	32
			c)	Die öffentlichen Sachen ieS	34
III.	**Sacheinheit, Sachmehrheit und Sachgesamtheit**		4.	Die res sacrae	35
1.	Sacheinheit	13	5.	Friedhöfe und Grabstätten	37
2.	Mengensachen	14	a)	Der Friedhof	37
3.	Sachgesamtheiten	15	b)	Das Grab	38
a)	Der Begriffsinhalt	15	c)	Der Grabinhalt	39
b)	Die vertragliche Erfassung	16	d)	Der Grabschmuck	40
c)	Surrogationsvorschriften	18	VII.	**Eigentums- und Verfügungsbeschränkungen**	
d)	Prozessuale Regeln	19	1.	Denkmalschutz und andere Eigentumsbeschränkungen	41
IV.	**Rechtsgesamtheiten**	20	a)	Die allgemeine Bedeutung des Denkmalschutzes	41
1.	Das Vermögen	21	b)	Kultur-, Boden- und Naturdenkmäler	42
2.	Die Sondervermögen	22	c)	Andere Eigentumsbeschränkungen	43
3.	Unternehmen und Betrieb	23	2.	Gesetzliche Verbote und Veräußerungsverbote	44
a)	Die Rechtslage des Unternehmens	23			
b)	Das Recht am Unternehmen	24			
c)	Der Betrieb	24			

Alphabetische Übersicht

Ausländisches Recht	7, 25		Betrieb	24
Beherrschbarkeit	2, 4, 8, 28		Denkmalschutz	41 f

Januar 1995

Eigentumsbeschränkungen	41 ff	Rechtsgesamtheit	20 ff
Emissionen	28	Rechtsgut	4, 6
Energie	9, 28	Res religiosae	37
		Res sacrae	35 ff
Finanzvermögen	32		
Friedhof	37 ff	Sachbegriff	2, 8 ff, 26
		Sacheinheit	13
Gegenstand	2 ff	Sachgesamtheit	15 ff
Gemeingebrauch	29 f, 34	Schiffe	26
Gesamtnachfolge	21	Sondervermögen	22
Gesetzliche Verbote	44	Strand	30
Grabstätten	38	Streitgegenstand	12
Grundstücke	26	Surrogation	18, 22
Inbegriff	15 ff	Tiere	9
Körper, menschlicher	9, 27, 39	Umweltschutz	28 f
Komplementärsachen	15	Unternehmen	10, 23 ff
Luft	28	Veräußerungsverbote	45
Luftfahrzeuge	26	Verkehrsunfähigkeit	27 ff
		Vermögen	21
Meeresboden	31	Vermögenswerte	10
Mengensachen	14	Verwaltungsvermögen	33
Öffentliche Sachen	32 ff	Waren	11, 17
		Wasser	29
Rechte	9, 21	Widmung	33 ff

I. Überblick über die §§ 90–103

Als mögliche **Objekte** der Rechtsverhältnisse und der subjektiven Rechte bilden die Sachen einen geschlossenen Kreis. Für sie trifft der zweite Abschnitt gemeinsame Bestimmungen von allgemeiner Geltung. Der E I hatte diese Vorschriften an die Spitze des Sachenrechts gestellt (§§ 778–796). Sie befinden sich jetzt im Allgemeinen Teil, weil das Sachenrecht auf dem Gegensatz zwischen dinglichen und persönlichen Rechten beruht, während die jetzigen §§ 90 ff von diesem Gegensatz absehen. Sie können ebenso im Recht der Schuldverhältnisse bedeutsam werden wie im Familien- und Erbrecht. – **Tiere** sind durch § 90 a aus dem Kreis der Sachen herausgelöst; sie bilden jetzt eine eigene Kategorie der Gegenstände. **1**

II. Sache und Gegenstand*

1. Römisches und gemeines Recht

Für das **römische Recht** hat GAIUS (Inst II 12–14) unter dem Einfluß der antiken **2**

---

* **Schrifttum:** BECKER, Die einheitliche Sache als wirtschaftlicher Wert und als Rechtsbegriff,

Philosophie die Unterscheidung von res corporales und res incorporales entwickelt (HOLTHÖFER, Sachteil und Sachzubehör im römischen und gemeinen Recht [1972] 8 ff). Als res corporales charakterisierten die römischen Juristen diejenigen Dinge, quae tangi possunt, und stellten ihnen als unkörperliche Gegenstände vor allem Rechte wie Erbschaft und Nießbrauch gegenüber. Diese Unterscheidung beruhte auf der Vorstellung, daß man bei körperlichen Dingen die Sache selbst habe, im Falle unkörperlicher Dinge hingegen nur ein ideales Etwas, ein Recht.

Die **gemeinrechtliche Theorie** folgte dieser Auffassung, die zB noch den Ausgangspunkt für SAVIGNYS These bildet, daß Rechte, welche auf die Beherrschung eines Stückes der Natur gerichtet sind, von solchen Rechten zu unterscheiden sind, deren Gegenstand eine bestimmte Handlung einer verpflichteten Person, des Schuldners, ist. – Daß sich diese Unterscheidung bei genauer Untersuchung als nicht haltbar erweist, ist seit langem bekannt, wie die Darlegungen von BINDER (ZHR 59, 15) zeigen. Rechtsbeziehungen können nur unter Personen bestehen, nicht aber zwischen Personen und Sachen. Auch dort, wo ein Recht dem Rechtsträger die Herrschaft über eine Sache einräumt, ist dieses Recht gegen andere Personen gerichtet und verpflichtet sie, die Befugnisse des Rechtsträgers zu achten. Es ist diese Verpflichtung, die das Wesen des betreffenden Rechts ausmacht. Sachen sind dabei nur mögliche Objekte, auf die sich Rechte beziehen können; sie können nicht als logisch gleichgeordnete Kategorie den Rechten gegenübergestellt werden.

2. Der Gegenstand

3 Da § 90 die Sachen als eine Unterart der Gegenstände beschreibt, eine **Definition des Gegenstandes** im Gesetz aber fehlt, bedurfte es der wissenschaftlichen Inhaltsbestimmung des Gegenstandsbegriffes. Die moderne Rechtstheorie geht dabei von zwei verschiedenen Ausgangspunkten aus:

a) Die **formale Bestimmung** des Gegenstandsbegriffs. Das Rechtsverhältnis kann als eine rechtlich geordnete Beziehung zwischen Personen definiert werden, das subjektive Recht als ein von der Rechtsordnung anerkanntes und beschütztes Eigeninteresse der Person (vgl ENNECCERUS/NIPPERDEY §§ 71 und 72). Die rechtliche Ordnung des Rechtsverhältnisses, der mit dem subjektiven Recht gewährte Schutz, besteht aus

---

ZAkDR 1936, 84; BEKKER, Grundbegriffe des Rechts und Mißgriffe der Gesetzgebung (1910); BINDER, Der Gegenstand, ZHR 59, 1; ders, Vermögensrecht und Gegenstand, ArchBürgR 34, 209; BÖRNER, Das Wohnungseigentum und der Sachbegriff des Bürgerlichen Rechts, in: FS Dölle I (1963) 201; HEDEMANN, Die Lehre von den Rechtsgegenständen, ArchBürgR 31, 322; HILL, Der Sachbegriff des deutschen und österreichischen Zivilrechts (Diss Gießen 1940); HUSSERL, Der Rechtsgegenstand, Rechtslogische Studien zu einer Theorie des Eigentums (1933); LÖHR, Der Sachbegriff des § 90 BGB und seine Erweiterung (Diss Marburg 1940);

MÜLLEREISERT, Der Einfluß von Fortschritten der Technik auf den Sachbegriff des Bürgerlichen Rechts und des Strafrechts, DGWR 1939, 171; PASCHKE, Ist elektromagnetische Energie eine Sache? in: FS Kühne (Wien 1984) 333; SOHM, Der Gegenstand (1905); ders, Vermögensrecht, Gegenstand, Verfügung, ArchBürgR 28, 173; ders, Noch einmal der Gegenstand, JherJb 53, 373; SOKOLOWSKI, Die Philosophie im Privatrecht I, Sachbegriff und Körper in der klassischen Jurisprudenz und der modernen Gesetzgebung (1907; Neudruck 1959); WIEACKER, Sachbegriff, Sacheinheit und Sachzuordnung, AcP 148, 57.

Geboten, Verboten oder Erlaubnissen, welche die Rechtsordnung an die beteiligten Personen richtet oder ihnen erteilt. Jedes dieser Gebote oder Verbote und jede dieser Erlaubnisse bedarf eines bestimmten inhaltlichen Bezugspunktes. Man kann daher den Rechtsgegenstand als diesen **Beziehungspunkt** auffassen und im Anschluß an ZITELMANN (Internationales Privatrecht I [1897] 51) definieren als den einheitlichen inhaltlichen Beziehungspunkt aller der Handlungen, die kraft subjektiven Rechts erlaubt, verboten oder geboten sind.

Mit einer solchen Definition wird der Rechtsgegenstand rein formal bestimmt, weil der Beziehungspunkt objektiver Rechtssätze inhaltlich durch die unterschiedlichsten Größen gebildet werden kann. Es kommen Grundstücke wie bewegliche Sachen, Naturkräfte wie Geisteswerke und Arbeitserfolge in Betracht, ferner auch die religiöse, künstlerische oder politische Betätigung einer Person.

b) Die **materiale Bestimmung** des Gegenstandsbegriffs. Eine andere Meinung **4** knüpft daher für die Bestimmung des Gegenstandsbegriffes an den Güterbegriff an. Als **Gut** kann man allgemein alles bezeichnen, was dem Menschen in seiner materiellen und geistigen Entwicklung zu dienen geeignet ist und deshalb geschätzt wird. Dies trifft sowohl für Dinge der unpersönlichen Natur wie für die Produkte der menschlichen Arbeit oder die menschliche Arbeitsleistung selbst zu, ebenso für soziale Machtstellungen, Freiheiten und Beziehungen. Zu einem **Rechtsgut** werden diese Güter, wenn sie durch die Rechtsordnung geschützt sind; zum privaten Rechtsgut werden sie, wenn dieser Schutz im Interesse der Einzelperson erfolgt und seine Geltendmachung der Entschließung des Berechtigten überlassen bleibt.

Man kann so als Rechtsgegenstand diejenigen Rechtsgüter verstehen, die beherrschbar, ökonomisch wertvoll und wirtschaftlich nutzbar sind. Dann sind Rechtsgegenstände alle diejenigen geldwerten Rechtsgüter, die als **Vermögensgegenstände** zu bezeichnen wären. – Dieser Auffassung sind zB BINDER (ZHR 59, 16), WIEACKER (AcP 148, 65) und MÜHL (SOERGEL/MÜHL Rn 2).

c) Eine noch engere Auffassung vertrat SOHM. Danach besteht das charakteri- **5** stische Merkmal des Gegenstandes nicht in seinem Geldwert, sondern darin, daß über ihn verfügt werden kann. Rechtsgegenstand ist demnach nur, was **Objekt eines verfügbaren Rechts** sein kann. Der Gegenstand muß dem Kreis der veräußerlichen Rechte angehören, sei es, daß das Recht selbst veräußerlich ist, sei es, daß der Gegenstand kraft Verfügungsgeschäftes von einem veräußerlichen Recht abstammt. – SOHMS Lehre hat Anlaß zu einer umfangreichen wissenschaftlichen Diskussion gegeben, in der sie vielfach auf Ablehnung gestoßen ist (vgl HEDEMANN ArchBürgR 31, 322 ff; BINDER ArchBürgR 34, 209 ff). – LARENZ (I § 16 I) bezeichnet die Verfügungsobjekte als Rechtsgegenstände zweiter Ordnung und unterscheidet sie damit von den Rechtsgegenständen erster Ordnung, an welchen gegenüber Dritten ein wirksames Herrschaftsrecht bestehen kann.

d) Sowohl die formale als auch die materiale Definition des Rechtsgegenstandes **6** sind vertretbar. Während bei ersterer Betrachtungsweise der logische Ort des Gegenstandes festgelegt wird, erläutert die Güterlehre, um was es sich dabei inhaltlich handelt. – Allerdings darf der Begriff des Gegenstandes nicht bereits definitorisch auf die geldwerten Güter beschränkt werden, weil damit die notwendige

Parallelität der formalen und der inhaltlichen Betrachtungsweise gestört würde. Richtig ist es vielmehr, den materialen Begriff des Rechtsgegenstandes mit dem des **rechtlich geschützten Gutes** gleichzusetzen und, soweit es sich um geldwerte und verfügbare Güter handelt, den Begriff des Vermögensgegenstandes zu verwenden. Weder Verfügbarkeit noch Geldwert können als notwendige Merkmale für den Rechtsgegenstand bezeichnet werden, ebensowenig wie sie zum Begriff des subjektiven Rechts gehören.

7 e) Die wichtigsten **europäischen Rechtsordnungen** unterscheiden sich hinsichtlich der Gegenstandsdefinition im Ergebnis nicht von der deutschen Auffassung, wenngleich das französische und das österreichische Recht einen erweiterten Sachbegriff zum Ansatz wählen: So geht das französische Recht nicht wie das BGB vom Begriff der Sache, sondern vom umfassenderen Begriff des Vermögenswertes, bien, aus (FERID/SONNENBERGER, Das französische Zivilrecht II [2. Aufl 1986] 523 f), der etwa dem vorstehend beschriebenen deutschen Gegenstandsbegriff entspricht. – Auch § 285 des österreichischen ABGB gibt mit den Worten „Alles, was von der Person unterschieden ist und zum Gebrauch der Menschen dient, wird im rechtlichen Sinne eine Sache genannt" dem Sachbegriff des ABGB einen weit über § 90 BGB hinausreichenden Inhalt, so daß der österreichische Sachbegriff etwa dem Gegenstandsbegriff des deutschen Rechts entspricht. – Der italienische Codice civile verwendet in den Art 810 ff die Begriffe bene und cosa gleichermaßen, ohne ihnen einheitlich die Bedeutung von Gegenstand oder Sache beizulegen (GALGANO, Diritto privato [6. Aufl Padova 1990] 99). – Für das schweizerische Recht ist ebenfalls kein spezifischer Gegenstandsbegriff herausgearbeitet; die Problematik wird unter dem Stichwort „Sache" abgehandelt (TUOR/SCHNYDER, Das schweizerische Zivilgesetzbuch [10. Aufl Zürich 1986, Nachdruck 1989] 613 und 675). – Auch das englische Recht geht ohne Oberbegriff von der Unterscheidung zwischen Grundstücken (land, real estates) und beweglichen Sachen (personal chattels) aus (CHESHIRE/BURN's, Modern Law of Real Property [14. Aufl London 1988] 36 und 135).

3. Die Sache

8 Aus dem Kreise der Gegenstände hebt § 90 die Sachen dadurch hervor, daß sie als körperliche Gegenstände definiert werden. Das Gesetz folgt dabei der natürlichen Anschauung (vgl Mot III 33). Nicht maßgebend für den Sachbegriff des bürgerlichen Rechts ist demgegenüber der naturwissenschaftliche Substanzbegriff, wie überhaupt eine naturwissenschaftliche Theorie oder ein philosophisch fundierter Sachbegriff für das BGB nicht herangezogen werden können. Bestimmend ist vielmehr die bei Laien vorherrschende Verkehrsanschauung.

Nach dieser sind Sachen körperliche, also **sinnlich wahrnehmbare** und im Raum **abgegrenzte Gegenstände**, die der natürlichen Anschauung als Einheit erscheinen. Sachen sind unpersönliche körperliche Stücke der Außenwelt. – Neben der Abgegrenztheit der Sache muß auch ihre **Beherrschbarkeit** gegeben sein, so daß der Sachbegriff des BGB in den Dimensionen des Makrokosmos und des Mikrokosmos seine Grenze erreicht (LARENZ I § 16 II a). Auf den Aggregatzustand der Sachen kommt es nicht an.

9 Keine Sachen im Rechtssinne sind der **menschliche Körper** (vgl § 90 Rn 14 ff) und

lebende Tiere (vgl § 90 a). Ebensowenig sind **Energien**, wie Elektrizität und Strahlungsenergie, Sachen (vgl § 90 Rn 9 ff). Dasselbe gilt für Wärme- und **Schallwellen** sowie für Naturerscheinungen wie das nicht gefaßte **Grundwasser** (BayObLG NJW 1965, 974; zum Wasser allgemein vgl unten Rn 29). – Auch **Rechte** sind keine Sachen; ebensowenig **Geisteswerke**, obgleich diese Gegenstände rechtlicher Herrschaft sein können (BGHZ 44, 288, 294 = NJW 1966, 543; vgl auch BGB-RGRK/Kregel § 90 Rn 8).

4. Abweichend vom allgemeinen Sachbegriff wird mit Rücksicht auf die Verkehrsbedürfnisse vor allem im kaufrechtlichen Zusammenhang, aber auch dem des § 119 Abs 2, der Sachbegriff auf jedes **Objekt des Tauschverkehrs** ausgedehnt, sofern dieses von der Verkehrsanschauung als Gegenstand des wirtschaftlichen Verkehrs anerkannt ist (vgl auch BGHZ 16, 71, 74 = NJW 1955, 337; 43, 46, 49 = NJW 1965, 580; Erman/Michalski § 90 Rn 5). Demnach umfaßt der erweiterte Sachbegriff des Tauschverkehrs auch rein tatsächliche Werte wie Kundschaft oder Geschäftsgeheimnisse, ferner Gesamtheiten wie das Unternehmen (vgl u Rn 23) und die Praxis des Freiberuflers.

5. Enger als der allgemeine Sachbegriff ist der in den §§ 196 Abs 1 und 764 gebrauchte Begriff der **Ware**. Waren sind umsatzfähige bewegliche Sachen, solange sie zur geschäftsmäßigen Veräußerung, Verarbeitung oder Bearbeitung bestimmt sind (RGZ 130, 85, 88; Wieacker AcP 148, 72). – Im Zusammenhang handels- und wirtschaftsrechtlicher Vorschriften wird der Begriff der Ware mit noch weitergehendem Inhalt verwendet (vgl Baumbach/Hefermehl, Wettbewerbsrecht [17. Aufl 1993] § 2 UWG Rn 1). – Vom Begriff der Ware verschieden ist der Begriff des „Gutes" iS des Speditions- und Frachtrechts. Er erfordert nicht Umsatzfähigkeit, wohl aber Transportfähigkeit.

6. Das Zivilprozeßrecht kennt den besonderen Begriff des **Streitgegenstandes**. Er ist unabhängig vom Gegenstandsbegriff des bürgerlichen Rechts und bezeichnet das auf rechtskräftige Feststellung einer Rechtsfolge gerichtete Begehren (vgl Rosenberg/Schwab, Zivilprozeßrecht [15. Aufl 1993] § 96 III und IV). Andere Auffassungen zum Streitgegenstand gehen hierüber hinaus und schließen auch den zur Begründung des Begehrens vorgetragenen Lebensvorgang in den Streitgegenstandsbegriff ein (vgl Jauernig, Zivilprozeßrecht [24. Aufl 1993] § 37; Zeiss, Zivilprozeßrecht [8. Aufl 1993] § 44 III; Henckel, Parteilehre und Streitgegenstand im Zivilprozeß [1961] 270 ff; Baumgärtel, Zur Lehre vom Streitgegenstand, JuS 1974, 69).

Auch der in § 265 ZPO verwendete Sachbegriff weicht vom bürgerlichen Recht ab; er schließt Rechte ein (Stein/Jonas/Schumann II 1 § 265 ZPO Rn 11). – Andererseits ist der in § 808 Abs 1 ZPO gebrauchte Ausdruck „körperliche Sache" auf Mobilien beschränkt (vgl auch Mot III 31).

III. Sacheinheit, Sachmehrheit und Sachgesamtheit

1. Sacheinheit

In der Frage, wann eine **Einzelsache** vorliegt, folgt das BGB grundsätzlich der **Verkehrsanschauung**. Danach sind Körperlichkeit und zur Beherrschung führende Abgegrenztheit die maßgebenden Kriterien (vgl o Rn 8). Der innere Zusammenhang einer

Einzelsache beruht entweder auf physischer Kohärenz, zB bei einem Stein im Naturzustand, oder auf fester Verbindung von Einzelteilen. Letzteres kommt vor allem bei dem Menschen dienenden Sachen in Betracht, wenn Sachen mit anderen Sachen so zu einer Einheit zusammengefügt werden, daß die Ausgangsprodukte ihre körperliche Abgegrenztheit verlieren, wie etwa die Farbe mit der angestrichen wird. Dann sind gestrichene Sache und Farbe nach der Verkehrsanschauung nunmehr als eine Sache anzusehen. – Lediglich bei **Grundstücken** wird die Einheitlichkeit der Sache nicht nach der Verkehrsanschauung, sondern rechtlich bemessen, weil ein Grundstück als Sache durch katastermäßige Vermessung und Eintragung entsteht. So können mehrere vorher katastermäßig selbständige Grundstücke dadurch zu einem Grundstück vereinigt werden, daß der Eigentümer sie als ein Grundstück in das Grundbuch eintragen läßt. Und § 890 erlaubt es, ein Grundstück durch Zuschreibung im Grundbuch zum Bestandteil eines anderen Grundstücks zu machen.

Bei beweglichen Sachen können die Ausgangsstücke auch noch in der neuen Sache als körperlich abgegrenzte Teile vorhanden sein, wie zB der Motor beim Auto. Dann handelt es sich bei der neuen Sache um eine **zusammengesetzte Sache**. Die Frage, ob deren körperlich abgegrenzten Teile Gegenstand besonderer Rechte sein können, löst das BGB mit den Bestandteilsvorschriften der §§ 93 ff. – Entsteht aus dem Zusammenfügen beweglicher Sachen keine für die Verkehrsanschauung einheitliche neue Sache, etwa wenn über einen geparkten PKW eine Wetterschutzplane gezogen wird, so bleibt die rechtliche Selbständigkeit der ursprünglichen Sachen unberührt.

2. Mengensachen

14 Bestimmte Sachen kommen für den wirtschaftlichen Verkehr nur in größeren Quantitäten in Betracht, wie zB Kohlen oder Getreidekörner. Hier kommt der durchaus vorhandenen Einzelsache kein rechtserheblicher wirtschaftlicher Wert zu, und dementsprechend betrachtet auch die vom Verwendungszweck ausgehende Verkehrsanschauung nur größere abgeteilte Mengen als Sacheinheiten (LARENZ I § 16 II c); so etwa einen Zentner Kartoffeln, obwohl es sich dabei in Wirklichkeit um eine Vielzahl von Einzelsachen handelt. Man spricht in diesem Zusammenhang von **Mengensachen** (vgl § 91 Rn 2).

3. Die Sachgesamtheit (Inbegriff)*

15 a) Auch wenn einzelnen Sachen ein rechtserheblicher wirtschaftlicher Wert zukommt, so kann dennoch eine Mehrheit von ihnen eine über die Summe der Einzelwerte hinausreichende Wertschätzung genießen. Diese bietet dann Anlaß, die Mehrheit der Einzelsachen unter bestimmten Gesichtspunkten als Einheit zusammenzufassen und mit einer Sammelbezeichnung zu benennen (BGB-RGRK/KREGEL

---

* **Schrifttum:** COSTEDE, Der Eigentumswechsel beim Einbau von Sachgesamtheiten, NJW 1977, 2340; KÜMPEL, Der Bestimmtheitsgrundsatz bei Verfügungen über Sammeldepotguthaben, WM 1980, 422; OERTMANN, Zum Rechtsproblem der Sachgesamtheit, AcP 136, 88; ROSTOS- KY, Der Sachinbegriff im ein- und mehrfachen Zubehörverhältnis, JherJb 74, 75; TILL, Zur Lehre von der Gesamtsache, GrünhutsZ 12, 736. Wegen des älteren Schrifttums s STAUDINGER/DILCHER[12] Vorbem 15 zu § 90.

§ 90 Rn 15). Hauptbeispiele für eine solche, im gemeinen Recht als universitas facti bezeichnete **Sachgesamtheit** waren früher die Herde und die Bibliothek. Heute sind als Sachgesamtheiten vor allem Warenlager, Inventar und Sammlungen bedeutsam. Auch Software und das zur Nutzung erforderliche Bedienungshandbuch werden als Sachgesamtheit verkauft (BGH NJW 1993, 461, 462). – Außerdem werden zu den Sachgesamtheiten auch die sog **Komplementärsachen** gerechnet, bei denen die Einzelstücke aufeinander abgestimmt sind, zB die einzelnen Schuhe bei einem Paar, die Teile einer Sitzgarnitur (OLG Celle NJW-RR 1994, 1305) oder die Einzelbände bei einem mehrbändigen Nachschlagewerk.

b) Für Sachgesamtheiten enthält das BGB keine einheitlichen Regeln. Vielmehr gelten einmal die Vorschriften über das **Zubehör**, sofern eine Sachgesamtheit sich gem § 98 als Inventar darstellt. Dementsprechend beziehen sich Verträge über die Verpflichtung zur Veräußerung der Hauptsache nach § 314 auch auf das Inventar. Auch andere **schuldrechtliche Verträge** über Sachgesamtheiten sind möglich; dies gilt vor allem für Kauf- und Pachtverträge (Soergel/Mühl Rn 7). Soweit es bei solchen Verträgen auf die Verbrauchbarkeit der Sache ankommt, enthält § 92 Abs 2 für den Inbegriff eine Sondervorschrift (vgl § 92 Rn 3). – Im Falle der Verpflichtung zur Herausgabe eines Inbegriffs muß der Schuldner nach Maßgabe des § 260 **Auskunft** erteilen. – Der BGH will bei Eingriffen in eine Sachgesamtheit (durch Wegnahme von Stücken aus einem Archiv) neben dem Schutz des Eigentums an den betroffenen Einzelsachen auch einen auf § 823 Abs 1 gestützten **Verletzungsschutz** für die „organisatorische Sacheinheit" anerkennen, und zwar in Anlehnung an den Schutz des eingerichteten und ausgeübten Gewerbebetriebes (BGHZ 76, 216, 220 f = NJW 1980, 1518).

Verfügungen über Sachgesamtheiten werden durch den Spezialitätsgrundsatz des Sachenrechts ausgeschlossen; demnach muß über jede einzelne Sache der Gesamtheit gesondert verfügt werden. Auch der gutgläubige Erwerb bestimmt sich jeweils für die Einzelsache. Selbst die Nießbrauchsbestellung bildet hiervon trotz des Wortlauts von § 1035 keine Ausnahme (Soergel/Mühl Rn 8). Allerdings ist es möglich, die Einigung über die Rechtsänderung an der einzelnen Sache unter der **Sammelbezeichnung** für die Sachgesamtheit vorzunehmen. Auch der Besitz an den Einzelsachen kann durch einheitlichen Akt übertragen werden. – Soll über eine Sachgesamtheit verfügt werden, deren Bestand wechselt, soll also insbesondere ein Warenlager verpfändet oder zur Sicherheit übereignet werden, so muß jede dem Inbegriff zugehörende Einzelsache zur Zeit des Vertragsabschlusses hinreichend bestimmt sein (Baur § 57 III 2; Westermann/H P Westermann § 44 II 2 b). Für die Sicherungsübereignung von 75 Schweinen reichen die Angaben der Rasse, sowie die Benennung des Mästers und des Einstelldatums nicht aus, um die übereigneten Schweine von anderen abzugrenzen (BGH NJW 1984, 803); auch genügt eine Sicherungsübereignung von „Hausrat soweit er nicht unpfändbar ist", nicht dem Spezialitätserfordernis (BGH NJW RR 1988, 565; Gursky JZ 1991, 497 f; vgl zu § 930). Der Bestimmtheitsgrundsatz gilt auch für die aufgrund eines antizipierten Besitzkonstitutes der Sicherungsabrede erst nachträglich zu unterwerfenden Sachen.

Eine Ausnahme vom Spezialitätsgrundsatz bei Verfügungen über Sachen in einer Sachgesamtheit macht das **PachtkreditG**, das die globale Verpfändung des dem Pächter eines landwirtschaftlichen Grundstücks gehörenden Inventars an ein Pachtkreditinstitut vorsieht; eine spezielle Benennung ist nur für eventuell nicht mit dem Pfandrecht zu belastende Inventarstücke erforderlich.

18 c) Für das Inventar als Sachgesamtheit gelten **Surrogationsvorschriften**, welche den wirtschaftlichen Wert der Sachgesamtheit auch bei wechselndem Bestand erhalten sollen. So begründet die **Einverleibung** einer Sache in das Inventar kraft Gesetzes Eigentum desjenigen, dem die übrigen Inventarstücke gehören. Dies ist in den §§ 582 a Abs 2 S 2, 1048 Abs 1 S 2 und 2111 Abs 2 sowie für das Pfandrecht in § 3 Abs 2 S 1 PachtkreditG vorgesehen. Ein auf Eigentumsübertragung gerichteter Wille ist in diesem Zusammenhang nicht erforderlich (vgl auch BGHZ 35, 53, 61 = NJW 1961, 1259). – Allerdings ist eine auch das Entgelt und den Ersatz für ausscheidende Stücke umfassende Surrogation beim Inventar nicht vorgesehen. Ebensowenig gibt es ein allgemeines Prinzip der dinglichen Surrogation, etwa in der Art, wie es § 2041 für den Nachlaß als Rechtsgesamtheit bestimmt, auch für die übrigen Sachgesamtheiten (BAUR § 57 III 2 mwN). Dies gilt insbesondere für das Warenlager. Die Surrogationsvorschrift des § 1370 bezieht sich nicht auf die Haushaltsgegenstände als Teile einer Sachgesamtheit, sondern auf jede einzelne Sache im Haushalt.

19 d) **Prozessual** hatte das gemeine Recht eine Vindikationsklage hinsichtlich der Herde als Sachgesamtheit zugelassen. Heute ist die Klage auf Herausgabe einer Sachgesamtheit unter der Sammelbezeichnung möglich, sofern die einzelnen von der Streitbefangenheit zu erfassenden Sachen hinreichend deutlich bezeichnet sind; andernfalls ist dem Erfordernis des bestimmten Klageantrags nicht genügt (RGZ 130, 267; SOERGEL/MÜHL Rn 8; Einzelbenennung verlangte ENNECCERUS/NIPPERDEY § 121 III 2). – Bei Wahrung des Bestimmtheitserfordernisses ist auch die Zwangsvollstreckung eines hinsichtlich der Sachgesamtheit unter Sammelbezeichnung zuerkannten Herausgabeanspruchs zulässig (RGZ 123, 388, 396). Pfändungen hingegen können nur an einzelnen Sachen vorgenommen werden.

IV. Die Rechtsgesamtheit

20 Als Rechtsgesamtheit bezeichnet man die Einheit von Sachen und anderen Gegenständen, insbes von Rechten, die einer Person rechtlich zugeordnet sind. Das gemeine Recht sprach hier, im Unterschied zur Sachgesamtheit als universitas facti, von einer universitas iuris. – Derartige Rechtsgesamtheiten sind zB das Vermögen einer Person und die sog Sondervermögen, die unter bestimmten Gesichtspunkten aus dem Gesamtvermögen einer oder mehrerer Personen ausgegliedert werden, wie zB das Gesellschaftsvermögen aus dem Vermögen der Gesellschaft oder der Nachlaß aus dem Erbenvermögen. Auch das Unternehmen stellt eine Rechtsgesamtheit dar (s u Rn 23).

Das BGB kennt allerdings den Begriff Rechtsgesamtheit nicht. Es bezeichnet sowohl Sachgesamtheiten wie auch Rechtsgesamtheiten als **Inbegriffe**, sofern es nicht unmittelbar vom Vermögen usw spricht. – Aufgrund der allgemeinen Gleichstellung gelten für Rechtsgesamtheiten grundsätzlich dieselben Regeln wie für Sachgesamtheiten (vgl oben Rn 16 f). Das bedeutet, daß über sie schuldrechtliche Verträge unter Bezeichnung der Rechtsgesamtheit geschlossen werden können, daß aber Verfügungsgeschäfte sich nach dem Spezialitätsgrundsatz nur auf die einzelnen Teile der

Rechtsgesamtheit beziehen können und nach den für diese Teile geltenden Vorschriften erfolgen müssen.

Auch **prozessual** können die Rechtsgesamtheiten nicht den Gegenstand einer Herausgabeklage bilden; vielmehr müssen die einzelnen Teile der Gesamtheit hinreichend deutlich bezeichnet sein (BGHZ 7, 208, 211). Dementsprechend ist auch eine Zwangsvollstreckung in die Rechtsgesamtheit als solche nicht möglich (ROSENBERG, Lehrbuch des deutschen Zivilprozeßrechts [9. Aufl 1961] § 180 II 2 mwN). Wegen der Zwangsvollstreckung in ein Gesellschaftsvermögen vgl ROSENBERG/GAUL/SCHILKEN, Zwangsvollstreckung (10. Aufl 1987) § 19 I und II.

1. Das Vermögen*

Das Vermögen wird als Bezeichnung einer **Rechtsgesamtheit** (vgl o Rn 20) im BGB **21** nicht definiert (LARENZ I § 17 I). Deshalb kann die Begriffsbestimmung unter mehreren Gesichtspunkten erfolgen: Grundsätzlich versteht man unter Vermögen die Summe der gegenwärtigen **geldwerten Rechte und Güter** einer Person; noch nicht zu Anwartschaften verdichtete Aussichten auf einen künftigen Erwerb werden nicht einbezogen. – Ob als Vermögen einer Person die Aktiva, dh das Bruttovermögen, verstanden werden soll, oder ob das Vermögen nur aus den um die Passiva verminderten Aktiva besteht, muß im Zusammenhang mit der Auslegung der konkreten Vorschriften bestimmt werden (vgl ENNECCERUS/NIPPERDEY § 131 Rn 14).

Über das Vermögen als Rechtsgesamtheit sind im BGB in den §§ 310, 311, 1085 und 419 einzelne Bestimmungen getroffen. Erwähnt wird das Vermögen mit unterschiedlicher Inhaltsbestimmung auch zB in den §§ 253, 1360, 1416, 1626 Abs 2 und 1922 Abs 1. Geschütztes Rechtsgut iS des § 823 Abs 1 ist das Vermögen nicht.

Nach dem Spezialitätsgrundsatz kann das Vermögen als Ganzes nicht Gegenstand eines einheitlichen Herrschaftsrechts sein (vgl o Rn 20). Für den Fall der Nießbrauchsbestellung ist dies in § 1085 S 1 ausdrücklich vorgesehen. Jedoch erfolgt ein **einheitlicher Rechtsübergang** des Vermögens zB nach § 1922 Abs 1 sowie in anderen Fällen der Gesamtnachfolge. – Die besondere Bedeutung des Vermögens tritt bei der **Haftung** hervor, die grundsätzlich das Gesamtvermögen des Schuldners erfaßt. Verwirklicht allerdings wird die Haftung nach den jeweiligen Zugriffsregeln, die für die einzelnen Vermögensbestandteile gelten.

2. Die Sondervermögen*

Gewisse Vermögensmassen werden teils wegen ihrer Herkunft, teils wegen ihrer **22**

---

* **Schrifttum:** BEYER, Die Surrogation bei Vermögen im Bürgerlichen Gesetzbuch (Diss Marburg 1905); FISCHER, Subjekt und Vermögen, in: FS E Rosenthal (1923) 1 ff; KOHLER, Das Vermögen als sachenrechtliche Einheit, ArchBürgR 22, 1; LANGE, Zum System des deutschen Vermögensrechts, AcP 147, 290; PINOLI, Der Vermögensbegriff nach dem BGB unter Berücksichtigung der historischen Entwicklung (Diss Breslau 1913); SCHWARZ, Rechtssubjekt und Rechtszweck, ArchbürgR 32, 12; WIEAKKER, Zum System des deutschen Vermögensrechts (1941). – Wegen des weiteren älteren Schrifttums s STAUDINGER/DILCHER[12] Vorbem 21 zu § 90.

** **Schrifttum:** BISCHOFF, Zulässigkeit und Exi-

wirtschaftlichen Bestimmung als besondere Einheiten, als **Sondervermögen**, zusammengefaßt und unterliegen als solche speziellen Bestimmungen. Dabei können die Sondervermögen entweder einer Person neben deren allgemeinem Vermögen zustehen, sie können aber auch mehreren Personen gesamthänderisch und getrennt vom allgemeinen Vermögen zugeordnet sein (ENNECCERUS/NIPPERDEY § 132 I). – Sondervermögen sind das Gesellschaftsvermögen nach den §§ 718 ff, Gesamtgut, Sondergut und Vorbehaltsgut bei der Gütergemeinschaft nach den §§ 1416 ff, das der elterlichen Verwaltung nicht unterliegende Kindesvermögen nach den §§ 1638 und 1639, ebenso das Treugut bei der Treuhänderschaft und das Stiftungsvermögen bei der fiduziarischen Stiftung. Auch der Nachlaß stellt nach den §§ 1922 ff zunächst ein Sondervermögen dar; ebenso sind der Bauernhof nach der HöfeO und die Insolvenzmasse gem §§ 35 ff InsO Sondervermögen.

Sondervermögen der öffentlichen Hand sind rechtlich abgesonderte Bestandteile des Staatsvermögens, die zur Erfüllung einer genau begrenzten Aufgabe bestimmt sind und deshalb getrennt vom übrigen Staatsvermögen verwaltet werden. – So bildete die **Deutsche Bundesbahn** nach § 1 des G über die vermögensrechtlichen Verhältnisse der Deutschen Bundesbahn vom 2. 3. 1951 (BGBl I 155) ein Sondervermögen der Bundesrepublik Deutschland. Nach Art 26 des Einigungsvertrages vom 31. 8. 1990 (BGBl II 889) war auch das Sondervermögen „Deutsche Reichsbahn" der früheren DDR zum 3. 10. 1990 Sondervermögen der Bundesrepublik geworden. Seit 1994 besteht für beide zusammengeschlossenen Sondervermögen eine privatwirtschaftliche Organisation des unternehmerischen Bereichs, in welchem Aktiengesellschaften im Eigentum des Bundes tätig werden. Auch die Vermögen sind zu einem nicht rechtsfähigen Sondervermögen des Bundes zusammengefaßt (Art 1 und 2 d Ges v 27. 12. 1993, BGBl I 2278). – Die **Deutsche Bundespost** war nach dem G über die vermögensrechtlichen Verhältnisse der Deutschen Bundespost vom 21. 5. 1953 (BGBl I 225) ebenfalls ein einheitliches Sondervermögen des Bundes. Im Zuge der sog. Postreform erging am 8. 6. 1989 (BGBl I 1026) das PoststrukturG, das in seinem Art 1 das „PostverfassungsG" enthält. Darin ist eine Aufteilung in die drei Teilsondervermögen Postdienst, Postbank und Telekom vorgesehen. Das Sondervermögen „Deutsche Post" der früheren DDR wurde nach Art 27 des Einigungsvertrages mit dem Sondervermögen Bundespost der Bundesrepublik vereinigt: es wird auf die drei genannten Teilsondervermögen übergeleitet. Einer Privatisierung der Postvermögen stand Art 87 Abs 1 GG entgegen. Nach seiner Änderung sollten die drei Postzweige ebenfalls in Aktiengesellschaften im Eigentum des Bundes umgewandelt werden, koordiniert unter dem Dach einer öffentlichrechtlichen Holding (vgl auch GRAMLICH, „Öffentliche Unternehmungen" im Verfassungsstaat des Grundgesetzes; Anmerkungen zur Privatisierungsdebatte, BB 1990, 1493). – Das GG wurde 1994 entsprechend geändert. Nunmehr wird ein PostneuordnungsG vorbereitet, das die Errichtung einer Bundesanstalt für Post und Telekommunikation über den drei privatrechtlich organisierten Zweigen der Post vorsieht (vgl GRAMLICH NJW 1994, 2787 f mwN; sowie MARTINA NJW 1995, 681).

---

stenz von Sondervermögen, DVBl 1956, 187; HUNN, Die Trennung des Sondervermögens vom Hauptvermögen in ihrer Beziehung zum Schuldrecht (Diss Frankfurt 1931); MARTIN, Kritische Betrachtung der Lehre vom Sondervermögen, AcP 102, 444; STUMPF, Die Bewirtschaftung eines Sondervermögens – Die deutsche Bundesbahn im Haushaltsrecht (Diss Würzburg 1985).

Selbständige Rechtspersönlichkeit kommt dem Sondervermögen nicht zu. Dies gilt auch dann, wenn es mehrere Personen gesamthänderisch und unter Trennung von deren sonstigem Vermögen zugewiesen ist, wie zB das Gesellschaftsvermögen. – Steht das Sondervermögen demselben Inhaber wie das Gesamtvermögen zu, wie zB der Nachlaß oder die Insolvenzmasse, so ist es möglich, daß der Inhaber des Gesamtvermögens dem Sondervermögen etwas schuldet oder von ihm zu fordern hat. Solche Identität von Gläubiger und Schuldner mit Rücksicht auf die besondere Zweckbindung des Sondervermögens ist zB in § 1978 Abs 3 geregelt; sie entsteht auch, wenn der Gemeinschuldner eine ihm nach den §§ 100, 278 InsO bewilligte Unterstützung aus der Insolvenzmasse verlangt.

Für Rechtsgeschäfte über Sondervermögen gelten die allgemeinen Regeln (vgl o Rn 20). Danach sind **Verpflichtungsgeschäfte** über ein Sondervermögen im ganzen möglich, für **Verfügungsgeschäfte** hingegen gilt der Spezialitätsgrundsatz. Ausnahmsweise kann nach § 2033 ein Gesamthänder auch über seinen Anteil am Sondervermögen verfügen. – Steht das Sondervermögen gesamthänderisch mehreren Inhabern zu und wollen diese einen Vertrag über das Sondervermögen oder über einen dazu gehörenden Gegenstand mit einem der Gesamthänder schließen, so wirkt dieser Gesamthänder auf beiden Seiten des Vertrages mit, als Einzelperson und als Mitglied der Gesamthand.

Für einzelne Sondervermögen ist gesetzlich eine **Surrogation** vorgesehen, wonach das aufgrund des Ausscheidens von einzelnen Gegenständen Erworbene kraft Gesetzes in dieselbe Rechtslage eintritt, in welcher sich das ursprüngliche Stück befunden hat. Dies gilt beim Gesellschaftsvermögen nach § 718 Abs 2, beim Vorbehaltsgut gem § 1418 Abs 2 Nr 3, beim Gesamtgut gem § 1473 Abs 1, bei dem nicht von den Eltern verwalteten Kindesvermögen gem § 1638 Abs 2 sowie für den Nachlaß nach den §§ 2019 Abs 1, 2041, 2111 Abs 1 und 2374 (vgl auch STRAUCH, Mehrheitlicher Rechtsersatz [1972] 81 ff; M WOLF, Prinzip und Anwendungsbereich der dinglichen Surrogation, JuS 1975, 643 und 710; 1976, 32 und 104).

3. Unternehmen und Betrieb*

a) Zu den Rechtsgesamtheiten gehört auch das gewerbliche Unternehmen. Es **23**

---

* **Schrifttum:** BALLERSTEDT, Das Unternehmen im Bereicherungsrecht, in: FS Schilling (1973) 289; BEISEL/KLUMPP, Der Unternehmenskauf (2. Aufl 1991); D BÖKELMANN, Nutzung und Gewinn beim Unternehmensnießbrauch (Diss Tübingen 1971); BRECHER, Das Unternehmen als Rechtsgegenstand (1953); BYDLINSKI, Handels- und Unternehmensrecht als Sonderprivatrecht (1990); CANARIS, Leistungsstörungen beim Unternehmenskauf, ZGR 1982, 395; ECKHARDT, Betrieb und Unternehmen, ZHR 94, 1; FLUME, Unternehmen und juristische Person, in: FS Beitzke (1979) 43; GIESEKE, Die rechtliche Bedeutung des Unternehmens, in: FS Heymann II (1940) 112; ders, Recht am Unternehmen und Schutz des Unternehmens, GRUR 1950, 298; HIDDEMANN, Leistungsstörungen beim Unternehmenskauf, ZGR 1982, 435; HOMMELHOFF, Die Sachmängelhaftung beim Unternehmenskauf (1975); ders, Zur Abgrenzung von Unternehmenskauf und Anteilserwerb, ZGR 1982, 366; HUBMANN, Das Recht am Unternehmen, ZHR 117, 41; QUACK, Der Unternehmenskauf und seine Probleme, ZGR 1982, 350; RAISCH, Handelsrecht oder Unternehmensrecht als Sonderprivatrecht, ZHR 1990, 567; TH RAISER, Das Unternehmen als Organisation (1969); REUTER, Probleme der

stellt eine Erscheinung des Wirtschaftslebens dar, die als Organisation von Produktionsmitteln und Arbeitskräften zu wirtschaftlichem Zweck definiert werden kann. Als Rechtsgesamtheit umfaßt das Unternehmen eine **Summe von Sachen, Rechten und tatsächlichen Verhältnissen**, die einem oder mehreren Rechtssubjekten zustehen und von diesen zu einer organisatorischen Einheit verbunden worden sind (ENNECCERUS/ NIPPERDEY § 133 I und V). Dabei ist das Unternehmen weitgehend unabhängig von der Rechtsform unter der es betrieben wird und auch von den Personen seiner Inhaber.

Verpflichtungsgeschäfte über das Unternehmen als ganzes sind möglich; sie sind zB in den §§ 22 HGB sowie 1822 Nr 3 und 4 vorgesehen. Beim Verkauf eines Unternehmens werden die kaufrechtlichen Gewährleistungsvorschriften auf das Unternehmen als Einheit angewendet (RGZ 138, 354, 356 ff; BGH WM 1970, 819; NJW 1979, 33; vgl auch STAUDINGER/HONSELL[12] 459 Rn 4).

Verfügungen sind nach dem Spezialitätsgrundsatz (vgl o Rn 20) nur über die einzelnen Bestandteile der Rechtsgesamtheit möglich. Dies gilt auch für die in § 22 Abs 2 HGB genannte Nießbrauchsbestellung am Handelsgeschäft (BEYERLE JZ 1955, 257). – Soweit andere Gegenstände als Sachen oder Rechte betroffen sind, zB die Übertragung eines Geschäftsgeheimnisses vorzunehmen ist, sind diejenigen Maßnahmen zu treffen, die es dem Erwerber ermöglichen, die bisher vom Veräußerer innegehabte Position einzunehmen (ENNECCERUS/LEHMANN § 101 II 5).

24 b) Die frühere Auffassung, es bestehe ein **Recht am Unternehmen** als Immaterialgut (so etwa R ISAY, Das Recht am Unternehmen [1910] 41) wird von der heute hM durchweg abgelehnt (BRECHER 103 Fn 7; ENNECCERUS/NIPPERDEY § 133 IV; K SCHMIDT §§ 4 IV und 7 V; SOERGEL/MÜHL Rn 16). Dies beruht vor allem darauf, daß der mit der Annahme eines solchen Rechts erstrebte Schutz des Unternehmens nunmehr auf andere Weise gewährleistet werden kann:

Der im Rahmen des Unternehmens **eingerichtete und ausgeübte Gewerbebetrieb** ist zum Gegenstand eines umfassenden Rechtsschutzes geworden, weil er als schutzfähiges Rechtsgut iS des § 823 Abs 1 verstanden wird (RGZ 163, 21, 32; BGHZ 3, 270, 279 = NJW 1952, 660; 8, 142, 144 = NJW 1953, 297; 29, 65, 67 ff = NJW 1959, 479; ausf TH RAISER 41 ff; vgl auch PALANDT/THOMAS § 823 Rn 19 ff). Dies ermöglicht einen über die §§ 824 und 1 UWG hinausreichenden Schutz gegen rechtswidrige Beeinträchtigungen. Die Einzelheiten dieses Problemkreises sind vielfach umstritten (vgl FIKENTSCHER, Schuldrecht [8. Aufl 1992] § 103 II 1; K SCHMIDT § 7 V).

c) Als **Betrieb** wird die organisatorische Einheit von Menschen und Gegenständen bezeichnet, welche den Unternehmenszweck technisch zu erreichen strebt. Insoweit

---

Unternehmensnachfolge, ZGR 1991, 467; K SCHMIDT, Handelsrecht (3. Aufl 1987) § 7; SCHWINTOWSKI, Das Unternehmen im Bereicherungsrecht, JZ 1987, 588; SIEBERT, Zubehör des Unternehmens und Zubehör des Grundstücks, in: FS Gieseke (1958) 59; STEINDORFF, Kooperative Unternehmenszusammenschlüsse und Kartellverbot, ZHR 1988, 57; ULMER, Fehlerhafte Unternehmensverträge im GmbH-Recht, BB 1989, 10; WIEDEMANN, Die Unternehmensgruppe im Privatrecht (1988). Wegen des älteren Schrifttums s STAUDINGER/DILCHER[12] Vorbem 23 zu § 90.

stellt sich der Betrieb als ein relativ verselbständigtes wesentliches Teilstück des Unternehmens dar (DIETZ/RICHARDI, Kommentar zum Betriebsverfassungsgesetz I [6. Aufl 1981] § 1 Rn 58). In seiner technischen Aufgabenstellung unterliegt der Betrieb zahlreichen Sondervorschriften des Arbeits- und Betriebsverfassungsrechts (DIETZ/ RICHARDI § 1 Rn 49 ff; FITTING/AUFFAHRTH/KAISER, Betriebsverfassungsgesetz [17. Aufl 1992] § 1 Rn 30 ff; GALPERIN/LÖWISCH, Kommentar zum Betriebsverfassungsgesetz [6. Aufl 1982] § 1 Rn 4 ff).

d) Im **ausländischen Recht** hat das Unternehmen vor allem in Frankreich und Italien eine besondere Regelung erfahren: Der französische **fonds de commerce** umfaßt Sachen, Rechte und andere Gegenstände einschl des Mietrechts für die Räume, in denen das Unternehmen betrieben wird. Der fonds wird als eine Gesamtheit von Gütern aufgefaßt, deren Verkauf, Einbringung in eine Gesellschaft und Verpfändung durch Spezialgesetze geregelt ist. Die Verpfändung erfolgt durch Registrierung des Verpfändungsvertrages und gibt dem Gläubiger Zugriffsrechte auf die einzelnen Bestandteile. Der Schutz des fonds erfolgt nach der allgemeinen Deliktvorschrift des Art 1382 cc sowie nach den besonderen Vorschriften über die jeweiligen Bestandteile, etwa nach Patentrecht (vgl FERID/SONNENBERGER, Das französische Zivilrecht II [2. Aufl 1986] 44 und 534). – Im italienischen Recht wird das Unternehmen (azienda) in Art 2555 Codice civile definiert als „complesso dei beni organizzati dell'imprenditore per l'esercizio dell'impresa". Auch nach italienischem Recht ist zu unterscheiden zwischen der Inhaberschaft am Unternehmen als Rechtsgesamtheit (titolarità) und den dinglichen Herrschaftsrechten an den einzelnen Bestandteilen der Gesamtheit. Dabei wird das Unternehmen als ein Sondervermögen verstanden (GALGANO, Diritto privato [6. Aufl Padova 1990] 461 f).

Im **österreichischen Recht** ist das Unternehmen aufgrund der Regelung des § 302 AGBG über die Gesamtheiten als Gegenstand von Rechtsgeschäften und der Vollstreckung anerkannt. Dies bedeutet allerdings nicht, daß Verfügungen über die Gesamtheit vorgenommen werden können; hier steht der Spezialitätsgrundsatz entgegen (KOZIOL/WELSER, Grundriß des bürgerlichen Rechts II [9. Aufl Wien 1991] 118). – Das **englische Recht** kennt keinen Gegenstandsbegriff (s o Rn 7), der das Unternehmen umfassen könnte. Es gewährt aber dem Betriebspächter Schutz nach dem Landlord and Tenant Act 1954 sowie dem Law of Property Act 1969 (CHESHIRE/BURN's Modern Law of Real Property [14. Aufl London 1988] 473 ff).

V. Bewegliche und unbewegliche Sachen

Die schon dem römischen Recht bekannte, dann im deutschen Recht und anderen europäischen Rechten zu weittragender Bedeutung erhobene Unterscheidung von **beweglichem und unbeweglichem Vermögen** (vgl o v GIERKE, Deutsches Privatrecht II [1905] § 101), findet sich auch im BGB. Sie wurde dort aber nicht zum Anlaß für allgemeine Regelungen genommen. Die praktische Bedeutung der Unterscheidung kommt vor allem im Sachenrecht zum Ausdruck, weil Verfügungen über Mobilien und Immobilien in unterschiedlicher Weise vorgenommen werden müssen. Auch die §§ 864 und 865 ZPO sprechen vom unbeweglichen Vermögen (Mot III 31).

Unbewegliche Sachen sind die Grundstücke einschl ihrer Bestandteile; den Grundstücken gleichgestellt ist das Erbbaurecht gem § 11 ErbbRVO, ebenso das Wohnungseigentum nach den §§ 1 und 7 WEG (vgl auch MERLE, Das Wohnungseigentum im System des bürgerlichen Rechts [1979]; WEITNAUER, Das Wohnungseigentum im Zivilrechtsystem, in: FS Niederländer [1991] 459). Dasselbe gilt gem § 30 Abs 3 S 2 WEG für das Wohnungserbbaurecht. Ferner sind den Grundstücken nach Landesrecht das Bergwerkseigentum und Abbaurechte gleichgestellt (vgl STAUDINGER/HÖNLE/KANZLEITER[12] Art 67 und 68 EGBGB). – Auch **bewegliche Sachen** können von den an die Unbeweglichkeit einer Sache anknüpfenden Rechtsnormen erfaßt werden, wenn sie abgetrennte Erzeugnisse und Bestandteile oder Zubehör einer unbeweglichen Sache sind; dies gilt zB nach den §§ 1120 ff. Solche beweglichen Sachen unterliegen dann gem § 865 ZPO der Zwangsvollstreckung in das unbewegliche Vermögen (vgl DORN, Bestandteile und Zubehör in der Zwangsversteigerung, RPfleger 1987, 143; GAUL, Sachenrechtsordnung und Vollstreckungsordnung im Konflikt, NJW 1989, 2509; STUDENT, Das Pfändungsverbot des § 865 ZPO [Diss Tübingen 1969]). Andererseits können gem §§ 810 und 824 ZPO noch ungetrennte Früchte Gegenstand der Mobiliarvollstreckung sein.

Schiffe, die in das Schiffsregister eingetragen sind, werden rechtlich nach §§ 1 ff SchiffsRG, 870 a ZPO und 162 ff ZVG wie Grundstücke behandelt. Nicht in das Schiffsregister eingetragene Schiffe sind bewegliche Sachen. Für ihre Übereignung gelten jedoch nach den §§ 929 a und 932 a Sonderregeln. – Auch **Luftfahrzeuge**, die in die Luftfahrzeugrolle eingetragen sind, werden rechtlich wie Grundstücke behandelt, weil § 99 LuftfzRG sie den eingetragenen Schiffen gleichstellt. Für die Zwangsversteigerung von Luftfahrzeugen gelten die §§ 171 a ff ZVG.

VI. Die verkehrsunfähigen Sachen*

27 Die im römischen Recht wurzelnde Unterscheidung von verkehrsfähigen und verkehrsunfähigen Sachen (res extra commercium) hatte schon im gemeinen Recht eine Einschränkung des Kreises der dem Privatrechtsverkehr entzogenen Sachen erfahren. Das BGB hat darauf verzichtet, allgemeine Vorschriften über derartige Sachen aufzunehmen; ein entsprechender Antrag v SCHMITTS wurde abgelehnt (vgl JAKOBS/ SCHUBERT, Die Beratung des Bürgerlichen Gesetzbuchs I [1985] 426 und 432).

Die Gründe, welche zur **Privatrechtsunfähigkeit** führen, sind verschiedener Art. Entweder fehlt es einer Substanz an der für die Sachqualität erforderlichen Beherrschbarkeit (s o Rn 8) oder aber es wird die rechtliche Sachqualität für einen eigentlich dem Sachbegriff unterfallenden Gegenstand wegen dem bürgerlichen Recht übergeordneter Gesichtspunkte verneint. Schließlich kann auch eine Zweckwidmung dazu führen, die betroffene Sache innerhalb der Widmungsgrenze dem Privatrechtsverkehr zu entziehen (ENNECCERUS/NIPPERDEY § 129 IV). Nach ihrer Entwidmung können derartige Sachen wieder uneingeschränkt am Privatrechtsverkehr teilnehmen.

1. Aus dem bürgerlichen Recht übergeordneten Gründen können der **menschliche Körper** und die Körperteile nicht als Sachen bewertet werden (vgl § 90 Rn 14 ff; zur Sachqualität des menschlichen Leichnams vgl § 90 Rn 19 ff).

---

* **Schrifttum**: FRIEDRICHS, Verkehrsfähige Sachen im heutigen Recht, Gruchot 64, 676; ders, Bürgerliches und öffentliches Sachenrecht, AöR 40, 257; KLOESS, Die allgemeinen Sachen Luft und Wasser nach geltendem Rechte (1907); PERNICE, Die sog res extra commercium, Berliner FG Dernburg (1900).

2. Abschnitt. Sachen

2. Verkehrsunfähig sind auch Gegenstände, denen es für eine Sachqualität iS des **28** bürgerlichen Rechts an der erforderlichen **Beherrschbarkeit** (s o Rn 8) mangelt. Das römische Recht nannte in diesem Zusammenhang aer, aqua profluens, mare et litora (Inst 2, 1, 1). An ihnen schieden wegen des natürlichen Gemeineigentums Privatrechte einzelner aus. – Wenn auch eine solche Herleitung der Privatrechtsunfähigkeit für das heutige Recht nicht mehr zutrifft, so ist es doch für die freie Luft, das freie Wasser, den Meeresstrand und auch den Meeresboden bei privatrechtlicher Verkehrsunfähigkeit geblieben. Die Begründung, dies gelte, weil an solchen Sachen „ihrer Natur nach eine ausschließliche Willensherrschaft nicht stattfindet", wurde nicht in das BGB aufgenommen (vgl JAKOBS/SCHUBERT 431).

a) Die **freie Luft** steht außerhalb der privaten Verkehrsfähigkeit, solange ihr mangels tatsächlicher Beherrschung die Sachqualität fehlt. Sobald Luft dagegen in Behältnisse eingeschlossen wird, kann sie, wie auch andere gasförmige Substanzen, Gegenstand des Privatrechtsverkehrs sein. – Die private Entnahme freier Luft zum Zwecke ihrer Abschließung und anschließenden Aneigung unterliegt keinen rechtlichen Beschränkungen.

Ungeachtet mangelnder Sachqualität kann jedoch die freie Luft in rechtserheblicher Weise **genutzt** werden. Dies geschieht vor allem zum Zwecke des Luftverkehrs (vgl allg SCHLEICHER/REYMANN/ABRAHAM, Das Recht der Luftfahrt I [3. Aufl 1960] und II [1966]; HOFMANN/GRABHERR, Luftverkehrsrecht (1971); IPSEN Völkerrecht [1990] § 51 mwN). Der Luftverkehr ist gem § 1 Abs 1 LuftVG grundsätzlich frei. Das bedeutet, daß damit die in § 905 vorgesehenen Rechte des Grundstückseigentümers am Raum über seinem Grundstück eingeschränkt werden, so daß er gegenüber ordnungsmäßigem Überfliegen keine Abwehrklage erheben kann (vgl GIEMULLA/SCHMID, Kommentar zum Luftverkehrsgesetz, [14. Erg 1990] § 1 LuftVG Rn 20 ff; REUSS, Die Rechte des Grundstückseigentümers gegenüber dem Luftverkehr [Diss Göttingen 1969]). – Ferner kann die in der natürlichen Luftbewegung enthaltene Energie genutzt werden, zB für den Betrieb eines Windmotors. Auch diese Nutzung der freien Luft ist als solche rechtlich nicht beschränkt.

Anders ist es dagegen, wenn die freie Luft zum Abtransport von schädlichen **Emissionsstoffen** iS des § 3 Abs 3 BImSchG verwendet wird. Eine solche Nutzungsweise ist grundsätzlich verboten und bedarf für ihre ausnahmsweise Zulassung einer Genehmigung nach den §§ 4 ff BImSchG (vgl auch LORENZ, Die öffentliche Sache als Instrument des Umweltschutzes, NVwZ 1989, 812, zur besonderen Rechtslage bei Smog vgl JARASS NVwZ 1987, 95 und EHLERS DVBl 1987, 972. Wegen der völkerrechtlichen Regeln zur Bekämpfung der Luftverschmutzung vgl IPSEN § 53 III mwN).

b) Auch das **freie Wasser** besitzt keine Sachqualität iS des bürgerlichen Rechts. **29** Dies gilt für **Meerwasser** ebenso wie für **Grundwasser** (zu letzterem vgl BayObLG NJW 1965, 973 und o Rn 9). Am Grundwasser hatte man früher eine Art Verfügungsbefugnis bejaht, die aus § 905 hergeleitet wurde (so noch BGHZ 69, 1, 4). Das BVerfG hat jedoch diese Auffassung im Zusammenhang mit der Grundwassernutzung in BVerfGE 58, 300, 333 verworfen; dem folgt BGHZ 84, 223, 226.

Bei **Binnengewässern** ist zwischen fließendem und stehendem Wasser zu unterscheiden: Bei letzterem, zB in Teichen, ist die Wassermenge beherrschbar und kann daher als Sache auch im Eigentum stehen (BGB-RGRK/KEGEL § 90 Rn 12). Bei fließendem Binnenwasser hingegen besteht Streit, ob nur das Bett des Gewässers eigentumsfähig ist oder auch die „fließende Welle" (vgl MAUNZ/DÜRIG/HERZOG Art 89 GG Rn 24 f). Das Eigentum am Bett, das sich aus Art 89 GG und dem in Art 65 EGBGB vorbehaltenen Landesrecht herleitet, ist Sacheigentum iS des BGB (BGH NJW 1967, 1368; zur Annahme in Baden-Württemberg vgl u Art 32). – In BGHZ 28, 34, 38 hatte der BGH in Anlehnung an § 905 auch das fließende Wasser über dem Flußbett als im Eigentum stehend bewertet. Zutreffend ist aber nur, daß das Eigentum am Bett auch den Raum darüber insoweit erfaßt, als sich dort Sachen iS des bürgerlichen Rechts befinden; so kann zB das Verlegen von Rohrleitungen im Raum über dem Flußbett untersagt werden. Auf fließendes Wasser hingegen kann sich das Bodeneigentum nicht erstrecken, weil dem Wasser die Sachqualität mangelt (so auch ERMAN/MICHALSKI § 90 Art 4; BGB-RGRK/KREGEL § 90 Rn 12; vgl ferner SOERGEL/MÜHL Rn 33 und PAPPERMANN/LÖHR/ANDRISKE, Recht der öffentlichen Sachen [1987] 105 ff).

Das Recht zur **Entnahme von Wasser** mit dem Ziel, daran bürgerlichrechtliches Eigentum zu begründen, ist für das offene Meer nicht eingeschränkt. – Für Küstengewässer sowie für binnenländliches Oberflächen- und Grundwasser gelten die §§ 22 ff WasserhaushaltsG v 23. 9. 1986 (BGBl I 1529, 1654) und die Landeswassergesetze (vgl PALANDT/BASSENGE Art 65 EGBGB Rn 3), welche eine solche Nutzung des freien Wassers generell erlaubnis- und bewilligungspflichtig machen, sofern es sich nicht um Fälle des Gemeingebrauchs bzw der Eigentümer- oder Anliegernutzung handelt (BREUER, in v MÜNCH/SCHMIDT-ASSMANN, Besonderes Verwaltungsrecht [9. Aufl 1992] 455 ff). Die Entnahme von Flußwasser für industrielle Zwecke durch ein Saugrohr überschreitet den Gemeingebrauch (BGHZ 28, 34, 43); dasselbe gilt für die Grundwasserentnahme zum Betrieb einer Grundwasserwärmepumpe (VGH Baden-Württemberg ZfW 1981, 29; vgl allg auch ROTH, Kommentar z WHG [3. Aufl 1992]; GIESEKE/WIEDEMANN/CZYCHOWSKI, WHG [6. Aufl 1992]).

Auch die Nutzung des freien Wassers zum Zwecke der **Einleitung von Stoffen**, insbes von Abwässern, unterliegt mit dem Ziel der Reinhaltung des Wassers einer Erlaubnis- bzw Bewilligungspflicht nach den §§ 2 ff WHG und entsprechenden landesrechtlichen Wassergesetzen. – Außerdem bestehen für diesen Bereich zahlreiche völkerrechtliche Normen, so die Abkommen vom 20. 12. 1961 zur Reinhaltung der Mosel (BGBl 1962 II 1102) und der Saar (BGBl 1962 II 1106) sowie des Rheines v 3. 12. 1976 (BGBl 1978 II 1053) und v 14. 12. 1984 (BGBl 1985 II 1017). Gegen die Meeresverschmutzung durch Öl wurden die Londoner Abkommen v 12. 5. 1954 (BGBl 1956 II 381; zum Außerkrafttreten nach Kündigung vgl BGBl 1989 II 74) geschlossen; ihnen folgten weitere Verträge (vgl IPSEN § 53 Rn 14 ff). So etwa das internationale Übereinkommen über die zivilrechtliche Haftung für Ölverschmutzung v 29. 11. 1969 (BGBl 1975 II 301) und das Übereinkommen zur Verhütung der Meeresverschmutzung von 1973 (BGBl 1982 II 2). Auch Übereinkommen von 1974 und 1983 sind in Kraft getreten (vgl BGBl 1990 II 70 und 808).

Andere Nutzungsweisen des freien Oberflächenwassers, zB zum Baden oder für die Zwecke der Schiffahrt, sind hinsichtlich des offenen Meeres bürgerlichrechtlich uneingeschränkt (vgl IPSEN § 49 mwN, speziell zu Fischereibeschränkungen s § 50 Rn 2 ff). – Für Küstengewässer und Binnengewässer gelten auch hier die Regeln über den Gemeingebrauch.

c) Ein Problem hinsichtlich der Sachqualität und der Verkehrsfähigkeit entsteht **30** für den **Strand von Binnengewässern** nicht. Es gelten die Bestimmungen über das Grundstückseigentum, das am Gewässerbett nach Art 89 GG sowie durch das in Art 65 EGBGB vorbehaltene Landesrecht begründet wird (vgl o Rn 29).

Der **Meeresstrand** hingegen, dh die Fläche zwischen der Niedrigwasserlinie und dem durch Beginn des Graswuchses gekennzeichneten höchsten Flutstand, steht, jedenfalls im Bereich des früheren ALR, im „gemeinen Eigentum des Staates", das jedoch kein Grundstückseigentum iS des BGB ist (BGHZ 44, 27, 30 = NJW 1965, 1712). Damit ist eine private Aneignung des Strandes ausgeschlossen. – Eine andere private **Nutzung des Strandes** als öffentlicher Sache (vgl u Rn 34) steht im Rahmen des Gemeingebrauches frei (SchlHVG SchlHAnz 1973, 124). Auch eine darüber hinausgehende Sondernutzung, zB durch Anlagen für Badegäste, kann zugebilligt werden (BGHZ 44, 27, 32; vgl auch Gröpper SchlHAnz 1966, 50 und Petersen, Deutsches Küstenrecht [1989]).

Trockengelegter ehemaliger Strand ist herrenlos iS des BGB und unterliegt nach § 928 Abs 2 Art 190 EGBGB der Aneignung (LG Kiel SchlHAnz 1975, 86), und zwar des Bundes, wenn er durch Vermessung und Eintragung zu Festland geworden ist (BGH NJW 1989, 2467; Harders JURA 1991, 64 und 67).

d) Der **Meeresboden** steht in niemandes Eigentum (BGHZ 44, 27, 30). – Die Frage, **31** ob Teile des Meeresbodens aufgrund der Errichtung von Anlagen, zB Bohrinseln, der Aneignung zugänglich sind, bejahte Enneccerus/Nipperdey (§ 130 I 3) für die Zeit, in welcher die Anlagen bestehen. Dem steht jedoch die mit völkerrechtlicher Wirkung ausgestattete Entschließung der Generalversammlung der Vereinten Nationen vom 17. 12. 1970 entgegen, wonach der Meeresgrund als „common heritage of mankind" privater Aneignung entzogen ist (vgl Graf Vitzthum, Der Rechtsstatus des Meeresbodens [1972] 156 ff; Eitel, Völkerrecht und Meeresnutzung, JZ 1980, 41; sowie Ipsen § 49 Rn 17 ff).

Richtig ist es deshalb wohl, als Grundlage für die Ausbeutung des Meeresbodens, vor allem durch Bergbau und Ölgewinnung, innerhalb der staatlich beanspruchten Hoheitszone ein **öffentlichrechtliches Nutzungsrecht** anzunehmen. Völkerrechtliche Grundlage hierfür ist das Genfer Abkommen über den Festlandsockel von 1958 (vgl Ipsen § 50 Rn 12 ff); deutsche Rechtsgrundlage ist das G v 24. 7. 1964 (BGBl I 497) und v 25. 6. 1969 (BGBl I 581), das eine Erlaubnispflicht für die Gewinnung von Bodenschätzen im deutschen Festlandsockel vorsieht (Soergel/Mühl Rn 33). Dasselbe gilt für den bei der Aufteilung der Nordsee durch Vertrag vom 28. 1. 1971 (BGBl 1972 II 881) der Bundesrepublik als Hoheitsbereich zugesprochenen Teil des Nordseebodens, und zwar auch außerhalb des Festlandsockels. – Die Benutzung des Meeresbodens zur Verlegung von Kabeln und Transportröhren (pipelines) ist frei gem Art 2 des Genfer Abkommens über die Hohe See von 1958.

Auch außerhalb der staatlichen Hoheitszone werden für Bestandteile des Meeresbodens staatliche **Abbaugenehmigungen** erteilt, so nach dem G zur vorläufigen Regelung des Tiefseebergbaus v 16. 8. 1980 (BGBl I 1457) und v 12. 2. 1982 (BGBl I 136). Abbaugenehmigungen anderer Staaten werden anerkannt (vgl auch Hauser, Die rechtliche Gestaltung des Tiefseebergbaus nach der Seerechtskonvention [1982]; Lauff, Die Verträge zum Tiefseebergbau und die faktische Aufteilung der Welt, NJW 1982, 2700).

3. Die öffentlichen Sachen*

32 a) Der Begriff der öffentlichen Sache wurde von der Verwaltungsrechtswissenschaft zur einheitlichen Kennzeichnung der **öffentlichrechtlichen Zweckbindung** bestimmter Gegenstände entwickelt. Somit ist der Begriff unabhängig von der Sachdefinition des bürgerlichen Rechts (SOERGEL/MÜHL Rn 42; WOLFF/BACHOF I § 55 b). Daher können zu den öffentlichen Sachen auch Gegenstände gerechnet werden, denen die bürgerlichrechtliche Sachqualität abgeht (vgl u Rn 34). – Soweit als öffentliche Sachen Gegenstände bezeichnet werden, denen auch bürgerlichrechtliche Sachqualität zukommt, ergeben sich Einschränkungen für das Privatrecht aufgrund der öffentlichrechtlichen Zweckbindung dieser Sachen (WOLFF/BACHOF I § 57). Von einigen Autoren wird dies als **öffentlichrechtliche Dienstbarkeit** zur Begründung von Duldungspflichten des privaten Eigentümers verstanden (vgl HÖFLING 607; PAPIER 10; SALZWEDEL, in: v MÜNCH/SCHMIDT-ASSMANN, Besonderes Verwaltungsrecht [9. Aufl 1992] 693).

Die von O MAYER nach französischem Vorbild vertretene Auffassung eines vom Privatrecht gelösten öffentlichen Eigentums hat sich im Geltungsbereich des BGB nicht durchgesetzt (BGB-RGRK/KREGEL § 90 Rn 24). – Ausnahmsweise besteht **öffentliches Eigentum** in Hamburg an öffentlichen Wegen, die der Hansestadt gehören, nach § 4 des WegeG v 4. 4. 1961 (GVBL 117; dazu BVerfGE 42, 20, 32) und an Hochwasserschutzanlagen nach § 4 a des DeichG v 29. 4. 1964 (GVBl 79; dazu BVerfGE 24, 367, 386). Ferner begründet § 4 des baden-württembergischen WasserG v 26. 7. 1976 (GVBl 369) öffentliches Eigentum am Bett der Gewässer 1. Ordnung (vgl o Rn 29).

Der Begriff der öffentlichen Sache umfaßt nicht das sog **Finanzvermögen** der öffentlichen Hand. Hierunter versteht man diejenigen Gegenstände, die nur mittelbar durch ihre Erträge oder ihren Verkaufswert der öffentlichen Verwaltung dienen sollen. Die dem Finanzvermögen zugehörenden Sachen unterliegen grundsätzlich den Regeln des bürgerlichen Rechts (vgl WOLFF/BACHOF III [4. Aufl 1978] § 164 III). – Jedoch gelten für die Zwangsvollstreckung in das Finanzvermögen die Beschränkungen nach den §§ 882 a ZPO, 170 VwGO und den aufgrund § 15 Ziff 3 EGZPO erlassenen landesrechtlichen Vorschriften (DAGTOGLOU, Die Zwangsvollstreckung gegen den Fiskus, die Gemeinden und die sonstigen Personen des öffentlichen Rechts, VerwArch 50, 165).

33 b) Öffentliche Sachen, die zugleich Sachen iS des bürgerlichen Rechts sind, bilden, wenn sie unmittelbar den Verwaltungszwecken dienen, das sog **Verwaltungsvermögen** (SOERGEL/MÜHL Rn 56). Dieses wird entweder intern genutzt, wie etwa die Verwaltungsgebäude und ihre Ausstattung, oder aber extern, wie zB Einrichtungen der Verkehrsbetriebe (WOLFF/BACHOF I § 55 III a).

---

* **Schrifttum**: FORSTHOFF, Verwaltungsrecht I (10. Aufl 1973) § 20; HÄDE, Das Recht der öffentlichen Sachen, JuS 1993, 113; HARDINGHAUS, Öffentliche Sachherrschaft und öffentliche Sachwaltung (1966); HÖFLING, Grundzüge des öffentlichen Sachenrechts, JA 1987, 605; PAPIER, Recht der öffentlichen Sachen (2. Aufl 1984); STERN, Die öffentliche Sache, VVDStRL 21 (1964) 183; STÜRNER, Privatrechtliche Gestaltungsformen bei der Verwaltung öffentlicher Sachen (1969); W WEBER, Die öffentliche Sache, VVDStRL 21 (1964) 145; WOLFF/BACHOF, Verwaltungsrecht I (9. Aufl 1974) §§ 55 ff.

2. Abschnitt. Sachen

An den zum Verwaltungsvermögen gehörenden Sachen besteht **modifiziertes Privateigentum** (WOLFF/BACHOF I § 57 I). Damit wird gesagt, daß die an sich vorhandenen privatrechtlichen Berechtigungen durch die öffentlichrechtliche Zweckbindung der Sachen „überlagert" werden; so kann zB ein Reisepaß nicht verpfändet werden (AG Heilbronn NJW 1974, 2182; vgl auch § 90 Rn 8). Ebenso bestehen für das Nachbarrecht Besonderheiten (vgl PAPIER 132 ff; PAPPERMANN/LÖHR/ANDRISKE 171 ff). – Im übrigen aber gilt die Zivilrechtsordnung für diese Sachen insoweit, als die aus ihr hergeleiteten Folgen mit der öffentlichrechtlichen Zweckbindung nicht in Widerspruch treten. So können zB die Regeln über die Verkehrssicherungspflicht nach § 823 Abs 1 zur Anwendung kommen. Die §§ 93–95 hingegen gelten für öffentliche Sachen nicht (PAPIER 2).

c) Die Begründung der Eigenschaft einer Sache als **öffentliche Sache** erfolgt durch **Widmung und Indienststellung** (zu den Einzelheiten vgl WOLFF/BACHOF I § 56). PAPPERMANN/LÖHR/ANDRISKE (3) sprechen von „dinglicher Wirkung" der Widmung. – Beendet wird die Eigenschaft einer Sache als öffentliche Sache mit ihrer Entwidmung und Außerdienststellung bzw Einziehung. Ab jetzt gelten die Vorschriften des bürgerlichen Rechts für diese Sachen wieder uneingeschränkt (WOLFF/BACHOF I § 56 V).

Öffentliche Sache ieS sind einmal die sog **öffentlichen Einrichtungen**. Hierbei handelt es sich vorwiegend um anstaltlich genutzte Sachen wie Schulen, Krankenhäuser oder Museen. Es gehören aber auch zB Parks und Sportplätze hierher (WOLFF/BACHOF I § 55 III b). – Ferner sind öffentliche Sachen solche, die dem **Gemeingebrauch** zur Verfügung stehen, vor allem also die öffentlichen Straßen und Gewässer. Dabei kann man wegen des möglichen Gemeingebrauchs an ihnen das freie Wasser und den Meeresstrand hinzurechnen, obgleich es sich hier nicht um Sachen im bürgerlichrechtlichen Sinne handelt (vgl o Rn 28).

Kann die Widmung einer Sache zur öffentlichen Sache nicht nachgewiesen werden, so begründet die sog **unvordenkliche Verjährung** eine Vermutung dafür (vgl STAUDINGER/PETERS [1995] Vorbem zu §§ 194 ff).

4. Res sacrae*

Das römische Recht betrachtete gem Inst 2,1,7 die res sacrae als **res extra commercium**, weil sie divini iuris seien. Maßgebend hierfür war der Gedanke, daß solche Gegenstände im sakralrechtlichen Eigentum der Gottheit stünden, das durch einen Weiheakt begründet worden sei. Heute bilden die res sacrae für das weltliche Recht eine Gruppe innerhalb der **öffentlichen Sachen** (vgl o Rn 32). – Res sacrae sind die unmittelbar dem religiösen Kultus einer anerkannten oder als öffentlichrechtliche

---

* **Schrifttum:** EICHMANN/MÖRSDORF, Lehrbuch des Kirchenrechts II (11. Aufl 1964) § 109; ERLER, Kirchenrecht (4. Aufl 1975) 153; FORSTHOFF, Res sacrae, AöR (NF) 31, 209; FRIEDRICH, Einführung in das Kirchenrecht (2. Aufl 1978); GOERLICH, Zwangsvollstreckung und Kirchengut, in: GS Martens (1987) 559; LISTL/ MÜLLER/SCHMITZ, Grundriß des nachkonziliaren Kirchenrechts (1979); MÜLLER-VOLLBEHR, Res sacra und Sprachgebrauch, NVwZ 1991, 142; PAPPERMANN/LÖHR/ANDRISKE, Recht der öffentlichen Sachen (1987) 166. Wegen des älteren Schrifttums s STAUDINGER/DILCHER[12] Vorbem 35 zu § 90.

Körperschaft privilegierten Kirche oder Religionsgemeinschaft dienenden Sachen, insbes die Gotteshäuser und Kultgeräte einschl der Glocken (OVG Rheinland-Pfalz DVBl 1956, 624; vgl auch VGH München NJW 1980, 1973). Es ist jedoch keineswegs das gesamte kirchliche Vermögen als öffentliche Sache zu bewerten; so können zB Altenheime oder Krankenhäuser voll dem Privatrecht unterliegen (MÜLLER/VOLLBEHR 144). Für die Anerkennung der Kultgegenstände als öffentliche Sachen und für die daraus herzuleitenden Folgen ist das staatliche Recht maßgebend, das vom kirchlichen Recht abweichen kann. So fehlt zB den res sacrae der Schutz des § 882 a ZPO (GOERLICH 562 und 572). – Der Kreis der als öffentlichrechtliche Körperschaften privilegierten Kirchen und Religionsgemeinschaften ist in Art 140 GG iVm Art 137 Abs 5 WRV bestimmt (vgl dazu OBERMAYER, Bonner Kommentar Art 140 GG Rn 26 ff; MIKAT, Kirchen und Religionsgemeinschaften, in: BETTERMANN/NIPPERDEY/SCHEUNER, Die Grundrechte IV [1960] 111).

Maßgebend für Begründung und Umfang der öffentlichrechtlichen Zweckbindung von res sacrae ist, wie bei anderen öffentlichen Sachen, die **Widmung**. Sie ist ein in den Wirkungen einem Verwaltungsakt gleichzustellender Akt (FORSTHOFF AöR 222 ff; vgl auch FRIEDRICH 504), durch welchen die Sache für den Kultus bestimmt wird. An der Widmung sind die Kirche oder sonstige Religionsgemeinschaften sowie der Sacheigentümer beteiligt. Der Staat wird nur insofern berührt, als er durch speziellen Akt oder kraft genereller Norm die Widmung als auch für das staatliche Recht verbindlich erklärt. Das bedeutet, daß in der Frage, wann eine Widmung zur res sacra vorliegt und welche Zweckbindung sie begründet, der staatsfreien Eigenständigkeit der Kirchen im Kernbereich kirchlicher Betätigung Rechnung zu tragen ist (MAUNZ/DÜRIG/HERZOG Art 140 GG, Art 137 WRV Rn 9). Demnach entscheidet sich der Widmungstatbestand grundsätzlich nach innerkirchlichem Recht, insbes hinsichtlich des Erfordernisses eines Weiheaktes.

36 Der Umfang aufgrund der Widmung **ausgeschlossener privatrechtlicher Befugnisse** des Sacheigentümers ist vielfach aus alten Vorschriften, zT auch aus dem Gewohnheitsrecht zu entnehmen. So reichen zB in Augsburg die einschlägigen Regeln bis auf das alte Augsburger Stadtrecht und den Reichsdeputationshauptschluß von 1803 zurück (BayObLGZ 1967, 93, 98). Im ehemals preußischen Gebiet ist auf die §§ 160 ff II 11 ALR zurückzugreifen. Für Kirchenstühle gelten nach Art 133 EGBGB die landesrechtlichen Vorschriften fort. Gewohnheitsrechtlich ist es einer politischen Gemeinde als Eigentümerin der Kirchenglocken verwehrt, den Gebrauch der Glocken mit Verbindlichkeit für die Kirchengemeinde festzusetzen (OVG Rheinland-Pfalz DVBl 1956, 626).

Rechtsgeschäfte, die sich mit der Zweckbestimmung der res sacra vereinbaren lassen, sind wirksam; so RGZ 31, 217, 219 f zu Kapellen, die nicht dem öffentlichen Gottesdienst gewidmet sind, sowie RGZ 107, 365 zu kirchlichen Gerätschaften. Auch die Vermietung eines Kirchenraumes zum Zwecke einer der Widmung entsprechenden Veranstaltung kann stattfinden. – Der Widmung widersprechende Privatrechtsakte sind unwirksam. Dabei kommt es, wie bei allen öffentlichen Sachen, nicht darauf an, in wessen Eigentum die res sacra steht.

Die **Entwidmung** und Außerdienststellung einer res sacra kann grundsätzlich nur in Übereinstimmung unter den Beteiligten erfolgen. Die Entwidmung durch den

Eigentümer ohne Zustimmung des Widmungsbegünstigten genügt nicht (BayObLGZ 1980, 381, 389). – Die einseitige Entwidmung durch den Staat kann nur gesetzlich oder durch einen Verwaltungsakt kraft besonderer gesetzlicher Ermächtigung erfolgen (BayObLGZ 1967, 100). Eine allgemein erteilte Enteignungsermächtigung genügt hierfür nicht (FORSTHOFF AöR 229). Dies wird vor allem wichtig, wenn bei baulichen Neuplanungen kirchliche Gebäude oder Friedhöfe berührt werden.

5. Friedhöfe und Grabstätten

Nach römischem Recht waren Begräbnisplätze **res religiosae** und damit, wie res sacrae, gem Inst 2,1,7 res extra commcercium. Private Rechte an ihnen konnten nicht begründet werden.

a) Heute werden sowohl die kirchlichen als auch die gemeindlichen Friedhöfe als **öffentliche Sachen** bewertet (GAEDKE, Handbuch des Friedhofs- und Bestattungsrechts [6. Aufl 1992] 18). Soweit der Widmungszweck nicht berührt ist, werden Friedhofsgrundstücke nach bürgerlichem Recht beurteilt (RGZ 100, 214; RG DR 1941, 1319). – Weitgehend jedoch werden die privatrechtlichen Regeln durch die Zweckbindung aufgrund der Widmung zum Begräbniszweck verdrängt. Der Umfang der mit Widmung und Indienststellung geschaffenen Zweckbindung ist bei kirchlichen Friedhöfen, wie bei den res sacrae (vgl o Rn 35), grundsätzlich in Übereinstimmung mit dem jeweiligen kirchlichen Recht zu bestimmen. Dabei kann auch dem Brauchtum konstitutive Bedeutung zukommen (BGH NJW 1954, 1483). Die Widmung gemeindlicher Friedhöfe hat der Totenbestattung als öffentlicher Aufgabe Rechnung zu tragen und dementsprechend einen allgemeinen Bestattungsanspruch zu gewähren (GAEDKE 167 ff; zur Bestattung fehlgeborener Kinder vgl RIXEN FamRZ 1994, 417).

Entwidmung und Außerdienststellung von Friedhöfen, zB im Zuge von Baumaßnahmen, müssen bei kirchlichen Friedhöfen nach den für res sacrae geltenden Grundsätzen erfolgen (vgl o Rn 36). Bei gemeindlichen Friedhöfen sind die Regeln über öffentliche Sachen maßgebend (vgl o Rn 34; GAEDKE 62 ff).

b) Sowohl bei kirchlichen als auch bei gemeindlichen Friedhöfen erfolgt die Benutzung des Begräbnisplatzes grundsätzlich im Rahmen **anstaltlicher Nutzung** (BGHZ 25, 200, 208 = NJW 1958, 59; BVerwGE 25, 364, 365; BVerwG DÖV 1964, 200; SOERGEL/ MÜHL Rn 39). – Bei kirchlichen Friedhöfen kann die Benutzung auf Kirchenmitglieder beschränkt werden. Für gemeindliche Friedhöfe besteht grundsätzlich Benutzungszwang. Soweit dieser in § 9 Abs 1 des FeuerbestattungsG v 15. 5. 1934 (RGBl I 380) vorgeschrieben ist, wird die Gültigkeit der Regel vom Hessischen Staatsgerichtshof (NJW 1968, 1924) mit der Begründung bejaht, daß eine gemeinsame Bestattung der Toten dem sittlichen Empfinden des weit überwiegenden Teils der Bevölkerung entspreche. Sondernutzungsrechte, zB hinsichtlich besonderer Grabstellen, können eingeräumt werden (GAEDKE 147). Privatrechtlich begründete Sondernutzungsrechte können ferner aufgrund alten Rechts bestehen (BGHZ 25, 200, 208; vgl auch STAUDINGER/ MERTEN/KIRCHHOF[12] Art 133 EGBGB).

Die **Anstaltsordnung** für Friedhöfe kann bestehende Regeln und Abreden ändern; auch eine Erhöhung früher vereinbarter Gebührensätze für die Verlängerung sog Erbbegräbnisse ist zulässig (BGHZ 25, 200, 209; BVerwG DÖV 1960, 793, 795). – Die

Ausgestaltung des Grabplatzes unterliegt der AnstaltsO, welche der öffentlichen Aufgabe, für eine würdige Totenbestattung zu sorgen, Rechnung tragen muß. Allerdings dürfen die Anforderungen hier nicht überspannt werden; so ist zB ein generelles Verbot schwarzer polierter Grabsteine unzulässig (BVerwG DÖV 1964, 200).

39 c)   Der **Leichnam** als Grabinhalt unterliegt während der Dauer der Totenehrung nicht den allgemeinen Regeln über Sachen (vgl § 90 Rn 19 ff). Nach dem Ende der Totenehrung steht der Leichnam – im Rahmen des Widmungszwecks – im Eigentum des Friedhofseigentümers. Daher sind beim Abräumen alter Gräber die der Erde entnommenen Gebeine, insbes der Schädel, in gebührender Weise aufzubewahren (vgl auch § 90 Rn 23). – In Auslegung des § 9 FeuerbestattungsG gilt dies auch für die beim Abräumen eines Urnengrabes der Erde entnommene **Urne** und die darin enthaltenen Aschenreste (GAEDKE 249).

Grabbeigaben aus bleibender Substanz stehen nach § 95 weiterhin im Eigentum des Gebers (GAEDKE 217). – Soweit sie beim Abräumen des Grabes noch erhalten sind und der Geber bekannt ist, sind sie ihm zurückzugewähren. Andernfalls gilt § 984 (vgl auch § 90 Rn 39).

40 d)   Auch die aufgestellten **Grabsteine** und sonstiger dauerhafter **Grabschmuck** verbleiben nach § 95 im Eigentum des Aufstellers (GAEDKE 209). – Daher war die vom LG Koblenz (NJW 1956, 949) vertretene Ansicht fehlerhaft, an Grabsteinen werde durch Beschädigung kein Vermögensschaden angerichtet; der Schaden tritt vielmehr in den Wiederherstellungskosten hervor (GANSCHEZIAN-FINCK NJW 1956, 1481); abgelehnt wird die Entscheidung auch von FABER (NJW 1956, 1480). – Der Besitz an der Grabstelle als solcher steht dem Friedhofseigentümer zu (KG JW 1936, 399), bzw dem insoweit durch die Widmung Begünstigten.

Wenn auch die zum Grabschmuck verwendeten Sachen im Privateigentum des Aufstellers verbleiben, so verstoßen doch Rechtsgeschäfte, die mit dem Ziel einer Totenehrung unvereinbar sind, gegen die guten Sitten. Ferner sind die genannten Gegenstände gem § 811 Nr 13 ZPO einer Pfändung nicht unterworfen (aM LG Wiesbaden NJW RR 1989, 575; OLG Köln JuS 1993, 514).

VII. Eigentums- und Verfügungsbeschränkungen

41 Von den mangels Sachqualität dem Privatrechtsverkehr entzogenen Substanzen und von den öffentlichen Sachen sind solche Sachen zu unterscheiden, die zwar grundsätzlich dem Privatrechtsverkehr zugänglich sind, für die jedoch – ohne Widmung zur öffentlichen Sache – bestimmte Beschränkungen der Eigentümerbefugnisse bestehen, so daß nicht alle Möglichkeiten privatrechtlicher Entfaltung wahrgenommen werden können (vgl H DILCHER, Denkmalschutz – Die Wertschätzung dokumentierter Geschichte und ihre rechtlichen Folgen, in: FS Coing [1982] 73).

1.   Denkmalschutz und andere Eigentumsbeschränkungen

a)   Den Friedhöfen und den res sacrae als öffentlichen Sachen stehen die **Denkmäler** zwar nahe, sie sind jedoch nicht als öffentliche Sachen einzuordnen. Wenn, wie zB in § 11 des baden-württembergischen DenkmalschutzG, die dem Gottesdienst dienenden Kulturdenkmäler besonders hervorgehoben werden, so gelten für sie sowohl die Regeln über res sacrae als auch die über den Denkmalschutz.

Mit der Einbeziehung einer Sache in den Bereich des Denkmalschutzes sind **Eigentumsbeschränkungen** verbunden, die sich vor allem als Veränderungsverbote und Erhaltungsgebote darstellen. Solche Eigentumsbeschränkungen können entweder als Konkretisierung der Pflichtbindung des Eigentums oder aber als Enteignung aufgefaßt werden (BVerwG DÖV 1966, 722; BGHZ 72, 211, 216 = NJW 1979, 210; DILCHER 91; vgl auch BGH NJW 1993, 2095, 2097 und 2949). Die Versagung einer Baugenehmigung mit Rücksicht auf ein Bodendenkmal ist Konkretisierung, nicht Enteignung (BGH NJW 1993, 1255).

Die Rechtsgrundlagen des Denkmalschutzes ergeben sich, soweit das Privatrecht berührt ist, aus dem in Art 111 EGBGB vorbehaltenen Landesrecht. Als neue Landesgesetze sind das schleswig-holsteinische DenkmalschutzG v 18. 9. 1972 (GVBl 165, zuletzt GVBl 1983, 136), das bayerische DenkmalschutzG v 25. 6. 1973 (GVBl 328, zuletzt GVBl 1994, 622), das hamburgische G v 3. 12. 1973 (GVBl 466), das bremische G v 27. 5. 1975 (GBl 265, zuletzt GBl 1989, 230), das saarländische G v 12. 10. 1977 (ABl 993), das Berliner G v 22. 12. 1977 (GVBl 2540), das rheinland-pfälzische G v 23. 3. 1978 (GVBl 159, zuletzt GVBl 1990, 277), das niedersächsische G v 30. 5. 1978 (GVBl 517, zuletzt GVBl 1989, 366), das baden-württembergische DenkmalschutzG v 6. 12. 1983 (GVBl 797, zuletzt GBl 1987, 230) das hessische DenkmalschutzG v 5. 5. 1986 (GVBl 269), das brandenburgische DenkmalschutzG v 22. 7. 1991 (GVBl 311), das DenkmalschutzG von Sachsen-Anhalt v 21. 10. 1991 (GVBl 368), das Thüringer DenkmalschutzG v 7. 1. 1992 (GVBl 17) und das sächsische DenkmalschutzG v 3. 3. 1993 (GVBl 229) zu nennen.

b)   Bei den Denkmälern werden mehrere Arten unterschieden: **Kulturdenkmäler** sind die von Menschen in vergangenen Zeiten geschaffenen Sachen, deren Erhaltung wegen ihres geschichtlichen, wissenschaftlichen, künstlerischen oder städtebaulichen Wertes im öffentlichen Interesse liegt (WOLFF/BACHOF I § 38 V). – Für Mobilien gibt es daneben die Einordnung als **Kulturgut**. Damit werden Kunstwerke, Bibliotheken und Archive bezeichnet, deren Ausfuhr nach dem G zum Schutze des deutschen Kulturgutes gegen Abwanderung v 6. 8. 1955 (BGBl I 501) genehmigungsbedürftig ist.

Weiterhin gibt es **Bodendenkmäler**, die zB in Art 1 Abs 4 des bayerischen DenkmalschutzG genannt sind und die gemeinhin als Altertumsfunde bezeichnet werden. Ausgrabungen bedürfen der Erlaubnis zB nach Art 7 des bayerischen DenkmalschutzG, nach § 18 des schleswig-holsteinischen DenkmalschutzG und nach § 21 des baden-württembergischen DenkmalschutzG. In § 23 des letztgenannten Gesetzes ist sogar ein staatliches Schatzregal vorgesehen.

Schließlich gibt es nach § 17 BNatSchG das **Naturdenkmal**. Mit diesem Ausdruck werden ua erhaltungswürdige Felsbildungen, Gletscherspuren, Wasserfälle und seltene Bäume sowie Dünen oder Sandbänke bezeichnet. – Auch hier gelten Veränderungsverbote und Erhaltungsgebote (BAUR, Sachenrecht § 26 IV; WOLFF/BACHOF I § 38 IV; zur Erhaltung eines sog Buchendomes BGH LM 60 zu Art 14 GG).

Rechtsgrundlagen dieser Eigentumsbeschränkungen sind die gem Art 109 EGBGB erlassenen Naturschutz- und LandschaftspflegeG, zB das bremische G v 27. 5. 1975 (GBl 265, zuletzt GBl 1979, 345), das baden-württembergische G v 21. 10. 1975 (GBl 654, zuletzt GBl 1992, 229), das Berliner G v 30. 1. 1979 (GVBl 183, zuletzt GVBl 1994, 106), das saarländische G v 31. 1. 1979 (ABl 147; zuletzt ABl 1993, 346), das rheinland-pfälzische G v 5. 2. 1979 (GVBl 36, zuletzt GVBl 1994, 280) das nordrhein-westfälische G v 26. 6. 1980 (GVBl 734, zuletzt GVBl 1993, 740), das hessische G v 19. 9. 1980 (GVBl 309, zuletzt GVBl 1994, 775), das hamburgische NaturschutzG v 2. 7. 1981 (GVBl 167), das bayerische NaturschutzG v 10. 10. 1982 (GVBl 874, zuletzt GVBl 1994, 299), das schleswig-holsteinische NaturschutzG v 16. 6. 1993 (GVBl 215) und das niedersächsische NaturschutzG v 2. 7. 1993 (GVBl 444). Weiter ergingen das NaturschutzG des Landes Sachsen-Anhalt v 11. 2. 1991 (GVBl 108), das G zum Naturschutz im Lande Mecklenburg-Vorpommern v 10. 1. 1992 (GVBl 1), das brandenburgische G über Naturschutz und Landschaftspflege v 25. 6. 1992 (GVBl 208) und das sächsische Naturschutz- und LandschaftspflegeG idF v 11. 10. 1994 (GVBl 1601).

Besonderen Schutz genießen sog **Biotope** nach § 20 c BNatSchG (vgl Breuer, in: vMünch/Schmidt-Assmann, Besonderes Verwaltungsrecht [9. Aufl 1992] 454).

43 c) Zahlreiche weitere Eigentumsbeschränkungen bestehen im **öffentlichen Interesse**, vor allem zum Zwecke der Raumordnung und Raumplanung, der Wirtschaftslenkung und des Umweltschutzes (vgl Baur § 26; Wolff/Bachof I § 38 III). In allen diesen Fällen tritt privatrechtlich keine Verkehrsunfähigkeit der betroffenen Sachen ein.

2. Gesetzliche Verbote und Veräußerungsverbote

44 a) Für **gesetzliche Verbote**, die im öffentlichen Interesse erlassen sind (vgl ua die in Rn 43 genannten Sachverhalte), gilt § 134. – Die so erlassenen gesetzlichen Verbote sind jedoch nicht notwendig als Tatbestandselement der privatrechtlichen Nichtigkeit zu verstehen (vgl Staudinger/Sack [1995] zu § 134). Eine Verkehrsunfähigkeit von Sachen ist niemals die Folge solcher gesetzlicher Verbote, weil alle nicht vom Verbot erfaßten Geschäfte uneingeschränkt zulässig bleiben.

45 b) In gleicher Weise wie die allgemeinen gesetzlichen Verbote bewirken auch die **absoluten gesetzlichen Verfügungsverbote** keine Verkehrsunfähigkeit der von ihnen betroffenen Sachen. Dies gilt um so mehr für die **relativen gesetzlichen Veräußerungsverbote** (vgl Staudinger/Kohler [1995] zu § 135). – Den gesetzlichen Veräußerungsverboten stehen nach § 136 die von einem Gericht oder einer anderen Behörde innerhalb ihrer Zuständigkeit erlassenen Veräußerungsverbote gleich (vgl Staudinger/Kohler [1995] zu § 136).

Eine Begründung der Verkaufsunfähigkeit durch Rechtsgeschäft ist dem BGB unbekannt. – Soweit **private Verfügungsverbote** möglich sind (vgl Staudinger/Kohler [1995] zu § 137), bewirken sie keine Verkehrsunfähigkeit der betroffenen Gegenstände.

2. Abschnitt. Sachen

§ 90

Sachen im Sinne des Gesetzes sind nur körperliche Gegenstände.

Materialien: E I § 778; II § 77 a; III § 86; Mot III 32; Prot III 2; JAKOBS/SCHUBERT AT I 421 ff.

Systematische Übersicht

1.	Die Definition der Sache	1	c) Hilfsmittel und Körperteile	18
a)	Der körperliche Gegenstand	1	5. Die Rechtslage des Leichnams	19
b)	Unkörperliche Gegenstände	2	a) Die materielle Substanz	19
c)	Der Geltungsbereich des § 90	3	b) Eigentum und Persönlichkeitsrecht	20
2.	Urkunden als Sachen	5	c) Das Totensorgerecht	21
a)	Wertpapiere	5	d) Die Herrenlosigkeit	22
b)	Eigentum und Inhaberschaft	6	e) Das Aneignungsrecht	22
c)	Schuldschein und Kfz-Brief	7	f) Das Ende des Leichenschutzes	23
d)	Personalausweispapiere	8	6. Dispositionen über den toten Körper	24
3.	Die Energien	9	a) Durch den Verstorbenen und die Angehörigen	24
a)	Die stofflichen Grundlagen	9		
b)	Elektrizität und Fernwärme	10	b) Sektion und Rechte Dritter	25
c)	Ausländisches Recht	12	c) Die Obduktion	26
d)	Wellen und Strahlen	13	d) Die Organentnahme	27
4.	Der menschliche Körper	14	e) Rechte des Totensorgeberechtigten	28
a)	Eigentum und Persönlichkeitsrecht	14	f) Das geplante Transplantationsgesetz	29
b)	Körperteile und Körperbestandteile	15	g) Die künstlichen Körperbestandteile	30

Alphabetische Übersicht

Anatomieverträge	25	Körper des Menschen	14 ff
Aneignungsrecht am Körper	22 ff	Kraftfahrzeugbrief	7
Ausländisches Recht	12	Künstliche Körperteile	18, 30
Bestattungsanordnungen	24	Leichnam	19 ff
Blutspende	15	Lichtwellen	13
Eigentum am Körper	14 ff, 20, 22 ff	Obduktion	26
Einpflanzung in den Körper	17		
Elektrizität	9	Persönlichkeitsrecht am Körper	14 f, 19 f
Energien	9 ff	Personalausweispapiere	8
Fernwärme	9	Schuldschein	7
		Sektion	25
Gegenstände	1 f	Software	2
Geltungsbereich des § 90	3 f	Strahlen	13
Hilfsmittel	18	Todeszeitpunkt	19

Totensorgerecht	21, 24, 28	Urkunden	5 ff
Transplantation	26 f, 29		
		Wertpapiere	5 f

1. Die Definition der Sache

1 a) § 90 macht die **Körperlichkeit** eines Gegenstandes zum Kriterium für seine Sachqualität. Dazu bezieht sich das BGB auf die natürliche Anschauung, welche **räumliche Abgrenzung** und **Beherrschbarkeit** des Gegenstandes verlangt (vgl Vorbem 8 zu § 90). Nicht gefordert wird die Wahrnehmbarkeit durch den Tastsinn. Die Abgrenzung der Sache muß nicht von Natur aus bestehen. – Sache iS des § 90 ist also jedes in räumlicher Abgrenzung für sich bestehende und im Verkehrsleben als selbständig anerkannte Stück der beherrschten Materie (RGZ 87, 43, 45; ENNECCERUS/NIPPERDEY § 121 II). Eine in den Schnee gespurte Langlaufloipe ist keine Sache (BayObLG NJW 1980, 132; offen gelassen von BGH NJW RR 1989, 673).

§ 90 unterscheidet nicht zwischen beweglichen und unbeweglichen Sachen (vgl dazu Vorbem 26 zu § 90), ebensowenig zwischen einfachen und zusammengesetzten Sachen (vgl dazu Vorbem 13 zu § 90).

2 b) **Unkörperliche Gegenstände** und damit keine Sachen iS des § 90 sind vor allem die Rechte. Selbst der Umstand, daß die mit einem Grundstück verbundenen Gerechtigkeiten nach § 96 als Grundstücksbestandteile gelten, läßt sie nicht zum Sachteil werden (RGZ 83, 198, 200; BGB-RGRK/KREGEL Rn 10). – Auch Immaterialgüter und Geisteswerke unterfallen nicht dem Sachbegriff des BGB (vgl Vorbem 9 zu § 90).

Werden Geisteserzeugnisse in einem materiellen Substrat verkörpert, so trifft der Sachbegriff nur diese Verkörperung. Davon zu unterscheiden ist das absolute Recht am Geisteserzeugnis, etwa nach Urheber- oder Patentrecht. – So greift auch bei der rechtlichen Beurteilung von **Software** die Trennung von Datenträger und Programminhalt ein. Der Datenträger ist als „Mittel zum Transport des Programms" eine Sache (BGHZ 102, 135, 144; das OLG Stuttgart zog in NJW 1989, 2635 die Parallele zur Schallplatte; vgl auch KÖNIG NJW 1989, 2604). Das Programm als „Auslöser elektrischer Impulse" hingegen ist ein geistiges Gut (MEHRINGS NJW 1986, 1904; JUNKER JZ 1989, 316, 321 und 1993, 447, 449), ein Immaterialgut (ZUR MEGEDE NJW 1989, 2580, 2582; BORNEMANN Betrieb 1991, 2545), für das es auf den geistigen Inhalt und nicht auf den Träger als Sache ankommt (TELLIS BB 1990, 500). Das Programm kann nicht als Sache bewertet werden (REDEKER NJW 1992, 1739; MÜLLER-HENGSTENBERG NJW 1994, 3130), auch nicht unter dem Gesichtspunkt, daß es nicht ohne Verkörperung existieren kann (aM MARTY, Softwareüberlassungsverträge [1991]; ders BB 1991, 432; KÖNIG NJW 1993, 3121 und KORT Betr 1994, 1506). – Software und das zur Nutzung erforderliche Bedienungshandbuch werden als Sachgesamtheit verkauft (BGH NJW 1993, 461, 462; vgl auch Vorbem 13 zu § 90 und MICHALSKI/BÖSERT, Die vertrags- und schutzrechtliche Behandlung von Computerprogrammen [1992]).

3 c) Die Sachdefinition des § 90 ist aufgrund ihrer Stellung im AT für eine **Anwendung im gesamten Bereich des BGB** bestimmt. – Bei einigen Vorschriften jedoch ergeben sich sachgebotene Abweichungen von der Definition des § 90. So wird im Zusammenhang der §§ 119 Abs 2 und 459 ein weit über § 90 hinausreichender Sachbegriff bejaht. Er umfaßt alle Objekte des wirtschaftlichen Tauschverkehrs (ENNECCERUS/NIPPERDEY § 121 II 6). Dasselbe gilt für das **Handelsrecht**.

Für **ältere Gesetze**, wie die ZPO, kann die Definition des § 90 keine Geltung beanspruchen (vgl Vorbem 12 zu § 90). – Sie gilt auch nicht für Vorschriften des **Landesrechts**, selbst wenn dieses aus der Zeit nach dem Inkrafttreten des BGB stammt (RGZ 51, 101, 105). 4

Ebenso wird für den Bereich des **öffentlichen Rechts** der Sachbegriff zwar in Anlehnung an § 90, im Einzelfall jedoch unabhängig davon bestimmt (vgl Vorbem 32 zu § 90); insbes müssen öffentliche Sachen keine Sachqualität iS des § 90 aufweisen. – Auch für das **Steuerrecht** muß der Begriffsinhalt des Wortes Sache jeweils eigenständig aus dem steuerrechtlichen Normzweck bestimmt werden (vgl MAASSEN, Privatrechtsbegriffe in den Tatbeständen des Steuerrechts [1977] 15 ff).

Hingegen folgt das **Strafrecht** dem Sachbegriff des § 90, vor allem im Zusammenhang der §§ 242 und 246 StGB (BGB-RGRK/KREGEL Rn 28). Dies bedeutet ua, daß Elektrizität keine Sache im strafrechtlichen Sinne ist (vgl u Rn 10; DREHER/TRÖNDLE [46. Aufl 1993] § 242 StGB Rn 2). Zur strafrechtlichen Einordnung von Tieren vgl § 90 a Rn 5.

2. Urkunden als Sachen

Körperliche Gegenstände und darum Sachen sind auch die Urkunden. Sie unterliegen bei der Zwangsvollstreckung nach den §§ 808 Abs 2, 821 ff ZPO grundsätzlich den Vorschriften über das bewegliche Vermögen. 5

a) Allerdings können die an die Sacheigenschaft anknüpfenden Rechtsfolgen durch die Funktion der Urkunden, Rechte zu verkörpern, erweitert werden. Dies geschieht bei den **Wertpapieren ieS**: Auch für sie gelten die Sachregeln, so daß an ihnen Besitz und Eigentum besteht. Außerdem jedoch sind diese Sachen mit einem Recht in solcher Weise verknüpft, daß die Innehabung der Urkunde eine Bedingung für die Ausübung des Rechts darstellt (vgl ZÖLLNER, Wertpapierrecht [14. Aufl 1987] §§ 2 ff; BAUMBACH/HEFERMEHL, Wechselgesetz und Scheckgesetz [18. Aufl 1993] Einl Rn 10 ff). – Handelt es sich bei dem Wertpapier um ein **Inhaberpapier**, so bewirkt die nach den §§ 929 ff vollzogene Eigentumsübertragung am Papier, daß das in der Urkunde verbriefte Recht ebenfalls auf den neuen Urkundeneigentümer übergeht. Bei **Orderpapieren** gilt dasselbe, sofern die Übertragung des Wertpapiers nach den besonderen Regeln für Indossamente erfolgt ist.

Eine **Vernichtung der Urkunde** bewirkt nicht den Untergang des verkörperten Rechts, sondern schließt nur seine Ausübung aus. Der Rechtsinhaber kann die Herstellung einer neuen Urkunde verlangen. – Bei einer Beeinträchtigung der Urkunde als Sache entsteht für den Rechtsinhaber einmal der Schaden aus der Sachverletzung, zB durch Kosten für eine Ersatzbeschaffung. Weiterer Schaden kann sich jedoch für den Rechtsinhaber aus der Behinderung bei der Geltendmachung des Rechts ergeben.

Erlischt das in der Urkunde verbriefte Recht, zB durch Erfüllung, so besteht die

Sacheigenschaft der Urkunde fort. Sie verbleibt im Eigentum des letzten Berechtigten (ZÖLLNER § 6 I).

6 b) Umgekehrt gibt es Urkunden, die ebenfalls Rechte verbriefen, bei denen aber das Sacheigentum an die **Inhaberschaft des Rechts** gebunden ist, so daß zwar Eigentum an der Urkunde besteht, selbständige Verfügungen über sie als Sache jedoch ausgeschlossen sind. § 952 Abs 2 bestimmt, daß das Urkundeneigentum der Inhaberschaft am Recht folgt. – Für die Übertragung des Rechts kann neben der Einigung über den Rechtsübergang zusätzlich die Urkundenübergabe erforderlich sein, zB gem § 1154.

Abgesehen von der Bindung des Sacheigentums an die Rechtsinhaberschaft können aber Eigentum und Besitz an der Urkunde als Sache beeinträchtigt werden. Geschieht dies, so kann auch hier (vgl Rn 5) neben dem Schaden aufgrund der Sachverletzung ein weiterer Schaden durch Behinderung in der Rechtsausübung entstehen. – Ferner können Zurückbehaltungsrechte an der Urkunde als Sache ausgeübt werden (BGB-RGRK/KREGEL Rn 27). In RGZ 91, 157 f wurde sogar der Leihvertrag über einen Hypothekenbrief anerkannt.

7 c) Die genannten Grundsätze, die sich aus der Verknüpfung von Rechtsinhaberschaft und Sacheigentum an der Urkunde ergeben, gelten gem § 952 Abs 1 auch für den **Schuldschein**, dem kein Wertpapiercharakter zukommt. Dabei ist es für die Verknüpfung unerheblich, ob der Schuldschein mit verpflichtungsbegründender Wirkung oder zur Beweissicherung erteilt wurde.

Ausweisfunktion kommt auch dem **Kraftfahrzeugbrief** und dem **Anhängerbrief** nach den §§ 25 ff StVZO als Berechtigungsnachweis gegenüber der Kraftfahrzeugzulassungsstelle zu. Der Brief ist demnach kein Wertpapier (BGH NJW 1970, 653; 1978, 1854) und auch nicht als öffentliche Sache iS einer Zugehörigkeit zum Verwaltungsvermögen anzusehen (vgl Vorbem 33 zu § 90). – Wegen der Ausweisfunktion wird jedoch von der hM in analoger Anwendung des § 952 angenommen, daß dem Brief als Urkunde keine rechtliche Verselbständigung gegenüber der Rechtslage des in ihm beschriebenen Fahrzeugs zukommen soll (BGHZ 34, 122, 134 = NJW 1961, 499, 502; 88, 11, 13 = NJW 1983, 2139; BGH NJW 1978, 1854; STAUDINGER/GURSKY[12] § 952 Rn 9; SOERGEL/MÜHL § 952 Rn 2; SCHLECHTRIEM NJW 1970, 1993 und 2091; LG Frankfurt NJW RR 1986, 986). Nach der Gegenmeinung hat der Brief nur eine zulassungsrechtliche Aufgabe, die nicht bis ins Privatrecht wirkt (ERMAN/HEFERMEHL § 952 Rn 2; OHL BB 1957, 914). – Auch ein sog **Pferdepaß** steht analog § 952 im Eigentum des Pferdeigentümers, weil der Paß ohne Pferd funktionslos wäre (LG Karlsruhe NJW 1980, 789; **aM** PALANDT/BASSENGE § 952 Rn 4).

8 d) Anders ist dies bei den **Personalausweispapieren**. Hier handelt es sich um allein dem Verwaltungszweck der Personenidentifikation dienende **öffentliche Sachen** (vgl Vorbem 33 zu § 90). – Rechtsgrundlage für den maschinell lesbaren Europaß ist das PaßG; für Personalausweise gilt das G v 21. 4. 1986 (BGBl I 548), das durch die Ausführungsgesetze der Bundesländer umgesetzt wurde (vgl MENDERT/SÜSSMUTH, Paß- und Personalausweisrecht I und II [2. Aufl 1992], ders, Personalausweis- und Paßrecht in den neuen Bundesländern [1991]).

Das Eigentum der Bundesrepublik Deutschland am Paß ergibt sich aus § 1 Abs 3

2. Abschnitt. Sachen

zweiter Hs PaßG, für Personalausweise ist dasselbe in den jeweiligen Landesgesetzen vorgesehen, zB in § 1 Abs 6 PAuswG NW (GVBl 1987, 170). – Dementsprechend ist die **Verpfändung** eines gültigen Personalausweises unwirksam (AG Heilbronn NJW 1974, 2182); zusätzlich dürfte der Gesichtspunkt einer sittenwidrigen Freiheitsentäußerung in Betracht stehen (vgl LG Baden-Baden NJW 1978, 1750). Allerdings wird eine kurzfristige Einbehaltung des Ausweises zur privaten Besucherkontrolle für zulässig gehalten (MEDERT/SÜSSMUTH I Rn 4 a zu § 4 PersAG, II Rn 5 zu § 18 PaßG).

Erfolgt die **Entwidmung** eines Passes oder Personalausweises, so wird die Urkunde eingezogen. – Für Pässe allerdings ist in Nr 12.1 der Verwaltungsvorschriften zum PaßG vorgesehen, daß bei berechtigtem Interesse dem Inhaber die durch Stempelung oder Lochung ungültig gemachte Urkunde belassen werden kann (MEDERT/ SÜSSMUTH II 81).

3. Die Energien*

a) Die zur Energieerzeugung erforderlichen **Stoffe** werfen hinsichtlich ihrer Sachqualität keine Probleme auf. Die beherrschten fossilen Brennstoffe Kohle, Erdöl und Erdgas sind ebenso Sachen iS des § 90 wie die Kernbrennstoffe. – Anders ist es bei fließendem Wasser als Grundlage der Energieerzeugung. Hier fehlt die bürgerlichrechtliche Sachqualität und für die Nutzung der Energiegewinnung bestehen Rechtsschranken (vgl Vorbem 29 zu § 90). – Auch die freie Luft besitzt keine Sachqualität; ihre Verwendung zur Energieerzeugung unterliegt jedoch keinen rechtlichen Schranken (vgl Vorbem 28 zu § 90). Ebensowenig stehen einer Verwendung der Sonnenstrahlung zur Energieerzeugung rechtliche Schranken entgegen.

b) Ein im Zusammenhang des § 90 hervortretendes Rechtsproblem entsteht, wenn eine **auf Verbrauch zielende Weiterleitung** gewonnener Energie stattfindet, vor allem in der Form der **Elektrizität**. Dieser fehlt es an der Körperlichkeit und damit an der Sachqualität (RGZ 56, 403; 67, 229; 86, 12). Für das Strafrecht wurde deshalb ein Spezialgesetz erforderlich, das in § 248 c StGB fortbesteht.

Bis heute geht in Deutschland die nahezu einhellige Meinung dahin, daß es der Elektrizität an einer Sachqualität iS des § 90 mangelt, so daß sachenrechtliche Beziehungen zu ihr ausgeschlossen sind (SOERGEL/MÜHL Rn 2; BGB-RGRK/KREGEL Rn 13; anders zT im Ausland, s Rn 12). – auch eine bei **Fernwärme** durch Wasser vermittelte Energiebelieferung läßt die Fernwärme nicht zur Sache werden (OLG Frankfurt NJW

---

* **Schrifttum:** APPENZELLER, Der Energiebegriff in seiner Beziehung zur Rechtswissenschaft (1954); BAUR, Sinn und Unsinn einer Energierechtsform, in: FS Lukes (1989) 253; BÜDENBENDER, Energierecht (1989); EISER/ RIEDERER/OBERNOLTE, Energiewirtschaftsrecht (Erg 1989); EVERS, Das Recht der Energieversorgung (2. Aufl 1983); FISCHERHOF, Rechtsfragen der Energiewirtschaft I (1956) und II (1966); ders, Deutsches Atomgesetz und Strahlenschutzrecht (2. Aufl 1978); LIST, Elektrische Strömungs- und elektrische Schwingungsenergie als Rechtsbegriff (1931); ders, Energierecht (2. Aufl 1952); MALZER, Beiträge zum Energierecht (1959); ders, Das Recht der Energielieferungsverträge (1976); OBERNOLTE/ DANNER, Energierecht (5. Aufl 1992); PASCHKE, Ist elektromagnetische Energie eine Sache? in: FS J Kühne (Wien 1984) 333; SCHEUTEN/TEGETHOFF, Das Recht der öffentlichen Energieversorgung (1972 ff); wegen des älteren Schrifttums s STAUDINGER/DILCHER[12] § 90 Rn 9.

1980, 2532 im Verjährungszusammenhang). – Hingegen wird die Möglichkeit **schuldrechtlicher Verträge** über die Energiebelieferung uneingeschränkt bejaht; zu Besonderheiten s die im Schrifttumsverzeichnis angeführte Spezialliteratur.

12 c) Im **ausländischen Recht** wird der Elektrizität vielfach Sachcharakter zugebilligt: So vor allem in Österreich (KOZIOL/WELSER, Grundriß des bürgerlichen Rechts II [9. Aufl Wien 1991] 6 f; PASCHKE 339). – Auch in Frankreich wird die Elektrizität den meubles par nature des Art 528 cc zugerechnet (DALLOZ, Enzyklopädie, Répertoire de droit civil I [Paris 1951] n 423 ad „biens"). – Ebenso bejaht Art 814 des italienischen Codice civile die Sacheigenschaft der Elektrizität (GALGANO, Diritto privato [6. Aufl Padova 1990] 99 und 110). – Für die Schweiz ist die Sachqualität der Elektrizität zwar in Art 713 ZGB vorgesehen; diese Einordnung ist aber nicht unumstritten (vgl MEIER-HAYOZ, Berner Kommentar III [5. Aufl Bern 1981] vor Art 641, 97 f).

13 d) Soweit elektrische Energie **nicht verbrauchsgerichtet** weitergeleitet wird, wie zB beim Blitzschlag, bleibt sie als Naturkraft außerhalb der für die Güterbeherrschung maßgebenden Vorschriften des Privatrechts. Sie kann aber als schädigendes oder störendes Ereignis rechtlich bedeutsam werden. – Dasselbe gilt hinsichtlich anderer nicht geleiteter Energie, zB in Form von **Lichtwellen**, magnetischen Kraftfeldern, Wärmestrahlen oder anderen **Strahlen**. Unerheblich ist dabei, ob sie auf menschliche Handlungen zurückgehen oder nicht.

4. Der menschliche Körper*

14 a) Dem Menschen erscheint bei naiver Betrachtung der eigene wie auch der fremde Körper als mögliches **Objekt dinglicher Herrschaft**, was in der Verwendung der Possessivpronomina bei der Bezeichnung der Körperteile deutlich wird. Hieraus kann jedoch, trotz des grundsätzlichen Rückgriffs auf die Verkehrsanschauung (vgl Vorbem 8 zu § 90), nicht die Sachqualität des menschlichen Körpers hergeleitet werden (so aber BRUNNER NJW 1953, 1173), weil Sache iS des § 90 nur sein kann, was der Person gegenübersteht. Dementsprechend gibt es am lebenden Körper und seinen Teilen **kein Eigentum** (BGB-RGRK/KREGEL Rn 2; LARENZ I § 16 I; TRESS 12). – Ausgangspunkt für die Bewertung des Körpers als Sache waren auch die früheren Sklavereivorschriften (BEKKER, Grundbegriffe des Rechts und Mißgriffe der Gesetzgebung [1910] 98).

---

* **Schrifttum**: BEHL, Organtransplantation, DRiZ 1980, 342; CARSTENS, Das Recht der Organtransplantation (Diss Frankfurt 1978); ders Organtransplantation, ZRP 1979, 282; DEUTSCH, Die rechtliche Seite der Transplantation, ZRP 1982, 174; FORKEL, Verfügungen über Teile des menschlichen Körpers, JZ 1974, 593; GÖRGENS, Künstliche Teile im menschlichen Körper, JR 1980, 140; GROPP, Ersatz- und Zusatzimplantat, JR 1985, 181; ILGNER, Der Schrittmacher als Rechtsobjekt, Diss Osnabrück (1990); JANSEN, Die Blutspende aus zivilrechtlicher Sicht, (Diss Bochum 1978); J MAIER, Der Verkauf von Körperorganen (1991); SCHÄFER, Rechtsfragen zur Verpflanzung von Körper- und Leichenteilen (Diss Münster 1961); SCHREIBER, Vorüberlegungen für ein künftiges Transplantationsgesetz, in: FS Klug II (1983) 341; SCHÜNEMANN, Die Rechte am menschlichen Körper (1985); TOELLNER (Hrsg), Organtransplantation – Beiträge zu ethischen und juristischen Fragen (1991); TRESS, Die Organtransplantation aus zivilrechtlicher Sicht (Diss Mainz 1977); ZENKER, Ethische und rechtliche Probleme der Organtransplantation, in: FS Bockelmann (1979) 481; wegen des älteren Schrifttums s STAUDINGER/DILCHER[12] § 90 Rn 14.

2. Abschnitt. Sachen

§ 90
15

In Konsequenz der Ablehnung einer Sachqualität des Körpers wird häufig das Recht am eigenen Körper als ein **besonderes Persönlichkeitsrecht** verstanden (SOERGEL/ MÜHL Rn 3; JANSEN 38; TAUPITZ JZ 1992, 1091). Für diese Auffassung spricht, daß schon das Recht am eigenen Bild als Persönlichkeitsrecht anerkannt ist; dann kann hinsichtlich des Originals kein geringeres Recht bestehen. Seine Grundlage ist in den Art 1 und 2 Abs 2 GG zu sehen, was in Parallele steht zum allgemeinen Persönlichkeitsrecht, das den Intimbereich des Menschen und sein Lebensbild schützt (vgl statt vieler JAUERNIG/TEICHMANN VIII A zu § 823). – Das besondere Persönlichkeitsrecht am eigenen Körper reicht über die in § 823 Abs 1 absolut geschützten Rechtsgüter Leben, Körper, Gesundheit und Freiheit insoweit hinaus, als es die Grundlage für die Beachtlichkeit postmortaler Anordnungen des Verstorbenen und für die Beschränkungen des Sachenrechts bei einer Bestimmung der Rechtslage des Leichnams bildet (vgl u Rn 20 f). Für die vom lebenden Körper abgetrennten Bestandteile hingegen wird das besondere Persönlichkeitsrecht von sachenrechtlichen Regeln verdrängt (vgl u Rn 15).

Verpflichtungsgeschäfte, welche die Darbietung des menschlichen Körpers, zB als Modell, zum Gegenstand haben, sind in den Grenzen des § 138 zulässig. Vollstreckt werden derartige Verpflichtungen nach § 888 ZPO.

b) Für **Körperteile und Körperbestandteile**, wie zB Blut, gilt dieselbe Rechtslage wie für den Körper insgesamt; daß an Körperteilen kein Eigentum besteht, brachte schon ULPIAN in D 9, 2, 13pr zum Ausdruck. – Sofern Körperteile oder Körperbestandteile **vom lebenden Körper getrennt** werden, entsteht die Frage nach dem Sachcharakter solcher Körperstücke. Sie bezieht sich auf abgeschnittene Haare und gezogene Zähne ebenso wie auf herausoperierte Gallensteine, gespendetes Blut oder zur Transplantation entnommene Organe.

Nach ihrer Abtrennung könnten Körperteile und Körperbestandteile – wie der menschliche Körper insgesamt (vgl o Rn 14) – weiterhin als Träger eines **besonderen Persönlichkeitsrechts** angesehen werden; sie können aber auch **Sachcharakter** angenommen haben: Für eine Fortdauer des besonderen Persönlichkeitsrechts und damit für die Ablehnung sachenrechtlicher Beziehungen zum abgetrennten Körperstück hat sich vor allem FORKEL (JZ 1974, 595) im Zusammenhang mit der für einen bestimmten Empfänger gewollten Organspende ausgesprochen (ebenso JANSEN [85 ff] für die Bluttransfusion von Mensch zu Mensch). SCHÜNEMANN (89 ff) nimmt für Körperstücke eine das Sachenrecht überlagernde Fortdauer des Persönlichkeitsrechts an, die aber durch Verzicht des Rechtsinhabers beendet werden und rein sachenrechtlicher Bewertung weichen kann. – Die überwiegende Ansicht jedoch geht davon aus, daß sogleich mit der Abtrennung des Körperstückes vom lebenden Menschen eine Sache entsteht, wobei sich das Persönlichkeitsrecht am ganzen Körper in eine sachenrechtliche Beziehung des früheren Trägers zum abgetrennten Körperstück als Sache **umwandelt** (BGB-RGRK/KREGEL Rn 4; ENNECCERUS/NIPPERDEY § 121 II 1; SCHÄFER 46 ff). Dies will auch FORKEL (JZ 1974, 596) für den Fall einer nicht zielgerichteten Abtrennung anerkennen, zB für eine zur Konservierung bestimmte Blutspende.

Die **Bejahung der Sachqualität** abgetrennter Körperstücke erscheint zutreffend, weil das besondere Persönlichkeitsrecht mit dem menschlichen Wesen als solchem verknüpft ist und nicht an dessen verselbständigten Teilen fortgeführt werden kann. Für den Sachcharakter der Körperstücke kommt es weder darauf an, ob die Abtrennung gewollt war, noch darauf, ob bei gewollter Abtrennung die Übertragung auf einen bestimmten Empfänger geplant war. – Der Einwand von FORKEL, bei Bejahung eines fortdauernden Persönlichkeitsrechts am abgetrennten Körperstück werde ein stärkerer Schutz vor Mißachtung des Spenderwillens gewährleistet, unterschätzt die mit dem Eigentumsschutz verbundenen Möglichkeiten.

16 Die Rechtslage des als Sache bestehenden abgetrennten Körperstückes wird unterschiedlich beurteilt: Früher wurde zT eine mit der Abtrennung entstehende **Herrenlosigkeit** bejaht, die begleitet sein sollte vom Aneignungsrecht des früheren Trägers, der dieses Recht auch übertragen konnte (vgl TRESS 14). Bedenklich an dieser Meinung ist aus heutiger Sicht vor allem, daß entnommene Körpersubstanzen Sonderabfall darstellen, der von einem Verantwortlichen entsorgt werden muß und deshalb nicht einfach herrenlos werden darf (vgl SCHÜNEMANN 160 ff). – Die heute überwiegende Ansicht geht deshalb dahin, analog § 953 mit der Abtrennung des Körperstückes einen **gesetzlichen Eigentumserwerb** des früheren Trägers zu bejahen (SOERGEL/ MÜHL Rn 4; BGB-RGRK/KREGEL Rn 4; MünchKomm/HOLCH Rn 21; SCHÄFER 49; zusammenfassend SCHRÖDER/TAUPITZ, Menschliches Blut, verwendbar nach Belieben des Arztes? [1991] 35 ff und TAUPITZ JZ 1992, 1092 f). Diese Auffassung ist die logische Konsequenz der Einordnung von Körperstücken als Sachen. – Das Eigentum am Körperstück genießt vollen **Eigentumsschutz**.

Der Eigentümer des abgetrennten Körperstückes kann hierüber nach allgemeinen Regeln **verfügen**, zB sein Eigentum auf einen konkreten Empfänger übertragen, dem das Körperstück eingepflanzt werden soll. Er kann sein Eigentum auch jemandem übertragen, der das Körperstück aufbewahren soll oder nach eigenem Ermessen damit verfahren darf (vgl JANSEN 126 ff zu gespendetem Blut). Eine Dereliktion, die TAUPITZ (AcP 191, 201, 209) ebenfalls für möglich hält, kann jedoch dem Eigentümer aus den soeben genannten Gründen gegen eintretende Herrenlosigkeit nicht zugestanden werden, auch nicht in Verbindung mit einer Aneignungsgestattung zugunsten des operierenden Arztes, weil diese nicht zwangsläufig zum Eigentumserwerb führt.

Verpflichtungsgeschäfte zu Verfügungen über abgetrennte Körperstücke sind in den Grenzen des § 138 zulässig. – Auch die Verpflichtung zur künftigen Abtrennung von Körperstücken kann in einem Vertrag eigener Art begründet werden; die Grenzen des § 138 treffen hier vor allem den Umfang der Entgeltlichkeit; ein Erfüllungszwang ist ausgeschlossen (vgl SCHÜNEMANN 182). – Transplantationen vom lebenden Körper finden vor allem bei Nierenverpflanzungen und Knochenmarksübertragungen statt (zur Transplantation vom Toten vgl u Rn 24 ff). – Soweit das Verpflichtungsgeschäft gültig ist, gilt dies auch für den entsprechenden Arztvertrag zur Herbeiführung des geschuldeten Erfolges (TRESS 122). Dabei ist der Arztvertrag zu trennen von der Einwilligung in die Verletzung der Körperintegrität (TRESS 30).

Neben der Verpflichtung zur Organspende kann auch die einfache **Einwilligung** des Spenders als Rechtsgrundlage genügen (DREES/SCHELD, in: TOELLNER 28; vgl auch EIGLER, in: TOELLNER 44).

Mit der **Einpflanzung** des abgetrennten Körperstückes beim ursprünglichen Träger 17
oder einem Dritten endet die Sachqualität. Das eingepflanzte Stück wird wieder zum
Körperbestandteil (s o Rn 15), wobei die medizinische Frage einer eventuellen Unverträglichkeit des Implantats außer Betracht bleibt (vgl dazu LOSSE, in: TOELLENER 4 und
VOGT/KARBAUM, in: TOELLNER 9). – Daß der in diesem Zusammenhang eintretende
Eigentumsverlust zu Ausgleichsansprüchen führen kann, ist dann zu bejahen, wenn
dem untergegangenen Eigentum am Körperstück ein Vermögenswert zukam, wie
dies zB bei einer Blutkonserve der Fall ist.

c)   Von ebenso großer Bedeutung wie die Rechtslage natürlicher Körperstücke ist 18
die Problematik künstlicher Körperteile. Von ihnen sind die **reinen Hilfsmittel**, wie
Brillen, Hörgeräte, Perücken und herausnehmbare Zahnspangen, zu unterscheiden.
Derartige Hilfsmittel, denen die organische Einbeziehung in den Körper des Trägers
abgeht, bleiben Sachen iS des § 90 (SCHÜNEMANN 125). Ein Eigentumsvorbehalt ist
möglich (ILGNER 11), so nach § 4 der VO über die orthopädische Versorgung Unfallverletzter v 18. 7. 1973 (BGBl I 871). Die Pfändbarkeit ist nach § 811 Ziff 12 ZPO
ausgeschlossen.

Im Unterschied zu den Hilfsmitteln sind **künstliche Körperteile** solche Ersatzstücke,
die unter Einsatz organischer Vorgänge in die Körperfunktionen ihres Trägers einbezogen werden. Diese Stücke verlieren mit der Einfügung in den menschlichen
Körper ihre Sacheigenschaft und werden ebenso vom **besonderen Persönlichkeitsrecht**
am Körper erfaßt, wie die natürlichen Körperteile (SOERGEL/MÜHL Rn 4; ERMAN/
MICHALSKI Rn 7; GÖRGENS 141; GROPP 182; ILGNER 15). Zur Begründung hierfür bedarf es
nicht der von SCHÄFER (45) vorgeschlagenen Analogie zu § 947 Abs 2.

SCHÜNEMANN (128 f) will die Ausdehnung des Persönlichkeitsrechts auf das eingepflanzte Stück nur dann bejahen, wenn das Implantat **auf Dauer** im Körper verbleiben soll (ähnlich GROPP 184). Ein zur Auswechslung vorgesehener Herzschrittmacher
könnte daher Sachqualität behalten, allerdings eingeschränkt durch die Wahrung des
Persönlichkeitsrechts am übrigen Körper. Diese Ansicht erscheint jedoch angesichts
der Herleitung des Persönlichkeitsrechts aus der Verfassung nicht zutreffend. Das
auf das Verfassungsrecht bezogene objektive Element der organischen Körperverbindung genießt den Vorrang gegenüber dem Willenselement einer beabsichtigten
späteren Abtrennung. Organisch verbundene Implantate sind daher rechtlich stets
so zu bewerten wie der menschliche Körper insgesamt. (Zur Entnahme künstlicher Körperbestandteile aus dem Leichnam vgl u Rn 30). Sie begründen aber bei Fehlerhaftigkeit die
Haftung des Herstellers nach § 84 AMG (LIPPERT VersR 1994, 154).

Wie gesagt können künstliche Körperstücke zu Lebzeiten des Trägers **aus dem Körper
gelöst** werden, zB beim Austauch eines Herzschrittmachers oder eines künstlichen
Hüftgelenks. Dann gilt das für organische Körperstücke Ausgeführte (vgl o Rn 15)
auch hier: Die entnommenen Implantate erlangen mit der Abtrennung Sachqualität
und gehören analog § 953 dem früheren Träger (ILGNER 74). Dieser kann darüber
verfügen und sich auch zu Verfügungen verpflichten. Vor dem Einpflanzen an
„gebrauchten" künstlichen Körperteilen bestehende Rechte Dritter leben nicht wieder auf. – Wird allerdings eine fortbestehende Sachqualität befristet eingepflanzter
künstlicher Körperstücke bejaht, so muß bei der Entnahme auf eventuell vorher
begründete Rechte Dritter Rücksicht genommen werden (vgl GROPP 185).

5. Die Rechtslage des Leichnams*

19 Die Bestimmung der Rechtslage des toten menschlichen Körpers nach den Kategorien des Zivilrechts stößt auf beträchtliche Schwierigkeiten. Diese beginnen bereits mit der **Festlegung des Todeszeitpunktes**. (Ausf Stellungnahmen zu den zahlreichen umstrittenen Einzelheiten im Sammelband von KRÖSTL/SCHERZER, Die Bestimmung des Todeszeitpunktes [Wien 1973]; vgl ferner FUNK, Der Todeszeitpunkt als Rechtsbegriff, MDR 1992, 182; NAGEL, Das Versterben untereinander erbberechtigter Personen aufgrund derselben Ursache [Diss Göttingen 1983]; RUSCHER, Die Bestimmung des Todeszeitpunktes aus erbrechtlicher Sicht [1989]; H-L SCHREIBER, Kriterien des Hirntodes, JZ 1983, 593 sowie bei Toellner die Beiträge von EIGLER [47], FROWEIN [67] und KURTHEN/REUTER/HAMILTON [73]). Vgl auch STAUDINGER/WEICK/HABERMANN (1995) Vorbem 3 ff zu § 1 VerschG.

---

* **Schrifttum**: ALBRECHT, Die rechtliche Zulässigkeit postmortaler Transplantationsentnahme (Diss Marburg 1986); BECKER, Der Umfang des Rechts öffentlicher Krankenanstalten zur Obduktion von Leichen, JR 1951, 328; BIELER, Persönlichkeitsrecht, Organtransplantationen und Totenfürsorge, JR 1976, 224; BOHNE, Das Recht zur klinischen Leichensektion, in: FG R SCHMIDT (1932) 105; BRUNNER, Theorie und Praxis im Leichenrecht, NJW 1953, 1173; CARSTENS, Das Recht der Organtransplantation (Diss Frankfurt 1978); DEUTSCH, Die rechtliche Seite der Transplantation, ZRP 1982, 174; DOTTERWEICH, Die Rechtsverhältnisse an Goldplomben in den Kieferknochen beerdigter Leichen, JR 1953, 174; EDLBACHER, Die Entnahme von Leichenteilen zu medizinischen Zwecken aus zivilrechtlicher Sicht, ÖJZ 1965, 449; EICHHOLZ, Die Transplantation von Leichenteilen aus zivilrechtlicher Sicht, NJW 1968, 2272; ENGLERT, Todesbegriff und Leichnam als Elemente des Totenrechts (Diss Trier 1979); FORKEL, Verfügungen über Teile des menschlichen Körpers, JZ 1974, 593; GAEDKE, Handbuch des Friedhofs- und Bestattungsrechts (6. Aufl 1992); GÖRGENS, Künstliche Teile im menschlichen Körper, JR 1980, 140; GROPP, Ersatz- und Zusatzimplantation, JR 1985, 181; HENNINGER, Todesdefinition und Organtransplantation im Recht (Diss Würzburg 1972); HILCHENBACH, Die Zulässigkeit von Transplatatentnahmen vom toten Spender aus zivilrechtlicher Sicht (Diss Heidelberg 1973); ILGNER, Der Schrittmacher als Rechtsobjekt (Diss Osnabrück 1990); KOEBEL, Das Fortwirken des Persönlichkeitsrechts nach dem Tode, NJW 1958, 936; KOLHAAS, Organentnahmeverbot durch letztwillige Verfügung, Deutsche Medizinische Wochenschrift 1968, 1612; ders, Zivilrechtliche Probleme der Transplantation von Leichenteilen, Deutsche Medizinische Wochenschrift 1969, 290; ders, Rechtsfolgen von Transplantationseingriffen, NJW 1970, 1224; KOPETZKI, Organgewinnung zu Zwecken der Transplantation (Wien 1988); H J KRAMER, Rechtsfragen der Organtransplantation (Diss München 1987); B LEHMANN, Postmortaler Persönlichkeitsschutz (Diss Bonn 1973); LINCK, Gesetzliche Regelung von Sektionen und Transplantationen, JZ 1973, 759; J MAIER, Der Verkauf von Körperorganen (1991); PEUSTER, Eigentumsverhältnisse an Leichen und ihre transplantationsrechtliche Relevanz (Diss Köln 1971); REIMANN, Die postmortale Organentnahme als zivilrechtliches Problem, in: FS G Küchenhoff (1972) 341; SCHÜNEMANN, Rechte am menschlichen Körper (1985); STRÄTZ, Zivilrechtliche Aspekte der Rechtsstellung des Toten unter besonderer Berücksichtigung der Transplantation (1971); TOELLNER (Hrsg), Organtransplantation – Beiträge zu ethischen und juristischen Fragen (1991); TROCKEL, Das Recht zur Vornahme einer Organtransplantation, MDR 1969, 811; H P WESTERMANN, Das allgemeine Persönlichkeitsrecht nach dem Tode seines Trägers, FamRZ 1969, 561; ZENKER, Ethische und rechtliche Probleme der Organtransplantation, in: FS Bockelmann (1979) 481; ZIMMERMANN, Gesellschaft, Tod und medizinische Erkenntnis, NJW 1979, 569. Wegen des älteren Schrifttums s STAUDINGER/DILCHER[12] § 90 Rn 19.

Seit der Antike war der Todeszeitpunkt an den Stillstand von Atmung und Herztätigkeit geknüpft, bis im 19. Jahrhundert der sog. **Hirntod** meßbar wurde (vgl GEILEN FamRZ 1968, 121 ff). Damit wandelte sich der Todeseintritt vom Naturereignis zum medizinischen Problem (GEILEN, in: FS Heinitz [1972] 373, 396). Der Hirntod liegt nach überwiegender heutiger Ansicht vor, wenn im Elektroenzephalogramm irreversibel die Nullinie eingetreten ist (PALANDT/HEINRICHS § 1 Rn 3; SOERGEL/FAHSE § 1 Rn 12; ENGLERT 16 ff; FUNK 183 ff; NAGEL 13 ff; RUSCHER 17). Allerdings bestehen zahlreiche medizinische Streitfragen, insbes beim Tod außerhalb der Klinik; vgl die Einzelbeiträge bei KRÖSL/SCHERZER und TOELLNER sowie ENGLERT 105 ff; HENNINGER 1 ff; RUSCHER 110 ff. Die Ärztekammern geben schriftliche Entscheidungshilfen, vgl SCHREIBER JZ 1983, 594 f.

Eine neue Rechtsfrage entstand, als es möglich wurde, die Körperfunktionen auch nach Ende der Hirntätigkeit maschinell in Gang zu halten (NAGEL 28 ff). Nach hM liegt bei irreversibel beendeter Hirntätigkeit **kein Leben im Rechtssinne** mehr vor (SOERGEL/FAHSE § 1 Rn 12; FUNK 188; differenzierend MünchKomm/LEIPOLD § 1922 Rn 12; zur Organentnahme in solchen Fällen s u Rn 28). Über die sachenrechtliche Einordnung hinaus geht es hier meist vertrags- und strafrechtlich um die Pflicht zur weiteren Reanimation bzw um die Stillegung der Animationsgeräte.

a) Sachenrechtlich einschlägig ist die Frage nach den für den Leichnam geltenden Rechtsregeln: Geht man von der **materiellen Substanz** des toten Körpers aus, so stellt sich diese als räumlich abgegrenzter und beherrschbarer Gegenstand dar; die Leiche ist demnach als **Sache** iS des BGB einzuordnen (vgl PALANDT/HEINRICHS Überbl vor § 90 Rn 11; MünchKomm/HOLCH Rn 23; GAEDKE 120; EICHHOLZ NJW 1968, 2273 sowie LG Detmold NJW 1958, 265). – Die Gegenmeinung, welche den Sachcharakter des Leichnams verneint, spricht von der Leiche als einem **Rückstand der Persönlichkeit** (HÜBNER § 16 II 1; LEHMANN 64 ff mwN). Das Persönlichkeitsrecht des Verstorbenen vermag jedoch nur den immateriellen Teilbereich der Problematik abzudecken, wie er sich während der Totenehrung darstellt. Danach treten sachenrechtliche Regeln wieder hervor (vgl u Rn 23).

Gleichzustellen ist dem toten Körper die **Asche eines Verstorbenen**, der die Feuerbestattung gewählt hat (RGZ 154, 269, 274).

b) Die Einordnung des toten Körpers als Sache bedeutet zunächst keineswegs die Anwendbarkeit der an die Sacheigenschaft generell anknüpfenden Vorschriften, weil der Tote nicht in vermögensrechtlich orientierte Rechtsbeziehungen eintreten kann. Deshalb kann die Auffassung, der Erbe werde **Eigentümer** des Leichnams (BRUNNER NJW 1953, 1173; PEUSTER 94), nicht gebilligt werden. Vielmehr bestimmen sich die über den toten Körper zulässigen Dispositionen für die Dauer der Totenehrung nach nichtvermögensrechtlichen Regeln.

Die wichtigste Grundlage für die Rechtslage des Leichnams ergibt sich aus der **Fortwirkung des besonderen Persönlichkeitsrechts** am Körper (vgl Rn 14) nach dem Tode. Die mit der Anerkennung des besonderen Persönlichkeitsrechts für den lebenden Menschen zum Ausdruck kommende Achtung vor der Menschenwürde besteht auch nach dem Tode für die Dauer der Totenehrung fort (OLG München NJW-RR 1994, 925). Zur Begründung kann die Parallele zur Fortwirkung des allgemeinen Persönlichkeitsrechts nach dem Tode gezogen werden (vgl zu diesem BVerfG NJW 1971, 1645; BGHZ 50, 133; 107, 384, 391; OLG München WRP 1982, 661; BGH WRP 1984, 683; OLG Schleswig JZ 1987, 774; OLG Hamburg NJW 1990, 1995; BUSCHMANN NJW 1970, 2081; HELDRICH, in: FS H LANGE [1970] 163; SCHACK GRUR 1985, 352; FORKEL JZ 1974, 598). – Ihren Ausdruck findet die Fortwirkung des Persönlichkeitsrechts vor allem darin, daß die **nichtvermögensrechtlichen Willensbekundungen** des Verstorbenen über das Verfahren mit seinem Körper nach dem Tode befolgt werden müssen (MAIER 36). Auch die Anordnungen über die Unterlassung künstlicher Lebensverlängerung gehören hierher (vgl EPPLE BWNotZ 1981, 81 f). Zum Verbot bzw zur Gestattung der Organentnahme s u Rn 25 u 27.

Umstritten ist allerdings, wem die postmortale Wahrnehmung des Persönlichkeitsrechts zustehen soll. O v GIERKE (Deutsches Privatrecht II [1905] 35 ff) sah den Erben als den Berechtigten an (ebenso noch STEIN, FamRZ 1986, 7, 16). Diese vermögensrechtlich ausgerichtete Auffassung wird jedoch heute durchweg abgelehnt: Berechtigt zur Wahrnehmung des postmortalen Persönlichkeitsschutzes ist (im Anschluß an BGHZ 15, 249, 259 und BGH NJW RR 1992, 834) zunächst derjenige, den der Verstorbene **selbst bestimmt** hat. Mangels einer solchen Bestimmung steht die Rechtswahrnehmung den **nächsten Angehörigen** zu (vgl ENNECCERUS/NIPPERDEY § 101 III; LEHMANN 37 ff; TAUPITZ JZ 1992, 1094). Damit wird der Kreis der zum postmortalen Persönlichkeitsschutz Berechtigten ebenso bemessen wie der Kreis der Inhaber des Totensorgerechts (vgl dazu Rn 21). – Daß den genannten Personen durch formlose Willensbekundung eine wirkliche **Rechtspflicht** auferlegt werden kann, verneint GAEDKE; er will eine Rechtsverbindlichkeit der Willensäußerung nur bei formgerechter erbrechtlicher Auflage erkennen (121 f). Diesem Rückgriff auf Erbrecht ist jedoch nicht zuzustimmen, weil damit in vermögensrechtliche Kategorien eingetreten würde.

Der postmortale **Persönlichkeitsschutz endet** nach einer gewissen Zeit, die nicht generell festgelegt werden kann (BGHZ 107, 384, 392; LEHMANN 32 ff). Maßgebend ist das Ende der Totenehrung. (Zur nachfolgenden Rechtsentwicklung s Rn 23.)

21 c)   Weitere Grundlagen für die Rechtslage des Leichnams ergeben sich aus dem **Totensorgerecht**. Diese vor allem von STRÄTZ (41 und 66) als absolutes Nichtvermögensrecht eingeordnete Befugnis umfaßt die Berechtigung, Bestimmungen über den Leichnam zu treffen (MünchKomm/HOLCH Rn 23; HILCHENBACH 164 ff; ZIMMERMANN NJW 1979, 571). – Zwar ist mangels ausdrücklicher Regelung das Institut der Totenfürsorge und seine Stellung neben dem postmortalen Persönlichkeitsschutz nicht unumstritten (Lehmann 101 ff will nur eine sittliche Befugnis annehmen, ebenso GAEDKE 121; vgl auch H P WESTERMANN FamRZ 1973, 616). Das Totensorgerecht findet jedoch in § 2 des FeuerbestattungsG eine der Verallgemeinerung fähige Rechtsgrundlage.

Inhaber des Totensorgerechts sind nicht die Erben des Verstorbenen (LG Bonn NJW-RR 1994, 522). Vielmehr steht es in erster Linie demjenigen zu, den der Verstorbene (formlos) **bestimmt** hat (PALANDT/HEINRICHS vor § 90 Rn 11; BGH NJW RR 1992, 834). Anderenfalls gelten die in § 2 FeuerbestattungsG niedergelegten Grundsätze der **Angehörigkeitsnähe** als Ausdruck einer allgemeinen Überzeugung (RGZ 154, 269, 271; STRÄTZ 23; FORKEL JZ 1974, 597); der BGH (NJW RR 1992, 834) spricht sogar von Gewohnheitsrecht. Mehrere gleichrangige Berechtigte können nur einstimmige Entscheidungen treffen (GAEDKE 123). – Bei der Ausübung des Totensorgerechts geht der durch das postmortale Persönlichkeitsrecht geschützte Wille des Verstorbenen den Entscheidungen der Inhaber des Totensorgerechts vor; zur Umbettung vgl OLG Zweibrücken NJW RR 1993, 1482.

Wie der postmortale Persönlichkeitsschutz, so ist auch das Totensorgerecht **zeitlich beschränkt**. Es endet nach einer nicht in fester Spanne auszudrückenden Dauer, die nach den für die Totenehrung geltenden Sitten und Regeln zu bemessen ist (vgl auch Rn 23).

d) Die Reichweite der vorrangigen Regeln über den postmortalen Persönlichkeitsschutz und über das Totensorgerecht ist so umfassend, daß während der Dauer dieser Rechte überhaupt keine realisierbaren Eigentumsrechte am Leichnam anerkannt werden können (vgl o Rn 20; anders in Österreich, KOPETZKI 13 f). Daß während der Dauer der Totenehrung aus dem Begriff Eigentum herzuleitende Herrschaftsrechte über den toten Körper ausgeschlossen sind, liegt nicht nur an der Ablehnung des Vermögensrechts für diese Sachlage (vgl o Rn 20), sondern auch an fundamentalsittlichen Bedenken. – **Besitz** am Leichnam ist allerdings möglich. Er steht den Totensorgeberechtigten zu, damit sie die Bestattung vornehmen können (GAEDKE 118).

Die Vermeidung ausübbarer Eigentümerrechte, verbunden mit der Bejahung des Sachcharakters der Leiche, hat nach hM zur Konsequenz, den Leichnam als **herrenlose Sache** zu bezeichnen (PALANDT/HEINRICHS vor § 90 Rn 11; ERMAN/A SCHMIDT Rn 8; ENNECCERUS/NIPPERDEY § 121 II 1; REIMANN 346; HENNINGER 69). Der Begriff der Herrenlosigkeit bezeichnet zwar normalerweise das tatbestandliche Fehlen von Eigentum, er kann aber auch auf den Fall des zeitweise durch vorrangige andere Berechtigungen auf Null reduzierten Eigentümerrechts angewendet werden, ohne daß Verwirrung entsteht. – Entgegen der Ansicht von SCHÄFER (98) spricht hiergegen auch nicht, daß Herrenlosigkeit nach dem System des BGB nur ausnahmsweise eintreten soll; es handelt sich beim Leichnam um einen solchen Ausnahmefall.

e) Der Herrenlosigkeit des toten Körpers korrespondiert **kein Aneignungsrecht** (BGB-RGRK/KREGEL Rn 5; MAIER 39). Auch das Totensorgerecht begründet kein Aneignungsrecht (GÖRGENS 142). – Dies ist nicht unbestritten, weil zT der Leichnam als aneignungsfähig bezeichnet wird (vgl ENGLERT 141; HENNINGER 69; KRAMER 74; zum Aneignungsrecht der Erben LG Köln MDR 1948, 365; hierzu DOTTERWEICH JR 1953, 174). Die gegen Eigentümerbefugnisse am toten Körper sprechenden Gründe gelten jedoch in vollem Umfang auch gegenüber einem Aneignungsrecht. – Schutz erfährt der Leichnam nach dem postmortalen Persönlichkeitsrecht und nach dem Totensorgerecht (vgl o Rn 20 f).

f) Wenngleich für das Erlöschen des postmortalen Persönlichkeitsrechts und des Totensorgerechts keine generell festen Zeitpunkte genannt werden können (vgl o Rn 20 aE und Rn 21 aE; ausf NIKOLETOPOULOS, Die zeitliche Begrenzung des Persönlichkeitsschutzes nach dem Tode [1984] 16 ff), so gibt es doch ein objektives Kriterium für das Ende dieser Rechtspositionen und das damit verbundene Aufleben der sachenrechtlichen Ordnung: Es findet sich in der durch Friedhofsordnungen festgelegten **Mindestruhezeit** (MünchKomm/HOLCH Rn 23; SCHÜNEMANN 273), die vereinbarungsmäßig verlängert werden kann. – Die Entscheidung BGHZ 107, 384, 392, die für den postmortalen

Persönlichkeitsschutz eine Dreißigjahrefrist prüfte, bezieht sich auf das Werk eines berühmten Künstlers, nicht auf seinen Körper.

Ist die Ruhezeit der Totenehrung abgelaufen, so treten die sachenrechtlichen Regeln für den herrenlosen Leichnam wieder hervor. Deshalb wird zT gesagt, die Rechtslage des Leichnams müsse „zweispurig" beurteilt werden (SCHÜNEMANN 249; MAIER 36). – Sachenrechtlich ergibt sich jetzt eine **Aneigungsbefugnis**. Diese wirkt aber nicht zugunsten der Erben oder der Totensorgeberechtigten, sondern für den Friedhofsträger. Ausgeübt wird sie mit dem Abräumen der Grabstelle. An den noch vorhandenen Gebeinen, vor allem am Schädel, entsteht Eigentum des Widmungsberechtigten (vgl Vorbem 37 f zu §§ 90 ff).

Dieses **Eigentum** ist zwar nicht mehr durch das postmortale Persönlichkeitsrecht und das Totensorgerecht begrenzt, es unterliegt jedoch den Schranken des Widmungszwecks ebenso wie der gesamte Friedhof. Demnach muß mit den Gebeinen beim Abräumen eines Grabes in einer dem Widmungszweck entprechenden Weise verfahren werden (GAEDKE 166); häufig dient dazu ein sog Beinhaus.

Uneingeschränktes Eigentum besteht an Leichen aus alten Kulturen, die nicht mehr der Totenehrung unterliegen, zM Mumien (SOERGEL/MÜHL Rn 5; zur Bestattungspflicht in solchen Fällen vgl OVG Koblenz DÖV 1987, 826).

6. Dispositionen über den toten Körper und über Körperbestandteile

24 a) Notwendig ist eine Entscheidung über die **Modalitäten der Bestattung**. – Diese Bestimmung kann der **Verstorbene selbst** getroffen haben. Derartige Anordnungen sind formlos gültig, da es sich bei ihnen nicht um letztwillige Verfügungen im technischen Sinne handelt (RGZ 100, 172; 108, 217; 154, 269; SOERGEL/MÜHL Rn 7). Schriftform muß jedoch gem § 4 FeuerbestattungsG bei der Anordnung einer Feuerbestattung eingehalten werden. – Grundlage für die Beachtlichkeit von Bestattungsanordnungen ist das fortwirkende Persönlichkeitsrecht des Anordnenden (vgl o Rn 20; FORKEL JZ 1974, 597; LEHMANN 81 ff; auch Art 8 EMRK wird herangezogen, KOPETZKI 56).

Wurden bestehende Anordnungen des Verstorbenen bei seiner Bestattung nicht beachtet, so steht einer späteren Änderung der Bestattung, zB einer Umbettung, normalerweise das Prinzip einer **Wahrung der Totenruhe** entgegen (RGZ 108, 217, 220; 154, 269, 275; vgl auch GAEDKE 219 ff).

Liegt keine Bestimmung des Verstorbenen über seine Bestattung vor, so sind die zu treffenden Entscheidungen aus dem **Totensorgerecht** der Angehörigen herzuleiten (SOERGEL/MÜHL Rn 7; BIELER JR 1976, 226). – In letzter Linie kommt die Entscheidungsbefugnis der zuständigen **Verwaltungsbehörde** zu.

25 b) Der Verstorbene kann auf der Grundlage seines besonderen Persönlichkeitsrechts (vgl o Rn 20) anordnen, daß sein Körper nach dem Tode einer **Anatomie** zur Verfügung stehen soll (EPPLE BWNotZ 1981, 32; aM REIMANN 342). Eine solche Bestimmung kann auch vertraglich getroffen werden, wobei unentgeltliche Verträge dieses Inhalts nicht als sittenwidrig anzusehen sind. – Die Ansicht von GAEDKE (122), die Angehörigen könnten die Erfüllung der Verpflichtung verweigern, wenn ihr Pietäts-

2. Abschnitt. Sachen

gefühl entgegensteht, erscheint mir nicht zutreffend. Andererseits wird eine zwangsweise Durchsetzung der Herausgabepflicht auszuschließen sein. – Der Inhaber des Totensorgerechts kann den Leichnam nicht der Anatomie überlassen, weil sein Recht eine derartige Befugnis nicht einschließt (Forkel JZ 1974, 597; aM BIELER JR 1976, 226; GAEDKE 118).

Bei der vom Verstorbenen einseitig oder vertraglich bestimmten Überlassung des toten Körpers an eine Anatomie handelt es sich rechtstechnisch um eine Verpflichtung eigener Art. Trotz ihres nichtvermögensrechtlichen Charakters erscheint es nicht ausgeschlossen, hierauf **Vermächtnisregeln analog** anzuwenden (STRÄTZ 30; SCHÄFER 111; vgl auch EICHHOLZ NJW 1968, 2275).

Dies bedeutet nach dem über die Rechtslage des Leichnams Gesagten (vgl o Rn 19 f), daß nicht etwa ein Aneignungsrecht der Anatomie begründet wird (so EICHHOLZ NJW 1968, 2275). Vielmehr hat der Verstorbene die Anatomie kraft der Fortwirkung seines Persönlichkeitsrechts am Körper mit der Befugnis ausgestattet, den Leichnam vom derzeitigen Besitzer herauszuverlangen, um ihn für Zwecke der Forschung und Lehre zu verwenden. Die der Anatomie zur weiteren Behandlung des Leichnams zustehende Befugnis ist **kein Eigentum** iS des BGB, sondern eine nach Maßgabe der vom Verstorbenen bestimmten Zwecksetzung begrenzte Berechtigung eigener Art. Eingeschlossen ist das Recht, von Körperteilen wissenschaftliche Präparate herzustellen. Unter den Arzneimittelbegriff fallen diese Organe nicht (WOLFSLAST/ROSENAU NJW 1993, 2348). – Nach Abschluß des anatomischen Verfahrens hat die Anatomie für eine würdige Bestattung zu sorgen (GAEDKE 119).

Soweit die Anatomie **gegenüber Dritten** des Rechtsschutzes bedarf, ist ihr hinsichtlich des Körpers Besitzschutz zuzubilligen. Darüber hinaus stehen ihr (und den nächsten Angehörigen) Unterlassungs- und Schadensersatzansprüche zu, die sich aus der Mißachtung des postmortalen Persönlichkeitsrechts ergeben. – Eigentümerschutz steht wegen des fehlenden Eigentums am Leichnam nicht in Betracht.

c) Der Körper des Verstorbenen kann einer **Obduktion** unterworfen werden. Diese erfolgt auf vertraglicher Grundlage, wenn sie in den AGB des Krankenhausaufnahmevertrages vorgesehen war (vgl BGH NJW 1990, 2313, 2315 m ausf Nachw; BRUGGER/KÜHN, Sektion der menschlichen Leiche [1979]; EHLERS, MedR 1991, 227). Entgegen den Bedenken, es handele sich bei derartigen Bedingungen um überraschende und damit unwirksame Klauseln, hat der BGH einen sinnvollen Zusammenhang zwischen Krankenhausaufnahme und Sektionsfallklausel schon zur Klärung haftungsrechtlicher Fragen bejaht. – FRANZKI (MedR 1991, 223, 226) hält trotz vertraglicher Vereinbarung durch den Verstorbenen ein **Widerspruchsrecht** des Totensorgeberechtigten für zulässig. Dem ist jedoch nicht zuzustimmen, weil der im Vertrag niedergelegte Wille des Verstorbenen den Vorrang beanspruchen kann.

Umgekehrt kann der Verstorbene auf der Grundlage des besonderen Persönlichkeitsrechts seinen Willen auch dahin äußern, daß er eine **Sektion verbietet** (vgl ZIMMERMANN NJW 1979, 573). Dann muß dieses Verbot erst einem berechtigten Interesse des Krankenhauses an der Leichenöffnung weichen. – Fehlt es an einer Einwilligung und an einem Verbot des Verstorbenen, so muß der Totensorgeberechtigte in die **Sektion einwilligen**, wenn das Krankenhaus ein berechtigtes Interesse dartut (vgl OLG Hamm VersR 1983, 1131; BUNTE NJW 1986, 2351, 2355). – Ohne Einwilligung und ohne Rücksicht auf ein Verbot kann eine Obduktion auf der Grundlage der §§ 87 ff StPO, 32 Abs 3 BSeuchenG und 1559 RVO durchgeführt werden (GAEDKE 137 f; FRANZKI MedR 1991, 225; BVerfG NJW 1994, 783). – In allen Fällen handelt es sich darum, daß der tote Körper als herrenlose Sache Gegenstand einer Untersuchung ist. Diese bewirkt lediglich das Hinausschieben der weiteren Entscheidungen über die Leiche (vgl o Rn 24). Nach Abschluß der Obduktion gelten die allgemeinen Bestattungsregeln.

Sofern der Obduktion eine **Exhumierung** vorangehen muß, ist dazu die Zustimmung des Totensorgeberechtigten erforderlich (LG Detmold NJW 1958, 265; vgl auch GUCHT JR 1973, 235). – Im Falle der Exhumierung aus strafprozessualem Anlaß ist gem § 87 Abs 4 StPO eine Zustimmung entbehrlich.

27 d) Da die Transplantationschirurgie inzwischen einen hohen Standard erreicht hat, ergibt sich eine (wirtschaftlich erhebliche und nicht selten unbefriedigte) **Nachfrage nach organischen Körperbestandteilen**, die für eine Transplantation verwendet werden können. Es gibt „Banken" zur Vorratshaltung und einen beachtlichen grenzüberschreitenden Handel (vgl LOSSE, in: TOELLNER 3 ff; KOPETZKI 143 ff). Die zur Transplantation vorgesehenen Körperstücke können einem lebenden Spender entnommen sein; sie werden dann für die Zeit ihrer Trennung sachenrechtlich beurteilt (s o Rn 15 f). Häufiger jedoch geht es um für die Transplantation geeignete Körperteile und Körperbestandteile, die einem gerade Verstorbenen entnommen werden. Hierbei kann auch ein nach dem Hirntod noch maschinell versorgter Körper (vgl o Rn 19) als „Spender" in Betracht kommen. – Dann ergibt sich die Frage, auf welcher Rechtsgrundlage dem Leichnam Organe und Organteile mit dem Ziel der Einpflanzung in einen lebenden Körper entnommen werden dürfen:

Auszugehen ist davon, daß hinsichtlich einzelner Körperbestandteile dieselbe Rechtslage besteht wie für den toten Körper im ganzen (vgl Rn 15). Demnach kann der Verstorbene formlos eine einseitige oder vertragliche **Bestimmung über die Organentnahme** getroffen haben (zu den Möglichkeiten der Verlautbarung vgl EPPLE BWNotZ 1981, 32; LILIE MedR 1983, 131 ff). Die Bestimmung ist, in den Grenzen des § 138, als Ausdruck des Persönlichkeitsrechts nach dem Tode beachtlich und geht abweichenden Ansichten der Totensorgeberechtigten vor. – Auch unter Lebenden eingegangene **Verpflichtungen** zur Spende nach dem Tode sind grundsätzlich gültig, wenngleich nicht zwangsweise durchsetzbar (vgl o Rn 16).

Der vom toten Körper abgetrennte Teil nimmt, ebenso wie ein dem lebenden Körper entnommenes Stück (vgl o Rn 15 ff), die Qualität einer selbständigen herrenlosen Sache an. Deren Rechtslage bestimmt sich vorrangig nach den Regeln über den postmortalen Persönlichkeitsschutz und über das Totensorgerecht. – Das bedeutet zB, daß die **zugunsten eines bestimmten Empfängers** bewilligte Organentnahme den Arzt oder andere Dritte nicht zum Wechsel der Zielsetzung berechtigt. Andererseits ist der konkret benannte Organempfänger nicht Inhaber eines zivilrechtlichen Anspruchs auf Entnahme oder Einpflanzung, sondern nur Begünstigter des postmortalen Persönlichkeitsschutzes. Für ein Recht auf Einpflanzung (so FORKEL JZ 1974, 599; MAIER 46) besteht keine persönlichkeitsrechtliche Grundlage. – Mit vollzogener Einpflanzung in den anderen Körper wird der entnommene Bestandteil zum Teil dieses Körpers und teilt dessen Rechtslage (vgl o Rn 17). Eine eventuelle Gewebeunverträglichkeit wird rechtlich nicht beachtet.

Hat der Verstorbene in eine Organentnahme **ohne Bestimmung** eines konkreten Empfängers eingewilligt und kommt es demzufolge zur Aufbewahrung des entnommenen Körperstückes, so beschränken sich die Fortwirkungen des Persönlichkeitsrechts darauf, daß vom abgetrennten Körperbestandteil als Sache ein bestimmungsgemäßer Gebrauch gemacht wird; wollte zB der Verstorbene eine Einpflanzung, darf das Präparat nicht der Kosmetikherstellung zugeführt werden. – Eine Aneignung durch den Verwahrer wird als vermögensrechtliche Folge auch hier abzulehnen sein (vgl o Rn 22; aM FORKEL JZ 1974, 599). Der Verwahrer bleibt gegen Dritte auf den Besitzschutz angewiesen; den Angehörigen stehen im Verletzungsfalle Ansprüche aus postmortalem Persönlichkeitsschutz zu (vgl o Rn 25). – Ein rechtlich ungelöstes Problem entsteht beim Vorhandensein mehrerer Empfangsbedürftiger. Hier könnte nach Maßgabe der Wartezeit oder der Dringlichkeit entschieden werden (vgl DREES/ SCHELD, in: TOELLNER 30).

e) Fehlt es an einer auf Organentnahme gerichteten Willensbekundung des Verstorbenen, so fragt es sich, ob der Inhaber des **Totensorgerechts** befugt ist, die Organentnahme anzuordnen oder zu gestatten: An einen vom Verstorbenen lebzeitig erklärten Widerspruch ist der Totensorgeberechtigte gebunden (vgl auch DEUTSCH ZRP 1982, 176). Im übrigen aber wird ihm die Einwilligung in eine Organentnahme zugebilligt, auch wenn es sich dabei nicht um einen Akt der Totensorge, sondern um eine Fürsorgemaßnahme zugunsten eines lebenden Dritten handelt (ALBRECHT 39 ff; DEUTSCH ZRP 1982, 176; PLUISCH/HEIFER NJW 1994, 2378; REIMANN 347; ebenso in Österreich, EDLBACHER ÖJZ 1965, 454; KOPETZKI 107). KERN (NJW 1994, 753, 759) will deshalb nicht die Angehörigen, sondern die ärztliche Fachkompetenz entscheiden lassen.

f) Allerdings bleiben viele Einzelfragen hierzu offen. So entstand, vor allem wegen spektakulärer Strafprozesse, eine beträchtliche Rechtsunsicherheit bei den ausführenden Ärzten (vgl KOHLHAAS NJW 1967, 1489; 1970, 1224; GEILEN JZ 1971, 41; CARSTENS 130 ff). Deshalb sollte ein **Transplantationsgesetz** zu klarer Rechtslage führen.

Es kam zu einem Gesetzentwurf der Bundesregierung von 1978 und zu einem Gegenentwurf des Bundesrates von 1979 (vgl ALBRECHT 1 ff; CARSTENS ZPR 1979, 282; DEUTSCH ZRP 1982, 174 ff; LINCK ZRP 1975, 249; SCHREIBER, in: FS Klug II [1983] 341 ff). Der Regierungsentwurf ging von der sog **Widerspruchslösung** aus, wonach Organentnahme generell erlaubt und nur bei erkennbar geäußertem Widerspruch unerlaubt sein sollte. Der Bundesrat hingegen sprach sich für die sog **Einwilligungslösung** aus, nach der nur nach wirksamer Einwilligung des Verstorbenen oder des Totensorgeberechtigten eine Organentnahme rechtmäßig sein sollte. – Der Gegensatz zwischen beiden Auffassungen konnte nicht überwunden werden, so daß kein Transplantationsgesetz erging. Nach der Ansicht von DEUTSCH (ZRP 1982, 177) ist aber inzwischen aufgrund der ausführlichen Diskussion soviel Kenntnis der Rechtsproblematik verbreitet, daß die Transplantationspraxis auch ohne ein entsprechendes Gesetz funktioniert. Sie geht durchweg von der Einwilligungslösung aus. – Im Gespräch waren auch der Gesetzentwurf einer Arbeitsgruppe beim niedersächsischen Wissenschaftsministerium von 1990 (Text bei TOELLNER 105) und ein Entwurf der Gesundheitsministerkonferenz von 1992 (vgl LAUFS NJW 1993, 1501). – Die Gesetzesentwicklung ging dahin, daß ein rheinland-pfälzisches TransplantationsG, das von der Widerspruchslösung ausging, im Hinblick auf eine bevorstehende bundeseinheitliche Regelung zurückgezogen wurde. Grundlage der Bundesregelung soll ein 1994 vom Bundesgesundheitsminister vorgelegter Regierungsentwurf sein.

30 g)   Für die im toten Körper befindlichen **künstlichen Körperbestandteile** gilt dieselbe Rechtslage wie für organische Körperbestandteile (PALANDT/HEINRICHS vor § 90 Rn 11): Ohne Zustimmung des Verstorbenen oder des Totensorgeberechtigten dürfen sie nicht entnommen werden.

Bemächtigt sich ein Dritter unerlaubt eines künstlichen Körperteils, zB eines Goldzahnes, so greift der **postmortale Persönlichkeitsschutz** ein. Die zu seiner Wahrnehmung Berechtigten (vgl o Rn 20) können analog § 1004 die Herausgabe eines vom Dritten verletzten Aneignungsrechts des Erben am künstlichen Körperbestandteil verlangen (ERMAN/MICHALSKI Rn 8; vgl auch LG Köln MDR 1948, 365).

Abweichend von der oben (Rn 18) vertretenen Ansicht wird – wie erwähnt – zT für wiederverwendbare künstliche Körperbestandteile, insbes Herzschrittmacher, die Auffassung vertreten, daß sie trotz Einpflanzung ihren Sachcharakter beibehalten haben (vgl GROPP JR 1985, 184). Daraus wird von einigen Autoren der Schluß gezogen, es erfolge eine **Vererbung** dieser Sachen (ILGNER 68), und ein Arzt, der den Schrittmacher unerlaubt zur Eigenverwertung entnimmt, greife in die Rechte der Erben ein (GROPP JR 1985, 185; ILGNER 89). – Richtigerweise sind jedoch wiederverwendbare künstliche Körperbestandteile nicht dem Erbrecht als Konsequenz des Sachenrechts unterworfen. Vielmehr liegt hier bei unerlaubter Entnahme ein Eingriff in das Totensorgerecht vor, wie auch der Totensorgeberechtigte in die Entnahme einwilligen kann (vgl o Rn 28).

Finden sich beim Abräumen eine Grabes künstliche Körperbestandteile, so gehen sie durch Aneignung in das Eigentum des Friedhofsträgers über (vgl o Rn 23). – Zu noch erhaltenen Grabbeigaben vgl Vorbem 39 zu § 90.

§ 90 a

Tiere sind keine Sachen. Sie werden durch besondere Gesetze geschützt. Auf sie sind die für Sachen geltenden Vorschriften entsprechend anzuwenden, soweit nicht etwas anderes bestimmt ist.

Materialien: BR-Drucks 380/89 und 444/90,
BT-Drucks 11/5463 und 7369.

1.   Die Entstehungsgeschichte

1 § 90 a wurde durch G v 20. 8. 1990 (BGBl I 1762) zusammen mit den §§ 251 Abs 2 S 2 und 903 S 3 dem BGB eingefügt. Grundlage war eine Regierungsvorlage (BR-Drucks 380/89 v 11. 8. 1989), die mit einigen Veränderungen Gesetz wurde (BT-Drucks 11/5463 v

25. 10. 1989, BT-Drucks 11/7369 v 12. 6. 1990 und BR-Drucks 444/90 v 22. 6. 1990). – Unerwähnt bleibt in den Gesetzesmaterialien, daß in Österreich schon am 10. 3. 1988 der nahezu gleichlautende § 285 a ABGB verabschiedet wurde (BGBl 1988, 1832; ferner Prot des NatRates, 17. Gesetzgebungsperiode, v 10. 3. 1988, 6100 ff).

Auf Zustimmung in der Fachliteratur zum bürgerlichen Recht ist die Novelle weder in Deutschland noch in Österreich gestoßen (vgl K Schmidt JZ 1989, 790; Pütz ZRP 1989, 171; Grunsky, in: FS Jauch [1990] 93; Palandt/Heinrichs Rn 1; sowie Bydlinsky, Öst Recht der Wirtschaft 1988, 157; Gimpel-Hinteregger ÖJZ 1989, 65; Lippold ÖJZ 1989, 335). Braun (JZ 1993, 7) nennt die Regelung eine „evidente Torheit".

2. Die Bedeutung des § 90 a S 1

a)   Mit § 90 a S 1, der in der ursprünglichen Vorlage noch nicht enthalten war, schuf der Gesetzgeber eine **neue sachenrechtliche Kategorie**. Er wendet sich ab von der römischrechtlich fundierten und über Jahrhunderte hinweg tradierten Zweiteilung der Rechtsobjekte in körperliche und unkörperliche Gegenstände. Als eigene dritte Gruppe wurden die Tiere aus dem Kreis der körperlichen Gegenstände ausgegliedert (ebenso Lorz, Tierschutzgesetz [4. Aufl 1992] Einf Rn 41).

Zu einer solchen Umdefinition war der Gesetzgeber berechtigt. Das Argument, Tierschutz sei keine bürgerlichrechtliche Aufgabe (Gimpel-Hinteregger 66), greift angesichts der kumulierbaren Zuständigkeit nach Art 74 Nr 1 und Nr 20 GG (v Mangoldt/Klein, GG [3. Aufl 1991] Vorbem 1356 zu Art 70 ff GG) nicht durch. – Allerdings ist die gesetzliche Schaffung der dritten Gegenstandskategorie nicht besonders glücklich zu nennen. Der ursprüngliche Plan, die Novelle als § 103 a (ohne S 1) zur Schlußvorschrift eines dann „Sachen, Tiere" überschriebenen Abschnitts mit dem Titel „Tiere" zu machen, wäre korrekter gewesen.

Es ging jedoch bei der Schaffung und Einordnung der § 90 a S 1 auch nicht primär um Gesetzessystematik. Vielmehr betont die Entwurfbegründung, daß es sich um ein weiteres „Bekenntnis des Gesetzgebers zum ethisch fundierten Tierschutz" handeln solle, wie er schon im TierschutzG von 1986 niedergelegt worden war (BR-Drucks 380/89, 5; BT-Drucks 11/7369, 1). In den österreichischen Beratungen wurde die Neuregelung sogar als „Schritt zur Bewußtseinsbildung für einen wirklichen Tierschutz" verstanden (Prot 6100, 6102), deren „Fernwirkungen" nach Ansicht des Justizministers zur Einschränkung der Tierversuche und der Massentierhaltung führen könnten (Prot 6116).

Zu **Rechtssubjekten** werden die Tiere aufgrund der Neuregelung nicht, wenn es auch nicht an Versuchen fehlt, Tiere über gesetzliche Vertreter an gerichtlichen Verfahren mitwirken zu lassen (vgl VG Hamburg zu den „Seehunden in der Nordsee", JuS 1989, 240, 241). Auch bei den Beratungen des § 90 a im Rechtsausschuß des Deutschen Bundestages wurde erörtert, ob Tiere, vertreten durch Tierschutzorganisationen als gesetzlichen Vertretern, Verfahrensbeteiligte sein könnten (RT-Drucks 11/7369, 6). – Ausf begründet Schlitt (ARSP 1992, 225 ff) die Ablehnung einer Rechtssubjektivität der Tiere.

b)   Der in § 90 a S 1 vorausgesetzte Tierbegriff ist keineswegs eindeutig. Vielmehr entsteht die Frage, ob dem **biologischen Tierbegriff** Raum gegeben ist, oder ob der

Gesetzeszweck dessen Einschränkung fordert: Einmal könnte sich eine Begriffsbeschränkung daraus ergeben, daß in den Gesetzesmaterialien mehrfach auf die **Schmerzempfindlichkeit** als Kriterium des Tieres abgestellt wurde (BR-Drucks 380/89, 1 und 5; BT-Drucks 11/7369, 1; in Österreich Prot 6106, 6108 und 6112). Eine solche Begrenzung läßt sich jedoch naturwissenschaftlich nicht hinreichend ausfüllen, so daß Schmerzempfindlichkeit zur Anwendung des § 90 a S 1 nicht gefordert werden kann (ebenso LORZ MDR 1990, 1058).

Vom Gesetzeswortlaut her erscheint es auch ausgeschlossen, nur **Tiere höherer Art** in den Geltungsbereich einzubeziehen, etwa, wenn in Österreich von „Wesen aus Fleisch und Blut" gesprochen wurde (Prot 6106). – Eine weitere Überlegung zur Beschränkung des § 90 a S 1 geht dahin, daß dem Menschen oder überhaupt **schädliche Tiere** nicht in eine Regelung zur Förderung des Tierschutzes eingeschlossen sein könnten (so in Österreich vorgeschlagen, Prot 6113 und 6115). Vom Gesetzeswortlaut her erscheint es jedoch zwingend, eine solche Restriktion nicht anzuerkennen.

So bleibt es für § 90 a S 1 beim biologischen Tierbegriff. – Damit stehen Tiere im Gegensatz zur **leblosen Materie**, wenngleich für die Grenzziehung naturwissenschaftlich Grauzonen bestehen. Und als Lebewesen ist das Tier zum anderen von der ebenfalls **lebenden Pflanze** zu unterscheiden (vgl dazu u Rn 7). Auch hier gibt es kleinere naturwissenschaftliche Abgrenzungsprobleme, die jedoch den Grundsatz nicht in Frage stellen.

4 c) **Tiereier**, auch befruchtete, unterfallen nicht dem Tierbegriff des BGB (LORZ, TierschutzG [4. Aufl 1992] Einf 8). – Bei **Embryonen** lebendgebärender Tiere fehlt es schon an der auch nach § 90 a S 1 zu verlangenden körperlichen Abgegrenztheit. Sie teilen die Rechtslage des Muttertieres. – Für **Tierkadaver** kann die zivilrechtliche Sachqualität bejaht werden.

3. Die Rechtsfolgenregelung des § 90 a S 3

5 Gem § 90 a S 3 ist zu prüfen, ob die für Sachen geltenden Vorschriften einer entsprechenden Anwendung auf Tiere zugänglich sind. Bei einer solchen Anweisung zur teleologisch richtigen Normanwendung handelt es sich um eine sog **Verweisunsanalogie** (CANARIS, Die Feststellung von Lücken im Gesetz [2. Aufl 1983] 24), eine Gesetzesanalogie eigener Art, bei welcher die sonst zu verlangende Gesetzeslücke nicht vorliegt. – In einer vor § 90 a ergangenen Entscheidung des LG Stuttgart (NJW RR 1991, 446) war die Gesetzeslücke noch bejaht worden; in Analogie zum TierschutzG von 1986 wurde ein Zurückbehaltungsrecht an Zuchthunden verneint, weil sie auf die Person des Halters, der sie herausverlangte, geprägt seien.

Die Grenzen entsprechender Anwendung sind strafrechtlich bei Diebstahl und Sachbeschädigung erreicht, weil hier das **Analogieverbot** entgegensteht (PALANDT/HEINRICHS Rn 1; BRAUN JuS 1992, 761; LEITENSTORFER JuS 1993, 616). Für die Loslösung der strafrechtlichen Begriffe vom Zivilrecht spricht sich KÜPER (JZ 1993, 435 ff) aus. – Zusätzlich hatte LORZ (MDR 1989, 203) die Frage aufgeworfen, ob es neben der Sachwehr nach § 228 einer ausdrücklichen Regelung der Tierwehr bedürfe. Diese Frage kann verneint werden, weil § 228 insoweit entsprechend anwendbar ist.

4. Der Regelungsgehalt des § 90 a S 2

§ 90 a S 2 ist das am stärksten umstrittene Stück der Novelle. Teilweise wird hier von einer „Leerformel" ohne eigenen Regelungsgehalt gesprochen (vgl GRUNSKY 95; LIPPOLD 337; GIMPEL-HINTEREGGER 66 sieht nur „Wortkosmetik"). Auch der Rechtsausschuß des Bundesrates hatte einen eigenen Regelungsgehalt der Vorschrift verneint und die Streichung empfohlen (Stellungnahme zu Drucks 380/1/89 v 8. 9. 1989, 2).

Dem ist zuzustimmen. Nicht einmal der gedankliche Ansatz, aus S 2 eine Auslegungsmaxime zur entsprechenden Anwendung der für Sachen geltenden Regelung zu entnehmen, führt weiter. Eine derartige Prüfung unter Tierschutzaspekten ist nach S 3 ohnehin erforderlich.

Die in S 2 angesprochenen **„besonderen Gesetze"** zum Schutz der Tiere sind vor allem das BTierSchG v 18. 8. 1986 (BGBl I 1320; nF v 17. 2. 1993 BGBl I 254; zur Geschichte des Tierschutzes vgl ERBEL DVBl 1986, 1235, 1241 f) die BWildSchVO v 25. 10. 1985 (BGBl I 2040), das BJagdG v 29. 9. 1976 (BGBl I 2849, zuletzt 1990 I 1224 u 1251) und die BArtenSchVO v 18. 9. 1989 (BGBl I 1677).

Außerdem gibt es umfangreiche Tierseuchenvorschriften (vgl LORZ Einf 69 ff) und Regeln über das Schlachtrecht (LORZ Einf 146 ff). – Aus dem Landesrecht stehen ua die Jagdgesetze und die Fischereigesetze in Betracht.

5. Der Pflanzenschutz

a) **Pflanzen** werden von § 90 a nicht erfaßt, obgleich auch sie von den leblosen Gegenständen unterschieden werden können. So wird zB bei der Beschädigung von Straßenbäumen auf das „Lebewesen" Baum abgehoben (vgl BRELOER VersR 1985, 323); die Gerichte allerdings gehen vom Grundstückswert aus (OLG Celle VersR 1986, 973; LG Bielefeld NJW RR 1992, 26 f). – Die Ausgrenzung der Pflanzen aus einer ebenfalls in § 90 a zu schaffenden selbständigen Gegenstandskategorie wird einmal mit der Unterscheidung des ethisch fundierten Tierschutzes (vgl o Rn 2) vom anthropozentrisch, dh auf Nutzen ausgerichteten Pflanzenschutz begründet (so LORZ MDR 1989, 204; vgl auch E REHBINDER, Bremer Kolloqium über Pflanzenschutz [1991] mit zahlr Beiträgen). Diese Unterscheidung ist aber nur Ausdruck des heutigen Problemverständnisses, nicht eines übergeordneten Prinzips. Und auch die These, einer Pflanze fehle das Empfindungsvermögen und die höhere Organdifferenzierung (so LORZ, TierschutzG, Einf 3) ist naturwissenschaftlich ungesichert. Jedenfalls kann damit die Verneinung eines auf Schutz und menschliche Fürsorge gerichteten ethischen Gebotes nicht gerechtfertigt werden.

So wird die Einordnung der Pflanzen als Sachen weiterhin von der Überlegung getragen, daß (die meisten) Pflanzen für ihre Existenz Erdreich benötigen. Dies führt, von Topfpflanzen und den wenigen Ausnahmen nach § 95 abgesehen (vgl § 95 Rn 10), zur Einordnung in die Gruppe der wesentlichen Grundstücksbestandteile (vgl § 94 Rn 12), also in das **Recht der unbeweglichen Sachen**. – Wollte man die Sacheigenschaft der Pflanzen aufheben, so müßte der Bewuchs aller Grundstücksoberflächen in eine Art Scheinbestandteil umgewandelt werden, der sonderrechtsfähig wäre. Dies würde für den Grundstücksverkehr eine kaum tragbare Unsicherheit nach sich ziehen. Deshalb findet das mE durchaus bestehende ethische Gebot, auch dem Lebewesen Pflanze mit Achtung und Fürsorge entgegenzutreten, seine Grenze an der praktischen Undurchführbarkeit einer Umsetzung in neue Kategorien des bürgerlichen Rechts.

8 b) Für Pflanzen bleibt es beim **Schutz durch Spezialvorschriften**. Von diesen ist das BNaturSchG (nF v 6. 8. 1993, BGBl I 1458) ebenso hervorzuheben wie das BWaldG v 2. 5. 1975 (BGBl I 1037), das PflanzenschutzG v 15. 3. 1986 (BGBl I 1505, zuletzt 1990 I 1224) und die BArtenSchVO v 18. 9. 1989 (BGBl I 1677) (vgl Lorz, Pflanzenschutzrecht 1989; ders, TierschutzG, Einf 104 ff). – Im Landesrecht sind die LandschaftspflegeG (vgl Vorbem 42 zu § 90) wichtige Grundlagen des Pflanzenschutzes. – Und nicht zuletzt wirken kommunale Baumschutzsatzungen in diesem Sinne. So bestimmt zB die Satzung zum Schutze des Baumbestandes der Stadt Witten/Ruhr v 29. 7. 1986 (in Anlehnung an eine landesweit verbreitete Mustersatzung), daß Bäume mit einem Stammumfang von mehr als 80 cm nicht ohne Genehmigung entfernt werden dürfen, und daß es verboten ist, ihren Wurzelbereich mit wasserundurchlässigen Materialien zu befestigen.

§ 91

Vertretbare Sachen im Sinne des Gesetzes sind bewegliche Sachen, die im Verkehr nach Zahl, Maß und Gewicht bestimmt zu werden pflegen.

Materialien: E I § 779; II 77 b; III 87; Mot III 33; Prot III 2; Jakobs/Schubert, AT I 464.

1. Die Begriffsdefinition

1 Bei der Legaldefinition der vertretbaren Sachen folgt das BGB der Formulierung des römischen Rechts in D 12, 1, 2, 1, wonach es sich um Sachen handelt, quae pondere, numero, mensura consistunt.

a) **Vertretbar** sind die im Verkehr nach Zahl, Maß oder Gewicht bestimmten Sachen deshalb, weil sie gegenüber anderen Sachen derselben Art **keine ausgeprägten Individualisierungsmerkmale** aufweisen, also nach der regelmäßigen Anschauung diese ersetzen oder von ihnen ersetzt werden können. Dies bedeutet, daß bei vielen Serienprodukten die **neue Sache** eine vertretbare ist, die schon gebrauchte Sache hingegen nicht mehr (BGB-RGRK/Kregel Rn 5; Larenz I § 16 II 2). So sind zB Neuwagen meist vertretbare Sachen, Gebrauchtwagen nicht (OLG München DAR 1964, 189). – Vertretbare Sachen sind ferner Serienmaschinen und Fertigbauteile, Bierflaschen (BGH MDR 1956, 154), verschiedene Mengen derselben Weinsorte (BGH NJW 1985, 2403), Einzelexemplare eines Buches; vertretbar sind als Handelsware hergestellte Möbel selbst dann, wenn sie nach einem Muster angefertigt wurden (BGH NJW 1971, 1794). Aus § 651 ergibt sich, daß als vertretbare Sachen nicht nur vorhandene, sondern auch erst herzustellende Sachen eingeordnet werden können (BGB-RGRK/ Kregel Rn 2). Dabei kommt es nicht darauf an, daß der Stoff, aus dem die Sache hergestellt werden soll, zu den vertretbaren Sachen gehört, sondern nur darauf, daß die Sache nach ihrer Herstellung als eine vertretbare zu bezeichnen ist.

Keine vertretbaren Sachen sind Grundstücke, da jedes Grundstück durch seine Lage gegenüber allen anderen Grundstücken charakterisiert ist. Ebenso sind unvertretbare Sachen normalerweise Kunstwerke, speziell angefertigte Möbel (RGZ 107, 340) und Maßkleider. Auch Werbeprospekte für eine bestimmte Firma sind trotz ihrer Vielzahl als Gruppe unvertretbar (BGH NJW 1966, 2307), ebenso Zündholzbriefe mit Firmenaufdruck (BGH DB 1981, 315).

b) Bei vertretbaren Sachen wird es sich regelmäßig um solche handeln, die im wirtschaftlichen Verkehr als **Mengensachen** und nicht als Einzelstücke hervortreten (vgl Vorbem 14 zu § 90). Dennoch ist es unzutreffend, wenn WENDT (AcP 103, 417, 452) den Gegensatz von Mengensachen und Einzelsachen als maßgebendes Kriterium für die Vertretbarkeit ansehen will. – Zur vereinbarten Gattungsschuld vgl u Rn 6.

c) Vertretbarkeit als Tatbestandsmerkmal tritt nicht nur bei der Beschreibung von Sachen auf. § 887 ZPO kennt die **vertretbare Handlung**, die auch durch einen Dritten vorgenommen werden kann und deren Zwangsvollstreckung deshalb im Wege der Ersatzvornahme stattfinden kann. – Ferner spricht man im Zusammenhang des § 267 von **vertretbaren Leistungen**. Hierunter werden solche Leistungen verstanden, die der Schuldner nicht notwendig in Person zu bewirken hat.

2. Die praktische Bedeutung des § 91

Praktische Bedeutung erlangt der Begriff der vertretbaren Sache vor allem im **Schuldvertragsrecht**. So können nach § 607 nur vertretbare Sachen Gegenstand eines Darlehens sein; dasselbe gilt für die unregelmäßige Verwahrung gem § 700, für die Anweisung nach § 783 und für die indossablen kaufmännischen Anweisungen des § 363 HGB. – Auf dem Unterschied zwischen vertretbaren und unvertretbaren Sachen beruht die Regelung des § 651 über den Werklieferungsvertrag. Außerdem werden nach § 706 Abs 2 vertretbare Sachen, die von einem Gesellschafter eingebracht werden, im Zweifel gemeinschaftliches Eigentum der Gesellschafter. Sondervorschriften für vertretbare Sachen gelten nach § 419 Abs 1 HGB auch beim Lagergeschäft.

Im **Schadensersatzrecht** wird der Umstand, daß vertretbare Sachen von der Schädigung betroffen sind, ebenfalls bedeutsam. In diesem Falle muß Ersatz durch Lieferung anderer Sachen derselben Gattung geleistet werden (RG DRW 1942, 1704; LARENZ I § 16 II b; GIESEN NJW 1979, 2066). Andererseits kann eine Ersatzbeschaffung dieser Art auch nur bei Beschädigung vertretbarer Sachen verlangt werden (BGH NJW 1985, 2413, 2414).

Die **ZPO** verwendet den Begriff der vertretbaren Sache in den §§ 592 (Urkundenprozeß), 794 Abs 1 Nr 5 (vollstreckbare Urkunden) und 884 (Zwangsvollstreckung durch Wegnahme).

3. Parteidispositionen im Zusammenhang des § 91

5 a) Es bleibt den Vertragsschließenden unbenommen, eine Sache, die iS des § 91 nach der **Verkehrsauffassung vertretbar** ist, im Vertragszusammenhang gewollt wie eine nicht vertretbare Sache zu behandeln. Jedoch ist eine solche Absicht nicht schon dann anzunehmen, wenn eine vertretbare Sache zu einem individuellen Zweck verwendet werden soll, etwa weil ein zu den vertretbaren Sachen gehörendes Modell konkret gewünschte Erfordernisse erfüllt (OLG Hamm NJW RR 1986, 477).

6 b) Die Parteien können auch vertretbare (und im Einzelfall sogar nichtvertretbare) Sachen so behandeln wollen, daß sie als Leistungsgegenstand nur der Gattung nach bestimmt werden, so daß es nicht darauf ankommt, welches Einzelstück der vereinbarten Gattung geleistet wird. Durch eine solche Abrede wird eine **Gattungsschuld** begründet. – Es wäre jedoch unzutreffend anzunehmen, daß damit eine vertretbare Sache zur unvertretbaren würde (Soergel/Mühl Rn 4; Erman/Michalsky Rn 3). Die Vertretbarkeit hat ihre objektive Grundlage in der Verkehrsanschauung und ist vom Parteiwillen unabhängig. – Dies gilt selbst dann, wenn eine **beschränkte Gattungsschuld** vereinbart wurde, weil auch in diesem Falle die Vertretbarkeit nicht durch Parteiwillen begründet werden kann (BGH NJW 1985, 2403).

Hingegen knüpfen die Bestimmungen über eine nur der Gattung nach bestimmte Sache, wie sie sich zB in den §§ 243, 279, 300 Abs 2, 480, 524 Abs 2, 2182 Abs 1 und 2183 finden, an eine (vereinbarungsmäßig oder einseitig) gewollte Grenzziehung an. Hier kommt es nicht darauf an, ob die betroffenen Sachen vertretbar oder unvertretbar sind, sondern ob der Leistungsgegenstand individuell oder nach allgemeinen Merkmalen bezeichnet wurde.

4. Das Geld*

7 a) Geld zählt zu den vertretbaren Sachen, weil die auf Geldscheinen angebrachte Individualisierungsnummer von der Verkehrsanschauung ignoriert wird (MünchKomm/Holch Rn 3; Pikart, Die sachenrechtliche Behandlung von Geld und Wertpapieren in der neueren Rechtsprechung, WM 1980, 510), und für Münzen entsteht die Frage der Individualisierung durch Nummern überhaupt nicht.

---

* **Schrifttum:** Ebel, Die Zueignung von Geldzeichen, JZ 1983, 175; Grasser, Deutsche Münzgesetze 1871–1971 (1971); Häde, Geldzeichen im Recht der Bundesrepublik Deutschland (1991); Hahn, Währungsrecht (1990); Harmening/Duden, Die Währungsgesetze (1949 ff); Kaser, Das Geld im Sachenrecht, AcP 143, 1; Keynes, Allgemeine Theorie der Beschäftigung, des Zinses und des Geldes (1936, deutsch 1955); F A Mann, Das Recht des Geldes (1960); Medicus, Ansprüche auf Geld, JuS 1983, 897; Obst/Hintner, Geld-, Bank- und Börsenwesen (38. Aufl 1988/1991); Reinhardt, Vom Wesen des Geldes und seiner Einfügung in die Güterordnung des Privatrechts, in: FS Boehmer (1954) 60; K Schmidt, Geld und Geldschuld im Privatrecht, JuS 1984, 737; Simitis, Bemerkungen zur rechtlichen Sonderstellung des Geldes, AcP 159, 406; Spindler/Becker/Starke, Die Deutsche Bundesbank (4. Aufl 1973); vStebut, Geld als Zahlungsmittel und Rechtsbegriff, Jura 1982, 561; Veit, Grundriß der Währungspolitik (3. Aufl 1969). Wegen des älteren Schrifttums s Staudinger/Dilcher[12] § 91 Rn 7.

Der allgemeine Begriff des Geldes ist nach den wirtschaftlichen Funktionen zu bestimmen, die dem Geld zukommen. Es dient als **Zahlungs- und Tauschmittel**, als Maßstab und Träger ökonomischer Werte, kurz gesagt als Wertmaßstab und Wertträger (ENNECCERUS/NIPPERDEY § 123 I 1).

In dieser Eigenschaft entstand historisch zunächst das **Sach- oder Warengeld** (HAHN 2 f; OBST/HINTNER 21; SIMITIS 413), zB in der Form von Muscheln, Vieh oder Metallbarren. Mit Erstarkung der staatlichen Zentralgewalt seit dem Mittelalter wurde in unserem Kulturkreis das Warengeld vom **Staatsgeld** verdrängt. Ausländische Geldzeichen und Münzsonderprägungen sind kein Staatsgeld in diesem Sinne (BGH WM 1984, 945), wohl aber vertretbare Sachen iS des § 91 (PAEFGEN JuS 1992, 192). – **Überstaatliches Geld** wird im Rahmen der 1992 vereinbarten Europäischen Währungsunion entstehen (vgl u Rn 15). – Neben dem Staatsgeld entwickelte sich mit dem bargeldlosen Zahlungsverkehr unabhängig von staatlicher Geldhoheit das **Buchgeld** oder Giralgeld. Hierbei handelt es sich um Forderungen gegen Kreditinstitute, die dem Inhaber zu Zahlungszwecken zur Verfügung stehen (K SCHMIDT JuS 1984, 738). Der Wert des Buchgeldes kann in der Summe größer sein als der des im Umlauf befindlichen Staatsgeldes. SIMITIS (433) will die Leistung von Buchgeld wegen der funktionalen Gleichwertigkeit der Leistung von Staatsgeld rechtlich gleichachten. Dafür spräche, daß nach § 224 Abs 3 AO die Finanzbehörden zur Annahme von Buchgeld verpflichtet sind (vSTEBUT 570). Generell jedoch bleibt das Buchgeld ein Geldsurrogat, dessen rechtliche Brauchbarkeit von der Annahmebereitschaft des Empfängers abhängt (vSTEBUT 572). – Als jüngste Entwicklungsstufe ist das sog **Computergeld** hervorgetreten, das im beleglosen Zahlungsverkehr verwendet wird (vgl HAHN 9 ff). Auch hier liegt ein Geldsurrogat vor, dessen rechtliche Erheblichkeit vom Einverständnis der Beteiligten abhängt.

In den Zusammenhängen der §§ 935 Abs 2, 1806 und 2119 bezeichnet der Ausdruck Geld nur das Staatsgeld. Buchgeld und Computergeld stellen sich als unkörperliche Gegenstände dar.

b) Maßgebliches Kriterium des Staatsgeldes ist, neben dem besonderen Herstellungsverfahren, der staatlich vorgeschriebene **Annahmezwang** (vgl u Rn 13, zur Beschränkung bei Münzen u Rn 11). Diesen Annahmezwang setzt der Staat aufgrund seiner Geldhoheit fest; die Geldhoheit ist Teil der staatlichen Souveränität (vgl HAHN 21). Gem Art 73 Ziff 4 GG steht dem Bund die ausschließliche Gesetzgebungsbefugnis im Bereich des Geldwesens zu. – Kennzeichen der Geldsurrogate Buchgeld und Computergeld hingegen ist es, daß sie vom Staat nur toleriert und über eine Veränderung der Mindestreservesätze beeinflußt werden. Ihre Rechtserheblichkeit gewinnen die Geldsurrogate aus der **Privatautonomie**.

c) Historisch war das Staatsgeld als Münzgeld an bestimmten **Metallwerten** orientiert, so daß sich der Geldwert am Markt nach dem im Geldzeichen enthaltenen Edelmetallanteil bestimmte. Auch als der Staat dazu überging, „Noten" in Umlauf zu setzen, waren diese als in Inhaberpapieren verbriefte Forderungen auf Leistung von Edelmetallmengen zu verstehen (zur Geschichte des Papiergelds s HAHN 3 f). So galt in Deutschland nach dem MünzG von 1873 die Goldwährung mit Einlösepflicht der Reichsbank für Banknoten. Diese Einlösepflicht wurde zuletzt im ReichsbankG von 1939 beseitigt. – Damit hatte sich das Staatsgeld aus der Bindung an einen Metallwert und von einer Deckungspflicht der Zentralbank gelöst. Die heutigen **Geldzeichen** treten als Münzen oder Scheine hervor, wobei letztere in Anlehnung an den früheren Begriff, aber ohne Übereinstimmung mit ihm, auch als Banknoten bezeichnet werden. Nur E WOLF (Schuldrecht AT 1978, 154) wollte am Verständnis der Geldscheine als Inhaberpapiere festhalten; LARENZ (Schuldrecht I [14. Aufl 1987] § 12 I Fn 7) hat diese Zuordnung nunmehr ausdrücklich aufgegeben (vgl auch MünchKomm/ HÜFFER Vorbem 20 zu § 793).

10 d) Hinsichtlich des Wertes der Geldzeichen sind mehrere Begriffe zu unterscheiden: Einmal gibt es den **Nennwert**, welcher dem Geldzeichen aufgedruckt oder aufgeprägt ist und in Rechnungseinheiten hervortritt. Nach ihm bestimmt sich die Annahmepflicht (vgl o Rn 8) bei innerstaatlichen Geldleistungen. – Metallgeld hat außerdem einen **Stoffwert**, der zB bei Kupfermünzen zeitweise über dem Nennwert liegen kann. – Als **Kurswert** des Geldzeichens wird sein Wert im Verhältnis zu einer ausländischen Währung bezeichnet. Der Kurswert ergibt sich aus dem Markt des Devisenhandels oder aus staatlicher Festsetzung. – Schließlich ist der **Kaufwert** oder die Kaufkraft eines Geldzeichens von Bedeutung. Hierunter versteht man das ökonomische Vermögen, das einem Geldzeichen zu einem bestimmten Zeitpunkt zukommt. Die Kaufkraft des Geldes kann sich nach Maßgabe der innerstaatlichen Wirtschaftsvorgänge erhöhen oder sie kann in Zeiten der Inflation sinken. Deshalb gab es immer Überlegungen, den Inhalt einer Geldschuld nach der jeweiligen Kaufkraft der zur Tilgung verwendeten Geldzeichen zu bestimmten. Dieser sog **Valorismus** wird jedoch durch das in § 3 WährungsG niedergelegte Prinzip des **Nominalismus** ausgeschlossen (vgl DÜRKES, Wertsicherungsklauseln [10. Aufl 1992] 13; HAHN 109 ff; K SCHMIDT JuS 1984, 744; BGH NJW 1983, 1910). Demnach sind auch bei gesunkener Kaufkraft Geldsummenschulden durch die Leistung entwerteten Geldes tilgbar. – Etwas anderes gilt, wenn es sich um eine Geldwertschuld handelt, bei der nicht die Leistung eines betimmten Betrages, sondern ein Wert geschuldet wird, der durch andere Faktoren als den Nennwert des Geldes bestimmt ist, zB bei Schadensersatz- oder Unterhaltspflichten (ENNECCERUS/NIPPERDEY § 123 IV).

Das wirtschaftlich verständliche Streben, von Schwankungen des Kurswertes oder der Kaufkraft unabhängig zu werden, hat eine umfangreiche Kautelarjurisprudenz zu den sog **Wertsicherungsklauseln** hervorgebracht (vgl DÜRKES 16 ff; vMAYDELL, Geldschuld und Geldwert [1974] 369 ff; vSTEBUT, Sicherung des Geldwertes und der Währung, JURA 1983, 449; SCHMALZ, Die Stabilität des Geldwertes als Problem des Privatrechts [1986]; BERNHOLZ, Geldwertstabilität und Währungsordnung [1989]; zur geschichtlichen Entwicklung s HAHN 106 ff, zu Spannungs- und Zinsgleitklauseln 113 f, zu den Genehmigungsrichtlinien der DBB 115 ff).

5. Die Ordnung des Geldwesens

11 Das Geldwesen wird einmal durch Münz- und Notenvorschriften geregelt, ferner durch Vorschriften über die Währungsverfassung sowie durch Bankvorschriften, die das Notenbanksystem organisieren. Schließlich sind Zahlungsvorschriften bedeutsam, welche festlegen, wie Geldschulden getilgt werden müssen und dürfen.

a) Münz- und Notenvorschriften
Rechtsgrundlage für die hoheitliche Ausgabe von Münzen und Geldscheinen sind das staatliche **Münzregal** und das **Notenmonopol** der DBB. – Die staatliche Ausgabe

von Münzen beruht auf dem G v 8. 7. 1950 über die Ausprägung von **Scheidemünzen** (BGBl I 323). Jede Prägung einer neuen Münzart bedarf der gesetzlichen Grundlage (vgl GRASSER 290 ff). Auch das Mischungsverhältnis des Münzmaterials muß bekanntgemacht werden. – Die Münzen werden im Auftrag und für Rechnung des Bundes in Münzstätten geprägt. Sie stellen jedoch nur ein beschränktes gesetzliches Zahlungsmittel dar, weil nach § 3 MünzG niemand verpflichtet ist, Markmünzen über mehr als zwanzig DM und Pfennigmünzen über mehr als fünf DM anzunehmen.

Nicht dem Ziel, Zahlungsmittel zu schaffen, dienen die sog **Gedenkmünzen**, deren Prägung 1955 mit einer Münze zum Gedenken an den 300. Geburtstag des Markgrafen Ludwig Wilhelm von Baden begann (vgl HAHN 60 ff; GRASSER 297). Gedenkmünzen werden primär in der Absicht geprägt, aus ihrem die Herstellungskosten übersteigenden Handelswert einen Gewinn zu ziehen. Staatsgeld als Zahlungsmittel mit Annahmepflicht sind sie nicht (vgl BGH WM 1984, 945; aM HAHN 61 Fn 27 mwN). **12**

Die von der DBB ausgegebenen **Geldscheine** sind gem § 14 Abs 1 S 3 BBankG v 26. 7. 1957 (BGBl I 745) das einzige unbegrenzte gesetzliche Zahlungsmittel. Eine Schranke für die Annahmepflicht kann sich nur aus § 242 ergeben, zB bei besonders großen Beträgen. – Die DBB bestimmt Stückelung und Menge der ausgegebenen Noten. Sie ist dabei nicht an die Beachtung von **Deckungsvorschriften** gebunden, insbes nicht an die Wahrung einer Relation zu bestimmten Devisenvorräten oder zum Bruttosozialprodukt. Die in § 5 des EmissionsG v 20. 6. 1948 (G Nr 62 der amerikanischen und der britischen Militärregierung, VO Nr 159 der französischen Militärregierung) noch vorgeschriebene Notenumlaufhöchstgrenze wurde in das BBankG nicht mehr aufgenommen. Lediglich aus der Mitgliedschaft Deutschlands im Internationalen Währungsfonds und im Europäischen Währungsverbund (vgl u Rn 15) und der damit verbundenen Pflicht zu grundsätzlich stabilen Wechselkursen ergibt sich eine gewisse Schranke für die Erhöhung des Geldumlaufs. **13**

Geldqualität erlangen die Geldzeichen nicht schon mit ihrer Herstellung, sondern erst durch ihre **Widmung**, bei Scheinen seitens der DBB, bei Münzen seitens der Bundesregierung. Das Inverkehrbringen durch Eigentumsübertragung ist nicht erforderlich (HAHN 65 ff). Die von der DBB oder der Regierung ausgegebenen Geldzeichen stehen nach der Ausgabe im **privatrechtlichen Eigentum** ihrer berechtigten Inhaber. Sie unterliegen jedoch nicht nur den privatrechtlichen Vorschriften über Sachen, sondern zusätzlich der aus der Geldhoheit (vgl o Rn 8) hergeleiteten Widmungsordnung. Erst diese ergibt die Befugnis, die Geldzeichen als gesetzliches Zahlungsmittel mit Annahmepflicht zu verwenden. Außerdem etwa verbietet die Widmungsordnung eine mutwillige Zerstörung von Geldzeichen. – Ob durch die Widmung die Geldzeichen den Charakter einer **öffentlichen Sache** erhalten, ist umstritten (bejahend zB vSTEBUT 563; aM HAHN 76 mwN; zur öffentlichen Sache vgl auch Vorbem 32 ff zu § 90). Sicher ist, daß an Geldzeichen **kein öffentliches Eigentum**, verbunden mit Überlassung der Sache zur privaten Verwendung (wie etwa beim Personalausweis, vgl § 90 Rn 8), besteht. Hierfür fehlt es angesichts der grundsätzlich privatrechtlichen Einordnung des Geldes nach dem BGB an einer Grundlage.

Die Widmung der Geldzeichen **endet** mit ihrem Aufruf und anschließender Außerkurssetzung (SPINDLER/BECKER/STARKE § 14 BBankG IV 3), meist verbunden mit einem

Umtausch (Hahn 71). Damit sind Entwidmung und Außerdienststellung erfolgt (Pfennig, Die Notenausgabe der Deutschen Bundesbank [1971] 55).

b) Währungsvorschriften

14 Als Währung bezeichnet man die **Geldverfassung** eines Staates, sein auf Rechnungseinheiten aufgebautes Geldsystem (Jauernig/Vollkommer §§ 244, 245 Anm 1 c; zur geschichtlichen Entwicklung in Deutschland Hahn 135 ff). – Die Grundlage des gegenwärtigen deutschen Währungssystems wurde vom **Besatzungsrecht** gelegt (vgl Enneccerus/Nipperdey § 123 III 5). Gem § 1 WährungsG gilt seit dem 21. 6. 1948 die DM-Währung. Das WährungsG erging als G Nr 61 der amerikanischen und der britischen Militärregierung sowie als VO Nr 158 der französischen Militärregierung. Diese Vorschriften sind gem Art 1 Abs 1 S 2 des Überleitungsvertrages vom 23. 10. 1954 (BGBl 1955 II 213 und 405) weiterhin in Kraft. – Durch den Vertrag über die Währungsunion v 18. 5. 1990 (BGBl II 518, 537) wurde die DM-Währung auf das Gebiet der ehemaligen DDR ausgedehnt.

15 Die **Währungshoheit** ist (wie die den Annahmezwang begründende Geldhoheit vgl o Rn 8) Ausdruck der staatlichen Souveränität. Gem Art 73 Ziff 4 GG besteht hier für die Gesetzgebung ausschließliche Bundeskompetenz.

Jedoch ergeben sich völkerrechtliche Beschränkungen hinsichtlich der grenzüberschreitenden Wirkungen ausgeübter Geld- und Währungshoheit: Am Anfang stand der Beitritt zum **Internationalen Währungsfonds** durch G v 28. 7. 1952 (BGBl II 637). Dieser Fonds ist ein aufgrund der Anregungen von Keynes im Jahre 1944 geschaffenes internationales Instrument zur Verhinderung von Wirtschaftskrisen aufgrund monetärem Ungleichgewicht (Hahn 174 ff; Ipsen, Völkerrecht [1990] 559). Nach dem Statut des IWF war die Bundesregierung verpflichtet, eine dem IWF angezeigte Parität der DM zum US-Dollar bzw dem Feingoldpreis zu erhalten. Diese Verpflichtung mußte jedoch 1973 außer Kraft gesetzt werden (Hahn 177).

Wirkungsvoller waren zunächst Vereinbarungen über ein **Europäisches Währungssystem**. Dieses begann für die Bundesrepublik mit dem durch Bekanntmachung v 11. 9. 1959 (BGBl II 293, 1016) in Kraft getretenen Europäischen Währungsabkommen, dem 1978/79 das Europäische Währungssystem entsprang (Hahn 181). Es brachte als neue Europäische Währungseinheit die **ECU** sowie die Verpflichtung, bei Wechselkursänderungen für nationale Währungen eine Bandbreite zu wahren. Seit dem Jahre 1992 mußte diese Verpflichtung für einige Mitgliedsländer außer Anwendung gesetzt werden. – Als weiterer Schritt wird derzeit eine **Europäische Währungsunion** mit einheitlicher Währung in den Mitgliedsländern angestrebt. In den Art 105 ff des Vertrages über die Europäische Union idF des Maastrichter Vertrags v 7. 2. 1992 (BGBl II 1251; 1993 II 1947) ist eine Europäische Zentralbank mit alleinigem Notenausgaberecht vorgesehen. Sie soll ihren Sitz in Frankfurt erhalten.

c) Bankvorschriften

16 Im Währungssystem der Bundesrepublik Deutschland kommt der **DBB** eine zentrale Aufgabe zu. Sie entstand durch G v 26. 7. 1957 (BGBl I 745, zuletzt 1992 I 1783) aus der Verschmelzung der nach dem Kriege in den Ländern eingerichteten Landeszentralbanken mit der durch G Nr 60 der amerikanischen Militärregierung und VO Nr 129 der britischen Militärregierung am 1. 3. 1948 geschaffenen Bank deutscher Länder

2. Abschnitt. Sachen

§ 91

(HAHN 169 ff; ENNECCERUS/NIPPERDEY § 123 III 5). Die Landeszentralbanken wurden zu Hauptverwaltungen der DBB in jedem Bundesland (HAHN 239). Durch G v 15. 7. 1992 (BGBl I 1287) wurde die Zahl der Landeszentralbanken auf neun vermindert. – Die Verfassungsgrundlage der DBB ergibt sich aus Art 88 GG. Nach § 2 BBankG ist die DBB eine bundesunmittelbare juristische Person des öffentlichen Rechts. Sie ist gem § 12 BBankG in der Ausübung ihrer Befugnisse von Weisungen der Bundesregierung unabhängig, jedoch verpflichtet, die allgemeine Wirtschaftspolitik der Regierung zu unterstützen (vgl SPINDLER/BECKER/STARKE Vorbem IV vor § 14 BBankG).

Für **Geschäftsbanken** gilt vor allem das G über das Kreditwesen v 11. 7. 1985 (BGBl I 1472, zuletzt 1992 I 2211). Es sieht zahlreiche öffentlichrechtliche Kontrollmechanismen vor. – Eine wichtige Sonderform sind die **Hypothekenbanken** nach dem G v 13. 7. 1899 idF v 5. 2. 1963 (BGBl I 81, zuletzt 1990 I 2898; vgl BAUR 315).

Ferner sind die **Bausparkassen** hervorzuheben (G v 16. 11. 1972, BGBl I 2097; zuletzt 1993 I 546; vgl BAUR 316). – Einige Länder unterhalten sog **Landesbanken**, so NRW die WestLB, die Westdeutsche Landesbank, Girozentrale. – Außerdem können Gemeinden und Gemeindeverbände **Sparkassen** errichten (vgl zB NRWG v 2. 7. 1975, GVBl 498, zuletzt GVBl 1986, 660).

d) Devisenvorschriften
Der grenzüberschreitende Geld- und Kapitalverkehr war seit dem 1. Weltkrieg staatlicher Kontrolle, der **Devisenbewirtschaftung**, unterworfen (zur geschichtl Entwicklung vgl HAHN 309 ff). Die einschlägigen Vorschriften hatten den Charakter von Verbotsgesetzen iS des § 134. – Nach dem 2. Weltkrieg wurde die Devisenbewirtschaftung durch Besatzungsrecht fortgeführt. Gem G Nr 53 der amerikanischen und der britischen Militärregierung sowie nach VO Nr 235 der französischen Militärregierung waren alle Devisengeschäfte genehmigungspflichtig. Allerdings wurden auf der Grundlage im Besatzungsrecht vorgesehener Ermächtigungen und später nach § 3 BBankG zunehmend allgemeine Genehmigungen für Devisengeschäfte erteilt, so daß Ende 1958 die Devisenbewirtschaftung praktisch beendet war (ENNECCERUS/NIPPERDEY § 123 IV; HAHN 319 ff). Die letzten Kontrollen aufgrund des AWG entfielen 1985 (RITTNER, Wirtschaftsrecht [2. Aufl 1987] 514; SIEBELT, Der juristische Verhaltensspielraum der Zentralbank [1988] 151). – In der ehemaligen DDR bestand die Devisenbewirtschaftung bis zu ihrem Ende (HAHN 356). Die Überleitung des dortigen Rechts auf das der Bundesrepublik war nach Art 3 des Vertrages über die Schaffung einer Währungs-, Wirtschafts- und Sozialunion v 18. 5. 1990 (BGBl II 537) begleitet von währungsrechtlichen Genehmigungspflichten (vgl Mitt der DBB v 13. 6. 1990).

Maßgebend für die Kapitalfreiheit innerhalb der **Europäischen Gemeinschaft** sind die Art 67 ff und 106 des EG-Vertrages (HAHN 328 ff). Die freie Verwendbarkeit der sog privaten ECU (vgl o Rn 15) ist allerdings in Deutschland noch eingeschränkt (vgl HAHN 368 ff; WAHLIG WM 1985, 1053 f) – Ab 1. 1. 1994 wurden die Art 67 ff des EG-Vertrages abgelöst durch die Art 73 a ff des Vertrages über die Europäische Union idF des Maastrichter Vertrags v 7. 2. 1992 (BGBl II 1251; 1993 II 1947). Danach sind alle Beschränkungen des Kapitalverkehrs zwischen den Mitgliedsstaaten und mit dritten Staaten verboten.

§ 92

[1] Verbrauchbare Sachen im Sinne des Gesetzes sind bewegliche Sachen, deren bestimmungsgemäßer Gebrauch in dem Verbrauch oder in der Veräußerung besteht.

[2] Als verbrauchbar gelten auch bewegliche Sachen, die zu einem Warenlager oder zu einem sonstigen Sachinbegriffe gehören, dessen bestimmungsmäßiger Gebrauch in der Veräußerung der einzelnen Sachen besteht.

Materialien: E I § 780; II § 77 c; III § 88; Mot III 34; Prot III 2; JAKOBS/SCHUBERT, AT I 465 ff.

1. Der Begriff der Verbrauchbarkeit nach § 92 Abs 1

1 Es ist eine natürliche Eigenschaft vieler Sachen, daß sie sich beim Gebrauch abnutzen. Dadurch werden solche Sachen aber noch nicht verbrauchbar iS des § 92. Sie sind zum Gebrauch bestimmt und nicht zum Verbrauch; Abnutzung allein begründet keine Verbrauchbarkeit (MünchKomm/HOLCH Rn 3).

a) Vielmehr wird die Verbrauchbarkeit im juristischen Sinne durch andere Merkmale charakterisiert. Entweder ist gem § 92 Abs 1 Fall 1 im Gebrauchsakt der **Verbrauch eingeschlossen**, dh die Zerstörung oder doch eine erhebliche Entwertung. Dies ist nicht auf außerordentliche Fälle beschränkt, sondern kann auch durch solchen Gebrauch eintreten, bei dem die Sache ihre bestimmungsmäßige, dh ihr nach der Regel des Lebens und des Verkehrs zukommende Funktion erfüllt. Verbrauchbare Sachen sind demnach vor allem Nahrungs- und Heizmittel, nicht aber Kleider oder Möbel.

2 b) Zu diesem (engeren) Begriff der Verbrauchbarkeit fügt § 92 Abs 1 Fall 2 einen weiteren hinzu, der ursprünglich von der römischen Einordnung des Geldes (vgl § 91 Rn 7 ff) in die Kategorie der verbrauchbaren Sachen ausging. Der Begriff der Verbrauchbarkeit wird, ohne das Geld ausdrücklich zu nennen, auf solche Sachen ausgedehnt, deren bestimmungsmäßiger **Gebrauch in der Veräußerung** besteht. Entscheidend ist nicht, ob die Sache wirklich veräußert wird, sondern ob das ihr bestimmungsmäßiger Gebrauch sein könnte.

Dementsprechend sind Grundstücke keine verbrauchbaren Sachen. – **Wertpapiere** sind insoweit verbrauchbare Sachen, als sie Geldsurrogate darstellen; andere Wertpapiere können auch nach § 92 Abs 2 nicht den verbrauchbaren Sachen zugerechnet werden (vgl u Rn 3). Die Tatsache der Börsengängigkeit eines Wertpapiers macht es noch nicht zur verbrauchbaren Sache iS des § 92 Abs 1 (aM BGB-RGRK/KREGEL Rn 3).

Verbrauchbarkeit und Vertretbarkeit einer Sache (vgl § 91 Rn 1 ff) können zusammenfallen, wie zB bei Geld. Notwendig ist dies jedoch nicht.

2. Der Begriff der Verbrauchbarkeit nach § 92 Abs 2

Mit der Fiktion des § 92 Abs 2 wird festgelegt, daß der bestimmungsgemäße **3** Gebrauch einer Sache immer dann in ihrer Veräußerung besteht, wenn die Sache zu einem **Sachinbegriff** (vgl Vorbem 15 f zu § 90) gehört, dessen bestimmungsmäßiger Gebrauch in der Veräußerung der einzelnen Sachen besteht. Als Beispiel eines solchen Sachinbegriffs wird das Warenlager gesetzlich hervorgehoben.

§ 92 Abs 2 kann alle Arten von Sachen erfassen; es kommt nur darauf an, welchen Zweck der Berechtigte mit dem Sachinbegriff verfolgt, dem sie zugehören. So wird gem § 92 Abs 2 das Schlachtvieh eines Fleischers zur verbrauchbaren Sache (RGZ 79, 246, 248); dasselbe gilt für Kleider in einem Warenhaus (BGB-RGRK/Kregel Rn 4). Anders ist es hingegen für Wertpapiere in einem Fonds (Soergel/Mühl Rn 1; vgl o Rn 2).

§ 92 Abs 2 fingiert nur die Verbrauchbarkeit der Einzelsachen, die zu einem veräußerungsbestimmten Sachinbegriff gehören, nicht dagegen die Verbrauchbarkeit des Sachinbegriffs selbst.

3. Die praktische Bedeutung der Legaldefinition

Von praktischer Bedeutung wird die Verbrauchbarkeit einer Sache, wenn jemandem **4** ein **Nutzungsrecht** an Sachen dieser Art eingeräumt ist. Es ist nur dann von Wert, wenn es zum vollen Verfügungsrecht gesteigert wird; der damit verbundene Verlust des Sacheigentümers wird durch einen Anspruch auf Wertersatz ausgeglichen. Dies gilt vor allem für den Nießbrauch an verbrauchbaren Sachen; der Nießbraucher wird zum Eigentümer. Er hat aber nach Beendigung des Nießbrauchs gem §§ 1067, 1075 Abs 2, 1084 und 1086 S 2 den Wert der verbrauchten Sachen zu ersetzen.

Weitere Regeln über verbrauchbare Sachen finden sich in den §§ 706 Abs 2, 1814 S 2, 2116 Abs 1 S 2 und 2325 Abs 2 S 1. – Die **Sicherungsübereignung** verbrauchbarer Sachen, insbes solcher, die zu einem Warenlager gehören, ist möglich (BGHZ 28, 16, 19 = NJW 1958, 1133; BGH NJW 1984, 803). Ebenso kann an verbrauchbaren Sachen ein **Eigentumsvorbehalt** begründet werden (Soergel/Mühl Rn 3; BGB-RGRK/Kregel Rn 7).

§ 93

Bestandteile einer Sache, die voneinander nicht getrennt werden können, ohne daß der eine oder der andere zerstört oder in seinem Wesen verändert wird (wesentliche Bestandteile), können nicht Gegenstand besonderer Rechte sein.

Materialien: E I § 782; II § 77 d; III § 89; Mot III 40; Prot III 4; Jakobs/Schubert, AT I 435 ff, 467 ff.

Schrifttum

APPELMANN, Die Rechtsprechung zur Frage der wesentlichen Bestandteile (Diss Leipzig 1939);
BECKER, Die einheitliche Sache als wirtschaftlicher Wert und als Rechtsbegriff, ZakDR 1936, 84
BERNHARD, Probleme des Bestandteils- und Zubehörbegriffs im deutschen bürgerlichen Recht (Diss München 1978)
BÖRNER, Das Wohnungseigentum und der Sachbegriff des Bürgerlichen Rechts, in: FS Dölle I (1963) 201
GAUL, Sachenrechtsordnung und Vollstreckungsordnung im Konflikt, NJW 1989, 2509
HURST, Das Eigentum an Heizungsanlagen, DNotZ 1984, 66 und 140
KAUKE, Versuch einer dogmatischen Grundlegung der Bestandteilslehre des BGB (Diss Göttingen 1964)

KIRSTEN, Der Bestandteilsbegriff des § 93 BGB unter Berücksichtigung der technischen Normung (1933)
MICHAELIS, Voraussetzungen und Auswirkungen der Bestandteilseigenschaft, in: FS Nipperdey I (1965) 553
OTTE, Wesen, Verkehrsanschauung, wirtschaftliche Betrachtungsweise – ein Problem der §§ 93, 119 II, 459 und insbes 950 BGB, JuS 1970, 154
SPYRIDAKIS, Zur Problematik der Sachbestandteile (1966)
THÜMMEL, Abschied vom Stockwerkseigentum, JZ 1980, 125.
Wegen des älteren Schrifttums vgl STAUDINGER/DILCHER [12] § 93.

Systematische Übersicht

I. Die allgemeine Bedeutung der Vorschrift	
1. Die Problemstellung	1
2. Vorgeschichte und Grundgedanken	2
a) Die geschichtliche Entwicklung	2
b) Grundgedanken des Gesetzgebers	3
3. Der Sprachgebrauch des Gesetzes	5
II. Der Begriff des Bestandteils	
1. Die Sachbestandteile	6
2. Die von Natur einheitliche Sache	7
3. Die zusammengefügte Sache	8
a) Kriterien der einheitlichen Sache	8
b) Kriterien der Bestandteile	10
4. Die Auflösung der Verbindung	11
5. Rechte als Bestandteile und Bestandteile von Rechten	12
6. Eigentumsanteile	13
III. Die wesentlichen Bestandteile	
1. Die Bedeutung des Begriffs	14
2. Die Voraussetzungen der Sonderrechtsunfähigkeit	15
a) Die Zerstörung	15
b) Die Wesensveränderung beim Bestandteil	16
c) Die Wesensveränderung bei der Restsache	17
d) Der Wesensverlust	18
3. Einzelheiten des Tatbestandes	19
a) Kraftfahrzeuge	19
b) Schiffsmotoren	20
c) Einrichtungen und Hilfsanlagen	21
d) Versorgungsanlagen	21
4. Die Rechtsfolgen des § 93	22
a) Der Ausschluß dinglicher Sonderrechte	23
b) Kein Eigentumsvorbehalt	24
c) Das Wohnungseigentum	25
d) Gesetzliche Pfandrechte	26
e) Immaterialgüterrechte	27
f) Teilbesitz	28
g) Die Zwangsvollstreckung	29
h) Obligatorische Rechte	31
IV. Die nichtwesentlichen Bestandteile	
1. Der Begriff	33
2. Die Rechtslage	34
3. Die Zwangsvollstreckung	35
V. Ausländisches Recht	
1. Österreichisches Recht	37

2. Abschnitt. Sachen

2. Schweizerisches Recht — 38
3. Französisches Recht — 39
4. Italienisches Recht — 40
5. Englisches Recht — 41

Alphabetische Übersicht

Aneignung — 23, 32	Nichtwesentliche Bestandteile — 33 f
Ausländisches Recht — 37 ff	Obligatorische Rechte — 31 f
Bergbauanlagen — 12	
Bestandteile — 6 ff	Patentrechte — 27
Dauerwohnrecht — 25	Rechte als Bestandteile — 12, 33
	– an Bestandteilen — 22 ff, 33 f
Eigentumsanteil — 13	
Eigentumsvorbehalt — 1, 24	Schiffsmotor — 20
Einheitliche Sache — 1, 7 ff	Serienteile — 17 ff
Einrichtungen — 21	Sonderrechtsfähigkeit — 33 f
Erbbaurecht — 12	Sonderrechtsunfähigkeit — 5, 14
Ersetzbarkeit — 17	
	Teilbesitz — 28
Festigkeit der Einfügung — 8	
	Überbau — 21
Gesetzliches Pfandrecht — 26	Verbindungsmaterial — 10
Haupt- und Nebensachen — 5, 33	Verfügungen, bedingte — 23
Hilfsanlagen — 21	Versorgungsanschlüsse — 21
Immaterialgüterrechte — 27	Wesensveränderung — 16 f, 20
	Wesensverlust — 18
Kraftfahrzeuge — 19	Wesentliche Bestandteile — 15 ff
Kunstwerke — 27	Wohnungseigentum — 25
Maschinen — 17	Zerstörung — 15
Mengensachen — 9	Zubehör — 2, 5
	Zwangsvollstreckung — 29, 35 f

I. Die allgemeine Bedeutung der Vorschrift

1. Die Problemstellung

§ 93 regelt die Frage, ob die Bestandteile einer Sache Gegenstand besonderer **1** Rechte sein können. Hierbei sind verschiedene Gesichtspunkte zu berücksichtigen: Einmal können fortbestehende oder neu begründete Sonderrechte dazu führen, daß die **einheitliche Sache zerstört** wird, weil die dinglichen Sonderrechten unterworfenen Sachteile von der einheitlichen Sache abgetrennt werden. – Auf der anderen Seite gibt es Interessen, die für die Gestattung von Sonderrechten sprechen. Solche Interessen treten namentlich beim Kreditkauf hervor, bei dem der **Eigentumsvorbehalt** zur Regel geworden ist. Werden Sonderrechte an Sachteilen nicht zugelassen, so muß der Eigentumsvorbehalt erlöschen, sobald die gelieferte Sache als wesentlicher Bestandteil in eine größere Sacheinheit eingefügt wird.

2. Vorgeschichte und Grundgedanken des § 93

2 a) Schon das **römische Recht** unterschied die einheitliche Sache mit nicht individualisierbaren Teilen, wie etwa Sklaven oder Tiere, von anderen Sachen, die durch Zusammenfügung von Teilen entstanden (vgl HOLTHÖFER, Sachteile und Sachzubehör im römischen und im gemeinen Recht [1972] 23 ff). In letztere Gruppe gehörten vor allem die Grundstücksbestandteile, die nach Regeln beurteilt wurden, die etwa den heutigen §§ 94 und 946 entsprachen. – In der **Pandektenwissenschaft** sowie im preußischen ALR und im österreichischen ABGB erfolgte die Ausgliederung des Zubehörs aus dem Kreis der Bestandteile (HOLTHÖFER 124 ff und 153 ff).

3 b) Da aus dem römischen Recht keine dem § 93 vergleichbaren Regeln überkommen waren, haben die Verfasser des BGB die Frage nach dem Schutz der Sacheinheit unter dem Gesichtspunkt praktischer **Zweckmäßigkeit** lösen wollen (Mot III 41). Sie gingen in § 93 von dem Gedanken aus, daß wirtschaftliche Werte, die durch Zusammenfügung mehrerer Sachen geschaffen wurden, geschützt werden sollen. – Danach hätte man erwartet, daß alle diejenigen Sachteile für sonderrechtsunfähig erklärt würden, die für die Gesamtsache von ausschlaggebender Bedeutung sind. Stattdessen wird jedoch die ganze Sache von § 93 nur insoweit geschützt, als die Zerlegung in ihre Bestandteile zur physischen oder wirtschaftlichen Vernichtung eines der Sachteile führen würde. Ist dies nicht der Fall, so steht der Begründung von Sonderrechten an Sachteilen und damit ihrer möglichen Abtrennung kein Hindernis entgegen. Damit schützt das BGB die Sacheinheit nicht als Eigenwert, sondern nur mit Rücksicht auf den **Wert der Sachteile**.

4 Dies weicht zB von den Regeln im preußischen ALR und im schweizerischen ZGB ab, weil nach diesen Gesetzen die **Einheit der Gesamtsache** zum geschützten Gut erklärt worden ist (vgl MICHAELIS 554). – Man kann jedoch, entgegen HECK (Sachenrecht [1930] 101), die Fassung des § 93 nicht einfach als Redaktionsversehen bewerten und in dessen Berichtigung darauf abstellen, ob der Bestandteil für die Gesamtsache wesentlich ist. Die jetzige Fassung des § 93 war vom Gesetzgeber beabsichtigt. Allerdings hat sie zu deutlichen Schwankungen in der Rspr geführt, wenn dort, meist unter Berufung auf die Verkehrsanschauung, versucht wurde, die Erhaltung der Gesamtsache zum maßgebenden Kriterium zu erheben (MICHAELIS 557).

3. Sprachgebrauch und Aufbau des Gesetzes

5 Das BGB bezeichnet Sachteile, die **nicht sonderrechtsfähig** sein sollen, als wesentliche Bestandteile. Neben der Rechtsfolge der Sonderrechtsunfähigkeit bestimmt § 93 die **tatsächlichen Voraussetzungen** für wesentliche Bestandteile. – Jedoch gilt § 93 hier nicht ausschließlich. Vielmehr enthalten auch die §§ 94 und 96 besondere, teils über § 93 hinausgehende, teils dahinter zurückbleibende Definitionen für wesentliche Bestandteile. Dabei ist § 94 nicht als vorrangige Spezialregelung für Grundstücke aufzufassen, so daß wesentliche Bestandteile daran auch nach § 93 bemessen werden können (RGZ 150, 26). Dies gilt besonders für stationäre, mit dem Grundstück aber nicht fest verbundene Maschinen. – Die wichtigsten Folgerungen aus den §§ 93 ff werden in den Vorschriften über den originären Eigentumserwerb nach den §§ 946 ff gezogen.

Soweit Sachen keine wesentlichen oder nichtwesentlichen Bestandteile darstellen, können sie **Zubehör** nach Maßgabe der §§ 97 ff sein. Insofern sind die Zubehörvorschriften, auch aufgrund ihrer geschichtlichen Entwicklung (vgl o Rn 2), als Alternative zu den Bestandteilsregeln anzusehen. Im Zusammenhang der Zubehörvorschriften wird die Unterscheidung von **Haupt- und Nebensachen** erheblich (vgl § 97 Rn 26), die nicht mit dem Unterschied zwischen wesentlichen und nichtwesentlichen Bestandteilen gleichgesetzt werden darf.

II. Der Begriff der Bestandteile

1. § 93 geht von **Sachbestandteilen** aus. Diese werden in RGZ 63, 171, 173 definiert als „diejenigen körperlichen Gegenstände ..., die entweder von Natur aus eine Einheit bilden oder durch Verbindung miteinander ihre Selbständigkeit dergestalt verloren haben, daß sie fortan, solange die Verbindung dauert, als ein Ganzes, als eine einheitliche Sache erscheinen". Die entscheidende Frage für die Bestandteilseigenschaft ist also, wann eine einheitliche Sache vorliegt, und hierfür ist die Verkehrsanschauung maßgebend (vgl Vorbem 13 zu § 90). Danach muß der Bestandteil für sich einen Wert darstellen, der auch in der Gesamtsache noch erkennbar ist (BERNHARD 25). – Mangels einer Verkehrsanschauung hat der Richter zu entscheiden, „wie an seiner Stelle jeder verständige und unbefangene Beurteiler die Dinge sehen würde" (RGZ 158, 362, 370).

Kein Bestandteil ist demnach, was der Verkehrsanschauung als eine **selbständige Sache** erscheint. Diese kann eventuell Zubehör sein oder einer Sachgesamtheit (vgl Vorbem 15 zu § 90) zugehören (RGZ 69, 117, 120). Anderseits kann auch kein Bestandteil vorliegen, wenn es an einem für die Verkehrsanschauung **anerkennbaren körperlichen Gegenstand** innerhalb der Gesamtsache fehlt (STAUDINGER/WIEGAND[12] § 947 Rn 4).

2. Das letztgenannte Problem entsteht vor allem bei den **von Natur aus** einheitlichen Sachen, zB einem Baumstamm. Hier ist das Vorliegen von Bestandteilen zwar grundsätzlich ausgeschlossen (BERNHARD 77; ENNECCERUS/NIPPERDEY § 125 Fn 2; MICHAELIS 553 Fn 1); jedoch können auch bei solchen Sachen Teile hervortreten, die von der Verkehrsanschauung als körperlicher Gegenstand anerkannt werden. Dies gilt zB, wenn an einem Baumstamm Teilungskennzeichen im Hinblick auf eine spezielle Bearbeitung angebracht sind (BERNHARD 78).

3. Die zusammengefügte Sache

Der Fall, daß die einheitliche Sache durch **spätere Verbindung** der Teile geschaffen wird, ist der Normalfall des § 93. Dabei werden vorhandene Sachen zu einer neuen Einheit zusammengefügt. In der Regel geschieht dies durch menschliches Zutun; zu den eigentumsrechtlichen Folgen vgl STAUDINGER/WIEGAND[12] § 950 Rn 16.

a) Ob durch Verbindung eine **einheitliche Sache** entsteht, bestimmt sich nach der Verkehrsauffassung, hilfsweise nach der natürlichen Betrachtungsweise (vgl o Rn 6;

BGB-RGRK/Kregel Rn 9 und 11). Die bei Soergel/Mühl (Rn 1) vertretene Ansicht, hierbei seien wirtschaftliche Gesichtspunkte ausschlaggebend, schränkt den für die Verkehrsanschauung bzw die natürliche Betrachtungsweise ausfüllbaren Rahmen unnötig ein (vgl auch BGB-RGRK/Kregel Rn 13).

Jedoch bestehen gewisse **Grundregeln**, nach denen das Vorhandensein einer einheitlichen Sache beurteilt wird: Ausgehend von der Festigkeit begründen **chemophysikalisch** geschaffene Verbindungen, zB durch Schweißen oder Mauern, für die Verkehrsanschauung bzw die natürliche Betrachtungsweise stets eine einheitliche Sache. Dasselbe gilt für nicht ohne weiteres lösbare **mechanische** Verbindungen durch Bolzen oder Schrauben (Soergel/Mühl Rn 3). Schließlich genügt auch die Wirkung der **Schwerkraft**, um eine einheitliche Sache entstehen zu lassen; zusätzlich ist hier aber die gegenseitige Anpassung der durch die Schwerkraft zusammengehaltenen Stücke erforderlich (Erman/Michalski Rn 5; BGB-RGRK/Kregel Rn 18). So entsteht mit einer auf ein passendes Gestell aufgelegten schweren Glasplatte für die Verkehrsanschauung ein Glastisch als einheitliche Sache.

9 Hingegen reicht eine nur **funktionale** Zusammenfassung von Einzelsachen unter gemeinsamer Zweckbestimmung grundsätzlich nicht aus. – Ebensowenig genügt die **sprachliche** Zusammenfassung, weil eine solche auch für die Sachgesamtheit kennzeichnend ist (vgl Vorbem 15 zu § 90). So ist beim Besteck das Messer nicht dessen Bestandteil, sondern bildet mit Gabel und Löffel eine Sachgesamtheit. – Schließlich schaffen auch nur als **vorübergehend gewollte** Zusammenfügungen keine einheitliche Sache; dies gilt zB für häufig ausgewechselte Düsen einer Spinnmaschine (RGZ 157, 245).

Nicht um Bestandteile handelt es sich auch dort, wo die ursprünglichen Sachen nach der Verkehrsanschauung nur als sog **Mengensachen** (vgl Vorbem 14 zu § 90) Gegenstand des Rechtsverkehrs werden. So sind einzelne Getreidekörner nicht Bestandteile der Getreidemenge, die Gegenstand von Rechten und Pflichten ist.

10 b) Ebenso entscheiden Verkehrsauffassung und natürliche Betrachtungsweisen darüber, ob in einer **zusammengefügten Sache** noch Bestandteile iS erkennbarer körperlicher Gegenstände vorhanden sind (zu einheitlichen Sachen vgl o Rn 7): Anerkannt werden körperliche Gegenstände als Bestandteile der neuen Sache, wenn ihre **Rückführung** in den früheren Zustand, sei es auch unter gewissen Schwierigkeiten, möglich ist. Dies gilt vor allem für eine Rückführung unter Zuhilfenahme von Schneid- und Schraubwerkzeugen. – Hingegen kann aufgetragene Farbe nicht mehr in den früheren Zustand zurückversetzt werden; sie bildet daher keinen Bestandteil der Sache, auf die sie aufgetragen wurde. Dasselbe gilt für sog **Verbindungsmaterial** wie Mörtel oder Kitt (vgl auch § 94 Rn 7). Ferner genügen **chemisch** vorzunehmende Rückführungsprozesse nicht, um Bestandteile fortdauern zu lassen; dies trifft zB für Metallmengen zu, die sich in einer Legierung befinden. – Schließlich genügt es nach der Verkehrsanschauung nicht, daß ein Stoff von bloßem **Abfallwert** zurückgewonnen werden könnte, um diesen Stoff während seiner funktionsgerechten Verwendung als Bestandteil der zusammengefügten Sache anzuerkennen.

11 4. Die einmal begründete Bestandteilseigenschaft **dauert fort** bis zur endgültigen Auflösung der einheitlichen Sache oder bis zur endgültigen Ablösung des Bestandteils von der einheitlichen Sache (RG LZ 1920, 151). Die nur vorübergehende Abtrennung eines Teils, etwa zu Transportzwecken, läßt die Bestandteilseigenschaft fortbestehen (BGB-RGRK/Kregel Rn 22).

5. Eine Ausnahme von der Regel, daß Bestandteile nur körperliche Gegenstände sein können, enthält § 96, wonach **Rechte** als unkörperliche Gegenstände unter bestimmten Voraussetzungen als Grundstücksbestandteile fingiert werden.

Eine Ausnahme von der Regel, daß Sachen Bestandteile anderer Sachen sind, enthält § 12 Abs 1 ErbbRV, wonach ein aufgrund des Erbbaurechts errichtetes Bauwerk als **Bestandteil des Erbbaurechts** anzusehen ist. Der Heimfallanspruch des Grundstückseigentümers hingegen ist wesentlicher Bestandteil des Grundstücks (BGH WM 1980, 938). – Schächte und technische Anlagen eines Bergwerks sind **Bestandteile des Bergwerkseigentums** und nicht des Grundstücks; maßgebend ist § 9 BBergG (vgl Piens/Schulte/Graf Vitzthum, Komm z BBergG [1983] § 9 Rn 6; ferner RGZ 161, 203, 206). Auch Halden abgebauter Mineralien können Bestandteile des Bergwerkseigentums sein (vgl BGHZ 17, 223, 232).

6. Die Bestandteile einer Sache sind zu unterscheiden von den **Eigentumsanteilen** mehrerer Miteigentümer. Die Eigentumsanteile sind unkörperliche Gegenstände, für die nicht die Sache, sondern das Recht als geteilt zu denken ist.

III. Die wesentlichen Bestandteile

1. Die **Sonderrechtsunfähigkeit** des § 93 gilt nur für solche Sachteile, die das BGB als wesentliche Bestandteile bezeichnet. Der Begriff „wesentlich" wurde vom Gesetzgeber nicht wegen seines klaren Inhalts gewählt, sondern stellte eher eine Verlegenheitslösung dar, weil der vorher zur Bezeichnung der Sonderrechtsunfähigkeit verwendete Ausdruck „feste" Bestandteile mehrdeutig erschien (vgl Jakobs/Schubert, Die Beratungen des Bürgerlichen Gesetzbuchs I [1985] 436).

Für die Unterscheidung zwischen wesentlichen und nichtwesentlichen Bestandteilen kommt es nicht darauf an, ob die betreffenden Bestandteile für die Gesamtsache wesentlich sind (BGHZ 18, 226, 229 = NJW 1955, 1793; vgl o Rn 5). Entscheidend ist vielmehr, ob bei Zerlegung der Gesamtsache einer, nicht notwendig jeder der Teile eine beträchtliche Wertminderung erleiden würde. Ist dies der Fall, so wird die Sacheinheit geschützt; die Bestandteile sind sonderrechtsunfähig. Ist dies nicht der Fall, so findet die Sacheinheit keinen Schutz. Die Bestandteile können Gegenstand von Sonderrechten sein; sie sind nichtwesentliche Bestandteile (vgl u Rn 33 ff). – Ist ein Gegenstand, zB gem § 95, nicht Bestandteil einer Sache, so kann er auch kein wesentlicher Bestandteil sein (RGZ 153, 231, 234).

2. Als **Voraussetzungen der Sonderrechtsunfähigkeit** stellt das Gesetz zwei Tatbestände auf, die Zerstörung und die Wesensveränderung:

a) **Zerstörung** bedeutet einmal die **physische Vernichtung**, wenn etwa eine Tapete von der Wand nur abgekratzt werden kann. Auch Plakate an Litfaßsäulen oder Bauzäunen werden aus diesem Grunde zu wesentlichen Bestandteilen (OLG Karlsruhe NJW 1979, 2056; BayObLG NJW 1981, 1053; OLG Oldenburg NJW 1982, 1166). – Als Zerstörung ist auch zu bezeichnen, daß ein Bestandteil bei der Trennung seinen **wirtschaftlichen Wert** praktisch einbüßt (BGHZ 20, 159, 162 = NJW 1956, 785; 61, 80, 83 = NJW 1973, 1454). Hingegen wird bei starker **Beschädigung** von SOERGEL/MÜHL (Rn 7) nicht der Tatbestand der Zerstörung, sondern der Wesensveränderung bejaht (aM ENNECCERUS/ NIPPERDEY § 125 II 1). Leichte Beschädigungen stellen nach allgemeiner Auffassung keine Zerstörung iS des § 93 dar (BGB-RGRK/KREGEL Rn 26).

Ein weiterer Fall der Zerstörung liegt nach der für § 93 gebotenen Betrachtungsweise dann vor, wenn die Abtrennung des Bestandteils mehr **Kosten** verursacht als in Relation zum verbleibenden Gewinn vertretbar erscheinen. Die in der Rspr verwendete Formel geht dahin, daß die Abtrennung eines Bestandteils „ohne besondere Kosten und Aufwendungen" möglich sein müsse. Unerheblich ist, wen die Kosten treffen würden.

Aufgrund der modernen Massenproduktion hat der Tatbestand der Zerstörung an praktischer Bedeutung verloren, weil für genormte Sachteile bereits bei der Herstellung darauf abgestellt wird, daß sie ohne Schäden und kostengünstig ausgewechselt werden können (RGZ 152, 91, 98).

16 b) § 93 geht für die Sonderrechtsunfähigkeit auch von der **Wesensveränderung** des abgetrennten Teiles oder des verbleibenden Restes aus (vgl auch STAUDINGER/WIEGAND[12] § 947 Rn 5).

Der **abgetrennte Bestandteil** wird in seinem Wesen verändert, wenn für ihn nach der Abtrennung keine seiner Verwendung innerhalb der zusammengesetzten Sache vergleichbare Nutzungsmöglichkeit mehr besteht. Für eine solche neue Nutzungsmöglichkeit kann es durchaus erforderlich sein, daß der abgetrennte Teil mit einer neuen Sache zusammengefügt wird (BGB-RGRK/KREGEL Rn 27). Demnach ist das Wesen des Bestandteils **wirtschaftlich** zu bestimmen (SPYRIDAKIS 34; anders der Sachbegriff, vgl o Rn 8). Das Wesen eines Teiles liegt in seiner Funktion (Bernhard 38). So wird zB ein Kraftfahrzeugmotor durch Ausbau nicht in seinem Wesen verändert, wenn er weiter als Antriebsmaschine genutzt werden kann (BGHZ 61, 80, 81 mwN); er ist also in solchem Falle kein wesentlicher Bestandteil des Kraftfahrzeugs und damit sonderrechtsfähig (vgl noch Rn 19). – Unerheblich bleibt, ob der Bestandteil vorher zur Restsache in einer festen Verbindung stand (RGZ 62, 248, 251; 63, 171, 173). – Eine Brücke, die zwei Grundstücke verbindet, ist wesentlicher Bestandteil beider Ufergrundstücke, weil ohne Brücke keines der Grundstücke in der bisherigen Weise genutzt werden kann; das OLG Karlsruhe (NJW 1991, 926) bejahte die Entstehung von Miteigentum auf der Grundlage des § 93.

17 c) Die **verbleibenden Bestandteile als Restsache** werden durch die Wegnahme des Bestandteils nur dann in ihrem Wesen verändert, wenn der abgetrennte Teil nicht in wirtschaftlich sinnvoller Weise ersetzt werden kann; so kann schwer ersetzbare Software wesentlicher Bestandteil einer aus Hardware und Software gebildeten Sache sein (BGHZ 102, 135, 150). Anderes gilt, wenn es sich bei dem abgetrennten Stück um Serienware handelt, die relativ leicht ersetzbar ist (BGHZ 61, 80, 83).

Diese Definition, welche den **Eigentumsvorbehalt an Serienmaschinen** ermöglicht, geht auf RGZ 67, 30 aus dem Jahre 1907 zurück. Vorher hatte das RG auf der

Grundlage der Ganzheitslehre die Auffassung vertreten, daß der verbleibende Rest beim Ausbau eines betriebswichtigen Teiles in seinem Wesen verändert werde. War zB ein Gebäude speziell für einen Fabrikationsbetrieb errichtet, so wurde angenommen, daß die Fortnahme der Fabrikationsmaschinen sein Wesen verändere (so RGZ 50, 241, 243; 62, 406, 410). Somit war ein Eigentumsvorbehalt an in Fabrikhallen aufgestellten Maschinen praktisch ausgeschlossen. – Seit RGZ 67, 30, 35 wurde diese Auffassung als Subsumtionsfehler bewertet, weil für den nach der Wegnahme der Maschinen verbleibenden Rest nicht vom Begriff „Fabrik", sondern vom Begriff „Gebäude" ausgegangen werden müsse, das durch die Wegnahme der Maschinen keine Wesensveränderung erleide (vgl auch BGB-RGRK/KREGEL Rn 53). – Seit RGZ 67, 30, 34; RGZ 69, 117, 121 und besonders seit RGZ 130, 264, 266 werden nur noch besonders angepaßte und **speziell angefertigte Maschinen** als wesentliche Bestandteile eines Fabrikationsgebäudes angesehen.

Die „Ersetzbarkeitslehre", welche serienmäßig hergestellte Bestandteile für sonderrechtsfähig erklärt, war von Anfang an Gegenstand kritischer Beurteilung (vgl STAUDINGER/COING[11] Erl zu § 93); diese dauern bis in die jüngste Zeit fort (vgl MICHAELIS 561 ff; PINGER JR 1973, 463; dagegen BGHZ 18, 226, 228).

d) Von der These, daß Serienteile wegen ihrer leichten Ersetzbarkeit sonderrechtsfähig sind, macht die Rspr allerdings eine Ausnahme insoweit, als **kleinere Serienteile**, wie zB Schrauben oder Hebel, welche die genannten Voraussetzungen erfüllen würden, dennoch als wesentliche Bestandteile qualifiziert werden. Die Begründung hierfür sieht der BGH darin, daß solche Teile mit der Einfügung in die Gesamtsache ihr eigenes **Wesen verlieren**, weil es in der Gesamtsache aufgeht (BGHZ 20, 154, 157 = NJW 1956, 945; BGB-RGRK/KREGEL Rn 25; abl SPYRIDAKIS 36). – Angestrebt wird mit dieser etwas unscharfen Terminologie das sachgerechte Ziel, die Sonderrechtsfähigkeit auf solche Serienteile zu beschränken, deren wirtschaftlicher Wert in vertretbarer Relation zum Wert der Gesamtsache steht. Von diesem Ausgangspunkt des Wertverhältnisses her genügt geringe Größe eines Bestandteils nicht ohne weiteres für die Bejahung eines Wesensverlustes durch Einfügung; so bleiben zB kleinste, aber wertvolle elektronische Bauteile serienmäßiger Herstellung weiterhin sonderrechtsfähig. **18**

3. Einzelheiten des Tatbestandes

Aus der Rspr zu § 93 sind folgende Einzelheiten hervorzuheben:

a) Beim **Kraftfahrzeug** ist der Serienmotor sonderrechtsfähig (BGHZ 18, 226), auch als Austauschmotor (BGHZ 61, 80). Ebenso sind die Reifen sonderrechtsfähige Bestandteile (OLG Bamberg MDR 1951, 29; OLG Stuttgart NJW 1952, 145; SOERGEL/MÜHL Rn 15). Das eingebaute Autotelefon bleibt eine selbständige Sache (OLG Köln MDR 1993, 1177; vgl auch § 97 Rn 18). Hingegen werden Bremstrommeln nach Ansicht des OLG Hamm (MDR 1984, 842) zu wesentlichen Bestandteilen, weil sie gebraucht nicht mehr sinnvoll zu nutzen sind. Auch das Fahrgestell als Träger der Teile wird zum wesentlichen Bestandteil (OGHZ 2, 389, 393; ERMAN/MICHALSKI Rn 6). – Im Ergebnis besteht demnach Sonderrechtsfähigkeit für jeden Teil eines Kraftwagens, der aufgrund serienmäßiger Herstellung ersetzbar und wiederverwendbar ist (OLG Karlsruhe MDR 1955, 413). **19**

Der **Motor** eines Förderbandes ist nichtwesentlicher Bestandteil, weil er ohne Beschädigung entfernt und anderweitig genutzt werden kann; die Wertminderung als „gebrauchte" Sache soll hier außer Ansatz bleiben (OLG Köln NJW 1991, 2570).

20 b) Für **Schiffsmotoren** gilt eine besondere Einordnung: Zwar wurde vom OLG Stettin (LZ 1931, 1098) ein Segelschiffshilfsmotor als nichtwesentlicher Bestandteil bewertet, ebenso vom OLG Köln (JW 1936, 466) der Motor eines Flußkahnes. – Für normale Motorschiffe jedoch wurde von RGZ 152, 91, 98, unter Verwendung der Ganzheitslehre (vgl o Rn 4), der Schiffsmotor als wesentlicher Bestandteil qualifiziert, weil mit seinem Ausbau für den Schiffskörper eine Wesensveränderung verbunden sei, da nunmehr das Schiff nicht mehr fahren könne „wie es will und soll" (vgl dazu auch BGHZ 18, 226, 230). Zusätzlich hatte das RG für seine Beurteilung auf § 94 Abs 2 zurückgegriffen, weil Schiffe als Bauwerke bezeichnet werden können.

An diesen Hinweis in der vor dem SchiffsRG von 1940 ergangenen RG-Entscheidung knüpft der BGH an. Von BGHZ 26, 225, 227 (= NJW 1958, 475) wird der Schiffsmotor in Anwendung des § 94 Abs 2 als wesentlicher Bestandteil des Schiffes bewertet, weil er dem Motorschiff zur Herstellung eingefügt werde. Damit ist ein Eigentumsvorbehalt am Schiffsmotor ausgeschlossen. – Hiergegen nahm GRAUE (BB 1959, 1283) mit Hinweisen auf das ausländische Recht Stellung; er qualifizierte den Schiffsmotor als Zubehör (vgl auch § 94 Rn 27).

21 c) Bei den Gebäudeeinrichtungen geht es einmal um lose verlegten **Teppichboden**; er wird auch dann nicht wesentlicher Bestandteil nach § 93, wenn er passend zugeschnitten wurde (LG Hamburg NJW 1979, 721; vgl auch § 94 Rn 24). – Die **Einbauküche** wird nicht nach § 93 wesentlicher Bestandteil, weil sie demontiert werden kann (OLG Karlsruhe NJW RR 1986, 19; 1988, 459; LG Köln WM 1988, 425; vgl auch § 94 Rn 24). Auch eine zugeschnittene serienmäßige **Schrankwand** kann an anderer Stelle wiederverwendet werden, so daß sie kein wesentlicher Bestandteil wird (OLG Schleswig NJW RR 1988, 1459). – Hingegen sind **Fensterscheiben** einheitliche Sachen (vgl o Rn 7); eine Trennung von Innen- und Außenseiten als Bestandteilen ist auch bei einer Thermopaneverglasung nicht möglich (LG Lübeck NJW 1986, 2514).

Hilfsanlagen zu mobilen oder stationären Geräten sind sonderrechtsfähig. Dies gilt zB für Meßgeräte (BGHZ 20, 154) sowie für Geräte, welche für die Zulassung eines Flugzeuges erforderlich sind (LG München WM 1957, 1378); ferner für Ladegeräte auf einem Schlepper (OLG Hamburg BB 1957, 1246) und für eine Schiffsradaranlage (LG Hamburg MDR 1958, 923). Auch der Schalter eines Heizkissens ist sonderrechtsfähiger Bestandteil (RGZ 130, 242, 245). Dasselbe gilt für zusätzliche Ölbrenner an Kohlezentralheizungen (OLG Celle BB 1958, 134; OLG Stuttgart MDR 1959, 37). – Die Slipanlage ist Bestandteil des Werftgrundstücks nach § 93 (OVG Bremen NJW RR 1986, 955).

Die **Tiefgarage** unter zwei Grundstücken ist ein einheitliches Bauwerk nach § 93, weil jede Teilung eine Wesensveränderung bedeuten würde (BGH NJW 1982, 756).

d) Zur Bestandteilseigenschaft von **Versorgungsleitungen** zu und in Grundstücken vgl § 94 Rn 8. – Weitere Fälle nichtwesentlicher Bestandteile werden u Rn 33 behandelt.

2. Abschnitt. Sachen

4. Die Rechtsfolge des § 93

Für wesentliche Bestandteile bestimmt § 93, daß sie nicht Gegenstand besonderer 22
Rechte sein können. Dies ist eine **zwingende Vorschrift** (RGZ 62, 410). Die Begründung für diese Regelung ergibt sich daraus, daß wesentliche Bestandteile ihren wirtschaftlichen Zweck und damit ihren Wert regelmäßig nur im Zusammenhang der mit ihnen gebildeten Sache haben können (Mot III 41). – Aus der Sonderrechtsunfähigkeit der wesentlichen Bestandteile ergeben sich folgende Konsequenzen:

a) An wesentlichen Bestandteilen kann **kein Sondereigentum** bestehen (vgl auch 23
BGH MDR 1970, 576). – Auch **beschränkte dingliche Rechte** können an wesentlichen Bestandteilen nicht begründet werden. So ist der auf eine Wohnung im Gebäude beschränkte Nießbrauch nach § 93 unzulässig; § 1030 Abs 2 steht dem nicht entgegen (BayObLGZ 1979, 361, 364).

Wohl aber ist eine **Verfügung** über wesentliche Bestandteile unter der aufschiebenden Bedingung ihrer Abtrennung von der Gesamtsache möglich. Dazu ist allerdings erforderlich, daß bei Bedingungseintritt noch alle Wirksamkeitsvoraussetzungen der Verfügung gegeben sind (SPYRIDAKIS 142). – Eine aufschiebend bedingte Verfügung kann auch in der **Aneignungsgestattung** nach § 956 liegen, aufgrund welcher sich ein Dritter wesentliche Bestandteile der Sache aneignen darf (vgl STAUDINGER/WIEGAND[12] § 956 Rn 9 und 36). Soweit sich der Gestattungsvertrag auf Grundstücksbestandteile bezieht, kann er allerdings nicht ins Grundbuch eingetragen werden und bindet auch den künftigen Grundstückserwerber nicht (RGZ 60, 317, 319).

Erfolgte die Trennung des wesentlichen Bestandteils von der Gesamtsache, ohne daß eine bedingte Übereignung des abgetrennten Teiles vorlag, so steht gem § 953 das Eigentum am abgetrennten Bestandteil dem Eigentümer der Gesamtsache zu.

b) Die Sonderrechtsunfähigkeit wesentlicher Bestandteile bedeutet auch, daß in 24
den Fällen der §§ 946 und 947 Abs 2 ein **Eigentumsvorbehalt** des Verkäufers erlischt, sobald die von ihm gelieferte Sache zum wesentlichen Bestandteil wird (SOERGEL/MÜHL Rn 18; BGB-RGRK/KREGEL Rn 35). Bei der Zusammenfügung gleichwertiger beweglicher Sachen, die dadurch wesentliche Bestandteile einer einheitlichen Sache werden, entsteht gem § 947 Abs 1 Miteigentum der bisherigen Eigentümer (vgl STAUDINGER/WIEGAND[12] § 947 Rn 5). – In jedem Fall kann der frühere Eigentümer des jetzigen wesentlichen Bestandteils im Insolvenzverfahren kein Aussonderungsrecht geltend machen und gegen Vollstreckungsmaßnahmen anderer Gläubiger des Erwerbers steht ihm keine Drittwiderspruchsklage zu. Außerdem erstrecken sich die an der Hauptsache bestehenden Belastungen nunmehr auf die wesentlichen Bestandteile (RG SeuffA 59 Nr 119). War der wesentliche Bestandteil vorher mit beschränkten dinglichen Rechten belastet, so erlöschen diese nach Maßgabe des § 949.

Diese Regeln hatten sich nach dem Inkrafttreten des BGB vor allem für die **Maschinenindustrie** nachteilig ausgewirkt. Deshalb gab es bis zur Anerkennung der Serienmaschinen als sonderrechtsfähigen Bestandteilen (vgl o Rn 17) zahlreiche Versuche, die in § 93 normierte Sonderrechtsunfähigkeit abzuwenden. So vertrat KRÜCKMANN (ZBlFG 1906, 585 und 649) die Ansicht, daß der Käufer bis zur Tilgung der Kaufpreisschuld nur als Mieter anzusehen sei, so daß § 95 angewendet werden könne. NEUMANN (JW 1907, 97) schlug eine beschränkte persönliche Dienstbarkeit vor, nach welcher der Verkäufer berechtigt sei, die Maschine auf dem Grundstück des Erwerbers zu halten (vgl dazu RÜHL, Eigentumsvorbehalt und Abzahlungsgeschäft [1930] 140 ff; SPYRIDAKIS 163 ff). Von der älteren Rspr wurde allerdings unter Heranziehung der Verkehrsauffassung meist die Bestandteilseigenschaft der Maschinen verneint, so daß sie als selbständige Sachen Zubehör und damit sonderrechtsfähig waren (vgl RG JW 1907, 128; 1909, 159; RGZ 69, 117, 120; 264, 266).

25 c) Abweichend von § 93 bestimmt das WEG, daß an einer Wohnung **Wohnungseigentum**, an anderen Räumen **Teileigentum** bestehen kann. Damit wird ein Sondereigentum am wesentlichen Bestandteil geschaffen, weshalb § 3 Abs 1 WEG ausdrücklich die Abweichung von § 93 erwähnt. Für das dogmatische Verständnis dieser Situation kann man die im Sondereigentum stehenden Räume als selbständige Sachen ansehen (vgl BÖRNER 212). Ausgenommen vom Sondereigentum bleiben die dem gemeinschaftlichen Gebrauch dienenden Einrichtungen und Anlagen; sie stehen im **Miteigentum**. – Da bei der Umwandlung einer Mietwohnung in eine Eigentumswohnung eine Abgeschlossenheitsbescheinigung erforderlich ist, hat sich eine Praxis dahin gebildet, an Kellerräumen Teileigentum zu begründen (hier genügt bereits ein Lattenrost zur Abgeschlossenheit) und dieses mit einem Sondernutzungsrecht an einer nicht abgeschlossenen Wohnung zu verbinden. Das BayObLG (NJW 1992, 700) und das OLG Hamm (NJW RR 1993, 1234 für eine Garage) haben diese Fallgestaltung zugelassen, das LG Braunschweig (RPfleger 1991, 201) und das LG Hagen (NJW RR 1993, 402) sehen darin eine Gesetzesumgehung (vgl auch PAUSE NJW 1990, 3178 und 1992, 671).

Auch das durch § 30 WEG geschaffene **Wohnungserbbaurecht** bzw Teilerbbaurecht sowie das durch § 31 WEG normierte Dauerwohn- bzw **Dauernutzungsrecht** stellen als dingliche Sonderrechte eine Ausnahme von § 93 dar.

Soweit vor dem Inkrafttreten des BGB nach Landesrecht **Stockwerkseigentum** begründet wurde, greift Art 182 EGBGB ein (vgl THÜMMEL JZ 1980, 125 ff). – Auch das **Kellereigentum** nach rheinischem Recht, dh nach Art 553 cc, kann gem Art 181 EGBGB fortbestehen (KG JW 1933, 1334), ebenso das „Kellerrecht" nach gemeinem Recht (BayObLGZ 1991, 178, 181 f).

26 d) Ausnahmsweise ist ein **gesetzliches Pfandrecht** an wesentlichen Bestandteilen möglich, nämlich an den ungetrennten Früchten der nächsten Ernte nach § 1 des G zur Sicherung der Düngemittel- und Saatgutversorgung v 19. 1. 1949 (WiGBl 1949, 8) idF v 30. 7. 1951 (BGBl I 476). Es erlischt am 1. April des nachfolgenden Jahres, wenn es nicht geltend gemacht wurde. Dieses Pfandrecht besteht jedoch nur an den zum Verkauf bestimmten Früchten, nicht an den sog Wirtschaftsfrüchten, die zur Betriebsfortführung benötigt werden (vgl BGHZ 41, 6, 7).

27 e) Das Bestehen von **Immaterialgüterrechten** an wesentlichen Bestandteilen wird durch § 93 nicht ausgeschlossen, weil sich die Vorschrift nur auf Sachenrechte bezieht (SOERGEL/MÜHL Rn 24). Dies wird vor allem wichtig, wenn ein wesentlicher Bestandteil Kunstwert hat, zB als Fresko; in diesem Falle steht § 93 dem Urheberrecht am Kunstwerk nicht entgegen. Gegenstand des Urheberrechts ist nicht die Sache als körperliche Erscheinung, sondern das immaterielle künstlerische Ergebnis (RGZ 79, 397, 400; vgl auch RGZ 158, 362, 370). – Ein Bildstock wird nicht nach § 93 zum Grundstücksbestandteil (OLG Frankfurt NJW 1982, 653).

Auch **patentrechtlicher Schutz** kann hinsichtlich wesentlicher Bestandteile einer beweglichen Sache begründet werden (RGZ 108, 129; 130, 242, 245), denn Grundlage des Patentrechts ist nicht der Sachbestandteil, sondern der Erfindungsgedanke. – Für wesentliche Bestandteile von Grundstücken, wie Betonpfähle, wird allerdings der Patentschutz versagt, weil eine Patentfähigkeit von Grundstücken prinzipiell zu verneinen ist (RG DR 1941, 1963; aM TETZNER DGWR 1942, 44 und Recht 1942 Nr 1681).

f) **Teilbesitz** an wesentlichen Bestandteilen wird durch § 93 nicht ausgeschlossen, **28** weil der Besitz als tatsächliche Sachherrschaft kein Sonderrecht darstellt. Allerdings müssen die Voraussetzungen des § 865 erfüllt sein, damit Teilbesitz an wesentlichen Bestandteilen anerkannt werden kann (RGZ 108, 269, 272). – SOERGEL/MÜHL (Rn 23) und SPYRIDAKIS (157) bejahen auch eine **Ersitzung** auf der Grundlage von Teilbesitz am wesentlichen Bestandteil. Dem steht jedoch entgegen, daß eine Ersitzung gegen das Verbot des § 93 verstoßen würde. § 937 kann Eigentum nur an der gesamten Sache entstehen lassen.

g) Für die **Zwangsvollstreckung** ergibt sich aus § 808 Abs 1 ZPO, daß wesentliche **29** Bestandteile beweglicher Sachen nicht gesondert gepfändet werden können. Sie scheiden demnach als Gegenstand einer selbständigen Mobiliarvollstreckung aus.

Die wesentlichen Bestandteile eines Grundstücks werden nach § 865 ZPO von der Immobiliarvollstreckung miterfaßt. Durch den Zuschlag geht das Eigentum daran auf den Ersteher über. Der BGH hat es auch abgelehnt, einen gesonderten Eigentumserwerb an wesentlichen Grundstücksbestandteilen durch Vollstreckungsakte anderer Art zuzulassen (BGHZ 104, 298 = NJW 1988, 2789; dazu GAUL NJW 1989, 2509 und PESCH JR 1993, 360). – Allerdings wird es für zulässig gehalten, durch den Zuschlagsbeschluß eine schuldrechtliche Verpflichtung des Erstehers zur Herausgabe des Bestandteils an denjenigen zu begründen, der den Bestandteil von der Versteigerung ausschließen ließ (RGZ 74, 201, 204; 150, 22, 25; BGB-RGRK/KREGEL Rn 36).

Ausnahmsweise wird in § 810 ZPO die **Pfändung ungetrennter Früchte** zugelassen (vgl **30** OERTMANN ZZP 41, 1). Hierbei wird durch § 810 ZPO mindestens die Verstrickung ermöglicht. Soweit für ein Pfändungsrecht zusätzlich das Vorliegen der materiellen Pfandrechtsvoraussetzungen gefordert wird, versteht man § 810 ZPO entweder als Ausnahmeregel, welche ein materielles Pfandrecht am wesentlichen Bestandteil ermöglicht, oder man nimmt bis zur Trennung der Früchte eine Anwartschaft auf das Pfandrecht an (vgl BAUMBACH/LAUTERBACH/ALBERS/HARTMANN [53. Aufl 1995] § 810 ZPO Anm 1 A; STEIN/JONAS/MÜNZBERG § 810 ZPO Anm I 1). – Ein Gläubiger, der im Falle der Zwangsvollstreckung in das unbewegliche Vermögen dem pfändenden Gläubiger im Rang vorgehen würde, kann nach § 771 ZPO dieser Pfändung widersprechen (OLG Königsberg Jw 1932, 3195; SOERGEL/MÜHL Rn 22).

h) Der Begründung von **obligatorischen Rechten**, die sich lediglich auf den wesent- **31** lichen Bestandteil beziehen, steht § 93 nicht entgegen (RG JW 1904, 139).

Dabei kann es sich sowohl um ein obligatorisches Recht handeln, dessen Verwirklichung **keine Trennung** des Bestandteils von der Gesamtsache voraussetzt, wie zB das Vermieten eines Zimmers oder der Abschluß eines Versicherungsvertrages über den wesentlichen Bestandteil (vgl RGZ 69, 316). – Es kann sich aber auch um obligatorische Rechte handeln, welche an die **künftige Trennung** des Bestandteils anknüpfen. Dies ist zB beim Verkauf eines Hauses auf Abbruch der Fall (RGZ 62, 135; Soergel/ Mühl Rn 19). Für den Verkauf von Holz auf dem Stamm gilt die VO v 30. 4. 1938 (RGBL I 458), wonach nur die Menge veräußert werden kann, die nach dem Einschlag anfällt (vgl BGH BB 1957, 951).

32 Bei den im Zusammenhang mit einer Abtrennung des Bestandteils begründeten obligatorischen Rechten ist zu unterscheiden, ob die **Abtrennung** als solche Inhalt der Verpflichtung ist; dann muß der Verkäufer den Bestandteil abtrennen. Wird jedoch nur der **abgetrennte Bestandteil** verkauft, so muß der Verkäufer das ihm bei der Abtrennung zufallende Eigentum (vgl o Rn 23) am Bestandteil übertragen. Ob der Kauf künftiger Früchte eines Grundstücks emptio spei oder emptio rei speratae ist, hängt von den Umständen ab. – In allen Fällen ist ein Vertrag, der sich auf Grundstücksbestandteile bezieht, nicht der Form des § 313 unterworfen. Und weil es sich nicht um einen Grundstückskauf handelt, ist auch keine Vormerkung zur Sicherung des Anspruchs möglich. Wechselt das Eigentum am Grundstück, so gehen diejenigen wesentlichen Bestandteile, die schon verkauft, aber noch nicht abgetrennt sind, auf den Erwerber über.

Die den Bestandteil betreffende Verpflichtung kann auch darauf gerichtet sein, dem Erwerber die **Aneignung** des abzutrennenden Bestandteils zu gestatten (vgl o Rn 23). – Eine gesetzliche Verpflichtung zur Gestattung der Abtrennung wesentlicher Bestandteile ergibt sich für den Vermieter aus § 547 a, weil sich das Wegnahmerecht des Mieters auch auf wesentliche Bestandteile des Gebäudes erstreckt, zB auf eine eingemauerte Badewanne (Schopp ZMR 1969, 257; Damrau-Schröter, Zivilrechtliche Aspekte der Mietermodernisierung [1994] 181 ff). Der Anspruch richtet sich auf die Duldung der Wegnahme, nicht auf Herausgabe. – Zum Wegnahmerecht nach § 951 Abs 2 vgl Spyridakis 122 ff.

Im Konkurs über das Vermögen des Sacheigentümers begründen die obligatorischen Ansprüche auf Ablösung oder Überlassung wesentlicher Bestandteile kein Aussonderungsrecht (vgl RGZ 63, 307).

IV. Die nichtwesentlichen Bestandteile

1. Der Begriff

33 Aus der Definition der wesentlichen Bestandteile in § 93 ist der Umkehrschluß zu ziehen, daß es auch nichtwesentliche Bestandteile an einer Sache gibt (MünchKomm/ Holch Rn 28 f nennt sie „einfache" Bestandteile) und daß diese **sonderrechtsfähig** sind (RGZ 69, 117; 158, 362, 369; Soergel/Mühl Rn 27; Bernhard 26). Nichtwesentliche Bestandteile sind alle diejenigen Bestandteile, die nicht nach §§ 93 und 94 den wesentlichen Bestandteilen zugeordnet werden können (BGB-RGRK/Kregel Rn 45). Dies gilt zB für die Flächenteile eines Grundstücks (BayObLG JFG 3, 283; RG DJZ 1910, 1353; vgl auch Staudinger/Gursky[12] zu § 890). Auch ein Gebäude kann nichtwesentlicher Bestandteil eines Grundstücks sein, während die Gebäudeteile im Verhältnis zueinander wesentliche Bestandteile sind (OLG Hamm RPfleger 1962, 59; BGH MDR 1970, 576). Bei beweglichen Sachen handelt es sich zB im Verhältnis von Bild und Rahmen zueinander um nichtwesentliche Bestandteile (ERMAN/MICHALSKI Rn 16). – Zu Rechten als Grundstücksbestandteilen vgl § 96 Rn 1.

Die Unterscheidung der nichtwesentlichen Bestandteile von den wesentlichen ist nicht gleichbedeutend mit der Unterscheidung von Haupt- und **Nebensachen** (vgl o Rn 5 und § 97 Rn 26).

2. Die Rechtslage nichtwesentlicher Bestandteile

Die Rechtslage der nichtwesentlichen Bestandteile ist zwar gesetzlich nicht geregelt **34** (BERNHARD 75), sie ist aber grundsätzlich dieselbe wie die der gesamten Sache, welcher sie zugehören (RGZ 158, 362, 369; SOERGEL/MÜHL Rn 27). So stehen nichtwesentliche Bestandteile eines Grundstücks im Eigentum des Grundeigentümers. Ebenso erstrecken sich Verfügungen über die Gesamtsache regelmäßig auf den nichtwesentlichen Bestandteil (ERMAN/MICHALSKI Rn 16). Ferner findet § 953 Anwendung, so daß die nichtwesentlichen Bestandteile einer Sache nach der Trennung dem Eigentümer der Gesamtsache gehören, soweit sich nicht aus den §§ 954 ff etwas anderes ergibt. – Zur Miete von Räumen in nichtwissenschaftlichen Grundstücksbestandteilen vgl FRIEMEL MDR 1957, 715.

Nichtwesentliche Bestandteile können Gegenstand **besonderer dinglicher Rechte** sein. Dementsprechend ist an ihnen Sondereigentum und ein Eigentumsvorbehalt möglich (RGZ 69, 117, 120; MünchKomm/HOLCH Rn 29). – Soweit Sonderrechte begründet sind, bestehen sie fort, wenn der nichtwesentliche Bestandteil mit einer anderen Sache zusammengefügt wird, ohne deren wesentlicher Bestandteil zu werden (BGB-RGRK/KREGEL Rn 47). Der Bestandteileigentümer kann zB kraft seines Eigentums die Abtrennung von der zusammengesetzten Sache verlangen. – Wird ein nichtwesentlicher Bestandteil, der in fremdem Eigentum steht, vom Eigentümer der Gesamtsache mitveräußert, so erlangt der Erwerber am Bestandteil das Eigentum nach Maßgabe der Gutglaubensvorschriften. Ebenso entscheiden diese über den Untergang anderer Sonderrechte am nichtwesentlichen Bestandteil. – Nichtwesentliche Bestandteile können Gegenstand eines rechtsgeschäftlichen Pfandrechts sein (RGZ 69, 117, 120).

3. Die Zwangsvollstreckung

Die **Pfändung** nichtwesentlicher Bestandteile von beweglichen Sachen ist vor ihrer **35** Abtrennung unzulässig. § 808 ZPO läßt nur die Pfändung einer Sache als Ganzes, nicht aber die Pfändung von Teilen zu (aM SOERGEL/MÜHL Rn 30). Dem Gerichtsvollzieher kann die Entscheidung der Frage, ob ein Bestandteil wesentlicher oder nichtwesentlicher Sachteil ist, nicht zugewiesen werden. – Wird eine zusammengesetzte Sache gepfändet, so braucht dies der Eigentümer eines nichtwesentlichen Bestandteils, der nicht der Vollstreckungsschuldner ist, nicht zu dulden; er hat ein die Veräußerung hinderndes Recht iS des § 771 ZPO (RGZ 144, 236; BGB-RGRK/KREGEL Rn 49). – Sofern der Eigentümer eines nichtwesentlichen Bestandteils gegenüber dem Eigentümer der Gesamtsache einen Abtrennungs- oder Herausgabeanspruch hat, kann dieser von den Gläubigern des Bestandteilseigentümers im Wege der Anspruchspfändung der Zwangsvollstreckung zugänglich gemacht werden.

36 Ungetrennte nichtwesentliche **Grundstücksbestandteile** können nicht Gegenstand der Zwangsvollstreckung in das bewegliche Vermögen sein. Dies ergibt sich aus § 865 ZPO, wonach schon die Pfändung von Grundstückszubehör unzulässig ist, so daß erst recht die Pfändung von Bestandteilen des Grundstücks ausgeschlossen sein muß (BGB-RGRK/KREGEL Rn 48; JAUERNIG, Zwangsvollstreckungs- und Konkursrecht [19. Aufl 1990] § 22 II). Auch einzelne Flächen eines Grundstücks, die nicht grundbuchmäßig verselbständigt sind, können nicht eigener Gegenstand einer Zwangsvollstreckung in das unbewegliche Vermögen sein. Dies ergibt sich aus § 864 ZPO, welcher das Grundstück als Vollstreckungsgegenstand iS eines grundbuchmäßig abgegrenzten Teiles der Erdoberfläche versteht (ROSENBERG/GAUL/SCHILKEN Zwangsvollstreckung [10. Aufl 1987] § 49 II 1).

V. Das ausländische Recht

37 1. Das **österreichische Recht** geht in § 294 ABGB vom Begriff des Zugehörs aus und bezeichnet damit sowohl fest verbundene Bestandteile als auch Zubehör in unserem Sinne. § 294 ABGB hat das Zugehör für unbeweglich erklärt und den Regeln über Immoblilien unterworfen. – Indessen hat die österreichische Theorie die gemeinrechtliche Unterscheidung von Bestandteil und Zubehör (vgl o Rn 2) übernommen. Sie entscheidet die Frage, inwieweit Bestandteile sonderrechtsunfähig sein müssen, nach denselben Grundsätzen, wie sie in Deutschland gelten (vgl KOZIOL/WELSER, Grundriß des bürgerlichen Rechts II [9. Aufl Wien 1991] 12 ff). – Außerdem wurde durch den 1916 eingefügten § 297 a ABGB die Möglichkeit eröffnet, den Eigentumsvorbehalt an Maschinen im Grundbuch „anzumerken" und dadurch zu erhalten. Die Anmerkung bedarf der Zustimmung des Grundeigentümers und, wenn die Maschine durch eine andere ersetzt wird, auch der Zustimmung der anderen dinglich Berechtigten (vgl KOZIOL/WELSER 15).

38 2. Auch das **schweizerische Recht** unterscheidet Bestandteile und Zugehör (TUOR/SCHNYDER, Das schweizerische Zivilgesetzbuch [10. Aufl Zürich 1986 Nachdruck 1989] 613 ff). Was im BGB als wesentlicher Bestandteil bezeichnet ist, wird im ZGB einfach Bestandteil genannt. – Im Unterschied zur deutschen Regelung folgt jedoch Art 642 Abs 2 ZGB der Ganzheitslehre (vgl o Rn 4). Danach ist Bestandteil einer Sache alles, was nach der am Ort üblichen Auffassung zu ihrem Bestand gehört und ohne ihre (!) Zerstörung, Beschädigung oder Veränderung nicht abgetrennt werden kann.

Besondere Vorschriften erklären Bauten, Pflanzen, Grundwasser und Quellwasser zu Bestandteilen des Bodens, Art 667, 674 und 704 ZGB. Das gleiche gilt für eingebaute Materialien nach Art 671 ZGB und für Früchte nach Art 643 ZGB.

39 3. Das **französische Recht** ist nicht auf die Problematik wesentlicher Bestandteile ausgerichtet, sondern darauf, ob eine Sache als immeuble oder als meuble anzusehen ist (FERID/SONNENBERGER, Das französische Zivilrecht II [2. Aufl 1986] 529 ff). Bei beweglichen Sachen wird die Bestandteilsfrage auch deshalb nicht erheblich, weil in Art 2279 cc vorgeschrieben ist: „En fait de meubles, la possession vaut titre".

Nach Art 517 cc findet eine Immobilisierung bestimmter beweglicher Sachen statt, da es immeubles par nature und immeubles par destination gibt. Zu ersteren gehören Stücke, die nach deutschem Recht als Bestandteile aufzufassen wären; so erstreckt sich nach Art 518 ff cc das Grundeigentum auf die Gebäude und andere Einfügungen in das Grundstück. Außerdem erfaßt das Grundeigentum gem Art 554 cc alle accessions, wobei dieser Begriff Bestandteile, Zubehör, Früchte und Erzeugnisse umschließt. Das Zubehör im deutschen Sinne ist gem Art 524 cc den immeubles par destination zuzurechnen. – Der in seiner Wirkungsweise dem Eigentumsvorbehalt vergleichbare privilège des Verkäufers, wonach er bevorzugte Befriedigung wegen des Kaufpreises aus der Kaufsache verlangen kann, geht im Falle entstehender accession verloren.

Als Abweichung vom deutschen Recht (vgl o Rn 28) ist noch hervorzuheben, daß nach Art 553 cc die Ersitzung von Gegenständen möglich ist, die nach deutschem Recht als wesentliche Bestandteile aufzufassen wären (FERID/SONNENBERGER aaO).

4. Das **italienische Recht** ist dem französischen ähnlich. Es definiert in Art 812 **40** Codice civile die mit dem Boden fest verbundenen Teile als Immobilien; zusätzlich werden bestimmte Bestandteile wegen ihrer auf das Grundstück bezogenen Zweckbestimmung immobilisiert, „sono reputati immobili". Ein Eigentümerwechsel ist mit dieser Immobilisierung nicht verbunden. Er vollzieht sich nach Art 934 Codice civile im Wege der accessione, wobei jedoch der frühere Eigentümer einer eingefügten Sache, die ohne schweren Schaden abtrennbar ist, gem Art 935 Codice civile noch sechs Monate nach der Einfügung das Recht zur Wegnahme behält. – Ausdrücklich ist die Sonderrechtsfähigkeit für Zubehör (pertinenze) in den Art 817 und 818 Codice civile garantiert. Auch ein Eigentumsvorbehalt (riserva di proprietà), der nach italienischem Recht Schriftlichkeit und, von einer gewissen Wertgrenze ab, auch Registrierung erfordert, geht durch die Immobilisierung einer Sache nicht unter. Dies ergibt sich aus den Art 1524 und 2762 Codice civile (vgl GALGANO, Diritto privato [6. Aufl Padova 1990] 513).

5. Das **englische Recht** kennt als Entsprechung zum Begriff der wesentlichen **41** Bestandteile den der fixtures. Es versteht darunter bewegliche Sachen, die mit dem Boden auf Dauer fest verbunden sind und einer Verbesserung des Bodens bzw eines Gebäudes dienen sollen. – Die fixtures fallen in das Eigentum des Grundeigentümers. Pfandrechte am Grundstück erstrecken sich auf sie; jedoch können Wegnahmerechte eingreifen. – Maschinen sind normalerweise keine fixtures (vgl CHESHIRE/BURN's Modern Law of Real Property [14. Aufl London 1988] 138).

§ 94

[1] **Zu den wesentlichen Bestandteilen eines Grundstücks gehören die mit dem Grund und Boden fest verbundenen Sachen, insbesondere Gebäude, sowie die Erzeugnisse des Grundstücks, solange sie mit dem Boden zusammenhängen. Samen wird mit dem Aussäen, eine Pflanze mit dem Einpflanzen wesentlicher Bestandteil des Grundstücks.**

[2] **Zu den wesentlichen Bestandteilen eines Gebäudes gehören die zur Herstellung des Gebäudes eingefügten Sachen.**

Materialien: E I §§ 783, 784; II § 77 e; III § 90; Mot III 42; Prot III 6.

Schrifttum

COSTEDE, Der Eigentumswechsel beim Einbau von Sachgesamtheiten, NJW 1977, 2340
EBEL, Überbau und Eigentum, AcP 141, 183
EICHLER, Der unentschuldigte Überbau – BGHZ 41, 157, JuS 1965 479
GAUL, Sachenrechtsordnung und Vollstreckungsordnung im Konflikt, NJW 1989, 2509
HAUSMANN, Das Recht der halbscheidigen Giebelmauer (Diss Münster 1969)
HODES, Bauen unter Inanspruchnahme fremden Eigentums, NJW 1964, 2382
HURST, Das Eigentum an Heizungsanlagen, DNotZ 1984, 66 und 140
KLEMPT, Eigentumsverhältnisse beim nicht entschuldigten Überbau, JZ 1969, 223
MORITZ, Teppichboden als wesentlicher Bestandteil des Gebäudes, JR 1980, 55
THAMM, Der Untergang des Eigentumsvorbehalts wegen wesentlicher Bestandteilseigenschaft eines Grundstücks/Gebäudes, BB 1990, 866.
WEIMAR, Gebäude als Scheinbestandteile, BlGBW 1960, 308
WOITE, Eigentumsverhältnisse beim unentschuldigten Grenzüberbau, MDR 1961, 895
Wegen des älteren Schrifttums vgl STAUDINGER/DILCHER [12] § 94.

Systematische Übersicht

I.	Die Vorgeschichte des § 94	1	b)	Grundstücksteile 15
			5.	Das grenzüberschreitende Bauwerk 16
II.	Das Verhältnis zu § 93 und die Anwendungsgrundsätze des § 94		a)	Die Überbautatbestände 16
1.	Die Selbständigkeit des § 94	2	b)	Das Stammgrundstück 18
2.	Das Erbbaurecht und Stockwerkseigentum	3	c)	Die Kommunmauer 19
			d)	Bootssteg und Slipanlage 19
3.	Das Gebäude	4	IV.	Wesentliche Bestandteile nach § 94 Abs 2
III.	Wesentliche Bestandteile nach § 94 Abs 1	5	1.	Die Einfügung zur Herstellung 20
			a)	Einzelheiten der Einfügung 20
1.	Die fest verbundenen Sachen	6	b)	Die Herstellung 21
a)	Der Tatbestand der festen Verbindung	6	c)	Die Zweckbestimmung des Gebäudes 22
			d)	Schutzgebäude und vorübergehender Zweck 23
b)	Einzelheiten des Tatbestandes	7	2.	Einzelheiten 24
c)	Versorgungsleitungen	8	a)	Heizungsanlagen, Entlüftung, sanitäre Einrichtungen, Einbauküchen, Teppichboden 24
d)	Fertighäuser	9		
e)	Flußbett und Deiche	10		
2.	Die Erzeugnisse des Grundstücks	11	b)	Das Leitungsnetz 25
3.	Samen und Pflanzen	12	c)	Beleuchtungskörper, Schrankwände 26
4.	Bodenbestandteile und Grundstücksteile	13	d)	Schiffe 27
a)	Die Substanz des Grundstücks	13	V.	Obligatorische Rechtsverhältnisse 28

2. Abschnitt. Sachen

Alphabetische Übersicht

Akzessionsprinzip	1	Kosten der Trennung	6
Aufzüge	24		
		Leitungsnetz	25
Behelfsheime	9	Luftfahrzeuge	27
Beleuchtungskörper	26		
Bodenbestandteile	13 f	Mechanische Verbindung	7
Bootssteg	19		
		Notstromaggregat	24
Eigengewicht	7		
Eigengrenzüberbau	17	Obligatorische Rechtsverhältnisse	28
Einbauküche	24		
Einbeziehung ins Erdreich	7	Pflanzen	12
Einfügung zur Herstellung	20 f		
Entlüftungsanlagen	24	Rolltreppe	24
Erbbaurecht	3		
Erdölfernleitung	8	Samen	12
Erzeugnisse	5, 11	Sanitäre Einrichtungen	24
		Schiffe	27
Fertighäuser	5 ff	Schrankwände	24
Feste Verbindung	5 ff	Stammgrundstück	18
Flußbett	10	Stockwerkseigentum	3
		Superficies solo cedit	1
Gebäudedefinition	4		
Grenzüberschreitendes Bauwerk	16	Teppichboden	24
Grundstücksteil	19		
		Verkehrsanschauung	6, 24
Heizungsanlage	24	Verwendungszweck	22
Herde	24	Versorgungsleitungen	8
Kommunmauer	17	Wandbehänge	24

1. Die Vorgeschichte des § 94

Nach **römischem Recht** wurde, was durch inaedificatio oder implantatio mit einem **1** Grundstück vereinigt war, in seiner Rechtslage als Bestandteil des Grundstücks notwendig dessen rechtlichem Schicksal unterworfen. Dies fand Ausdruck in dem Satz „**superficies solo cedit**". – Dieser Grundsatz war jedoch, wie BIERMANN (JherJb 34, 169 ff) gezeigt hat, schon im römischen Recht kein ausnahmsloser. Daher wurde im gemeinen Recht das Prinzip der Akzession nicht als eine Notwendigkeit verstanden, sondern als Ausdruck der praktischen Zielsetzung, Bauwerke zu erhalten (vgl HOLT-HÖFER, Sachteil und Sachzubehör im römischen und im gemeinen Recht [1972] 129 ff). – Die Verfasser des BGB haben am **Akzessionsprinzip** festgehalten. Sie haben es allerdings nicht durch eine allgemeine Formel, sondern dadurch zum Ausdruck gebracht, daß in § 94 eine Reihe von Bestandteilen, bei denen die Voraussetzungen des Akzessionsprinzips zutreffen, zu wesentlichen Bestandteilen erklärt werden.

II. Das Verhältnis zu § 93 und die Anwendungsgrundsätze des § 94

2 **1.** Für Gegenstände, die nach § 94 wesentliche Bestandteile sind, tritt die in § 93 vorgesehene Rechtsfolge ein (vgl § 93 Rn 22 ff). – BGHZ 104, 298 hat auch einen Eigentumserwerb an fehlerhaft in die Mobiliarvollstreckung einbezogenem wesentlichem Bestandteil nach § 94 Abs 1, hier einem Kiosk, durch Vollstreckungsakte abgelehnt. Hiergegen argumentiert GAUL NJW 1989, 2512 ff (vgl auch § 93 Rn 29).

Von seiner Funktion her erübrigt § 94 für Bestandteile, die er zu wesentlichen erklärt, die Prüfung der tatbestandlichen Voraussetzungen nach § 93. Insoweit hat § 94 gegenüber § 93 eine selbständige Bedeutung und nicht nur die einer Erläuterung (RGZ 63, 416, 418; 90, 198, 201; 150, 22, 26). Andererseits aber kommt dem § 94 nicht der Charakter eines Spezialtatbestandes für Grundstücksbestandteile zu, so daß diese, unabhängig von den Voraussetzungen des § 94, auch nach § 93 als wesentliche Bestandteile anerkannt werden können (vgl RGZ 62, 248, 251 und § 93 Rn 5).

3 **2.** In allen Fällen des § 94 kommt es nicht darauf an, durch wen die Bestandteilseigenschaft hergestellt wurde und ob dies berechtigt oder unberechtigt geschah (vgl RGZ 51, 80; BGH BB 1957, 166).

§ 94 findet auch auf das **Erbbaurecht** Anwendung. Die Bestandteile des Erbbaurechts sind nach § 12 Abs 2 ErbbRVO nicht zugleich Bestandteile des Grundstücks. Sie werden es jedoch nach § 12 Abs 3 ErbbRVO mit dem Erlöschen des Erbbaurechts.

Soweit bei Inkrafttreten des BGB **Stockwerkseigentum** bestand, bildet dies eine Ausnahme zu § 94; es bleibt gem Art 182 EGBGB bestehen. Das Rechtsverhältnis der Beteiligten untereinander bestimmt sich nach den bisherigen Vorschriften (vgl auch § 93 Rn 25).

4 **3.** Hervorgehoben wird in den Tatbeständen des § 94 das Gebäude; ebenso beziehen sich die Ausnahmeregeln in § 95 Abs 1 S 2 und Abs 2 auf Gebäude: Als Gebäude ist **jeder Baukörper** zu verstehen, so daß zB Mauern und Brücken unter diesen Begriff fallen. Das bedeutet, daß mit der Bezeichnung Gebäude keine konkrete Nutzungsart verbunden werden darf, wie dies ursprünglich vom RG bei der Beurteilung von Maschinen in Fabrikgebäuden vertreten worden war (vgl § 93 Rn 17). Für den Begriff des Gebäudes ist nur die allgemeine Zweckbestimmung als Bauwerk maßgebend (vgl u Rn 22). – Allerdings umfaßt dieser allgemeine Begriff des Gebäudes auch Bauwerke, die mit Rücksicht auf § 95 als bewegliche Sachen gelten (ERMAN/MICHALSKY Rn 8; vgl § 95 Rn 22).

III. Wesentliche Bestandteile nach § 94 Abs 1

5 § 94 Abs 1 S 1 erklärt die mit dem Boden **fest verbundenen Sachen** zu wesentlichen Bestandteilen des Grundstücks, ebenso die mit dem Boden verbundenen **Erzeugnisse**. § 94 Abs 1 S 2 begründet die Bestandteilseigenschaft von Samen und **Pflanzen**. – Daß die feste Verbindung mit „Grund und Boden" bestehen muß, die Erzeugnisse dagegen nur mit dem „Boden" zusammenhängen müssen, macht rechtlich keinen

Unterschied. Gemeint ist in beiden Fällen die an der Oberfläche wahrnehmbare, sich in die Tiefe erstreckende **Erdmasse** eines Grundstücks.

1. Die fest verbundenen Sachen

a) Wann die Verbindung einer Sache mit dem Boden als „fest" zu bezeichnen ist, ergibt sich aus der **Verkehrsanschauung**. Den Gegensatz zur festen Verbindung bildet die leicht lösbare Verbindung (RG HRR 1932 Nr 700), so daß die Festigkeit einer Verbindung dann anzunehmen ist, wenn die **Trennung Schwierigkeiten** bereitet. Daß bei einer Trennung Vorsichtsmaßnahmen zu ergreifen sind, etwa hinsichtlich einer Elektroanlage, genügt dem Schwierigkeitserfordernis noch nicht (RGZ 87, 43, 46).

Im Zusammenhang mit den die Festigkeit einer Verbindung kennzeichnenden Trennungsschwierigkeiten hat die Rspr zwei Gesichtspunkte hervorgehoben: Einmal wird die Schwierigkeit der Ablösung und damit eine feste Verbindung bejaht, wenn eine **physische Zerstörung** oder starke Beschädigung des abzulösenden Teils oder des verbleibenden Grundstücks unvermeidlich ist. Zum zweiten wird auf die **Kosten der Trennung** abgestellt und eine feste Verbindung bejaht, wenn zur Abtrennung „verhältnismäßig erhebliche Mühe und Kosten" aufgewendet werden müssen (RG SeuffA 82 Nr 38; BGB-RGRK/Kregel Rn 4; Spyridakis 64). Es werden also für die Festigkeit einer Verbindung mit dem Boden dieselben Kriterien berücksichtigt, wie sie im Zusammenhang des § 93 für die Bestandteilseigenschaft herangezogen werden (vgl § 93 Rn 15). So ist zB ein in den Boden eingelassenes Schwimmbecken mit dem Boden fest verbunden (BGH NJW 1983, 567). – Beide Aspekte, die Zerstörung und die Kostenerheblichkeit, können auch kumuliert hervortreten (RG WarnR 1932 Nr 114).

b) Im einzelnen wird die Festigkeit der Verbindung vor allem durch die wenigstens teilweise **Einbeziehung in das Erdreich** herbeigeführt; ein festes Fundament genügt hierfür (BGHZ 104, 298, 300 = NJW 1988, 2789). Ebenso genügt das tiefe Einlassen von Holzwerk in den Boden, nicht aber das einfache Einstecken von Pfählen oder Stangen (BGB-RGRK/Kregel Rn 4). – Soweit eine dem Grundstück angefügte Sache nur die **Oberfläche berührt**, kann die Schwierigkeit der Trennung dennoch zum wesentlichen Bestandteil führen; dies gilt zB für Kies auf einem Parkplatz (LG Landshut NJW RR 1990, 1037; vgl auch § 95 Rn 6). – Ferner kann eine feste Verbindung bejaht werden, wenn aufgrund des **Eigengewichts** der Sache, zB eines Gasometers, die Wegnahme mit der Zerstörung oder hohen Kosten verbunden sein würde (RG WarnR 1932 Nr 114). Dies gilt auch für Fertiggaragen (BFH NJW 1979, 392) oder ein Turbinenhaus (OLG Karlsruhe OLGZ 1989, 341). Anders ist es bei geringerem Eigengewicht, etwa von kleineren Petroleumtanks (BayObLGZ 1906, 755, 761).

Die **mechanische Verbindung** einer Sache mit der Erdoberfläche genügt normalerweise nicht, eine feste Verbindung zu schaffen. Dies ist besonders für angeschraubte Maschinen vielfach bestätigt (RG JW 1905, 387; 1906, 417; 1909, 159 und 483; WarnR 1910 Nr 190; 1913 Nr 80; 1914 Nr 143; 1918 Nr 155; vgl auch § 93 Rn 17). – Auch ein Anzementieren von Sachen am Boden begründet noch keine feste Verbindung (RG JW 1912, 128; WarnR 1920 Nr 31). – Ebensowenig sind Geleise mit dem Grundstück, auf dem sie verlegt sind, fest verbunden (RG SeuffA 82 Nr 38; JW 1928, 1730).

Werden bewegliche **Sachen zusammengesetzt** und erst die Zusammenfügung als Einheit mit dem Boden fest verbunden, so haben die einzelnen Teile ihre Selbständigkeit schon durch die Zusammensetzung verloren (vgl STAUDINGER/WIEGAND § 947 Rn 4 ff); zu wesentlichen Grundstücksbestandteilen werden sie aber erst aufgrund der Verbindung der zusammengesetzten Sache mit dem Grundstück (RGZ 132, 346). Eine leichte lösbare Einbauküche wird nicht zum wesentlichen Grundstücksbestandteil (OLG Düsseldorf MDR 1984, 51; vgl auch u Rn 24).

8 c) Die Versorgungsleitungen für Elektrizität, Gas und Wasser wurden früher oft als wesentliche Grundstücksbestandteile gem § 94 Abs 1 aufgefaßt (vgl für Wasserrohre RGZ 168, 288, 290). Demgegenüber greift heute eine stärker differenzierende Beurteilung Platz:

Soweit das Leitungsnetz auf **nicht dem Versorgungsunternehmen gehörenden** Grundstücken verläuft, nehmen die neueren Rspr, vor allem seit BGHZ 37, 353, 356 ff = NJW 1962, 1817, und die hM an, daß die Leitungen als Scheinbestandteile zu bewerten sind und dementsprechend Zubehör zum Betriebsgrundstück des Versorgungsunternehmens darstellen (vgl § 95 Rn 4 und § 97 Rn 21). Auf diese Weise wird vermieden, daß das Leistungsnetz einer Vielzahl von Eigentümern gehört. – Soweit jedoch die Leitungen auf einem **dem Versorgungsunternehmen gehörenden** Grundstück verlaufen, können sie als wesentliche Bestandteile nach § 94 Abs 1 angesehen werden (RG HRR 1928 Nr 1182; SOERGEL/MÜHL Rn 31; BGB-RGRK/KREGEL Rn 8; vgl auch GIESEKE, Leitungen auf fremden Grundstücken, in: FS Hedemann [1958] 95, 128 ff; SCHRÖER NJW 1964, 186). – Hinsichtlich des im Gebäude des Abnehmers befindlichen **inneren Leitungsnetzes** vgl u Rn 25.

Die vorgenannten Grundsätze gelten auch für **Erdölfernleitungen**; vgl dazu KINDERMANN, Rechtsprobleme bei Bau und Betrieb von Erdölfernleitungen (1965); OLZEN BB 1978, 1340. – Für einen **privaten Abwässerkanal** hat der BGH (NJW 1968, 2331) nicht ausgeschlossen, daß es sich um einen Grundstücksbestandteil handelt (vgl auch OLG Schleswig SchlHA 1968, 258).

9 d) Bei **Fertighäusern**, deren vorgefertigte Bauelemente auf ein festes Fundament gesetzt werden, sind die Bauelemente zunächst selbständige Sachen. Hieran ändert sich durch das Aufstellen des rohbauähnlichen Außenkörpers noch nichts. Erst mit dem **Einbau der Leitungssysteme** werden die einzelnen Elemente zu wesentlichen Bestandteilen einer neuen Sache gem § 93. Diese neue Sache ist ein durch die Schwerkraft begründeter wesentlicher Grundstücksbestandteil gem § 94 Abs 1 (LG Konstanz ZIP 1981, 512; SOERGEL/MÜHL § 95 Rn 9; WEIMAR MDR 1963, 819; SCHLICHTING BlfGenW 1963, 128). – Soweit allerdings bereits bei der Aufstellung die spätere Verpflanzung des Fertighauses vorgesehen ist, kann § 95 eingreifen. – Zu sog **Behelfsheimen** vgl § 95 Rn 11.

10 e) Gem Art 65 EGBGB bleiben die landesgesetzlichen Vorschriften über Anlandungen, entstehende Inseln und verlassene Flußbetten von § 94 unberührt. – Dasselbe gilt nach Art 66 EGBGB für die landesgesetzlichen Vorschriften zum Deich- und Sielrecht (vgl auch STAUDINGER/WIEGAND[12] § 946 Rn 15).

2. Die Erzeugnisse des Grundstücks

Wesentliche Bestandteile des Grundstücks sind gem § 94 Abs 1 S 1 auch die **Erzeugnisse**, solange sie mit dem Boden zusammenhängen. Erzeugnisse, ein engerer Begriff als Früchte (vgl § 99 Rn 4), sind alle mit Hilfe menschlicher Arbeit oder ohne diese aus dem Grundstück hervorgehenden Produkte, vor allem die selbständig aus dem Boden wachsenden Pflanzen (zu den eingesetzten Pflanzen vgl zu Rn 12). 11

Erzeugnisse können, solange sie mit dem Boden zusammenhängen, nicht Gegenstand besonderer Rechte sein. So kann zB Holz auf dem Stamm nicht übereignet werden (zum Verkauf vgl § 93 Rn 31). – Zum ausnahmsweisen gesetzlichen Pfandrecht an ungetrennten Früchten vgl § 93 Rn 26, zur Pfändung von Früchten auf dem Halm vgl § 93 Rn 30. – Der Eigentumserwerb an Erzeugnissen wird durch die §§ 953 ff geregelt.

3. Samen und Pflanzen

Gem § 94 Abs 1 S 2 wird der **Samen** als Keim künftiger Bodenerzeugnisse vom Aussäen an, die **Pflanzen** mit dem Einpflanzen zum wesentlichen Bestandteil des Grundstücks und damit sonderrechtsunfähig. Auf das Wurzelschlagen und auf die Frage, ob ausgesäter Samen keimt, kommt es nicht an (BGB-RGRK/Kregel Rn 11; Spyridakis 69). 12

Die Rechtsfolge des § 94 Abs 1 S 2 tritt unabhängig davon ein, wer ausgesät oder eingepflanzt hat. – Für Pflanzen in Baumschulen und Gärtnerein kann § 95 eingreifen (vgl § 95 Rn 10).

4. Bodenbestandteile und Grundstücksteile

a) Die **unmittelbaren Bodenbestandteile** wie Lehm, Ton, Torf oder Kies können nicht als Erzeugnisse bezeichnet werden (Palandt/Heinrichs Rn 3). Sie erfüllen auch nicht die Voraussetzungen des § 93. Vielmehr bilden die Bodenbestandteile die **Substanz des Grundstücks** als einer von Natur aus einheitlichen Sache, an welcher keine Bestandteile bestehen können (vgl § 93 Rn 7; Michaelis 553). 13

Anders ist es, wenn eine **Erdmasse verselbständigt** wird, sei es beim Ausheben einer Grube oder beim Abbau. Hier ist die Sachqualität der verselbständigten Erdmasse anzuerkennen. – Zum wesentlichen Bestandteil eines anderen Grundstücks, auf welches sie gelangen, werden die abgetrennten Bodenbestandteile, sobald die in Rn 7 genannten Voraussetzungen einer festen Verbindung mit der Erdoberfläche bejaht werden können. Einer „Verwachsung" des aufgeschütteten Erdmaterials mit dem Grundstück bedarf es dazu nicht. Die in den Beratungen zum BGB vorgeschlagene Jahresfrist bis zur Anerkennung einer festen Verbindung ist nicht Gesetz geworden (vgl Jakobs/Schubert, Die Beratung des Bürgerlichen Gesetzbuchs I [1985] 441). – Zur Rechtslage bergrechtlicher **Mineralien** vgl Staudinger/Hönle/Kanzleiter[12] zu Art 67 und 68 EGBGB. 14

b) Auch räumlich abgegrenzte **Teile der Fläche** eines Grundstücks sind keine wesentlichen Bestandteile (vgl § 93 Rn 33). Daher ist es möglich, daß sich ein Wege- 15 recht nur auf einen Teil des Grundstücks bezieht (vgl auch STAUDINGER/GURSKY[12] zu § 890).

5. Das grenzüberschreitende Bauwerk

16 a) Ein besonderes Problem entsteht, wenn bei der Bebauung eines Grundstücks auf das **Nachbargrundstück hinübergebaut** wird. Unter Einbeziehung der in § 912 enthaltenen Wertung hat die Rspr hierzu folgende Grundsätze entwickelt, die allerdings in der Literatur zT heftig angegriffen worden sind (vgl SPYRIDAKIS 81 ff; HODES NJW 1964, 2382; 1970, 87; KLEMPT JZ 1969, 223; EICHLER JuS 1965, 479; WOITE MDR 1961, 895; Münch-Komm/SÄCKER § 912 Rn 34 ff; GLASER ZMR 1985, 145, und für den Sonderfall des Wohnungseigentums LUDWIG DNotZ 1983, 411; DEMHARTER RPfleger 1983, 133):

Besteht **keine Entschuldigung** für den Überbau, so unterliegt das grenzüberschreitende Bauwerk der **lotrechtlichen Teilung** (BGHZ 27, 204, 207 = NJW 1958, 1182; 41, 177, 179 = NJW 1964, 1221; 57, 245, 248 = NJW 1972, 195; BGH NJW 1974, 794; 1985, 789, 790). Es bleibt also bei der Regelung gem § 94 Abs 1 S 1, auch wenn damit im Einzelfall ein wirtschaftlich sinnvolles Ergebnis nicht erzielt wird (vgl auch OLG Köln NJW RR 1992, 212).

Besteht eine **Entschuldigung** für den Überbau, insbes nach § 912, so wird dem Prinzip der Erhaltung von Eigentumseinheiten der Vorrang vor § 94 Abs 1 S 1 eingeräumt, so daß der grenzüberschreitende Teil des Bauwerks dem **Eigentümer des Stammgrundstücks** gehört (BGHZ 43, 127 = NJW 1965, 811; 110; 298, 300 f = NJW 1990, 1791; OLG Hamm OLGZ 1984, 54, 57). Zur Begründung wird der schon von M WOLFF (Bau auf fremdem Boden, insbesondere der Grenzüberbau [1900], entwickelte Gedanke einer analogen Anwendung des § 95 Abs 1 S 2 herangezogen. – Die Eigentumsverhältnisse am überbauten Grundstück bleiben unverändert (STAUDINGER/BEUTLER[12] § 912 Rn 20; SOERGEL/BAUR § 912 Rn 25).

17 Diese Grundsätze gelten auch für den sog **Eigengrenzüberbau**, bei dem das vom Überbau betroffene Grundstück demselben Eigentümer gehört wie das Stammgrundstück (RGZ 160, 166, 177; BGH DNotZ 1969, 744; NJW 1990, 1791; SOERGEL/MÜHL Rn 10). – Ebenso werden sie angewendet, wenn bei der **nachträglichen Teilung** eines Grundstücks ein schon bestehendes Gebäude von der Grenze der beiden neu gebildeten Grundstücke durchschnitten wird (BGHZ 64, 333 = NJW 1975, 1553). Maßgebend ist auch hier das Eigentum am Stammgrundstück (BGHZ 102, 311, 315 = NJW 1988, 1078; BGH NJW 1990, 1792; OLG Düsseldorf NJW RR 1987, 397).

18 b) Nicht selten ist es schwierig, das **Stammgrundstück** zu bestimmen, dem das Eigentum am Überbau zufällt: Die Größenverhältnisse zwischen den Bauwerksteilen auf dem einen oder dem anderen Grundstück sind hierfür nicht maßgebend (BGH WM 1961, 179, 181; BGHZ 62, 141, 146). Vielmehr wird beim Eigengrenzüberbau auf das **funktionale Schwergewicht** abgestellt, also darauf, welcher Bauteil für die Benutzung des Gebäudes entscheidend ist (BGHZ 64, 333). Beim Fremdüberbau hingegen soll der **Wille** des Erbauers entscheiden (BGHZ 62, 141 = NJW 1974, 794; BGH NJW 1990, 1792). Ist dieser nicht feststellbar, so entsteht Miteigentum (OLG Karlsruhe OLGZ 1989, 241; STAUDINGER/BEUTLER[12] § 912 Rn 26; **aM** iS vertikaler Teilung PALANDT/BASSENGE § 912 Rn 15).

c) Die Grundsätze zum Eigentum am Überbau wendet die Rspr auch auf die sog **19** **Kommunmauer** an: Wird eine Mauer so errichtet, daß sie sich ganz oder teilweise auf dem Nachbargrundstück befindet, so gehört sie bei **entschuldigtem Überbau** dem Erbauer (BGHZ 57, 245, 248 = NJW 1972, 195; vgl auch HODES NJW 1972, 901). Anderenfalls gilt **lotrechte Teilung** (BGHZ 91, 282; BGB-RGRK/KREGEL Rn 5; SOERGEL/MÜHL Rn 13 f). – Zur Unterhaltung der Mauer vgl OLG Karlsruhe NJW RR 1990, 1164; RANK ZMR 1984, 181.

Wird die Mauer in ein **Bauwerk** auf dem Nachbargrundstück **einbezogen**, so gilt das Gesagte ebenfalls. Bei nicht entschuldigtem Einbeziehen tritt lotrechte Teilung ein (BGHZ 27, 204, 207 = NJW 1958, 1181; 43, 127, 129 = NJW 1965, 811; 57, 245, 249). Bei entschuldigter Einbeziehung hingegen kann die Mauer insgesamt dem Eigentümer des Nachbargrundstücks zustehen. – Die Verwendung einer Mauer, die sich voll auf einem Grundstück befindet, für eine Gebäudeerrichtung auf dem Nachbargrundstück, ändert an den Eigentumsverhältnissen hinsichtlich des Grundstücks nichts.

Benutzen **beide Nachbarn** die Kommunmauer für ihre Bauwerke, so entsteht ohne Rücksicht auf die Entschuldbarkeit **Miteigentum** (BGHZ 27, 197, 201; 36, 46, 53 = NJW 1962, 295; 43, 127, 129; OLG Köln NJW RR 1993, 87). Die Miteigentumsanteile bestimmen sich nach dem Umfang des Anbaus (OLG Düsseldorf NJW 1962, 155; OLG Köln MDR 1962, 818).

Die durch Zusammenbau geschaffenen Eigentumsverhältnisse bestehen auch nach der Zerstörung bzw dem **Abbau eines Gebäudes** oder beider Gebäude fort (BGHZ 43, 127, 131; 57, 145, 249). – Es entsteht jedoch Alleineigentum desjenigen, der als erster die **Mauer wieder aufbaut** (OLG Köln NJW RR 1993, 87; SOERGEL/MÜHL Rn 15). – Zu den Folgekosten bei einem Anbauabriß, hier zur Außenisolierung, vgl BGHZ 78, 397.

d) Zum **Bootssteg**, der in einen fremden Wasserlauf hinausgebaut wird, vgl BGH MDR 1967, 749; OLG Schleswig SchlHA 1991, 11: Während der BGH den gesamten Steg nach § 94 Abs 1 dem Ufergrundstück zuordnet, gilt nach Ansicht des OLG Schleswig diese Vorschrift nur für das über dem Festland befindliche Stück des Steges; für den über Wasser befindlichen Teil soll § 95 Abs 1 S 2 eingreifen. Die Auffassung des BGH verdient den Vorzug, weil der Steg untrennbar ist. – Eine **Slipanlage**, die einem Werftgrundstück dient, ist für das Ufergrundstück als Scheinbestandteil anzusehen (OVG Bremen NJW RR 1986, 955).

IV. Wesentliche Bestandteile nach § 94 Abs 2

1. Die Einfügung zur Herstellung eines Gebäudes

Gem § 94 Abs 2 wird eine Sache, die einem Gebäude zur Herstellung eingefügt ist, **20** dessen wesentlicher Bestandteil.

a) Für die **Einfügung** kommt es nicht auf die objektive Festigkeit der Verbindung an (BGB-RGRK/KREGEL Rn 16). Vielmehr genügt ein räumlicher Zusammenhang mit dem Gebäude und die Anpassung des Teiles an das Gebäude (SOERGEL/MÜHL Rn 22; SPYRIDAKIS 47). So können Dachziegel, Türen und Fensterflügel wesentliche Bestandteile des Gebäudes sein (RGZ 60, 421, 423; 63, 416, 419; 90, 198; 150, 22, 27); demzufolge können dann Fenster nicht zum Wohnungseigentum gehören (LG Lübeck NJW 1986, 2515). Auch das Aufsetzen eines Gewächshauses auf ein hierfür hergestelltes Fundament ist Einfügung iS des § 94 Abs 2 (BGH MDR 1974, 298; NJW 1978, 1311). – Es kommt nicht darauf an, ob die Einfügung bei der Errichtung des Gebäudes oder später, zB anläßlich einer Reparatur, stattfindet (RGZ 158, 362; RG JW 1932, 1197).

Hingegen genügt das **Anfügen** von Platten an ein Gebäude dem Merkmal der Einfügung nicht (BGHZ 36, 46, 51 = NJW 1962, 295). – Ebensowenig werden **probeweise** eingefügte Gegenstände zum wesentlichen Bestandteil (RG WarnR 1915 Nr 6; SOERGEL/ MÜHL Rn 23). – Wesentlicher Bestandteil nach § 94 Abs 2 kann auch nicht werden, was nach der Verkehrsanschauung nicht als Bestandteil einer zusammengesetzten Sache, sondern als **selbständige Sache** aufgefaßt wird (vgl § 93 Rn 6). So sind zB Türschlüssel einem Gebäude nicht eingefügt, sondern selbständige Sachen, die als Zubehör anzusehen sind. Eine Glocke dient nicht der Herstellung einer Kapelle (vgl H DILCHER JuS 1986, 186 zu BGH NJW 1984, 2277).

21 b)   Der Umstand, daß die Einfügung **zur Herstellung** des Gebäudes erfolgen muß, läßt zunächst den **Willen des Einfügenden** als Tatbestandselement hervortreten (vgl RGZ 158, 362, 376). So werden Biertresen und Garderobenschränke der an eine Tennishalle angebauten Gaststättenräume zu wesentlichen Bestandteilen, wenn ihr Einbau schon im Bauplan vorgesehen war (SchlHOLG SchlHA 1994, 286). – Daneben enthält der Begriff der Herstellung auch ein **objektives Merkmal**: Man kann die Herstellung sowohl als Schaffung des **reinen Baukörpers** verstehen, so daß praktisch nur die Baustoffe und Baumittelstücke zu wesentlichen Bestandteilen werden. Man kann aber auch die erstrebte **wirtschaftliche Funktion** des Gebäudes in den Herstellungsbegriff einbeziehen und damit eine Parallele zur früheren Ganzheitslehre bei der Bestimmung wesentlicher Bestandteile nach § 93 ziehen (vgl § 93 Rn 4; MICHAELIS 566).

Im engeren Sinne, der die Herstellung auf den Baukörper beschränkt, erging die Entscheidung des RG in JW 1911, 574 (ähnlich RG JW 1914, 238; JW 1917, 809; HRR 1932 Nr 700; vgl auch BGB-RGRK/KREGEL Rn 14). – Dem stehen Entscheidungen nach der weiteren Auffassung des § 94 Abs 2 gegenüber. So hieß es schon in RGZ 50, 241, 244, daß ein Gebäude zur Holzbearbeitungsfabrik erst durch die Einfügung der Maschinen geworden sei (ähnlich RGZ 63, 416, 419). Ferner wurden in RGZ 90, 198, 200 die Aufzüge eines Hotels als wesentliche Bestandteile bewertet, weil dafür im Baukörper besondere Schächte vorgesehen waren.

22 c)   Die Lösung des Auffassungswiderstreites muß bemüht sein, Abweichungen von § 93 auf ein Mindestmaß zu beschränken; die §§ 93 und 94 Abs 2 sollen keinen Gegensatz regeln: Daher ist bei der Beurteilung eines Gebäudes darauf abzustellen, ob es auf eine **bestimmte Verwendung** speziell ausgerichtet ist, oder ob es unterschiedlichen Zwecken dienen kann. Nur im ersen Falle verdient der Rechtsverkehr Vertrauensschutz dahin, daß die zur Zweckerreichung eingefügten Sachen dieselbe Rechtslage aufweisen wie der Baukörper selbst, sie also dessen wesentliche Bestandteile geworden sind (THAMM BB 1990, 867). Dies gilt zB für Küchen- und Badezimmereinrichtungen in modernen Wohnhäusern und Hotels (BGH NJW 1953, 1180; BGB-RGRK/KREGEL Rn 15). Unter dem Gesichtspunkt des § 94 Abs 2 kommt es dann, abweichend zu § 93 (vgl § 93 Rn 17), nicht darauf an, daß derartige Anlagen nach dem heutigen Stand der Technik leicht ausgebaut und ersetzt werden können. – Unerheblich ist es auch, wenn die Anlagen erst nachträglich eingefügt werden, zB eine Zentralheizung in ein vorher mit Ofenheizung ausgestattetes Wohnhaus (BGH NJW 1970, 895).

Ist dagegen ein Gebäude für **verschiedene Verwendungszwecke** geeignet, wie etwa eine Halle oder ein Bürohaus, so werden die für eine bestimmte Nutzungsweise aufgestellten Maschinen nicht zur Herstellung des Gebäudes eingefügt und damit nicht zu wesentlichen Bestandteilen des Gebäudes (vgl RGZ 130, 264, 266; OLG Oldenburg NJW 1962, 2158). Vielmehr sind Serienmaschinen und genormte Raumausstattungen als selbständige Sachen oder als nichtwesentliche Bestandteile (vgl § 93 Rn 33 f) zu bewerten; so für den Dampfkessel in einer Fabrik BGH JZ 1987, 675, für die Ladeneinrichtung in einer Bäckerei LG Aachen NJW RR 1987, 272. Hingegen werden **Spezialausführungen** nach § 93 zu wesentlichen Bestandteilen (vgl § 93 Rn 17).

Werden **größere Anlagen** in einem längeren Arbeitsprozeß in ein Gebäude eingefügt, so greift § 94 Abs 2 ein, sobald die Gebrauchsfertigkeit für den jeweiligen Teil bejaht werden kann (vgl COSTEDE NJW 1977, 2342). Für Spezialanlagen hingegen geht die Sonderrechtsfähigkeit erst mit der völligen Fertigstellung verloren.

d) Nicht zur Herstellung des Gebäudes eingefügt sind diejenigen Sachen, zu **23** deren **Schutz**, insbes gegen Witterungseinflüsse, das Gebäude dient. So sind Kraftfahrzeuge nicht zur Herstellung der Garage eingefügt.

Keine wesentlichen Bestandteile sind ferner solche Sachen, die zwar zur Herstellung des Gebäudes eingefügt sind, bei denen dies aber nur zu einem **vorübergehenden Zweck** iS des § 95 Abs 2 geschehen ist (vgl § 95 Rn 3 ff). – Ist jedoch ein Gebäude nur zu einem vorübergehenden Zweck mit dem Grundstück verbunden, so können die dem Gebäude eingefügten Anlagen durchaus dessen wesentliche Bestandteile sein. – Auch gem § 12 ErbbRVO sind die Bestandteile des aufgrund eines Erbbaurechts errichteten Bauwerks nicht zugleich Grundstücksbestandteile (vgl o Rn 3).

2. Einzelheiten

a) Nach heutiger Auffassung ist die **Heizungsanlage** normalerweise als wesentli- **24** cher Bestandteil zu bewerten. So für ein Gästehaus LG Freiburg MDR 1957, 419 und OLG Stuttgart BB 1966, 1037; für Wohnhäuser wird dies ausgesprochen von KG JW 1933, 920; BGH NJW 1953, 1180; OLG Köln RPfleger 1970, 88; OLG Koblenz WM 1989, 535. Der Satz gilt auch, wenn es sich um renovierte Altbauten handelt (OLG Frankfurt DNotZ 1968, 656; BGHZ 53, 234 = NJW 1970, 895). Die Heizungsanlage für mehrere Gebäude ist wesentlicher Bestandteil des Gebäudes, in dem sie steht (BGH NJW 1979, 2391). Für die Heizungsanlage eines Kinos wird die Eigenschaft als wesentlicher Bestandteil bejaht vom LG Bochum (MDR 1966, 48), ebenso für die Heizungs- und Warmwasserbereitungsanlage in einem modernen Fabrikationsgebäude vom OLG Hamm (BB 1975, 156). Der Heizkessel wird schon dem Rohbau zur Herstellung eingefügt, sobald er an seinem endgültigen Platz steht; Anschlüsse müssen noch nicht vorhanden sein (BGH NJW 1979, 712). Auch die Wärmepumpe wird nach § 94 Abs 2 wesentlicher Bestandteil (BGH NJW RR 1990, 158). – Verneint wird die Bestandteilseigenschaft für eine zusätzliche Heizungsanlage (OLG Celle NJW 1958, 632; OLG Stuttgart

MDR 1959, 37). Ferner greift § 94 Abs 2 nicht ein, wenn die Anlage von einem Fremdbetreiber erstellt wird (Hurst DNotZ 1984, 81).

Ebenso werden die **Entlüftungsanlagen** eines Hotels zu den wesentlichen Bestandteilen gezählt (LG Freiburg MDR 1957, 419; beschränkt auf großstädtische Hotels OLG Stuttgart NJW 1958, 1685). Bei einer Gaststätte dient die Belüftungsanlage der Herstellung (OLG Hamm NJW RR 1986, 376). Auch für eine Geflügelhalle ist die Lüftungsanlage wesentlicher Bestandteil (OLG Oldenburg NdsRpfl 1970, 113). – **Aufzüge** werden als wesentliche Bestandteile anerkannt (LG Freiburg MDR 1957, 419), ebenso **Rolltreppen** (BFH BB 1971, 300). Auch das **Notstromaggregat** ist einem Hotel als wesentlicher Bestandteil eingefügt (BGH NJW 1987, 3178).

Die **sanitären Einrichtungen** in Wohnhäusern und Hotels werden als wesentliche Bestandteile bewertet (RG HRR 1929 Nr 1298; 1933 Nr 363; OLG Braunschweig ZMR 1956, 80; BGB-RGRK/Kregel Rn 52 mwN). Dasselbe gilt für Warmwasserbereitungsanlagen in Hotels (LG Freiburg MDR 1957, 419), in Privathäusern (BGHZ 40, 272, 275) und in Betrieben (OLG Hamm BB 1975, 156). Auch der Waschtisch im Bad eines Wohnhauses ist wesentlicher Bestandteil (OLG Braunschweig ZMR 1956, 80).

Einbauküchen werden aufgrund ihrer Einfügung zur Herstellung des Gebäudes dessen wesentliche Bestandteile, wenn sie bereits in den Bauplänen vorgesehen waren (OLG Nürnberg MDR 1973, 758; OLG Frankfurt FamRZ 1982, 938). Der BFH verlangt zusätzlich, daß die Gebäudewand die Rückwand der Kücheneinrichtung bildet (Betrieb 1971, 656; vgl auch OLG Hamburg MDR 1978, 138). – Daneben werden noch weitere Kriterien für die Einfügung zur Herstellung herangezogen: So greift für eine hufeisenförmig angelegte Einbauküche der § 94 Abs 2 ein (OLG Zweibrücken NJW RR 1989, 84), ebenso für eine Küche, die aus 390 Teilen besteht (OLG Celle NJW RR 1989, 913), oder die besonders hergestellt wurde (OLG Hamm FamRZ 1991, 89).

Abgelehnt wird die Eigenschaft als wesentlicher Bestandteil für **serienmäßig** hergestellte Einbauküchen (LG Lübeck VersR 1984, 477; LG Köln WM 1988, 425; OLG Frankfurt ZMR 1988, 136; vgl auch o Rn 22). – Allerdings kommt es dabei zusätzlich auf die **lokale Verkehrsanschauung** an. So hat der BGH für Norddeutschland auch eine serienmäßige Einbauküche als wesentlichen Bestandteil anerkannt (NJW RR 1990, 586 m ausf N; ebenso schon LG Köln WM 1988, 425). Anders hingegen ist es im Rheinland (OLG Düsseldorf OLGZ 1983, 350; MDR 1984, 51) und in Baden (OLG Karlsruhe NJW RR 1986, 19; 1988, 459; vgl auch MünchKomm/Holch § 94 Rn 18 c).

Herde sind, entgegen früherer Ansicht (vgl Dresden LZ 1933, 1158), stets wesentliche Bestandteile einer Küche (BGHZ 40, 272, 275 = NJW 1964, 399; BGH NJW 1953, 1180; OLG Hamburg MDR 1978, 138).

Teppichboden wird nach § 94 Abs 2 zum wesentlichen Bestandteil von Wohnungen; es genügt, daß er zugeschnitten und lose verlegt wurde (LG Frankenthal VersR 1978, 1106; LG Köln NJW 1979, 1608; LG Hamburg NJW 1979, 721; Moritz JR 1980, 57; vgl auch § 93 Rn 21). Der vom LG Oldenburg (VersR 1988, 1285, 1286) vertretenen Ansicht, dies gelte nur bei andernfalls „unbewohnbarem" Untergrund, ist angesichts moderner Wohnvorstellungen nicht zuzustimmen. – Für **Linoleum** allerdings wurde schon früher die Bestandteilseigenschaft abgelehnt (OLG München SeuffA 74 Nr 157).

Die **Einbruchmeldeanlage** ist nach § 94 Abs 2 wesentlicher Bestandteil eines Privathauses (OLG Hamm NJW RR 1988, 923). Um so mehr gilt dies für ein Geschäftshaus.

b)   Das **äußere Leitungsnetz** der Versorgungsunternehmen wird, soweit es nicht auf einem dem Versorgungsunternehmen gehörenden Grundstück verläuft, als Scheinbestandteil gem § 95 und als Zubehör zum Grundstück des Versorgungsunternehmens bewertet (vgl o Rn 8 und § 95 Rn 4). – Der **Hauptabnehmerzähler** für Elektrizität steht im Eigentum des Versorgungsunternehmens und bildet den Abschluß des äußeren Leitungsnetzes. Früher wurde er als Zubehör des Abnehmergrundstücks angesehen (RG LZ 1923, 268; OLG Dresden SeuffA 76 Nr 188). – Auch der **Wasserzähler** ist eine selbständige Sache, da er jederzeit leicht ausgewechelt werden kann (BayVerfGH NVwZ 1982, 369).

Das an den Hauptzähler anschließende **innere Leitungsnetz** dient nach hM nicht der Gebäudeherstellung (RGZ 61, 24; 83, 67; WILLERS Betrieb 1968, 2023; aM LENZ Betrieb 1967, 1972). Wohl aber können in den Baukörper verlegte Leitungen nach § 94 Abs 1 zu wesentlichen Bestandteilen werden.

c)   Nicht als wesentliche Bestandteile nach § 94 Abs 2 werden die **Beleuchtungskörper** angesehen (so für ein Hotel RG JW 1917, 809; für ein Kino OLG Köln HRR 1932 Nr 1029). – Auch **Schrankwände** aus Serienmaterial fallen nicht unter § 94 Abs 2 (OLG Düsseldorf OLGZ 1988, 115; OLG Schleswig NJW RR 1988, 1459). Anders, wenn sie angepaßt sind und zwischen Wand und Gebäude ein räumlicher Zusammenhang besteht (OLG Köln NJW RR 1991, 1077, 1081; vgl auch § 93 Rn 21). – Keine wesentlichen Bestandteile sind **Wandbehänge** (RG LZ 1919, 857). Dasselbe gilt für **Firmenschilder** und Hinweise.

d)   **Schiffe** werden seit RGZ 152, 91, 98 und in verstärktem Maße seit ihrer Immobilisierung durch das SchiffsRG von 1940 den Gebäuden gleichgeachtet (BGHZ 26, 225, 227; BGB-RGRK/KREGEL Rn 17), so daß § 94 Abs 2 auf sie angewendet werden kann. Dementsprechend hat BGHZ 26, 225, 229 = NJW 1958, 475 für Motorschiffe angenommen, daß der Motor zur Herstellung eingefügt werde und damit wesentlicher Bestandteil des Schiffes sei (aM GRAUE BB 1959, 1282; vgl auch § 93 Rn 20). – Unter dem Gesichtspunkt der Immobilisierung werden auch Anker und Ankerkette als wesentliche Bestandteile angesehen (LG Hamburg MDR 1955, 413; ERMAN/MICHALSKI Rn 15), nicht dagegen die Schiffswinde auf einem Bergungsschiff (SchlHOLG SchlHA 1954, 253; vgl auch GREIFF MDR 1966, 890).

Für **eingetragene Luftfahrzeuge** gelten dieselben Grundsätze (SOERGEL/MÜHL Rn 19; MünchKomm/HOLCH Rn 24).

V.   Obligatorische Rechtsverhältnisse

Der Begründung obligatorischer Rechtsverhältnisse an den nach § 94 wesentlichen Bestandteilen steht nichts entgegen (vgl auch § 93 Rn 31).

§ 95

[1] Zu den Bestandteilen eines Grundstücks gehören solche Sachen nicht, die nur zu einem vorübergehenden Zwecke mit dem Grund und Boden verbunden sind. Das gleiche gilt von einem Gebäude oder anderen Werke, das in Ausübung eines Rechtes an einem fremden Grundstücke von dem Berechtigten mit dem Grundstücke verbunden worden ist.

[2] Sachen, die nur zu einem vorübergehenden Zwecke in ein Gebäude eingefügt sind, gehören nicht zu den Bestandteilen des Gebäudes.

Materialien: E I §§ 783 Abs 2, 785; II § 77; III § 91; Mot III 43; Prot III 9; VI 119; JAKOBS/SCHUBERT, AT I 469 f.

Schrifttum

DOUTINÉ, Die Scheinbestandteile des § 95 BGB (Diss Erlangen 1938)
FLATTEN, Bau des Nießbrauchers auf fremdem Grundstück, BB 1965, 1211
LAUER, Scheinbestandteile als Kreditsicherheit, MDR 1986, 889
NOACK, Zur Mobiliarvollstreckung in Gebäude als bewegliche Sachen, ZMR 1982, 97

SIEBENHAAR, Die Zeitbauten des § 95 Abs 1 S 1 BGB, AcP 160, 156
WEIMAR, Rechtsfragen bei Gebäuden als Scheinbestandteilen, MDR 1971, 902.
Wegen des älteren Schrifttums vgl STAUDINGER/DILCHER[12] § 95.

I. Die Bedeutung der Vorschrift

1 1. Für Sachen, deren Verbindung mit einer anderen Sache nicht auf Dauer angelegt ist, wäre es, obgleich nach der Verkehrsauffassung eine einheitliche Sache besteht, unbillig, die an den Begriff des wesentlichen Bestandteils geknüpften Folgen eintreten zu lassen. Das Gesetz verneint daher die Bestandteilseigenschaft für solche Sachen, die nur zu einem vorübergehenden Zweck mit dem Boden verbunden oder in ein Gebäude eingefügt worden sind. – Ebenso wird angenommen, daß bei Sachen, die in Ausübung eines Rechts an einem fremden Grundstück mit diesem verbunden worden sind, nur eine vorübergehende Verbindung stattfindet, weil die Zweckbestimmung der Verbindung auf die Dauer des Rechts abzielt. (Zur Kritik am Gesetzeswortlaut vgl BIERMANN JherJb 34, 272 ff; SIEBENHAAR AcP 160, 165 ff.) Es gibt für die Regelung des BGB Vorläufer in den Gesetzbüchern des 18. und 19. Jahrhunderts (vgl Mot III 44 ff; HOLTHÖFER, Sachteil und Sachzubehör im römischen und im gemeinen Recht [1972] 127 ff). – § 95 normiert eine Ausnahme nicht nur im Hinblick auf § 94, sondern auch im Verhältnis zu § 93 (RGZ 153, 231, 234; vgl auch § 93 Rn 5).

2 2. Die in § 95 genannten Sachen werden meist als **Scheinbestandteile** bezeichnet. Das bedeutet, daß sie in Wirklichkeit **keine Bestandteile** des Grundstücks oder Gebäudes sind, auch keine nichtwesentlichen (BGB-RGRK/KREGEL Rn 43). Die praktische Bedeutung dieser Unterscheidung liegt darin, daß jemand, der eine Sache erwirbt, auch deren nichtwesentliche Bestandteile erwirbt, sofern sie dem Veräußerer gehören; er erwirbt dagegen nicht, was überhaupt kein Bestandteil der Sache ist. Demnach sind Scheinbestandteile **bewegliche Sachen** und der Eigentumserwerb an ihnen ist nach den §§ 929 ff zu beurteilen (BGH NJW 1987, 774).

Auch **Zubehör** sind die in § 95 genannten Sachen meist nicht, denn der Begriff des Zubehörs setzt neben der rechtlichen Selbständigkeit der betreffenden Sache eine dauernde Zweckbindung an die Hauptsache voraus (vgl § 97 Rn 13; BGH NJW 1962, 1498). Gerade dieser steht aber der in § 95 vorausgesetzte vorübergehende Zweck der Zuordnung entgegen. – Zubehör einer anderen Sache als derjenigen, deren Scheinbestandteil sie sind, können Scheinbestandteile als selbständige Sachen durchaus sein (BGB-RGRK/Kregel Rn 48).

Der **öffentliche Glaube** des Grundbuchs vermag nicht gegen die Rechtsfolgen des § 95 zu schützen (RGZ 61, 188, 194). – Unabhängig von der Eigenschaft einer Sache als Scheinbestandteil ist das **Wegnahmerecht** des Mieters nach § 547 a, da es sich sogar auf wesentliche Bestandteile erstreckt (vgl § 93 Rn 32). – **Besitz** an Scheinbestandteilen ist möglich auch dann, wenn es sich um Scheinbestandteile bei Grundstücken handelt. Ein derartiger Besitz ist nicht Teilbesitz am Grundstück, sondern voller Besitz am Scheinbestandteil als beweglicher Sache (RGZ 59, 8, 10). – Ist eine vom Mieter errichtete Baracke Scheinbestandteil des Grundstücks, so wird sie von einer **Kündigung** des Grundstücksmietvertrages nicht erfaßt (BGHZ 92, 70, 73 = NJW 1984, 2878).

II. Die Verbindung oder Einfügung zu vorübergehendem Zweck

§ 95 Abs 1 S 1 und § 95 Abs 2 verneinen die Bestandteilseigenschaft für Sachen, deren Verbindung mit einem Grundstück oder deren Einfügung in ein Gebäude nur zu einem vorübergehenden Zweck erfolgt ist. Demnach können solche Sachen keine wesentlichen Bestandteile sein (vgl § 93 Rn 14; Noack ZMR 1982, 99). Sind die Voraussetzungen des § 95 erfüllt, so ist es unerheblich, daß auch die Tatbestandsmerkmale der §§ 93 oder 94 vorliegen (RGZ 109, 128, 129).

1. Der vorübergehende Zweck

a) Ein vorübergehender Zweck wird mit der Verbindung oder Einfügung verfolgt, wenn schon bei der Vornahme die spätere **Rückgängigmachung** des herbeigeführten Erfolges beabsichtigt ist (RG JW 1935, 418). Es kommt demnach auf den Willen des Handelnden an (Soergel/Mühl Rn 2). – Ein solcher Wille kann auch Scheinbestandteile **am eigenen Grundstück** begründen (vgl auch Rn 10). Er muß nur hinreichend klar hervortreten. Zweifelhaft ist daher das vom BGH (NJW 1992, 1101, 1102) angeführte Kriterium, eine Kinderschaukel werde nur für die „Dauer des Bedarfs spielender Kinder" und deshalb vorübergehend mit dem Boden verbunden. Ausgestaltung und Dauer einer Schaukelbenutzung sind mit dem Begriff Bedarf nicht hinreichend klar umschrieben. – Wohl aber spricht bei einem seit 60 bis 70 Jahren bestehenden Bauwerk die Dauer gegen eine Verbindung zum vorübergehenden Zweck (OLG Köln NJW-RR 1991, 99).

Bei **Mietern** und Pächtern wird der Wille zur vorübergehenden Verbindung oder Einfügung sogar vermutet (LG Köln ZMR 1957, 264; Erman/Michalski Rn 3). Es genügt, wenn der Gestattungsvertrag jeweils um ein Jahr verlängert werden kann (OVG Bremen NJW RR 1986, 955). – Umgekehrt entfällt § 95, wenn der Pächter den Willen hat, die Sache nach Vertragsende auf dem Grundstück zu belassen (BGHZ 104, 298, 301).

Auch gemietete **Energie- und Wasserverbrauchszähler** werden vom Abnehmer nur zum vorübergehenden Zweck in sein Grundstück eingebaut (vgl § 94 Rn 25). – Ebenso sind die **äußeren Versorgungsleitungen** vorübergehend mit dem fremden Grundstück verbunden, durch welches sie verlaufen (RGZ 87, 43, 51; 168, 288, 290; BGHZ 37, 353, 358 = NJW 1962, 1817), wenn hinsichtlich der Leitungen zwischen dem Versorgungsunternehmen und dem Grundstückseigentümer nur obligatorische Rechtsbeziehungen bestehen, etwa ein Wegebenutzungsvertrag. Im Falle einer dinglichen Nutzungsberechtigung greift § 95 Abs 1 S 2 ein (vgl u Rn 16).

Allerdings wird ein auf zeitliche Begrenzung der Maßnahme gerichteter Wille nur dann als beachtlich anerkannt, wenn er mit dem nach außen in Erscheinung getretenen **Sachverhalt vereinbar** ist (RGZ 153, 231, 236; SchHOLG SchlHA 1966, 183; 1968, 258; BFH BB 1971, 300; vgl auch Rn 6). Jedoch steht eine massive Bauweise der Anerkennung eines vorübergehenden Zwecks nicht zwingend entgegen (LAUER 889). – Über die Ruhezeit hinaus haltbare Grabbeigaben verbleiben im Eigentum des Gebers (vgl Vorbem 39 zu § 90). Dasselbe gilt für Grabsteine (GAEDKE, Handbuch des Friedhofs- und Bestattungsrechts [6. Aufl 1992] 210).

5 b) Der Wille zur späteren Rückgängigmachung bleibt unbeachtlich, wenn **objektive Gründe** für eine dauernde Verbindung oder Einfügung der Sache sprechen. Solche Gründe können sich einmal aus dem Rechtsverhältnis ergeben, auf dessen Grundlage die Verbindung oder Einfügung erfolgte. Sie können ebenso der Beschaffenheit der verbundenen oder eingefügten Sache entnommen werden:

Das **Rechtsverhältnis**, auf dessen Grundlage die Handlung vorgenommen wurde, steht einer Anerkennung des Willens auf vorübergehende Verbindung oder Einfügung entgegen, wenn für den Fall der Vertragsbeendigung die **Übernahme** der Sache durch den Grundstückseigentümer **fest vereinbart** ist (RGZ 63, 416, 421; BGH WM 1961, 179; Betrieb 1964, 368). Dies trifft praktisch vor allem Verbindungen oder Einfügungen durch den Mieter (OLG Hamburg ZMR 1957, 6; BGH NJW 1987, 2702; OLG Celle NJW RR 1989, 913) oder den Pächter (RGZ 158, 394, 400; OLG Celle MDR 1951, 737; BGH NJW 1987, 774; BGHZ 104, 298, 301 = NJW 1988, 2789; PESCH JR 1993, 359). – Dieselbe Folge tritt ein, wenn der Mieter oder Pächter vertraglich zur **Beseitigung** des von ihm geschaffenen Zustandes verpflichtet ist (LG Köln ZMR 1957, 264; DAMRAU-SCHRÖTER, Zivilrechtliche Aspekte der Mietermodernisierung [1994] 207 ff). – Anders ist es dagegen, wenn der Grundstückseigentümer bei Vertragsende nur ein **Recht zur Übernahme** hat (RG HRR 1937 Nr 1216; LG Hannover MDR 1980, 310; LAUER 889). In diesen Fällen können die eingefügten Sachen wesentliche Bestandteile werden (BGH JZ 1958, 362; Betrieb 1965, 1553).

Vorübergehend sind Verbindung oder Einfügung beim **Kauf auf Probe**, solange die aufschiebende Bedingung der Billigung noch nicht eingetreten ist (OLG Dresden OLGE 13, 311). – Auch Bauten, die ein **Gesellschafter** auf dem zur Nutzung durch die bürgerlichrechtliche Gesellschaft eingebrachten Grundstück errichtet, sind zu vorübergehendem Zweck mit dem Boden verbunden (BGH NJW 1959, 1487).

Selbst die **Verpflichtung zur Schaffung** einer bestimmten Anlage schließt den Willen nicht aus, die Anlage nur zu einem vorübergehenden Zweck dem Grundstück einzufügen (KG JW 1936, 673). – Sehr zweifelhaft allerdings ist ein solcher Wille des Einfügenden, wenn seinem Handeln eine **Instandhaltungspflicht** zugrunde liegt (vgl RG JW 1937, 2265; BGB-RGRK/Kregel Rn 21).

Dagegen genügt ein bestehender **Eigentumsvorbehalt** des Veräußerers nicht, dem Willen des Erwerbers auf vorübergehende Verbindung oder Einfügung Anerkennung zu verschaffen (RGZ 62, 410; 63, 416, 422; BGHZ 26, 225, 231 = NJW 1958, 475; BGH MDR 1974, 298; OLG Köln RPfleger 1970, 88; Staudinger/Wiegand¹² § 946 Rn 4). Dies gilt selbst dann, wenn der Erwerber, der die Verbindung oder Einfügung vorgenommen hat, als Mieter der Hauptsache handelte.

Ferner führt die (dann enttäuschte) **Erwartung** eines künftigen Eigentumserwerbs an der Hauptsache, mit der eine andere verbunden wird, nicht dazu, § 95 auszuschließen (BGHZ 92, 70, 74 = NJW 1984, 2878). Die aufgrund der Erwartung eingefügten oder verbundenen Sachen bleiben Scheinbestandteile, weil die Erwartung kein Rechtsverhältnis darstellt, welches den Willen auf dauernde Verbindung bzw Einfügung tragen kann. – Jedoch können die unter einer Erwerbserwartung für die Hauptsache eingefügten oder verbundenen Sachen nach den allgemeinen Regeln wesentliche Bestandteile der Hauptsache werden (BGH DNotZ 1973, 471; BayVGH DWW 1956, 69). Dasselbe gilt bei der Erwartung einer Erbbaurechtsbestellung (BGH NJW 1961, 1251). – Die Erwartung einer Mietvertragsverlängerung genügt andererseits nicht zur Begründung eines vorübergehenden Zwecks (OLG Nürnberg WM 1959, 1013).

c) Die **Beschaffenheit der Sache** steht einer Anerkennung des Willens zur vorübergehenden Verbindung oder Einfügung entgegen, wenn die Sache eine **kürzere Lebensdauer** hat als die Laufzeit der Berechtigung dessen ausmacht, der die Verbindung oder Einfügung vorgenommen hat (Lauer 889). Die Gegenmeinung (zB OLG München HRR 1938 Nr 364), die im Zusammenhang mit Maschineneinrichtungen von kürzerer Lebensdauer als das Berechtigungsverhältnis eine Einfügung zu vorübergehendem Zweck bejaht, ist abzulehnen, weil in solchen Fällen die Einfügung gerade „für immer" stattfindet (BGB-RGRK/Kregel Rn 15; zur Problematik beim Bergwerkseigentum vgl u Rn 21). – Die Möglichkeit einer **vorzeitigen Beendigung** des Berechtigungsverhältnisses darf in diesen Fällen nicht als Grundlage einer Anerkennung der vorübergehenden Zwecksetzung berücksichtigt werden (RGZ 153, 231, 237), sofern im Zeitpunkt der Verbindung oder Einfügung nicht ernstlich mit dem Eintritt dieser Möglichkeit zu rechnen war.

Auch **Bodenerzeugnisse**, wie zB das zum Mähen bestimmte Gras, können nicht deshalb als Scheinbestandteile aufgefaßt werden, weil ihre Verbindung mit dem Boden im Hinblick auf die demnächstige Ernte als eine nur vorübergehende erscheint (vgl auch § 93 Rn 30). § 95 setzt vielmehr voraus, daß eine vorher selbständige Sache durch menschliche Tätigkeit mit einer anderen verbunden oder ihr eingefügt wurde. – **Plakate** an Litfaßsäulen fallen nicht unter § 95, weil sie später nicht abgelöst, sondern überklebt werden (BayObLG NJW 1981, 1053; vgl auch § 93 Rn 15). – Der BGH (NJW 1992, 1101, 1102; vgl auch o Rn 4) hat zum Kinderspiel bestimmten **Sand** als nur vorübergehend mit dem Boden verbunden bewertet. Zutreffen kann dies jedoch allenfalls für den oberen Teil des Sandes, weil der den Boden berührende Teil nicht mehr kostengünstig zu trennen ist (vgl § 94 Rn 7 zum Schotter auf einem Parkplatz).

7 Ist die **voraussichtliche Lebensdauer** der verbundenen oder eingefügten Sache **größer** als die Laufzeit des Berechtigungsverhältnisses, so kann der Wille, die Verbindung oder Einfügung zu vorübergehendem Zweck vorzunehmen, anerkannt werden. – Daß bei normalen Miet- oder Pachtverträgen das Berechtigungsverhältnis unter Wahrung relativ kurzer Kündigungsfristen enden kann, steht dem Eingreifen des § 95 nicht entgegen. So können Fernsehantennen oder Rolläden, die ein Mieter angebracht hat, als Scheinbestandteile bewertet werden. – Für eine nur vorübergehende Verbindung langlebiger Sachen spricht es auch, wenn sie **ausschließlich den Zwecken** des Mieters oder Pächters dienen sollen (OLG Köln ZMR 1956, 80). Dies kann sogar bei Massivbauten auf einem fremden Grundstück zutreffen (BGHZ 8,1,5 = NJW 1953, 137; 10, 171, 175 = NJW 1953, 1466; 92, 70, 74; **aM** noch RG HRR 1942 Nr 257). Anders ist es dagegen, wenn der Pächter anstelle eines alten Heizkessels einen für unbestimmte Zeit brauchbaren neuen Kessel einbaut (LG Bochum MDR 1966, 48).

8 2. Steht fest, daß eine Sache nur zum vorübergehenden Zweck eingefügt oder verbunden wurde, so kommt es auf die **Art des Einbaus** nicht an. Derartige Sachen sind nach § 95 auch dann keine Bestandteile, wenn im übrigen alle Merkmale der §§ 93 oder 94 erfüllt sind (RGZ 109, 129).

Unerheblich ist es auch, ob die eingefügte oder verbundene Sache dem Zweck des Gebäudes oder Grundstücks **zu dienen geeignet ist**. – Ebensowenig steht es der Anerkennung einer vorübergehenden Zwecksetzung entgegen, daß die Verbindung oder Einfügung unter **Verletzung des Berechtigungsverhältnisses** geschehen ist, etwa unter Verstoß gegen den Mietvertrag. – Schließlich ist unerheblich, wer die Verbindung oder Einfügung vorgenommen hat (BGB-RGRK/Kregel Rn 11; Soergel/Mühl Rn 5; anders nach § 95 Abs 1 S 2, vgl u Rn 18).

9 3. Ist eine Sache zu vorübergehendem Zweck verbunden oder eingefügt worden, wird aber der hierfür grundlegende **Wille später aufgegeben** und nunmehr eine dauerhafte Verbindung oder Einfügung beabsichtigt, so tritt durch diese Willensänderung **keine Veränderung** der dinglichen Rechtslage am Scheinbestandteil ein. Der Grundstückseigentümer kann das Eigentum am Scheinbestandteil nur durch Übereignung oder einen anderen Erwerbsakt erlangen (BGHZ 23, 57, 60 = NJW 1957, 457; BGB-RGRK/Kregel Rn 25; MünchKomm/Holch Rn 9; Staudinger/Wiegand[12] § 946 Rn 8; **aM** Erman/Michalski Rn 9; Enneccerus/Nipperdey § 125 Fn 40). Vorweggenommen ist das Erfordernis einer Übereignung auch, wenn im Vertrag vereinbart wurde, daß vom Mieter oder Pächter geschaffene Anlagen bei Vertragsende dem Grundstückseigentümer gehören sollen (vgl o Rn 5; BGH NJW 1971, 1309; WM 1973, 560). – Umgekehrt wird auch die dingliche Rechtslage nicht dadurch verändert, daß später nur noch seine vorübergehende Verbindung oder Einfügung gewollt ist.

Vereinigt sich das Eigentum am Grundstück mit dem Eigentum am Scheinbestandteil, so kann in der Regel auf einen Wegfall des Willens zur vorübergehenden Verbindung geschlossen werden (RGZ 97, 102, 105). Notwendig ist ein solcher Wegfall des ursprünglichen Willens aber nicht (BGB-RGRK/Kregel Rn 26).

III. Einzelheiten

1. Auch der **Eigentümer** kann Sachen zu einem nur vorübergehenden Zweck mit 10 seinem Grundstück verbinden, so daß sie nicht zu dessen wesentlichen Bestandteilen werden (vgl o Rn 4). Dies gilt zB für Gerüste oder Tribünen (RG WarnR 1910 Nr 154), sowie für den unterirdischen Kraftstofftank einer Tankstelle (OLG Düsseldorf VersR 1993, 316) und ebenso für zum Verkauf bestimmte Pflanzen in Baumschulen und Gärtnereien (RGZ 66, 88; 105, 215). Andere Pflanzen hingegen werden auch in den genannten Betrieben zu wesentlichen Grundstücksbestandteilen (RG Gruchot 59, 111; vgl auch § 94 Rn 12). – Bei der Verbindung gemieteter oder geliehener Sachen mit dem eigenen Grundstück ist ein nur vorübergehender Zweck der Verbindung anzunehmen (BGH NJW 1962, 1498; BGB-RGRK/KREGEL Rn 23). – Einem vorübergehenden Zweck dient auch der Tresoreinbau durch einen Mieter (OLG Jena JW 1933, 924; SOERGEL/MÜHL Rn 12).

Sofern jemand in **Ausübung eines Rechts** an einem fremden Grundstück Sachen mit diesem verbindet, greift § 95 Abs 1 S 2 ein (vgl u Rn 14).

2. Für die aufgrund eines Erlasses des Reichswohnungskomissars (in Ausführung 11 des Erlasses über die Errichtung des Deutschen Wohnungshilfswerks vom 9. 9. 1943, vgl BGHZ 8, 1, 3 f) vom 22. 9. 1943 auf fremden Grundstücken erbauten **Behelfsheime** bestimmte schon die genannte Grundlage, daß sie nur zu einem vorübergehenden Zweck mit dem Boden verbunden würden. Dementsprechend haben die Gerichte einen Willen des Erbauers zu vorübergehender Verbindung durchweg bejaht, auch bei massiver Bauausführung (OLGHZ 1, 168; 3, 20, 25; OLG Hamburg MDR 1951, 736; OLG Frankfurt MDR 1951, 737; BGH WM 1963, 1066). Etwas anderes gilt nur, wenn schon bei der Errichtung beabsichtigt war, das Gebäude später dem Grundstückseigentümer zufallen zu lassen (BGHZ 8, 1, 5).

Auch **Fertighäuser**, deren spätere „Verpflanzung" bereits bei der Aufstellung beabsichtigt ist, sind Scheinbestandteile des Grundstücks nach § 95 (SCHLICHTING BlfGenW 1963, 129). – Für **Baracken** eines Mieters gilt dasselbe (BGH NJW 1981, 2564; BGHZ 92, 70, 73; vgl auch § 94 Rn 9).

3. Für **Kampfbunker** ist die Eigenschaft als Scheinbestandteil durchweg bejaht 12 worden (BGH BB 1956, 611; NJW 1956, 1273; SPYRIDAKIS 19); auch § 95 Abs 1 S 2 kann Anwendung finden (vgl u Rn 16). – Für **Luftschutzbunker** hingegen, die nicht nur für die Kriegszeit erstellt wurden, fehlt es an einer nur vorübergehenden Verbindung mit dem Grundstück (BGH MDR 1971, 997). Ebenso wurde für einen Luftschutzstollen der auf nur vorübergehende Errichtung zielende Wille verneint (BGH NJW 1960, 1003).

4. Für **eingetragene Schiffe**, die nach § 94 Abs 2 beurteilt werden (vgl § 94 Rn 27), gilt 13 auch § 95 (RGZ 152, 91, 97; BGHZ 26, 225, 231; BGB-RGRK/KREGEL Rn 5).

IV. Die in Ausübung eines Rechtes errichteten Gebäude und Werke

Gem § 95 Abs 1 S 2 sind Gebäude und andere Werke keine Bestandteile des Grund- 14 stücks, wenn sie in Ausübung eines Rechtes vom Berechtigten mit dem fremden Grundstück verbunden wurden.

1. Der Begriff **Gebäude** wird hier im allgemeinen Sinne verwendet, so daß er jeden Baukörper bezeichnet (vgl § 94 Rn 4). Zu recht betont SOERGEL/MÜHL (Rn 20), daß auch alle wesentlichen Bestandteile nach § 93 in den Begriff eingeschlossen sind.

Werke sind vom Menschen geschaffene Einrichtungen, nicht dagegen Pflanzen (vgl RGZ 60, 138; 76, 260). Werke sind zB Zäune (KG OLGE 20, 37), Schienenanlagen (RG JW 1908, 196) oder Stauwehre (RG HRR 1928 Nr 2078; vgl auch BGB-RGRK/KREGEL Rn 28).

15 **2.** Die Verbindung mit dem fremden Grundstück muß in **Ausübung eines Rechtes** am Grundstück erfolgt sein. Als solche Rechte kommen vor allem die **dinglichen Nutzungsrechte** in Betracht, also die Grunddienstbarkeit (OLG Breslau HRR 1938 Nr 574; OLG Köln NJW RR 1993, 982, 983) und der Nießbrauch (RGZ 106, 49; BGH LM 2 zu § 95; FLATTEN BB 1965, 1211). In Rechtsausübung können auch Versorgungsleitungen verlegt werden (BGH NJW 1980, 771; vgl o Rn 4). – Ferner gehört das Erbbaurecht hierher, wobei allerdings die aufgrund dieses Rechts geschaffenen Bauwerke gem § 12 ERbbRVO zum Bestandteil des Erbbaurechts werden (vgl u Rn 20). – Wenn beim Überbau ein Duldungsanspruch gegen den Nachbarn nach § 912 besteht, ist der Überbau Scheinbestandteil des überbauten Grundstücks (BGHZ 110, 298, 300; vgl auch § 94 Rn 16). Ferner läßt ein allgemeiner Duldungsanspruch des Nachbarrechts die auf seiner Grundlage verlegten Leitungen zu Scheinbestandteilen werden (LG Frankfurt ZMR 1978, 203).

Obligatorische Rechte hingegen, wie Miete oder Pacht, genügen den Anforderungen des § 95 Abs 1 S 2 nicht. Dies gilt auch dann, wenn ein Pächter das Grundstück vom Nießbraucher gepachtet hat. – Ebensowenig genügt es, wenn ein Mieter das Bauwerk in der Erwartung errichtet, demnächst Erbbauberechtigter zu werden (BGH NJW 1961, 1251; vgl o Rn 5), oder wenn ein Miteigentümer in der Erwartung baut, der von ihm bebaute Grundstücksteil werde ihm bei späterer Teilung zufallen (BGH WM 1973, 82).

16 **3.** Auch **öffentlichrechtlich gewährte Rechte** am fremden Grundstück begründen die Voraussetzungen des § 95 Abs 1 S 2. Dies gilt zB für das Requisitionsrecht einer Besatzungsmacht, wenn Wohnbauten auf den requirierten Grundstücken errichtet wurden (LG Köln NJW 1955, 1797; OLG Oldenburg BlGWB 1960, 383). Ebenso konnte die Inanspruchnahme von Grundstücken nach dem früheren RLG einen Fall des § 95 Abs 1 S 2 darstellen (SOERGEL/MÜHL Rn 19; VENNEMANN MDR 1952, 75); meist allerdings wurde § 95 Abs 1 S 1 angewendet (BGHZ 8, 1, 5; vgl o Rn 12). – Kraft öffentlichrechtlicher Befugnis wurde im Jahre 1769 ein Grenzstein gesetzt; daß dieser Zustand schon über 200 Jahre dauert, steht nicht entgegen (OLG Frankfurt NJW 1984, 2303). – Ebenso ist der über dem Wasser der Eider befindliche Teil eines Bootssteges nach Ansicht des OLG Schleswig (SchlHA 1991, 11) Scheinbestandteil nach § 95 Abs 1 S 2, weil er nur kraft öffentlichrechtlicher Gestattung durch den Wasserlaufeigentümer (vgl Vorbem 30 zu §§ 90 ff) errichtet werden konnte. Der BGH hingegen ordnet den gesamten Steg nach § 94 Abs 1 dem Ufergrundstück zu (vgl § 94 Rn 19).

17 Auf öffentlichrechtlicher Grundlage besteht das **Sondernutzungsrecht**, kraft dessen Straßenbauunternehmen ihre **Schienen** in öffentlichen Wegen verlegen dürfen (OLG

Hamburg HRR 1933 Nr 1919; BGB-RGRK/KREGEL Rn 37). Der Sondernutzung liegt eine Benutzungsvereinbarung nach § 31 PersBefG mit dem Träger der Straßenbaulast zugrunde (KODAL/KRÄMER, Straßenrecht [4. Aufl 1985] 138). Im übrigen erfolgt die Sondernutzung der Straßen nach privatrechtlichen Regeln (WOLFF/BACHOF, Verwaltungsrecht I [9. Aufl 1974] § 59 III b mwN). – Auch die früher erteilten Bahnkonzessionen lassen selbst massive Bauten zu Scheinbestandteilen werden (OLG Karlsruhe JustABlBW 1978, 276).

Eine öffentlichrechtliche Grundlage hat das in Ausübung eines Staurechts am fremden Wasserlauf errichtete **Stauwerk** (vgl o Rn 14 und § 96 Rn 3). Der öffentlichrechtliche Charakter ergibt sich aus §§ 2, 3 Abs 1 Nr 2 und 8 WHG (vgl BURGHARTZ, Wasserhaushaltsgesetz und Wassergesetz für das Land NRW [2. Aufl 1974] § 8 WHG Anm 1; GIESEKE/WIEDEMANN, WHG [6. Aufl 1992] § 8 WHG Anm 2). – Zum Nießbrauch im Wasserrecht vgl BVerwG NJW 1988, 1228.

4. § 95 Abs 1 S 2 verlangt, daß es sich um ein Recht an einem **fremden Grundstück** 18 handelt. Daher greift die Regelung nicht ein, wenn die Verbindung vom Grundstückseigentümer vorgenommen wird, etwa aufgrund einer Eigengrunddienstbarkeit (SOERGEL/MÜHL Rn 22). BGB-RGRK/KREGEL (Rn 32) vertritt demgegenüber die sinngemäße Anwendung des § 96 Abs 1 S 2 in solchen Fällen.

Ferner muß das Recht am fremden Grundstück durch die Verbindung **ausgeübt** werden, also bestehen. Ein erst künftig zu begründendes Recht genügt nicht (vgl o Rn 5). – Ein weiteres Erfordernis des § 95 Abs 1 S 2 ist, daß der **Berechtigte** das Recht ausübt. Anders war dies in den übrigen Fällen des § 95 (vgl o Rn 8). – Jedoch verlangt § 95 Abs 1 S 2 nicht, daß der **Inhalt des Rechts** gerade auf die Ausführung der hergestellten Verbindung gerichtet ist (BGB-RGRK/KREGEL Rn 33). So werden zB Kessel, die der Nießbraucher in ein Gebäude einbaut, um es ertragfähiger zu machen, Scheinbestandteile (RGZ 106, 49, 51).

Der **spätere Wegfall** des Rechts, das die Scheinbestandteilseigenschaft begründet hat, 19 bzw der Wegfall der Berechtigung dessen, der die Verbindung vorgenommen hat, bleibt grundsätzlich auf die Rechtslage des Scheinbestandteils ohne Einfluß (STAUDINGER/WIEGAND[12] § 946 Rn 9; SPYRIDAKIS 76). – § 12 Abs 3 ErbbRVO, der mit dem Ende des Erbbaurechts das errichtete Bauwerk zum Grundstücksbestandteil werden läßt, ist als Ausnahmevorschrift zu bewerten und nicht auf andere Tatbestände des § 95 Abs 1 S 2 übertragbar (FLATTEN BB 1965, 1212).

5. Einen Sonderfall bildet das **Erbbaurecht** auch insofern, als die Verbindung des 20 Gebäudes mit dem Boden dieses bereits aufgrund der Fiktion des § 12 Abs 1 ErbbRVO nicht zum Grundstücksbestandteil werden läßt. Die Gebäudeteile sind Bestandteile des Erbbaurechts, wobei jedoch gem § 12 Abs 2 ErbbRVO die Begründung von Scheinbestandteilen nach allen Tatbeständen des § 95 in dessen entsprechender Anwendung möglich ist (vgl auch o Rn 15 und § 94 Rn 3).

Die Bestandteile der Räume, die zum **Wohnungseigentum** oder Teileigentum gehören (vgl § 93 Rn 25), sind nach den allgemeinen Regeln Bestandteile oder Scheinbestandteile des Wohnungs- oder Teileigentums (SOERGEL/MÜHL Rn 25). Dasselbe gilt gem § 30 Abs 3 S 2 WEG für das Wohnungs- oder Teilerbbaurecht. – **Dauerwohnrechte** und

Dauernutzungsrechte nach § 31 WEG hingegen führen, wie andere dingliche Nutzungsrechte (vgl o Rn 15), zur Anwendung des § 95 Abs 1 S 2.

21 Bergbaumaschinen und Bergbauanlagen sind als **Bestandteile des Bergwerkseigentums** zu bewerten, weil nach § 9 Abs 1 BBergG auf das Bergwerkseigentum die Grundstücksvorschriften des BGB entsprechend anzuwenden sind (PIENS/SCHULTE/GRAF VITZTHUM, Kommentar zum BBergG [1983] § 9 Rn 6). Soweit derartige Maschinen und Anlagen mit dem Boden verbunden werden, sind sie gem § 95 Abs 1 S 2 als Scheinbestandteile des Grundstücks zu betrachten. – Ob Maschinen oder Anlagen mit dem Bergwerkseigentum auf Dauer oder nur vorübergehend verbunden sind, bestimmt sich nach den allgemeinen Grundsätzen, die auf die Lebensdauer der betreffenden Maschine oder Anlage im Verhältnis zur Dauer des Bergbaubetriebes abstellen (vgl o Rn 6 sowie RG JW 1935, 418; RGZ 153, 231, 235). Dabei wird der Umstand, daß auch ein langlebiges Gerät nur bis zur Erschöpfung der abbauwürdigen Vorkommen eingesetzt werden kann, als Begründung einer dauernden Zwecksetzung der Verbindung oder Einfügung herangezogen (OLG Braunschweig Recht 1933 Nr 1; OLG Kassel JW 1934, 2715; **aM** SOERGEL/MÜHL Rn 8).

V. Bewegliche oder unbewegliche Sachen

22 Bestritten war früher mangels einer ausdrücklichen Gesetzesbestimmung, ob die Scheinbestandteile zu den beweglichen oder zu den unbeweglichen Sachen zählen. Das RG hat die Scheinbestandteile zu den **beweglichen Sachen** gerechnet, weil nach dem BGB nur Grundstücke und deren Bestandteile zu den unbeweglichen Sachen gehören. Sachen, die nicht vom Grundbuch erfaßt werden, können keine unbeweglichen Sachen im Rechtssinne sein (RGZ 55, 284; 59, 20; 87, 51; 97, 103).

Daher richtet sich bei Scheinbestandteilen der **Eigentumserwerb** nach den §§ 929 ff, die Nießbrauchbestellung nach § 1032, die Verpfändung nach den §§ 1204 ff (MünchKomm/HOLCH Rn 24). Die Zwangsvollstreckung erfolgt als **Mobiliarvollstreckung**. Allerdings kann wegen der Zubehöreigenschaft von Scheinbestandteilen § 865 ZPO eingreifen und die Mobiliarvollstreckung für unzulässig erklären (ENNECCERUS/NIPPERDEY § 125 Rn 48). – Auch für die **Gewährleistungsfrist** beim Verkauf von Scheinbestandteilen muß man im Rahmen des § 477 von beweglichen Sachen ausgehen (**aM** BGB-RGRK/KREGEL Rn 47).

VI. Die Beweislast

23 Die Beweislast dafür, daß Sachen nur zu einem vorübergehenden Zweck eingefügt oder verbunden worden sind, und sie daher entgegen dem äußeren Anschein keine Bestandteile darstellen, trifft denjenigen, der diese Ausnahmesituation behauptet (RGZ 158, 362, 375; vgl auch ROSENBERG, Die Beweislast [5. Aufl 1965] 137; BAUMGÄRTEL/LAUMEN, Handbuch der Beweislast I [2. Aufl 1991] § 95 Rn 1). – Die Entscheidung darüber, ob eine Sache Scheinbestandteil ist, stellt ein Urteil über eine **Rechtsfrage** dar und unterliegt demnach der Nachprüfung durch das Revisionsgericht (RG SeuffA 78 Nr 58; HRR 1942 Nr 257).

VII. Ausländisches Recht

1. In **Österreich** fehlt eine ausdrückliche Regelung für Scheinbestandteile. Jedoch 24 wird für Zugehör gem § 294 ABGB eine Widmung auf Dauer verlangt (vgl § 97 Rn 35), und vom Zugehörbegriff ausgehend werden sonderrechtsfähige Bestandteile anerkannt (Koziol/Welser, Grundriß des bürgerlichen Rechts II [9. Aufl Wien 1991] 14). So entspricht die Rechtslage im Ergebnis der nach dem BGB.

2. Im **schweizerischen Recht** verlangt Art 642 Abs 2 ZGB für Bestandteile neben 25 der äußeren Verbindung auch eine „innere Verbindung". Diese fehlt, wenn der Teil einer Hauptsache nicht zu dauernder Kohärenz eingefügt ist, sondern nur zu vorübergehenden Zwecken und Bedürfnissen (Meier-Hayoz, Berner Kommentar [5. Aufl Bern 1981] Art 642 Rn 26 ff; Tuor/Schnyder, Das schweizerische ZGB [10. Aufl Zürich 1986 Nachdruck 1989] 613 ff). Somit stimmt auch hier das Ergebnis mit dem nach deutschem Recht eintretenden überein. – Sondervorschriften enthält das schweizerische Recht allerdings für Versorgungsleitungen, die in Art 676 Abs 1 ZGB ausdrücklich als Zugehör des Unternehmens, von dem sie ausgehen, bezeichnet werden. Außerdem ist für sog Fahrnis-Bauten, wie Hütten, Buden oder Baracken, in Art 677 ZGB ein selbständiges Eigentum vorgesehen.

3. Das **französische Recht** geht in der Bestandteilsfrage von anderen Grundsätzen 26 aus als das BGB (vgl § 93 Rn 39). Danach hindert auch eine nur vorübergehende Verbindung nicht, daß ein immeuble par nature entsteht, zB bei den zum Verkauf bestimmten Bäumen einer Baumschule (Ferid/Sonnenberger, Das französische Zivilrecht II [2. Aufl 1986] 531).

4. Das **italienische Recht** kennt Ausnahmen vom Akzessionsprinzip auf der 27 Grundlage eines hierfür bestehenden Rechts, was etwa der Regelung in § 95 Abs 1 S 2 entspricht. So verbleiben vom Nießbraucher eingefügte Sachen gem Art 986 Codice civile in seinem Eigentum, ebenso gem Art 952 und 953 Codice civile die Bauwerke aufgrund eines diritto di superficie (was dem deutschen Erbbaurecht entspricht). Die besondere Rechtslage der Elektroleitungen ist in Art 1056 Codice civile ausdrücklich vorgesehen (Galgano, Diritto privato [6. Aufl Padova 1990] 156 und 163).

5. Nach **englischem Recht** ist bei Bestandteilen ebenfalls ein Wille zur dauernden 28 Einfügung erforderlich. Eine Parallele zum deutschen Begriff der Scheinbestandteile gibt es nicht. Jedoch sind Wegnahmerechte vorgesehen für trade fixtures, die zu Gewerbezwecken des Pächters verbunden wurden, sowie für ornamental fixtures und domestic fixtures, etwa Badewannen, die der Mieter eingebaut hat (Cheshire/Burn's Modern Law of Real Property [14. Aufl London 1988] 139).

§ 96

Rechte, die mit dem Eigentum an einem Grundstück verbunden sind, gelten als Bestandteile des Grundstücks.

Materialien: E I § 788; II § 77 g; III § 92; Mot
III 60; Prot III 16.

1   1.   § 96 überträgt im Wege der Fiktion die Kategorie des Bestandteils, welche nur auf Sachen zutrifft, auf solche **Rechte**, die **mit dem Eigentum** an einem Grundstück verbunden sind. Die Bedeutung der Vorschrift liegt insbes darin, daß die von § 96 erfaßten Rechte der hypothekarischen Haftung nach den §§ 1120 ff unterliegen. Eine besondere Rechtslage wird jedoch für die genannten Rechte durch § 96 weder herbeigeführt noch ausgeschlossen, denn sie werden nicht zu wesentlichen Bestandteilen des Grundstücks erklärt (RGZ 74, 401; vgl auch § 93 Rn 12 und 33).

Allerdings ergibt sich für eine Reihe der unter § 96 fallenden Rechte aus anderen Vorschriften, daß sie vom Eigentum am Grundstück nicht getrennt werden können und insoweit sonderrechtsunfähig sind. Dies gilt vor allem für die zugunsten des herrschenden Grundstücks bestehenden **Dienstbarkeiten** und für die zugunsten des jeweiligen Grundeigentümers bestehenden **Reallasten** (RGZ 93, 71, 73; BGB-RGRK/ Kregel Rn 13). Fehlt es an einer derartigen Regelung, so handelt es sich bei den von § 96 betroffenen Rechten um **sonderrechtsfähige Bestandteile**.

Die mit dem Eigentum an einem Grundstück verbundenen Rechte gelten zwar als Bestandteile des Grundstücks, sie werden aber **nicht zu Sachen** oder zu Sachteilen. Etwaige Mängel sind daher unter dem Gesichtspunkt der Gewährleistung als Mängel im Rechte zu beurteilen und stellen keinen Sachmangel des Grundstücks dar (RGZ 83, 198, 200; 93, 71, 73; Erman/Michalski Rn 3.

2   2.   Die Rechte, die von § 96 zu Grundstücksbestandteilen erklärt werden, haben unterschiedliche Grundlagen. Gemeinsam ist allen, daß sie dem jeweiligen Grundstückseigentümer zustehen, also subjektiv – dingliche Rechte sind (RGZ 140, 107, 111; BGB-RGRK/Kregel Rn 5).

a)   Im BGB sind die **Grunddienstbarkeit** gem § 1018, das zugunsten des jeweiligen Eigentümers eines anderen Grundstücks bestellte **dingliche Vorkaufsrecht** nach § 1094 Abs 2 (RGZ 104, 316, 319) und die zugunsten des jeweiligen Eigentümers eines anderen Grundstücks bestellte **Reallast** gem § 1105 Abs 2 in dieser Weise geregelt. Die Reallastvorschriften gelten nach § 9 Abs 1 S 1 ErbbRVO auch für den **Erbbauzins**. – Eine Grunddienstbarkeit mit Zugangs- oder Parkplatzrechten kann Bestandteil aller begünstigten Wohnungseigentumsrechte sein (OLG Düsseldorf OLGZ 1987, 51; OLG Stuttgart NJW RR 1990, 569; BayObLGZ 1991, 124). Ein dem Erbbauberechtigten zusammen mit der Erbbaurechtsbestellung eingeräumtes dingliches Vorkaufsrecht am Grundstück ist Bestandteil des Erbbaurechts (OLG Celle RPfleger 1959, 135; 1961, 320; OLG Hamm RPfleger 1960, 65; OLG Frankfurt RPfleger 1960, 181). – Das BayObLG (NJW RR 1987, 789) hat den gutgläubigen Erwerb einer Grunddienstbarkeit zugelassen, obwohl dieser sich gesetzlich und nicht rechtsgeschäftlich vollzieht; Voraussetzung soll die Eintragung beim dienenden Grundstück sein (vgl Lüke JuS 1988, 524).

Unter § 96 fallen auch die **Überbaurente** nach den §§ 912 Abs 2 S 1, 913 Abs 1 und die **Notwegrente** nach § 917 Abs 2. – Ebenso ist das Recht auf **Duldung** des Überbaus nach § 912 Abs 1 und auf Duldung des Notwegs nach § 917 Abs 1 hierher zu rechnen, wenngleich nicht unbestritten ist, ob es sich bei ihnen um selbständige Rechte iS des § 96 handelt (vgl BGB-RGRK/KREGEL Rn 4). – Dasselbe gilt für den **Heimfallanspruch** des Grundstückseigentümers nach § 3 ErbbRVO (BGH ZIP 1980, 654).

b) Nach **Landesrecht** ist zB das rheinische Kellerrecht am fremden Grundstück, das auf Art 553 cc zurückgeht und nach Art 181 und 184 EGBGB fortbesteht, ein Recht iS des § 96 (RGZ 56, 258, 260; KG JW 1933, 1334; vgl auch § 93 Rn 25). **3**

Ferner fällt nach Landesrecht unter die Regelung des § 96 ein im Jahre 1864 verliehenes Staurecht, das einen Bestandteil des Mühlengrundstücks bildet (LG Hildesheim NdsRpfl 1965, 275). Ebenso gehören hierher die Realgemeindeanteile, dh die Waldanteile eines Bauernhofes (OLG Celle NdsRpfl 1961, 34), sowie das Forstnutzungsrecht am Genossenschaftsforst (OLG Braunschweig NdsRpfl 1990, 7). Nichtwesentliche Grundstücksbestandteile sind auch die radizierten Gemeinderechte, dh Nutzungsrechte, die sich aus der ehemaligen Markgenossenschaft herleiten (BayObLGZ 1970, 21).

c) Auf **öffentlichrechtlicher Grundlage** besteht zB das Patronatsrecht (Mot III 60). **4** – Von den früheren Realgewerberechten (vgl STAUDINGER/MERTEN/KIRCHHOF zu Art 74 EGBG) hat nur noch das **Apothekenprivileg** Bedeutung. Es entstammt dem alten Landesrecht, in Preußen aus der Zeit vor dem 2. 11. 1810 (vgl WALTER MDR 1949, 79); die geschichtliche Entwicklung des Apothekenrechts ist gerafft dargestellt in BVerfGE 7, 377, 387 ff. Die alten Apothekenprivilegien sind mit dem Eigentum am Grundstück verbundene Rechte (PrOVGE 54, 23, 26; anders PrOVGE 57, 122, 126), die auch unter dem System der persönlichen Betriebserlaubnis nach dem ApothG fortbestehen. Gem § 27 Abs 1 ApothG wird für den Inhaber des Privilegs eine Betriebserlaubnis fingiert.

Nicht mit dem Grundeigentum verbunden sind Lieferrechte für Zuckerrüben (BGH MDR 1990, 908), Milchkontingente (BGHZ 114, 277 = NJW 1991, 3280) oder die Vergütung für die Aufgabe der Milcherzeugung (VG Stade WM 1987, 1312). Auch die Brennrechte nach dem BranntweinmonopolG sind keine Rechte iS des § 96 (RG HRR 1932 Nr 1157; KG Recht 1937 Nr 5987). Dasselbe gilt für den Entschädigungsanspruch nach der KriegssachschädenVO von 1940 (RGBl I 1547; BGHZ 18, 128, 137).

3. Nicht unter § 96 fällt die **Eigentümerhypothek** (aM HIRSCH ArchBürgR 25, 252). – **5** Dasselbe gilt für den bei einem Hypothekengläubiger angesammelten **Amortisationsfonds** zur Tilgung der hypothekarisch gesicherten Schuld (RGZ 104, 68, 73; SOERGEL/MÜHL Rn 4; vgl aber auch BROX RPfleger 1959, 176). – Auch die **Auflassungsvormerkung** zugunsten des jeweiligen Eigentümers eines anderen Grundstücks fällt nicht unter § 96 (RGZ 128, 246, 248).

Umstritten ist, ob das **Jagdrecht** ein Recht iS des § 96 darstellt. Einerseits wird es in **6** § 3 Abs 1 BJagdG als „untrennbar mit dem Eigentum am Grund und Boden verbunden" bezeichnet, andererseits bestimmt § 3 Abs 1 S 3 BJagdG, daß es als selbständiges Recht nicht begründet werden kann. Als Recht nach § 96 wird es eingeordnet von PALANDT/HEINRICHS Rn 2; MünchKomm/HOLCH Rn 3; ENNECCERUS/NIPPERDEY § 125 Fn 76; **aM** ist BGB-RGRK/KREGEL Rn 3. – Dasselbe gilt für das **Fischereirecht**, wenn es nach Landesrecht (vgl STAUDINGER/PROMBERGER/SCHREIBER[12] Art 69 EGBGB) dem jeweiligen Eigentümer des Gewässers zusteht.

§ 97

[1] Zubehör sind bewegliche Sachen, die, ohne Bestandteil der Hauptsache zu sein, dem wirtschaftlichen Zweck der Hauptsache zu dienen bestimmt sind und zu ihr in einem dieser Bestimmung entsprechenden räumlichen Verhältnisse stehen. Eine Sache ist nicht Zubehör, wenn sie im Verkehre nicht als Zubehör angesehen wird.

[2] Die vorübergehende Benutzung einer Sache für den wirtschaftlichen Zweck einer anderen begründet nicht die Zubehöreigenschaft. Die vorübergehende Trennung eines Zubehörstücks von der Hauptsache hebt die Zubehöreigenschaft nicht auf.

Materialien: E I § 789; II § 77 h; III § 93; Mot III 61; Prot III 17; Jakobs/Schubert, AT I 449 ff.

Schrifttum

Du Chesne, Der Sinn des Zubehörbegriffs, DJZ 1912, 837

Gail, Der Begriff des Zubehörs nach dem BGB (Diss Erlangen 1908)

Gerard, Begriff des Zubehörs und Entstehung der Zubehöreigenschaft nach dem Rechte des BGB (Diss Heidelberg 1909)

Keyling, Die rechtliche Bedeutung der Zubehöreigenschaft nach dem BGB (Diss Leipzig 1906)

Mitze, Rechtliche Bedeutung der mehrfachen Zubehöreigenschaft einer Sache (Diss Erlangen 1915)

Neumann, Die Merkmale des Zubehörbegriffs nach den §§ 97 und 98 BGB (Diss Greifswald 1915)

Schmidbauer, Rechtliche Bedeutung der Zubehöreigenschaft (Diss Würzburg 1911)

Siebert, Zubehör des Unternehmens und Zubehör des Grundstücks, in: FS Gieseke (1958) 59

Weimar, Das Zubehör und seine Rechtslage, MDR 1980, 907

Witt, Das Pfandrecht am Inventar des landwirtschaftlichen Betriebs (Diss Hohenheim 1974).

Wegen des älteren Schrifttums vgl Staudinger/Dilcher[12] § 97.

Systematische Übersicht

I.	**Allgemeines**		b) Mehrere Hauptsachen	9
1.	Die geschichtliche Entwicklung	1	c) Sachgesamtheiten	10
a)	Gemeines Recht und Partikularrecht	1	d) Unternehmen als Hauptsache	11
b)	Die Regelung des BGB	2	e) Grundstücksgleiche Rechte	12
2.	Der Geltungsbereich des BGB	3	3. Die Zweckbindung des Zubehörs	13
			a) Die objektiven Grundlagen	13
II.	**Der Zubehörbegriff des § 97**		b) Die Unterordnung	14
1.	Die bewegliche Sache als Zubehör	4	c) Die Dauer der Zweckbindung	18
a)	Die Selbständigkeit	4	d) Die Zubehörbestimmung als Realakt	20
b)	Fremde und verbrauchbare Sachen	5	4. Das räumliche Verhältnis	21
c)	Grundstücke und Rechte	6	a) Die Indienststellung	21
d)	Sachgesamtheiten	7	b) Die vorübergehende Unterbrechung	22
2.	Die Hauptsache	8	5. Die Verkehrsauffassung	23
a)	Der wirtschaftliche Schwerpunkt	8	a) Die Maßstäbe	23

b)	Die Unterschiedlichkeit	24	
6.	Weitere Einzelheiten	25	
7.	Das Ende der Zubehöreigenschaft	26	

c) Verfügungen über bewegliche Sachen — 32
3. Das Zubehör in der Zwangsvollstreckung — 33
4. Die Beweislast — 34

III. Scheinzubehör und Nebensachen — 27

IV. Die rechtliche Auswirkung der Zubehöreigenschaft — 28
1. Verpflichtungsgeschäfte — 29
2. Verfügungsgeschäfte — 30
  a) § 926 — 30
  b) § 1120 — 31

V. Ausländisches Recht
1. Österreichisches Recht — 35
2. Schweizerisches Recht — 36
3. Französisches Recht — 37
4. Italienisches Recht — 38
5. Englisches Recht — 39

Alphabetische Übersicht

Aufhebung der Zubehöreigenschaft — 26
Ausländisches Recht — 35 ff

Baumaterial — 17
Begriff des Zubehörs — 2, 4 ff
Beweislast — 34

Eigentumsvorbehalt — 18

Fertigprodukte — 16
Früheres Recht — 1

Geltungsbereich des § 97 — 3
Grundstücke — 6
Grundstücksgleiche Rechte — 12

Hauptsache — 5 ff
Höferecht — 3
Hypothekarische Haftung — 31

Kraftfahrzeugbrief — 25

Materialreserve — 15

Nebensachen — 27

Räumliches Verhältnis — 21 f
Realakt — 20
Rechte — 6, 12
Rohstoffe — 16

Sachgesamtheit — 7, 10
Scheinbestandteile — 4
Scheinzubehör — 27
Schiffszubehör — 3
Sonderrechte am Zubehör — 28 ff
Straßenzubehör — 3

Unternehmen — 11
Unterordnung, dauernde — 14, 18 f

Verbrauchbare Sachen — 5
Verkehrsauffassung — 23 f
Versorgungsleitungen — 21
Vorübergehende Trennung — 22, 27

Wirtschaftlicher Zweck — 13 ff

Zutaten — 27
Zwangsvollstreckung — 33
Zweckbindung — 13 ff

I. Allgemeines

1. Die geschichtliche Entwicklung

a) Nachdem seit dem Mittelalter das Zubehör aus dem nach römischem Recht umfassenden Bereich der Bestandteile ausgegliedert worden war (vgl § 93 Rn 2), bestanden hinsichtlich des Umfangs des Zubehörs unterschiedliche Auffassungen:

Nach **gemeinem Recht** waren Zubehör (Pertinenzen) nur die der stetigen Benutzung einer Hauptsache dienenden, meist geringwertigen Hilfssachen, die nach der Verkehrsauffassung als nicht in der Hauptsache inbegriffen angesehen wurden (vgl HOLTHÖFER, Sachteil und Sachzubehör im römischen und gemeinen Recht [1972] 98 mwN). Hingegen war der **deutschrechtliche Begriff** des Zubehörs umfassender. Er schloß alles ein, was mit der Hauptsache wirtschaftlich eine Einheit bildete, also auch zB das landwirtschaftliche Inventar eines Grundstücks. Außerdem kam nach deutschrechtlicher Auffassung der Zubehöreigenschaft die weitere Wirkung zu, die Zubehörstücke eines Grundstücks zu immobilisieren, so daß sie von den Grundstücksbelastungen mitergriffen wurden.

Das **preußische Recht** verlangt in den §§ 42 ff I 2 ALR für das Zubehör eine fortdauernde Verbindung mit der Hauptsache und verneinte die Zubehöreigenschaft für nicht dem Eigentümer der Hauptsache gehörende Gegenstände. – Große Bedeutung für die weitere Rechtsentwicklung kam dem **bayerischen HypothekenG** von 1822 und dem **württembergischen HypothekenG** von 1825 zu (HOLTHÖFER 116 ff).

2 **b)** Die Zubehördefinition des BGB klärte zwei der vorher umstrittenen Punkte: Sie trennte den Begriff des Zubehörs endgültig von dem der Bestandteile. Ist eine Sache einer anderen derart eingefügt, daß sie mit dieser nach der Verkehrsanschauung eine Einheit bildet, so wird sie deren **Bestandteil** und kann nicht mehr Zubehör sein (vgl § 93 Rn 5 ff). – Ferner stellt das BGB den Zubehörbegriff auf eine **objektive Grundlage** und lehnt die Anerkennung der gewillkürten Pertinenz ab.

2. Der Geltungsbereich der BGB – Definitionen

3 Der Geltungsbereich der §§ 97 und 98 erstreckt sich auf das gesamte Privatrecht. Dabei kann die gesetzliche Begriffsbestimmung nicht durch Parteivereinbarung geändert werden, soweit nicht das Gesetz selbst auf den Parteiwillen abstellt (SOERGEL/MÜHL Rn 5).

Allerdings gibt es einige bürgerlichrechtliche Spezialnormen mit einem vom BGB abweichenden Inhalt; so für das Schiffszubehör § 478 HGB, für das Hofzubehör § 3 der HöfeO. Eine eigene Definition enthält auch § 9 des KabelpfandG v 31. 3. 1925 (RGBl I 37).

Einen besonderen Begriff des **Straßenzubehörs** gibt § 1 Abs 4 Nr 3 BFStrG (zum Vorläufer vgl RGZ 155, 394, 398). Hierzu gehören zB Verkehrszeichen und die Bepflanzung. Diese wären nach dem BGB Sachbestandteile. Jedoch ist der öffentlichrechtliche Zubehörbegriff unabhängig vom BGB und reicht weiter als dieses (WOLFF/BACHOF, Verwaltungsrecht I [9. Aufl 1974] § 39 I b 2).

II. Der Zubehörbegriff des § 97 Abs 1

1. Die bewegliche Sache als Zubehör

4 **a)** Das Zubehör darf **kein Bestandteil** der Hauptsache sein (vgl auch § 93 Rn 6 ff und § 94 Rn 5 ff). – Offen bleibt, ob der nichtwesentliche Bestandteil einer Sache (vgl § 93 Rn 33) Zubehör einer anderen Sache sein kann: Das OLG Köln (NJW 1961, 461) hat es

für die Zubehöreigenschaft einer Fernsprechanlage im Verhältnis zum Fabrikgrundstück als unerheblich angesehen, daß sich die Anlage als nichtwesentlicher Teil des Fernsprechnetzes darstellt. Überwiegend jedoch wird auf den Begriff „bewegliche Sache" in § 97 Abs 1 S 1 abgestellt und dementsprechend die Zubehörfähigkeit nichtwesentlicher Grundstücksbestandteile verneint (RGZ 55, 281, 284; 87, 43, 50; SOERGEL/MÜHL Rn 9; BGB-RGRK/KREGEL Rn).

Hingegen können **Scheinbestandteile** als bewegliche Sachen (vgl § 95 Rn 22) durchaus Zubehör der Sache sein, bei der sie sich befinden. Zu beachten ist jedoch, ob nicht die für § 95 vorausgesetzte vorübergehende Verbindung mit der Hauptsache einer nach § 97 erforderlichen dauernden Zweckbindung an die Hauptsache entgegensteht. – Zubehör einer anderen Sache als der, an der sie sich befinden, können Scheinbestandteile uneingeschränkt sein (RGZ 55, 281, 284).

b) **Fremde Sachen**, dh Sachen, die dem Eigentümer der Hauptsache nicht gehö- 5 ren, können Zubehör sein (RGZ 53, 350; RG SeuffA 63 Nr 1; OLG Stettin NW 1927, 402). – Gleiches gilt für **verbrauchbare Sachen**, wie zB die Kohlenvorräte einer Fabrik (RGZ 66, 358; 77, 36; MünchKomm/HOLCH Rn 22) oder Heizöl im Tank (LG Braunschweig ZMR 1986, 120). Anders hingegen sind die Rohstoffvorräte zu beurteilen (vgl u Rn 16).

c) **Grundstücke** können schon nach dem Wortlaut des § 97 kein Zubehör sein. – 6 **Rechte** können mangels Sachqualität ebenfalls kein Zubehör sein (RGZ 83, 54, 56; BGH MDR 1990, 908). Sie gelten allerdings nach § 96 als Bestandteile des Grundstücks, wenn sie mit dem Grundeigentum verbunden sind (vgl § 96 Rn 2 ff). – Für die **Instandhaltungsrücklage**, die nach § 21 Abs 5 Nr 4 WEG angesammelt werden muß, vertritt RÖLL (NJW 1976, 938) die Auffassung, daß sie analog § 97 als Zubehör anzusehen sei.

d) Eine **Sachgesamtheit** (vgl Vorbem 15 ff zu § 90) kann Zubehör sein. Dies ist zwar 7 nur für das Inventar in § 98 ausdrücklich vorgesehen; es gilt aber auch für andere Sachgesamtheiten, sofern die einzelnen Stücke der Gesamtheit den Voraussetzungen der §§ 97 oder 98 genügen (BGB-RGRK/KREGEL Rn 11). So hat zB der BGH (MDR 1965, 561) die auf dem Nachbargrundstück betriebene Tankstelle als Zubehör eines Hausgrundstücks angesehen. – Ist wenigstens für einen Teil der in der Sachgesamtheit zusammengefaßten Sachen das Erfordernis eines bestimmungsmäßen räumlichen Verhältnisses zur Hauptsache erfüllt, so kann für den Rest der Gesamtheit ein weniger strenger Maßstab angelegt werden (vgl ROSTOSKY JherJb 74, 75 ff).

2. Die Hauptsache

a) Die Hauptsache, welcher das Zubehör zugeordnet ist, kann ein **Grundstück** 8 oder eine **bewegliche Sache** sein. Demnach steht eine Arztpraxis nicht als Hauptsache in Betracht, zu welcher der good will das Zubehör bilden könnte (OLG Karlsruhe WM 1989, 1229).

Für die Frage, welche von **mehreren Sachen** die Hauptsache ist und welche das Zubehör, kommt es nicht auf die äußere Größe an. Entscheidend ist vielmehr der **wirtschaftliche Schwerpunkt**, so daß ein wertvoller Bagger Zubehör der relativ wertlosen Kiesgrube bleibt (RG DR 1942, 137). – Auch unter mehreren Grundstücken ist

Hauptsache dasjenige, das den Mittelpunkt der Bewirtschaftung bildet (OLG Stettin JW 1932, 1581). Im übrigen wird aus § 98 entnommen, daß Grundstücke im Verhältnis zu Mobilien stets als Hauptsachen anzusehen sind (RGZ 87, 43, 49; BGB-RGRK/KREGEL Rn 2).

Auch wenn nur der **Teil eines Gebäudes** als Hauptsache für ein Zubehörstück zu bewerten ist, so wird das Stück doch Zubehör des ganzen Grundstücks (RGZ 89, 61, 63; OLG Stettin HRR 1934 Nr 161; RG JW 1938, 1390).

9 b) **Mehrere Sachen** können als Hauptsache für Zubehör angesehen werden (OLG Frankfurt HRR 1937 Nr 692; ENNECCERUS/NIPPERDEY § 126 I 3; aM OLG Dresden SeuffBl 75, 583). So kann zB eine Maschine Zubehör zu mehreren landwirtschaftlichen Grundstücken sein. – Es steht auch der Auffassung mehrerer Sachen als Hauptsache nicht entgegen, daß diese Sachen **verschiedenen Eigentümern** gehören (OLG Breslau OLGE 35, 291). Bei einer Veräußerung nach § 926 (vgl u Rn 30) kann dann für das Zubehör Miteigentum der Hauptsacheneigentümer entstehen (ERMAN/MICHALSKI Rn 12).

Sofern allerdings eine Sache als Zubehör für mehrere Grundstücke in Betracht steht, ist es auch möglich, daß nur eines der Grundstücke die Hauptsache bildet. Dies trifft zB bei einer Gastwirtschaft zu, bei welcher nur das Hausgrundstück, nicht aber die damit verbundenen Gartengrundstücke Hauptsache des Gastwirtschaftszubehörs ist (RGZ 55, 281, 283; 130, 264, 267). Auch in diesem Zusammenhang kommt es auf den Schwerpunkt der Bewirtschaftung an.

10 c) Als Hauptsachen für Zubehör können auch die Einzelsachen einer **Sachgesamtheit** in Betracht stehen (ROSTOSKY JherJb 74, 75 ff; aM BGB-RGRK/KREGEL Rn 7). – Zubehör kann es jedoch nur zu individuell bestimmten Hauptsachen geben, nicht auch zu einer Gattung wechselnder Sachen. So ist zB die Geldbörse nicht Zubehör für das darin befindliche Geld, der Kleiderschrank nicht Zubehör zu den darin befindlichen Kleidern.

11 d) Ob Sachen **Zubehör zum Unternehmen** als Rechtsgesamtheit (vgl Vorbem 23 ff zu §§ 90 ff) sein können, ist umstritten: Unter dem Gesichtspunkt des § 314 wird die Frage zT bejaht (vgl SIEBERT 67 mwN; GIERKE/SANDROCK, Handels- und Wirtschaftsrecht [9. Aufl 1975] § 13 III 1 b). – Man kann aber auch alle in den Kaufvertrag eingeschlossenen Gegenstände als unmittelbare Unternehmensteile ansehen, so daß die Zubehörproblematik des § 314 nicht entsteht.

Die hM verneint für das Unternehmen die Fähigkeit, Hauptsache iS der §§ 97 und 98 zu sein (BGB-RGRK/KREGEL Rn 7; SOERGEL/MÜHL Rn 15; REHBEIN JR 1983, 280). – Vielfach jedoch werden die betroffenen Sachen als **Grundstückszubehör** für das Unternehmensgrundstück eingeordnet (OLG Stettin HRR 1934 Nr 161; RG DR 1942, 137 mit Anm HAUPT; OLG Köln NJW 1961, 461). Diese Lösung versagt allerdings dann, wenn das Unternehmen in einem Gebäude betrieben wird, das nach seiner objektiven Beschaffenheit nicht dauernd dafür eingerichtet ist (BGHZ 62, 49, 51 = NJW 1974, 269). – Zum **Betriebszubehör** vgl § 98 Rn 4 ff.

12 e) Hauptsache kann ein dem **Grundeigentum gleichgestelltes Recht** sein, wie das Erbbaurecht oder das Bergwerkseigentum (RGZ 161, 203, 206; BGHZ 17, 223, 232; SOER-

GEL/MÜHL Rn 12). Für das Erbbaurecht ist allerdings zu beachten, daß das aufgrund des Rechts errichtete Bauwerk nach § 12 ErbbRVO Bestandteil des Erbbaurechts wird, also nicht dessen Zubehör sein kann (vgl § 94 Rn 3). – Im übrigen gibt es **kein Zubehör zu Rechten**. So ist zB der Schuldschein nicht Zubehör zur Forderung (BGB-RGRK/KREGEL Rn 6).

3. Die Zweckbindung des Zubehörs

a) Die von § 97 Abs 1 S 1 verlangte wirtschaftliche Zweckbindung dient der **objektiven Bestimmung** des Zubehörbegriffs. Zwar kann durch den Parteiwillen festgelegt werden, ob eine Sache zu einer anderen in ein Verhältnis gebracht wird, wonach sie deren wirtschaftlichem Zweck dienen kann. Sobald jedoch ein solches Verhältnis vorliegt, kann der Parteiwille nicht mehr darüber befinden, ob die Sache Zubehör sein soll oder nicht. – Es genügt, daß das Zubehör dem wirtschaftlichen Zweck einzelner Bestandteile der Hauptsache dienen soll, zB einem Stockwerk des Hauses (RGZ 48, 208; 89, 61, 63; vgl auch o Rn 8). 13

Ferner darf der Begriff des wirtschaftlichen Zweckes nicht nur iS unmittelbar erwerbsbezogener Vorgänge verstanden werden. Daher ist die **Alarmanlage** in der Wohnung Zubehör (OLG München MDR 1979, 934; als wesentlicher Bestandteil wird sie vom OLG Hamm eingeordnet, vgl § 94 Rn 24). – Darüber hinaus genügt für § 97 die Förderung eines „Kulturzweckes". So ist die Orgel Zubehör eines Kirchengebäudes (RG JW 1910, 466), die Glocke Zubehör einer Kapelle (BGH NJW 1984, 2278; H DILCHER JuS 1986, 186).

b) Eine Sache dient dem wirtschaftlichen Zweck einer anderen, wenn sie zu ihr in einem **Abhängigkeitsverhältnis** steht; das Zubehör muß der Hauptsache untergeordnet sein (RGZ 86, 326, 329). Dies gilt für **Maschinen** (sofern sie nicht Bestandteile sind, vgl § 93 Rn 17) auf dem produktionstragenden Grundstück (BGH NJW 1979, 2514; OLG Köln NJW RR 1987, 751) oder für die Kühlanlage einer Gaststätte (OLG Hamm NJW RR 1986, 376; zur Lüftungsanlage als Bestandteil s § 94 Rn 24). 14

Für die Bestimmung des Unterordnungsverhältnisses sind mehrere Gesichtspunkte hervorzuheben: Es genügt, wenn das Zubehör zur **Förderung** des wirtschaftlichen Zwecks der Hauptsache Verwendung findet; daher reicht es aus, wenn das Zubehör der Hauptsache nur **mittelbar dient**. Dies wird zB bejaht für Verpackungsmaterial (RG Gruchot 53, 899). – Auch der **Fuhrpark** eines Unternehmens wurde früher uneingeschränkt hier eingeordnet (RGZ 69, 85, 87). Inzwischen wird der Fuhrpark nur dann noch als Grundstückszubehör anerkannt, wenn der wirtschaftliche Schwerpunkt des Unternehmens gerade auf diesem Grundstück liegt. Dies trifft nicht zu bei einer Spedition, deren Kraftfahrzeuge durchweg außerhalb des Betriebsgrundstücks operieren (BGHZ 85, 234, 237 = NJW 1983, 746; REHBEIN JR 1983, 281). Dasselbe gilt für einen an unterschiedlichen Stellen eingesetzten Baukran (OLG Koblenz MDR 1990, 49) und für Baumaschinen, die durchweg auf Außenbaustellen eingesetzt werden (BGH NJW 1994, 864). – Das Zubehör muß dem Zweck der Hauptsache nicht ausschließlich dienen; es genügt, daß es ihm **auch dient**. So ist zB ein Hotelbus, der auch andere Personen als Hotelgäste befördert, dennoch Hotelzubehör (RGZ 47, 197, 200; 157, 40, 48).

15 Es genügt, daß eine **künftige Verwendung** des Zubehörs in Unterordnung unter den Zweck der Hauptsache beabsichtigt ist. Dementsprechend wird die sog **Materialreserve**, die erforderlich ist, um einen Betrieb einsatzbereit zu halten, als Zubehör eingeordnet. So sind Zubehör die Kohlevorräte (RGZ 77, 36, 38) oder das Heizöl im Tank (LG Braunschweig ZMR 1986, 120). Daß es sich um verbrauchbare Sachen handelt, steht der Zubehöreigenschaft nicht entgegen (vgl o Rn 5; RG HRR 1930 Nr 277). Zubehör ist auch das Ausbesserungsmaterial (RGZ 66, 357) oder das Festzelt einer Brauerei, das nur zum Oktoberfest aufgestellt wird (RG JW 1938, 1390).

16 Hingegen sind die für den laufenden Betrieb erforderlichen **Rohstoffvorräte** nicht dem Zweck des Betriebsgrundstücks untergeordnet. Sie werden vielmehr als gleichwertige Sachen angesehen, so daß sie kein Zubehör darstellen können (RGZ 86, 326, 329; Soergel/Mühl Rn 23). – Auch die **Fertigprodukte** eines Betriebes sind nicht als Zubehör des Betriebsgrundstücks einzuordnen (BGB-RGRK/Kregel Rn 23 mwN). Dies folgt daraus, daß sie als nur noch vorübergehend mit dem Betriebsgrundstück verbunden angesehen werden (vgl u Rn 18; RGZ 66, 88, 90; RG SeuffA 63 Nr 80). Kein Zubehör sind daher das Bier einer Brauerei (OLG Kiel SeuffA 67 Nr 146), die Ziegel einer Ziegelei (OLG Dresden OLGE 14, 106, 108) oder das Vieh, das zum Verkauf bestimmt ist (RGZ 142, 379, 382; OLG München JW 1934, 1802). Auch für die Verkaufsbestände einer Baumschule wird unter diesem Gesichtspunkt die Zubehöreigenschaft verneint (RGZ 66, 88, 90; vgl auch § 95 Rn 10). Dasselbe gilt für Speisen und Getränke in einer Gastwirtschaft (OLG Rostock OLGE 31, 309, 311).

17 Ist die **Hauptsache noch unfertig**, so können ihr solche Sachen nicht dienen, die allein auf den Zweck der fertigen Hauptsache ausgerichtet sind. Dies gilt zB für Heizöl in den Tanks eines noch nicht bezugsfertigen Gebäudes (OLG Düsseldorf NJW 1966, 1714), ebenso für Fabrikationsmaschinen in einem noch nicht betriebsfertigen Fabrikationsgebäude (RGZ 89, 61, 65; BGH NJW 1969, 36). – Allerdings ist zu beachten, daß **Baumaterial** und Baumittelstücke durchaus Zubehör sein können. Sie dienen dann zwar nicht dem noch unfertigen Gebäude, wohl aber dem Baugrundstück zum Zwecke der Bebauung (RGZ 84, 284; 86, 326, 330; 89, 61, 65; BGB-RGRK/Kregel Rn 18). Für noch nicht fertig montierte Heizkörper in einem Rohbau wird dies ausführlich behandelt in BGHZ 58, 309, 311 = NJW 1972, 1187 (abl Kuchinke JZ 1972, 660). Die Tatsache, daß die Heizkörper später zu wesentlichen Bestandteilen des Grundstücks werden sollen, steht ebensowenig entgegen wie der Eigentumsvorbehalt des Lieferanten.

18 c)   Gem § 97 Abs 2 S 1 wird die Zubehöreigenschaft jedoch nur dann begründet, wenn eine **dauernde Unterordnung** unter den wirtschaftlichen Zweck der Hauptsache gewollt ist. Eine vorübergehende Unterordnung genügt nicht. Dies führt zB dazu, die zum Verkauf bestimmten Fertigprodukte nicht als Zubehör des Betriebsgrundstücks zu bewerten (vgl o Rn 16). Auch das auf Zeit in einen Geschäftswagen eingebaute Autotelefon wird nicht Zubehör (OLG Köln MDR 1993, 1177; vgl auch § 93 Rn 19).

Ebensowenig können Sachen, die nur dem persönlichen Bedürfnis des zeitweiligen Besitzers der Hauptsache dienen, Zubehör werden. Deshalb werden Maschinen und andere Gerätschaften die der **Mieter oder Pächter** eines Grundstücks für seine befristeten Zwecke dorthin verbringt, normalerweise kein Grundstückszubehör (LG

Altona JW 1935, 1197; BGB-RGRK/KREGEL Rn 30; SOERGEL/MÜHL Rn 27). Dasselbe gilt für Lampen, die ein Mieter angebracht hat (OLG Bamberg OLGE 14, 8) oder für die Tankanlage auf einem gepachteten Grundstück. – Wie bei Scheinbestandteilen (vgl § 95 Rn 5) begründet aber die fest vereinbarte spätere Übernahme der Mietersache durch den Grundstückseigentümer schon vorher ein dauerndes Unterordnungsverhältnis. Wird dagegen für den Verpächter bei Beendigung des Pachtvertrages nur ein wahlweises Übernahmerecht vorgesehen, so genügt dies nicht, eine dauernde Unterordnung und damit die Zubehöreigenschaft herzustellen (BGH BB 1971, 1123). – Erwirbt allerdings der Mieter oder Pächter später das Grundstückseigentum, so ist anzunehmen, daß seine Sachen nunmehr dauernd dem Zweck des Grundstücks dienen sollen. Sie werden (im Unterschied zu Scheinbestandteilen, vgl § 95 Rn 9) ohne äußeren Widmungsakt zum Zubehör (RGZ 132, 321, 324; MünchKomm/HOLCH § 97 Rn 23 a).

Werkzeugformen zur Kunststoffbearbeitung, die ein Dritter hergestellt hat, sind während der Abwicklung des Auftrags nur vorübergehend im Betrieb des Kunststoffbearbeiters, wenn sie mit dem Ende des Auftrags in das Eigentum des Bestellers übergehen (OLG Düsseldorf NJW RR 1991, 1130). – Auch eine auf Probe gelieferte Sache wird noch nicht Zubehör (ERMAN/MICHALSKI Rn 7). Hingegen steht ein **Eigentumsvorbehalt** des Lieferanten der Zubehöreigenschaft nicht entgegen (BGHZ 58, 309, 314; KUCHINKE JZ 1972, 660).

19 Die Dauerhaftigkeit der Unterordnung wird, ähnlich wie im Zusammenhang des § 95 (vgl § 95 Rn 6), nicht dadurch in Frage gestellt, daß die Hauptsache nur eine **begrenzte Lebenszeit** haben wird. So ist die Zubehöreigenschaft eines Baggers in der Kiesgrube nicht deshalb zu verneinen, weil die Grube bald erschöpft sein wird (vgl OLG Kassel JW 1934, 2715). – Dasselbe gilt hinsichtlich einer begrenzten Lebenszeit der Zubehörsache (BGB-RGRK/KREGEL Rn 29; zu den verbrauchbaren Sachen vgl o Rn 5). So wird die Zubehöreigenschaft bejaht für die Kohlevorräte einer Ziegelei (RGZ 77, 36) oder eines Wohnhauses (OLG Dresden Recht 1938 Nr 7247). – Bei **langlebigen Sachen** genügt zur Begründung der Zubehöreigenschaft der Wille, sie „für eine gewisse Dauer" der Hauptsache unterzuordnen (BGB-RGRK/KREGEL Rn 13 und 28). Ein solcher Fall liegt bereits vor, wenn nicht von vornherein an die spätere Aufhebung des Unterordnungsverhältnisses gedacht wird (RGZ 47, 197, 202; 62, 410, 411).

20 d) Die Bestimmung einer Sache zur dauernden Unterordnung unter den Zweck der Hauptsache ist **kein Rechtsgeschäft**, sondern eine geschäftsähnliche Handlung (vgl RG HRR 1934 Nr 1273). Es genügt demnach die natürliche Willensfähigkeit des Bestimmenden (ERMAN/MICHALSKI Rn 5). – **Bestimmender** kann jeder sein, der das Zubehör berechtigt in ein wirtschaftliches Unterordnungsverhältnis zur Hauptsache zu versetzen vermag, also nicht nur der Eigentümer, sondern ebenso der Pächter oder Eigenbesitzer (BGH NJW 1969, 2135).

4. Das räumliche Verhältnis der Sachen

21 a) Die Zweckbestimmung allein genügt nicht zur Begründung der Zubehöreigenschaft. Vielmehr muß eine Sache, um Zubehör zu werden, nicht nur dem Dienst an der Hauptsache gewidmet sein, sondern auch **tatsächlich in den Dienst** der Hauptsache gestellt werden (zur Parallele bei öffentlichen Sachen vgl Vorbem 34 zu § 90). Dies ist gemeint, wenn § 97 Abs 1 S 1 verlangt, daß das Zubehör zur Hauptsache in einem seiner Zweckbestimmung entsprechenden räumlichen Verhältnis stehen muß. Für die tatsächliche Indienststellung ist eine körperliche Verbindung beider Sachen nicht erforderlich; sie würde sogar der Zubehöreigenschaft entgegenstehen, weil auf diese Weise regelmäßig eine Bestandteilseigenschaft begründet wird. – Für Gerätschaften genügt es, wenn sie von ihrem Standpunkt aus genutzt werden können (RGZ 51, 272).

Die Zubehöreigenschaft einer beweglichen Sache zu einem Grundstück setzt demnach nicht voraus, daß sich die Sache auf dem Grundstück befindet. Zubehör kann vielmehr auch eine Sache sein, die sich auf einem anderen, sogar im fremden Eigentum stehenden Grundstück befindet (RGZ 55, 281; 87, 43; 130, 364, 267; BGH MDR 1965, 561). So kann ein außerhalb des Betriebsgrundstücks eingesetzter Bagger Zubehör sein (RG DR 1942, 137 m Anm HAUPT).

Die Distanz zwischen Zubehör und Hauptsache kann beträchtlich sein (vgl RGZ 157, 40, 46). Dies gilt zB für das **Leitungsnetz** der Versorgungsunternehmen, das als Zubehör zum Betriebsgrundstück bewertet wird (RGZ 168, 288, 290; BGHZ 37, 353, 356 = NJW 1962, 1817; BGH NJW 1990, 771; vgl auch § 94 Rn 8 und 25, § 95 Rn 4 und § 98 Rn 9).

22 b) Eine nur **vorübergehende Unterbrechung** der Möglichkeit, die Zubehörsache im Dienste der Hauptsache zu verwenden, beendet gem § 97 Abs 2 S 2 die Zubehöreigenschaft nicht. Dies gilt etwa bei vorübergehender räumlicher Trennung zu Reparaturzwecken (KG OLGE 6, 213). – Erst eine räumliche Trennung, die als dauernde gewollt ist oder aus tatsächlichen Gründen eine dauernde sein muß, läßt die Zubehöreigenschaft enden (vgl auch STAUDINGER/SCHERÜBL[12] zu § 1121).

5. Die Verkehrsauffassung

23 a) Die **Verkehrsauffassung** entscheidet gem § 97 Abs 2 S 2 im Zweifel darüber, ob zwischen zwei Sachen ein Verhältnis der Über- und Unterordnung besteht, oder ob beide Sachen für den verfolgten Zweck von gleicher Wichtigkeit sind. Trifft letzteres zu, so wird nicht jede Sache zum Zubehör der anderen, sondern keine ist im Verhältnis zur anderen Zubehör. – Die Verkehrsauffassung kann sich auch dahin auswirken, daß sie trotz des Vorliegens einer wirtschaftlichen Zweckbindung und eines entsprechenden räumlichen Verhältnisses dennoch die Zubehöreigenschaft einer Sache verneint (RG SeuffA 84 Nr 98); so etwa, wenn nach der Verkehrsauffassung eine Sache nicht mit dem Grundstück, auf dem sie sich befindet, mitverkauft zu werden pflegt (vgl WIESER NJW 1990, 1971).

Die Verkehrsauffassung ist **personell begrenzt**, und zwar insofern, als es auf die Lebens- und Geschäftsgewohnheiten der Beteiligten ankommt (RGZ 77, 241, 244); für ein Bierzelt etwa ist auf die Auffassung der Geschäftsleute und nicht der Kunden abzustellen (RG JW 1938, 1390). – Darüber hinaus kann eine die Zubehöreigenschaft ausschließende Verkehrsauffassung **lokal begrenzt** sein, wie es für Herde und Öfen schon in Prot III 19 ausgeführt ist (vgl auch OLG Oldenburg RPfleger 1976, 244). – Schließlich ist die Verkehrsauffassung auch einem **zeitlichen Wandel** unterworfen. So kann die gegenwärtige Verkehrsauffassung nicht allein durch ein Urteil des OLG Schleswig aus dem Jahre 1915 belegt werden (BGH WM 1993, 168, 170).

b) Aufgrund der damit möglichen unterschiedlichen Maßstäbe kommt es nicht **24** selten zu **entgegengesetzten Entscheidungen** bei der Beurteilung der Zubehöreigenschaft gleicher Wirtschaftsgüter: So wurde zB **Linoleum** in München als Zubehör eingeordnet (OLG München SeuffA 74 Nr 157), in Hamburg dagegen nicht (OLG Hamburg OLGE 45, 110). Die **Einbauküche** (soweit sie nicht wesentlicher Bestandteil ist, vgl § 94 Rn 24) wurde vom OLG Köln (VersR 1980, 51), vom OLG Celle (NJW RR 1989, 913) und vom BGH für Norddeutschland (NJW RR 1990, 586) als Zubehör anerkannt. Anders hingegen entschieden das OLG Karlsruhe (NJW RR 1986, 19; 1988, 459) und das OLG Hamm (NJW RR 1989, 333). – Eine **Kaffeehauseinrichtung** wurde in Frankfurt nicht dem Zubehör eingerechnet (OLG Frankfurt HRR 1932 Nr 2235), wohl aber in Thüringen (OLG Jena JW 1933, 924). Für **Gastwirtschaftsinventar** wurde in Hamburg die Zubehöreigenschaft verneint (OLG Hamburg OLGE 38, 30), in Bremen dagegen bejaht (OLG Hamburg OLGE 31, 192), ebenso in Hessen (AG Biedenkopf DGVZ 1967, 153). – Für eine **Fernsprechanlage** verneinte das OLG Köln (NJW 1961, 461) die Zubehöreigenschaft aufgrund der Verkehrsauffassung.

6. Weitere Einzelheiten

Über die in Rn 24 angeführten Fälle hinaus sind folgende Entscheidungen bemer- **25** kenswert: Die **Waschmaschine** in einem Mehrfamilienhaus ist Zubehör (LG Dortmund MDR 1965, 740). Eine Schrankwand hingegen ist kein Zubehör (OLG Düsseldorf OLGZ 1988, 115; vgl auch § 94 Rn 26).

Im **gewerblichen Bereich** wurde die in einer Bäckerei aufgestellte Speiseeismaschine als Zubehör anerkannt (LG Kassel MDR 1959, 487), ebenso die Büroeinrichtung in einem Fabrikgebäude (OLG Jena OLGE 13, 314; BayObLG OLGE 24, 250) oder in einem Verwaltungsgebäude (LG Mannheim Betrieb 1976, 2206). Daß das Gebäude früher anderen Zwecken diente, ist unerheblich (LG Freiburg BB 1977, 1672). Kein Zubehör ist die in einer Villa befindliche Büroeinrichtung (OLG München OLGE 29, 244 Fn 1). Auch die Ladeneinrichtung in einem Geschäftshaus wurde nicht als Zubehör anerkannt (OLG Braunschweig HRR 1939 Nr 869), wohl aber der Schaukasten eines Ladens (OLG Marienwerder JW 1932, 2097). Dalben sind Zubehör des Werftgrundstücks (OVG Bremen NJW RR 1986, 955).

Im **ästhetisch-künstlerischen Bereich** sind die Theaterrequisiten Zubehör des Theatergebäudes (KG OLGE 30, 328). Auch die zum Vermieten bestimmten Dekorationspflanzen einer Gärtnerei sind Zubehör (OLG Bamberg OLGE 3, 234). Kein Zubehör hingegen ist der Garten im Verhältnis zur Wohnung (LG Hagen MDR 1948, 147). Dasselbe gilt für einen im Garten aufgestellten Bildstock (OLG Frankfurt NJW 1982, 653). Und eine im Keller gelagerte Silberplatte ist nur dann Wohnungszubehör, wenn ihre Wiederverwendung in der Wohnung beabsichtigt ist (BGH NJW 1986, 59, 61).

Kein Zubehör des Kraftwagens ist der **Kraftfahrzeugbrief** (LG München DAR 1958, 267) oder das im Auto befindliche Reisegepäck (BGH VersR 1962, 557). – Zu weiteren Einzelfällen vgl BGB-RGRK/Kregel Rn 37; Soergel/Mühl Rn 34.

7. Das Ende der Zubehöreigenschaft

Da die Zubehöreigenschaft aufgrund objektiver Merkmale entsteht, endet sie mit **26** deren Wegfall. Dies kann einmal geschehen durch **räumliche Trennung** von der Hauptsache; damit enden Widmung und Indienststellung (vgl o Rn 21). Es darf sich allerdings nicht nur um eine vorübergehende Trennung gem § 97 Abs 2 S 2 handeln (vgl o Rn 22). So ist ausgelagertes Inventar (beim Verkauf des Hotels) kein Zubehör mehr, wenn mit der Auslagerung der Entschluß zur gesonderten Verwertung des Inventars verfolgt werden sollte (BGH WM 1993, 168). – Umgekehrt endet die Zubehöreigenschaft auch dann, wenn durch Herstellung eines Bestandteilsverhältnisses die Eigenschaft als selbständige bewegliche Sache wegfällt.

In Übertragung der Regelung in § 97 Abs 2 S 2 auf das Unterordnungsverhältnis wird durchweg angenommen, daß eine nur **vorläufige Betriebseinstellung**, bei der mit einer Wiedereröffnung des Betriebs der Hauptsache gerechnet wird, das Zubehörverhältnis nur vorübergehend unterbricht, also nicht beendet (RGZ 77, 36, 40; RG HRR 1930 Nr 277). Dagegen führt eine Betriebseinstellung auf 99 Jahre zum Ende des Zubehörverhältnisses (RG WarnR 1934 Nr 56). Ebenso endet die Zubehöreigenschaft einer Glocke mit der kirchenrechtlich bemessenen Entwidmung der Kapelle (BGH NJW 1984, 2278; **aM** H DILCHER [Jus 1986, 187], wenn die Glocke noch zur Brandanzeige dient).

Ohne das Vorliegen der genannten objektiven Aufhebungsgründe vermag der **Aufhebungswille** allein die Zubehöreigenschaft nicht zu beenden. – Ebensowenig genügt die Verurteilung des tatsächlichen Benutzers eines Zubehörstückes zur Herausgabe, um das Zubehörverhältnis enden zu lassen (BGH NJW 1969, 2135).

III. Scheinzubehör und Nebensachen

27 a) Kein Zubehör ist das sog **Scheinzubehör**. Hierzu zählen Sachen, die den Zubehörtatbestand nur scheinbar erfüllen, vor allem, weil sie von der Verkehrsauffassung nicht dem Zubehör zugeordnet werden oder weil sie nur vorübergehend dem Zweck der Hauptsache zu dienen bestimmt sind. – Zum sog „tatsächlichen" Zubehör in der Zwangsvollstreckung vgl u Rn 33.

b) Vom Zubehör zu unterscheiden sind auch die sog **Nebensachen**: Im Zusammenhang der §§ 470 und 651 Abs 2 sind Nebensachen solche Sachen, welche ohne die Hauptsache nicht gekauft oder bestellt worden wären (vgl PALANDT/PUTZO § 470 Rn 1). Im Zusammenhang des § 947 Abs 2 sind Nebensachen solche, die ohne Beeinträchtigung der praktischen Verwendbarkeit des Ganzen fehlen können (BGHZ 20, 159, 163; STAUDINGER/WIEGAND[12] § 947 Rn 7).

Der Begriff des Zubehörs ist auch nicht gleichbedeutend mit dem der **Zutaten**, die in § 651 Abs 2 den Nebensachen gleichgestellt werden. Zutaten können mit der Hauptsache in einem körperlichen Zusammenhang stehen. Dann werden sie zum Bestandteil der Hauptsache und können deswegen kein Zubehör sein (vgl WEIL, Begriff und Bedeutung der Nebensachen und Zutaten im bürgerlichen Recht [Diss Erlangen 1907]).

IV. Die rechtliche Auswirkung der Zubehöreigenschaft

28 Das BGB hat keine allgemeinen Rechtsregeln über die Folgen der Zubehöreigenschaft aufgestellt. Das beruht zT darauf, daß ein Satz, wonach das Zubehör das

2. Abschnitt. Sachen

rechtliche Schicksal der Hauptsache teilt, unzutreffend wäre. Vielmehr können Zubehörstücke durchaus eine von der Hauptsache verschiedene Rechtslage haben. – Jedoch enthält das BGB eine Reihe von **Einzelvorschriften** über das Zubehör:

1. Verpflichtungsgeschäfte

Das Streben, der wirtschaftlichen Zusammengehörigkeit von Hauptsache und Zubehör eine gewisse rechtliche Gleichbehandlung beider entsprechen zu lassen, kommt in § 314 zum Ausdruck. Danach erstreckt sich die rechtsgeschäftliche Verpflichtung zur Veräußerung oder Belastung der Hauptsache im Zweifel auf deren Zubehör. Derselbe Grundsatz gilt nach § 498 Abs 1 auch für den Wiederkauf. Zu beachten ist jedoch, daß es sich um eine **Auslegungsregel** handelt, deren Anwendbarkeit im Einzelfall dargetan werden muß.

Im Zweifel erstreckt sich nach § 1096 auch das **Vorkaufsrecht** an einem Grundstück auf das Zubehör, das mit dem Grundstück verkauft wird. – Die gleiche Auslegungsregel enthält § 2164 Abs 1 für das Vermächtnis einer Sache. Es erfaßt im Zweifel das zZt des Erbfalls vorhandene Zubehör. – Dem Voraus des überlebenden Ehegatten sind die zum ehelichen Haushalt gehörenden Gegenstände nach § 1932 Abs 1 S 1 insoweit zuzuzählen, als sie nicht Zubehör eines Grundstücks sind.

2. Verfügungsgeschäfte

a) Am Zubehör eines Grundstücks kann der Erwerber des Grundstücks unter den in § 926 genannten Voraussetzungen Eigentum erwerben, ohne daß es der Übergabe des beweglichen Zubehörs bedarf (RGZ 97, 102, 107). – Dies gilt jedoch nur für die dem Veräußerer gehörenden Zubehörstücke (OLG Düsseldorf DNotZ 1993, 342). An anderem Zubehör ist gem § 926 Abs 2 der Eigentümerübergang nach den §§ 932 ff zu beurteilen. – Entsprechende Bestimmungen für den Nießbrauch, die beschränkte persönliche Dienstbarkeit und das Erbbaurecht enthalten die §§ 1031, 1062, 1093 und 11 ErbbRVO.

b) Der praktisch wichtigste Satz über das Zubehör ist in § 1120 enthalten, wonach sich die Hypothek auf das Grundstückszubehör erstreckt. Ausgenommen sind Zubehörstücke, die nicht im Eigentum des Grundstückseigentümers stehen. Die **Anwartschaft** an Zubehörstücken, die noch unter Eigentumsvorbehalt des Veräußerers stehen, wird jedoch von der hypothekarischen Haftung miterfaßt (BGHZ 35, 85). Der Eintragung von Zubehör im Grundbuch bedarf es nicht. Die Verschlechterung oder unwirtschaftliche Entfernung haftungserfaßter Zubehörstücke ist als eine die Sicherheit der Hypothek gefährdende Verschlechterung des Grundstücks nach § 1135 zu bewerten. Haftungsfrei werden Zubehörstücke nach den §§ 1121 und 1122 Abs 2. – Die Sicherungsübereignung von Zubehörstücken ändert nichts an der Zubehöreigenschaft, sofern keine Entwidmung stattfindet (BGH NJW 1987, 1266, 1267).

Entsprechend gelten diese Regeln nach den Verweisungen in den §§ 1192 und 1199 bei den anderen Grundpfandrechten. – Ebenso enthält § 31 SchiffsRG für das Zubehör an eingetragenen Schiffen eine entsprechende Regelung. Auch § 103 BinnSchG kennt eine Mithaftung des Zubehörs in begrenztem Umfang. – Bei registrierten

Luftfahrzeugen haftet nach § 31 LftfzRG sogar nur vorübergehend eingebautes Zubehör für das Pfandrecht (ERMAN/MICHALSKI Rn 15).

32 c) Für Verfügungen über **bewegliche Sachen** fehlt eine dem § 926 vergleichbare Vorschrift. Daher bedarf es hier einer Auslegung der Einigung nach den allgemeinen Regeln (SOERGEL/MÜHL Rn 39). Insbesondere erstreckt sich das Pfandrecht an beweglichen Sachen nur nach Maßgabe der §§ 1205 ff auf das Zubehör.

3. Das Zubehör in der Zwangsvollstreckung

33 Besondere Vorschriften über die Erstreckung der Zwangsvollstreckung auf Zubehör enthalten die §§ 865 ZPO sowie 20, 21, 55 Abs 2, 146 und 148 ZVG. Soweit dort der Begriff Zubehör verwendet wird, ist er iS der §§ 97 und 98 zu verstehen (OLG Oldenburg NJW 1952, 671).

Gem **§ 865 Abs 1 ZPO** kann die Zwangsvollstreckung in bewegliche Sachen, die Grundstückszubehör sind und im Eigentum des Grundstückseigentümers stehen, nicht nach den Vorschriften der Mobiliarvollstreckung erfolgen. Vielmehr werden diese Sachen gem §§ 865 Abs 2 ZPO iVm §§ 1120 ff von der Zwangsvollstreckung in das Grundstück erfaßt, dessen Zubehör sie sind (RGZ 59, 87). Dies gilt selbst dann, wenn am Zubehörstück ein Werkunternehmerpfandrecht besteht (KG OLGE 6, 213).

Die **Beschlagnahme** eines Grundstücks erstreckt sich gem § 20 Abs 1 ZVG auf das Zubehör, das im Eigentum des Grundstückseigentümers steht. § 21 Abs 1 ZVG regelt die Beschlagnahmewirkung für land- und forstwirtschaftliche Erzeugnisse (vgl RGZ 143, 33; RG JW 1934, 556). – Durch § 55 Abs 2 ZVG wird die **Zwangsversteigerung** auch auf Zubehörstücke erstreckt, die einem Dritten gehören, sofern sie sich im Besitz des Schuldners befinden und der Dritte nicht sein Recht nach § 37 Nr 5 ZVG geltend macht. In Ausdehnung dieser Rechtslage hatte die frühere Rspr noch weitere bewegliche Sachen als „tatsächliches Zubehör" in die Zwangsversteigerung einbezogen; der BGH lehnt dies jedoch ab und beläßt es beim Wortlaut des § 55 Abs 2 ZVG (vgl H DILCHER JuS 1986, 188 f).

Für die **Zwangsverwaltung** gelten die genannten Regeln nach §§ 146 Abs 1, 148 Abs 1 ZVG entsprechend. – Die Erweiterung des § 55 Abs 2 ZVG auf Zubehör, das im Eigentum eines Dritten steht, greift hier allerdings nicht Platz (ZELLER/STÖBER, ZVG [13. Aufl 1989] § 148 Rn 2).

4. Die Beweislast

34 Die Beweislast dafür, daß eine Sache dem wirtschaftlichen Zweck einer Hauptsache zu dienen bestimmt ist und zu dieser in einem dafür geeigneten Verhältnis steht, trifft denjenigen, der sich auf die Zubehöreigenschaft beruft (ENNECCERUS/NIPPERDEY § 126 II). Wer hingegen leugnet, daß Grundstückszubehör im Eigentum des Grundstückseigentümers steht, hat dies zu beweisen (RG JW 1911, 707).

Auch wer sich darauf beruft, daß eine nur vorübergehende Zweckbindung vorliegt, oder daß nach der Verkehrsanschauung eine Sache nicht als Zubehör eingeordnet werde, hat dies zu beweisen (ROSENBERG, Die Beweislast [5. Aufl 1965] 137; BAUMGÄRTEL/ LAUMEN, Handbuch der Beweislast I [2. Aufl 1991] § 97 Rn 2; vgl auch RGZ 77, 241, 244). – Läßt sich eine die Zubehöreigenschaft ausschließende Verkehrsauffassung nicht feststellen, so besteht für ihr Vorliegen keine Vermutung. Ebensowenig besteht eine Vermutung dafür, daß eine früher vorhandene Verkehrsauffassung noch fortdauert (RG JW 1914, 460; BGB-RGRK/KREGEL Rn 39; vgl auch o Rn 23).

V. Ausländisches Recht

1. Das **österreichische Recht** bestimmt in § 294 ABGB, daß Nebensachen, ohne welche die Hauptsache nicht gebraucht werden kann, oder die das Gesetz bzw der Eigentümer zum fortdauernden Gebrauch der Hauptsache bestimmt haben, dem Zugehör angehören. Abweichend vom deutschen Recht muß allerdings die Zweckbestimmung vom Eigentümer getroffen werden, was vor allem beim Eigentumsvorbehalt wichtig wird (KOZIOL/WELSER, Grundriß des bürgerlichen Rechts II [9. Aufl Wien 1991] 13 mwN). Außerdem kann nach hM am Zugehörstück kein gesondertes Vertragspfandrecht begründet werden (KOZIOL/WELSER 14). – Für Maschinen, die mit einem Grundstück in Verbindung gebracht worden sind, kann der Ausschluß der Zugehöreigenschaft gem § 297 a ABGB im Grundbuch angemerkt werden. – Der Kaufvertrag über eine Sache erfaßt nach §§ 1061 iVm § 1047 ABGB auch deren Zugehör. 35

2. Im **schweizerischen Recht** wird durch Art 644 Abs 2 und 3, 645 ZGB das Zugehör im selben Sinne bestimmt wie das Zubehör nach dem BGB (TUOR/SCHNYDER, Das schweizerische ZGB [10. Aufl Zürich 1986 Nachdruck 1989] 617 f). Auch hier kommt es auf die örtlich übliche Auffassung an, so daß eine Sache an einem Ort dem Zugehör eingerechnet wird, an einem anderen dagegen nicht (MEIER-HAYOZ, Berner Kommentar [5. Aufl Bern 1981] Art 644 Rn 33 ff). – Für Versorgungsleitungen ist die Zugehöreigenschaft in Art 676 Abs 1 ZGB ausdrücklich angeordnet; zum Unternehmenszugehör vgl MEIER-HAYOZ Art 644 Rn 127 ff. 36

Verfügungen über die Hauptsache erfassen gem Art 644 Abs 1 ZGB auch das Zugehör. Die Grundpfandrechte erstrecken sich gem Art 805 Abs 1 und 3 ZGB auf das zum Grundstück gehörende Zugehör. Maschinen und Hotelmobiliar können nach Art 805 Abs 2 ZGB im Grundbuch als Zugehör angemerkt werden.

3. Das **französische Recht** kennt keinen dem deutschen Recht vergleichbaren, allgemeinen Begriff des Zubehörs, weil es von einer anderen Definition der Bestandteile ausgeht (vgl § 93 Rn 39 und § 95 Rn 26). Von Zubehör (accessoire) wird nur im Zusammenhang mit Leistungspflichten gesprochen, insbes gem Art 1616 c beim Kaufvertrag (FERID/SONNENBERGER, Das französische Zivilrecht II [2. Aufl 1986] 535). – Im übrigen gehören zB nach Art 524 cc Sachen des Grundstückseigentümers „pour le service de l'exploitation de ce fonds" zu den immeubles par destination. 37

4. Das **italienische Recht** enthält in Art 817 Codice civile eine allgemeine Definition des Zubehörs (pertinenza). Sie entspricht der deutschen Regelung. Hinsichtlich der Rechtsfolgen allerdings beschränkt sich Art 818 Codice civile auf die Bestimmung, daß Zubehörstücke grundsätzlich das rechtliche Schicksal der Hauptsache teilen. Rechte Dritter am Zubehör sind nach Art 819 Codice civile möglich (GALGANO, Diritto privato [6. Aufl Padova 1990] 111 f). 38

39 5. Das **englische Recht** unterscheidet Zubehör nicht von den Bestandteilen (fixtures). Es läßt allerdings Wegnahmerechte hinsichtlich bestimmter, dem Zubehör des deutschen Rechts vergleichbarer Bestandteile zu; dies gilt zB für die sog trade fixtures, die aus Gründen eines Gewerbebetriebes vom Besitzer mit dem Grundstück verbunden wurden. Dasselbe gilt für ornamentations, deren Zweckbestimmung auf den zeitweisen Besitzer des Grundstücks ausgerichtet ist (s o § 95 Rn 28). – Im übrigen kann hinsichtlich solcher Sachen, die nur auf Zeit zum Gebrauch des Grundstückseigentümers bestimmt sein sollen, ein trust begründet und so ihre besondere Rechtslage erhalten werden (vgl SCHMITZ/vSCHWARTZKOPPEN, Personal property, in: HEINSHEIMER, Zivilgesetze der Gegenwart II [1931] 260). Bei der Landpacht fallen agricultural fixtures, wie Maschinen oder Zäune, dem Grundstückseigentümer zu, wenn sie nicht innerhalb von zwei Monaten nach Pachtende entfernt worden sind (CHESHIRE/BURN's Modern Law of Real Property [14. Aufl London 1988] 140).

§ 98

Dem wirtschaftlichen Zwecke der Hauptsache sind zu dienen bestimmt:

1. bei einem Gebäude, das für einen gewerblichen Betrieb dauernd eingerichtet ist, insbesondere bei einer Mühle, einer Schmiede, einem Brauhaus, einer Fabrik, die zu dem Betriebe bestimmten Maschinen und sonstigen Gerätschaften;

2. bei einem Landgute das zum Wirtschaftsbetriebe bestimmte Gerät und Vieh, die landwirtschaftlichen Erzeugnisse, soweit sie zur Fortführung der Wirtschaft bis zu der Zeit erforderlich sind, zu welcher gleiche oder ähnliche Erzeugnisse voraussichtlich gewonnen werden, sowie der vorhandene, auf dem Gute gewonnene Dünger.

Materialien: E I § 791; II § 77 i; III § 94; Mot III 66; Prot III 17.

I. Die rechtliche Bedeutung der Vorschrift

1 1. Während § 94 Abs 2 zu wesentlichen Bestandteilen alles erklärt, was einem Gebäude zu seiner Herstellung eingefügt ist, und dabei auf die konkrete Zweckbestimmung des Gebäudes nur begrenzt Rücksicht nimmt (vgl § 94 Rn 21 ff), wird in § 98 für die **Bestimmung des Zubehörs** die **konkrete Zwecksetzung** zum Ausgangspunkt erhoben. – Das römische Recht war im Gegensatz dazu davon ausgegangen, daß das Inventar regelmäßig nur den persönlichen Zwecken des Besitzers diene. (Zur Abkehr vom römischen Recht seit dem Naturrecht vgl HOLTHÖFER, Sachteil und Sachzubehör im römischen und im gemeinen Recht [1972] 129 ff.)

Das BGB geht von dem Gedanken aus, Wert und Nutzbarkeit eines Grundstücks hingen wesentlich davon ab, daß die Verbindung des Inventars mit dem Grundstück gewahrt bleibt (Mot III 66). – Die Tatbestandsumschreibungen des § 98 geben die wirtschaftliche Situation des ausgehenden 19. Jahrhunderts wieder, was die Bedeutung des § 98 gegenüber der elastischen Zubehördefinition in § 97 mindert.

2. Als Zubehör wird in § 98 die Gesamtheit der beweglichen Sachen definiert, die **2**
zur **Betriebsführung** entsprechend dem wirtschaftlichen Zweck eines Grundstücks
bestimmt sind (SchlHOLG SchlHA 1974, 111). – Wenn § 98 von diesen Gegenständen
sagt, daß sie dem wirtschaftlichen Zweck der Hauptsache zu dienen bestimmt sind,
so stellt er dies zwingend fest. § 98 normiert jedoch nicht, daß diese Gegenstände
Zubehör sind. Vielmehr müssen auch die übrigen Voraussetzungen gegeben sein, die
in § 97 für Zubehör verlangt werden (BGB-RGRK/Kregel Rn 1). Es muß also eine auf
Dauer angelegte Zweckbindung an die Hauptsache bestehen und ebenso muß das
Zubehör zur Hauptsache kraft Widmung in einem entsprechenden räumlichen Verhältnis, dh Unterordnungsverhältnis (vgl § 97 Rn 13 ff), stehen. Hiervon macht § 98
keine Ausnahme.

Auch ist § 98 nicht dahin zu verstehen, daß nur die aufgeführten Gegenstände Zube- **3**
hör der genannten Betriebseinrichtungen sein könnten. Es ist durchaus möglich, in
Anwendung des § 97 die Zubehöreigenschaft auch für solche Gegenstände zu bejahen, die nicht in § 98 genannt werden (RGZ 66, 356, 358; RG HRR 1933 Nr 276). So bejaht
zB RGZ 77, 36 die Zubehöreigenschaft der auf dem Ziegeleigrundstück befindlichen
und für den Betrieb der Ziegelei bestimmten Kohlevorräte (vgl auch § 97 Rn 15). Weitere Beispiele für Zubehör, das nicht unter § 98, wohl aber unter § 97 fällt, sind die
Schlüssel für Gebäude, die Erneuerungsscheine eines Inhaberpapiers, der Katalog
einer Bibliothek oder der Maulkorb eines Hundes.

Andererseits kann § 98 auch zu einer Erweiterung des in § 97 definierten Zubehörbegriffs führen (aM Mot III 67). Dies tritt ein, wenn die Frage, ob eine Sache dem
wirtschaftlichen Zweck der Hauptsache zu dienen bestimmt ist, nach Lage des Einzelfalls verneint werden müßte, sie aber nach der ausdrücklichen Regelung in § 98 zu
bejahen ist (vgl RG JW 1901, 184). So würde zB der auf einem Landgut gewonnene
Dünger, soweit er für den Verkauf bestimmt ist, nicht unter § 97 fallen.

II. Das Betriebsgrundstück als Hauptsache

Gem § 98 Nr 1 sind **Gebäude**, die für einen gewerblichen Betrieb dauernd eingerich- **4**
tet sind, immer als Hauptsache anzusehen. Auf das Wertverhältnis des Zubehörs
zum Gebäude kommt es nicht an (RGZ 87, 43, 46; BGB-RGRK/Kregel Rn 2).

1. Das Betriebsgebäude

a) Der **gewerbliche Betrieb** iS des § 98 Nr 1 setzt nur voraus, daß aus planmäßiger
Tätigkeit, die eine ständige Einrichtung zur Voraussetzung hat, Einnahmen erschlossen werden sollen (vgl auch Vorbem 24 zu §§ 90 ff). Die Begriffsbestimmungen des
Gewerbebetriebes nach der GewO oder dem HGB sind für § 98 nicht maßgebend.
Daher kann sogar der Versorgungscharakter gegenüber der Einnahmeerzielung Vorrang genießen, etwa bei einer Badeanstalt.

Der in dem zur Hauptsache erklärten Gebäude ausgeübte Gewerbebetrieb kann **5**
einmal der **Warenproduktion** dienen. Dies gilt vor allem, wenn es sich um ein Fabrikgebäude handelt; so ist zB die Mangelmaschine in einer Weberei Zubehör (RGZ 125,
362, 364). – Ferner werden, wie die Beispiele in § 98 Nr 1 zeigen, auch die für eine
handwerkliche Betriebsweise eingerichteten Gebäude als Hauptsachen definiert (vgl

die Beispiele bei BGB-RGRK/KREGEL Rn 4 und SOERGEL/MÜHL Rn 7). – Ebenso werden Gebäude, in denen sich **Dienstleistungsbetriebe** befinden, zur Hauptsache erklärt; so etwa Krankenhäuser, Theater oder Gasthäuser. Gleiches gilt für ein Fuhrgeschäft (RG JW 1936, 3377). – Auch fallen **Handelsbetriebe**, insbes Einzelhandelsgeschäfte, unter § 98 (OLG Marienwerder JW 1932, 2097). Die Einrichtungsstücke einer Apotheke können als Zubehör des Apothekengebäudes angesehen werden (RG WarnR 1909 Nr 491).

6 b) Das Gebäude muß für den **Betrieb eingerichtet** sein, dh es muß durch seine Bauweise oder seine Ausstattung auf den Betrieb abstellen. Es genügt nicht, daß der Betrieb erst eingerichtet werden soll (RGZ 89, 61, 64; vgl auch § 97 Rn 17).

Das Gebäude muß für den gewerblichen Betrieb **dauernd**, dh auf eine zunächst unbegrenzte Zeit eingerichtet sein (BGB-RGRK/KREGEL Rn 5). Eine nur zeitweise Einrichtung für die Bedürfnisse des gegenwärtigen Besitzers genügt nicht (RG JW 1909, 485). Unschädlich ist es jedoch, wenn ein Gebäude (ohne Umbau) früher schon andere Nutzungsweisen beherbergt hat, sofern der jetzige Eigentümer beabsichtigt, darin auf unbestimmte Zeit zu produzieren (OLG Köln NJW RR 1987, 751, 752). – Hingegen werden, wenn ein Betrieb in einem Gebäude stattfindet, das dafür objektiv nicht dauernd eingerichtet ist, die dem Betrieb dienenden Geräte kein Zubehör (BGH Betrieb 1971, 2113; BGHZ 62, 49 = NJW 1974, 269).

Es genügt für die Anwendbarkeit des § 98 Nr 1, daß **nur ein Teil** des Gebäudes für den gewerblichen Betrieb dauernd eingerichtet ist (RGZ 48, 207, 209; SOERGEL/MÜHL Rn 3). So ist zB die Einrichtung der im Erdgeschoß eines mehrstöckigen Wohnhauses betriebenen Konditorei als Zubehör anzusehen (OLG Jena JW 1933, 924); dasselbe gilt für die Einrichtung einer Fremdenpension, die nur einen Teil des Hauses beansprucht (OLG München LZ 1927, 189).

2. Die Zubehörstücke

7 a) Für die in § 98 genannten Zubehörstücke kommt es nicht darauf an, in wessen Eigentum sie stehen (SchlHOLG SchlHA 1974, 111), und ob sie vom Berechtigten oder von einem Nichtberechtigten als Inventar eingebracht wurden. – Die Formulierung des § 98 Nr 1, wonach das Gebäude für den gewerblichen Betrieb dauernd eingerichtet sein muß, bedeutet keineswegs, daß nicht auch die Zubehörsachen dem Zweck der Hauptsache **auf Dauer dienen** müssen; insoweit gilt das Dauererfordernis des § 97 (SOERGEL/MÜHL Rn 2).

8 b) Zubehör gem § 98 Nr 1 sind einmal die zum Betrieb bestimmten **Maschinen**, sofern sie nicht als Bestandteile des Grundstücks anzusehen sind (vgl § 93 Rn 17 und § 94 Rn 7). So sind Baugeräte auf dem Betriebsgrundstück Zubehör (OLG Hamm MDR 1985, 494).

Zu den außer den Maschinen genannten **sonstigen Gerätschaften** gehören zB Gasthauseinrichtungen (RGZ 48, 207, 209) einschl der Registrierkasse (OLG Kiel JW 1933, 1422), nicht jedoch der Kassenbestand (OLG Dresden OLGE 30, 329). Zubehör sind auch Schreibmaschinen im Büro (LG Eisenach JW 1925, 1924) und die in einer Bäckerei benutzten Speiseeismaschinen (LG Kassel MDR 1959, 487), ebenso die Kleiderschränke für Mitarbeiter (OLG Hamm Recht 1932 Nr 636). – In RGZ 69, 85, 87 wurden auch die Pferde einer Holzhandlung zum Zubehör nach § 98 Nr 1 gerechnet. Dem würde jetzt zwar nicht § 90 a entgegenstehen, aber die Zubehöreigenschaft lebender Tiere, die nicht zu einem Landgut gehören, ist nach § 97 zu beurteilen (vgl auch RG JW 1936, 3377).

Die **äußeren Versorgungsleitungen** sind nach § 98 Nr 1 Zubehör des Unternehmens- 9 grundstücks, soweit sie nicht durch dem Unternehmen gehörende Grundstücke verlaufen (RGZ 87, 43, 49; BGHZ 37, 353, 356; vgl auch § 94 Rn 8 und § 97 Rn 21). – Dasselbe gilt für **Verbrauchszähler**. Allerdings können diese auch als Zubehör des Abnehmergrundstücks verstanden werden (vgl § 94 Rn 25; dort auch zur Einordnung der **inneren Versorgungsleitungen**).

III. Das Landgut als Hauptsache

In § 98 Nr 2 wird die Zubehöreigenschaft des **landwirtschaftlichen Inventars** gere- 10 gelt.

1. Das Landgut

Bei dem in § 98 Nr 2 genannten **Landgut**, das heute besser als Bauernhof bezeichnet würde (während der Beratungen zum BGB wurde die vorher verwendete Bezeichnung „landwirtschaftliche Besitzung" aufgegeben; Jakobs/Schubert, Die Beratung des Bürgerlichen Gesetzbuchs I [1985] 454), muß es sich um eine zum selbständigen Betrieb der Landwirtschaft geeignete Betriebseinheit handeln. Ein einzelnes landwirtschaftliches Grundstück genügt nicht, wie auch der terminologische Unterschied zu § 585 zeigt (BGB-RGRK/Kregel Rn 10). Hinreichend ist es aber, wenn eigene Grundstücke **zusammen mit Pachtland** zu einer wirtschaftsfähigen Betriebseinheit geworden sind (vgl OLG Stettin JW 1932, 1581).

Das Landgut muß nicht die volle Breite landwirtschaftlicher Betriebsmöglichkeiten ausschöpfen. Es kann vielmehr auf eine **einzige Betriebsart** spezialisiert sein, zB als Geflügelfarm (OLG Frankfurt HRR 1932 Nr 1915; OLG Braunschweig JW 1932, 2456; aM OLG Celle JW 1932, 2456). Auch reine Forstwirtschaften oder Fischereiwirtschaften genügen den Anforderungen des § 98. – Nebenbetriebe, wie Sägewerke oder Mühlen, schließen die Bewertung der Gesamtheit als Landgut nicht aus.

Vielfach wird verlangt, daß auf dem Landgut neben dem Betriebsgebäude auch ein **Wohngebäude** vorhanden sein muß. Diese Ansicht folgt § 2 des preußischen AnerbenG von 1898 (zum Wortlaut vgl BGB-RGRK/Kregel Rn 10) und der Entscheidung des OLG Rostock in OLGE 29, 211 (vgl Palandt/Heinrichs Rn 4; Erman/Michalski Rn 4; Soergel/Mühl Rn 13). Da jedoch heutzutage die rasche Beweglichkeit des Betriebsinhabers gesichert ist, bedarf es nicht mehr des Wohnens im Betriebsbereich; ein Landgut kann daher auch ohne Wohngebäude bejaht werden. (Auch bei der Landpacht ist nach § 585 Abs 1 S 1 das Wohngebäude nicht wesentlich.) – Im Zusammenhang des § 2312 jedoch verlangt der BGH für das Landgut ein Vorhandensein von Wohngebäuden (BGHZ 98, 375, 377).

2. Das Gutszubehör

11 a) Das zum Wirtschaftsbetrieb bestimmte **Gerät** umfaßt alle Betriebsmittel einschl der Feldbahngeleise (OLG Marienwerder OLGE 8, 417) oder der Berieselungsanlagen (BGB-RGRK/Kregel Rn 12). Auch der Schlepper gehört dazu (AG Varel DGVZ 1962, 48), nicht mehr hingegen die Einrichtungsgegenstände in den Räumen des Personals (OLG Königsberg HRR 1941 Nr 924).

12 b) Das in § 98 Nr 2 als Zubehör genannte **Vieh** muß für den Wirtschaftsbetrieb des Landgutes bestimmt sein. Der Begriff umfaßt also neben den Arbeitstieren auch die Nutztiere, wie zB Milchkühe (OLG Augsburg OLGE 37, 212), und die Zuchttiere (OLG Dresden OLGE 2, 342; KG OLGE 15, 327), ebenso Geflügel und Wachhunde (Erman/Michalski Rn 5). Zur Bedeutung der Verkehrsauffassung vgl § 97 Rn 23 und OLG Oldenburg RPfleger 1976, 243. – § 90 a hat an der Einordnung dieser Tiere in die Zubehörkategorie nichts geändert.

Nicht zum Vieh iS des § 98 Nr 2 gehören die zur **Veräußerung bestimmten Tiere**, sobald sie die Veräußerungsreife erreicht haben (RGZ 142, 379, 382). Das öffentliche Anbieten aller Tiere eines Landgutes zum Verkauf beendet für die nicht veräußerungsreifen Tiere nicht die Zubehöreigenschaft (OLG Augsburg OLGE 35, 135). – Die vorübergehende Unterbringung von Handelsvieh auf einem Landgut begründet keine Zubehöreigenschaft (RGZ 163, 104, 106). Auch die zum **persönlichen Gebrauch** des Betriebsinhabers dienenden Tiere sind kein Gutszubehör.

13 c) Landwirtschaftliche **Erzeugnisse**, die zur Fortführung der Wirtschaft erforderlich sind, bleiben in dem Maße Zubehör, in welchem sie bis zur Gewinnung neuer Produkte benötigt werden. Dies gilt vor allem für Saatgut und Viehfutter. Maßgebend ist bei Futtermitteln der tatsächliche Viehbestand, nicht der mögliche (OLG München OLGE 29, 245). Auch zugekaufte Erzeugnisse, die zur Fortführung der Wirtschaft erforderlich sind, werden gem § 98 Nr 2 Zubehör, da bei den Erzeugnissen keine Eigenproduktion gefordert wird (RG JW 1920, 552). – Erzeugnisse, die zum Verkauf bestimmt sind, verlieren ihre Zubehöreigenschaft (RGZ 143, 33, 39; OLG Dresden SeuffA 62 Nr 77). Es genügt nicht, daß der Erlös zur Fortführung des Betriebes verwendet werden soll (RG DNotZ 1933, 441).

14 d) Schließlich wird in § 98 Nr 2 der selbstproduzierte **Dünger** eines Landgutes als Zubehör eingeordnet. Danach ist zugekaufter Dünger ausdrücklich vom Zubehör ausgenommen (Prot III 23). Allerdings kann auf ihn § 97 zutreffen (BGB-RGRK/Kregel Rn 15; Soergel/Mühl Rn 20).

15 e) Auf den **Wert** der genannten Zubehörstücke kommt es für ihre Zubehöreigenschaft nicht an. – Ebenso ist es unerheblich, wem die Zubehörstücke gehören; es genügt zB, daß sie im Eigentum des Pächters stehen.

3. Andere Vorschriften über Gutszubehör

16 Die in § 98 Nr 2 als Gutszubehör genannten Gegenstände werden unter dem Begriff des **Inventars** auch von den §§ 582 ff erfaßt. – Ferner erstreckt sich auf sie das Registerpfand nach § 1 PachtkreditG.

2. Abschnitt. Sachen

§ 99

Eine abweichende Begriffsbestimmung hingegen gibt § 3 HöfeO für das **Hofeszubehör** (vgl auch § 97 Rn 3). Der Begriff des Hofeszubehörs umfaßt das auf dem Hof vorhandene Vieh, die Wirtschafts- und Hausgeräte, Betriebsmittel sowie Vorräte und Dünger. Er wird wichtig bei der Erbfolge nach Höferrecht. – Für die **Zwangsvollstreckung** hingegen gilt der Zubehörbegriff des § 98 (OLG Oldenburg NJW 1952, 671; vgl auch § 97 Rn 33).

§ 99

[1] **Früchte einer Sache sind die Erzeugnisse der Sache und die sonstige Ausbeute, welche aus der Sache ihrer Bestimmung gemäß gewonnen wird.**

[2] **Früchte eines Rechtes sind die Erträge, welche das Recht seiner Bestimmung gemäß gewährt, insbesondere bei einem Recht auf Gewinnung von Bodenbestandteilen die gewonnenen Bestandteile.**

[3] **Früchte sind auch die Erträge, welche eine Sache oder ein Recht vermöge eines Rechtsverhältnisses gewährt.**

Materialien: E I § 792; II § 77 k; III § 95; Mot III 67; Prot III 23; JAKOBS/SCHUBERT, AT I 459 ff, 473 ff.

Schrifttum

AFFOLTER, Das Fruchtrecht (1911)
CROME, Zur Fruchtlehre, in: FG Bergbohm (1919) 99
MÖHRING, Der Fruchterwerb nach geltendem Recht, insbesondere bei einem Wechsel des Nutzungsberechtigten (Diss Köln 1954)

SCHNORR vCAROLSFELD, Soziale Ausgestaltung des Erwerbs von Erzeugnissen, AcP 145, 27.
Wegen des älteren Schrifttums vgl STAUDINGER/DILCHER[12] § 99.

I. Der Fruchtbegriff im BGB

1. Die gesetzlichen Regeln über Früchte

a) Das BGB verwendet den **Fruchtbegriff** an zahlreichen Stellen, vor allem im Zusammenhang mit dem Pachtvertrag (§§ 581 ff), dem Nießbrauch (§§ 1030 ff) sowie bei der Verwaltung des Nachlasses (§ 2038 Abs 2 S 2) und bei der Vorerbschaft (§ 2133).

Ferner faßt das BGB in § 100 als **Nutzungen** die Früchte und die Gebrauchsvorteile zusammen. Dementsprechend schließt die Verpflichtung zur Herausgabe von Nutzungen auch die der Früchte ein. Dies gilt vor allem nach den §§ 818 Abs 1, 987 ff, 2020 und 2184.

b) Unberührt von § 99 bleiben die Fragen der **Fruchtverteilung**, dh nach dem Recht zum Fruchtbezug (vgl § 101 Rn 5) und nach dem **Eigentumserwerb** an den Früchten (vgl STAUDINGER/GURSKY[12] zu §§ 953 ff).

Gem § 102 darf derjenige, der zur Herausgabe von Früchten verpflichtet ist, **Ersatz der Gewinnungskosten** verlangen. Dies bedeutet jedoch nicht, daß Früchte nur den Reinertrag darstellen, der sich nach Abzug der Gewinnungskosten vom Wert des Rohertrages ergibt.

2. Die geschichtliche Entwicklung und die Regelung im BGB

a) Weder in der gemeinrechtlichen Wissenschaft noch in den partikularrechtlichen Kodifikationen war ein einheitlicher Fruchtbegriff entwickelt worden. Das gemeine Recht unterschied zwischen den fructus naturales und den fructus civiles, wobei zu letzteren diejenigen Erträge gezählt wurden, welche aus einer Sache durch Vermittlung eines Rechts gewonnen worden waren (vgl Mot III 68; ENNECCERUS/NIPPERDEY § 127 I).

b) Der Fruchtbegriff des BGB macht sich einmal den wirtschaftlichen Gesichtspunkt zu eigen und versteht Früchte als den **bestimmungsgemäßen Ertrag**, den eine Sache oder ein Recht unmittelbar oder mittelbar gewährt. Dabei ist jedoch der naturorientierte Gesichtspunkt keineswegs aufgegeben, so daß zu den Früchten auch alle **organischen Erzeugnisse** gerechnet werden. Es kommt bei ihnen nicht darauf an, ob sie sich als bestimmungsgemäßer Ertrag aus der Substanz darstellen oder ob ihre Gewinnung die Substanz selbst schädigt. Durch diese Kombination von wirtschaftlicher und naturorientierter Beurteilung hat der Fruchtbegriff des BGB einen weiten Umfang. – Allerdings hat das BGB, um gegen die Folgen dieser Ausdehnung ein Korrektiv zu schaffen, in gewissen Fällen das Recht zum Bezug bzw die Pflicht zum Ersatz von Früchten auf ein den Grundsätzen der **Wirtschaftlichkeit** entsprechendes Maß beschränkt, so zB in den §§ 581 und 993 (vgl HÜBNER § 20 II).

§ 99 kennt nach Abs 1 die organischen Erzeugnisse und die sonstige bestimmungsgemäße Ausbeute einer Sache als deren Sachfrüchte, ferner nach Abs 2 die Rechtserträge. Beide Arten können unmittelbar gewonnen werden, so daß man auch von **natürlichen Früchten** spricht, obgleich der Ausdruck im Hinblick auf die Rechtsfrüchte des Abs 2 wenig glücklich gewählt ist. – Früchte können nach § 99 Abs 3 auch vermöge eines Rechtsverhältnisses gewonnen werden. In diesem Falle werden sie **Zivilfrüchte** bzw juristische Früchte genannt. Sie sind durch ihre mittelbare Gewinnung gekennzeichnet.

c) Der Fruchtbegriff des § 99 deckt sich nicht mit dem des **§ 810 ZPO**. Die nicht in Erzeugnissen der Sache bestehende Ausbeute, welche aus der Sache bestimmungsgemäß gewonnen wird, gehört zwar zu den Früchten des § 99, nicht aber zu denen des § 810 ZPO. – Auch das schlagreife Holz im Walde wird man, obwohl es Frucht iS des § 99 ist, nicht zu den Früchten nach § 810 ZPO rechnen können (vgl STEIN/JONAS/MÜNZBERG § 810 ZPO Rn 3).

Die Frage, ob die Definitionen des § 99 für **Landesgesetze** maßgebend sind, welche den Begriff Frucht verwenden, ist ebenso zu verneinen wie dies für den Sachbegriff geschehen ist (vgl § 90 Rn 4).

II. Die Einzelheiten der gesetzlichen Definitionen

1. Die Erzeugnisse

Erzeugnisse einer Sache iS des § 99 Abs 1 sind alle **organischen Produkte** ohne Rücksicht darauf, ob sie durch Aufwendung von Arbeit gewonnen wurden oder nicht. Es kommt auch nicht darauf an, ob ihre Gewinnung einer geregelten Wirtschaftsführung entsprach. Schließlich ist es bei den Erzeugnissen, im Unterschied zur sonstigen Ausbeute, unerheblich, ob sie aus der Sache ihrer Bestimmung gemäß gewonnen wurden oder nicht. – Erforderlich ist jedoch stets, daß die Erzeugnisse bis zur Trennung Bestandteil der Muttersache waren; dies ergibt sich aus den §§ 953 ff, die von „Erzeugnissen und sonstigen Bestandteilen" sprechen (BGB-RGRK/Kregel Rn 8). Ebenso muß die Muttersache bestehen bleiben. Das Fleisch des geschlachteten Tieres ist nicht dessen Erzeugnis (Enneccerus/Nipperdey § 127 II 1; vgl auch u Rn 8).

Organische Erzeugnisse einer Sache sind demnach alle **Tierprodukte**, wie Eier, Milch oder Wolle; auch der natürliche Dünger gehört dazu. – Ferner sind alle **Bodenprodukte** organische Erzeugnisse, unabhängig davon, ob sie gesät wurden oder die Pflanze ausgesetzt war. Bäume werden organische Erzeugnisse des Bodens, wenn sie mit ihm verwurzelt sind (RGZ 80, 232; 109, 192; vgl auch § 94 Rn 12). Dabei sind auch unbefugt geschlagene Bäume Erzeugnisse, ebenso die wegen schädigender Naturereignisse anfallenden Hölzer (RG JW 1938, 203). – Früchte, die von einem Baum oder Strauch auf ein Nachbargrundstück hinüberfallen, gelten gem § 911 als Früchte dieses Grundstücks.

Solange eine Pflanze dem Boden nur zur Konservierung anvertraut ist, wird sie kein Bodenprodukt und ist demnach nicht als Frucht zu bewerten; sie ist Scheinbestandteil (vgl § 94 Rn 12 und § 95 Rn 10). – Auch die aus Erzeugnissen im Wege der **Verarbeitung** gewonnenen weiteren Produkte fallen nicht mehr unter § 99 Abs 1.

2. Die Ausbeute

a) Zu den Sachfrüchten des § 99 Abs 1 gehört die **sonstige Ausbeute**, die aus der Sache ihrer Bestimmung gemäß gewonnen wird. Meist sind dies, im Gegensatz zu den organischen Erzeugnissen, **anorganische Bodenbestandteile** wie Marmor, Lehm oder Schiefer. Es gehören aber auch Torf, Mineralwasser oder das Eis eines Teiches hierher (vgl RGZ 94, 261; OLG Oldenburg NdsRpfl 1953, 124).

Ihrer Bestimmung gemäß wird die Ausbeute aus einer Sache gewonnen, wenn diese Art der Nutzung der **Verkehrsübung** entspricht. Dabei kann eine Sache durchaus eine wechselnde Bestimmung haben, etwa wenn aus einem bisher landwirtschaftlich genutzten Grundstück nunmehr Kies gewonnen wird.

Die Sache muß ihre der Ausbeute zugrunde liegende Bestimmung nicht durch den Eigentümer erfahren (aM KG OLGE 6, 217). Auch andere Einwirkungsberechtigte können die erforderliche Bestimmung treffen, insbes ein Pächter. – Soweit dem

Pächter nach § 583 oder dem Nießbraucher nach § 1037 eine Bestimmungsveränderung untersagt ist, hat der Verstoß hiergegen nicht die Folge, daß die verbotswidrige Ausbeute zur bestimmungswidrigen wird (vgl BGB-RGRK/KREGEL Rn 10; SOERGEL/MÜHL Rn 8).

8 b) Auf die **Wirtschaftlichkeit der Ausbeute** kommt es unter dem Aspekt des § 99 Abs 1 grundsätzlich nicht an. – Jedoch findet der Fruchtbegriff seine Grenze dort, wo die Muttersache zerstört wird (vgl o Rn 6 und u Rn 12). Es besteht daher immer das Erfordernis der Sacherhaltung. So ist der aus einem Fahrzeug gepreßte Schrott keine Ausbeute, sondern eine durch Verarbeitung nach § 950 gewonnene neue Sache. Auch die Vergütung für die Aufgabe der Milcherzeugung ist keine Frucht, weil kein Hauptrecht erhalten bleibt (VG Stade WM 1987, 1312).

9 c) Die Ausbeute muß ihrerseits **Sachcharakter** haben. Daher sind die aus einer Sache gewonnenen Energien (vgl § 90 Rn 10 ff) keine Ausbeute. Die von ERMAN/MICHALSKI (Rn 5) vertretene Ansicht, es handle sich um Sachfrüchte, verkennt, daß die Energien nicht „aus einer Sache" gewonnen werden. Für sie kann sich daher nur die Frage nach einem Gebrauchsvorteil stellen (vgl § 100 Rn 4). – Das OLG Koblenz (NJW 1994, 463) hält allerdings eine ausdehnende Fortbildung der gesetzlichen Regelung dahin für möglich, daß auch verbrauchte Deponiekapazität als gefragtes Wirtschaftsgut der Ausbeute zugerechnet werden kann.

3. Die Rechtserträge

10 a) § 99 Abs 2 definiert die Erträge aus **fruchtbringenden Rechten** als unmittelbare Rechtsfrüchte. Dabei kann ein Recht nur dann als fruchtbringend bezeichnet werden, wenn es nach seinem Inhalt unmittelbar auf die Gewinnung der Erträge durch den Rechtsinhaber gerichtet ist. Anderenfalls werden aufgrund eines Rechtsverhältnisses Leistungen erbracht, die Früchte iS des § 99 Abs 3 darstellen (vgl u Rn 14). – Ferner muß es sich um Leistungsgegenstände handeln, die im Rechtsverkehr als etwas vom Stammrecht Verschiedenes angesehen werden (BGB-RGRK/KREGEL Rn 11).

Die derart fruchtbringenden Rechte können **dinglicher Natur** sein, wie zB der Nießbrauch (vgl KG NJW 1964, 1808) oder die Reallast. – Ebenso können **obligatorische Rechte** fruchtbringend sein, wie etwa Leibrentenverträge (vgl RGZ 67, 204, 210; 68, 340, 343; 80, 208, 209). Auch die Jagdbeute des Jagdpächters wird als Rechtsertrag nach § 99 Abs 2 eingeordnet (KG OLGE 4, 44; vgl auch BGHZ 112, 392, 398). – Ferner sind **Mitgliedschaftsrechte** fruchtbringend, so bei einer Waldgenossenschaft für zugeteilte Holzmengen (BGHZ 94, 306, 309). – Auch **öffentlichrechtlicher Natur** kann das fruchtbringende Recht sein. So fallen Rentenansprüche aus der gesetzlichen Rentenversicherung unter § 99 Abs 2 (BSG MDR 1982, 698). – Hingegen sind die aufgrund des Eigentums an einer Sache erzielten Früchte solche des § 99 Abs 1 (HÜBNER § 20 II 3).

11 b) Umstritten ist die Frage nach den **Früchten eines Unternehmens** als einer Rechtsgesamtheit (vgl Vorbem 23 ff zu §§ 90 ff): Bejaht werden Unternehmensfrüchte von BGB-RGRK/KREGEL (Rn 4) und ENNECCERUS/NIPPERDEY (§ 127 IV). Zugrunde liegt dieser Ansicht die Entscheidung des OLG München (OLGE 38, 146), wonach der aus dem Gewerbebetrieb fließende Ertrag zu den Früchten zu rechnen sei, „obwohl er in § 99 nicht ausdrücklich erwähnt" werde. – Dies bedeutet, daß, wenn überhaupt, nur eine **analoge Anwendung des § 99 Abs 2** in Betracht stehen kann. Befürwortet wird eine solche von PALANDT/HEINRICHS (Rn 3) und MünchKomm/HOLCH (Rn 3); vgl auch vGODIN, Nutzungsrecht an Unternehmen und Unternehmensbeteiligungen (1949) 27 ff, und BÖKELMANN, Nutzungen und Gewinn beim Unternehmensnießbrauch (1971) 88 ff.

Die Rspr hat demgegenüber den Unternehmensgewinn zu den **Gebrauchsvorteilen** gerechnet, um auf diese Weise berücksichtigen zu können, inwieweit er auf persönliche Leistungen und Fähigkeiten des Betriebsinhabers zurückzuführen ist (BGH Betrieb 1956, 63; NJW 1978, 1578; vgl auch § 100 Rn 5 und 7). Dementsprechend werden auch die Nutzungen aus einem erst vom jetzigen Besitzer eingerichteten Betrieb nicht als Früchte angesehen (BGH WM 1992, 442, 443).

c) Zu den Rechtsfrüchten des §§ 99 Abs 2 gehört Ertrag nur insoweit, als **bestimmungsgemäßer Ertrag** vorliegt. Daher fällt zB Holz, das ein Nießbraucher durch übermäßigen Einschlag erlangt, nicht unter § 99 Abs 2. Auch der Liquidationsanteil, der bei Auflösung eines Vereins oder einer Gesellschaft auf die Mitglieder oder Gesellschafter entfällt, ist kein bestimmungsmäßiger Ertrag (ERMAN/MICHALSKI Rn 8). **12**

Der Umfang des bestimmungsmäßigen Ertrages richtet sich nach dem **Inhalt des Rechts**, ist also beim Nießbrauch nach § 1030 Abs 2 durch den Parteiwillen festzulegen. So kann etwa die Ausbeute, die sich als eine der Verkehrsübung entsprechende Nutzung der Sache darstellen würde und demnach Frucht gem § 99 Abs 1 wäre, dennoch ein nicht bestimmungsgemäßer Ertrag sein.

Nicht erforderlich ist, daß die Gewinnung der Erträge die Substanz der Sache **auf Dauer unversehrt** läßt. Ein Steinbruch wird durch normalen Wirtschaftsbetrieb irgendwann erschöpft; dennoch sind die vorher gezogenen Erträge Rechtsfrüchte iS des § 99 Abs 2. Anders wäre es dagegen bei einer sofortigen Zerstörung der Muttersache (vgl o Rn 6 und 8).

Besonders im BGB hervorgehoben sind bei einem Recht auf Gewinnung von Bodenbestandteilen die **gewonnenen Bestandteile**. Sie können sowohl Sachfrüchte nach Abs 1 als auch Rechtsfrüchte nach Abs 2 sein. Während sie jedoch als Ausbeute der Sache zu den Früchten zählen, wenn ihre Entnahme der Bestimmung der Sache nicht widerspricht, fallen sie als Erträge eines Rechts nicht unter den Fruchtbegriff, wenn ihre Gewinnung eine unwirtschaftliche war, weil regelmäßig das Recht seinem Inhalt nach nur auf eine wirtschaftliche Gewinnung gerichtet ist. – Nach der Gesetzessystematik ist § 99 Abs 2 vorrangig, so daß bei seiner Verneinung nicht auf § 99 Abs 1 zurückgegriffen werden kann.

d) Folgende Einzelheiten sind hervorzuheben: **Zinsen** sind Früchte der Kapitalforderung (BGB-RGRK/KREGEL Rn 12 und 15; SOERGEL/MÜHL Rn 15); Verzugszinsen hingegen fallen unter § 99 Abs 3 (vgl u Rn 14) und den Zinszuschlag nach dem LAG hat der BGH (BGHZ 81, 8, 13 = NJW 1981, 2350) den Nutzungen nach § 100 zugerechnet. – **Gewinne**, die auf einen Gesellschaftsanteil entfallen, sind Früchte nach § 99 Abs 2 **13**

(BGHZ 78, 177, 188 = NJW 1981, 115; BGH NJW 1981, 1560). Dasselbe gilt für **Dividenden** der Kapitalgesellschaften (Erman/Michalski Rn 7) und für den **Erlös** des Holzverkaufs aus Genossenschaftswald (BGHZ 94, 306, 309). – Hingegen sind **Bezugsrechte** für junge Aktien keine Früchte (KG OLGE 24, 139; BayObLG OLGE 36, 282; OLG Bremen Betrieb 1970, 1436). Dasselbe gilt für das **Stimmrecht** (vgl auch § 100 Rn 6). – Abgebaute **Mineralien** sind die Frucht des Bergwerkseigentums (RG JW 1938, 3040).

4. Die Rechtsverhältnisfrüchte

14 a) Gem § 99 Abs 3 sind Früchte auch die Erträge, welche eine Sache oder ein Recht mittels eines Rechtsverhältnisses gewährt. – Zur Bezeichnung solcher **mittelbaren Früchte** ist der Ausdruck Erträge wenig glücklich, weil es sich schon bei den Früchten nach § 99 Abs 2 um Erträge handelt. Was der Pächter aus der Sache gewinnt, ist Frucht nach § 99 Abs 2, während die Gegenleistung, die der Verpächter erhält, Frucht gem § 99 Abs 3 ist. Bei den mittelbaren Früchten nach Abs 3 handelt es sich also nicht um Erträge, sondern um einen Lohn für die Überlassung von Erträgen oder der Nutzung an andere.

Daher ist der Kaufpreis keine Frucht in diesem Sinne. – Ebensowenig gehört die Enteignungsentschädigung hierher (Erman/Michalski Rn 10); sie tritt an die Stelle der Sache.

15 b) Das **Rechtsverhältnis**, das die mittelbare Fruchtziehung nach § 99 Abs 3 ermöglicht, kann **vertraglich** begründet werden. Hier stehen vor allem Miet- und Pachtverträge in Betracht (RGZ 67, 378, 380; 79, 116, 119; 138, 69, 72), auch über bewegliche Sachen (RGZ 105, 409). – Ebenso kann es sich um ein **gesetzliches** Schuldverhältnis handeln, etwa hinsichtlich der Überbaurente nach § 912 (Erman/Michalski Rn 9). Auch **Verzugszinsen** werden aufgrund eines gesetzlichen Rechtsverhältnisses geleistet (BGHZ 81, 8, 13; Soergel/Mühl Rn 16). – Die ausgezahlte Brandversicherungssumme hingegen ist keine Frucht iS des § 99 Abs 3, weil sie keinen Sachertrag, sondern ein Surrogat darstellt (BGHZ 115, 157, 159).

16 c) Der Ausdruck Rechtsverhältnis in § 99 Abs 3 bezieht sich nicht nur auf Sachen, sondern ebenso auf **fruchtbringende Rechte**, etwa im Falle ihrer Verpachtung (Mot III 70). So gehören die Immaterialgüterrechte zu den fruchtbringenden Rechten, und die Vergütung, die der Erfinder für die Gewährung einer Lizenz erhält, ist Frucht iS des § 99 Abs 3.

III. Ausländisches Recht

17 1. Das **österreichische Recht** unterscheidet in § 330 ABGB im Zusammenhang mit der Fruchtverteilung zwischen Früchten und anderen Nutzungen, wobei entsprechend der älteren Auffassung (vgl o Rn 2) die Zivilfrüchte den Naturfrüchten gleichgestellt werden (vgl Koziol/Welser, Grundriß des bürgerlichen Rechts II [9. Aufl Wien 1991] 16). – In § 405 ABGB ist der originäre Erwerb des Eigentums an den natürlichen Früchten, die der Boden ohne Bearbeitung hervorbringt, und an Nutzungen, die aus einem Tier entspringen, geregelt.

18 2. Auch das **schweizerische Recht** unterscheidet sich vom BGB. Es regelt in

Art 643 ZGB die Bestandteilseigenschaft der natürlichen Früchte, dh der wiederkehrenden Erzeugnisse und Erträgnisse vor ihrer Trennung von der Muttersache. Erträgnisse sind zB die Federn des Federviehs oder der Sand einer Sandgrube. – Nicht eingeschlossen in diesen Fruchtbegriff sind demnach die mittelbaren Früchte. Sie werden aber zB in den Art 213 und 275 SchwOR ebenfalls als Erträgnisse bezeichnet, so daß es nach schweizerischem Recht auf den Begriff der Rechtsfrüchte nicht ankommt (vgl Meier-Hayoz, Berner Kommentar [5. Aufl Bern 1981] Rn 18 ff).

3.   Für das **französische Recht** ist der Fruchtbegriff nicht einheitlich festgelegt. Im Zusammenhang mit der Abgrenzung zwischen Eigentümer und Nichteigentümer unterscheidet Art 547 cc zwischen fruits naturels, industriels und civils. Die beiden erstgenannten Arten entspringen nach der Nießbrauchsregelung in Art 583 cc entweder spontan dem Boden oder sind durch Bearbeitung hervorgebracht; die letztgenannte Art der Früchte wird gem Art 584 cc aufgrund eines Rechtsverhältnisses gewonnen.

Damit gilt im französischen Recht die Lehre von den fructus naturales und den fructus civiles (vgl o Rn 2) weiter (Ferid/Sonnenberger, Das französische Zivilrecht II [2. Aufl 1986] 536).

4.   Auch für das **italienische Recht** ist diese Unterscheidung maßgebend geblieben. Es kennt in Art 820 Codice civile die frutti naturali, die entweder spontan entstehen oder durch menschliche Bemühungen hervorgebracht werden, neben den frutti civili kraft eines Rechtsverhältnisses (Galgano, Diritto privato [6. Aufl Padova 1990] 103).

5.   Das **englische Recht** hat keinen allgemeinen Begriff der Früchte entwickelt. Es versteht unter emblements die jährlichen Früchte, die den gewöhnlichen Ertrag einer Sache bilden und durch Arbeit hervorgebracht wurden. Nach dem Landlord und Tenant Act von 1851 hat ein Pächter nach dem Ablauf seiner Pachtzeit noch das Recht, die von ihm ausgesäten Früchte zu ernten; gem dem Agricultural Holdings Act von 1986 besteht das Ernterecht innerhalb einer Jahresfrist seit der Aussaat (Cheshire/Burn's Modern Law of Real Proporty [14. Aufl London 1988] 380 und 480).

§ 100

Nutzungen sind die Früchte einer Sache oder eines Rechtes sowie die Vorteile, welche der Gebrauch der Sache oder des Rechtes gewährt.

Materialien: E I § 793; II § 77 1; III § 96; Mot III 70; Prot III 24.

1.   Das BGB verwendet den Begriff der **Nutzungen** an zahlreichen Stellen. Am wichtigsten sind die Regeln in den §§ 818 Abs 1 und 987 ff. Nach der Legaldefinition des § 100 umfassen die Nutzungen sowohl die in § 99 geregelten **Früchte** als auch die **Gebrauchsvorteile** einer Sache oder eines Rechts. – Gebrauchsvorteile werden vor allem bei solchen Sachen bedeutsam, die wegen ihrer natürlichen Beschaffenheit

keine unmittelbaren Sachfrüchte hervorbringen können, wie Häuser, Räume, Möbel oder Kraftwagen. So ist der Vorteil, das eigene Haus zu bewohnen, eine Nutzung des Grundeigentums iS des § 100 (BGH NJW 1986, 1340; FamRZ 1990, 989).

Keine Nutzung einer Sache ist, was als wesentlicher Bestandteil zu ihr hinzukommt. – Ebensowenig ist der Vorteil, der durch den **Verbrauch** einer Sache entsteht, als Gebrauchsvorteil iS des § 100 zu bezeichnen. Dies gilt trotz des Wortlauts des § 92, der den Verbrauch bestimmter Sachen als ihren bestimmungsgemäßen Gebrauch bezeichnet (vgl § 92 Rn 1; SOERGEL/MÜHL Rn 5).

2 2. Nicht jeder aus einer Sache gewonnene Vorteil ist ein Gebrauchsvorteil iS des § 100 (RG JW 1915, 324). Vielmehr muß es ein aus dem **Sachbesitz** oder der tatsächlichen Nutzungsmöglichkeit gezogener Vorteil sein. Hierzu gehört auch die Möglichkeit, die Umgebung nach eigenem Gutdünken auszugestalten (OLG Hamburg MDR 1953, 613). – Häufig handelt es sich bei der Gewinnung von Gebrauchsvorteilen um ein Verhalten, das sich mit der Ausübung eines Rechts ergibt (RGZ 118, 266, 268). Ebenso jedoch kann ein Gebrauchsvorteil entgegen der Rechtsordnung gezogen werden, zB durch die Benutzung eines gestohlenen Kraftfahrzeugs.

Nicht zu den Gebrauchsvorteilen gehören **einmalige Gewinne**, wie der Siegespreis in einem Amateurwettbewerb. Hingegen ist der Renngewinn aus dem Lauf eines Rennpferdes ein Gebrauchsvorteil (ENNECCERUS/NIPPERDEY § 127 Fn 21). – Kein Gebrauchsvorteil des durch Brand zerstörten Hauses ist das Erlangen der Brandversicherungssumme (BGHZ 115, 157, 159; vgl auch § 99 Rn 16). – Die von RGZ 136, 135, 136 vertretene Auffassung, die Zinsersparnis für das aus einem nichtigen Darlehen zur Verfügung stehende Kapital sei kein Gebrauchsvorteil, wurde später aufgegeben (RGZ 151, 123, 127; BGH NJW 1961, 452).

3 Die Vorteile die aus der **rechtsgeschäftlichen Verwertung** einer Sache gezogen werden, insbes durch Veräußerung oder Belastung (lucrum ex negotiatione), sind keine Gebrauchsvorteile (RG WarnR 1915 Nr 70). Auch der beim Verkauf von Wertpapieren erzielte Kursgewinn ist kein Gebrauchsvorteil (OLG Bremen Betrieb 1970, 1436). Es handelt sich in diesen Fällen nicht um Vorteile aus der Sache, sondern um mittels der Sache gewonnene Vorteile (BGB-RGRK/KREGEL Rn 4).

4 3. Der Gebrauchsvorteil bei einer **Energiegewinnungsanlage** besteht in der gewonnenen Energie (aM SOERGEL/MÜHL § 99 Rn 9). – Daß das RG (SeuffA 83 Nr 68) das Ausnutzen von Wasserkraft nicht eindeutig als Gebrauchsvorteil anerkannt hat, steht nicht entgegen, weil fließendes Wasser keine Sachqualität hat (vgl Vorbem 29 zu §§ 90 ff). Dasselbe gilt hinsichtlich des Gebrauchs vorhandener Energie; auch hier fehlt es an einer Sache iS des § 100, so daß ein Gebrauchsvorteil nicht in Betracht steht.

5 4. Der **Wert des Gebrauchsvorteils**, der vor allem unter dem Gesichtspunkt seiner Herausgabe bedeutsam wird, umfaßt alles, was als Gewinn gerade auf die Benutzung der Sache oder eines Rechts dieser Art zurückzuführen ist. Hierbei kann auf unterschiedliche Kriterien abgestellt werden (vgl auch STAUDINGER/LORENZ [1994] zu §§ 818 und STAUDINGER/GURSKY [1993] zu 987):

Für Grundstücke und einzeln genutzte mietbare Sachen hat die Rspr generell auf den **Miet- oder Pachtwert** als Maß des Gebrauchsvorteils abgestellt (BGH JR 1954, 460; OLG Celle NJW 1964, 1028). Entscheidend ist dabei der objektive Nutzwert, nicht ein vereinbarter Mietzins (LG Köln ZMR 1967, 201). Auch wertsteigernde Investitionen des Mieters sind nicht zu berücksichtigen (BGHZ 109, 179, 191; BGH NJW 1992, 892). – Abweichend vom Mietwert hatte das SchlHOLG (SchlHA 1953, 284) bei einem Kraftfahrzeug auf das Kilometergeld für die zurückgelegte Fahrstrecke abgehoben.

Bei Sachen, die nur in einem **Betriebszusammenhang** von Vorteil waren, bemißt sich der Gebrauchsvorteil nach dem Mehrertrag des Betriebes aufgrund des Einsatzes der Sache, zB einer Maschine in einem Handwerksbetrieb (ERMAN/MICHALSKI Rn 2). Der persönliche Leistungsanteil des Betreibers ist dabei vom Gebrauchsvorteil abzuziehen (vgl § 99 Rn 11). Auch wertsteigernde Investitionen des Schuldners sind nicht zu berücksichtigen (s auch u Rn 7).

Schließlich sind auch Gebrauchsvorteile **ohne Vermögenswert** möglich, zB das Stimmrecht (RGZ 118, 266, 268; SOERGEL/MÜHL Rn 3).

5. Um den **Gebrauchsvorteil eines Rechts** handelt es sich, wenn das zugrundeliegende Recht nicht an einer Sache besteht oder auf den Gebrauch einer Sache gerichtet ist; anderenfalls liegt ein Gebrauchsvorteil der Sache vor. – So ist das Stimmrecht ein Gebrauchsvorteil des in der Aktie verbrieften Mitgliedschaftsrechts. Und auch das Bezugsrecht für junge Aktien ist kein Gebrauchsvorteil der alten Aktie; das bedeutet, daß das Bezugsrecht nicht dem Nießbraucher zusteht, sondern dem Eigentümer der Aktie (BayObLG OLGE 36, 283; vgl auch § 99 Rn 13). – Aus der Verwendung von **Immaterialgüterrechten** können sich Gebrauchsvorteile iS des § 100 ergeben.

6. Der aus Sachen und Rechten bei einem **Unternehmen** als Rechtsgesamtheit (vgl Vorbem 23 ff zu §§ 90 ff) gezogene Gewinn wird ebenfalls als Gebrauchsvorteil eingeordnet (vgl § 99 Rn 11). So heißt es in BVerwGE 7, 1, 5, daß die Betriebs- und Arbeitserträge gewerblicher Anlagen die Hauptfälle des Gebrauchsvorteils bilden. Ebenso entscheiden die Zivilgerichte, die eine Einordnung des Unternehmensgewinns in den Fruchtbegriff des § 99 ablehnen (vgl BGH Betrieb 1956, 63; BB 1962, 535; NJW 1978, 1578). Dabei hat der BGH schon in BGHZ 7, 208, 218 die Einschränkung gemacht, daß Gewinne, die auf die persönliche Leistung oder auf die persönlichen Fähigkeiten des eine Sache Gebrauchenden, nicht in die Nutzungen eingeschlossen sind (ebenso BGH NJW 1992, 892).

§ 101

Ist jemand berechtigt, die Früchte einer Sache oder eines Rechts bis zu einer bestimmten Zeit oder von einer bestimmten Zeit an zu beziehen, so gebühren ihm, sofern nicht ein anderes bestimmt ist:

[1] die im § 99 Abs 1 bezeichneten Erzeugnisse und Bestandteile, auch wenn er sie als Früchte eines Rechtes zu beziehen hat, insoweit als sie während der Dauer der Berechtigung von der Sache getrennt werden;

[2] **andere Früchte insoweit, als sie während der Dauer der Berechtigung fällig werden; bestehen jedoch die Früchte in der Vergütung für die Überlassung des Gebrauchs oder des Fruchtgenusses, in Zinsen, Gewinnanteilen oder anderen regelmäßig wiederkehrenden Erträgen, so gebührt dem Berechtigten ein der Dauer seiner Berechtigung entsprechender Teil.**

Materialien: E I § 794 Abs 1; II § 77 m; III § 97; Mot III 71; Prot III 24; JAKOBS/SCHUBERT, AT I 476 ff.

1. Geht das Recht, Sach- oder Rechtsfrüchte zu ziehen, vom Inhaber auf einen Nachfolger über, zB gem § 446 Abs 1 S 2 vom Verkäufer auf den Käufer oder gem § 581 vom Verpächter auf den Pächter, so entsteht die Frage, welchem der beiden nacheinander Berechtigten die Früchte der laufenden Wirtschaftsperiode zustehen, bzw in welchem Umfang sie ihm gebühren. Dieses schuldrechtliche Verhältnis zwischen zwei einander folgenden Fruchtziehungsberechtigten bezeichnet man als die **Regelung der Früchteverteilung**, wobei jedoch eine „Verteilung" im Wortsinne nicht stattfindet. – § 101 gilt nur für die tatsächlich gezogenen und nicht auch für die zu ziehenden Früchte (RG Gruchot 57, 902, 903; BGH WM 1992, 516, 518). Jedoch kann sich aus Sondervorschriften, wie zB § 987 Abs 2, eine Erstattungspflicht hinsichtlich nicht gezogener Früchte ergeben (vgl Rn 7).

2. Vor dem BGB standen sich für die Früchteverteilung das römische und das germanische Prinzip gegenüber: Das **römisch – gemeine Recht** beließ die natürlichen Früchte dem bisherigen Bezugsberechtigten nur insoweit, als er sie zZt des Wechsels der Bezugsberechtigung bereits erworben hatte. Der Erwerb fand regelmäßig mit der Trennung statt, für Nießbraucher und Pächter mit der Gewinnung der Früchte. Erfolgte die Trennung erst nach Beginn des Nutzungsrechtes des Nachfolgers, so gebührten diesem die Früchte. Zur Auffassung des gemeinen Rechts über die Verteilung der Zivilfrüchte, insbes der Miet- und Pachteinnahmen vgl Mot III 73. – Im **germanisch – deutschen Recht** hingegen galt „Wer sät, der mäht". Hatte der Vormann die Bestellungsarbeit geleistet und wurde erst unter dem Nutzungsrecht des Nachfolgers geerntet, so kam die Ernte gleichwohl dem Vormann zugute. – Das **preuß ALR** vertrat in den §§ 197 ff I 7, jedenfalls für das Verhältnis zwischen Nießbraucher und Eigentümer, einen vermittelnden Standpunkt, indem es ein einheitliches Wirtschaftsjahr aufstellte und den Reinertrag dieses Jahres nach Zeitanteilen zwischen dem alten und dem neuen Berechtigten aufteilte.

Dieses Prinzip wollte der BGB-Gesetzgeber nicht für ganz Deutschland übernehmen (Mot III 73). Vielmehr hat das BGB in der Hauptsache das römischrechtliche Prinzip übernommen, zugunsten der germanischen Auffassung aber in § 101 Nr 2 eine Ausnahme für diejenigen Rechts- und Zivilfrüchte gemacht, die den regelmäßig wiederkehrenden Ertrag darstellen.

3. **Die Einzelregeln des § 101**

a) Der Grundsatz des § 101 geht dahin, daß die in § 99 Abs 1 bezeichneten **natürlichen Früchte** (vgl § 99 Rn 6) dem zZt ihrer Trennung Bezugsberechtigten gebühren, unabhängig davon, wann und durch wen die Trennung erfolgte und wer die Früchte gesät hatte. – Diese Regelung gilt für die Früchte des § 99 Abs 1 auch dann, wenn der Bezugsberechtigte sie als Früchte eines Rechts iS des § 99 Abs 2 beanspruchen kann, dh wenn es Sachfrüchte sind, die in Ausübung eines anderen Rechts als des Eigentums an der Sache gewonnen werden, zB durch den Pächter. – Erfolgt allerdings die Ernte erst nach Beendigung der Pachtzeit, so kann der Pächter nach dem genannten Grundsatz nichts davon beanspruchen. Eine gewisse Milderung dieser Härte wird durch den Kostenersatz nach § 596 a erreicht.

Weiterer Inhalt des § 101 ist es, daß bei **allen anderen Früchten** nach Nr 2 Hs 1 der Zeitpunkt der Fälligkeit entscheidet (vgl BGB-RGRK/KREGEL Rn 9). Erfaßt werden hier die Früchte nach § 99 Abs 2, die nicht natürliche Früchte sind, und die Früchte nach § 99 Abs 3 (vgl § 99 Rn 10 ff).

b) Eine Ausnahme vom Fälligkeitsprinzip macht § 101 Nr 2 HS 2 für solche **4** Früchte, welche aus Nutzungsentgelt, Zinsen, Gewinnanteilen oder anderen **regelmäßig wiederkehrenden Erträgen** bestehen. Bei ihnen findet eine Verteilung pro rata nach der Dauer der Berechtigung statt. Das ist vor allem bei Miet- und Pachtzinsen sowie für Reallasten wichtig.

Die regelmäßig wiederkehrenden Erträge müssen **nicht in gleicher Höhe** wiederkehren, was vor allem für Dividenden gilt (RGZ 88, 42, 46; vgl auch ECKELT NJW 1953, 441). – Werden Aktien mit Gewinnanteilscheinen verkauft, so soll die Erwartung einer künftigen Dividende ihren Ausdruck im Kurswert finden. Demnach stünde ein dieser Erwartung entsprechender Teil des Kaufpreises dem Nutzungsberechtigten für die Dauer seiner Berechtigung zu; auf die Festsetzung der Dividende kommt es dann nicht an (RG Gruchot 52, 1093, 1095; BGB-RGRK/KREGEL Rn 11; vgl auch BÜSCHGEN, Aktienanalyse und Aktienbewertung nach der Ertragskraft [1962] 182 ff). Anders ist es dagegen, wenn eine Aktie mit dem Gewinnanteil des abgelaufenen Geschäftsjahres verkauft wird (RG JW 1913, 193; SOERGEL/MÜHL Rn 8).

4. Die schuldrechtliche Wirkung des § 101

a) Unberührt durch § 101 bleibt der **Eigentumserwerb** an den Früchten. Für die **5** unmittelbaren Früchte gelten die §§ 953 ff. – § 101 ordnet nur das **schuldrechtliche Verhältnis** der sukzessiv Fruchtziehungsberechtigten untereinander (BGH WM 1992, 516, 518). Der nach § 101 Berechtigte erhält einen obligatorischen Anspruch auf Herausgabe der Früchte, welche sein Vormann oder Nachfolger erwirbt, die diesem aber nicht gebühren.

b) Ungeregelt im BGB ist die Frage des **Erwerbs der mittelbaren Früchte** iS des § 99 **6** Abs 3. Sie fallen nach allgemeinen Regeln demjenigen zu, der nach dem zugrunde liegenden Rechtsverhältnis **Gläubiger des Anspruchs** ist. So stehen Miet- oder Pachtzinszahlungen dem Vermieter bzw Verpächter zu. (Mot III 74). Der Nießbraucher ist Gläubiger der Mietzinsforderung aus den Mietverhältnissen des seinem Nießbrauch unterworfenen Grundstücks (RGZ 80, 311, 316).

Im Falle eines Übergangs der Fruchtziehungsberechtigung stehen die mittelbaren Früchte vom Erwerb dieses Rechts an dem neuen Rechtsinhaber zu (ERMAN/

MICHALSKI Rn 6; SOERGEL/MÜHL Rn 1). – Für den schuldrechtlichen Ausgleich unter beiden Beteiligten greift § 101 Nr 2 (vgl o Rn 4) ein.

Eine dem § 101 nicht ganz entsprechende Regelung der **Lastenverteilung** ist in § 103 vorgesehen (vgl § 103 Rn 3).

5. Die Subsidiarität des § 101

7 Die in § 101 vorgesehene schuldrechtliche Fruchtverteilung findet nur statt, wenn nichts anderes bestimmt ist. Dies kann durch **Rechtsgeschäft** geschehen, und zwar sowohl unter Lebenden als auch von Todes wegen (RG Gruchot 52, 1093; JW 1913, 193).

Auch das BGB enthält von § 101 abweichende, vorrangige **gesetzliche Regeln**, so zB in § 987 Abs 2. Allerdings ist in § 993 Abs 2 für das Verhältnis zwischen dem Eigentümer und dem gutgläubigen Besitzer ausdrücklich vorgesehen, daß die Vorschrift des § 101 zur Anwendung kommt (Mot III 75). Ferner gibt es Sonderregeln für den Nießbraucher in § 1039, für den Nutzpfandgläubiger in § 1214 und für den Vorerben in den §§ 2111 und 2133 (vgl für einen Zinszuschlag BGHZ 81, 8, 13).

§ 102

Wer zur Herausgabe von Früchten verpflichtet ist, kann Ersatz der auf die Gewinnung der Früchte verwendeten Kosten insoweit verlangen, als sie einer ordnungsgemäßen Wirtschaft entsprechen und den Wert der Früchte nicht übersteigen.

Materialien: E I –; II §§ 901 Abs 1 S 2, 2054
Abs 2; III § 98; Mot –; Prot III 357, V 221 und
VI 119.

1 1. Schon nach römischem Recht durften vom Betrag der herauszugebenden Früchte die auf ihre Gewinnung gemachten **Verwendungen abgezogen** werden. Als wirkliche Frucht wurde nur der nach Abzug der Gewinnkosten verbleibende Rest angesehen, also der Nettogewinn (D 25,1,3,1 und I. 16).

2. Der Ersatzanspruch des § 102

2 a) Die dispositive Vorschrift des § 102 gibt dem zur Herausgabe von Früchten Verpflichteten einen **Ersatzanspruch wegen der Gewinnungskosten**. Dies gilt allerdings nur dann, wenn Sachen herausgegeben werden müssen, gerade weil sie Früchte sind (SOERGEL/MÜHL Rn 1).

Der Fruchtbegriff des § 99 wird durch diese Regelung nicht verändert. Insbes greift die römische Auffassung der Frucht als Nettogewinn nicht Platz. – Auch bei Rechtsfrüchten findet § 102 Anwendung, zB wenn Kohlen als Frucht des Bergwerkseigentums gewonnen wurden (RG JW 1938, 3040).

2. Abschnitt. Sachen

In § 102 wird nicht entschieden, ob jemand herausgabepflichtig ist. Dies bestimmt sich nach der rechtsgeschäftlichen Grundlage oder nach den §§ 101 bzw 987 ff, 2020, 2184 (vgl § 101 Rn 7).

b) § 102 normiert, wie das Wort „verlangen" zeigt, eine **Anspruchsgrundlage**, nicht nur eine Einrede (BGB-RGRK/KREGEL Rn 5). Wird allerdings die Herausgabe der Früchte verlangt, so begründet der Kostenerstattungsanspruch gem § 273 die Einrede der Zurückbehaltung.

Nach allgemeiner Auffassung ist unabhängig von der Herausgabe der Früchte eine **Aufrechnung** mit den Gewinnungskosten zulässig, wenn die herauszugebenden Früchte den Kosten gleichartig sind, also in Geld bestehen (vgl BGH MDR 1962, 556). – Darüber hinaus jedoch ist dem Erstattungsberechtigten schon vor einer Herausgabe der Früchte die **aktive Geltendmachung** seines Anspruchs zuzubilligen (PALANDT/HEINRICHS Rn 1; ERMAN/MICHALSKI Rn 3). Dem Herausgabeberechtigten kann zugemutet werden, sich gegenüber dem Kostenerstattungsanspruch auf sein Zurückbehaltungsrecht zu berufen.

3. Der Umfang des Ersatzanspruchs

a) Gem § 102 kann Ersatz der **Gewinnungskosten** verlangt werden. Dazu gehören nicht nur Geldausgaben, sondern alle Leistungen, denen ein unmittelbarer Vermögenswert zukommt. Am häufigsten werden Kosten zur Bezahlung fremder Arbeitskraft aufgewendet. Jedoch ist auch die **Leistung eigener Arbeit** des Herausgabepflichtigen den Kosten zuzurechnen, wenn wegen diesem Einsatz eine anderweitig mögliche Verwertung der Arbeitskraft unterblieben ist (BGB-RGRK/KREGEL Rn 2; SOERGEL/MÜHL Rn 3; vgl auch BGH MDR 1962, 556).

Den zur Gewinnung der Früchte aufgewendeten Kosten sind die zur **Erhaltung der Früchte** gleichzustellen. Hingegen hat das KG (OLGE 22, 273) Kosten zur Steigerung des Fruchtertrages, zB für einen Umbau am Miethaus, nicht mehr unter § 102 subsumiert (aM ERMAN/MICHALSKI Rn 2).

b) Der Umfang der zu erstattenden Kosten ergibt sich nach § 102 aus den **Grundsätzen der ordnungsgemäßen Wirtschaft**, für welche wiederum die Verkehrsanschauung maßgebend ist. Somit können auch objektiv nicht notwendige Kosten erstattungsfähig sein, wenn sie nicht als Ausdruck eines wirtschaftlich unvernünftigen Verhaltens anzusehen sind. – Ein Unterschied zwischen notwendigen und nützlichen Verwendungen wird in § 102 ebensowenig gemacht wie zwischen einem gutgläubigen und einem bösgläubigen Fruchtzieher.

Die Ersatzpflicht findet ihre **Grenze am Wert** der herauszugebenden Früchte. Die Beweislast hinsichtlich des Wertes trifft denjenigen, der Kostenersatz beansprucht.

Sind die Früchte vor der Herausgabe **untergegangen**, so können die auf sie verwendeten Gewinnungskosten nicht mehr geltend gemacht werden, auch nicht einredeweise gegenüber einem Folgeanspruch aufgrund des Sachuntergangs. – Jedoch hat das RG (JW 1938, 3040, 3042) gegenüber einem Ersatzanspruch nach den §§ 989, 990 wegen nicht mehr vorhandener Früchte, hier vertragswidrig geförderter Kohle, den Abzug der Gewinnungskosten zugelassen, weil schon der ursprüngliche Herausgabeanspruch um diesen Betrag geringer gewesen sei, der Ersatzanspruch demnach nicht höher sein könne (vgl BGB-RGRK/Kregel Rn 1).

6 4. Dem Grundsatz, daß derjenige, dem die Früchte schließlich zugute kommen, nicht um Kosten bereichert sein soll, die ein anderer darauf verwendet hat, trägt das BGB auch in den Fällen Rechnung, in denen ein Wechsel der Nutzungsberechtigung eintritt, ohne daß hinsichtlich der Früchte eine Herausgabepflicht besteht. Vielmehr sind Einzelregeln über Ersatzansprüche aufgestellt, so in den §§ 596 a, 998, 1055 Abs 2 und 2130 Abs 1 (BGB-RGRK/Kregel Rn 4; Soergel/Mühl Rn 5). Die Fruchtgewinnungskosten fallen dem Vorerben zur Last (BGH NJW RR 1986, 1069).

Speziell für die nach Bereicherungsrecht herauszugebenden Nutzungen besteht gem § 818 Abs 3 ein besonderer Maßstab, wonach entweder alle mit dem Bereicherungsvorgang adäquat verbundenen Aufwendungen oder doch wenigstens alle im Vertrauen auf die Rechtsbeständigkeit des Erwerbs gemachten Aufwendungen abgezogen werden können (vgl Staudinger/Lorenz [1994] zu § 818).

§ 103

Wer verpflichtet ist, die Lasten einer Sache oder eines Rechtes bis zu einer bestimmten Zeit oder von einer bestimmten Zeit an zu tragen, hat, sofern nicht ein anderes bestimmt ist, die regelmäßig wiederkehrenden Lasten nach dem Verhältnis der Dauer seiner Verpflichtung, andere Lasten insoweit zu tragen, als sie während der Dauer seiner Verpflichtung zu entrichten sind.

Materialien: E I § 795; II § 77 n; III § 99; Mot III 76; Prot III 24.

1. Allgemeines zu § 103

1 Ähnlich wie § 101 für den Fall eines Wechsels in der Person des Berechtigten einen Maßstab für das Bezugsrecht an den Früchten gibt, so enthält § 103 einen **Verteilungsmaßstab für die Lastentragung**, soweit es sich um das Verhältnis zwischen Vorgänger und Nachfolger in der Verpflichtung handelt. In § 103 werden, ähnlich wie in § 101, nur **schuldrechtlich** wirkende Regelungen für das Innenverhältnis getroffen. Wer unmittelbar gegenüber dem Berechtigten zur Lastentragung verpflichtet ist, ergibt sich aus der Rechtsgrundlage der Last (BGB-RGRK/Kregel Rn 1). – Gesetzliche Anknüpfungspunkte für die Anwendung des § 103 finden sich zB in den §§ 446 Abs 1 S 2, 546 und 581 Abs 2.

2 § 103 läßt ausdrücklich eine **anderweitige Bestimmung** der Lastenverteilung zu. Diese kann rechtsgeschäftlich erfolgen (vgl Nieder NJW 1984, 2662 mit Formulierungsvorschlägen) oder auch gesetzlich vorgeschrieben sein, wie zB in den §§ 995 S 2, 1047, 2126, 2185 oder 2379 S 2.

2. Die geschichtliche Entwicklung

Für das **frühere Recht** läßt sich ein bestimmter, auf allen Gebieten folgerichtig durchgeführter Grundsatz über die Lastenverteilung nicht nachweisen. Bekannt sind Sätze wie der deutschrechtliche „Wer den bösen Tropfen genießt, genießt auch den guten" oder der römische aus D 50, 17, 10 „Secundum naturam est commoda cuiusque rei eum sequi, quem sequuntur incommoda". – Es hätte nahegelegen, die Pflicht zur Lastentragung in Parallele zum Recht der Nutzenziehung zu suchen. Dies ist aber weder im früheren Recht geschehen, noch ist im BGB die Übereinstimmung zwischen den §§ 101 und 103 eine vollständige. Sie besteht nur zwischen § 101 Nr 2 und § 103.

Die Frage geht dahin, ob die Lasten zwischen dem bisherigen und dem neuen Verpflichteten nach dem Zeitpunkt ihrer **Fälligkeit** oder nach dem **Verhältnis der Zeitdauer** der beiden Verpflichtungen verteilt werden sollen. Das erstgenannte Prinzip hatte sich E I § 795 zu eigen gemacht. Der zweiten Kommission erschien dies unbefriedigend.

Deshalb unterscheidet jetzt § 103 zwischen regelmäßig wiederkehrenden und einmaligen bzw in unbestimmten Abständen wiederkehrenden Lasten. Bei letzteren entscheidet die Fälligkeit, für erstere hingegen ist eine Verteilung nach dem Verhältnis der Dauer der beiderseitigen Verpflichtungen vorgesehen (Prot III 24 ff).

3. Die einzelnen Lasten

a) Lasten iS des § 103 sind nicht etwa die dinglichen Belastungen einer Sache, sondern **Leistungspflichten**, die den Eigentümer, den Besitzer oder den Rechtsinhaber als solchen treffen (RGZ 66, 316, 318; BGH NJW 1980, 2466) und den Nutzwert einer Sache mindern (Palandt/Heinrichs Rn 1). – Sie können ihre Grundlage sowohl im Zivilrecht als auch im öffentlichen Recht haben:

Privatrechtlich begründete Lasten sind zB die Überbau- und Notwegrenten gem §§ 912 Abs 2 und 917 Abs 2, aber auch die Reallasten nach den §§ 1105 ff. – Zu den **öffentlichrechtlich** begründeten Lasten zählen vor allem die Steuern (BGH NJW 1980, 2465). Hingegen ist die Anliegerstreupflicht keine Last des Grundstücks, sondern trifft den Eigentümer persönlich (SchlHOLG VersR 1973, 677; BGH JZ 1989, 1130). Auch die einem Grundstücksbesitzer durch Verwaltungsakt auferlegte Pflicht ist keine Last iS des § 103 (RGZ 129, 10, 12).

Als **Lasten eines Rechts** stehen vor allem die Verpflichtungen des Erbbauberechtigten in Betracht.

b) Der Begriff der **regelmäßig wiederkehrenden Lasten** erfordert nicht, daß die Höhe der wiederkehrenden Leistungspflichten gleich bleibt. – Zu den regelmäßig wiederkehrenden Lasten auf **privatrechtlicher Grundlage** gehören etwa Hypothekenzinsen oder Grundschuldzinsen sowie die Beträge zur Erhaltung von Patent-, Gebrauchsmuster- und Geschmacksmusterrechten. Auch die Prämien für eine Sachversicherung werden hierher gerechnet (OLG Düsseldorf NJW 1973, 146). – Regelmäßig wiederkehrende Lasten auf **öffentlichrechtlicher Grundlage** sind zB die Versicherungsbeiträge zur Pflichtbrandversicherung (OLG Königsberg SeuffA 59 Nr 198).

Nicht zu den wiederkehrenden Lasten iS des § 103 gehören die Kosten für die Unterhaltung und Bewirtschaftung einer Sache.

7 c) Zu den **anderen Lasten**, die nicht regelmäßig wiederkehren, gehören zB die Patronatslasten (RGZ 70, 263). Aus neuerer Zeit sind eine Steuerschuld wegen Betriebsstillegung zu nennen (BGH NJW 1980, 2465) und vor allem die Anliegerbeiträge. Sie sind nach der Übergabe vom Käufer zu tragen, wenn sie erst jetzt fällig werden (BGH NJW 1982, 1278). Allerdings kommt hier den abweichenden Vereinbarungen (vgl o Rn 2) eine besondere Bedeutung zu (vgl BGH NJW 1988, 2099; OLG Hamm MDR 1988, 963; OLG Celle NdsRpfl 1979, 104; BGH JuS 1994, 169). Den Pächter treffen Anliegerbeiträge nur, wenn es so vereinbart wurde (OLG Celle OLGZ 1984, 109).

Für die vor dem Zuschlag des ersteigerten Wohnungseigentums angefallenen Lasten des Gemeinschaftseigentums soll der Ersteher nicht haften, auch dann nicht, wenn die Abrechnung erst nach dem Zuschlag erfolgte (BGH JZ 1986, 191). Hiergegen macht WEITNAUER in seiner Anm (JZ 1986, 193) zu Recht geltend, daß vor der Abrechnung noch nicht erfüllt werden konnte, also noch keine Fälligkeit vorlag. Daher verstoße die Entscheidung gegen das Fälligkeitsprinzip des § 103 (generell dazu schon RGZ 70, 263, 265).

Keine Lasten im hier behandelten Sinne sind das dingliche Vorkaufsrecht, der Nießbrauch und die Grunddienstbarkeit. Sie begründen keine Leistungspflicht, sondern schränken das Eigentum ein (RGZ 66, 316, 319; BGB-RGRK/KREGEL Rn 2; SOERGEL/MÜHL Rn 5).

Sachregister

Die fetten Zahlen beziehen sich auf die Paragraphen, die mageren Zahlen auf die Randnummern.

Abänderung
der Vereinssatzung **33** 1 ff; **39** 5
des Vereinszwecks **33** 1 ff
Abberufung eines Organmitglieds 34 15; **54** 38; **Vorbem 80 ff** 69; **86** 4 f
Abgabe von Willenserklärungen
gegenüber einem Verein **28** 13
Abgetrennter Sachbestandteil
wesentlicher, nichtwesentlicher Bestandteil **93** 15 ff, 33, 34
Abhängige juristische Person
als Form des Gesellschaftsrechts **Einl 21 ff** 14
Formen **Einl 21 ff** 64
Gläubigerschutz **Vorbem 80 ff** 104 ff
und Persönlichkeitsrechtsgedanke **Einl 21 ff** 32
Verein **Vorbem 21 ff** 51
Absolutes Recht
an einem Geisteserzeugnis und dessen Substrat **90** 2
Recht am eigenen Körper **90** 14
Actio pro socio
und nichtrechtsfähiger Verein **54** 78
ADAC-Urteil Vorbem 80 ff 104
ADHGB 1861
AG, KGaA **Vorbem 21 ff** 11
Admassierungsverbot
im Stiftungsrecht **Vorbem 80 ff** 17
Ärztliche Verrechnungsstelle 21 16
AGB, AGBG
Strafgewalt über Nichtmitglieder eines Vereins **25** 11
Aktiengesellschaft
ADHGB 1961 **Vorbem 21 ff** 11
Anfechtung des Beitritts **35** 26
Anfechtung fehlerhafter Beschlüsse **32** 23
Anmeldepflichtige Personen **59** 10
Auflösung aufgrund gerichtlicher Entscheidung **43** 14
Bundesliga-Fußball **21** 15
Deutsche Bahn AG **89** 10
Deutsche Post AG **89** 10, 19
Deutsche Postbank AG **89** 19
Deutsche Telekom AG **89** 10, 19
Fusion **41** 9
Gesetzliche Vertretung **26** 26
Haftung für den Vorstand **31** 23
Handelndenhaftung im Gründungsstadium **54** 57
Liquidation **47** 5

Aktiengesellschaft (Forts.)
Liquidatoren **49** 8, 12
Organhaftung **31** 42
Organhaftung, Einzelfälle **31** 51
Rechtsfähigkeit, Erlangung **22** 2
und Stiftung **Vorbem 80 ff** 90
Stimmbindungsverträge **32** 21
Stimmenkauf **32** 21
Stimmrechtsausschluß und Interessenkollision **34** 3
Theorie der Sonderrechte **35** 1
Verbot der Einlagenrückgewähr und Haftung für Organe **31** 22
Vorgesellschaft **21** 31; **54** 4
Vorstandsbestellung, gerichtliche **29** 3
Wahl und Stimmrecht **34** 14
Akzessionsprinzip 94 1
Allgemeinheit
als Begünstigte öffentlicher Stiftung **Vorbem 80 ff** 10
Allzweckstiftung
gemeinwohlkonforme als Stiftungsleitbild **Vorbem 80 ff** 13
Alt-Katholische Kirche
als Körperschaft des öffentlichen Rechts **Einl 21 ff** 20; **89** 17
Altstiftungen 80 33; **Vorbem 80 ff** 154, 183
Amortisationsfonds
kein Grundstücksbestandteil **96** 5
Amtsträger
als verfassungsmäßig berufener Vertreter **89** 28
Amtsgericht
Anmeldung des Vereins, Prüfungspflicht **60** 1 ff
Antrag auf Ermächtigung zur Berufung der Mitgliederversammlung **37** 6; **54** 41
Bescheinigung der Mitgliederzahl **72** 1
Einspruch der Verwaltungsbehörde gegen die Vereinseintragung **61** 4
Eintragung angemeldeten Vereins, 6-Wochen-Frist **63** 1 ff
Eintragung des Vereins **55** 1
Fiskus als Anfallberechtigter für das Vereinsvermögen **46** 4
Liquidatorenbestellung **48** 2
Notvorstand für einen Verein **29** 7 ff
Notvorstand für eine Stiftung **86** 15
Vereinsakten **66** 3
Veröffentlichung des eingetragenen Vereins **66** 1

Amtsgericht (Forts.)
  Vorstandsänderungen, Prüfung der Anmeldung **67** 2
  Zwangsgeld **78** 1 ff
Amtshaftung
  Fiskalhaftung und Amtshaftung, Abgrenzung **89** 5
Amtslöschung
  zu Unrecht eingetragenen wirtschaftlichen Vereins **43** 7
Amtswalter
  Haftung des Dienstherrn für privatrechtliches Verhalten **89** 5 ff
Anatomie
  Zurverfügungstellung einer Leiche **90** 25
Aneignung
  Meeresstrand **Vorbem 90 ff** 30
Aneignungsgestattung
  von wesentlichen Bestandteilen **93** 23
Aneignungsrecht
  und Herrenlosigkeit des toten Körpers **90** 22
Anfall des Vermögens
  aufgelöster juristischer Person des öffentlichen Rechts **45** 21
  bei Erlöschen einer Stiftung **88** 5 ff
  bei Vereinsauflösung
    s. Vereinsrecht (rechtsfähiger Idealverein); Vereinsrecht (nichtrechtsfähiger Verein)
Anfechtung
  Beitritt in einen Verein **35** 26
  von fehlerhaften Beschlüssen im Vereinsrecht **32** 23 ff
  Organbestellung im Vereinsrecht **27** 21
  Stiftungsgeschäft **80** 5
  der Stimmabgabe im Vereinsrecht **32** 30
  Vereinsgründererklärung **21** 19
Anhängerbrief
  Rechtsinhaberschaft und Sacheigentum **90** 7
Anliegerbeiträge 103 7
Anstalten des öffentlichen Rechts
  s. a. Juristische Personen (öffentlichen Rechts)
  als Anfallberechtigte für Vereinsvermögen **45** 4, 19
  Begriff, Beispiele **89** 18, 19
  Handeln für –, Haftungsvoraussetzungen **89** 8
  als juristische Personen des öffentlichen Rechts **Einl 21 ff** 119
  Konkurseröffnung **42** 13
  öffentliche Anstalten mit privatrechtlicher Nutzungsordnung **Einl 21 ff** 22
  und Stiftung öffentlichen Rechts, Abgrenzung **Vorbem 80 ff** 182

Anstaltsnutzung
  Friedhöfe **Vorbem 90 ff** 38
Anstaltsstiftung
  als Stiftungsgrundtyp **Vorbem 80 ff** 21, 22
Anstellungsverhältnis
  und Bestellung **27** 12
Anwartschaft
  an Zubehörstücken **97** 31
Apothekenprivileg
  als Grundstücksbestandteil **96** 4
Arbeitgeberverband
  Verein **21** 16
Aufgabenkreis
  juristischer Person des öffentlichen Rechts **Einl 21 ff** 25
Auflage
  Einsetzung einer Stiftung **83** 4, 7
Auflassungsvormerkung
  kein Grundstücksbestandteil **96** 5
Auflösung
  des Vereins
    s. Vereinsrecht (rechtsfähiger Idealverein); Vereinsrecht (nichtrechtsfähiger Verein)
Aufnahmefreiheit, Aufnahmezwang
  im Vereinsrecht **35** 27 ff
Aufsicht
  über die Stiftung
    s. Stiftung (rechtsfähige privaten Rechts)
Auftragsrecht
  Geschäftsführungsaufgabe und Anwendung des – **27** 24
Ausantwortung
  des Vereinsvermögens **51** 2 ff
Ausbeute
  einer Sache **99** 7
Ausgegliederter Rechtsträger
  im Stiftungsrecht **Vorbem 80 ff** 104, 105
Ausländer
  Einsicht in das Vereinsregister **79** 3
Ausländische juristische Personen
  Anerkennung **Einl 21 ff** 63
Ausländische Staatsangehörige
  Verwaltungssitz eines Vereins im Inland **23** 3, 4
Ausländische Stiftung
  Rechtsfähigkeit **80** 31
Ausländischer Verwaltungssitz
  eines Vereins, Rechtsfähigkeit **23** 2
Ausland
  Sitzverlegung **55** 3
Auslegung
  der Satzung des nichtrechtsfähigen Vereins **54** 7
  der Satzung des rechtsfähigen Vereins **25** 16, 17
  Stiftungsgeschäft **80** 7
  Stiftungssatzung **85** 3, 4

Auslegung (Forts.)
von Verträgen und Durchgriffsproblem
Einl 21 ff 44
Auslobung
unselbständige Stiftung als –
Vorbem 80 ff 156
Ausschluß
aus dem Verein
s. Vereinsrecht (rechtsfähiger Idealverein); Vereinsrecht (nichtrechtsfähiger Verein)
Ausstattungsversprechen
als Bestandteil des Stiftungsgeschäfts **80** 1, 11
Austritt
aus dem Verein
s. Vereinsrecht (rechtsfähiger Idealverein); Vereinsrecht (nichtrechtsfähiger Verein)
Austrittserklärung
Anfechtung des Beitritts als – **35** 26
Autonomie
Verbandsperson und Recht auf –
Vorbem 21 ff 10
Vereinsautonomie **Vorbem 21 ff** 22 ff, 30 ff; **Vorbem 80 ff** 178

Baden-Württemberg
Einspruch gegen die Vereinseintragung durch die zuständige Verwaltungsbehörde **61** 3
Entziehung der Rechtsfähigkeit eines Vereins **44** 3
Landesstiftungsrecht **Vorbem 80 ff** 57
Stiftungsgenehmigung **80** 32
Träger der Stiftungsaufsicht
Vorbem 80 ff 73
Verleihung der Rechtsfähigkeit an wirtschaftlichen Verein **22** 8
Bahai-Entscheidung 33 8; **60** 3
Baptisten 89 17
Baugenossenschaft
als Verein **21** 8
Baukörper
Gebäude als – **95** 14
Sacheinfügung zur Herstellung und Frage wesentlicher Bestandteile **94** 20 ff
Bauwerk
grenzüberschreitendes, Rechtsfolgen **93** 16 ff
Bayern
Einspruch gegen die Vereinseintragung durch die zuständige Verwaltungsbehörde **61** 3
Entziehung der Rechtsfähigkeit eines Vereins **44** 3
Landesstiftungsrecht **Vorbem 80 ff** 57
Stiftungsgenehmigung **80** 32

Bayern (Forts.)
Träger der Stiftungsaufsicht
Vorbem 80 ff 73
Verleihung der Rechtsfähigkeit an wirtschaftlichen Verein **22** 8
Beamtenstellung
Fiskalhaftung, Eigenhaftung **89** 6
Bedienungshandbuch
und Software als Sachgesamtheit **90** 2
Bedingung
Stiftungsgeschäft **80** 6
Behelfsheime
auf fremden Grundstücken **95** 11
Beitritt
in den Verein **35** 26
Beitrittsgebiet
Fortbestand rechtsfähiger Vereinigungen
Vorbem 55 ff 9
Stiftungsrecht der früheren DDR
Vorbem 80 ff 36, 58
Bergrechtliche Gewerkschaften
Organhaftung, Einzelfälle **31** 56
Bergrechtliche Gewerkschaften
Vorstandsbestellung, gerichtliche **29** 3
Bergwerkseigentum
abgebaute Mineralien **99** 13
Bestandteile **93** 12; **95** 21
als Hauptsache **97** 12
Berlin
Einspruch gegen die Vereinseintragung durch die zuständige Verwaltungsbehörde **61** 3
Entziehung der Rechtsfähigkeit eines Vereins **44** 3
Landesstiftungsrecht **Vorbem 80 ff** 57
Stiftungsgenehmigung **80** 32
Träger der Stiftungsaufsicht
Vorbem 80 ff 73
Verleihung der Rechtsfähigkeit an wirtschaftlichen Verein **22** 8
Berufsfußball 21 15
Berufsorganisation
als Verein **21** 9
Berufsständische Kammern
als Personalkörperschaften **89** 13
Berufung
der Mitgliederversammlung
s. Vereinsrecht (rechtsfähiger Idealverein); Vereinsrecht (nichtrechtsfähiger Verein)
Beschlußfassung, Beschlußmängel
im Vereinsrecht
s. Vereinsrecht (rechtsfähiger Idealverein); Vereinsrecht (nichtrechtsfähiger Verein)
Besitz
juristischer Personen **Einl 21 ff** 29
an Scheinbestandteilen **95** 2

Besitz (Forts.)
an wesentlichen Bestandteilen 93 28
Besondere Vertreter
einer Stiftung 86 19
eines Vereins 30 1 ff
Bestandteile
in Ausübung eines Rechts errichtete Gebäude keine – 95 14 ff
Begriff der Sachbestandteile 93 6
Bergwerkseigentum 93 12; 95 21
Eigentumsanteile, zu unterscheidende 93 13
des Erbbaurechts 93 12; 95 20
Fortdauer der Bestandteilseigenschaft 93 11
Gesamtsache und Bestandteile 93 14
gewonnene – 99 12
des Grundstücks (Rechte, mit dem Eigentum verbundene) 96 1 ff
körperliche Gegenstände 93 12
Rückführung in den früheren Zustand 93 10
Sachen als Bestandteile anderer Sachen 93 12
Scheinbestandteile 95 1 ff
oder selbständige Sachen 93 6
vorübergehende Verbindung 95 1
Zubehör und Bestandteile, Abgrenzung 97 2
zusammengefügte Sachen und Erkennbarkeit von – 93 10
zusammenfügte Sachen 93 8 ff
Bestandteile (nichtwesentliche)
Begriff 93 33
Beleuchtungskörper 94 26
Eigentumsvorbehalt 93 34
Flächenteile eines Grundstücks 93 33
Gebäude als – 93 33
Gegenstand besonderer dinglicher Rechte 93 34
Haupt – und Nebensachen, andere Abgrenzung 93 33
Rechtslage 93 34
Sonderrechtsfähigkeit 93 33
ungetrennte – 93 36
als Zubehör anderer Sache 97 4
Zwangsvollstreckung 93 35
Bestandteile (wesentliche)
abgetrennter Bestandteil 93 16
Abtrennung als Inhalt einer Verpflichtung 93 32
Akzessionsprinzip 94 1
Aneignungsgestattung 93 23, 32
beschränkte dingliche Rechte, keine Begründung an – 93 23
Bestandteilseigenschaft, bereits fehlende bei Scheinbestandteilen 95 3
Bodenbestandteile 94 13, 14

Bestandteile (wesentliche) (Forts.)
Eigentumsvorbehalt 93 24
Einbauküchen 94 24
Einbruchmeldeanlage 94 24
Einfügung zur Gebäudeherstellung 94 20 ff
Entlüftungsanlagen 94 24
ErbbRVO 94 3
Ersetzbarkeitslehre 93 17
Ersitzung 93 28
Erzeugnisse eines Grundstücks 94 11
Fertighäuser 94 9
Flächenteile 94 15
Ganzheitslehre 93 17
eines Gebäudes, eines Grundstücks
s. Alphabetisches Stichwortverzeichnis zu § 94 BGB
Gesamtsache und Bestandteile 93 14
gesetzliches Pfandrecht 93 26
grenzüberschreitendes Bauwerk 94 16 ff
Heizungsanlagen 94 24
Immaterialgüterrechte 93 27
Kraftfahrzeug 93 19
Luftfahrzeuge 94 27
Maschinenindustrie 93 24
Normenverhältnis §§ 93, 94 BGB 94 2
obligatorische Rechte 93 31
patentrechtlicher Schutz 93 27
Pfändung ungetrennter Früchte 93 30
Rechtsfolge 93 22 ff
Sanitäre Einrichtungen 94 24
Schiffe 94 27
Serienmaschinen 93 17
Software 93 17
Sondereigentum, ausgeschlossenes 93 23
Sonderrechtsfähigkeit 93 14
Teilbesitz 93 28
Teppichboden 94 24
verbleibende Restsache 93 17
Verfügung unter Bedingung der Abtrennung 93 23
Versorgungsleitungen 94 8, 25
WEG, abweichende Bestimmung 93 25
Wegnahmerecht des Mieters 95 2
Wesensveränderung 93 16
Zerlegung als Maßstab 93 14
Zerstörung 93 15
Zwangsvollstreckung 93 29
zwingendes Recht 93 22
Bestattung
Modalitäten der Bestattung als Totensorge 90 24
Bestellung
besonderer Vertreter des Vereins 30 3 ff
des Vorstands im Vereinsrecht
s. Vereinsrecht (rechtsfähiger Idealverein); Vereinsrecht (nichtrechtsfähiger Verein)

Beteiligungsträgerstiftung
  s. Stiftung (rechtsfähige privaten Rechts)
Betrieb
  und Unternehmen **Vorbem 90 ff** 24
Betriebliche Mitbestimmung
  unternehmensverbundene Stiftung
    Vorbem 80 ff 121
Betriebsarztzentren 21 16
Betriebsgrundstück
  wirtschaftlicher Zweck und Zubehöreigenschaft **98** 1 ff
Betriebskörperschaften 89 15
Beurkundung
  von Beschlüssen **32** 36
Bevollmächtigung
  s. Vertretung; Vollmacht
Bewegliche Sachen Vorbem 90 ff 26; **95** 22; **97** 32
  als Hauptsache **97** 8
  als Zubehör **97** 4 ff; **98** 1 ff
Bewidmungsakt
  als Bestandteil des Stiftungsgeschäfts
    80 10 ff
Bezirksgruppen
  Rechtsnatur **21** 35
Bezugsrechte 99 13
BGB-Gesellschaft
  keine gerichtliche Vorstandsbestellung **29** 4
  Haftung für vertretungsberechtigte Gesellschafter **31** 45
  nichtrechtsfähiger Verein, Behandlung nach den Regeln der – **54** 43
  nichtrechtsfähiger Verein und Verhältnis zur – **54** 28, 29
  und Rechtsfigur der juristischen Person
    Einl 21 ff 10
  Rechtsverhältnis der gesamten Hand und nichtrechtsfähiger Verein **54** 74 ff
  Sammelvermögen **Vorbem 80 ff** 176
  Stimmrechtsausschluß **34** 19
  und Verein, Abgrenzung **Vorbem 21 ff** 44 ff
  als Vereinsmitglied **32** 33
Binnengewässer
  und Sachqualität **Vorbem 90 ff** 28
Biologischer Tierbegriff 90a 3
Biotope
  Schutz **Vorbem 90 ff** 42
Boden
  wesentliche Bestandteile **94** 5
Bodenbestandteile
  fehlende Bestandteilseigenschaft **93** 13
Bodendenkmäler
  Denkmalschutz **Vorbem 90 ff** 42
Bodenerzeugnisse
  als Erzeugnisse **99** 6
  als Scheinbestandteile **95** 6
Brandenburg
  DDRStiftG, noch geltendes **Vorbem 80 ff** 58

Brandenburg (Forts.)
  Einspruch gegen die Vereinseintragung durch die zuständige Verwaltungsbehörde **61** 3
  Entziehung der Rechtsfähigkeit eines Vereins **44** 3
  Stiftungsgenehmigung **80** 32
  Träger der Stiftungsaufsicht
    Vorbem 80 ff 73
  Verleihung der Rechtsfähigkeit an wirtschaftlichen Verein **22** 8
Bremen
  Einspruch gegen die Vereinseintragung durch die zuständige Verwaltungsbehörde **61** 3
  Entziehung der Rechtsfähigkeit eines Vereins **44** 3
  Landesstiftungsrecht **Vorbem 80 ff** 57
  Stiftungsgenehmigung **80** 32
  Träger der Stiftungsaufsicht
    Vorbem 80 ff 73
  Verleihung der Rechtsfähigkeit an wirtschaftlichen Verein **22** 8
Bürgergemeinschaften
  der früheren DDR **Einl 21 ff** 62
Bund
  als Fiskus **89** 10
  Konkursfähigkeit, fehlende **89** 43, 46
  verfassungsmäßig berufener Vertreter **89** 32
Bund Evangelisch-Freikirchlicher Gemeinden 89 17
Bundesanstalt
  für vereinigungsbedingte Sonderaufgaben
    89 19
Bundesanstalt für Arbeit 89 19
Bundesanstalt für Güterfernverkehr 89 19
Bundesanstalt für Post und Telekommunikation 89 19
Bundesliga-Fußball 21 14, 15
Bundesminister des Inneren
  Entziehung der Rechtsfähigkeit eines Vereins **44** 4

Charitable purposes Vorbem 80 ff 13, 27
Christengemeinschaft 89 17
Christliche Gesinnung
  Verein zur Förderung **21** 16
Computerprogramm 90 2
CSU
  Ortsverband **21** 35
Culpa in contrahendo
  und Haftung des Vereins für seine Organe
    31 9, 15

Dachverband
  und Eintragung als rechtsfähiger Verein
    56 2

Dachverband (Forts.)
und Satzungsgeltung für Mitglieder angeschlossener Vereine **25** 12
Datenträger
und Programminhalt **90** 2
Datenübermittlung
Vereinsregister und – auf Abruf **79** 6
Dauerrechtsverhältnis
Mitgliedschaft im nichtrechtsfähigen Verein **54** 43
Mitgliedschaft im Verein als – **35** 25
Dauertestamentsvollstreckung Vorbem 80 ff 133
DDR, ehemalige
Fortbestand rechtsfähiger Vereinigungen **Vorbem 55 ff** 9
Juristische Personen nach dem Recht der – **Einl 21 ff** 62
Vereinsrecht **55** 5
Delegiertenversammlung
im Vereinsrecht **32** 6
Deliktsfähigkeit
juristischer Personen **Einl 21 ff** 57
Denkfigur
der juristischen Person **Einl 21 ff** 6
Denkmalschutz
als Eigentumsbeschränkung **Vorbem 90 ff** 41
Destinatäre
im Stiftungsrecht
s. Stiftung (rechtsfähige privaten Rechts)
Deutsche Bahn AG 89 10
verfassungsmäßig berufener Vertreter **89** 39
Deutsche Bibliothek 89 19
Deutsche Bundesbahn
als Fiskus **89** 10
Sondervermögen **Vorbem 90 ff** 22
Deutsche Bundesbank 89 19
Geldwesen **91** 12, 13
Rechtsgrundlage **91** 16
Deutsche Bundespost
als Fiskus **89** 10
Sondervermögen **Vorbem 90 ff** 22
Deutsche Post AG 89 10, 19
Poststrukturgesetz **89** 10
Deutsche Postbank AG 89 19
Deutsche Schutzgebiete 23 1
Deutsche Telekom AG 89 10
Devisenvorschriften 91 17
Dienstvertrag
und Bestellung **27** 12
Dingliche Rechte
fruchtbringende Rechte als – **99** 10
Grundstücksverbindung von Gebäuden, Werken aufgrund – **95** 14, 15
wesentliche, nichtwesentliche Bestandteile **93** 22 ff, 33, 34
Diözesen
Stiftungsrecht **Vorbem 80 ff** 141

Disziplinar-Strafgewalt
im Vereinsrecht
s. Vereinsrecht (rechtsfähiger Idealverein); Vereinsrecht (nichtrechtsfähiger Verein)
Divendenden
als Früchte **99** 13
Dopingverstöße 35 36
Dritte, Dritter
Organbestellung im Vereinsrecht durch – **27** 4
Satzungsänderung des Vereins und Genehmigung – **33** 8
Verein als Sonderverwaltung für – **27** 4
Vereinsstrafgewalt **35** 40, 43
Durchgriffsproblem
s. Juristische Personen

EDV-Registerführung 55a 1 ff; **79** 5 ff
Eigenhaftung
eines Amtswalters **89** 6
Eigenstiftung
unzulässige **Vorbem 80 ff** 152
Eigentümerhypothek
kein Grundstücksbestandteil **96** 5
Eigentum
Früchteerwerb **101** 5
Geldzeichen **91** 13
Körperstücke, abgetrennte **90** 16
Leichnam des Verstorbenen **90** 20
Rechtsinhaberschaft und Sacheigentum **90** 7
Scheinbestandteile **95** 10, 22
Zubehör **97** 30
Eigentumsanteile
und Sachbestandteile **93** 13
Eigentumsbeschränkungen
Denkmalschutz **Vorbem 90 ff** 41
Eigentumsgarantie
und Stifterfreiheit **Vorbem 80 ff** 44
Eigentumsvorbehalt
Erlöschen wegen Entstehens wesentlicher Bestandteile **93** 24
an Serienmaschinen **93** 17
und vorübergehende Verbindung **95** 5
Einbauküchen
als wesentliche Gebäudebestandteile **94** 24
als Zubehör **97** 24
Eingetragener Verein
s. Vereinsrecht (rechtsfähiger Idealverein)
Einkaufsgenossenschaft
als Verein **21** 8
Einkommensstiftung 80 20
Einmann-Gesellschaften
Durchgriffsproblem **Einl 21 ff** 39, 41
Einsicht
in das Vereinsregister **79** 5

Einstweiliger Rechtsschutz
Nachprüfbarkeit der Vereinsstrafgewalt
35 58
Eintritt
in den Verein **35** 26; **54** 81
Einverleibung
von Sachen **Vorbem 90 ff** 18
Einzelvermögen
gebundenes als Gestaltungsmöglichkeit
Einl 21 ff 10
Eisenbahnneuordnungsgesetz
Privatisierung der Bundesbahn **89** 10;
Vorbem 90 22
Elektrizität
Sachqualität, fehlende **90** 10 ff
Elektronische Registerführung 55a 1 ff; **79** 5 ff
Emissionsstoffe
Luftverwendung zum Transport
Vorbem 90 ff 28
Energien
Sachqualität **90** 9 ff
England
Bestandteile, Zubehör **93** 41
emblements **99** 21
Grundstück, bewegliche Sachen
Vorbem 90 ff 7
Juristische Person **Einl 21 ff** 1
Organhaftung **31** 57
Scheinbestandteile **95** 28
Ultra-Vires-Doktrin **26** 9
Zubehör **97** 39
Entlastung
des Vorstands im Vereinsrecht **27** 27
Entlüftungsanlagen
als wesentliche Gebäudebestandteile **94** 24
Entziehung der Rechtsfähigkeit
des Vereins
s. Vereinsrecht (rechtmäßiger Idealverein)
Erbbaurecht
Bestandteile **94** 3
Gebäudeteile **95** 20
als Hauptsache **97** 12
Erbe
Haftung für zugesagtes Stiftungsvermögen
82 13, 14
Stiftung als – **83** 5
und Widerruf des Stiftungsgeschäfts **81** 7, 8
Erbeinsetzung
Errichtung selbständiger Stiftung **83** 5
Errichtung unselbständiger Stiftung
Vorbem 80 ff 166
eines nichtrechtsfähigen Vereins **54** 77
noch nicht genehmigter Stiftung durch
Dritten **84** 4
Erbengemeinschaft
Stimmrechtsausschluß **34** 19

Erbersatzsteuer
Familienstiftung **Vorbem 80 ff** 191
Verfassungsmäßigkeit **Vorbem 80 ff** 52, 128
Erbrecht
und Zulässigkeit der Familienstiftung
Vorbem 80 ff 131
Erbrechtsgarantie
und Stifterfreiheit **Vorbem 80 ff** 44
Erbvertrag
Stiftungserrichtung **83** 2, 3
Stiftungsgeschäft von Todes wegen **80** 9
Erfüllung der Leistung
und Durchgriffsproblem **Einl 21 ff** 44
und Handelndenhaftung **54** 64
Stimmbindungsverträge **32** 21
Ersatzerbe
Stiftung als – **83** 5
Ersetzbarkeitslehre 93 17
Ersitzung
an wesentlichen Bestandteilen **93** 28
Erträge
aus fruchtbringenden Rechte **99** 1o ff
Ertrag
als Frucht, Nutzung des Grundstockvermögens der Stiftung **Vorbem 80 ff** 17
Erzeugergemeinschaften
aufgrund MarktstrukturG **22** 11
Erzeugnisse
eines Grundstücks als wesentliche Bestandteile **93** 11
einer Sache **99** 6
wesentliche Bestandteile **94** 5
Europäische Gemeinschaften
Rechtspersönlichkeit **Einl 21 ff** 63
Europäische Union
Rechtsnatur **Einl 21 ff** 63
Europäische Wirtschaftliche Interessenvereinigung
und juristische Person **Einl 21 ff** 10
Europäisches Währungssystem 91 15
Europaß 90 8
Evangelische Kirche
autonomes Stiftungsrecht **Vorbem 80 ff** 142
Evangelische Kirche in Deutschland
als juristische Person des öffentlichen
Rechts **Einl 21 ff** 20; **89** 17
EWG-Übereinkommen
über gegenseitige Anerkennung von Gesellschaften und juristischen Personen vom
29.2.1968 **23** 6
Exhumierung 90 26
Exklusivitätsproblem
im Vereinsrecht **21** 10 ff

Fachorganisation
als Verein **21** 9
Fachverein
Mehrheit von Zwecksetzungen **21** 10

Familienrechte
Begriff gemeinschaftlicher – im ALR
  Vorbem 80 ff 127
Familienstiftung
  s. Stiftung (rechtsfähige privaten Rechts)
Fernwärme
  Sachqualität, fehlende **90** 11
Fertighäuser
  als Scheinbestandteile **95** 11
  als wesentliche Grundstücksbestandteile **93** 9
Fideikommiße
  Auflösung und Familienstiftungsproblematik **Vorbem 80 ff** 126 ff
Fiduziarische Rechtsverhältnisse
  Stiftung, Abgrenzung **Vorbem 80 ff** 4
Fiktionstheorie
  und Rechtsfigur der juristischen Person **Einl 21 ff** 4, 5, 27, 52
Finanzvermögen
  der öffentlichen Hand **Vorbem 90 ff** 32
Firma
  Stiftungskörperschaften **Vorbem 80 ff** 179
  unternehmensverbundene Stiftung **Vorbem 80 ff** 116
Fischereirecht
  als Grundstücksbestandteil **96** 6
Fiskalhaftung
  Amtshaftung und Fiskalhaftung, Abgrenzung **89** 5
Fiskus
  Anfall des Vereinsvermögens **41** 16; **45** 4, 18; **46** 1 ff; **54** 84
  Anfallberechtigung beim Erlöschen einer Stiftung **88** 6
  Begriff **89** 9, 10
  als juristische Person des öffentlichen Rechts **Einl 21 ff** 19; **89** 8
  Repräsentantenhaftung **89** 26
  verfassungsmäßig berufene Vertreter **89** 26
Form
  Stiftungsgeschäft unter Lebenden **81** 1 ff
Fraktionen politischer Vereine
  als Vereine öffentlichen Rechts **Vorbem 21 ff** 59
Frankreich
  Bestandteile, Zubehör **93** 39
  Elektrizität, Sachqualität **90** 12
  fonds de commerce **Vorbem 90 ff** 25
  Fruchtbegriff **99** 19
  Juristische Person **Einl 21 ff** 1
  Organhaftung **31** 57
  Scheinbestandteile **95** 26
  Vermögenswert **Vorbem 90 ff** 7
  Zubehör **97** 37
Freiwillige Gerichtsbarkeit
  Amtslöschung von Vereinen **43** 7

Freiwillige Gerichtsbarkeit (Forts.)
  Eintragung des Idealvereins in das Vereinsregister **Vorbem 55 ff** 3
  Notvorstandbestellung **29** 9
Friedhöfe
  als öffentliche Sachen **Vorbem 90 ff** 37
Früchte
  Begriff **99** 1, 1 ff
  Eigentumserwerb **101** 5
  Erwerb mittelbarer Früchte **101** 6
  Herausgabepflicht **102** 1 ff
  natürliche Früchte **99** 6; **101** 3
  Nutzungen als – **100** 1
  Regelung der Verteilung **101** 1 ff
  schuldrechtliches Verhältnis **101** 5
  wiederkehrende Erträge **101** 4
Funktionsträgerstiftung
  als Stiftungstyp **Vorbem 80 ff** 23
Funkzentrale einer Taxivereinigung
  Verein **21** 16
Fusion
  und Vereinsauflösung **41** 9

Gebäude
  Begriff **94** 4; **95** 14
  als Hauptsache **97** 8
  Scheinbestandteile **95** 1 ff
  wesentliche Bestandteile **94** 20 ff
Gebäudeeinrichtung
  Schiffsmotoren **93** 20
  wesentliche, nichtwesentliche Bestandteile **93** 21
Gebäudeherstellung
  Sacheinfügung zur – und Frage wesentlicher Bestandteile **94** 20 ff
Gebietskörperschaften 89 12
Gebrauchsvorteile
  Nutzungen als – **100** 1
Gedenkmünzen 91 12
Gegenstände
  Tiere als eigene Kategorie **90a** 2
Gegenstand
  s. a. Sachen
  formale Bestimmung, materiale Bestimmung **Vorbem 90 ff** 3, 4
  Körperlichkeit und Sachbegriff **90** 1
  als Objekt verfügbaren Rechts **Vorbem 90 ff** 5
  als rechtlich geschütztes Gut **Vorbem 90 ff** 6
  Rechtsgesamtheit **Vorbem 90 ff** 20
  Sachen und Gegenstände **Vorbem 90 ff** 8
  Sachen als Unterart **Vorbem 90 ff** 3
  Streitgegenstand **Vorbem 90 ff** 12
  unkörperlicher – **90** 1
  Vermögensgegenstand als – **Vorbem 90 ff** 4
Geisteswerke
  als unkörperliche Gegenstände **90** 2

Geld
 Annahmezwang **91** 8
 Metallwert **91** 9
 Nennwert, Stoffwert, Kurswert **91** 10
 Sachgeld, Buchgeld **91** 7
 Scheine **91** 13
 als vertretbare Sache **91** 7
 Wertsicherungsklauseln **91** 10
Geldverfassung
 als Währung **91** 14, 15
Geldwesen
 Ordnung **91** 11 ff
GEMA 22 12; **35** 15, 17
Gemeinden
 Konkurs, ausgeschlossener **42** 13
 verfassungsmäßig berufener Vertreter **89** 29
Gemeines Recht
 Akzession **94** 1
 Regelung der Verteilung **101** 2
 res corporales, res incorporales
  Vorbem 90 ff 2
 Vindikationslage hinsichtlich Sachgesamtheit **Vorbem 90 ff** 19
 Zubehör **95** 1
Gemeingebrauch Vorbem 90 ff 34
Gemeinnützige Stiftungen
 s. Stiftung (rechtfähige privaten Rechts)
Gemeinnützigkeit
 Begriff abgabenrechtlicher Natur
  Vorbem 80 ff 12, 195 ff
Gemeinwohlbezug
 der rechtsfähigen Stiftung **Vorbem 80 ff** 133
Gemeinwohlgefährdung
 durch rechtsfähigen Verein **43** 5 ff
 durch eine Stiftung **87** 1 ff; **88** 3
Genehmigung
 der Stiftung
 s. Stiftung (rechtsfähige privaten Rechts)
General charitable intention Vorbem 80 ff 27
Genossenschaften
 Anfechtung des Beitritts **35** 26
 Anfechtung fehlerhafter Beschlüsse **32** 23
 Anmeldepflichtige Personen **59** 10
 BGB-Gesellschaft als Gesellschafter **32** 33
 Gesetzliche Vertretung **26** 26
 Haftung für den Vorstand **31** 23
 Liquidation **47** 5
 Liquidatoren, Vertretungsmacht **49** 12
 Organhaftung **31** 42
 Organhaftung, Einzelfälle **31** 53
 Rechtsfähigkeit, Erlangung **22** 2
 Stimmenkauf **32** 21
 Stimmrechtsausschluß **34** 19
 Vertreterversammlung **32** 6
 Vorgesellschaft, Rechtsnatur **54** 4
 Vorstandsbestellung, gerichtliche **29** 3
Genossenschaftliche Kooperation
 als Vereinstypus **21** 6

Genossenschaftsbewegung
 und allgemeines Vereinsrecht **21** 2
Gerätschaften
 als Zubehör **98** 8
Germanistik
 Gesamthand als Organisationsform
  Einl 21 ff 10
 Wesen der juristischen Person
  Vorbem 21 ff 6
Gesamtakt
 Rechtsnatur eines Beschlusses als – **32** 37
Gesamtakttheorie
 Vereinsgründung (v.Gierke) **25** 15
Gesamthänderische Verbundenheit
 beim nichtrechtsfähigen Verein **54** 74
Gesamthänderisches Sondervermögen
 Haftungsbeschränkung beim nichtrechtsfähigen Verein **54** 52 ff
Gesamthand
 als Gestaltungsmöglichkeit **Einl 21 ff** 10
 und Sondervermögen **Vorbem 90 ff** 22
Gesamtnachfolge
 Vermögensfall an den Fiskus **45** 6
Gesamtsache
 wesentliche, nichtwesentliche Bestandteile
  93 14
Geschäftsbetrieb
 Verein und **21** 6, 8, 20
Geschäftsfähigkeit
 juristischer Personen **Einl 21 ff** 54
 des Stifters **80** 3
 Vereinsgründer **21** 19
 Vorstandsmitglied **27** 5
Geschäftsfähigkeit (beschränkte)
 Stiftungsgeschäft **80** 3
 Vertretung eines Vereinsmitgliedes **38** 5
 Vorstandsmitglied **27** 6
Geschäftsführung
 und Vertretung **26** 26; **32** 5; **54** 33, 34, 40; **86** 12 ff
 und Vertretung (Liquidationszweck) **49** 12
Geschäftsführungsaufgabe
 des Vorstands im Vereinsrecht
 s. Vereinsrecht (rechtsfähiger Idealverein); Vereinsrecht (nichtrechtsfähiger Verein)
Geschäftsordnungen
 als nachrangige Körperschaftsnormen **25** 4
Geschäftsunfähigkeit
 und Handelndenhaftung **54** 66
 Stiftungsgeschäft **80** 3
 Stimmabgabe im Vereinsrecht **32** 30
 Vertretung eines Vereinsmitgliedes **38** 5
Gesellschaft bürgerlichen Rechts
 s. BGB-Gesellschaft

Gesellschaftsrecht
Anwendung auf den nichtrechtsfähigen Verein
s. Vereinsrecht (nichtrechtsfähiger Verein)
Regelungen **Einl 21 ff** 10
Satzungsdurchbrechung 33 9
Gesellschaftsvermögen
als Sondervermögen **Vorbem 90 ff** 22
Gesetzliche Verbote
und Sachbegriff **Vorbem 90 ff** 44
Gesetzliche Vertretung
Besondere Vertreter des Vereins in der Stellung als – 30 4
Vorstand nichtrechtsfähigen Vereins 54 36
Vorstand einer Stiftung 86 7
Vorstand des Vereins mit der Stellung als – 26 9, 21
Gesetzlicher Erbe
Fiskus, Anfallrecht und Stellung als – 46 4
Gewerbebetrieb
Recht am eingerichteten, ausgeübten **Vorbem 90 ff** 24
Gewerblicher Bereich
Zubehör 97 25
Gewerblicher Betrieb
als Hauptsache 98 4 ff
Gewerblicher Nebenbetrieb
als Verein 21 6
Gewerbliches Unternehmen
als Rechtsgesamtheit **Vorbem 90 ff** 23
Gewerkschaften
Aufnahmezwang 35 28
Austritt 39 3
Grundbucheintragung 54 79
als nichtrechtsfähige Vereine **Einl 21 ff** 9; 54 1
Parteifähigkeit, aktive 54 19
überragende Machtstellung für einzelne **Vorbem 21 ff** 27
Untergliederungen 21 35
als Verein 21 9
Gewinne
einmalige 100 2
als Früchte 99 13
als Gebrauchsvorteile 100 7
Gewinnsparverein 21 16
Gewohnheitsrecht
Vereinssatzung und – 25 6
Gläubigerinteressen
und Entziehung der Rechtsfähigkeit 43 6
Gläubigerrecht
und Vereinsrecht 35 20
Gläubigerschutz
und Ausantwortung der Vereinsvermögens 51 2 ff
im Vereinsrecht **Vorbem 21 ff** 20

Gläubigerschutz (Forts.)
und wirtschaftlicher Geschäftsbetrieb **Vorbem 80 ff** 105
und wirtschaftlicher Verein 21 1
Glaubensgemeinschaften
und Eintragung als rechtsfähiger Verein 56 2; 60 3
Gleichheitsgrundsatz
im Vereinsrecht 32 19, 34; **35** 13 ff
GmbH
Anfechtung des Beitritts 35 26
Anfechtung fehlerhafter Beschlüsse 32 23
Anmeldepflichtige Personen 59 10
BGB-Gesellschaft als Gesellschafter 32 33
Bundesliga-Fußball 21 15
Durchgriffsproblem **Einl 21 ff** 39, 41, 45
Entlastungsanspruch 27 27
Entstehung des GmbHG **Vorbem 21 ff** 11
Festsetzung der Geschäftsführerbezüge 34 14
Geschäftsführer als Handelnde 54 60
Gesetzliche Vertretung 26 26
Haftung für den Vorstand 31 23
Handelndenhaftung und Eintragung der Gesellschaft 54 70
Handelndenhaftung im Gründungsstadium 54 57, 60
Hilfspersonen als Handelnde im Gründungsstadium 54 60
Konzernbildungen und Durchgriffsproblem **Einl 21 ff** 49
Liquidation 47 5
Liquidatoren, Vertretungsmacht 49 12
Organhaftung 31 42
Organhaftung, Einzelfälle 31 52
Rechtsfähigkeit, Erlangung 22 2
Sitzverlegung 55 3
Sonderrechte 35 21, 24
und Stiftung **Vorbem 80 ff** 90
Stimmbindungsverträge 32 21
Stimmrecht in eigener Angelegenheit 34 5
Stimmrechtsausschluß 34 19
Verbot der Übertragung organschaftlicher Vertretungsmacht 26 26
Verein als Alleingesellschafter 21 8
Vinkulierung, Zwangseinziehung von Anteilen **Vorbem 80 ff** 178
Vorgesellschaft 21 31; 54 4
Vorstandsbestellung, gerichtliche 29 3
GmbH & Co. KG
gerichtliche Vorstandsbestellung 29 5
Grab, Grabbeigaben Vorbem 90 ff 39
Grabsteine, Grabschmuck Vorbem 90 ff 40
Grant making foundation
als Stiftungsgrundtyp **Vorbem 80 ff** 21
Grenzüberschreitendes Bauwerk
Rechtsfolgen 93 16 ff
Griechisch-Orthodoxe Metropolie 89 17

654

Großunternehmen
 Stellung **Vorbem 21 ff** 5
Gründungsgesellschaften
 und Handelndenhaftung **54** 57
 Rechtsnatur **54** 4
Grundbuch
 elektronische Registerführung **55a** 2
 und nichtrechtsfähiger Verein **54** 79, 80
 Scheinbestandteile und öffentlicher Glaube des – **95** 2
Grundbuchamt
 Fiskus als Anfallberechtigter für das Vereinsvermögen **46** 4
Grunddienstbarkeit
 als Grundstücksbestandteile **96** 2
 keine Last **103** 7
Grundlagenentscheidungen
 Verfassung eines Vereins **25** 3
Grundrechtsausübung
 und verwaltungsgerichtliches Ermessen **Vorbem 80 ff** 48
Grundrechtsfähigkeit
 juristischer Personen **Einl 21 ff** 26; **Vorbem 80 ff** 50
 und Organisationsform von Verbänden **Einl 21 ff** 9
Grundrechtsschutz
 des Stifters **Vorbem 80 ff** 40 ff
Grundstockvermögen
 der Stiftung **Vorbem 80 ff** 16, 19, 20
Grundstücke
 in Ausübung eines Rechts errichtete Gebäude, Werke **95** 14 ff
 Bestandteile, wesentliche
 s. Alphabetisches Stichwortverzeichnis zu § 94 BGB
 Flächenteile keine wesentlichen Bestandteile **93** 15
 Gebrauchsvorteile **100** 5
 und grenzüberschreitendes Bauwerk, Rechtsfolgen **93** 16 ff
 als Hauptsache **97** 8
 und Luftverkehr **Vorbem 90 ff** 28
 öffentlich-rechtlich gewährte Rechte **95** 16
 als Sache **Vorbem 90 ff** 13
 Scheinbestandteile **95** 1 ff
 als unbewegliche Sachen **Vorbem 90 ff** 26
 wirtschaftlicher Zweck und Zubehöreigenschaft **98** 1 ff
 kein Zubehör **97** 6
Grundstückseigentum
 Stiftungsgeschäft unter Lebenden **81** 3
Grundwasser
 keine Sachqualität **Vorbem 90 ff** 9, 28
Gut
 und Sache **Vorbem 90 ff** 11
Gutszubehör
 eines Landgutes **98** 10 ff

Haftungsausschluß
 und Mißbrauch juristischer Person **Einl 21 ff** 48
Haftungsbeschränkung
 Zulassung juristischer Personen und Folge der – **Einl 21 ff** 61
Haftungseinheit
 Vermögen juristischer Person als – **Einl 21 ff** 8
Haftungsfragen
 BGB-Gesellschaft, Haftung für ermächtigte Gesellschafter **31** 45
 Erben des Stifters, Haftung für zugesagtes Vermögen **82** 13, 14
 Fiskushaftung aufgrund Vermögensanfalls **45** 6; **46** 7
 Haftung für Haftungsvertreter **31** 24 ff
 juristische Person, Haftung für ihre Organe **31** 1 ff
 juristische Person, Haftung für die Mitgliederversammlung **31** 38
 juristische Personen, Haftung für deliktisches Organhandeln **30** 3
 juristische Personen des öffentlichen Rechts
 s. Alphabetisches Stichwortverzeichnis zu § 89 BGB
 Konkursmasse und Organhaftung **31** 46
 leitende Personen, Haftung für andere **31** 27, 27 ff, 28, 29
 Liquidatoren **48** 3; **53** 2 ff
 nichtrechtsfähiger Idealverein **54** 53
 nichtrechtsfähiger Verein, Gesellschaftsrecht und Haftungsbeschränkung **54** 50 ff
 nichtrechtsfähiger Verein, Haftung des Vereins für Organe **54** 71, 72
 nichtrechtsfähiger Verein und Handelndenhaftung **54** 57 ff
 nichtrechtsfähiger Verein, Quasidelikte **54** 73
 nichtrechtsfähiger wirtschaftlicher Verein **54** 53
 Organhaftung, Abgrenzung zur Vertreterhaftung **31** 38
 Organhaftung, persönliche **31** 49
 Organisationsmängel **31** 32
 Personenhandelsgesellschaften, Haftung für deren vertretungsberechtigte Gesellschafter **31** 44
 Repräsentantenhaftung als Erweiterung der Organhaftung **31** 33; **89** 26
 Satzungsbestimmung einer Mitgliederhaftung **25** 22
 Scheckgeschäft und Haftung nichtrechtsfähigen Vereins **54** 27
 Stifter, Haftung für Übertragung zugesagten Vermögens **82** 6 ff

Haftungsfragen (Forts.)
Stiftungen und Organhaftung 31 47
unselbständige Stiftung **Vorbem 80 ff** 167 ff
Verein, Haftung für besondere Vertreter 30 2
Vereinsgründung, Gründungsstadium 21 32, 33
Vereinshaftung gegenüber seinen Mitgliedern 26 25
Verrichtungsgehilfe 31 33
Verrichtungsgehilfe und Organhaftung 31 37
Vorstand, Haftung für verschuldete Konkursverzögerung 42 10
Wechselgeschäft und Haftung des nichtrechtsfähigen Vereins 54 27

Hamburg
Einspruch gegen die Vereinseintragung durch die zuständige Verwaltungsbehörde 61 3
Entziehung der Rechtsfähigkeit eines Vereins 44 3
Landesstiftungsrecht **Vorbem 80 ff** 57
öffentliches Eigentum an öffentlichen Wegen **Vorbem 80 ff** 32
Stiftungsgenehmigung 80 32
Träger der Stiftungsaufsicht **Vorbem 80 ff** 73
Verleihung der Rechtsfähigkeit an wirtschaftlichen Verein 22 8

Handelndenhaftung
beim nichtrechtsfähigen Verein 54 57 ff

Handelsbücher
unternehmensverbundene Stiftung **Vorbem 80 ff** 116

Handelsgewerbe
für nichtrechtsfähigen Verein ausgeschlossener Betrieb 22 10; 54 29
Vorverein 21 34
eines wirtschaftlichen Vereins und Rechtsfähigkeit aufgrund staatlicher Verleihung 22 9

Handelsrecht
und Sachbegriff 90 3

Handelsregister
Eintragung nichtrechtsfähigen Vereins 54 29
elektronische Registerführung 55a 3; 79 5 ff
Handelsgewerbe eines wirtschaftlichen Vereins 22 9
unternehmensverbundene Stiftung **Vorbem 80 ff** 116

Handelsvereine
Unzumutbarkeit einer Rechtswahl **Vorbem 80 ff** 111

Handelsvereinsrecht
und Stiftung **Vorbem 80 ff** 90

Handlungsfähigkeit
juristischer Personen **Einl 21 ff** 50 ff

Hauptgeldstiftung
als Stiftungsgrundtyp **Vorbem 80 ff** 21

Hauptsache
Betriebsgrundstück als – 98 4 ff
Zubehör, zugeordnetes 97 8 ff

Haus der Geschichte der Bundesrepublik Deutschland
Stiftung 89 21

Haus- und Grundbesitzerverein 21 16

Heizungsanlage
als wesentlicher Bestandteil 94 24

Herausgabeklage
Rechtsgesamtheit **Vorbem 90 ff** 20
Sachgesamtheit **Vorbem 90 ff** 19

Herausgabepflicht
von Früchten 102 1 ff

Herde
als Sachgesamtheit **Vorbem 90 ff** 19

Herrenlosigkeit
des toten Körpers 90 22

Herstellung eines Gebäudes
Sacheinfügung zur – und Frage wesentlicher Bestandteile 94 20 ff

Hessen
Einspruch gegen die Vereinseintragung durch die zuständige Verwaltungsbehörde 61 3
Entziehung der Rechtsfähigkeit eines Vereins 44 3
Landesstiftungsrecht **Vorbem 80 ff** 57
Stiftungsgenehmigung 80 32
Träger der Stiftungsaufsicht **Vorbem 80 ff** 73
Verleihung der Rechtsfähigkeit an wirtschaftlichen Verein 22 8

Hilfswerk für behinderte Kinder
Stiftung 89 21

Hinterlegung
für bekannte Gläubiger gegenüber dem Verein 52 4, 5

Hoheitsgewalt
Ausübung von – oder Handeln unter Privatrecht 89 3

Hoheitsträger Staat
als juristische Person des öffentlichen Rechts **Einl 21 ff** 19

Holding
ADAC-Urteil **Vorbem 80 ff** 104

Holdingstiftung Vorbem 80 ff 103 ff

Holdingverein
als wirtschaftlicher Verein 21 8

Hypothek
auf Grundstückszubehör erstreckt 97 31

Idealverein
s. Vereinsrecht

Identitätsproblem
  Verhältnis nichtrechtsfähiger / rechtsfähiger Verein 21 31
IG Metall
  Bezirksleitungen 21 35
Immaterialgüter
  als unkörperliche Gegenstände 90 2
Immaterialgüterrechte
  an wesentlichen Bestandteilen 93 27
Implantate 90 18
Inbegriff von Rechtsgesamtheiten
  Vorbem 90 ff 20
Inbegriff von Sachen Vorbem 90 ff 15 ff; 92 3
Indienststellung
  als öffentliche Sache Vorbem 90 ff 34
Inhaberpapier
  Sachregeln 90 5
Instandhaltungspflicht
  und vorübergehende Verbindung 95 5
Instandhaltungsrücklage
  nach WEG als Zubehör 97 6
Interessenkollision
  und Stimmrechtsausschluß im Vereinsrecht 34 1 ff
Interessenverbände
  und Willensbildung Vorbem 21 ff 5
Internationale juristische Personen
  Rechtspersönlichkeit Einl 21 ff 63; 89 22
Internationaler Währungsfonds 91 15
Internationales Privatrecht
  Bestimmung der Rechtsordnung 24 8
  Personalstatut von Vereinen
  Vorbem 21 ff 61
Intertemporales Stiftungsrecht Vorbem 80 ff 65
Inventar
  als Gutszubehör 98 16
  als Sachgesamtheit Vorbem 90 ff 18
Israelitische Kultusgemeinde
  als Körperschaft des öffentlichen Rechts
  Einl 21 ff 20; 89 17
Italien
  azienda (Recht am Unternehmen)
  Vorbem 90 ff 25
  bene, cosa Vorbem 90 ff 7
  Bestandteile, Zubehör 93 39
  Elektrizität, Sachqualität 90 12
  Fruchtbegriff 99 20
  Juristische Person Einl 21 ff 1
  nichtrechtsfähiger Verein 54 57
  Organhaftung 31 57
  Scheinbestandteile 95 27
  Zubehör 97 38

Jagdrecht
  als Grundstücksbestandteil 96 6
Jüdische Kultusgemeinden
  Stiftungen Vorbem 80 ff 145
Jüdische Religionsgemeinschaft 89 17

Juristische Personen (allgemein)
  Abgrenzung privat-rechtlicher und öffentlich-rechtlicher – Einl 21 ff 22
  Abhängigkeit und Durchgriffsproblematik
  Einl 21 ff 49
  Abhängigkeit juristischer Personen
  Einl 21 ff 14, 32, 42, 64
  Aktienrecht Einl 21 ff 48, 61
  Aktienrecht, konzernrechtliche Vorschriften Einl 21 ff 49
  Alleingesellschafter, Vermögenszuwendung Einl 21 ff 46
  Allgemeiner Teil für das Recht – Einl 21 ff 2
  Alt-Katholische Kirche Einl 21 ff 20; 89 17
  Anerkennung ausländischer – Einl 21 ff 63
  Anerkennung, Rechtsfolgen Einl 21 ff 59
  Anstalten, öffentlich-rechtliche
  Einl 21 ff 19; 89 18 f
  Armenrechtsbewilligung Einl 21 ff 55
  Aufgaben und Wirkungskreis öffentlich-rechtlicher – Einl 21 ff 25
  als Aufsichtsratsmitglied Einl 21 ff 55
  Ausländische Staaten Einl 21 ff 63
  Beschränkungen der Rechtsfähigkeit
  Einl 21 ff 31
  Besitz, Besitzerwerb Einl 21 ff 29
  BGB-Kommissionen Einl 21 ff 2
  BGB-Regelung Einl 21 ff 21
  BGB-Verfasser, ursprüngliches Programm
  Vorbem 21 ff 15
  Bürgerliches Recht und Erwerb der Rechtsfähigkeit Einl 21 ff 59
  Collegia des römischen Rechts Einl 21 ff 1
  DDR, ehemalige Einl 21 ff 62
  Deliktsfähigkeit Einl 21 ff 57
  Denkfigur Einl 21 ff 6, 18
  Durchgriff Einl 21 ff 26, 37 ff
  Eigenständigkeit und Durchgriffsproblematik Einl 21 ff 41
  Einmann-Gesellschaften und Durchgriffsproblematik Einl 21 ff 39
  Einmann-GmbH Einl 21 ff 49
  England Einl 21 ff 2
  Enstehung Einl 21 ff 58 ff
  Entziehung der Rechtsfähigkeit
  Einl 21 ff 36
  Erfüllungsgehilfen Einl 21 ff 57
  Erlaubtsein, Zuerkennung der Rechtsfähigkeit Einl 21 ff 60
  Europäische Gemeinschaften Einl 21 ff 63
  Evangelische Kirche in Deutschland
  Einl 21 ff 20; 89 17
  Fiktionstheorie Einl 21 ff 4, 5, 27, 52;
  Vorbem 21 ff 6
  Finanzvermögen des Staates Einl 21 ff 22
  Fiskus Einl 21 ff 19, 63
  Formen der – Einl 21 ff 11
  Frankreich Einl 21 ff 2

Juristische Personen (allgemein) (Forts.)
Genossenschaften, eingetragene
Einl 21 ff 11
Germanistik Einl 21 ff 4, 10, 60;
Vorbem 21 ff 6
Gesamthand Einl 21 ff 10
Geschäftsfähigkeit Einl 21 ff 54
Gesellschaft, Verein und – Einl 21 ff 10
Gesellschaftsrecht und anstaltsmäßiger
Zweck Einl 21 ff 14
Gewerkschaften Einl 21 ff 9
GmbH Einl 21 ff 61
Grenzen ihrer Bedeutung Einl 21 ff 9
Großorganisationen Einl 21 ff 18
Grundrechtsfähigkeit Einl 21 ff 9, 26
Grundrechtsschutz Vorbem 80 ff 50
Grundtypen von Verbänden und –
Einl 21 ff 10
Haftungsbeschränkung Einl 21 ff 59, 61
des Handelsrechts 29 3
Handlungsfähigkeit Einl 21 ff 50 ff
Handlungsfähigkeit und Rechtsfähigkeit
Einl 21 ff 56
Hof im Sinne der HöfeO Einl 21 ff 34
Hoheitsakt Einl 21 ff 22
Idealvereine, rechtsfähige Einl 21 ff 11
Identitätsverschleierung Einl 21 ff 47
Immunität ausländischer Staaten
Einl 21 ff 63
Internationale juristische Personen
Einl 21 ff 63
Israelitische Kirchengemeinde
Einl 21 ff 20; 89 17
Kapitalgesellschaften Einl 21 ff 11
Kapitalgesellschaften und Durchgriffsproblematik Einl 21 ff 42
Katholische Kirchengemeinden
Einl 21 ff 20; 89 17
Körperschaften, öffentlich-rechtliche
Einl 21 ff 19
Konkursfähigkeit Einl 21 ff 30
als Konkursverwalter Einl 21 ff 55
konstitutive Wirkung einer Eintragung 41 2
Konzernrecht Einl 21 ff 49, 64
Konzessionssystem, verschleiertes
Einl 21 ff 59
Kulturverwaltung Einl 21 ff 14
Landesrecht Einl 21 ff 34, 63
als Liquidator Einl 21 ff 55; 48 2
Macht der Tatsachen Einl 21 ff 40
Machtbildung durch Zusammenschlüsse
Einl 21 ff 59
Mißbrauch der Rechtsform Einl 21 ff 42, 48
als Mitglied nichtrechtsfähigen Vereins
54 5
Mitgliederwechsel Einl 21 ff 59

Juristische Personen (allgemein) (Forts.)
Normanwendungstheorie Einl 21 ff 42, 43, 49
Normativbestimmungen Einl 21 ff 60
Normzweck zwingender Gesetze und Trennungsprinzip Einl 21 ff 47
Öffentliche Anstalten mit privatrechtlicher
Nutzungsordnung Einl 21 ff 22
Ordnungswidrigkeiten Einl 21 ff 57
Organe Einl 21 ff 53 ff
Organisationsrecht Einl 21 ff 8, 10, 17
Parteifähigkeit Einl 21 ff 30
Persönlichkeitsrecht, allgemeines
Einl 21 ff 31
Persönlichkeitsrechte, einzelne besondere
Einl 21 ff 28, 34
Personalstatut Einl 21 ff 63
Personenvereinigung Einl 21 ff 13
Personenvereinigungen, angenäherte
Einl 21 ff 10
Politische Parteien Einl 21 ff 9
Privatrecht Einl 21 ff 21
Privileg der Verleihung der Rechtspersönlichkeit Einl 21 ff 59
Privilegien, privatrechtliche Einl 21 ff 35
Prozeßfähigkeit Einl 21 ff 54
Qualifizierter faktischer Konzern
Einl 21 ff 49
Reale Verbandstheorie Einl 21 ff 52
Rechtsfähigkeit, Bedeutung Einl 21 ff 8
Rechtsfähigkeit und Handlungsfähigkeit
Einl 21 ff 56
Rechtsfähigkeit im öffentlichen Recht
Einl 21 ff 24 ff
Rechtsfähigkeit privatrechtlicher –
Einl 21 ff 27 ff
Rechtsfähigkeit, System der Erlangung
Einl 21 ff 60
Rechtsfähigkeit, unbegrenzte 49 17
als Rechtsfigur Einl 21 ff 3
Rechtspersönlichkeit eines Verbandes
Einl 21 ff 59
Rechtspraxis und Formen der –
Einl 21 ff 12
Reichsgesetze vor dem BGB und Begriffsverwendung Einl 21 ff 1
Religionsgesellschaften Einl 21 ff 20; 89 17
Romanisten Einl 21 ff 60
Russisch-orthodoxe Kirche Einl 21 ff 20; 89 17
Schachtelprivileg Einl 21 ff 14, 61
Schaffung überindividueller Organisationen Einl 21 ff 6
als Schiedsrichter Einl 21 ff 55
Schweizerisches ZGB Einl 21 ff 2
Sitz der Hauptverwaltung und Personalstatut Einl 21 ff 63
Sondervermögen Einl 21 ff 5, 14

Juristische Personen (allgemein) (Forts.)
Spanien **Einl 21 ff** 2
Spezialgesetze **Einl 21 ff** 21
Sprachgebrauch **Einl 21 ff** 1
Staat **Einl 21 ff** 19
Staatenimmunität **Einl 21 ff** 63
Staatenvereinigungen **Einl 21 ff** 63
Standard Oil-Fall **Einl 21 ff** 32
Steuerrecht **Einl 21 ff** 65
als Stifter **Vorbem 80 ff** 47
Stiftung als – **Vorbem 80 ff** 84
Stiftungen, öffentlich-rechtliche
  Einl 21 ff 14, 19
Stiftungen, privatrechtliche **Einl 21 ff** 14
Stiftungen, rechtsfähige **Einl 21 ff** 11
als Stiftungsträger unselbständiger Stiftung
  Vorbem 80 ff 171
Straftaten **Einl 21 ff** 57
System freier Körperschaftsbildung
  Einl 21 ff 60
Systematischer Ort der Rechtsfigur
  Einl 21 ff 6
als Testamentsvollstrecker **Einl 21 ff** 55
Theorie der – **Einl 21 ff** 17
Theorie realer Verbandspersönlichkeit
  Einl 21 ff 4, 6
Theorienstreit im 19.Jahrhundert
  Einl 21 ff 4
Trennungsprinzip **Einl 21 ff** 59
Trennungsprinzip und Durchgriff
  Einl 21 ff 37, 43
Treu und Glauben und Durchgriffsproblematik **Einl 21 ff** 41, 45
typenreine Verwendung **Einl 21 ff** 15
Typenunterschiedlichkeit **Einl 21 ff** 17
Typenzwang und Freiheit der Rechtswahl
  Einl 21 ff 15
Ultra-Vires-Lehre **Einl 21 ff** 25; **89** 40
Universitates des römischen Rechts
  Einl 21 ff 1
Unterkapitalisierung **Einl 21 ff** 45
Unternehmensverfassung **Einl 21 ff** 32
Venire contra factum proprium
  Einl 21 ff 43, 45
Verbände mit Vereinscharakter
  Einl 21 ff 13
Verbandsrecht und Streit um das Wesen –
  Vorbem 21 ff 6
Verein, einzutragender als – **64** 4
Verein, wirtschaftlicher **Einl 21 ff** 60
als Vereinsmitglieder **32** 33
als Vereinsvorstand **Einl 21 ff** 55
Vergleichsfähigkeit **Einl 21 ff** 30
Verlustausgleichsanspruch **Einl 21 ff** 49
Vermögensrechte **Einl 21 ff** 28; **45** 1
Vermögensvermischung **Einl 21 ff** 45
Verselbständigung eines Vermögens
  Einl 21 ff 10

Juristische Personen (allgemein) (Forts.)
Versicherungsverein aG **Einl 21 ff** 11
Versorgungsbetriebe **Einl 21 ff** 22
Vertragsauslegung, Vertragserfüllung und Durchgriff **Einl 21 ff** 44
Vertragswidrigkeit der Berufung auf die Selbständigkeit – **Einl 21 ff** 43
Verwaltungseinheiten, rechtsfähige
  Einl 21 ff 19
Verwendung, rechtsordnungsgemäße
  Einl 21 ff 41
Völkerrecht, allgemeine Regeln
  Einl 21 ff 63
Vollmachtsträgerin **Einl 21 ff** 28
als Vollstreckungsschuldnerin **Einl 21 ff** 55
als Vorstand eines Vereins **27** 8
Wahlfreiheit rechtlicher Form **Einl 21 ff** 12
Willensbildung, innere **Einl 21 ff** 51
Wirklichkeiten des Lebens **Einl 21 ff** 40
Wissenschaftsverwaltung **Einl 21 ff** 14
Zulassungsfrage **Einl 21 ff** 59
Zwangsmittel §§ 888, 890 ZPO **Einl 21 ff** 55
Zweckbindung des Vermögens **Einl 21 ff** 4
Juristische Personen (öffentlichen Rechts)
s. a. Körperschaften des öffentlichen Rechts; Anstalten des öffentlichen Rechts; Stiftungen (öffentlichen Rechts); Religiöse Vereinigungen
Abgrenzung öffentliches und privates Recht **89** 24
ambivalentes Verwaltungshandeln **89** 24
Anfallberechtigung des Fiskus **46** 5
Anscheinsvollmacht **89** 40
Anstalten des öffentlichen Rechts als –
  89 8, 18
Anstaltslast der öffentlichen Hand **89** 44
Anstaltsnutzung **89** 25
Auflösung und Vermögensanfall **45** 21
Ausführung zustehender Verrichtungen und Organhaftung **89** 40
Bahn **89** 39
Bahn, verfassungsmäßige Vertreter **89** 37
Beamtenbegriff und Haftung im Privatrechtsverkehr **89** 5
Beschlußfassung im mehrgliedrigem Vorstand **28** 16
Besondere Vertreter **30** 9
Betriebskörperschaften **89** 15
Bund, fehlende Konkursfähigkeit **89** 43
Bund, verfassungsmäßige Vertreter **89** 32
Bundesstaatshaftungsgesetz, Reformvorhaben **89** 4
Deliktshaftung **89** 5
Deutsche Bundesbank **91** 16
Duldungsvollmacht **89** 40
Eisenbahn **89** 10, 25
Fiskalhaftung und Amtshaftung **89** 5

Juristische Personen (öffentlichen Rechts)
(Forts.)
Fiskalhaftung und Eigenhaftung des schädigenden Amtswalters **89** 6
Fiskus als – **89** 8, 9, 10
Formvorschriften, Verstoß gegen öffentlich-rechtliche **89** 40
Gebietskörperschaften **89** 12
Gemeinde, verfassungsmäßige Vertreter **89** 29
Grundrechtsfähigkeit **Vorbem 80 ff** 47
Haftung des Dienstherrn für privatrechtliches Verhalten von Amtswaltern **89** 5
Haftung für Personenkeis außerhalb der Ausübung öffentlicher Gewalt **31** 23, 42
Haftung für rechtzeitigen Konkursantrag **89** 45
Handeln für eine – **89** 8
Handeln im Rahmen der Privatrechtsordnung **89** 23
Handelnde als verfassungsgemäße Vertreter **89** 26
Hoheitliche Gewalt und Staatshaftungsgesetz 1981 **89** 4
Hoheitliche Handlungsform / privatrechtliche Instrumentarien **89** 23
Hoheitlicher Errichtungstatbestand **89** 8
Hoheitsgewalt oder Privatrechtshandeln **89** 3
Industrie – und Handelskammern **89** 44
Internationale juristische Personen als – **89** 22
Kirchen **89** 17
Kirchengemeinde, verfassungsmäßige Vertreter **89** 35
Körperschaften des öffentlichen Rechts als – **89** 8, 11 ff
Konkurs **89** 43 ff
Krankenhäuser, verfassungsmäßige Vertreter **89** 33
Krankenhausbehandlung **89** 25
Kreditinstitute, verfassungsmäßige Vertreter **89** 36
Kreis – und Landschaftsverbände, verfassungsmäßige Vertreter **89** 30
Länder, fehlende Konkursfähigkeit **89** 43
Land, verfassungsmäßige Vertreter **89** 30
Numerus clausus der Rechtsformen, keine Geltung im öffentlichen Recht **89** 8
Organhaftung **89** 26
Organisation und Haftung **31** 26
Organisationspflicht **89** 27
Personalkörperschaften **89** 13
Post **89** 10, 19, 25, 39
Post, verfassungsmäßige Vertreter **89** 38
Privatrecht und Träger öffentlicher Gewalt, Haftung **89** 4
Privatrechtshandeln **89** 3

Juristische Personen (öffentlichen Rechts)
(Forts.)
Qualifikationstheorien (Abgrenzung öffentliches und privates Recht) **89** 24
Realkörperschaften **89** 14
Rechtsfähigkeit, beschränkte **26** 9
Religionsgemeinschaften **89** 17
Repräsentantenhaftung **89** 26
Rundfunksendungen **89** 25
Schule, verfassungsmäßige Vertreter **89** 34
Selbstverwaltung, mittelbare Staatsverwaltung **Einl 21 ff** 19
Sozialversicherungsträger **89** 44
Staat **Einl 21 ff** 19
Staatshaftungsgesetz 1981 und fehlende Gesetzgebungskompetenz **89** 4
Stiftungen des öffentlichen Rechts als – **89** 8, 20
Straßenbaulast **89** 25
Straßenverkehr, Teilnahme **89** 4, 25
Ultra-vires Lehre **89** 40
Universität, verfassungsmäßige Vertreter **89** 34
Universitätskliniken **89** 25
Verbandskörperschaften **89** 16
Vereinsrecht und Recht der – **89** 1
Verfassungsmäßige Vertreter, Einzelfälle **89** 28 ff
Verkehrssicherungspflichten **89** 4, 25
Vertrag, Beurteilung nach privatem oder öffentlichem Recht **89** 25
Vertragshaftung **89** 5
Vertretungsmacht der Organe, beschränkte **26** 9
Vertretungsmacht, Täuschung über den Umfang **89** 41
Verwaltungsprivatrecht **89** 23
Vorstandsmitglieder, fehlende Zahl **29** 6
Vorwegnahme Art. 34 GG durch § 89 BGB **89** 2
Wahrnehmung hoheitlicher Befugnisse nicht erforderlich **89** 8
Zugehörigkeit zu – **Einl 21 ff** 19
Zuordnungs – oder Qualifikationsproblem **89** 24, 25
Zurechnung schädigenden Verhaltens **89** 40
Zuständigkeitsbereich **89** 40
zweispuriges System der Staatshaftung **89** 2

Juristische Personen (privaten Rechts)
s. Aktiengesellschaft; GmbH; Genossenschaften; Kapitalgesellschaften; Vereinsrecht (rechtsfähiger Verein); Stiftung (rechtsfähige privaten Rechts)

Kapital
einer Stiftung **Vorbem 80 ff** 16

Kommanditgesellschaft (Forts.)
Haftung für den geschäftsführenden
  Gesellschafter **31** 23
Haftung für vertretungsberechtigte Gesellschafter **31** 44
und juristische Person **Einl 21 ff** 10
Stiftung als Komplementärin
  Vorbem 80 ff 90
Stimmrechtsausschluß **34** 19
Kommanditgesellschaft aA
ADHGB 1961 **Vorbem 21 ff** 11
Kommunale Sparkassen 89 19
Kommunale Stiftungen Vorbem 80 ff 147 ff
Aufsicht **Vorbem 80 ff** 187
unselbständige **Vorbem 80 ff** 172
Kommunmauer 93 19
Komplementärsachen Vorbem 90 ff 15
Konditionenkartell
Verein **21** 16
Konkurs
Bund, Länder : keine Konkursfähigkeit
  89 43
Juristische Personen **Einl 21 ff** 30
Liquidatoren, Antragsverpflichtung **51** 3
nichtrechtsfähiger Verein **42** 15; **54** 11, 24
rechtsfähiger Verein **42** 1 ff
Stiftung **86** 23; **88** 3
unselbständige Stiftung **Vorbem 80 ff** 170
Konkursmasse
und Organhaftung **31** 46
Konkursverwalter
als juristische Person **Einl 21 ff** 55
Konsulargerichtsbarkeit 23 1
Kontrahierungszwang
im Vereinsrecht **35** 28, 29
Konzernrecht
und Durchgriffsproblem **Einl 21 ff** 49
Konzerne als Form abhängiger juristischer
  Person **Einl 21 ff** 64
und Minderheitenschutz **34** 3
Stellung der Konzerne **Vorbem 21 ff** 5
unternehmensverbundene Stiftung
  Vorbem 80 ff 119
Konzessionierte Vereine
s. Vereinsrecht (wirtschaftlicher Verein)
Konzessionsprinzip
ALR und Vereinsrecht **Vorbem 21 ff** 12
Stiftung **80** 26
Kraftfahrzeug
wesentliche, nichtwesentliche Bestandteile
  93 19
Kraftfahrzeugbrief
Rechtsinhaberschaft und Sacheigentum
  90 7
kein Zubehör **97** 25
Krankenhäuser
verfassungsmäßig berufener Vertreter **89** 33

Krankenversicherungsträger
als Personalkörperschaften **89** 13
Kreditgenossenschaft
als Verein **21** 8
Kreditinstitute
Organhaftung, Einzelfälle **31** 54
verfassungsmäßig berufener Vertreter **89** 36
Kreditreform-Vereine 21 16
Kreisverbände
verfassungsmäßig berufener Vertreter **89** 30
Kündigung
und Vereinsrecht **Vorbem 21 ff** 40
Kultgegenstände
als öffentliche Sachen **Vorbem 90 ff** 35
Kulturdenkmäler
Denkmalschutz **Vorbem 90 ff** 42
Kulturverwaltung Einl 21 ff 14

Länder
als Fiskus **89** 10
Konkursfähigkeit, fehlende **89** 43, 46
verfassungsmäßig berufener Vertreter **89** 31
Landesrecht
Anfallberechtigte für Vereinsvermögen
  45 19; **46** 2, 3
Denkmalschutz **Vorbem 90 ff** 41
Einspruch der Verwaltungsbehörde gegen
  die Vereinseintragung **62** 2
Erwerbsfähigkeit juristischer Personen
  Einl 21 ff 34
Familienstiftung, Sonderregelungen
  Vorbem 80 ff 122
Fruchtbegriff **99** 5
Kirchliche Stiftungen des weltlichen
  Rechts **Vorbem 80 ff** 137 ff
Konkurseröffnung und Verlust der Rechtsfähigkeit von Vereinen **42** 13
Landesstiftungsgesetze **Vorbem 80 ff** 56 ff
Naturschutz – und Landschutzpflegerecht
  Vorbem 90 ff 42
Rechte am Grundstück als Grundstücksbestandteile **96** 3
Rechtsfähigkeit wirtschaftlicher Vereine
  aufgrund staatlicher Verleihung **22** 4, 8
Stiftungsaufsicht, Mittel **Vorbem 80 ff** 69
Stiftungsgenehmigung **80** 32
Stiftungsgeschäft **80** 8
Stiftungsrecht, Anwendbarkeit auf öffentlich-rechtliche Stiftungen
  Vorbem 80 ff 186
Stiftungssatzung **85** 1
Träger der Stiftungsaufsicht
  Vorbem 80 ff 73
unselbständige Stiftung **Vorbem 80 ff** 153
Versagung der Stiftungsgenehmigung
  Vorbem 80 ff 114, 115
Landeszentralbanken 91 16

Kapitalaufbringungsrecht
  Stiftung und Rechtsformen des Handelsrechts **Vorbem 80 ff** 90
Kapitalausstattung
  Handelsvereine 80 18
  Stiftung 80 18
Kapitalgesellschaften
  s. a. Juristische Personen
  Haftungskapital, Sicherung **Vorbem 21 ff** 47
  Stimmrechtsgleichheit 32 34
  und Verein, Abgrenzung **Vorbem 21 ff** 47
  Vorbelastungsverbot 21 33; 54 70
  wirtschaftlicher Verein, Zumutbarkeit von Formen der – 22 3
Kapitalstiftung
  als Stiftungsgrundtyp **Vorbem 80 ff** 21
Kassenärztliche Vereinigung
  als Verein 21 9, 16
Katholische Kirche
  autonomes Stiftungsrecht (Codex Iuris Canonici) **Vorbem 80 ff** 141
  Rechtspersönlichkeit kraft Völkerrechts **Einl 21 ff** 20
Katholische Kirchengemeinden
  als juristische Personen des öffentlichen Rechts **Einl 21 ff** 20; 89 17
Kauf auf Probe
  und vorübergehende Verbindung 95 5
Kaufmannseigenschaft
  eines nichtrechtsfähigen Vereins 54 29
Kellereigentum 93 25
Kellerrecht 96 3
Kenntnis, Kennenmüssen
  Vertretung des rechtsfähigen Vereins 26 22
Kindesvermögen
  als Sondervermögen **Vorbem 90 ff** 22
Kirchen
  Körperschaften des öffentlichen Rechts 89 17
Kirchengemeinde
  verfassungsmäßig berufener Vertreter 89 35
Kirchenrecht
  und kirchliche Stiftungen weltlichen Rechts **Vorbem 80 ff** 140
Kirchliche Stiftungen
  Aufsicht **Vorbem 80 ff** 187
  kanonisches Rechts **Vorbem 80 ff** 146
  des weltlichen Rechts **Vorbem 80 ff** 137 ff
Kirchliches Vermögen
  und kirchliche Sachen (res sacrae) **Vorbem 90 ff** 35
Klage, Klagbarkeit
  Anfechtung fehlerhafter Vereinsbeschlüsse 32 23 ff
  Berufung der Mitgliederversammlung 37 16
  und Bestellung eines Notvorstands 29 7
  Destinatär-Ansprüche 85 11 ff

Klage, Klagbarkeit (Forts.)
  Entlastungsanspruch 27 27
  Herausgabe einer Rechtsgesamtheit **Vorbem 90 ff** 20
  Herausgabe einer Sachgesamtheit **Vorbem 90 ff** 19
  Mitgliedschaftsklagen für überregiona Großverbände 22 36
  nichtrechtsfähiger Verein im Prozeß 54 11 ff
  Satzungseinhaltung 35 18
  Stiftungsgeschäft, – auf Vornahme 80
  Verein nach beendeter Liquidation 49
  Vereinsstrafgewalt und Nachprüfung durch staatliche Gerichte 35 52 ff
Körper, menschlicher
  s. Menschlicher Körper
Körperlicher Gegenstand
  als Sache 90 1
Körperschaften
  korporative Elemente einer Stiftungssat zung 85 7, 8
  und Sozialrecht im Sinne v. Gierkes **Vorbem 21 ff** 9, 10
  und Stiftung, Abgrenzung **Vorbem 80 ff** 4 15, 26, 99
  Stiftungsorganisationen, körperschaftlich strukturierte **Vorbem 80 ff** 177 ff
Körperschaften des öffentlichen Rechts
  s. a. Juristische Personen (öffentlichen Rechts)
  als Anfallberechtigte für Vereinsvermöge 45 4, 19
  Begriff 89 11
  Begriff öffentlicher Anstalt bisweilen auc umfassend – 45 13
  Betriebskörperschaften 89 15
  Gebietskörperschaften 89 12
  Handeln für –, Haftungsvoraussetzungen 89 8
  als juristische Personen des öffentlichen Rechts **Einl 21 ff** 19
  Kirchen, Religionsgemeinschaften 89 17
  Konkurseröffnung 42 13
  Personalkörperschaften 89 13
  Realkörperschaften 89 14
  Verbandskörperschaften 89 16
Körperschaftliche Organisation 21 31
  nichtrechtsfähiger Verein 54 1
  Verein im Verein 21 35
Körperschaftliche Willensbildung
  Beschluß als Akt – 32 37
  durch Rechtsgeschäft nach außen oder durch Sozialakt 34 13
Körperschaftsbildung
  System freier **Einl 21 ff** 60
Kommanditgesellschaft
  keine gerichtliche Vorstandsbestellung 29 4

Landgut
 als Hauptsache und Gutszubehör **98** 10 ff
Landschaftsverbände
 verfassungsmäßig berufener Vertreter **89** 30
Landwirtschaftliche Erzeugnisse
 als Zubehör **98** 13
Lastenverteilung 103 1 ff
Leichnam
 Anatomie, zur Verfügungstellung **90** 25
 als Grabinhalt **Vorbem 90 ff** 39
 als herrenlose Sache **90** 22
 künstliche Körperbestandteile **90** 30
 Obduktion, Exhumierung **90** 26
 Organentnahme **90** 27
 Rechtslage **90** 19 ff
Liquidation, Liquidationsverein
 des Vereins
  s. Vereinsrecht (rechtsfähiger Idealverein); Vereinsrecht (nichtrechtsfähiger Verein)
Liquidator
 als juristische Person **Einl 21 ff** 55
Löschung
 unrechtmäßig eingetragenen Wirtschaftsvereins **43** 7
 eines Vereins
  s. Vereinsrecht (rechtsfähiger Idealverein)
Lohnsteuerhilfevereine 21 16
Luft
 keine Sachqualität **Vorbem 90 ff** 28
 und Transport von Emissionsstoffen **Vorbem 90 ff** 28
Luftfahrzeuge
 wesentliche Bestandteile **94** 27
Luftverkehr Vorbem 90 ff 28

Maastricht-Vertrag
 und Rechtsnatur der Europäischen Union **Einl 21 ff** 63
Mähdreschgemeinschaft
 Verein **21** 16
Marktstrukturgesetz
 wirtschaftliche Vereine **22** 11
Maschinen
 als Hauptsache **97** 14
 als Zubehör **98** 8
Mecklenburg-Vorpommern
 Einspruch gegen die Vereinseintragung durch die zuständige Verwaltungsbehörde **61** 3
 Entziehung der Rechtsfähigkeit eines Vereins **44** 3
 Landesstiftungsrecht **Vorbem 80 ff** 57
 Stiftungsgenehmigung **80** 32
 Träger der Stiftungsaufsicht **Vorbem 80 ff** 73

Mecklenburg-Vorpommern (Forts.)
 Verleihung der Rechtsfähigkeit an wirtschaftlichen Verein **22** 8
Meeresboden Vorbem 90 ff 31
Meeresstrand Vorbem 90 ff 30
Meerwasser
 keine Sachqualität **Vorbem 90 ff** 28
Mehrheit von Stiftern
 und Widerruf des Stiftungsgeschäfts **81** 6
Mehrheitsprinzip
 Vorstand eines rechtsfähigen Vereins **26** 12
Mengensachen Vorbem 90 ff 14; **91** 2; **93** 9
Menschlicher Körper
 s. a. Leichnam
 Implantat **90** 17
 Körper, Körperbestandteile **90** 15
 künstliche Körperbestandteile **90** 18, 30
 Persönlichkeitsrecht **90** 14
 Sachqualität, fehlende **90** 14; **Vorbem 90 ff** 27
Mietvertrag
 Vermutung von Scheinbestandteilen **95** 4
Milde Stiftung Vorbem 80 ff 12
Minderheitenschutz
 im Gesellschaftsrecht, Vereinsrecht **34** 3
Minderjährigenrecht
 Beitritt in einen Verein **35** 26
Mißbrauch
 der juristischen Person und Durchgriffsproblem **Einl 21 ff** 42
 der juristischen Person zwecks Haftungsausschlusses **Einl 21 ff** 48
 der Stiftungsform **Vorbem 80 ff** 92
 des Vereinsrechts bei Sonderverwaltung Dritter **27** 4
 der Vertretungsmacht **26** 9
Mitbestimmungsrecht
 und Stiftung **Vorbem 80 ff** 90, 121
Miterbe
 Stiftung als – **83** 5
Mitgliederversammlung
 s. Vereinsrecht (rechtsfähiger Idealverein); Vereinsrecht (nichtrechtsfähiger Verein)
Mitgliedschaft im Verein
 s. Vereinsrecht (rechtsfähiger Idealverein); Vereinsrecht (nichtrechtsfähiger Verein)
Monopolstellung
 und Aufnahmezwang eines Vereins **35** 28
 besondere Regeln **Vorbem 21 ff** 42
 Nachprüfbarkeit der Vereinsstrafgewalt **Vorbem 21 ff** 27; **35** 54
Münzrecht 91 12
Münzregal
 staatliches **91** 11
Mutter und Kind
 Stiftung **89** 21

Nachbargrundstück
 Überbauung, Rechtsfolgen 93 16 ff
Nachlaßbindung
 Verbot überlanger **Vorbem 80 ff** 133
Nachlaßgericht
 Fiskus als Anfallberechtigter für das Vereinsvermögen 46 4
Nachprüfung
 Vereinsstrafgewalt durch staatliche Gerichte **Vorbem 21 ff** 42; **35** 52 ff
Namensrecht
 Firmenwahrheit 57 6
 nichtrechtsfähiger Verein 54 16, 26, 80
 rechtsfähiger Verein 57 4, 5
 Stiftung 80 24
 Stiftungskörperschaften **Vorbem 80 ff** 179
NATO
 Rechtspersönlichkeit **Einl 21 ff** 63
Naturdenkmal
 Denkmalschutz **Vorbem 90 ff** 42
Naturschutz- und LandschutzpflegeG
 Vorbem 90 ff 42
Ne bis in idem
 Vereinsstrafgewalt 35 42
Nebensachen
 und Zubehör, Abgrenzung 97 27
Nebenzweckprivileg
 im Vereinsrecht 21 10 ff
Negative Vereinsfreiheit Vorbem 21 ff 60
Neuapostolische Kirche 89 17
Nichtigkeit
 Gründungsgeschäft eines verbotenen Vereins 21 28
 Stimmabgabe im Vereinsrecht 32 30, 31
 Stimmrechtsausübungsverträge 32 21
 von Vereinsbeschlüssen 32 24, 26; 35 16, 23
 einer Vereinssatzung 25 19; 35 16
Nichtwesentliche Bestandteile
 s. Bestandteile (nichtwesentliche)
Niedersachsen
 Einspruch gegen die Vereinseintragung durch die zuständige Verwaltungsbehörde 61 3
 Entziehung der Rechtsfähigkeit eines Vereins 44 3
 Landesstiftungsrecht **Vorbem 80 ff** 57
 Stiftungsgenehmigung 80 32
 Träger der Stiftungsaufsicht **Vorbem 80 ff** 73
 Verleihung der Rechtsfähigkeit an wirtschaftlichen Verein 22 8
Nießbrauch
 keine Last 103 7
Nordrhein-Westfalen
 Einspruch gegen die Vereinseintragung durch die zuständige Verwaltungsbehörde 61 3

Nordrhein-Westfalen (Forts.)
 Entziehung der Rechtsfähigkeit eines Vereins 44 3
 Landesstiftungsrecht **Vorbem 80 ff** 57
 Stiftungsgenehmigung 80 32
 Träger der Stiftungsaufsicht **Vorbem 80 ff** 73
 Verleihung der Rechtsfähigkeit an wirtschaftlichen Verein 22 8
Normanwendungstheorie
 und Durchgriffsproblem **Einl 21 ff** 42, 43
Normativbestimmungen
 ADHGB 1861, Novelle 1870 **Vorbem 21 ff** 11
 Erlangung der Rechtsfähigkeit und System der – **Einl 21 ff** 60
 und Stiftungsrecht **Vorbem 80 ff** 94
Notenmonopol
 staatliches 91 11
Notvorstand
 für einen Verein 29 7 ff
 für eine Stiftung 86 15
Notwegrente
 als Grundstücksbestandteile 96 2
Nulla poena sine lege
 und Vereinsstrafgewalt 35 38
Nutzungen
 Begriff 100 1 ff
Nutzungsrecht
 Verbindung mit einem Grundstück aufgrund eines dinglichen – 95 15
 als volles Verfügungsrecht 92 4

Obduktion 90 26
Obligatorische Geschäfte
 s. Verpflichtungsgeschäfte
Öffentlich-rechtlich gewährte Rechte
 an einem fremden Grundstück 95 16
Öffentlich-rechtliche Anstalt
 s. Anstalten des öffentlichen Rechts
Öffentlich-rechtliche Dienstbarkeit
 Vorbem 90 ff 32
Öffentlich-rechtliche juristische Person
 s. Juristische Personen (öffentlichen Rechts)
Öffentlich-rechtliche Körperschaft
 s. Körperschaften des öffentlichen Rechts
Öffentlich-rechtlicher Vertrag
 Datenübermittlung aus Registern auf Abruf 79 11
Öffentlich-rechtlicher Zubehörbegriff 97 3
Öffentlich-rechtliches Nutzungsrecht
 Ausbeutung des Meeresbodens **Vorbem 90 ff** 31
Öffentlich-rechtliches Sondernutzungsrecht 95 17

Öffentliche Bekanntmachung
Auflösung des Vereins, Entziehung seiner Rechtsfähigkeit **50** 1 ff
Öffentliche Einrichtungen Vorbem 90 ff 34
Öffentliche Sachen 90 8; **Vorbem 90 ff** 32 ff; **91** 13
Öffentliche Stiftung
Abgrenzung zur privaten Stiftung **Vorbem 80 ff** 10
und öffentlich-rechtliche Stiftung **Vorbem 80 ff** 12
Öffentliche Verwaltung
und kommunale Stiftungen **Vorbem 80 ff** 148
Öffentliche-rechtliche Stiftung
s. Stiftung (öffentlichen Rechts)
Öffentliches Eigentum
an öffentlichen Wegen **Vorbem 80 ff** 32
Öffentliches Recht
Einspruch der Verwaltungsbehörde gegen die Vereinseintragung **61** 9
Juristische Personen **Einl 21 ff** 19 ff
Sachbegriff, unabhängiger **90** 4
subjektives Vereinsrecht **Vorbem 21 ff** 60
Vereinsrecht und Prinzipien des – **Vorbem 21 ff** 42
Öffentliches Vereinsregister 55 6; **79** 2
Örtliche Stiftung Vorbem 80 ff 147 ff
Österreich
Bestandteile, Zubehör **93** 37
Elektrizität, Sachqualität **90** 12
Früchte und andere Nutzungen **99** 17
Juristische Person **Einl 21 ff** 1
Organhaftung **31** 57
Sachbegriff **Vorbem 90 ff** 7
Scheinbestandteile **95** 24
Tiere keine Sachen **90a** 1
Unternehmen **Vorbem 90 ff** 25
Zubehör **97** 35
Offene Handelsgesellschaft
Ausschluß aller Gesellschafter von der Geschäftsführung **54** 33
keine gerichtliche Vorstandsbestellung **29** 4
Haftung für den geschäftsführenden Gesellschafter **31** 23
Haftung für vertretungsberechtigte Gesellschafter **31** 44
und juristische Person **Einl 21 ff** 10
Liquidation **47** 5
nichtrechtsfähiger Verein als – **54** 29
Stimmrechtsausschluß **34** 19
Vollkaufmännisches Handelsgewerbe eines nichtrechtsfähigen Vereins **22** 10
OLG-Bezirk
und Revisibilität einer Vereinssatzung **25** 17
Online-Zugriff
in das Vereinsregister **79** 6

Operating foundation
als Stiftungsgrundtyp **Vorbem 80 ff** 21
Orderpapiere
Sachregeln **90** 5
Ordnungen
als nachringe Körperschaftsnormen im Vereinsrecht **25** 4
Ordre public
Vereinsrecht **Vorbem 21 ff** 13
Organe
Abberufung **34** 15; **54** 38; **Vorbem 80 ff** 69; **86** 4 f
Begriff **Einl 21 ff** 53
Besondere Vertreter **30** 1
Bestellung durch Dritte **27** 4
fehlerhafte Bestellung **27** 21
Haftung juristischer Person für ihre Organe **31** 2
als Handelnde **54** 60
Legitimierung durch Vertreterbescheinigungen **Vorbem 80 ff** 80
Liquidatoren **53** 2
des nichtrechtsfähigen Vereins **54** 71, 72
Recht auf Fortbestand **27** 14
rechtswidriges Handeln **Einl 21 ff** 57
der Stiftung **80** 23
Vertretungsmacht und Stiftung **Vorbem 80 ff** 90
Vorstand als Organ rechtsfähigen Vereins kraft Gesetzes **26** 1, 6, 8, 10
Widerruf einer Organbestellung **27** 14
Organentnahme
Bestimmungen hierzu **90** 27
Organisation
von Gesellschaft und Verein **Vorbem 21 ff** 45
Organisationsmangel
Lehre von der Nichtbestellung eines Haftungsvertreters als – **31** 32
Organisationspflicht
juristischer Personen **89** 27
Organisationsrecht
und Recht der juristischen Person **Einl 21 ff** 10
und Rechtsfigur der juristischen Person **Einl 21 ff** 7, 8
Organisationsstruktur
der Stiftung **Vorbem 80 ff** 25 ff
Organschaftsrecht
im Vereinsrecht **35** 3

Pachtkreditgesetz
Sachgesamtheit **Vorbem 90 ff** 17
Pachtvertrag
Vermutung von Scheinbestandteilen **95** 4
Pandektenwissenschaft
Sachen, einheitliche und zusammengefügte **93** 2

Parteifähigkeit
  Arbeitsgerichtsverfahren, Besonderheiten 54 22
  juristischer Personen **Einl 21 ff** 30
  nichtrechtsfähiger Vereine **54** 13 ff
  politischer Parteien **54** 21
Paß 90 8
Patentrechtlicher Schutz
  an wesentlichen Bestandteilen **93** 27
Patronatslasten 103 7
Patronatsrecht 96 4
Persönlichkeitsrecht
  Recht am eigenen Körper als besonderes – **90** 14
  des Verstorbenen **90** 20
Persönlichkeitsrechte
  juristischer Personen **Einl 21 ff** 28, 31 ff
  des Vereins **45** 1
Personalausweispapiere
  öffentliche Sachen **90** 8
Personalkörperschaften 89 13
Personalstatut
  Anerkennung ausländischer juristischer Personen **Einl 21 ff** 63
  von Vereinen **Vorbem 21 ff** 61
Personengesellschaften, Personenhandelsgesellschaften
  Haftung für vertretungsberechtigte Gesellschafter **31** 45
  Liquidatoren, Vertretungsmacht **49** 12
  Organhaftung, Einzelfälle **31** 55
  Rechtsträgerschaft der Gesamthand **Einl 21 ff** 10
  als Vereinsmitglieder **32** 33
Personenrechtsverhältnis
  Mitgliedschaft im Idealverein als – **35** 2
Personenvereinigungen
  Grundrechtsfähigkeit **Einl 21 ff** 26
  Juristische Person als – **Einl 21 ff** 13
  nichtrechtsfähiger Verein **54** 1
  und Verbandsvermögen **Einl 21 ff** 8
  Verein und Gesellschaften als Typen **Vorbem 21 ff** 46
  Zulassung und Rechtsformfrage **Einl 21 ff** 59 ff
Pfändung
  ungetrennter Früchte **93** 30
Pfandrecht (gesetzliches)
  an ungetrennten Früchten der nächsten Ernte **93** 26
Pflanzen
  als Scheinbestandteile **99** 6
  wesentliche Bestandteile **94** 5
Pflanzenschutz 90a 8, 9
Pflegerbestellung
  Anfallrecht des Fiskus, noch unsicheres **46** 4
  Stiftung im Gründungsstadium **80** 43

Pflegerbestellung (Forts.)
  Vorstand des Vereins, fehlender **29** 7
Politische Parteien
  Auflösung **41** 10
  Ausschluß **35** 36
  Austritt **39** 3
  keine Handelndenhaftung **54** 57
  als nichtrechtsfähige Vereine **Einl 21 ff** 9; **54** 2
  Notvorstand **29** 6
  Parteifähigkeit **54** 21
  als rechtsfähige Vereine **54** 2
  Rechtsformen **Vorbem 21 ff** 59
  Rechtsformwahl **54** 3
  Sonderstatus nach dem ParteienG **29** 6; **62** 2, 7
  Untergliederungen **21** 35
Post
  verfassungsmäßig berufener Vertreter **89** 38
Postbank Vorbem 90 ff 22
  verfassungsmäßig berufener Vertreter **89** 39
Postdienst Vorbem 90 ff 22
  verfassungsmäßig berufener Vertreter **89** 39
Postmortaler Persönlichkeitsschutz 90 20, 21
Postneuordnungsgesetz 89 10
Poststrukturgesetz 89 10; **Vorbem 90 ff** 22
Postverfassungsgesetz Vorbem 90 ff 22
Preiskartell
  Verein **21** 16
Preußischer Kulturbesitz
  Stiftung **89** 21
Privatautonomie
  und Stiftungsrecht **80** 29; **Vorbem 80 ff** 6
  und Vereinsrecht **Vorbem 21 ff** 30 ff
Private Stiftung
  Abgrenzung zur öffentlichen Stiftung **Vorbem 80 ff** 10
Privatrecht
  Handeln öffentlicher Organisationen unter – **89** 3
  Juristische Personen des – **Einl 21 ff** 21
  und Sozialrecht im Sinne v. Gierkes **Vorbem 21 ff** 9
  subjektives Vereinsrecht **Vorbem 21 ff** 60
  und Verbandswesen **35** 29 ff
Privatrechtliche Privilegien
  juristischer Personen **Einl 21 ff** 35
Privatrechtskodifikation
  und Vereinsrecht **Vorbem 21 ff** 38
Privatrechtsverhältnis
  Mitgliedschaft im Verein als – **Vorbem 21 ff** 41
Programminhalt
  und Datenträger **90** 2
Prokura
  unternehmensverbundene Stiftung **Vorbem 80 ff** 116

Protokollierung
von Beschlüssen **32** 36
Prozeß
Vertretung des nichtrechtsfähigen Vereins **54** 17
Vertretung des rechtsfähigen Vereins **26** 21
Prozeßfähigkeit
juristischer Personen **Einl 21 ff** 54
Publizität
stiftungsrechtliche **Vorbem 80 ff** 76 ff
unternehmensverbundene Stiftung **Vorbem 80 ff** 118

Qualifizierter faktischer Konzern
und Durchgriffsproblem **Einl 21 ff** 49

Realkörperschaften 89 14
Reallast
als Grundstücksbestandteile **96** 2
Rechnungslegungspublizität
unternehmensverbundene Stiftung **Vorbem 80 ff** 116
Recht am Unternehmen Vorbem 90 ff 24
Rechte
Gebrauchsvorteile **100** 6
mit dem Grundstückseigentum verbundene als Bestandteile **96** 1 ff
keine Sachen **Vorbem 90 ff** 9
als unkörperliche Gegenstände **90** 2; **93** 12
kein Zubehör **97** 6
Rechtlich geschütztes Gut
Gegenstand als – **Vorbem 90 ff** 6
Rechtliches Gehör
Vereinsstrafgewalt **35** 48
Rechtsanwalt
Vertretung im Verfahren der Vereinsstrafgewalt **35** 49
Rechtsaufsicht
über die Stiftung **Vorbem 80 ff** 54
Rechtserträge
aus fruchtbringenden Rechten **99** 1o ff
Rechtsfähigkeit
aufgrund Verleihung (Übersicht) **43** 6, 9
juristischer Personen des öffentlichen Rechts **26** 9
juristischer Personen des privaten Rechts **Einl 21 ff** 24 ff
juristischer Personen (unbegrenzte) **49** 17
kirchlicher Stiftung weltlichen Rechts **Vorbem 80 ff** 143
kommunaler Stiftungen **Vorbem 80 ff** 149
des nichtrechtsfähigen Vereins **54** 20, 25
der Stiftung **80** 26
einer Stiftung nach kanonischem Recht **Vorbem 80 ff** 146
einer Stiftung mit wirtschaftlichem Geschäftsbetrieb durch Verleihung **Vorbem 80 ff** 110

Rechtsfähigkeit (Forts.)
System der Erlangung **Einl 21 ff** 60
Verband und – **Einl 21 ff** 59
des Vereins **Vorbem 21 ff** 18, 55
Rechtsform
und Vereinigungsfreiheit **Vorbem 21 ff** 2
Wahlfreiheit **Einl 21 ff** 12
Rechtsformverfehlung
durch Idealverein **43** 6 ff
durch eine Stiftung **87** 7
Rechtsformwahl
und allgemeine Handlungsfreiheit **Vorbem 80 ff** 45
als neutraler Akt **Vorbem 80 ff** 42
und wirtschaftliche Stiftung **Vorbem 80 ff** 11
Rechtsgesamtheit Vorbem 90 ff 20
gewerbliches Unternehmen als – **Vorbem 90 ff** 23
Vermögen als – **Vorbem 90 ff** 21
Rechtsgeschäft
und Haftung des Vereins für seine Organe **31** 3
und Handelndenhaftung **54** 64
Rechtsnatur eines Beschlüsses als – **32** 37
Stiftungsgeschäft als Rechtsgeschäft unter Lebenden **80** 2 ff
Vorstandsbestellung als – **27** 9, 10
Rechtsinhaberschaft
und Sacheigentum **90** 7
Rechtspersönlichkeit
ausländischer Staaten **Einl 21 ff** 63
Rechtspersonen
Strukturanalyse **Einl 21 ff** 5
Rechtsträger
als Stiftungsträger **Vorbem 80 ff** 151
Rechtsverhältnisfrüchte
mittelbare Fruchtziehung ermöglichend **99** 14
Rechtsverkehr
und Handelndenhaftung **54** 59
Stellung des Vereins **Vorbem 21 ff** 19; **26** 1
Registerrecht
und Eintragungsumfang **64** 6
Registerverfahrensbeschleunigungsgesetz
und Einführung vollelektronischen Systems **55a** 1 ff; **79** 5
Reichskonkordat
Körperschaften des öffentlichen Rechts **Einl 21 ff** 20
Religiöse Vereine
innere Verfassung **27** 4
Nachprüfung des Ausschlusses **35** 61
und Registergericht **56** 2; **60** 3
Religiöse Vereinigungen
als juristische Personen des öffentlichen Recht (Übersicht) **Einl 21 ff** 19
Religiöse Vereinigungsfreiheit
Schutz **33** 8

Religionsgemeinschaften
  als juristische Personen (Körperschaften)
    des öffentlichen Rechts **Einl 21 ff** 20;
    33 8; **89** 17
  Nachprüfung des Ausschlusses **35** 61
  Stiftungen **Vorbem 80 ff** 145
  und Vereinsautonomie **33** 8
Rentenversicherungsträger
  als Personalkörperschaften **89** 13
Repräsentantenhaftung
  des Fiskus **89** 26
  Weiterentwicklung der Organhaftung zur –
    31 33
Res sacrae Vorbem 90 ff 35, 36
Revisibilität
  Vereinssatzung **25** 17
Rheinland-Pfalz
  Einspruch gegen die Vereinseintragung
    durch die zuständige Verwaltungsbehörde **61** 3
  Entziehung der Rechtsfähigkeit eines
    Vereins **44** 3
  Landesstiftungsrecht **Vorbem 80 ff** 57
  Stiftungsgenehmigung **80** 32
  Träger der Stiftungsaufsicht
    Vorbem 80 ff 73
  Verleihung der Rechtsfähigkeit an wirtschaftlichen Verein **22** 8
Richterliche Inhaltskontrolle
  Vereinssatzungen **Vorbem 21 ff** 29; **25** 20
Richterliche Nachprüfung
  der Maßnahmen aufgrund der Vereinsstrafgewalt **35** 52 ff
Richterrecht
  und Vereinsrecht **Vorbem 21 ff** 37
Römisch-Katholische Kirche
  als kirchliche Körperschaft öffentlichen
    Rechts **89** 17
Römisches Recht
  bewegliche, unbewegliche Sachen
    Vorbem 90 ff 26
  Geld **91** 7; **92** 2
  Inventar **98** 1
  Regelung der Verteilung **101** 2
  res corporales, res incorporales
    Vorbem 90 ff 2
  res religiosae **Vorbem 90 ff** 37
  res sacrae **Vorbem 90 ff** 34
  Sachen, einheitliche und zusammengefügte
    93 2
  Sachherrschaft, fehlende **Vorbem 90 ff** 28
  superficies solo credit **94** 1
  Universitates, Collegia **Einl 21 ff** 1
  verkehrsfähige, verkehrsunfähige Sachen
    Vorbem 90 ff 27 ff
Rundfunkanstalten 89 19

Russisch-orthodoxe Kirche
  als Körperschaft des öffentlichen Rechts
    Einl 21 ff 20; **89** 17
Saarland
  Einspruch gegen die Vereinseintragung
    durch die zuständige Verwaltungsbehörde **61** 3
  Entziehung der Rechtsfähigkeit eines
    Vereins **44** 3
  Landesstiftungsrecht **Vorbem 80 ff** 57
  Stiftungsgenehmigung **80** 32
  Träger der Stiftungsaufsicht
    Vorbem 80 ff 73
  Verleihung der Rechtsfähigkeit an wirtschaftlichen Verein **22** 8
Sachen
  s. a. Gegenstand
  Anhängerbriefe **90** 7
  Ausbeute **99** 9
  Begriff **Vorbem 90 ff** 8
  Beherrschbarkeit, fehlende **Vorbem 90 ff** 28
  Bestandteile
    s. dort
  Betriebszusammenhang **100** 5
  bewegliche Sachen **Vorbem 90 ff** 13; **95** 22;
    97 8, 32; **98** 1 ff
  bewegliche, unbewegliche **Vorbem 90 ff** 26
  BGB-Bereich und Definition **90** 3
  Binnengewässer **Vorbem 90 ff** 28
  einheitliche Sachen von Natur aus **93** 7
  Einverleibung **Vorbem 90 ff** 18
  Einzelsachen **Vorbem 90 ff** 13, 17
  Elektrizität **90** 10 ff
  Energien **90** 9 ff; **Vorbem 90 ff** 9
  Erzeugnisse **99** 6
  Fernwärme **90** 11
  fest verbundene, leicht lösbare **94** 6
  fremde Sachen **97** 5
  und Gebrauchsvorteil **100** 2
  als Gegenstände **Vorbem 90 ff** 8
  Geisteserzeugnisse und materielles Substrat
    90 2
  Geisteswerke **Vorbem 90 ff** 9
  Geld als vertretbare Sache **91** 7
  Gesamtsache **93** 14
  Gesamtsache, Problem ihrer Erhaltung
    93 3, 4
  Grundstück **Vorbem 90 ff** 13
  Grundwasser **Vorbem 90 ff** 9, 28
  und Gut **Vorbem 90 ff** 11
  Handelsrecht **90** 3
  Haupt – und Nebensachen **93** 5
  Hauptsachen **97** 8 ff
  Inbegriff von Sachen (Sachgesamtheit)
    Vorbem 90 ff 15 ff
  Inhaberpapiere **90** 5

Sachen (Forts.)
Inhaberschaft eines Rechts und dem folgendes Sacheigentum **90** 6
als körperliche Gegenstände **90** 1; **93** 12
körperliche im Sinne der ZPO **Vorbem 90 ff** 12
Körperstücke, abgetrennte **90** 15
Komplementärsachen **Vorbem 90 ff** 15
Kraftfahrzeugbrief **90** 7
Leichnam **90** 20 ff
Luft **Vorbem 90 ff** 28
Meerwasser **Vorbem 90 ff** 28
Mengensachen **Vorbem 90 ff** 14; **91** 2; **93** 9
Menschlicher Körper **90** 14; **Vorbem 90 ff** 9, 28
Nebensachen **97** 27
Objekt des Tauschverkehrs **Vorbem 90 ff** 10
öffentliche **Vorbem 90 ff** 32 ff
öffentliches Recht **90** 4
Orderpapiere **90** 5
Paß **90** 8
Personalausweispapiere **90** 8
Pflanzen **90a** 8, 9
Rechte **Vorbem 90 ff** 9
Rechtsgesamtheit als Einheit von Sachen **Vorbem 90 ff** 20
res sacrae **Vorbem 90 ff** 35, 36
Sacheinheit **Vorbem 90 ff** 13
Sachgesamtheit (Inbegriff von Sachen) **Vorbem 90** 2; **Vorbem 90 ff** 15 ff; **97** 7, 10
Sachinbegriff und Verbrauchbarkeit **92** 3
Sachteile, Sacheinheit und deren Schutz **93** 3
Scheinzubehör **97** 27
Schuldschein **90** 7
Schutz der Sacheinheit **93** 3
selbständige Sachen oder Bestandteile **93** 6
Software **90** 2
Steuerrecht **90** 4
Strafrecht **90** 4
Tauschverkehr, wirtschaftlicher **90** 3
Tiere keine – **Vorbem 90 ff** 9; **90a** 2 ff
unbewegliche Sachen **95** 22
Urkunden als – **90** 5 ff
Verbindung **93** 8
verbrauchbare Sachen **92** 1 ff; **97** 5
Verkehrsanschauung **Vorbem 90 ff** 13
Verkehrsbedürfnisse **Vorbem 90 ff** 10
verkehrsunfähige **Vorbem 90 ff** 27 ff
vertretbare Sachen **91** 1 ff
vertretbare Sachen, Parteidisposition **91** 5, 6
Verwaltungsvermögen **Vorbem 90 ff** 33
Vorteile aus der rechtsgeschäftlichen Verwertung **100** 3
und vorübergehende Verbindung **95** 3 ff
und Waren **Vorbem 90 ff** 11
Wasser **Vorbem 90 ff** 28

Sachen (Forts.)
Wertpapiere **90** 5; **92** 2
Wesensveränderung **93** 16
wesentliche Bestandteile
s. Bestandteile (wesentliche)
Zerstörung **93** 15
Zubehör
s. dort
zusammengesetzte Sachen **Vorbem 90 ff** 13; **93** 8 ff
Sachenrecht
Sachenbegriff im AT und Inhalt des – **Vorbem 90 ff** 1
Spezialitätsgrundsatz **Vorbem 90 ff** 17
Sachsen
DDRStiftG, noch geltendes **Vorbem 80 ff** 58
Einspruch gegen die Vereinseintragung durch die zuständige Verwaltungsbehörde **61** 3
Entziehung der Rechtsfähigkeit eines Vereins **44** 3
Stiftungsgenehmigung **80** 32
Träger der Stiftungsaufsicht **Vorbem 80 ff** 73
Verleihung der Rechtsfähigkeit an wirtschaftlichen Verein **22** 8
Sachsen-Anhalt
DDRStiftG, noch geltendes **Vorbem 80 ff** 58
Einspruch gegen die Vereinseintragung durch die zuständige Verwaltungsbehörde **61** 3
Entziehung der Rechtsfähigkeit eines Vereins **44** 3
Stiftungsgenehmigung **80** 32
Träger der Stiftungsaufsicht **Vorbem 80 ff** 73
Verleihung der Rechtsfähigkeit an wirtschaftlichen Verein **22** 8
Samen
als wesentliche Grundstücksbestandteile **93** 12
Sammelstiftung 80 19
Sammelvermögen
Begriff **Vorbem 80 ff** 174
Rechtsnatur **Vorbem 80 ff** 176
Stiftung, Abgrenzung **Vorbem 80 ff** 174, 175
Sanitäre Einrichtungen
als wesentliche Gebäudebestandteile **94** 24
Satzung
der Stiftung
s. Stiftung (rechtsfähige privaten Rechts)
des Vereins
s. Vereinsrecht (rechtsfähiger Idealverein); Vereinsrecht (nichtrechtsfähiger Verein)
Schachtelprivileg Einl 21 ff 14

Schadensersatzanspruch
  und Handelndenhaftung **54** 64
  Liquidatorenhaftung **53** 5
  Stimmbindungsverträge **32** 21
Schauspielbühne
  Verein zum Betrieb einer – **21** 16
Scheidemünzen 91 11
Scheinbestandteile
  des Grundstücks, des Gebäudes **95** 1 ff
  als Zubehör **97** 4
Scheinzubehör 97 27
Schenkung
  an nichtrechtsfähigen Verein **54** 77
Schenkung unter Auflage
  unselbständige Stiftung als –
    Vorbem 80 ff 158, 161
Schiedsgerichtsbarkeit
  und Vereinsautonomie **Vorbem 21 ff** 52, 53
Schiedsrichter
  als juristische Person **Einl 21 ff** 55
Schiedsvertrag
  Einrede **35** 60
Schienenverlegung
  in öffentlichen Wegen **95** 17
Schiffe
  Grundstücke oder bewegliche Sachen
    Vorbem 90 ff 26
  Scheinbestandteile **95** 13
  wesentliche Bestandteile **94** 27
Schiffsmotor
  wesentliche, nichtwesentliche Bestandteile
    93 20
Schleswig-Holstein
  Einspruch gegen die Vereinseintragung
    durch die zuständige Verwaltungsbehörde **61** 3
  Entziehung der Rechtsfähigkeit eines
    Vereins **44** 3
  Landesstiftungsrecht **Vorbem 80 ff** 57
  Stiftungsgenehmigung **80** 32
  Träger der Stiftungsaufsicht
    Vorbem 80 ff 73
  Verleihung der Rechtsfähigkeit an wirtschaftlichen Verein **22** 8
Schuldschein
  Rechtsinhaberschaft und Sacheigentum
    90 7
Schule
  verfassungsmäßig berufener Vertreter **89** 34
Schutzgebiete
  Verlust deutscher – **23** 1
Schweiz
  Bestandteile, Zubehör **93** 38
  Einheit der Gesamtsache, geschützte **93** 4
  Elektrizität, Sachqualität **90** 12
  Erzeugnisse, Erträgnisse **99** 18
  Gegenstandsbegriff, Sache **Vorbem 90 ff** 7
  Juristische Person **Einl 21 ff** 1

Schweiz (Forts.)
  Organhaftung **31** 57
  Scheinbestandteile **95** 25
  Zubehör **97** 36
Scientology-Kirche
  Verein **21** 16; **56** 2; **60** 3
Sektion 90 26
Selbstzweckstiftung Vorbem 80 ff 9
Serienmaschinen
  Eigentumsvorbehalt **93** 17
Sicherungsübereignung
  verbrauchbarer Sachen **92** 4
Sittenwidrigkeit
  Stimmbindungsverträge **32** 21
  von Vereinsbeschlüssen **32** 26
  und Vereinsrecht **Vorbem 21 ff** 39 ff
  Vereinssatzung **25** 19, 22
Sitz
  ausländischer Sitz und Rechtsfähigkeit
    eines Vereins im Inland **23** 2
  Behördenzuständigkeit und statutarischer
    Sitz **24** 6
  fiktive Vereinssitzbestimmung **24** 3
  der Hauptverwaltung, Personalstatut von
    Vereinen **Vorbem 21 ff** 61
  IPR-Bestimmung **24** 8
  Mehrheit von Vereinssitzen **24** 10
  des nichtrechtsfähigen Vereins **54** 10
  und Ort der Geschäftsleitung **24** 5, 11
  satzungsmäßiger des eingetragenen Idealvereins **57** 4
  statutarischer Vereinssitz **24** 2
  der Stiftung **80** 21, 22
  Verlegung des Satzungssitzes eines Idealvereins **55** 2
  Verlegung des Vereinssitzes in das Ausland
    24 9; **41** 8; **55** 3
  wirtschaftlichen Vereins **24** 4
Software
  Trennung Datenträger / Programminhalt
    90 2
  als wesentlicher Bestandteil **93** 17
Sollkaufmann
  unternehmensverbundene Stiftung
    Vorbem 80 ff 116
Sondernutzungsrecht
  auf öffentlich-rechtlicher Grundlage **95** 17
Sonderrecht
  im Vereinsrecht
    s. Vereinsrecht (rechtsfähiger Idealverein); Vereinsrecht (nichtrechtsfähiger Verein)
Sonderrechtsfähigkeit
  wesentliche, nichtwesentliche Bestandteile
    93 14 ff, 33, 34
Sondervermögen
  Begriff **Vorbem 90 ff** 22

Sondervermögen (Forts.)
  dauerhaft familiär gebundenes – und Stiftungsrecht **Vorbem 80 ff** 127 ff
  Gesamthand als gebundenes – **Einl 21 ff** 10; **Vorbem 90 ff** 22
  Juristische Person als – **Einl 21 ff** 14
  des nichtrechtsfähigen Vereins **54** 74 ff
  der öffentlichen Hand **Vorbem 90 ff** 22
  und Rechtsfigur der juristischen Person **Einl 21 ff** 5
  Rechtsgeschäfte über – **Vorbem 90 ff** 22
  keine selbständige Rechtspersönlichkeit **Vorbem 90 ff** 22
  Surrogation **Vorbem 90 ff** 22
  Verpflichtungsgeschäfte, Verfügungsgeschäfte **Vorbem 90 ff** 22
Sozialakt
  körperschaftlicher Willensbildung **34** 13
Sozialrecht
  und Privatrecht **Vorbem 21 ff** 9
  als Recht der menschlichen Verbände **Vorbem 21 ff** 8
Spanien
  Juristische Person **Einl 21 ff** 1
SPD
  Landesverband **21** 35
  als nichtrechtsfähiger Verein **54** 2
Spezialitätsgrundsatz
  des Sachenrechts **Vorbem 90 ff** 17
  Sondervermögen **Vorbem 90 ff** 22
  Unternehmen **Vorbem 90 ff** 23
  Vermögen als Ganzes **Vorbem 90 ff** 21
Sportrecht
  und Dachverband **25** 12
  Strafgewalt über Nichtmitglieder eines Vereins **25** 111
Sportverbände
  Stellung **Vorbem 21 ff** 5; **35** 32
Sportverein
  Mehrheit von Zwecksetzungen **21** 10
Staat
  als juristische Person des öffentlichen Rechts **Einl 21 ff** 19
Staaten
  Rechtspersönlichkeit ausländischer – **Einl 21 ff** 63
Staatenimmunität
  Europäische Konvention über – **Einl 21 ff** 63
Staatenvereinigungen
  Rechtspersönlichkeit **Einl 21 ff** 63
Staatliche Verleihung
  Rechtsfähigkeit wirtschaftlicher Vereine aufgrund – **22** 1 ff
Staatsaufsicht
  über Stiftungen
  s. Stiftung (rechtsfähige privaten Rechts)

Staatshaftung
  s. a. Haftungsfragen
  für Vormundschaftsgericht **Vorbem 80 ff** 67
  zweispuriges System **89** 3
Staatshaftungsgesetz 1981
  Verfassungswidrigkeit **89** 3
Staatskasse des Kaisers 89 9
Standard Oil-Fall Einl 21 ff 32
Stauwerk 95 17
Stellvertretung
  s. Vertretung
Sterbeunterstützungsverein 21 16
Steuerrecht
  nichtrechtsfähiger Verein **54** 87
  Sachbegriff **90** 4
  Steuerschuld nach Betriebsstillegung **103** 7
  Stiftungen **Vorbem 80 ff** 189 ff
  Vertretung des rechtsfähigen Vereins **26** 23
Stiftung (öffentlichen Rechts)
  s. a. Juristische Personen (öffentlichen Rechts)
  als Anfallberechtigte für Vereinsvermögen **45** 4, 19
  Anstalt, Abgrenzung **Vorbem 80 ff** 182
  Aufsicht **Vorbem 80 ff** 187
  Begriff, Beispiele **Vorbem 80 ff** 181; **89** 20, 21
  Handeln für –, Haftungsvoraussetzungen **89** 8
  Haushaltsrechtliches Sondervermögen **Vorbem 80 ff** 188
  als juristische Person des öffentlichen Rechts **Einl 21 ff** 19
  Konkurseröffnung **42** 13
  Öffentliche Stiftung und – **Vorbem 80 ff** 12, 185
  Öffentliche Zweckverfolgung **Vorbem 80 ff** 184
  Organhaftung des Fiskus **89** 8
  von Privaten errichtete **Vorbem 80 ff** 184
  rechtsfähige, nichtrechtsfähige Stiftung **Vorbem 80 ff** 188
  Stiftung, privatrechtliche und – **Vorbem 80 ff** 183
  Verwaltungsrecht, maßgebendes **Vorbem 80 ff** 186
Stiftung (rechtsfähige privaten Rechts)
  Abberufung von Organmitgliedern durch Stiftungsaufsicht **Vorbem 80 ff** 69
  kein abhängiges Unternehmen **Vorbem 80 ff** 119
  Absicht (general charitable intention) **Vorbem 80 ff** 27
  Absolutismus **Vorbem 80 ff** 32
  Abtretungsvertrag **82** 3
  ADAC-Urteil **Vorbem 80 ff** 104
  Admassierungsverbot **Vorbem 80 ff** 17

Stiftung (rechtsfähige privaten Rechts) (Forts.)
  als Akt privatautonomer Lebensgestaltung
    80 29
  Aktiengesellschaft, gewährleisteter Standard **Vorbem 80 ff** 90, 95
  Allgemeinheit als Begünstigte
    Vorbem 80 ff 10
  Allzweckstiftung, gemeinwohlkonforme
    als Leitbild **Vorbem 80 ff** 13
  Allzweckstiftung, überholte gemeinwohlkonforme **Vorbem 80 ff** 94
  Amtshaftung **Vorbem 80 ff** 66
  Analoge Anwendung des § 22 BGB
    Vorbem 80 ff 93 ff
  Anfallberechtigung nach Erlöschen **88** 5 ff
  Anfechtung des Bewidmungsaktes **83** 2
  Anhörungsrecht bei behördlichen
    Maßnahmen **87** 15 ff
  Anordnungsrecht der Stifungsaufsicht
    Vorbem 80 ff 69
  Anspruch auf Übertragung zugesicherten
    Vermögens **82** 2
  Ansprüche der Destinatäre **85** 11 ff
  Anstaltsstiftung **Vorbem 80 ff** 21
  Anstaltsstiftung und Kapitalausstattung
    Vorbem 80 ff 22
  Antike **Vorbem 80 ff** 29
  Antragserfordernis **80** 34, 35
  Antragsrücknahme **81** 9
  Arbeitnehmervertreter **Vorbem 80 ff** 121
  Aufhebung aufgrund Organbeschlusses
    87 18
  Aufhebung als behördlich veranlaßte
    Maßnahme **87** 3
  Aufklärung **Vorbem 80 ff** 32
  als Auflage **83** 4, 7; **88** 4
  Aufsicht (Begriff, Zweck, Mittel, Träger)
    Vorbem 80 ff 60 ff; **86** 22
  Aufsicht und Destinatärrechte **85** 19
  Aufsicht als reine Rechtsaufsicht
    Vorbem 80 ff 54
  Ausgliederung **Vorbem 80 ff** 120
  Ausgliederung eines Rechtsträgers des
    Kapitalgesellschaftsrechts
    Vorbem 80 ff 104
  Ausländische Stiftung **80** 31
  Ausländischer Sitz **84** 5
  Auslegung des Bewidmungsaktes **83** 2
  Auslegung der Satzung **85** 3
  Auslegung des Stiftungsgeschäfts **80** 7
  Ausschlagung **83** 9
  Ausschüttung, Ausschüttungsverzicht
    Vorbem 80 18
  Ausstattungsversprechen **80** 11
  Ausübung der Stiftungsaufsicht
    Vorbem 80 ff 70
  Beanstandungsrechte der Stiftungsaufsicht
    Vorbem 80 ff 69

Stiftung (rechtsfähige privaten Rechts) (Forts.)
  Beauftragtenbestellung durch Stiftungsaufsicht **Vorbem 80 ff** 69
  Bedingungen des Stiftungsgeschäfts **80** 6
  Bedingungsfeindlichkeit der Genehmigung
    80 37
  Begriff der Stiftung **Vorbem 80 ff** 3, 4, 123
  unter Behördenverwaltung **86** 20
  Besondere Vertreter **86** 19
  Beständigkeit der Stiftung **Vorbem 80 ff** 8
  Bestandteile des Stiftungsgeschäfts **80** 10 ff
  Bestellung von Organmitglieder durch Stiftungsaufsicht **Vorbem 80 ff** 69
  Beteiligungen als Grundstockvermögen
    Vorbem 80 ff 20
  Beteiligungsträgerstiftung **80** 39;
    Vorbem 80 ff 84, 103
  Beteiligungsträgerstiftung, Besteuerung
    Vorbem 80 ff 195
  Betriebliche Mitbestimmung
    Vorbem 80 ff 121
  Bewidmungsakt **80** 11
  BGB-Regelung, Übersicht **Vorbem 80 ff** 1
  BGB-Wertungsgefüge und Fideikommißverbot **Vorbem 80 ff** 133
  Bindung an die pia causa **Vorbem 80 ff** 32, 33
  Bundesrecht und Landesrecht, Nebeneinander **Vorbem 80 ff** 1, 2
  Christianisierung **Vorbem 80 ff** 30
  Dauerhaftigkeit des Stiftungszwecks **80** 14;
    Vorbem 80 ff 8
  Dauertestamentsvollstreckung, verkappte
    80 16
  DDR, ehemalige **Vorbem 80 ff** 36, 58
  Destinatäransprüche, Verfolgung **85** 19
  Destinatäre einer Familienstiftung
    Vorbem 80 ff 124
  Destinatäre, Rechtsstellung **85** 10 ff
  Destinatäre, Steuerfreiheit **Vorbem 80 ff** 194
  Destinatäre und Stiftungsaufsicht
    Vorbem 80 ff 62
  Diözesen **Vorbem 80 ff** 141
  Doppelstiftung **Vorbem 80 ff** 92
  Dotationsquelle, Unternehmen als
    Vorbem 80 ff 85, 88
  Dotationsquelle und Zweckverwirklichungsbetrieb **Vorbem 80 ff** 107
  Drittwirkung von Grundrechten
    Vorbem 80 ff 46
  Durchgriff **Vorbem 80 ff** 131
  Eigentumsgarantie, Erbrechtsgarantie
    Vorbem 80 ff 44
  Einkommensstiftung **80** 20; **Vorbem 80 ff** 24
  Entstehungstatbestand **Vorbem 80 ff** 12
  Entwicklung **Vorbem 80 ff** 28 ff
  als Erbe, Miterbe, Nacherbe, Ersatzerbe
    83 4

Stiftung (rechtsfähige privaten Rechts) (Forts.)
Erbeinsetzung als Nacherbeneinsetzung **84** 4
Erben des Stifters, Haftung **82** 13
Erben des Stifters, kein Widerruf **83** 12
Erben des Stifters, Widerruf **81** 8
Erbersatzsteuer **Vorbem 80 ff** 128, 191
Erbrecht und Familienstiftung **Vorbem 80 ff** 131
Erbvertrag **83** 2, 3, 5
Erbvertrag, Forderungen hieraus **Vorbem 80 ff** 20
Erlöschen der Stiftung **88** 1 ff
Errichtungsstadium **Vorbem 80 ff** 90
im Errichtungsstadium **80** 41 ff; **84** 3
als Ersatzerbin **83** 4, 5
Ersatzvornahmerecht der Stiftungsaufsicht **Vorbem 80 ff** 69
Ertrag **Vorbem 80 ff** 17
Ertragsverwendung als Prinzip **Vorbem 80 ff** 17
Evangelische Kirche, autonomes Stiftungsrecht **Vorbem 80 ff** 142
Fachaufsicht, unzulässige **Vorbem 80 ff** 54
Familienstiftung, Bedenken gegen die Genehmigungsfähigkeit **Vorbem 80 ff** 129 ff
Familienstiftung, Begriff **Vorbem 80 ff** 123
Familienstiftung und Fideikommiss **Vorbem 80 ff** 127
Familienstiftung und Grundrechtsschutz **Vorbem 80 ff** 52
Familienstiftung als Prototyp der privaten Stiftung **Vorbem 80 ff** 11, 122
Familienstiftung, Steuerrecht **Vorbem 80 ff** 190
Familienstiftung, umstrittene Genehmigungsfähigkeit **Vorbem 80 ff** 14, 122 ff
Familienstiftung als unzulässige Unterhaltsstiftung **Vorbem 80 ff** 132 ff
Familienstiftung als verkappte Dauertestamentsvollstreckung **Vorbem 80 ff** 133
fehlerhafte Stiftung **80** 30
fideikommißähnliche Nachlaßbindung **Vorbem 80 ff** 132
fideikommißähnliche Strukturen **Vorbem 80 ff** 127
fiduziarische Rechtsverhältnisse, Abgrenzung **Vorbem 80 ff** 4
Firma **Vorbem 80 ff** 117
Fiskus als Anfallberechtigter **88** 6
Freiheit des Stifters **80** 8, 29; **Vorbem 80 ff** 42, 43 ff; **85** 7
Funktionsträgerstiftung **Vorbem 80 ff** 23
Gebietskörperschaft als Anfallberechtigter **88** 6
gemeinnützige Stiftungen, Steuerfreiheit **Vorbem 80 ff** 12, 195, 196

Stiftung (rechtsfähige privaten Rechts) (Forts.)
Gemeinwohlförderung **80** 15
Gemeinwohlgefährdung **87** 6; **88** 3
Genehmigung als gebundener Verwaltungsakt **88** 4
Genehmigung, Rechtsnatur und Funktion **80** 26 ff
Genehmigung nach dem Tode des Stifters **84** 1 ff
Genehmigung und Vermögenserwerb der Stiftung **82** 1 ff
Genehmigung, versagte **84** 8
Genehmigungsermessen, Genehmigungsanspruch **80** 28, 29
Genehmigungsverfahren **80** 31 ff
Genehmigungsverweigerung **81** 11
Genehmigungsvoraussetzungen, materielle **80** 38 ff
Genehmigungsvorbehalte zugunsten der Stiftungsaufsicht **Vorbem 80 ff** 69
Gesamtbetriebsrat **Vorbem 80 ff** 121
Gesamtrechtsnachfolge nach Erlöschen **88** 6, 7, 8
Geschäftsführung **86** 12
Gesetzgebungskompetenz **Vorbem 80 ff** 2
Gläubigerschutz **Vorbem 80 ff** 105
Glaubens – und Bekenntnisfreiheit **Vorbem 80 ff** 42
Gleichbehandlungsgrundsatz **Vorbem 80 ff** 46, 99; **85** 18
GmbH, gewährleisteter Standard **Vorbem 80 ff** 90, 95
grant making foundation **Vorbem 80 ff** 21
Griechische Antike **Vorbem 80 ff** 29
Grundrechte der Stiftung und Stiftungsaufsicht **Vorbem 80 ff** 64
Grundrechte und Verbot der Unterhaltsstiftung **Vorbem 80 ff** 135
Grundrechtsschutz **Vorbem 80 ff** 40 ff, 50 ff
Grundstockvermögen **Vorbem 80 ff** 15 ff
Grundstücksvermögen und Formerfordernis **81** 3
Haftung des Stifters nach Genehmigung **82** 6 ff
Haftung der Vorstandsmitglieder **86** 13
Handelsbücher **Vorbem 80 ff** 116
Handelsrecht und wirtschaftlicher Geschäftsbetrieb der – **Vorbem 80 ff** 116 ff
Handelsregister **Vorbem 80 ff** 116
Handelsvereine und unternehmensverbundene Stiftung im Vergleich **Vorbem 80 ff** 90
Handlungsfreiheit, allgemeine **Vorbem 80 ff** 45
Hauptzweck, Nebenzweck **Vorbem 80 ff** 9
als herrschendes Unternehmen **Vorbem 80 ff** 119

Stiftung (rechtsfähige privaten Rechts) (Forts.)
Holding **Vorbem 80 ff** 104
Idealstiftung **80** 39; **Vorbem 80 ff** 93
Idealstiftung, Wandel zur wirtschaftlichen Stiftung **87** 7
Identität Unternehmen / Stiftungszweck, ausgeschlossene **Vorbem 80 ff** 88
als Inhaber von Unternehmen **Vorbem 80 ff** 84
Inhalt des Stiftungsgeschäfts **80** 12 ff; **Vorbem 80 ff** 13
Insolvenzrecht **Vorbem 80 ff** 90
als institutionalisierter Zweck **Vorbem 80 ff** 25
Integritätsinteresse **Vorbem 80 ff** 61
intertemporales Recht **Vorbem 80 ff** 65
Jüdische Kultusgemeinde **Vorbem 80 ff** 145
Juristische Personen als Gründer **Vorbem 80 ff** 47
Kanonisches Recht **Vorbem 80 ff** 30
Kapital **80** 18; **Vorbem 80 ff** 15, 21
an Kapitalgesellschaft beteiligte Stiftung **Vorbem 80 ff** 104
Kapitalstiftung und Unternehmensverbundenheit **Vorbem 80 ff** 101
Katholische Kirche, autonomes Kirchenrecht **Vorbem 80 ff** 141
Kirchen als Anfallberechtigte **88** 6
Kirchliche Stiftungen **Vorbem 80 ff** 137 ff
Kirchliche Stiftungen kanonischen Rechts **Vorbem 80 ff** 146
kirchliche Zwecke, Steuerbefreiung **Vorbem 80 ff** 195
Klagbare Destinatärsansprüche **85** 13
Kodifikation **Vorbem 80 ff** 1
Körperschaft, Mischformen mit der – **Vorbem 80 ff** 26
Körperschaften, Abgrenzung **Vorbem 80 ff** 4
körperschaftliche Elemente **Vorbem 80 ff** 26; **Vorbem 85** 8 f
Körperschaftsteuer **Vorbem 80 ff** 193
körperschaftsteuerliches Anrechnungsverfahren, keine Einbeziehung der Stiftung **Vorbem 80 ff** 193
als Kommanditistin beteiligte Stiftung **Vorbem 80 ff** 104
Kommunale Stiftungen **Vorbem 80 ff** 147 ff
als Komplementärin einer Stiftung & Co **Vorbem 80 ff** 88, 90, 103
Konkurs **86** 23, 24; **88** 2, 3
konstitutive Elemente **Vorbem 80 ff** 5
Konzernrecht und Stiftung als herrschendes Unternehmen **Vorbem 80 ff** 119
Konzessionierung oder Normativbestimmungen **Vorbem 80 ff** 34
Konzessionssystem **Vorbem 80 ff** 91

Stiftung (rechtsfähige privaten Rechts) (Forts.)
Konzessionssystem, Entwicklung **Vorbem 80 ff** 94
Konzessionssystem und Grundrechtsschutz **Vorbem 80 ff** 40
Konzessionssystem und Rechtsfähigkeit **80** 26
Konzessionssystem und Vermögensbindung an die tote Hand **Vorbem 80 ff** 133
Konzessionssystem, Wandel des stiftungsrechtlichen **Vorbem 80 ff** 48
Korporation und Stiftung, Abgrenzung **Vorbem 80 ff** 99
Landesrecht und erwerbswirtschaftliches Unternehmen **Vorbem 80 ff** 114
Landesrecht und Familienstiftung **Vorbem 80 ff** 122
Landesrecht und Satzungsinhalt **80** 12
Landesrecht (Übersicht) **Vorbem 80 ff** 1
Landesstiftungsgesetze **Vorbem 80 ff** 56 ff
Landesstiftungsrecht, Rechtsgrundlage **85** 1
unter Lebenden **84** 2, 6
unter Lebenden, Antragserfordernis **80** 34
unter Lebenden und Genehmigung nach dem Tode **82** 5
unter Lebenden, Schriftformerfordernis **81** 1 ff
unter Lebenden, Widerruf des Stiftungsgeschäfts **81** 4 ff
Leitbild **Vorbem 80 ff** 13
letztwillige Errichtung **83** 1 ff
Liquidation statt Gesamtrechtsnachfolge **88** 9
Lückenhaftigkeit des Stiftungsrechts **Vorbem 80 ff** 94
Mängel des Stiftungsgeschäfts **80** 30
materiellrechtliche Erfordernisse **80** 1 ff
Mehrheit von Stiftern **81** 6
milde Stiftung **Vorbem 80 ff** 12
mildtätige Zwecke, Steuerbefreiung **Vorbem 80 ff** 195
Mitbestimmung **Vorbem 80 ff** 90, 121
Mitbestimmung und verbandsmäßige Verfassung **Vorbem 80 ff** 26
als Miterbin **83** 4, 5
Motive und Stiftungszweck, Abgrenzung **Vorbem 80 ff** 7
als Nacherbin **83** 4, 5
Nachlaßbindung und Familienstiftung **Vorbem 80 ff** 132
Namensgebung durch Stiftungsgeschäft **80** 24
Nasciturus-Behandlung **80** 43
Nebentätigkeitsprivileg **Vorbem 80 ff** 107
Neugründung durch Organe **87** 21
Normativsystem, materiell bestehendes **80** 29; **Vorbem 80 ff** 40, 48

Stiftung (rechtsfähige privaten Rechts) (Forts.)
Notvorstand **86** 15
Numerus clausus der Rechtsformen im Privatrecht **Vorbem 80 ff** 26
Obervormundschaft der Stiftungsaufsicht **Vorbem 80 ff** 63
und öffentlich-rechtliche Stiftung, Abgrenzung **Vorbem 80 ff** 183
öffentliche Stiftung, Abgrenzung zur öffentlich-rechtlichen Stiftung **Vorbem 80 ff** 12
öffentliche Stiftungen als gemeinnützige Stiftungen **Vorbem 80 ff** 12
öffentliche Zwecke von Stiftungen **Vorbem 80 ff** 10
operating foundation **Vorbem 80 ff** 21
Organbeschlußfassung **87** 18 ff
Organe **80** 23
Organisation **Vorbem 80 ff** 25 ff
als Organisationsakt **Vorbem 80 ff** 45
organisationsrechtlicher Teil des Stiftungsgeschäfts **80** 10; **83** 2
Perpetuierung des Willens **Vorbem 80 ff** 27
Personenkreis, begünstigter **Vorbem 80 ff** 10
Pressestiftung **Vorbem 80 ff** 41, 42
Privatautonomie und Verbot reiner Unterhaltsstiftung **Vorbem 80 ff** 135
privatnützige **Vorbem 80 ff** 10
als Privatrechtsgeschäft **Vorbem 80 ff** 99
Prokura **Vorbem 80 ff** 116
Publizitätsvorschriften **Vorbem 80 ff** 76 ff
Rechnungslegungspublizität **Vorbem 80 ff** 90, 118
Rechtsaufsicht **Vorbem 80 ff** 54, 63
als rechtsfähige Organisation **80** 26
Rechtsfähigkeit der fehlerhaften Stiftung **80** 30
Rechtsfähigkeit und Gemeinwohlbezug **Vorbem 80 ff** 133
Rechtsfähigkeit, Verlust durch Erlöschen der Stiftung **88** 5
Rechtsformverfehlung **87** 7
Rechtsformzusatz **80** 24
Rechtsgeschäft unter Lebenden als Stiftungsgeschäft **80** 3
Rechtsgeschäft sui generis als Bewidmungsakt **80** 11
Rechtsmißbrauchsproblematik bei der Stiftung & Co **Vorbem 80 ff** 92
Rechtspersönlichkeit **Vorbem 80 ff** 4
Rechtspolitik **Vorbem 80 ff** 36
Rechtsquellen der Verfassung **85** 1
im Rechtssinne **Vorbem 80 ff** 3
Rechtssitz, Verwaltungssitz **80** 22
Reformation **Vorbem 80 ff** 31
Reformüberlegungen **Vorbem 80 ff** 37, 38
Regelungsdefizite im Vergleich zu Handelsvereinen **Vorbem 80 ff** 91

Stiftung (rechtsfähige privaten Rechts) (Forts.)
Religions – und Weltanschauungsgemeinschaften **Vorbem 80 ff** 145
Römische Antike **Vorbem 80 ff** 29
Rücklagenbildung gemeinnütziger Stiftungen **Vorbem 80 ff** 197
Sachwalterbestellung durch Stiftungsaufsicht **Vorbem 80 ff** 69
Sammelstiftungen **80** 19
Sammelvermögen, Abgrenzung **Vorbem 80 ff** 8, 174 ff
Satzung **Vorbem 80 ff** 25
Satzung, Auslegung **85** 3
Satzung, Begriff **85** 2
Satzung und Destinatäre **85** 11, 12
Satzung, Ergänzung lückenhafter **85** 6
Satzung, Inhalt, notwendige Bestandteile **85** 5 ff
Satzung, korporative Elemente **85** 8
Satzung, Normcharakter **85** 3
Satzung als Stiftungsverfassung **85** 1 ff
Satzung als Verfassungsrecht der Stiftung **80** 12
Satzungsänderung **87** 14, 18
Satzungsautonomie und Stifterfreiheit **85** 7
Satzungsmäßige Tätigkeit **80** 39
Schadensverursachung durch Organe **85** 21
Schenkung von Todes wegen **83** 4
Schenkungsrecht und Ausstattungsversprechen **80** 11
Schriftform des Stiftungsgeschäfts unter Lebenden **81** 1 ff
Schutzpflicht des Staates **Vorbem 80 ff** 66
Schwebezustand bis Genehmigungserteilung **80** 43
Schwebezustand zwischen Tod und Genehmigung **84** 6
als selbständige Stiftung **Vorbem 80 ff** 1
Selbstzweckstiftung **Vorbem 80 ff** 9
Sitz der Stiftung **80** 21, 22
Sitzverlegung **80** 22
als Sollkaufmann **Vorbem 80 ff** 117
Sollvorschriften und Genehmigung **80** 25
Sonderformen **Vorbem 80 ff** 82 ff
Spaltung **Vorbem 80 ff** 120
Spende, Abgrenzung **Vorbem 80 ff** 8
Spitalstiftung **Vorbem 80 ff** 30
Staatsaufsicht **Vorbem 80 ff** 60 ff
Staatshaftung **Vorbem 80 ff** 66
Stellvertretung beim Stiftungsgeschäft **80** 4
steuerbegünstigte Zwecke **Vorbem 80 ff** 195
Steuerrecht **Vorbem 80 ff** 189 ff
Stifter, Errichtung ohne steuerrechtliche Folgen **Vorbem 80 ff** 198
Stifter als Vorstand **86** 5
Stifterwille als oberster Grundsatz **80** 8
Stiftung & Co als Empfehlung der Kautelarjurisprudenz **Vorbem 80 ff** 92

Stiftung (rechtsfähige privaten Rechts) (Forts.)
Stiftung für den Stifter, unzulässige
  Vorbem 80 16; **Vorbem 80 ff** 9
Stiftungsgeschäft als materiellrechtliche
  Grundlage **80** 1 ff
Stiftungsgeschäft und Stiftungsgenehmigung **80** 1
subjektives öffentliches Recht des Stifters
  80 29; **Vorbem 80 ff** 48
Subsidiarität behördlicher Maßnahmen
  87 15
Subsidiarität der Stiftungsaufsicht
  Vorbem 80 ff 70
Subsidiaritätsprinzip **Vorbem 80 ff** 110 ff
Sukzessivstiftung **Vorbem 80 ff** 9
Testament **83** 2, 5
Testamentsvollstreckung **83** 10
Thesaurierung **Vorbem 80 ff** 18
von Todes wegen – Stiftung **80** 34
von Todes wegen – Stiftungsgeschäft **80** 9
Tote-Hand-Vorbehalte **Vorbem 80 ff** 133
Träger der Stiftungsaufsicht
  Vorbem 80 ff 73
Umgehung handelsrechtlicher, gesellschaftsrechtlicher Normen
  Vorbem 80 ff 94
Umwandlungsgesetz und Stiftung
  Vorbem 80 ff 120
Umwandlungsrecht, altes **Vorbem 80 ff** 90
Uneigennützigkeit aus der Sicht des Stifters
  Vorbem 80 ff 9
Unmöglichkeit des Stiftungszwecks **88** 3
Unmöglichkeit der Zweckerreichung
  87 1 ff
Unsterblichkeit **Vorbem 80 ff** 4
Unterhaltsstiftung, zu Unrecht genehmigte
  87 7
Unterhaltsstiftung, unzulässige **80** 16, 38;
  Vorbem 80 ff 132 ff
Unterhaltsstiftung, Verbot **Vorbem 80 ff** 134
Unterhaltsstiftungen **Vorbem 80 ff** 11
Unternehmen als Dotationsquelle
  Vorbem 80 ff 85, 88
Unternehmen als Grundstockvermögen
  Vorbem 80 ff 20
Unternehmen und Stiftungszweck, ausgeschlossene Identität **Vorbem 80 ff** 88
Unternehmen als Stiftungszweckbetrieb
  Vorbem 80 ff 85, 86
Unternehmensnachfolge, Familienstiftung als Instrument **Vorbem 80 ff** 126
Unternehmensperpetuierung
  Vorbem 80 ff 92, 111
Unternehmensselbstzweckstiftung, unzulässige **Vorbem 80 ff** 88
Unternehmensträgerstiftung, Volltypus
  Vorbem 80 ff 102

Stiftung (rechtsfähige privaten Rechts) (Forts.)
unternehmensverbundene Stiftung
  Vorbem 80 ff 14, 83 ff
Unternehmensverbundene Stiftung als Familienstiftung **Vorbem 80 ff** 125
unternehmensverbundene Stiftung, Genehmigungsvoraussetzungen **80** 39
Unterrichtungs- und Prüfungsrechte der Stiftungsaufsicht **Vorbem 80 ff** 69
Unwirksamkeit des Stiftungsgeschäfts **80** 30
Verbot des Selbstkontrahierens **86** 7
Vereinsgründung und Stiftung
  Vorbem 80 ff 34
Vereinsrechtliche Vorschriften, anwendbare **86** 1 ff
Verfahrensrecht **87** 15 ff
Verfassung der Stiftung **80** 12; **85** 1
Verfügung von Todes wegen **83** 1 ff; **84** 2, 6
Vergleichsverfahren **86** 24
Verhältnismäßigkeit der Stiftungsaufsicht
  Vorbem 80 ff 70
als Vermächtnis **83** 4, 6; **84** 6
Vermögen der Stiftung **Vorbem 80 ff** 15 ff
Vermögen und Stiftungserlöschen **88** 1 ff
Vermögen und Stiftungsgeschäft **80** 17
Vermögensanfall nach Erlöschen **88** 5 ff
Vermögensausstattung und Unternehmensbindung **80** 39
Vermögenserhaltungsgrundsatz
  Vorbem 80 ff 17
Vermögenserwerb der Stiftung nach Genehmigung **82** 1 ff
Vermögensperpetuierung als Zweck
  Vorbem 80 ff 7
als vermögensrechtliche Verfügung
  Vorbem 80 ff 44
vermögensrechtlicher Teil des Stiftungsgeschäfts **80** 10
Vermögensverwaltung im Interesse bestimmten Personenkreises
  Vorbem 80 ff 133
Vermögensverwaltung, reine, als unzulässiger Zweck **80** 16
Vermögensverwaltungsverein und Familienstiftung **Vorbem 80 ff** 132
Vertreter, besondere **86** 19
Vertretung durch den Vorstand **86** 7
Vertretungsbescheinigungen
  Vorbem 80 ff 80
unter Verwaltung einer Behörde **86** 20
Verwaltungsakt, Genehmigung als begünstigender **80** 27
als Verwaltungsorgansiation **Vorbem 80 ff** 4
Verwaltungsrechtsweg gegen die Stiftungsaufsicht **Vorbem 80 ff** 72
Verwaltungssitz, Rechtssitz **80** 22
Verwaltungsstiftung **Vorbem 80 ff** 88, 103

Stiftung (rechtsfähige privaten Rechts) (Forts.)
Verwendung der Stiftungserträge **80** 25
als Vollkaufmann **Vorbem 80 ff** 117
Vorratsstiftung **80** 19; **Vorbem 80 ff** 24
Vorstand und Behördenmaßnahmen **87** 15
Vorstand (Bildung, Berufung, Abberufung) **86** 2 ff
Vorstand als gesetzlicher Vertreter **86** 7
Vorstand und Haftung des Stifters **82** 11
Vorstand, mehrgliedriger **86** 14
Vorstiftung **80** 41, 42, 43; **Vorbem 80 ff** 90
Warentest **Vorbem 80 ff** 23
Wesentliche Änderung der Verhältnisse **87** 1, 19
Widerruf des Stiftungsgeschäfts unter Lebenden **81** 4 ff
Widerruf eines Testaments **83** 11 ff
Widerrufsvorbehalt der Behörde **88** 4
als Widmungsakt **Vorbem 80 ff** 3
Willensbildung von unten, dem Stiftungsrecht wesensfremde **Vorbem 80 ff** 26
Willensmängel des Stiftungsgeschäfts **80** 5
wirtschaftliche Familienstiftung **Vorbem 80 ff** 132
wirtschaftliche Stiftung **Vorbem 80 ff** 93, 94, 95
wirtschaftliche Stiftung, Idealtyp **Vorbem 80 ff** 101
wirtschaftliche Stiftung, zu Unrecht genehmigte **87** 7
wirtschaftlicher Geschäftsbetrieb **80** 16
wirtschaftlicher Geschäftsbetrieb und Geltung handelsrechtlicher Regeln **Vorbem 80 ff** 116 ff
wirtschaftlicher Geschäftsbetrieb und nichtwirtschaftliche Stellung **Vorbem 80 ff** 107
wirtschaftlicher Geschäftsbetrieb, Steuerpflicht **Vorbem 80 ff** 195
wirtschaftlicher Verein und Stiftungsrecht **Vorbem 80 ff** 93 ff
Zeitbegrenzung **Vorbem 80 ff** 8
Zulegung aufgrund Organbeschlusses **87** 18
Zulegung als behördlich veranlaßte Maßnahme **87** 3, 11
Zusammenlegung aufgrund Organbeschlusses **87** 18
Zusammenlegung als behördlich veranlaßte Maßnahmen **87** 3, 10
Zustiftungen **Vorbem 80 ff** 16
Zustimmungsrechte bei behördlichen Maßnahmen **87** 15 ff
Zuwendungen an die Destinatäre **85** 16
Zweck und Kapitalausstattung **80** 18
Zweck der Stiftung **80** 13 ff; **Vorbem 80 ff** 6 ff
Zweckänderung aufgrund Organbeschlusses **87** 18

Stiftung (rechtsfähige privaten Rechts) (Forts.)
Zweckänderung als behördlich veranlaßte Maßnahme **87** 3, 12
Zweckbestimmung und Stiftungsorgane **85** 9
Zweckbetrieb im Sinne der AO **Vorbem 80 ff** 195
Zwecke, unzulässige **80** 16
Zweckerreichung, Unmöglichkeit **87** 1 ff
Zweckneutralität des Stiftungsrechts **Vorbem 80 ff** 14
Zweckverwirklichungsbetrieb **80** 40; **Vorbem 80 ff** 107

Stiftung (unselbständige)
Anpassung des Stiftungszweckes **87** 23
Aufhebung **Vorbem 80 ff** 171
Auflösung **87** 23
Begriff, Erscheinungsform **Vorbem 80 ff** 151 ff
Dauerhaftigkeit der Zweckverfolgung **Vorbem 80 ff** 160
Destinatäre, Rechtsstellung **Vorbem 80 ff** 173
Eigenstiftung, unzulässige **Vorbem 80 ff** 152
Erbeinsetzung, Vermächtnis unter Auflage **Vorbem 80 ff** 166
als Grundform der Stiftung **Vorbem 80 ff** 153
Haftungsfragen **Vorbem 80 ff** 167 ff
Hingabe von Vermögenswerten mit anderem Zweck als Hauptstiftung **Vorbem 80 ff** 16
Kirchliche Stiftung als – **Vorbem 80 ff** 143
Kommunale Stiftungen **Vorbem 80 ff** 149
Konkursverfahren, Vergleichsverfahren **Vorbem 80 ff** 170
Praxis **Vorbem 80 ff** 154
Schenkung unter Auflage **Vorbem 80 ff** 158, 161
Schutz des Stiftungsvermögens **Vorbem 80 ff** 168
Stiftungsgeschäft **Vorbem 80 ff** 156 ff
Stiftungsgeschäft unter Lebenden **Vorbem 80 ff** 158 ff
Stiftungsgeschäft von Todes wegen **Vorbem 80 ff** 166
Stiftungsträger **Vorbem 80 ff** 151
Treuhandverhältnis **Vorbem 80 ff** 158 f, 168
Verbindlichkeiten des Stifters **Vorbem 80 ff** 169
Verbindlichkeiten des Stiftungsträgers und Stiftungsbezug **Vorbem 80 ff** 168
Vertrag Stifter / Stiftungsträger **Vorbem 80 ff** 156
Zweckänderung **Vorbem 80 ff** 171
Stiftungsgesellschaft Vorbem 80 ff 177, 178
Stiftungsverein Vorbem 80 ff 177, 178
Stimmrecht 99 13; **100** 5

Stimmrecht (Forts.)
  im Verein
    s. Vereinsrecht (rechtsfähiger Verein);
    Vereinsrecht (nichtrechtsfähiger
    Verein)
Stockwerkseigentum 93 25; **94** 3
Strafmaßnahmen
  im Vereinsrecht
    s. Vereinsrecht (allgemein)
Strafrecht
  Sachbegriff **90** 4
Straßen
  Sondernutzungsrecht **95** 17
Straßenzubehör 97 3
Streitgegenstand
  Begriff **Vorbem 90 ff** 12
Subsidiaritätsgrundsatz
  und Stiftungswesen **Vorbem 80 ff** 36, 70
  im Vereinsrecht **Vorbem 80 ff** 110
  Verleihung der Rechtsfähigkeit an wirtschaftliche Vereine **22** 3
Surrogation
  Sondervermögen **Vorbem 90 ff** 22
Surrogationsvorschriften
  Inventar als Sachgesamtheit
    Vorbem 90 ff 18

Taxirufzentrale
  als Verein **21** 8
Telekom AG 89 19; **Vorbem 90 ff** 22
  verfassungsmäßig berufener Vertreter **89** 39
Teppichböden
  als wesentliche Gebäudebestandteile **94** 24
Testament
  Stiftungserrichtung **83** 2
  Stiftungsgeschäft von Todes wegen **80** 9
  Widerruf des Stiftungsgeschäfts **83** 11, 12
Testamentsvollstrecker
  als juristische Person **Einl 21 ff** 55
Testamentsvollstreckung
  Stifteranordnung **83** 10
Theorie der realen Verbandspersönlichkeit
  und Rechtsfigur der juristischen Person
    Einl 21 ff 4
Thesaurierung
  von Stiftungserträgen **Vorbem 80 ff** 18, 197
Thüringen
  DDRStiftG, noch geltendes **Vorbem 80 ff** 58
  Einspruch gegen die Vereinseintragung durch die zuständige Verwaltungsbehörde **61** 3
  Entziehung der Rechtsfähigkeit eines Vereins **44** 3
  Stiftungsgenehmigung **80** 32
  Träger der Stiftungsaufsicht
    Vorbem 80 ff 73
  Verleihung der Rechtsfähigkeit an wirtschaftlichen Verein **22** 8

Tiere
  biologischer Tierbegriff **90a** 3
  als neue sachenrechtliche Kategorie
    90a 2 ff
  Produkte als Erzeugnisse **99** 6
  Rechtssubjekte, Verfahrensbeteiligte **90a** 2
  als Zubehör **98** 12
Todeszeitpunkt
  Festlegung **90** 19
Totenruhe
  Wahrung **90** 24
Totensorge
  Anatomie, zur Verfügungstellung **90** 25
  und Aneignungsrecht **90** 22
  Modalitäten der Bestattung **90** 24
  Organentnahme **90** 27, 28
  und Rechtslage des Leichnams **90** 21
Transplantationschirurgie 90 27
Transplantationsgesetz
  Rechtsunsicherheiten und Forderung nach einem – **90** 29
Trennungsprinzip
  bei der juristischen Person und Durchgriffsproblematik **Einl 21 ff** 37 ff
Treu und Glauben
  und Durchgriffsproblem **Einl 21 ff** 41, 43
  Vereinsrecht und Beachtung von – **35** 19
Treuepflicht
  der Vereinsmitglieder **35** 7
Treuhandanstalt 89 19
Treuhandschaft
  Stimmrechtsausübung durch Treuhänder
    34 11
Treuhandvermögen
  als Gestaltungsmöglichkeit **Einl 21 ff** 10
Treuhandvertrag
  unselbständige Stiftung als –
    Vorbem 80 ff 158 ff
Typenzwang
  und Rechtsformwahlfreiheit **Einl 21 ff** 15

Überbauduldung
  als Grundstücksbestandteile **96** 2
Überbaurente
  als Grundstücksbestandteile **96** 2
Überschuldung
  des Vereins **42** 9; **53** 3
Ultra-vires Lehre
  und Liquidationsverein **49** 17
  Rechtsfähigkeit juristischer Personen des öffentlichen Rechts **Einl 21 ff** 25; **89** 40
  Vereinsrecht **26** 9
UmwandlungsG
  unternehmensverbundene Stiftung
    Vorbem 80 ff 120
Umwandlungsrecht, altes
  und Stiftung **Vorbem 80 ff** 90
Unbewegliche Sachen Vorbem 90 ff 26; **95** 22

Unerlaubte Handlung
und Haftung des Vereins für ihre Organe **31** 6, 16
unselbständige Stiftung **Vorbem 80 ff** 167
Unfallversicherungsträger
als Personalkörperschaften **89** 13
Ungerechtfertigte Bereicherung
Ausantwortung des Vereinsvermögens **51** 2
und Handelndenhaftung **54** 64
nach Liquidation des Vereinsvermögens **51** 5
Universität
verfassungsmäßig berufener Vertreter **89** 34
Unkörperlicher Gegenstand
als Recht **90** 2
Unmöglichkeit
der Erreichung des Stiftungszwecks **87** 4 f; **88** 3
der Vereinszweckerreichung **41** 7
der Zweckerreichung einer Stiftung **87** 1 ff
UNO
Rechtspersönlichkeit **Einl 21 ff** 63
Unterhaltsstiftung
unzulässige **Vorbem 80 ff** 132 ff
Unterkapitalsierte GmbH
und Durchgriffsproblem **Einl 21 ff** 45
Unterlassungsklage
Satzungseinhaltung **35** 18
Unternehmen
und Betrieb **Vorbem 90 ff** 24
Früchte **99** 11
Gewinn als Gebrauchsvorteil **100** 7
Recht am – **Vorbem 90 ff** 24
als Rechtsgesamtheit **Vorbem 90 ff** 23
Sachen als Zubehör **97** 11
Unternehmensselbstzweckstiftung
unzulässige **Vorbem 80 ff** 88
Unternehmensverbundene Stiftung
s. Stiftung (rechtsfähige privaten Rechts)
Unternehmensverfassung
und abhängige juristische Person **Einl 21 ff** 32
Unternehmerischer Verein
als Vereinstypus **21** 6
Unterstützungskassen
betriebliche, überbetriebliche **21** 16
Urkunden
als Sachen **90** 5 ff

Venire contra factum proprium
und Durchgriffsproblem **Einl 21 ff** 43, 45
Veräußerlichkeit
Ausschluß der Vereinsmitgliedschaft **38** 2
Veräußerungsverbote
und Sachenbegriff **Vorbem 90 ff** 45
Verbände als Großvereine
Organisation **21** 36
Verbandskörperschaften 89 15

Verbandspersönlichkeit
Theorie der realen – und Rechtsfigur der juristischen Person **Einl 21 ff** 4
Verbandsrecht
und Autonomierecht **Vorbem 21 ff** 10
gegenwärtige Probleme **Vorbem 21 ff** 5
Sozialrecht oder/und Privatrecht **Vorbem 21 ff** 6, 9
und Streit um das Wesen juristischer Person **Vorbem 21 ff** 6
Verbindung
zu einem vorübergehenden Zweck (Scheinbestandteil) **95** 4 ff
von Sachen **93** 8
von Sachen mit dem Boden, feste **93** 6 ff
Verbotene Vereinigungen Vorbem 21 ff 4; **43** 1
Verbrauchbare Sachen 92 1 ff
als Zubehör **97** 5
Verbundenes Unternehmen
als Form abhängiger juristischer Person **Einl 21 ff** 64
Vereinigungsfreiheit
Grundrecht **Vorbem 21 ff** 1 ff
Vereinigungsgesetz
der früheren DDR **Einl 21 ff** 62; **55** 5; **Vorbem 55 ff** 9
Vereinsrecht (allgemein)
s. a. Vereinsrecht (Idealverein); Vereinsrecht (rechtsfähiger Idealverein); Vereinsrecht (nichtrechtsfähiger Verein); Vereinsrecht (wirtschaftlicher Verein)
Abhängigkeit eines Vereins **Vorbem 21 ff** 51
ADAC-Urteil **Vorbem 80 ff** 104
Analogiefähigkeit der Vereinsrechtsnormen **Vorbem 21 ff** 58
Angewiesensein auf eine Mitgliedschaft **Vorbem 21 ff** 27, 34
Arten der Vereine des Privatrechts (Übersicht) **Vorbem 21 ff** 54 ff
Aufgabe des Gesetzgebers im 19. Jahrhundert **21** 2
Aufnahmezwang **Vorbem 21 ff** 27
Ausschluß durch Vereinsbeschluß **Vorbem 21 ff** 33
Autonomie **Vorbem 21 ff** 22, 23, 24; **Vorbem 80 ff** 178
Autonomie, Grundlage und Grenzen **Vorbem 21 ff** 30 ff
Autonomie und staatliche Rechtsordnung **Vorbem 21 ff** 35
Begriff des Vereins **Vorbem 21 ff** 43
BGB-Verfasser, ursprüngliches Programm **Vorbem 21 ff** 15
Bindung, Verbot dauernder **Vorbem 21 ff** 40
Disziplinargewalt der Vereine **Vorbem 21 ff** 40
Geldstrafen **Vorbem 21 ff** 41

Vereinsrecht (allgemein) (Forts.)
   Geltungsbereich vereinsrechtlicher Normen **Vorbem 21 ff** 57
   Geschäftsbetrieb **21** 3
   Gesellschaft und Verein, Abgrenzung **Vorbem 21 ff** 44
   Gewohnheitsrechtliche Anerkennung der Vereinsrechtssetzung **Vorbem 21 ff** 36, 37
   Großverbände mit öffentlichen Funktionen **Vorbem 21 ff** 34
   Gründung **Vorbem 21 ff** 48
   Grundanschauung vom Verbandswesen **Vorbem 21 ff** 22
   Grundrechtsbindung **Vorbem 21 ff** 34
   Haftungskapital, nicht erforderliches **54** 57
   Idealverein und Erwerbsgenossenschaften, Wirtschaftsgenossenschaften **21** 3
   Innere Organisation, Maßstäbe **Vorbem 21 ff** 42
   Interessenverbände mit großer Mitgliederzahl **Vorbem 21 ff** 42
   IPR **Vorbem 21 ff** 61
   Kapitalgesellschaft und Verein, Abgrenzung **Vorbem 21 ff** 47
   Kategorien von Vereinen und erweitertes Nachprüfungsrecht **Vorbem 21 ff** 27
   Kommunikationsfunktion, Repräsentationsfunktion **Vorbem 21 ff** 34
   Konzessionssystem, verschleiertes **54** 2
   Korporationsmodell **Vorbem 21 ff** 34
   Kündigung aus wichtigem Grunde **Vorbem 21 ff** 33, 40
   Machtbegrenzung für private Großorganisationen **Vorbem 21 ff** 42
   Mehrheitsprinzip **Vorbem 21 ff** 45
   Mitgliederwechsel **Vorbem 21 ff** 45
   Mitgliedschaft **Vorbem 21 ff** 41, 50
   Monopolstellung und Aufnahmezwang **Vorbem 21 ff** 40
   Negative Vereinsfreiheit **Vorbem 21 ff** 60
   Normativbedingungen oder freie Körperschaftsbildung **Vorbem 21 ff** 22
   und öffentliches Recht **Vorbem 21 ff** 42
   Ordnungsstrafenbefugnis **Vorbem 21 ff** 33, 40
   Organe **Vorbem 21 ff** 45
   Organhandeln oder Vertretung **Vorbem 21 ff** 8
   Organisation **Vorbem 21 ff** 49
   Organisation Gesellschaft und Verein **Vorbem 21 ff** 45
   ParteienG **Vorbem 21 ff** 59; **61** 2, 7
   Persönlichkeitsentäußerung, Verbot vertraglicher **Vorbem 21 ff** 39
   Personalstatut von Vereinen **Vorbem 21 ff** 61
   Personenvereinigung **Vorbem 21 ff** 46

Vereinsrecht (allgemein) (Forts.)
   politische, rechtspolitische Erwägungen **54** 2
   Privatautonomie und Rechtssetzungsmacht **Vorbem 21 ff** 36, 38
   Privatautonomie und Vereinsautonomie **Vorbem 21 ff** 26, 32, 42
   als privates Verbandsrecht **Vorbem 21 ff** 5
   Privatrecht und Vereinsrecht **Vorbem 21 ff** 30; **21 ff** 38
   Recht auf Vereinsbildung **Vorbem 21 ff** 60
   Rechtsfähigkeit, Erwerb **Vorbem 21 ff** 55
   Rechtsfähigkeitsproblematik **Vorbem 21 ff** 18
   und Rechtsfigur der juristischen Person **Einl 21 ff** 10
   Rechtsgeschäftliche Schranken **Vorbem 21 ff** 38
   Rechtsgeschäftsverkehr **Vorbem 21 ff** 19
   Rechtsprechungsmonopol des Staates **Vorbem 21 ff** 33
   Rechtssetzung des Vereins, Grundlage **Vorbem 21 ff** 36 ff
   Rechtsstruktur, Grundzüge **Vorbem 21 ff** 48 ff
   Rechtstatsachen **Vorbem 21 ff** 56
   Reichsgericht und Vereinsautonomie **Vorbem 21 ff** 23 ff
   Richterliche Nachprüfung **Vorbem 21 ff** 23 ff
   Satzungsüberprüfung **Vorbem 21 ff** 29
   Schiedsgerichtsbarkeit **Vorbem 21 ff** 52
   Schultze-Delitzsch **21** 2
   selbstnützige Vereine **45** 16
   Sittenwidrigkeitsschranke **Vorbem 21 ff** 39
   Sitz der Hauptverwaltung **Vorbem 21 ff** 61
   Sonderstatus für bestimmte Vereine **Vorbem 21 ff** 34
   Sozialer Schöpfungsakt (v.Gierke) **Vorbem 21 ff** 8
   Staatliches Geltenlassen der Vereinsrechtssetzung **Vorbem 21 ff** 36, 37
   Staatliches Recht und Vereinsautonomie **Vorbem 21 ff** 35
   Strafmaßnahmen, gerichtliche Nachprüfbarkeit **Vorbem 21 ff** 24, 24 ff, 25
   Strafzumessungskontrolle der Gerichte **Vorbem 21 ff** 41
   Subjektives Vereinsrecht **Vorbem 21 ff** 60
   Subsumtionskontrolle der Gerichte **Vorbem 21 ff** 41
   Tatsachenkontrolle der Gerichte **Vorbem 21 ff** 41
   Veränderlichkeit des Personenbestandes **Vorbem 21 ff** 45
   Verband und Mitglieder, Verhältnis **Vorbem 21 ff** 21
   Verein und Stiftung **Vorbem 80 ff** 93 ff

Vereinsrecht (allgemein) (Forts.)
Verein im Verein 21 35
Vereinsgläubiger, Sicherung
  Vorbem 21 ff 20
Vereinsrechtliche Akte als private Rechtsgeschäfte **Vorbem 21 ff** 38
Vereinsstrafgewalt **Vorbem 21 ff** 27, 28, 33
Vereinszweck, Zwecktheorie 21 5
Vermögensbindung, dauerhafte
  Vorbem 80 ff 178
Wirtschaftliche Erwerbsbetriebe
  Vorbem 21 ff 47
Zweck, gemeinsamer **Vorbem 21 ff** 44
Zweckbindung, dauerhafte
  Vorbem 80 ff 178

Vereinsrecht (Idealverein)
s. a. Vereinsrecht (rechtsfähiger Idealverein); Vereinsrecht (nichtrechtsfähiger Verein)
Abgrenzung gegenüber dem wirtschaftlichen Verein 21 6
ALR (Konzessionssystem, Staatsaufsicht)
  Vorbem 21 ff 12
Anfechtung der Willenserklärung des Gründers 21 19
Arbeitgeberverbände 21 16
Ausgliederungsverlangen 21 15
Behördenzuständigkeit und statutarischer Sitz 24 6
Berufsverbände 21 9
Betriebliche, Überbetriebliche Unterstützungskassen 21 16
Betriebsarztzentren 21 16
BGB-Verfasser, ursprüngliches Programm
  Vorbem 21 ff 15, 16, 17
Bundesligaabteilungen der Sportvereine
  21 15
Eintragung
  s. Vereinsrecht (Eintragung des Idealvereins)
Eintragung bisher nichtrechtsfähigen Vereins 21 31 ff
Eintragung, formelle Voraussetzungen
  21 22
Eintragung als rechtsgestaltender Akt 21 23
Eintragung eines verbotenen Vereins 21 28; 60 3
Eintragungsvoraussetzungen, Eintragung trotz fehlender 21 25, 26
Erlaubtsein des Zweckes 21 20
Fachverbände 21 9
Förderung gewerblicher Interessen 21 9
mit Geschäftsbetrieb 54 29
Geschäftsfähigkeit der Gründer 21 19
Gläubigerinteressen 43 6
Gründung 21 18
Haftung bei einem nichtrechtsfähigen Idealverein 54 52, 53

Vereinsrecht (Idealverein) (Forts.)
Haftung bei Gefährdungshaftung 54 73
Hauptzweck, Nebenzweck 21 10 ff
Hauptzweck und Nebenzweckprivileg
  21 12
Haus- und Grundbesitzerverein 21 16
und Idealstiftung in Anlehnung an das Vereinsrecht **Vorbem 80 ff** 93
Identitätsproblem 21 31 ff
Kassenärztliche Vereinigung 21 9, 16
Konditionenkartell 21 16
Kreditreform-Verein 21 16
Löschungsverfahren 21 27
Lohnsteuerhilfevereine 21 16
Mitgliedschaft als Rechtsverhältnis des Personenrechts 35 2
Nebentätigkeitsprivileg **Vorbem 80 ff** 107
nichtrechtsfähiger Idealverein
  s. Vereinsrecht (nichtrechtsfähiger Verein)
nichtrechtsfähiger Verein als – 54 3, 53
Personenmehrheit 21 17
PKW-Nutzung aus Umweltschutzgründen
  21 16
Preiskartell 21 16
Rechtsentwicklung **Vorbem 21 ff** 11 ff
Rechtsfähigkeit
  s. Vereinsrecht (rechtsfähiger Idealverein)
Rechtsfähigkeit und Exklusivitätssystem
  21 11
Rechtsschein der Rechtsfähigkeit 21 29
Rechtsverstöße der Satzung 21 30
Satzungsinhalt und nichtwirtschaftlicher Zweck 21 20
Schauspielbühnenbetrieb 21 16
Schulze-Delitzsch, Gesetzentwurf 1969
  Vorbem 21 ff 14
Scientology-Kirche 21 16; 56 2; 60 3
Vorgesellschaften 54 57
Wareneinkauf, unentgeltliche Vermittlung
  21 16
Werkskantine, Bewirtschaftungsverein
  21 16
Willensmängel bei der Gründung 21 19
mit wirtschaftlichem Geschäftsbetrieb
  21 12, 13
und wirtschaftlicher Verein **Vorbem 21 ff** 54
wirtschaftlicher Verein, tatsächlich vorliegender 21 24
wirtschaftlicher Zweck, verfolgter 43 6
Wohnungsbauverein 21 16
Zweck als nichtrechtsfähiger Verein 54 30
Zweck und Tätigkeit, nicht dem Erwerbs – und Wirtschaftsleben angehörend 21 4
Zwecktheorie 21 20

Vereinsrecht (nichtrechtsfähiger Verein)
s. a. Vereinsrecht (Idealverein); Vereinsrecht (wirtschaftlicher Verein)
Actio pro socio, Ausschluß **54** 78
Annäherung rechtsfähiger und nichtrechtsfähiger Verein **47** 1; **54** 2
Anteil am Gesellschaftsvermögen **54** 75
Anwachsung **54** 49, 81, 85
Arbeitsgerichtsverfahren **54** 22
Auflösung **54** 82
Auflösung und Liquidation **54** 84
Auflösung durch Verwaltungsakt **54** 82
Auflösungsbeschluß **54** 40, 82
Auslegung der Satzung **54** 7
Ausscheiden **39** 11; **54** 81
Ausschluß **54** 48
Austritt **39** 13; **54** 47, 81
Bedeutung **54** 3
Beendigung **54** 82 ff
Beendigung und Liquidation **54** 84
Begriff **54** 1
Beitrittsvertrag **54** 46
Beklagter **54** 12, 13
Beschlußfassung durch Vereinsmitglieder **54** 40
Beschlußfassung des Vorstands **54** 39
Besitz des Vereins **54** 78
Bestellung besonderer Vertreter **30** 9
Beteiligte im Verwaltungsprozeß **54** 22
Bevollmächtigtenhandeln und Haftung des Handelnden **54** 59
BGB-Inkrafttreten und bestehende – **54** 86
BGH zur Parteifähigkeit für Aktivprozesse **54** 19
Deliktische Haftung **54** 52
Disziplinarstrafe **54** 48
Eintragung bisher nichtrechtsfähigen Vereins und Identitätsproblem **21** 31 ff
Eintritt von Mitgliedern **54** 81
nach Entziehung der Rechtsfähigkeit **41** 15
Erbeinsetzung **54** 77
Fiskusanfall, ausgeschlossener **54** 84
Fortbestand als ein – **41** 2
Fortbestand als ein – nach Auflösung, Entziehung der Rechtsfähigkeit und Frage des vorangehenden Liquidationsgebotes **47** 1
Fortbestand als ein – nach Entziehung der Rechtsfähigkeit wegen Gemeinwohlgefährdung **43** 1
Fortbestand als ein – nach Konkurseröffnung bei rechtsfähigem Verein **42** 6, 11
Gesamthandsmitglieder als Träger des Vereinsvermögens **54** 79
Gesamthandsverhältnis und Vereinsvermögen **54** 74
Gesamtheit der Mitglieder zur gesamten Hand **54** 40

Vereinsrecht (nichtrechtsfähiger Verein) (Forts.)
Gesamtschuldner bei Handelndenhaftung **54** 68
Gesamtschuldner bei unbeschränkter Haftung **54** 56
Geschäftsführung und Vertretung **54** 39
Geschäftsunfähigkeit und Haftung des Handelnden **54** 66
Gesellschaft und nichtrechtsfähiger Verein, Verhältnis **54** 28
Gesellschaftsgründung, keine Umdeutung in – **54** 28
Gesellschaftsrecht, anwendbares **54** 30
Gesellschaftsrecht, Anwendung desselben als gesetzliche Regelung **54** 2
Gesellschaftsrecht und Auflösungsgründe **54** 82
Gesellschaftsregeln und Vereinsvermögen **54** 75, 76
Gewerkschaften **54** 2, 19
Gläubiger zur gesamten Hand **54** 77
Gleichbehandlungsgrundsatz **54** 44
Großorganisationen **54** 71
Gründung **54** 6
Grundbucheintragung des Veinsnamens **54** 80
Grundbuchfähigkeit **54** 79
Haftung bei Gefährdungshaftung **54** 73
Haftung und Gesellschaftsrecht **54** 50 ff
Haftung des Handelnden **54** 57 ff
Haftung des Handelnden, Ausschluß **54** 61
Haftung des Handelnden und Eintragung des Vereins **54** 70
Haftung des Handelnden neben Haftung des Vereins **54** 69
Haftung bei Idealvereinen **54** 52, 53
Haftung für Organe **54** 71, 72
Haftung des Vereins für Angestellte **54** 72
Haftung des Vereins für Verrichtungsgehilfen **54** 72
Haftung bei wirtschaftlichen Vereinen **54** 52, 54
Haftungsbeschränkung durch Abreden **54** 51
Haftungsbeschränkung durch beschränkte Vertretungsmacht **54** 51
Haftungsbeschränkung auf das Vereinsvermögen **54** 51
Handelsgewerbebetrieb nicht möglich **54** 29
Idealer Zweck, wirtschaftlicher Zweck **54** 30
Idealverein mit Geschäftsbetrieb **54** 29
Idealvereine als – **54** 3
Idealvereine, Forderung des Außerkrafttretens gesetzlicher Regelung **54** 1
Identität mit früherem rechtsfähigen Verein und Vermögensanfall **45** 16

Vereinsrecht (nichtrechtsfähiger Verein) (Forts.)
Innere Organisation und Gesellschaftsrecht **54** 40
Kaufmannseigenschaft **54** 29
Klagefähigkeit **54** 14 ff
Konkursfähigkeit **42** 15; **54** 24
Kontinuität, Identität **54** 81
Konzessionssystem, verschleiertes **54** 2
Kündigung aus wichtigem Grund **54** 48
Liquidation, Frage zwingenden Rechts **54** 85
Liquidationsregeln **47** 6
Mehrheitsprinzip **54** 40
Mitglieder **54** 5
Mitglieder in ihrer Gesamtheit, Aktivklage **54** 14
Mitgliederrecht und Mitgliedergesamtheit **54** 45
Mitgliederversammlung, Berufungsverlangen **37** 17
Mitgliederversammlung, Einberufung **54** 40, 42
Mitgliederversammlung und Gesellschaftsrecht **54** 40
Mitgliedschaft kein Gesellschaftsverhältnis, nur nach Gesellschaftsregeln behandeltes Verhältnis **54** 43
Name **54** 26
Namhaftmachung in der Aktivklage **54** 15
Nichtrechtsfähiger Verein als Mitglied im – **54** 5
Notvorstand **54** 39
Öffentlichrechtliche Bedeutung **54** 5
Offene Handelsgesellschaft bei Betrieb eines Handelsgewerbes **54** 29
Organe und Handelndenhaftung **54** 60
Organhaftung des Vereins **31** 43
Parteifähigkeit **54** 11
Politische Erwägungen **54** 2
Politische Parteien **54** 2, 21, 57
Rechtsfähige Vereine, beabsichtigte scharfe Trennung **54** 2
und rechtsfähiger Verein **Vorbem 21 ff** 55
vor Rechtsfähigkeit **Vorbem 21 ff** 48
Rechtsfähigkeit und dabei ausgeübte Kontrolle **54** 2
Rechtsfähigkeit, Erlangung **54** 25
Rechtsgeschäft außerhalb des Vereinszweckes **54** 55
Rechtsgeschäft und Haftung des Handelnden **54** 64
Rechtsgeschäft und Haftungsbeschränkung **54** 51, 52
Rechtskraft eines Urteils **54** 11
Rechtspolitische Grundlage **54** 2
Rechtsschutzverweigerung durch Versagung aktiver Parteifähigkeit **54** 20
Satzung **54** 6

Vereinsrecht (nichtrechtsfähiger Verein) (Forts.)
Satzung und Ausschluß der Haftung des Handelnden **54** 61
Satzung, formlose **54** 31, 40
Satzung und Vereinsbegriff **54** 81
Satzungsänderung, Änderung des Vereinszwecks **33** 17
Satzungsänderungen **54** 31, 40
Satzungsregeln aus Vereinsgewohnheitsrecht **25** 6
Scheckfähigkeit **54** 27
Schenkung an einen – **54** 77
Selbstbestimmungsrecht wie der rechtsfähige Verein **54** 31
Sitz **54** 10
Sonderrechte **35** 24; **54** 44
Sondervermögen, dem Vereinszweck gewidmet **54** 52, 74 ff
SPD **54** 2
Steuerrecht **54** 87
Stimmrechtsausschluß **34** 19
Treuhandeinschaltung **54** 79
Untergliederungen, Frage ihrer Selbständigkeit **21** 35
Veränderlichkeit des Personenbestandes **54** 28, 81
Vereinsstrafen **54** 48
Vereinsverfassung, auf Satzung beruhende **25** 25
Vereinsvermögen **54** 77
Vereinsvermögen, hierauf beschränkte Haftung **54** 52 ff
Verfassung und Satzung **54** 31
Verfassungsrecht und zugrundeliegende politische Erwägungen **54** 2
Vermögen, Sondervermögen **54** 9
kein Vermögenssubjekt **54** 77
Verrichtungsgehilfe **54** 72
Vertretung und Geschäftsführung **54** 39
Vertretung und Handelndenhaftung **54** 59
Verzicht auf die Rechtsfähigkeit und Fortbestand als – **41** 19
Vollkaufmännisches Handelsgewerbe **22** 10
Voraussetzungen **54** 1
Vorgesellschaften von AG, GmbH, Genossenschaften **54** 4
Vorstand **54** 11
Vorstand, Abberufung und Kündigung **54** 38
Vorstand und Aktivprozeß **54** 14
Vorstand, Beschlußfassung **54** 39
Vorstand als Bevollmächtigter **54** 36
Vorstand als fiduziarischer Vermögensträger **54** 18
Vorstand, Geschäftsführung **54** 37
Vorstand und Gesellschaftsregeln **54** 33

Vereinsrecht (nichtrechtsfähiger Verein) (Forts.)
Vorstand, Haftungsbeschränkung durch beschränkte Vertretungsmacht 54 51
Vorstand als Handelnder und Haftung des Handelnden 54 60
Vorstand als Inhaber gewillkürter Prozeßstandschaft 54 17
Vorstand, Kollektivprinzip 54 39
Vorstand und Passivprozeß 54 11
Vorstand und Vertretungsberechtigung 54 34
Vorstandsbestellung durch das Amtsgericht 29 4
Vorverein (vor Eintragung in das Vereinsregister) 54 4
Vorverein, Vorbelastungsverbot 54 70
Wechsel der Vereinsmitglieder 54 15
Wechselfähigkeit 54 27
Wechselnde Mitgliederzahl 54 79
Widerklage 54 13
wirtschaftlicher Zweck und Austritt, Ausschluß 54 49
wirtschaftlicher Zweck und Haftungsfolge 54 52, 54
wirtschaftlicher Zweck, idealer Zweck 54 30
Zeitablauf 54 82
Zwangsvollstreckung 54 13, 23, 75
Zweck des Vereins 54 30
Zweckänderung 54 8
Zweckerreichung 54 82

Vereinsrecht (rechtsfähiger Idealverein)
s. a. Vereinsrecht (Idealverein); Vereinsrecht (wirtschaftlicher Verein)
Abstimmung 32 13
Änderung der Satzung und des Vereinszwecks 33 1 ff
Änderung tatsächlicher Umstände 41 11
AGB-Freizeichnung für Fälle der Vertragserfüllung 31 50
AGBG-Anwendung bei Unterwerfung Dritter 25 11
Amtsermittlung **Vorbem 55 ff** 3
Amtsgericht und Verlangen der Berufung der Mitgliederversammlung 37 6 ff
Amtsgericht, zuständiges 55 1
Anfall des Vermögens nach Beendigung 45 2 ff
Anfallberechtigte, Ausantwortung und bisher unbekannte Gläubiger 51 5
Anfallberechtigung durch Satzungsbestimmung 45 9 ff
Anfechtung des Beitritts 35 26
Anfechtung einer Stimmabgabe 32 30
Anfechtungsklage, fehlende im Vereinsrecht 32 36
Anmeldung der Änderung des Vorstands 67 1 ff

Vereinsrecht (rechtsfähiger Idealverein) (Forts.)
Anmeldung, Form 59 9; 77 3
Anmeldung und Prüfungspflicht des Gerichts 60 1 ff
Anmeldung des Vereins zur Eintragung 59 1 ff
Anmeldung durch Vorstand 77 1
Anmeldung, Zurückweisung 60 1 ff
Anmeldung und Zwangsgeld 78 1 ff
Annäherung rechtsfähiger und nichtrechtsfähiger Verein 54 2
Anscheinsvollmacht 31 19
Anstalt des öffentlichen Rechts, Vermögensanfall 46 2
Auflösung, Eintragung 74 1 ff
Auflösung, Eintragung im Vereinsregister 74 2
Auflösung, Entziehung der Rechtsfähigkeit 41 3, 14 ff
Auflösung und Erlöschen des Vereins 41 4
Auflösung, Form 41 17
Auflösung und Konkurseröffnung 42 6, 11
Auflösung, öffentliche Bekanntmachung 50 1, 2, 3
Auflösung und Persönlichkeitsrechte 45 1
Auflösung und Vermögensanfall an die Berechtigten 45 2 ff
Auflösungsbeschluß 41 18
Auflösungsgründe 41 5 ff
Aufnahmefreiheit 35 27
Aufnahmezwang 35 28 ff
Ausantwortung an den Anfallberechtigten nach Liquidation 49 9
Ausantwortung des Vereinsvermögens, Sperrjahr 51 1 ff
Ausantwortungsanspruch 51 4
Ausländischer Verwaltungssitz, Erlangung der Rechtsfähigkeit 23 1 ff
Ausland, Sitzverlegung 41 8; 55 3
Auslegung der Satzung 25 16 ff
Ausschluß 35 39; 39 12
Außenverhältnis, Innenverhältnis 49 13
Außervertragliche Haftung und Bedeutung des § 31 BGB 31 3
Austritt 39 1 ff
Austritt aller Mitglieder 39 6
Austritt von Mitgliedern, Satzungsinhalt 58 2
Bahai-Entscheidung 33 8; 60 3
Beendigung der Liquidation 49 20
Begründung von Verbindlichkeiten und Haftungsfrage 31 3
Behördenverkehr und Vorstandszeugnis 69 1 ff
Behördenzuständigkeit und statutarischer Sitz 24 6
Beitragsleistungen 58 3
Beitritt, Eintritt 35 26

Vereinsrecht (rechtsfähiger Idealverein) (Forts.)
Benutzungsordnungen 25 4
Bereicherungsanspruch nach ordnungsgemäßer Liquidation 51 5
Berufene Vertreter, Haftung des Vereins für diese 31 24 ff
Berufung der Mitgliederversammlung 32 8
Berufung der Mitgliederversammlung, Satzungsinhalt 58 6 ff
Bescheinigung der Mitgliederzahl 72 1
Beschlüsse, Beurkundung, Verkündung und Protokollierung 32 36
Beschluß, Rechtsnatur 32 37
Beschlußfähigkeit und Satzungsänderung 33 6
Beschlußfassung, fehlerhafte 32 23 ff
Beschlußfassung zum Fortbestand vor Liquidationsbeendigung 49 21
Beschlußfassung der Liquidatoren 48 5
Beschlußfassung und Stimmrechtsausschluß 34 18
Beschlußfassung durch den Vorstand 28 4 ff
Beschlußmängel und Kausalitätsfrage 32 25
Beschwerdeberechtigung Vorbem 55 ff 4
Besondere Vertreter, Eintragungsfähigkeit 30 9
Besondere Vertreter als Organe des Vereins 30 1
Bestellung besonderer Vertreter 30 3 ff
Bestellung des Vorstands 27 1 ff
BGB-Gesellschaft als Mitglied 32 33
Bindung austretenden Mitglieds 39 1
Bindung der Mitglieder an Satzung und Ordnungen 25 9 ff
Culpa in contrahendo 31 9, 15
Dachverband und Eintragungsfähigkeit 56 2
Dachverband und Mitgliederzahl 56 2
Dachverband und mittelbare Mitgliedschaft 25 12
Datenschutz 79 12
Datenübermittlung auf Abruf 79 6
DDR, ehemalige Vorbem 55 ff 9
Delegiertenversammlung statt Mitgliederversammlung 32 6
DFB-Vereinsgerichtsbarkeit 25 11
dispositives Recht 40 1 ff
Disziplinar-Strafgewalt 25 23; 35 34 ff
Drittbestrafung 35 40
Drittschaden durch Organvertreter 31 11
Ehrenschutz 49 12
Einberufung der Mitgliederversammlung 36 1 ff; 37 1 ff
Einberufungsmängel 32 25
Einspruch der Verwaltungsbehörde 61 4; 62 1 ff

Vereinsrecht (rechtsfähiger Idealverein) (Forts.)
Einstweilige Anordnung Vorbem 55 ff 8
Einstweiliger Rechtsschutz bei Vereinsstrafen 35 58
Eintragung 21 17 ff; 22 3; 56 1 ff
Eintragung der Beschränkung der Vertretungsmacht des Vorstands 70 1 ff
Eintragung nach Fristablauf 63 1 ff
Eintragung und Mindestzahl der Mitglieder 56 1 ff
Eintragung einer Satzungsänderung 71 1 ff
Eintragung, veröffentlichte 66 1
Eintragung wirtschaftlichen Vereins Vorbem 55 ff 7
Eintragungen, konstitutive und deklaratorische 41 2; Vorbem 55 7; 55 6 ff
Eintragungen, unzulässige Vorbem 55 ff 7, 8
Eintragungsakt 64 1 ff
Eintritt von Mitgliedern, Satzungsinhalt 58 2
Entziehung der Rechtsfähigkeit und Auflösung 41 14 ff
Entziehung der Rechtsfähigkeit, Eintragung 74 1 ff, 2
Entziehung der Rechtsfähigkeit wegen Gemeinwohlgefährdung 43 2 ff
Entziehung der Rechtsfähigkeit, öffentliche Bekanntmachung 50 1, 2, 3
Entziehung der Rechtsfähigkeit und Persönlichkeitsrechte 45 1
Entziehung der Rechtsfähigkeit, rechtgestaltende Bedeutung 43 12
Entziehung der Rechtsfähigkeit und Vermögensanfall an die Berechtigten 45 2 ff
Entziehung der Rechtsfähigkeit wegen wirtschaftlicher Zweckverfolgung 43 6 ff
Entziehung der Rechtsfähigkeit, Zuständigkeit 44 1, 2, 3
Erfüllungsgehilfe, Haftung 31 3
Erinnerung gegen Zurückweisung der Anmeldung 60 4
Erlöschen 41 12
Erlöschen, tatsächliches 73 4
erwerbswirtschaftliche Ziele vor Eintragung 21 34
FGG-Regelungen Vorbem 55 ff 3
Fiskus 45 5, 6, 17, 18
Fiskus, Anfallberechtigung 46 1 ff
Fiskus als gesetzlicher Erbe 46 4
Fiskus, Verwendung des Vereinsvermögens 46 5
Fiskusverfall und Entziehung der Rechtsfähigkeit 41 16
Forderungseinziehung im Liquidationsstadium 49 6

Vereinsrecht (rechtsfähiger Idealverein) (Forts.)
Forderungserwerb nach Anfall des Vermögens bei Beendigung 45 5
Form der Anmeldung zum Vereinsgericht 59 9
Fortbestand, Beschluß vor Beendigung der Liquidation 49 21
Fortbestand nach Entziehung der Rechtsfähigkeit 41 16
Fortbestand nach Konkurseröffnung 42 3
Fortbestand im Liquidationsstadium 49 16
Fortbestand als nichtrechtsfähiger Verein 41 2
Fortbestand der Rechtsfähigkeit für das Konkursverfahren 42 11
Fremdbestimmung des Vereins 33 8
Fusion 41 9
Gefährdungshaftung 31 7
Gemeinwohlgefährdung und Entziehung der Rechtsfähigkeit 43 2 ff
Gerichtliche Nachprüfung von Vereinsstrafen 35 52 ff
Gesamtnachfolge 45 5
Gesamtnachfolge bei Fiskusanfall 45 6
Gesamtschuldner, Liquidatoren als 53 6
Gesamtschuldner bei Organhaftung 31 49
Geschäftsbereich besonderer Vertreter 30 6
Geschäftsführungsaufgabe des Vorstands 27 22 ff
Geschäftsführungsbefugnis und Vertretung 49 12
Geschäftsordnungen 25 5
Geschäftsunfähigkeit des Mitglieds 38 5
Gläubiger, Aufforderung zur Anmeldung 50 2
Gläubiger, Befriedigung bekannter 52 2
Gläubiger und Liquidatorenhaftung 53 3
Gläubigerbefriedigung im Liquidationsstadium 49 8
Gläubigerrechte, unentziehbare 35 20
Gläubigerschutz und Konkursfall 42 10
Gläubigerschutz durch Sperrjahr für Ausantwortung des Vereinsvermögens 51 1 ff
Gläubigerschutzvorschriften, verletzte 53 3
Gleichheitsgrundsatz 32 19, 34; 35 13, 14
Gründung und Organisation als Privatrechtsakte 25 15
Gründung als sozialer Schöpfungsakt (v.Gierke) 25 15
Gründung und Willensmängel 25 18
Grundlagenentscheidungen, das Vereinsleben bestimmende 25 3
Grundrechtsverwirkung 41 10
Grundsatzfragen und Einzelheiten 25 3
Haftung der Handelnden 31 49
Haftung des Handelnden und Eintragung des Vereins 54 70

Vereinsrecht (rechtsfähiger Idealverein) (Forts.)
Haftung der juristischen Person
s. Alphabetisches Stichwortverzeichnis zu § 31 BGB
Haftung der Liquidatoren 53 1 ff
Haftung der Mitglieder aufgrund einer Satzungsbestimmung 25 22
Haftung für verzögerte Konkursantragsstellung 42 10
Haftung des Vorstands 26 25
Haftungsvertreter 31 4
Haftungsvertreter, Nichtbestellung als Organisationsmangel 31 32
Handlungsfähigkeit 26 6, 10; 31 1, 2
Hinterlegung durch Liquidatoren 52 1 ff
idealer Zweck, Verfolgung eines anderen Zweckes 43 8, 10
Identitätsproblem 21 31 ff
Inhaltskontrolle von Satzungsbestimmungen 25 20
Innenverhältnis, Außenverhältnis 49 13
Interesse des Vereins und Berufung der Mitgliederversammlung 36 2
Interessenkonflikt und Stimmrechtsausschluß 34 1 ff
IPR 24 8
als juristische Person 64 4
Kenntnis, Kennenmüssen 26 22
Kirchliche Vereine 27 4
Klage auf Berufung der Mitgliederversammlung 37 16
Klage gegen den Verein nach Liquidationsbeendigung 49 20
Körperschaft, Vermögensanfall 46 2
Konkursantrag 42 4
Konkursantragspflicht im Liquidationsstadium 51 3
Konkurseröffnung 41 13; 74 2; 75 1 ff
Konkurseröffnung und Verlust der Rechtsfähigkeit 42 1 ff, 6
Konkursgründe 42 9
konstitutive Eintragungswirkung 41 2; **Vorbem 55 ff** 7
Konzessionssystem, verschleiertes 54 1
Laufende Geschäfte und Liquidation 49 4
Leitende Angestellte, Haftung des Vereins 31 33
Liquidation und Ausantwortung an den Anfallberechtigten 49 9
Liquidation, Beendigung und Beendigung der Rechtsfähigkeit 49 20
Liquidation nach Erlöschen 41 16
Liquidation und Erlöschen 41 12
Liquidation und Fortbestensbeschluß 49 21
Liquidation als Geschäftsführungsaufgabe des Vorstands 48 1 ff
Liquidation und Mitgliederversammlung 49 18

Vereinsrecht (rechtsfähiger Idealverein) (Forts.)
Liquidation, prozeßrechtliche Wirkungen **49** 19
Liquidation als Umsetzung in Geld **49** 3, 10
Liquidation und Verzicht auf Rechtsfähigkeit **41** 19
Liquidation, Wiederaufnahme **51** 7
Liquidationsbeendigung, Eintragung **74** 3
Liquidationsgebot bei fehlendem Fiskusanfall, teleologische Reduktion **47** 1
Liquidationsverein **41** 20; **45** 5; **47** 2; **53** 2
Liquidationsverein, Umwandlung in werbenden Verein **49** 21
Liquidationsverein, Vertretung **48** 3
Liquidationszweck **47** 3
Liquidator, Rechtsstellung gegenüber Stellung als Vorstand **48** 4
Liquidatoren **48** 1 ff
Liquidatoren, Anmeldung **76** 2
Liquidatoren, Beschlußfassung **48** 5
Liquidatoren, Eintragung **76** 1 ff; **77** 1 ff
Liquidatoren, Geschäftsführungsaufgabe **49** 3 ff
Liquidatoren, Geschäftskreis **49** 2
Liquidatoren, Haftung **53** 1 ff
Liquidatoren, Hinterlegung **52** 1 ff
Liquidatoren, Konkursantragspflicht **51** 3
Liquidatoren, Schlußrechnung nach Liquidationsbeendigung **51** 6
Liquidatoren, Vertretungsmacht **49** 11
Liquidierungstätigkeit **49** 7
Löschung von Amts wegen bei tatsächlichem Erlöschen **73** 4
Löschung, beabsichtigte **Vorbem 55 ff** 8
Löschung mangelhafter Eintragung **60** 5
Löschung unrechtmäßig eingetragenen Wirtschaftsvereins **43** 7
Löschung im Vereinsregister wegen fehlender Eintragungsvoraussetzungen **41** 13
Löschungsverfahren **41** 2
Machtstellung von Verbänden und Aufnahmezwang **35** 32
Mehrheitsherrschaft **35** 11 ff
Mehrstimmrechte **32** 20; **35** 15
Minderheitenschädigung **35** 19
Minderjährige, Beitritt **35** 26
Mißbrauch des Vereinsrechts **27** 4
Mißbrauch der Vertretungsmacht **49** 14, 17
Mitglied und Stimmrechtsausschluß **34** 1 ff
Mitglieder als Anfallberechtigte bei Beendigung **45** 16
Mitglieder als Stimmberechtigte **32** 32
Mitglieder, unbekannte **45** 22
Mitglieder, Wegfall **45** 17; **49** 16
Mitgliedergruppen, Änderung der Abgrenzung **35** 17
Mitgliederinteresse **45** 16

Vereinsrecht (rechtsfähiger Idealverein) (Forts.)
Mitgliederleistungen **58** 3, 4
mitgliederloser, vermögensloser **73** 4
Mitgliederversammlung, Abstimmung **32** 13
Mitgliederversammlung und Anfallberechtigung **45** 13
Mitgliederversammlung, Antrag auf Ermächtigung zur Berufung **37** 6 ff
Mitgliederversammlung, Behandlung fehlerhafter Beschlüsse **32** 23 ff
Mitgliederversammlung, Berufung **32** 7; **36** 1 ff
Mitgliederversammlung, Beurkundung, Verkündung und Porotokollierung der Beschlüsse **32** 36
Mitgliederversammlung, Einberufungsverlangen einer Minderheit **37** 1 ff
Mitgliederversammlung, Fortbestandsbeschluß vor Liquidationsbeendigung **49** 21
Mitgliederversammlung, gesetzwidriger Beschluß und Gemeinwohlgefährdung **43** 3
Mitgliederversammlung, Haftung des Vereins **31** 38
Mitgliederversammlung, Leitung **32** 12
Mitgliederversammlung und Liquidation **49** 18
Mitgliederversammlung als oberstes Vereinsorgan **32** 1 ff
Mitgliederversammlung kein Richter in eigener Sache **32** 29
Mitgliederversammlung, Stimmrecht **32** 18
Mitgliederversammlung und Vereinsauflösung **41** 17, 18
Mitgliederversammlung und Verhängung von Vereinsstrafen **35** 46
Mitgliederversammlung, Verlangen gegenüber Vorstand **37** 17
Mitgliederversammlung, Zuständigkeit **32** 4 ff
Mitgliederwegfall, Mitgliederreduzierung **41** 12
Mitgliederzahl, unter drei herabsinkende **73** 1 ff
Mitgliederzahl und Eintragungsfähigkeit **56** 1 ff
Mitgliedschaft, Beendigung **35** 33; **38** 3
Mitgliedschaft, Erwerb und Verlust **35** 25 ff
Mitgliedschaft als gesamte Rechtsstellung **35** 25
Mitgliedschaft, Unveräußerlichkeit und Vererblichkeit **38** 1 ff
Mitgliedschaftpflichten **35** 7
Mitgliedschaftsrechte **35** 1
Mitgliedschaftsrechte, Ausübung **38** 4

Vereinsrecht (rechtsfähiger Idealverein) (Forts.)
Mitgliedschaftsrechte und gläubigerrechtsähnliche Wertrechte 35 20
Mitgliedschaftsrechte und Vereinsaustritt 39 11
Mitgliedschaftsrechte und Vereinsgewalt 35 12
Mitgliedsfähigkeit 32 33
Mitverschulden 31 10
Monopolstellung und Aufnahmezwang 35 28
Monopolstellung und Satzungskontrolle 25 20
Mußvorschriften, Sollvorschriften **Vorbem 55 ff** 7
Namen, Namensschutz, Firmenwahrheit 57 4, 5, 6; 65 1, 2
Namenszusatz mit Eintragung 65, 1
Negative Publizität 68 1
Nichtigkeit eines Mitgliederbeschlusses 32 26, 28
Nichtmitglieder 25 10, 11
Nichtmitglieder, keine Strafen 35 43 ff
Nichtmitglieder, in Vereinsorganen tätige 25 13
nichtrechtsfähiger Personenverband nach Entziehung der Rechtspersönlichkeit 41 15
und nichtrechtsfähiger Verein **Vorbem 21 ff** 55
Nichtrechtsgeschäftliches Verhalten und Haftungsproblematik 31 3
Öffentliche Bekanntmachung der Auflösung, der Entziehung der Rechtsfähigkeit 50 1, 2, 3; 74 5
Öffentliches und privates Vereinsrecht, Vermengung 43 1
Online-Zugriff 79 6
Ordnungen, Geltung 25 9 ff
Ordnungen untergeordneter Art 25 4
Ordnungsgewalt, Grenzen 25 19
Ordnungsvorschriften **Vorbem 55 ff** 7
Organbestellung durch Dritte 27 4
Organe des Liquidationsvereins 53 2
Organhaftung, erweiterte 31 27
Organisationsmangel, Haftung des Vereins 31 29
Organschaftsrechte 35 3
Organtheorie und Haftungsfolge 31 2
Ort der Verwaltung als Sitz 24 5
Parteifähigkeit 49 20; **Vorbem 55 ff** 7
Persönlichkeitsrechte und Auflösung bzw. Entziehung der Rechtsfähigkeit 45 1
Pflegerbestellung 41 12, 16; 45 20
Politische Parteien 61 4
Protokollierung der Beschlüsse 32 36
Prozeßführung 26 21
Reaktivierung des Vereins 41 12

Vereinsrecht (rechtsfähiger Idealverein) (Forts.)
Rechte für Außenstehende 25 14
Rechtsfähigkeit **Vorbem 55 ff** 7
Rechtsfähigkeit aufgrund Verleihung als Gegensatz zur Eintragung des – (Übersicht) 43 9
Rechtsfähigkeit, Beendigung mit Liquidationsbeendigung 49 20
Rechtsfähigkeit, Entziehung und Auflösung des Vereins 41 3
Rechtsfähigkeit, Entziehung wegen Gemeinwohlgefährdung 43 2 ff
Rechtsfähigkeit, Entziehung wegen wirtschaftlicher Zweckverfolgung 43 6 ff
Rechtsfähigkeit, Erlangung durch nichtrechtsfähigen Verein 54 25
Rechtsfähigkeit, für das Konkursverfahren fortbestehende 42 11
Rechtsfähigkeit und Liquidation 49 17
Rechtsfähigkeit durch Verleihung 43 6
Rechtsfähigkeit, Verlust nach Konkurseröffnung 42 1 ff
Rechtsfähigkeit, Zuständigkeit für eine Entziehung 44 1, 2, 3
Rechtsformverfehlung 43 7
Rechtsgeschäft der Gründung 25 15
Rechtsgeschäft und Haftungsbegründung 31 3
Rechtsgeschäft und Stimmrechtsausschluß 34 8
Rechtsgeschäft, Verletzung einer Verpflichtung 31 5
Rechtsgeschäft der Vorstandsbestellung 27 9 ff
Rechtsgeschäfte und Registerpublizität 68 7
Rechtsgeschäftliche Natur des Beschlusses 32 37
Rechtsmittel **Vorbem 55 ff** 4
Rechtspflegerzuständigkeit **Vorbem 55 ff** 6
Rechtssicherheit und Rechtsverkehr 26 1
Rechtsstreit und Stimmrechtsausschluß 34 8
Registerverfahrensbeschleunigungsgesetz und elektronische Registerführung 55a 1 ff
Religiöse Vereine 27 4; 41 6; 56 2; 60 3
Religionsgesellschaften, Besonderheiten 33 8; 35 61
Richtlinien, Regeln 25 4
Satzung, Änderung des Vereinszwecks 39 5
Satzung und Anfallsberechtigung im Falle der Beendigung 45 9 ff
Satzung und Auflösungsgrund 41 7
Satzung, Auslegung 25 16 ff
Satzung und Austritt 39 1, 3
Satzung, Begriff 25 6

Vereinsrecht (rechtsfähiger Idealverein) (Forts.)
Satzung und Berufungszwang der Mitgliederversammlung 36 1
Satzung und BGB-Recht 40 4
Satzung und Einberufung der Mitgliederversammlung 37 3
Satzung, nicht eingetragene 64 3
Satzung, Einzelerfordernisse 58 1 ff
Satzung, Ewigkeitsklauseln 33 6
Satzung, Geltungsbereich 25 9 ff
Satzung und Gleichheitsgrundsatz 35 16
Satzung, Inhaltskontrolle 25 20
Satzung, Klage auf Einhaltung 35 18
Satzung und Mitgliederaufnahme 35 31
Satzung und Mitgliederversammlung 32 11
Satzung, revisible 25 17
Satzung und Straftatbestände, angedrohte Strafen 35 36
Satzung, Tag der Errichtung 64 10
Satzung und Vereinsgewohnheitsrecht 25 6
Satzung und Vertretungsmacht des Vorstands 70 1
Satzung und Vorhandensein eines Wirtschaftsvereins 43 7
Satzung und Vorstand 26 2, 3, 4, 9, 11; 27 2, 3
Satzungsänderung 33 1 ff
Satzungsänderung, Ankündigung 32 11
Satzungsänderung, Begriff 33 10 ff
Satzungsänderung, Eintragungserfordernis 71 1 ff
Satzungsänderung und Genehmigung Dritter 33 8
Satzungsbestandteile, erforderliche 57 1 ff
Satzungsbestimmung einer Mitgliederhaftung 25 22
Satzungsdurchbrechung 33 9
Satzungserfordernisse für die Eintragung 57 1 ff; 58 1 ff
Satzungserrichtung, Tag 64 10
Satzungsinhalt, Schranken 25 22
Satzungsrecht des BGB, zwingendes und dispositives Recht 25 21
Satzungssitz, fehlender 24 5
Satzungsurkunde und Vereinsverfassung 25 7
Schadensersatz und Liquidatorenhaftung 53 5
Schadensersatz, Möglichkeiten verpflichtender Handlungen 31 4 ff
Schädigende Handlung und zugewiesene Tätigkeit 31 40
Schiedsgericht 25 24
Schiedsvertrag und Strafmaßnahmen 35 60
Schlußrechnung nach Liquidationsbeendigung 51 6
Schwebende Geschäfte und Liquidation 49 5

Vereinsrecht (rechtsfähiger Idealverein) (Forts.)
Selbstbestimmung des Vereins 35 30
selbstnützige Vereine 45 16
Sittenwidrigkeitsschranke 25 19
Sitz, mehrfacher 24 10
Sitz (statutarischer) 24 1 ff
Sitzbestimmung 57 4
Sitzverlegung 55 2, 3
Sitzverlegung in das Ausland 24 9; 41 8; 55 3
Sitzverlegung und Satzungseintragung 55 2, 3
Sonderorgan, Haftung des Vereins 31 33 ff
Sonderrecht der Zustimmung zur Auflösung 41 6
Sonderrechte, Beeinträchtigung 35 21 ff
Sonderrechte als besondere Mitgliedschaftsrechte 35 8
Sonderverwaltung durch Dritte 27 4
Sozialakt körperschaftlicher Willensbildung und Stimmrechtsausschluß 34 13
Sperrfrist für Ausantwortung 51 1 ff
Stellvertreter, besondere Vertreter 30 1
Steuerrecht 26 23
Stiftung des öffentlichen Rechts, Vermögensanfall 46 2
Stiftung und vereinsrechtliche Vorschriften 86 1 ff
Stiftungsvereine **Vorbem 80 ff** 177 ff
Stimmabgabe, uneinheitliche 32 20
Stimmabgabe und Willensmängel 32 30
Stimmbindungsverträge 32 21
Stimmrecht 32 18
Stimmrecht und Ausübung der Mitgliedschaftsrechte 38 4, 5
Stimmrechtsausschluß, Folgen 34 18
Stimmrechtsdifferenzierungen 35 15
Stimmrechtsentzug bei Interessenkollisionen 34 1 ff
Stimmrechtserfordernis bei Satzungsänderung 33 7
Stimmrechtsvertretung 38 4
Strafgewalt des Vereins und Nachprüfung durch staatliche Gerichte 35 52 ff
Strafmaßnahmen des Vereins 35 34 ff
subsidiäres Recht 40 3
Treu und Glauben und Bindung herrschender Mehrheit 35 19
Überschuldung 42 9; 53 3
Ultra Vires-Lehre 49 17
Umlagen 58 3
Unerlaubte Handlung 31 6, 16, 39, 49
Unerlaubte Handlung durch Liquidatoren 53 7
Unterwerfung Dritter unter Vereinsstrafgewalt 25 11
Unterwerfung von Nichtmitgliedern 25 11
Veräußerlichkeit der Mitgliedschaft 38 1 ff

Vereinsrecht (rechtsfähiger Idealverein) (Forts.)
Veräußerung aller Aktiven, Passiven uno actu im Liquidationsfall 49 7
Verbotener Verein 41 2, 10; 43 1; 60 3
Vereinsakte 66 3
Vereinsautonomie und Grenzen inhaltlicher Gestaltung 40 1
Vereinsautonomie und Regelung der Verfassung 25 1
Vereinsgewalt 35 11 ff
Vereinsmitgliederzahl, Vorstandsbescheinigung 72 1
Vereinsnormen, Gruppen 25 2
Vereinsregister, Aufnahme weiterer Vermerke 64 6
Vereinsregister, Einsicht 79 5 ff
Vereinsregister, Eintragungsakt 64 1 ff
Vereinsregister, öffentliches 79 2
Vereinsregister, rechtliche Bedeutung der Einträge 55 6 ff
Vereinsregister, Rechtsgrundlage 55 5
Vereinsregister und Vorstand 68 1, 1 ff
Vereinsregister, Zentralisierung 55 12
Vereinsvermögen und Austritt 39 11
Vererblichkeit 38 1 ff
Verfahrensordnungen 25 4
Verfassung des Vereins 25 3
Verfassungsregeln, nicht in Satzung aufgenommene 25 7
Vergleichsverfahren 42 1, 3, 5, 8; 47 3; 51 3; 75 2, 3
Verkehrsschutz, Pflichtenbindung und Mißbrauch der Vertretungsmacht 49 14
Verkündung von Beschlüssen 32 36
Verlegung des Vereinssitzes in das Ausland 41 8; 56 3
durch Verleihung an wirtschaftlichen Verein als Gegensatz zum – 22 1 ff
Verlust der Rechtsfähigkeit 24 9
Vermögen und Ausantwortungsanspruch 51 4
Vermögen und Konkurseröffnung 42 6
Vermögensanfall an die Berechtigten nach Auflösung, Entziehung der Rechtsfähigkeit 45 2 ff
Vermögensrechtliche Verpflichtungen aufgrund der Satzung 25 22
Verrichtungsgehilfen, Haftung des Vereins 31 37
Verrichtungsgehilfenhaftung und Organvertreterhandeln 31 12
Verschulden und Strafgewalt des Vereins 35 39
Vertragserfüllung und Organhaftung 31 50
Vertretertheorie und Haftungsfolge 31 2
Vertretung und Geschäftsführungsbefugnis 49 12
Vertretung ohne Vertretungsmacht 31 14

Vereinsrecht (rechtsfähiger Idealverein) (Forts.)
Vertretung und Täuschung durch den Vertreter 31 22
Vertretungsberechtigung eines Geschäftsführers außerhalb des Vorstands 30 9
Vertretungsmacht der Liquidatoren 48 3, 4; 49 11, 11 ff
Vertretungsmacht des Vorstands, der besonderen Vertreter 30 8
Vertretungsordnung und Haftungsvertreter 31 13 ff
Verwaltungsbehörde und deren Einspruchsrecht gegen die Eintragung 61 1 ff
Verzicht auf die Rechtspersönlichkeit 41 13, 19
Vollmachtsmißbrauch 31 20
Vorbelastungsverbot 21 33
Vorstand, Abberufung 27 14
Vorstand, abweichende Beschlußfassung eines mehrgliedrigen 70 1
Vorstand als anmeldepflichtige Personen 59 10
Vorstand, Anmeldung zur Eintragung des Vereins 59 2
Vorstand, Anmeldung jeder Veränderung zur Eintragung 67 1 ff
Vorstand, Anmeldung des Vereins zur Eintragung 59 1 ff
Vorstand, Anstellungsverhältnis 27 12
Vorstand, Beendigung der Bestellung 27 18, 19
Vorstand, Beschlußfassung durch Einstimmigkeit 26 17
Vorstand, Beschlußfassung bei Interessenkollision 34 5
Vorstand, Beschlußfassung durch Majoritätsprinzip 26 16
Vorstand, Beschlußfassung im mehrgliedrigem 28 1 ff
Vorstand, Beschränkung der Vertretungsmacht 70 1
Vorstand und besondere Vertreter 26 20
Vorstand, Bestellung 27 1 ff
Vorstand, Bestellung durch das Amtsgericht 29 7 ff
Vorstand, Bestellung ohne Eintragung 68 1
Vorstand, Bezeichnung 26 5
Vorstand, Einberufungszwang für Mitgliederversammlung 37 5
Vorstand, Entlastung 27 27, 28; 34 7
Vorstand, fehlerhaft bestellter 27 21
Vorstand, Frage ständiger Bestellung 26 6
Vorstand als Generalbevollmächtigter 30 1
Vorstand, gerichtliche und außergerichtliche Vertretung 26 21, 22
Vorstand, Gesamtvertretung oder Mehrheitsvertretung 26 12

Vereinsrecht (rechtsfähiger Idealverein) (Forts.)
Vorstand, Geschäftsführungsaufgabe 27 22 ff
Vorstand, von gesetzlicher Regelung abweichende Satzungsbestimmungen 70 1 ff
Vorstand, gesetzwidriges Verhalten 43 4
Vorstand im Gründungsstadium 26 7
Vorstand, Haftung 26 25
Vorstand, Haftung des Vereins für ihn 31 23
Vorstand, Haftung bei verzögerter Konkursantragstellung 42 10
Vorstand, Konkursantragspflicht 42 9
Vorstand, Legitimation 69 1
Vorstand, Liquidation als Geschäftsführungsaufgabe 48 1 ff
Vorstand und Liquidator, unterschiedliche Rechtsstellung 48 4
Vorstand, nicht mehr vorhandener 73 3
Vorstand mit mehr als zwei Mitgliedern 26 12
Vorstand und Mitgliederversammlung 32 2, 3, 5, 6
Vorstand, Nachweis durch Zeugnis des Amtsgerichts 69 1 ff
Vorstand und nichtige Mitgliederbeschlüsse 32 28
Vorstand, Rechtsstellung 26 10
Vorstand und Satzung 58 5
Vorstand und Satzungsänderung 71 2
Vorstand, satzungsmäßige Beschränkung der Vertretungsmacht 26 11
Vorstand, unentziehbare Aufgaben 32 5
Vorstand und Vereinszweck 26 9
Vorstand als verfassungsmäßiges Organ 26 1 ff
Vorstand, Versammlung 28 4
Vorstand, Vertretung desselben 26 14
Vorstand, Vertretung des Vereins nach innen 26 24
Vorstand, Vertretung und zugrundeliegender Beschluß 28 8 ff
Vorstand, Vertretungsmacht 26 9
Vorstand als Vertretungsorgan 26 8
Vorstand, Weigerung bestimmter Tagesordnung 37 17
Vorstand, Wissen und Redlichkeit 28 14
Vorstand, Zusammensetzung 26 2 ff
Vorstandsänderung 67 1 ff
Vorstandsbestellung ohne Eintragung 68 1
Vorverein 21 32
Vorverein (vor Eintragung in das Vereinsregister) 54 4
Wahlen 32 14 ff
Wegfall aller Mitglieder 45 17; 49 16
Wegfall sämtlicher Mitglieder 41 12
Wertrechte 35 4, 5

Vereinsrecht (rechtsfähiger Idealverein) (Forts.)
Willenserklärungen zur Gründung 25 15
Willenserklärungen des Vorstands 26 22; 28 13
Willensmängel bei der Stimmabgabe 32 30
Wirkungskreis des Organs 31 39
wirtschaftliche Zweckverfolgung und Entziehung der Rechtsfähigkeit 43 6 ff
Zahlungsunfähigkeit 42 9
Zeitablauf 41 6
Zuständigkeit des Gerichts 55 1
Zuständigkeitskonkurrenz Gericht / Behörde 43 7
Zwangsgeld 78 1 ff
Zweck, Änderung 39 5
Zweck des Liquidationsvereins 48 4; 49 17
Zweck des Vereins 57 4
Zweck des Vereins, Änderung 33 1 ff; 41 7
Zweckänderung, Zustimmungserfordernis 35 18
Zweckerreichung, Unmöglichkeit der Zweckerreichung 41 7
zwingendes Recht **Vorbem 55 ff** 7

Vereinsrecht (wirtschaftlicher Verein)
s. a. Vereinsrecht (rechtsfähiger Idealverein); Vereinsrecht (nichtrechtsfähiger Verein)
Abgrenzung gegenüber dem Idealverein 21 6
Ärztliche Verrechnungsstelle 21 16
AG, GmbH als vorgesehene Formen 21 8
anderer wirtschaftlicher Zweck als satzungsgemäßer Zweck 43 10
Austritt, Ausschluß : Rechtsfolgen 54 49
Baugenossenschaften 21 8
Behördenzuständigkeit und statutarischer Sitz 24 6
BGB-Bestimmungen, subsidiäre Geltung 25 25
Darlehens – und Rentenvereine 21 16
Einkaufsgenossenschaften von Verbrauchern 21 8
Eintragung, unzulässige **Vorbem 55 ff** 7
Eintragung im Vereinsregister, Löschung **Vorbem 55 ff** 7
Entziehung der auf Verleihung beruhenden Rechtsfähigkeit 43 1o, 9
Ermessensentscheidung staatlicher Verleihung 22 3
Fälle verliehener Rechtsfähigkeit 22 12
GEMA 22 12
Genossenschaftliche Kooperation 21 6
Geschäftsbetrieb 21 8
Geschäftstätigkeit nach außen 21 6
Gewerblicher Nebenbetrieb 21 6
Gewinnsparverein 21 16
Gläubigerschutz, Mitgliederschutz 21 6

Vereinsrecht (wirtschaftlicher Verein) (Forts.)
Haftung bei einem nichtrechtsfähigen –
  54 52, 54
Haftung bei Gefährdungshaftung **54** 73
Haftungsbeschränkung bei Rechtsgeschäften **54** 52
Handelsgewerbe **22** 9
Hauptzweck, Nebenzweck **21** 10 ff
Holdingvereine **21** 8
und Idealverein **Vorbem 21 ff** 54
Idealverein, Verfolgung wirtschaftlichen Zwecks und Entziehung der Rechtsfähigkeit **43** 6 ff
Konzernspitze **21** 8
Kreditgenossenschaften **21** 8
Kreditreform-Vereine **21** 16
Landesrecht und staatliche Verleihung
  22 4, 4 ff
Löschung unrechtmäßig eingetragenen Wirtschaftsvereins **43** 7
Lohnsteuerhilfevereine **21** 16
Mähdreschgemeinschaft **21** 16
MarktstrukturG **22** 11
Mitgliederinteressen, Frage ausschließlicher Zweckverfolgung **45** 16
Mitgliederschutz, Drittschutz
  Vorbem 80 ff 99
Mitgliederversammlung, Berufungsverlangen **37** 17
als nichtrechtsfähiger Verein
  s. Vereinsrecht (nichtrechtsfähiger Verein)
rechtsfähiger Verein, Sperre **54** 52
Rechtsfähigkeit und Exklusivitätssystem
  21 11
Rechtsfähigkeit durch staatliche Verleihung **22** 1 ff
Rechtsfähigkeit über das Vereinsregister als ausgeschlossener Weg **21** 1
Satzungzweck und Verfolgung anderen Wirtschaftszweckes **43** 10
Schutzzweck des § 22 BGB **Vorbem 80 ff** 99
Scientology-Kirche **21** 16; **56** 2; **60** 3
Sitzbestimmung **24** 4
Skischlepplift, entgeltlicher Betrieb **21** 16
Sterbeunterstützungsverein **21** 16
und Stiftungsrecht, Analogie
  Vorbem 80 ff 93 ff
Taxizentrale mit Funkanlage **21** 6
Technische Prüf – und Vertriebsstelle **21** 16
Unternehmenstätigkeit **21** 6, 8
Vereinszweck und staatliche Verleihung
  22 3
Vereinszweck, Zwecktheorie **21** 5, 6
Verkaufssyndikat **21** 6
Verkehrsverein **21** 16
Vermögensverwaltung **21** 8

Vereinsrecht (wirtschaftlicher Verein) (Forts.)
Vollkaufmännisches Handelsgewerbe
  22 10
Volltypus des unternehmerischen Vereins
  21 6
WEG-Gemeinschaft und Verein zur Vermietung **21** 16
Werbegemeinschaft **21** 16
und wirtschaftliche Stiftung, Analogie
  Vorbem 80 ff ff
Wissenschaftliche Buchgesellschaft Darmstadt **21** 6
Zumutbarkeit anderer Rechtsform **22** 3
Zweck als nichtrechtsfähiger Verein **54** 30
Vereinsregister
s. Vereinsrecht (rechtfähiger Idealverein)
Vereinsverband 21 35
Vererblichkeit
Ausschluß der Vereinsmitgliedschaft **38** 2
Verfassungsmäßig berufene Vertreter
Haftung juristischer Person für – **31** 24 ff
Verfassungsrecht, Verfassungsmäßigkeit
Akte geschützter privatautonomer Lebensgestaltung **Vorbem 80 ff** 45
Durchbrechung der Verfassung **33** 9
Eigentum – und Erbrechtsgarantie und Stifterfreiheit **Vorbem 80 ff** 44
Erbersatzsteuer **Vorbem 80 ff** 52, 128
Familienstiftung und Schutz von Ehe und Familie **Vorbem 80 ff** 52
Familienstiftung, Zulässigkeit
  Vorbem 80 ff 128
Gleichbehandlungsgrundsatz im Stiftungsrecht **Vorbem 80 ff** 46
Grundrechte inländischer juristischer Personen **Einl 21 ff** 26
Grundrechtsausübung und verwaltungsrechtliches Ermessen **Vorbem 80 ff** 48
Grundrechtsbindung von Vereinen **35** 29 ff
Grundrechtsschutz juristischer Personen
  Vorbem 80 ff 50
Handlungsfreiheit und Rechtsformwahl
  Vorbem 80 ff 45
Immunitätsbegründende Regeln des Völkerrechts **Einl 21 ff** 63
Interessenverbände und Willensbildung
  Vorbem 21 ff 5
Justizgrundrechte für Verfahrensbeteiligte
  Einl 21 ff 26
Koalitionsfreiheit und Gewerkschaftsaustritt **39** 3
Kompetenzverteilung Legislative / Judikative und Wesentlichkeitstheorie
  Vorbem 80 ff 98
Religiöse Vereinigungsfreiheit, Schutz **33** 8
Stifter, Grundrechtsschutz
  Vorbem 80 ff 40 ff

Verfassungsrecht, Verfassungsmäßigkeit (Forts.)
Stiftungsrecht, konkurrierende Gesetzgebungskompetenz **Vorbem 80 ff** 2
Stiftungsrechtliches Konzessionssystem, grundlegender Wandel **Vorbem 80 ff** 48
Subsidiaritätsprinzip und Stiftungswesen **Vorbem 80 ff** 36
Vereinigungsfreiheit **Vorbem 21 ff** 1 ff
Vereinsautonomie und gerichtliche Kontrolle **Vorbem 21 ff** 26
Vereinsrecht und politische Erwägungen des historischen Gesetzgebers **54** 2
Verfügbares Recht
Gegenstand als – **Vorbem 90 ff** 5
Verfügung
über Sachgesamtheit **Vorbem 90 ff** 17
Stiftungsakt als vermögensrechtliche – **Vorbem 80 ff** 44
Verfügung von Todes wegen
Errichtung unselbständiger Stiftung **Vorbem 80 ff** 166
Stiftungserrichtung **80** 2 ff; **83** 1 ff, 11, 12
Verfügungsbeschränkungen
und Sachenbegriff **Vorbem 90 ff** 41 ff
Verfügungsgeschäfte
Hauptsache und Zubehör **97** 3o ff
Körperstücke, abgetrennte **90** 16
über Sondervermögen **47** 2; **Vorbem 90 ff** 22
über Unternehmen als ganzes **Vorbem 90 ff** 23
Vergleich
nichtrechtsfähiger Verein **54** 24
rechtsfähiger Verein **42** 1 ff; **47** 2
Stiftung **86** 24
unselbständige Stiftung **Vorbem 80 ff** 170
Vergleichsfähigkeit
juristischer Personen **Einl 21 ff** 30
Verkaufssyndikat
als Verein **21** 8
Verkehrsunfähige Sachen Vorbem 90 ff 27 ff
Verkehrsverein 21 16
Verleihung (staatliche)
Rechtsfähigkeit wirtschaftlicher Vereine aufgrund – **22** 1 ff; **43** 9
der Rechtspersönlichkeit **Einl 21 ff** 63
Stiftung mit wirtschaftlichem Geschäftsbetrieb **Vorbem 80 ff** 110
Vermächtnis
Einsetzung einer Stiftung **83** 4, 6
Errichtung unselbständiger Stiftung **Vorbem 80 ff** 166
Vermögen
des nichtrechtsfähigen Vereins **54** 74 ff
des rechtsfähigen Vereins **25** 22; **42** 6; **51** 4
als Rechtsgesamtheit **Vorbem 90 ff** 21
Sammelvermögen **Vorbem 80 ff** 175
der Stiftung
s. Stiftung (rechtsfähige privaten Rechts)

Vermögen (Forts.)
unselbständiger Stiftung
s. Stiftung (unselbständige)
Vermögensgegenstand
Rechtsgegenstand als – **Vorbem 90 ff** 4
Vermögensrechte
juristischer Personen **Einl 21 ff** 28
Vermögensverselbständigung
als Gestaltungsmöglichkeit **Einl 21 ff** 10
Vermögensverwaltung
Stiftungszweck der – für eine bestimmte Person **Vorbem 80 ff** 133
Verein **21** 8, 9
Verpflichtungsgeschäfte
Begründung an wesentlichen Bestandteilen **93** 31
Darbietung des menschlichen Körpers **90** 14
Grundstücksverbindung aufgrund von – **95** 15
Hauptsache und Zubehör **97** 29
über Sondervermögen **Vorbem 90 ff** 22
über Unternehmen als ganzes **Vorbem 90 ff** 23
wesentliche Bestandteile **94** 28
Verrichtungsgehilfe
und Organhaftung **31** 33, 37
Verschulden
Konkurseröffnung, verzögerte **42** 10
von Liquidatoren **53** 4
Vereinsstrafen **35** 39
Versicherungsverein aG
als Form juristischer Person **Einl 21 ff** 11
Versorgungsleitungen
als Scheinbestandteile **95** 4
als wesentliche Grundstücksbestandteile **93** 8
als Zubehör **98** 9
Vertrag
Eintritt in den Verein **35** 26
nichtrechtsfähiger Verein **54** 6
über Sachgesamtheit **Vorbem 90 ff** 16
und Stiftungsgeschäft **80** 2
Stiftungsgeschäft bei unselbständiger Stiftung **Vorbem 80 ff** 156
Verein / Vereinsmitglied **35** 2
Vereinsgründung als – **21** 18
Vertragsfreiheit
und allgemeines Vereinsrecht **21** 2
Strafgewalt über Nichtmitglieder eines Vereins **25** 11
Vertragsstrafe
im Vereinsrecht **Vorbem 21 ff** 33
Vertretbare Handlung 91 3
Vertretbare Sachen 91 1 ff
Vertretertheorie
Haftung juristischer Person für ihre Organe **31** 2

Vertretung
Anmeldung zum Handelsregister **59** 11
Austritt aus dem Verein **39** 2
Beitritt in einen Verein **35** 26
und Geschäftsführung **26** 26; **32** 5; **49** 12
und Haftung des Vereins für seine Organe **31** 3
der juristischen Person öffentlichen Rechts **26** 9
der Liquidatoren **48** 4; **49** 11 ff
in der Mitgliederversammlung des Vereins **32** 17
nichtrechtsfähiger Verein **54** 35 ff, **50** ff
rechtsfähiger Verein **26** 14; **30** 8; **49** 12
Stiftungsgeschäft **80** 4
Vorstand einer Stiftung **86** 7 ff
Vertretung ohne Vertretungsmacht
und Haftung des Vereins für seine Organe **31** 16
Organauftreten ohne Organstellung **54** 60
Verwaltungsakt
Stiftungsgenehmigung **80** 26, 26 ff, 27
Verwaltungsbehörden
und Anmeldung zum Vereinsregister **61** 1 ff
Stiftungsverwaltung **86** 20
Totensorgerecht **90** 24
Vertretung des rechtsfähigen Vereins **26** 22
Verwaltungsorganisation
Stiftung als – **Vorbem 80 ff** 4
Verwaltungsrecht
Stiftungen öffentlichen Rechts **Vorbem 80 ff** 186
Verwaltungsrechtsweg
und Ausübung der Stiftungsaufsicht **Vorbem 80 ff** 72
Verwaltungsstiftung
unzulässige **Vorbem 80 ff** 88
Verwaltungsvermögen Vorbem 80 ff 33
Verzicht
auf die Rechtsfähigkeit **41** 19
Viehzeug
als Zubehör **98** 12
Völkerrecht
Heiliger Stuhl, Rechtspersönlichkeit **Einl 21 ff** 20
Staatenimmunität **Einl 21 ff** 63
Volkseigene Betriebe Einl 21 ff 62
Volkseigene Kombinate Einl 21 ff 62
Vollkaufmann
unternehmensverbundene Stiftung **Vorbem 80 ff** 116
Vollmacht
des Handelnden im Gründungsstadium und Handelndenhaftung **54** 59, 60
Vollmachtsträgerin
Juristische Person als – **Einl 21 ff** 28

Vor-GmbH
Haftung für vertretungsberechtigte Gesellschafter **31** 44
Vorbelastungsverbot
für Kapitalgesellschaften **21** 33; **54** 70
Vorverein **21** 33
Vorerbe
Stiftung als – **83** 5
Vorgesellschaft
und Handelndenhaftung **54** 57
Rechtsnatur **54** 4
als societas sui generis **21** 31
Vorkaufsrecht (dingliches)
als Grundstücksbestandteile **96** 2
keine Last **103** 7
Vormundschaftsgericht
Staatshaftung **Vorbem 80 ff** 67
Vorratsstiftung 80 19
Vorstand
der Stiftung
s. Stiftung (rechtsfähige privaten Rechts)
des Vereins
s. Vereinsrecht (rechtsfähiger Idealerein); Vereinsrecht (nichtrechtsfähiger Verein)
Vorstiftung
problematische Rechtsfigur der – **80** 41 ff
Vorverein 21 31

Währung, Währungshoheit 91 14, 15
Währungsunion
Vertrag vom 18.5.1990 **91** 14
Ware
und Sache **Vorbem 90 ff** 11
Wareneinkauf
Verein zur Vermittlung verbilligten – **21** 16
Warentest (Stiftung) Vorbem 80 ff 23
Wasser
Entnahmerecht **Vorbem 90 ff** 28
Sachqualität, fehlende **Vorbem 90 ff** 28
Stoffeinleitung **Vorbem 90 ff** 28
und Völkerrecht **Vorbem 90 ff** 28
Wasserlauf
Staurecht an einem fremden – **95** 17
Wechselfähigkeit
nichtrechtsfähiger Verein **54** 27
Wegnahmerecht
und wesentlicher Bestandteil **95** 2
Weltanschauungsgemeinschaften
Stiftungen **Vorbem 80 ff** 145
Werbegemeinschaft
Verein **21** 16
Werke 95 14
Werkskantine
Verein zum Betrieb einer – **21** 16
Wertpapiere
Sachregeln **90** 5
als verbrauchbare Sachen **92** 2

694

Wesentliche Bestandteile
s. Bestandteile (wesentliche)
Wettbewerbsrecht
und Idealverein **21** 13
Wichtiger Grund
Abberufung des Vorstands **54** 38
Austritt aus dem Verein **39** 4
Vereinsausschluß **35** 39
Widerruf einer Organbestellung **27** 14
Widerruf
Stiftungsgeschäft unter Lebenden **81** 4 ff
Widmung
als öffentliche Sache **Vorbem 90 ff** 34
res sacrae **Vorbem 90 ff** 35
Wirkungskreis
juristischer Person des öffentlichen Rechts **Einl 21 ff** 25
Wirtschaftlicher Geschäftsbetrieb
im Stiftungsrecht
s. Stiftung (rechtsfähige privaten Rechts)
im Vereinsrecht
s. Vereinsrecht (wirtschaftlicher Verein)
Wissenschaftliche Buchgesellschaft Darmstadt **21** 6
Wissenschaftliche Hochschulen
als Personalkörperschaften **89** 13
Wissenschaftsverwaltung Einl 21 ff 14
Wohnungseigentum
Bestandteile der einzelnen Räume **95** 20
Lasten vor Zuschlag **103** 7
Sondereigentum an wesentlichen Bestandteilen **93** 25

Zahlungsunfähigkeit
des rechtsfähigen Vereins **42** 9

Zerstörung
von Sachen und Sonderrechtsunfähigkeit **93** 15
Zinsen
als Früchte der Kapitalforderung **99** 13
Zubehör
s. Alphabetisches Stichwortverzeichnis zu § 97 BGB
Scheinbestandteile und Zubehör, Abgrenzung **95** 2
Zusammengesetzte Sachen Vorbem 90 ff 13; **93** 8 ff
Zustellung
Willenerklärungen gegenüber dem Verein **28** 13
Zustimmung
Beeinträchtigung von Sonderrechten **35** 21
Zutaten
und Zubehör, Abgrenzung **97** 27
Zwangsmittel
gegen juristische Personen **Einl 21 ff** 55
Zwangsvollstreckung
und Früchtebegriff des BGB **99** 4
gegen juristische Person **Einl 21 ff** 55
nichtwesentliche Bestandteile **93** 35
Scheinbestandteile **95** 22
Urkunden als bewegliches Vermögen **90** 5 ff
Vermögen nichtrechtsfähigen Vereins **54** 23
wesentliche Bestandteile **93** 29, 30
Zubehör **97** 33
Zweckverwirklichungsbetrieb 80 40
im Stiftungsrecht **Vorbem 80 ff** 107

**J. von Staudingers
Kommentar zum Bürgerlichen Gesetzbuch
mit Einführungsgesetz und Nebengesetzen**

Übersicht Nr 19/20. September 1995

Die Übersicht informiert über die Erscheinungsjahre der Kommentierungen in der 12. Auflage und in der 13. Bearbeitung (Gesamtwerk Staudinger). *Kursiv* geschrieben sind diejenigen Teile, die zur Komplettierung der 12. Auflage noch ausstehen.

	12. Auflage	13. Bearbeitung
Erstes Buch. Allgemeiner Teil		
Einl BGB; §§ 1 - 12; VerschG		1995
§§ 21 - 103		1995
§§ 104 - 240	1979	
Zweites Buch. Recht der Schuldverhältnisse		
§§ 241 - 243		1995
AGBG	1980	
§§ 244 - 254	1980/1983	
§§ 255 - 292	1978/1979	
§§ 293 - 327		1995
§§ 328 - 361		1995
§§ 362 - 396		1995
§ 397	1987	
§§ 398 - 432	1990/1992/1994	
§§ 433 - 534	1978	
Wiener UN-Kaufrecht (CISG)		1994
§§ 535 - 563 (Mietrecht 1)		1995
§§ 564 - 580 a (2. Bearb.); 2. WKSchG	1981	
§§ 581 - 610; Landpacht	1982/1988/1989	
§§ 611 - 619	1989/1993	
§§ 620 - 630		1995
§§ 631 - 651		1994
§§ 651 a - 651 k	1983	
§§ 652 - 704		1995
§§ 705 - 740	1980	
§§ 741 - 811	1982/1985	
§§ 812 - 822		1994
§§ 823 - 832	1985/1986	
§§ 833 - 853	1986	
Drittes Buch. Sachenrecht		
§§ 854 - 902	1982/1983/1985/1986/1987	
§§ 903 - 936	1982/1987/1989	
§§ 937 - 984	1979/1983	
§§ 985 - 1011		1993
ErbbVO; §§ 1018 - 1112		1994
§§ 1113 - 1296	1981	
WEG		
Viertes Buch. Familienrecht		
§§ 1297 - 1302; EheG u.a.; §§ 1353 - 1362	1990/1993	
§§ 1363 - 1563		1994
§§ 1564 - 1568	1994	
§§ 1569 - 1586 b; HausratsVO		
§§ 1587, 1587 a, c-p, 1588	1995	
§§ 1587 b; VAHRG		
§§ 1589 - 1625	1983/1985/1992/1993	
§§ 1626 - 1630	1992	

                                                    12. Auflage   13. Bearbeitung

§§ *1631 - 1633; RKEG*
§§ 1634 - 1665 _____ 1989
§§ 1666 - 1772 _____ 1984/1991/1992
§§ 1773 - 1895; Anh §§ 1773 - 1895 (KJHG) _ 1993/1994
§§ 1896 - 1921 _____ 1995

Fünftes Buch. Erbrecht
§§ 1922 - 1966 _____ 1994
§§ 1967 - 2063 _____ 1978/1981/1987
§§ 2064 - 2228 _____ 1979/1980/1981/1987
§§ 2229 - 2385; BeurkG _____ 1979/1981/1982/1983

EGBGB
Einl EGBGB; Art 1 - 6, 32 - 218 _____ 1985
Art 219 - 221, 230 - 236 _____ 1993

EGBGB/Internationales Privatrecht
Einl IPR; Art 7 - 11 _____ 1984
IntGesR _____ 1993
IntEheR (Art 13 - 17); IntEheprozeßR _____ 1983/1990/1992
Kindschaftsrechtl. Übereinkommen; Art 19 _____ 1994
Art 20 - 24 nF _____ 1988
Art 25, 26 _____ 1995
Art 27, 28 aF, 5, 6 nF _____ 1981/1988
Vorb Art 27 - 37 nF _____ 1987
Art 10, 27 - 37 nF
Art 38 nF; IntSachR _____ 1985/1992

Demnächst erscheinen

§§ 134 - 163 _____ 1996
§§ 164 - 240 _____ 1995
§§ 255 - 292 _____ 1995
§§ 433 - 534 _____ 1995
§§ 854 - 882 _____ 1995
§§ 925 - 984 _____ 1995
§ 1587 b; VAHRG _____ 1995
§§ 2197 - 2264 _____ 1996

Dr. Arthur L. Sellier & Co. - Walter de Gruyter & Co., Berlin